한 번에 합격
자격증은 이기적

# 이렇게
# 기막힌
# 적중률

## 인증만 하면, **고퀄리티 강의**가 **무료!**

# 100% 무료 강의

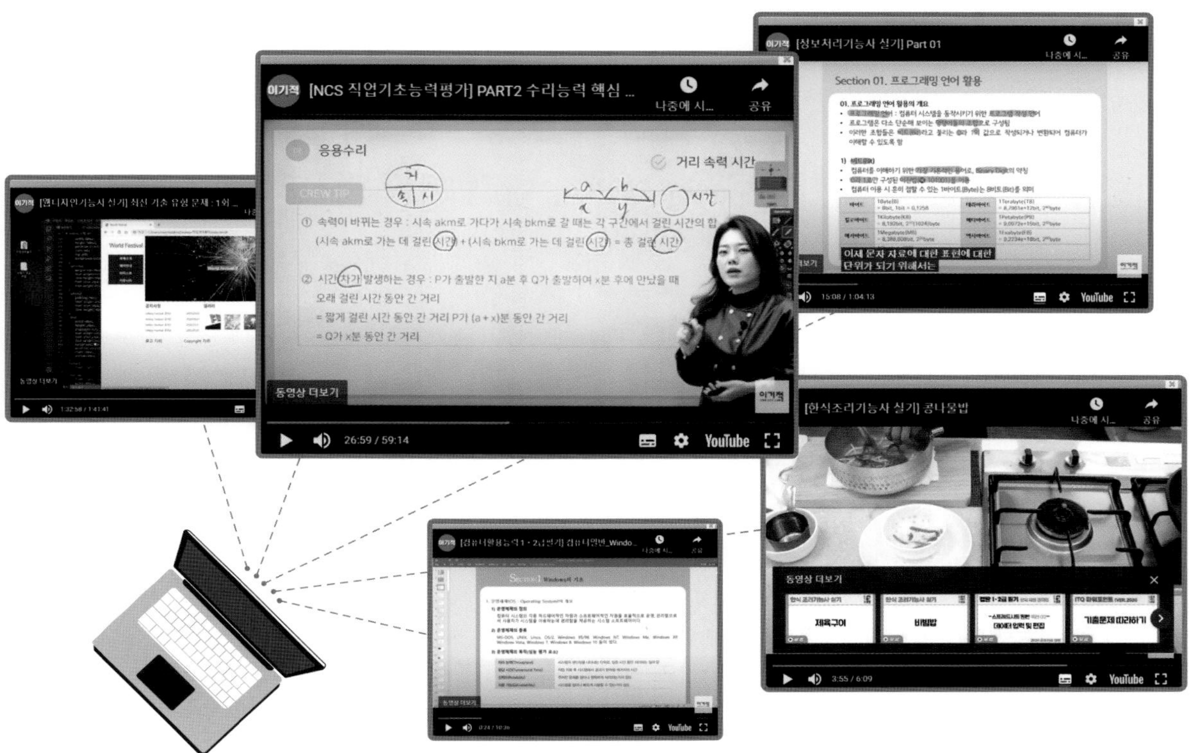


### STEP 1
이기적
홈페이지
접속하기

›

### STEP 2
무료동영상
게시판에서
과목 선택하기

›

### STEP 3
ISBN 코드
입력 & 단어
인증하기

›

### STEP 4
이기적이 준비한
명품 강의로
본격 학습하기

영진닷컴 이기적

# 1년 365일 이기적이 쏜다!

365일 진행되는 이벤트에 참여하고 다양한 혜택을 누리세요.

EVENT ❶

## 기출문제 복원

- 이기적 독자 수험생 대상
- 응시일로부터 7일 이내 시험만 가능
- 스터디 카페의 링크 클릭하여 제보

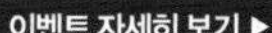

EVENT ❷

## 합격 후기 작성

- 이기적 스터디 카페의 가이드 준수
- 네이버 카페 또는 개인 SNS에 등록 후 이기적 스터디 카페에 인증

이벤트 자세히 보기 ▶

EVENT ❸

## 온라인 서점 리뷰

- 온라인 서점 구매자 대상
- 한줄평 또는 텍스트 & 포토리뷰 작성 후 이기적 스터디 카페에 인증

이벤트 자세히 보기 ▶

EVENT ❹

## 정오표 제보

- 이름, 연락처 필수 기재
- 도서명, 페이지, 수정사항 작성
- book2@youngjin.com으로 제보

이벤트 자세히 보기 ▶

N Pay 네이버페이 포인트 쿠폰 20,000원

영진닷컴 쇼핑몰 30,000원

- N페이 포인트 5,000~20,000원 지급
- 영진닷컴 쇼핑몰 30,000원 적립
- 30,000원 미만의 영진닷컴 도서 증정

※이벤트별 혜택은 변경될 수 있으므로 자세한 내용은 해당 QR을 참고하세요.

필기 저자 **홍태성**

현 이기적 컴활 필기 저자 & 강사
현 강원교육과학정보원 SME
현 고용노동부 직훈 교사
현 이패스코리아 컴활 강의

# 컴활은 이기적

## 명품 저자진의 교재 & 강의로 빠르게 합격

실기 저자 **박윤정**

현 이기적 컴활 실기 저자 & 강사
현 이패스코리아 컴활 강의
전 경기도인재개발원 강의
전 서울데이터센터 강의

# 이기적이 다 드립니다

## 여러분은 합격만 하세요! 이기적 합격 성공세트 BIG 4

### 저자가 직접 알려주는, 무료 동영상 강의

도서와 연계된 동영상 강의 제공!
책으로만 이해하기 어려웠던 내용을 영상으로 쉽게 공부하세요.

### 무엇이든 물어보세요, 1:1 질문답변

1:1 질문답변부터 다양한 이벤트까지~
이기적 스터디 카페에 접속하여 시험에 관련된 정보들을 받아 가세요.

### 마지막까지 이기적과 함께, 핵심요약 PDF

시험장에서 많이 떨리실 거예요.
마지막으로 가장 많이 출제되었던 핵심 개념을 정리해 보세요.

### 더 많은 문제를 원한다면, 시험대비 모의고사

문제를 더 풀고 연습하고 싶으시다고요?
걱정마세요. 적중률 100% 모의고사까지 아낌없이 드립니다.

※ 〈2025 이기적 컴퓨터활용능력 1급 실기 기본서〉를 구매하고 인증한 회원에게만 드리는 자료입니다.

스터디 카페 바로가기 ▶

## 설치 없이 쉽고 빠르게 채점하는

# 컴활 자동 채점 서비스

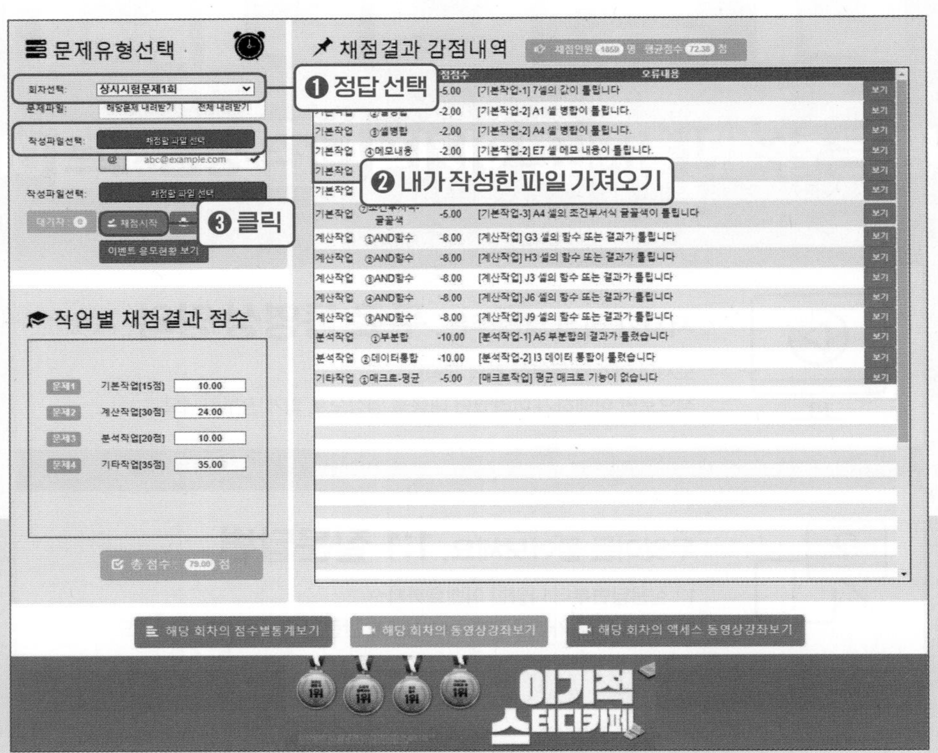


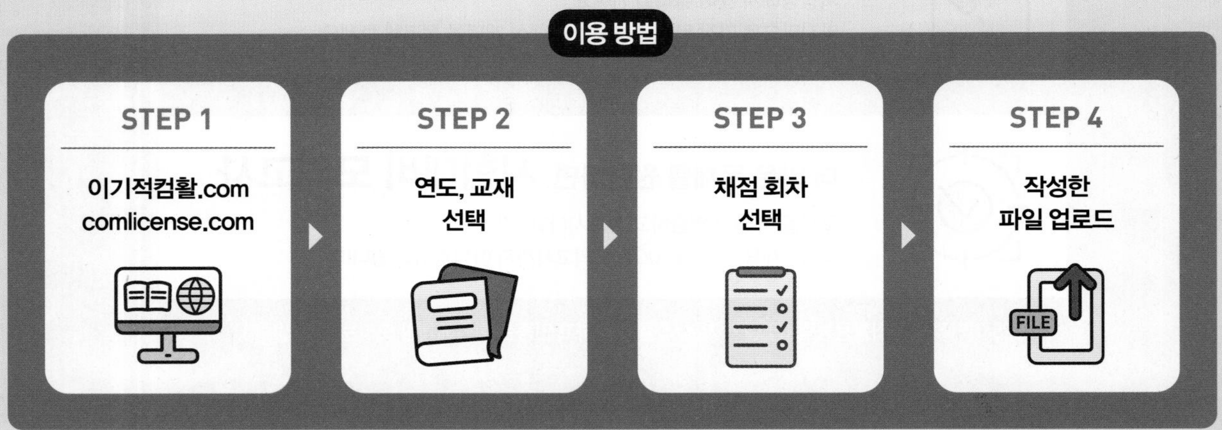


- 인터넷이 연결되어 있지 않을 시 사용할 수 없으며 개인 인터넷 속도, 접속자 수에 따라 채점 속도가 다를 수 있습니다.
- 부가 서비스로 제공되는 부분이며, 업체 등의 변경으로 제공이 중단될 수 있습니다.

이렇게
기막힌
적중률

# 컴퓨터활용능력 1급 실기 기본서

## 1권 · 스프레드시트

---

"이" 한 권으로 합격의 "기적"을 경험하세요!

YoungJin.com Y.
영진닷컴

# 차례

**난이도에 따라 분류하였습니다.**
상 : 반드시 보고 가야 하는 이론
중 : 보편적으로 다루어지는 이론
하 : 알고 가면 좋은 이론

▶ 표시된 부분은 동영상 강의가 제공됩니다.
이기적 홈페이지(license.youngjin.com)에 접속하여 시청하세요.

▶ 제공하는 동영상과 구매인증 자료는 1판 1쇄 기준 2년간 유효합니다.
단, 출제기준안에 따라 동영상 내용은 변경될 수 있습니다.



## PART 01 스프레드시트 합격 이론

1권 • 스프레드시트

### CHAPTER 01 기본작업 ▶



### CHAPTER 02 계산작업 ▶



### CHAPTER 03 분석작업 ▶



### CHAPTER 04 기타작업 ▶



## PART 02 스프레드시트 대표 기출 따라하기

## PART 03 스프레드시트 상시 기출 문제

### 상시 기출 문제



## PART 04 스프레드시트 기출 유형 문제

### 기출 유형 문제



## PART 01 데이터베이스 합격 이론

2권 • 데이터베이스

### CHAPTER 01 DB 구축



### CHAPTER 02 입력 및 수정 기능 구현



### CHAPTER 03 조회 및 출력 기능 구현



### CHAPTER 04 처리 기능 구현

## PART 02 데이터베이스 대표 기출 따라하기

## PART 03 데이터베이스 상시 기출 문제

### 상시 기출 문제



## PART 04 데이터베이스 기출 유형 문제

### 기출 유형 문제



## 함수공략집

## PART 01 스프레드시트 계산작업

### 계산작업 문제



## PART 02 스프레드시트 함수사전



구매 인증 PDF

시험대비 모의고사 01~03회
PDF 추가 제공

시험장까지 함께 가는
핵심 요약 PDF

※ **참여 방법 :** '이기적 스터디 카페' 검색 → 이기적 스터디 카페(cafe.naver.com/yjbooks) 접속 → '구매 인증 PDF 증정' 게시판 → 구매 인증 → 메일로 자료 받기

# 실습 파일 사용 방법

## 01 다운로드 방법

① 이기적 영진닷컴 홈페이지(license.youngjin.com)에 접속하세요.

② [자료실]–[컴퓨터활용능력] 게시판으로 들어가세요.

③ '[7590] 2025년 컴퓨터활용능력 1급 실기 기본서_부록 자료' 게시글을 클릭하여 첨부파일을 다운로드하세요.

## 02 사용 방법

① 다운로드받은 '7590' 압축 파일에서 마우스 오른쪽 버튼을 눌러 '6847'에 압축풀기를 눌러 압축을 풀어주세요.

② 압축이 완전히 풀린 후에 '7590' 폴더를 더블 클릭하세요.

③ 압축이 제대로 풀렸는지 확인하세요. 아래의 그림대로 파일이 들어있어야 합니다. 그림의 파일과 다르다면 압축 프로그램이 제대로 설치되어 있는지 확인해 주세요.

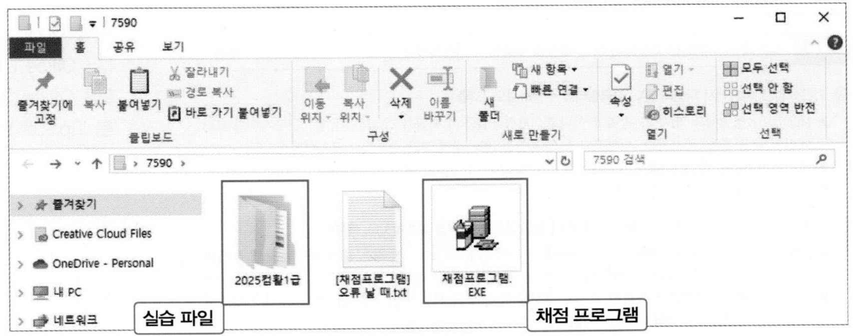

# 이 책의 구성

## 전문가가 핵심만 정리한 이론으로 학습

**난이도**
각 섹션을 상/중/하 등급으로 나누었습니다.

**작업 파일**
각 섹션에서 사용하는 파일의 경로를 안내합니다.

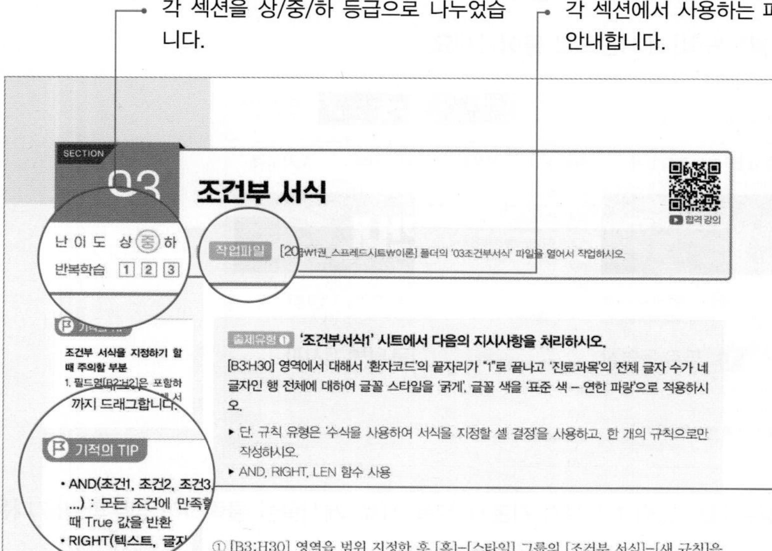


**출제유형**
시험이 어떻게 출제되는지 문제 유형을 파악하고 개념을 이해할 수 있도록 준비하였습니다.

**24년 출제**
실제 상시 시험에 출제된 문제를 새롭게 구성하였습니다.

**다양한 학습 TIP**
학습에 도움이 되는 전문가의 다양한 팁을 수록하였습니다.

## 상시 기출 문제와 기출 유형 문제로 실전 대비

**기출 문제**
다양한 유형의 많은 문제를 접해보고 실전 감각을 키우세요.

**합격 강의 QR**
동영상 강의를 QR코드로 바로 접속하여 시청할 수 있습니다.

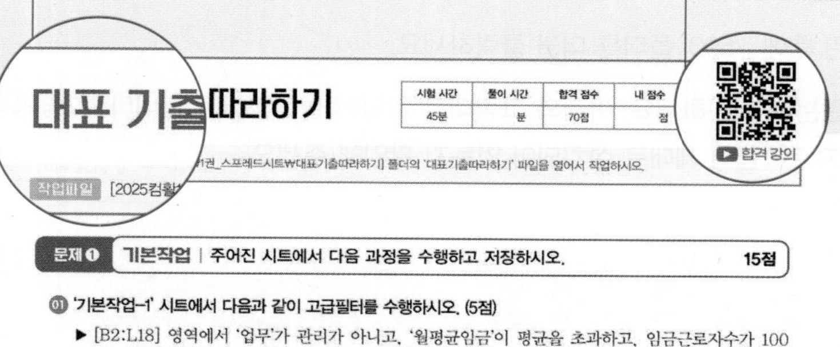


**자동 채점 서비스**
문제를 풀고 자동채점 프로그램을 통해 내 점수를 확인할 수 있습니다.

**버전 Tip**
MS Office LTSC 2021 버전과 MS Office 2021 버전의 차이를 Tip으로 안내하였습니다.

# 시험의 모든 것

## 01 응시 자격

자격 제한 없음

## 02 원서 접수

필기 : 20,500원, 실기 : 25,000원
(인터넷 접수 시 수수료 별도, 계좌 이체 및 신용카드 결제 가능)

## 03 합격 기준

| | |
|---|---|
| 필기 시험 | 각 과목 100점 만점에 과목당 40점 이상, 전체 평균 60점 이상 |
| 실기 시험 | 100점 만점에 70점 이상(1급은 두 과목 모두 70점 이상) |

## 04 합격자 발표

- 대한상공회의소 홈페이지(license.korcham.net)에서 발표
- 시험 응시 주간을 제외한 2주차 금요일 오전 10시 발표

## 05 자격증 수령

- 휴대할 수 있는 카드 형태의 자격증 발급
- 취득(합격)확인서를 필요로 하는 경우 취득(합격)확인서 발급

| | |
|---|---|
| 형태 | • 휴대하기 편한 카드 형태의 자격증<br>• 신청자에 한해 자격증 발급 |
| 신청 절차 | 인터넷(license.korcham.net)을 통해서만 자격증 발급 신청 가능 |
| 수수료 | • 인터넷 접수 수수료 : 3,100원<br>• 등기우편 수수로 별도 |
| 수령 방법 | 방문 수령은 진행하지 않으며, 우편 등기배송으로만 수령할 수 있음 |
| 신청 접수 기간 | 자격증 신청 기간은 따로 없으며 신청 후 10~15일 후 수령 가능 |

## 06 실기 버전 안내

- **실기 시험 공식 버전 : Windows 10, MS Office LTSC Professional Plus 2021**
- Office Professional 2021 : 가정이나 직장에서 사용하기 위해 한 대의 PC에 기본 Office 앱과 전자 메일을 설치하려는 가족 및 소규모 기업용을 위한 제품입니다.
- Office LTSC : 상용 및 정부 고객을 위한 Microsoft 365의 최신 영구 버전으로, 두 플랫폼(Windows 및 Mac)에서 모두 이용 가능한 일회성 "영구" 구매로 사용할 수 있는 디바이스 기반 라이선스입니다.
- **MS Office 2021 프로그램의 업데이트 버전을 사용하는 경우, LTSC 버전과 일부 명칭 및 메뉴가 다를 수 있습니다.** 본 도서는 시험장에서 사용하는 MS Office LTSC 2021 버전으로 작성되었으며, 일반 사용자 프로그램인 MS Office 2021의 업데이트 버전을 사용하고 계신 독자분들을 위해 본문의 '버전 Tip'과 '버전 해설' 두 가지 버전의 차이점을 알려드리고 있습니다. 다만 업데이트는 계속될 수 있으며, 이후 추가되는 업데이트로 인해 내용이 달라질 수 있음을 알려드립니다. 본 도서에서 제공하는 '버전 Tip'은 MS Office Professional Plus 2021 기준으로 작성되었습니다.
- 프로그램 버전 확인 경로 : [파일]-[계정]

# 시험 출제 경향

### 컴퓨터활용능력 1급 실기 [스프레드시트] 문제 분석

| 작업유형 | 출제 문제 | | 배점 | 최소 목표 점수 |
|---|---|---|---|---|
| 기본작업 | 기본작업 1 | 고급 필터 | 5점 | 10점 이상 |
| | 기본작업 2 | 조건부 서식 | 5점 | |
| | 기본작업 3 | 페이지 레이아웃 또는 시트 보호 | 5점 | |
| 계산작업 | 함수 2문항, 배열 수식 2문항, 사용자 정의 함수 1문항 | | 30점 | 18점 |
| 분석작업 | 분석작업 1 | 피벗 테이블 | 10점 | 20점 |
| | 분석작업 2 | 데이터 도구 | 10점 | |
| 기타작업 | 기타작업 1 | 차트 수정 5문항 | 10점 | 30점 |
| | 기타작업 2 | 매크로 2문항 | 10점 | |
| | 기타작업 3 | 프로시저 작성 3문항 | 15점 | |
| 합계 | | | 100점 | 78점 |

## 기본작업

기본작업은 3문항이 출제가 되는데 고급 필터 5점, 조건부 서식 5점, 페이지 레이아웃 또는 보호가 5점으로 배점되어 있습니다.

고급 필터 문제는 조건 작성이 가장 중요합니다. 문제에서 함수를 이용하라고 하면 주어진 함수를 사용해서 작성하고, 함수를 이용하여 조건을 작성할 때에는 필드명은 데이터에 있는 필드명과 다르게 입력하고 그 아래에 함수식을 이용하여 조건을 작성합니다.

조건부 서식 문제는 범위 지정과 혼합 참조를 주의해서 작성하면 됩니다. 페이지 레이아웃 문제는 문제로 끝나지 않고 엑셀 프로그램을 이용하여 문서를 작성하고 인쇄할 때 필요한 기능을 직접 접해보면 훨씬 도움이 됩니다.

보안 기능은 시트 보호, 통합 문서 보기는 출제되는 내용이 제한되므로 연습을 통해 쉽게 익힐 수 있습니다.

| 구성 요소 | 세부 출제 내역 |
|---|---|
| 고급 필터 | AND, OR 조건 지정, 수식 또는 함수로 조건 지정, 특정 필드만 추출 |
| 조건부 서식 | 수식 또는 함수로 조건 지정 |
| 페이지 레이아웃 | 인쇄 영역 지정, 반복할 행/열 지정, 머리말/꼬리말 지정, 페이지 가운데 맞춤 |
| 보호 | 시트 보호, 통합 문서 보기 |

## 계산작업

계산작업은 5문항이 출제되는데 각 6점씩 총 30점의 높은 비중을 차지하고 있습니다. 배열 수식 2문항, 일반 함수식 2문항, 사용자 정의 함수 1문항으로 출제되고 있습니다. 시험장에서는 우선 자신있는 문제부터 작성하시고, 새로 접하거나 어렵게 느껴지는 문제는 기타작업까지 모든 문제를 작성하고 나서 시간을 가지고 해결하는 것이 좋습니다. 간혹 계산작업에 너무 매달리다가 분석작업과 기타작업을 작성하지 못하고 나오는 경우가 있습니다. 계산작업에서 높은 점수를 얻기 위해서는 많은 문제를 접해 보시는 것이 중요합니다. 이를 위해 저희 교재를 이렇게 활용하면 됩니다.

**시험에 출제된 함수**

| 구분 | 주요 함수 |
|---|---|
| 날짜와 시간 함수 | DATE, DATEVALUE, DAY, DAYS, EDATE, EOMONTH, HOUR, MINUTE, MONTH, NETWORKDAYS, NOW, SECOND, TIME, TODAY, WEEKDAY, WEEKNUM, WORKDAY, YEAR |
| 논리 함수 | AND, FALSE, IF, IFS, IFERROR, NOT, OR, TRUE, SWITCH |
| 데이터베이스 함수 | DAVERAGE, DCOUNT, DCOUNTA, DGET, DMAX, DMIN, DPRODUCT, DSTDEV, DSUM, DVAR |
| 문자열 함수 | CONCAT, EXACT, FIND, FIXED, LEFT, LEN, LOWER, MID, PROPER, REPLACE, REPT, RIGHT, SEARCH, SUBSTITUTE, TEXT, TRIM, UPPER, VALUE |
| 수학과 삼각 함수 | ABS, EXP, FACT, INT, MDETERM, MINVERSE, MMULT, MOD, PI, POWER, PRODUCT, QUOTIENT, RAND, RANDBETWEEN, ROUND, ROUNDDOWN, ROUNDUP, SIGN, SQRT, SUM, SUMIF, SUMIFS, SUMPRODUCT, TRUNC |
| 재무 함수 | FV, NPV, PMT, PV, SLN, SYD |
| 찾기와 참조 함수 | ADDRESS, AREAS, CHOOSE, COLUMN, COLUMNS, HLOOKUP, INDEX, INDIRECT, LOOKUP, MATCH, OFFSET, ROW, ROWS, TRANSPOSE, VLOOKUP, XLOOKUP, XMATCH |
| 통계 함수 | AVERAGE, AVERAGEA, AVERAGEIF, AVERAGEIFS, COUNT, COUNTA, COUNTBLANK, COUNTIF, COUNTIFS, FREQUENCY, GEOMEAN, HARMEAN, LARGE, MAX, MAXA, MEDIAN, MIN, MINA, MODE.SNGL, PERCENTILE.INC, RANK.EQ, SMALL, STDEV.S, VAR.S |
| 정보 함수 | CELL, ISBLANK, ISERR, ISERROR, ISEVEN, ISLOGICAL, ISNONTEXT, ISNUMBER, ISODD, ISTEXT, TYPE |

## 분석작업

피벗 테이블은 외부 데이터를 이용하여 피벗 테이블을 작성하는 문제로 출제됩니다. 피벗 테이블에서는 부분 점수가 없으므로 세부 옵션을 꼼꼼하게 체크해서 작성하여야 10점 점수를 받을 수 있습니다.

데이터 도구 문제는 새롭게 출제되는 문제로 데이터 유효성 검사, 중복 데이터 제거, 자동 필터, 부분합 등의 기능을 활용하여 작성된 데이터를 활용하는 문제가 출제되고 있습니다.

| 구성 요소 | 세부 출제 내역 |
|---|---|
| 피벗 테이블 | 피벗 테이블 위치, 레이아웃, 그룹, 옵션(빈 셀, 행/열 총합계 표시), 피벗 스타일 |
| 부분합 | 데이터 정렬, 단일 필드를 기준으로 부분합 작성, 2개의 이상의 부분합 표시 |
| 데이터 통합 | 분산된 데이터를 하나로 통합, 함수 선택, 통합할 필드명 직접 입력 |
| 데이터 표 | 하나의 변수에 의한 값의 변화, 두 개의 변수에 의한 값의 변화 |
| 목표값 찾기 | 단일 셀의 값의 변화 |
| 자동 필터 | 조건에 만족한 데이터 현재 위치에 추출 |
| 데이터 유효성 검사 | 셀에 입력할 수 있는 데이터 형식과 내용을 제한 |
| 중복 데이터 제거 | 특정 필드를 기준으로 중복된 데이터를 찾아 행을 삭제 |

## 기타작업

기타작업은 차트를 수정하는 문제와, 매크로 기록과 연결, VBA 프로시저를 작성하는 문제로 3문항이 출제됩니다.

차트 수정은 미리 작성된 차트에 서식을 지정하는 5문항이 출제되면서 각 2점씩 총 10점입니다. 간혹 차트를 작성하는 문제가 출제될 수도 있기 때문에 범위를 지정하여 차트를 직접 작성하는 기능도 익혀두어야 합니다.

VBA 프로시저 문제는 폼을 보이고, 폼 초기화 하는 1문항, 등록하거나 조회하는 1문항, 폼을 종료하는 1문항 각 5점씩 총 15점 배점입니다. 프로시저 문제에서 폼 보이고, 초기화 작업, 폼을 종료하는 작업은 반드시 작성할 수 있도록 연습이 필요합니다. 등록하거나 조회하는 문제는 많은 실습을 통해 다양한 문제를 접해 보고 시험장에서도 시간이 되는 범위 안에서 끝까지 작성하는 것이 중요합니다.

| 구성 요소 | 세부 출제 내역 |
|---|---|
| 차트 | 차트 종류 변경, 차트 제목, 축 제목, 축 서식, 데이터 레이블 추가, 범례 서식, 차트 영역 서식, 보조 축, 표식 기호, 데이터 추가, 범례 항목 수정, 추세선 추가, 도형 스타일 |
| 매크로 | 매크로를 기록하고 양식 컨트롤 단추 또는 도형에 매크로 지정 |
| VBA 프로시저 | 폼 보이기(.show), 폼 초기화(Initialize) / 등록 또는 조회 / 종료(unload me), 날짜와 시간 표시, 메시지 박스 |

### 컴퓨터활용능력 1급 실기 [데이터베이스] 문제 분석

| 작업유형 | 출제 문제 | | 배점 | 최소 목표 점수 |
|---|---|---|---|---|
| DB구축<br>25점 | ❶ | 테이블 완성 | 15점 | 20점 이상 |
| | ❷ | 조회 속성 설정, 관계 설정, 외부 데이터 가져오기 등 | 5점 | |
| | ❸ | | 5점 | |
| 입력 및 수정 기능 구현<br>20점 | ❶ | 폼 완성 | 9점 | 15점 |
| | ❷ | 콤보 상자, 조건부 서식, 컨트롤(단추) 생성, 이벤트 프로시저 및 매크로 작성 | 6점 | |
| | ❸ | | 5점 | |
| 조회 및 출력 기능 구현<br>20점 | ❶ | 보고서 완성 | 15점 | 15점 |
| | ❷ | 이벤트 프로시저 및 매크로 작성 | 5점 | |
| 처리 기능 구현<br>35점 | ❶~❺ | 쿼리 작성 | 7점 | 25점 |
| 합계 | | | 100점 | 75점 |

## DB구축

DB구축 작업은 난도가 비교적 낮지만 배점은 높으므로 되도록 높은 점수를 받도록 합니다. 또한 관계 설정처럼 이후 작업(문제)에 영향을 주는 문제는 반드시 맞혀야 합니다.

이 영역은 총 3문제가 출제되며 첫 문제인 테이블 완성에 15점, 나머지 두 문제에 각 5점씩 10점이 배점됩니다. 첫 문제 테이블 완성은 각 3점씩 5문항이며 부분 점수가 인정됩니다. 교재에는 테이블 완성에 필요한 거의 모든 유형의 필드 속성이 총 망라되어 있으므로 해당 유형만 익혀도 시험을 보는 데에는 충분합니다.

테이블 완성을 제외한 두 문제는 대부분 관계 설정, 외부 데이터 가져오기, 조회 속성 설정에서 높은 확률로 출제됩니다. 마찬가지로 교재의 여러 유형을 반복 연습을 하다 보면 쉽게 따라할 수 있습니다. 다만 데이터베이스를 처음 접하는 경우 생소할 수 있으므로 익숙해질 때까지 꼼꼼하게 학습하도록 합니다.

| 구성 요소 | 세부 출제 내역 |
|---|---|
| 테이블 완성 | 입력 마스크, 유효성 검사 규칙, 필드 추가, 기본값, 기본 키 설정 등 |
| 관계 설정 | 항상 참조 무결성 유지, 관련 필드 모두 업데이트, 관련 레코드 모두 삭제, 조인 유형 등 |
| 조회 속성 | 행 원본, 바운드 열, 열 개수, 열 너비, 행 수, 목록 값만 허용 등 |

## 입력 및 수정 기능 구현

주어진 폼을 지시사항대로 완성하고 폼 안의 컨트롤에 원하는 정보를 주어진 조건으로 제한하여 표시하는 것이 주를 이룹니다.

총 3문제가 출제되며 첫 번째 문제는 폼을 완성하는 작업(총 3문항, 각 3점)으로 9점이 배점됩니다. 나머지 두 문제는 각 5점, 6점이 배점되며 폼에 있는 컨트롤을 이벤트 프로시저, 조건부 서식, 콤보 상자 변경, 매크로 작성, 함수(데이터베이스 함수), 하위 폼 등을 통해 원하는 정보를 표시하고 다른 정보와 구분지을 수 있도록 합니다.

특히 자주 출제되는 이벤트 프로시저의 속성, 메서드, 개체는 암기해야 하고 조건식 작성법은 필수로 익혀야 합니다. 교재의 조건식 작성법 영역을 탐독하면 어렵지 않게 방법을 익힐 수 있을 것입니다.

| 구성 요소 | 세부 출제 내역 |
|---|---|
| 폼 완성 | 컨트롤 생성, 컨트롤 원본, 글꼴 관련 설정, 컨트롤 크기 및 순서 조정, 탭 순서(탭 인덱스) 등 |
| 조건부 서식 | Left, Is Null 등으로 조건부 규칙을 만들어 서식 지정 |
| 함수 | Format, Count, Sum, DLookup 등 |
| 이벤트 프로시저 | DoCmd, OpenForm, OpenReport, Close, RunSQL, Filter, FilterOn, RecordsetClone, FindFirst, Bookmark, RecordSource 등 |
| 콤보 상자 변경 | 콤보 상자로 변경 후 행 원본, 바운드 열, 열 너비, 목록 값만 허용 등 설정 |
| 하위 폼 | 기본 필드와 하위 필드 선택 후 연결, 하위 폼 마법사 이용 |

## 조회 및 출력 기능 구현

주로 테이블이나 쿼리에 바인딩(묶여있는, 연결된) 된 보고서를 완성하는 첫 번째 문제와, 이벤트 프로시저 혹은 매크로를 이용하여 원하는 정보를 표시하는 나머지 두 문제를 작업하게 됩니다. 문제2 입력 및 수정 기능 구현에서 살펴본 함수, 이벤트 프로시저는 이 영역의 작업에서도 여전히 유효하며 매크로 작성 또한 동일합니다. 컴퓨터활용능력 1급 실기 시험의 절반은 조건식(Where 조건절)을 얼마나 잘 이해하여 작성하는지 묻는 것이라 해도 과언이 아닙니다. 따라서 조건식 작성법을 다시 한 번 학습하고 교재의 다양한 예제, 문제들을 반복해서 풀어보도록 합니다.

| 구성 요소 | 세부 출제 내역 |
|---|---|
| 보고서 완성 | 그룹화 및 정렬, 컨트롤 원본 설정, 입력 마스크, 반복 실행 구역, 누적 합계, 중복 내용 숨기기 등 |
| 이벤트 프로시저 | DoCmd, OpenForm, OpenReport, Close, RunSQL, Filter, FilterOn, RecordsetClone, FindFirst, Bookmark, RecordSource 등 |
| 매크로 | OpenReport, OpenForm, ExportWithFormatting, CloseWindow, MessageBox 등 |

## 처리 기능 구현

쿼리작성을 통해 지시사항대로 여러 테이블의 데이터를 가공하여 결과를 표시하는 문제와 앞서 입력 및 수정 기능 구현, 조회 및 출력 기능 구현에서 살펴본 이벤트 프로시저, 매크로 작성 문제들도 함께 출제됩니다.

쿼리를 작성할 때 연산자로 정보를 제한하거나 함수를 통해 계산을 수행할 수 있습니다. 또한 쿼리를 통해 데이터를 추가, 변경, 삭제도 할 수 있습니다. 때로는 매개 변수 메시지를 통해 필드 값을 묻는 매개 변수 쿼리나 엑셀의 피벗 테이블처럼 집계 함수의 결과 값을 왼쪽과 위쪽에 그룹화 하여 보여주는 크로스탭 쿼리를 작성할 수도 있습니다. 이처럼 쿼리 작성은 데이터베이스에 대한 다층적인 이해를 묻는 영역이기 때문에 처음 접하면 생소할 수 있습니다만 다행스럽게도 시험에서 다루는 대부분의 쿼리는 쿼리 디자인 창에서 디자인 눈금에 필드를 끌어다 놓는 형태의 시각적인 환경에서 비교적 손쉽게 해결할 수 있으므로 교재에 나오는 예제들을 연습하다보면 곧 익숙해질 것입니다.

| 구성 요소 | 세부 출제 내역 |
|---|---|
| 쿼리 작성 | Where 조건절을 포함한 선택쿼리, 매개 변수 쿼리, 집계 함수를 활용한 요약 쿼리<br>테이블 만들기 쿼리, 추가 쿼리, 업데이트 쿼리, 삭제 쿼리 등 |

# 회별 숨은 기능 찾기

## 대표 기출 따라하기

※ (배) → 배열수식

| | 기본작업 | 계산작업 | 분석작업 | 기타작업 |
|---|---|---|---|---|
| 기출 문제 따라 하기 | 고급필터(AND, AVERAGE) 조건부서식(OR, MAX, MIN) 페이지 레이아웃 | ROUNDUP/AVERAGEIF, TEXT/FREQUENCY(배), INDEX/MATCH/MAX/IF(배), 사용자, VLOOKUP/SUMPRODUCT | 피벗 테이블(accdb, 그룹, 계산 필드, 피벗 스타일), 데이터 도구(데이터 유효성 검사, 자동 필터) | 차트(차트 종류 변경, 데이터 레이블, 데이터 계열 서식, 축 서식, 차트 영역 서식), 매크로(서식, 단추), VBA(폼 보이기, 폼 초기화, 등록) |

## 상시 기출 문제

| | 기본작업 | 계산작업 | 분석작업 | 기타작업 |
|---|---|---|---|---|
| 1회 | 고급필터(AND, YEAR, LEFT), 조건부서식(AND, DAYS, FIND), 페이지 레이아웃(행/열 머리글, 첫 페이지) | VLOOKUP/COUNTIF/IF/&, SUM/IF/&(배), AVERAGE/IF/LARGE(배), MAX/IF(배), 사용자 | 피벗 테이블(csv, 총합계 비율, 피벗 스타일), 데이터 도구(데이터 유효성 검사, 자동 필터) | 차트(데이터 선택, 차트 종류, 차트 제목, 눈금선, 데이터 레이블), 매크로(서식, 단추), VBA(폼 보이기, 폼 초기화, 등록, 종료) |
| 2회 | 고급필터(AND, WEEKDAY), 조건부서식(ISEVEN, DAY), 페이지 레이아웃(메모 표시, 서식) | IF/REPT, TEXT/ SUMIFS/LEFT/&,MAX/IFERROR/FIND/DAY(배), AVERAGE/LARGE(배), 사용자 | 피벗 테이블(accdb, 표시 형식, 피벗 스타일), 데이터 도구(정렬, 통합) | 차트(차트 제목, 데이터 선택, 축 서식, 데이터 레이블, 추세선), 매크로(서식, 단추), VBA(폼 보이기, 폼 초기화, 등록, 종료) |
| 3회 | 고급 필터(ISBLANK, OR, MEDIAN), 조건부 서식(AND, COLUMN, ISODD, MONTH), 시트 보호 | CONCAT/VLOOKUP, INDEX/MATCH, FREQUENCY/ TEXT(배), AVERAGE/IF/ IFERROR(배), 사용자 | 피벗 테이블(csv, 값 필드 설정, 옵션), 데이터 도구(중복된 항목 제거, 부분합) | 차트(데이터 추가, 축 제목 연동, 축 옵션, 표식 변경), 매크로(서식, 조건부 서식, 단추), VBA(폼 보이기, 폼 초기화, 등록, 종료) |
| 4회 | 고급 필터(AND, ISBLANK, NOT), 조건부 서식(ROW, MOD), 페이지 레이아웃 | IF/ISERROR/MATCH, IFERROR/REPLACE/VLOOKUP, IF/SUM/TEXT(배), IF/LARGE/SMALL(배), 사용자 | 피벗 테이블(accdb, 계산 필드), 데이터 도구(데이터 유효성 검사, 자동 필터) | 차트(차트 제목 연동, 그림 영역 서식), 매크로(서식, 단추), VBA(폼 보이기, 폼 초기화, 등록, 종료) |
| 5회 | 고급필터(AND, LARGE, YEAR), 조건부 서식(AND, OR, LEFT), 페이지 레이아웃 | IF/OR/PMT, IFS/MATCH/VLOOKUP, LARGE/RIGHT(배), COUNT/IF/YEAR/MID(배), 사용자 | 피벗 테이블(accdb, 그룹, 값 필드 설정, 스타일), 데이터 도구(유효성 검사, 데이터 표) | 차트(데이터 범위, 가로 축, 범례 서식), 매크로(서식, 빗면), VBA(폼 보이기, 폼 초기화, 등록, 종료) |
| 6회 | 고급필터(AND, LEFT, RIGHT), 조건부 서식(MOD, ROW), 페이지 레이아웃 | IF/AND/YEAR, XLOOKUP/PMT, 사용자, SUM/LARGE/IF/LEFT(배), RANK.EQ/MIN/IF(배) | 피벗 테이블(csv, 총합계 비율, 부분합 표시), 데이터 도구(유효성 검사, 부분합) | 차트(행/열 전환, 계열 겹치기, 간격 너비), 매크로(서식, 단추), VBA(폼 보이기, 폼 초기화, 등록, 종료) |
| 7회 | 고급 필터(AND, COUNTA), 조건부 서식(AND, MOD, RIGHT, YEAR), 페이지 레이아웃 | IF/AND/COUNTIF, IF/AVERAGE/VLOOKUP/&, 사용자, IF/COUNT/FIND(배), INDEX/MATCH/MAX(배) | 피벗 테이블(accdb, 그룹, 피벗 테이블 스타일, 별도 시트 추출), 데이터 도구(정렬, 통합) | 차트(행/열 전환, 레이블 표시, 간격 너비), 매크로(서식, 단추), VBA(폼 보이기, 폼 초기화, 등록, 종료) |
| 8회 | 고급 필터(AND, ISODD), 조건부 서식(AND, OR, WEEKDAY), 페이지 레이아웃 | VLOOKUP/MATCH, 사용자, QUOTIENT/CHOOSE/RIGHT/&, CONCAT/SUM/AVERAGE(배), MAX/VALUE/RIGHT(배) | 피벗 테이블(csv, 열 합계 비율), 데이터 도구(유효성 검사, 데이터 표) | 차트(레이아웃, 축 제목 연동, 세로 눈금선), 매크로(서식, 단추), VBA(폼 보이기, 폼 초기화, 등록, 종료) |
| 9회 | 고급 필터(AND, EDATE), 조건부 서식(AND, AVERAGE), 페이지 레이아웃 | HLOOKUP/MATCH/MIN, TEXT/AVERAGE/IF(배), COUNT/IF/&(배), INDEX/MAX/MATCH(배), 사용자 | 피벗 테이블(csv, 그룹, 옵션), 데이터 도구(데이터 유효성 – QUOTIENT, 정렬) | 차트(범위 추가, 주 눈금선, 도형 스타일), 매크로(서식, 리본), VBA(폼 보이기, 폼 초기화, 등록, 종료) |
| 10회 | 고급 필터(AND, MID), 조건부 서식(AND, OR, MONTH), 시트 보호 | 사용자, HLOOKUP/LEFT/RIGHT/VALUE/&, INDEX/MATCH, COUNT/IF/LEFT(배), MAX/IF/LEFT(배) | 피벗 테이블(accdb, 그룹, 정렬, 셀 서식), 데이터 도구(데이터 유효성 – MOD, 데이터 표) | 차트(데이터 범위 변경, 도형 스타일, 값을 거꾸로), 매크로(목표값 찾기, 빗면), VBA(폼 보이기, 폼 초기화, 등록, 종료) |

## 기출 유형 문제

| | 기본작업 | 계산작업 | 분석작업 | 기타작업 |
|---|---|---|---|---|
| 1회 | 고급 필터(AND, FIND)<br>조건부 서식(AND, IF-ERROR, SEARCH)<br>시트 보호와 통합 문서 보기 | MAXA/IF/LEFT(배), AVERAGE/IF/LEFT(배), COUNTA/DCOUNTA, IF/ISERROR/VALUE/SUMPRODUCT, 사용자 | 피벗 테이블(accdb, 계산 필드, 셀 서식, 피벗 테이블 스타일), 데이터 도구(데이터 유효성-목록, 자동 필터) | 차트(행/열 전환, 차트 종류, 차트 제목, 차트 제목 서식, 추세선, 도형 삽입), 매크로(서식, 단추), VBA(폼 보이기, 활성화, 조회 프로시저) |
| 2회 | 고급 필터(AND, LEFT, AVERAGE)<br>조건부 서식(OR, YEAR, MONTH)<br>페이지 레이아웃 | AVERAGEIF/ROUNDDOWN, TEXT/PERCENTILE.INC, REPT/SUM/IF(배), FREQUENCY/COUNTA(배), 사용자 | 피벗 테이블(accdb, 그룹, 계산 필드, 피벗 테이블 스타일), 데이터 도구(데이터 유효성-MOD, 자동 필터) | 차트(차트 종류 변경, 데이터 값 표시, 데이터 요소 서식, 축 서식, 차트 영역 서식), 매크로(서식, 조건부 서식, 단추), VBA(폼 보이기, 폼 초기화, 등록) |
| 3회 | 고급 필터(AND, IS-EVEN)<br>조건부 서식(AND, OR, WEEKDAY)<br>페이지 레이아웃 | QUOTIENT/MOD/&, COUNT/IFERROR/FIND/&(배), COUNTIFS/&, AVERAGE/IF/YEAR/LEFT/TRIM(배), 사용자 | 피벗 테이블(accdb, 계산 필드, 셀 서식, 피벗 스타일), 데이터 도구(중복 데이터 제거, 부분합) | 차트(차트 종류 변경, 데이터 레이블, 데이터 계열 서식, 축 서식, 차트 영역 서식), 매크로(서식, 조건부 서식, 단추), VBA(폼 보이기, 폼 초기화, 등록, 종료) |
| 4회 | 고급 필터(AND, ME-DIAN)<br>조건부 서식(MAX, MIN)<br>페이지 레이아웃 | IF/LEFT/COUNTIF/&, HLOOKUP/MATCH, REPT/FREQUENCY(배), ROUNDDOWN/LARGE(배), 사용자 | 피벗 테이블(accdb, 그룹, 부분합 표시, 셀 서식, 피벗 스타일), 데이터 도구(정렬, 시나리오) | 차트(차트 종류 변경, 둘째 영역, 레이블, 도형 효과), 매크로(서식, 조건부 서식, 단추), VBA(폼 보이기, 폼 초기화, 등록) |
| 5회 | 고급 필터(AND, QUO-TIENT)<br>조건부 서식(COLUMN)<br>시트 보호와 통합 문서 보기 | IFERROR/REPT/ABS, TEXT/MIN/IF(배), AVERAGE/IF/MONTH(배), CONCAT/SUM(배), 사용자 | 피벗 테이블(accdb, 그룹, 셀 서식, 스타일), 데이터 도구(중복 데이터 제거, 조건부 서식, 자동 필터) | 차트(행/열 전환, 스타일, 차트 제목, 레이블, 간격 너비, 차트 영역 서식), 매크로(사용자 지정 서식, 서식 해제), VBA(폼 보이기/폼 초기화, 등록, 종료) |
| 6회 | 고급 필터(AND, RIGHT, FIND)<br>조건부 서식(OR, WEEKDAY)<br>페이지 레이아웃 | SUM(배), COUNT/IF/LEFT/LEN(배), IF/ISERROR/XLOOKUP, VLOOKUP/DAYS/ABS/LOOKUP, 사용자 | 피벗 테이블(csv, 셀 서식, 옵션), 데이터 도구(텍스트 나누기, 데이터 통합) | 차트(추세선, 종류 변경, 보조 세로 축, 차트 제목 서식, 눈금선), 매크로(서식, 단추), VBA(폼 보이기, 폼 초기화, 드롭 버튼, 등록) |
| 7회 | 고급 필터(AND, LARGE, YEAR)<br>조건부 서식(OR, AND, LEFT)<br>페이지 레이아웃 | LARGE/IF/LEFT(배), AVERAGE/LARGE(배), VLOOKUP/PMT, RANK.EQ/MAX/IF/&(배), 사용자 | 피벗 테이블(accdb, 그룹, 정렬, 셀 서식, 새로운 시트 추출), 데이터 도구(데이터 유효성, 목표값 찾기) | 차트(차트 종류 변경, 보조 축 서식, 차트 제목, 축 서식, 범례), 매크로(서식, 사각형), VBA(폼 보이기, 폼 초기화, 스핀, 등록) |
| 8회 | 고급 필터(AND, DAY, HOUR)<br>조건부 서식(MONTH, MOD)<br>페이지 레이아웃 | IF/AND/LEFT/RIGHT, ROUNDUP/SUMPRODUCT/TRANSPOSE(배), XLOOKUP/IF, 사용자, AVERAGE/IF/YEAR/LEFT(배) | 피벗 테이블(accdb, 그룹, 셀 서식, 피벗 테이블 스타일), 데이터 도구(데이터 유효성, 데이터 표) | 차트(차트 종류 변경, 범례, 보조 세로 축, 차트 영역), 매크로(서식, 단추), VBA(폼 보이기, 폼 초기화, 조회, 종료) |
| 9회 | 고급 필터(AND, IS-EVEN, RIGHT)<br>조건부 서식(QUO-TIENT, ROW, ISEVEN)<br>페이지 레이아웃 | IFERROR/LEFT/RIGHT/MATCH/INDEX, SMALL/IF/LEFT(배), INDEX/MAX/XMATCH, SUM/IF/MONTH(배), 사용자 | 피벗 테이블(accdb, 계산 필드, 셀 서식, 피벗 테이블 스타일), 데이터 도구(텍스트 나누기, 정렬) | 차트(차트 제목 서식, 레이블, 차트 영역), 매크로(서식, 단추), VBA(폼 보이기, 폼 초기화, 등록, 종료) |
| 10회 | 고급 필터(AND, OR, YEAR)<br>조건부 서식(OR, LEFT, MONTH)<br>페이지 레이아웃 | TEXT/COUNT/IF/COUNTA/LEFT(배), MAX/LEFT/YEAR/&(배), TEXT/DAVERAGE, IF/XLOOKUP, 사용자 | 피벗 테이블(csv, 셀 서식, 옵션), 데이터 도구(정렬, 통합) | 차트(축 서식, 레이블, 차트 제목, 차트 효과), 매크로(부분합, 단추), VBA(폼 보이기, 폼 초기화, 활성화, 조회) |

# 자동 채점 서비스

## 01 설치용

① 다운로드받은 '채점프로그램.exe' 파일에서 마우스 오른쪽 버튼을 클릭한 후 **[관리자 권한으로 실행]**을 선택합니다.

② 설치 대화상자에서 [다음], [설치시작]을 클릭하여 설치를 완료합니다.

③ [시작]-[모든 프로그램]-[영진닷컴]-[2025컴활1급 채점프로그램]을 선택합니다.

④ '정답파일선택'에서 회차를 선택, '작성파일선택'에서 [찾기]를 클릭하여 사용자가 작성한 파일을 가져옵니다. [채점시작]을 클릭하여 채점합니다.

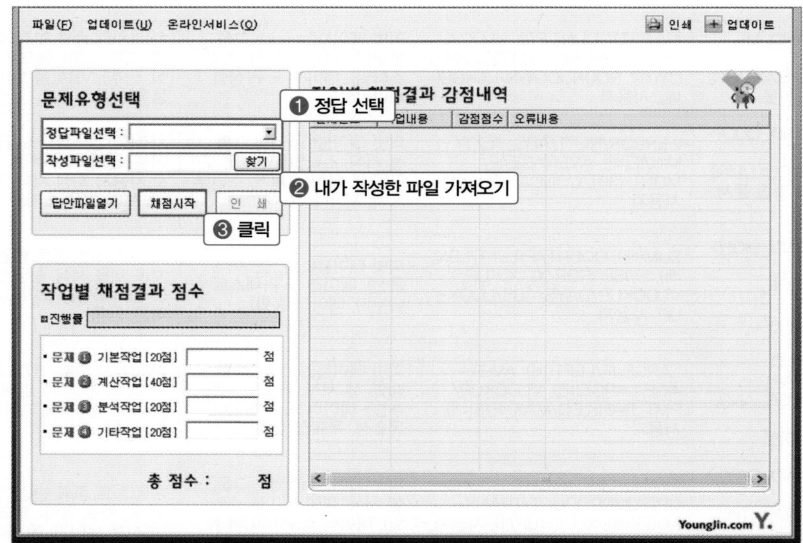


※ 엑셀, 액세스 전부 채점 가능합니다.

**▲ PC 버전 채점 프로그램 주의사항**

- 컴퓨터 환경에 따라 채점 프로그램 아이콘을 더블클릭했을 때 설치 및 실행이 안 될 수도 있습니다. 이런 경우 채점 프로그램 아이콘에서 마우스 오른쪽 버튼을 눌러 [관리자 권한으로 실행]을 클릭하세요.
- 자동 채점 프로그램을 사용하려면 windows 프로그램 및 MS Office 정품이 설치되어 있어야 합니다. 정품이 아닐 경우 설치 및 실행 시 에러가 발생할 수 있습니다.
- 업데이트가 있을 경우, 인터넷이 연결되어 있지 않은 컴퓨터는 채점 프로그램이 업데이트되지 않습니다.

## 02 온라인용

① 인터넷 검색 창에 comlicense.co.kr 또는 **이기적컴활.com**을 입력하여 사이트에 접속합니다.

② '년도선택: 2025', '교재선택: 이기적 컴퓨터활용능력 1급 기본서'를 선택한 후 [교재 선택 완료]를 클릭합니다.

③ '회차선택'에서 정답 파일을 선택, '작성파일선택'에서 [찾아보기]를 클릭하여 수험자가 작성한 파일을 가져온 후, [채점시작]을 버튼을 클릭합니다.

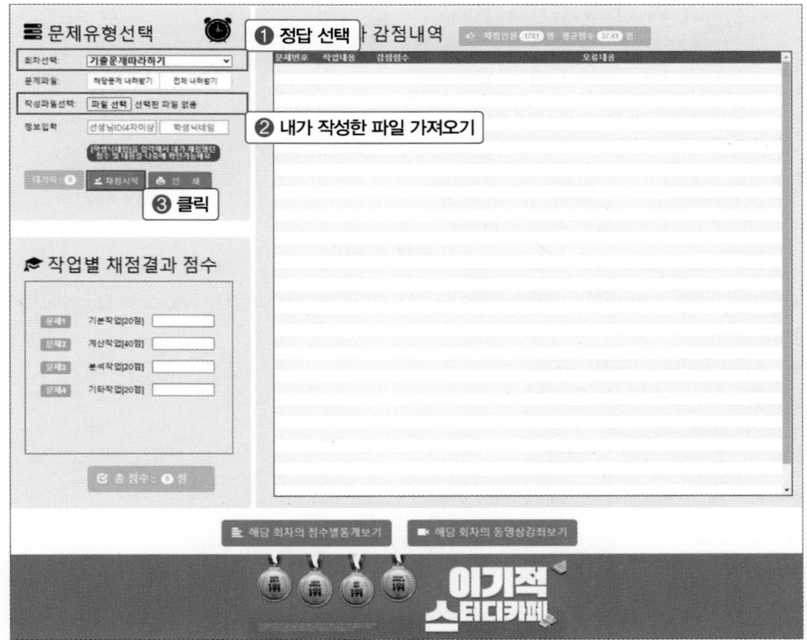


※ 엑셀, 액세스 전부 채점 가능합니다.

**▲ 웹 사이트 채점 프로그램 주의사항**

- 인터넷이 연결되어 있지 않은 컴퓨터는 웹 사이트 채점을 이용할 수 없습니다.
- 개인 인터넷 속도, 수험생의 접속자 수에 따라 채점 속도가 다를 수 있습니다.
- 웹 채점 서비스는 부가 서비스로 제공되는 부분이며, 업체 등의 변경으로 웹 채점 프로그램 제공이 중단될 수 있습니다.
- 본 도서에서 제공하는 웹 채점 서비스는 1판 1쇄 기준 2년간 유효합니다.

## 엑셀 작업 방법에 관련된 사항

**Q** **MS Office 업데이트로 인해 [데이터] 탭의 [데이터 가져오기]-[기타 원본에서]-[Microsoft Query에서] 메뉴가 보이지 않을 때 어떻게 해야 하나요?**

**A** ① [파일]-[옵션]을 클릭하여 [데이터]의 'Microsoft Query에서(레거시)'를 체크하고 [확인]을 클릭합니다.

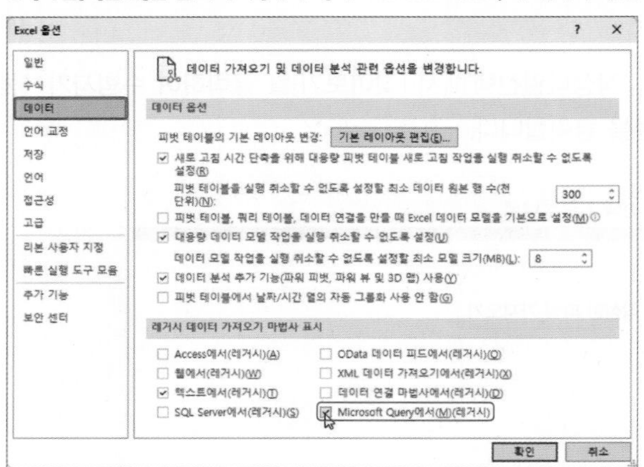


② [데이터]-[데이터 가져오기 및 변환] 그룹에서 [데이터 가져오기]-[레거시 마법사]-[Microsoft Query에서(레거시)] 메뉴를 이용하세요.

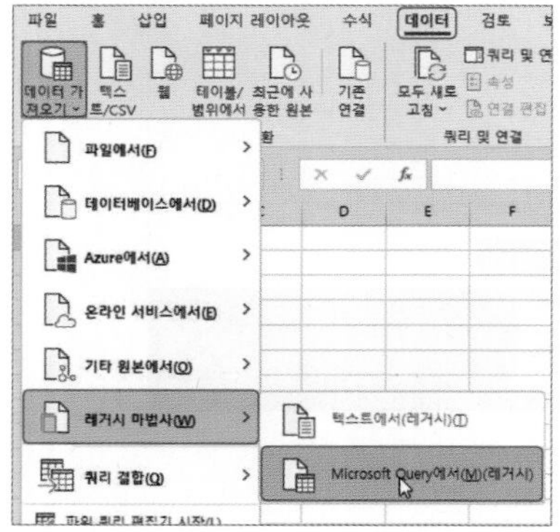


※ [데이터 가져오기]-[레거시 마법사]-[Microsoft Query에서(레거시)]와 [데이터 가져오기]-[기타 원본에서]-[Microsoft Query에서]의 기능이 동일합니다.

## Q 매크로가 실행되지 않는데 어떻게 해야 하나요?

**A** [파일] 탭의 [옵션]을 선택합니다. [Excel 옵션]에서 [보안센터]-[보안센터 설정]을 클릭하여 '매크로 설정'에서 'VBA 매크로 사용(권장 안 함, 위험한 코드가 시행될 수 있음)'에 체크해주세요.

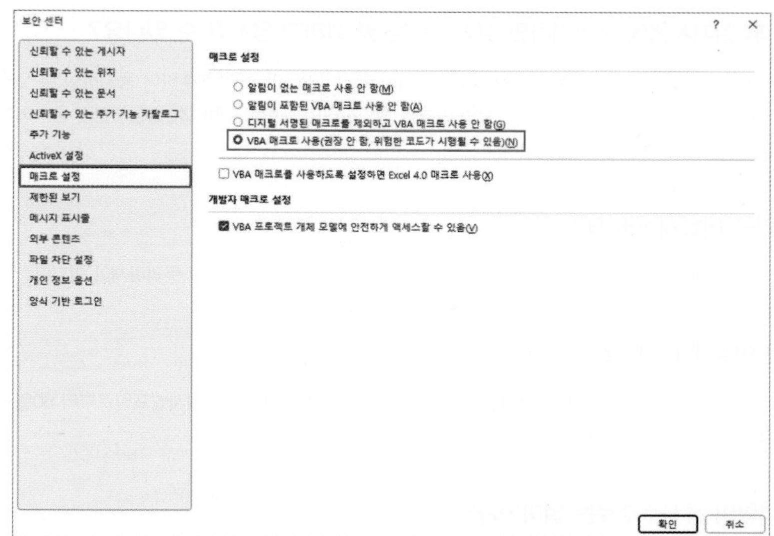


## Q 원하는 셀로 가기 위해 방향키를 눌렀는데 스크롤바가 움직여요. 어떻게 해야 하나요?

**A** 키보드의 Scroll Lock 이 켜져있기 때문입니다. 다시 한번 Scroll Lock 을 눌러 꺼주세요.

## Q 함수 입력 시 도움을 주는 스크린 팁이 보이게 하려면 어떻게 하나요?

**A** [파일]-[옵션]-[고급]-[표시]에 '함수 화면 설명 표시'에 체크해주세요.

## Q 셀에 서식을 지정하거나 함수를 입력하고 나니 값이 '####'으로 되었습니다. 어떻게 하나요?

**A** 문제에서 별도의 지시사항이 없으면 그대로 두거나, 해당 열의 너비를 조정하여 데이터가 보이게 해도 됩니다.

## Q 색상이나 차트 등에 마우스를 올렸을 때 이름이나 설명이 표시되지 않는 경우는 어떻게 해야 하나요?

**A** [Excel 옵션]-[일반] 탭에서 '실시간 미리보기 사용'에 체크, 화면 설명 스타일을 '화면 설명에 기능 설명 표시'를 선택하세요.

## 실기 시험에 대한 일반 사항

**Q** **필기와 실기는 서로 다른 지역에서 응시 가능한가요?**

**A** 필기 합격 지역과 관계없이 실기를 접수한 지역에서 응시하실 수 있습니다.

**Q** **필기시험에 합격 후 실기시험에 불합격하면 실기시험을 몇 회까지 응시할 수 있나요?**

**A** 필기시험 면제기간은 2년이며 실기시험은 횟수에 관계없이 필기시험 면제기간동안 계속 접수하여 응시하실 수 있습니다. 필기시험 합격 후 시간이 많이 지나 면제기간이 지났는지의 여부를 확인하려면 대한상공회의소 검정사업단 홈페이지에 접속하여 이름, 주민등록번호를 입력하면 알 수 있습니다.

**Q** **점수 및 채점 확인은 어떻게 하나요?**

**A** 당락여부는 합격자발표를 통해 이루어지며, 점수 및 채점 확인을 위해서는 상공회의소에 직접 문의하셔야 합니다.

**Q** **실기 점수 확인은 어떻게 하나요?**

**A** 인터넷 '대한상공회의소 홈페이지 〉 마이페이지 〉 시험결과'에서 확인할 수 있습니다. 단, 합격자발표일로부터 60일 동안만 제공되며 60일이 경과하면 대한상공회의소에 직접 문의해야 합니다.

**Q** **컴퓨터활용능력시험의 응시수수료는 얼마인가요?**

**A** 필기시험은 20,500원, 실기시험은 25,000원이고 급수에 관계없이 동일합니다.(인터넷 접수 시 수수료 별도)

**Q** **컴퓨터활용능력 실기시험의 과목과 합격하기 위해 필요한 점수는 몇 점인가요?**

**A** 컴퓨터활용능력 2급 실기 시험의 경우에는 '스프레드시트 실무' 한 과목이며 70점 이상 득점하면 합격입니다. 1급 실기 시험은 '스프레드시트 실무'와 '데이터베이스 실무'의 두 과목으로 구성되어 있으며 각 과목당 70점 이상 득점해야 합격할 수 있습니다.

**Q** **상시 검정은 무엇인가요?**

**A** 상시 검정은 수시로 접수하여 상공회의소에 마련된 상시 시험장에서 시험을 볼 수 있도록 한 제도입니다. 상시 검정은 원칙적으로 인터넷으로만 접수할 수 있으며 접수일 현재 개설되어 있는 시험일자 및 시험시간 내에서 선택하여 응시할 수 있습니다.

**Q** **컴퓨터활용능력 실기시험에서 사용하는 프로그램의 버전은 어떻게 되나요?**

**A** 2024년 1월부터 시행되는 시험은 Microsoft Office LTSC Professional Plus 2021으로 응시할 수 있습니다.

**Q** **실기시험 응시 후 합격자 발표 이전에 다시 상시 검정에 응시할 수 있나요?**

**A** 상시 검정은 합격자 발표 전까지는 얼마든지 접수하여 응시할 수 있습니다. 그리고 이미 실기시험에서 합격이 되었다면 그 이후에 응시한 시험결과는 무효처리 됩니다.

# 작업별 구성 요소 및 배점

## 문제1 기본작업(15점)

| 구성 요소 | 세부 항목 |
|---|---|
| 고급 필터 | 함수식을 입력하여 다른 위치에 자료 추출 |
| 조건부 서식 | 수식을 이용하여 전체 행에 조건부 서식 지정 |
| 시트 보호와 통합 문서 보기 | 셀 잠금, 시트 보호, 통합 문서(창, 구조) 보호, 페이지 나누기 미리 보기 |
| 페이지 레이아웃 | 인쇄 영역 설정, 머리글/바닥글 편집, 페이지 가운데 인쇄 |

## 문제2 계산작업(30점)

| 함수 | 1급 |
|---|---|
| 날짜와 시간 함수 | DATE, DATEVALUE, DAY, DAYS, EDATE, EOMONTH, HOUR, MINUTE, MONTH, NETWORKDAYS, NOW, SECOND, TIME, TODAY, WEEKDAY, WEEKNUM, WORKDAY, YEAR |
| 논리 함수 | AND, FALSE, IF, IFS, IFERROR, NOT, OR, TRUE, SWITCH |
| 데이터베이스 함수 | DAVERAGE, DCOUNT, DCOUNTA, DGET, DMAX, DMIN, DPRODUCT, DSTDEV, DSUM, DVAR |
| 문자열 함수 | CONCAT, EXACT, FIND, FIXED, LEFT, LEN, LOWER, MID, PROPER, REPLACE, REPT, RIGHT, SEARCH, SUBSTITUTE, TEXT, TRIM, UPPER, VALUE |
| 수학과 삼각 함수 | ABS, EXP, FACT, INT, MDETERM, MINVERSE, MMULT, MOD, PI, POWER, PRODUCT, QUOTIENT, RAND, RANDBETWEEN, ROUND, ROUNDDOWN, ROUNDUP, SIGN, SQRT, SUM, SUMIF, SUMIFS, SUMPRODUCT, TRUNC |
| 재무 함수 | FV, NPV, PMT, PV, SLN, SYD |
| 찾기와 함수 | ADDRESS, AREAS, CHOOSE, COLUMN, COLUMNS, HLOOKUP, INDEX, INDIRECT, LOOKUP, MATCH, OFFSET, ROW, ROWS, TRANSPOSE, VLOOKUP, XLOOKUP, XMATCH |
| 통계 함수 | AVERAGE, AVERAGEA, AVERAGEIF, AVERAGEIFS, COUNT, COUNTA, COUNTBLANK, COUNTIF, COUNTIFS, FREQUENCY, GEOMEAN, HARMEAN, LARGE, MAX, MAXA, MEDIAN, MIN, MINA, MODE.SNGL, PERCENTILE.INC, RANK.EQ, SMALL, STDEV.S, VAR.S |
| 정보 함수 | CELL, ISBLANK, ISERR, ISERROR, ISEVEN, ISLOGICAL, ISNONTEXT, ISNUMBER, ISODD, ISTEXT, TYPE |

## 문제3 분석작업(20점)

| 구성 요소 | 세부 항목 |
|---|---|
| 피벗 테이블 | 외부 데이터 가져오기, 그룹, 계산 필드 추가, 옵션, 피벗 스타일 |
| 데이터 유효성 검사 + 필터 | 제한 대상, 설명 메시지, 오류 메시지, 자동 필터를 이용한 설정 |
| 중복 데이터 제거 + 부분합(조건부 서식) | 중복된 값을 포함한 행 삭제, 부분합, 조건부 서식 지정 |

## 문제4 기타작업(35점)

| 구성 요소 | 세부 항목 |
|---|---|
| 차트 수정 | 차트 제목, 범례, 차트 영역, 축, 그림 영역에 서식 지정 |
| 매크로 | 매크로를 기록하고 양식 컨트롤 단추 또는 도형에 매크로 지정 |
| 프로시저 작성 | 폼 호출, 종료 버튼, 입력 버튼, 조회 버튼, 시트 활성화 |

PART

# 01

# 스프레드시트 합격 이론

CHAPTER 01

# 기본작업

학습 방향

고급 필터에서는 함수식으로 추출할 조건을 입력하는 방법, 조건부 서식에서는 지정한 범위 안에서 함수와 혼합참조를 잘 사용하여 조건을 지정하는 방법, 페이지 레이아웃을 이용하여 용지 방향, 여백, 인쇄 영역 등의 설정을 지정하고, 시트 보호를 이용하여 셀의 내용 수정을 할 수 없도록 설정하는 방법을 연습하세요.

SECTION 01

# 셀 서식

난 이 도 상 ㊥ 하

반복학습 1 2 3

작업파일 [2025컴활1급₩1권_스프레드시트₩이론] 폴더의 '01셀서식' 파일을 열어서 작업하시오.

**출제유형 ❶ '셀서식1' 시트에서 다음의 지시사항을 처리하시오.**

❶ [A3:A12] 영역의 셀 값이 0과 같은 경우 "●", 나머지는 공백으로 표시하시오.
[표시 예 : 0 → ●, 1 → 공백, -1 → 공백]

❷ [B3:B12] 영역의 값이 양수인 경우 기호 없이 천 단위 구분와 함께 표시, 음수인 경우 '-'를 제외하고 빨강색으로 '▣' 기호와 함께 천 단위 구분 기호와 함께 표시, 0일 때 검정색으로 '★', 텍스트일 때 '○' 기호만 표시하시오.
[표시 예 : 2000 → 2,000, -2454 → ▣ 2,454, 0 → ★, 나비 → ○]

❸ [C3:C12] 영역의 값이 1000 이상이면 파랑색으로 "@"와 함께 천 단위 구분 기호를 표시하고, 셀 너비만큼 "@"와 숫자 사이에 공백을 표시하시오.
[표시 예 : 1250 → @　　1,250]

❹ [D3:D12] 영역의 셀 값이 700 미만이면 파랑색으로 숫자와 함께 "Small", 700 이상이면 빨강색으로 숫자와 함께 "Large"로 표시하고 숫자와 텍스트 사이에 셀 너비만큼 공백을 입력하시오.
[표시 예 : 255 → 255　　Small, 900 → 900　　Large]

❺ [E3:E12] 영역의 셀 값이 0일 때는 파랑색으로 "○"과 정수로 표시, 셀 값이 -1일 때 자홍색으로 "☆"와 정수로 표시, 그 외에는 "■"로 표시하시오.
[표시 예 : 0 → ○0, 1 → ■, -1 → ☆1]

**기적의 TIP**

**실행 방법**

1. 바로 가기 키 : Ctrl+1
2. 바로 가기 메뉴 : 마우스 오른쪽 버튼을 눌러 [셀 서식] 메뉴
3. [홈] 탭 : [표시 형식] 그룹의 [옵션]()을 클릭

**기적의 TIP**

**사용자 지정**

형식1) 세미콜론(;)을 이용하면 양수, 음수, 0, 문자 순으로 서식 지정

| 형식 | 양수 서식 ; 음수 서식 ; 0 서식 ; 문자 서식 |
|---|---|

형식2) 대괄호[ ]를 이용하여 조건과 색을 지정

[조건1]① ; 조건1에 만족하면 ①의 서식을 적용

[조건1]① ; ② : 조건1에 만족하면 ①의 서식, 나머지는 ② 서식 적용

[조건1]① ; [조건2]② : 조건1에 만족하면 ①의 서식, 조건2에 만족하면 ②의 서식 적용

① [A3:A12] 영역을 범위 지정한 후 Ctrl+1을 눌러 [셀 서식]의 [표시 형식] 탭에서 '사용자 지정'에 "";"";●를 입력하고 [확인]을 클릭한다.

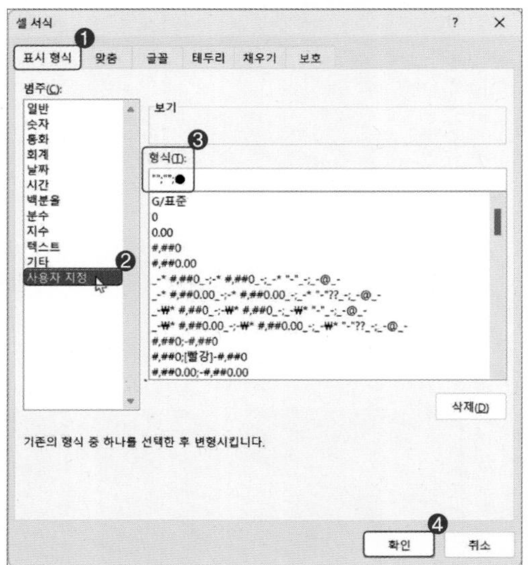

기적의 TIP

**"";"";● 또는 "";"";"●"**
사용자 지정 서식은 양수;음수;0으로 서식을 지정하여 양수, 음수 숫자에 대해서 공백으로 표시하고 0의 값에만 '●'만 표시 또는 [=0]●;"";"" 으로도 가능합니다.

② [B3:B12] 영역을 범위 지정한 후 Ctrl+1을 눌러 [셀 서식]의 [표시 형식] 탭에서 '사용자 지정'에 **#,##0;[빨강]"▣" #,##0;[검정]"★";"○"**를 입력하고 [확인]을 클릭한다.

기적의 TIP

●, ▣, ★, ☆, ...은 한글 자음 'ㅁ'을 입력하고 키보드의 한자를 눌러 특수문자를 입력합니다.

기적의 TIP

**#,##0;[빨강]"▣" #,##0;[검정]"★";"○"**
- 사용자 지정 서식은 양수;음수;0;문자 순으로 서식을 지정합니다.
- [빨강]"▣" #,##0 : 빨강색으로 천 단위 구분 기호가 표시되고, 왼쪽에 ▣를 표시합니다.

③ [C3:C12] 영역을 범위 지정한 후 Ctrl+1을 눌러 [셀 서식]의 [표시 형식] 탭에서 '사용자 지정'에 **[파랑][>=1000]"@"* #,##0**을 입력하고 [확인]을 클릭한다.

기적의 TIP

**[파랑][>=1000]"@"* #,##0**
- 숫자가 1000 이상이면 파랑색으로 @와 천단위 구분를 표시하는데, @와 숫자 사이는 공백을 채워서 표시됩니다.
- [파랑][>=1000]"@"* #,##0을 입력하고 [셀 서식] 대화상자를 확인하면 '[파랑][>=1000]"@"* #,##0;G/표준'으로 표시됩니다.
- 조건에 만족한 데이터는 '[파랑][>=1000]"@"* #,##0' 서식으로 표시되고, 나머지는 'G/표준'으로 일반 서식으로 표시됩니다.

④ [D3:D12] 영역을 범위 지정한 후 Ctrl+1을 눌러 [셀 서식]의 [표시 형식] 탭에서 '사용자 지정'에 **[파랑][<700]0* "Small";[빨강][>=700]0* "Large"**를 입력하고 [확인]을 클릭한다.

기적의 TIP

**[파랑][<700]0* "Small";[빨강][>=700]0* "Large"**
- 700보다 작으면 파랑색으로 숫자와 Small를 붙여서 표시, 700 이상이면 빨강색으로 숫자와 Large를 표시합니다.
- * : * 뒤에 내용을 반복하는데 * 뒤에 공백이라면 숫자와 Small 사이에 셀 너비만큼 공백으로 채우는 것을 의미합니다.

⑤ [E3:E12] 영역을 범위 지정한 후 Ctrl+1을 눌러 [셀 서식]의 [표시 형식] 탭에서 '사용자 지정'에 **[파랑][=0]"○"0;[자홍][=-1]"☆"0;"■"**를 입력하고 [확인]을 클릭한다.

기적의 TIP

**[파랑][=0]"○"0;[자홍][=-1]"☆"0;"■"**
0이면 파랑색으로 ○와 숫자를 표시, -1이면 자홍색으로 ☆와 숫자를 표시, 그 외는 ■를 표시합니다.

풀이결과

| | A | B | C | D | E | F |
|---|---|---|---|---|---|---|
| 1 | | | | | | |
| 2 | 서식1 | 서식2 | 서식3 | 서식4 | 서식5 | |
| 3 | | 1,600 | 100 | 550 Small | ■ | |
| 4 | | ▣ 1,200 | 300 | 810 Large | ☆1 | |
| 5 | ● | ★ | 500 | 690 Small | ○0 | |
| 6 | | ○ | 700 | 950 Large | ■ | |
| 7 | ● | 1,700 | @ 1,000 | 920 Large | ☆1 | |
| 8 | | 1,500 | @ 1,200 | 770 Large | ○0 | |
| 9 | ● | ▣ 1,100 | @ 1,500 | 900 Large | ■ | |
| 10 | | ▣ 1,600 | @ 2,000 | 650 Small | ☆1 | |
| 11 | | ★ | @ 2,500 | 550 Small | ○0 | |
| 12 | | ○ | @ 3,000 | 730 Large | ■ | |
| 13 | | | | | | |

◀ '셀서식1(결과)' 시트

더 알기 TIP

## 사용자 지정 서식

① 숫자와 문자에 관한 코드

| 서식 코드 | 의미 | 서식 지정 | 결과 |
|---|---|---|---|
| # | 유효 자릿수만 표시하고 유효하지 않은 0은 표시하지 않음 | #"개"<br>#.##<br>### | 0 → 개<br>123.4 → 123.4<br>1 → 1 |
| 0 | 유효하지 않은 자릿수는 0으로 표시 | 0"개"<br>0.0<br>000 | 0 → 0개<br>123 → 123.0<br>1 → 001 |
| ,(쉼표) | 1,000 단위 구분 기호 | #,###<br>#,"천원" | 10000 → 10,000<br>10000 → 10천원 |
| ? | 유효하지 않은 자릿수에 공백으로 표시 | 0.0#"개"<br>0.00"개"<br>0.0?"개" | 3 → 3.0개<br>3 → 3.00개<br>3 → 3.0 개 |
| ;(세미콜론) | 섹션 구분 서식<br>양수;음수;0;문자서식 | [파랑];[빨강];-;[녹색] | 양수는 파랑, 음수는 빨강, 0은 -(하이픈), 문자는 녹색 |
| [ ](대괄호) | 조건이나 글꼴 색을 지정할 때에는 대괄호 안에 입력 | [>=80]"합격";"불합격" | 90 → 합격<br>70 → 불합격 |
| @ | 문자를 대신하는 기호 | @"님" | 홍길동 →홍길동님 |
| *(애스터리스크) | * 뒤에 있는 문자(공백)을 셀의 너비만큼 반복하여 채움 | 0*♥<br>*★0<br>"Small"* 0 | 5 → 5♥♥♥♥♥♥♥♥<br>5 → ★★★★★★★★5<br>5 → Small 5 |

② 날짜에 관한 코드

| 서식 코드 | 의미 | 서식 코드 | 의미 |
|---|---|---|---|
| yy<br>yyyy | 연도를 2자리로 표시 (25)<br>연도를 4자리로 표시 (2025) | d<br>dd | 일을 1 ~ 31<br>일을 01 ~ 31 |
| m<br>mm<br>mmm<br>mmmm | 월을 1 ~ 12<br>월을 01 ~ 12<br>월을 Jan ~ Dec<br>월을 January ~ December | ddd<br>dddd<br>aaa<br>aaaa | 요일을 Sun ~ Sat<br>요일을 Sunday ~ Saturday<br>요일을 한글로 일 ~ 월<br>요일을 한글로 일요일 ~ 월요일 |

**출제유형 ❷ '셀서식2' 시트에서 다음의 지시사항을 처리하시오.**

❶ [A3:A12] 영역의 셀 값이 10000 이상이면 동 1자리, 호 4자리, 10000 미만인 경우 동 1자리, 호 3자리로 표시하시오.
[표시 예 : 21001 → 2동 1001호, 2101 → 2동 101호]

❷ [B3:B12] 영역의 값이 0이면 소수 이하 1자리 백분율로 표시, 0 미만이면 자홍색으로 '적립'과 함께 소수 이하 1자리 백분율로 표시하는데 셀 너비만큼 공백으로 표시, 그 외는 정수로 표시하시오.
[표시 예 : 0 → 0.0%, -3 → 적립 300.0%, 5 → 5]

❸ [C3:C12] 영역의 값이 1000000 이상이면 백만원 단위로 표시, 1000 이상은 천단위로 표시, 그 외는 정수로 [표시 예]와 같이 표시하시오.
[표시 예 : 1250000 → 1백만원, 1200 → 1천원, 0 → 0]

❹ [D3:D12] 영역의 셀 값이 0이면 파랑색으로 '무료'로 표시, -1이면 '※'로 표시, 그 외는 천 단위 구분기호와 '원'을 붙여서 [표시 예]와 같이 표시하시오.
[표시 예 : 0 → 무료, -1 → ※, 1900 → 1,900원]

❺ [E3:E12] 영역의 셀 값이 0 보다 크면 소수 이하 1자리로 표시, 문자이면 '●', 그 외는 공백으로 [표시 예]와 같이 표시하시오.
[표시 예 : 5 → 5.0, 미응시 → ●]

① [A3:A12] 영역을 범위 지정한 후 Ctrl+1을 눌러 [셀 서식]의 [표시 형식] 탭에서 '사용자 지정'에 **[>=10000]0"동" 0000"호";[<10000]0"동" 000"호"**를 입력하고 [확인]을 클릭한다.

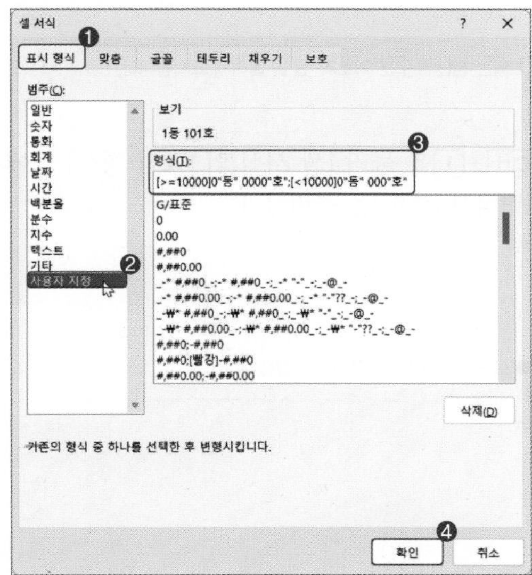


**기적의 TIP**

**[>=10000]0"동" 0000"호";[<10000]0"동" 000"호"**
숫자가 10000 이상이면 '0동 0000호', 10000 미만이면 '0동 000호'로 표시됩니다.

② [B3:B12] 영역을 범위 지정한 후 Ctrl+1을 눌러 [셀 서식]의 [표시 형식] 탭에서 '사용자 지정'에 **[=0]0.0%;[자홍][<0]"적립"* 0.0%;0**을 입력하고 [확인]을 클릭한다.

기적의 TIP

**[=0]0.0%;[자홍][<0]"적립"* 0.0%;0**
0이면 소수 이하 1자리로 백분율로 표시하고, 0 미만이면 자홍색 글꼴로 '적립'은 왼쪽에 오른쪽에 소수 이하 1자리로 백분율로 표시, 나머지는 정수로 표시합니다.

③ [C3:C12] 영역을 범위 지정한 후 Ctrl+1을 눌러 [셀 서식]의 [표시 형식] 탭에서 '사용자 지정'에 **[>=1000000]0,,"백만원";[>=1000]0,"천원";0**을 입력하고 [확인]을 클릭한다.

기적의 TIP

**[>=1000000]0,,"백만원";[>=1000]0,"천원";0**
- ,는 000을 생략
- ,,는 000000을 생략
- 1000000 이상이면 000000을 생략하고 '백만원'을 붙여서 표시, 1000 이상이면 000을 생략하고 '천원'을 붙여서 표시, 나머지는 0을 표시합니다.
- [>=1000000]#,,"백만원";[>=1000]#,"천원";0으로 입력이 가능합니다.

④ [D3:D12] 영역을 범위 지정한 후 Ctrl+1을 눌러 [셀 서식]의 [표시 형식] 탭에서 '사용자 지정'에 **[파랑][=0]"무료";[=-1]"※";#,##0"원"**를 입력하고 [확인]을 클릭한다.

기적의 TIP

**[파랑][=0]"무료";[=-1]"※";#,##0"원"**
0이면 파랑색으로 '무료'를 표시, -1이면 '※'를 표시, 그 외는 천단위 구분 기호와 '원'을 붙여서 표시됩니다.

⑤ [E3:E12] 영역을 범위 지정한 후 Ctrl+1을 눌러 [셀 서식]의 [표시 형식] 탭에서 '사용자 지정'에 **[>0]0.0;;;"●"**를 입력하고 [확인]을 클릭한다.

기적의 TIP

**[>0]0.0;;;"●"**
- 또는 0.0;;;"●" 가능 (양수;음수;0;문자 서식 순으로)
- 0 보다 크면 '0.0' 소수 이하 1자리로 표시, 문자는 '●'로 표시, 나머지는 표시하지 않습니다.

풀이결과

| | A | B | C | D | E | F |
|---|---|---|---|---|---|---|
| 1 | | | | | | |
| 2 | 서식1 | 서식2 | 서식3 | 서식4 | 서식5 | |
| 3 | 1동 101호 | 8 | 220천원 | 8,524원 | ● | |
| 4 | 1동 102호 | 적립 700.0% | 110천원 | ※ | 89.9 | |
| 5 | 2동 102호 | 7 | 2백만원 | 6,527원 | 87.4 | |
| 6 | 2동 104호 | 0.0% | 0 | 무료 | | |
| 7 | 3동 105호 | 7 | 2백만원 | 7,500원 | 87.8 | |
| 8 | 3동 206호 | 적립 600.0% | 550천원 | ※ | | |
| 9 | 4동 305호 | 6 | 88천원 | 2,650원 | 91.2 | |
| 10 | 4동 508호 | 적립 800.0% | 0 | 8,546원 | ● | |
| 11 | 5동 1202호 | 8 | 4백만원 | 1,580원 | 66.0 | |
| 12 | 5동 1808호 | 적립 400.0% | 1백만원 | ※ | 90.6 | |
| 13 | | | | | | |

◀ '셀서식2(결과)' 시트

24년 출제

**서식 코드**

| 문제 | 서식 코드 |
|---|---|
| 0 이상이면 파랑으로 천 단위 표시, 0이면 정수에 '원' 표시, 0보다 작으면 '▼' 기호 뒤에 공백 한자리와 천 단위 표시, 텍스트는 공백으로 표시 [예 : −1000 → ▼ 1,000] | [파랑]#,##0;"▼" #,##0;0"원";"" |
| 0 일 경우 '◆' 기호와 소수 1자리까지 표시, 나머지는 공백, 텍스트는 '◇'로 표시 | [=0]"◆"0.0;"";"";"◇" |
| 1일 때 '검사', 0일 때 빨강으로 '미검사', 그 외는 공백으로 표시 | [=1]"검사";[빨강][=0]"미검사";"" |
| 80 이상이면 빨강으로 숫자 앞에 '♣' 기호 입력, 0 이면 '※', 그 외는 숫자 표시, 문자는 파랑으로 표시(단, 숫자는 2자리로 표시) [예 : 85 → ♣85, 0 → ※, 5 → 05] | [빨강][〉=80]"♣"00;[=0]"※";00;[파랑]@ |
| 2000 이상이면 파랑으로 '★' 기호와 천 단위 구분 기호를 표시하고 숫자 뒤에 '명'을 표시, 그 외는 천 단위 구분 기호와 숫자 뒤에 '명'을 표시, 0일 경우 기호 '@'로 표시 [예 : 2000 → ★2,000명, 1000 → 1,000명, 0 → @] | [파랑][〉=2000]"★"#,##0"명";[〉0]#,##0"명";"@" |
| 1000 이상이면 파랑색으로 '♠'와 천단위 구분 기호 표시, 100 미만이면 빨강색으로 숫자 앞에 '♤' 표시, 그 외는 숫자만 표시 [예 : 1500 → ♠1,500, 90 → ♤90, 100 → 100] | [파랑][〉=1000]"♠"#,##0;[빨강][〈100]♤0;0 |
| 1000000 이상이면 백만 단위로 절삭하여 1,234백만원 형식, 값이 0일 때는 '※', 그 외는 1,234원처럼 표시 [예 : 1000000000 → 1,000백만원, 0 → ※, 50 → 50원] | [〉=1000000]#,##0,,"백만원";[=0]"※";#,##0"원" |
| 숫자가 5글자이면 00동 000호, 그 외는 0동 000호로 표시 [예 : 15101 → 15동 101호, 1204 → 1동 204호] | ##동 ###호 |
| 300 이상이면 파랑색으로 '@'와 함께 숫자를 표시하고, 셀 너비만큼 '@'와 숫자 사이에 공백을 표시 [예 : 300 → @ 300, 100 → 100] | [파랑][〉=300]"@"* 0 |
| 0 이상이면 천단위 구분 기호를 표시, 0 미만이면 자홍색으로 '▼' 기호와 숫자 사이에 너비만큼 공백을 표시 [예 : 1000 → 1,000, −1000 → ▼ 1,000] | [〉=0]#,##0;[자홍][〈0]"▼"* #,##0 |
| 1 이상이면 천단위 기호, 0 미만이면 자홍색으로 '▼' 표시하고 숫자와 텍스트 사이에 셀 너비만큼 공백을 표시, 그 외는 표시하지 마시오. [예 : 1000 → 1,000, −15 → ▼ 15] | [〉=1]#,##0;[자홍][〈0]"▼"* 0;; |
| 260 이상이면 빨강으로 숫자 앞에 'Big'을 표시, 220 미만이면 파랑으로 숫자 앞에 'Small'을 표시(단, 숫자와 텍스트 사이에 셀 너비만큼 공백으로 입력) [예 : Big 270] | [빨강][〉=260]"Big"* 0;[파랑][〈220]"Small"* 0;* 0 |
| 0.5 이상이면 파랑색으로 '★'와 백분율 표시, 0.1 이하는 자홍색으로 '★'와 백분율 표시, 그 외는 백분율로 표시 [예 : 0.7 → ★70%, 0.15 → 15%] | [파랑][〉=0.5]"★"0%;[자홍][〈=0.1]"★"0%;0% |
| 날짜를 '2012년 03월 14일 수요일' 형식으로 표시 | yyyy년 mm월 dd일 aaaa |

SECTION

# 02 고급 필터/자동 필터

합격 강의

난 이 도 (상) 중 하

반복학습 1 2 3

작업파일 [2025컴활1급₩1권_스프레드시트₩이론] 폴더의 '02고급필터' 파일을 열어서 작업하시오.

> **기적의 TIP**
> 고급 필터는 좀 더 복잡한 조건을 설정하여 데이터를 표시하거나 조건에 맞는 데이터를 다른 곳으로 추출하고자 할 때 사용합니다.

**출제유형 ❶ '고급필터1' 시트에서 다음의 지시사항을 처리하시오.**

- [A3:G38] 영역에서 과정명이 "5B"로 시작하고 학점평균이 학점평균의 전체 평균 이상인 행만을 대상으로 표시하시오.
- 조건은 [A40:A41] 영역 내에 알맞게 입력하시오. (AND, LEFT, AVERAGE 함수 사용)
- 결과는 [A43] 셀부터 표시하시오.

> **기적의 TIP**
> - AND(조건1, 조건2, 조건3, ...) : 모든 조건에 만족할 때 True 값을 반환
> - OR(조건1, 조건2, 조건3, ...) : 여러 조건 중에 하나라도 조건에 만족하면 True 값을 반환

① 다음과 같이 [A40:A41] 영역에 조건을 입력한다. [A41] 셀에 **=AND(LEFT(A4,2)="5B",G4>=AVERAGE($G$4:$G$38))**를 입력한다.

A41 =AND(LEFT(A4,2)="5B",G4>=AVERAGE($G$4:$G$38))

| | A | B | C | D | E | F | G | H | I |
|---|---|---|---|---|---|---|---|---|---|
| 40 | 조건 | | | | | | | | |
| 41 | FALSE | | | | | | | | |
| 42 | | 입력 | | | | | | | |

② 데이터 영역에 마우스 포인트를 두고 [데이터]-[정렬 및 필터] 그룹의 [고급]을 클릭한다.

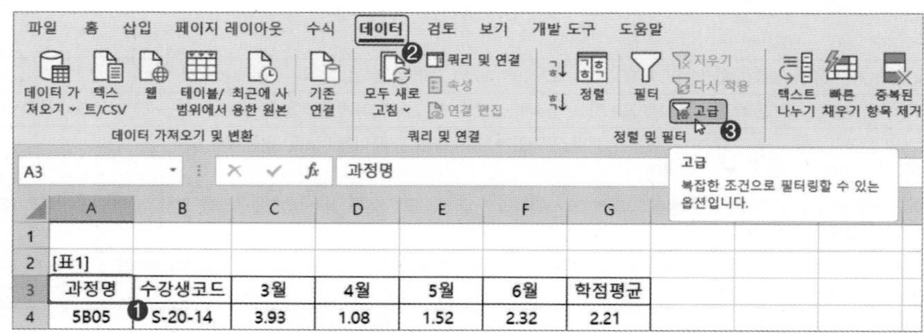


> **기적의 TIP**
> 고급 필터 조건에 수식을 이용하여 작성할 때에는 필드명은 원본 데이터와 다른 필드명을 입력하거나 필드명을 생략합니다. 수식을 입력하면 수식의 결과에는 True 또는 False가 표시됩니다.

③ [고급 필터]에서 결과는 '다른 장소에 복사'를 선택하고, 목록 범위는 **$A$3:$G$38**, 조건 범위는 **$A$40:$A$41**, 복사 위치는 **$A$43**으로 지정하고 [확인]을 클릭한다.

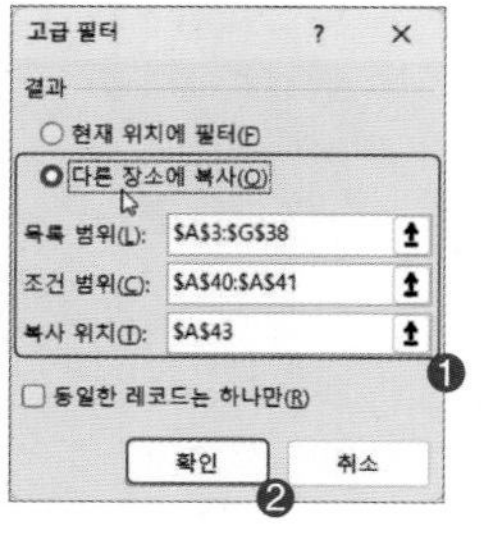


- **결과** : 다른 장소에 복사
- **목록 범위** : A3:G38
- **조건 범위** : A40:A41
- **복사 위치** : A43

> **기적의 TIP**
> 고급 필터를 실행하기 전에 셀 포인터를 데이터 안쪽 [A3:G38]에 두면 목록 범위가 자동으로 지정됩니다.

풀이결과

A41 | =AND(LEFT(A4,2)="5B",G4>=AVERAGE($G$4:$G$38))

| | A | B | C | D | E | F | G | H | I |
|---|---|---|---|---|---|---|---|---|---|
| 39 | | | | | | | | | |
| 40 | 조건 | | | | | | | | |
| 41 | FALSE | | | | | | | | |
| 42 | | | | | | | | | |
| 43 | 과정명 | 수강생코드 | 3월 | 4월 | 5월 | 6월 | 학점평균 | | |
| 44 | 5B00 | S-34-15 | 3.99 | 3.97 | 4.15 | 3.50 | 3.90 | | |
| 45 | 5B01 | S-50-14 | 4.50 | 4.20 | 3.70 | 4.36 | 4.19 | | |
| 46 | 5B07 | S-76-71 | 3.95 | 3.78 | 4.10 | 3.57 | 3.85 | | |
| 47 | | | | | | | | | |

▲ '고급필터1(결과)' 시트

**기적의 TIP**

**고급 필터 실행 순서**
1. 조건 입력
2. 특정 필드명만 추출한다면 필드명을 작성(만약, 모든 필드명을 추출한다면 따로 작성하지 않음)
3. [데이터]-[정렬 및 필터] 그룹의 [고급]을 클릭

**더 알기 TIP**

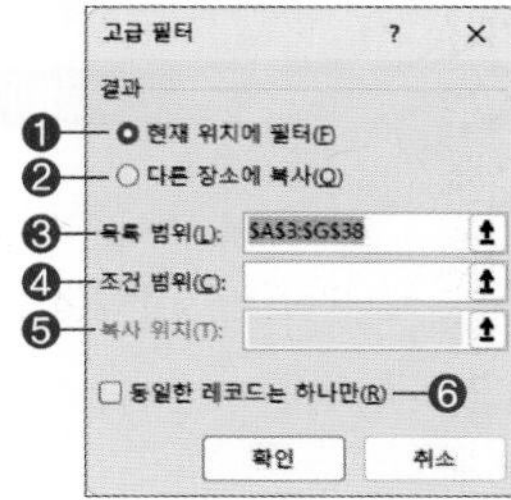


❶ **현재 위치에 필터** : 결과 데이터를 현재 원본 데이터가 위치한 곳에 표시한다.
❷ **다른 장소에 복사** : '복사 위치'로 지정한 위치에 결과 데이터를 표시한다.
❸ **목록 범위** : 필터 기능이 적용될 원본 데이터가 있는 위치를 지정한다.
❹ **조건 범위** : 사용자가 지정한 조건이 입력된 위치를 지정한다.
❺ **복사 위치** : 결과가 추출될 위치를 지정한다.
❻ **동일한 레코드는 하나만** : 조건을 만족하는 행 중에서 같은 내용의 행이 있을 경우 한 행만 표시한다.

## 출제유형 ❷ '고급필터2' 시트에서 다음의 지시사항을 처리하시오.

[A2:G30] 영역에서 '생년월일'의 연도가 1987 이상이고, 진료시간이 12시 이상인 데이터의 '성명', '생년월일', '진료과목', '진료시간' 필드만 순서대로 표시하시오.

- 조건은 [I2:I3] 영역 내에 알맞게 입력하시오. (AND, YEAR 함수 사용)
- 결과는 [I5] 열부터 표시하시오.

**기적의 TIP**

하루는 24시간으로 6시는 0.25, 12시는 0.5, 18시는 0.75, 24시는 1로 표현합니다. 시간을 입력한 후, [셀 서식]의 [표시 형식] 탭에서 '일반'을 클릭하여 확인할 수 있습니다.

① 다음과 같이 [I2:I3] 영역에 조건을 입력한다. [I3] 셀에 **=AND(YEAR(C3)>=1987, G3>=0.5)**를 입력하고 [I5:L5] 영역에 추출할 필드명을 작성한다.

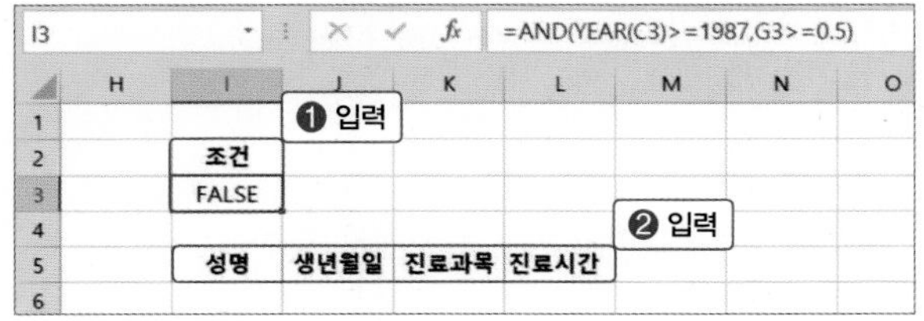


**기적의 TIP**

추출할 필드명은 실제 데이터와 동일해야 합니다. 예를 들어 '진료과목'을 '진료 과목'으로 띄어쓰기를 해서 작성하면 정확한 결과를 추출할 수 없습니다. 가장 좋은 방법은 직접 입력하는 것보다 필드명을 복사해서 사용하는 것이 좋습니다.

**기적의 TIP**

문제에 제시된 문구에 따라

〈AND 조건〉
~ 이고 ~
~ 이면서 ~
~ 그리고 ~
~ 인 ~

〈OR 조건〉
~ 이거나 ~
~ 또는 ~

② 데이터 영역에 마우스 포인트를 두고 [데이터]-[정렬 및 필터] 그룹의 [고급]( )을 클릭한다.

③ [고급 필터]에서 결과는 '다른 장소에 복사'를 선택하고, 목록 범위는 **$A$2:$G$30**, 조건 범위는 **$I$2:$I$3**, 복사 위치는 **$I$5:$L$5**로 지정하고 [확인]을 클릭한다.

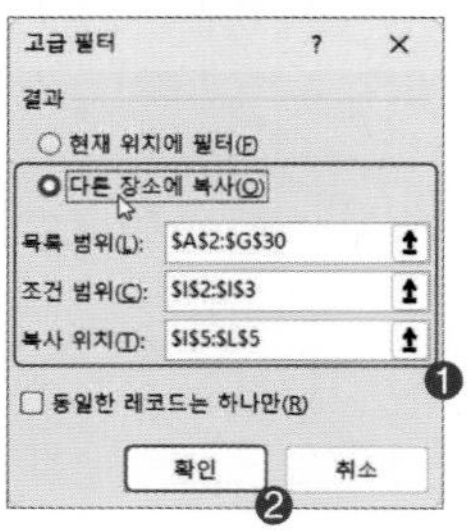


- **결과** : 다른 장소에 복사
- **목록 범위** : A2:G30
- **조건 범위** : I2:I3
- **복사 위치** : I5:L5

**풀이결과**

I3 =AND(YEAR(C3)>=1987,G3>=0.5)

| | H | I | J | K | L | M | N | O |
|---|---|---|---|---|---|---|---|---|
| 1 | | | | | | | | |
| 2 | | 조건 | | | | | | |
| 3 | | FALSE | | | | | | |
| 4 | | | | | | | | |
| 5 | | 성명 | 생년월일 | 진료과목 | 진료시간 | | | |
| 6 | | 소금진 | 1988-04-01 | 피부과 | 13:00 | | | |
| 7 | | 이수만 | 2000-11-03 | 흉부외과 | 15:20 | | | |
| 8 | | 김서우 | 2001-03-12 | 산부인과 | 14:00 | | | |
| 9 | | 이유라 | 1998-09-04 | 산부인과 | 16:20 | | | |
| 10 | | 김창무 | 1999-08-16 | 신경외과 | 13:50 | | | |
| 11 | | 유경수 | 2005-11-23 | 정형외과 | 14:20 | | | |
| 12 | | | | | | | | |

▲ '고급필터2(결과)' 시트

**더 알기 TIP**

## 고급 필터 조건

AND 조건 : 조건을 같은 행에 입력한다.

| 구분 | 할인금액 |
|---|---|
| 비회원 | <=70000 |

← 구분이 '비회원'이면서 할인금액이 70000 이하

| 상품명 | 구분 | 할인금액 |
|---|---|---|
| 일반 | 비회원 | <=70000 |

← 상품명이 '일반'이고 구분이 '비회원'이면서 할인금액이 70000 이하

OR 조건 : 조건을 다른 행에 입력한다.

| 상품명 | 구분 |
|---|---|
| 일반 | |
| | 비회원 |

← 상품명이 '일반'이거나 구분이 '비회원'

| 상품명 | 구분 | 할인금액 |
|---|---|---|
| 일반 | | |
| | 비회원 | |
| | | <=70000 |

⬅ 상품명이 '일반'이거나 구분이 '비회원'이거나 할인금액이 70000 이하

| 상품명 |
|---|
| 일반 |
| 골드 |

⬅ 상품명이 일반이거나 골드

AND와 OR 결합 조건 : 하나의 필드에 여러 조건을 지정할 수 있다. AND 조건이 먼저 계산된다.

| 상품명 | 인원수 |
|---|---|
| 일반 | <=4 |
| 골드 | <=4 |

⬅ 상품명이 '일반'이면서 인원수가 4 이하이거나 상품명이 '골드'이면서 인원수가 4 이하

**출제유형 ❸ '자동필터' 시트에서 다음의 지시사항을 처리하시오.**

▸ [필터] 기능을 이용하여 '지역' 기준으로 오름차순 정렬하고, '판매수량'[E4:E12]이 200 이상인 자료만 검색하시오.

| | A | B | C | D | E | F | G | H | I |
|---|---|---|---|---|---|---|---|---|---|
| 1 | | 대리점별 보트 판매현황 | | | | | | | |
| 2 | | | | | | | | | |
| 3 | | 지역 | 대리점명 | 계획수량 | 판매수량 | 초과판매 | 실적률 | 순위 | |
| 4 | | 인천 | 영남 | 210 | 220 | 10 | 1.05 | 8 | |
| 5 | | 강북 | 강산 | 140 | 170 | 30 | 1.21 | 4 | |
| 6 | | 강남 | 백야 | 120 | 150 | 30 | 1.25 | 1 | |
| 7 | | 부산 | 광야 | 180 | 220 | 40 | 1.22 | 3 | |
| 8 | | 광주 | 정일 | 150 | 180 | 30 | 1.20 | 5 | |
| 9 | | 대전 | 남산 | 120 | 130 | 10 | 1.08 | 7 | |
| 10 | | 청주 | 장산 | 150 | 155 | 5 | 1.03 | 9 | |
| 11 | | 전주 | 국제 | 350 | 390 | 40 | 1.11 | 6 | |
| 12 | | 대구 | 동문 | 190 | 235 | 45 | 1.24 | 3 | |
| 13 | | | | | | | | | |

◂ '자동필터' 시트

**기적의 TIP**

**관계 연산자**

| 같다 | = |
|---|---|
| 이상 | >= |
| 이하 | <= |
| 크다(초과) | > |
| 작다(미만) | < |
| 같지 않다 | <> |

① [E3] 셀을 클릭한 후 [데이터]–[정렬 및 필터] 그룹의 [필터](▽)를 클릭한다.

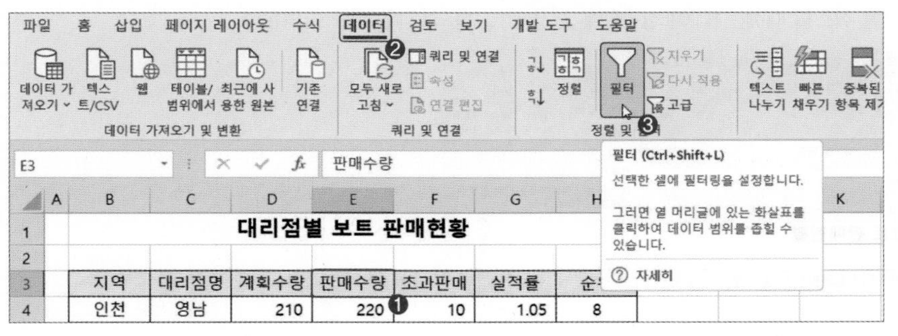


**기적의 TIP**

**자동 필터 범위 지정**

자동 필터를 설정할 때 표 전체를 범위 지정하지 않고, [B3:H12] 영역 내에 아무 셀을 클릭하고 [데이터]–[정렬 및 필터] 탭의 [필터]를 클릭합니다.

② [B3] 셀의 목록 단추를 클릭하여 [텍스트 오름차순 정렬]을 클릭한 후 판매수량[E3] 셀의 목록 단추(▾)를 클릭하여 [숫자 필터]–[크거나 같음] 메뉴를 선택한다.

③ [사용자 지정 자동 필터]에서 '>='을 선택하고, 200을 입력한 후 [확인]을 클릭한다.

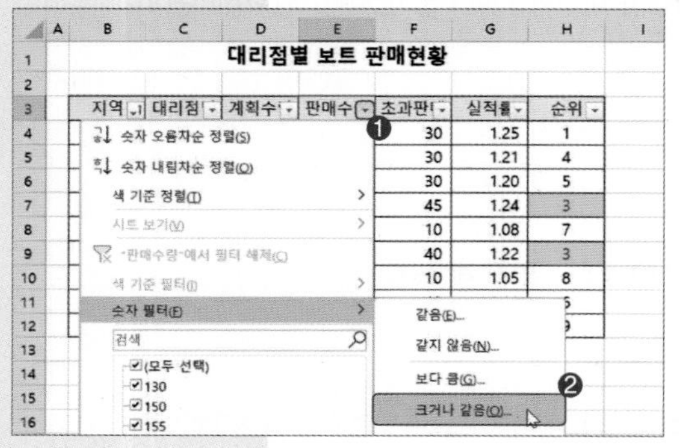


➡

풀이결과

|  | A | B | C | D | E | F | G | H | I |
|---|---|---|---|---|---|---|---|---|---|
| 1 | | 대리점별 보트 판매현황 | | | | | | | |
| 2 | | | | | | | | | |
| 3 | | 지역 | 대리점 | 계획수 | 판매수 | 초과판 | 실적률 | 순위 | |
| 7 | | 대구 | 동문 | 190 | 235 | 45 | 1.24 | 3 | |
| 9 | | 부산 | 광야 | 180 | 220 | 40 | 1.22 | 3 | |
| 10 | | 인천 | 영남 | 210 | 220 | 10 | 1.05 | 8 | |
| 11 | | 전주 | 국제 | 350 | 390 | 40 | 1.11 | 6 | |
| 13 | | | | | | | | | |

◀ '자동필터(결과)' 시트

**기적의 TIP**

자동 필터는 입력한 목록에서 기존에 입력되어 있는 셀 값이나 사용자 정의를 이용하여 간단하게 필터를 적용하고자 할 때 사용합니다.

**더 알기 TIP**

## 자동 필터 취소

1. 하나의 필드에 대한 조건을 취소할 때는 필터를 적용했던 필드명 셀의 목록 단추(▾)를 클릭하여 ["판매수량"에서 필터 해제] 메뉴를 선택한다.

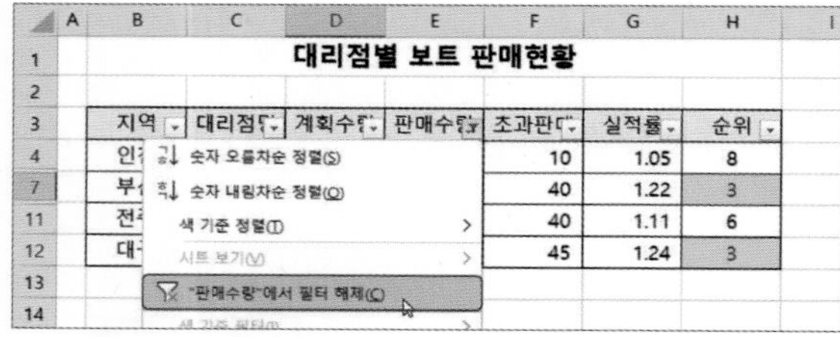


2. 여러 필드에 적용한 자동 필터를 취소할 때에는 [데이터]–[정렬 및 필터] 그룹의 [지우기]를 클릭한다.

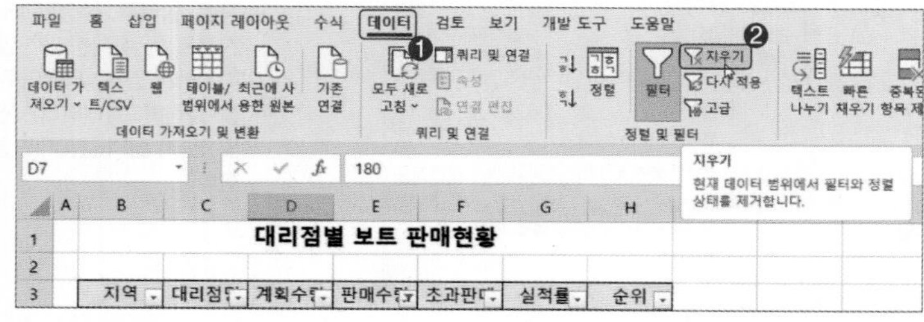

더 알기 TIP

### 상위 10 (판매수량이 상위 50%만 추출하기)

1. 판매수량[E3] 셀의 목록 단추를 클릭하여 [숫자 필터]-[상위 10]을 클릭한다.
2. [상위 10 자동 필터]에서 상위, %를 선택하고 「50」을 입력하고 [확인]을 클릭한다.

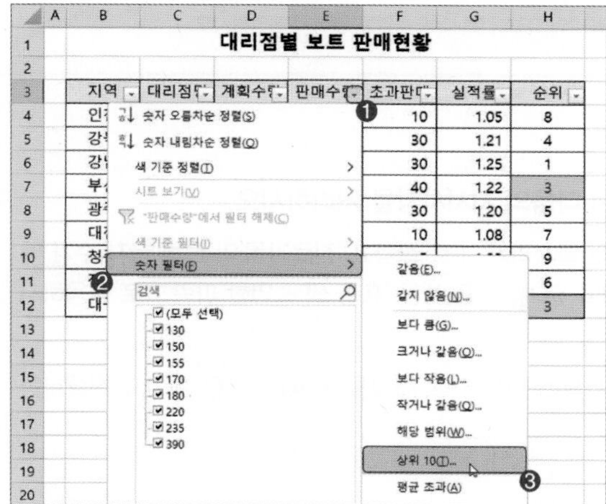

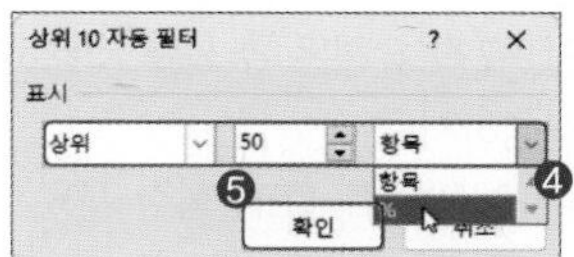

더 알기 TIP

### 사용자 지정 자동 필터

자동 필터에서는 하나의 필드에 대하여 AND 또는 OR 조건으로 지정할 수 있다.
만능 문자(?, *)를 사용하여 데이터를 추출할 수 있다.

– AND 조건 : 예 판매수량이 100 이상 200 미만의 데이터

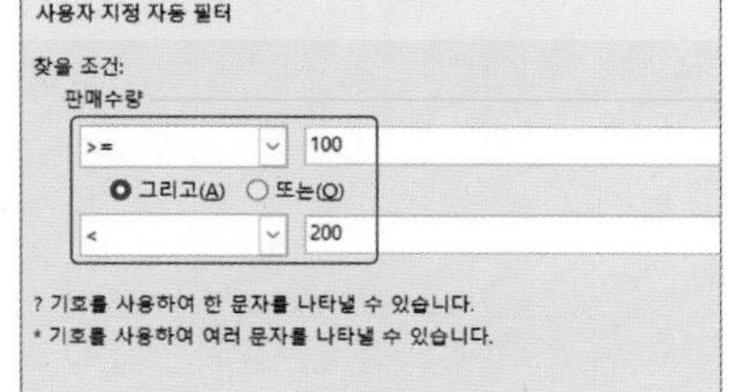

– OR 조건 : 예 판매수량이 100 초과하거나 300 미만의 데이터

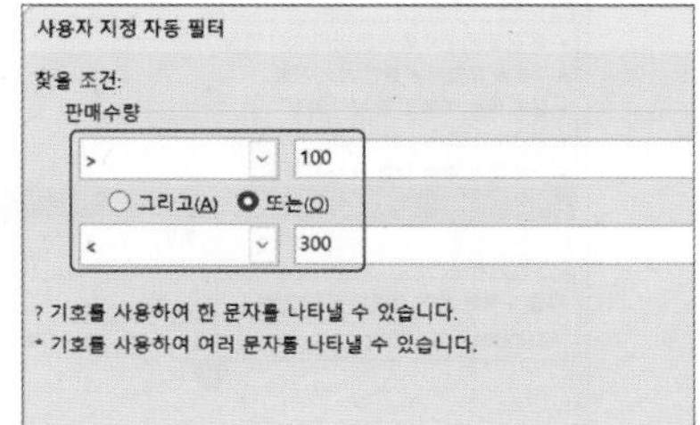

### 색 기준 필터

셀에 적용된 색에 대해서 필터하는 기능이다.

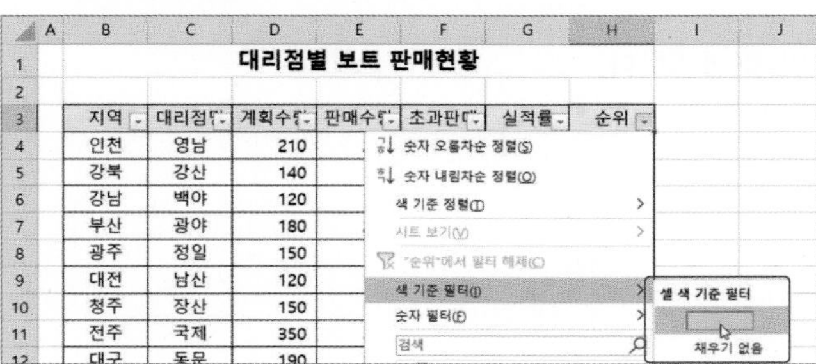

SECTION

# 03 조건부 서식

난 이 도 상 (중) 하

반복학습 1 2 3

작업파일 [2025컴활1급₩1권_스프레드시트₩이론] 폴더의 '03조건부서식' 파일을 열어서 작업하시오.

**출제유형 ❶ '조건부서식1' 시트에서 다음의 지시사항을 처리하시오.**

[B3:H30] 영역에서 대해서 '환자코드'의 끝자리가 "1"로 끝나고 '진료과목'의 전체 글자 수가 네 글자인 행 전체에 대하여 글꼴 스타일을 '굵게', 글꼴 색을 '표준 색 – 연한 파랑'으로 적용하시오.

▶ 단, 규칙 유형은 '수식을 사용하여 서식을 지정할 셀 결정'을 사용하고, 한 개의 규칙으로만 작성하시오.

▶ AND, RIGHT, LEN 함수 사용

① [B3:H30] 영역을 범위 지정한 후 [홈]–[스타일] 그룹의 [조건부 서식]–[새 규칙]을 선택한다.

② [새 서식 규칙]에서 '▶ 수식을 사용하여 서식을 지정할 셀 결정'을 선택하고, =AND(RIGHT($B3,1)="1",LEN($F3)=4)를 입력하고 [서식]을 클릭한다.

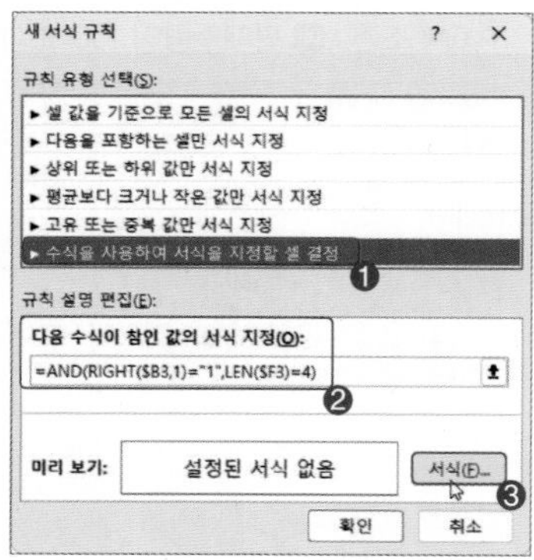


③ [셀 서식]의 [글꼴] 탭에서 글꼴 스타일 '굵게', 색은 '표준 색 – 연한 파랑'을 선택하고 [확인]을 클릭한다.

④ [새 서식 규칙]에서 [확인]을 클릭한다.

**기적의 TIP**

**조건부 서식을 지정하기 할 때 주의할 부분**

1. 필드명[B2:H2]은 포함하지 않습니다. (필드명에 서식을 지정하지 않기 때문에 포함하지 않음)
2. 첫 번째 데이터 [B3] 셀부터 드래그하여 [H30] 셀까지 드래그합니다.

**기적의 TIP**

- **AND(조건1, 조건2, 조건3, ...)** : 모든 조건에 만족할 때 True 값을 반환
- **RIGHT(텍스트, 글자수)** : 텍스트의 오른쪽에서 시작하여 글자 수만큼 텍스트를 추출
- **LEN(텍스트)** : 텍스트의 글자 수를 세어서 반환

**기적의 TIP**

- RIGHT($B3,1)에서 B열만 고정
  환자코드(B3, B4, B5, B6, B7, ...)에서 오른쪽 한 글자를 추출하여 비교하기 위해서 B열은 고정, 행의 위치는 바뀔 수 있도록 행은 고정하지 않습니다.
- LEN($F3)에서 F열만 고정
  진료과목(F3, F4, F5, F6, F7, ...)의 글자 수를 구하기 위해 F열은 고정, 행은 고정하지 않습니다.

**기적의 TIP**

조건부 서식을 지정한 후에 ####으로 표시가 된다면 열과 열 사이의 경계라인에서 더블클릭하거나 드래그하여 열 너비를 조절해 줍니다. 물론, 조절하지 않아도 감점이 되는 것은 아닙니다.

풀이결과

| | A | B | C | D | E | F | G | H | I |
|---|---|---|---|---|---|---|---|---|---|
| 1 | | [표1] | | | | | | | |
| 2 | | 환자코드 | 성명 | 생년월일 | 성별 | 진료과목 | 담당의사 | 진료시간 | |
| 3 | | A014 | 성애연 | 1987-05-03 | 여 | 호흡기내과 | 김지수 | 09:10 | |
| 4 | | B215 | 소금진 | 1988-04-01 | 남 | 피부과 | 김종남 | 13:00 | |
| 5 | | A018 | 강말순 | 1985-12-05 | 여 | 흉부외과 | 박종식 | 10:20 | |
| 6 | | F302 | 김상호 | 1975-05-06 | 남 | 소화기내과 | 남민종 | 13:50 | |
| 7 | | B216 | 김병철 | 2004-05-07 | 남 | 피부과 | 김종남 | 10:20 | |
| 8 | | A051 | 전만호 | 1975-05-08 | 남 | 신경외과 | 임지영 | 17:30 | |
| 9 | | C109 | 전준호 | 1958-04-07 | 남 | 흉부외과 | 박종식 | 11:30 | |
| 10 | | D210 | 용화숙 | 1980-04-02 | 여 | 피부과 | 김종남 | 13:30 | |
| 11 | | A011 | 이수만 | 2000-11-03 | 남 | 흉부외과 | 박종식 | 15:20 | |
| 12 | | D371 | 이종호 | 1995-05-14 | 남 | 정형외과 | 하석태 | 11:20 | |
| 13 | | C101 | 진보람 | 1948-10-05 | 여 | 신경외과 | 임지영 | 09:30 | |
| 14 | | F301 | 오현정 | 1994-09-30 | 여 | 호흡기내과 | 김지수 | 11:50 | |
| 15 | | C229 | 이태백 | 1953-07-01 | 남 | 가정의학과 | 편영표 | 10:00 | |
| 16 | | D372 | 김서우 | 2001-03-12 | 여 | 산부인과 | 곽수지 | 14:00 | |
| 17 | | D051 | 양경숙 | 1988-05-04 | 여 | 피부과 | 김종남 | 11:00 | |
| 18 | | A013 | 이영덕 | 1973-06-04 | 남 | 흉부외과 | 박종식 | 10:00 | |
| 19 | | D052 | 강진희 | 1993-05-08 | 여 | 산부인과 | 곽수지 | 09:30 | |
| 20 | | B217 | 이샛별 | 2001-05-09 | 여 | 가정의학과 | 편영표 | 11:20 | |
| 21 | | C228 | 김정근 | 1978-04-09 | 남 | 호흡기내과 | 김지수 | 16:30 | |
| 22 | | A017 | 임효인 | 1959-09-08 | 여 | 소화기내과 | 남민종 | 17:50 | |
| 23 | | D213 | 이유라 | 1998-09-04 | 여 | 산부인과 | 곽수지 | 16:20 | |
| 24 | | D331 | 장길산 | 1952-02-12 | 남 | 소화기내과 | 남민종 | 14:00 | |
| 25 | | B219 | 김창무 | 1999-08-16 | 남 | 신경외과 | 임지영 | 13:50 | |
| 26 | | A015 | 유경수 | 2005-11-23 | 남 | 정형외과 | 하석태 | 14:20 | |
| 27 | | C106 | 이남석 | 1974-08-25 | 남 | 가정의학과 | 편영표 | 16:20 | |
| 28 | | D217 | 황귀영 | 1943-07-25 | 남 | 흉부외과 | 박종식 | 15:00 | |
| 29 | | B218 | 심수미 | 1986-12-12 | 여 | 산부인과 | 곽수지 | 16:00 | |
| 30 | | F491 | 박철수 | 1977-08-15 | 남 | 정형외과 | 하석태 | 10:40 | |
| 31 | | | | | | | | | |

▲ '조건부서식1(결과)' 시트

**출제유형 ❷ '조건부서식2' 시트에서 다음의 지시사항을 처리하시오.**

[A3:H24] 영역에 대해서 '주문일자'의 월이 5월이고, '할부기간(월)'이 6 이상 12 이하인 행 전체에 대하여 글꼴 스타일 '굵은 기울임꼴', 글꼴 색 '표준 색 – 녹색'으로 적용하시오.

- ▶ 단, 규칙 유형은 '수식을 사용하여 서식을 지정할 셀 결정'을 사용하고, 한 개의 규칙으로만 작성하시오.
- ▶ MONTH, AND 함수 사용

① [A3:H24] 영역을 범위 지정한 후 [홈]–[스타일] 그룹의 [조건부 서식]–[새 규칙]을 클릭한다.

**기적의 TIP**

- AND(조건1, 조건2, 조건3, ...) : 모든 조건에 만족할 때 True 값을 반환
- MONTH(날짜) : 날짜에서 월만 추출

② [새 서식 규칙]에서 '▶ 수식을 사용하여 서식을 지정할 셀 결정'을 선택하고, =AND(MONTH($A3) =5,$H3>=6,$H3<=12)를 입력하고 [서식]을 클릭한다.

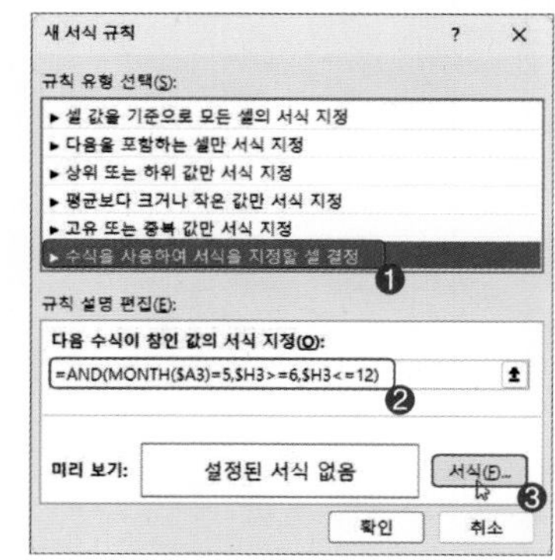


③ [셀 서식]의 [글꼴] 탭에서 글꼴 스타일 '굵은 기울임꼴', 색은 '표준 색 – 녹색'을 선택하고 [확인]을 클릭한다.

④ [새 서식 규칙]에서 [확인]을 클릭한다.

> **기적의 TIP**
> - MONTH($A3)에서 A열만 고정
>   주문일자(A3, A4, A5, A6, A7, ...)에서 월만 추출하기 위해 A열은 고정, 행은 고정하지 않습니다.
> - 할부기간($H3)에서 H열만 고정
>   할부기간(H3, H4, H5, H6, H7, ...)을 비교하기 위해 H열은 고정, 행은 고정하지 않습니다.

> **기적의 TIP**
> **조건부 서식**
> - **엑셀** : '='으로 시작
> - **액세스** : '=' 없이 시작

풀이결과

| | A | B | C | D | E | F | G | H | I |
|---|---|---|---|---|---|---|---|---|---|
| 1 | [표1] | | | | | | | | |
| 2 | 주문일자 | 구매자 | 물품코드 | 수량 | 단가 | 판매금액 | 등급 | 할부기간(월) | |
| 3 | 2025-04-09 | 강한후 | JJ2222 | 95 | 3,000 | 285,000 | 비회원 | 6 | |
| 4 | 2025-05-18 | 고진웅 | JJ2222 | 55 | 3,000 | 165,000 | 준회원 | 3 | |
| 5 | 2025-04-24 | 권충수 | SS3333 | 90 | 2,500 | 225,000 | 정회원 | 9 | |
| 6 | 2025-04-18 | 김새롬 | SS2222 | 25 | 5,300 | 132,500 | 비회원 | 6 | |
| 7 | *2025-05-30* | *김성완* | *JJ1111* | *80* | *1,500* | *120,000* | *정회원* | *6* | |
| 8 | 2025-06-18 | 김슬오 | JJ2222 | 50 | 3,000 | 150,000 | 정회원 | 6 | |
| 9 | 2025-03-05 | 김은소 | JJ1111 | 55 | 1,500 | 82,500 | 정회원 | 2 | |
| 10 | 2025-05-19 | 김중건 | SS2222 | 25 | 5,300 | 132,500 | 준회원 | 3 | |
| 11 | 2025-05-15 | 김진상 | SS2222 | 90 | 5,300 | 477,000 | 비회원 | 24 | |
| 12 | 2025-05-15 | 민병욱 | JJ1111 | 60 | 1,500 | 90,000 | 준회원 | 3 | |
| 13 | 2025-04-15 | 박호영 | SS1111 | 20 | 2,000 | 40,000 | 준회원 | 2 | |
| 14 | *2025-05-24* | *배사공* | *SS1111* | *100* | *2,000* | *200,000* | *준회원* | *6* | |
| 15 | 2025-04-12 | 설진성 | SS3333 | 120 | 2,500 | 300,000 | 비회원 | 9 | |
| 16 | *2025-05-12* | *안대훈* | *SS2222* | *32* | *5,300* | *169,600* | *비회원* | *6* | |
| 17 | 2025-06-21 | 오덕우 | JJ2222 | 110 | 3,000 | 330,000 | 정회원 | 12 | |
| 18 | 2025-03-23 | 유벼리 | SS2222 | 21 | 5,300 | 111,300 | 비회원 | 2 | |
| 19 | 2025-05-13 | 이구름 | SS1111 | 30 | 2,000 | 60,000 | 준회원 | 3 | |
| 20 | *2025-05-02* | *임원이* | *SS3333* | *55* | *2,500* | *137,500* | *정회원* | *6* | |
| 21 | 2025-06-21 | 임유승 | SS3333 | 50 | 2,500 | 125,000 | 정회원 | 3 | |
| 22 | 2025-03-12 | 임채빈 | JJ2222 | 20 | 3,000 | 60,000 | 준회원 | 2 | |
| 23 | 2025-06-20 | 한마식 | JJ1111 | 45 | 1,500 | 67,500 | 준회원 | 2 | |
| 24 | 2025-03-20 | 한아름 | SS1111 | 20 | 2,000 | 40,000 | 비회원 | 2 | |
| 25 | | | | | | | | | |

▲ '조건부서식2(결과)' 시트

더 알기 TIP

### 여러 개의 조건부 서식을 한 번에 지우는 방법

조건부 서식이 적용된 영역을 범위 지정한 후 [홈]-[스타일] 그룹의 [조건부 서식]-[규칙 지우기]-[선택한 셀의 규칙 지우기]를 클릭한다.

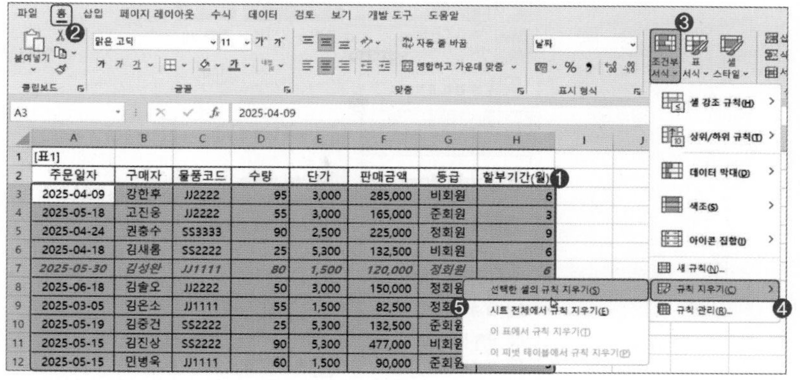

### 조건부 서식을 한 개씩 지우는 방법

조건부 서식을 적용한 영역을 범위 지정한 후 [홈]-[스타일] 그룹의 [조건부 서식]-[규칙 관리]를 클릭한다. 삭제할 서식을 선택한 후 [규칙 삭제]를 클릭한다.

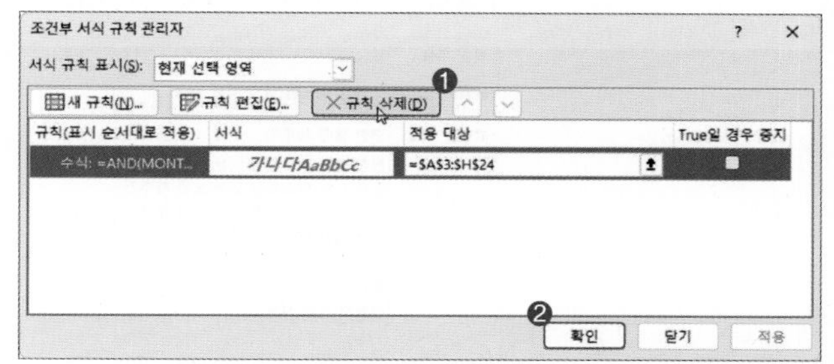

**출제유형 ③ '셀강조' 시트에서 다음의 지시사항을 처리하시오.**

- 조건부 서식의 셀 강조 규칙을 이용하여 [C3:C24] 영역의 중복 값에 대해 '진한 녹색 텍스트가 있는 녹색 채우기' 서식이 적용되도록 설정하시오.
- 조건부 서식의 상위/하위 규칙을 이용하여 [F3:F24] 영역에 평균을 초과하는 데이터에 '연한 빨강 채우기' 서식이 적용되도록 설정하시오.

① [C3:C24] 영역을 범위 지정한 후 [홈]-[스타일] 그룹의 [조건부 서식]-[셀 강조 규칙]-[중복 값]을 클릭한다.

② [중복 값]에서 '적용할 서식'은 '진한 녹색 텍스트가 있는 녹색 채우기'를 선택하고 [확인]을 클릭한다.

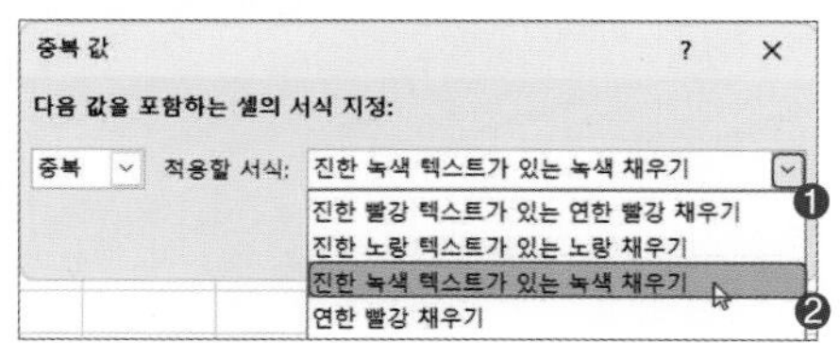

기적의 TIP

조건부 서식을 사용하면 손쉽게 특정 조건에 해당하는 셀이나 셀 범위를 강조 표시하고, 특수한 값을 강조하고, 데이터를 데이터의 특정 변형에 해당하는 데이터 막대, 색조, 아이콘 집합 등으로 시각화할 수 있습니다.

③ [F3:F24] 영역을 범위 지정한 후 [홈]–[스타일] 그룹의 [조건부 서식]–[상위/하위 규칙]–[평균 초과]를 클릭한다.

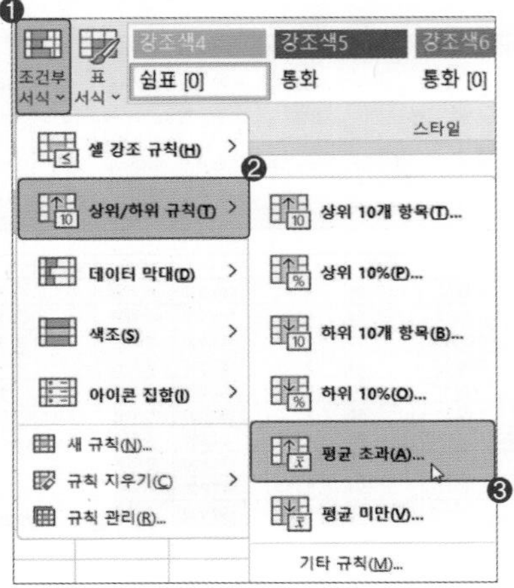


④ [평균 초과]에서 '적용할 서식'은 '연한 빨강 채우기'를 선택하고 [확인]을 클릭한다.

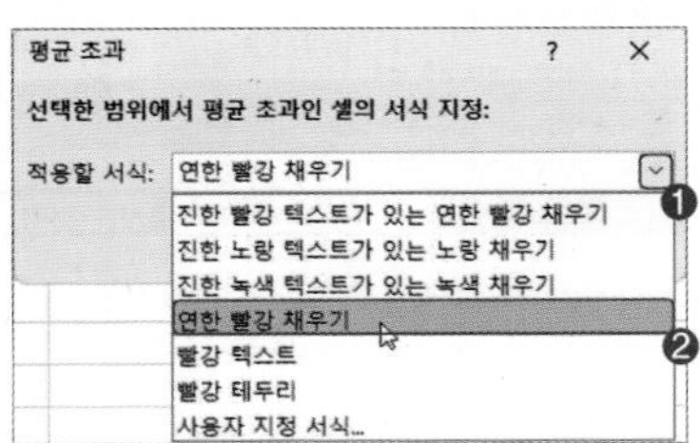


풀이결과

| | A | B | C | D | E | F | G | H |
|---|---|---|---|---|---|---|---|---|
| 1 | [표1] | | | | | | | |
| 2 | 주문일자 | 구매자 | 물품코드 | 수량 | 단가 | 판매금액 | 등급 | 할부기간(월) |
| 3 | 2025-04-09 | 강한후 | JJ2221 | 95 | 3,000 | 285,000 | 비회원 | 6 |
| 4 | 2025-05-18 | 고진웅 | JJ2222 | 55 | 3,000 | 165,000 | 준회원 | 3 |
| 5 | 2025-04-24 | 권충수 | SS3333 | 90 | 2,500 | 225,000 | 정회원 | 9 |
| 6 | 2025-04-18 | 김새롬 | SS2222 | 25 | 5,300 | 132,500 | 비회원 | 6 |
| 7 | 2025-05-30 | 김성완 | JJ1112 | 80 | 1,500 | 120,000 | 정회원 | 6 |
| 8 | 2025-06-18 | 김솔오 | JJ2225 | 50 | 3,000 | 150,000 | 정회원 | 6 |
| 9 | 2025-03-05 | 김은소 | JJ1111 | 55 | 1,500 | 82,500 | 정회원 | 2 |
| 10 | 2025-05-19 | 김중건 | SS2222 | 25 | 5,300 | 132,500 | 준회원 | 3 |
| 11 | 2025-05-15 | 김진상 | SS2222 | 90 | 5,300 | 477,000 | 비회원 | 24 |
| 12 | 2025-05-15 | 민병욱 | JJ1113 | 60 | 1,500 | 90,000 | 준회원 | 3 |
| 13 | 2025-04-15 | 박호영 | SS1114 | 20 | 2,000 | 40,000 | 준회원 | 2 |
| 14 | 2025-05-24 | 배사공 | SS1115 | 100 | 2,000 | 200,000 | 준회원 | 6 |
| 15 | 2025-04-12 | 설진성 | SS3333 | 120 | 2,500 | 300,000 | 비회원 | 9 |
| 16 | 2025-05-12 | 안대훈 | SS2222 | 32 | 5,300 | 169,600 | 비회원 | 6 |
| 17 | 2025-06-21 | 오덕우 | JJ2223 | 110 | 3,000 | 330,000 | 정회원 | 12 |
| 18 | 2025-03-23 | 유벼리 | SS2222 | 21 | 5,300 | 111,300 | 비회원 | 2 |
| 19 | 2025-05-13 | 이구름 | SS1111 | 30 | 2,000 | 60,000 | 준회원 | 3 |
| 20 | 2025-05-02 | 임원이 | SS3333 | 55 | 2,500 | 137,500 | 정회원 | 6 |
| 21 | 2025-06-21 | 임유승 | SS3333 | 50 | 2,500 | 125,000 | 정회원 | 3 |
| 22 | 2025-03-12 | 임채빈 | JJ2224 | 20 | 3,000 | 60,000 | 준회원 | 2 |
| 23 | 2025-06-20 | 한마식 | JJ1116 | 45 | 1,500 | 67,500 | 준회원 | 2 |
| 24 | 2025-03-20 | 한아름 | SS1112 | 20 | 2,000 | 40,000 | 비회원 | 2 |
| 25 | | | | | | | | |

▲ '셀강조(결과)' 시트

## 출제유형 ❹ '데이터막대' 시트에서 다음과 같이 조건부 서식을 처리하시오.

- [G3:G31] 영역에 대하여 규칙 유형은 '셀 값을 기준으로 모든 셀의 서식 지정'으로 선택하고, 서식 스타일 '데이터 막대', 최소값은 백분위수 10, 최대값은 백분위수 90으로 설정하시오.
- 막대 모양은 채우기를 '그라데이션 채우기', 색을 '표준 색–노랑'으로 설정하시오.

① [G3:G31] 영역을 범위 지정한 후 [홈]–[스타일] 그룹의 [조건부 서식]–[새 규칙]을 클릭한다.

② [새 서식 규칙]에서 다음과 같이 지정하고 [확인]을 클릭한다.

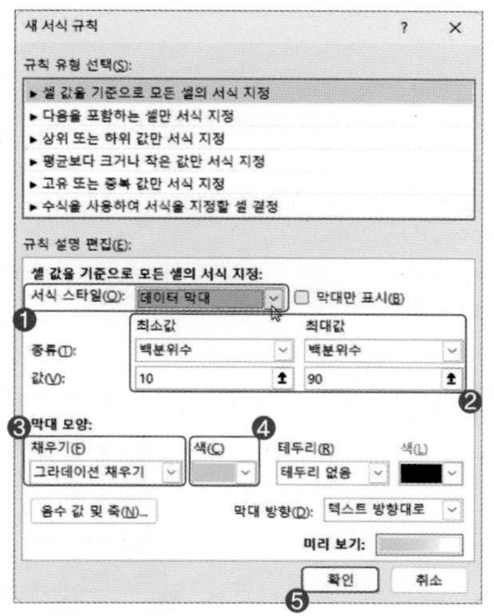


- 서식 스타일 : 데이터 막대
- 최소값 : 백분위수(10)
- 최대값 : 백분위수(90)
- 채우기 : 그라데이션 채우기
- 색 : 표준색 – 노랑

> **기적의 TIP**
>
> **데이터 막대**
> 데이터 막대를 사용하여 다른 셀을 기준으로 셀 값을 확인할 수 있습니다. 데이터 막대의 길이는 셀의 값을 나타냅니다. 긴 막대는 더 높은 값을 나타내고, 짧은 막대는 더 낮은 값을 나타냅니다.

> **기적의 TIP**
>
> **백분위수**
> 주어진 자료를 크기순으로 나열하여 백등분하였을 때 해당되는 관찰 값을 말합니다.

풀이결과

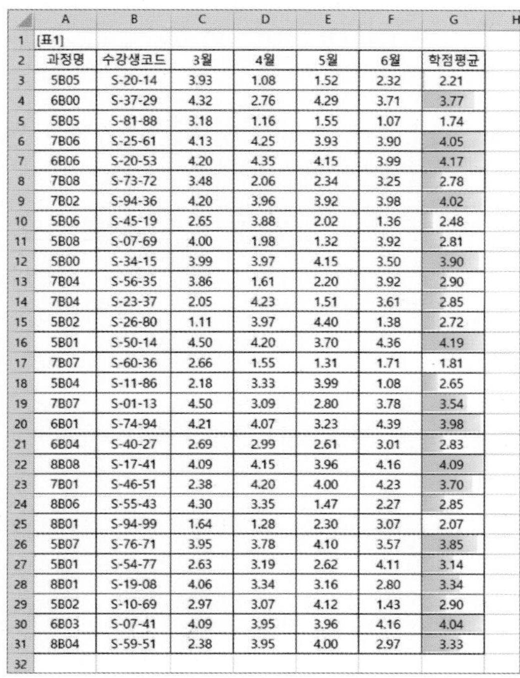

| | A | B | C | D | E | F | G | H |
|---|---|---|---|---|---|---|---|---|
| 1 | [표1] | | | | | | | |
| 2 | 과정명 | 수강생코드 | 3월 | 4월 | 5월 | 6월 | 학점평균 | |
| 3 | 5B05 | S-20-14 | 3.93 | 1.08 | 1.52 | 2.32 | 2.21 | |
| 4 | 6B00 | S-37-29 | 4.32 | 2.76 | 4.29 | 3.71 | 3.77 | |
| 5 | 5B05 | S-81-88 | 3.18 | 1.16 | 1.55 | 1.07 | 1.74 | |
| 6 | 7B06 | S-25-61 | 4.13 | 4.25 | 3.93 | 3.90 | 4.05 | |
| 7 | 6B06 | S-20-53 | 4.20 | 4.35 | 4.15 | 3.99 | 4.17 | |
| 8 | 7B08 | S-73-72 | 3.48 | 2.06 | 2.34 | 3.25 | 2.78 | |
| 9 | 7B02 | S-94-36 | 4.20 | 3.96 | 3.92 | 3.98 | 4.02 | |
| 10 | 5B06 | S-45-19 | 2.65 | 3.88 | 2.02 | 1.36 | 2.48 | |
| 11 | 5B08 | S-07-69 | 4.00 | 1.98 | 1.32 | 3.92 | 2.81 | |
| 12 | 5B00 | S-34-15 | 3.99 | 3.97 | 4.15 | 3.50 | 3.90 | |
| 13 | 7B04 | S-56-35 | 3.86 | 1.61 | 2.20 | 3.92 | 2.90 | |
| 14 | 7B04 | S-23-37 | 2.05 | 4.23 | 1.51 | 3.61 | 2.85 | |
| 15 | 5B02 | S-26-80 | 1.11 | 3.97 | 4.40 | 1.38 | 2.72 | |
| 16 | 5B01 | S-50-14 | 4.50 | 4.20 | 3.70 | 4.36 | 4.19 | |
| 17 | 7B07 | S-60-36 | 2.66 | 1.55 | 1.31 | 1.71 | 1.81 | |
| 18 | 5B04 | S-11-86 | 2.18 | 3.33 | 3.99 | 1.08 | 2.65 | |
| 19 | 7B07 | S-01-13 | 4.50 | 3.09 | 2.80 | 3.78 | 3.54 | |
| 20 | 6B01 | S-74-94 | 4.21 | 4.07 | 3.23 | 4.39 | 3.98 | |
| 21 | 6B04 | S-40-27 | 2.69 | 2.99 | 2.61 | 3.01 | 2.83 | |
| 22 | 8B08 | S-17-41 | 4.09 | 4.15 | 3.96 | 4.16 | 4.09 | |
| 23 | 7B01 | S-46-51 | 2.38 | 4.20 | 4.00 | 4.23 | 3.70 | |
| 24 | 8B06 | S-55-43 | 4.30 | 3.35 | 1.47 | 2.27 | 2.85 | |
| 25 | 8B01 | S-94-99 | 1.64 | 1.28 | 2.30 | 3.07 | 2.07 | |
| 26 | 5B07 | S-76-71 | 3.95 | 3.78 | 4.10 | 3.57 | 3.85 | |
| 27 | 5B01 | S-54-77 | 2.63 | 3.19 | 2.62 | 4.11 | 3.14 | |
| 28 | 8B01 | S-19-08 | 4.06 | 3.34 | 3.16 | 2.80 | 3.34 | |
| 29 | 5B02 | S-10-69 | 2.97 | 3.07 | 4.12 | 1.43 | 2.90 | |
| 30 | 6B03 | S-07-41 | 4.09 | 3.95 | 3.96 | 4.16 | 4.04 | |
| 31 | 8B04 | S-59-51 | 2.38 | 3.95 | 4.00 | 2.97 | 3.33 | |
| 32 | | | | | | | | |

◀ '데이터막대(결과)' 시트

> **기적의 TIP**
>
> 음수 막대 채우기 색, 음수 값 축 설정에 대한 옵션은 [음수 값 및 축]을 클릭하여 지정할 수 있습니다.

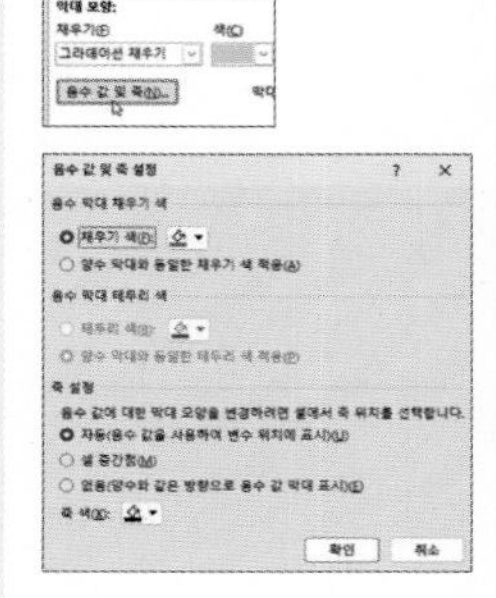

**출제유형 ⑤ '아이콘집합' 시트에서 다음과 같이 조건부 서식을 처리하시오.**

[D3:D20] 영역에 대하여 규칙 유형은 '셀 값을 기준으로 모든 셀의 서식 지정'으로 선택하고, 서식 스타일 '아이콘 집합', 아이콘 스타일은 '별 3개'로 조건부 서식을 지정하시오.

▸ '채워진 별'은 숫자 80 이상, '반 채워진 별'은 숫자 80 미만 65 이상, 나머지는 '빈 별'로 설정하시오.

[C3:C20] 영역에 대하여 규칙 유형은 '셀 값을 기준으로 모든 셀의 서식 지정'으로 선택하고, 서식 스타일 '아이콘 집합', 아이콘 스타일은 '5가지 원(흑백)'으로 조건부 서식을 지정하시오.

▸ '검정색 원'은 90 이상 백분율, '1/4 흰색 원'은 90 미만 70 이상 백분율, 그 외는 기본 설정값으로 설정하시오.

① [D3:D20] 영역을 범위 지정한 후 [홈]–[스타일] 그룹의 [조건부 서식]–[새 규칙]을 클릭한다.

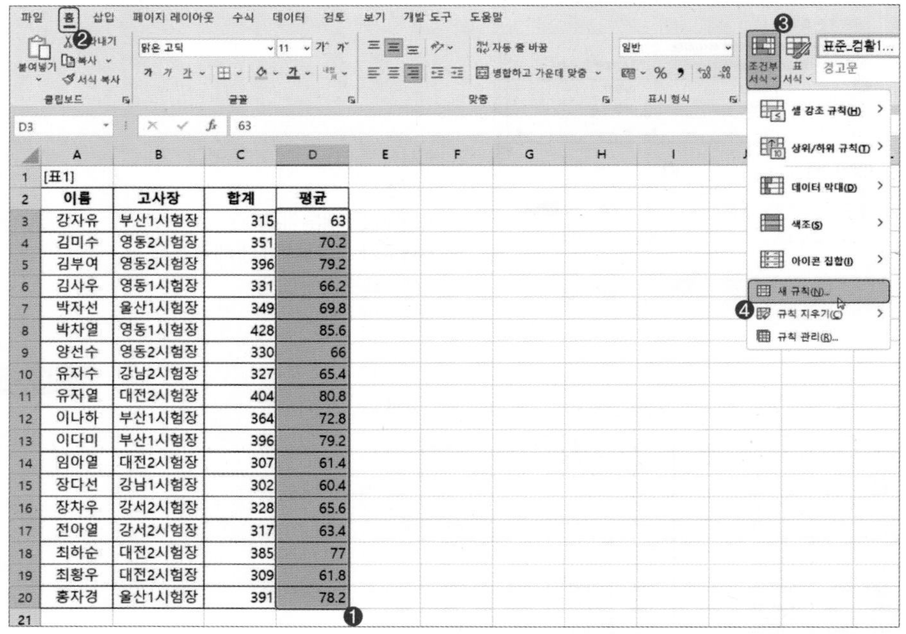

② [새 서식 규칙]에서 다음과 같이 지정하고 [확인]을 클릭한다.

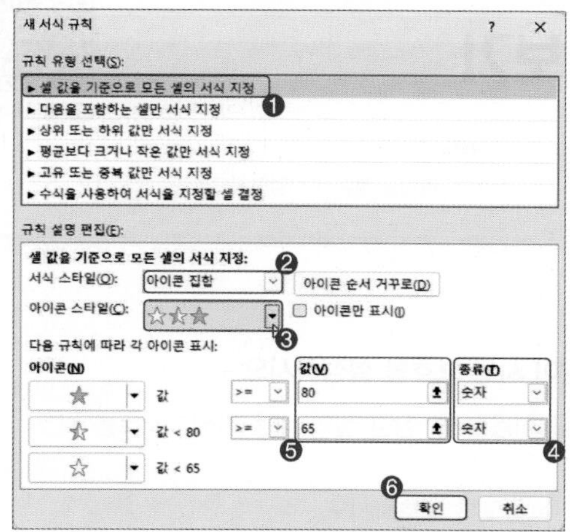


- 서식 스타일 : 아이콘 집합
- 아이콘 스타일 : 별 3개
- 종류 : 숫자
- 값1 : 〉= 80
- 값2 : 〉= 65

③ [C3:C20] 영역을 범위 지정한 후 [홈]–[스타일] 그룹의 [조건부 서식]–[새 규칙]을 클릭하여 [새 서식 규칙]에서 다음과 같이 지정하고 [확인]을 클릭한다.

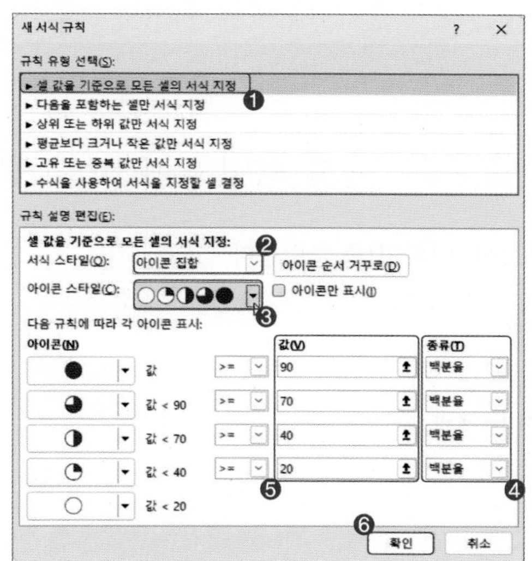


- 서식 스타일 : 아이콘 집합
- 아이콘 스타일 : 5가지 원(흑백)
- 종류 : 백분율
- 값1 : 〉= 90
- 값2 : 〉= 70

풀이결과

| | A | B | C | D | E |
|---|---|---|---|---|---|
| 1 | [표1] | | | | |
| 2 | 이름 | 고사장 | 합계 | 평균 | |
| 3 | 강자유 | 부산1시험장 | 315 | 63 | |
| 4 | 김미수 | 영동2시험장 | 351 | 70.2 | |
| 5 | 김부여 | 영동2시험장 | 396 | 79.2 | |
| 6 | 김사우 | 영동1시험장 | 331 | 66.2 | |
| 7 | 박자선 | 울산1시험장 | 349 | 69.8 | |
| 8 | 박차열 | 영동1시험장 | 428 | 85.6 | |
| 9 | 양선수 | 영동2시험장 | 330 | 66 | |
| 10 | 유자수 | 강남2시험장 | 327 | 65.4 | |
| 11 | 유자열 | 대전2시험장 | 404 | 80.8 | |
| 12 | 이나하 | 부산1시험장 | 364 | 72.8 | |
| 13 | 이다미 | 부산1시험장 | 396 | 79.2 | |
| 14 | 임아열 | 대전2시험장 | 307 | 61.4 | |
| 15 | 장다선 | 강남1시험장 | 302 | 60.4 | |
| 16 | 장차우 | 강서2시험장 | 328 | 65.6 | |
| 17 | 전아열 | 강서2시험장 | 317 | 63.4 | |
| 18 | 최하순 | 대전2시험장 | 385 | 77 | |
| 19 | 최황우 | 대전2시험장 | 309 | 61.8 | |
| 20 | 홍자경 | 울산1시험장 | 391 | 78.2 | |
| 21 | | | | | |

◀ '아이콘집합(결과)' 시트

SECTION

04

# 시트 보호와 통합 문서 보기

합격 강의

난 이 도 상 중 하

반복학습 1 2 3

작업파일 [2025컴활1급₩1권_스프레드시트₩이론] 폴더의 '04시트보호' 파일을 열어서 작업하시오.

**출제유형 ❶ '보호1' 시트에서 다음과 같이 시트 보호를 설정하시오.**

- [F4:F12] 영역에 셀 잠금과 수식 숨기기를 적용한 후 잠김 셀의 내용과 워크시트를 보호하시오.
- 차트에 잠금을 적용한 후 차트를 편집할 수 없도록 보호하시오.
- 잠긴 셀 선택과 잠기지 않은 셀의 선택, 정렬은 허용하고, 시트 보호 해제 암호는 지정하지 마시오.
- '보호1' 시트를 페이지 나누기 보기로 표시하고, [B2:H26] 영역만 1페이지로 인쇄되도록 페이지 나누기 구분선을 조정하시오.

① [F4:F12] 영역을 범위 지정한 후 마우스 오른쪽 버튼을 클릭한 후 [셀 서식]을 선택한다.

② [셀 서식]의 [보호] 탭에서 '숨김'을 체크하고 [확인]을 클릭한다.

기적의 TIP

모든 셀에 기본적으로 셀 잠금이 설정되어 있습니다.

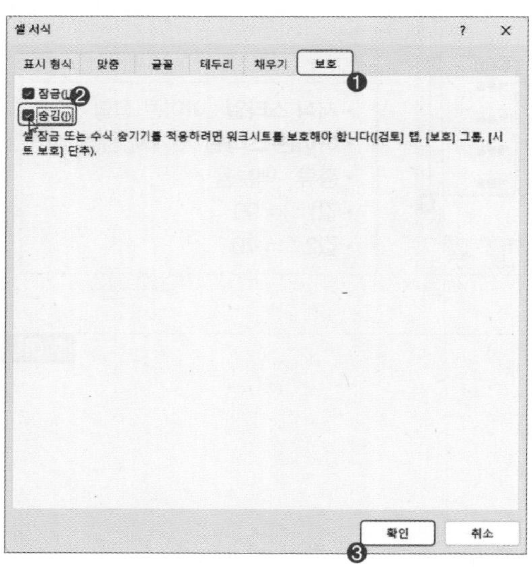

③ 차트에서 마우스 오른쪽 버튼을 눌러 [차트 영역 서식]을 선택한다.

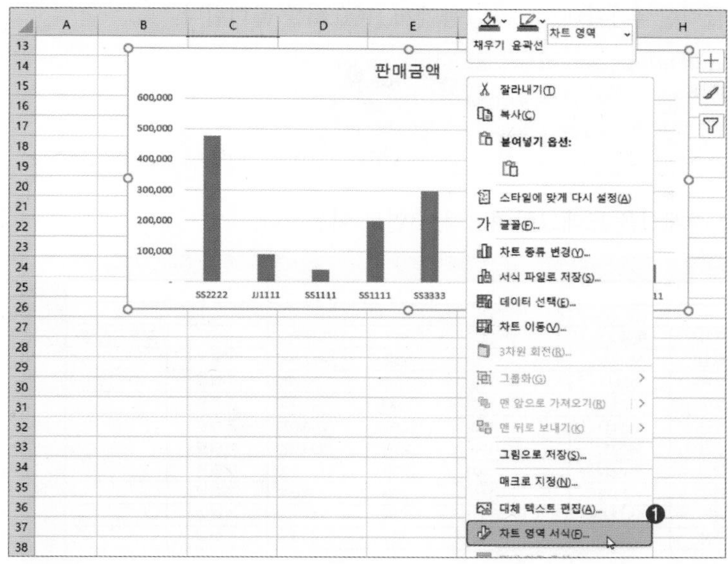

④ [차트 영역 서식]의 [크기 및 속성]에서 '속성'에 '잠금'이 체크가 되어 있는지 확인하고 [닫기]를 클릭한다.

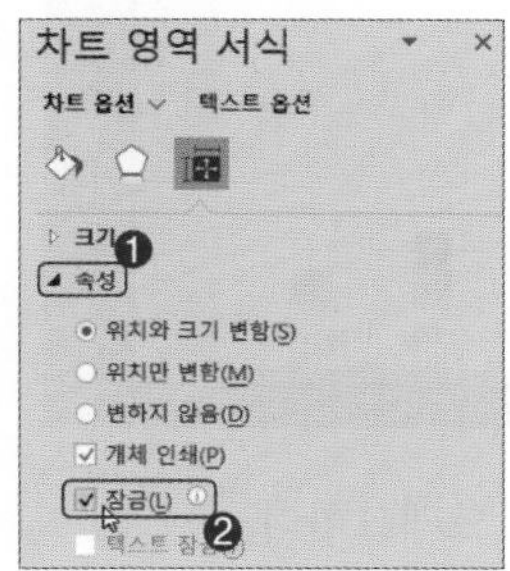

⑤ [검토] 탭의 [보호] 그룹에서 [시트 보호]( )를 클릭한다.

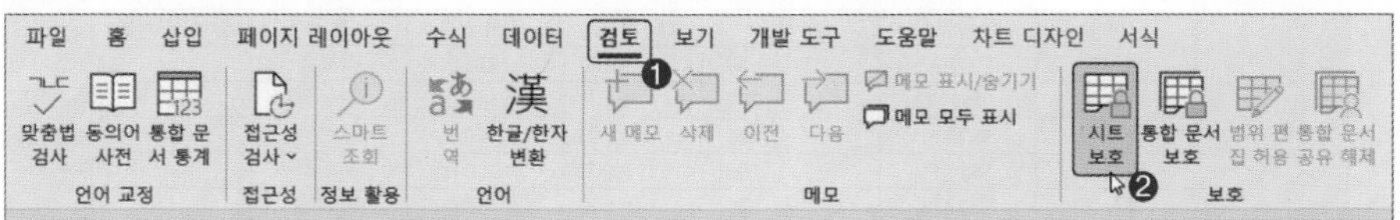

⑥ [시트 보호]에서 '잠긴 셀의 내용과 워크시트 보호'가 체크가 되어 있는지 확인하고, '잠긴 셀 선택', '잠기지 않은 셀 선택', '정렬'을 체크하고 [확인]을 클릭한다.

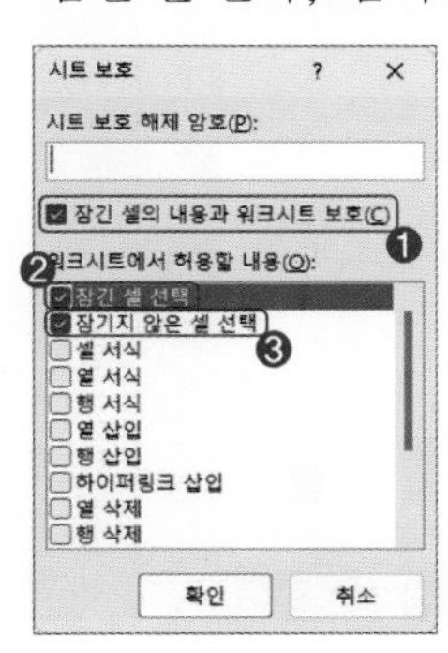

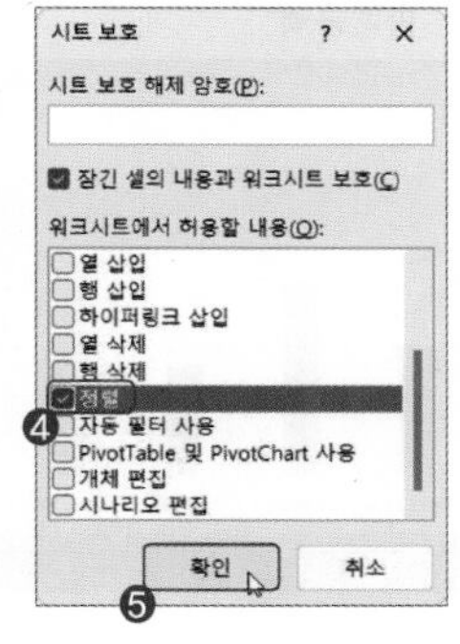

**기적의 TIP**

셀 잠금과 수식 숨기기를 적용하려면 워크시트를 보호해야 합니다.

**기적의 TIP**

시트 보호를 해제하려면 [검토]–[보호] 그룹에서 [시트 보호]를 클릭해야 합니다.

**기적의 TIP**

- [시트 보호] 대화상자에는 기본적으로 '잠긴 셀의 내용과 워크시트 보호'가 설정되어 있습니다.
- 시트 보호를 설정하면 기본적으로 셀 선택만 가능합니다.

> **기적의 TIP**
> '페이지 나누기 미리 보기'를 클릭하고 인쇄하면 흰색으로 밝게 표시된 부분만 인쇄가 됩니다.

⑦ [B2:H26] 영역을 범위 지정한 후 [보기]–[통합 문서 보기] 그룹의 [페이지 나누기 미리 보기]를 클릭한 후 [확대/축소] 그룹에서 [100%]를 클릭한다.

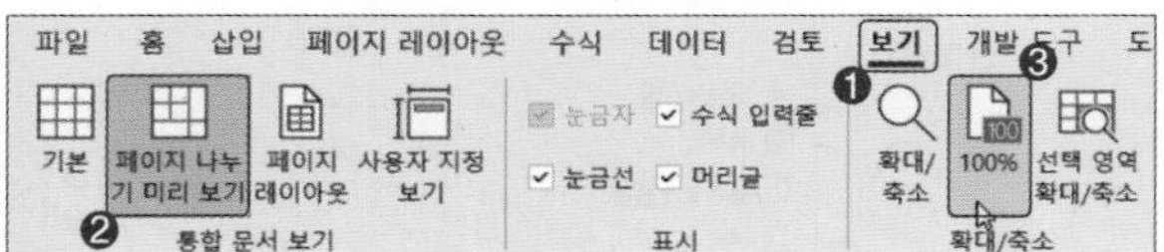


⑧ 페이지 나누기 경계선을 드래그하여 2행, B열로 이동한다.

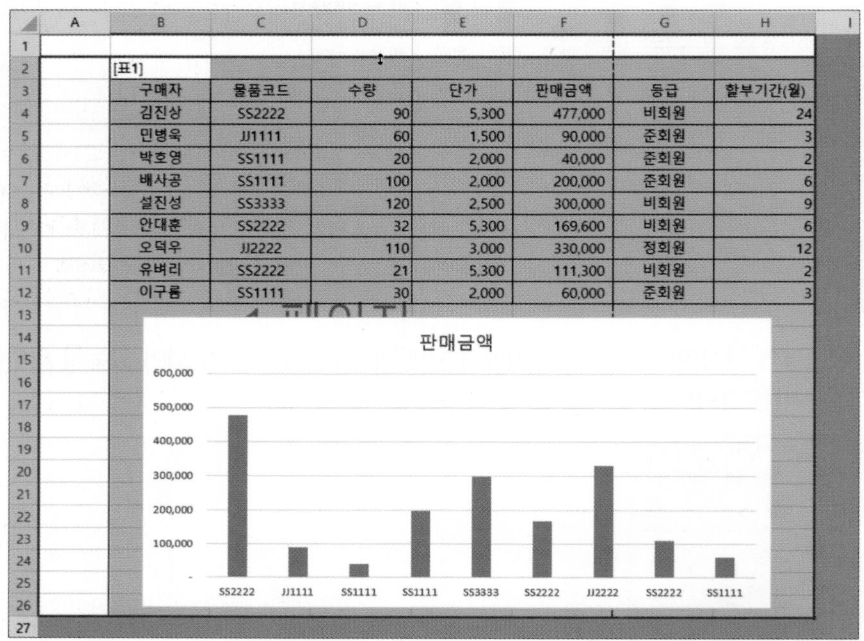

[표1]

| 구매자 | 물품코드 | 수량 | 단가 | 판매금액 | 등급 | 할부기간(월) |
|---|---|---|---|---|---|---|
| 김진상 | SS2222 | 90 | 5,300 | 477,000 | 비회원 | 24 |
| 민병욱 | JJ1111 | 60 | 1,500 | 90,000 | 준회원 | 3 |
| 박호영 | SS1111 | 20 | 2,000 | 40,000 | 준회원 | 2 |
| 배사공 | SS1111 | 100 | 2,000 | 200,000 | 준회원 | 6 |
| 설진성 | SS3333 | 120 | 2,500 | 300,000 | 비회원 | 9 |
| 안대훈 | SS2222 | 32 | 5,300 | 169,600 | 비회원 | 6 |
| 오덕우 | JJ2222 | 110 | 3,000 | 330,000 | 정회원 | 12 |
| 유벼리 | SS2222 | 21 | 5,300 | 111,300 | 비회원 | 2 |
| 이구름 | SS1111 | 30 | 2,000 | 60,000 | 준회원 | 3 |



> **기적의 TIP**
> 페이지 구분선은 맨 아래 또는 맨 오른쪽 테두리선으로 드래그하면 페이지 구분선이 제거됩니다.

⑨ G와 H열 사이의 페이지 경계라인을 드래그하여 H열 뒤로 드래그한다.

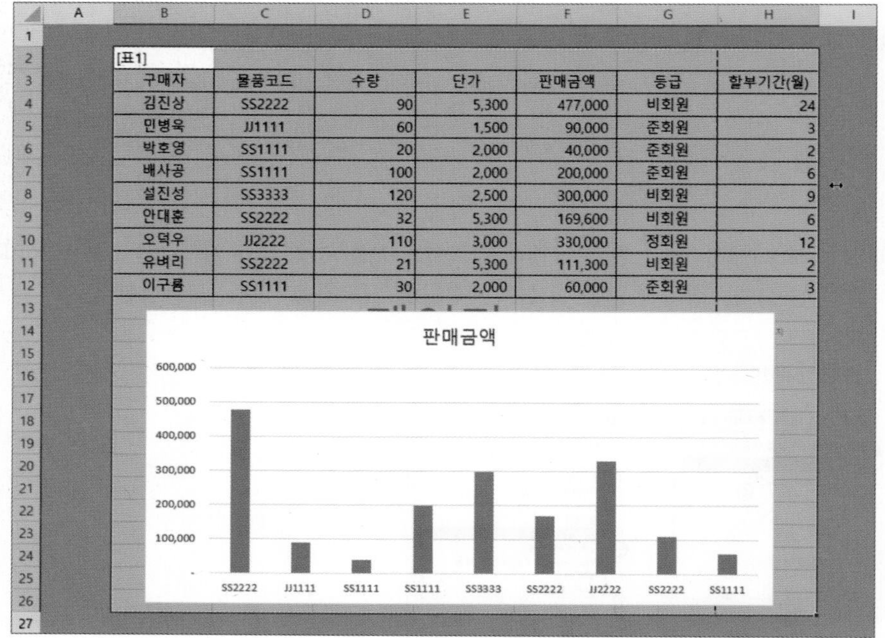


[표1]

| 구매자 | 물품코드 | 수량 | 단가 | 판매금액 | 등급 | 할부기간(월) |
|---|---|---|---|---|---|---|
| 김진상 | SS2222 | 90 | 5,300 | 477,000 | 비회원 | 24 |
| 민병욱 | JJ1111 | 60 | 1,500 | 90,000 | 준회원 | 3 |
| 박호영 | SS1111 | 20 | 2,000 | 40,000 | 준회원 | 2 |
| 배사공 | SS1111 | 100 | 2,000 | 200,000 | 준회원 | 6 |
| 설진성 | SS3333 | 120 | 2,500 | 300,000 | 비회원 | 9 |
| 안대훈 | SS2222 | 32 | 5,300 | 169,600 | 비회원 | 6 |
| 오덕우 | JJ2222 | 110 | 3,000 | 330,000 | 정회원 | 12 |
| 유벼리 | SS2222 | 21 | 5,300 | 111,300 | 비회원 | 2 |
| 이구름 | SS1111 | 30 | 2,000 | 60,000 | 준회원 | 3 |

풀이결과

[F4:F12] 영역의 데이터를 수정하면 아래와 같은 메시지가 표시된다.

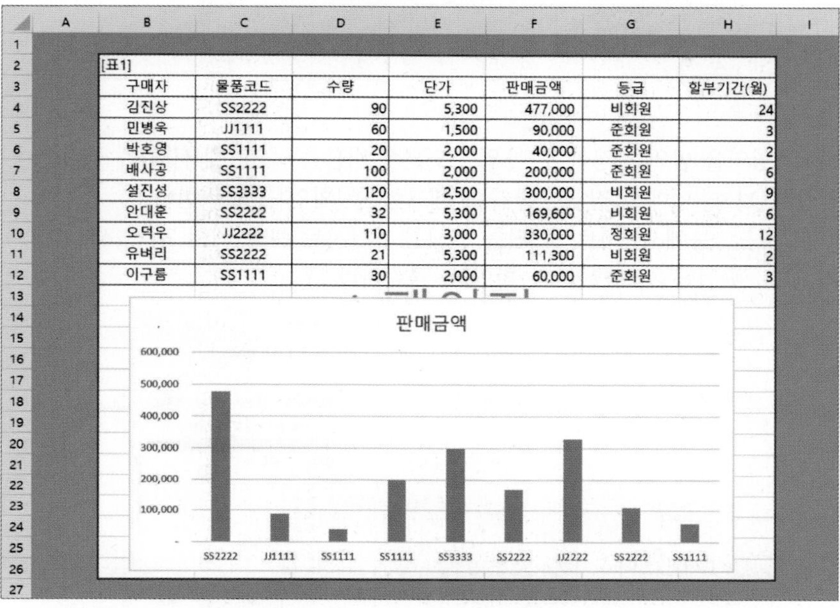

[표1]

| 구매자 | 물품코드 | 수량 | 단가 | 판매금액 | 등급 | 할부기간(월) |
|---|---|---|---|---|---|---|
| 김진상 | SS2222 | 90 | 5,300 | 477,000 | 비회원 | 24 |
| 민병욱 | JJ1111 | 60 | 1,500 | 90,000 | 준회원 | 3 |
| 박호영 | SS1111 | 20 | 2,000 | 40,000 | 준회원 | 2 |
| 배사공 | SS1111 | 100 | 2,000 | 200,000 | 준회원 | 6 |
| 설진성 | SS3333 | 120 | 2,500 | 300,000 | 비회원 | 9 |
| 안대훈 | SS2222 | 32 | 5,300 | 169,600 | 비회원 | 6 |
| 오덕우 | JJ2222 | 110 | 3,000 | 330,000 | 정회원 | 12 |
| 유벼리 | SS2222 | 21 | 5,300 | 111,300 | 비회원 | 2 |
| 이구름 | SS1111 | 30 | 2,000 | 60,000 | 준회원 | 3 |



▲ '보호1(결과)' 시트

더 알기 TIP

## [시트 보호] 대화상자

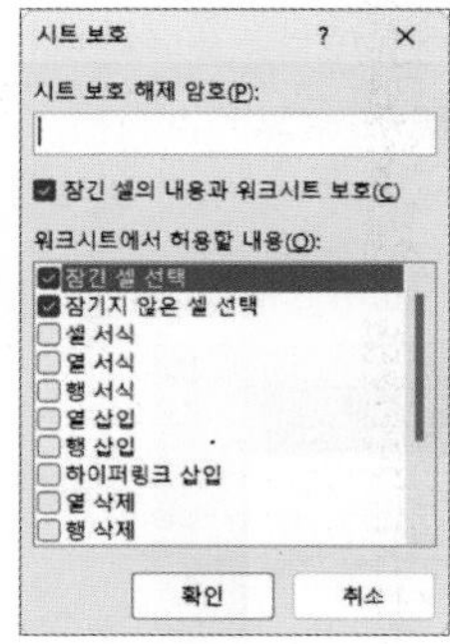


① 잠긴 셀의 내용과 워크시트 보호 : 시트 보호의 적용 여부를 지정할 수 있다.

② 시트 보호 해제 암호 : 시트 보호를 해제할 때 입력할 암호를 지정한다. 암호를 지정하지 않으면 누구나 시트 보호를 해제할 수 있다.

③ 워크시트에서 허용할 내용 : 시트 보호 시 제외할 항목을 지정할 수 있다. 허용한 내용에 체크된 부분은 시트가 보호된 상태에서도 그 기능을 수행할 수 있다.

## [통합 문서 보호] 대화상자

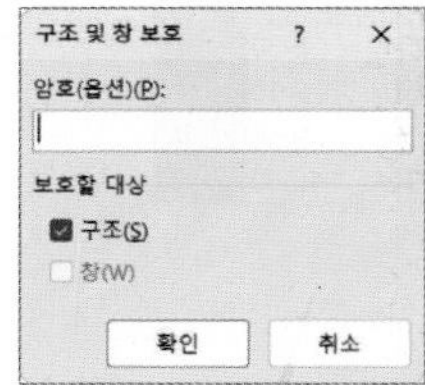


① 구조 : 워크시트의 추가, 삭제, 숨기기, 그리고 통합 문서의 구조를 변경할 수 없도록 보호한다.

② 창 : 통합 문서의 창의 크기나 위치 등을 변경할 수 없도록 보호한다.

③ 암호(옵션) : 통합 문서 보호를 해제할 때 입력할 암호를 지정한다. 암호를 지정하지 않으면 누구나 통합 문서 보호를 해제할 수 있다.

**출제유형 ❷ '보호2' 시트에서 다음과 같이 시트 보호와 통합 문서 보호를 설정하시오.**

- [B10:J41] 영역에 셀 잠금과 수식 숨기기를 적용한 후 잠긴 셀의 내용과 워크시트를 보호하시오.
- 잠긴 셀 선택과 잠기지 않은 셀의 선택은 허용하고, 시트 보호 해제 암호는 지정하지 마시오.
- '보호2' 시트를 페이지 나누기 보기로 표시하고, [B2:J41] 영역만 1페이지로 인쇄되도록 페이지 나누기 구분선을 조정하시오.

① [B10:J41] 영역을 범위 지정한 후 마우스 오른쪽 버튼을 눌러 [셀 서식]을 클릭한다.
② [셀 서식]의 [보호] 탭에서 '잠금', '숨김'을 체크한 후 [확인]을 클릭한다.
③ [검토]-[보호] 그룹에서 [시트 보호]를 클릭한 후 [시트 보호]에서 '잠긴 셀 선택'과 '잠기지 않은 셀 선택'을 체크한 후 [확인]을 클릭한다.

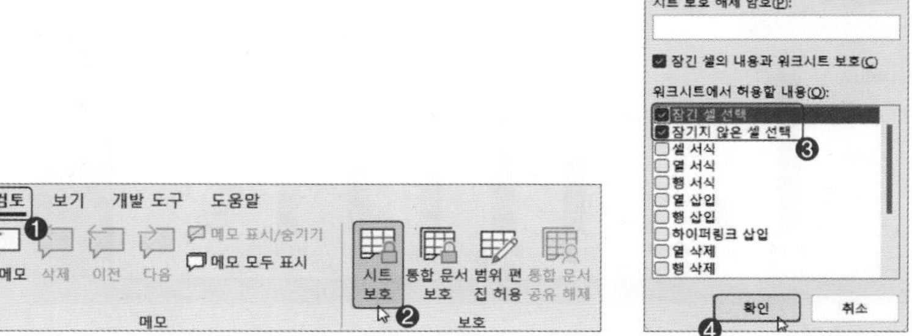


④ [B2:J41] 영역을 범위 지정한 후 [보기]-[통합 문서 보기] 그룹의 [페이지 나누기 미리 보기]를 클릭한 후, [확대/축소] 그룹에서 [100%]를 클릭한다.

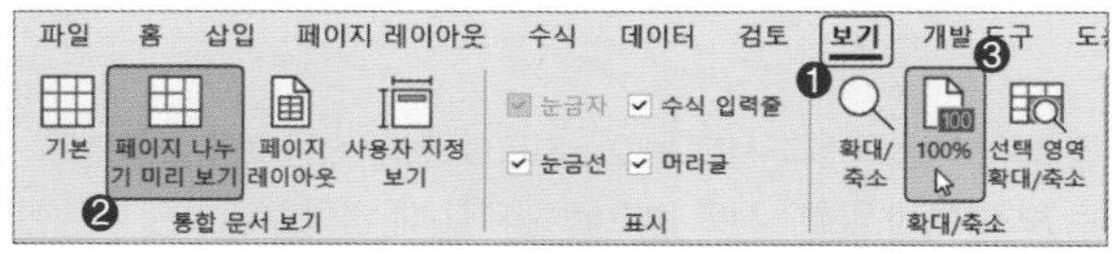


⑤ 페이지 나누기 경계선을 드래그하여 2행, B열로 이동한다.

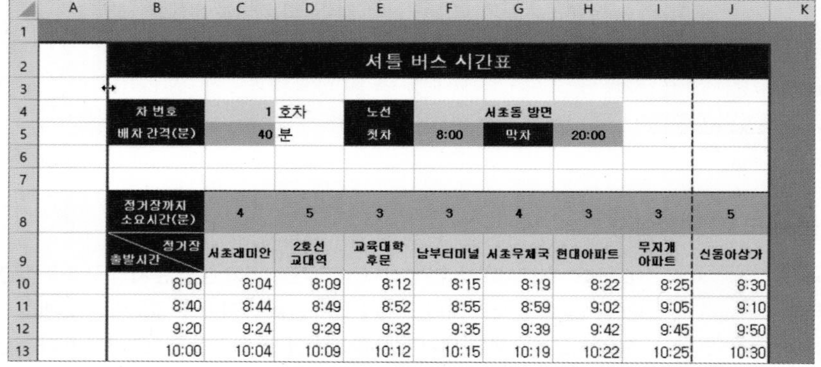

| 셔틀 버스 시간표 | | | | | | | | |
|---|---|---|---|---|---|---|---|---|
| 차 번호 | 1 | 호차 | 노선 | 서초동 방면 | | | | |
| 배차 간격(분) | 40 | 분 | 첫차 | 8:00 | 막차 | 20:00 | | |
| 정거장까지 소요시간(분) | 4 | 5 | 3 | 3 | 4 | 3 | 3 | 5 |
| 정거장 / 출발시간 | 서초래미안 | 2호선 교대역 | 교육대학 후문 | 남부터미널 | 서초우체국 | 현대아파트 | 무지개 아파트 | 신동아상가 |
| 8:00 | 8:04 | 8:09 | 8:12 | 8:15 | 8:19 | 8:22 | 8:25 | 8:30 |
| 8:40 | 8:44 | 8:49 | 8:52 | 8:55 | 8:59 | 9:02 | 9:05 | 9:10 |
| 9:20 | 9:24 | 9:29 | 9:32 | 9:35 | 9:39 | 9:42 | 9:45 | 9:50 |
| 10:00 | 10:04 | 10:09 | 10:12 | 10:15 | 10:19 | 10:22 | 10:25 | 10:30 |

⑥ I와 J열 사이의 페이지 경계라인을 드래그하여 J열 뒤로 드래그한다.

풀이결과

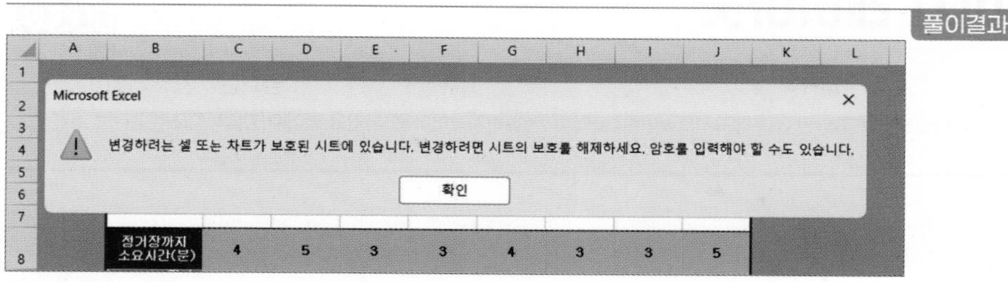


▲ '보호2(결과)' 시트

셔틀 버스 시간표

| 차 번호 | 1 | 호차 | 노선 | 서초동 방면 | | | |
|---|---|---|---|---|---|---|---|
| 배차 간격(분) | 40 | 분 | 첫차 | 8:00 | 막차 | 20:00 | |

| 정거장까지 소요시간(분) | 4 | 5 | 3 | 3 | 4 | 3 | 3 | 5 |
|---|---|---|---|---|---|---|---|---|
| 정거장 / 출발시간 | 서초래미안 | 2호선 교대역 | 교육대학 후문 | 남부터미널 | 서초우체국 | 현대아파트 | 무지개 아파트 | 신동아상가 |
| 8:00 | 8:04 | 8:09 | 8:12 | 8:15 | 8:19 | 8:22 | 8:25 | 8:30 |
| 8:40 | 8:44 | 8:49 | 8:52 | 8:55 | 8:59 | 9:02 | 9:05 | 9:10 |
| 9:20 | 9:24 | 9:29 | 9:32 | 9:35 | 9:39 | 9:42 | 9:45 | 9:50 |
| 10:00 | 10:04 | 10:09 | 10:12 | 10:15 | 10:19 | 10:22 | 10:25 | 10:30 |
| 10:40 | 10:44 | 10:49 | 10:52 | 10:55 | 10:59 | 11:02 | 11:05 | 11:10 |
| 11:20 | 11:24 | 11:29 | 11:32 | 11:35 | 11:39 | 11:42 | 11:45 | 11:50 |
| 12:00 | 12:04 | 12:09 | 12:12 | 12:15 | 12:19 | 12:22 | 12:25 | 12:30 |
| 12:40 | 12:44 | 12:49 | 12:52 | 12:55 | 12:59 | 13:02 | 13:05 | 13:10 |
| 13:20 | 13:24 | 13:29 | 13:32 | 13:35 | 13:39 | 13:42 | 13:45 | 13:50 |
| 14:00 | 14:04 | 14:09 | 14:12 | 14:15 | 14:19 | 14:22 | 14:25 | 14:30 |
| 14:40 | 14:44 | 14:49 | 14:52 | 14:55 | 14:59 | 15:02 | 15:05 | 15:10 |
| 15:20 | 15:24 | 15:29 | 15:32 | 15:35 | 15:39 | 15:42 | 15:45 | 15:50 |
| 16:00 | 16:04 | 16:09 | 16:12 | 16:15 | 16:19 | 16:22 | 16:25 | 16:30 |
| 16:40 | 16:44 | 16:49 | 16:52 | 16:55 | 16:59 | 17:02 | 17:05 | 17:10 |
| 17:20 | 17:24 | 17:29 | 17:32 | 17:35 | 17:39 | 17:42 | 17:45 | 17:50 |
| 18:00 | 18:04 | 18:09 | 18:12 | 18:15 | 18:19 | 18:22 | 18:25 | 18:30 |
| 18:40 | 18:44 | 18:49 | 18:52 | 18:55 | 18:59 | 19:02 | 19:05 | 19:10 |
| 19:20 | 19:24 | 19:29 | 19:32 | 19:35 | 19:39 | 19:42 | 19:45 | 19:50 |
| 20:00 | 20:04 | 20:09 | 20:12 | 20:15 | 20:19 | 20:22 | 20:25 | 20:30 |

1 페이지

▲ '보호2(결과)' 시트

SECTION

# 05 페이지 레이아웃

난 이 도 상 (중) 하

반복학습 1 2 3

작업파일 [2025컴활1급₩1권_스프레드시트₩이론] 폴더의 '05페이지레이아웃' 파일을 열어서 작업하시오.

**출제유형 ❶ '인쇄1' 시트에서 다음과 같이 페이지 레이아웃을 설정하시오.**

- 기존 인쇄 영역에 [A25:G30] 영역을 인쇄 영역으로 추가하고, 2행이 매 페이지마다 반복하여 인쇄되도록 인쇄 제목을 설정하시오.
- 매 페이지 상단의 오른쪽 구역에는 페이지 번호가 [표시 예]와 같이 표시되도록 머리글을 설정하시오.
  [표시 예 : 현재 페이지 번호가 1이고, 전체 페이지 번호가 2인 경우 → 1/2]
- 90% 축소 인쇄되도록 설정하시오.
- [A2:G16], [A17:G30] 영역으로 페이지를 나누어 1페이지, 2페이지로 페이지 나누기를 설정하시오.

**기적의 TIP**

[인쇄 영역에 추가]를 실행하기 전에 [파일]–[인쇄]를 클릭해서 확인하면 다음과 같이 인쇄되는 것을 확인할 수 있습니다.

〈1페이지〉

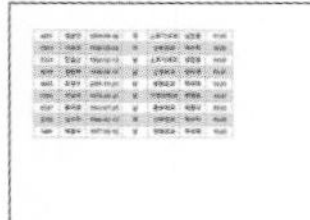

〈2페이지〉

① [A25:G30] 영역을 범위 지정한 후 [페이지 레이아웃]–[페이지 설정] 그룹에서 [인쇄 영역]–[인쇄 영역에 추가]를 클릭한다.

② [페이지 레이아웃]–[페이지 설정] 그룹의 오른쪽 하단 [옵션](⧉)을 클릭한다.

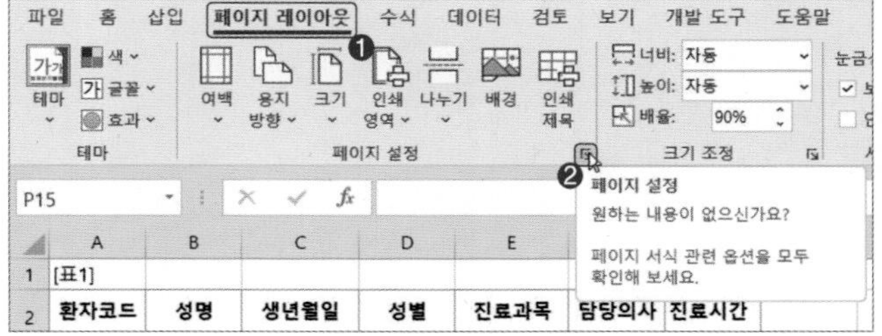

③ [페이지 설정]의 [시트] 탭에서 '반복할 행'에 커서를 두고 행 머리글 2를 클릭한다.

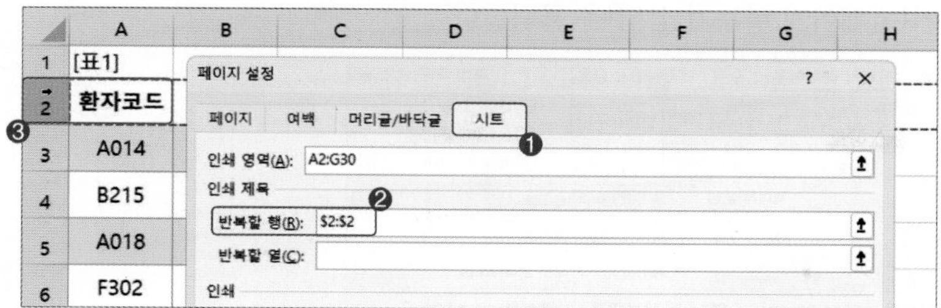

④ [머리글/바닥글] 탭의 [머리글 편집]을 클릭한 후 '오른쪽 구역'에 커서를 두고 [페이지 번호 삽입](📄) 도구를 클릭한 후 /를 입력하고 [전체 페이지 수 삽입](📄) 도구를 클릭한 후 [확인]을 클릭한다.

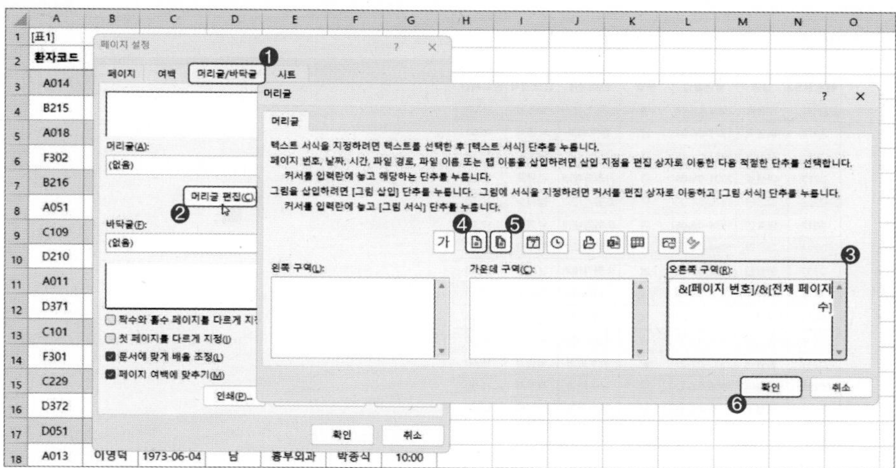

⑤ [페이지 설정]의 [페이지] 탭에서 '확대/축소 배율'에 90을 입력하고 [확인]을 클릭한다.

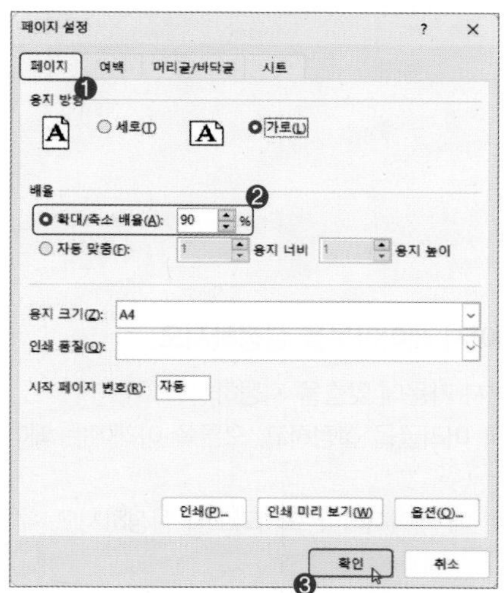

**기적의 TIP**

**[페이지 설정]의 [시트] 탭**

- **인쇄 영역** : 특정 부분만 인쇄할 경우 범위를 지정
- **인쇄 제목** : 모든 페이지에 반복해서 인쇄할 행 또는 열을 지정
- **눈금선** : 시트에 표시된 셀 눈금선의 인쇄 여부
- **흑백으로** : 데이터를 흑백으로 인쇄
- **간단하게 인쇄** : 차트, 도형, 그림 등 모든 그래픽 요소를 제거하고 텍스트만 인쇄
- **행/열 머리글** : 행/열 머리글의 인쇄 여부
- **메모** : 시트에 포함된 메모의 인쇄 여부 및 인쇄 위치 지정
- **셀 오류 표시** : 오류의 표시 방법
- **페이지 순서** : 인쇄될 방향의 우선 순위를 지정

⑥ 2 페이지가 시작하는 [A17] 셀을 선택한 후 [페이지 레이아웃]–[페이지 설정] 그룹에서 [나누기]–[페이지 나누기 삽입]을 클릭한다.

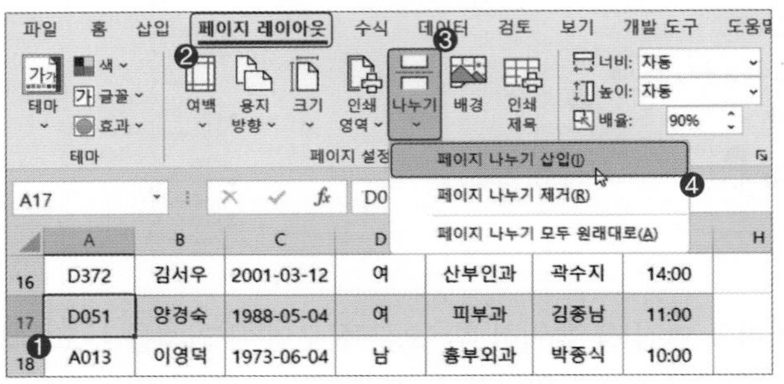


풀이결과

2/2

| 환자코드 | 성명 | 생년월일 | 성별 | 진료과목 | 담당의사 | 진료시간 |
|---|---|---|---|---|---|---|
| D051 | 양경숙 | 1988-05-04 | 여 | 피부과 | 김종남 | 11:00 |
| A013 | 이영덕 | 1973-06-04 | 남 | 흉부외과 | 박종식 | 10:00 |
| D052 | 강진희 | 1993-05-08 | 여 | 산부인과 | 곽수지 | 09:30 |
| B217 | 이샛별 | 2001-05-09 | 여 | 가정의학과 | 편영표 | 11:20 |
| C228 | 김정근 | 1978-04-09 | 남 | 호흡기내과 | 김지수 | 16:30 |
| A017 | 임효인 | 1959-09-08 | 여 | 소화기내과 | 남민종 | 17:50 |
| D213 | 이유라 | 1998-09-04 | 여 | 산부인과 | 곽수지 | 16:20 |
| D331 | 장길산 | 1952-02-12 | 남 | 소화기내과 | 남민종 | 14:00 |
| B219 | 김창무 | 1999-08-16 | 남 | 신경외과 | 임지영 | 13:50 |
| A015 | 유경수 | 2005-11-23 | 남 | 정형외과 | 하석태 | 14:20 |
| C106 | 이남석 | 1974-08-25 | 남 | 가정의학과 | 편영표 | 16:20 |
| D217 | 황귀영 | 1943-07-25 | 남 | 흉부외과 | 박종식 | 15:00 |
| B218 | 심수미 | 1986-12-12 | 여 | 산부인과 | 곽수지 | 16:00 |
| F491 | 박철수 | 1977-08-15 | 남 | 정형외과 | 하석태 | 10:40 |

▲ '인쇄1(결과)' 시트

**출제유형 ❷ '인쇄2' 시트에서 다음과 같이 페이지 레이아웃을 설정하시오.**

- 페이지가 가로방향의 가운데에 출력되도록 페이지 가운데 맞춤을 지정하시오.
- 매 페이지 왼쪽 위에는 시트 이름이 표시되도록 머리글을 설정하고, 오른쪽 아래에는 페이지 번호가 표시되도록 바닥글을 설정하시오.
- [A3:H38] 영역을 인쇄 영역으로 설정하고, 3행이 매 페이지마다 표시되도록 설정하시오.

① [페이지 레이아웃]-[페이지 설정] 그룹의 오른쪽 하단 [옵션]을 클릭한다.
② [페이지 설정]의 [여백] 탭에서 '페이지 가운데 맞춤'을 '가로'로 선택한다.

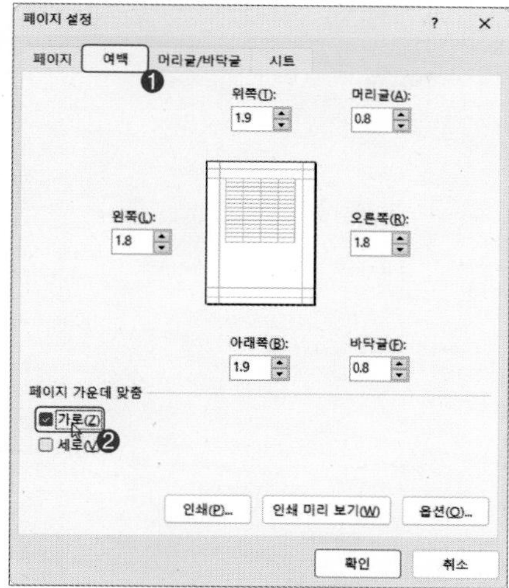

③ [머리글/바닥글] 탭의 [머리글 편집]을 클릭한 후 '왼쪽 구역'에 커서를 두고 [시트 이름 삽입](▦) 도구를 클릭한 후 [확인]을 클릭한다.

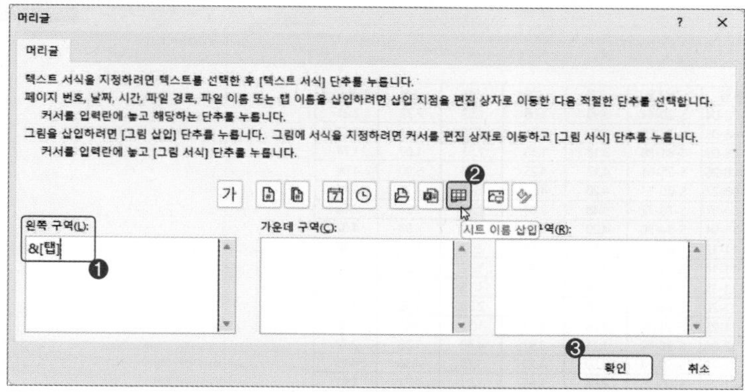

④ [바닥글 편집]을 클릭한 후 '오른쪽 구역'에 커서를 두고 [페이지 번호 삽입](▣) 도구를 클릭한 후 [확인]을 클릭한다.

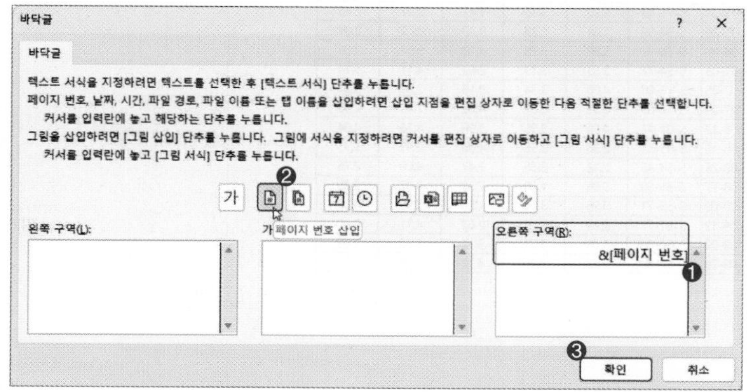

⑤ [페이지 설정]의 [시트] 탭에서 '인쇄 영역'에 커서를 두고 [A3:H38] 영역으로 수정한다. [시트] 탭에서 '반복할 행'을 클릭한 후 행 머리글 3을 클릭하고 [확인]을 클릭한다.

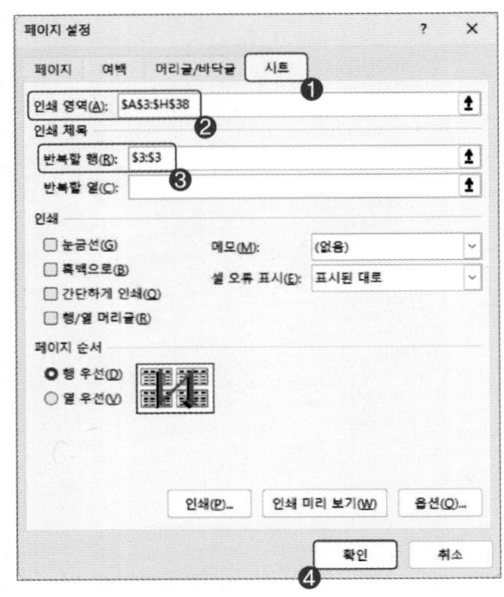


풀이결과

인쇄2

| 과정명 | 등록일 | 수강생코드 | 3월 | 4월 | 5월 | 6월 | 학점평균 |
|---|---|---|---|---|---|---|---|
| 5B05 | 2024-08-04 | S-20-14 | 3.93 | 1.08 | 1.52 | 2.32 | 2.21 |
| 6B00 | 2024-08-05 | S-37-29 | 4.32 | 2.76 | 4.29 | 3.71 | 3.77 |
| 5B05 | 2024-08-09 | S-81-88 | 3.18 | 1.16 | 1.55 | 1.07 | 1.74 |
| 7B06 | 2024-08-26 | S-25-61 | 4.13 | 4.25 | 3.93 | 3.90 | 4.05 |
| 6B06 | 2024-08-27 | S-20-53 | 4.20 | 4.35 | 4.15 | 3.99 | 4.17 |
| 7B08 | 2024-09-07 | S-73-72 | 3.48 | 2.06 | 2.34 | 3.25 | 2.78 |
| 7B02 | 2024-11-04 | S-94-36 | 4.20 | 3.96 | 3.92 | 3.98 | 4.02 |
| 5B06 | 2024-11-13 | S-45-19 | 2.65 | 3.88 | 2.02 | 1.36 | 2.48 |
| 5B08 | 2024-11-14 | S-07-69 | 4.00 | 1.98 | 1.32 | 3.92 | 2.81 |
| 5B00 | 2024-11-15 | S-34-15 | 3.99 | 3.97 | 4.15 | 3.50 | 3.90 |
| 7B04 | 2024-11-20 | S-56-35 | 3.86 | 1.61 | 2.20 | 3.92 | 2.90 |
| 7B04 | 2024-11-23 | S-23-37 | 2.05 | 4.23 | 1.51 | 3.61 | 2.85 |
| 5B02 | 2024-12-20 | S-26-80 | 1.11 | 3.97 | 4.40 | 1.38 | 2.72 |
| 5B01 | 2024-12-26 | S-50-14 | 4.50 | 4.20 | 3.70 | 4.36 | 4.19 |
| 7B07 | 2025-01-23 | S-60-36 | 2.66 | 1.55 | 1.31 | 1.71 | 1.81 |
| 5B04 | 2025-02-24 | S-11-86 | 2.18 | 3.33 | 3.99 | 1.08 | 2.65 |
| 7B07 | 2025-02-27 | S-01-13 | 4.50 | 3.09 | 2.80 | 3.78 | 3.54 |
| 6B01 | 2025-03-20 | S-74-94 | 4.21 | 4.07 | 3.23 | 4.39 | 3.98 |
| 6B04 | 2025-04-02 | S-40-27 | 2.69 | 2.99 | 2.61 | 3.01 | 2.83 |
| 8B08 | 2025-05-13 | S-17-41 | 4.09 | 4.15 | 3.96 | 4.16 | 4.09 |
| 7B01 | 2025-05-16 | S-46-51 | 2.38 | 4.20 | 4.00 | 4.23 | 3.70 |
| 8B06 | 2025-05-24 | S-55-43 | 4.30 | 3.35 | 1.47 | 2.27 | 2.85 |
| 8B01 | 2025-05-26 | S-94-99 | 1.64 | 1.28 | 2.30 | 3.07 | 2.07 |
| 5B07 | 2025-06-19 | S-76-71 | 3.95 | 3.78 | 4.10 | 3.57 | 3.85 |
| 5B01 | 2025-07-03 | S-54-77 | 2.63 | 3.19 | 2.62 | 4.11 | 3.14 |
| 8B01 | 2025-07-05 | S-19-08 | 4.06 | 3.34 | 3.16 | 2.80 | 3.34 |
| 5B02 | 2025-07-24 | S-10-69 | 2.97 | 3.07 | 4.12 | 1.43 | 2.90 |
| 6B03 | 2025-08-12 | S-07-41 | 4.09 | 3.95 | 3.96 | 4.16 | 4.04 |
| 8B04 | 2025-08-16 | S-59-51 | 2.38 | 3.95 | 4.00 | 2.97 | 3.33 |
| 5B05 | 2025-08-25 | S-54-43 | 2.12 | 3.35 | 1.47 | 4.09 | 2.76 |
| 8B04 | 2025-08-27 | S-35-99 | 3.96 | 1.28 | 2.30 | 3.07 | 2.65 |
| 8B02 | 2025-09-09 | S-59-71 | 3.95 | 3.78 | 4.30 | 3.95 | 4.00 |
| 7B03 | 2025-09-12 | S-57-77 | 2.63 | 4.23 | 2.62 | 4.11 | 3.40 |
| 5B02 | 2025-09-20 | S-52-08 | 4.06 | 2.27 | 3.16 | 1.28 | 2.69 |
| 8B03 | 2025-09-26 | S-52-69 | 2.63 | 4.30 | 4.12 | 3.78 | 3.71 |

1

◀ '인쇄2(결과)' 시트

CHAPTER 02

# 계산작업

학습 방향

자주 출제되는 함수의 종류(VLOOKUP, INDEX, MATCH, 데이터베이스 함수 ...)를 파악하고 다양한 예제를 연습하세요. 또한, 배열 수식에 대한 개념을 이해하고 시험에 출제되는 배열 수식의 유형을 파악하는 연습을 해야 합니다. VBE(Visual Basic Editor)를 이용하여 사용자가 사용할 함수를 정의하는 방법과 IF 구문, Select Case 구문을 반드시 이해해야 합니다.

SECTION 01

# 계산식

난 이 도 상 중 (하)
반복학습 1 2 3

작업파일 [2025컴활1급₩1권_스프레드시트₩이론] 폴더의 '06계산작업' 파일을 열어서 작업하시오.

● **산술 연산자** : 수치 데이터에 대한 사칙 연산을 수행한다.

| 연산자 | 기능 | 연산자 | 기능 | 연산자 | 기능 |
|---|---|---|---|---|---|
| + | 더하기 | * | 곱하기 | ^ | 거듭제곱 |
| − | 빼기 | / | 나누기 | % | 백분율 |

● **비교 연산자** : 데이터의 크기를 비교하여 식이 맞으면 TRUE(참), 그렇지 않으면 FALSE(거짓)으로 결과를 표시한다.

| 연산자 | 기능 | 연산자 | 기능 | 연산자 | 기능 |
|---|---|---|---|---|---|
| > | 크다(초과) | < | 작다(미만) | = | 같다 |
| >= | 크거나 같다(이상) | <= | 작거나 같다(이하) | <> | 같지 않다 |

● **데이터 연결 연산자(&)** : 두 개의 데이터를 하나로 연결하여 표시한다.

| 수 식 | 결 과 | 수 식 | 결 과 |
|---|---|---|---|
| ="박달"&"나무" | 박달나무 | =100&"점" | 100점 |

더 알기 TIP

### 상대참조 · 절대참조 · 혼합참조

1. 수식에서 다른 셀에 입력된 데이터를 사용할 때 셀 주소를 입력하는 것을 참조라고 한다.

| | |
|---|---|
| 상대참조 | 수식이 복사되는 위치에 따라 입력된 수식이 자동으로 참조 범위가 변경된다. |
| 절대참조 | 특정 셀을 고정하게 되면 수식을 복사하여도 참조하고 있는 셀이 변경되지 않게 하는 참조 방식으로 F4를 사용하여 $ 기호를 붙여준다. (예 $F$10) |
| 혼합참조 | 열 문자와 행 번호 중 하나에만 $ 기호를 붙여 셀을 참조하는 것으로, $ 기호가 붙은 부분만 변하지 않는다. (예 $F10, F$10) |

2. 상대참조를 절대참조 등으로 형식을 변경하려면 F4를 누른다.
3. F4를 누를 때마다 다음 순서대로 '$' 기호가 자동으로 붙여진다.
H3 → F4 → $H$3 → F4 → H$3 → F4 → $H3 → F4 → H3

**출제유형 ❶ '계산' 시트에서 다음 과정을 수행하고 저장하시오.**

❶ [표1]에서 이익금액[D3:D8]을 계산하시오.
- ▸ 이익금액 = 판매금액 × 마진율[C9]

❷ [표2]에서 누계비율[I3:I7]을 계산하시오.
- ▸ 누계비율 = 누적인원수 ÷ 합계[G8]

❸ [표3]에서 수당[E13:E17]을 계산하시오.
- ▸ 수당 = 기본급 + 기본급 × (상여비율 + 추가 상여율)

❹ [표4]에서 매출총액[I12:I17]을 계산하시오.
- ▸ 매출총액 = (판매량 × 단가[G20]) × (1 − 할인율[H20])

❺ [표5]에서 대출포인트[C28]와 연체포인트[C29]에 따른 포인트 총계[D22:D27]을 구하시오.
- ▸ 포인트 총계 = 대출권수 × 대출포인트[C28] + 연체권수 × 연체포인트[C29]

① [D3] 셀에 **=C3*$C$9**를 입력하고 채우기 핸들을 이용하여 [D8] 셀까지 수식을 복사한다.

D3 =C3*$C$9

| | A | B | C | D |
|---|---|---|---|---|
| 1 | [표1] | 품목별 판매 현황 | | |
| 2 | 품목명 | 판매수량 | 판매금액 | 이익금액 |
| 3 | 샤프 | 327 | 981,000 | 245,250 |
| 4 | 연필 | 370 | 129,500 | |
| 5 | 만년필 | 450 | 2,925,000 | |
| 6 | 색연필 | 900 | 306,000 | |
| 7 | 볼펜 | 789 | 173,580 | |
| 8 | 플러스펜 | 670 | 368,500 | |
| 9 | | 마진율 | 25% | |
| 10 | | | | |

| | D |
|---|---|
| 1 | |
| 2 | 이익금액 |
| 3 | =C3*$C$9 |
| 4 | =C4*$C$9 |
| 5 | =C5*$C$9 |
| 6 | =C6*$C$9 |
| 7 | =C7*$C$9 |
| 8 | =C8*$C$9 |
| 9 | |

② [I3] 셀에 **=H3/$G$8**을 입력하고 채우기 핸들을 이용하여 [I7] 셀까지 수식을 복사한다.

| | F | G | H | I |
|---|---|---|---|---|
| 1 | [표2] | 고공 낙하 회수별 인원 | | |
| 2 | 낙하회수 | 인원수 | 누적인원수 | 누계비율 |
| 3 | 3000이상 | 5 | 5 | 10.0% |
| 4 | 1000이상 | 20 | 25 | |
| 5 | 500이상 | 15 | 40 | |
| 6 | 100이상 | 7 | 47 | |
| 7 | 10이상 | 3 | 50 | |
| 8 | 합계 | 50 | | |
| 9 | | | | |

| | I |
|---|---|
| 1 | |
| 2 | 누계비율 |
| 3 | =H3/$G$8 |
| 4 | =H4/$G$8 |
| 5 | =H5/$G$8 |
| 6 | =H6/$G$8 |
| 7 | =H7/$G$8 |
| 8 | |
| 9 | |

③ [E13] 셀에 **=C13+C13*(D13+$C$18)**를 입력하고 [E17] 셀까지 수식을 복사한다.

④ [I12] 셀에 **=(H12*$G$20)*(1−$H$20)**를 입력하고 [I17] 셀까지 수식을 복사한다.

⑤ [D22] 셀에 **=B22*$C$28+C22*$C$29**를 입력하고 [D27] 셀까지 수식을 복사한다.

**기적의 TIP**

**상대참조**

상대참조는 '결과 셀의 위치에 따라 참조할 값의 위치를 바꾼다.'의 의미로 이익금액[D3]은 [D3] 셀의 바로 왼쪽에 있는 셀인 [C3]을 참조하여 이익금액을 계산합니다. [D3] 셀의 수식을 채우기 핸들을 이용하여 [D8] 셀까지 채우면 자동으로 참조하는 셀의 위치도 바뀝니다.

**기적의 TIP**

**절대참조**

절대참조는 '결과 셀의 위치에 따라 참조할 값의 위치가 바뀌지 않는다.'의 의미로 이익금액은 바로 왼쪽의 값을 마진율[C9]로 곱하여 계산합니다. 마진율[C9]은 모든 값에 같은 값을 곱하기 때문에 고정된 값으로 절대참조를 해야 합니다. F4를 눌러 절대참조를 하면 행과 열 값 앞에 $ 기호가 붙게 됩니다.

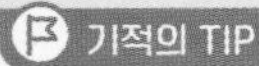

**수식**

Ctrl+~를 누르면, 수식의 참조 셀을 확인할 수 있어요. 다시 Ctrl+~를 누르면, 결과값으로 표시됩니다.

풀이결과

| | A | B | C | D | E | F | G | H | I | J |
|---|---|---|---|---|---|---|---|---|---|---|
| 1 | [표1] | 품목별 판매 현황 | | | | [표2] | 고공 낙하 회수별 인원 | | | |
| 2 | 품목명 | 판매수량 | 판매금액 | 이익금액 | | 낙하회수 | 인원수 | 누적인원수 | 누계비율 | |
| 3 | 샤프 | 327 | 981,000 | 245,250 | | 3000이상 | 5 | 5 | 10.0% | |
| 4 | 연필 | 370 | 129,500 | 32,375 | | 1000이상 | 20 | 25 | 50.0% | |
| 5 | 만년필 | 450 | 2,925,000 | 731,250 | | 500이상 | 15 | 40 | 80.0% | |
| 6 | 색연필 | 900 | 306,000 | 76,500 | | 100이상 | 7 | 47 | 94.0% | |
| 7 | 볼펜 | 789 | 173,580 | 43,395 | | 10이상 | 3 | 50 | 100.0% | |
| 8 | 플러스펜 | 670 | 368,500 | 92,125 | | 합계 | 50 | | | |
| 9 | | 마진율 | 25% | | | | | | | |
| 10 | | | | | | | [표4] | 펜던트 판매 현황 | | |
| 11 | [표3] | 사원별 수당지급현황 | | | | | 월 | 판매량 | 매출총액 | |
| 12 | 성명 | 근무년수 | 기본급 | 상여비율 | 수당 | | 1월 | 75 | 15,000,000 | |
| 13 | 홍기재 | 15 | 2,550,000 | 15% | 3,085,500 | | 2월 | 65 | 13,000,000 | |
| 14 | 이민찬 | 9 | 1,500,000 | 10% | 1,740,000 | | 3월 | 56 | 11,200,000 | |
| 15 | 가영수 | 10 | 2,000,000 | 12% | 2,360,000 | | 4월 | 76 | 15,200,000 | |
| 16 | 류민완 | 8 | 2,200,000 | 10% | 2,552,000 | | 5월 | 56 | 11,200,000 | |
| 17 | 강술래 | 4 | 1,300,000 | 7% | 1,469,000 | | 6월 | 85 | 17,000,000 | |
| 18 | 추가 상여율 | | 6% | | | | | | | |
| 19 | | | | | | | 단가 | 할인율 | | |
| 20 | [표5] | 도서 포인트 관리 | | | | | 250000 | 20% | | |
| 21 | 대출자 | 대출권수 | 연체권수 | 포인트 총계 | | | | | | |
| 22 | 이원섭 | 50 | 23 | 4.12 | | | | | | |
| 23 | 최준기 | 72 | 14 | 7.08 | | | | | | |
| 24 | 구현서 | 85 | 29 | 7.61 | | | | | | |
| 25 | 안유경 | 15 | 2 | 1.53 | | | | | | |
| 26 | 강홍석 | 78 | 7 | 8.16 | | | | | | |
| 27 | 조용욱 | 56 | 5 | 5.86 | | | | | | |
| 28 | 대출포인트 | | 11% | | | | | | | |
| 29 | 연체포인트 | | -6% | | | | | | | |
| 30 | | | | | | | | | | |

▲ '계산(결과)' 시트

SECTION

02

# 데이터베이스 함수

난 이 도 (상) 중 하

반복학습 1 2 3

빈출 태그 [2025컴활1급₩1권_스프레드시트₩이론] 폴더의 '06계산작업' 파일을 열어서 작업하시오.

| | |
|---|---|
| • DSUM | 조건에 맞는 데이터의 합계를 구함 |
| • DAVERAGE | 조건에 맞는 데이터의 평균을 구함 |
| • DCOUNT | 조건에 맞는 데이터에서 숫자 개수를 구함 |
| • DCOUNTA | 조건에 맞는 데이터에서 공백이 아닌 데이터의 개수를 구함 |
| • DMAX | 조건에 맞는 데이터의 최대값을 구함 |
| • DMIN | 조건에 맞는 데이터의 최소값을 구함 |
| • DSTDEV | 조건에 맞는 데이터의 표준편차를 구함 |
| • DVAR | 조건에 맞는 데이터의 분산을 구함 |
| • DGET | 조건에 맞는 고유한 데이터를 추출함 |
| • DPRODUCT | 조건에 일치하는 값들을 곱함 |

더 알기 TIP

### 데이터베이스의 형식

=DSUM(데이터베이스 범위①, 필드②, 조건 범위③)

① 데이터베이스 범위 : 필드 제목과 데이터로 구성되어 있는 범위

② 필드 : 계산을 수행하고자 하는 필드(열)의 번호(첫 번째 열부터 1로 시작하여 번호가 매겨짐) 필드 번호 대신에 필드명을 지정해도 가능함('5' 대신에 [E2])

③ 조건 범위 : 필드 제목과 조건으로 구성되어 있는 범위

| 예 제 | =DSUM(A2:E10,5,D12:D13)

| 결 과 | 8,283,000

| | A | B | C | D | E | F |
|---|---|---|---|---|---|---|
| 1 | | | 제품 판매 현황 | | | |
| 2 | 제품분류 | 품명 | 판매가 | 판매량 | 매출액 | |
| 3 | 화장품 | 립스틱 | 13,524 | 45 | 608,580 | |
| 4 | 가전제품 | 면도기 | 7,200 | 89 | 640,800 | |
| 5 | 사무용품 | 만년필 | 2,900 | 230 | 667,000 | |
| 6 | 사무용품 | 타자기 | 18,000 | 30 | 540,000 | |
| 7 | 가전제품 | 선풍기 | 30,625 | 120 | 3,675,000 | |
| 8 | 화장품 | 비누 | 2,600 | 120 | 312,000 | |
| 9 | 화장품 | 샴푸 | 5,460 | 325 | 1,774,500 | |
| 10 | 가전제품 | 전기담요 | 66,120 | 60 | 3,967,200 | |
| 11 | | | | | | |
| 12 | | | | 제품분류 | 매출액 | |
| 13 | | | | 가전제품 | | |
| 14 | | | | | | |

① 데이터베이스 범위

② 필드

③ 조건 범위

출제유형 ❶ **'데이터베이스' 시트에서 다음 과정을 수행하고 저장하시오.**

❶ [표1]에서 구분[A3:A10]이 '무용'인 예매량[E3:E10]의 합계를 계산하여 [E11] 셀에 표시하시오.
- ▸ 조건은 [G9:G10] 영역에 입력
- ▸ 계산된 무용 예매량 합계 뒤에 '매'를 포함하여 표시 [표시 예 : 3매]
- ▸ DSUM, DCOUNT, DAVERAGE 함수 중 알맞은 함수와 & 연산자 사용

❷ [표2]에서 지점[I3:I10]이 "강북"이면서 판매량[K3:K10]이 700 이상인 사원들의 판매총액[L3:L10] 평균을 [L11] 셀에 계산하시오.
- ▸ 조건은 [M9:N10] 영역에 입력
- ▸ DSUM, DCOUNT, DAVERAGE 중 알맞은 함수를 선택하여 사용

❸ [표3]에서 사랑의 집[C15:C24]에 봉사활동을 지원한 부서명[B15:B24] 중 "홍보부"의 사원수를 [E25] 셀에 계산하시오.
- ▸ 조건은 [G24:G25] 영역에 입력
- ▸ DCOUNT, DCOUNTA, DSUM 중 알맞은 함수와 & 연산자 사용
- ▸ 숫자 뒤에 "명"을 표시 [표시 예 : 2명]

❹ [표4]에서 제조회사[J15:J25]가 '상공전자'인 스마트폰의 판매가[L15:L25] 최고와 최저 판매가의 차이를 [M25] 셀에 계산하시오.
- ▸ DMAX와 DMIN 함수 사용

❺ [표5]에서 지역[C29:C38]이 '안산'인 동호회 회원수를 [D39] 셀에 계산하시오.
- ▸ DSUM, DCOUNT, DMAX 함수 중 알맞은 함수와 & 연산자 사용
- ▸ 숫자 뒤에 "명"을 표시 [표시 예 : 2명]

❻ [표6]에서 성별[J29:J37]이 "남"이면서 영어[L29:L37]가 90 이상이거나 성별[J29:J37]이 "여"이면서 수학[M29:M37]이 90 이상인 학생의 총점[N29:N37]에 대한 평균[L40]을 구하시오.
- ▸ [I39:K41] 영역에 조건 입력
- ▸ DAVERAGE, DSUM, DCOUNTA, DCOUNT 중 알맞은 함수 사용

**기적의 TIP**

**함수의 형태**

= SUM(A1:A10)
함수이름 인수

- 함수는 반드시 괄호를 포함하고 있으며 괄호 안에 인수를 지정하고 인수가 여러 개인 경우에는 콤마(,)로 구분하고, 연속된 범위인 경우에는 콜론( : )을 입력합니다.
- **함수 삽입(fx)** : 함수에 사용된 인수의 정확한 뜻과 순서를 모르는 경우에 사용하면 도움이 됩니다.

① [G9:G10] 영역에 **구분, 무용**을 차례로 입력한다.

② [E11] 셀에 **=DSUM(A2:E10,5,G9:G10)&"매"**를 입력한다.

함수 설명 **=DSUM(A2:E10,5,G9:G10)&"매"**

[A2:E10] 영역에서 [G9:G10] 영역에 입력된 조건(구분이 '무용')에 만족한 값을 5번째 열(예매량)에서 찾아 합계를 구한 후에 '매'를 붙여서 표시한다.
「=DSUM(A2:E10,E2,G9:G10)&"매"」로 입력해도 된다.

③ [M9:N10] 영역에 **지점, 판매량, 강북, >=700**을 차례로 입력한다.

| | M | N | O |
|---|---|---|---|
| 8 | | | |
| 9 | 지점 | 판매량 | |
| 10 | 강북 | >=700 | |
| 11 | | | |

④ [L11] 셀에 **=DAVERAGE(I2:L10,4,M9:N10)**를 입력한다.

**함수 설명 =DAVERAGE(I2:L10,4,M9:N10)**

[I2:L10] 영역에서 [M9:N10] 영역에 입력된 조건(지점이 '강북'이면서 판매량이 700 이상)에 만족한 값을 4번째 열(판매총액)에서 찾아 평균을 구한다.

「=DAVERAGE(I2:L10,L2,M9:N10)」으로 입력해도 된다.

⑤ [G24:G25] 영역에 **부서명, 홍보부**를 차례로 입력한다.

| | F | G | H |
|---|---|---|---|
| 23 | | | |
| 24 | | 부서명 | |
| 25 | | 홍보부 | |
| 26 | | | |

⑥ [E25] 셀에 **=DCOUNTA(A14:E24,3,G24:G25)&"명"**를 입력한다.

**함수 설명 =DCOUNTA(A14:E24,3,G24:G25)&"명"**

[A14:E24] 영역에서 [G24:G25] 영역에 입력된 조건(부서명이 '홍보부')에 만족한 값을 3번째 열(사랑의 집)에서 찾아 개수를 구한 후에 '명'을 붙여서 표시한다.

「=DCOUNTA(A14:E24,C14,G24:G25)&"명"」로 입력해도 된다.

⑦ [M25] 셀에 **=DMAX(I14:L25,4,J14:J15)−DMIN(I14:L25,4,J14:J15)**를 입력한다.

**함수 설명 =DMAX(I14:L25,4,J14:J15)−DMIN(I14:L25,4,J14:J15)**

[I14:L25] 영역에서 [J14:J15] 영역에 입력된 조건(제조회사가 '상공전자')에 만족한 값을 4번째 열(판매가)에서 찾아 최대값을 구한 후에 다시 최소값을 구하여 차액을 구한다.

「=DMAX(I14:L25,L14,J14:J15)−DMIN(I14:L25,L14,J14:J15)」로 입력해도 된다.

⑧ [D39] 셀에 **=DCOUNT(A28:D38,4,C28:C29)&"명"**를 입력한다.

**함수 설명 =DCOUNT(A28:D38,4,C28:C29)&"명"**

[A28:D38] 영역에서 [C28:C29] 영역에 입력된 조건(지역이 '안산')에 만족한 값을 4번째 열(가입년도)에서 찾아 개수를 구한 후에 '명'을 붙여서 표시한다.

「=DCOUNT(A28:D38,D28,C28:C29)&"명"」로 입력해도 된다.

⑨ [I39:K41] 영역에 **성별, 영어, 수학, 남, >=90, 여, >=90**을 차례로 입력한다.

| | H | I | J | K |
|---|---|---|---|---|
| 38 | | | | |
| 39 | | 성별 | 영어 | 수학 |
| 40 | | 남 | >=90 | |
| 41 | | 여 | | >=90 |
| 42 | | | | |

⑩ [L40] 셀에 **=DAVERAGE(I28:N37,6,I39:K41)**를 입력한다.

**함수 설명 =DAVERAGE(I28:N37,6,I39:K41)**

[I28:N37] 영역에서 [I39:K41] 영역에 입력된 조건(성별이 '남'이면서 영어가 90 이상이거나 성별이 '여'이면서 수학이 90 이상)에 만족한 값을 6번째 열(총점)에서 찾아 평균을 구한다.

「=DAVERAGE(I28:N37,N28,I39:K41)」로 입력해도 된다.

**더 알기 TIP**

## '조건' 입력 시 주의사항

1. 데이터베이스에서 '조건'을 입력할 때에는 '필드명'과 '조건'을 같이 입력해야 한다.
2. 둘 이상의 '조건'을 부여하는 경우에는 'AND'와 'OR'조건을 명시해야 하는데, 'AND' 조건은 두 조건을 같은 행에 부여하고, 'OR' 조건은 두 조건을 다른 행에 부여한다.

AND 조건

| | M | N | O |
|---|---|---|---|
| 8 | | | |
| 9 | 지점 | 판매량 | |
| 10 | 강북 | >=700 | |
| 11 | | | |

OR 조건

| | M | N | O |
|---|---|---|---|
| 8 | | | |
| 9 | 지점 | 판매량 | |
| 10 | 강북 | | |
| 11 | | >=700 | |
| 12 | | | |

3. '조건'에 '수식'을 입력할 경우에는 '필드명'을 다르게 입력해야 한다.

**풀이결과**

| | A | B | C | D | E | F | G | H | I | J | K | L | M | N |
|---|---|---|---|---|---|---|---|---|---|---|---|---|---|---|
| 1 | [표1] | 공연 예매 현황 | | | | | | | [표2] | 영업사원별 판매현황 | | | | |
| 2 | 구분 | 공연명 | 공연장 | 공연료 | 예매량 | | | | 지점 | 사원명 | 판매량 | 판매총액 | | |
| 3 | 연극 | 우리상회 | 호소극장 | 28,500 | 1,124 | | | | 강남 | 김민서 | 585 | 7,020,000 | | |
| 4 | 무용 | 마타하리 | 무용공간 | 39,000 | 1,351 | | | | 강남 | 김강후 | 594 | 7,128,000 | | |
| 5 | 연극 | 골든타임 | 상상마당 | 30,000 | 1,122 | | | | 강남 | 이지우 | 696 | 8,352,000 | | |
| 6 | 뮤지컬 | 굿마스크 | 아트센터 | 40,000 | 1,452 | | | | 강남 | 강예준 | 857 | 10,284,000 | | |
| 7 | 무용 | 바야데르 | 더춤 | 45,500 | 1,753 | | | | 강북 | 최건우 | 584 | 7,008,000 | | |
| 8 | 연극 | 시크릿 | 롤링홀 | 24,500 | 1,654 | | <조건> | | 강북 | 성우진 | 429 | 5,148,000 | | |
| 9 | 뮤지컬 | 라이온킹 | 놀아트홀 | 35,800 | 1,324 | | 구분 | | 강북 | 신서영 | 826 | 9,912,000 | 지점 | 판매량 |
| 10 | 무용 | 돈키호테 | 수무용 | 50,000 | 1,647 | | 무용 | | 강북 | 이민재 | 701 | 8,412,000 | 강북 | >=700 |
| 11 | 무용 예매량 합계 | | | | 4751매 | | | | 강북 우수사원 판매총액 평균 | | | 9,162,000 | | |
| 12 | | | | | | | | | | | | | | |
| 13 | [표3] | 봉사활동 지원 현황 | | | | | | | [표4] | 스마트폰 가격표 | | | | |
| 14 | 사원명 | 부서명 | 사랑의집 | 나눔의집 | 평화의집 | | | | 제품코드 | 제조회사 | 저장용량 | 판매가 | | |
| 15 | 장서희 | 영업부 | O | | O | | | | GA-100 | 상공전자 | 64GB | 945,000 | | |
| 16 | 유일우 | 홍보부 | O | O | | | | | IP-100 | 대한전자 | 32GB | 895,000 | | |
| 17 | 전지영 | 기획부 | | O | O | | | | NO-100 | 우리전자 | 64GB | 920,000 | | |
| 18 | 조규철 | 기획부 | O | | | | | | IP-200 | 대한전자 | 128GB | 1,150,000 | | |
| 19 | 정종인 | 영업부 | O | O | O | | | | GA-200 | 상공전자 | 64GB | 980,000 | | |
| 20 | 민지혜 | 홍보부 | | O | | | | | IP-300 | 대한전자 | 64GB | 900,000 | | |
| 21 | 김종욱 | 홍보부 | O | | O | | | | NO-300 | 우리전자 | 32GB | 885,000 | | |
| 22 | 이신숙 | 기획부 | O | | | | | | IP-400 | 대한전자 | 64GB | 985,000 | | |
| 23 | 박원준 | 홍보부 | | O | O | | | | GA-300 | 상공전자 | 128GB | 1,200,000 | | |
| 24 | 강지선 | 영업부 | O | | O | | 부서명 | | NO-400 | 우리전자 | 128GB | 1,100,000 | 상공전자 최고-최저가 차이 | |
| 25 | 사랑의집에 지원한 홍보부 사원수 | | | | 2명 | | 홍보부 | | GA-400 | 상공전자 | 32GB | 900,000 | | 300,000 |
| 26 | | | | | | | | | | | | | | |
| 27 | [표5] | 경기도 동호회 현황 | | | | | | | [표6] | 중간고사 성적표 | | | | |
| 28 | 회원명 | 성별 | 지역 | 가입년도 | | | | | 성명 | 성별 | 국어 | 영어 | 수학 | 총점 |
| 29 | 김지인 | 여 | 안산 | 2018 | | | | | 이용해 | 여 | 88 | 89 | 90 | 267 |
| 30 | 조명철 | 남 | 수원 | 2015 | | | | | 왕고집 | 남 | 79 | 85 | 69 | 233 |
| 31 | 최윤희 | 여 | 수원 | 2015 | | | | | 안면상 | 여 | 92 | 90 | 89 | 271 |
| 32 | 원미경 | 여 | 시흥 | 2016 | | | | | 경운기 | 남 | 94 | 95 | 89 | 278 |
| 33 | 황만수 | 남 | 안산 | 2015 | | | | | 김치국 | 남 | 86 | 92 | 90 | 268 |
| 34 | 조현우 | 남 | 화성 | 2018 | | | | | 오지람 | 여 | 90 | 95 | 92 | 277 |
| 35 | 박예진 | 여 | 안양 | 2015 | | | | | 최고운 | 여 | 88 | 84 | 80 | 252 |
| 36 | 유선호 | 남 | 안산 | 2018 | | | | | 남달리 | 남 | 77 | 80 | 79 | 236 |
| 37 | 김환섭 | 남 | 화성 | 2017 | | | | | 오심판 | 남 | 80 | 85 | 90 | 255 |
| 38 | 윤정희 | 여 | 수원 | 2018 | | | | | | | | | | |
| 39 | 안산 회원수 | | | 3명 | | | | | 성별 | 영어 | 수학 | 조건에 맞는 학생의 총점 평균 | | |
| 40 | | | | | | | | | 남 | >=90 | | 272.5 | | |
| 41 | | | | | | | | | 여 | | >=90 | | | |

▲ '데이터베이스(결과)' 시트

SECTION

# 03 수학과 삼각 함수

난 이 도 상 (중) 하

반복학습 1 2 3

빈출 태그 [2025컴활1급₩1권_스프레드시트₩이론] 폴더의 '06계산작업' 파일을 열어서 작업하시오.

## 01 총합(SUM)을 구한다.

SUM(인수1, 인수2, …) : 인수들의 합을 구함

예제 =SUM(1,2,3) 결과 6

## 02 반올림(ROUND), 올림(ROUNDUP), 내림(ROUNDDOWN)을 한다.

ROUND(인수, 자릿수) : 인수를 자릿수로 반올림한 숫자를 구함

예제 =ROUND(3.14156,2) 결과 3.14

ROUNDUP(인수, 자릿수) : 인수를 자릿수로 올림한 숫자를 구함

예제 =ROUNDUP(3.14456,2) 결과 3.15

ROUNDDOWN(인수, 자릿수) : 인수를 자릿수로 내림한 숫자를 구함

예제 =ROUNDDOWN(3.14956,2) 결과 3.14

| 반올림할 자릿수 | 의미 | 함수식 | 결과 |
|---|---|---|---|
| 1 | 소수 첫째 자리까지 표시 | =ROUND(3856.578,1) | 3856.6 |
| 2 | 소수 둘째 자리까지 표시 | =ROUND(3856.578,2) | 3856.58 |
| 0 | 정수로 표시 | =ROUND(3856.578,0) | 3857 |
| –1 | 일의 자리에서 반올림 | =ROUND(3856.578,–1) | 3860 |
| –2 | 십의 자리에서 반올림 | =ROUND(3856.578,–2) | 3900 |

## 03 조건에 맞는 값의 총합(SUMIF)을 구한다.

SUMIF(범위, 조건, 합계 범위) : 범위에서 조건을 검사하여 합계 범위에 해당하는 셀 합계를 구함

예제 =SUMIF(A1:A10,">=40",C1:C10)

결과 [A1:A10] 영역에서 40 이상의 데이터를 찾아 [C1:C10] 영역에 대응하는 값의 합계를 구함

## 04 절대값(ABS)을 구한다.

ABS(숫자) : 숫자의 절대값을 구함

예제 =ABS(–2002) 결과 2002

24년 출제

**입주일[B3:B9] 년도와 면적[C3:C9]을 이용하여 년도별 오름차순 순위를 구하여 순번[A3:A9]에 표시하시오.**

**▶ 입주일의 년도가 같을 경우 면적이 작은 순으로 번호를 작성하여 년도와 면적 번호 사이에 "–"기호를 추가하여 표시[표시 예 : 2001–4 ]**

| | A | B | C |
|---|---|---|---|
| 1 | [표1] | | |
| 2 | 순번 | 입주일 | 면적 (m²) |
| 3 | 2001-3 | 2001-04-09 | 49.5 |
| 4 | 2001-1 | 2001-12-02 | 19.8 |
| 5 | 2005-1 | 2005-03-22 | 33 |
| 6 | 2014-2 | 2014-10-18 | 49.5 |
| 7 | 2001-2 | 2001-01-28 | 23.1 |
| 8 | 2007-1 | 2007-11-26 | 19.8 |
| 9 | 2014-1 | 2014-04-09 | 19.8 |

=YEAR(B3)&"–"&SUM((YEAR($B$3:$B$9)=YEAR(B3))*($C$3:$C$9<C3))+1

▲ 'TIP 함수.xlsx' 파일의 'SUM' 시트

24년 출제

일수[B3:B9]를 한 달 30일로 나눈 값의 몫을 개월 수로 지정하고, 나머지는 일수로 표시하여 근무일수[A3:A9]를 표시하시오. [표시 예 : 45개월 5일]

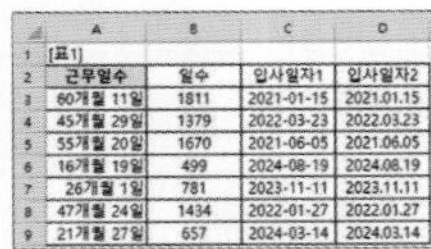

=QUOTIENT(B3,30)&"개월 "&MOD(B3,30)&"일"

▲ 'TIP 함수.xlsx' 파일의 'MOD' 시트

기적의 TIP

**TRUNC, INT 함수**

양의 값은 같은 값을 산출하지만, 음의 값에서는 INT(수치) = TRUNC(수치) –1 로 산출됩니다.

예 INT(–4.5) = –5
TRUNC(–4.5) = –4

24년 출제

맛[A3:A9], 가격[B3:B9], 포장[C3:C9] 값을 [표2]의 가중치에 각각 곱하여 더한 값을 총점[D3:D9]에 표시하시오.

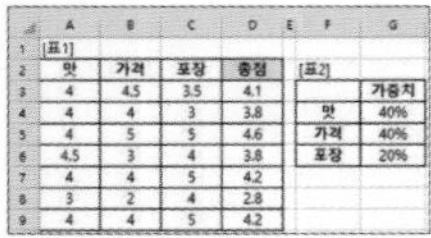

=SUMPRODUCT(A3:C3,TRANSPOSE($G$4:$G$6))

▲ 'TIP 함수.xlsx' 파일의 'SUMPRODUCT' 시트

## 05 나눗셈의 나머지(MOD)를 구한다.

MOD(인수, 제수) : 인수를 제수로 나눈 결과의 나머지를 구함

예제 =MOD(4,2) 결과 0

## 06 소수 부분을 버리고 정수(TRUNC, INT)로 한다.

TRUNC(인수, 자릿수) : 지정한 자릿수만을 소수점 아래에 남기고 나머지 자리를 버림

예제 =TRUNC(–4.5) 결과 –4

INT(인수) : 인수를 넘지 않는 가장 가까운 정수를 구함

예제 =INT(–4.5) 결과 –5

## 07 제곱근(SQRT), 계승(FACT)을 구한다.

SQRT(숫자) : 숫자의 양의 제곱근을 구함

예제 =SQRT(9) 결과 3 (=√9)

FACT(숫자) : 숫자의 계승값(1*2*3*⋯*N)을 구함

예제 =FACT(3) 결과 6 (=1 X 2 X 3)

## 08 거듭제곱승(POWER), 자연로그의 밑 e의 거듭제곱승(EXP)을 구한다.

POWER(인수1, 인수2) : 인수1을 인수2만큼 거듭제곱한 값을 구함

예제 =POWER(2,4) 결과 16 (=2×2×2×2)

EXP(수치) : 자연로그의 밑수인 e(e=2.71828183)를 수치만큼 거듭제곱한 값으로 계산함

예제 =EXP(2) 결과 7.3890561 (=2.71828183×2.71828183)

## 09 수치를 모두 곱(PRODUCT)한 결과와 배열의 해당 요소를 모두 곱한 합(SUMPRODUCT)을 계산한다.

PRODUCT(수치1, 수치2, ⋯) : 수치를 모두 곱한 결과를 구함

예제 =PRODUCT(2,3,5) 결과 30 (=2*3*5)

SUMPRODUCT(배열1, 배열2, ⋯) : 수치 배열에 각각 대응하는 요소의 곱을 구하고, 그 결과의 합을 구함

예제 =SUMPRODUCT({1,2,3},{7,8,9}) 결과 50 (=1*7+2*8+3*9)

## 10 0~1 사이의 난수(RAND), 최소치~최대치 사이의 난수(RANDBETWEEN)를 발생시킨다.

RAND( ) : 0 이상 1 미만인 난수를 구함

예제 =RAND( ) 결과 0.700791 (이 값은 실행할 때마다 다름)

RANDBETWEEN(최소치, 최대치) : 수치 이상 ~ 이하의 수치를 분포로 하는 실수를 난수로 발생

예제 =RANDBETWEEN(1,4) 결과 1과 4 사이의 난수를 발생

## ⓫ 원주율(PI)을 구한다.

PI( ) : pi의 값(3.14159265)을 표시함

예제 =PI( ) 결과 3.1415

## ⓬ 정방행렬의 행렬식(MDETERM), 역행렬(MINVERSE), 배열의 행렬곱(MMULT)을 구한다.

MDETERM(배열) : 배열의 행렬식을 구함

예제 =MDETERM({3,2,3;4,5,6;7,8,9}) 결과 −6

$\begin{bmatrix} 3 & 2 & 3 \\ 4 & 5 & 6 \\ 7 & 8 & 9 \end{bmatrix}$ 의 행렬식을 계산

MINVERSE(배열) : 배열의 역행렬을 구함

예제 =MINVERSE({3,2,3;4,5,6;7,8,9}) 결과 0.5

$\begin{bmatrix} 3 & 2 & 3 \\ 4 & 5 & 6 \\ 7 & 8 & 9 \end{bmatrix}$ 의 역행렬식을 계산

MMULT(배열1, 배열2) : 두 배열의 행렬곱을 구함

예제 =MMULT({1,2;3,4;5,6},{6,5,4;3,2,1}) 결과 12

$\begin{bmatrix} 1 & 2 \\ 3 & 4 \\ 5 & 6 \end{bmatrix}$, $\begin{bmatrix} 6 & 5 & 4 \\ 3 & 2 & 1 \end{bmatrix}$ 의 행렬곱을 계산

## ⓭ 여러 조건을 만족하는 셀(SUMIFS)을 더한다.

SUMIFS(합계를 구할 범위, 조건 범위1, 조건1, 조건 범위2, 조건2, ...) : 여러 조건에 만족하는 셀의 합계를 구함

예제 =SUMIFS(A1:A20, B1:B20, ">0", C1:C20, "<10")

결과 [B1:B20] 영역의 숫자가 0보다 크고, [C1:C20] 영역의 숫자가 10보다 작은 경우에 [A1:A20] 영역에서 합계를 구함

24년 출제

**납세자유형[A3:A9]별 납부일[C3:C9]의 연별 납부금액의 합계[B13:C14]를 표시하시오.**

| | A | B | C |
|---|---|---|---|
| 1 | [표1] | | |
| 2 | 납세자유형 | 납부금액 | 납부일 |
| 3 | 개인 | 182,100 | 2022.06.15 |
| 4 | 법인 | 1,189,800 | 2023.07.20 |
| 5 | 개인 | 281,300 | 2023.08.10 |
| 6 | 법인 | 2,292,600 | 2024.09.05 |
| 7 | 개인 | 801,700 | 2023.10.12 |
| 8 | 개인 | 605,200 | 2022.11.25 |
| 9 | 개인 | 1,464,500 | 2024.12.30 |
| 10 | | | |
| 11 | [표2] | | |
| 12 | | 2023 | 2024 |
| 13 | 개인 | 1,083,000 | 1,464,500 |
| 14 | 법인 | 1,189,800 | 2,292,600 |

=SUMIFS($B$3:$B$9,$A$3:$A$9,$A13,$C$3:$C$9,B$12&"*")

▲ 'TIP 함수.xlsx' 파일의 'SUMIFS' 시트

**출제유형 ❶ '수학삼각1' 시트에서 다음 과정을 수행하고 저장하시오.**

❶ [표1]에서 호봉[C3:C12]과 기본급[D3:D12]을 이용하여 성과금[E3:E12]을 계산하시오.

- 성과금 = $\sqrt{\text{호봉}}$ × 기본급
- 성과금은 소수점 이하는 버리고 정수로 표시
- TRUNC와 SQRT 함수 사용

❷ [표2]에서 구분[G3:G11]이 '음악'인 제품들의 판매총액[K3:K11] 합계를 계산하여 [K12] 셀에 표시하시오.

- 판매총액 합계는 백의 자리는 올림하여 천의 자리까지 표시
- [표시 예 : 12,300 → 13,000]
- ROUNDUP과 SUMIF 함수 사용

❸ [표3]의 구입수량[D16:D24]에서 가장 높은 빈도를 가진 고객들의 구입총액[E16:E24] 합계를 [E25] 셀에 계산하시오.
  ▸ SUMIF와 MODE.SNGL 함수 사용

❹ [표4]에서 장르[H16:H25]가 "드라마"이면서 관람등급[I16:I25]이 "15세이상"인 영화들의 일간 [K16:K25] 합계를 계산하여 [L25] 셀에 표시하시오.
  ▸ 숫자 뒤에 "만원"을 표시 [표시 예 : 123만원]
  ▸ COUNTIFS, SUMIFS, AVERAGEIFS 중 알맞은 함수와 & 연산자 사용

① [E3] 셀에 **=TRUNC(SQRT(C3)*D3)**를 입력한 후 [E12] 셀까지 수식을 복사한다.

**함수 설명** **=TRUNC(SQRT(C3)*D3)**

[C3] 셀의 제곱근(SQRT(C3))을 구한 후에 [D3] 셀을 곱한 값을 소수 자릿수는 버리고 정수로 표시한다.

② [K12] 셀에 **=ROUNDUP(SUMIF(G3:G11,"음악",K3:K11),−3)**를 입력한다.

**함수 설명** **=ROUNDUP(SUMIF(G3:G11,"음악",K3:K11),−3)**
①

**① SUMIF(G3:G11,"음악",K3:K11) :** 구분 [G3:G11] 영역에서 '음악'을 판매총액 [K3:K11] 영역에서 음악과 같은 행에 해당 값을 찾아 합계를 구한다.

**=ROUNDUP(①,−3) :** ①의 값을 백의 자리에서 올림하여 표시한다.

③ [E25] 셀에 **=SUMIF(D16:D24,MODE.SNGL(D16:D24),E16:E24)**를 입력한다.

**함수 설명** **=SUMIF(D16:D24,MODE.SNGL(D16:D24),E16:E24)**
①

**① MODE.SNGL(D16:D24) :** 구입수량 [D16:D24] 영역에서 빈도수가 높은 숫자를 구한다. 4는 3번, 9와 4는 2번, 1과 7은 한 번으로 빈도수가 높은 숫자는 '4'가 된다.

**=SUMIF(D16:D24,①,E16:E24) :** 구입수량 [D16:D24] 영역에서 '4'에 해당한 값을 찾고 구입총액 [E16:E24] 영역에서 4와 같은 행에 해당 값을 찾아 합계를 구한다.

④ [L25] 셀에 **=SUMIFS(K16:K25,H16:H25,"드라마",I16:I25,"15세이상")&"만원"**를 입력한다.

**함수 설명** **=SUMIFS(K16:K25,H16:H25,"드라마",I16:I25,"15세이상")&"만원"**

일간 [K16:K25] 영역은 합계를 구할 범위이다.
장르 [H16:H25] 영역에서 '드라마'이고, 관람등급 [I16:I25]에서 '15세이상' 조건을 찾아 조건에 만족한 자료의 일간 [K16:K25] 영역의 값 합계를 구한 후에 '만원'을 붙여서 표시한다.

풀이결과

[표1] **성과금 지급 현황**

| 사원명 | 직급 | 호봉 | 기본급 | 성과금 |
|---|---|---|---|---|
| 한국민 | 과장 | 6 | 2,500,000 | 6,123,724 |
| 조윤아 | 과장 | 7 | 2,600,000 | 6,878,953 |
| 이희선 | 과장 | 5 | 2,400,000 | 5,366,563 |
| 김지영 | 대리 | 2 | 1,800,000 | 2,545,584 |
| 김석준 | 대리 | 4 | 2,000,000 | 4,000,000 |
| 이가인 | 대리 | 3 | 1,900,000 | 3,290,896 |
| 권성철 | 사원 | 4 | 1,600,000 | 3,200,000 |
| 안덕성 | 사원 | 2 | 1,400,000 | 1,979,898 |
| 오연주 | 사원 | 3 | 1,500,000 | 2,598,076 |
| 김도연 | 사원 | 1 | 1,300,000 | 1,300,000 |

[표2] **제품 판매 현황**

| 구분 | 제품명 | 판매가 | 판매량 | 판매총액 |
|---|---|---|---|---|
| 미술 | 붓 | 2,800 | 62 | 173,600 |
| 음악 | 멜로디언 | 15,600 | 28 | 436,800 |
| 체육 | 훌라후프 | 4,500 | 57 | 256,500 |
| 음악 | 탬버린 | 5,600 | 65 | 364,000 |
| 미술 | 파스텔 | 6,500 | 48 | 312,000 |
| 체육 | 축구공 | 12,500 | 65 | 812,500 |
| 음악 | 리코더 | 8,300 | 27 | 224,100 |
| 체육 | 줄넘기 | 7,200 | 65 | 468,000 |
| 미술 | 물감 | 6,300 | 45 | 283,500 |
| 음악용품 판매총액 합계 | | | | 1,025,000 |

[표3] **고객별 구입 현황**

| 고객명 | 성별 | 등급 | 구입수량 | 구입총액 |
|---|---|---|---|---|
| 허영욱 | 남 | 골드 | 4 | 1,208,000 |
| 최주원 | 여 | 일반 | 9 | 2,214,000 |
| 이수학 | 남 | 골드 | 5 | 1,425,000 |
| 안혜경 | 여 | 골드 | 1 | 265,000 |
| 김신성 | 남 | VIP | 4 | 1,168,000 |
| 양의정 | 여 | 일반 | 5 | 1,500,000 |
| 김태희 | 여 | 일반 | 9 | 2,493,000 |
| 선기섭 | 남 | 일반 | 4 | 1,020,000 |
| 정신영 | 여 | VIP | 7 | 1,967,000 |
| 구입빈도 높은 고객의 구입총액 합계 | | | | 3,396,000 |

[표4] **영화예매 현황**

| 영화명 | 장르 | 관람등급 | 누적 예매량 | 일간 | |
|---|---|---|---|---|---|
| 생일 | 드라마 | 전체 | 414,603 | 39,139 | |
| 샤잠 | 판타지 | 12세이상 | 529,541 | 28,880 | |
| 돈 | 범죄 | 15세이상 | 3,144,537 | 27,171 | |
| 어스 | 스릴러 | 15세이상 | 1,363,686 | 19,120 | |
| 장난스런 키스 | 로맨스 | 12세이상 | 328,043 | 9,255 | |
| 캡틴 마블 | 액션 | 12세이상 | 5,656,789 | 6,842 | |
| 한강에게 | 드라마 | 15세이상 | 1,578 | 128 | |
| 덤보 | 판타지 | 전체 | 298,095 | 1,842 | |
| 러브리스 | 드라마 | 15세이상 | 983 | 151 | 드라마-15세이상 일간 합계 |
| 콜레트 | 드라마 | 15세이상 | 36,253 | 1,029 | 1308만원 |

▲ '수학삼각1(결과)' 시트

**출제유형 ❷ '수학삼각2' 시트에서 다음 과정을 수행하고 저장하시오.**

❶ [표1]에서 학과[A3:A10]가 '정보통신과'인 학생들의 평점에 대한 평균을 [D11] 셀에 계산하시오.
- ▸ 평균은 소수점 이하 셋째자리에서 반올림하여 둘째자리까지 표시
  [표시 예 : 3.5623 → 3.56]
- ▸ 조건은 [E9:E10] 영역에 입력하시오.
- ▸ DAVERAGE, ROUND 함수 사용

❷ [표2]에서 과일별 총개수[H3:H11]를 상자당개수[I3:I11]로 나눠 상자(몫)수와 나머지를 구하여 상자(나머지)[J3:J11]에 표시하시오.
- ▸ 상자(몫)수와 나머지 표시 방법 : 상자(몫)수가 10이고, 나머지가 4 → 10(4)
- ▸ INT, MOD 함수와 & 연산자 사용

❸ [표3]에서 교통비[C15:C20], 숙박비[D15:D20]의 합계를 구하여 출장비합계[E15:E20] 영역에 표시하시오.
- ▸ 출장비합계는 천의 자리에서 내림하여 만 단위까지 표시 [표시 예 : 123859 → 120000]
- ▸ SUM과 ROUNDDOWN 함수 사용

❹ [표4]에서 1차[H15:H20], 2차[I15:I20]의 차이를 구하여 절대값으로 점수차이[J15:J20] 영역에 표시하시오.
- ▸ 점수차이 : 1차 – 2차
- ▸ ABS 함수 사용

① [E9:E10] 영역에 **학과, 정보통신과**를 차례로 입력한다.

② [D11] 셀에 =ROUND(DAVERAGE(A2:D10,D2,E9:E10),2)를 입력한다.

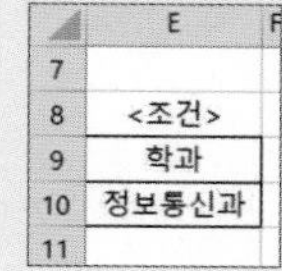

| | E |
|---|---|
| 7 | |
| 8 | <조건> |
| 9 | 학과 |
| 10 | 정보통신과 |
| 11 | |

**함수 설명** =ROUND(DAVERAGE(A2:D10,D2,E9:E10),2)
①

① **DAVERAGE(A2:D10,D2,E9:E10) :** [A2:D10] 영역에서 [E9:E10] 영역에 입력된 조건(학과가 '정보통신과')에 만족한 값을 D열(평점)에서 찾아 평균을 구한다.

**=ROUND(①,2) :** ①의 값을 소수 이하 2자리까지 표시한다.

③ [J3] 셀에 **=INT(H3/I3)&"("&MOD(H3,I3)&")"**를 입력한 후 [J11] 셀까지 수식을 복사한다.

> **함수 설명** =INT(H3/I3)&"("&MOD(H3,I3)&")"
>
> ① INT(H3/I3) : [H3] 값을 [I3]으로 나누어 값(몫)을 정수로 구한다.
> ② MOD(H3,I3) : [H3] 값을 [I3]으로 나눈 나머지를 구한다.
>
> =①&"("&②&")" : 몫(나머지) 형식으로 ( )를 표시한다.

④ [E15] 셀에 **=ROUNDDOWN(SUM(C15:D15),−4)**를 입력한 후 [E20] 셀까지 수식을 복사한다.

> **함수 설명** =ROUNDDOWN(SUM(C15:D15),−4)
>
> ① SUM(C15:D15) : [C15:D15] 영역의 합계를 구한다.
>
> =ROUNDDOWN(①,−4) : ①의 값을 천의 자리에서 내림하여 표시한다.

⑤ [J15] 셀에 **=ABS(H15−I15)**를 입력한 후 [J20] 셀까지 수식을 복사한다.

> **함수 설명** =ABS(H15−I15)
>
> [H15]에서 [I15]의 값을 뺀 차이값을 부호를 뺀 절대 값만 표시한다.

풀이결과

| | A | B | C | D | E | F | G | H | I | J | K |
|---|---|---|---|---|---|---|---|---|---|---|---|
| 1 | [표1] | | | | | | [표2] | 과일출고현황 | | | |
| 2 | 학과 | 성명 | 생년월일 | 평점 | | | 과일명 | 총개수 | 상자당개수 | 상자(나머지) | |
| 3 | 컴퓨터학과 | 유창상 | 2000-10-20 | 3.45 | | | 파인애플 | 329 | 25 | 13(4) | |
| 4 | 경영학과 | 김현수 | 1999-03-02 | 4.02 | | | 키위 | 574 | 45 | 12(34) | |
| 5 | 경영학과 | 한경수 | 1998-08-22 | 3.67 | | | 자몽 | 346 | 30 | 11(16) | |
| 6 | 컴퓨터학과 | 정수연 | 2000-01-23 | 3.89 | | | 사과 | 618 | 50 | 12(18) | |
| 7 | 정보통신과 | 최경철 | 2001-05-12 | 3.12 | | | 석류 | 485 | 35 | 13(30) | |
| 8 | 정보통신과 | 오태환 | 1999-07-05 | 3.91 | <조건> | | 복숭아 | 507 | 35 | 14(17) | |
| 9 | 컴퓨터학과 | 임장미 | 1998-10-26 | 4.15 | 학과 | | 귤 | 597 | 40 | 14(37) | |
| 10 | 경영학과 | 이민호 | 2000-06-27 | 3.52 | 정보통신과 | | 자두 | 605 | 45 | 13(20) | |
| 11 | 정보통신과 평균 평점 | | | 3.52 | | | 오렌지 | 535 | 30 | 17(25) | |
| 12 | | | | | | | | | | | |
| 13 | [표3] | 국내출장비 지급현황 | | | | | [표4] | 예선 결과표 | | | |
| 14 | 성명 | 출장지 | 교통비 | 숙박비 | 출장비합계 | | 응시번호 | 1차 | 2차 | 점수차이 | |
| 15 | 최준기 | 대구 | 35,000 | 150,000 | 180,000 | | 14001 | 94 | 92 | 2 | |
| 16 | 김문환 | 대전 | 32,000 | 170,000 | 200,000 | | 14002 | 81 | 76 | 5 | |
| 17 | 송준호 | 광주 | 39,000 | 120,000 | 150,000 | | 14003 | 82 | 55 | 27 | |
| 18 | 전광일 | 제주 | 78,000 | 210,000 | 280,000 | | 14004 | 80 | 86 | 6 | |
| 19 | 정태은 | 철원 | 72,000 | 110,000 | 180,000 | | 14005 | 75 | 79 | 4 | |
| 20 | 지명섭 | 영월 | 68,000 | 150,000 | 210,000 | | 14006 | 91 | 88 | 3 | |
| 21 | | | | | | | | | | | |

▲ '수학삼각2(결과)' 시트

SECTION

# 04 통계 함수

난이도 상 (중) 하

반복학습 1 2 3

작업파일 [2025컴활1급₩1권_스프레드시트₩이론] 폴더의 '06계산작업' 파일을 열어서 작업하시오.

## 01 평균값(AVERAGE, AVERAGEA)을 구한다.

AVERAGE(인수1, 인수2, …) : 인수들의 평균값을 구함

예제 =AVERAGE(10,20,30) 결과 20

AVERAGEA(인수1, 인수2, …) : 문자열이나 논리값 등이 있는 인수들에서 평균값을 구함

예제 =AVERAGEA(80,25,45,70,TRUE) 결과 44.2(TRUE를 포함하여 평균을 구함)

## 02 최대값(MAX), 최소값(MIN)을 구한다.

MAX(인수1, 인수2, …) : 인수들 목록 중 최대값을 구함

예제 =MAX(10,20,30) 결과 30

MIN(인수1, 인수2, …) : 인수들 목록 중 최소값을 구함

예제 =MIN(10,20,30) 결과 10

## 03 데이터 범위에서 몇 번째 큰 값(LARGE), 작은 값(SMALL)을 구한다.

LARGE(배열, K) : 배열에서 K번째로 큰 값을 구함

예제 =LARGE(A1:A10,3) 결과 [A1:A10] 영역의 데이터에서 3번째로 큰 값을 구함

SMALL(배열, K) : 배열에서 K번째로 작은 값을 구함

예제 =SMALL(A1:A10,3) 결과 [A1:A10] 영역의 데이터에서 3번째로 작은 값을 구함

## 04 수치의 순위(RANK.EQ)를 구한다.

RANK.EQ(값, 참조 영역, [순위 결정 방법]) : 참조 영역 중에서 순위를 구함(순위가 같으면 값 집합에서 가장 높은 순위가 반환 됨)

옵션 순위 결정 방법

- 0 이나 생략 : 내림차순(큰 숫자가 1등)
- 0이 아닌 값 : 오름차순(작은 숫자가 1등)

예제 =RANK.EQ(D3,$D$3:$D$9)

결과 [D3] 셀이 [D3:D9] 영역에서 순위를 구함(공동 1등일 때 둘 다 1로 반환)

기적의 TIP

**분산과 표준편차**
평균이나 중간값은 데이터의 중심을 표현하는데 사용하는 값이라면, 분산과 표준편차는 데이터가 얼마나 넓게 퍼져있는지를 나타내는 값을 말합니다.
분산은 변수의 흩어진 정도를 계산하는 지표입니다.
표준편차는 분산에 루트를 씌운 양의 제곱근으로 계산합니다.

## 05 표본의 분산(VAR.S), 표준 편차(STDEV.S)를 구한다.

VAR.S(표본의 범위) : 표본의 범위에서 분산을 구함
예제 =VAR.S(A1:A5) 결과 [A1:A5] 영역의 분산을 구함

STDEV.S(표본의 범위) : 표본의 범위에서 표준편차를 구함
예제 =STDEV.S(A1:A5) 결과 [A1:A5] 영역의 표준편차를 구함

## 06 중간값(MEDIAN)을 구한다.

MEDIAN(인수1, 인수2, …) : 인수들의 중간값을 구함
예제 =MEDIAN(10,15,20,30,35) 결과 20

## 07 최빈값(MODE.SNGL)을 구한다.

MODE.SNGL(인수1, 인수2, …) : 인수들 중 가장 많이 나오는 최빈값을 구함
예제 =MODE.SNGL(10,20,40,40,40) 결과 40

## 08 수치 데이터 개수(COUNT), 공백이 아닌 개수(COUNTA), 공백 셀의 개수(COUNTBLANK)를 구한다.

COUNT(인수1, 인수2, …) : 인수들에서 숫자가 들어 있는 개수를 구함
예제 =COUNT(10,20,30) 결과 3

COUNTA(인수1, 인수2, …) : 인수들에서 공백을 제외한 인수의 개수를 구함
예제 =COUNTA(가,나,다) 결과 3

COUNTBLANK(범위) : 범위에서 공백인 셀의 개수를 구함
예제 =COUNTBLANK(B3:B10) 결과 [B3:B10] 영역에서 공백의 개수를 구함

## 09 조건에 맞는 셀의 개수(COUNTIF)를 구한다.

COUNTIF(조건 범위, 조건) : 조건 범위에서 조건에 맞는 셀의 개수를 구함
예제 =COUNTIF(A1:A10,"영진") 결과 [A1:A10] 영역에서 "영진" 문자열이 입력된 셀 개수를 구함

24년 출제

**상품코드[A3:A9]가 'S' 또는 'M'으로 끝나는 리뷰[B3:B9] 합계의 리뷰수 분포수 [F4:F8]를 표시하시오.**

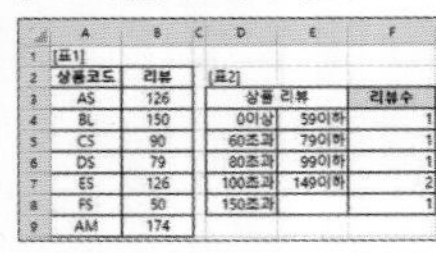

|  | A | B | C | D | E | F |
|---|---|---|---|---|---|---|
| 1 | [표1] |  |  |  |  |  |
| 2 | 상품코드 | 리뷰 |  | [표2] |  |  |
| 3 | AS | 126 |  | 상품 리뷰 |  | 리뷰수 |
| 4 | BL | 150 |  | 0이상 | 59이하 | 1 |
| 5 | CS | 90 |  | 60초과 | 79이하 | 1 |
| 6 | DS | 79 |  | 80초과 | 99이하 | 1 |
| 7 | ES | 126 |  | 100초과 | 149이하 | 2 |
| 8 | FS | 50 |  | 150초과 |  | 1 |
| 9 | AM | 174 |  |  |  |  |

=FREQUENCY(IF((RIGHT(A3:A9,1)="S")+(RIGHT(A3:A9,1)="M"),B3:B9),E4:E8)

▲ 'TIP 함수.xlsx' 파일의 'FREQUENCY' 시트

## 10 도수 분포(어떤 구간에서 어느 정도 있는지)를 세로 배열 형태(FREQUENCY)로 구한다.

FREQUENCY(데이터 배열, 구간 배열) : 데이터의 도수 분포를 구함 (Ctrl+Shift+Enter로 완성)
예제 =FREQUENCY(A1:A5,B1:B5) 결과 [A1:A5] 자료가 [B1:B5] 간격에 해당한 분포 수를 구함

## ⓫ 양수 데이터 집합의 기하 평균(GEOMEAN), 조화 평균(HARMEAN)을 구한다.

GEOMEAN(인수1, 인수2, …) : 양수 데이터 집합의 기하 평균을 구함
※ 기하 평균이란? (√AB)
여러 개의 수를 연속적으로 곱하여 그 개수의 거듭제곱근을 구한 수를 말하며, 보통 인구 성장률이나 경제 성장률을 구할 때 많이 사용한다.

예제 =GEOMEAN(1,49,8,7,11) 결과 7.869649

HARMEAN(인수1, 인수2, …) : 양수 데이터 집합의 조화 평균을 구함
※ 조화 평균이란? (2AB/(A+B))
움직인 거리가 일정할 때의 평균 속력이나 음악에서 현의 길이와 음정 사이의 관계를 수로 표현했을 때 가장 조화로운 음의 탄생을 구할 때 사용한다.

예제 =HARMEAN(4,5,8,7,11,4,3) 결과 5.028376

## ⓬ 범위에서 K번째 백분위수(PERCENTILE.INC)를 구한다.

PERCENTILE.INC(배열, K) : 배열(범위)에서 K번째 백분위수 값을 구함
예 상위 20% 안에 든 사람만 합격시키기 위한 커트라인 성적을 구할 때 사용

예제 =PERCENTILE.INC({1,2,3,4,5},0.8) 결과 4.2

24년 출제

**친환경인증[A3:A11]별 판매량[B3:B11]의 백분위수 [E4:H6]를 구하시오.**

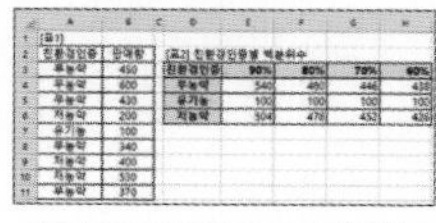

=PERCENTILE.INC(IF($A$3:$A$11=$D4,$B$3:$B$11),E$3)

▲ 'TIP 함수.xlsx' 파일의 'PERCENTILE' 시트

## ⓭ 조건을 만족하는 모든 셀의 평균(AVERAGEIF)을 반환한다.

AVERAGEIF(범위, 조건, 평균을 구할 범위) : 조건을 만족하는 모든 셀의 평균을 구함

예제 =AVERAGEIF(A2:A5,">250000",B2:B5)

결과 [A2:A5] 영역에서 250,000보다 큰 데이터의 [B2:B5] 영역에서 평균을 구함

## ⓮ 여러 조건을 만족하는 모든 셀의 평균(AVERAGEIFS)을 반환한다.

AVERAGEIFS(평균범위, 조건범위1, 조건1, 조건범위2, 조건2, ...) : 여러 조건을 만족하는 모든 셀의 평균을 구함

예제 =AVERAGEIFS(B2:B5,B2:B5,"=>70",B2:B5,"=<90")

결과 [B2:B5] 영역에서 70 ~ 90의 조건에 해당한 데이터의 평균을 구함

## ⓯ 여러 범위에 걸쳐 조건을 적용하고 모든 조건에 만족하는 셀의 개수(COUNTIFS)를 반환한다.

COUNTIFS(조건 범위1, 조건1, 조건 범위2, 조건2, ...) : 여러 범위에 걸쳐 조건을 적용하고 모든 조건에 만족하는 셀의 개수를 구함

예제 =COUNTIFS(B5:D5,"=예",B3:D3,"=예")

결과 모든 조건에 만족한 셀의 개수를 구함

## ⑯ 숫자, 텍스트, 논리 값 등 인수 목록에서 최대값(MAXA)을 반환한다.

MAXA(값1, 값2, 값3 ...) : 숫자, 텍스트, 논리 값 등 인수 목록에서 최대값을 구함

예제 =MAXA(0,0.1,TRUE) 결과 1 (True가 1임)

## ⑰ 숫자, 텍스트, 논리 값 등 인수 목록에서 최소값(MINA)을 반환한다.

MINA(값1, 값2, 값3, ...) : 숫자, 텍스트, 논리 값 등 인수 목록에서 최소값을 구함

예제 =MINA(0.1, FALSE, 1) 결과 0(False가 0임)

**출제유형 ① '통계1' 시트에서 다음 과정을 수행하고 저장하시오.**

❶ [표1]에서 직급[C3:C11]이 '대리'가 아닌 사원수를 [D11] 셀에 계산하시오.
- ▸ 계산된 사원수 뒤에 "명"을 포함하여 표시 [표시 예 : 3명]
- ▸ SUMIF, COUNTIF, AVERAGEIF 함수 중 알맞은 함수와 & 연산자 사용

❷ [표2]에서 커뮤니케이션[H3:H9], 회계[I3:I9], 경영전략[J3:J9]이 모두 80 이상인 학생 수를 [J11] 셀에 계산하시오.
- ▸ COUNT, COUNTIF, COUNTIFS 함수 중 알맞은 함수 사용

❸ [표3]에서 상여금[E15:E22]이 1,500,000 보다 크면서 기본급이 기본급의 평균 이상인 인원 수를 [E24] 셀에 표시하시오.
- ▸ 계산된 인원 수 뒤에 '명'을 포함하여 표시 [표시 예 : 2명]
- ▸ AVERAGE, COUNTIFS 함수와 & 연산자 사용

❹ [표4]에서 홈런[I15:I23]이 40개 이상인 선수들의 삼진[K15:K23] 평균을 계산하여 [K24] 셀에 표시하시오.
- ▸ COUNTIF, SUMIF, AVERAGEIF 중 알맞은 함수를 선택하여 사용

❺ [표5]에서 생산품(C)[D29:D38]의 표준편차[E30]를 구하시오.
- ▸ 표준편차는 소수점 이하 2자리에서 내림하여 1자리까지 표시 [표시 예 : 123.45 → 123.4]
- ▸ ROUNDDOWN과 STDEV.S 함수 사용

❻ [표6]에서 점수[I29:I38] 중 세 번째로 높은 점수를 3위점수[J29]에 표시하시오.
- ▸ 숫자 뒤에 "점"을 표시 [표시 예 : 90점]
- ▸ LARGE, MAX, SMALL, MIN 중 알맞은 함수와 & 연산자 사용

① [D11] 셀에 **=COUNTIF(C3:C11,"<>대리")&"명"**를 입력한다.

함수 설명 **=COUNTIF(C3:C11,"<>대리")&"명"**

[C3:C11] 영역에서 '대리'가 아닌 값의 개수를 구한 후에 '명'을 붙여서 표시한다.

② [J11] 셀에 =COUNTIFS(H3:H9,">=80",I3:I9,">=80",J3:J9,">=80")를 입력한다.

함수 설명 =COUNTIFS(H3:H9,">=80",I3:I9,">=80",J3:J9,">=80")
[H3:H9] 영역에서 80 이상이고, [I3:I9] 영역에서 80 이상이고, [J3:J9] 영역에서 80 이상인 개수를 구한다.

③ [E24] 셀에 =COUNTIFS(E15:E22,">1500000",D15:D22,">="&AVERAGE(D15:D22))&"명"를 입력한다.

함수 설명 =COUNTIFS(E15:E22,">1500000",D15:D22,">="&AVERAGE(D15:D22))&"명"
[E15:E22] 영역에서 1500000 보다 크고, [D15:D22] 영역에서 평균 이상인 개수를 구한 후에 '명'을 붙여서 표시한다.

④ [K24] 셀에 =AVERAGEIF(I15:I23,">=40",K15:K23)를 입력한다.

함수 설명 =AVERAGEIF(I15:I23,">=40",K15:K23)
훈련 [I15:I23] 영역에서 40 이상인 삼진 [K15:K23] 영역의 값의 평균을 구한다.

⑤ [E30] 셀에 =ROUNDDOWN(STDEV(D29:D38),1)를 입력한다.

함수 설명 =ROUNDDOWN(STDEV.S(D29:D38),1)
①

① STDEV.S(D29:D38) : [D29:D38] 영역의 표준편차를 구한다.

=ROUNDDOWN(①,1) : ①의 값을 내림하여 소수 이하 한자리로 표시한다.

⑥ [J29] 셀에 =LARGE(I29:I38,3)&"점"를 입력한다.

함수 설명 =LARGE(I29:I38,3)&"점"
점수 [I29:I38] 영역에서 3번째로 큰 값을 구한 후에 '점'을 붙여 표시한다.

풀이결과

[표1] **사원 관리 현황**

| 성명 | 부서명 | 직급 |
|---|---|---|
| 최진희 | 생산부 | 부장 |
| 이종철 | 생산부 | 대리 |
| 서경화 | 생산부 | 사원 |
| 이상연 | 관리부 | 부장 |
| 김광연 | 관리부 | 대리 |
| 손예진 | 관리부 | 사원 |
| 정찬우 | 판매부 | 과장 |
| 한국인 | 판매부 | 대리 |
| 김영환 | 판매부 | 사원 |

| 대리가 아닌 사원수 |
|---|
| 6명 |

[표2] **학생명 성적**

| 학생명 | 커뮤니케이션 | 회계 | 경영전략 |
|---|---|---|---|
| 유창상 | 75 | 85 | 98 |
| 김현수 | 68 | 86 | 88 |
| 한경수 | 78 | 80 | 90 |
| 정수연 | 63 | 79 | 99 |
| 최경철 | 83 | 85 | 97 |
| 오태환 | 65 | 77 | 98 |
| 임장미 | 105 | 99 | 89 |
| 모든 과목이 80 이상인 학생 수 | | | 2 |

[표3] **급여 현황**

| 이름 | 부서 | 직위 | 기본급 | 상여금 |
|---|---|---|---|---|
| 박영덕 | 영업부 | 부장 | 3,560,000 | 2,812,000 |
| 주민경 | 생산부 | 과장 | 3,256,000 | 2,126,000 |
| 태진형 | 총무부 | 사원 | 2,560,000 | 1,582,000 |
| 최민수 | 생산부 | 대리 | 3,075,000 | 1,868,000 |
| 김평주 | 생산부 | 주임 | 2,856,000 | 1,540,000 |
| 한서라 | 영업부 | 사원 | 2,473,000 | 1,495,000 |
| 이국선 | 총무부 | 사원 | 2,372,000 | 1,453,000 |
| 송나정 | 영업부 | 주임 | 2,903,000 | 1,500,000 |
| 상여금이 1,500,000원 보다 크면서, 평균기본급이상인 인원수 | | | | 3명 |

[표4] **선수별 성적 현황**

| 선수명 | 안타 | 홈런 | 도루 | 삼진 |
|---|---|---|---|---|
| 이승엽 | 165 | 45 | 9 | 120 |
| 이용규 | 148 | 12 | 35 | 94 |
| 최형욱 | 117 | 48 | 12 | 106 |
| 박해만 | 135 | 19 | 42 | 97 |
| 김태균 | 142 | 51 | 11 | 114 |
| 나선범 | 135 | 49 | 16 | 108 |
| 박병훈 | 145 | 29 | 21 | 84 |
| 강중호 | 135 | 22 | 10 | 106 |
| 유한중 | 185 | 16 | 24 | 113 |
| 홈런타자들의 평균 삼진수 | | | | 112 |

[표5] **월별생산현황**

| 월 | 생산품(A) | 생산품(B) | 생산품(C) |
|---|---|---|---|
| 1월 | 5535 | 6021 | 4831 |
| 2월 | 5468 | 6871 | 5001 |
| 3월 | 5724 | 6278 | 4835 |
| 4월 | 5689 | 6389 | 4297 |
| 5월 | 5179 | 6172 | 5017 |
| 6월 | 5348 | 6008 | 4983 |
| 7월 | 5493 | 6217 | 4998 |
| 8월 | 5157 | 6397 | 4328 |
| 9월 | 5537 | 6284 | 4682 |
| 10월 | 5399 | 6316 | 4179 |

| 생산품(C) 표준편차 |
|---|
| 327.5 |

[표6] **영어 듣기 평가**

| 성명 | 성별 | 점수 |
|---|---|---|
| 강동구 | 남 | 87 |
| 우인정 | 여 | 95 |
| 손수진 | 여 | 87 |
| 염기일 | 남 | 99 |
| 신민해 | 여 | 84 |
| 양신석 | 남 | 95 |
| 유해영 | 여 | 68 |
| 이민호 | 남 | 78 |
| 조정식 | 남 | 82 |
| 심수연 | 여 | 67 |

| 3위점수 |
|---|
| 95점 |

▲ '통계1(결과)' 시트

**출제유형 ❷ '통계2' 시트에서 다음 과정을 수행하고 저장하시오.**

❶ [표1]에서 승점[E3:E12]을 기준으로 순위를 구하여 1위, 2위, 3위는 "결승진출", 나머지는 공백으로 결승[F3:F12]에 표시하시오.

▸ IF와 RANK.EQ 함수 사용

❷ [표2]에서 성별[I3:I11]이 "여"이면서 직위[J3:J11]가 "과장"인 사원들의 성과급 평균을 계산하여 [L12] 셀에 표시하시오.

▸ 성과급 평균은 천의 자리에서 반올림하여 만의 자리까지 표시
[표시 예 : 123,456 → 120,000]

▸ ROUND와 AVERAGEIFS 함수 사용

❸ [표3]의 출석부[B16:E24] 영역에 "○"로 출석을 체크했다. "○" 개수가 1개이면 "25%", 2개이면 "50%", 3개이면 "75%", 4개이면 "100%"로 출석률[F16:F24] 영역에 표시하시오.

▸ CHOOSE와 COUNTA 함수 사용

❹ [표4]에서 하프 마라톤 기록[J16:J24]이 빠른 3명은 "입상"을, 그 외에는 공백을 결과[K16:K24]에 표시하시오.

▸ IF와 SMALL 함수 사용

❺ [표5]에서 수금액[C28:C33]이 존재하는 수금건수를 산출하고 값 뒤에 '건'이 표시되도록 [C34] 셀에 표시하시오.
- COUNT와 & 연산자 사용

❻ [표6]에서 1일차부터 3일차까지의 기간[I28:K34]을 이용하여 방학 중 연수 기간 동안의 총 출석 횟수를 구하여 [J36] 셀에 표시하시오.
- [표시 예 : 3 → 3회]
- COUNTBLANK 함수와 & 연산자 이용

① [F3] 셀에 =IF(RANK.EQ(E3,$E$3:$E$12)<=3,"결승진출","")를 입력한 후 [F12] 셀까지 수식을 복사한다.

함수 설명 =IF(RANK.EQ(E3,$E$3:$E$12)<=3,"결승진출","")

① RANK.EQ(E3,$E$3:$E$12) : [E3] 셀의 값이 [E3:E12] 영역에서 순위를 구한다.

=IF(①<=3,"결승진출","") : ①의 값이 3 이하이면 '결승진출'을 표시하고, 그 외에는 공백(" ")으로 표시한다.

② [L12] 셀에 =ROUND(AVERAGEIFS(L3:L11,I3:I11,"여",J3:J11,"과장"),-4)를 입력한다.

함수 설명 =ROUND(AVERAGEIFS(L3:L11,I3:I11,"여",J3:J11,"과장"),-4)

① AVERAGEIFS(L3:L11,I3:I11,"여",J3:J11,"과장") : 성과금 [L3:L11] 영역의 평균을 구한다. 조건은 성별 [I3:I11]이 '여'이고, 직위 [J3:J11]가 '과장'인 조건에 만족한 성과금의 평균을 구한다.

=ROUND(①,-4) : ①의 값을 천의 자리에서 반올림하여 천의 자리까지 0으로 표시한다.

기적의 TIP

=ROUND(숫자, 자릿수)
자릿수(반올림하여 표시)
-1 : 55555 → 55560
-2 : 55555 → 55600
-3 : 55555 → 56000
-4 : 55555 → 60000

③ [F16] 셀에 =CHOOSE(COUNTA(B16:E16),"25%","50%","75%","100%")를 입력한 후 [F24] 셀까지 수식을 복사한다.

함수 설명 =CHOOSE(COUNTA(B16:E16),"25%","50%","75%","100%")

① COUNTA(B16:E16) : [B16:E16] 영역에서 공백이 아닌 셀의 개수를 구한다.

=CHOOSE(①,"25%","50%","75%","100%") : ①의 1이면 '25%', 2이면 '50%', 3이면 '75%', 4이면 '100%'로 표시한다.

기적의 TIP

"25%" 대신에 25%로 입력을 하였을 때 큰 따옴표(")를 묶어서 입력하지 않으면 숫자로 입력되어 0.25로 입력이 됩니다.

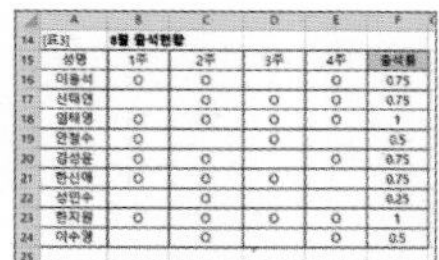

| [표3] | 8월 출석현황 | | | | |
|---|---|---|---|---|---|
| 성명 | 1주 | 2주 | 3주 | 4주 | 출석률 |
| 이동석 | O | O | | O | 0.75 |
| 선태연 | | O | O | O | 0.75 |
| 염태영 | O | O | O | O | 1 |
| 연철수 | O | | O | | 0.5 |
| 강성윤 | O | O | | O | 0.75 |
| 한신애 | O | O | O | | 0.75 |
| 성민수 | | O | | | 0.25 |
| 한지원 | O | O | O | O | 1 |
| 이수영 | | O | | O | 0.5 |

▲ '=CHOOSE(COUNTA(B16:E16),25%,50%,75%, 100%)'의 결과

④ [K16] 셀에 **=IF(J16<=SMALL($J$16:$J$24,3),"입상","")**를 입력한 후 [K24] 셀까지 수식을 복사한다.

> **함수 설명** =IF(J16<=SMALL($J$16:$J$24,3),"입상","")
> 
> ① **SMALL($J$16:$J$24,3) :** [J16:J24] 영역에서 3번째로 작은 값을 구한다.
> 
> **=IF(J16<=①,"입상","") :** [J16] 셀의 값이 ①보다 작거나 같다면(이하) '입상', 그 외에는 공백으로 표시한다.

⑤ [C34] 셀에 **=COUNT(C28:C33)&"건"**를 입력한다.

> **함수 설명** =COUNT(C28:C33)&"건"
> 
> [C28:C33] 영역의 숫자들의 들어 있는 셀의 개수를 구한 후에 '건'을 붙여서 표시한다.

⑥ [J36] 셀에 **=COUNTBLANK(I28:K34) & "회"**를 입력한다.

> **함수 설명** =COUNTBLANK(I28:K34) & "회"
> 
> [I28:K34] 영역에서 비어 있는 셀의 개수를 구한 후에 '회'를 붙여서 표시한다.

**풀이결과**

| | A | B | C | D | E | F | G |
|---|---|---|---|---|---|---|---|
| 1 | [표1] | **축구 경기대회** | | | | | |
| 2 | 팀명 | 승 | 무 | 패 | 승점 | 결승 | |
| 3 | 바로세나 | 15 | 13 | 10 | 58 | 결승진출 | |
| 4 | 레전드 | 7 | 15 | 16 | 36 | | |
| 5 | 저스티스 | 24 | 9 | 5 | 81 | 결승진출 | |
| 6 | 잘차부러 | 14 | 12 | 12 | 54 | | |
| 7 | 맨날차유 | 9 | 13 | 16 | 40 | | |
| 8 | FC첼로 | 14 | 9 | 15 | 51 | | |
| 9 | 레알와우 | 8 | 16 | 14 | 40 | | |
| 10 | AC미러 | 17 | 9 | 12 | 60 | 결승진출 | |
| 11 | 발냄새로 | 13 | 11 | 14 | 50 | | |
| 12 | 맨홀시티 | 7 | 13 | 18 | 34 | | |
| 13 | | | | | | | |
| 14 | [표3] | **8월 출석현황** | | | | | |
| 15 | 성명 | 1주 | 2주 | 3주 | 4주 | 출석률 | |
| 16 | 이용석 | O | O | | O | 75% | |
| 17 | 신태연 | | O | O | O | 75% | |
| 18 | 임태영 | O | O | O | O | 100% | |
| 19 | 안철수 | O | | O | | 50% | |
| 20 | 김성윤 | O | O | | O | 75% | |
| 21 | 한신애 | O | O | O | | 75% | |
| 22 | 성민수 | | O | | | 25% | |
| 23 | 한지원 | O | O | O | O | 100% | |
| 24 | 이수영 | | O | | O | 50% | |
| 25 | | | | | | | |
| 26 | [표5] | | | | | | |
| 27 | 청구 번호 | 주문자 | 수금액 | | | | |
| 28 | A5024 | 김병수 | 193,908 | | | | |
| 29 | A7008 | 차인태 | | | | | |
| 30 | B8036 | 정구왕 | | | | | |
| 31 | B3025 | 정재현 | 2,697,000 | | | | |
| 32 | B7145 | 황진하 | | | | | |
| 33 | A3096 | 이윤태 | 5,000,000 | | | | |
| 34 | 수금 건수 | | 3건 | | | | |
| 35 | | | | | | | |
| 36 | | | | | | | |
| 37 | | | | | | | |

| | H | I | J | K | L | M |
|---|---|---|---|---|---|---|
| 1 | [표2] | **성과급 지급 현황** | | | | |
| 2 | 성명 | 성별 | 직위 | 호봉 | 성과급 | |
| 3 | 고회식 | 남 | 과장 | 4 | 4,800,000 | |
| 4 | 조광회 | 남 | 대리 | 5 | 4,000,000 | |
| 5 | 이진녀 | 여 | 대리 | 5 | 4,000,000 | |
| 6 | 최중성 | 남 | 과장 | 3 | 4,600,000 | |
| 7 | 권지향 | 여 | 과장 | 2 | 4,500,000 | |
| 8 | 김영택 | 남 | 대리 | 1 | 3,200,000 | |
| 9 | 고인숙 | 여 | 과장 | 3 | 4,600,000 | |
| 10 | 변효정 | 여 | 대리 | 2 | 3,400,000 | |
| 11 | 정은경 | 여 | 대리 | 4 | 3,800,000 | |
| 12 | 직위가 과장인 여사원 성과급 평균 | | | | 4,550,000 | |
| 13 | | | | | | |
| 14 | [표4] | **하프 마라톤 결과** | | | | |
| 15 | 참가번호 | 나이 | 기록 | 결과 | | |
| 16 | 1001 | 29 | 1시간08분 | 입상 | | |
| 17 | 1002 | 43 | 1시간32분 | | | |
| 18 | 1003 | 52 | 1시간24분 | | | |
| 19 | 1004 | 35 | 1시간21분 | | | |
| 20 | 1005 | 31 | 1시간03분 | 입상 | | |
| 21 | 1006 | 34 | 1시간15분 | 입상 | | |
| 22 | 1007 | 28 | 1시간26분 | | | |
| 23 | 1008 | 42 | 1시간19분 | | | |
| 24 | 1009 | 44 | 1시간21분 | | | |
| 25 | | | | | | |
| 26 | [표6] | 방학 중 연수 참석 현황 | | (결석표시 : X) | | |
| 27 | 성명 | 1일차 | 2일차 | 3일차 | | |
| 28 | 김성호 | | X | X | | |
| 29 | 고준명 | | | | | |
| 30 | 강길자 | X | | | | |
| 31 | 공성수 | | | X | | |
| 32 | 박달자 | X | | | | |
| 33 | 정성실 | | | | | |
| 34 | 장영순 | X | X | X | | |
| 35 | | | | | | |
| 36 | 연수 기간 중 총 출석 횟수 | | 13회 | | | |
| 37 | | | | | | |

▲ '통계2(결과)' 시트

SECTION

# 05 찾기/참조 함수

난 이 도 (상) 중 하

반복학습 1 2 3

작업파일 [2025컴활1급₩1권_스프레드시트₩이론] 폴더의 '06계산작업' 파일을 열어서 작업하시오.

## 01 검색값을 범위에서 찾아서 해당 위치에 있는 값을 추출한다. (VLOOKUP, HLOOKUP, LOOKUP, XLOOKUP)

VLOOKUP(검색값, 범위, 열번호, [검색 유형]) : 범위의 첫 열에서 검색값을 찾아, 지정한 열번호에서 같은 행에 있는 값을 표시

옵션 검색 유형
- TRUE(또는 생략) : 정확한 값이 없는 경우 근사값(검색값보다 작은 값 중에서 최대값을 찾음)을 표시
- FALSE(또는 0) : 정확하게 일치하는 값을 표시(없을 때 #N/A 에러값이 표시됨)

예제 =VLOOKUP("배",A1:B3,2,0)

| | A | B | C |
|---|---|---|---|
| 1 | 감 | 100 | |
| 2 | 배 | 200 | |
| 3 | 귤 | 300 | |
| 4 | | | |

결과 200
A열에서 "배"를 찾아 B열에서 같은 행에 있는 값(200)을 나타냄

HLOOKUP(검색값, 범위, 행번호, [검색 유형]) : 범위의 첫 행에서 검색값을 찾아, 지정한 행번호에서 같은 열에 있는 값을 표시

예제 =HLOOKUP("귤",A1:C2,2,0)

| | A | B | C | D |
|---|---|---|---|---|
| 1 | 감 | 배 | 귤 | |
| 2 | 100 | 200 | 300 | |
| 3 | | | | |

결과 300
1행에서 "귤"을 찾아 2행에서 같은 열에 있는 값(300)을 나타냄

LOOKUP(검색값, 검사범위, 대응범위) : 검사범위에서 검색값을 찾아 대응범위에서 같은 위치에 있는 값을 표시

LOOKUP(검색값, 배열) : 배열에서 첫째 행이나 열에서 검색값을 찾아 마지막 행이나 열의 같은 위치에 있는 값을 표시

예제 ① =LOOKUP("감",A1:A3,B1:B3)
② =LOOKUP("감",A1:B3)

| | A | B | C |
|---|---|---|---|
| 1 | 감 | 100 | |
| 2 | 배 | 200 | |
| 3 | 귤 | 300 | |
| 4 | | | |

결과 100
① [A1:A3]에서 "감"을 찾아 [B1:B3]에서 같은 위치에 있는 값(100)을 나타냄
② 첫째 열에서 "감"을 찾아 마지막 열의 같은 행에 있는 값(100)을 나타냄

=XLOOKUP(검색값, 검색할 범위, 반환할 범위, [if_not_found], [일치 모드], [검색 모드]) : 검색할 범위에서 검색값을 찾아 반환할 범위에서 값을 반환

예제 =XLOOKUP("배",A2:C2,A1:C1)

| | A | B | C | D |
|---|---|---|---|---|
| 1 | 100 | 200 | 300 | |
| 2 | 감 | 배 | 귤 | |
| 3 | | | | |

결과 200
[A2:C2]에서 "배"를 찾아 [A1:C1]에서 같은 위치 있는 값(200)을 나타냄

기적의 TIP

**VLOOKUP 검색 유형**
- **TRUE(생략)** : 참조하는 범위의 첫 번째 열이 정렬된 경우에 사용
- **FALSE(0)** : 참조하는 범위의 첫 번째 열이 정렬되지 않은 경우에 사용

기적의 TIP

- 참조하는 표가 수직(Vertical)으로 작성되어 있으면 VLOOKUP
- 참조하는 표가 수평(Horizontal)으로 작성되어 있으면 HLOOKUP
- VLOOKUP의 참조하는 표는 찾는 값이 첫 번째 열이 될 수 있도록 범위 지정
- HLOOKUP의 참조하는 표는 찾는 값이 첫 번째 행이 될 수 있도록 범위 지정

24년 출제

**코드[A3:A9]에 납세자유형[B3:B9] 셀이 '개인'이면 11, '법인'이면 22로 표시하시오.**

| | A | B |
|---|---|---|
| 1 | [표1] | |
| 2 | 코드 | 납세자유형 |
| 3 | 11 | 개인 |
| 4 | 22 | 법인 |
| 5 | 11 | 개인 |
| 6 | 22 | 법인 |
| 7 | 11 | 개인 |
| 8 | 11 | 개인 |
| 9 | 11 | 개인 |

=LOOKUP(B3,{"개인","법인"},{11,22})

▲ 'TIP 함수.xlsx' 파일의 'LOOKUP' 시트

## 02 참조의 행 수를 반환(ROWS)한다.

ROWS(배열) : 참조의 행 수를 반환함

예제 =ROWS(C1:E4) 결과 4(1, 2, 3, 4의 행)

## 03 배열의 행과 열을 바꾸어(TRANSPOSE) 나타나게 한다.

TRANSPOSE(배열) : 배열의 수평/수직 방향을 서로 바꾸어 나타나게 함

예제 =TRANSPOSE(A1:B3)
(단, [D1:F2] 영역을 범위 지정하고 수식을 입력하고 Ctrl+Shift+Enter를 눌러 완성)

| | A | B | C |
|---|---|---|---|
| 1 | 1 | 4 | |
| 2 | 2 | 5 | |
| 3 | 3 | 6 | |
| 4 | | | |

결과

| | D | E | F | G |
|---|---|---|---|---|
| 1 | 1 | 2 | 3 | |
| 2 | 4 | 5 | 6 | |
| 3 | | | | |

24년 출제

**가중치[B3:B5]의 값을 열에서 행으로 바꾸어 [표2]에 표시하시오.**

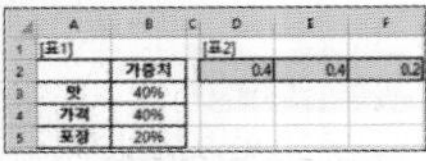

| | A | B | C | D | E | F |
|---|---|---|---|---|---|---|
| 1 | [표1] | | | [표2] | | |
| 2 | | 가중치 | | 0.4 | 0.4 | 0.2 |
| 3 | 맛 | 40% | | | | |
| 4 | 가격 | 40% | | | | |
| 5 | 포장 | 20% | | | | |

=TRANSPOSE(B3:B5)

▲ 'TIP 함수.xlsx' 파일의 'TRANSPOSE' 시트

## 04 범위(배열)의 값에 대한 참조영역(INDEX), 지정한 행/열 수만큼 떨어진 참조영역(OFFSET)을 구한다.

INDEX(범위, 행 번호, 열 번호, 참조 영역 번호) : 표나 범위의 값이나 값에 대한 참조 영역을 구함

예제 =INDEX({1,2,3;4,5,6;7,8,9},1,3) 결과 3 ( $\begin{bmatrix}1\,2\,3\\4\,5\,6\\7\,8\,9\end{bmatrix}$ 에서 1행, 3열의 값)

OFFSET(기준, 행수, 열수, [높이], [폭]) : 기준으로부터 행 또는 열 수만큼 떨어진 곳에 있는 특정 높이와 너비의 참조 영역을 표시

예제 =OFFSET(A1,2,2,1,1) 결과 9

[A1] 셀로부터 2행 아래로 이동[A3], 2열 이동하면 [C3] 셀에서 1행, 1열이므로 [C3] 셀의 값

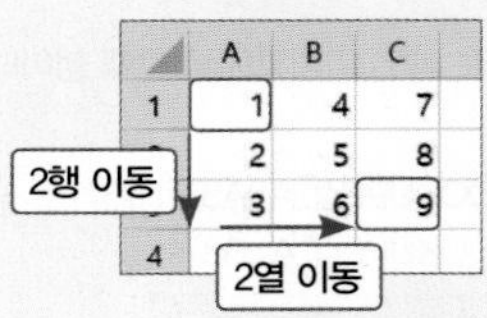


24년 출제

**[표2]를 참조하여 행 위치[B3:B9], 열 위치[C3:C9] 값을 이용하여 제품명[D3:D9]을 찾아 표시하시오.**

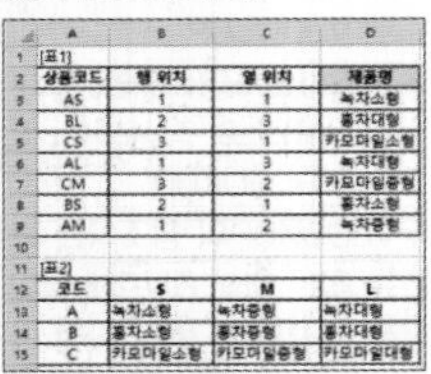

| | A | B | C | D |
|---|---|---|---|---|
| 1 | [표1] | | | |
| 2 | 상품코드 | 행 위치 | 열 위치 | 제품명 |
| 3 | AS | 1 | 1 | 녹차소형 |
| 4 | BL | 2 | 3 | 홍차대형 |
| 5 | CS | 3 | 1 | 카모마일소형 |
| 6 | AL | 1 | 3 | 녹차대형 |
| 7 | CM | 3 | 2 | 카모마일중형 |
| 8 | BS | 2 | 1 | 홍차소형 |
| 9 | AM | 1 | 2 | 녹차중형 |
| 10 | | | | |
| 11 | [표2] | | | |
| 12 | 코드 | S | M | L |
| 13 | A | 녹차소형 | 녹차중형 | 녹차대형 |
| 14 | B | 홍차소형 | 홍차중형 | 홍차대형 |
| 15 | C | 카모마일소형 | 카모마일중형 | 카모마일대형 |

=INDEX($B$13:$D$15,B3,C3)

▲ 'TIP 함수.xlsx' 파일의 'INDEX' 시트

24년 출제

**[표2]를 참조하여 부서별[A3:A9] 평가항목[C3:H9]별 비율을 곱한 값의 합을 계산하여 평가결과[I3:I9]를 표시하시오.**

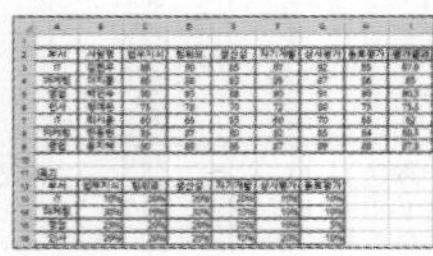

=SUMPRODUCT(C3:H3,OFFSET($A$15,MATCH(A3,$A$16:$A$19,0),1,1,6))

▲ 'TIP 함수.xlsx' 파일의 'OFFSET' 시트

## 05 리스트에서 값을 선택(CHOOSE)한다.

CHOOSE(인덱스 번호, 값1, 값2, …) : 인덱스 번호에 위치에 있는 값을 구함

예제 =CHOOSE(2,"월","화","수") 결과 화 (2번째에 해당하는 값)

## 06 일치하는 값의 상대 위치를 나타낸다.(MATCH, XMATCH)

• MATCH(검사값, 검사범위, [검사유형]) : 검사값을 검사범위에서 검색하여 대응하는 값이 있는 경우 상대적 위치를 나타냄

옵션 검사유형

• 1 : 검사값보다 작거나 같은 값 중에서 최대값을 찾음(단, 검사범위가 오름차순 정렬된 상태)

• 0 : 검사값과 같은 첫째 값을 찾음

• −1 : 검사값보다 크거나 같은 값 중에서 최소값을 찾음(단, 검사범위가 내림차순 정렬된 상태)

예제 =MATCH("감",{"귤","감","배"},0) 결과 2

• =XMATCH(검색값, 검색 범위, [일치 모드], [검색 모드]) : 검색할 범위에서 검색값의 상대적 위치를 나타냄

예제 =XMATCH("감",{"귤","감","배"}) 결과 2

## 07 행 번호, 열 번호를 이용하여 셀 주소(ADDRESS)를 확인한다.

• ADDRESS(행번호,열번호,참조유형) : 행 및 열 번호가 지정되었을 때 워크시트에서 셀의 주소를 확인함

예제 =ADDRESS(2,3) 결과 $C$2(2행3열)

## 08 참조의 영역에 있는 영역 수(AREAS)를 반환한다.

• AREAS(참조) : 참조 영역에 있는 영역 수를 반환함

예제 =AREAS((A1:B3,C1)) 결과 2

## 09 참조 영역의 열 번호(COLUMN)를 나타낸다.

• COLUMN(참조) : 참조의 열 번호를 반환함

예제 =COLUMN(C10) 결과 3(C는 세 번째 열)

## 10 참조 영역의 열 개수(COLUMNS)를 구한다.

• COLUMNS(배열) : 참조의 열 수를 반환함

예제 =COLUMNS(C1:E4) 결과 3(C, D, E 3개의 열)

## 11 텍스트 문자열로 지정된 참조(INDIRECT)를 반환한다.

• INDIRECT(참조할 텍스트) : 텍스트 문자열로 지정한 셀 주소를 돌려줌

예제 =INDIRECT(A2)

결과 [A2] 셀의 주소에 입력된 셀 주소를 찾아 입력된 값을 반환

기적의 TIP

**[일치 모드]**

0 : 정확하게 일치하는 값(생략하면 0)

−1 : 정확하게 일치하거나 다음으로 작은 항목

1 : 정확하게 일치하거나 다음으로 큰 항목

2 : 와일드카드 문자가 일치

**[검색 모드]**

1 : 오름차순 검색(생략하면 1)

−1 : 내림차순 검색

2 : 오름차순으로 이진검색

−2 : 내림차순 검색으로 이진검색

24년 출제

**상품코드[A3:A9]가 [A13:A15] 영역에서의 상대적인 위치 값을 구하시오.**

=MATCH(A3, $A$13:$A$15,1)

▲ 'TIP 함수.xlsx' 파일의 'MATCH(행)' 시트

24년 출제

**상품코드[A3:A9] 오른쪽 한 글자가 [B12:D12] 영역에서의 상대적인 위치 값을 구하시오.**

=MATCH(RIGHT(A3,1), $B$12:$D$12, 0)

▲ 'TIP 함수.xlsx' 파일의 'MATCH(열)' 시트

24년 출제

**세원코드[A3:A9]에 현재 행 번호 앞 뒤에 '–'를 연결하여 표시하시오.**

| | A |
|---|---|
| 1 | [표1] |
| 2 | 세원코드 |
| 3 | -3- |
| 4 | -4- |
| 5 | -5- |
| 6 | -6- |
| 7 | -7- |
| 8 | -8- |
| 9 | -9- |

="–"&ROW()&"–"

▲ 'TIP 함수.xlsx' 파일의 'ROW' 시트

## ⑫ 참조의 행 번호를 반환(ROW)한다.

- ROW(참조) : 참조의 행 번호를 반환함

예제 =ROW(C10) 결과 10

**출제유형 ① '찾기참조1' 시트에서 다음 과정을 수행하고 저장하시오.**

❶ [표1]에서 주민등록번호[C3:C10]의 왼쪽에서 8번째 문자가 '1' 또는 '3' 이면 '남', '2' 또는 '4' 이면 '여'를 성별[D3:D10]에 표시하시오.
- ▸ CHOOSE, MID 함수 사용

❷ [표2]에서 구입액[H3:H10]과 등급표[K7:L10]를 이용하여 등급[I3:I10]을 표시하시오.
- ▸ VLOOKUP, HLOOKUP, INDEX 함수 중 알맞은 함수 사용

❸ [표3]에서 판매량[C14:C22]과 가격표[B25:D27]를 이용하여 판매총액[D14:D22]을 계산하시오.
- ▸ 판매총액 = 판매량 × 할인가
- ▸ 할인가는 의류코드와 〈가격표〉를 이용하여 산출
- ▸ INDEX와 MATCH 함수 사용

❹ [표4]에서 직위[H14:H22]와 직위표[G25:J27]을 이용하여 직위별 수령액[J14:J22]을 구하시오.
- ▸ 수령액 : 기본급 + 직위수당 + 가족수당
- ▸ HLOOKUP, VLOOKUP, INDEX 중 알맞은 함수 사용

① [D3] 셀에 **=CHOOSE(MID(C3,8,1),"남","여","남","여")**를 입력한 후 [D10] 셀까지 수식을 복사한다.

함수 설명 **=CHOOSE(MID(C3,8,1),"남","여","남","여")**

① **MID(C3,8,1)** : 주민등록번호[C3] 에서 8번째부터 시작해서 1글자를 추출한다.

**=CHOOSE(①,"남","여","남","여")** : ①의 값이 1이면 '남', 2이면 '여', 3이면 '남', 4이면 '여'로 표시한다.

② [I3] 셀에 **=VLOOKUP(H3,$K$7:$L$10,2)**를 입력한 후 [I10] 셀까지 수식을 복사한다.

함수 설명 **=VLOOKUP(H3,$K$7:$L$10,2)**

[H3] 셀의 값을 [K7:L10] 영역의 첫 번째 열에서 찾아 2번째 열(등급)에서 값을 찾아 표시한다.

③ [D14] 셀에 **=C14*INDEX($B$26:$D$27,2,MATCH(A14,$B$25:$D$25,0))**를 입력한 후 [D22] 셀까지 수식을 복사한다.

> **함수 설명** =C14*INDEX($B$26:$D$27,2,MATCH(A14,$B$25:$D$25,0))
>
> (② = INDEX(...) 전체, ① = MATCH(...) 부분)
>
> ① **MATCH(A14,$B$25:$D$25,0)** : [A14] 셀의 값을 [B25:D25] 영역에서 일치하는 상대 위치 값을 반환한다.
>
> ② **INDEX($B$26:$D$27,2,①)** : [B26:D27] 영역에서 2번째 행에 ① 값의 열에 교차하는 값을 반환한다.
>
> **=C14*②** : [C14] 셀의 값에 ②를 곱한다.

④ [J14] 셀에 **=HLOOKUP(H14,$G$25:$J$27,2,FALSE)+HLOOKUP(H14, $G$25:$J$27,3,FALSE)+I14**를 입력한 후 [J22] 셀까지 수식을 복사한다.

> **함수 설명**
>
> =HLOOKUP(H14,$G$25:$J$27,2,FALSE)+HLOOKUP(H14,$G$25:$J$27,3,FALSE)+I14
>
> (① = 첫 번째 HLOOKUP, ② = 두 번째 HLOOKUP)
>
> ① **HLOOKUP(H14,$G$25:$J$27,2,FALSE)** : [H14] 셀의 값을 [G25:J27] 영역에서 첫 번째 행에서 값을 찾아 2번째 행에서 정확하게 일치하는 값을 찾는다.
>
> ② **HLOOKUP(H14,$G$25:$J$27,3,FALSE)** : [H14] 셀의 값을 [G25:J27] 영역에서 첫 번째 행에서 값을 찾아 3번째 행에서 정확하게 일치하는 값을 찾는다.
>
> **=①+②+I14** : ①과 ②, [I14] 셀 값을 모두 더한다.

**풀이결과**

| | A | B | C | D | E | F | G | H | I | J | K | L | M |
|---|---|---|---|---|---|---|---|---|---|---|---|---|---|
| 1 | [표1] | | | | | [표2] | 고객 관리 현황 | | | | | | |
| 2 | 학번 | 이름 | 주민등록번호 | 성별 | | 고객명 | 구입횟수 | 구입액 | 등급 | | | | |
| 3 | M1602001 | 이민영 | 050218-4304567 | 여 | | 이유정 | 5 | 2,310,000 | 일반 | | | | |
| 4 | M1602003 | 박수진 | 071115-4356712 | 여 | | 김영아 | 4 | 3,564,000 | 실버 | | | | |
| 5 | M1602004 | 최만수 | 040723-3935645 | 남 | | 원유준 | 3 | 1,200,000 | 일반 | | <등급표> | | |
| 6 | M1602005 | 조용덕 | 061225-3328650 | 남 | | 안영환 | 7 | 3,756,000 | 실버 | | 금액 | 등급 | |
| 7 | M1602006 | 김태훈 | 051222-3264328 | 남 | | 조재현 | 9 | 5,550,000 | 골드 | | 1,000,000 | 일반 | |
| 8 | M1602007 | 편승주 | 070123-3652942 | 남 | | 손예진 | 11 | 7,542,000 | VIP | | 3,000,000 | 실버 | |
| 9 | M1602008 | 곽나래 | 041015-4685201 | 여 | | 김상식 | 8 | 4,685,000 | 실버 | | 5,000,000 | 골드 | |
| 10 | M1602002 | 도홍진 | 060802-3065821 | 남 | | 한승연 | 10 | 4,112,000 | 실버 | | 7,000,000 | VIP | |
| 11 | | | | | | | | | | | | | |
| 12 | [표3] | 의류 판매 현황 | | | | [표4] | 급여지급현황 | | | | | | |
| 13 | 의류코드 | 사이즈 | 판매량 | 판매총액 | | 사원명 | 부서 | 직위 | 가족수당 | 수령액 | | | |
| 14 | mk-101 | S | 315 | 8,032,500 | | 강백호 | 생산부 | 부장 | 500,000 | 4,180,000 | | | |
| 15 | mk-101 | M | 294 | 7,497,000 | | 김박사 | 경리부 | 대리 | 300,000 | 2,820,000 | | | |
| 16 | mk-101 | S | 357 | 9,103,500 | | 한국남 | 자재부 | 사원 | 250,000 | 2,150,000 | | | |
| 17 | mk-102 | M | 248 | 6,851,000 | | 현상범 | 생산부 | 대리 | 300,000 | 2,820,000 | | | |
| 18 | mk-102 | L | 323 | 8,922,875 | | 장애우 | 경리부 | 사원 | 250,000 | 2,150,000 | | | |
| 19 | mk-102 | M | 355 | 9,806,875 | | 금태우 | 기획부 | 과장 | 400,000 | 3,550,000 | | | |
| 20 | mk-103 | S | 385 | 11,365,200 | | 박대중 | 경리부 | 사원 | 250,000 | 2,150,000 | | | |
| 21 | mk-103 | M | 366 | 10,804,320 | | 김상염 | 기획부 | 부장 | 500,000 | 4,180,000 | | | |
| 22 | mk-103 | L | 374 | 11,040,480 | | 전환수 | 생산부 | 대리 | 300,000 | 2,820,000 | | | |
| 23 | | | | | | | | | | | | | |
| 24 | <가격표> | | | | | [직위표] | | | | | | | |
| 25 | 의류코드 | mk-101 | mk-102 | mk-103 | | 직위 | 사원 | 대리 | 과장 | 부장 | | | |
| 26 | 판매가 | 30,000 | 32,500 | 36,000 | | 기본급 | 1,800,000 | 2,400,000 | 3,000,000 | 3,500,000 | | | |
| 27 | 할인가 | 25,500 | 27,625 | 29,520 | | 직위수당 | 100,000 | 120,000 | 150,000 | 180,000 | | | |
| 28 | | | | | | | | | | | | | |

▲ '찾기참조1(결과)' 시트

출제유형 ❷ **'찾기참조2' 시트에서 다음 과정을 수행하고 저장하시오.**

❶ [표1]에서 사원코드[A3:A10]와 부서코드[B13:D14]를 이용하여 부서명[D3:D10]을 표시하시오.
- ▸ XLOOKUP와 LEFT 함수 사용

❷ [표2]에서 중간고사[G3:G9], 기말고사[H3:H9]와 학점기준표[G12:K14]를 참조하여 학점[I3:I9]을 계산하시오.
- ▸ 평균은 각 학생의 중간고사와 기말고사로 구함
- ▸ AVERAGE, HLOOKUP 함수 사용

❸ [표3]에서 [A18:A27] 영역에 함수를 이용하여 1, 2, 3 ... 의 일련번호를 작성하고, [B17:D17] 영역에 함수를 이용하여 7월, 8월, 9월로 표시하시오.
- ▸ COLUMN, ROW 함수와 & 연산자 이용

❹ [표4]의 [G18:J21] 영역을 이용하여 부산에서 목포까지의 요금을 구하여 [H28] 셀에 표시하시오. 단, 출발지 [F18:F21]은 행, 도착지 [G17:J17]은 열로 참조한다.
- ▸ INDEX, XMATCH 함수 사용

❺ [표5]의 학년, 과목과 [표6]의 할인율표를 이용하여 [O3:O30] 영역에 학년과 과목에 따른 수강료 할인율을 계산하여 표시하시오.
- ▸ HLOOKUP, MATCH 함수 사용

① [D3] 셀에 **=XLOOKUP(LEFT(A3,1),$B$13:$D$13,$B$14:$D$14)**를 입력한 후 [D10] 셀까지 수식을 복사한다.

> 함수 설명 **=XLOOKUP(LEFT(A3,1),$B$13:$D$13,$B$14:$D$14)**
> (① = LEFT(A3,1))
>
> **① LEFT(A3,1) :** [A3] 셀의 값에서 왼쪽에서 한 글자만 추출한다.
>
> **=XLOOKUP(①,$B$13:$D$13,$B$14:$D$14) :** ①의 값을 [B13:D13] 영역에서 찾아 [B14:D14] 영역에서 같은 위치에 있는 값을 반환한다.

② [I3] 셀에 **=HLOOKUP(AVERAGE(G3:H3),$G$12:$K$14,3,TRUE)**를 입력한 후 [I9] 셀까지 수식을 복사한다.

> 함수 설명 **=HLOOKUP(AVERAGE(G3:H3),$G$12:$K$14,3,TRUE)**
> (① = AVERAGE(G3:H3))
>
> **① AVERAGE(G3:H3) :** [G3:H3] 영역의 평균을 구한다.
>
> **=HLOOKUP(①,$G$12:$K$14,3,TRUE) :** ① 셀의 값을 [G12:K14] 영역에서 첫 번째 행에서 값을 찾아 3번째 행에서 근사 값을 찾는다. (0~59.9는 'F', 60~69.9는 'D',70~79.9는 'C', 80~89.9는 'B', 90~100는 'A'.)

**기적의 TIP**

**HLOOKUP(lookup_value, table_array, row_index_num, [range_lookup])**
- lookup_value : 찾을 값
- table_array : 표 범위
- row_index_num : 가져올 행 번호
- [range_lookup] : [ ] 기호는 생략 가능, 단 정확하게 일치하는 값을 찾을 때에는 0 또는 false 입력

③ [A18] 셀에 **=ROW()−17**을 입력한 후 [A27] 셀까지 수식을 복사한다.

**함수 설명 =ROW()−17**

ROW( )는 현재 셀의 행의 번호를 구한다. 현재 행(18)의 번호에 17을 빼서 숫자 1로 표시한다.

④ [B17] 셀에 **=COLUMN()+5&"월"**를 입력한 후 [D17] 셀까지 수식을 복사한다.

**함수 설명 =COLUMN( )+5&"월"**

COLUMN( )는 현재 셀의 열의 번호를 구한다. 현재 열(B)의 번호에 5를 더하여 '월'을 붙여서 7월을 표시한다.

⑤ [H28] 셀에 **=INDEX(G18:J21,XMATCH(F28,$F$18:$F$21),XMATCH(G28,$G$17:$J$17))**를 입력한다.

**함수 설명 =INDEX(G18:J21,XMATCH(F28,$F$18:$F$21),XMATCH(G28,$G$17:$J$17))**
(① = XMATCH(F28,$F$18:$F$21), ② = XMATCH(G28,$G$17:$J$17))

① **XMATCH(F28,$F$18:$F$21) :** [F28] 셀의 값을 [F18:F21] 영역에서 상대적 위치 값을 반환한다.
② **XMATCH(G28,$G$17:$J$17) :** [G28] 셀의 값을 [G17:J17] 영역에서 상대적 위치 값을 반환한다.

**=INDEX(G18:J21,①,②) :** [G18:J21] 영역에서 ①의 값의 행 위치, ②의 값의 열 위치에 교차하는 값을 구한다.

⑥ [O3] 셀에 **=HLOOKUP(M3,$R$3:$T$5,MATCH(N3,{"영어","수학"},−1)+1)**를 입력하고 [O30] 셀까지 수식을 복사한다.

**함수 설명 =HLOOKUP(M3,$R$3:$T$5,MATCH(N3,{"영어","수학"},−1)+1)**
(① = MATCH(N3,{"영어","수학"},−1))

① **MATCH(N3,{"영어","수학"},−1) :** [N3] 셀의 값을 [영어, 수학] 순서에 값을 찾아 일치하는 순서의 값을 반환한다. [N3] 셀의 값이 영어는 1, 수학은 2, 국어는 2로 값이 반환된다.

**=HLOOKUP(M3,$R$3:$T$5,①+1) :** [M3] 셀의 값을 [R3:T5] 영역의 첫 번째 행에서 값을 찾아 ①+1의 행에서 값을 찾아 반환한다.

풀이결과

[표1] **사원 관리 현황**

| 사원코드 | 성별 | 직위 | 부서명 |
|---|---|---|---|
| P-101 | 여 | 부장 | 생산부 |
| E-301 | 여 | 부장 | 관리부 |
| B-501 | 남 | 부장 | 영업부 |
| P-103 | 남 | 대리 | 생산부 |
| B-503 | 여 | 대리 | 영업부 |
| B-504 | 남 | 사원 | 영업부 |
| E-303 | 여 | 사원 | 관리부 |
| P-104 | 여 | 사원 | 생산부 |

<부서코드>

| 코드 | P | B | E |
|---|---|---|---|
| 부서명 | 생산부 | 영업부 | 관리부 |

[표2]

| 성명 | 중간고사 | 기말고사 | 학점 |
|---|---|---|---|
| 김미정 | 85 | 90 | B |
| 서진수 | 65 | 70 | D |
| 박주영 | 70 | 95 | B |
| 원영현 | 90 | 75 | B |
| 오선영 | 60 | 75 | D |
| 최은미 | 95 | 85 | A |
| 박진희 | 70 | 85 | C |

학점기준표

| 평균 | 0 이상 | 60 이상 | 70 이상 | 80 이상 | 90 이상 |
|---|---|---|---|---|---|
| | 60 미만 | 70 미만 | 80 미만 | 90 미만 | 100 이하 |
| 학점 | F | D | C | B | A |

[표3] **평균기온**

| 번호 \ 월 | 7월 | 8월 | 9월 |
|---|---|---|---|
| 1 | 25.9 | 26.7 | 21.2 |
| 2 | 26.1 | 26.6 | 23.3 |
| 3 | 27.8 | 28.4 | 24.7 |
| 4 | 26.1 | 27.9 | 24.3 |
| 5 | 26.6 | 27.2 | 21.9 |
| 6 | 25.8 | 27.1 | 23.2 |
| 7 | 24.2 | 25.3 | 21.3 |
| 8 | 24.6 | 25.6 | 20.5 |
| 9 | 26.1 | 25.9 | 22.3 |
| 10 | 25.9 | 26.3 | 21.9 |

[표4] **시외버스 요금표**

| | 서울 | 청주 | 부산 | 목포 |
|---|---|---|---|---|
| 서울 | 3,000 | 8,000 | 25,000 | 28,000 |
| 청주 | 8,000 | 2,000 | 18,000 | 20,000 |
| 부산 | 25,000 | 18,000 | 2,500 | 15,000 |
| 목포 | 28,000 | 20,000 | 15,000 | 2,000 |

<지역코드표>

| 지역 | 서울 | 청주 | 부산 | 목포 |
|---|---|---|---|---|
| 코드 | 1 | 2 | 3 | 4 |

| 출발지 | 도착지 | 부산-목포 요금 |
|---|---|---|
| 부산 | 목포 | 15,000 |

[표5]

| 학년 | 과목 | 수강료할인율 |
|---|---|---|
| 고1 | 수학 | 25% |
| 고3 | 영어 | 5% |
| 고1 | 국어 | 25% |
| 고3 | 수학 | 10% |
| 고2 | 영어 | 10% |
| 고2 | 수학 | 20% |
| 고2 | 수학 | 20% |
| 고3 | 수학 | 10% |
| 고3 | 국어 | 10% |
| 고3 | 수학 | 10% |
| 고2 | 국어 | 20% |
| 고1 | 영어 | 15% |
| 고1 | 영어 | 15% |
| 고3 | 국어 | 10% |
| 고1 | 국어 | 25% |
| 고2 | 국어 | 20% |
| 고3 | 국어 | 10% |
| 고2 | 영어 | 10% |
| 고3 | 영어 | 5% |
| 고3 | 영어 | 5% |
| 고3 | 영어 | 5% |
| 고3 | 국어 | 10% |
| 고3 | 국어 | 10% |
| 고3 | 수학 | 10% |
| 고3 | 수학 | 10% |
| 고3 | 국어 | 10% |
| 고2 | 영어 | 10% |
| 고2 | 수학 | 20% |

[표6] 할인율표

| 과목 | 고1 | 고2 | 고3 |
|---|---|---|---|
| 영어 | 15% | 10% | 5% |
| 기타 | 25% | 20% | 10% |

▲ '찾기참조2(결과)' 시트

더 알기 TIP

### MATCH 함수의 참조할 영역 {영어, 수학}에 대해 이해하기

과목은 영어, 수학, 국어
영어는 학년별 할인율 선택
수학, 국어는 기타 학년별 할인율 선택

MATCH 함수에 참조할 영역으로 영어, 기타[Q4:Q5]로 지정하면 정확한 값이 나오지 않는다.

예를 들어 =MATCH(N3,$Q$4:$Q$5,-1)
찾을 값 ; 수학[N3]
참조 범위 : 영어, 기타[Q4:Q5]
타입 : 내림차순(-1)
수학을 '영어', '기타'에서 내림차순으로 참조하게 되면 '보다 큼'으로 영어의 상대적 위치 값(1)을 반환한다.

문제에서 '기타'라고 제시하는 것은 수학과 국어는 기타 할인율을 적용하라고 제시한 문구이지 꼭 그 부분을 참조해서 작성하는 것은 아니다. 물론, 앞에서 실습한 예제에서는 범위를 참조하여 값을 찾을 수 있는 문제였지만, 난이도를 높여서 직접 참조할 값을 입력하여 작성할 수 있는지를 평가하기 위해 출제된 문제이다.

영어는 따로 분리하여 MATCH 함수를 통해 1의 값이 반환되고, 수학, 국어는 2의 값이 반환이 되려면 영어, 수학, 국어로 내림차순으로 나열하였을 때, 영어는 1의 값을 반환, 수학은 2의 값을 반환, 국어는 보다 큼을 참조하여 2의 값을 반환될 수 있도록 참조 영역에 {영어, 수학}을 작성한다.
MATCH 함수에서 타입에 -1을 넣으면 내림차순으로 보다 큰 값을 참조하여 값을 반환한다.

**출제유형 ❸ '찾기참조3' 시트에서 다음 과정을 수행하고 저장하시오.**

❶ [표1]의 결제방법, 할부기간과 [표2]의 할부기간별 수수료율을 이용하여 [F3:F13] 영역에 지불수수료를 계산하여 표시하시오.
- ▸ 지불수수료 = 매출액 × 수수료율
- ▸ 결제방법에서 "한국카드"를 제외한 나머지 카드는 "기타카드"로 처리
- ▸ HLOOKUP, MATCH 함수 사용

❷ [표5]의 지역, 전용면적과 [표3]의 청약가능액을 이용하여 [J3:J20] 영역에 지역과 전용면적에 따른 청약가능액을 계산하여 표시하시오.
- ▸ INDEX, MATCH 함수 사용

❸ [표4]을 참조하여 [표6]의 [I25:I29] 영역에 타이틀명을 구하여 표시하시오.
- ▸ 타이틀명은 DVD코드의 마지막 두 문자에 따라 다르며, [A28:E29] 영역의 [표4]를 참조하여 계산
- ▸ RIGHT, LOOKUP, VLOOKUP, HLOOKUP 중 알맞은 함수 사용

❹ [표7]의 TOEIC, 컴퓨터, 전공2와 [표8]을 이용하여 [Q3:Q25] 영역에 평가를 계산하여 표시하시오.
- ▸ 평가는 [표8]의 [M28:Q29]을 참조하여 계산
- ▸ 평균은 TOEIC에 0.3, 컴퓨터에 0.2, 전공2에 0.5를 곱해 더한 값으로 계산
- ▸ SUMPRODUCT, HLOOKUP 함수 이용

❺ [표9]의 회원코드와 [표10]을 이용하여 [T3:T20] 영역에 직업과 지역을 계산하여 표시하시오.
- ▶ 직업은 회원코드의 앞 두 글자와 [표10]을 이용하여 계산
- ▶ 지역은 회원코드의 뒤 세 글자를 4로 나눈 나머지가 0이면 "동부", 1이면 "서부", 2이면 "남부", 3이면 "북부"로 표시
- ▶ 표시 예 : 자영업(동부)
- ▶ VLOOKUP, CHOOSE, MOD, RIGHT, LEFT 함수와 연산자 사용

**기적의 TIP**

- 결제방법은 한국카드, 대한카드, 나라카드
- 대한카드, 나라카드는 기타카드 영역을 참조
- MATCH 함수에 한국카드는 1
- 대한카드, 나라카드는 2가 반환이 되려면 {한국카드, 대한카드}로 작성하여 나라카드는 MATCH 함수 타입에 -1(내림차순)으로 보다 큼을 참조하여 대한카드를 참조하여 2의 값을 반환합니다.

① [F3] 셀에 **=B3*HLOOKUP(E3,$B$16:$E$19,MATCH(C3,{"한국카드","대한카드"},-1)+2)**를 입력한 후 [F13] 셀까지 수식을 복사한다.

**함수 설명** =B3*HLOOKUP(E3,$B$16:$E$19,MATCH(C3,{"한국카드","대한카드"},-1)+2)
(MATCH(C3,{"한국카드","대한카드"},-1) → ①)

① **MATCH(C3,{"한국카드","대한카드"},-1) :** [C3] 셀의 값을 '한국카드', '대한카드'의 값에서 위치 값을 구한다. 한국카드이면 1, 대한카드 또는 그 외 내용은 2로 반환한다.

**=B3*HLOOKUP(E3,$B$16:$E$19,①+2) :** [E3] 셀의 값을 [B16:E19] 영역의 첫 번째 행에서 찾아 ①값에 +2를 더한 행에서 값을 추출한 후에 [B3] 셀을 곱한 값을 구한다.

② [J3] 셀에 **=INDEX($B$23:$E$25,MATCH(H3,$A$23:$A$25,0),MATCH(I3,$B$22:$E$22,1))**를 입력한 후 [J20] 셀까지 수식을 복사한다.

**함수 설명** =INDEX($B$23:$E$25,MATCH(H3,$A$23:$A$25,0),
MATCH(I3,$B$22:$E$22,1))
(MATCH(H3,$A$23:$A$25,0) → ①, MATCH(I3,$B$22:$E$22,1) → ②)

① **MATCH(H3,$A$23:$A$25,0) :** [H3] 셀의 값이 [A23:A25] 영역에서 일치하는 값을 위치 값을 반환한다.
② **MATCH(I3,$B$22:$E$22,1) :** [I3] 셀의 값이 [B22:E22] 영역에서 작거나 같은 값 중에서 최대값을 찾아 위치 값을 반환한다.

**=INDEX($B$23:$E$25,①,②) :** [B23:E25] 영역에서 ① 값의 행과 ② 값의 열에 교차하는 값을 반환한다.

**기적의 TIP**

- [B22:E22] 영역에 50㎡ 이상, 86㎡ 이상, ... 으로 표시되어 있지만, 실제로 입력된 값은 50, 86… 입력되어 있고, 셀 서식을 이용하여 서식이 적용되어 있습니다.

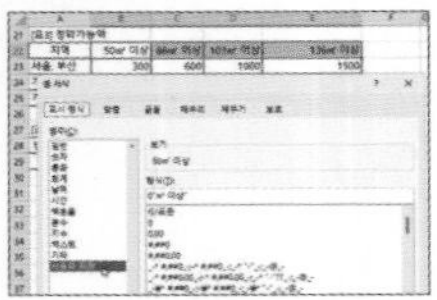

- 마찬가지로 [I3:I20] 영역도 85㎡, 108㎡, ... 으로 표시되어 있지만, 실제로 입력된 값은 85, 108, … 으로 입력되어 있고, 셀 서식을 이용하여 서식이 적용되어 있습니다.

③ [I25] 셀에 **=LOOKUP(RIGHT(H25,2)*1,$A$29:$E$29,$A$28:$E$28)**를 입력한 후 [I29] 셀까지 수식을 복사한다.

**함수 설명** =LOOKUP(RIGHT(H25,2)*1,$A$29:$E$29,$A$28:$E$28)
(RIGHT(H25,2) → ①, RIGHT(H25,2)*1 → ②, 전체 → ③)

① **RIGHT(H25,2) :** [H25] 셀의 값에서 오른쪽에서부터 2번째 값을 추출한다.
② **①*1 :** ①의 값을 숫자 형식의 데이터로 변환한다.
③ **LOOKUP(①*1,$A$29:$E$29,$A$28:$E$28) :** ②의 값을 [A29:E29]에서 찾아 같은 열의 [A28:E28] 영역에서 값을 찾는다.

④ [Q3] 셀에 =HLOOKUP(SUMPRODUCT(N3:P3,{0.3,0.2,0.5}),$M$28:$Q$29,2)를 입력한 후 [Q25] 셀까지 수식을 복사한다.

함수 설명 =HLOOKUP(SUMPRODUCT(N3:P3,{0.3,0.2,0.5}),$M$28:$Q$29,2)
①

① SUMPRODUCT(N3:P3,{0.3,0.2,0.5}) : [N3:P3]과 {0.3,0.2,0.5}을 곱한 값의 합을 구한다.
(예 : [N3] * 0.3 + [O3] * 0.2 + [P3] * 0.5)

=HLOOKUP(①,$M$28:$Q$29,2) : ①의 값을 [M28:Q29] 영역의 첫 번째 행에서 값을 찾아 2번째 행의 값을 반환한다.

⑤ [T3] 셀에 =VLOOKUP(LEFT(S3,2),$S$25:$T$29,2,FALSE)&"("&CHOOSE(MOD(RIGHT(S3,3),4)+1,"동부","서부","남부","북부")&")"를 입력한 후 [T20] 셀까지 수식을 복사한다.

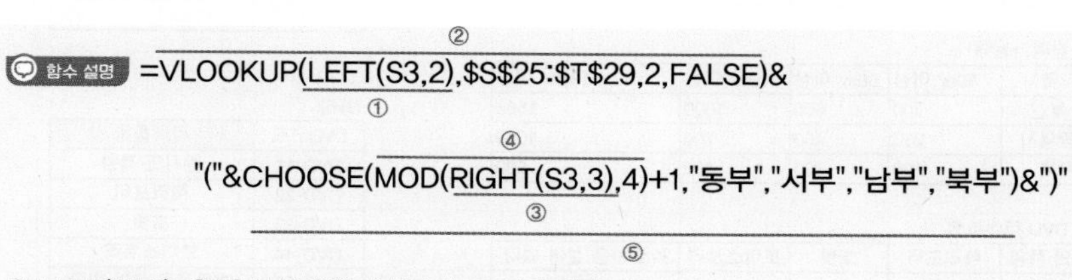


① LEFT(S3,2) : [S3] 셀의 왼쪽에서부터 2글자를 추출한다.
② VLOOKUP(①,$S$25:$T$29,2,FALSE) : ①의 값을 [S25:T29] 영역에서 첫 번째 열에서 찾아 같은 행의 2번째 열에서 정확하게 일치하는 값을 추출한다.
③ RIGHT(S3,3) : [S3] 셀의 오른쪽에서부터 3글자를 추출한다.
④ MOD(③,4) : ③의 값을 4로 나눈 나머지를 구한다.
⑤ CHOOSE(④+1,"동부","서부","남부","북부") : ④의 값에 1을 더한 값이 1이면 '동부', 2이면 '서부', 3이면 '남부', 4이면 '북부'로 표시한다.

=②&"("&⑤&")" : ②(⑤) 형식으로 표시한다.

**기적의 TIP**

**VLOOKUP(lookup_value, table_array, col_index_num, [range_lookup])**
- lookup_value : 찾을 값
- table_array : 표 범위
- col_index_num : 가져올 열 번호
- [range_lookup] : [ ] 기호로 표시된 부분은 생략이 가능, 단 정확하게 일치하는 값을 찾을 때에는 0 또는 false 입력

풀이결과

| | A | B | C | D | E | F | G | H | I | J |
|---|---|---|---|---|---|---|---|---|---|---|
| 1 | [표1] | | | | | | | [표5] | | |
| 2 | 주문코드 | 매출액 | 결제방법 | 적립률 | 할부기간 | 지불수수료 | | 지역 | 전용면적 | 청약가능액 |
| 3 | T004 | 1,650,000 | 나라카드 | 2% | 6 | 66,000 | | 서울, 부산 | 85m² | 300 |
| 4 | C005 | 1,560,000 | 한국카드 | 1% | 12 | 109,200 | | 기타광역시 | 108m² | 700 |
| 5 | V006 | 1,280,000 | 한국카드 | 3% | 3 | 38,400 | | 기타지역 | 59m² | 200 |
| 6 | C005 | 2,540,000 | 대한카드 | 2% | 12 | 152,400 | | 서울, 부산 | 108m² | 1000 |
| 7 | T001 | 3,210,000 | 나라카드 | 2% | 6 | 128,400 | | 서울, 부산 | 98m² | 600 |
| 8 | C003 | 6,210,000 | 한국카드 | 3% | 3 | 186,300 | | 기타광역시 | 98m² | 400 |
| 9 | V005 | 2,840,000 | 나라카드 | 1% | 12 | 170,400 | | 기타광역시 | 50m² | 250 |
| 10 | T005 | 5,130,000 | 나라카드 | 3% | 12 | 307,800 | | 기타지역 | 98m² | 300 |
| 11 | C005 | 857,000 | 대한카드 | 2% | 3 | 17,140 | | 기타지역 | 69m² | 200 |
| 12 | V006 | 5,840,000 | 한국카드 | 3% | 12 | 408,800 | | 기타광역시 | 59m² | 250 |
| 13 | V007 | 3,540,000 | 대한카드 | 1% | 6 | 141,600 | | 기타지역 | 84m² | 200 |
| 14 | | | | | | | | 서울, 부산 | 151m² | 1500 |
| 15 | [표2] 할부기간별 수수료율 | | | | | | | 기타광역시 | 104m² | 700 |
| 16 | 할부기간 | 0 | 3 | 6 | 12 | | | 서울, 부산 | 105m² | 1000 |
| 17 | | 2 | 6 | 11 | | | | 기타지역 | 98m² | 300 |
| 18 | 한국카드 | 0% | 3% | 5% | 7% | | | 서울, 부산 | 69m² | 300 |
| 19 | 기타카드 | 0% | 2% | 4% | 6% | | | 서울, 부산 | 105m² | 1000 |
| 20 | | | | | | | | 기타지역 | 113m² | 400 |
| 21 | [표3] 청약가능액 | | | | | | | | | |
| 22 | 지역 | 50m² 이상 | 86m² 이상 | 103m² 이상 | 136m² 이상 | | | | | |
| 23 | 서울, 부산 | 300 | 600 | 1000 | 1500 | | | [표6] | | |
| 24 | 기타광역시 | 250 | 400 | 700 | 1000 | | | DVD코드 | 타이틀명 | |
| 25 | 기타지역 | 200 | 300 | 400 | 500 | | | DVD-11 | 반지의 제왕 | |
| 26 | | | | | | | | DVD-22 | 해리포터 | |
| 27 | [표4] DVD 타이틀명 | | | | | | | DVD-33 | 호빗 | |
| 28 | 반지의 제왕 | 해리포터 | 호빗 | 토이스토리 | 박물관은 살아 있다 | | | DVD-44 | 토이스토리 | |
| 29 | 11 | 22 | 33 | 44 | 55 | | | DVD-55 | 박물관은 살아 있다 | |
| 30 | | | | | | | | | | |

| | L | M | N | O | P | Q | R | S | T |
|---|---|---|---|---|---|---|---|---|---|
| 1 | [표7] | | | | | | | [표9] | |
| 2 | 이름 | 학과코드 | TOEIC | 컴퓨터 | 전공2 | 평가 | | 회원코드 | 직업 |
| 3 | 최옥자 | B2 | 61 | 98 | 68 | C | | JA140 | 자영업(동부) |
| 4 | 송현우 | B1 | 86 | 66 | 87 | B | | JB571 | 회사원(북부) |
| 5 | 이욱현 | C2 | 84 | 70 | 59 | D | | JD367 | 공무원(북부) |
| 6 | 이창섭 | C2 | 64 | 59 | 53 | F | | JC664 | 의사(동부) |
| 7 | 김영란 | A2 | 92 | 87 | 90 | A | | JA188 | 자영업(동부) |
| 8 | 민들레 | B1 | 89 | 90 | 92 | A | | JC268 | 의사(동부) |
| 9 | 황유선 | B2 | 92 | 64 | 76 | C | | JA845 | 자영업(서부) |
| 10 | 손범수 | C2 | 79 | 94 | 69 | C | | JD977 | 공무원(서부) |
| 11 | 진양혜 | A1 | 65 | 73 | 82 | C | | JE386 | 변호사(남부) |
| 12 | 김건남 | B2 | 74 | 92 | 73 | C | | JC663 | 의사(북부) |
| 13 | 박성미 | C2 | 87 | 84 | 63 | C | | JC864 | 의사(동부) |
| 14 | 김광배 | A1 | 50 | 84 | 79 | C | | JA165 | 자영업(서부) |
| 15 | 이무열 | B2 | 76 | 80 | 89 | B | | JB398 | 회사원(남부) |
| 16 | 양창석 | B2 | 52 | 56 | 92 | C | | JC741 | 의사(서부) |
| 17 | 배유정 | C1 | 56 | 99 | 75 | C | | JB661 | 회사원(서부) |
| 18 | 심상섭 | A2 | 97 | 98 | 85 | A | | JA219 | 자영업(북부) |
| 19 | 권은영 | B2 | 68 | 50 | 89 | C | | JB336 | 회사원(동부) |
| 20 | 이숙영 | B1 | 77 | 89 | 92 | B | | JB643 | 회사원(북부) |
| 21 | 한영희 | C1 | 55 | 68 | 66 | D | | | |
| 22 | 오성식 | A1 | 52 | 78 | 60 | D | | | |
| 23 | 김상철 | B1 | 76 | 65 | 88 | C | | [표10] | |
| 24 | 서호형 | A1 | 85 | 97 | 89 | B | | 코드 | 직업 |
| 25 | 이창명 | C1 | 71 | 97 | 68 | C | | JA | 자영업 |
| 26 | | | | | | | | JB | 회사원 |
| 27 | [표8] | | | | | | | JD | 공무원 |
| 28 | 평균 | 0 | 60 | 70 | 80 | 90 | | JC | 의사 |
| 29 | 평가 | F | D | C | B | A | | JE | 변호사 |
| 30 | | | | | | | | | |

▲ '찾기참조3(결과)' 시트

SECTION

# 06 날짜/시간 함수

난 이 도 상 중 (하)

반복학습 1 2 3

작업파일 [2025컴활1급₩1권_스프레드시트₩이론] 폴더의 '06계산작업' 파일을 열어서 작업하시오.

## 01 연(YEAR), 월(MONTH), 일(DAY)을 구한다.

YEAR(일련번호 또는 날짜 문자열) : 날짜의 연도 부분만 구함

예제 =YEAR("2025/4/22") 결과 2025

MONTH(일련번호 또는 날짜 문자열) : 날짜의 월 부분만 구함

예제 =MONTH("2025/4/22") 결과 4

DAY(일련번호 또는 날짜 문자열) : 날짜의 일자 부분만 구함

예제 =DAY("2025/4/22") 결과 22

## 02 시(HOUR), 분(MINUTE), 초(SECOND)를 구한다.

HOUR(일련번호 또는 시간 문자열) : 시간의 시 부분만 구함

예제 =HOUR("16:13:15") 결과 16

MINUTE(일련번호 또는 시간 문자열) : 시간의 분 부분만 구함

예제 =MINUTE("16:13:15") 결과 13

SECOND(일련번호 또는 시간 문자열) : 시간의 초 부분만 구함

예제 =SECOND("16:13:15") 결과 15

## 03 현재 날짜(TODAY), 현재 날짜와 시간(NOW)을 구한다.

TODAY( ) : 컴퓨터 시스템의 현재 날짜를 구함

예제 =TODAY( ) 결과 2025-01-01 (현재 날짜가 출력됨)

NOW( ) : 컴퓨터 시스템의 현재 날짜와 시간을 구함

예제 =NOW( ) 결과 2025-01-01 12:30(현재 날짜와 시간이 출력됨)

## 04 날짜(DATE)와 시간(TIME)을 구한다.

DATE(연,월,일) : 지정한 연, 월, 일로 날짜 데이터를 만듦

예제 =DATE(2025,5,10) 결과 2025-5-10

TIME(시,분,초) : 지정한 시, 분, 초로 시간 데이터를 만듦

예제 =TIME(12,30,30) 결과 12:30 PM

## ⑤ 요일(WEEKDAY)의 일련번호를 구한다.

WEEKDAY(날짜 문자열, 종류) : 날짜 문자열의 요일 일련 번호를 구함

옵션 종류

- 1 : 일요일을 1로 시작
- 2 : 월요일을 1로 시작
- 3 : 월요일을 0으로 시작

예제 =WEEKDAY("2025-10-19",2) 결과 7(7은 일요일을 뜻함)

24년 출제

**기준일자(2025-12-31)와 입사일자1[B3:B9]의 일수의 차이를 계산하여 일수[A3:A9]에 표시하시오.**

| | A | B | C |
|---|---|---|---|
| 1 | [표1] | | |
| 2 | 일수 | 입사일자1 | 입사일자2 |
| 3 | 1811 | 2021-01-15 | 2021.01.15 |
| 4 | 1379 | 2022-03-23 | 2022.03.23 |
| 5 | 1670 | 2021-06-05 | 2021.06.05 |
| 6 | 499 | 2024-08-19 | 2024.08.19 |
| 7 | 781 | 2023-11-11 | 2023.11.11 |
| 8 | 1434 | 2022-01-27 | 2022.01.27 |
| 9 | 657 | 2024-03-14 | 2024.03.14 |

=DAYS("2025-12-31",B3)

▲ 'TIP 함수.xlsx' 파일의 'DAYS' 시트

## ⑥ 두 날짜 사이의 일 수(DAYS)를 반환한다.

DAYS(종료 날짜, 시작 날짜) : 종료 날짜에서 시작 날짜를 빼서 두 날짜 사이의 일 수를 계산

예제 =DAYS("2025-10-30","2025-10-10") 결과 20

## ⑦ 날짜 문자열(DATEVALUE)에 해당하는 일련 번호를 구한다.

DATEVALUE(날짜 문자열) : 문자열로 입력한 날짜에 해당하는 일련 번호를 구함

예제 =DATEVALUE("2025-4-22") 결과 45769

## ⑧ 개월 수를 더한 날짜(EDATE)의 일련번호를 구한다.

EDATE(시작 날짜, 개월 수) : 시작 날짜에 개월 수를 더한 날짜(EDATE)의 일련번호를 구함

예제 =EDATE("2025-10-19",1) 결과 45980

## ⑨ 개월 수를 더한 달의 마지막 날짜(EOMONTH)의 일련번호를 구한다.

EOMONTH(시작 날짜, 개월 수) : 시작 날짜에 개월 수를 더한 달의 마지막 날짜(EOMONTH)의 일련번호를 구함

예제 =EOMONTH("2025-10-19",1) 결과 45991

## ⑩ 두 날짜 사이의 전체 업무일 수(NETWORKDAYS)를 구하자.

NETWORKDAYS(시작 날짜, 끝 날짜, [휴일]) : 휴일을 제외한 시작 날짜와 끝 날짜 사이의 업무일 수를 구함

예제 =NETWORKDAYS("2025-5-1","2025-5-31") 결과 22

## ⑪ 날짜가 일 년 중 몇 번째 주인지 나타내는 숫자(WEEKNUM)를 구하자.

WEEKNUM(날짜, 요일을 결정할 숫자) : 특정 날짜의 주 번호를 반환함

예제 =WEEKNUM("2025-1-1",1) 결과 1

## ⑫ 날짜 수를 더한 평일 수를 적용한 날짜(WORKDAY)의 일련번호를 구한다.

WORKDAY(시작 날짜, 날짜 수, [휴일]) : 시작 날짜에 날짜 수에서 주말이나 휴일을 제외한 평일 수를 적용한 날짜(WORKDAY)의 일련번호를 구함

예제 =WORKDAY("2025-1-1",31) 결과 45701

**출제유형 ❶ '날짜1' 시트에서 다음 과정을 수행하고 저장하시오.**

❶ [표1]에서 주민등록번호[C3:C11]를 이용하여 생년월일[D3:D11]를 표시하시오.
- ▶ DATE와 MID 함수 사용

❷ [표2]에서 기준일[J1]과 입사일[H3:H11], 주민등록번호[I3:I11]를 이용하여 년차와 나이를 [J3:J11] 영역에 표시하시오.
- ▶ 년차 : 기준일 년도 – 입사일 년도
- ▶ 나이 : 기준일 년도 – (1900 + 주민등록번호 앞 2자리)
- ▶ 표시 예 : 입사일이 '2013년'이고 주민등록번호 '900101-123****'이면 '7년차(27)'로 표시
- ▶ YEAR, LEFT 함수와 & 연산자 사용

❸ [표3]에서 휴가출발일[B15:B24]과 휴가일수[C15:C24]를 이용하여 회사출근일[D15:D24]를 표시하시오.
- ▶ 주말(토, 일요일)은 제외
- ▶ EDATE, WORKDAY 중 알맞은 함수를 선택하여 사용

❹ [표4]에서 생년월일[I15:I24]과 요일구분표[L16:M22]를 이용하여 태어난요일[J15:J24]을 표시하시오.
- ▶ VLOOKUP과 WEEKDAY 함수 사용
- ▶ 단, 월요일이 1로 시작하는 유형

① [D3] 셀에 **=DATE(MID(C3,1,2),MID(C3,3,2),MID(C3,5,2))**를 입력한 후 [D11] 셀까지 수식을 복사한다.

함수 설명 =DATE(MID(C3,1,2),MID(C3,3,2),MID(C3,5,2))
(① MID(C3,1,2), ② MID(C3,3,2), ③ MID(C3,5,2))

① MID(C3,1,2) : 주민등록번호 [C3] 셀에서 첫 번째 시작하여 2글자를 추출한다.
② MID(C3,3,2) : 주민등록번호 [C3] 셀에서 3번째 시작하여 2글자를 추출한다.
③ MID(C3,5,2) : 주민등록번호 [C3] 셀에서 5번째 시작하여 2글자를 추출한다.

=DATE(①,②,③) : ①년 – ②월 – ③일의 날짜 형식으로 표시한다.

② [J3] 셀에 **=YEAR($J$1)−YEAR(H3)&"년차("&YEAR($J$1)−(1900+LEFT(I3,2))&")"**를 입력한 후 [J11] 셀까지 수식을 복사한다.

**함수 설명** **=YEAR($J$1)−YEAR(H3)&"년차("&YEAR($J$1)−(1900+LEFT(I3,2))&")"**

① **YEAR($J$1) :** 기준일 [J1] 셀에서 년도를 추출한다.
② **①−YEAR(H3) :** 기준일 년도 − 입사일자 년도를 뺀 값을 구한다.
③ **1900+LEFT(I3,2) :** 1900에 주민등록번호[I3]에서 왼쪽의 2글자를 추출하여 더한다.
④ **YEAR($J$1)−(③) :** 기준일 [J1]에서 태어난 년도(1900 + 주민번호 2자리) 4자리를 뺀 값을 구한다.

**=②&"년차("&④&")" :** ②년차(④) 로 년차와 나이를 표시한다.

③ [D15] 셀에 **=WORKDAY(B15,C15)**를 입력한 후 [D24] 셀까지 수식을 복사한다.

**함수 설명** **=WORKDAY(B15,C15)**

[B15]와 [C15] 사이의 주말과 휴일을 제외한 평일 수를 구한다.

④ [J15] 셀에 **=VLOOKUP(WEEKDAY(I15,2),$L$16:$M$22,2,0)**를 입력한 후 [J24] 셀까지 수식을 복사한다.

**함수 설명** **=VLOOKUP(WEEKDAY(I15,2),$L$16:$M$22,2,0)**

① **WEEKDAY(I15,2) :** 생년월일[I15]의 요일 값을 숫자로 반환한다. 단, 월요일이 1, 화요일 2, 수요일 3, 목요일 4... 로 반환된다.

**=VLOOKUP(①,$L$16:$M$22,2,0) :** ① 값을 [L16:M22] 영역의 첫 번째 열에서 찾아 2번째 열(등급)에서 값을 찾아 표시한다.

풀이결과

| | A | B | C | D | E | F | G | H | I | J | K | L | M | N |
|---|---|---|---|---|---|---|---|---|---|---|---|---|---|---|
| 1 | [표1] | 동호회 회원 현황 | | | | [표2] | 사원 관리 현황 | | 기준일 : | 2025-01-02 | | | | |
| 2 | 성명 | 지역 | 주민등록번호 | 생년월일 | | 사원명 | 직위 | 입사일 | 주민등록번호 | 년차(나이) | | | | |
| 3 | 윤정민 | 노원구 | 881201-1****** | 1988-12-01 | | 오장동 | 사원 | 2022-03-25 | 990621-123**** | 3년차(26) | | | | |
| 4 | 조인성 | 관악구 | 830725-1****** | 1983-07-25 | | 박한송 | 부장 | 2015-06-01 | 850101-235**** | 10년차(40) | | | | |
| 5 | 유현진 | 서초구 | 860903-1****** | 1986-09-03 | | 이하임 | 과장 | 2018-10-25 | 890511-257**** | 7년차(36) | | | | |
| 6 | 현상화 | 마포구 | 920817-2****** | 1992-08-17 | | 김진면 | 부장 | 2016-05-07 | 841204-154**** | 9년차(41) | | | | |
| 7 | 유시연 | 관악구 | 841113-2****** | 1984-11-13 | | 신명우 | 대리 | 2018-04-09 | 971012-146**** | 7년차(28) | | | | |
| 8 | 신선미 | 노원구 | 811023-2****** | 1981-10-23 | | 최은정 | 사원 | 2023-11-15 | 990725-248**** | 2년차(26) | | | | |
| 9 | 이동현 | 노원구 | 910103-1****** | 1991-01-03 | | 유선미 | 과장 | 2010-01-16 | 860904-215**** | 15년차(39) | | | | |
| 10 | 김강준 | 마포구 | 880802-1****** | 1988-08-02 | | 김소영 | 대리 | 2019-09-08 | 920424-242**** | 6년차(33) | | | | |
| 11 | 박혜리 | 서초구 | 900617-2****** | 1990-06-17 | | 한상진 | 대리 | 2017-08-13 | 931119-138**** | 8년차(32) | | | | |
| 12 | | | | | | | | | | | | | | |
| 13 | [표3] | 휴가 일정표 | | | | [표4] | 학생회 회원 정보 | | | | | | | |
| 14 | 성명 | 휴가출발일 | 휴가일수 | 회사출근일 | | 학년 | 반 | 성명 | 생년월일 | 태어난요일 | | [요일구분표] | | |
| 15 | 성소민 | 2025-04-01 | 4 | 2025-04-07 | | 5 | 1 | 김기영 | 2014-03-05 | 수요일 | | 구분 | 요일 | |
| 16 | 이수양 | 2025-04-01 | 8 | 2025-04-11 | | 5 | 2 | 황효주 | 2014-09-18 | 목요일 | | 1 | 월요일 | |
| 17 | 박세현 | 2025-04-01 | 5 | 2025-04-08 | | 5 | 3 | 강만석 | 2014-06-21 | 토요일 | | 2 | 화요일 | |
| 18 | 김성찬 | 2025-04-10 | 6 | 2025-04-18 | | 5 | 4 | 이유영 | 2014-12-01 | 월요일 | | 3 | 수요일 | |
| 19 | 장선욱 | 2025-04-10 | 7 | 2025-04-21 | | 5 | 5 | 최은경 | 2014-07-25 | 금요일 | | 4 | 목요일 | |
| 20 | 유석일 | 2025-04-10 | 9 | 2025-04-23 | | 6 | 1 | 조현우 | 2013-04-05 | 금요일 | | 5 | 금요일 | |
| 21 | 박수홍 | 2025-04-10 | 4 | 2025-04-16 | | 6 | 2 | 박지섭 | 2013-08-13 | 화요일 | | 6 | 토요일 | |
| 22 | 이수아 | 2025-04-16 | 8 | 2025-04-28 | | 6 | 3 | 김민희 | 2013-11-09 | 토요일 | | 7 | 일요일 | |
| 23 | 최수현 | 2025-04-16 | 5 | 2025-04-23 | | 6 | 4 | 이성영 | 2013-07-11 | 목요일 | | | | |
| 24 | 김송혁 | 2025-04-16 | 7 | 2025-04-25 | | 6 | 5 | 이동진 | 2013-08-08 | 목요일 | | | | |
| 25 | | | | | | | | | | | | | | |

▲ '날짜1(결과)' 시트

**출제유형 ❷ '날짜2' 시트에서 다음 과정을 수행하고 저장하시오.**

❶ [표1]에서 응시일[C3:C9]이 월요일부터 금요일이면 '평일', 그 외에는 '주말'로 요일[D3:D9]에 표시하시오.
- ▸ 단, 요일 계산 시 월요일이 1인 유형으로 지정
- ▸ IF, WEEKDAY 함수 사용

❷ [표2]에서 입사일자[H3:H9]와 현재날짜를 이용하여 근무년수[I3:I9]를 표시하시오.
- ▸ 근무년수 = 현재날짜의 연도 – 입사일자의 연도
- ▸ YEAR, TODAY 함수 사용

❸ [표3]에서 오늘부터 시험일시[B13:B20]까지의 남은 일수를 잔여일수[C13:C20]에 표시하시오.
- ▸ TODAY, DAYS 함수 사용

❹ [표4]에서 수업시간을 이용하여 입실시간[I13:I17]을 계산하고, 시간 뒤에 '시'를 포함하여 표시하시오.
- ▸ 입실시간은 매시 정각이며, 수업시간의 시에 해당
- ▸ 표시 예 : 23시
- ▸ MONTH, HOUR 중 알맞은 함수와 연산자 & 사용

① [D3] 셀에 **=IF(WEEKDAY(C3,2)<=5,"평일","주말")**를 입력한 후 [D9] 셀까지 수식을 복사한다.

> **함수 설명** =IF(WEEKDAY(C3,2)<=5,"평일","주말")
> (밑줄 ①: WEEKDAY(C3,2))
>
> ① **WEEKDAY(C3,2) :** 응시일[C3]의 요일 값을 숫자로 반환한다. 단, 월요일이 1, 화요일 2, 수요일 3, 목요일 4... 로 반환된다.
>
> **=IF(①<=5,"평일","주말") :** 요일의 일련번호 값이 5보다 작거나 같으면(이하) '평일', 나머지는 '주말'로 표시한다.

② [I3] 셀에 **=YEAR(TODAY())−YEAR(H3)**를 입력한 후 [I9] 셀까지 수식을 복사한다.

> **함수 설명** =YEAR(TODAY())−YEAR(H3)
> (밑줄 ①: TODAY())
>
> ① **TODAY() :** 실습하는 날짜의 오늘 날짜를 구한다. (결과는 교재 내용과 다를 수 있다.)
>
> **=YEAR(①)−YEAR(H3) :** ①의 년도를 추출하여 입사일자[H3]의 년도를 추출하여 뺀 값을 구한다.

③ [I3:I9] 영역을 범위 지정한 후 마우스 오른쪽 버튼을 클릭한 후 [셀 서식]을 클릭한다.

④ [표시 형식]의 '일반'을 선택한 후 [확인]을 클릭한다.

⑤ [C13] 셀에 **=DAYS(B13, TODAY())**를 입력한 후 [C20] 셀까지 수식을 복사한다.

함수 설명 =DAYS(B13,TODAY())
①

① TODAY() : 실습하는 날짜의 오늘 날짜를 구한다. (결과는 교재 내용과 다를 수 있다.)

=DAYS(B13,①) : 시험일시에서 ①의 날짜를 뺀 일수를 구한다.

⑥ [I13] 셀에 **=HOUR(H13)&"시"**를 입력한 후 [I17] 셀까지 수식을 복사한다.

함수 설명 =HOUR(H13)&"시"
[H13] 셀에서 시간만 추출하여 '시'를 붙여서 표시한다.

풀이결과

기적의 TIP
결과는 실습하는 년도와 날짜에 따라 달라질 수 있습니다. TODAY 함수는 실습하는 날짜를 이용하여 계산하기 때문에 달라집니다.

| | A | B | C | D | E | F | G | H | I | J |
|---|---|---|---|---|---|---|---|---|---|---|
| 1 | [표1] | 자격증 응시일 | | | | [표2] | 회원 관리 현황 | | | |
| 2 | 응시지역 | 성명 | 응시일 | 요일 | | 이름 | 부서 | 입사일자 | 근무년수 | |
| 3 | 광주 | 김종민 | 2025-05-15 | 평일 | | 공호철 | 영업부 | 2002-06-21 | 21 | |
| 4 | 서울 | 강원철 | 2025-10-24 | 평일 | | 강장환 | 관리부 | 2017-06-14 | 6 | |
| 5 | 안양 | 이진수 | 2025-03-05 | 평일 | | 신동숙 | 영업부 | 2001-10-07 | 22 | |
| 6 | 부산 | 박정민 | 2025-08-17 | 주말 | | 이창명 | 총무부 | 2011-12-01 | 12 | |
| 7 | 인천 | 한수경 | 2025-11-12 | 평일 | | 채경휘 | 경리부 | 2015-03-25 | 8 | |
| 8 | 제주 | 유미진 | 2025-12-12 | 평일 | | 김길수 | 관리부 | 2012-04-09 | 11 | |
| 9 | 대전 | 정미영 | 2025-02-25 | 평일 | | 강정미 | 총무부 | 2016-04-19 | 7 | |
| 10 | | | | | | | | | | |
| 11 | [표3] | | | | | [표4] | 대한학원 수강시간표 | | | |
| 12 | 성명 | 시험일시 | 잔여일수 | | | 과목 | 요일 | 수업시간 | 입실시간 | |
| 13 | 한가람 | 2026-05-21 | 1124 | | | 피아노 | 수요일 | 13:10 | 13시 | |
| 14 | 김은철 | 2026-04-22 | 1095 | | | 바이올린 | 월요일 | 15:10 | 15시 | |
| 15 | 고사리 | 2026-01-23 | 1006 | | | 주산 | 금요일 | 14:10 | 14시 | |
| 16 | 박은별 | 2026-07-24 | 1188 | | | 영어 | 목요일 | 15:10 | 15시 | |
| 17 | 성준서 | 2026-03-25 | 1067 | | | 미술 | 토요일 | 13:10 | 13시 | |
| 18 | 이성연 | 2026-04-28 | 1101 | | | | | | | |
| 19 | 박한나 | 2026-07-29 | 1193 | | | | | | | |
| 20 | 이미리 | 2026-06-30 | 1164 | | | | | | | |
| 21 | | | | | | | | | | |

▲ '날짜2(결과)' 시트

**출제유형 ③ '날짜3' 시트에서 다음 과정을 수행하고 저장하시오.**

❶ [표1]의 시작일, 행사일과 [표2]를 이용하여 시작일과 행사일 사이의 작업일[D3:D18]을 계산하여 표시하시오.
- 공휴일은 [표2]를 이용
- 작업일이 0보다 작으면 공백으로 표시
- 작업일은 세 자리로 표시 [표시 예 : 작업일이 43일인 경우 → 043]
- NETWORKDAYS, TEXT, IF 함수 사용

❷ [표3]의 판매일과 [표2]의 공휴일을 이용하여 [표3]의 [J3:J19] 영역에 수선일을 계산하여 표시하시오.
- 수선일은 판매일에서 주말과 공휴일을 제외한 3일 후의 날로 계산
- 공휴일은 [표2]를 이용
- TEXT, WORKDAY 함수 이용
- 예 판매일 : 2025-01-03 → 수선일 : 2025년 1월 8일 수요일

❸ [표4]의 검침일을 이용하여 [M3:M18] 영역에 사용기간을 계산하여 표시하시오.

- 사용기간은 검침일의 한 달전 다음 날에서 검침일까지로 계산
  - 예 검침일이 03-05이면 사용기간은 02/06~03/05로 표시
- EDATE, TEXT 함수와 & 연산자 이용

❹ [표6]의 판매가, 제조일, 보존기간(개월)과 [표5]를 이용하여 [S3:S24] 영역에 할인가를 계산하여 표시하시오.

- 할인가 = 판매가 × (1–할인율)
- 할인율은 (유통기한 – 기준일)/30을 기준으로 [표5]에서 찾아 계산
- 유통기한은 제조일에서 보존기간(개월)이 지난날로 계산
- VLOOKUP, EDATE, QUOTIENT 함수 사용

① [D3] 셀에 **=IF(NETWORKDAYS($D$1,C3,$F$3:$F$10)<0,"",TEXT(NETWORKDAYS($D$1,C3,$F$3:$F$10),"000"))**를 입력한 후 [D18] 셀까지 수식을 복사한다.

**함수 설명** **=IF(NETWORKDAYS($D$1,C3,$F$3:$F$10)<0,"", TEXT(NETWORKDAYS($D$1,C3,$F$3:$F$10),"000"))**

① **NETWORKDAYS($D$1,C3,$F$3:$F$10)** : 시작일[D1]에서 행사일[C3]까지 일수를 구하는데, [F3:F10] 영역의 공휴일을 뺀 일수를 구한다.
② **TEXT(①,"000")** : ①의 값을 숫자 세 자리로 표시한다.

**=IF(①<0,"",②)** : ①의 값이 0보다 작으면 공백으로, 0보다 크거나 같으면 ② 형식으로 표시한다.

② [J3] 셀에 **=TEXT(WORKDAY(I3,3,$F$3:$F$10),"yyyy년 m월 d일 aaaa")**를 입력한 후 [J19] 셀까지 수식을 복사한다.

**함수 설명** **=TEXT(WORKDAY(I3,3,$F$3:$F$10),"yyyy년 m월 d일 aaaa")**

① **WORKDAY(I3,3,$F$3:$F$10)** : [I3] 셀 날짜에서 작업일수(3일)에 해당한 날짜를 표시하는데, 작업일수에 주말과 휴일[F3:F10]은 포함하지 않는다.

**=TEXT(①,"yyyy년 m월 d일 aaaa")** : ①의 날짜를 "yyyy년 m월 d일 aaaa" 형식으로 표시한다.

③ [M3] 셀에 **=TEXT(EDATE(L3,–1)+1,"mm/dd") & "~" & TEXT(L3,"mm/dd")**를 입력한 후 [M18] 셀까지 수식을 복사한다.

**함수 설명** **=TEXT(EDATE(L3,–1)+1,"mm/dd") & "~"& TEXT(L3,"mm/dd")**

① **EDATE(L3,–1)** : [L3] 셀에서 –1달 경과한 날짜를 구한다.
② **TEXT(①+1,"mm/dd")** : ①의 값에 +1을 해서 "mm/dd" 형식으로 표시한다.

④ [S3] 셀에 =P3*(1-VLOOKUP(QUOTIENT(EDATE(Q3,R3)-$S$1,30),$L$22:$M$25,2))를 입력한 후 [S24] 셀까지 수식을 복사한다.

**함수 설명** =P3*(1-VLOOKUP(QUOTIENT(EDATE(Q3,R3)-$S$1,30),$L$22:$M$25,2))

(① = EDATE(Q3,R3), ② = QUOTIENT(①-$S$1,30), ③ = VLOOKUP(②,$L$22:$M$25,2))

① **EDATE(Q3,R3) :** [Q3] 셀 날짜에서 [R3] 달 경과한 날짜를 구한다.
② **QUOTIENT(①-$S$1,30) :** ①-S1의 값을 30으로 나누어 몫을 구한다.
③ **VLOOKUP(②,$L$22:$M$25,2) :** ②의 값을 [L22:M25] 영역의 첫 번째 열에서 찾아 같은 행의 2번째 열에서 값을 찾아온다.

**=P3*(1-③) :** [P3]셀에 (1-③)을 곱한다.

풀이결과

| | A | B | C | D | E | F | G | H | I | J | K |
|---|---|---|---|---|---|---|---|---|---|---|---|
| 1 | [표1] | | 시작일 : | 2025-02-01 | | [표2] 공휴일 | | | [표3] 수선일 | | |
| 2 | 성명 | 행사내용 | 행사일 | 작업일 | | 날짜 | 공휴일 | | 판매일 | 수선일 | |
| 3 | 김기완 | 돌잔치 | 2025-04-05 | 045 | | 01월 01일 | 신정 | | 2025-01-17 | 2025년 1월 22일 수요일 | |
| 4 | 성정아 | 돌잔치 | 2025-02-09 | 005 | | 03월 01일 | 삼일절 | | 2025-01-25 | 2025년 1월 29일 수요일 | |
| 5 | 이기봉 | 돌잔치 | 2025-12-09 | 217 | | 05월 05일 | 어린이날 | | 2025-02-03 | 2025년 2월 6일 목요일 | |
| 6 | 안산진 | 돌잔치 | 2025-05-03 | 065 | | 06월 06일 | 현충일 | | 2025-03-12 | 2025년 3월 17일 월요일 | |
| 7 | 이석호 | 결혼식 | 2025-04-04 | 045 | | 08월 15일 | 광복절 | | 2025-03-23 | 2025년 3월 26일 수요일 | |
| 8 | 양미진 | 돌잔치 | 2025-02-05 | 003 | | 10월 03일 | 개천절 | | 2025-03-30 | 2025년 4월 2일 수요일 | |
| 9 | 유인하 | 결혼식 | 2025-03-02 | 020 | | 10월 09일 | 한글날 | | 2025-04-21 | 2025년 4월 24일 목요일 | |
| 10 | 김경지 | 결혼식 | 2025-01-03 | | | 12월 25일 | 크리스마스 | | 2025-05-01 | 2025년 5월 7일 수요일 | |
| 11 | 이신호 | 돌잔치 | 2025-02-20 | 014 | | | | | 2025-05-17 | 2025년 5월 21일 수요일 | |
| 12 | 최익현 | 돌잔치 | 2025-02-06 | 004 | | | | | 2025-05-20 | 2025년 5월 23일 금요일 | |
| 13 | 김상중 | 돌잔치 | 2025-05-03 | 065 | | | | | 2025-06-04 | 2025년 6월 10일 화요일 | |
| 14 | 윤미화 | 결혼식 | 2025-04-20 | 055 | | | | | 2025-08-20 | 2025년 8월 25일 월요일 | |
| 15 | 이연경 | 결혼식 | 2025-03-15 | 030 | | | | | 2025-09-27 | 2025년 10월 1일 수요일 | |
| 16 | 김호야 | 결혼식 | 2025-04-25 | 060 | | | | | 2025-09-28 | 2025년 10월 1일 수요일 | |
| 17 | 이솔비 | 결혼식 | 2025-05-30 | 084 | | | | | 2025-10-17 | 2025년 10월 22일 수요일 | |
| 18 | 김은희 | 결혼식 | 2025-02-19 | 013 | | | | | 2025-12-18 | 2025년 12월 23일 화요일 | |
| 19 | | | | | | | | | 2025-12-22 | 2025년 12월 26일 금요일 | |
| 20 | | | | | | | | | | | |

| | L | M | N | O | P | Q | R | S | T |
|---|---|---|---|---|---|---|---|---|---|
| 1 | [표4] 사용기간 | | | [표6] | | | 기준일 : | 2025-05-10 | |
| 2 | 검침일 | 사용기간 | | 제품코드 | 판매가 | 제조일 | 보존기간(개월) | 할인가 | |
| 3 | 03-05 | 02/06~03/05 | | KL0133LI | 198,000 | 2025-04-01 | 12 | 158,400 | |
| 4 | 03-20 | 02/21~03/20 | | NL0244PO | 126,000 | 2025-04-25 | 36 | 113,400 | |
| 5 | 03-05 | 02/06~03/05 | | JL0322PO | 200,000 | 2025-01-30 | 12 | 160,000 | |
| 6 | 03-20 | 02/21~03/20 | | KL5444PO | 35,000 | 2025-01-03 | 24 | 29,750 | |
| 7 | 03-15 | 02/16~03/15 | | SK1233PO | 70,000 | 2024-11-05 | 12 | 49,000 | |
| 8 | 03-05 | 02/06~03/05 | | NL1211LI | 100,000 | 2025-01-20 | 12 | 80,000 | |
| 9 | 03-10 | 02/11~03/10 | | SK2922PJ | 35,000 | 2025-02-10 | 24 | 29,750 | |
| 10 | 03-20 | 02/21~03/20 | | NL2522KY | 59,000 | 2024-12-25 | 12 | 47,200 | |
| 11 | 03-05 | 02/06~03/05 | | KL2133PO | 50,000 | 2025-04-19 | 24 | 42,500 | |
| 12 | 03-20 | 02/21~03/20 | | JL2033LI | 30,000 | 2024-12-09 | 12 | 24,000 | |
| 13 | 03-20 | 02/21~03/20 | | KL2133LI | 120,000 | 2025-04-25 | 12 | 96,000 | |
| 14 | 03-10 | 02/11~03/10 | | JL3211LI | 35,000 | 2024-10-23 | 12 | 24,500 | |
| 15 | 03-15 | 02/16~03/15 | | JL0144PO | 40,000 | 2024-01-05 | 24 | 32,000 | |
| 16 | 03-10 | 02/11~03/10 | | SK0133PI | 165,000 | 2024-12-05 | 12 | 115,500 | |
| 17 | 03-10 | 02/11~03/10 | | NL2311KY | 140,000 | 2024-11-05 | 12 | 98,000 | |
| 18 | 03-20 | 02/21~03/20 | | NL1244PO | 51,000 | 2025-04-23 | 24 | 43,350 | |
| 19 | | | | JL2044PO | 20,000 | 2024-08-09 | 24 | 17,000 | |
| 20 | [표5] 할인율 | | | JL2211LI | 99,000 | 2025-03-19 | 12 | 79,200 | |
| 21 | 남은기간 | 할인율 | | NL2033PO | 290,000 | 2025-02-20 | 12 | 232,000 | |
| 22 | 1 | 30% | | SK2111LI | 84,000 | 2025-02-27 | 12 | 67,200 | |
| 23 | 7 | 20% | | SK2022KY | 53,000 | 2025-01-09 | 36 | 47,700 | |
| 24 | 12 | 15% | | NL2111PO | 27,000 | 2024-09-20 | 24 | 22,950 | |
| 25 | 24 | 10% | | | | | | | |
| 26 | | | | | | | | | |

▲ '날짜3(결과)' 시트

SECTION

# 07 텍스트 함수

난 이 도 상 중 하

반복학습 1 2 3

작업파일 [2025컴활1급₩1권_스프레드시트₩이론] 폴더의 '06계산작업' 파일을 열어서 작업하시오.

## 01 문자열의 길이(LEN)를 구한다.

LEN(텍스트) : 텍스트의 문자 수를 구함

예제 =LEN("컴퓨터활용능력1급") 결과 9

## 02 문자열의 일부(왼쪽에서 – LEFT, 중간에서 – MID, 오른쪽에서 – RIGHT)를 추출한다.

LEFT(텍스트, 문자수) : 텍스트의 왼쪽에서 지정한 문자수만큼 텍스트를 추출함

예제 =LEFT("KOREA",3) 결과 KOR

MID(텍스트, 시작 위치, 문자수) : 텍스트의 시작 위치에서부터 지정한 문자수만큼 텍스트를 추출함

예제 =MID("KOREA",3,2) 결과 RE

RIGHT(텍스트, 문자수) : 텍스트의 오른쪽에서 지정한 문자수만큼 텍스트를 추출함

예제 =RIGHT("KOREA",3) 결과 REA

## 03 영문자의 소문자(LOWER), 대문자(UPPER), 첫 글자만 대문자(PROPER)로 변환한다.

LOWER(텍스트) : 텍스트를 소문자로 변환함

예제 =LOWER("KOREA") 결과 korea

UPPER(텍스트) : 텍스트를 대문자로 변환함

예제 =UPPER("korea") 결과 KOREA

PROPER(텍스트) : 텍스트를 첫 문자만 대문자로 변환하고, 나머지는 소문자로 변환함

예제 =PROPER("KOREA") 결과 Korea

## 04 여분의 공백(TRIM)을 삭제한다.

TRIM(텍스트) : 단어 사이에 있는 한 칸의 공백을 제외하고 텍스트의 공백을 모두 삭제함

예제 =TRIM("KOREA  2009") 결과 KOREA 2009

## 05 문자열의 일부를 다른 문자열(REPLACE, SUBSTITUTE)로 바꾼다.

REPLACE(텍스트1, 시작 위치, 문자수, 텍스트2) : 텍스트1의 시작 위치로부터 해당 문자수만큼 텍스트2로 바꿈

예제 =REPLACE("WIN10",4,2,"11") 결과 WIN11

SUBSTITUTE(텍스트1,텍스트2,텍스트3) : 텍스트1에서 텍스트2를 텍스트3으로 바꿈

예제 =SUBSTITUTE("WIN10","10","11") 결과 WIN11

## 06 문자열을 수치(VALUE)로 수치를 지정한 서식의 문자열(TEXT, FIXED)로 바꾼다.

VALUE(텍스트) : 텍스트를 숫자로 변환함

예제 =VALUE("2025-4-22") 결과 45769

TEXT(숫자 값, 표시 형식) : 숫자 값을 표시 형식을 지정하여 텍스트로 변환함

예제 =TEXT(45769,"YYYY-MM-DD") 결과 2025-04-22

FIXED(수치, 소수점 이하 자릿수, 콤마 표시 여부) : 수를 반올림하여 텍스트로 만듦

예제 콤마 표시 여부
- FALSE(또는 생략) : 콤마를 천 단위마다 표시
- TRUE : 콤마를 표시하지 않음

예제 =FIXED(2345.67,1,FALSE) 결과 2,345.7

## 07 여러 문자열을 합한다(CONCAT).

CONCAT(텍스트1, 텍스트2, …) : 여러 텍스트를 한 텍스트로 합침

예제 =CONCAT("EXCEL",2021,"함수") 결과 EXCEL2021함수

## 08 두 텍스트 값이 동일한지 검사(EXACT)한다.

EXACT(텍스트1, 텍스트2) : 대/소문자를 구분하여 텍스트 값에서 다른 텍스트 값을 찾음

예제 =EXACT("EXCEL","EXCEL") 결과 TRUE

## 09 텍스트 값에서 다른 텍스트 값(FIND)의 시작위치를 찾는다.(대/소문자 구분)

FIND(찾을 텍스트, 찾을 텍스트를 포함한 텍스트) : 대/소문자를 구분하여 텍스트 값에서 다른 텍스트 값의 시작위치를 찾음

=FIND( ) 함수는 문자 단위

예제 =FIND("X","EXCEL") 결과 2

---

**24년 출제**

**납부일[B3:B9]에서 '.'는 공백으로 바꾸어 코드[A3:A9]에 표시하시오.**

| | A | B |
|---|---|---|
| 1 | [표1] | |
| 2 | 코드 | 납부일 |
| 3 | 20220615 | 2022.06.15 |
| 4 | 20230720 | 2023.07.20 |
| 5 | 20230810 | 2023.08.10 |
| 6 | 20240905 | 2024.09.05 |
| 7 | 20231012 | 2023.10.12 |
| 8 | 20221125 | 2022.11.25 |
| 9 | 20241230 | 2024.12.30 |

=SUBSTITUTE(B3,".","")

▲ 'TIP 함수.xlsx' 파일의 'SUBSTITUTE(1)' 시트

**24년 출제**

**일사입자[B3:B9]에서 '.'를 '-'를 바꾸어 날짜형식[A3:A9]으로 표시하시오.**

| | A | B |
|---|---|---|
| 1 | [표1] | |
| 2 | 날짜형식 | 입사일자 |
| 3 | 2021-01-15 | 2021.01.15 |
| 4 | 2022-03-23 | 2022.03.23 |
| 5 | 2021-06-05 | 2021.06.05 |
| 6 | 2024-08-19 | 2024.08.19 |
| 7 | 2023-11-11 | 2023.11.11 |
| 8 | 2022-01-27 | 2022.01.27 |
| 9 | 2024-03-14 | 2024.03.14 |

=SUBSTITUTE(B3,".","-")

▲ 'TIP 함수.xlsx' 파일의 'SUBSTITUTE(2)' 시트

**24년 출제**

**입사일자[B3:B9]에서 왼쪽의 4글자를 추출하여 숫자로 변환하여 년도숫자[A3:A9]에 표시하시오.**

| | A | B |
|---|---|---|
| 1 | [표1] | |
| 2 | 년도숫자 | 입사일자 |
| 3 | 2021 | 2021.01.15 |
| 4 | 2022 | 2022.03.23 |
| 5 | 2021 | 2021.06.05 |
| 6 | 2024 | 2024.08.19 |
| 7 | 2023 | 2023.11.11 |
| 8 | 2022 | 2022.01.27 |
| 9 | 2024 | 2024.03.14 |

=VALUE(LEFT(B3,4))

▲ 'TIP 함수.xlsx' 파일의 'VALUE' 시트

## ⑩ 텍스트를 주어진 횟수만큼 반복(REPT)한다.

REPT(반복할 텍스트, 반복할 횟수) : 텍스트를 반복할 횟수만큼 표시

예제 =REPT("*",5) 결과 *****

## ⑪ 텍스트 값에서 다른 텍스트 값(SEARCH)을 찾아 시작 위치를 구한다.(대/소문자 구분 안 함)

SEARCH(찾을 텍스트, 찾을 텍스트를 포함한 텍스트) : 텍스트 값에서 다른 텍스트 값(SEARCH)을 찾아 시작 위치를 구함(대/소문자 구분 안 함)

=SEARCH( ) 함수는 문자 단위

예제 =SEARCH("n","printer") 결과 4

**24년 출제**

**평점[E3:E9]은 총점[D3:D9]의 정수만큼 '★'을 표시하고, 그 외는 5에서 총점[D3:D9]의 정수를 뺀 만큼 '☆'로 표시하시오. [표시 예 : 총점 3 → ★★★☆☆]**

=REPT("★",INT(D3))&REPT("☆",5-INT(D3))

▲ 'TIP 함수.xlsx' 파일의 'REPT' 시트

**24년 출제**

**세원유형[A3:A9]에서 '주택'을 찾아 시작 위치를 기타[B3:B9]에 표시하시오.**

| | A | B |
|---|---|---|
| 1 | [표1] | |
| 2 | 세원유형 | 기타 |
| 3 | 승용 | #VALUE! |
| 4 | 부가가치세 | #VALUE! |
| 5 | 재산세(주택) | 5 |
| 6 | 부가가치세 | #VALUE! |
| 7 | 주택(개별) | 1 |
| 8 | 주민세(재산분) | #VALUE! |
| 9 | 종합소득 | #VALUE! |

=SEARCH("주택", A3)

▲ 'TIP 함수.xlsx' 파일의 'SEARCH' 시트

**출제유형 ① '텍스트1' 시트에서 다음 과정을 수행하고 저장하시오.**

❶ [표1]에서 선수명의 첫 문자를 대문자로 변환하고, 팀명[C3:C12]의 전체 문자를 대문자로 변환하여 선수명(팀명)[E3:E12]에 표시하시오.
- ▶ 표시 예 : 선수명이 'kimji', 팀명이 'lions'인 경우 'Kimji(LIONS)'로 표시
- ▶ UPPER, PROPER 함수와 & 연산자 사용

❷ [표2]의 E-메일[J3:J11]에서 '@' 앞의 문자열만 추출하여 닉네임[I3:I11]에 표시하시오.
- ▶ 표시 예 : abc@naver.com → abc
- ▶ MID와 SEARCH 함수 사용

❸ [표3]에서 제품코드[A16:A23]의 마지막 문자가 'M'이면 '남성용', 'W'이면 '여성용', 'O'이면 '아웃도어'로 구분[D16:D23]에 표시하시오.
- ▶ IF와 RIGHT 함수 사용

❹ [표4]에서 학과[G16:G23]의 앞 세 문자와 입학일자[H16:H23]의 연도를 이용하여 입학코드[I16:I23]를 표시하시오.
- ▶ 학과는 소문자로 표시
  [표시 예 : 학과가 'HEALTHCARE', 입학일자가 '2025-03-02'인 경우 → hea2025]
- ▶ LEFT, LOWER, YEAR 함수와 & 연산자 사용

❺ [표5]에서 코드, 생산일자, 인식표를 이용하여 제품코드를 구한 후 [D27:D33]에 표시하시오.
- ▶ 제품코드는 코드 뒤에 '-', 생산일자 중 월 뒤에 '-', 인식표를 연결한 후 대문자로 변환한 것임
- ▶ 표시 예 : 코드가 jh, 생산일자 2025-10-2, 인식표 ek이면 → JH-10-EK
- ▶ UPPER, MONTH와 & 연산자 사용

❻ [표6]에서 도서코드[G27:G33]의 앞뒤에 있는 공백을 제거한 후 전체 문자를 대문자로 변환하고, 변환된 문자열 뒤에 '-KR'을 추가하여 변환도서코드[J27:J33]에 표시하시오.
- ▶ 표시 예 : mng-002 => MNG-002-KR
- ▶ TRIM, UPPER 함수 & 연산자 사용

① [E3] 셀에 =PROPER(D3)&"("&UPPER(C3)&")"를 입력한 후 [E12] 셀까지 수식을 복사한다.

함수 설명 =PROPER(D3)&"("&UPPER(C3)&")"

① PROPER(D3) : 선수명[D3]을 첫글자만 대문자로 표시한다.
② UPPER(C3) : 팀명[C3]은 모두 대문자로 표시한다.

=①&"("&②&")" : ①(②) 형식으로 표시한다.

② [I3] 셀에 =MID(J3,1,SEARCH("@",J3,1)−1)를 입력한 후 [I11] 셀까지 수식을 복사한다.

함수 설명 =MID(J3,1,SEARCH("@",J3,1)−1)

① SEARCH("@",J3,1) : 왼쪽에서 오른쪽으로 검색하면서 @가 처음으로 발견되는 곳의 문자 개수를 구한다.(대/소문자 구분은 안 함)

=MID(J3,1,①−1) : E메일[J3]에서 첫 번째부터 시작하여 ①−1을 한 글자수만큼 추출한다.

③ [D16] 셀에 =IF(RIGHT(A16,1)="M","**남성용**",IF(RIGHT(A16,1)="W","**여성용**","**아웃도어**"))를 입력한 후 [D23] 셀까지 수식을 복사한다.

함수 설명 =IF(RIGHT(A16,1)="M","남성용",IF(RIGHT(A16,1)="W","여성용","아웃도어"))

① RIGHT(A16,1) : 제품코드[A16]에서 오른쪽 한글자를 추출한다.

=IF(①="M","남성용",IF(①="W","여성용","아웃도어")) : ①의 값이 'M'이면 '남성용', ①의 값이 'W'이면 '여성용', 그 이에는 '아웃도어'로 표시한다.

④ [I16] 셀에 =LOWER(LEFT(G16,3)&YEAR(H16))를 입력한 후 [I23] 셀까지 수식을 복사한다.

함수 설명 =LOWER(LEFT(G16,3)&YEAR(H16))

① LEFT(G16,3) : 학과[G16]에서 왼쪽에서부터 3글자를 추출한다.
② YEAR(H16) : 입학일자[H16] 셀의 년도를 추출한다.

=LOWER(①&②) : ①&②의 값을 모두 소문자로 표시한다.

⑤ [D27] 셀에 **=UPPER(A27) & "–" & MONTH(B27) & "–" & UPPER(C27)**를 입력한 후 [D33] 셀까지 수식을 복사한다.

> **함수 설명** =UPPER(A27) & "–" & MONTH(B27) & "–" & UPPER(C27)
> (UPPER(A27) ①, MONTH(B27) ②, UPPER(C27) ③)
>
> ① **UPPER(A27) :** 코드[A27]은 모두 대문자로 표시한다.
> ② **MONTH(B27) :** 생산일자[B27]에서 월만 추출한다.
> ③ **UPPER(C27) :** 인식표[C27]은 모두 대문자로 표시한다.
>
> **=① & "–" & ② & "–" & ③ :** ①–②–③ 형식으로 영문은 모두 대문자로 표시한다.

**기적의 TIP**

함수식은 문제에 제시된 함수를 사용하여 다른 식으로 작성하여 결과가 똑같다면 틀리지 않습니다.

**예**

=UPPER(A27) & "–" & MONTH(B27) & "–" & UPPER(C27)

=UPPER(A27 & "–" & MONTH(B27) & "–" & C27)

⑥ [J27] 셀에 **=UPPER(TRIM(G27))&"–KR"**를 입력한 후 [J33] 셀까지 수식을 복사한다.

> **함수 설명** =UPPER(TRIM(G27))&"–KR"
> (UPPER(TRIM(G27)) ②, TRIM(G27) ①)
>
> ① **TRIM(G27) :** 도서코드[G27]에서 글자 사이의 한 칸의 여백을 남기고 텍스트의 공백을 모두 삭제한다.
> ② **UPPER(①) :** ①의 값을 모두 대문자로 표시한다.
>
> **=②&"–KR" :** ②–KR 형식으로 표시한다.

**풀이결과**

| | A | B | C | D | E | F | G | H | I | J | K |
|---|---|---|---|---|---|---|---|---|---|---|---|
| 1 | [표1] | 홈런 순위 | | | | | [표2] | 카페 신입회원 정보 | | | |
| 2 | 순위 | 홈런수 | 팀명 | 선수명 | 선수명(팀명) | | 성명 | 지역 | 닉네임 | E-메일 | |
| 3 | 1 | 45 | eagles | kimkh | Kimkh(EAGLES) | | 최정예 | 서울 | love99 | love99@naver.com | |
| 4 | 2 | 43 | heroes | leesy | Leesy(HEROES) | | 심일훈 | 경기 | muakiea | muakiea@nate.com | |
| 5 | 3 | 40 | lions | parkjm | Parkjm(LIONS) | | 이아랑 | 인천 | starcmk | starcmk@nate.com | |
| 6 | 4 | 39 | bears | kimjk | Kimjk(BEARS) | | 김정필 | 부산 | 99023 | 99023@gmail.com | |
| 7 | 5 | 34 | ktwiz | yoonbw | Yoonbw(KTWIZ) | | 홍현서 | 대전 | yses | yses@daum.net | |
| 8 | 6 | 32 | tigers | ohsh | Ohsh(TIGERS) | | 이재훈 | 대구 | newlive | newlive@naver.com | |
| 9 | 7 | 30 | twins | songhm | Songhm(TWINS) | | 김지민 | 광주 | 0908ar | 0908ar@naver.com | |
| 10 | 8 | 29 | dinos | jangjb | Jangjb(DINOS) | | 정해선 | 강원 | tenhour | tenhour@daum.net | |
| 11 | 9 | 27 | giants | haneh | Haneh(GIANTS) | | 정우현 | 제주 | kji1004 | kji1004@gmail.com | |
| 12 | 10 | 26 | wyverns | jinch | Jinch(WYVERNS) | | | | | | |
| 13 | | | | | | | | | | | |
| 14 | [표3] | 의류 판매 현황 | | | | | [표4] | | | | |
| 15 | 제품코드 | 판매가 | 판매량 | 구분 | | | 학과 | 입학일자 | 입학코드 | | |
| 16 | C-01-M | 35,000 | 65 | 남성용 | | | HEALTHCARE | 2024-03-02 | hea2024 | | |
| 17 | S-03-W | 42,000 | 24 | 여성용 | | | HEALTHCARE | 2021-03-03 | hea2021 | | |
| 18 | B-03-W | 31,500 | 22 | 여성용 | | | COMPUTER | 2024-03-02 | com2024 | | |
| 19 | A-01-M | 28,000 | 28 | 남성용 | | | COMPUTER | 2021-03-02 | com2021 | | |
| 20 | H-03-W | 30,000 | 19 | 여성용 | | | DESIGN | 2025-03-02 | des2025 | | |
| 21 | N-01-M | 40,000 | 43 | 남성용 | | | DESIGN | 2023-03-02 | des2023 | | |
| 22 | P-05-O | 29,500 | 33 | 아웃도어 | | | ARTS-THERAPY | 2022-03-02 | art2022 | | |
| 23 | L-05-O | 37,000 | 27 | 아웃도어 | | | ARTS-THERAPY | 2023-03-02 | art2023 | | |
| 24 | | | | | | | | | | | |
| 25 | [표5] | 생산품목 현황 | | | | | [표6] | | | | |
| 26 | 코드 | 생산일자 | 인식표 | 제품코드 | | | 도서코드 | 출판사 | 출판년도 | 변환도서코드 | |
| 27 | ag | 2025-11-11 | w | AG-11-W | | | mng-002 | 한국산업 | 2023 | MNG-002-KR | |
| 28 | rf | 2025-08-30 | e | RF-8-E | | | psy-523 | 민음사 | 2024 | PSY-523-KR | |
| 29 | dk | 2025-12-30 | f | DK-12-F | | | mng-091 | 두란노 | 2018 | MNG-091-KR | |
| 30 | ik | 2025-10-15 | d | IK-10-D | | | psy-725 | 에코의 서재 | 2019 | PSY-725-KR | |
| 31 | wd | 2025-11-22 | e | WD-11-E | | | nov-264 | 마티 | 2020 | NOV-264-KR | |
| 32 | od | 2025-12-10 | w | OD-12-W | | | lan-183 | 상공사 | 2022 | LAN-183-KR | |
| 33 | uf | 2025-09-03 | h | UF-9-H | | | lan-184 | 민음사 | 2021 | LAN-184-KR | |
| 34 | | | | | | | | | | | |

▲ '텍스트1(결과)' 시트

24년 출제

**미래 가치[C3:C9]가 매매가[B3:B9]보다 클 경우 미래 가치 뒤에 "★", 그렇지 않을 경우 미래 가치 뒤에 "☆" 표시하여 미래 가치 표시[D3:D9]에 표시. 단, 미래가치는 반올림하여 만의 자리까지 표시하시오. [표시 예 : ₩368,120,000 ★]**

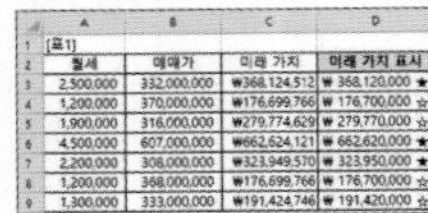

=IF(C3>B3,TEXT(ROUND(C3,-4),"₩ #,##0 ★"),TEXT(ROUND(C3,-4),"₩ #,##0 ☆"))
(참고 : FV 함수 예제)

▲ 'TIP 함수.xlsx' 파일의 'TEXT' 시트

출제유형 ❷ **'텍스트2' 시트에서 다음 과정을 수행하고 저장하시오.**

❶ [표1]의 보험자를 이용하여 [B3:B30] 영역에 피보험자를 계산하여 표시하시오.
- 보험자의 가운데 글자를 '*'로 변경하고 뒤에 "가족"을 표시
- 보험자가 "이은주"일 경우 [표시 예 : 이*주 가족]
- CONCAT, MID, SUBSTITUTE 함수 사용

❷ [표2]의 판매량을 이용하여 [G3:G27] 영역에 다음과 같이 "★"를 표시하시오.
- 판매량이 8,400일 경우 : ★★★★★★★★☆☆
- 판매량이 5,700일 경우 : ★★★★★☆☆☆☆☆
- CONCAT, REPT, QUOTIENT 함수 사용

❸ [표3]의 '홈페이지주소'에서 '.kr'을 '@상공.kr'로 변경하고, 첫 글자는 대문자로 변경하여 메일주소[J3:J21]를 구하시오.
- SUBSTITUTE, UPPER, PROPER, CONCAT 중 알맞은 함수를 선택하여 사용

❹ [표4]의 제품ID를 이용하여 비고[M3:M16]를 계산하여 표시하시오.
- 제품ID 뒤의 네 글자를 4로 나눈 나머지가 0이면 "수동녹화", 1이면 "수시/충격감지", 2이면 "충격감지", 3은 "수시감지"로 표시하시오.
- CHOOSE, VALUE, RIGHT, MOD 함수 사용

① [B3] 셀에 **=CONCAT(SUBSTITUTE(A3,MID(A3,2,1),"*")," 가족")**를 입력한 후 [B30] 셀까지 수식을 복사한다.

함수 설명 =CONCAT(SUBSTITUTE(A3,MID(A3,2,1),"*")," 가족")

① MID(A3,2,1) : [A3] 셀에서 2번째에서 시작하여 1글자를 추출한다.
② SUBSTITUTE(A3,①,"*") : [A3] 셀에서 ①의 값을 '*'으로 텍스트를 바꾸기 한다.

=CONCAT(②," 가족") : ② 가족으로 연결하여 표시한다.

기적의 TIP

★은 한글 자음 「ㅁ」을 입력한 후 한자를 눌러 입력합니다.

② [G3] 셀에 **=CONCAT(REPT("★",QUOTIENT(F3,1000)),REPT("☆",10-QUOTIENT(F3,1000)))**를 입력한 후 [G27] 셀까지 수식을 복사한다.

함수 설명 =CONCAT(REPT("★",QUOTIENT(F3,1000)),
REPT("☆",10-QUOTIENT(F3,1000)))

① QUOTIENT(F3,1000) : [F3] 셀을 1000으로 나눈 몫을 정수로 구한다.
② REPT("★",①) : '★'을 ①만큼 표시한다.
③ REPT("☆",10-①) : '☆'을 10-①만큼 표시한다.

=CONCAT(②,③) : ②와 ③을 연결하여 표시한다.

③ [J3] 셀에 **=PROPER(SUBSTITUTE(I3,".kr","@상공.kr"))**를 입력한 후 [J21] 셀까지 수식을 복사한다.

**함수 설명** =PROPER(SUBSTITUTE(I3,".kr","@상공.kr"))

① **SUBSTITUTE(I3,".kr","@상공.kr")** : [I3] 셀의 'kr'을 '@상공kr'로 텍스트를 바꾸어 표시한다.

**=PROPER(①)** : ①의 값을 첫글자만 대문자로 표시한다.

④ [M3] 셀에 **=CHOOSE(MOD(VALUE(RIGHT(L3,4)),4)+1,"수동녹화","수시/충격감지","충격감지","수시감지")**를 입력한 후 [M16] 셀까지 수식을 복사한다.

**함수 설명** =CHOOSE(MOD(VALUE(RIGHT(L3,4)),4)+1,"수동녹화","수시/충격감지","충격감지","수시감지")

① **RIGHT(L3,4)** : [L3] 셀에서 오른쪽부터 시작하여 4글자를 추출한다.
② **VALUE(①)** : ①의 값을 숫자로 변환한다.
③ **MOD(②,4)** : ②의 값을 4로 나눈 나머지를 구한다.

**=CHOOSE(③+1,"수동녹화","수시/충격감지","충격감지","수시감지")** : ③+1의 값이 1이면 '수동녹화', 2이면 '수시/충격감지', 3이면 '충격감지', 4이면 '수시감지'로 표시한다.

풀이결과

| | A | B | C | D | E | F | G |
|---|---|---|---|---|---|---|---|
| 1 | [표1] | | | [표2] | | | |
| 2 | 보험자 | 피보험자 | | 도서명 | 저자 | 판매량 | 판매지수 |
| 3 | 이은주 | 이*주 가족 | | 공간이 마음을 살린다 | 에스더 M. 스턴버그 | 4,050 | ★★★★☆☆☆☆☆☆ |
| 4 | 송영희 | 송*희 가족 | | 나는 돈이 없어도 경매를 한다 | 이현정 | 2,025 | ★★☆☆☆☆☆☆☆☆ |
| 5 | 박은주 | 박*주 가족 | | 교감하는 부모가 아이의 십대를 살린다 | 마이크 리에라 | 7,935 | ★★★★★★★☆☆☆ |
| 6 | 김정아 | 김*아 가족 | | 인포그래픽 인사이트 | 송수정 | 945 | ☆☆☆☆☆☆☆☆☆☆ |
| 7 | 윤슬기 | 윤*기 가족 | | 오바마의 설득법 | 문병용 | 6,075 | ★★★★★★☆☆☆☆ |
| 8 | 김정수 | 김*수 가족 | | 우주비행사의 지구생활 안내서 | 크리스 해드필드 | 7,452 | ★★★★★★★☆☆☆ |
| 9 | 하영재 | 하*재 가족 | | 일반상식의 재구성(교양편) | 길벗R&D | 3,888 | ★★★☆☆☆☆☆☆☆ |
| 10 | 한동주 | 한*주 가족 | | 농부가 된 도시 사람들 | 김혜영 | 1,395 | ★☆☆☆☆☆☆☆☆☆ |
| 11 | 박지훈 | 박*훈 가족 | | 드림위버 | 이문성 | 8,645 | ★★★★★★★★☆☆ |
| 12 | 김영진 | 김*진 가족 | | 신호와 소음 | 네이트 실버 | 7,425 | ★★★★★★★☆☆☆ |
| 13 | 김미영 | 김*영 가족 | | 월급쟁이 재테크 상식사전 | 우용표 | 4,734 | ★★★★☆☆☆☆☆☆ |
| 14 | 이미정 | 이*정 가족 | | 유럽여행 핵심사전 500 | 김후영 | 1,701 | ★☆☆☆☆☆☆☆☆☆ |
| 15 | 김기훈 | 김*훈 가족 | | 인디자인 | 김민국 | 9,508 | ★★★★★★★★★☆ |
| 16 | 박소현 | 박*현 가족 | | 인터넷·쇼핑몰 마케팅 | 최신국 | 4,815 | ★★★★☆☆☆☆☆☆ |
| 17 | 차호철 | 차*철 가족 | | 60분 공부법 | 야마모토 노리아키 | 5,025 | ★★★★★☆☆☆☆☆ |
| 18 | 김기정 | 김*정 가족 | | CPPG 개인정보관리사 | 박억남 | 6,926 | ★★★★★★☆☆☆☆ |
| 19 | 이경애 | 이*애 가족 | | YouTube | 조민정 | 8,415 | ★★★★★★★★☆☆ |
| 20 | 김동우 | 김*우 가족 | | 철학을 권하다 | 에반스 | 3,159 | ★★★☆☆☆☆☆☆☆ |
| 21 | 한보영 | 한*영 가족 | | 치매 없는 생활습관 | 오토모 에이치 | 4,131 | ★★★★☆☆☆☆☆☆ |
| 22 | 신애란 | 신*란 가족 | | 5분 편의점 요리 | 이재건 | 7,209 | ★★★★★★★☆☆☆ |
| 23 | 이동우 | 이*우 가족 | | 나는 스무살에 백만장자가 되었다 | 프레이저 도허티 | 4,698 | ★★★★☆☆☆☆☆☆ |
| 24 | 민채린 | 민*린 가족 | | 캠핑 주말여행 코스북 | 서승범 외 | 3,501 | ★★★☆☆☆☆☆☆☆ |
| 25 | 구영호 | 구*호 가족 | | 엑셀&파워포인트 | 박인성 | 7,533 | ★★★★★★★☆☆☆ |
| 26 | 한진호 | 한*호 가족 | | 하루 3분 우리말 맞춤법 | 김주우 | 5,701 | ★★★★★☆☆☆☆☆ |
| 27 | 이성구 | 이*구 가족 | | 한국사능력검정시험 중급 기출문제의 재구성 | 이건홍외 | 5,625 | ★★★★★☆☆☆☆☆ |
| 28 | 김샛별 | 김*별 가족 | | | | | |
| 29 | 이수진 | 이*진 가족 | | | | | |
| 30 | 강민희 | 강*희 가족 | | | | | |
| 31 | | | | | | | |

| | I | J | K | L | M | N |
|---|---|---|---|---|---|---|
| 1 | [표3] | | | [표4] 블랙박스의 판매 현황 | | |
| 2 | 홈페이지주소 | 메일주소 | | 제품ID | 비고 | |
| 3 | naver05.kr | Naver05@상공.Kr | | SK01-0044 | 수동녹화 | |
| 4 | ckd9292.kr | Ckd9292@상공.Kr | | LK03-0049 | 수시/충격감지 | |
| 5 | korea7979.kr | Korea7979@상공.Kr | | JB02-0053 | 수시/충격감지 | |
| 6 | doctorkim.kr | Doctorkim@상공.Kr | | JB01-0047 | 수시감지 | |
| 7 | kyh1254.kr | Kyh1254@상공.Kr | | SK04-0043 | 수시감지 | |
| 8 | allhappy.kr | Allhappy@상공.Kr | | LK02-0049 | 수시/충격감지 | |
| 9 | baseballma.kr | Baseballma@상공.Kr | | LK02-0050 | 충격감지 | |
| 10 | gusaud951.kr | Gusaud951@상공.Kr | | JB04-0046 | 충격감지 | |
| 11 | forever3003.kr | Forever3003@상공.Kr | | LK03-0055 | 수시감지 | |
| 12 | mesweet.kr | Mesweet@상공.Kr | | JB02-0040 | 수동녹화 | |
| 13 | familylove.kr | Familylove@상공.Kr | | LK04-0044 | 수동녹화 | |
| 14 | cooking555.kr | Cooking555@상공.Kr | | LK01-0055 | 수시감지 | |
| 15 | teacherlee.kr | Teacherlee@상공.Kr | | JB03-0052 | 수동녹화 | |
| 16 | abc097.kr | Abc097@상공.Kr | | SK02-0051 | 수시감지 | |
| 17 | suman12.kr | Suman12@상공.Kr | | | | |
| 18 | jjs1234.kr | Jjs1234@상공.Kr | | | | |
| 19 | 88friend.kr | 88Friend@상공.Kr | | | | |
| 20 | abcdef52.kr | Abcdef52@상공.Kr | | | | |
| 21 | love5523.kr | Love5523@상공.Kr | | | | |
| 22 | | | | | | |

▲ '텍스트2(결과)' 시트

출제유형 ❸ **'텍스트3' 시트에서 다음 과정을 수행하고 저장하시오.**

❶ [표1]의 수량과 등급을 이용하여 [G3:G24] 영역에 포인트점수를 계산하여 표시하시오.
- ▸ 포인트점수 = 판매금액 × 할인율
- ▸ 할인율은 [표2]의 할인율표를 참조
- ▸ TEXT, VLOOKUP, MATCH 함수 사용
- ▸ [표시 예 : 1234 → 1,234점, 0 → 0점]

❷ [표3]의 행사내용, 인원과 [표4]를 이용하여 행사내용과 인원에 따른 홀이름[L3:L12]을 표시하시오.
- ▸ 홀이름의 영문 첫글자는 대문자로 표시
  [표시 예 : 행사내용이 '돌잔치', 인원이 230명인 경우 → Crystal Hall]
- ▸ HLOOKUP, MATCH, PROPER 함수 사용

❸ [표5]의 학생코드의 3~5번째와 6~8번째 글자를 이용하여 [K22:K26] 영역에 반-번호를 계산하여 다음과 같이 표시하시오.
- ▸ '학생코드'가 J1009021인 경우 : 9-21
- ▸ '학생코드'가 J1010003인 경우 : 10-3
- ▸ CONCAT, MID, VALUE 함수 사용

❹ [표6]의 지역과 [표7]를 이용하여 [N3:N29] 영역에 번호를 계산하여 표시하시오.
- ▸ 번호는 지역에 따른 코드와 일련번호를 연결하여 표시
- ▸ 일련번호는 수식이 입력된 행 번호에서 2를 뺀 값으로 표시
- ▸ 지역이 "서울, 부산"이고, 수식이 3행에 입력된 경우 : SB-1
- ▸ 지역이 "기타광역시"이고, 수식이 4행에 입력된 경우 : KY-2
- ▸ CONCAT, ROW, VLOOKUP 함수 사용

❺ [표8]의 코드와 강의년도를 이용하여 [R3:R30]의 영역에 강의코드를 계산하여 표시하시오.
- ▸ 강의코드는 코드 중간에 강의년도의 뒤에 두 글자를 삽입하여 표시
- ▸ 코드가 "S001", 강의년도가 "2025"일 경우 : S-25-001
- ▸ RIGHT, REPLACE 함수와 & 연산자 사용

① [G3] 셀에 **=TEXT(E3*VLOOKUP(C3,$A$27:$E$33,MATCH(F3,$C$27:$E$27,0)+2),"#,##0점")**를 입력한 후 [G24] 셀까지 수식을 복사한다.

함수 설명 **=TEXT(E3*VLOOKUP(C3,$A$27:$E$33,MATCH(F3,$C$27:$E$27,0)+2),"#,##0점")**

(② = VLOOKUP(C3,$A$27:$E$33,MATCH(F3,$C$27:$E$27,0)+2), ① = MATCH(F3,$C$27:$E$27,0))

① **MATCH(F3,$C$27:$E$27,0) :** [F3] 셀의 값이 [C27:E27] 영역에서 일치하는 상대적 위치 값을 반환한다.

② **VLOOKUP(C3,$A$27:$E$33,①+2) :** [C3] 셀의 값을 [A27:E33] 영역의 첫 번째 열에서 값을 찾아 같은 행의 ①+2를 한 열에서 값을 찾아 반환한다.

**=TEXT(E3*②,"#,##0점") :** E3*②한 결과 값을 '#,##0점' 형식으로 표시한다.

② [L3] 셀에 =PROPER(HLOOKUP(K3,$J$15:$L$18,MATCH(J3,$I$17:$I$18,0)+2))를 입력한 후 [L12] 셀까지 수식을 복사한다.

함수 설명 =PROPER(HLOOKUP(K3,$J$15:$L$18,MATCH(J3,$I$17:$I$18,0)+2))

① MATCH(J3,$I$17:$I$18,0) : [J3] 셀의 값을 [I17:I18] 영역에 일치하는 값의 상대적 위치 값을 반환한다.
② HLOOKUP(K3,$J$15:$L$18,①+2) : [K3] 셀의 값을 [J15:L18] 영역의 첫 번째 행에서 값을 찾아 같은 열의 ①+2를 한 행에서 값을 찾아 반환한다.

=PROPER(②) : ②의 값을 첫 글자만 대문자로 표시한다.

③ [K22] 셀에 =CONCAT(VALUE(MID(J22,3,3)),"-",VALUE(MID(J22,6,3)))를 입력한 후 [K26] 셀까지 수식을 복사한다.

함수 설명 =CONCAT(VALUE(MID(J22,3,3)),"-",VALUE(MID(J22,6,3)))

① MID(J22,3,3) : [J22] 셀의 값을 3번째에서 시작하여 3글자를 추출한다.
② MID(J22,6,3) : [J22] 셀의 값을 6번째에서 시작하여 3글자를 추출한다.
③ VALUE(①) : ①의 값을 숫자로 반환한다.
④ VALUE(②) : ②의 값을 숫자로 반환한다.

=CONCAT(③,"-",④) : ③-④ 형식으로 연결하여 표시한다.

④ [N3] 셀에 =CONCAT(VLOOKUP(O3,$I$30:$J$32,2,FALSE),"-",ROW()-2)를 입력한 후 [N29] 셀까지 수식을 복사한다.

함수 설명 =CONCAT(VLOOKUP(O3,$I$30:$J$32,2,FALSE),"-",ROW()-2)

① ROW( )-2 : 현재 행의 번호에 -2를 뺀 값을 구한다.
② VLOOKUP(O3,$I$30:$J$32,2,FALSE) : [O3] 셀의 값을 [I30:J32] 영역의 첫 번째 열에서 찾아 2번째 열에서 정확하게 일치하는 값을 찾아 표시한다.

=CONCAT(②,"-",①) : ②-① 형식으로 연결하여 표시한다.

⑤ [R3] 셀에 =REPLACE(Q3,2,0,"-"&RIGHT(S3,2)&"-")를 입력한 후 [R30] 셀까지 수식을 복사한다.

함수 설명 =REPLACE(Q3,2,0,"-"&RIGHT(S3,2)&"-")

① RIGHT(S3,2) : [S3] 셀에서 오른쪽부터 시작하여 2글자를 추출한다.

=REPLACE(Q3,2,0,"-"&①&"-") : [Q3] 셀에서 2번째 다음에 -①- 내용을 삽입하여 표시한다.

풀이결과

[표1]

| 구매자 | 물품코드 | 수량 | 단가 | 판매금액 | 등급 | 포인트점수 |
|---|---|---|---|---|---|---|
| 김은소 | JJ1111 | 55 | 1,500 | 82,500 | 정회원 | 413점 |
| 임채빈 | JJ2222 | 20 | 3,000 | 60,000 | 준회원 | 90점 |
| 한아름 | SS1111 | 20 | 2,000 | 40,000 | 비회원 | 20점 |
| 유벼리 | SS2222 | 21 | 5,300 | 111,300 | 비회원 | 56점 |
| 강한후 | JJ2222 | 95 | 3,000 | 285,000 | 비회원 | 855점 |
| 설진성 | SS3333 | 120 | 2,500 | 300,000 | 비회원 | 1,200점 |
| 박호영 | SS1111 | 20 | 2,000 | 40,000 | 준회원 | 60점 |
| 김새롬 | SS2222 | 25 | 5,300 | 132,500 | 비회원 | 66점 |
| 권충수 | SS3333 | 90 | 2,500 | 225,000 | 정회원 | 1,350점 |
| 임원이 | SS3333 | 55 | 2,500 | 137,500 | 정회원 | 688점 |
| 이구름 | SS1111 | 30 | 2,000 | 60,000 | 준회원 | 120점 |
| 김중건 | SS2222 | 25 | 5,300 | 132,500 | 준회원 | 199점 |
| 배사공 | SS1111 | 100 | 2,000 | 200,000 | 준회원 | 900점 |
| 김진상 | SS2222 | 90 | 5,300 | 477,000 | 비회원 | 1,431점 |
| 고진웅 | JJ2222 | 55 | 3,000 | 165,000 | 준회원 | 413점 |
| 안대훈 | SS2222 | 32 | 5,300 | 169,600 | 비회원 | 170점 |
| 민병욱 | JJ1111 | 60 | 1,500 | 90,000 | 준회원 | 225점 |
| 김솔오 | JJ2222 | 50 | 3,000 | 150,000 | 정회원 | 750점 |
| 오덕우 | JJ2222 | 110 | 3,000 | 330,000 | 정회원 | 2,310점 |
| 한마식 | JJ1111 | 45 | 1,500 | 67,500 | 준회원 | 135점 |
| 임유송 | SS3333 | 50 | 2,500 | 125,000 | 정회원 | 625점 |
| 김성완 | JJ1111 | 80 | 1,500 | 120,000 | 정회원 | 720점 |

[표2] 할인율표

| 수량 | | 정회원 | 준회원 | 비회원 |
|---|---|---|---|---|
| 0 이상 | 10 미만 | 0.20% | 0.10% | 0.03% |
| 10 이상 | 30 미만 | 0.35% | 0.15% | 0.05% |
| 30 이상 | 50 미만 | 0.50% | 0.20% | 0.10% |
| 50 이상 | 70 미만 | 0.50% | 0.25% | 0.20% |
| 70 이상 | 100 미만 | 0.60% | 0.35% | 0.30% |
| 100 이상 | | 0.70% | 0.45% | 0.40% |

[표3]

| 성명 | 행사내용 | 인원 | 홀이름 |
|---|---|---|---|
| 김기완 | 돌잔치 | 230 | Crystal Hall |
| 성정아 | 돌잔치 | 390 | Diamond Hall |
| 이기봉 | 돌잔치 | 120 | Crystal Hall |
| 안산진 | 돌잔치 | 350 | Diamond Hall |
| 이석호 | 결혼식 | 150 | Diamond Hall |
| 양미진 | 돌잔치 | 452 | Ruby Hall |
| 유인하 | 결혼식 | 210 | Diamond Hall |
| 김경지 | 결혼식 | 215 | Diamond Hall |
| 이신호 | 돌잔치 | 153 | Crystal Hall |
| 최익현 | 돌잔치 | 412 | Ruby Hall |

[표4]

| | 100 이상 | 300 이상 | 400 이상 |
|---|---|---|---|
| | 300 미만 | 400 미만 | 600 미만 |
| 돌잔치 | crystal hall | diamond hall | ruby hall |
| 결혼식 | diamond hall | ruby hall | emerald hall |

[표5]

| 이름 | 학생코드 | 반-번호 |
|---|---|---|
| 이민정 | J1009021 | 9-21 |
| 강호민 | J2012019 | 12-19 |
| 김영길 | J1010003 | 10-3 |
| 민호선 | J1007029 | 7-29 |
| 김종희 | J2013031 | 13-31 |

[표6]

| 지역 | 코드 |
|---|---|
| 서울, 부산 | SB |
| 기타광역시 | KY |
| 기타지역 | KT |

[표7]

| 번호 | 지역 |
|---|---|
| SB-1 | 서울, 부산 |
| KY-2 | 기타광역시 |
| KT-3 | 기타지역 |
| SB-4 | 서울, 부산 |
| SB-5 | 서울, 부산 |
| KY-6 | 기타광역시 |
| KY-7 | 기타광역시 |
| KT-8 | 기타지역 |
| KT-9 | 기타지역 |
| KY-10 | 기타광역시 |
| KT-11 | 기타지역 |
| SB-12 | 서울, 부산 |
| KY-13 | 기타광역시 |
| SB-14 | 서울, 부산 |
| KT-15 | 기타지역 |
| SB-16 | 서울, 부산 |
| SB-17 | 서울, 부산 |
| KT-18 | 기타지역 |
| SB-19 | 서울, 부산 |
| KY-20 | 기타광역시 |
| KT-21 | 기타지역 |
| SB-22 | 서울, 부산 |
| KY-23 | 기타광역시 |
| KT-24 | 기타지역 |
| SB-25 | 서울, 부산 |
| KY-26 | 기타광역시 |
| KY-27 | 기타광역시 |

[표8]

| 코드 | 강의코드 | 강의년도 |
|---|---|---|
| S001 | S-24-001 | 2024 |
| S002 | S-24-002 | 2024 |
| S003 | S-24-003 | 2024 |
| S004 | S-24-004 | 2024 |
| S005 | S-24-005 | 2024 |
| S006 | S-24-006 | 2024 |
| S007 | S-24-007 | 2024 |
| S008 | S-24-008 | 2024 |
| S009 | S-24-009 | 2024 |
| S010 | S-24-010 | 2024 |
| S011 | S-24-011 | 2024 |
| S012 | S-24-012 | 2024 |
| S013 | S-24-013 | 2024 |
| S014 | S-24-014 | 2024 |
| S015 | S-24-015 | 2024 |
| S016 | S-24-016 | 2024 |
| S017 | S-24-017 | 2024 |
| S018 | S-24-018 | 2024 |
| S019 | S-24-019 | 2024 |
| S020 | S-25-020 | 2025 |
| S021 | S-25-021 | 2025 |
| S022 | S-25-022 | 2025 |
| S023 | S-25-023 | 2025 |
| S024 | S-25-024 | 2025 |
| S025 | S-25-025 | 2025 |
| S026 | S-25-026 | 2025 |
| S027 | S-25-027 | 2025 |
| S028 | S-25-028 | 2025 |

▲ '텍스트3(결과)' 시트

SECTION

08

# 논리 함수

난 이 도 (상) 중 하

반복학습 1 2 3

빈출 태그 [2025컴활1급₩1권_스프레드시트₩이론] 폴더의 '06계산작업' 파일을 열어서 작업하시오.

## 01 조건을 판단(IF)한다.

IF(조건식, 값1, 값2) : 조건식이 참이면 값1을 표시, 거짓이면 값2를 표시

예제 =IF(C4>=20,5,0) 결과 [C4] 셀의 값이 20 이상이면 5, 그렇지 않으면 0을 표시

## 02 논리곱(AND)을 구한다.

AND(조건1, 조건2, …) : 모든 조건이 참이면 TRUE, 나머지는 FALSE를 표시

예제 =AND(10>5, 5>2) 결과 TRUE

## 03 논리합(OR)을 구한다.

OR(조건1, 조건2, …) : 모든 조건이 거짓이면 FALSE, 나머지는 TRUE를 표시

예제 =OR(10<5, 5<2) 결과 FALSE

## 04 논리값(TRUE, FALSE)을 구한다.

TRUE( ) : 논리값을 TRUE로 표시

예제 =TRUE( ) 결과 TRUE

FALSE( ) : 논리값을 FALSE로 표시

예제 =FALSE( ) 결과 FALSE

## 05 논리식의 역(NOT)을 구한다.

NOT(논리식) : 논리식의 결과를 역으로 표시

예제 =NOT(30>=10) 결과 FALSE

## 06 수식에서 오류가 발생할 경우 지정한 값(IFERROR)을 반환한다.

IFERROR(수식, 값) : 수식에서 오류가 발생할 경우 지정한 값을 반환하고, 그렇지 않으면 수식 결과를 반환함

예제 =IFERROR(4/가,"수식오류") 결과 수식오류

## 07 여러 조건에 대한 다른 결과 값(IFS)을 반환한다.

IFS(조건식1, 값1, 조건식2, 값2, ....) : 조건식1에 만족하면 값1, 조건식2에 만족하면 값2, ...를 표시

예제 =IFS(A2>=90, "A", A2>=80, "B", TRUE, "C")

결과 [A2] 셀의 값이 90 이상이면 'A', 80 이상이면 'B', 80보다 작은 모든 값의 경우에는 'C'를 표시

## 08 조건식의 결과에 따라 다른 값(SWITCH)을 반환한다.

SWITCH(조건식, 결과값1, 반환값1, 결과값2, 반환값2, ....) : 조건식의 값이 결과값1과 같으면 반환값1, 결과값2와 같으면 반환값2, ...를 표시

예제 =SWITCH(A2, 1, "일요일", 7, "토요일", "평일")

결과 [A2] 셀의 값이 1이면 '일요일', 7이면 '토요일', 그 외는 '평일'로 표시

**기적의 TIP**

**년도숫자[B3:B9]가 2021이면 "EA", 2022이면 "EB", 2023이면 "EC", 2024이면 "ED"로 사원ID[A3:A9] 표시오.**

| | A | B | C |
|---|---|---|---|
| 1 | [표1] | | |
| 2 | 사원ID | 년도숫자 | 입사일자 |
| 3 | EA | 2021 | 2021.01.15 |
| 4 | EB | 2022 | 2022.03.23 |
| 5 | EA | 2021 | 2021.06.05 |
| 6 | ED | 2024 | 2024.08.19 |
| 7 | EC | 2023 | 2023.11.11 |
| 8 | EB | 2022 | 2022.01.27 |
| 9 | ED | 2024 | 2024.03.14 |

=SWITCH(B3,2021,"EA",2022,"EB",2023,"EC",2024,"ED")

▲ 'TIP 함수.xlsx' 파일의 'SWITCH' 시트

**출제유형 ❶ '논리1' 시트에서 다음 과정을 수행하고 저장하시오.**

❶ [표1]의 총휴가일수[E1]에서 사용일수[D3:D11]을 뺀 일수가 8일 이상이면 "휴가독촉", 8일 미만 4일 이상이면 "휴가권장", 4일 미만이면 공백으로 비고[E3:E11]에 표시하시오.
 ▸ IF, COUNTIF, AVERAGEIF 중 알맞은 함수 사용

❷ [표2]에서 1차[H3:H11], 2차[I3:I11], 3차[J3:J11] 점수 중 하나라도 80점 이상이면 "합격", 그렇지 않으면 "불합격"을 결과[K3:K11]에 표시하시오.
 ▸ IF와 OR 함수 사용

❸ [표3]에서 근무[B15:B23]나 출근[C15:C23]이 80 이상이면서 외국어[D15:D23]가 90 이상이면 "해외근무", 그렇지 않으면 "국내근무"를 결과[E15:E23]에 표시하시오.
 ▸ IF, AND, OR 함수 사용

❹ [표4]에서 판매량[I15:I23]이 150 이상이고, 총판매액[J15:J23]이 전체 총판매액의 중앙값 이상이면 '효자상품'을, 그렇지 않으면 공백을 비고[K15:K23]에 표시하시오.
 ▸ IF, AND, MEDIAN 함수 사용

① [E3] 셀에 **=IF($E$1-D3>=8,"휴가독촉",IF($E$1-D3>=4,"휴가권장",""))**를 입력한 후 [E11] 셀까지 수식을 복사한다.

함수 설명 **=IF($E$1-D3>=8,"휴가독촉",IF($E$1-D3>=4,"휴가권장",""))**

총휴가일수[E1]에서 사용일수[D3]를 뺀 값이 8보다 크거나 같다면(이상)이면 '휴가독촉', 총휴가일수[E1]에서 사용일수[D3]를 뺀 값이 4보다 크거나 같다면(이상)이면 '휴가권장', 그 외에는 공백("")으로 표시한다.

② [K3] 셀에 **=IF(OR(H3>=80,I3>=80,J3>=80),"합격","불합격")**를 입력한 후 [K11] 셀까지 수식을 복사한다.

**함수 설명** =IF(OR(H3>=80,I3>=80,J3>=80),"합격","불합격")

① **OR(H3>=80,I3>=80,J3>=80)** : 1차[H3]가 80 이상이거나 2차[I3]가 80 이상이거나 3차[J3]가 80 이상이면 TRUE 값이 반환된다. 1차 ~ 3차 중에서 하나라도 80 이상이면 TRUE 값이다.

**=IF(①,"합격","불합격")** : ①의 값이 TRUE이면 '합격', 그 외에는 '불합격'으로 표시한다.

③ [E15] 셀에 **=IF(AND(OR(B15>=80,C15>=80),D15>=90),"해외근무","국내근무")**를 입력한 후 [E23] 셀까지 수식을 복사한다.

**함수 설명** =IF(AND(OR(B15>=80,C15>=80),D15>=90),"해외근무","국내근무")

① **OR(B15>=80,C15>=80)** : 근무[B15]가 80 이상이거나 출근[C15]가 80 이상이면 TRUE 값이 반환된다. 근무 또는 출근 중에서 하나라도 80 이상이면 TRUE 값이다.
② **AND(①,D15>=90)** : ①이 TRUE이고 외국어[D15]가 90 이상이면 TRUE 값이 반환된다.

**=IF(②,"해외근무","국내근무")** : ②의 값이 TRUE이면 '해외근무', 그 외에는 '국내근무'로 표시한다.

④ [K15] 셀에 **=IF(AND(I15>=150,J15>=MEDIAN($J$15:$J$23)),"효자상품","")**를 입력한 후 [K23] 셀까지 수식을 복사한다.

**함수 설명** =IF(AND(I15>=150,J15>=MEDIAN($J$15:$J$23)),"효자상품","")

① **MEDIAN($J$15:$J$23)** : 총판매액[J15:J23]의 중간값을 구한다.
② **AND(I15>=150,J15>=①)** : 판매량이 150 이상이고 총판매액이 ① 이상이면 TRUE 값이 반환된다.

**=IF(②,"효자상품","")** : ②의 값이 TRUE이면 '효자상품', 그 외에는 공백(" ")으로 표시한다.

풀이결과

| | A | B | C | D | E | F | G | H | I | J | K | L |
|---|---|---|---|---|---|---|---|---|---|---|---|---|
| 1 | [표1] | 휴가 사용 현황 | | 총휴가일수 | 16 | | [표2] | 자격증 시험 결과 | | | | |
| 2 | 성명 | 성별 | 부서명 | 사용일수 | 비고 | | 응시코드 | 1차 | 2차 | 3차 | 결과 | |
| 3 | 유삼호 | 남 | 영업부 | 15 | | | A-0001 | 79 | 76 | 58 | 불합격 | |
| 4 | 최서진 | 여 | 영업부 | 10 | 휴가권장 | | A-0002 | 88 | 95 | 89 | 합격 | |
| 5 | 이상배 | 남 | 영업부 | 8 | 휴가독촉 | | A-0003 | 56 | 42 | 55 | 불합격 | |
| 6 | 한미진 | 여 | 생산부 | 12 | 휴가권장 | | A-0004 | 71 | 75 | 73 | 불합격 | |
| 7 | 김동우 | 남 | 생산부 | 14 | | | A-0005 | 90 | 92 | 94 | 합격 | |
| 8 | 김도균 | 남 | 생산부 | 13 | | | A-0006 | 81 | 86 | 71 | 합격 | |
| 9 | 이나은 | 여 | 경리부 | 11 | 휴가권장 | | A-0007 | 80 | 79 | 83 | 합격 | |
| 10 | 정상은 | 여 | 경리부 | 5 | 휴가독촉 | | A-0008 | 48 | 59 | 62 | 불합격 | |
| 11 | 신병규 | 남 | 경리부 | 14 | | | A-0009 | 76 | 54 | 62 | 불합격 | |
| 12 | | | | | | | | | | | | |
| 13 | [표3] | 해외근무 응시 현황 | | | | | [표4] | 쇼핑몰 판매 현황 | | | | |
| 14 | 사원명 | 근무 | 출근 | 외국어 | 결과 | | 상품코드 | 판매가 | 판매량 | 총판매액 | 비고 | |
| 15 | 강용성 | 93 | 85 | 77 | 국내근무 | | CMK-01 | 12,000 | 124 | 1,488,000 | | |
| 16 | 이경심 | 72 | 99 | 86 | 국내근무 | | HJH-01 | 11,500 | 193 | 2,219,500 | 효자상품 | |
| 17 | 박훈석 | 93 | 75 | 91 | 해외근무 | | KES-01 | 8,500 | 199 | 1,691,500 | 효자상품 | |
| 18 | 전우희 | 82 | 89 | 47 | 국내근무 | | HJH-02 | 12,500 | 145 | 1,812,500 | | |
| 19 | 원유성 | 57 | 94 | 85 | 국내근무 | | KES-02 | 7,500 | 195 | 1,462,500 | | |
| 20 | 기상천 | 69 | 88 | 77 | 국내근무 | | CMK-02 | 10,000 | 188 | 1,880,000 | 효자상품 | |
| 21 | 박명훈 | 79 | 86 | 96 | 해외근무 | | HJH-03 | 9,500 | 167 | 1,586,500 | 효자상품 | |
| 22 | 변희영 | 86 | 96 | 68 | 국내근무 | | KES-03 | 5,500 | 155 | 852,500 | | |
| 23 | 이보민 | 72 | 88 | 52 | 국내근무 | | CMK-03 | 8,000 | 168 | 1,344,000 | | |
| 24 | | | | | | | | | | | | |

▲ '논리1(결과)' 시트

### 출제유형 ❷ '논리2' 시트에서 다음 과정을 수행하고 저장하시오.

❶ [표1]에서 점수[D3:D12]를 기준으로 순위를 구하여 1위는 "대상", 2위는 "금상", 3위는 "은상", 4위는 "동상", 나머지는 공백으로 결과[E3:E12]에 표시하시오.

▸ IFERROR, CHOOSE, RANK.EQ 함수 사용

❷ [표2]에서 원서번호[G3:G10]의 왼쪽에서 첫 번째 문자와 [H12:J13] 영역을 참조하여 지원학과 [J3:J10]을 표시하시오.

▸ 단, 오류 발생 시 지원학과에 '코드오류'로 표시

▸ IFERROR, HLOOKUP, LEFT 함수 사용

❸ [표3]에서 판매총액[C17:C26]이 많은 5개의 제품은 "재생산", 나머지는 "생산중단"으로 결과[D17:D26]에 표시하시오.

▸ IF와 LARGE 함수 사용

❹ [표4]에서 총점[J17:J24]이 가장 높은 사람은 '최고점수', 가장 낮은 사람은 '최저점수', 그렇지 않은 사람은 공백을 점수[K17:K24]에 표시하시오.

▸ IF, MAX, MIN 함수 사용

❺ [표5]에서 주문일[B30:B37]의 요일번호를 이용하여 주문일[D30:D37] 영역에 '월', '화', ... 형식으로 표시하시오.

▸ SWITCH, WEEKDAY 함수 사용

▸ 단, 요일 계산 시 월요일이 1인 유형으로 지정

❻ [표6]에서 사원번호[G30:G37]의 왼쪽에서 첫 번째 문자가 'P'이면 '생산부', 'B'이면 '영업부', 'E'이면 '관리부'로 부서명[J30:J37] 영역에 표시하시오.

▸ IFS, LEFT 함수 사용

① [E3] 셀에 **=IFERROR(CHOOSE(RANK.EQ(D3,$D$3:$D$12),"대상","금상","은상","동상"),"")**를 입력한 후 [E12] 셀까지 수식을 복사한다.

> 함수 설명 =IFERROR(CHOOSE(RANK.EQ(D3,$D$3:$D$12),"대상","금상","은상","동상"),"")
>
> ① RANK.EQ(D3,$D$3:$D$12) : [D3] 셀의 점수를 [D3:D12] 영역에서 순위를 구한다.
> ② CHOOSE(①,"대상","금상","은상","동상") : ①의 값이 1이면 '대상', 2이면 '금상', 3이면 '은상', 4이면 '동상'으로 표시한다.
>
> =IFERROR(②,"") : ②의 값에 오류가 없다면 값을 그대로 표시하고, 만약 오류가 있다면 공백(" ")으로 표시한다.

② [J3] 셀에 **=IFERROR(HLOOKUP(LEFT(G3,1),$H$12:$J$13,2,FALSE),"코드오류")**를 입력한 후 [J10] 셀까지 수식을 복사한다.

> 함수 설명 =IFERROR(HLOOKUP(LEFT(G3,1),$H$12:$J$13,2,FALSE),"코드오류")
>
> ① LEFT(G3,1) : 원서번호[G3] 셀에서 왼쪽에서 한 글자를 추출한다.
> ② HLOOKUP(①,$H$12:$J$13,2,FALSE) : ①의 값을 [H12:J13] 영역의 첫 번째 행에서 값을 찾아 같은 열의 2번째 행에서 정확하게 일치하는 값을 반환한다.
>
> =IFERROR(②,"코드오류") : ②의 값에 오류가 없다면 값을 그대로 표시하고, 만약 오류가 있다면 '코드오류'로 표시한다.

③ [D17] 셀에 **=IF(C17>=LARGE($C$17:$C$26,5),"재생산","생산중단")**를 입력한 후 [D26] 셀까지 수식을 복사한다.

> 함수 설명 =IF(C17>=LARGE($C$17:$C$26,5),"재생산","생산중단")
>
> ① LARGE($C$17:$C$26,5) : 판매총액[C17:C26] 영역에서 5번째로 큰 값을 구한다.
>
> =IF(C17>=①,"재생산","생산중단") : 판매총액[C17]의 값이 ①보다 크거나 같다면(이상) '재생산', 그 외에는 '생산중단'으로 표시한다.

④ [K17] 셀에 **=IF(J17=MAX($J$17:$J$24),"최고점수",IF(J17=MIN($J$17:$J$24),"최저점수",""))**를 입력한 후 [K24] 셀까지 수식을 복사한다.

> 함수 설명 =IF(J17=MAX($J$17:$J$24),"최고점수",IF(J17=MIN($J$17:$J$24),"최저점수",""))
>
> ① MAX($J$17:$J$24) : 총점[J17:J24] 영역에서 가장 큰 값을 구한다.
> ② MIN($J$17:$J$24) : 총점[J17:J24] 영역에서 가장 작은 값을 구한다.
>
> =IF(J17=①,"최고점수",IF(J17=②,"최저점수","")) : 총점[J17]이 ①하고 같다면 '최고점수'로 표시하고, 총점[J17]이 ②하고 같다면 '최저점수'로 표시하고, 그 외에는 공백(" ")으로 표시한다.

⑤ [D30] 셀에 =SWITCH(WEEKDAY(B30,2),1,"월",2,"화",3,"수",4,"목",5,"금",6,"토",7,"일")를 입력한 후 [D37] 셀까지 수식을 복사한다.

> **함수 설명** =SWITCH(WEEKDAY(B30,2),1,"월",2,"화",3,"수",4,"목",5,"금",6,"토",7,"일")
> ①
>
> ① **WEEKDAY(B30,2) :** [B30] 셀의 날짜 요일을 숫자로 반환('월'이 1, '화'가 2, ...)
>
> **=SWITCH(①,1,"월",2,"화",3,"수",4,"목",5,"금",6,"토",7,"일") :** ①의 값이 1이면 '월', 2이면 '화', 3이면 '수', 4이면 '목', ...으로 결과를 반환한다.

⑥ [J30] 셀에 =IFS(LEFT(G30,1)="P","생산부",LEFT(G30,1)="B","영업부",LEFT(G30,1)="E","관리부")를 입력한 후 [J37] 셀까지 수식을 복사한다.

> **함수 설명** =IFS(LEFT(G30,1)="P","생산부",LEFT(G30,1)="B","영업부",LEFT(G30,1)="E","관리부")
> ①
>
> ① **LEFT(G30,1) :** [G30] 셀의 왼쪽의 1글자를 추출함
>
> **=IFS(①="P","생산부",①="B","영업부",①="E","관리부") :** ①의 값이 'P'이면 '생산부', 'B'이면 '영업부', 'E'이면 '관리부'로 표시한다.

풀이결과

| | A | B | C | D | E | F | G | H | I | J | K | L |
|---|---|---|---|---|---|---|---|---|---|---|---|---|
| 1 | [표1] | 교내 미술경시대회 | | | | | [표2] | | | | | |
| 2 | 학년 | 성명 | 성별 | 점수 | 결과 | | 원서번호 | 이름 | 거주지 | 지원학과 | | |
| 3 | 1 | 전세권 | 남 | 78 | | | M-120 | 이민수 | 서울시 강북구 | 멀티미디어 | | |
| 4 | 1 | 노숙자 | 여 | 86 | | | N-082 | 김병훈 | 대전시 대덕구 | 네트워크 | | |
| 5 | 1 | 하나로 | 여 | 90 | | | S-035 | 최주영 | 인천시 남동구 | 소프트웨어 | | |
| 6 | 1 | 육해공 | 남 | 91 | 동상 | | M-072 | 길미라 | 서울시 성북구 | 멀티미디어 | | |
| 7 | 2 | 정인간 | 남 | 92 | 은상 | | S-141 | 나태후 | 경기도 김포시 | 소프트웨어 | | |
| 8 | 2 | 방귀남 | 남 | 82 | | | N-033 | 전영태 | 경기도 고양시 | 네트워크 | | |
| 9 | 2 | 구주희 | 여 | 94 | 대상 | | M-037 | 조영선 | 강원도 춘천시 | 멀티미디어 | | |
| 10 | 3 | 이재휘 | 남 | 89 | | | A-028 | 박민혜 | 서울시 마포구 | 코드오류 | | |
| 11 | 3 | 유희지 | 여 | 93 | 금상 | | | | | | | |
| 12 | 3 | 한산의 | 여 | 87 | | | 학과코드 | S | N | M | | |
| 13 | | | | | | | 학 과 명 | 소프트웨어 | 네트워크 | 멀티미디어 | | |
| 14 | | | | | | | | | | | | |
| 15 | [표3] | 신제품 출시 현황 | | | | | [표4] | | | | | |
| 16 | 제품코드 | 판매량 | 판매총액 | 결과 | | | 이름 | 국사 | 상식 | 총점 | 점수 | |
| 17 | BH001 | 642 | 8,025,000 | 재생산 | | | 이후정 | 82 | 94 | 176 | | |
| 18 | BH002 | 241 | 3,012,500 | 생산중단 | | | 백천경 | 63 | 83 | 146 | | |
| 19 | BH003 | 289 | 3,612,500 | 생산중단 | | | 민경배 | 76 | 86 | 162 | | |
| 20 | BH004 | 685 | 8,562,500 | 재생산 | | | 김태하 | 62 | 88 | 150 | | |
| 21 | BH005 | 917 | 11,462,500 | 재생산 | | | 이사랑 | 92 | 96 | 188 | 최고점수 | |
| 22 | BH006 | 862 | 10,775,000 | 재생산 | | | 곽난영 | 85 | 80 | 165 | | |
| 23 | BH007 | 571 | 7,137,500 | 재생산 | | | 장채리 | 62 | 77 | 139 | 최저점수 | |
| 24 | BH008 | 295 | 3,687,500 | 생산중단 | | | 봉전미 | 73 | 68 | 141 | | |
| 25 | BH009 | 384 | 4,800,000 | 생산중단 | | | | | | | | |
| 26 | BH010 | 166 | 2,075,000 | 생산중단 | | | | | | | | |
| 27 | | | | | | | | | | | | |
| 28 | [표5] | | | | | | [표6] | 사원 관리 현황 | | | | |
| 29 | 주문번호 | 주문일 | 주문금액 | 주문요일 | | | 사원코드 | 성별 | 직위 | 부서명 | | |
| 30 | 50123 | 2025-10-03 | 120,000 | 금 | | | P-101 | 여 | 부장 | 생산부 | | |
| 31 | 50124 | 2025-10-06 | 320,000 | 월 | | | E-301 | 여 | 부장 | 관리부 | | |
| 32 | 50125 | 2025-10-18 | 180,000 | 토 | | | B-501 | 남 | 부장 | 영업부 | | |
| 33 | 50126 | 2025-10-22 | 150,000 | 수 | | | P-103 | 남 | 대리 | 생산부 | | |
| 34 | 50127 | 2025-10-31 | 510,000 | 금 | | | B-503 | 여 | 대리 | 영업부 | | |
| 35 | 50128 | 2025-11-04 | 420,000 | 화 | | | B-504 | 남 | 사원 | 영업부 | | |
| 36 | 50129 | 2025-11-09 | 740,000 | 일 | | | E-303 | 여 | 사원 | 관리부 | | |
| 37 | 50130 | 2025-11-20 | 654,000 | 목 | | | P-104 | 여 | 사원 | 생산부 | | |
| 38 | | | | | | | | | | | | |

▲ '논리2(결과)' 시트

**출제유형 ❸ '논리3' 시트에서 다음 과정을 수행하고 저장하시오.**

❶ [표1]의 주문코드를 이용하여 [B3:B25] 영역에 주문방법별 누적개수를 계산하여 표시하시오.
- ▸ 주문방법은 주문코드의 첫 글자는 "T"이면 "전화", "C"이면 "온라인", "V"이면 "방문"임
- ▸ [표시 예 : 전화(1), 온라인(1), 전화(2)]
- ▸ IF, LEFT, COUNTIF 함수와 & 연산자 사용

❷ [표2]의 감상시간(분)을 이용하여 [E3:E17] 영역에 환산을 계산하시오.
- ▸ 환산은 '감상시간(분)'을 시간과 분으로 환산하여 계산
- ▸ 감상시간(분)이 120 미만이면 시간으로만 표시하고, 감상시간(분)이 120 이상이면 시간과 분으로 나누어 표시 [표시 예 : 105 → 2시간, 128 → 2시간 8분]
- ▸ IF, MOD, ROUNDUP, TEXT, & 연산자 사용

❸ [표3]의 현재강의수와 전체강의수를 이용하여 [K3:K30] 영역에 진행율을 계산하여 다음과 같이 표시하시오.
- ▸ '현재강의수/전체강의수'의 값이 0.75일 경우 : ■■■■■■■■75.0%
- ▸ '현재강의수/전체강의수'의 값이 0.40일 경우 : ■■■■40.0%
- ▸ '현재강의수/전체강의수'의 값이 오류일 경우 : 신생강의
- ▸ REPT, TEXT, IFERROR 함수와 & 연산자 사용

❹ [표4]의 사업자명과 [표5]를 이용하여 [N3:N12] 영역에 사업자번호를 표시하시오.
- ▸ 사업자번호의 5~6번째 숫자는 'OO'으로 표시한다. [표시 예 : 127-OO-20122]
- ▸ [표4]에 없는 사업자번호는 공백으로 표시한다.
- ▸ VLOOKUP, REPLACE, IFERROR 함수 사용

① [B3] 셀에 **=IF(LEFT(A3,1)="T","전화("&COUNTIF($A$3:A3,"T*")&")",IF(LEFT(A3,1)="C","온라인("&COUNTIF($A$3:A3,"C*")&")","방문("&COUNTIF($A$3:A3,"V*")&")"))**를 입력한 후 [B25] 셀까지 수식을 복사한다.

**함수 설명** =IF(LEFT(A3,1)="T","전화("&COUNTIF($A$3:A3,"T*")&")",IF(LEFT(A3,1)="C","온라인("&COUNTIF($A$3:A3,"C*")&")","방문("&COUNTIF($A$3:A3,"V*")&")"))

① LEFT(A3,1) : [A3] 셀의 왼쪽 1글자를 추출한다.
② COUNTIF($A$3:A3,"T*"), COUNTIF($A$3:A3,"C*"), COUNTIF($A$3:A3,"V*") : [A3:A3] 영역에서 T로 시작하는 셀의 개수, C로 시작하는 셀의 개수, V로 시작하는 셀의 개수를 구한다.

=IF(①="T","전화("&②&")",IF(①="C","온라인("&②&")","방문("&②&")")) : ①의 값이 T이면 전화(②의 값), ①의 값이 C이면 온라인(②의 값), 나머지는 방문(②의 값) 형식으로 표시한다.

② [E3] 셀에 **=IF(D3<120,TEXT(ROUNDUP(D3/60,0),"0시간"),TEXT((D3-MOD(D3,60))/60,"0시간")&TEXT(MOD(D3,60)," 0분"))**를 입력한 후 [E17] 셀까지 수식을 복사한다.

함수 설명 =IF(D3<120,TEXT(ROUNDUP(D3/60,0),"0시간"),TEXT((D3-MOD(D3,60))/60,"0시간")&TEXT(MOD(D3,60)," 0분"))

(밑줄 표시: ① ROUNDUP(D3/60,0), ② TEXT(①,"0시간"), ③ MOD(D3,60), ④ (D3-③)/60, ⑤ TEXT(④,"0시간"), ⑥ TEXT(③," 0분"))

① ROUNDUP(D3/60,0) : [D3] 셀의 값을 60으로 나눈 값을 정수로 구한다.
② TEXT(①,"0시간") : ①의 값에 시간을 붙여 표시한다.
③ MOD(D3,60) : [D3] 셀의 값을 60으로 나눈 나머지를 구한다.
④ (D3-③)/60 : [D3] 셀의 값에서 ③을 뺀 값을 60으로 나눈 값을 구한다.
⑤ TEXT(④,"0시간") : ④의 값에 시간을 붙여 표시한다.
⑥ TEXT(③," 0분")) : ③의 값에 분을 붙여 표시한다.

=IF(D3<120,②,⑤&⑥) : [D3] 셀의 값이 120 미만이면 ② 형식으로 표시하고, 그 외는 ⑤&⑥ 형식으로 표시한다.

③ [K3] 셀에 =IFERROR(REPT("■",(H3/J3)*10)&TEXT(H3/J3,"0.0%"),"신생강의")를 입력한 후 [K30] 셀까지 수식을 복사한다.

함수 설명 =IFERROR(REPT("■",(H3/J3)*10)&TEXT(H3/J3,"0.0%"),"신생강의")

(밑줄 표시: ① REPT("■",(H3/J3)*10), ② TEXT(H3/J3,"0.0%"))

① REPT("■",(H3/J3)*10) : '■'을 [H3]/[J3]*10을 한 값만큼 반복해서 표시한다.
② TEXT(H3/J3,"0.0%") : [H3]/[J3]의 값을 0.0% 형식으로 표시한다.

=IFERROR(①&②,"신생강의") : ①&②의 값에 오류가 있다면 "신생강의"로 표시한다.

④ [N3] 셀에 =IFERROR(REPLACE(VLOOKUP(M3,$M$16:$N$20,2,FALSE),5,2,"○○"),"")를 입력한 후 [N12] 셀까지 수식을 복사한다.

함수 설명 =IFERROR(REPLACE(VLOOKUP(M3,$M$16:$N$20,2,FALSE),5,2,"○○"),"")

(밑줄 표시: ① VLOOKUP(M3,$M$16:$N$20,2,FALSE), ② REPLACE(①,5,2,"○○"))

① VLOOKUP(M3,$M$16:$N$20,2,FALSE) : [M3] 셀을 [M16:N20] 영역의 첫 번째 열에서 찾아 같은 행의 2번째 열에서 정확하게 일치하는 값을 구한다.
② REPLACE(①,5,2,"○○") : ①의 값에서 5번째부터 시작하여 2글자 위치에 '○○'로 바꾼다.

=IFERROR(②,"") : ② 값에 오류가 있다면 공백(" ")으로 표시한다.

풀이결과

[표1]

| 주문코드 | 주문방법 |
|---|---|
| T001 | 전화(1) |
| C002 | 온라인(1) |
| V006 | 방문(1) |
| V003 | 방문(2) |
| T004 | 전화(2) |
| C005 | 온라인(2) |
| V006 | 방문(3) |
| C005 | 온라인(3) |
| V002 | 방문(4) |
| V003 | 방문(5) |
| T001 | 전화(3) |
| C002 | 온라인(4) |
| V005 | 방문(6) |
| T007 | 전화(4) |
| C002 | 온라인(5) |
| V006 | 방문(7) |
| T001 | 전화(5) |
| C003 | 온라인(6) |
| V005 | 방문(8) |
| T005 | 전화(6) |
| C005 | 온라인(7) |
| V006 | 방문(9) |
| V007 | 방문(10) |

[표2]

| 감상시간(분) | 환산 |
|---|---|
| 152 | 2시간 32분 |
| 105 | 2시간 |
| 228 | 3시간 48분 |
| 144 | 2시간 24분 |
| 152 | 2시간 32분 |
| 152 | 2시간 32분 |
| 144 | 2시간 24분 |
| 105 | 2시간 |
| 144 | 2시간 24분 |
| 152 | 2시간 32분 |
| 113 | 2시간 |
| 105 | 2시간 |
| 152 | 2시간 32분 |
| 113 | 2시간 |
| 228 | 3시간 48분 |

[표3]

| 코드 | 현재강의수 | 수강인원 | 전체강의수 | 진행율 |
|---|---|---|---|---|
| S001 | 6 | 120 | 8 | ■■■■■■■75.0% |
| S002 | 1 | 15 | | 신생강의 |
| S003 | 4 | 230 | 3 | ■■■■■■■■■■■■■133.3% |
| S004 | 8 | 131 | 9 | ■■■■■■■■88.9% |
| S005 | 5 | 155 | 7 | ■■■■■■■71.4% |
| S006 | 5 | 75 | 6 | ■■■■■■■■83.3% |
| S007 | 6 | 229 | 5 | ■■■■■■■■■■■■120.0% |
| S008 | 5 | 89 | 7 | ■■■■■■■71.4% |
| S009 | 3 | 49 | 5 | ■■■■■■60.0% |
| S010 | 2 | 50 | | 신생강의 |
| S011 | 4 | 70 | 3 | ■■■■■■■■■■■■■133.3% |
| S012 | 3 | 42 | 6 | ■■■■■50.0% |
| S013 | 2 | 32 | 5 | ■■■■40.0% |
| S014 | 6 | 350 | 5 | ■■■■■■■■■■■■120.0% |
| S015 | 2 | 37 | 2 | ■■■■■■■■■■100.0% |
| S016 | 3 | 69 | 9 | ■■■33.3% |
| S017 | 5 | 53 | 5 | ■■■■■■■■■■100.0% |
| S018 | 1 | 28 | 8 | ■12.5% |
| S019 | 1 | 23 | | 신생강의 |
| S020 | 5 | 45 | 4 | ■■■■■■■■■■■■125.0% |
| S021 | 4 | 64 | 5 | ■■■■■■■■80.0% |
| S022 | 4 | 79 | 5 | ■■■■■■■■80.0% |
| S023 | 3 | 36 | 3 | ■■■■■■■■■■100.0% |
| S024 | 6 | 109 | 5 | ■■■■■■■■■■■■120.0% |
| S025 | 2 | 33 | 5 | ■■■■40.0% |
| S026 | 1 | 29 | 4 | ■■25.0% |
| S027 | 5 | 37 | 6 | ■■■■■■■■83.3% |
| S028 | 6 | 199 | 7 | ■■■■■■■■85.7% |

[표4]

| 사업자명 | 사업자번호 |
|---|---|
| 세진정형외과 | |
| 성산수학학원 | 301-○○-00321 |
| 도레미피아노 | 224-○○-20123 |
| 영진약국 | 127-○○-20122 |
| 우리슈퍼 | 124-○○-36512 |
| 한국도로공사 | |
| 상공내과 | 399-○○-22134 |
| 우리생명 | |
| 한우마을 | |
| 요가학원 | |

[표5]

| 사업자명 | 사업자번호 |
|---|---|
| 상공내과 | 399-88-22134 |
| 영진약국 | 127-25-20122 |
| 성산수학학원 | 301-13-00321 |
| 도레미피아노 | 224-92-20123 |
| 우리슈퍼 | 124-58-36512 |

◀ '논리3(결과)' 시트

SECTION

# 09 재무 함수

합격 강의

난 이 도 상 (중) 하
반복학습 1 2 3

작업파일 [2025컴활1급₩1권_스프레드시트₩이론] 폴더의 '06계산작업' 파일을 열어서 작업하시오.

24년 출제

**연이율은 4%이고, 매월 월세 [A3:A9]를 받아 적립할 경우 10년 후 찾게 되는 금액을 미래 가치[B3:B9]에 표시하시오.**

| | A | B |
|---|---|---|
| 1 | [표1] | |
| 2 | 월세 | 미래 가치 |
| 3 | 2,500,000 | ₩368,124,512 |
| 4 | 1,200,000 | ₩176,699,766 |
| 5 | 1,900,000 | ₩279,774,629 |
| 6 | 4,500,000 | ₩662,624,121 |
| 7 | 2,200,000 | ₩323,949,570 |
| 8 | 1,200,000 | ₩176,699,766 |
| 9 | 1,300,000 | ₩191,424,746 |

=FV(4%/12,120,–A3)

▲ 'TIP 함수.xlsx' 파일의 'FV' 시트

## 01 일정 금액 납입 후의 미래가치(FV)를 구한다.

FV(이율, 납입횟수, 정기납입액, [현재가치], [납입시점]) : 정기적으로 일정 기간 동안 은행에 적립할 때의 미래가치를 구함(흔히 알고 있는 적금을 말함)

옵션 납입시점
- 0(또는 생략) : 월말
- 1 : 월초

예제 =FV(6%/12,36,–440000,0,1)

결과 ₩17,394,426
매월초 440,000원씩 연이율 6%로 계산되어 3년 뒤의 금액

## 02 대출금(투자총액)에서 정기적으로 납입되는 금액(PMT)을 구한다.

PMT(이율, 불입총횟수, 현재가치, [미래가치], [납입시점]) : 일정금액을 대출 받았거나 투자했을 때 정기적으로 매월 또는 매년 납입하거나 수령할 금액을 구함

예제 =PMT(4%/12,36,0,–10000000,0)

결과 ₩261,907
이율이 4%일 때 3년 동안 10,000,000을 모으려면 매달 입금해야 할 금액

## 03 투자액의 현재가치(PV)를 구한다.

PV(이율, 납입횟수, 정기납입액, [미래가치], [납입시점]) : 매월이나 매년 일정한 금액을 일정 기간 동안 지불해주는 연금이나 보험의 지급 총액에 대한 현재가치를 구함

예제 =PV(9%/12,30*12,–300000)

결과 ₩37,284,560
이율이 9%일 때 매월말에 300,000원씩 30년 동안 지급해 주는 연금의 현재가치

## 04 투자액과 그 후의 수익에서 투자의 현재가치(NPV)를 구한다.

NPV(할인율, 값1, 값2, ...) : 특정한 금액을 투자하고 매월 일정한 수입이 보장될 때 해당 투자의 현재가치를 구함

예제 =NPV(12%,–900,630,242,360,63,190)

결과 ₩232
할인율은 12%로 1년 후에 900을 투자하고, 앞으로 5년 동안 630, 242, 360, 63, 190의 연간 수입을 얻었다면 5년 후의 현재가치

## 05 단위 기간 동안 정액법에 의한 자산의 감가 상각액을 반환(SLN)한다.

SLN(비용, 잔존가치, 내용연수) : 연수에 상관없이 매년 동일한 액수를 감가 상각함

예제 =SLN(30000,7500,10) 결과 2250(각 연도의 감가 상각 준비금)

## 06 지정된 감가 상각 기간 중 자산의 감가 상각액을 연수 합계법(SYD)으로 반환한다.

SYD(취득가치, 잔존가치, 내용연수, 기간) : 마지막 연차의 감가 상각액을 구한 다음 이를 계속 더해 가면서 그 이전 연차의 감가 상각을 구함

예제 =SYD(30000,7500,10,1) 결과 4,091(1년차 연간 감가 상각 준비금)

**기적의 TIP**

**감가 상각**

- **정액법** : 기계장치와 같은 고정자산을 내용년수 동안 균일하게 감가 상각하는 것
- **정률법** : 시간이 갈수록 감가상각비가 줄어드는 경향
- **이중 체감법** : 감가상각비의 계산방법이 정률법의 경우와 같고 단지 상각률을 간편하게 정액법에 의한 상각률을 두 배로 적용하는 방법
- **연수 합계법** : 상각초기에 많은 상각을 하고 매년 상각비가 줄어드는 가속 상각법

출제유형 ❶ **'재무1' 시트에서 다음 과정을 수행하고 저장하시오.**

❶ 앞으로 1년 동안 연이율이 6%인 저축예금에 매월 300,000원씩을 적립하려고 할 때 1년 후에 찾게 되는 금액이 얼마인지 [C7] 셀에 구하시오.

▸ FV 함수 사용

❷ 30년 동안 매달 말에 100,000원씩 수령할 수 있는 연금보험에 가입하려고 한다. 보험회사에 일시불해야 할 연금보험 가격은 15,000,000원이고 적용이자율은 연이율 8%이다. 과연 보험에 가입하는 것이 유리할지 연금의 현재가치[F7]를 구하시오.

▸ PV 함수 사용

❸ 집을 구입하기 위해 50,000,000원을 대출받았다. 3년 동안 연 7.5%의 이자와 함께 원금을 상환하려면 매월 얼마씩 불입해야 하는지 [C15] 셀에 구하시오.

▸ PMT 함수 사용

❹ 결혼 비용 5천만원을 모으기 위해 연이율 4.5%인 은행에 매월 얼마를 적립해야 5년 후에 5천만원을 찾을 수 있는지 [F15] 셀에 구하시오.

▸ PMT 함수 사용

① [C7] 셀에 **=FV(C3/12,C4*12,−C5)**를 입력한다.

② [F7] 셀에 **=PV(F3/12,F4*12,−F5)**를 입력한다.

③ [C15] 셀에 **=PMT(C11/12,C12*12,−C13)**를 입력한다.

④ [F15] 셀에 **=PMT(F11/12,F12*12,0,−F13)**를 입력한다.

|  | A | B | C | D | E | F | G |
|---|---|---|---|---|---|---|---|
| 1 |  | • FV 함수 |  |  | • PV 함수 |  |  |
| 2 |  |  |  |  |  |  |  |
| 3 |  | 연이율 | 6% |  | 연이율 | 8% |  |
| 4 |  | 기간 | 1년 |  | 수령 기간 | 30년 |  |
| 5 |  | 월불입액 | 300,000 |  | 매월 수령액 | 100,000 |  |
| 6 |  |  |  |  |  |  |  |
| 7 |  | 만기금액 | ₩3,700,669 |  | 연금의 현재가치 | ₩13,628,349 |  |
| 8 |  |  |  |  |  |  |  |
| 9 |  | • PMT 함수 |  |  | • PMT 함수 |  |  |
| 10 |  |  |  |  |  |  |  |
| 11 |  | 연이율 | 7.5% |  | 연이율 | 4.5% |  |
| 12 |  | 기간 | 3년 |  | 기간 | 5년 |  |
| 13 |  | 대출금액 | 50,000,000 |  | 저축총액 | 50,000,000 |  |
| 14 |  |  |  |  |  |  |  |
| 15 |  | 월상환액 | ₩1,555,311 |  | 월불입액 | ₩744,651 |  |
| 16 |  |  |  |  |  |  |  |

▲ '재무1(결과)' 시트

## 출제유형 ❷ '재무2' 시트에서 다음 과정을 수행하고 저장하시오.

❶ [표1]의 회원코드, 대출금액, 대출기간을 이용하여 [E3:E26] 영역에 월상환액을 계산하여 표시하시오.
- ▸ 이율은 회원코드의 앞 두 글자와 대출기간을 이용하여 [표2]에서 찾아 계산
- ▸ 이율과 대출기간은 연 단위임
- ▸ 대출이 없을 경우 "대출없음"을 표시
- ▸ IFERROR, PMT, OFFSET, MATCH, LEFT 함수 사용

❷ [표3]의 판매금액과 할부기간(월)을 이용하여 [L3:L24] 영역에 PMT를 계산하여 표시하시오.
- ▸ 연이율은 3%이고, 결과는 양수로 내림하여 십의 자리까지만 표시되도록 설정하시오.
- ▸ ROUNDDOWN, PMT 함수 사용

❸ [표4]의 대출금액, 대출기간, 이율을 이용하여 월상환액[Q3:Q21]을 계산하여 표시하시오.
- ▸ 이율은 대출기간과 [표5]를 이용하여 계산
- ▸ PMT, HLOOKUP 함수 사용

❹ [표6]의 연이율, 기간(년), 월납입액을 이용하여 현재가치를 [O31:T31] 영역에 계산하여 표시하시오.
- ▸ 현재가치가 20,000,000 이상이면 '한도초과' 그렇지 않으면 현재가치를 반올림하여 천의 자리까지 표시
- ▸ IF, PV, ROUND 함수 사용

① [E3] 셀에 =IFERROR(PMT(OFFSET($B$30,MATCH(LEFT(A3,2),$A$31:$A$35,0),D3)/12,D3*12,-C3),"**대출없음**")를 입력한 후 [E26] 셀까지 수식을 복사한다.

① **LEFT(A3,2) :** [A3] 셀의 왼쪽 2글자를 추출한다.
② **MATCH(①,$A$31:$A$35,0) :** ①의 값을 [A31:A35] 영역에서 정확하게 일치하는 위치값을 반환한다.
③ **OFFSET($B$30,②,D3) :** [B30] 셀을 기준으로 ②만큼 행으로 이동, [D3] 셀의 값만큼 열로 이동한 값을 추출한다.
④ **PMT(③/12,D3*12,-C3) :** ③의 값을 12로 나눈 이자, [D3] 셀에 12를 곱한 기간, -대출금을 넣어 월 상환액을 구한다.

**=IFERROR(④,"대출없음") :** ④의 값에 오류가 있을 때 "대출없음"으로 표시한다.

**기적의 TIP**

**OFFSET(reference, rows, cols, [height], [width])**

- reference : 참조 셀
- rows : 행 수
- cols : 열 수
- [height] : [ ] 기호로 표시된 부분은 생략이 가능, 높이
- [width] : 너비

=OFFSET(B30,3,2)

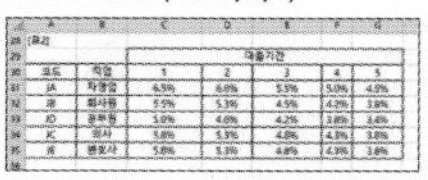

[B30] 셀에서 아래로 3행 이동하여 [B33] 셀, 다시 오른쪽으로 2열 이동하여 [D33] 셀에 있는 값을 가져옵니다.

height와 width를 입력하면 영역을 가져올 수 있습니다.

② [L3] 셀에 =ROUNDDOWN(PMT(3%/12,K3,-J3),-1)를 입력한 후 [L24] 셀까지 수식을 복사한다.

함수 설명 =ROUNDDOWN(PMT(3%/12,K3,-J3),-1)
①

① **PMT(3%/12,K3,-J3) :** 3%를 12로 나눈 이자, [K3] 셀 기간, -[J3] 판매금을 넣어 월납부액을 구한다.

**=ROUNDDOWN(①,-1) :** ①의 값을 일의 자리에서 내림하여 표시한다.

③ [Q3] 셀에 =PMT(HLOOKUP(O3,$O$24:$S$25,2)/12,O3*12,-P3)를 입력한 후 [Q21] 셀까지 수식을 복사한다.

함수 설명 =PMT(HLOOKUP(O3,$O$24:$S$25,2)/12,O3*12,-P3)
①

① **HLOOKUP(O3,$O$24:$S$25,2) :** [O3] 셀의 값을 [O24:S25] 영역의 첫 번째 행에서 찾아 같은 열의 2번째 행에서 값을 추출한다.

**=PMT(①/12,O3*12,-P3) :** ①의 값을 12로 나눈 이자, [O3] 셀의 값을 12로 곱한 기간, -[P3] 대출금을 넣어 월상환액을 구한다.

④ [O31] 셀에 =IF(PV(O28/12,O29*12,O30)>=20000000,"**한도초과**",ROUND(PV(O28/12,O29*12,O30),-3))를 입력한 후 [T31] 셀까지 수식을 복사한다.

함수 설명 =IF(PV(O28/12,O29*12,O30)>=20000000,"한도초과",
①
ROUND(PV(O28/12,O29*12,O30),-3))
②

① **PV(O28/12,O29*12,O30) :** O28 셀의 값을 12로 나눈 이자, [O29] 셀의 값을 12로 곱한 기간, [O30] 셀의 월납입액에 투자에 대한 현재가치를 구한다.
② **ROUND(①,-3) :** ①의 값을 백의 자리에서 반올림하여 표시한다.

**=IF(①>=20000000,"한도초과",②) :** ①의 값이 20,000,000 값 이상이면 "한도초과", 그 외 경우는 ②를 표시한다.

풀이결과

[표1]

| 회원코드 | 성명 | 대출금액 | 대출기간 | 월상환액 |
|---|---|---|---|---|
| JA140 | 이찬진 | ₩ 5,000,000 | 3 | ₩ 150,980 |
| JB571 | 채경찬 | ₩ 7,000,000 | 2 | ₩ 308,041 |
| JD367 | 임종례 | ₩ 5,500,000 | 2 | ₩ 240,309 |
| JC664 | 정종수 | ₩ 2,000,000 | 4 | ₩ 45,427 |
| JA188 | 서현명 | ₩ 5,000,000 | 1 | ₩ 431,482 |
| JC268 | 고광섭 | - | - | 대출없음 |
| JA845 | 김은조 | - | - | 대출없음 |
| JD977 | 권창영 | ₩ 23,000,000 | 5 | ₩ 417,381 |
| JE386 | 김영민 | ₩ 10,000,000 | 3 | ₩ 298,812 |
| JC663 | 명노찬 | ₩ 7,000,000 | 1 | ₩ 601,822 |
| JC864 | 박지원 | ₩ 5,000,000 | 1 | ₩ 429,873 |
| JA165 | 윤선중 | ₩ 10,000,000 | 5 | ₩ 186,430 |
| JB398 | 이민준 | ₩ 20,000,000 | 5 | ₩ 366,528 |
| JC741 | 오수진 | - | - | 대출없음 |
| JB661 | 이영민 | ₩ 5,000,000 | 2 | ₩ 220,029 |
| JA219 | 강진구 | ₩ 15,000,000 | 1 | ₩ 1,294,446 |
| JB336 | 김현민 | ₩ 2,000,000 | 4 | ₩ 45,337 |
| JB643 | 배종숙 | - | - | 대출없음 |
| JB578 | 이영숙 | ₩ 10,000,000 | 3 | ₩ 297,469 |
| JC509 | 강동희 | ₩ 10,000,000 | 4 | ₩ 227,135 |
| JC590 | 김숙자 | ₩ 10,000,000 | 2 | ₩ 440,059 |
| JA649 | 홍민국 | ₩ 10,000,000 | 1 | ₩ 862,964 |
| JB583 | 배진찬 | ₩ 10,000,000 | 2 | ₩ 440,059 |
| JB523 | 이성국 | ₩ 10,000,000 | 3 | ₩ 297,469 |

[표3]

| 구매자 | 수량 | 단가 | 판매금액 | 할부기간(월) | PMT |
|---|---|---|---|---|---|
| 김은소 | 55 | 1,500 | 82,500 | 2 | ₩41,400 |
| 임채빈 | 20 | 3,000 | 60,000 | 2 | ₩30,110 |
| 한아름 | 20 | 2,000 | 40,000 | 2 | ₩20,070 |
| 유벼리 | 21 | 5,300 | 111,300 | 2 | ₩55,850 |
| 강한후 | 95 | 3,000 | 285,000 | 6 | ₩47,910 |
| 설진성 | 120 | 2,500 | 300,000 | 9 | ₩33,750 |
| 박호영 | 20 | 2,000 | 40,000 | 2 | ₩20,070 |
| 김새롬 | 25 | 5,300 | 132,500 | 6 | ₩22,270 |
| 권충수 | 90 | 2,500 | 225,000 | 9 | ₩25,310 |
| 임원이 | 55 | 2,500 | 137,500 | 6 | ₩23,110 |
| 이구름 | 30 | 2,000 | 60,000 | 3 | ₩20,100 |
| 김중건 | 25 | 5,300 | 132,500 | 3 | ₩44,380 |
| 배사공 | 100 | 2,000 | 200,000 | 6 | ₩33,620 |
| 김진상 | 90 | 5,300 | 477,000 | 24 | ₩20,500 |
| 고진웅 | 55 | 3,000 | 165,000 | 3 | ₩55,270 |
| 안대훈 | 32 | 5,300 | 169,600 | 6 | ₩28,510 |
| 민병욱 | 60 | 1,500 | 90,000 | 3 | ₩30,150 |
| 김솔오 | 50 | 3,000 | 150,000 | 6 | ₩25,210 |
| 오덕우 | 110 | 3,000 | 330,000 | 12 | ₩27,940 |
| 한마식 | 45 | 1,500 | 67,500 | 2 | ₩33,870 |
| 임유승 | 50 | 2,500 | 125,000 | 3 | ₩41,870 |
| 김성완 | 80 | 1,500 | 120,000 | 6 | ₩20,170 |

[표4]

| 성명 | 대출기간 | 대출금액 | 월상환액 |
|---|---|---|---|
| 고광섭 | 3 | ₩ 5,000,000 | ₩150,980 |
| 권창영 | 2 | ₩ 7,000,000 | ₩310,244 |
| 김동진 | 2 | ₩ 5,500,000 | ₩243,763 |
| 김병준 | 4 | ₩ 2,000,000 | ₩46,059 |
| 김영희 | 1 | ₩ 5,000,000 | ₩431,482 |
| 김은조 | 2 | ₩ 10,000,000 | ₩443,206 |
| 마동탁 | 1 | ₩ 2,000,000 | ₩172,593 |
| 서현명 | 5 | ₩ 23,000,000 | ₩428,789 |
| 오동진 | 3 | ₩ 10,000,000 | ₩301,959 |
| 이민정 | 1 | ₩ 7,000,000 | ₩604,075 |
| 이상민 | 1 | ₩ 5,000,000 | ₩431,482 |
| 이진영 | 5 | ₩ 10,000,000 | ₩186,430 |
| 이찬진 | 5 | ₩ 20,000,000 | ₩372,860 |
| 임종례 | 1 | ₩ 2,000,000 | ₩172,593 |
| 정수만 | 2 | ₩ 5,000,000 | ₩221,603 |
| 정종수 | 1 | ₩ 15,000,000 | ₩1,294,446 |
| 진대준 | 4 | ₩ 2,000,000 | ₩46,059 |
| 채경찬 | 2 | ₩ 5,000,000 | ₩221,603 |
| 하민지 | 4 | ₩ 10,000,000 | ₩230,293 |

[표5]

| 대출기간 | 1 | 2 | 3 | 4 | 5 |
|---|---|---|---|---|---|
| 이율 | 6.5% | 6.0% | 5.5% | 5.0% | 4.5% |

[표6]

| 연이율 | 2% | 3% | 4% | 5% | 6% | 7% |
|---|---|---|---|---|---|---|
| 기간(년) | 2 | 2 | 2 | 2 | 2 | 2 |
| 월납입액 | -₩ 500,000 | -₩ 600,000 | -₩ 800,000 | -₩ 900,000 | -₩ 1,000,000 | -₩ 1,100,000 |
| 현재가치 | ₩ 11,754,000 | ₩ 13,960,000 | ₩ 18,423,000 | 한도초과 | 한도초과 | 한도초과 |

▲ '재무2(결과)' 시트

SECTION

10

# 정보 함수

난 이 도 (상) 중 하

반복학습 1 2 3

빈출 태그 [2025컴활1급₩1권_스프레드시트₩이론] 폴더의 '06계산작업' 파일을 열어서 작업하시오.

## 01 공백 셀인지를 조사(ISBLANK)하자.

ISBLANK(검사 대상) : 검사 대상 셀이 공백 셀인지를 조사

예제 =ISBLANK(I5) 결과 FALSE(공백 셀이면 TRUE)

## 02 에러 값인지를 조사(ISERROR)하자.

ISERROR(검사 대상) : 검사 대상에 에러 값인지를 조사

예제 =ISERROR(SUM(가,나,다)) 결과 TRUE(SUM 인수가 잘못되어서)

## 03 셀의 서식, 위치 또는 내용에 대한 정보를 반환(CELL)한다.

CELL(정보 유형 텍스트, [참조할 주소]) : 참조 범위에서 시트를 읽는 순서에 따라 첫째 셀의 서식이나 위치, 내용에 대한 정보를 제공함

예제 =CELL("row", A20) 결과 20

| 정보 유형 텍스트 | 내용 |
|---|---|
| "address" | 참조 영역에 있는 첫째 셀의 참조를 텍스트로 반환 |
| "col" | 참조 영역에 있는 셀의 열 번호를 반환 |
| "color" | 음수에 대해 색으로 서식을 지정한 셀에 대해서는 1을 반환하고, 그렇지 않은 셀에 대해서는 0을 반환 |
| "contents" | 참조 영역에 있는 왼쪽 위 셀의 수식이 아닌 값을 반환 |
| "filename" | 텍스트로 참조가 들어 있는 파일의 전체 경로를 포함한 파일 이름을 반환 |
| "format" | 셀의 숫자 서식에 해당하는 텍스트 값 |
| "parentheses" | 양수 또는 모든 값에 괄호로 서식을 지정한 셀에 대해서는 1을 반환하고, 그렇지 않은 셀에 대해서는 0을 반환 |
| "prefix" | 셀의 "레이블 접두어"에 해당하는 텍스트 값으로 셀이 왼쪽 맞춤의 텍스트를 포함하면 작은 따옴표(')를, 오른쪽 맞춤의 텍스트를 포함하면 큰 따옴표(")를, 가운데 맞춤의 텍스트를 포함하면 캐럿(^)을, 양쪽 맞춤 텍스트를 포함하면 백슬래시(＼)를, 그 밖의 경우는 빈 텍스트("")를 반환 |
| "protect" | 셀이 잠겨 있지 않으면 0을 반환하고, 셀이 잠겨 있으면 1을 반환 |
| "row" | 참조 영역에 있는 셀의 행 번호를 반환 |
| "type" | 셀의 데이터 형식에 해당하는 텍스트 값으로 셀이 비어 있으면 "b"를, 텍스트 상수를 포함하면 "l"을, 그 밖의 경우에는 "v"를 반환 |
| "width" | 셀의 열 너비를 정수로 반올림하여 반환 |

## 04 #N/A를 제외한 오류 값의 경우 TRUE를 반환(ISERR)한다.

ISERR(값) : 값이 #N/A를 제외한 오류인지 확인하고 TRUE 또는 FALSE를 반환함

예제 =ISERR("가"/0) 결과 TRUE

## 05 숫자가 짝수이면 TRUE를 반환(ISEVEN)한다.

ISEVEN(숫자) : 숫자가 짝수이면 TRUE, 홀수이면 FALSE를 반환함

예제 =ISEVEN(6) 결과 TRUE

## 06 논리값의 경우 TRUE를 반환(ISLOGICAL)한다.

ISLOGICAL(값) : 값이 논리값이면 TRUE를 반환함

예제 =ISLOGICAL(7) 결과 FALSE

## 07 텍스트 값이 아니면 TRUE를 반환(ISNONTEXT)한다.

ISNONTEXT(값) : 값이 텍스트가 아니면 TRUE를 반환함

예제 =ISNONTEXT(7) 결과 TRUE

## 08 숫자 값의 경우 TRUE를 반환(ISNUMBER)한다.

ISNUMBER(값) : 값이 숫자이면 TRUE를 반환함

예제 =ISNUMBER(7) 결과 TRUE

24년 출제

**기타[B3:B9] 셀 값의 숫자 여부[C3:C9]를 표시하시오.**

| | A | B | C |
|---|---|---|---|
| 1 | [표1] | | |
| 2 | 세원유형 | 기타 | 숫자? |
| 3 | 승용 | #VALUE! | FALSE |
| 4 | 부가가치세 | #VALUE! | FALSE |
| 5 | 재산세(주택) | 5 | TRUE |
| 6 | 부가가치세 | #VALUE! | FALSE |
| 7 | 주택(개별) | 1 | TRUE |
| 8 | 주민세(재산분) | #VALUE! | FALSE |
| 9 | 종합소득 | #VALUE! | FALSE |

=ISNUMBER(B3)
(참고 : SEARCH 함수 예제)

▲ 'TIP 함수.xlsx' 파일의 'ISNUMBER' 시트

## 09 숫자가 홀수이면 TRUE를 반환(ISODD)한다.

ISODD(숫자) : 숫자가 홀수이면 TRUE를 반환함

예제 =ISODD(7) 결과 TRUE

## 10 텍스트 값의 경우 TRUE를 반환(ISTEXT)한다.

ISTEXT(값) : 값이 텍스트이면 TRUE를 반환함

예제 =ISTEXT("김") 결과 TRUE

## ⑪ 값의 데이터 형식을 나타내는 숫자를 반환(TYPE)한다. (값이 숫자 '1', 텍스트 '2', 논리 값 '4', 오류 값 '16')

TYPE(값) : 값의 유형을 나타내는 수를 구함

예제 =TYPE("김") 결과 2

**출제유형 ❶ '정보1' 시트에서 다음 과정을 수행하고 저장하시오.**

- 규격과 단가는 IF와 ISBLANK 함수를 이용하여 품명이 공백일 경우에는 공백으로 처리하고 품명이 공백이 아니면, VLOOKUP 함수를 이용하여 제품목록[I4:K13]에서 찾아 표시하시오.
- 공급가액은 IF와 ISERROR 함수를 이용하여 '수량 * 단가'의 계산식에 오류가 발생하면 공백으로 처리하고, 오류가 없을 경우에는 '수량 * 단가'를 계산하여 표시하시오.

① [D4] 셀에 다음과 같이 입력하고 [D10] 셀까지 수식을 복사한다.

함수 설명 =IF(ISBLANK(C4),"",VLOOKUP(C4,$I$4:$K$13,2,0))
(① = ISBLANK(C4), ② = VLOOKUP(C4,$I$4:$K$13,2,0))

① **ISBLANK(C4) :** [C4] 셀이 공백이면 True, 공백이 아니면 False 값을 구함
② **VLOOKUP(C4,$I$4:$K$13,2,0) :** [C4] 셀의 값을 [I4:K13] 영역의 첫 번째 열에서 찾아 같은 행의 2번째 열에서 정확하게 일치하는 값을 추출함

**=IF(①,"",②) :** ①의 값이 True이면 공백("")으로, False 이면 ②의 값을 표시함

② [F4] 셀에 **=IF(ISBLANK(C4),"",VLOOKUP(C4,$I$4:$K$13,3,0))**를 입력하고 [F10] 셀까지 수식을 복사한다.

③ [G4] 셀에 **=IF(ISERROR(E4*F4),"",E4*F4)**를 입력하고 [G10] 셀까지 수식을 복사한다.

풀이결과

| | A | B | C | D | E | F | G | H | I | J | K |
|---|---|---|---|---|---|---|---|---|---|---|---|
| 1 | | | | | | | | | | | |
| 2 | | | | | | | | | 제품목록 | | |
| 3 | | 번호 | 품명 | 규격 | 수량 | 단가 | 공급가액 | | 품명 | 규격 | 단가 |
| 4 | | 1 | A001 | Box | 10 | 235,000 | 2,350,000 | | A001 | Box | 235,000 |
| 5 | | 2 | A003 | 개 | 15 | 203,000 | 3,045,000 | | A002 | 개 | 127,000 |
| 6 | | 3 | | | | | | | A003 | 개 | 203,000 |
| 7 | | 4 | | | | | | | A004 | 개 | 67,000 |
| 8 | | 5 | | | | | | | A005 | Box | 103,000 |
| 9 | | 6 | | | | | | | A006 | 개 | 54,000 |
| 10 | | 7 | | | | | | | A007 | 개 | 135,000 |
| 11 | | 합계 | | | | | ₩ 5,395,000 | | A008 | 개 | 113,000 |
| 12 | | | | | | | | | A009 | 개 | 114,000 |
| 13 | | | | | | | | | A010 | 개 | 192,000 |
| 14 | | | | | | | | | | | |

▲ '정보1(결과)' 시트

**출제유형 ❷ '정보2' 시트에서 다음 과정을 수행하고 저장하시오.**

❶ 주민번호[C4:C12]의 8번째 자리가 홀수이면 '남', 짝수이면 '여'로 표시하시오.
 ▸ ISODD, IF, MID 함수 사용

❷ 주민번호[C4:C12]에서 홀수년도에 태어난 사람은 '1분단', 짝수년도에 태어난 사람은 '2분단'으로 표시하시오.(주민번호 왼쪽의 2자리 숫자 이용)
 ▸ ISEVEN, IF, LEFT 함수 사용

① [D4] 셀에 **=IF(ISODD(MID(C4,8,1)),"남","여")**를 입력하고 [D12] 셀까지 수식을 복사한다.

함수 설명 **=IF(ISODD(MID(C4,8,1)),"남","여")**

① **MID(C4,8,1) :** [C4] 셀의 8번째 문자 중 한 글자만을 추출함
② **ISODD(①) :** ①이 홀수이면 TRUE, 짝수이면 FALSE를 반환함

**=IF(②,"남","여") :** ②가 TRUE이면 "남", 그렇지 않으면 "여"를 표시함

② [E4] 셀에 **=IF(ISEVEN(LEFT(C4,2)),"2분단","1분단")**를 입력하고 [E12] 셀까지 수식을 복사한다.

풀이결과

| | A | B | C | D | E | F | G | H |
|---|---|---|---|---|---|---|---|---|
| 1 | 컴퓨터 특기적성 입금 | | | | | | | |
| 2 | | | | | | | 수강코드 | A2225-5 |
| 3 | 번호 | 이름 | 주민번호 | 성별 | 좌석 | 구분 | 할인률 | 수강료 |
| 4 | A2225-5-1 | 김은미 | 14xxxx-412xxxx | 여 | 2분단 | 일반 | 0 | 20,000 |
| 5 | A2225-5-2 | 장희진 | 11xxxx-431xxxx | 여 | 1분단 | 생활보호대상자 | 0.2 | 16,000 |
| 6 | A2225-5-3 | 김원민 | 10xxxx-312xxxx | 남 | 2분단 | 일반 | 0 | 20,000 |
| 7 | A2225-5-4 | 이해미 | 13xxxx-412xxxx | 여 | 1분단 | 일반 | 0 | 20,000 |
| 8 | A2225-5-5 | 한장수 | 11xxxx-302xxxx | 남 | 1분단 | 일반 | 0 | 20,000 |
| 9 | A2225-5-6 | 노민혁 | 14xxxx-306xxxx | 남 | 2분단 | 기초생활수급자 | 0.1 | 18,000 |
| 10 | A2225-5-7 | 이기화 | 14xxxx-415xxxx | 여 | 2분단 | 국가유공자 | 0.05 | 19,000 |
| 11 | A2225-5-8 | 황인서 | 11xxxx-414xxxx | 여 | 1분단 | 일반 | 0 | 20,000 |
| 12 | A2225-5-9 | 성연정 | 10xxxx-424xxxx | 여 | 2분단 | 일반 | 0 | 20,000 |
| 13 | 합계 | | | | | | | 173,000 |
| 14 | | | | | | | | |
| 15 | 할인 대상자 | 수강료할인 | | 수강료 | 20,000 | | | |
| 16 | 생활보호대상자 | 20% | | | | | | |
| 17 | 기초생활수급자 | 10% | | | | | | |
| 18 | 국가유공자 | 5% | | | | | | |
| 19 | | | | | | | | |

▲ '정보2(결과)' 시트

SECTION

11

# 배열 수식

난 이 도 (상) 중 하

반복학습 1 2 3

빈출 태그 [2025컴활1급₩1권_스프레드시트₩이론] 폴더의 '06계산작업' 파일을 열어서 작업하시오.

## ● 배열 수식의 계산 원리

– 조건을 나열할 때 AND 조건은 *, OR 조건은 +를 사용한다.

– 조건에 만족하면 TRUE 값이, 만족하지 않으면 FALSE 값이 반환된다.

| 조건 | | 결과 | |
|---|---|---|---|
| (조건1) | (조건2) | AND(*) | OR(+) |
| TRUE | TRUE | TRUE | TRUE |
| TRUE | FALSE | FALSE | TRUE |
| FALSE | TRUE | FALSE | TRUE |
| FALSE | FALSE | FALSE | FALSE |

– TRUE는 '1', FALSE는 '0'으로 변환되어 계산에 사용할 수 있다.

| 조건 | | 결과 | |
|---|---|---|---|
| (조건1) | (조건2) | AND(*) | OR(+) |
| 1 | 1 | 1 | 1 |
| 1 | 0 | 0 | 1 |
| 0 | 1 | 0 | 1 |
| 0 | 0 | 0 | 0 |

**기적의 TIP**

배열 수식을 사용하는 이유는 함수로 풀 수 없는 복잡한 계산을 수행하거나 워크시트의 다른 셀에 데이터를 입력하지 않고 하나의 식으로 값을 구하고자 할 때 사용해요.

## ● 시험에 출제되는 배열 수식 유형

| 결과 | 함수 | 조건 | 형식 |
|---|---|---|---|
| 합계 | SUM | 조건1 | =SUM( (조건) * 값을 구할 범위 ) |
| | | 조건2 | =SUM( (조건1) * (조건2) * 값을 구할 범위 ) |
| | SUM,IF | 조건1 | =SUM( IF (조건, 값을 구할 범위) ) |
| | | 조건2 | =SUM( IF (( 조건1) * (조건2), 값을 구할 범위 ) ) |
| 개수 | SUM | 조건1 | =SUM( (조건) * 1 ) |
| | | 조건2 | =SUM( ( 조건1) * (조건2) ) |
| | SUM,IF | 조건1 | =SUM( IF (조건,1) ) |
| | | 조건2 | =SUM(IF( ( 조건1) * (조건2), 1 ) ) |
| | COUNT,IF | 조건1 | =COUNT( IF( 조건1, 1 ) ) |
| | | 조건2 | =COUNT( IF( (조건1) * (조건2),1 ) ) |
| 평균 | AVERAGE,IF | 조건1 | =AVERAGE( IF( 조건1, 값을 구할 범위) ) |
| | | 조건2 | =AVERAGE( IF( ( 조건1) * (조건2), 값을 구할 범위) ) |

**기적의 TIP**

MS Office 2021 버전은 배열 수식 작성 후 Enter를 눌러도 오류가 나지 않지만, Ctrl+Shift+Enter를 눌러 마무리해야 대괄호 표시가 됩니다. 대괄호의 감점 유무는 시행처에 문의하시기 바랍니다.

| | | | |
|---|---|---|---|
| 최대값 | MAX | 조건1 | =MAX( ( 조건1) * 값을 구할 범위 ) |
| | | 조건2 | =MAX( ( 조건1) * (조건2) * 값을 구할 범위 ) |
| | MAX,IF | 조건1 | =MAX( IF( (조건1), 값을 구할 범위) ) |
| | | 조건2 | =MAX( IF( (조건1) * (조건2), 값을 구할 범위 ) ) |
| N번째 큰 값 | LARGE | 조건1 | =LARGE( (조건1) * 값을 구할 범위, N ) |
| | | 조건2 | =LARGE( (조건1) * (조건2) * 값을 구할 범위, N ) |
| | LARGE,IF | 조건1 | =LARGE( IF( (조건1), 값을 구할 범위 ), N ) |
| | | 조건2 | =LARGE( IF( (조건1) * (조건2), 값을 구할 범위 ), N ) |
| 행(열)에 값을 찾을 때 | INDEX,MATCH | =INDEX( 범위,MATCH( 찾을 값, 찾을 값을 포함한 범위, 0) ) | |
| | INDEX,MATCH,MAX | =INDEX( 범위,MATCH( MAX( ( 조건) * 관련범위), (조건) * 관련범위, 0) ) | |

기적의 TIP

**다중 조건일 때**
**합계** : {=SUM((조건1)*(조건2)*···*(조건N)*(합계를 구할 범위)}
**개수** : {=SUM((조건1)*(조건2)*···*(조건N))}

출제유형 ❶ **'배열수식' 시트에서 다음 과정을 수행하고 저장하시오.**

❶ 성별이 '남'에 해당한 금액의 합계를 배열 수식을 이용하여 구하시오. (SUM 함수 사용)
❷ 성별이 '남'에 해당한 인원수를 배열 수식을 이용하여 구하시오. (SUM 함수 사용)

기적의 TIP

**SUM 함수를 이용하여 합계 구하기**
=SUM((조건) * 합계를 구할 범위)

① [C8] 셀에 =SUM((B2:B6="남")*C2:C6)를 입력한 후 Ctrl+Shift+Enter를 누른다.

함수 설명 =SUM((B2:B6="남")*C2:C6)
①: B2:B6="남", ②: C2:C6

조건①이 만족하는 행에 대응되는 ② 영역 행들의 합을 구함

❶ 조건 확인
[B2:B6] 영역이 "남"인지 비교

SUM ([B2] = "남") * [C2]
([B3] = "남") * [C3]
([B4] = "남") * [C4]
([B5] = "남") * [C5]
([B6] = "남") * [C6]

❷ 실제 데이터 확인
실제 데이터가 "남"인지 비교

SUM ("여"="남") * 10000
("남"="남") * 15000
("남"="남") * 10000
("여"="남") * 20000
("남"="남") * 17000

❸ 비교 결과 확인
참이면 TRUE, 거짓이면 FALSE 반환

SUM FALSE * 10000
TRUE * 15000
TRUE * 10000
FALSE * 20000
TRUE * 17000

❹ 연산
(TRUE=1), (FALSE=0)을 나타내며, ❸의 결과로 반환된 값을 [C2:C6] 영역의 값과 곱함

SUM 0 * 10000
1 * 15000
1 * 10000
0 * 20000
1 * 17000

❺ 곱하기 연산 결과

SUM (0, 15000, 10000, 0, 17000)

❻ SUM 함수에 적용

=SUM(0,15000,10000,0,17000)

② [C10] 셀에 **=SUM((B2:B6="남")*1)**를 입력한 후 Ctrl+Shift+Enter를 누른다.

> **기적의 TIP**
>
> **SUM 함수를 이용하여 개수 구하기**
>
> =SUM((조건) * 1)

함수 설명 **=SUM((B2:B6="남")*1)**
①

조건①이 만족하는 행의 수를 구함

❶ 조건 확인

[B2:B6] 영역이 "남"인지 비교

SUM (([B2] = "남") * 1, ([B3] = "남") * 1, ([B4] = "남") * 1, ([B5] = "남") * 1, ([B6] = "남") * 1)

❷ 실제 데이터 확인

실제 데이터가 "남"인지 비교

SUM ("여"="남" * 1, "남"="남" * 1, "남"="남" * 1, "여"="남" * 1, "남"="남" * 1)

❸ 비교 결과 확인

참이면 TRUE, 거짓이면 FALSE 반환

SUM (FALSE * 1, TRUE * 1, TRUE * 1, FALSE * 1, TRUE * 1)

❹ 연산

(TRUE=1), (FALSE=0)을 나타내며, ❸의 결과로 반환된 값을 1과 곱함

SUM (0 * 1, 1 * 1, 1 * 1, 0 * 1, 1 * 1)

❺ 곱하기 연산 결과

참인 경우에만 1을 곱하여 1을 반환하므로 조건에 만족하는 개수가 세어짐

SUM (0, 1, 1, 0, 1)

❻ SUM 함수에 적용

=SUM(0,1,1,0,1)

풀이결과

| | A | B | C | D |
|---|---|---|---|---|
| 1 | 이름 | 성별 | 금액 | |
| 2 | 강희정 | 여 | 10,000 | |
| 3 | 김민수 | 남 | 15,000 | |
| 4 | 민성민 | 남 | 10,000 | |
| 5 | 박정아 | 여 | 20,000 | |
| 6 | 나인성 | 남 | 17,000 | |
| 7 | | | | |
| 8 | 남자 금액 합계 | | 42,000 | |
| 9 | | | | |
| 10 | 남자 인원수 | | 3 | |
| 11 | | | | |

◀ '배열수식(결과)' 시트

**출제유형 ❷ '배열1' 시트에서 다음 과정을 수행하고 저장하시오.**

❶ [표2]를 이용해서 부서별 직무수행 평균을 [표1]의 [B4:B7] 영역에 계산하여 표시하시오.
- ▶ 부서는 [A11:A33]을 기준으로 하고, 직무수행은 [C11:C33]을 이용하여 계산
- ▶ IF와 AVERAGE 함수를 사용한 배열 수식

❷ [표2]를 이용하여 부서별 인원수를 [표1]의 [C4:C7] 영역에 표시하시오.
- ▶ SUM과 IF 함수를 사용한 배열 수식

> **기적의 TIP**
> **AVERAGE, IF 함수를 이용하여 평균 구하기**
> =AVERAGE(IF(조건,평균을 구할 범위))

① [B4] 셀에 아래와 같이 수식을 입력하고 Ctrl+Shift+Enter를 눌러 수식을 완성한 후 [B7] 셀까지 수식을 복사한다.

**함수 설명** =AVERAGE(IF($A$11:$A$33=A4,$C$11:$C$33))

① **$A$11:$A$33=A4 :** [A11:A33] 영역과 [A4] 셀이 같은지 비교
② **IF(①,$C$11:$C$33) :** ①을 만족하면 해당 행과 대응되는 [C11:C33] 영역의 값을 반환

**=AVERAGE(②) :** ②의 결과로 반환된 값들의 평균을 구함

❶ 조건 확인
[A11:A33] 영역과 [A4] 셀이 같은지 비교

AVERAGE (
IF($A$11=A4,$C$11)
IF($A$12=A4,$C$12)
IF($A$13=A4,$C$13)
⋮
IF($A$31=A4,$C$31)
IF($A$32=A4,$C$32)
IF($A$33=A4,$C$33)
)

❷ 비교 결과 확인
실제 데이터가 참인지 거짓인지 확인

AVERAGE (
FALSE
FALSE
FALSE
⋮
81
76
FALSE
)

❸ AVERAGE 함수에 적용
참인 경우 [A11:A33] 영역에 대응되는 [C11:C33] 영역의 값을 함수에 적용
=AVEAGE(0,0,0...,81,76,0)

❹ 결과 확인
결과 : 80

> **기적의 TIP**
> 참조할 데이터가 입력된 [A11:A33], [C11:C33] 영역은 수식을 복사하더라도 같은 영역을 참조하기 때문에 절대참조를 합니다. 만약, 절대참조를 하지 않으면 첫 번째 데이터 [B4] 셀의 수식은 =AVERAGE (IF(A11:A33=A4, C11:C33)), [B5] 셀의 수식은 =AVERAGE(IF(A12:A34 =A5, C12:C34))…로 위치가 변경되어 정확한 값을 구할 수 없어요.

② [C4] 셀에 아래와 같이 수식을 입력하고 Ctrl+Shift+Enter를 눌러 수식을 완성한 후 [C7] 셀까지 수식을 복사한다.

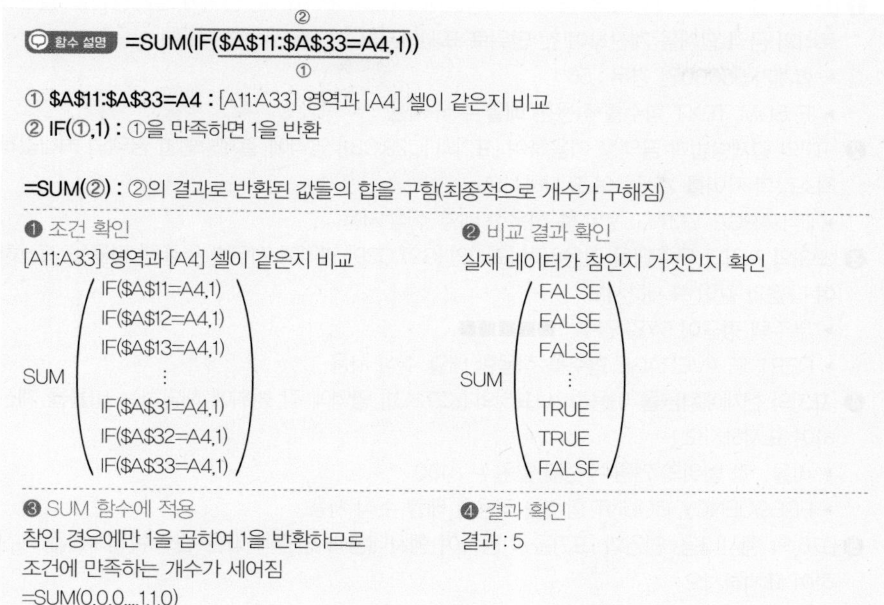

함수 설명 =SUM(IF($A$11:$A$33=A4,1))

① $A$11:$A$33=A4 : [A11:A33] 영역과 [A4] 셀이 같은지 비교
② IF(①,1) : ①을 만족하면 1을 반환

=SUM(②) : ②의 결과로 반환된 값들의 합을 구함(최종적으로 개수가 구해짐)

❶ 조건 확인
[A11:A33] 영역과 [A4] 셀이 같은지 비교

SUM( IF($A$11=A4,1), IF($A$12=A4,1), IF($A$13=A4,1), ⋮, IF($A$31=A4,1), IF($A$32=A4,1), IF($A$33=A4,1) )

❷ 비교 결과 확인
실제 데이터가 참인지 거짓인지 확인

SUM( FALSE, FALSE, FALSE, ⋮, TRUE, TRUE, FALSE )

❸ SUM 함수에 적용
참인 경우에만 1을 곱하여 1을 반환하므로
조건에 만족하는 개수가 세어짐
=SUM(0,0,0....1,1,0)

❹ 결과 확인
결과 : 5

> **기적의 TIP**
> [A11:A33] 영역을 범위 지정할 때 [A11] 셀을 클릭한 후 Ctrl+Shift+↓를 누르면 [A33] 셀까지 범위를 지정하여 입력할 수 있습니다.

> **기적의 TIP**
> **SUM, IF 함수를 이용하여 개수 구하기**
> =SUM(IF(조건,1))

풀이결과

| | A | B | C | D |
|---|---|---|---|---|
| 1 | [표1] | | | |
| 2 | 부서별 성적분포 | | | |
| 3 | 부서 | 직무수행 평균 | 인원수 | |
| 4 | 관리부 | 80 | 5 | |
| 5 | 기술부 | 91.8 | 5 | |
| 6 | 기획실 | 86 | 7 | |
| 7 | 인사부 | 80.83333333 | 6 | |
| 8 | | | | |

◀ '배열1(결과)' 시트

**출제유형 ③ '배열2' 시트에서 다음 과정을 수행하고 저장하시오.**

❶ [표1]의 결제방법, 사용내역, 금액을 이용하여 [표2]의 [B29:B31] 영역에 결제방법별 일반의료비의 금액 합계를 계산하여 천 단위로 표시하시오.
- ▶ 합계가 56000인 경우 : 56
- ▶ IF, SUM, TEXT 함수를 적용한 배열 수식 사용

❷ [표1]의 결제방법과 금액을 이용하여 [표2]의 [C29:C31] 영역에 결제방법별 금액의 최대값과 최소값의 차이를 계산하여 표시하시오.
- ▶ IF, LARGE, SMALL 함수를 적용한 배열 수식 사용

❸ [표3]의 지역과 무주택을 이용하여 [표4]의 [G27:G29] 영역에 지역별 무주택 평균을 계산하여 다음과 같이 표시하시오.
- ▶ 무주택 평균이 5.7일 경우 : ■■■■■
- ▶ REPT, IF, AVERAGE 함수를 적용한 배열 수식 사용

❹ [표3]의 현재예치금을 이용하여 [표5]의 [K27:K31] 영역에 각 범위에 해당하는 비율을 계산하여 표시하시오.
- ▶ 비율 : 각 범위의 인원수/전체 인원수 ×100
- ▶ FREQUENCY, COUNT 함수를 적용한 배열 수식 사용

❺ [표6]의 행사내용, 인원과 [표7]을 이용하여 행사내용과 인원에 따른 빈도수[T4:U8]을 계산하여 표시하시오.
- ▶ FREQUENCY, IF 함수를 이용한 배열 수식 사용

❻ [표6]의 행사일과 [표8]를 이용하여 월별 행사건수를 구한 후 해당 개수만큼 "♥"를 [S12:S17] 영역에 반복하여 표시하시오.
- ▶ [표시 예 : 4 → ♥♥♥♥, 2 → ♥♥]
- ▶ IF, SUM, MONTH, REPT 함수를 이용한 배열 수식

① [B29] 셀에 **=TEXT(SUM(IF(($B$3:$B$25=$A29)*($C$3:$C$25=B$28),$D$3:$D$25)),"#,##0,")**를 입력한 후 Ctrl+Shift+Enter를 눌러 수식을 완성한 후 [B31] 셀까지 수식을 복사한다.

> **기적의 TIP**
> **SUM, IF 함수를 이용하여 합계 구하기**
> =SUM(IF((조건1)*(조건2),합계를 구할 범위))

**함수 설명** =TEXT(SUM(IF(($B$3:$B$25=$A29)*($C$3:$C$25=B$28),$D$3:$D$25)),"#,##0,")

① **($B$3:$B$25=$A29) :** [B3:B25] 영역과 [A29] 셀이 같은지를 비교한다.
② **($C$3:$C$25=B$28) :** [C3:C25] 영역과 [B28] 셀이 같은지를 비교한다.
③ **IF(①*②,$D$3:$D$25) :** 조건①과 조건②가 모두 만족하는 경우에 [D3:D25] 영역의 대응되는 행의 값을 반환한다.
④ **SUM(③) :** ③의 값의 합계를 구한다.

**=TEXT(④,"#,##0,") :** ④의 값을 #,##0, 형식으로 표시한다.

> **기적의 TIP**
> [B3:B25] 영역을 범위 지정할 때 [B3] 셀을 클릭한 후 Ctrl+Shift+↓를 누르면 [B25] 셀까지 범위를 지정하여 입력할 수 있습니다.

② [C29] 셀에 =LARGE(IF($B$3:$B$25=A29,$D$3:$D$25),1)-SMALL(IF($B$3:$B$25=A29,$D$3:$D$25),1)를 입력한 후 Ctrl+Shift+Enter를 눌러 수식을 완성한 후 [C31] 셀까지 수식을 복사한다.

> **함수 설명**
>
> =LARGE(IF($B$3:$B$25=A29,$D$3:$D$25),1)-SMALL(IF($B$3:$B$25=A29,$D$3:$D$25),1)
>
> ① IF($B$3:$B$25=A29,$D$3:$D$25) : [B3:B25] 영역과 [A29] 셀이 같은지를 비교하여 만족한 경우 [D3:D25] 영역의 대응되는 행의 값을 반환한다.
> ② LARGE(①,1) : ①의 값에서 첫 번째로 큰 값을 구한다.
> ③ SMALL(①,1) : ①의 값에서 첫 번째로 작은 값을 구한다.
>
> =②-③ : ②의 값에서 ③의 값을 뺀 차이값을 구한다.

③ [G27] 셀에 =REPT("■",AVERAGE(IF($G$3:$G$23=F27,$J$3:$J$23)))를 입력한 후 Ctrl+Shift+Enter를 눌러 수식을 완성한 후 [G29] 셀까지 수식을 복사한다.

> **함수 설명** =REPT("■",AVERAGE(IF($G$3:$G$23=F27,$J$3:$J$23)))
>
> ① IF($G$3:$G$23=F27,$J$3:$J$23) : [G3:G23] 영역과 [F27] 셀이 같은지를 비교하여 만족한 경우 [J3:J23] 영역의 대응되는 행의 값을 반환한다.
> ② AVERAGE(①) : ①의 평균값을 구한다.
>
> =REPT("■",②) : ②의 값만큼 ■을 표시한다.

④ [K27:K31] 영역을 범위 지정한 후 =FREQUENCY(I3:I23,J27:J31)/COUNT(I3:I23)*100을 입력한 후 Ctrl+Shift+Enter를 눌러 수식을 완성한다.

> **함수 설명** =FREQUENCY(I3:I23,J27:J31)/COUNT(I3:I23)*100
>
> ① FREQUENCY(I3:I23,J27:J31) : [I3:I23] 영역의 값을 [J27:J31] 영역의 빈도수를 구한다.
> ② COUNT(I3:I23) : [I3:I23] 영역의 개수를 구한다.
>
> = ①/②*100 : ①의 값을 ②로 나눈 값에 곱하기 100을 한 값을 구한다.

⑤ [T4:T8] 영역에 =FREQUENCY(IF($N$3:$N$31=T$3,$O$3:$O$31),$S$4:$S$8)를 입력한 후 Ctrl+Shift+Enter를 눌러 수식을 완성한 후 [U8] 셀까지 수식을 복사한다.

> **함수 설명** =FREQUENCY(IF($N$3:$N$31=T$3,$O$3:$O$31),$S$4:$S$8)
>
> ① IF($N$3:$N$31=T$3,$O$3:$O$31) : [N3:N31] 영역과 [T3] 셀이 같은지를 비교하여 만족한 경우 [O3:O31] 영역의 대응되는 행의 값을 반환한다.
>
> =FREQUENCY(①,$S$4:$S$8) : ① 영역의 값을 [S4:S8] 영역의 빈도수를 구한다.

**기적의 TIP**

**LARGE, IF 함수를 이용하여 K번째 큰 값 구하기**
=LARGE(IF(조건,값을 구할 범위),K)

**SMALL, IF 함수를 이용하여 K번째 작은 값 구하기**
=SMALL(IF(조건,값을 구할 범위),K)

**기적의 TIP**

[B3:B25] 영역을 범위 지정할 때 [B3] 셀을 클릭한 후 Ctrl+Shift+↓를 누르면 [B25] 셀까지 범위를 지정하여 입력할 수 있습니다.

**기적의 TIP**

**AVERAGE, IF 함수를 이용하여 평균 구하기**
=AVERAGE(IF(조건,평균을 구할 범위))

**기적의 TIP**

[G3:G23] 영역을 범위 지정할 때 [G3] 셀을 클릭한 후 Ctrl+Shift+↓를 누르면 [G23] 셀까지 범위를 지정하여 입력할 수 있습니다.

**기적의 TIP**

**FREQUENCY 함수**
값 범위 내에서 값이 발생하는 빈도를 계산하는 함수

FREQUENCY(값이 입력되어 있는 범위, 각 구간의 최댓값이 입력되어 있는 범위)

각 구간의 최댓값이 입력되어 있는 범위
: [표5]에서는 [J27:J31], [표8]에서는 [S4:S8] 영역을 범위로 지정합니다.

**기적의 TIP**

**SUM, IF 함수를 이용하여 개수 구하기**
=SUM(IF(조건,1))

**기적의 TIP**

[P3:P31] 영역을 범위 지정할 때 [P3] 셀을 클릭한 후 Ctrl+Shift+↓를 누르면 [P31] 셀까지 범위를 지정하여 입력할 수 있습니다.

⑥ [S12] 셀에 =REPT("♥",SUM(IF(MONTH($P$3:$P$31)=R12,1)))를 입력한 후 Ctrl+Shift+Enter를 눌러 수식을 완성한 후 [S17] 셀까지 수식을 복사한다.

**함수 설명** =REPT("♥",SUM(IF(MONTH($P$3:$P$31)=R12,1)))

① MONTH($P$3:$P$31) : [P3:P31] 영역에서 월을 추출한다.
② IF(①=R12,1) : ①의 값이 [R12]와 같으면 1의 값을 반환한다.
③ SUM(②) : ②의 값의 합계를 구한다.

=REPT("♥",③) : ♥의 ③ 개수만큼 표시한다.

풀이결과

[표1]

| 성명 | 결제방법 | 사용내역 | 금액 |
|---|---|---|---|
| 김라희 | 직불카드 | 일반의료비 | 6,800 |
| 김라진 | 일반카드 | 교육비 | 200,000 |
| 김라희 | 일반카드 | 교육비 | 110,000 |
| 김라희 | 직불카드 | 일반의료비 | 4,500 |
| 김인호 | 직불카드 | 식비 | 123,000 |
| 강숙희 | 직불카드 | 일반의료비 | 53,200 |
| 김인호 | 법인카드 | 교통비 | 31,100 |
| 강숙희 | 현금영수증 | 식비 | 62,140 |
| 김석진 | 현금영수증 | 일반의료비 | 7,800 |
| 이효인 | 현금영수증 | 일반의료비 | 15,000 |
| 김라희 | 일반카드 | 보험료 | 52,500 |
| 김석진 | 일반카드 | 일반의료비 | 132,000 |
| 김라진 | 현금영수증 | 교육비 | 200,000 |
| 이효인 | 직불카드 | 일반의료비 | 12,500 |
| 김인호 | 현금영수증 | 보험료 | 123,900 |
| 김라희 | 현금영수증 | 교육비 | 110,000 |
| 김라진 | 일반카드 | 보험료 | 62,400 |
| 이효인 | 현금영수증 | 일반의료비 | 3,400 |
| 김석진 | 현금영수증 | 일반의료비 | 2,900 |
| 김인호 | 법인카드 | 회식 | 562,000 |
| 이효인 | 현금영수증 | 일반의료비 | 13,900 |
| 이효인 | 현금영수증 | 일반의료비 | 5,700 |
| 강숙희 | 직불카드 | 교육비 | 100,000 |

[표2] 단위 : 천원

| 결제방법 | 일반의료비 | 최대값과 최저값의 차이 |
|---|---|---|
| 일반카드 | 132 | 147,500 |
| 직불카드 | 77 | 118,500 |
| 현금영수증 | 49 | 197,100 |

[표3]

| 번호 | 지역 | 전용면적 | 현재예치금 | 무주택 | 부양가족수 |
|---|---|---|---|---|---|
| SB-1 | 서울, 부산 | 85㎡ | 250 | 5 | 2 |
| KY-2 | 기타광역시 | 108㎡ | 800 | 5 | 5 |
| KT-3 | 기타지역 | 59㎡ | 200 | 3 | 4 |
| SB-4 | 서울, 부산 | 108㎡ | 1500 | 5 | 5 |
| SB-5 | 서울, 부산 | 98㎡ | 550 | 8 | 2 |
| KY-6 | 기타광역시 | 98㎡ | 400 | 6 | 1 |
| KY-7 | 기타광역시 | 50㎡ | 300 | 5 | 2 |
| KT-8 | 기타지역 | 98㎡ | 250 | 9 | 3 |
| KT-9 | 기타지역 | 69㎡ | 350 | 4 | 4 |
| KY-10 | 기타광역시 | 59㎡ | 300 | 3 | 2 |
| KT-11 | 기타지역 | 84㎡ | 100 | 5 | 1 |
| SB-12 | 서울, 부산 | 151㎡ | 2000 | 8 | 3 |
| KY-13 | 기타광역시 | 104㎡ | 500 | 2 | 2 |
| SB-14 | 서울, 부산 | 105㎡ | 800 | 8 | 2 |
| KT-15 | 기타지역 | 98㎡ | 250 | 3 | 1 |
| SB-16 | 서울, 부산 | 69㎡ | 450 | 2 | 5 |
| SB-17 | 서울, 부산 | 105㎡ | 1500 | 9 | 3 |
| KT-18 | 기타지역 | 113㎡ | 500 | 9 | 2 |
| KY-23 | 기타광역시 | 105㎡ | 800 | 5 | 2 |
| KT-24 | 기타지역 | 69㎡ | 300 | 13 | 2 |
| SB-25 | 서울, 부산 | 98㎡ | 500 | 1 | 1 |

[표4] 지역별 무주택 평균

| 지역 | 무주택 평균 |
|---|---|
| 서울, 부산 | ■■■■■ |
| 기타광역시 | ■■■■ |
| 기타지역 | ■■■■■■ |

[표5] 현재예치금 비율

| 현재예치금 | | 비율 |
|---|---|---|
| 0 ~ | 200 | 9.5 |
| 201 ~ | 400 | 38.1 |
| 401 ~ | 600 | 23.8 |
| 601 ~ | 1000 | 14.3 |
| 1001 ~ | 3000 | 14.3 |

[표7] 행사내용과 인원에 따른 빈도수

| 인원수 | | 돌잔치 | 결혼식 |
|---|---|---|---|
| 0 ~ | 200 | 2 | 1 |
| 201 ~ | 300 | 3 | 6 |
| 301 ~ | 400 | 4 | 5 |
| 401 ~ | 500 | 3 | 2 |
| 501 ~ | 600 | 1 | 2 |

[표8] 월별 행사건수

| 월 | 행사건수 |
|---|---|
| 1월 | ♥♥ |
| 2월 | ♥♥♥♥♥ |
| 3월 | ♥♥♥♥♥♥ |
| 4월 | ♥♥♥♥♥♥ |
| 5월 | ♥♥♥♥♥♥ |
| 6월 | ♥♥♥ |

▲ '배열2(결과)' 시트

출제유형 ❹ **'배열3' 시트에서 다음 과정을 수행하고 저장하시오.**

❶ [표1]의 수량과 단가를 이용하여 [C24:D25] 영역에 지역별 수량과 단가의 평균을 계산하여 표시하시오.
- ▸ 지역은 물품코드의 앞에 두 글자를 이용할 것
- ▸ AVERAGE, IF, LEFT 함수를 이용한 배열 수식

❷ [표1]의 물품코드와 판매금액을 이용하여 [B29:B33] 영역에 물품코드별 판매금액의 합계를 100,000으로 나눈 몫만큼 "★"을 반복하여 표시하시오.
- ▸ QUOTIENT, SUM, REPT 함수를 이용한 배열 수식
- ▸ [표시 예 : 4 → ★★★★, 2 → ★★]

❸ [표4]의 결제방법과 할부기간을 이용하여 [H23:J25] 영역에 할부기간과 결제방법별 카드 사용 빈도를 계산하여 표시하시오.
- ▸ 카드 사용 빈도수만큼 "★" 표시
- ▸ SUM, IF, REPT 함수를 사용한 배열 수식

❹ [표4]의 모델명, 매출액, 결제방법을 이용하여 [표6]의 [H29:J32] 영역에 모델번호와 결제방법별 매출액의 평균을 계산하여 표시하시오.
- ▸ 모델번호는 모델명의 뒤 2글자임
- ▸ AVERAGE, IF, RIGHT 함수를 사용한 배열 수식

❺ [표7]의 가입나이와 [표8]의 나이를 이용하여 나이대별 가입자수를 [표8]의 [S4:S10] 영역에 표시하시오.
- ▸ 가입자수가 0보다 큰 경우 계산된 값을 숫자 뒤에 "명"을 추가하여 표시하고, 그 외는 "미가입"으로 표시 [표시 예 : 0 → 미가입, 7 → 7명]
- ▸ IF, FREQUENCY, TEXT 함수를 이용한 배열 수식

❻ [표7]의 가입나이, 코드, 가입기간을 이용하여 코드별 나이별 평균 가입기간을 [표9]의 [R15:V18] 영역에 계산하시오.
- ▸ 단, 오류 발생 시 공백으로 표시
- ▸ AVERAGE, IF, IFERROR 함수를 이용한 배열 수식

> 기적의 TIP
>
> **AVERAGE, IF 함수를 이용하여 평균 구하기**
> =AVERAGE(IF(조건 ,평균을 구할 범위))

① [C24] 셀에 =AVERAGE(IF(LEFT($B$3:$B$20,2)=$B24,C$3:C$20))를 입력한 후 Ctrl+Shift+Enter를 눌러 수식을 완성한 후 [D25] 셀까지 수식을 복사한다.

> 기적의 TIP
>
> [B3:B20] 영역을 범위 지정할 때 [B3] 셀을 클릭한 후 Ctrl+Shift+↓를 누르면 [B20] 셀까지 범위를 지정하여 입력할 수 있습니다.

함수 설명 =AVERAGE(IF(LEFT($B$3:$B$20,2)=$B24,C$3:C$20))

① LEFT($B$3:$B$20,2) : [B3:B20] 영역에서 왼쪽에서부터 시작하여 2글자를 추출한다.
② IF(①=$B24,C$3:C$20) : ①의 값이 [B24] 같은 경우에 [C3:C20] 영역의 대응하는 행의 값을 반환한다.

=AVERAGE(②) : ②의 평균값을 구한다.

> 기적의 TIP
>
> **SUM 함수를 이용하여 합계 구하기**
> =SUM((조건)*합계를 구할 범위)

② [B29] 셀에 =REPT("★",QUOTIENT(SUM(($B$3:$B$20=A29)*$E$3:$E$20),100000))를 입력한 후 Ctrl+Shift+Enter를 눌러 수식을 완성한 후 [B33] 셀까지 수식을 복사한다.

함수 설명 =REPT("★",QUOTIENT(SUM(($B$3:$B$20=A29)*$E$3:$E$20),100000))

① ($B$3:$B$20=A29) : [B3:B20] 영역과 [A29] 셀이 같은지를 비교한다.
② SUM(①*$E$3:$E$20) : ①의 값과 [E3:E20] 영역에 대응하는 행의 값을 반환된 값들의 합계를 구한다.
③ QUOTIENT(②,100000) : ②을 100000으로 나눈 몫을 정수로 반환한다.

=REPT("★",③) : ★ 값을 ③만큼 표시한다.

**기적의 TIP**

**SUM, IF 함수를 이용하여 개수 구하기**
=SUM(IF((조건1)*(조건2),1))

③ [H23] 셀에 =REPT("★",SUM(IF(($K$3:$K$19=$G23)*($I$3:$I$19=H$22),1)))를 입력한 후 Ctrl+Shift+Enter를 눌러 수식을 완성한 후 [J25] 셀까지 수식을 복사한다.

함수 설명 =REPT("★",SUM(IF(($K$3:$K$19=$G23)*($I$3:$I$19=H$22),1)))

① ($K$3:$K$19=$G23) : [K3:K19] 영역과 [G23] 셀이 같은지를 비교한다.
② ($I$3:$I$19=H$22) : [I3:I19] 영역과 [H22] 셀이 같은지를 비교한다.
③ IF(①*②,1) : 조건①과 조건②가 모두 만족하는 경우에 1의 값을 반환한다.
④ SUM(③) : ③의 합계를 구한다.

=REPT("★",④) : ★ 값을 ④ 만큼 표시한다.

**기적의 TIP**

**AVERAGE, IF 함수를 이용하여 평균 구하기**
=AVERAGE(IF((조건1)*(조건2),평균을 구할 범위))

④ [H29] 셀에 =AVERAGE(IF((RIGHT($G$3:$G$19,2)=$G29)*($I$3:$I$19=H$28),$H$3:$H$19))를 입력한 후 Ctrl+Shift+Enter를 눌러 수식을 완성한 후 [J32] 셀까지 수식을 복사한다.

함수 설명 =AVERAGE(IF((RIGHT($G$3:$G$19,2)=$G29)*($I$3:$I$19=H$28),$H$3:$H$19))

① RIGHT($G$3:$G$19,2) : [G3:G19] 영역에서 오른쪽에서부터 시작하여 2글자를 추출한다.
② ①=$G29 : ①의 값과 [G29] 셀이 같은지를 비교한다.
③ ($I$3:$I$19=H$28) : [I3:I19] 영역과 [H28] 셀이 같은지를 비교한다.
④ IF(②*③,$H$3:$H$19) : 조건①과 조건②가 모두 만족하는 경우에 [H3:H19] 영역의 대응하는 행의 값을 반환한다.

=AVERAGE(④) : ④ 값의 평균값을 구한다.

⑤ [S4:S10] 영역을 범위 지정한 후에 **=IF(FREQUENCY(M3:M33,R4:R10)>0, TEXT(FREQUENCY(M3:M33,R4:R10),"0명"),"미가입")**를 입력한 후 Ctrl+Shift+Enter를 눌러 수식을 완성한다.

**함수 설명**

=IF(FREQUENCY(M3:M33,R4:R10)>0,TEXT(FREQUENCY(M3:M33,R4:R10),"0명"),"미가입")
(① = FREQUENCY(M3:M33,R4:R10), ② = TEXT(FREQUENCY(M3:M33,R4:R10),"0명"))

① **FREQUENCY(M3:M33,R4:R10) :** [M3:M33] 영역의 값을 참조하여 [R4:R10] 영역의 빈도수를 구한다.
② **TEXT(①,"0명") :** ①의 값을 0명으로 표시한다.

**=IF(①>0,②,"미가입") :** ①의 값이 0보다 크면 ②로 표시하고, 그 외는 "미가입"을 표시한다.

⑥ [R15] 영역을 범위 지정한 후에 **=IFERROR(AVERAGE(IF(($N$3:$N$33= $Q15) *($M$3:$M$33>=R$13)*($M$3:$M$33<R$14),$O$3:$O$33)),"")**를 입력한 후 Ctrl+Shift+Enter를 눌러 수식을 완성한 후 [V18] 셀까지 수식을 복사한다.

**함수 설명** =IFERROR

(AVERAGE(IF(($N$3:$N$33=$Q15)*($M$3:$M$33>=R$13)*($M$3:$M$33<R$14),$O$3:$O$33)),"")
(① = ($N$3:$N$33=$Q15), ② = ($M$3:$M$33>=R$13), ③ = ($M$3:$M$33<R$14), ④ = IF(...), ⑤ = AVERAGE(...))

① **($N$3:$N$33=$Q15) :** [N3:N33] 영역과 [Q15] 셀이 같은지를 비교한다.
② **($M$3:$M$33>=R$13) :** [M3:M33] 영역보다 [R13] 셀과 크거나 같은지를 비교한다.
③ **($M$3:$M$33<R$14) :** [M3:M33] 영역보다 [R14] 셀보다 작은지를 비교한다.
④ **IF(①*②*③,$O$3:$O$33) :** 조건①, 조건②, 조건③이 모두 만족하는 경우에 [O3:O33] 영역의 대응되는 행의 값을 반환한다.
⑤ **AVERAGE(④) :** ④의 평균값을 표시한다.

**=IFERROR(⑤,"") :** ⑤의 값을 표시하고, 오류가 발생할 때에는 공백("")으로 표시한다.

**기적의 TIP**

**AVERAGE, IF 함수를 이용하여 평균 구하기**
=AVERAGE(IF((조건1)*(조건2)*(조건3),평균을 구할 범위))

**풀이결과**

[표8] 나이대별 가입자수

| 나이 | | 가입자수 |
|---|---|---|
| 1세 ~ | 10세 | 3명 |
| 11세 ~ | 20세 | 6명 |
| 21세 ~ | 30세 | 10명 |
| 31세 ~ | 40세 | 미가입 |
| 41세 ~ | 50세 | 7명 |
| 51세 ~ | 60세 | 3명 |
| 61세 ~ | 70세 | 2명 |

[표9] 코드별 나이별 평균 가입기간

| 코드 | 0세 이상 | 20세 이상 | 30세 이상 | 40세 이상 | 60세 이상 |
|---|---|---|---|---|---|
| | 20세 미만 | 30세 미만 | 40세 미만 | 60세 미만 | 80세 미만 |
| BM | 7.33 | 16.75 | | 8.00 | |
| BW | 20.50 | 21.00 | | 5.00 | 23.00 |
| SM | 9.00 | 8.67 | | 13.00 | |
| SW | 7.67 | 16.50 | | 5.00 | 7.00 |

[표2] 지역별 평균

| 지역 | 물품코드 | 수량평균 | 단가평균 |
|---|---|---|---|
| 국내 | SS | 57 | 3,082 |
| 국외 | JJ | 66 | 2,143 |

[표3] 물품코드별 합계

| 물품코드 | 판매금액합계 |
|---|---|
| SS1111 | ★★★ |
| JJ1111 | ★★★ |
| SS2222 | ★★★★★★★ |
| JJ2222 | ★★★★★★ |
| SS3333 | ★★★★★★★ |

[표5] 할부기간별 카드 사용 빈도

| 할부기간 | 한국카드 | 대한카드 | 나라카드 |
|---|---|---|---|
| 3개월 | ★★ | ★★★★ | ★★ |
| 6개월 | ★★ | | ★ |
| 12개월 | ★★ | ★★ | ★★ |

[표6] 모델별 평균 매출액

| 모델번호 | 한국카드 | 대한카드 | 나라카드 |
|---|---|---|---|
| 01 | 3,700,000 | 2,540,000 | 2,840,000 |
| 03 | 1,040,000 | 3,512,000 | 6,500,000 |
| 04 | 985,200 | 803,500 | 1,000,000 |
| 06 | 7,410,000 | 150,000 | 5,130,000 |

▲ '배열3(결과)' 시트

SECTION 12

# 사용자 정의 함수

난 이 도 상 (중) 하

반복학습 1 2 3

작업파일 [2025컴활1급₩1권_스프레드시트₩이론] 폴더의 '06계산작업' 파일을 열어서 작업하시오.

**기적의 TIP**

**[사용자 정의 함수]**
① Alt+F11
② [삽입]-[모듈]
③ 함수 정의
④ 시트에 함수 적용

**출제유형 ❶ '사용자정의' 시트에서 다음 과정을 수행하고 저장하시오.**

❶ 사용자 정의 함수 'fn적립금'을 작성하여 [표1]의 [E3:E15] 영역에 적립금을 계산하여 표시하시오.

- 'fn적립금'은 매출액, 적립률을 인수로 받아 값을 되돌려줌
- 적립금 = 매출액 × (적립률 + 추가적립률)
- 추가적립률은 매출액이 1,000,000 이상일 경우 2%를 적용함
- IF~ELSE문 사용

```
Public Function fn적립금(매출액, 적립률)
End Function
```

❷ 사용자 정의 함수 'fn배송비'를 작성하여 [표2]의 배송비[L3:L15]를 표시하시오.

- 'fn배송비'는 판매금액과 등급을 인수로 받아 값을 되돌려줌
- 배송비는 판매금액이 100,000원 이상이거나 등급이 "정회원"이면 1000, 판매금액이 50,000원 이상이거나 등급이 "준회원"이면 3000, 그 외에는 4000으로 표시
- IF문 사용

```
Public Function fn배송비(판매금액, 등급)
End Function
```

❸ 사용자 정의 함수 'fn가입상태'를 작성하여 [표3]의 가입상태[R3:R15]를 표시하시오.

- 'fn가입상태'는 가입기간, 미납기간을 인수로 받아 값을 되돌려 줌
- 미납기간이 가입기간 이상이면 "해지예상", 미납기간이 가입기간 미만인 경우 중에서 미납기간이 0이면 "정상", 미납기간이 2 초과이면 "휴면보험", 그 외는 미납기간과 "개월 미납"을 연결하여 표시 [표시 예 : 1개월 미납]
- IF문 & 연산자 사용

```
Public Function fn가입상태(가입기간, 미납기간)
End Function
```

❹ 사용자 정의 함수 'fn할인금액'을 작성하여 [표4]의 [E19:E31] 영역에 할인금액을 계산하여 표시하시오.

- 'fn할인금액'은 사용내역, 관계, 금액을 인수로 받아 할인금액을 계산하는 함수이다.
- 할인금액은 사용내역이 '일반의료비'이고, 관계가 '본인', '처', '자'인 경우는 금액의 80%, 사용내역이 '일반의료비'이고 관계가 '부'와 '모'인 경우는 금액의 50%, 그 외는 공백으로 표시하시오.

```
Public Function fn할인금액(사용내역, 관계, 금액)
End Function
```

❺ 사용자 정의 함수 'fn기타'를 작성하여 [표5]의 [L19:L31] 영역에 기타를 계산하여 표시하시오.

- 'fn기타'는 반영점수를 인수로 받아 기타를 계산하는 함수이다.
- 반영점수가 10 이상이면 '반영점수/10'의 값만큼 "■"를 반복하여 표시하고, 그 외에는 "노력요함"으로 표시하시오.
- 반영점수가 64일 경우 : ■■■■■■
- 반영점수가 7.2일 경우 : 노력요함
- IF문과 FOR문 이용

```
Public Function fn기타(반영점수)
End Function
```

❻ 사용자 정의 함수 'fn비고'를 작성하여 [표6]의 [R19:R31] 영역에 비고를 계산하여 표시하시오.

- 'fn비고'는 현재강의수와 수강인원을 인수로 받아 비고를 계산하는 함수이다.
- '수강인원/현재강의수'가 30 이상이면 "강의추가", 15 이상이면 공백, 그 외에는 "강의축소"로 표시하시오.
- SELECT CASE문 이용

```
Public Function fn비고(현재강의수, 수강인원)
End Function
```

더 알기 TIP

### 메뉴에 [개발 도구] 탭을 표시하려면?

1. [파일]-[옵션]을 클릭한다.
2. '리본 사용자 지정' 탭에서 '개발 도구'를 체크하고 [확인]을 클릭한다.

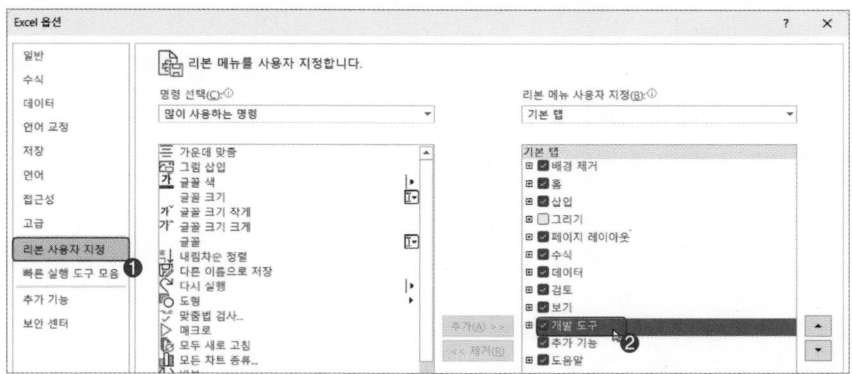


3. [개발 도구] 탭이 표시된다.

## 01 'fn적립금' 사용자 정의 함수

> **기적의 TIP**
>
> **바로 가기 키 : Alt+F11**

① [개발 도구]-[코드] 그룹의 [Visual Basic]( )을 클릭한다.

② [삽입]-[모듈]을 선택한다.

> **기적의 TIP**
>
> **모듈이란?**
> 실행 가능한 프로그램입니다.

③ 아래 그림과 같이 내용을 입력한다.

> **기적의 TIP**
>
> - Function : 함수의 시작
> - End Function : 함수의 끝
> - Public : 작성한 함수를 프로젝트 내의 다른 모듈에서도 참조할 수 있도록 선언
>   (대소문자 상관없이 입력하면 됩니다. 단, 함수 이름은 대소문자 구분해서 작성해야 합니다.)

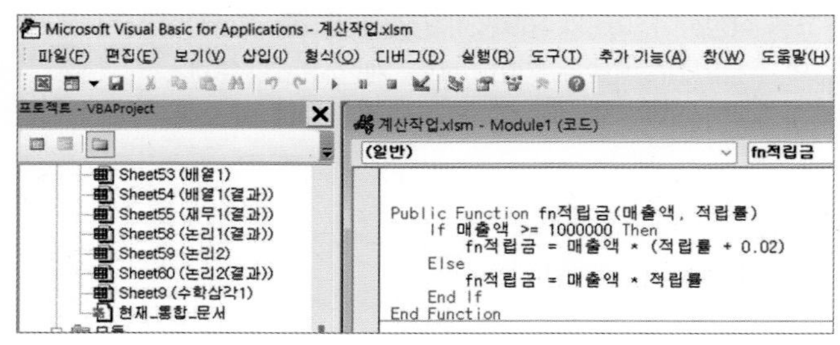


```
Public Function fn적립금(매출액, 적립률)
    If 매출액 >= 1000000 Then
        fn적립금 = 매출액 * (적립률 + 0.02)
    Else
        fn적립금 = 매출액 * 적립률
    End If
End Function
```

④ Visual Basic Editor 창의 오른쪽 [닫기]를 클릭하여 엑셀로 돌아온 후 [E3] 셀을 클릭한 후 [함수 삽입]( )을 클릭한다.

> **기적의 TIP**
>
> - Tab : 들여쓰기
> - Shift+Tab : 내어쓰기
> - 사용자 정의 함수를 작성할 때 Tab, Shift+Tab를 이용하여 작성하면 코드를 보기 편하게 작성할 수 있습니다.

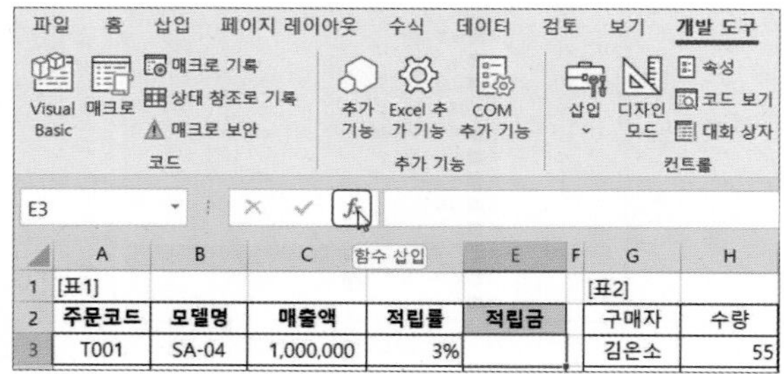


| | A | B | C | D | E | F | G | H |
|---|---|---|---|---|---|---|---|---|
| 1 | [표1] | | | | | | [표2] | |
| 2 | 주문코드 | 모델명 | 매출액 | 적립률 | 적립금 | | 구매자 | 수량 |
| 3 | T001 | SA-04 | 1,000,000 | 3% | | | 김은소 | 55 |

⑤ [함수 마법사]의 범주 선택에서 '사용자 정의'를 선택하고, 'fn적립금'을 선택한 후 [확인]을 클릭한다.

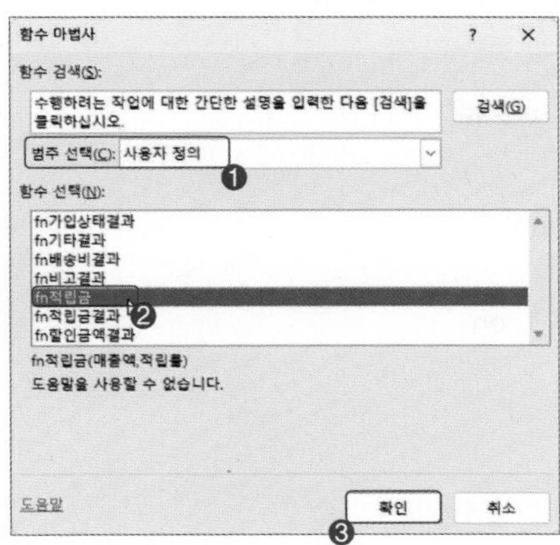


⑥ [함수 인수]에서 그림과 같이 각각 셀을 지정한 후 [확인]을 클릭한다.

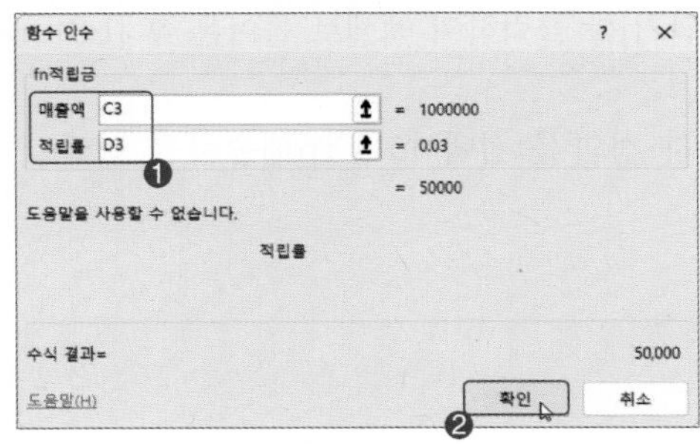


⑦ [E3] 셀의 수식을 [E15] 셀까지 복사한다.

더 알기 TIP

**IF 구문**

• IF 구문은 특정한 조건을 검사하여 조건이 참일 때와 거짓일 때의 실행되는 명령문이 다르도록 해주며 기본 구조는 다음과 같다.

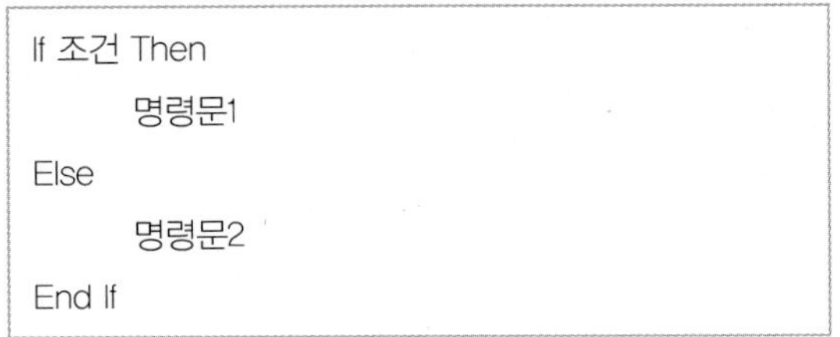

```
If 조건 Then
    명령문1
Else
    명령문2
End If
```

• 조건이 만족할 때에는 '명령문1'이 실행되고, 조건이 만족하지 않을 때에는 '명령문2'가 실행된다.

• 조건이 여러 개일 때에는 구조는 다음과 같다.

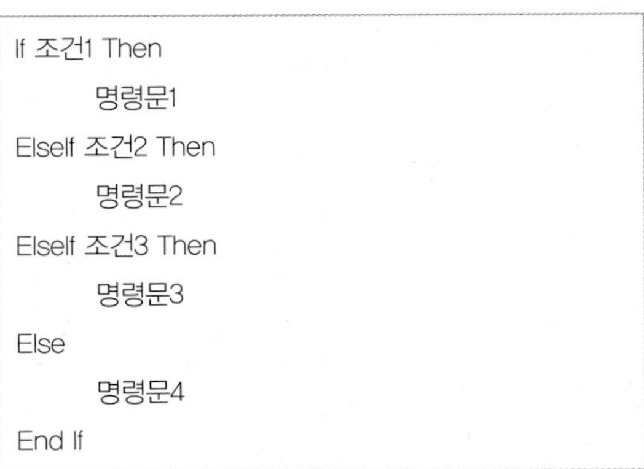

```
If 조건1 Then
    명령문1
ElseIf 조건2 Then
    명령문2
ElseIf 조건3 Then
    명령문3
Else
    명령문4
End If
```

• '조건1'에 만족하면 '명령문1'을 조건1에 만족하지 않으면 다시 '조건2'와 비교하여 만족하면 '명령문2'를 ... 어느 조건에도 만족하지 않으면 Else 다음에 있는 '명령문4'를 실행한다.

## ⓶ 'fn배송비' 사용자 정의 함수

① [개발 도구]–[코드] 그룹의 [Visual Basic]( )을 클릭한다.
② [삽입]–[모듈]을 선택한다.
③ 아래 그림과 같이 내용을 입력한다.

```
Public Function fn배송비(판매금액, 등급)
    If 판매금액 >= 100000 Or 등급 = "정회원" Then
        fn배송비 = 1000
    ElseIf 판매금액 >= 50000 Or 등급 = "준회원" Then
        fn배송비 = 3000
    Else
        fn배송비 = 4000
    End If
End Function
```

> **기적의 TIP**
>
> **OR**
> - **엑셀** : OR(조건1, 조건2)
> - **배열 수식** : (조건1) + (조건2)
> - **VBE** : 조건1 OR 조건2
> - **액세스** : 조건1 OR 조건2
>
> **AND**
> - **엑셀** : AND(조건1, 조건2)
> - **배열 수식** : (조건1) * (조건2)
> - **VBE** : 조건1 AND 조건2
> - **액세스** : 조건1 AND 조건2

④ Visual Basic Editor 창의 오른쪽 [닫기]를 클릭하여 엑셀로 돌아온 후 [L3] 셀을 클릭한 후 [함수 삽입]( )을 클릭한다.
⑤ [함수 마법사]의 범주 선택에서 '사용자 정의'를 선택하고, 'fn배송비'를 선택한 후 [확인]을 클릭한다.

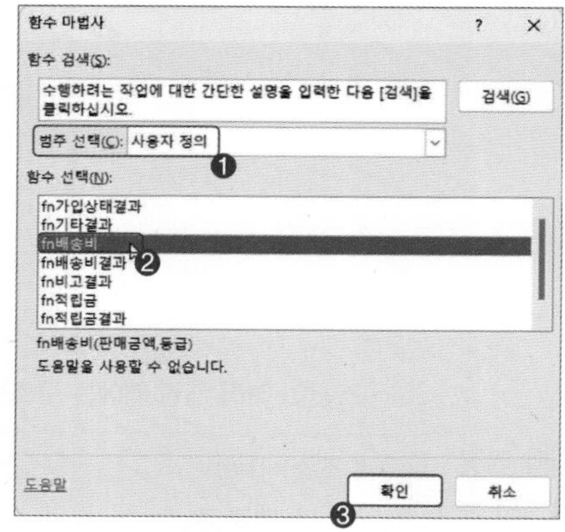


⑥ [함수 인수]의 그림과 같이 각각 셀을 지정한 후 [확인]을 클릭한다.

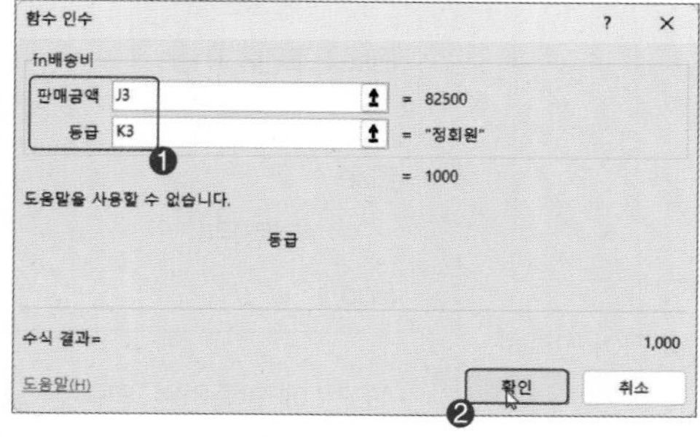


⑦ [L3] 셀의 수식을 [L15] 셀까지 복사한다.

## 03 'fn가입상태' 사용자 정의 함수

① [개발 도구]-[코드] 그룹의 [Visual Basic]( )을 클릭한다.
② [삽입]-[모듈]을 선택한다.
③ 아래 그림과 같이 내용을 입력한다.

```
Public Function fn가입상태(가입기간, 미납기간)
    If 미납기간 >= 가입기간 Then
        fn가입상태 = "해지예상"
    Else
        If 미납기간 = 0 Then
            fn가입상태 = "정상"
        ElseIf 미납기간 > 2 Then
            fn가입상태 = "휴면보험"
        Else
            fn가입상태 = 미납기간 & "
            개월 미납"
        End If
    End If
End Function
```

If 미납기간이 가입기간 이상이면
  가입상태 ="해지예상"
그 외에
미납기간이 가입기간보다 작은 상태에서 미납기간에 따라 최종 결과가 달라질 수 있도록 If문을 한 번 더 입력해서 작성한다.
If 미납기간 = 0이면
  가입상태 = "정상"
미납기간 2보다 크면
  가입상태 = "휴면보험"
그 외에
  가입상태 = 미납기간 & "개월 미납"
End if
End if

④ Visual Basic Editor 창의 오른쪽 [닫기]를 클릭하여 엑셀로 돌아온 후 [R3] 셀을 클릭한 후 [함수 삽입]( )을 클릭한다.
⑤ [함수 마법사]의 범주 선택에서 '사용자 정의'를 선택하고, 'fn가입상태'를 선택한 후 [확인]을 클릭한다.

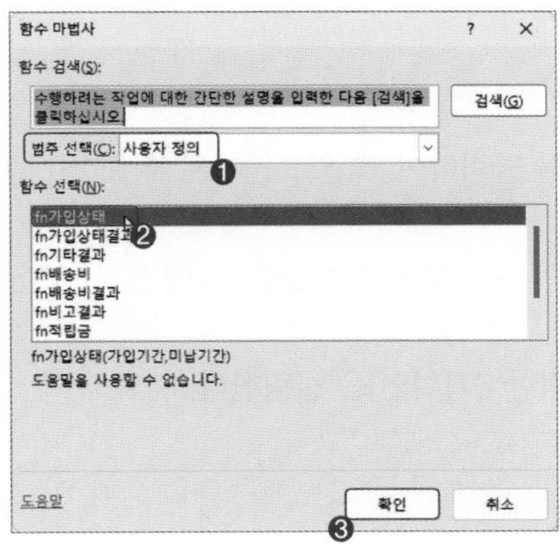


> **기적의 TIP**
> & 연산자 앞뒤에는 한 칸의 스페이스를 띄어서 작성합니다.

⑥ [함수 인수]에서 그림과 같이 각각 셀을 지정한 후 [확인]을 클릭한다.

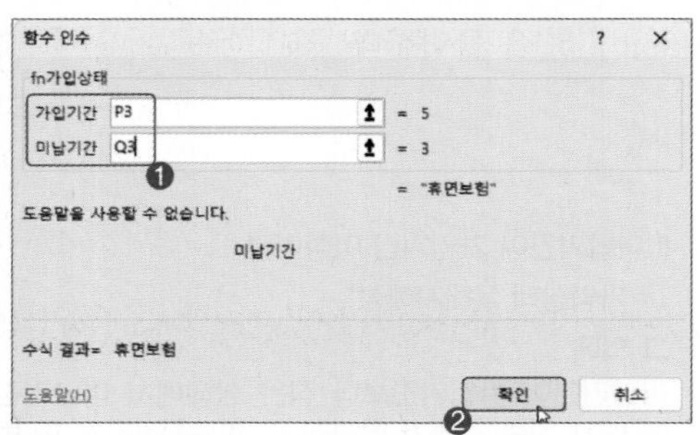


⑦ [R3] 셀의 수식을 [R15] 셀까지 복사한다.

## 04 'fn할인금액' 사용자 정의 함수

① [개발 도구]-[코드] 그룹의 [Visual Basic]( )을 클릭한다.
② [삽입]-[모듈]을 선택한다.
③ 아래 그림과 같이 내용을 입력한다.

> **기적의 TIP**
> %를 입력할 수 없기 때문에 80%는 0.8, 50%는 0.5로 입력합니다.

```
Public Function fn할인금액(사용내역, 관계, 금액)
    If 사용내역 = "일반의료비" And (관계 = "본인" Or 관계 = "처" Or 관계 = "자") Then
        fn할인금액 = 금액 * 0.8
    ElseIf 사용내역 = "일반의료비" And (관계 = "부" Or 관계 = "모") Then
        fn할인금액 = 금액 * 0.5
    Else
        fn할인금액 = ""
    End If
End Function
```

> **기적의 TIP**
> 하나의 필드에 조건이 2개 이상일 경우에는 분배법칙이 성립될 수 있도록 괄호()로 묶어서 작성합니다.
> A×(B+C+D) = (A×B) + (A×C) + (A×D)
>
> 사용내역이 ="일반의료비" And (관계 ="본인" Or 관계 ="처" Or 관계 ="자")
>
> 사용내역이 '일반의료비' 이면서 관계가 '본인'
> 사용내역이 '일반의료비' 이면서 관계가 '처'
> 사용내역이 '일반의료비' 이면서 관계가 '자'
> 로 작성하기 위해서는 관계(OR 연산자)가 먼저 처리될 수 있도록 괄호()를 묶어서 처리한 후 AND 연산을 처리할 수 있도록 작성합니다. 만약, 괄호를 묶어서 처리하지 않으면 순서대로 처리가 되어 원하는 값이 나오지 않습니다.

④ Visual Basic Editor 창의 오른쪽 [닫기]를 클릭하여 엑셀로 돌아온 후 [E19] 셀을 클릭한 후 [함수 삽입]( )을 클릭한다.
⑤ [함수 마법사]의 범주 선택에서 '사용자 정의'를 선택하고, 'fn할인금액'을 선택한 후 [확인]을 클릭한다.
⑥ [함수 인수]에서 그림과 같이 각각 셀을 지정한 후 [확인]을 클릭한다.

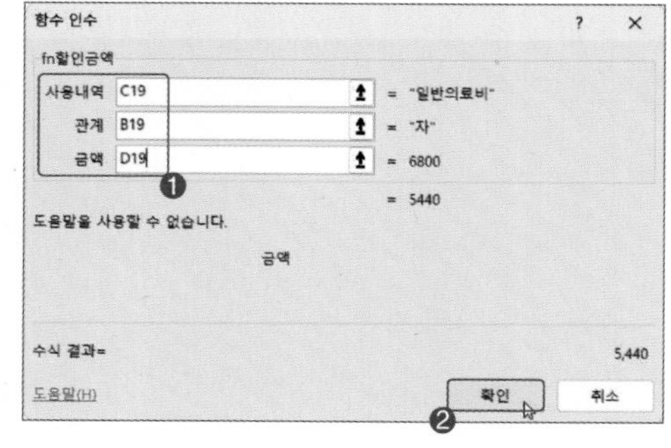


⑦ [E19] 셀의 수식을 [E31] 셀까지 복사한다.

## 05 'fn기타' 사용자 정의 함수

① [개발 도구]-[코드] 그룹의 [Visual Basic](아이콘)을 클릭한다.
② [삽입]-[모듈]을 선택한다.
③ 아래 그림과 같이 내용을 입력한다.

```
Public Function fn기타(반영점수)
    If 반영점수 >= 10 Then
        For a = 1 To 반영점수 / 10
            fn기타 = fn기타 & "■"
        Next a
    Else
        fn기타 = "노력요함"
    End If
End Function
```

④ Visual Basic Editor 창의 오른쪽 [닫기]를 클릭하여 엑셀로 돌아온 후 [L19] 셀을 클릭한 후 [함수 삽입](fx)을 클릭한다.
⑤ [함수 마법사]의 범주 선택에서 '사용자 정의'를 선택하고, 'fn기타'를 선택한 후 [확인]을 클릭한다.
⑥ [함수 인수]에서 그림과 같이 셀을 지정한 후 [확인]을 클릭한다.

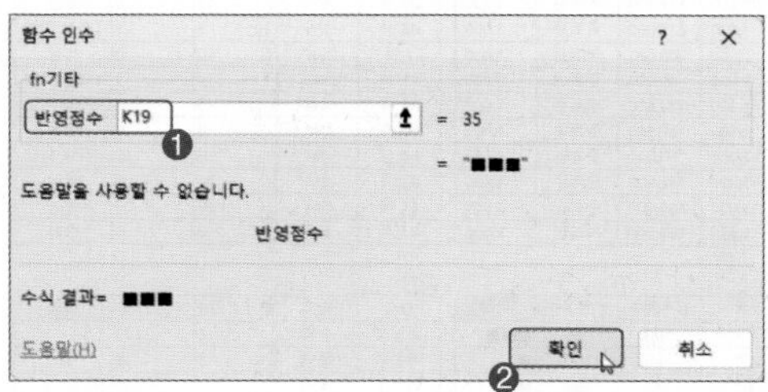


⑦ [L19] 셀의 수식을 [L31] 셀까지 복사한다.

> **기적의 TIP**
>
> **For문은 반복문 작성**
> For 반복변수 = 시작값 To 마지막 값 [Step 증감값]
> 실행문
> Next 반복변수
> : 조건이 맞는 동안 지정한 횟수만큼 반복
>
> For a =1 to 반영점수/10
> fn기타 = fn기타 & "■"
> Next a
>
> 1번째(a=1)일 때
> **fn기타 : ■**
> 2번째(a=2)일 때
> **fn기타 : ■■**
> 3번째(a=3)일 때
> **fn기타 : ■■■**
> …
> 반영점수를 10으로 나눈 횟수만큼 반복하여 표시

> **기적의 TIP**
>
> **평균**
> • **엑셀** : AVERAGE
> • **VBE** : 합계/개수
> • **액세스** : AVG

## 06 'fn비고' 사용자 정의 함수

① [개발 도구]-[코드] 그룹의 [Visual Basic](아이콘)을 클릭한다.
② [삽입]-[모듈]을 선택한다.
③ 아래 그림과 같이 내용을 입력한다.

```
Public Function fn비고(현재강의수, 수강인원)
    Select Case 수강인원 / 현재강의수
        Case Is >= 30
            fn비고 = "강의추가"
        Case Is >= 15
            fn비고 = ""
        Case Else
            fn비고 = "강의축소"
    End Select
End Function
```

> **기적의 TIP**
>
> **If구문으로 작성할 경우**

```
Public Function fn비고(현재강의수, 수강인원)
  If (수강인원/현재강의수) >=30 Then
    fn비고 = "강의추가"
  ElseIf (수강인원/현재강의수) >=15 Then
    fn비고 = ""
  Else
    fn비고 = "강의축소"
  End If
End Function
```

④ Visual Basic Editor 창의 오른쪽 [닫기]를 클릭하여 엑셀로 돌아온 후 [R19] 셀을 클릭한 후 [함수 삽입](fx)을 클릭한다.

⑤ [함수 마법사]의 범주 선택에서 '사용자 정의'를 선택하고, 'fn비고'를 선택한 후 [확인]을 클릭한다.

⑥ [함수 인수]에서 그림과 같이 각각 셀을 지정한 후 [확인]을 클릭한다.

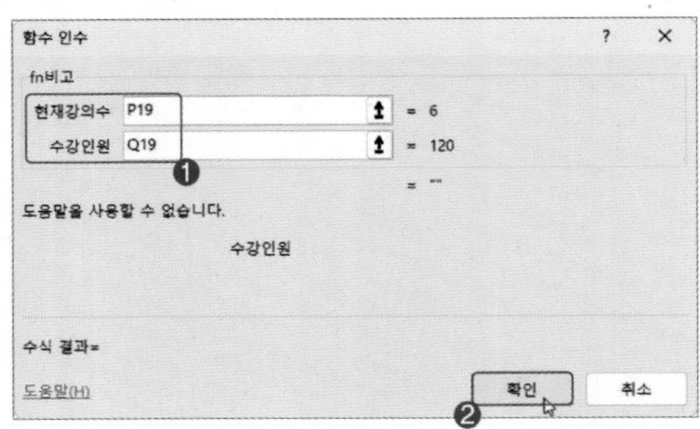


⑦ [R19] 셀의 수식을 [R31] 셀까지 복사한다.

풀이결과

| | A | B | C | D | E |
|---|---|---|---|---|---|
| 1 | [표1] | | | | |
| 2 | 주문코드 | 모델명 | 매출액 | 적립률 | 적립금 |
| 3 | T001 | SA-04 | 1,000,000 | 3% | 50,000 |
| 4 | C002 | SA-03 | 800,000 | 2% | 16,000 |
| 5 | V006 | SA-04 | 750,000 | 1% | 7,500 |
| 6 | V003 | SA-06 | 150,000 | 3% | 4,500 |
| 7 | T004 | SA-07 | 1,650,000 | 2% | 66,000 |
| 8 | C005 | SA-01 | 1,560,000 | 1% | 46,800 |
| 9 | V006 | SA-03 | 1,280,000 | 3% | 64,000 |
| 10 | C005 | SA-01 | 2,540,000 | 2% | 101,600 |
| 11 | V003 | SA-03 | 3,512,000 | 3% | 175,600 |
| 12 | T001 | SA-07 | 790,000 | 1% | 7,900 |
| 13 | C002 | SA-02 | 4,500,000 | 2% | 180,000 |
| 14 | C002 | SA-07 | 2,453,000 | 3% | 122,650 |
| 15 | V006 | SA-04 | 985,200 | 2% | 19,704 |
| 16 | | | | | |
| 17 | [표4] | | | | |
| 18 | 성명 | 관계 | 사용내역 | 금액 | 할인금액 |
| 19 | 김라희 | 자 | 일반의료비 | 6,800 | 5,440 |
| 20 | 김라진 | 자 | 교육비 | 200,000 | |
| 21 | 김라희 | 자 | 교육비 | 110,000 | |
| 22 | 김라희 | 자 | 일반의료비 | 4,500 | 3,600 |
| 23 | 김인호 | 본인 | 식비 | 123,000 | |
| 24 | 강숙희 | 처 | 일반의료비 | 53,200 | 42,560 |
| 25 | 김인호 | 본인 | 교통비 | 31,100 | |
| 26 | 강숙희 | 처 | 식비 | 62,140 | |
| 27 | 김석진 | 부 | 일반의료비 | 7,800 | 3,900 |
| 28 | 이효인 | 모 | 일반의료비 | 15,000 | 7,500 |
| 29 | 김라희 | 자 | 보험료 | 52,500 | |
| 30 | 김석진 | 부 | 일반의료비 | 132,000 | 66,000 |
| 31 | 김라진 | 자 | 교육비 | 200,000 | |
| 32 | | | | | |

| | G | H | I | J | K | L |
|---|---|---|---|---|---|---|
| 1 | [표2] | | | | | |
| 2 | 구매자 | 수량 | 단가 | 판매금액 | 등급 | 배송비 |
| 3 | 김은소 | 55 | 1,500 | 82,500 | 정회원 | 1,000 |
| 4 | 임채빈 | 20 | 3,000 | 60,000 | 준회원 | 3,000 |
| 5 | 한아름 | 20 | 2,000 | 40,000 | 비회원 | 4,000 |
| 6 | 유벼리 | 21 | 5,300 | 111,300 | 비회원 | 1,000 |
| 7 | 강한후 | 95 | 3,000 | 285,000 | 비회원 | 1,000 |
| 8 | 설진성 | 120 | 2,500 | 300,000 | 비회원 | 1,000 |
| 9 | 박호영 | 20 | 2,000 | 40,000 | 준회원 | 3,000 |
| 10 | 김새롬 | 25 | 5,300 | 132,500 | 비회원 | 1,000 |
| 11 | 임원이 | 55 | 2,500 | 137,500 | 정회원 | 1,000 |
| 12 | 이구름 | 30 | 2,000 | 60,000 | 준회원 | 3,000 |
| 13 | 김중건 | 25 | 5,300 | 132,500 | 준회원 | 1,000 |
| 14 | 고진웅 | 55 | 3,000 | 165,000 | 준회원 | 1,000 |
| 15 | 안대훈 | 32 | 5,300 | 169,600 | 비회원 | 1,000 |
| 16 | | | | | | |
| 17 | [표5] | | | | | |
| 18 | 이름 | 과목 | 항목 | 받은점수 | 반영점수 | 기타 |
| 19 | 이민정 | 국어 | 중간고사 | 100 | 35 | ■■■ |
| 20 | 이민정 | 과학 | 실험 | 64 | 19.2 | ■ |
| 21 | 이민정 | 국어 | 포트폴리오 | 92 | 18.4 | ■ |
| 22 | 이민정 | 사회 | 중간고사 | 96 | 28.8 | ■■ |
| 23 | 강호민 | 과학 | 기말고사 | 84 | 25.2 | ■■ |
| 24 | 강호민 | 과학 | 실험 | 100 | 30 | ■■■ |
| 25 | 강호민 | 국어 | 중간고사 | 88 | 30.8 | ■■■ |
| 26 | 강호민 | 사회 | 중간고사 | 92 | 27.6 | ■■ |
| 27 | 김영길 | 국어 | 기말고사 | 88 | 30.8 | ■■■ |
| 28 | 김영길 | 과학 | 발표 | 72 | 7.2 | 노력요함 |
| 29 | 김영길 | 사회 | 포트폴리오 | 68 | 13.6 | ■ |
| 30 | 김영길 | 과학 | 실험 | 88 | 26.4 | ■■ |
| 31 | 김영길 | 국어 | 발표 | 64 | 6.4 | 노력요함 |
| 32 | | | | | | |

| | N | O | P | Q | R |
|---|---|---|---|---|---|
| 1 | [표3] | | | | |
| 2 | 가입나이 | 코드 | 가입기간 | 미납기간 | 가입상태 |
| 3 | 24 세 | BM | 5 | 3 | 휴면보험 |
| 4 | 41 세 | BW | 3 | 0 | 정상 |
| 5 | 50 세 | SM | 15 | 0 | 정상 |
| 6 | 29 세 | SW | 15 | 0 | 정상 |
| 7 | 42 세 | SW | 5 | 1 | 1개월 미납 |
| 8 | 7 세 | SW | 10 | 0 | 정상 |
| 9 | 45 세 | SM | 14 | 1 | 1개월 미납 |
| 10 | 16 세 | SW | 5 | 1 | 1개월 미납 |
| 11 | 51 세 | BM | 8 | 0 | 정상 |
| 12 | 46 세 | BM | 8 | 2 | 2개월 미납 |
| 13 | 22 세 | BM | 21 | 0 | 정상 |
| 14 | 21 세 | SM | 20 | 0 | 정상 |
| 15 | 13 세 | SW | 8 | 0 | 정상 |
| 16 | | | | | |
| 17 | [표6] | | | | |
| 18 | 강사 | 과목 | 현재강의수 | 수강인원 | 비고 |
| 19 | 이남석 | 수학 | 6 | 120 | |
| 20 | 박준혁 | 영어 | 1 | 15 | |
| 21 | 황성호 | 국어 | 4 | 230 | 강의추가 |
| 22 | 박찬훈 | 수학 | 8 | 131 | |
| 23 | 김인하 | 영어 | 5 | 155 | 강의추가 |
| 24 | 정재익 | 수학 | 5 | 75 | |
| 25 | 박찬훈 | 수학 | 6 | 229 | 강의추가 |
| 26 | 황성호 | 수학 | 5 | 89 | |
| 27 | 한우규 | 국어 | 3 | 49 | |
| 28 | 정재익 | 수학 | 2 | 50 | |
| 29 | 성유희 | 국어 | 4 | 70 | |
| 30 | 진희수 | 영어 | 3 | 42 | 강의축소 |
| 31 | 박준혁 | 영어 | 2 | 32 | |
| 32 | | | | | |

▲ '사용자정의(결과)' 시트

CHAPTER 03

# 분석작업

학습 방향

외부 데이터를 이용하여 피벗 테이블을 작성하는 방법과 작성된 피벗 테이블에 수식 필드를 추가하고 그룹을 작성, 서식을 지정하는 기능의 연습을 해야 합니다.

SECTION

# 01 피벗 테이블

합격 강의

난 이 도 (상) 중 하

반복학습 1 2 3

작업파일 [2025컴활1급₩1권_스프레드시트₩이론] 폴더의 '07피벗테이블' 파일을 열어서 작업하시오.

**출제유형 ① '피벗테이블1' 시트에서 다음의 지시사항에 따라 피벗 테이블 보고서를 작성하시오.**

- 외부 데이터 가져오기 기능을 사용하여 〈행사.accdb〉의 〈행사일정〉 테이블을 '행사일', '행사내용', '인원', '홀이름' 필드만을 이용하시오.
- 홀이름이 'Diamond Hall' 또는 'Ruby Hall'에 해당한 데이터만 이용하여 작성하시오.
- 피벗 테이블 보고서의 레이아웃과 위치는 〈그림〉을 참조하여 설정하고, 보고서 레이아웃을 개요 형식으로 표시하시오.
- '행사일'은 〈그림〉과 같이 그룹을 설정하고, 행의 총합계만 표시하시오.
- '인원' 필드는 표시 형식을 값 필드 설정의 셀 서식에서 '숫자' 범주를 이용하여 〈그림〉과 같이 지정하시오.
- 피벗 테이블 스타일은 '밝은 회색, 피벗 스타일 밝게 15', 피벗 테이블 스타일 옵션은 행 머리글, 열 머리글, 줄무늬 열을 지정하시오.

| | A | B | C | D | E | F |
|---|---|---|---|---|---|---|
| 1 | | | | | | |
| 2 | | 평균 : 인원 | 행사내용 | | | |
| 3 | | 행사일 | 결혼식 | 돌잔치 | 총합계 | |
| 4 | | 1월 | 215 | | 215 | |
| 5 | | 2월 | 360 | 418 | 404 | |
| 6 | | 3월 | 297 | 458 | 337 | |
| 7 | | 4월 | 239 | | 239 | |
| 8 | | 5월 | 344 | 424 | 384 | |
| 9 | | 6월 | 261 | 394 | 305 | |
| 10 | | | | | | |

※ 작업 완성된 그림이며 부분점수 없음

▲ '피벗테이블1(결과)' 시트

**버전 TIP**

피벗 테이블 작성 시 날짜 데이터가 있을 경우 레이블 이름이 다르게 표시됩니다.

| | A | B | C | D | E |
|---|---|---|---|---|---|
| 1 | | | | | |
| 2 | | 평균 : 인원 | 행사내용 | | |
| 3 | | 개월(행사일) | 결혼식 | 돌잔치 | 총합계 |
| 4 | | 1월 | 406 | | 406 |
| 5 | | 2월 | 360 | 352 | 353 |
| 6 | | 3월 | 370 | 376 | 372 |
| 7 | | 4월 | 314 | 242 | 290 |
| 8 | | 5월 | 344 | 424 | 384 |
| 9 | | 6월 | 261 | 394 | 305 |
| 10 | | 12월 | | 120 | 120 |
| 11 | | | | | |

**기적의 TIP**

파일을 불러온 후 보안 경고에서 〈컨텐츠 사용〉을 클릭한 후 실습합니다.

① [B2] 셀을 선택한 후 [데이터]–[데이터 가져오기 및 변환] 그룹에서 [데이터 가져오기]–[기타 원본에서]–[Microsoft Query에서]를 클릭한다.

② [데이터 원본 선택] 대화상자에서 'MS Access Database*'를 선택하고 [확인]을 클릭한다.

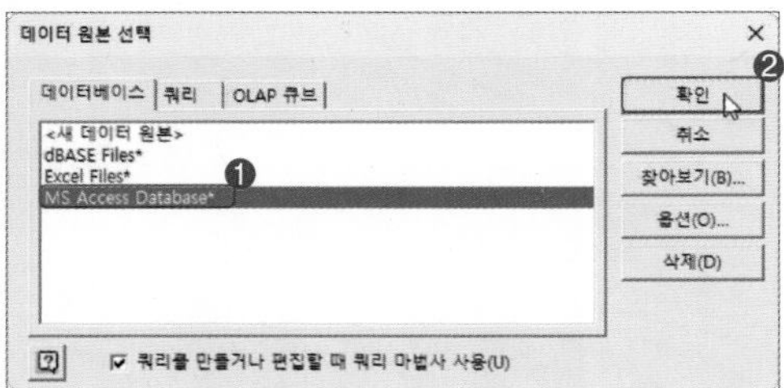

③ '컴활1급₩1권_스프레드시트₩이론' 폴더에서 '행사.accdb'를 선택하고 [확인]을 클릭한다.

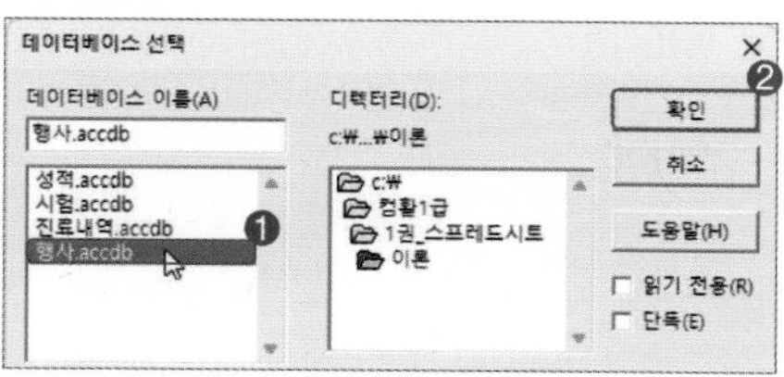


④ [열 선택] 대화상자에서 '행사일정' 테이블을 더블클릭하여 다음과 같이 지정하고 [다음]을 클릭한다.

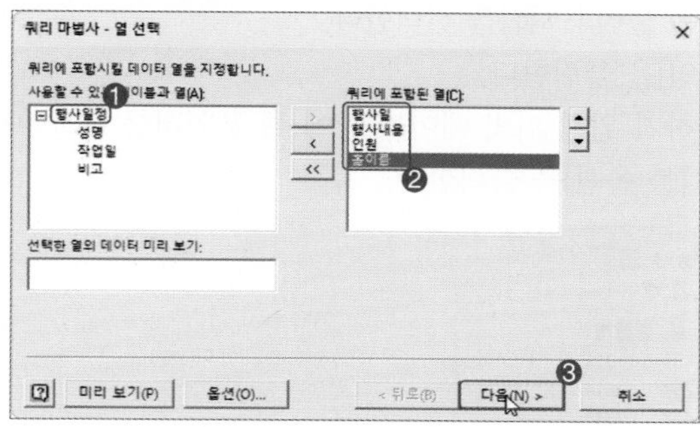


행사일, 행사내용, 인원, 홀이름

⑤ [데이터 필터]에서 '홀이름'을 선택하고 'Diamond Hall' 또는 'Ruby Hall'을 선택하고 [다음]을 클릭한다.

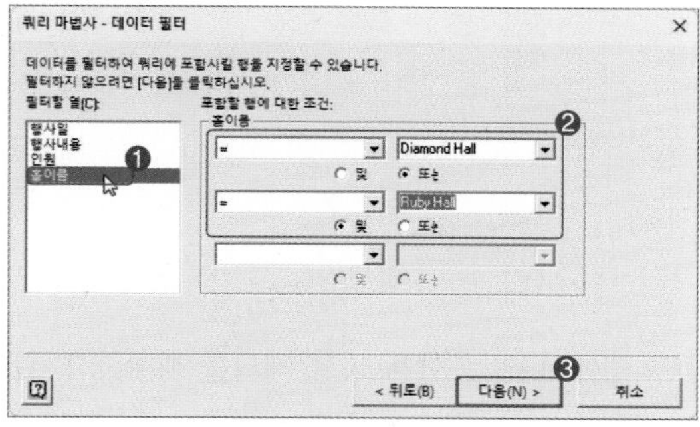


⑥ [정렬 순서]에서는 설정 없이 [다음]을 클릭한다.
⑦ [마침]에서 'Microsoft Excel(으)로 데이터 되돌리기'를 선택하고 [마침]을 클릭한다.
⑧ [데이터 가져오기] 대화상자에서 '피벗 테이블 보고서'를 선택한 다음, '기존 워크시트'는 [B2] 셀을 지정하고 [확인]을 클릭한다.

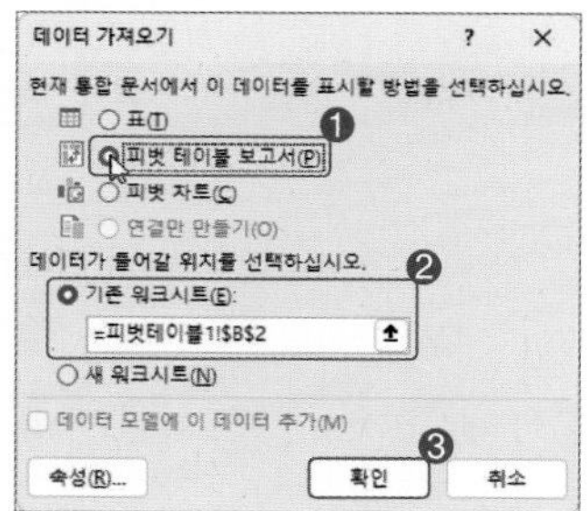

⑨ 오른쪽 '피벗 테이블 필드 목록'에서 '행사일'은 '행', '행사내용'은 '열'로, '인원'은 'Σ 값'으로 드래그한다.

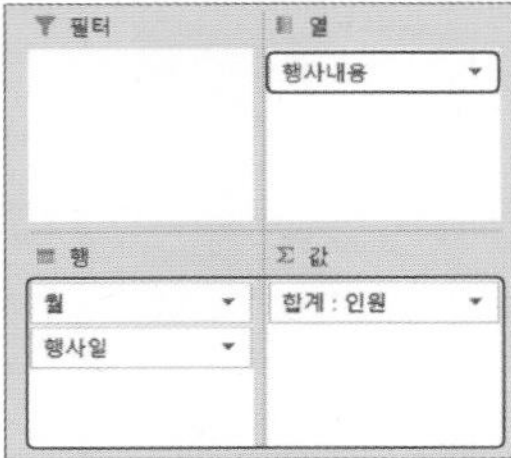




피벗 테이블 작성 시 날짜 데이터가 있을 경우 필드 이름이 다르게 표시됩니다.

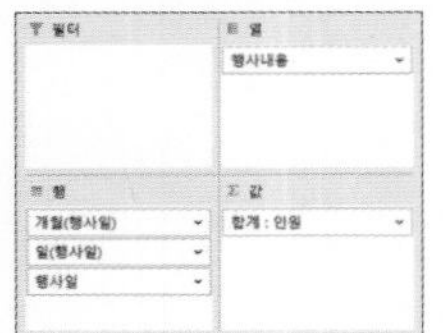

⑩ [디자인]-[레이아웃] 그룹의 [보고서 레이아웃]-[개요 형식으로 표시]를 클릭한다.

⑪ [B3] 셀에서 마우스 오른쪽 버튼을 눌러 [그룹]을 선택한다.

⑫ [그룹화]에서 '월'만 선택하고 [확인]을 클릭한다.

⑬ 열의 총합계는 나타나지 않도록 하기 위해 피벗 테이블 안에 셀 포인터를 두고 마우스 오른쪽 버튼을 눌러 [피벗 테이블 옵션]을 클릭한다.



피벗 테이블 작성 시 날짜 데이터가 있을 경우 레이블 이름이 다르게 표시됩니다.

[피벗 테이블 분석] 탭에서 [피벗 테이블] 그룹의 [옵션]을 클릭하여 실행할 수 있습니다.

⑭ [피벗 테이블 옵션]의 [요약 및 필터] 탭에서 '열 총합계 표시' 체크를 해제하고 [확인]을 클릭한다.

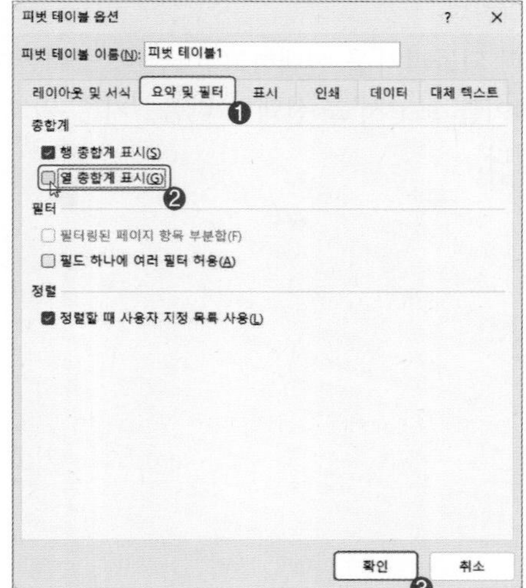




[디자인] 탭에서 [레이아웃] 그룹의 [총합계]-[행의 총합계만 설정]을 클릭하여 실행할 수 있습니다.

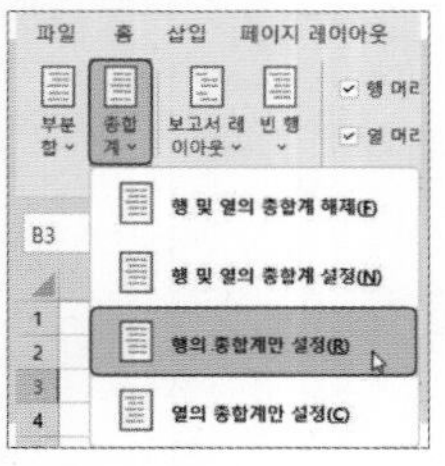

⑮ 값 영역의 표시 형식을 지정하기 위해서 [B2] 셀에서 마우스 오른쪽 버튼을 눌러 [값 필드 설정]을 선택한다.

⑯ [값 필드 설정]에서 '평균'을 선택하고, [표시 형식]을 클릭한다.

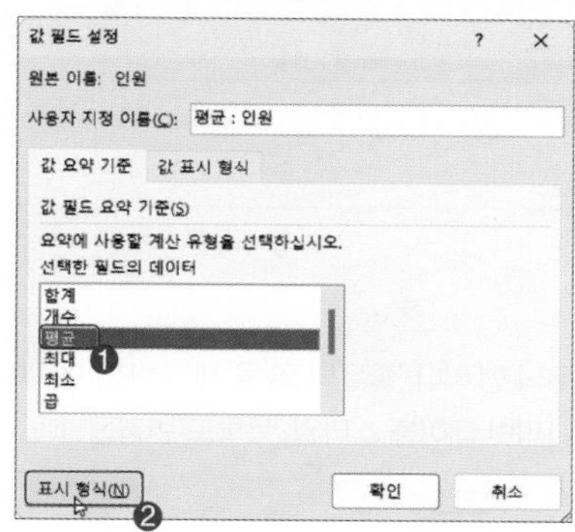

⑰ [셀 서식]의 '숫자'를 선택하고 [확인]을 클릭하고 [값 필드 설정]에서 다시 한 번 [확인]을 클릭한다.

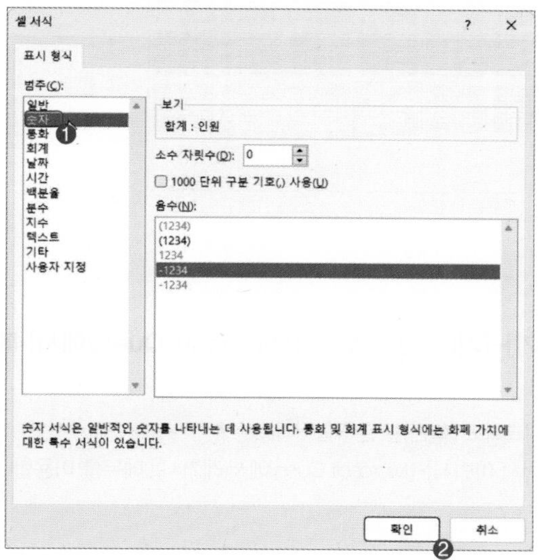

⑱ 피벗 테이블 안에 셀 포인터가 놓여 있는 상태에서 [디자인]–[피벗 테이블 스타일] 그룹의 '밝은 회색, 피벗 스타일 밝게 15'을 선택한다.

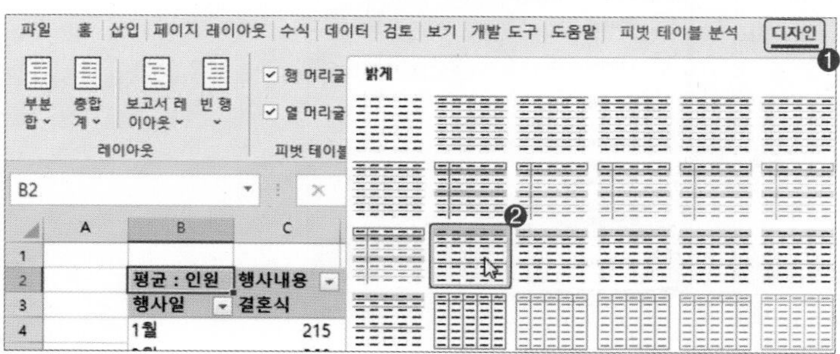

**기적의 TIP**

**함수 변경(예 : 평균)**
함수를 변경할 필드[B2] 셀에서 마우스 오른쪽 버튼을 눌러 [값 요약 기준]–[평균]을 선택하여 변경해도 됩니다.

⑲ [디자인]–[피벗 테이블 스타일 옵션] 그룹의 '줄무늬 열'을 체크한다.

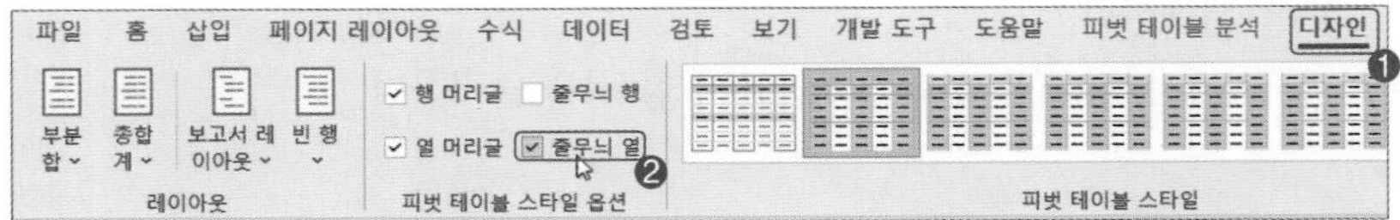


➕ 더 알기 TIP

### [디자인]–[피벗 테이블 스타일]

'흰색, 피벗 스타일 밝게 23, 24, 26, 27, 28'을 선택한 후 [피벗 테이블 스타일 옵션]의 '줄무늬 행'이나 '줄무늬 열'을 체크하면 피벗 테이블 스타일 이름이 '연한 파랑~', '연한 주황~', '연한 노랑~', '연한 녹색~'으로 바뀌며, [피벗 테이블 스타일] 목록도 변경됩니다.

➡

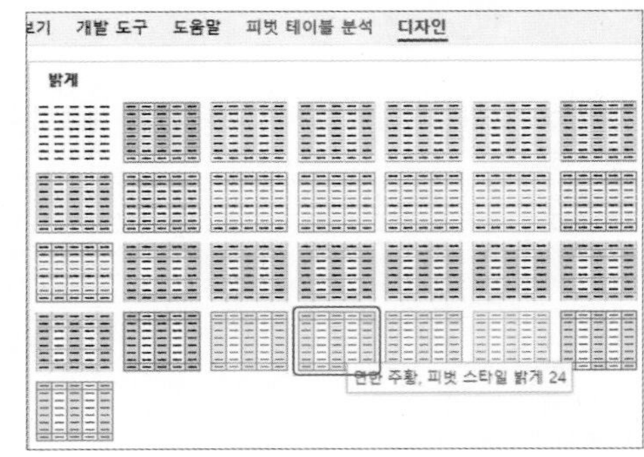


➕ 더 알기 TIP

### MS Office 업데이트로 인해 [데이터] 탭의 [데이터 가져오기]–[기타 원본에서]–[Microsoft Query에서] 메뉴가 보이지 않을 때

① [파일]–[옵션]을 클릭하여 '데이터'의 'Microsoft Query에서(레거시)'를 체크하고 [확인]을 클릭합니다.

② [데이터]–[데이터 가져오기 및 변환] 그룹에서 [데이터 가져오기]–[레거시 마법사]–[Microsoft Query에서(레거시)] 메뉴를 이용합니다.

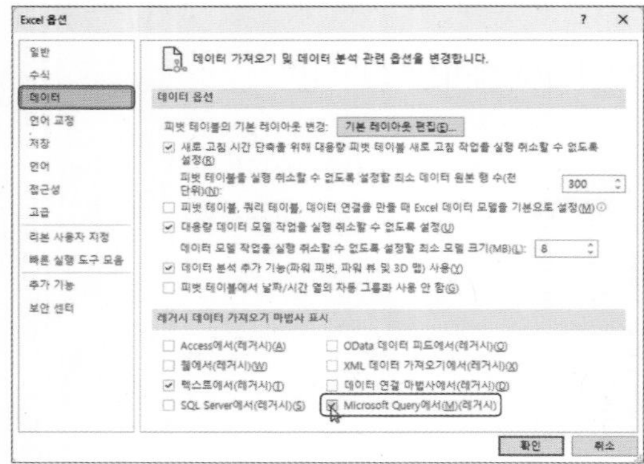


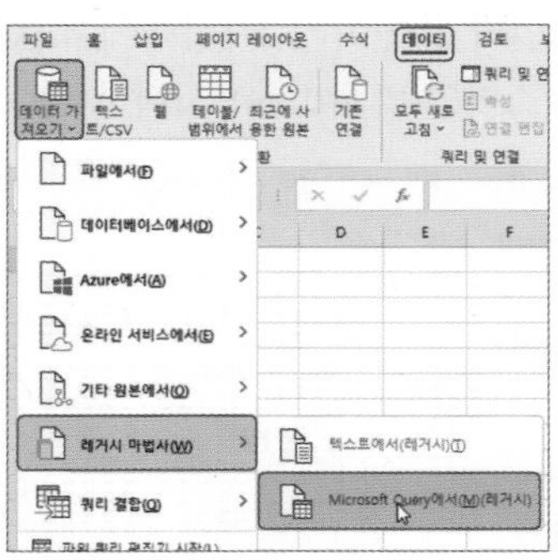

**출제유형 ❷ '피벗테이블2' 시트에서 다음의 지시사항에 따라 피벗 테이블 보고서를 작성하시오.**

- 외부 데이터 원본으로 〈주소록.xlsx〉 파일의 〈반〉 테이블을 사용하여 '데이터에 첫 행에 열 머리글'을 포함하시오.
- 피벗 테이블 보고서의 레이아웃과 위치는 〈그림〉을 참조하여 설정하고, 보고서 레이아웃을 개요 형식으로 표시하시오.
- '출석수' 필드는 표시 형식을 값 필드 설정의 셀 서식에서 '숫자' 범주를 이용하여 〈그림〉과 같이 지정하시오.
- '이름' 필드는 개수로 계산한 후 '학생수'로 이름을 변경하시오.
- 그룹 하단에 모든 부분합이 표시 되도록 설정하시오.
- 피벗 테이블 스타일은 '연한 파랑, 피벗 스타일 밝게 9'로 설정하고, 확장(+)/축소(–) 단추가 표시되지 않도록 설정고, 반 명을 기준으로 내림차순으로 정렬하시오.
- 2학년 자비반 남학생의 자료를 별도 시트에 생성하고, 시트 이름을 '2–자비반(남)'으로 하여 '피벗테이블2' 시트 오른쪽에 위치시키시오.

| | A | B | C | D | E | F | G | H | I | J |
|---|---|---|---|---|---|---|---|---|---|---|
| 1 | | | | | | | | | | |
| 2 | | | | | | | | | | |
| 3 | | | | 성별 | 값 | | | | | |
| 4 | | | | 남 | | 여 | | 전체 평균 : 출석수 | 전체 학생수 | |
| 5 | | 학년 | 반 | 평균 : 출석수 | 학생수 | 평균 : 출석수 | 학생수 | | | |
| 6 | | | 1 | | | | | | | |
| 7 | | | 희락반 | 13 | 2 | 6 | 4 | 8 | 6 | |
| 8 | | | 화평반 | 11 | 5 | | | 11 | 5 | |
| 9 | | | 사랑반 | 8 | 3 | 4 | 4 | 6 | 7 | |
| 10 | | 1 요약 | | 10 | 10 | 5 | 8 | 8 | 18 | |
| 11 | | | 2 | | | | | | | |
| 12 | | | 충성반 | 11 | 6 | 14 | 2 | 12 | 8 | |
| 13 | | | 자비반 | 14 | 3 | 6 | 4 | 9 | 7 | |
| 14 | | | 오래참음반 | 7 | 4 | 10 | 3 | 8 | 7 | |
| 15 | | | 양선반 | 8 | 4 | 1 | 3 | 5 | 7 | |
| 16 | | 2 요약 | | 10 | 17 | 7 | 12 | 9 | 29 | |
| 17 | | | 3 | | | | | | | |
| 18 | | | 절제반 | 12 | 5 | 4 | 3 | 9 | 8 | |
| 19 | | | 온유반 | 11 | 4 | 8 | 4 | 9 | 8 | |
| 20 | | | 소망반 | 10 | 4 | 10 | 6 | 10 | 10 | |
| 21 | | | 믿음반 | 8 | 5 | 15 | 2 | 10 | 7 | |
| 22 | | 3 요약 | | 10 | 18 | 9 | 15 | 9 | 33 | |
| 23 | | 총합계 | | 10 | 45 | 7 | 35 | 9 | 80 | |
| 24 | | | | | | | | | | |

※ 작업 완성된 그림이며 부분점수 없음

▲ '피벗테이블2(결과)' 시트

① [B3] 셀을 선택한 후 [삽입]–[표] 그룹의 [피벗 테이블]( )을 클릭한다.

**24년 출제**

피벗 테이블을 통해 작성된 데이터 중에서 특정 데이터만을 새로운 시트로 추출하고자 할 때에는 해당 셀에서 더블클릭하면 현재 작성하는 시트 바로 왼쪽에 새로운 시트가 삽입됩니다.

예를 들어

① 1학년 사랑반 남자의 정보만을 추출하고자 할 때 [D7] 셀에서 더블클릭하면

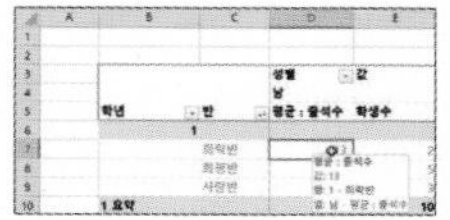

② 현재 작업하는 시트 바로 왼쪽에 새로운 시트로 데이터가 추출됩니다.

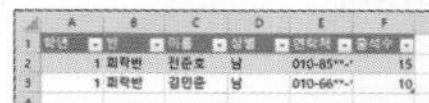

**버전 TIP**

MS Office 2021(2306) 버전은 [데이터]–[피벗 테이블]을 클릭했을 때 대화상자에 '외부 데이터 원본 사용'이 없습니다.
이럴 경우, [삽입]–[피벗 테이블]–[외부 데이터 원본에서]를 선택하여 이용하면 됩니다.

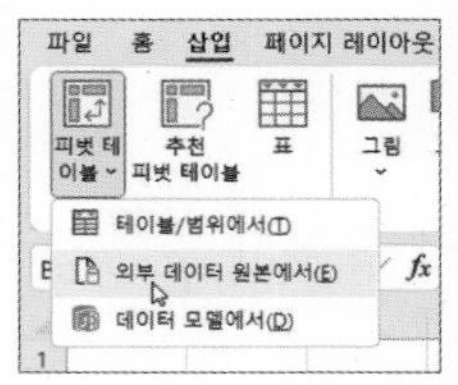

② '외부 데이터 원본 사용'을 선택하고, [연결 선택]을 클릭하여 [더 찾아보기]를 클릭한 후, '2025컴활1급₩1권_스프레드시트₩이론' 폴더에서 '주소록.xlsx' 파일을 선택하고 '반' 테이블을 선택하고 '데이터의 첫 행에 열 머리글 포함'을 체크되어 있는지 확인하고 [확인]을 클릭하고, [피벗 테이블 만들기]에서 [확인]을 클릭한다.

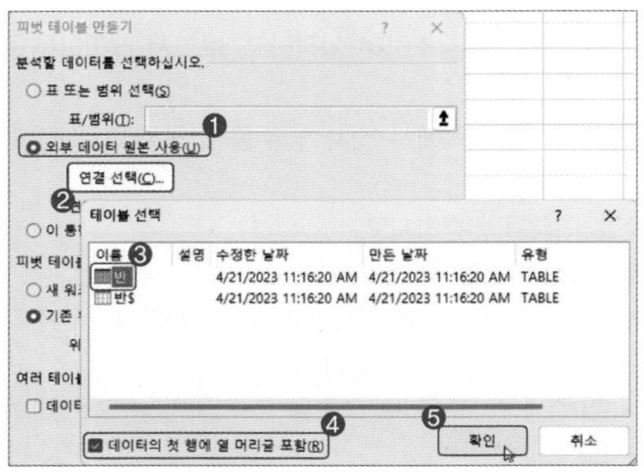

**[외부 원본의 피벗 테이블] 대화상자**

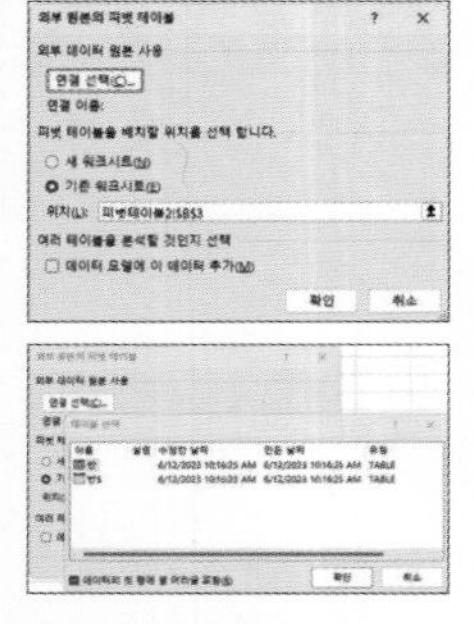

③ '피벗 테이블 필드 목록'에서 다음과 같이 지정한다.

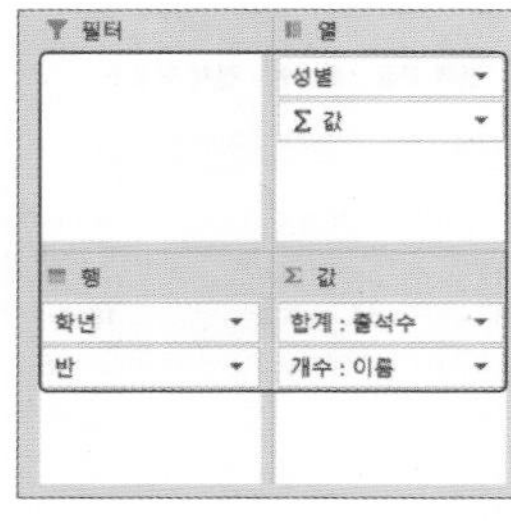

④ [디자인]-[레이아웃] 그룹의 [보고서 레이아웃]-[개요 형식으로 표시]를 클릭한다.

⑤ '값' 부분에 '출석수' 합계가 계산되는데, 합계를 평균으로 변경하기 위해서 [D5] 셀에 마우스 오른쪽 버튼을 눌러 [값 필드 설정]을 클릭한다.

기적의 TIP

[D5] 셀에서 더블클릭하여 [값 필드 설정]을 실행할 수 있습니다.

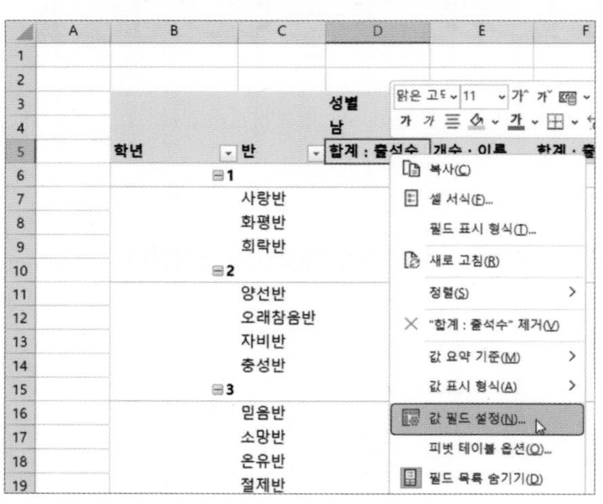

⑥ [값 필드 설정]에서 '평균'을 선택하고 [표시 형식]을 클릭한다.

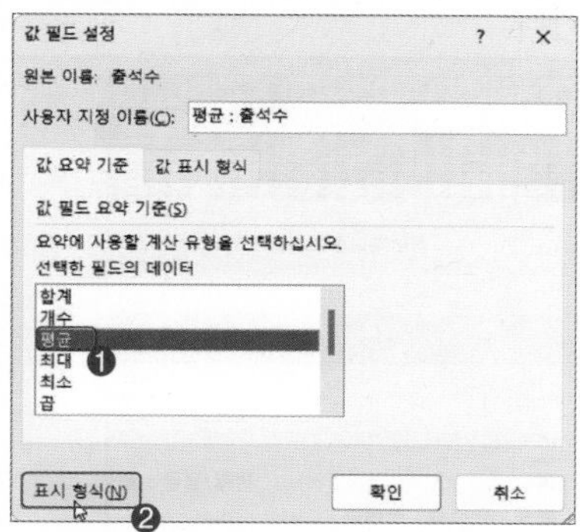

⑦ [셀 서식]에서 '숫자'를 선택하고 [확인]을 클릭하고 [값 필드 설정]에서 다시 한 번 [확인]을 클릭한다.

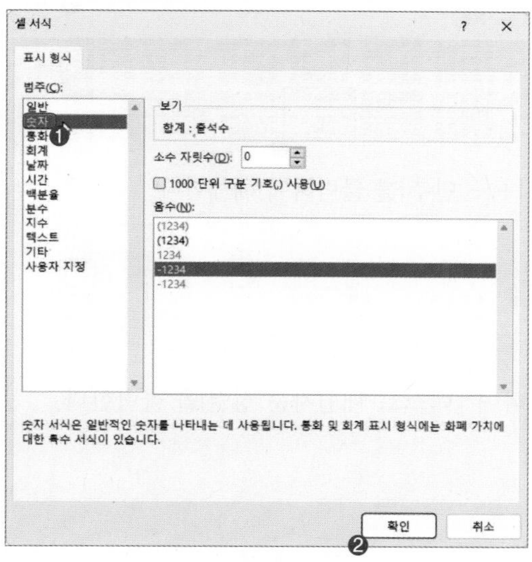

⑧ 값 영역의 표시 형식을 지정하기 위해서 [E5] 셀에서 마우스 오른쪽 버튼을 눌러 [값 필드 설정]을 클릭한다.

⑨ [값 필드 설정]에서 '사용자 지정 이름'에 **학생수**를 입력하고 [확인]을 클릭한다.

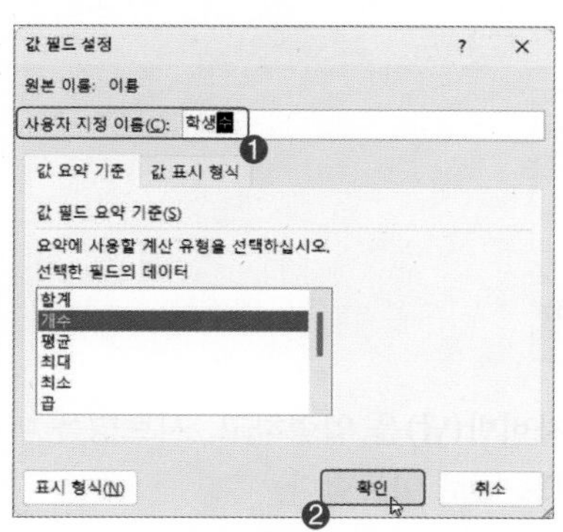

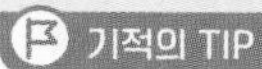

기적의 TIP

[E5] 셀에서 더블클릭하여 [값 필드 설정]을 실행할 수 있습니다.

⑩ 피벗 테이블 안에 셀 포인터가 놓여 있는 상태에서 [디자인]–[레이아웃] 그룹의 [부분합]–[그룹 하단에 모든 부분합 표시]를 선택한다.

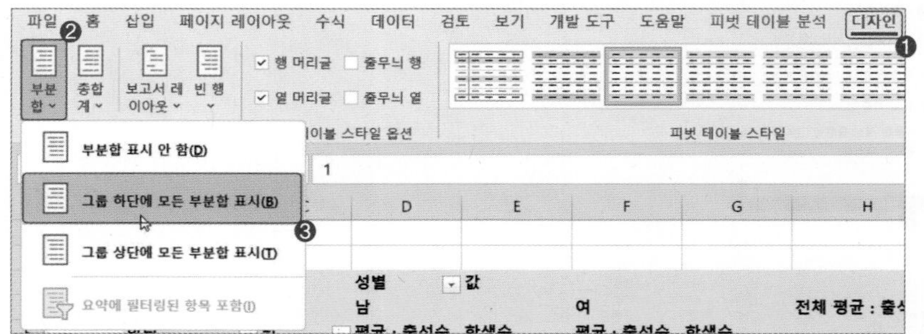

⑪ [디자인]–[피벗 테이블 스타일] 그룹의 [연한 파랑, 피벗 스타일 밝게 9]를 선택한다.

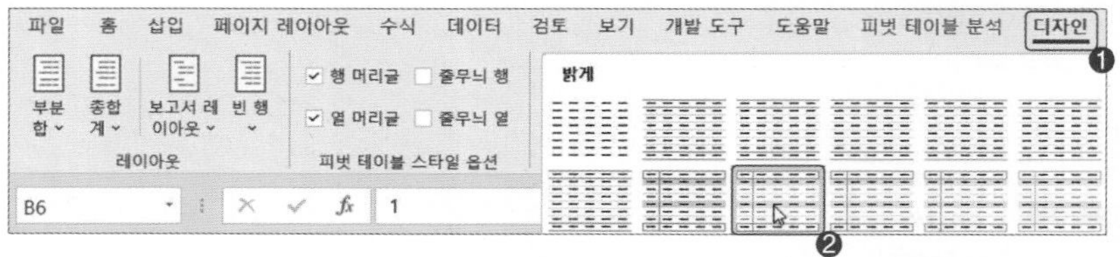

⑫ [피벗 테이블 분석]–[표시] 그룹의 [+/– 단추]를 클릭하여 해제한다.

> **기적의 TIP**
>
> 2학년 : [D12:I15] 영역
> 2학년 자비반 : [D13:I13] 영역
> 2학년 자비반 남자 : [D13:E13] 영역으로 문제에서 요구한 영역을 확인하고 그 안쪽에 하나의 셀만 더블클릭하면 해당 데이터를 다른 시트에 추출할 수 있습니다.

⑬ [C5] 셀의 목록 단추(▾)를 클릭하여 [텍스트 내림차순 정렬]을 클릭한다.

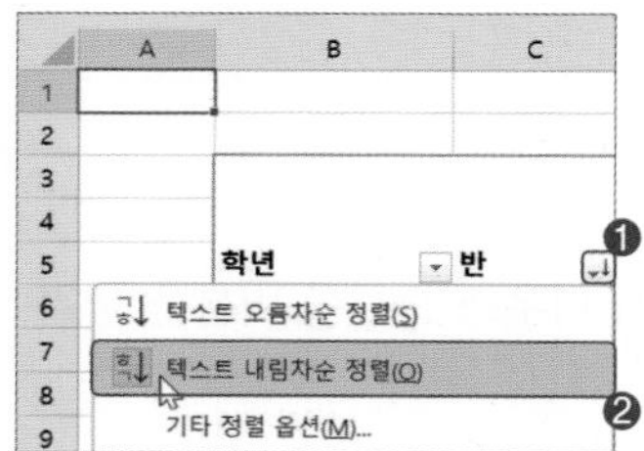

> **기적의 TIP**
>
> 더블클릭하면 기본적으로 현재 시트 왼쪽에 새로운 시트로 추가가 됩니다. 문제에서 특별한 지시사항이 없으면 생성된 왼쪽 그대로 두시면 되고, 만약 시트의 위치가 문제에서 요구한 다른 위치라면 마우스로 드래그하여 이동하면 됩니다.

⑭ [D13] 또는 [E13] 셀에서 더블클릭한다.

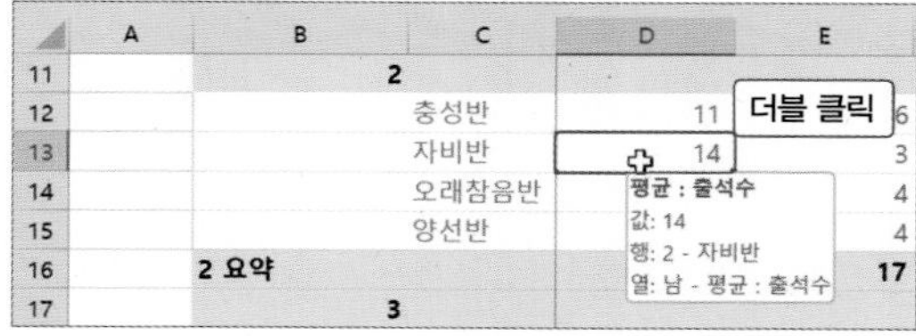


⑮ 새롭게 삽입된 시트 이름을 더블클릭하여 **2–자비반(남)**을 입력하고, 시트명을 마우스로 클릭한 채로 드래그하여 '피벗테이블2' 시트 뒤로 이동한다.

⑯ 2학년 자비반 남학생의 자료가 별도의 시트에 추출된 결과

| | A | B | C | D | E | F |
|---|---|---|---|---|---|---|
| 1 | 학년 | 반 | 이름 | 성별 | 연락처 | 출석수 |
| 2 | 2 | 자비반 | 김하람 | 남 | 010-56**-**** | 15 |
| 3 | 2 | 자비반 | 이지훈 | 남 | 010-77**-**** | 12 |
| 4 | 2 | 자비반 | 박지민 | 남 | 010-53**-**** | 15 |
| 5 | | | | | | |

피벗테이블1 | 피벗테이블1(결과) | 피벗테이블2 | 2-자비반(남)

## 출제유형 ❸ '피벗테이블3' 시트에서 다음의 지시사항에 따라 피벗 테이블 보고서를 작성하시오.

▸ 외부 데이터 원본으로 〈구매내역.csv〉의 데이터를 사용하시오.
  – 원본 데이터는 구분 기호 쉼표(,)로 분리되어 있으며, 내 데이터에 머리글을 표시하시오.
  – '주문일자', '물품코드', '수량', '단가', '등급' 열만 가져와 데이터 모델에 이 데이터를 추가하시오.

▸ 피벗 테이블 보고서의 레이아웃과 위치는 〈그림〉을 참조하여 설정하고, 보고서 레이아웃을 개요 형식으로 표시하시오.

▸ '수량', '단가' 필드의 표시 형식은 값 필드 설정의 셀 서식에서 '숫자' 범주를 이용하여 천 단위 콤마(,)를 지정하고, '물품코드'는 '사용자 지정' 범주를 이용하여 〈그림〉과 같이 지정하시오.

▸ 피벗 테이블의 옵션을 이용하여 '레이블이 있는 셀은 병합하고 가운데 맞춤' 되도록 설정하시오.

▸ 등급은 정회원, 준회원만 표시되도록 설정하시오.

| | A | B | C | D | E | F |
|---|---|---|---|---|---|---|
| 1 | | | | | | |
| 2 | | 등급 | (다중 항목) | | | |
| 3 | | | | | | |
| 4 | | 주문일자(월) | 주문일자 | 물품개수 | 평균: 수량 | 평균: 단가 |
| 5 | | ⊞03월 | | 2건 | 38 | 2,250 |
| 6 | | ⊞04월 | | 2건 | 55 | 2,250 |
| 7 | | ⊞05월 | | 7건 | 58 | 2,543 |
| 8 | | ⊞06월 | | 4건 | 64 | 2,500 |
| 9 | | 총합계 | | 15건 | 56 | 2,453 |
| 10 | | | | | | |

▲ '피벗테이블3(결과)' 시트

**기적의 TIP**

오피스 버전에 따라 필터 부분에 'All'이라고 나오지 않고 '(모두)'로 표시되는 경우가 있습니다. 이 부분은 시험장에서도 그럴 수 있는데, 감점의 원인이 되지 않기 때문에 신경 쓰지 않으셔도 됩니다.

① [B4] 셀을 선택한 후 [삽입]–[표] 그룹의 [피벗 테이블]( )을 클릭한다.

**버전 TIP**

[삽입]–[피벗 테이블]–[외부 데이터 원본에서]를 선택합니다.

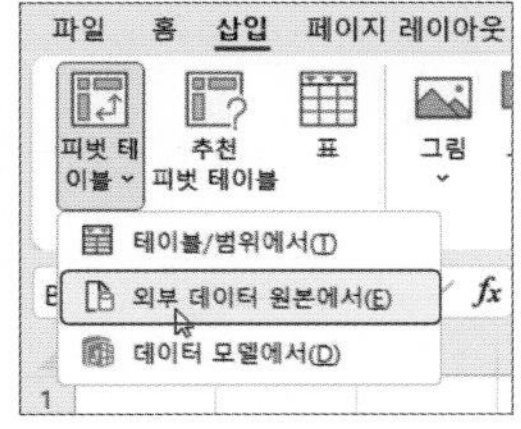


**기적의 TIP**

**피벗 테이블의 시작 위치는 [B4] 셀을 선택하는 이유?**
피벗 테이블을 이용하여 행/열/값이 표시되는 데이터의 시작 위치를 지정합니다.
필터 부분(예 : 등급)은 데이터의 시작 위치로부터 2행 위에 표시됩니다.

버전 TIP

**[외부 원본의 피벗 테이블] 대화상자**

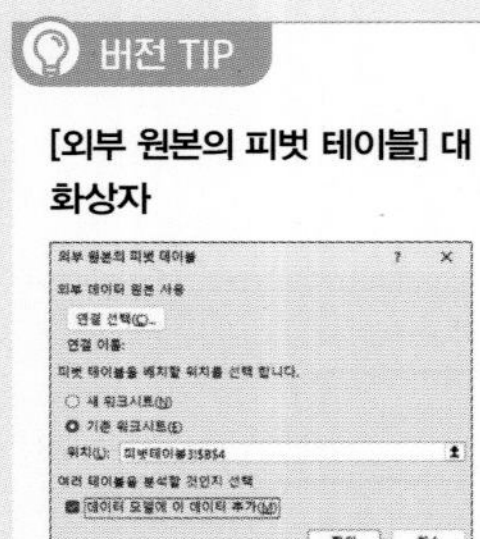

② [피벗 테이블 만들기]에서 '데이터 모델에 이 데이터 추가'를 체크하고, '외부 데이터 원본 사용'에서 [연결 선택]을 클릭한다.

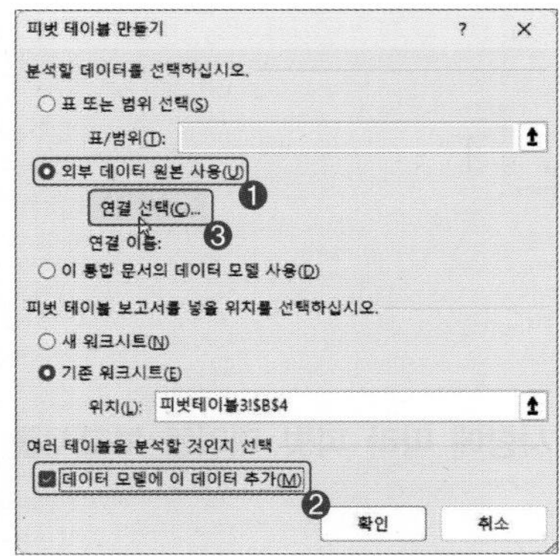


기적의 TIP

**CSV 파일이란?**
CSV(Comma Separated Value)는 쉼표로 나눠진 값을 저장한 데이터를 의미합니다. CSV 파일 형식은 엑셀 형식과 달리 텍스트 기반으로 서식 정보가 저장되지 않습니다.

③ [연결 또는 표 선택]에서 [더 찾아보기]를 클릭한다. '2025컴활1급₩1권_스프레드시트₩ 이론' 폴더에서 '구매내역.csv'를 선택하고 [확인]을 클릭한다.

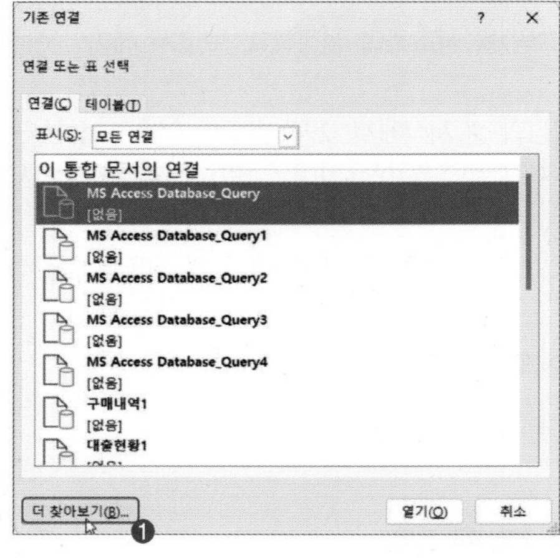


④ [1단계]에서 '내 데이터에 머리글 표시'를 체크하고, '구분 기호로 분리됨'을 선택하고 [다음]을 클릭한다.

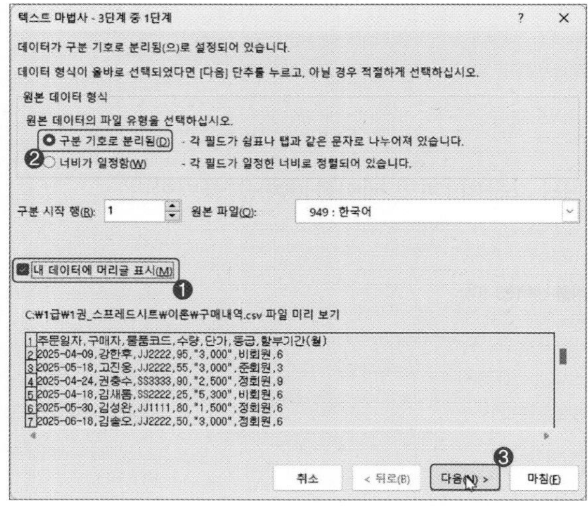

⑤ [2단계]에서 구분 기호 '쉼표'만 체크하고 [다음]을 클릭한다.

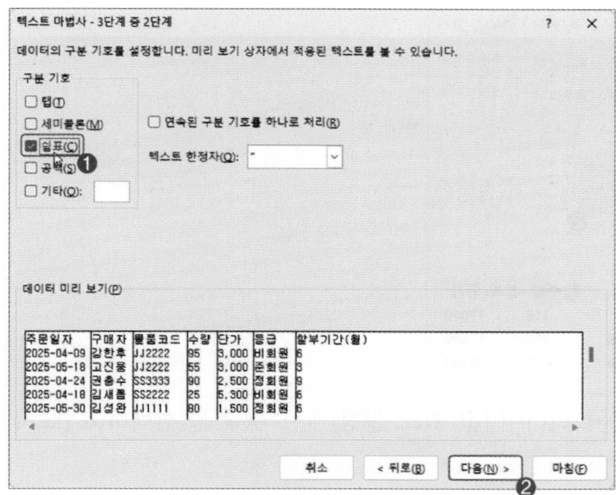

⑥ [3단계]에서 '구매자' 필드를 선택한 후 '열 가져오지 않음(건너뜀)'을 선택하고 같은 방법으로 '할부기간(월)'도 열 가져오지 않음(건너뜀)으로 지정한 후 [마침]을 클릭한다.

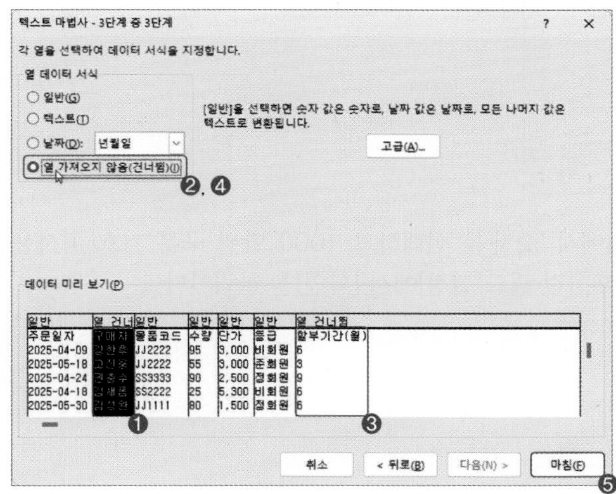

> **기적의 TIP**
> 문제에서 제시된 열만 가져오기 위해서 '구매자', '할부기간(열)'은 열 가져오지 않음을 이용하여 제외합니다.

⑦ [피벗 테이블 만들기]에서 [확인]을 클릭한다.

⑧ 다음과 같이 보고서 레이아웃을 지정한다.

> **기적의 TIP**
> 'csv' 파일의 데이터를 이용하여 작성할 때 '데이터 모델에 이 데이터 추가'를 체크하지 않고 [확인]을 클릭하면 다음과 같은 메시지 상자가 표시되고 피벗 테이블을 작성할 수 없습니다.

**버전 TIP**

MS Office 2021(2306) 버전은 [피벗 테이블 만들기] 대화상자가 뜨지 않기 때문에 바로 [외부 원본의 피벗 테이블]에서 [확인]을 클릭합니다.

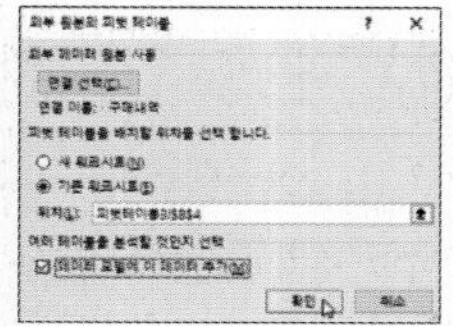

⑨ [디자인]–[레이아웃] 그룹의 [보고서 레이아웃]–[개요 형식으로 표시]를 클릭한다.

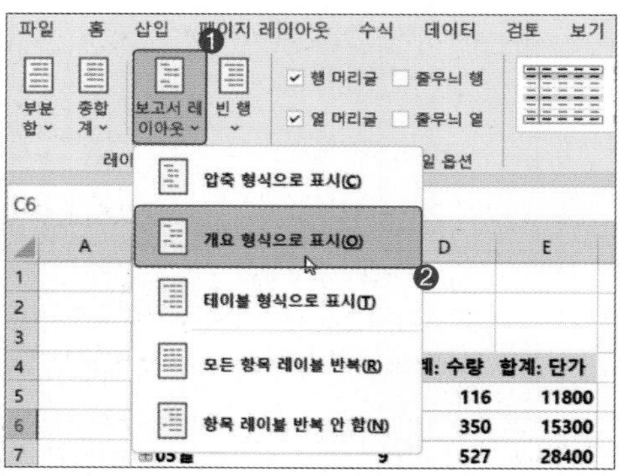


⑩ 합계: 수량[E4] 셀에서 더블클릭하여 [값 필드 설정]에서 '평균'을 선택하고 [표시 형식]을 클릭한다.

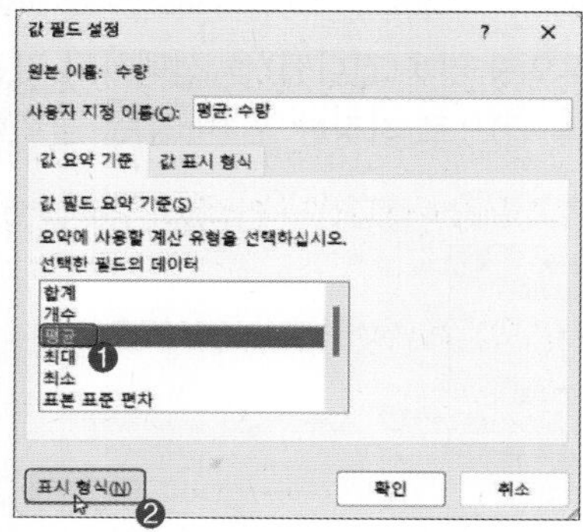


⑪ [셀 서식]의 [표시 형식] 탭에서 '숫자'를 선택하고 '1000 단위 구분 기호(,) 사용'을 체크하고 [확인]을 클릭한 후, [값 필드 설정]에서 [확인]을 클릭한다.

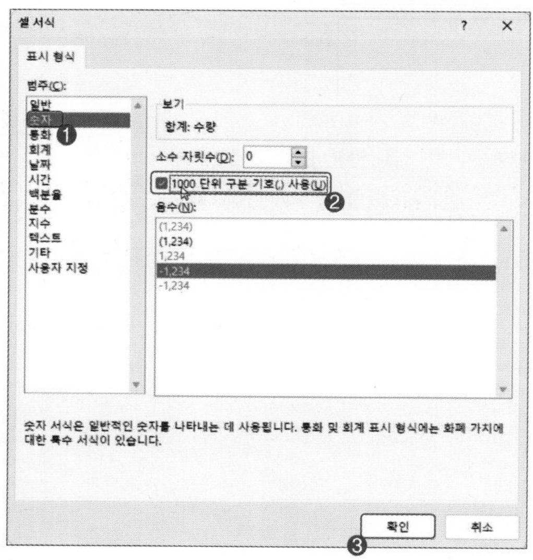


⑫ 같은 방법으로 합계: 단가[F4] 필드도 '평균', [표시 형식] 탭에서 '숫자', '1000 단위 구분 기호(,) 사용'을 체크한다.

⑬ 개수: 물품코드[D4] 셀에서 더블클릭하여 [값 필드 설정]에서 '사용자 지정 이름'에 **물품개수**를 입력하고 '개수'를 선택한 후 [표시 형식]을 클릭한다.

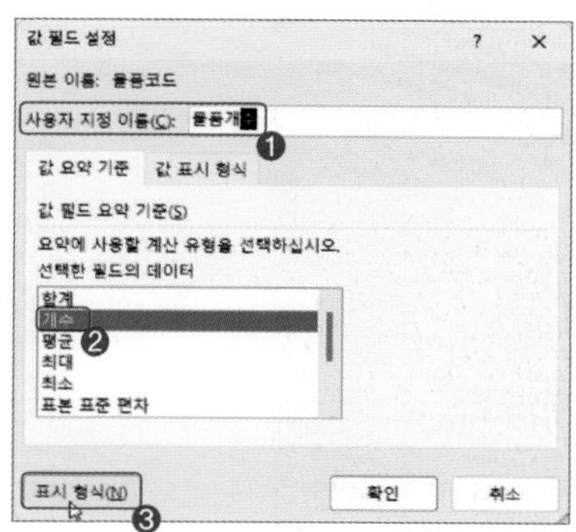

⑭ [셀 서식]의 [표시 형식] 탭에서 '사용자 지정'을 선택하고 **#건**을 입력하고 [확인]을 클릭한 후, [값 필드 설정]에서 다시 한 번 [확인]을 클릭한다.

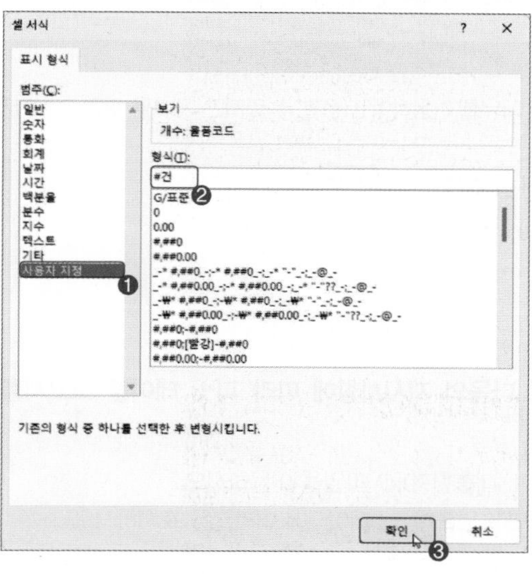

⑮ [피벗 테이블 분석]–[피벗 테이블] 그룹을 클릭하여 [옵션]을 클릭한다.

⑯ [레이아웃 및 서식] 탭에서 '레이블이 있는 셀 병합 및 가운데 맞춤'을 체크하고 [확인]을 클릭한다.

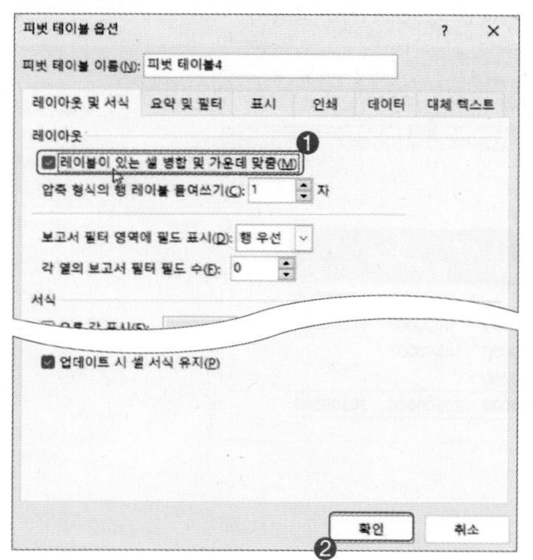

기적의 TIP

#건 또는 0건으로 입력해도 됩니다.
문제에서 숫자에 대한 서식 언급이 없다면 둘 다 맞습니다.

기적의 TIP

피벗테이블 안에서 마우스 오른쪽 버튼을 눌러 [피벗 테이블 옵션]을 클릭하여 실행할 수 있습니다.

> **버전 TIP**
>
> [C2] 셀의 목록 단추를 클릭하여 '여러 항목 선택'을 체크한 후 항목을 선택합니다.

⑰ [C2] 셀의 목록 단추를 클릭하여 'All'의 선택을 해제한 후 '정회원', '준회원'을 선택한다.

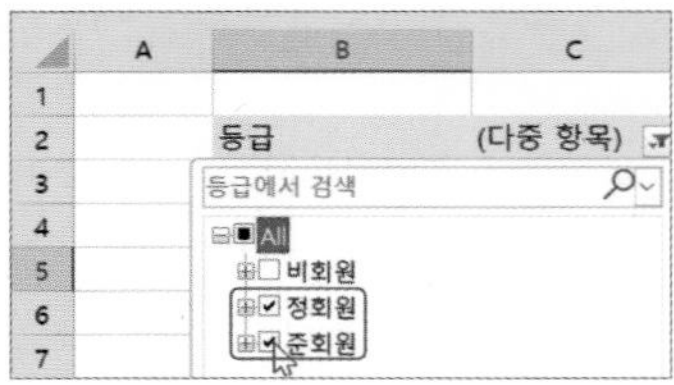


> **더 알기 TIP**
>
> **계산 필드와 [그룹] 비활성화**
>
> txt, csv 파일
>
> : 피벗 테이블을 작성할 때에는 '데이터 모델에 이 데이터 추가' 옵션을 체크해야만 피벗 테이블을 작성할 수 있고, 피벗 테이블에서 '계산 필드'와 '그룹' 메뉴가 비활성화가 되어 지정할 수 없고, 그룹은 기본 '월'만 지정할 수 있다.
>
> xlsx, xlsm
>
> : '데이터 모델이 이 데이터 추가'를 체크하지 않으면 '계산 필드'와 '그룹' 메뉴를 이용하여 지정할 수 있지만, 체크를 하면 마찬가지로 '계산 필드'와 '그룹' 메뉴가 비활성화가 되어 지정할 수 없다.
>
> 따라서, 문제의 지시사항 '데이터 모델이 이 데이터 추가' 옵션을 정확하게 파악해야만 한다.

**출제유형 ④ '피벗테이블4' 시트에서 다음의 지시사항에 따라 피벗 테이블 보고서를 작성하시오.**

- 외부 데이터 가져오기 기능을 이용하여 〈대출현황.txt〉 파일을 이용하시오.
  - 원본 데이터는 '세미콜론'으로 분리되어 있으며, 내 데이터에 머리글을 표시하시오.
  - 데이터 모델에 이 데이터를 추가하시오.
- 피벗 테이블 보고서의 레이아웃과 위치는 〈그림〉을 참조하여 설정하고, 보고서 레이아웃을 '개요 형식'으로 표시하시오.
- 열의 총합계만 표시하시오.
- 피벗 테이블 스타일은 '연한 파랑, 피벗 스타일 보통 9'를 지정하고, '줄무늬 행' 피벗 테이블 스타일 옵션을 설정하시오.
- 빈 셀은 '*'로 표시하고, 레이블이 있는 셀은 병합하고 가운데 맞춤으로 설정하시오.

| | A | B | C | D | E | F | G | H |
|---|---|---|---|---|---|---|---|---|
| 1 | | | | | | | | |
| 2 | | 고객명 | All | | | | | |
| 3 | | | | | | | | |
| 4 | | 합계: 대출금액 | 대출상품 | | | | | |
| 5 | | 대출기간 | 결혼자금 | 일반대출 | 자유대출 | 출산 | 학자금 | |
| 6 | | 12 | 5000000 | * | * | * | 7800000 | |
| 7 | | 24 | * | * | 9000000 | 6000000 | 12500000 | |
| 8 | | 36 | * | 39000000 | 12500000 | 14500000 | * | |
| 9 | | 60 | * | 45000000 | 57000000 | * | * | |
| 10 | | 종합계 | 5000000 | 84000000 | 78500000 | 20500000 | 20300000 | |
| 11 | | | | | | | | |

▲ '피벗테이블4(결과)' 시트

① [B4]셀을 클릭한 후 [데이터]–[데이터 가져오기 및 변환] 그룹의 [텍스트/CSV]을 클릭한다.

② '2025컴활1급₩1권_스프레드시트₩이론' 폴더에서 '대출현황.txt' 파일을 선택하고 [가져오기]를 클릭한다.

③ 구분 기호 '세미콜론'을 확인하고 [로드]–[다음으로 로드]를 클릭한다.

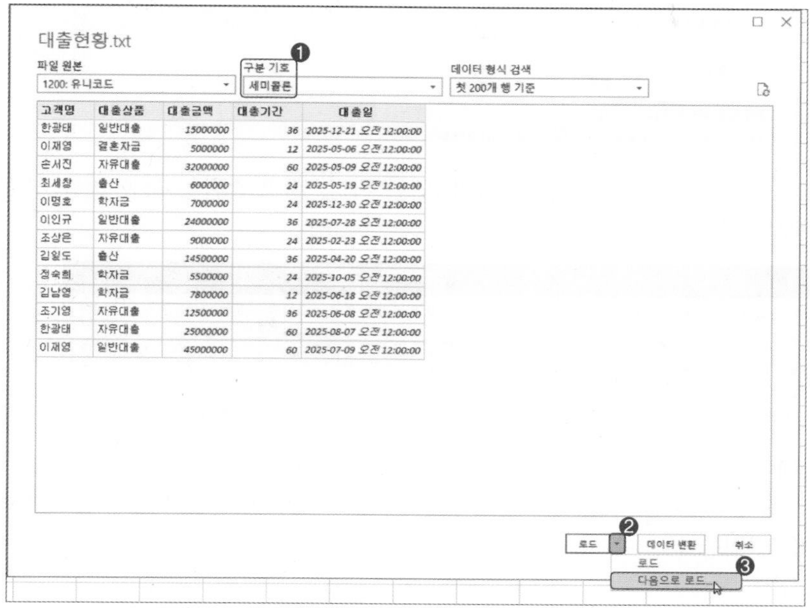


| 고객명 | 대출상품 | 대출금액 | 대출기간 | 대출일 |
|---|---|---|---|---|
| 한광태 | 일반대출 | 15000000 | 36 | 2025-12-21 오전 12:00:00 |
| 이재영 | 결혼자금 | 5000000 | 12 | 2025-05-06 오전 12:00:00 |
| 손서진 | 자유대출 | 32000000 | 60 | 2025-05-09 오전 12:00:00 |
| 최세창 | 출산 | 6000000 | 24 | 2025-05-19 오전 12:00:00 |
| 이명호 | 학자금 | 7000000 | 24 | 2025-12-30 오전 12:00:00 |
| 이인규 | 일반대출 | 24000000 | 36 | 2025-07-28 오전 12:00:00 |
| 조상은 | 자유대출 | 9000000 | 24 | 2025-02-23 오전 12:00:00 |
| 김일도 | 출산 | 14500000 | 36 | 2025-04-20 오전 12:00:00 |
| 정숙희 | 학자금 | 5500000 | 24 | 2025-10-05 오전 12:00:00 |
| 김남영 | 학자금 | 7800000 | 12 | 2025-06-18 오전 12:00:00 |
| 조기영 | 자유대출 | 12500000 | 36 | 2025-06-08 오전 12:00:00 |
| 한광태 | 자유대출 | 25000000 | 60 | 2025-08-07 오전 12:00:00 |
| 이재영 | 일반대출 | 45000000 | 60 | 2025-07-09 오전 12:00:00 |

④ [데이터 가져오기]에서 '데이터 모델에 이 데이터 추가'를 체크하고, '피벗 테이블 보고서'를 선택하고 [확인]을 클릭한다.

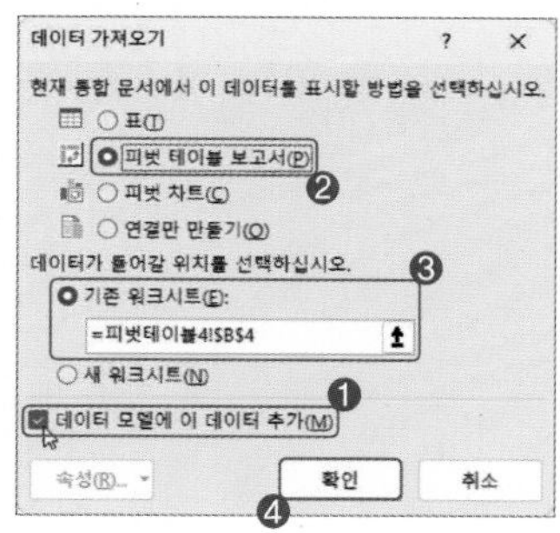


⑤ 피벗 테이블 필드 목록에서 다음과 같이 지정한다.

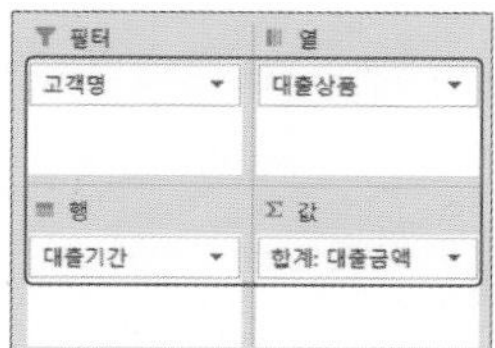


- 필터 : 고객명
- 행 : 대출기간
- 열 : 대출상품
- 값 : 대출금액

⑥ [디자인]–[레이아웃] 그룹의 [보고서 레이아웃]–[개요 형식으로 표시]를 클릭한다.

**버전 TIP**

[데이터]–[데이터 가져오기 및 변환] 그룹의 [텍스트/CSV에서]로 표시됩니다.

**기적의 TIP**

**[삽입]–[피벗 테이블]을 이용하는 방법**

① [B4] 셀을 클릭한 후 [삽입]–[표] 그룹에서 [피벗 테이블]을 클릭한다.
② [연결 선택]을 클릭한 후 [더 찾아보기]를 클릭하여 '대출현황.txt' 파일을 선택하고 [열기]를 클릭한다.
③ [1단계]에서 '구분 기호로 분리됨'과 '내 데이터에 머리글 표시'를 선택하고 [다음]을 클릭한다.
④ [2단계]에서 '세미콜론'을 선택하고 [다음]을 클릭한다.
⑤ [3단계]에서 [마침]을 클릭한다.
⑥ [피벗 테이블 만들기]에서 '데이터 모델에 이 데이터 추가'를 체크하고 [확인]을 클릭한다.

⑦ [디자인]–[레이아웃] 그룹의 [총합계]–[열의 총합계만 설정]을 클릭한다.

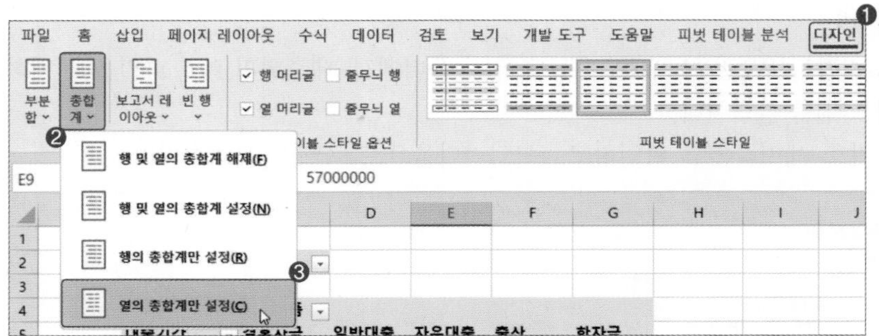


⑧ [디자인]–[피벗 테이블 스타일] 그룹의 [연한 파랑, 피벗 스타일 보통 9]를 선택하고, '줄무늬 행'의 옵션을 체크한다.

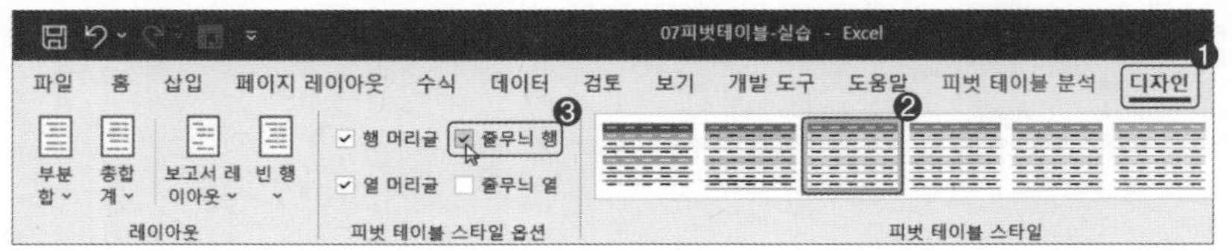


⑨ [피벗 테이블 분석]–[피벗 테이블] 그룹의 [옵션]을 클릭하여 [피벗 테이블 옵션]에서 '레이블이 있는 셀 병합 및 가운데 맞춤'을 체크하고, 빈 셀 표시에 *를 입력하고 [확인]을 클릭한다.

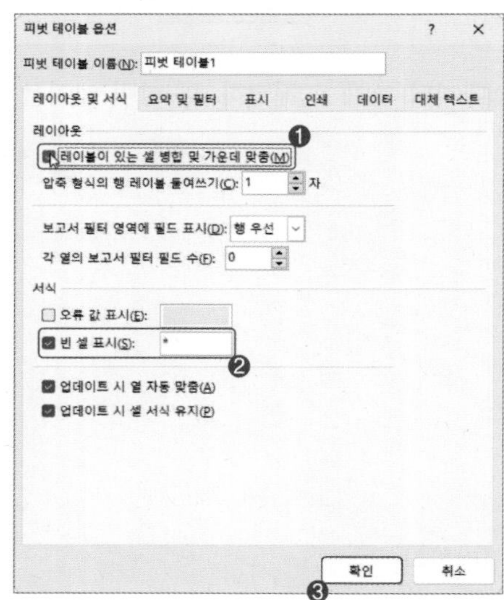

SECTION

02

# 데이터 유효성 검사

난 이 도 상 (중) 하

반복학습 1 2 3

작업파일 [2025컴활1급₩1권_스프레드시트₩이론] 폴더의 '08유효성검사' 파일을 열어서 작업하시오.

**출제유형 ❶ '유효성1' 시트에 대하여 다음의 지시사항을 처리하시오.**

- [A4:A12] 영역에는 데이터 유효성 검사 도구를 이용하여 2025-03-01부터 2025-03-31까지의 날짜만 입력되도록 제한 대상을 설정하시오.
- [A4:A12] 영역의 셀을 클릭한 경우 〈그림〉과 같은 설명 메시지를 표시하고, 유효하지 않은 데이터를 입력한 경우 〈그림〉과 같은 오류 메시지가 표시되도록 설정하시오.

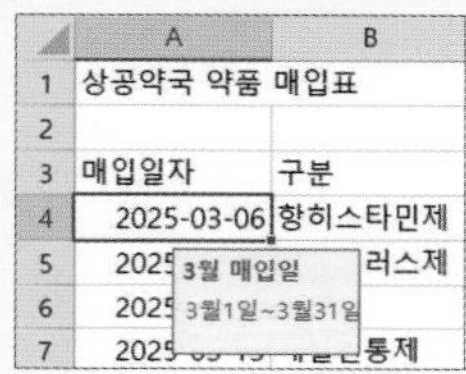

① [A4:A12] 영역을 범위 지정한 후 [데이터]–[데이터 도구] 그룹의 [데이터 유효성 검사]를 클릭한다.

② [데이터 유효성]의 [설정] 탭에서 제한 대상은 '날짜', 제한 방법은 '해당 범위', 시작 날짜는 2025-03-01, 끝 날짜는 2025-03-31을 입력한다.

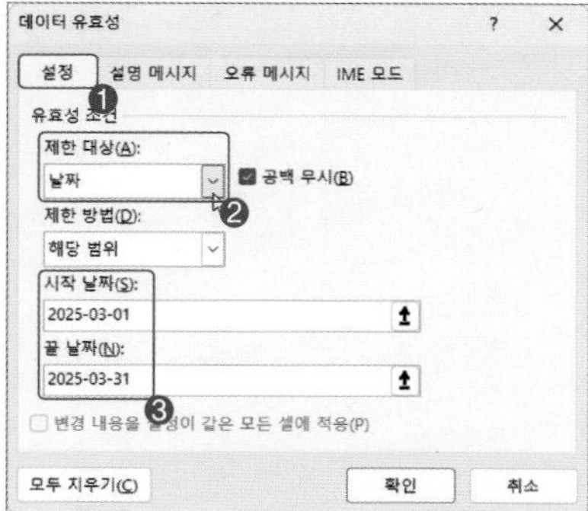

③ [설명 메시지] 탭에서 제목은 **3월 매입일**, 설명 메시지는 **3월1일~3월31일**을 입력한다.

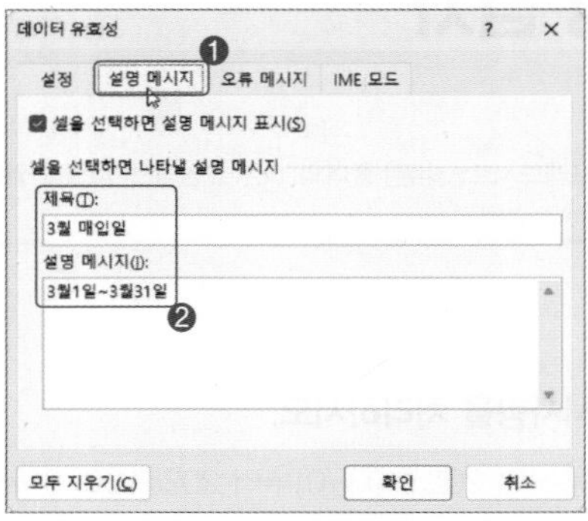


④ [오류 메시지] 탭에서 스타일은 '중지', 제목은 **입력오류**, 오류 메시지는 **3월 매입일자만 입력하세요.**를 입력하고 [확인]을 클릭한다.

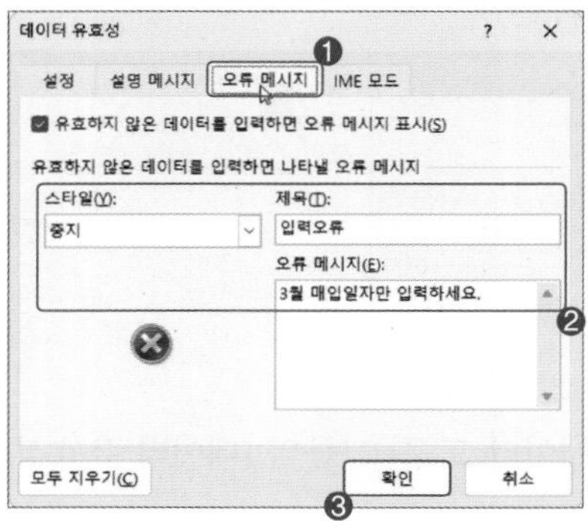


**더 알기 TIP**

데이터 유효성을 지울 때에는 [데이터]-[데이터 도구] 그룹의 [데이터 유효성]을 클릭하여 [모두 지우기]를 클릭한다. (또는 '제한 대상'에서 '모든 값'을 선택해도 지울 수 있다.)

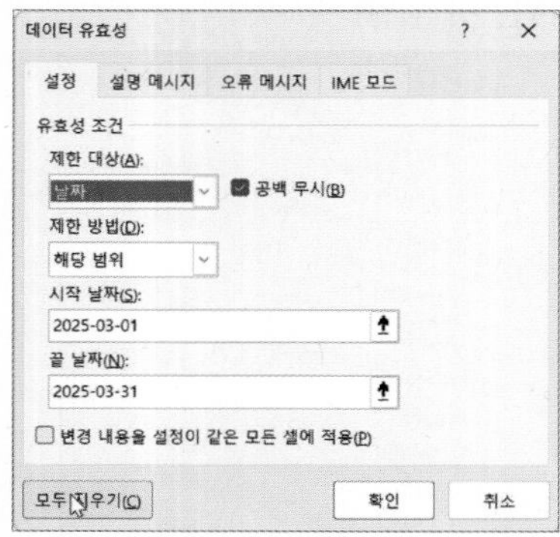

**출제유형 ❷ '유효성1' 시트에 대하여 다음의 지시사항을 처리하시오.**

▸ [D4:D12] 영역에는 데이터 유효성 검사 도구를 이용하여 '하나약품', '한국제약', '튼튼제약' 목록만 입력되도록 제한 대상을 설정하시오.

▸ [D4:D12] 영역의 셀을 클릭한 경우 〈그림〉과 같은 설명 메시지를 표시하고, 유효하지 않은 데이터를 입력한 경우 〈그림〉과 같은 오류 메시지가 표시되도록 설정하시오.

| | A | B | C | D | E | F | G |
|---|---|---|---|---|---|---|---|
| 1 | 상공약국 약품 매입표 | | | | | | |
| 2 | | | | | | | |
| 3 | 매입일자 | 구분 | 약품명 | 제조사 | 매입수량 | 매입단가 | |
| 4 | 2025-03-06 | 항히스타민제 | 코미(comy)정 | 하나약품 | 100 | 3500 | |
| 5 | 2025-03-06 | 항바이러스제 | 팜시클(famcicle)정 | 한국 | | 5000 | |
| 6 | 2025-03-06 | 제산제 | 에디(edee)정 | 튼튼 | | 4000 | |
| 7 | 2025-03-13 | 해열진통제 | 아미펜(amiphen)정 | 하나 | | 2500 | |
| 8 | 2025-03-13 | 소염진통제 | 미셀(misel)정 | 한국제약 | 200 | 2500 | |
| 9 | 2025-03-13 | 소화제 | 베아제(bearse)정 | 튼튼제약 | 150 | 2000 | |
| 10 | 2025-03-20 | 안질환제 | 톨론(tolon)점안액 | 하나약품 | 100 | 3000 | |
| 11 | 2025-03-20 | 해열진통제 | 이브미(eveme)정 | 튼튼제약 | 120 | 2500 | |
| 12 | 2025-03-20 | 소화제 | 판크렌(pancrent)정 | 한국제약 | 200 | 2500 | |
| 13 | | | | | | | |

① [D4:D12] 영역을 범위 지정한 후 [데이터]–[데이터 도구] 그룹의 [데이터 유효성 검사]( )를 클릭한다.

② [데이터 유효성]의 [설정] 탭에서 제한 대상은 '목록', 원본은 **하나약품,한국제약,튼튼제약**을 입력한다.

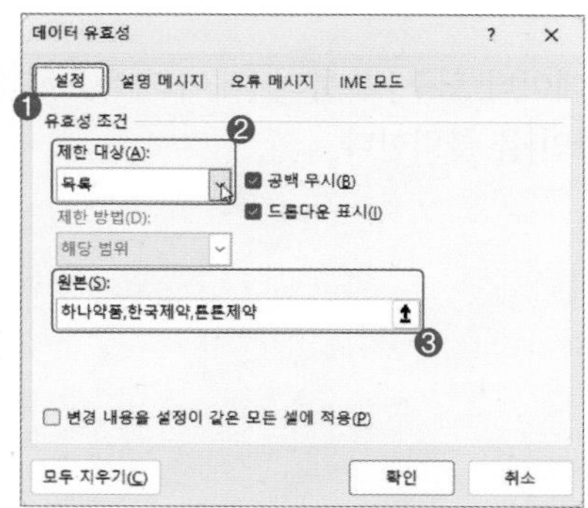


③ [설명 메시지] 탭에서 제목은 **제조사 목록**, 설명 메시지는 **하나약품,한국제약,튼튼제약**을 입력한다.

④ [오류 메시지] 탭에서 스타일은 '정보', 제목은 **제조사**, 오류 메시지는 **제조사를 확인 후 입력하세요.**를 입력하고 [확인]을 클릭한다.

**기적의 TIP**

〈설명 메시지〉

〈오류 메시지〉

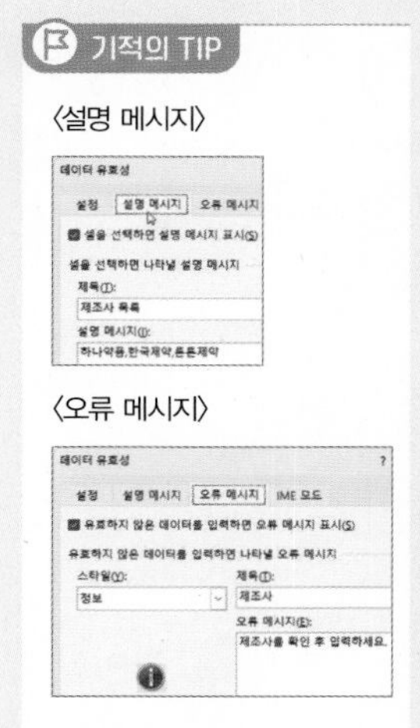

**출제유형 ③ '유효성2' 시트에 대하여 다음의 지시사항을 처리하시오.**

- [B4:B12] 영역에는 데이터 유효성 검사 도구를 이용하여 12의 배수만 입력되도록 제한 대상을 설정하시오. (MOD 함수 이용)
- [D4:D12] 영역에는 데이터 유효성 검사 도구를 이용하여 '@' 문자가 포함하여 입력되도록 제한 대상을 설정하시오. (@가 2번째부터 입력될 수 있도록 SEARCH 함수를 이용하여 작성)
- [E4:E12] 영역에는 데이터 유효성 검사 도구를 이용하여 3.3으로 나누었을 때 몫이 34 이하의 값만 입력되도록 제한 대상을 설정하시오. (QUOTIENT 함수 이용)
- [F4:I12] 영역에는 데이터 유효성 검사 도구를 이용하여 1차~4차의 합이 100%가 입력되도록 제한 대상을 설정하시오. (SUM 함수 이용)

| | A | B | C | D | E | F | G | H | I | J |
|---|---|---|---|---|---|---|---|---|---|---|
| 1 | | | | | | | | | | |
| 2 | | 번호 | 이름 | 이메일 주소 | 분양 평수 | 추가부담금 (단위 : 만원) | | | | |
| 3 | | | | | | 1차 | 2차 | 3차 | 4차 | |
| 4 | | 12 | 이규진 | S1@naver.com | 60 | 25% | 25% | 30% | 20% | |
| 5 | | 24 | 강마리 | V123@daum.net | 85 | 20% | 25% | 25% | 30% | |
| 6 | | 36 | 하윤철 | T0000@gmail.com | 110 | 30% | 25% | 25% | 20% | |
| 7 | | 48 | 고상아 | j3587@naver.com | 108 | 15% | 15% | 30% | 40% | |
| 8 | | 60 | 주단태 | uio20@hanmail.net | 89 | 10% | 10% | 40% | 40% | |
| 9 | | 72 | 오윤희 | poei102@youngjin.com | 65 | 20% | 30% | 35% | 15% | |
| 10 | | 84 | 심수련 | tqoq01@daum.net | 109 | 40% | 30% | 20% | 10% | |
| 11 | | 96 | 천서진 | fi90to@hanmail.net | 112 | 10% | 20% | 30% | 40% | |
| 12 | | 108 | 베로나 | li765@gmail.com | 98 | 25% | 25% | 25% | 25% | |
| 13 | | | | | | | | | | |

① [B4:B12] 영역을 범위 지정한 후 [데이터]–[데이터 도구] 그룹의 [데이터 유효성 검사](아이콘)를 클릭하여 다음과 같이 지정하고 [확인]을 클릭한다.

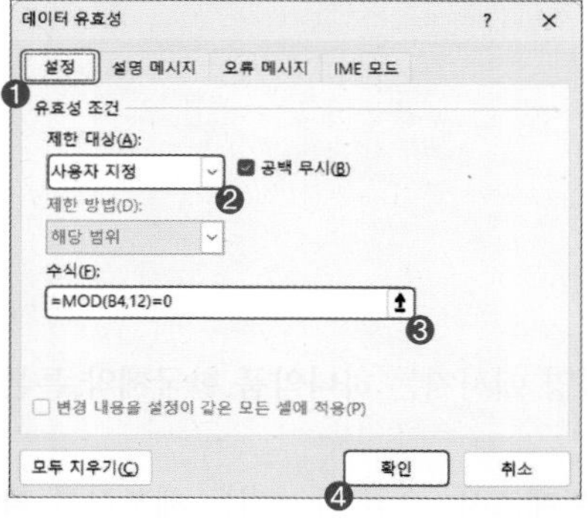


**[설정] 탭**
- **제한 대상** : 사용자 지정
- **수식** : =MOD(B4,12)=0

② [D4:D12] 영역을 범위 지정한 후 [데이터]-[데이터 도구] 그룹의 [데이터 유효성 검사](아이콘)를 클릭하여 다음과 같이 지정하고 [확인]을 클릭한다.

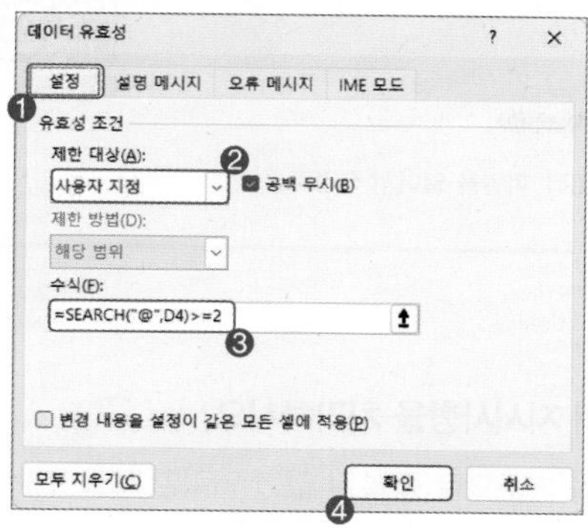


**[설정] 탭**
- 제한 대상 : 사용자 지정
- 수식 : =SEARCH("@",D4)>=2

③ [E4:E12] 영역을 범위 지정한 후 [데이터]-[데이터 도구] 그룹의 [데이터 유효성 검사](아이콘)를 클릭하여 다음과 같이 지정하고 [확인]을 클릭한다.

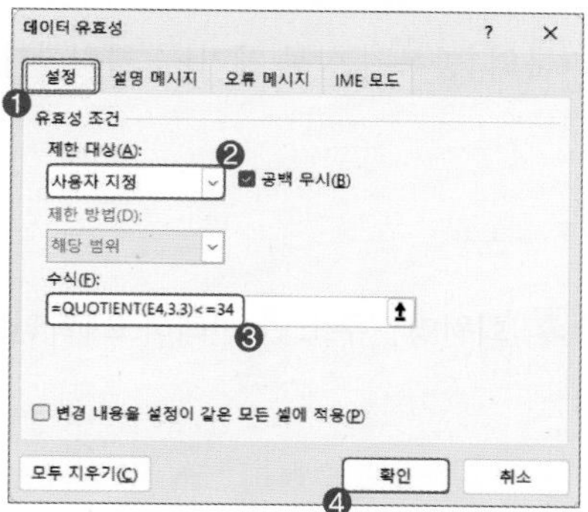


**[설정] 탭**
- 제한 대상 : 사용자 지정
- 수식 : =QUOTIENT(E4,3.3)<=34

④ [F4:I12] 영역을 범위 지정한 후 [데이터]-[데이터 도구] 그룹의 [데이터 유효성 검사](아이콘)를 클릭하여 다음과 같이 지정하고 [확인]을 클릭한다.

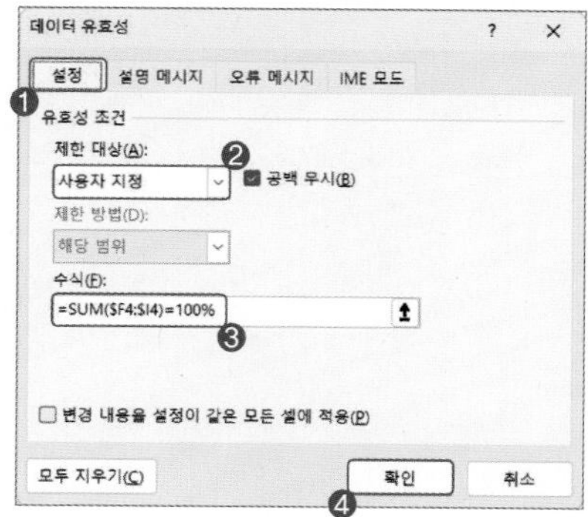


**[설정] 탭**
- 제한 대상 : 사용자 지정
- 수식 : =SUM($F4:$I4)=100%

**기적의 TIP**

- **SEARCH(찾을 텍스트, 찾을 텍스트를 포함한 텍스트, [시작 위치])** : 왼쪽에서 오른쪽으로 검색하여 찾을 텍스트가 처음 발견되는 위치를 반환(대/소문자 구분 안 함)
- **=SEARCH("@",D4)** : '@'를 [D4] 셀에서 위치를 구함

| | D | E |
|---|---|---|
| 1 | | |
| 2–3 | 이메일 주소 | =SEARCH("@",D4) 결과 |
| 4 | S1@naver.com | 3 |
| 5 | V123@daum.net | 5 |
| 6 | T0000@gmail.com | 6 |
| 7 | j3587@naver.com | 6 |
| 8 | uio20@hanmail.net | 6 |
| 9 | poei102@youngjin.com | 8 |
| 10 | tqoq01@daum.net | 7 |
| 11 | fi90to@hanmail.net | 7 |
| 12 | li765@gmail.com | 6 |

**기적의 TIP**

- **QUOTIENT(피제수, 제수)** : 나눗셈의 몫을 정수로 구함
- **=QUOTIENT(E4,3.3)** : [E4] 셀의 값을 3.3으로 나눈 몫을 구함

| | E | F |
|---|---|---|
| 1 | | |
| 2–3 | 분양 평수 | =QUOTIENT(E4,3.3) 결과 |
| 4 | 60 | 18 |
| 5 | 85 | 25 |
| 6 | 110 | 33 |
| 7 | 108 | 32 |
| 8 | 89 | 26 |
| 9 | 65 | 19 |
| 10 | 109 | 33 |
| 11 | 112 | 33 |
| 12 | 98 | 29 |

**24년 출제**

**시험에 출제된 데이터 유효성 검사**

| 조건 | 수식 |
|---|---|
| 12의 배수만 입력되도록 설정 | =MOD(셀 주소, 12) =0 |
| 20의 배수만 입력되도록 설정 | =MOD(셀 주소, 20) =0 |
| @를 포함하여 입력되도록 설정(@가 2번째부터 입력) | =SEARCH("@", 셀 주소)>=2<br>=SEARCH("@", 셀 주소, 2) |
| 3.3으로 나누었을 때 몫이 34 이하의 값만 입력 | =QUOTIENT(셀 주소, 3.3)<=34 |
| 4과목 점수의 합이 100%가 입력되도록 설정 | =SUM(과목1:과목4)= 100% |

SECTION

# 03 중복된 항목 제거

난 이 도 상 중 하

반복학습 1 2 3

작업파일 [2025컴활1급₩1권_스프레드시트₩이론] 폴더의 '09중복데이터' 파일을 열어서 작업하시오.

**출제유형 ❶ '중복데이터1' 시트에 대하여 다음의 지시사항을 처리하시오.**

데이터 도구를 이용하여 [표1]에서 '회원명', '주소' 열을 기준으로 중복된 값이 입력된 셀을 포함하는 행을 삭제하시오.

① [A2] 셀을 클릭한 후 [데이터]–[데이터 도구] 그룹의 [중복된 항목 제거]를 클릭한다.

② [중복 값 제거]에서 [모두 선택 취소]를 클릭한 후 '회원명', '주소'만 선택하고 [확인]을 클릭한다.

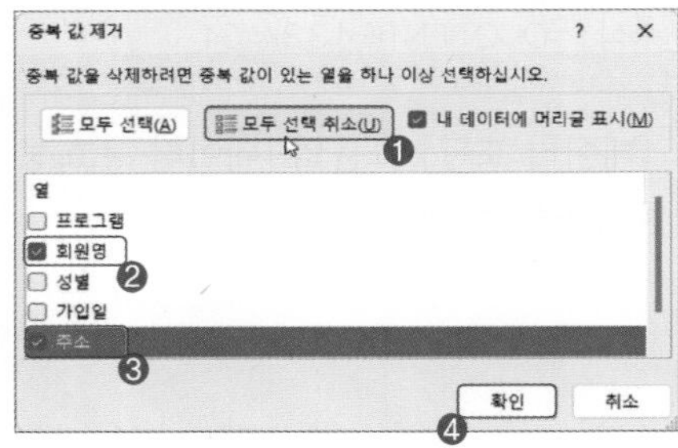


③ 메시지가 표시되면 [확인]을 클릭한다.

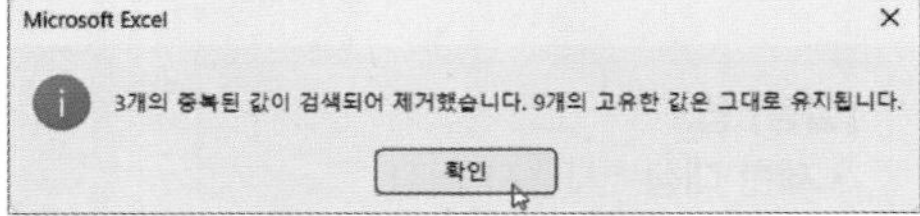

풀이결과

| | A | B | C | D | E | F | G |
|---|---|---|---|---|---|---|---|
| 1 | [표1] | | | | | | |
| 2 | 프로그램 | 회원명 | 성별 | 가입일 | 주소 | 연락처 | |
| 3 | Health | 김용성 | 남 | 2016-03-05 | 서초구 서초동 | 010-9214-6842 | |
| 4 | Health | 한정훈 | 여 | 2018-01-03 | 서초구 방배동 | 010-4561-3541 | |
| 5 | Health | 유하은 | 여 | 2017-12-18 | 서초구 양재동 | 010-7488-4618 | |
| 6 | Health | 김예소 | 여 | 2016-11-27 | 서초구 내곡동 | 010-5431-6865 | |
| 7 | Yoga | 김지혜 | 여 | 2018-06-07 | 서초구 반포동 | 010-1654-0847 | |
| 8 | Yoga | 유가온 | 여 | 2018-10-22 | 서초구 잠원동 | 010-2435-6789 | |
| 9 | Boxing | 이향기 | 여 | 2017-06-21 | 서초구 내곡동 | 010-7238-4155 | |
| 10 | Boxing | 김어중 | 남 | 2017-07-29 | 서초구 반포동 | 010-3481-2986 | |
| 11 | Boxing | 윤소정 | 여 | 2016-10-09 | 서초구 우면동 | 010-1678-3534 | |
| 12 | | | | | | | |

▲ '중복데이터1(결과)' 시트

**출제유형 ❷ '중복데이터2' 시트에 대하여 다음의 지시사항을 처리하시오.**

데이터 도구를 이용하여 [표1]에서 '신청대상', '수강요일' 열을 기준으로 중복된 값이 입력된 셀을 포함하는 행을 삭제하시오.

① [A2] 셀을 클릭한 후 [데이터]–[데이터 도구] 그룹의 [중복된 항목 제거]를 클릭한다.

② [중복 값 제거]에서 [모두 선택 취소]를 클릭한 후 '신청대상', '수강요일'만 선택하고 [확인]을 클릭한다. 메시지가 표시되면 [확인]을 클릭한다.

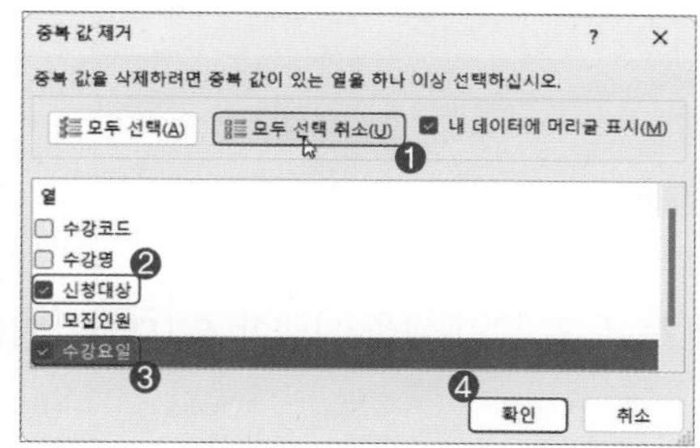


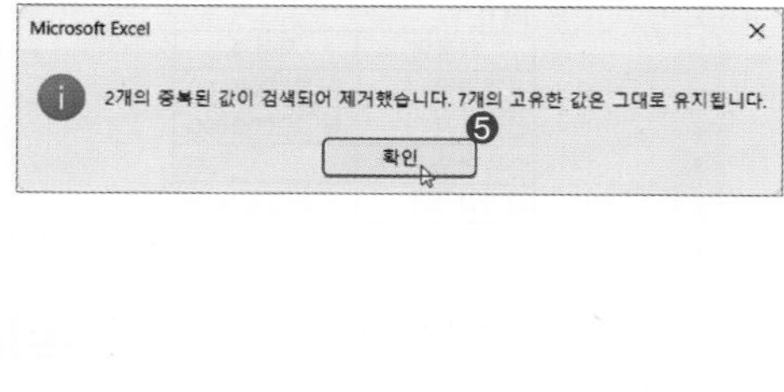


풀이결과

| | A | B | C | D | E | F | G |
|---|---|---|---|---|---|---|---|
| 1 | [표1] | | | | | | |
| 2 | 수강코드 | 수강명 | 신청대상 | 모집인원 | 수강요일 | 수강비 | |
| 3 | SANG-001 | Hot Music School | 전체 | 30 | 월요일 | 120000 | |
| 4 | SANG-002 | 어린이 발리 댄스 | 초등학생 | 25 | 목요일 | 80000 | |
| 5 | SANG-003 | High Easy English | 고등학생 | 30 | 월요일 | 100000 | |
| 6 | SANG-004 | 수학의 정석 | 중학생 | 35 | 금요일 | 100000 | |
| 7 | SANG-005 | 집밥! 어렵지 않아요! | 전체 | 20 | 수요일 | 120000 | |
| 8 | SANG-008 | 톡톡 튀는 독서 토론 논술 | 고등학생 | 30 | 토요일 | 100000 | |
| 9 | SANG-009 | 좋은 습관 독서법 | 중학생 | 25 | 토요일 | 120000 | |
| 10 | | | | | | | |

◀ '중복데이터2(결과)' 시트

SECTION 04

# 데이터 표

난 이 도 상 (중) 하

반복학습 1 2 3

작업파일 [2025컴활1급₩1권_스프레드시트₩이론] 폴더의 '10데이터표' 파일을 열어서 작업하시오.

**출제유형 ❶ '데이터표1' 시트에 대하여 다음의 지시사항을 처리하시오.**

[데이터 표] 기능을 이용하여 감가상각액을 계산한 [D3:D6] 영역을 참조하여, 잔존가치와 수명년수의 변동에 따른 감가상각액의 변화를 [D10:I15] 영역에 계산하시오.

① 감가상각액을 복사하기 위해 [D6] 셀을 선택한 후 '수식 입력줄'의 수식 '=SLN(D3,D4,D5)'을 드래그하여 범위 지정한 후 Ctrl+C를 눌러 복사한다.

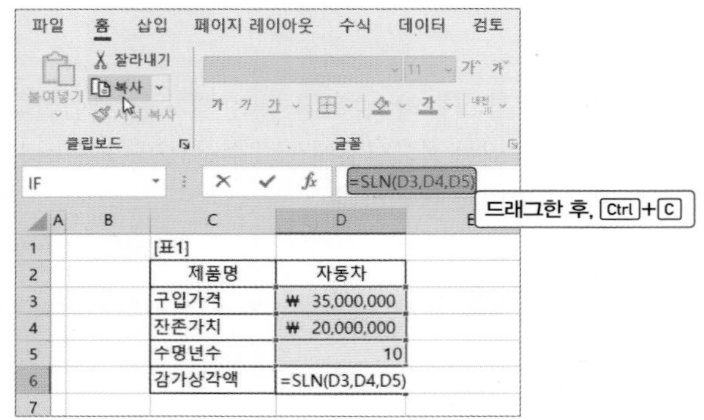


> **기적의 TIP**
> [C9] 셀에 계산식을 복사하지 않고 연결해서 사용해도 됩니다.
>
> 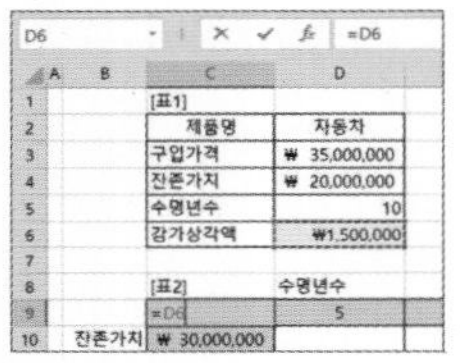

② 범위 지정한 것을 해제하기 위해서 Esc를 누른 후 [C9] 셀을 선택한 후 Ctrl+V를 눌러 붙여넣기를 한다.

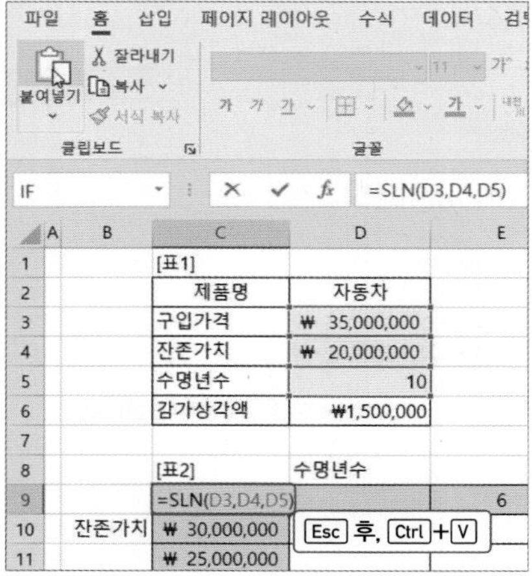


> **기적의 TIP**
> - Esc를 누르지 않고 붙여넣기 위치 [C9] 셀을 클릭하면 [D6] 셀의 수식이 =C9로 바뀌면서 함수식을 지우게 됩니다. 반드시 Esc를 누른 후에 [C9] 셀을 클릭하여 붙여넣기 합니다.
> - 행과 열의 변수가 만나는 [C9] 셀에 수식을 입력하거나 수식을 연결하여 작성합니다.

③ [C9:I15] 영역을 범위 지정한 후 [데이터]-[예측] 그룹의 [가상 분석]-[데이터 표]를 선택한다.

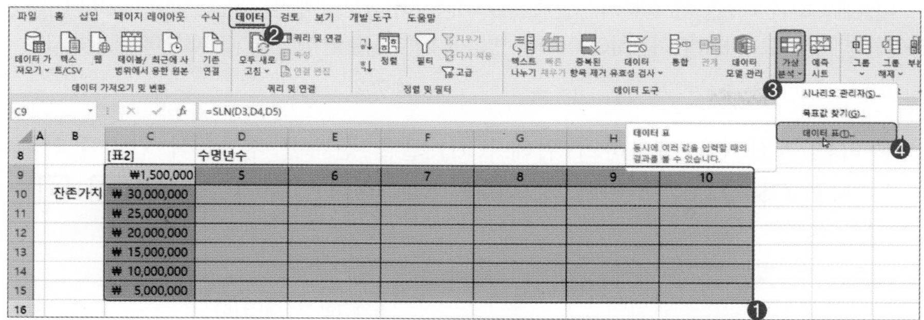

④ 행에 입력된 수명년수(5, 6, 7, 8, 9, 10)를 [D5] 셀에 대입하고, 열에 입력된 잔존가치(30,000,000~5,000,000)는 [D4] 셀에 대입하여 계산하기 위해 [데이터 테이블]에서 '행 입력 셀'은 [D5] 셀, '열 입력 셀'은 [D4] 셀을 지정하고 [확인]을 클릭한다.

> **기적의 TIP**
> - **행 입력 셀** : 행 방향으로 나열된 값을 대입할 셀
> - **열 입력 셀** : 열 방향으로 나열된 값을 대입할 셀

| | A | B | C | D | E | F | G | H | I |
|---|---|---|---|---|---|---|---|---|---|
| 1 | | | [표1] | | | | | | |
| 2 | | | 제품명 | 자동차 | | | | | |
| 3 | | | 구입가격 | ₩ 35,000,000 | | | | | |
| 4 | | | 잔존가치 | ₩ 20,000,000 | | | | | |
| 5 | | | 수명년수 | 10 | | | | | |
| 6 | | | 감가상각액 | ₩1,500,000 | | | | | |
| 7 | | | | | | | | | |
| 8 | | | [표2] | 수명년수 | | | | | |
| 9 | | | ₩1,500,000 | 5 | 6 | 7 | 8 | 9 | 10 |
| 10 | | 잔존가치 | ₩ 30,000,000 | | | | | | |
| 11 | | | ₩ 25,000,000 | | | | | | |
| 12 | | | ₩ 20,000,000 | | | | | | |
| 13 | | | ₩ 15,000,000 | | | | | | |
| 14 | | | ₩ 10,000,000 | | | | | | |
| 15 | | | ₩ 5,000,000 | | | | | | |
| 16 | | | | | | | | | |

데이터 테이블 ? ×
행 입력 셀(R): $D$5
열 입력 셀(C): $D$4
확인 취소
행
열

풀이결과

| | A | B | C | D | E | F | G | H | I |
|---|---|---|---|---|---|---|---|---|---|
| 1 | | | [표1] | | | | | | |
| 2 | | | 제품명 | 자동차 | | | | | |
| 3 | | | 구입가격 | ₩ 35,000,000 | | | | | |
| 4 | | | 잔존가치 | ₩ 20,000,000 | | | | | |
| 5 | | | 수명년수 | 10 | | | | | |
| 6 | | | 감가상각액 | ₩1,500,000 | | | | | |
| 7 | | | | | | | | | |
| 8 | | | [표2] | 수명년수 | | | | | |
| 9 | | | ₩1,500,000 | 5 | 6 | 7 | 8 | 9 | 10 |
| 10 | | 잔존가치 | ₩ 30,000,000 | ₩ 1,000,000 | ₩ 833,333 | ₩ 714,286 | ₩ 625,000 | ₩ 555,556 | ₩ 500,000 |
| 11 | | | ₩ 25,000,000 | ₩ 2,000,000 | ₩ 1,666,667 | ₩ 1,428,571 | ₩ 1,250,000 | ₩ 1,111,111 | ₩ 1,000,000 |
| 12 | | | ₩ 20,000,000 | ₩ 3,000,000 | ₩ 2,500,000 | ₩ 2,142,857 | ₩ 1,875,000 | ₩ 1,666,667 | ₩ 1,500,000 |
| 13 | | | ₩ 15,000,000 | ₩ 4,000,000 | ₩ 3,333,333 | ₩ 2,857,143 | ₩ 2,500,000 | ₩ 2,222,222 | ₩ 2,000,000 |
| 14 | | | ₩ 10,000,000 | ₩ 5,000,000 | ₩ 4,166,667 | ₩ 3,571,429 | ₩ 3,125,000 | ₩ 2,777,778 | ₩ 2,500,000 |
| 15 | | | ₩ 5,000,000 | ₩ 6,000,000 | ₩ 5,000,000 | ₩ 4,285,714 | ₩ 3,750,000 | ₩ 3,333,333 | ₩ 3,000,000 |
| 16 | | | | | | | | | |

▲ '데이터표1(결과)' 시트

**출제유형 ❷ '데이터표2' 시트에서 다음의 지시사항을 처리하시오.**

대출금[C3], 연이율[C4], 상환기간(년)[C5]을 이용하여 상환금액(월)[C6]을 계산한 것이다. [데이터]-[데이터 표] 기능을 이용하여 이자율 변동에 따른 상환금액(월)을 [G6:G12]에 계산하시오.

> **기적의 TIP**
>
> 변수가 하나인 데이터 표는 값을 표시할 첫 번째 셀 위(앞)에 수식을 작성합니다.
>
> 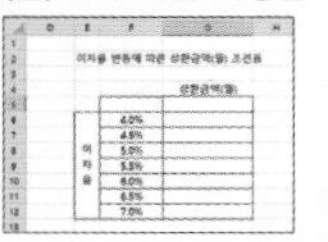
>
> 변수가 열일 때에는 [G6] 셀에 수식 작성
>
> 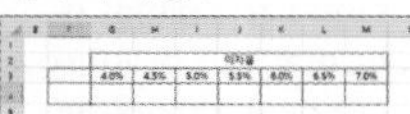
>
> 변수가 행일 때에는 [E6] 셀에 수식 작성

① 수익금 계산식을 복사하기 위해 [C6] 셀을 선택한 후 '수식 입력줄'의 수식 '=PMT($C$4/12,$C$5 *12,-$C$3)'을 드래그하여 범위 지정한 후 Ctrl+C를 복사한다.

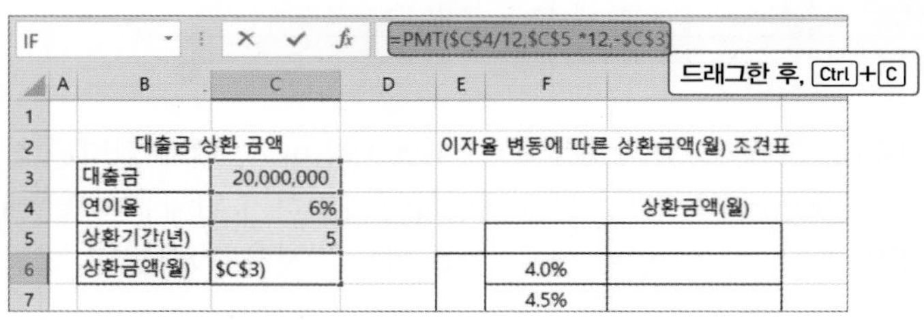


② 범위 지정한 것을 해제하기 위해서 Esc를 누른 후, [G5] 셀을 선택한 후 Ctrl+V를 눌러 붙여넣기를 한다.

③ [F5:G12] 영역을 범위 지정한 후 [데이터]-[예측] 그룹의 [가상 분석]-[데이터 표]를 클릭한다.

④ 열에 입력된 이자율(4.0%, 4.5%, 5.0%, 5.5%, 6%, 6.5%, 7%)을 [C4] 셀에 대입하여 계산하기 위해 '열 입력 셀'에 [C4] 셀을 지정하고 [확인]을 클릭한다.

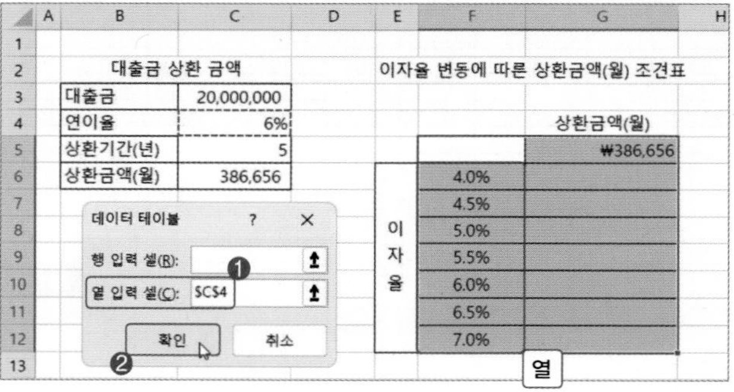


풀이결과

| | A | B | C | D | E | F | G | H |
|---|---|---|---|---|---|---|---|---|
| 1 | | | | | | | | |
| 2 | | 대출금 상환 금액 | | | 이자율 변동에 따른 상환금액(월) 조견표 | | | |
| 3 | | 대출금 | 20,000,000 | | | | | |
| 4 | | 연이율 | 6% | | | | 상환금액(월) | |
| 5 | | 상환기간(년) | 5 | | | | ₩386,656 | |
| 6 | | 상환금액(월) | 386,656 | | | 4.0% | 368330.4411 | |
| 7 | | | | | | 4.5% | 372860.3848 | |
| 8 | | | | | 이 | 5.0% | 377424.6729 | |
| 9 | | | | | 자 | 5.5% | 382023.2434 | |
| 10 | | | | | 율 | 6.0% | 386656.0306 | |
| 11 | | | | | | 6.5% | 391322.9644 | |
| 12 | | | | | | 7.0% | 396023.9708 | |
| 13 | | | | | | | | |

▲ '데이터표2(결과)' 시트

SECTION

# 05 목표값 찾기

난 이 도 (상) 중 하

반복학습 1 2 3

작업파일 [2025컴활1급₩1권_스프레드시트₩이론] 폴더의 '11목표값찾기' 파일을 열어서 작업하시오.

**출제유형 ❶ '목표값찾기1' 시트에 대하여 다음의 지시사항을 처리하시오.**

[목표값 찾기] 기능을 이용하여 청바지 판매금액[B7]이 100,000이 되려면 청바지 할인율[E5]이 얼마가 되어야 하는지 계산하시오.

① 수식으로 계산된 판매금액 100,000이 되기 위해서 [B7] 셀을 선택한 후 [데이터]-[예측] 그룹의 [가상 분석]-[목표값 찾기]를 선택한다.

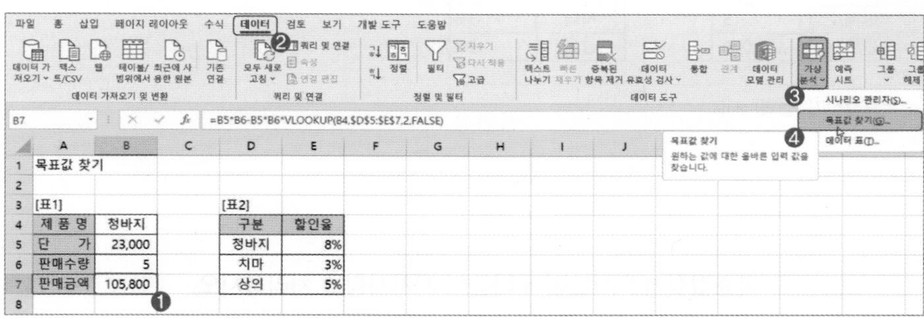


② [목표값 찾기]에서 수식으로 계산된 셀은 [B7], 찾는 값은 **100,000**을 입력하고, 값을 바꿀 셀은 [E5] 셀을 지정하고 [확인]을 클릭한다.

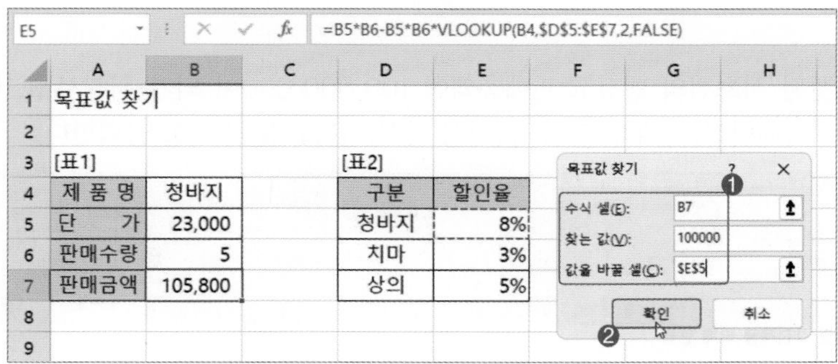

③ [목표값 찾기 상태]에서 결과가 표시되고, 워크시트에도 변경되어 있는 내용을 확인한 후 [확인]을 클릭한다.

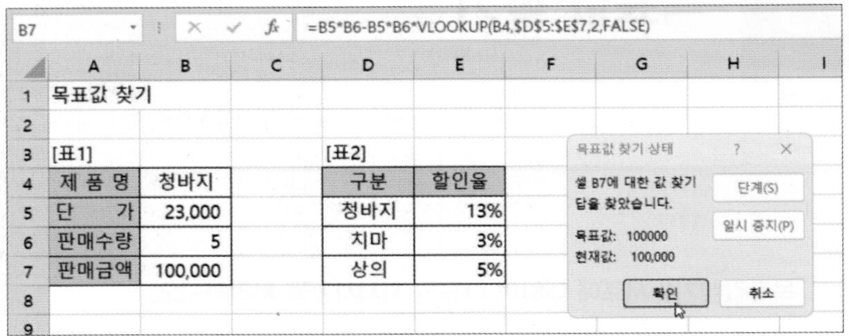


풀이결과

| | A | B | C | D | E |
|---|---|---|---|---|---|
| 1 | 목표값 찾기 | | | | |
| 2 | | | | | |
| 3 | [표1] | | | [표2] | |
| 4 | 제 품 명 | 청바지 | | 구분 | 할인율 |
| 5 | 단 가 | 23,000 | | 청바지 | 13% |
| 6 | 판매수량 | 5 | | 치마 | 3% |
| 7 | 판매금액 | 100,000 | | 상의 | 5% |
| 8 | | | | | |

▲ '목표값찾기1(결과)' 시트

**출제유형 ❷ '목표값찾기2' 시트에서 다음의 지시사항을 처리하시오.**

[목표값 찾기] 기능을 이용하여 '지점별 가전제품 판매 현황' 표에서 서초점의 냉장고 판매총액[E10]이 100,000,000이 되려면 판매량[D10]이 얼마가 되어야 하는지 계산하시오.

① 수식으로 계산된 서초점의 냉장고 판매총액이 100,000,000이 되기 위해서 [E10] 셀을 선택한 후 [데이터]-[예측] 그룹의 [가상 분석]-[목표값 찾기]를 클릭한다.

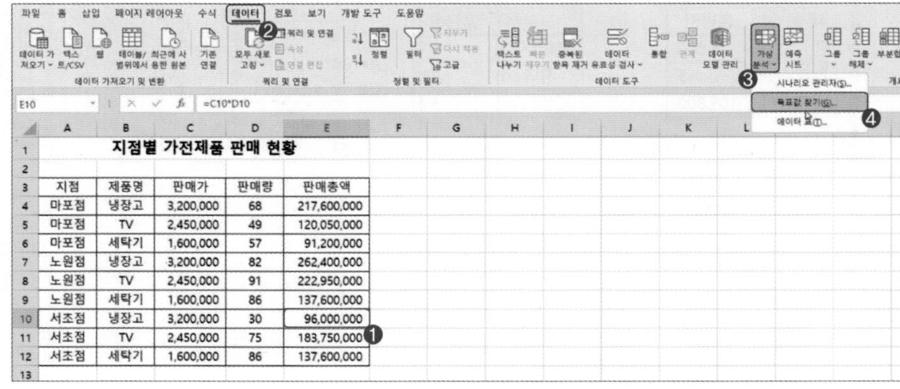

지점별 가전제품 판매 현황

| 지점 | 제품명 | 판매가 | 판매량 | 판매총액 |
|---|---|---|---|---|
| 마포점 | 냉장고 | 3,200,000 | 68 | 217,600,000 |
| 마포점 | TV | 2,450,000 | 49 | 120,050,000 |
| 마포점 | 세탁기 | 1,600,000 | 57 | 91,200,000 |
| 노원점 | 냉장고 | 3,200,000 | 82 | 262,400,000 |
| 노원점 | TV | 2,450,000 | 91 | 222,950,000 |
| 노원점 | 세탁기 | 1,600,000 | 86 | 137,600,000 |
| 서초점 | 냉장고 | 3,200,000 | 30 | 96,000,000 |
| 서초점 | TV | 2,450,000 | 75 | 183,750,000 |
| 서초점 | 세탁기 | 1,600,000 | 86 | 137,600,000 |

② [목표값 찾기]에서 수식으로 계산된 셀은 [E10], 찾는 값은 **100,000,000**을 입력하고, 값을 바꿀 셀은 [D10] 셀을 지정하고 [확인]을 클릭한다.

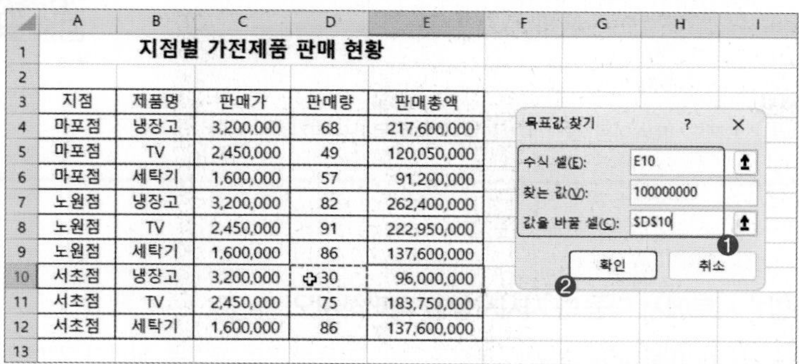

지점별 가전제품 판매 현황

| 지점 | 제품명 | 판매가 | 판매량 | 판매총액 |
|---|---|---|---|---|
| 마포점 | 냉장고 | 3,200,000 | 68 | 217,600,000 |
| 마포점 | TV | 2,450,000 | 49 | 120,050,000 |
| 마포점 | 세탁기 | 1,600,000 | 57 | 91,200,000 |
| 노원점 | 냉장고 | 3,200,000 | 82 | 262,400,000 |
| 노원점 | TV | 2,450,000 | 91 | 222,950,000 |
| 노원점 | 세탁기 | 1,600,000 | 86 | 137,600,000 |
| 서초점 | 냉장고 | 3,200,000 | 30 | 96,000,000 |
| 서초점 | TV | 2,450,000 | 75 | 183,750,000 |
| 서초점 | 세탁기 | 1,600,000 | 86 | 137,600,000 |



③ [목표값 찾기 상태]에서 결과가 표시되고, 워크시트에도 변경되어 있는 내용을 확인한 후 [확인]을 클릭한다.

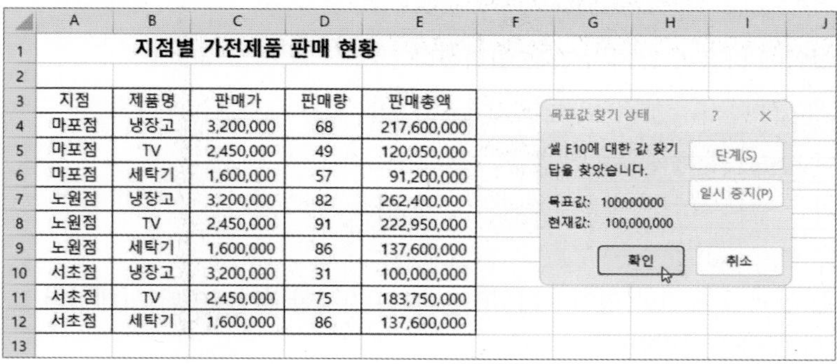

지점별 가전제품 판매 현황

| 지점 | 제품명 | 판매가 | 판매량 | 판매총액 |
|---|---|---|---|---|
| 마포점 | 냉장고 | 3,200,000 | 68 | 217,600,000 |
| 마포점 | TV | 2,450,000 | 49 | 120,050,000 |
| 마포점 | 세탁기 | 1,600,000 | 57 | 91,200,000 |
| 노원점 | 냉장고 | 3,200,000 | 82 | 262,400,000 |
| 노원점 | TV | 2,450,000 | 91 | 222,950,000 |
| 노원점 | 세탁기 | 1,600,000 | 86 | 137,600,000 |
| 서초점 | 냉장고 | 3,200,000 | 31 | 100,000,000 |
| 서초점 | TV | 2,450,000 | 75 | 183,750,000 |
| 서초점 | 세탁기 | 1,600,000 | 86 | 137,600,000 |



풀이결과

지점별 가전제품 판매 현황

| 지점 | 제품명 | 판매가 | 판매량 | 판매총액 |
|---|---|---|---|---|
| 마포점 | 냉장고 | 3,200,000 | 68 | 217,600,000 |
| 마포점 | TV | 2,450,000 | 49 | 120,050,000 |
| 마포점 | 세탁기 | 1,600,000 | 57 | 91,200,000 |
| 노원점 | 냉장고 | 3,200,000 | 82 | 262,400,000 |
| 노원점 | TV | 2,450,000 | 91 | 222,950,000 |
| 노원점 | 세탁기 | 1,600,000 | 86 | 137,600,000 |
| 서초점 | 냉장고 | 3,200,000 | 31 | 100,000,000 |
| 서초점 | TV | 2,450,000 | 75 | 183,750,000 |
| 서초점 | 세탁기 | 1,600,000 | 86 | 137,600,000 |

▲ '목표값찾기2(결과)' 시트

SECTION

# 06 통합

난 이 도 상 중 하

반복학습 1 2 3

작업파일 [2025컴활1급₩1권_스프레드시트₩이론] 폴더의 '12통합' 파일을 열어서 작업하시오.

**출제유형 ❶ '통합1' 시트에서 다음의 지시사항을 처리하시오.**

데이터 도구 [통합] 기능을 이용하여 [표1]의 대한 '공학부', '교육학'으로 끝나는 학과와 '정보인증', '국제인증', '전공인증'의 평균을 [표2]의 [H5:J6] 영역에 계산하시오.

① [G5:G6] 영역에 다음과 같이 조건을 입력한다.

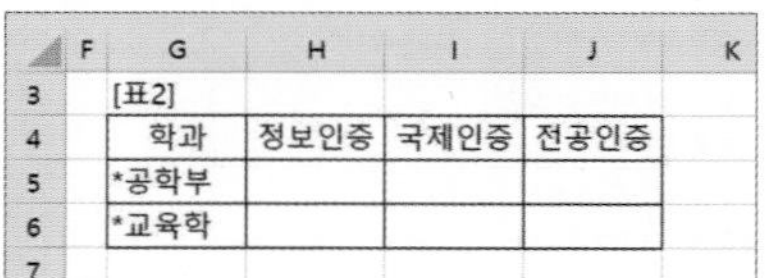

| | F | G | H | I | J | K |
|---|---|---|---|---|---|---|
| 3 | | [표2] | | | | |
| 4 | | 학과 | 정보인증 | 국제인증 | 전공인증 | |
| 5 | | *공학부 | | | | |
| 6 | | *교육학 | | | | |
| 7 | | | | | | |

② 데이터 통합 결과를 표시할 영역 [G4:J6]을 범위 지정한 후 [데이터]-[데이터 도구] 그룹의 [통합]( )을 클릭한다.

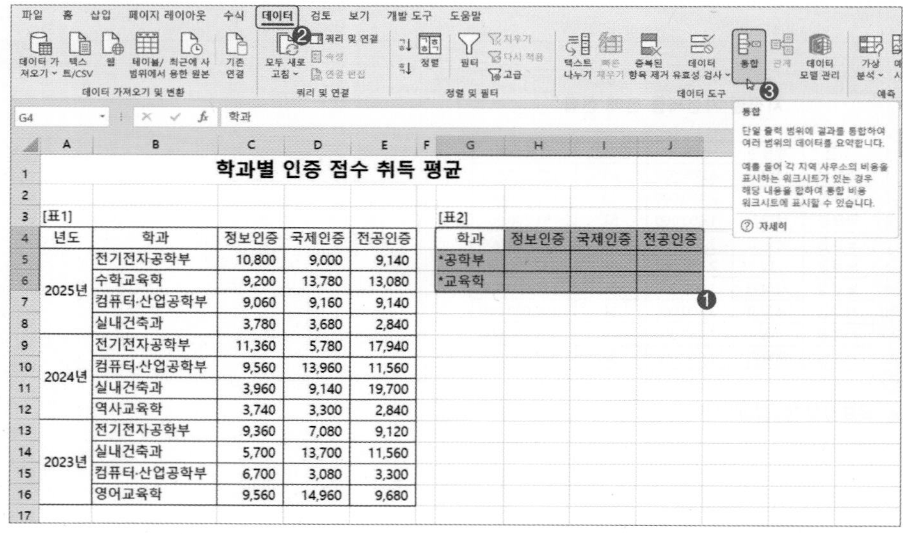


학과별 인증 점수 취득 평균

[표1]

| 년도 | 학과 | 정보인증 | 국제인증 | 전공인증 |
|---|---|---|---|---|
| 2025년 | 전기전자공학부 | 10,800 | 9,000 | 9,140 |
| | 수학교육학 | 9,200 | 13,780 | 13,080 |
| | 컴퓨터·산업공학부 | 9,060 | 9,160 | 9,140 |
| | 실내건축과 | 3,780 | 3,680 | 2,840 |
| 2024년 | 전기전자공학부 | 11,360 | 5,780 | 17,940 |
| | 컴퓨터·산업공학부 | 9,560 | 13,960 | 11,560 |
| | 실내건축과 | 3,960 | 9,140 | 19,700 |
| | 역사교육학 | 3,740 | 3,300 | 2,840 |
| 2023년 | 전기전자공학부 | 9,360 | 7,080 | 9,120 |
| | 실내건축과 | 5,700 | 13,700 | 11,560 |
| | 컴퓨터·산업공학부 | 6,700 | 3,080 | 3,300 |
| | 영어교육학 | 9,560 | 14,960 | 9,680 |

[표2]

| 학과 | 정보인증 | 국제인증 | 전공인증 |
|---|---|---|---|
| *공학부 | | | |
| *교육학 | | | |

③ [통합]에서 함수는 '평균'을 선택한다.

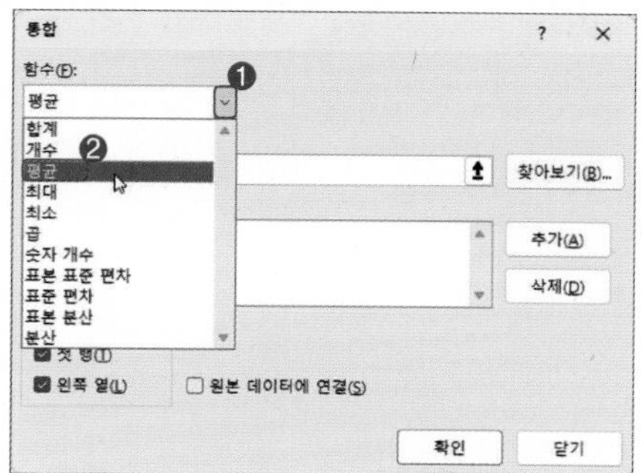

④ 데이터 통합을 할 범위를 지정하기 위해 '참조'의 입력란을 클릭한 후 마우스로 [B4:E16] 영역을 드래그한 후 [추가]를 클릭한다.

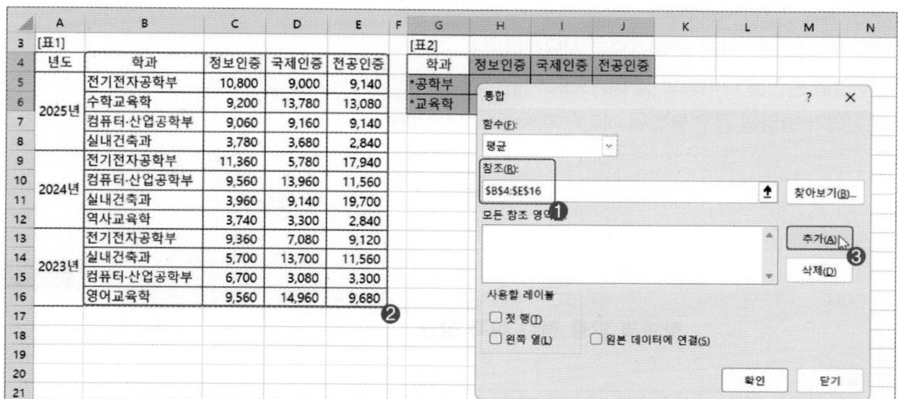

⑤ 사용할 레이블은 '첫 행', '왼쪽 열'을 체크하고 [확인]을 클릭한다.

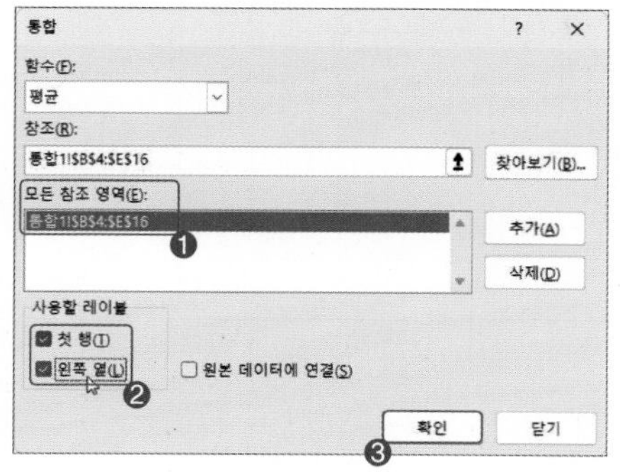

**기적의 TIP**

참조하는 영역을 범위 지정할 때 결과를 표시할 왼쪽 열에 있는 데이터가 첫 번째 열이 될 수 있도록 범위를 지정합니다.

더 알기 TIP

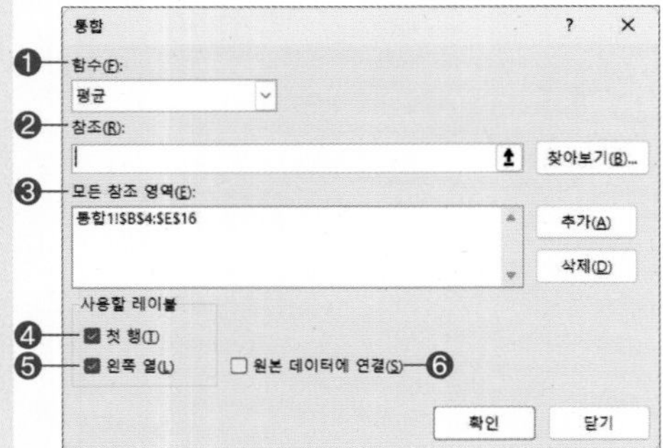


❶ **함수** : 사용할 함수를 선택한다.
❷ **참조** : 통합할 데이터 영역을 지정한다.
❸ **모든 참조 영역** : 지정한 모든 참조 영역이 표시된다.
❹ **첫 행** : 참조 영역 중 첫 행을 통합될 데이터의 행 이름으로 사용한다.
❺ **왼쪽 열** : 참조 영역 중 왼쪽 열을 통합될 데이터의 열 이름으로 사용한다.
❻ **원본 데이터 연결** : 원본 데이터가 변경될 경우 통합된 데이터에 자동으로 반영된다.

풀이결과

| | A | B | C | D | E | F | G | H | I | J | K |
|---|---|---|---|---|---|---|---|---|---|---|---|
| 1 | 학과별 인증 점수 취득 평균 | | | | | | | | | | |
| 2 | | | | | | | | | | | |
| 3 | [표1] | | | | | | [표2] | | | | |
| 4 | 년도 | 학과 | 정보인증 | 국제인증 | 전공인증 | | 학과 | 정보인증 | 국제인증 | 전공인증 | |
| 5 | 2025년 | 전기전자공학부 | 10,800 | 9,000 | 9,140 | | *공학부 | 9,473 | 8,010 | 10,033 | |
| 6 | | 수학교육학 | 9,200 | 13,780 | 13,080 | | *교육학 | 7,500 | 10,680 | 8,533 | |
| 7 | | 컴퓨터·산업공학부 | 9,060 | 9,160 | 9,140 | | | | | | |
| 8 | | 실내건축과 | 3,780 | 3,680 | 2,840 | | | | | | |
| 9 | 2024년 | 전기전자공학부 | 11,360 | 5,780 | 17,940 | | | | | | |
| 10 | | 컴퓨터·산업공학부 | 9,560 | 13,960 | 11,560 | | | | | | |
| 11 | | 실내건축과 | 3,960 | 9,140 | 19,700 | | | | | | |
| 12 | | 역사교육학 | 3,740 | 3,300 | 2,840 | | | | | | |
| 13 | 2023년 | 전기전자공학부 | 9,360 | 7,080 | 9,120 | | | | | | |
| 14 | | 실내건축과 | 5,700 | 13,700 | 11,560 | | | | | | |
| 15 | | 컴퓨터·산업공학부 | 6,700 | 3,080 | 3,300 | | | | | | |
| 16 | | 영어교육학 | 9,560 | 14,960 | 9,680 | | | | | | |
| 17 | | | | | | | | | | | |

▲ '통합1(결과)' 시트

**출제유형 ②** **다음 시트에서 지시사항을 처리하시오.**

- '통합2' 시트의 [C4:F10] 영역에 데이터 도구 [통합] 기능을 이용하여 '중간고사' 시트의 [표1], '기말고사' 시트의 [표2]의 데이터를 참조하여 성명별 데이터의 '국어', '영어', '수학', '총점'의 평균을 계산하시오.
- '통합3' 시트의 [C4:F10] 영역에 데이터 도구 [통합] 기능을 이용하여 중간고사, 기말고사 시트의 원본 데이터가 변경될 경우 통합 시트의 데이터도 자동으로 변경되도록 적용하여 평균을 계산하시오.

① '통합2' 시트의 [B3:F10] 영역을 범위 지정한 후 [데이터]–[데이터 도구] 그룹의 [통합]( )을 클릭한다.

② [통합]에서 함수는 '평균'을 선택하고, 참조에 커서를 두고 '중간고사' 시트를 클릭하여 [B3:F10] 영역을 드래그한 후 [추가]를 클릭한다.

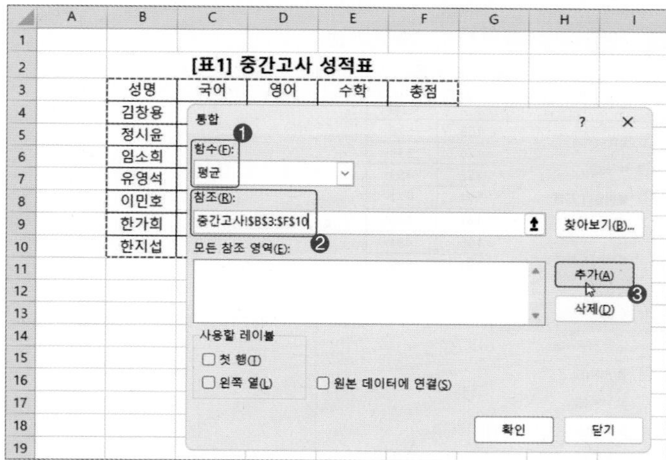


③ 참조에 커서를 두고 '기말고사' 시트를 클릭한 후 [B3:F10] 영역을 확인하고 [추가]를 클릭한 후 '첫 행', '왼쪽 열'을 체크하고 [확인]을 클릭한다.

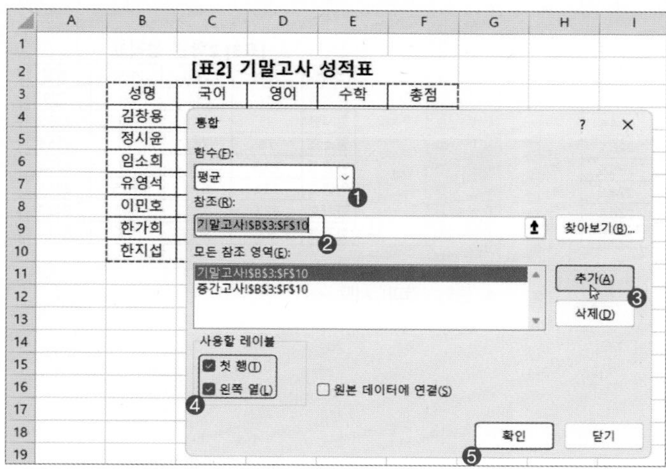

④ '통합3' 시트의 [B3:F10] 영역을 범위 지정한 후 [데이터]-[데이터 도구] 그룹의 [통합]을 클릭하여 동일하게 참조 영역을 추가한 후 '원본 데이터에 연결'을 체크하고 [확인]을 클릭한다.

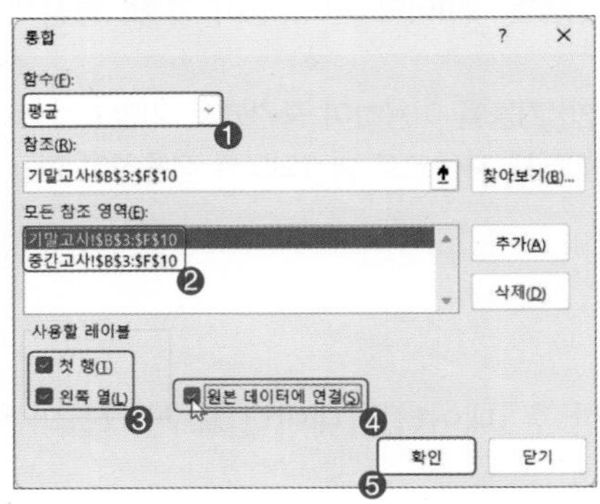


⑤ 열 머리글 C열을 선택한 후 마우스 오른쪽 버튼을 눌러 [삭제]를 클릭한 후 열 머리글 B와 C 사이의 경계라인에서 더블클릭하여 열 너비를 조절한다.

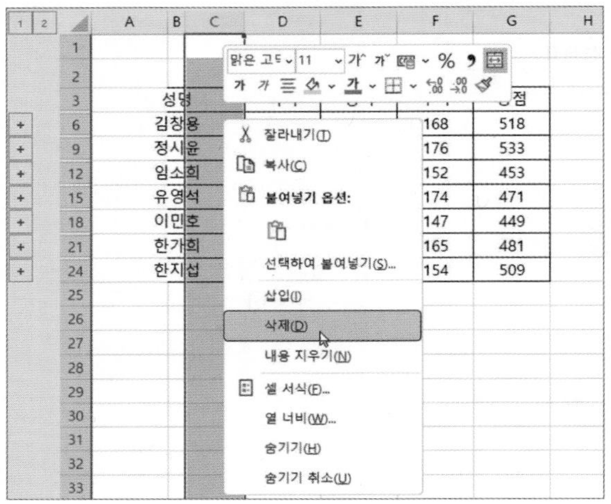


풀이결과

[표3] 2학년 성적표

| 성명 | 국어 | 영어 | 수학 | 총점 |
|---|---|---|---|---|
| 김창용 | 81 | 94 | 84 | 259 |
| 정시윤 | 95 | 83.5 | 88 | 266.5 |
| 임소희 | 78 | 72.5 | 76 | 226.5 |
| 유영석 | 83.5 | 65 | 87 | 235.5 |
| 이민호 | 93.5 | 57.5 | 73.5 | 224.5 |
| 한가희 | 82.5 | 75.5 | 82.5 | 240.5 |
| 한지섭 | 83 | 94.5 | 77 | 254.5 |

▲ '통합2(결과)' 시트

[표3] 2학년 성적표

| 성명 | 국어 | 영어 | 수학 | 총점 |
|---|---|---|---|---|
| 김창용 | 81 | 94 | 84 | 259 |
| 정시윤 | 95 | 83.5 | 88 | 266.5 |
| 임소희 | 78 | 72.5 | 76 | 226.5 |
| 유영석 | 83.5 | 65 | 87 | 235.5 |
| 이민호 | 93.5 | 57.5 | 73.5 | 224.5 |
| 한가희 | 82.5 | 75.5 | 82.5 | 240.5 |
| 한지섭 | 83 | 94.5 | 77 | 254.5 |

▲ '통합3(결과)' 시트

SECTION

# 07 정렬

난 이 도 상 중 (하)

반복학습 1 2 3

작업파일 [2025컴활1급₩1권_스프레드시트₩이론] 폴더의 '13정렬' 파일을 열어서 작업하시오.

## 출제유형 ❶ '정렬1' 시트에서 다음의 지시사항을 처리하시오.

[정렬] 기능을 이용하여 부서명을 기준으로 오름차순으로 정렬하고, 동일한 부서명인 경우 '중형차'의 셀 색이 'RGB(183,222,232)'인 값이 위에 표시되도록 정렬하시오.

① [B3:H14] 영역을 범위 지정한 후 [데이터]–[정렬 및 필터] 그룹의 [정렬]( )을 클릭한다.

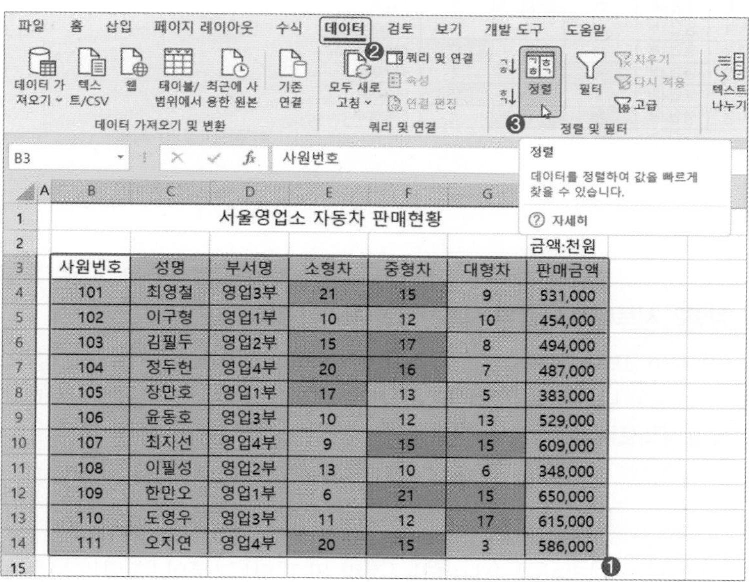


| 사원번호 | 성명 | 부서명 | 소형차 | 중형차 | 대형차 | 판매금액 |
|---|---|---|---|---|---|---|
| 101 | 최영철 | 영업3부 | 21 | 15 | 9 | 531,000 |
| 102 | 이구형 | 영업1부 | 10 | 12 | 10 | 454,000 |
| 103 | 김필두 | 영업2부 | 15 | 17 | 8 | 494,000 |
| 104 | 정두헌 | 영업4부 | 20 | 16 | 7 | 487,000 |
| 105 | 장만호 | 영업1부 | 17 | 13 | 5 | 383,000 |
| 106 | 윤동호 | 영업3부 | 10 | 12 | 13 | 529,000 |
| 107 | 최지선 | 영업4부 | 9 | 15 | 15 | 609,000 |
| 108 | 이필성 | 영업2부 | 13 | 10 | 6 | 348,000 |
| 109 | 한만오 | 영업1부 | 6 | 21 | 15 | 650,000 |
| 110 | 도영우 | 영업3부 | 11 | 12 | 17 | 615,000 |
| 111 | 오지연 | 영업4부 | 20 | 15 | 3 | 586,000 |



> **기적의 TIP**
> 데이터 정렬을 할 때 데이터 안쪽에 커서를 두고 실행하면 자동으로 범위가 지정이 되는데, 현재 예제에서는 1행 제목과 2행 '금액:천원'까지 자동으로 범위로 인식하여 제대로 정렬을 실행할 수 없어 정렬할 영역을 범위 지정한 후 실행합니다.

② 첫 번째 정렬 기준은 [정렬]에서 정렬 기준 '부서명', '셀 값', '오름차순'을 선택하고 두 번째 정렬 기준을 추가하기 위해서 [기준 추가]를 클릭한다.

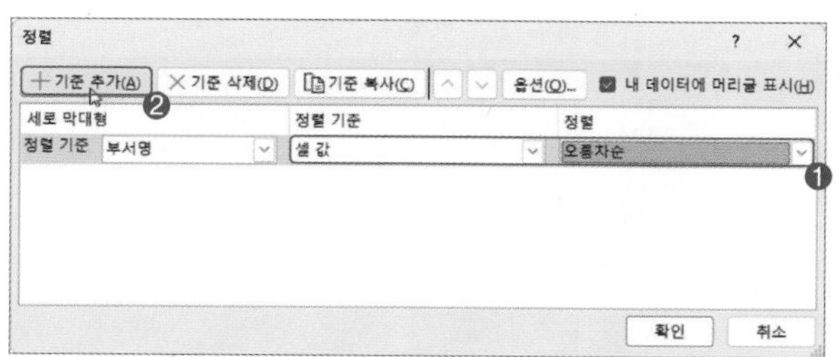

③ 다음 기준에 '중형차', '셀 색', 색에서 'RGB(183,222,232)'을 선택하고, '위에 표시'를 선택하고 [확인]을 클릭한다.

풀이결과

| | A | B | C | D | E | F | G | H | I |
|---|---|---|---|---|---|---|---|---|---|
| 1 | | 서울영업소 자동차 판매현황 | | | | | | | |
| 2 | | | | | | | | 금액:천원 | |
| 3 | | 사원번호 | 성명 | 부서명 | 소형차 | 중형차 | 대형차 | 판매금액 | |
| 4 | | 109 | 한만오 | 영업1부 | 6 | 21 | 15 | 650,000 | |
| 5 | | 102 | 이구형 | 영업1부 | 10 | 12 | 10 | 454,000 | |
| 6 | | 105 | 장만호 | 영업1부 | 17 | 13 | 5 | 383,000 | |
| 7 | | 103 | 김필두 | 영업2부 | 15 | 17 | 8 | 494,000 | |
| 8 | | 108 | 이필성 | 영업2부 | 13 | 10 | 6 | 348,000 | |
| 9 | | 101 | 최영철 | 영업3부 | 21 | 15 | 9 | 531,000 | |
| 10 | | 106 | 윤동호 | 영업3부 | 10 | 12 | 13 | 529,000 | |
| 11 | | 110 | 도영우 | 영업3부 | 11 | 12 | 17 | 615,000 | |
| 12 | | 104 | 정두헌 | 영업4부 | 20 | 16 | 7 | 487,000 | |
| 13 | | 107 | 최지선 | 영업4부 | 9 | 15 | 15 | 609,000 | |
| 14 | | 111 | 오지연 | 영업4부 | 20 | 15 | 3 | 586,000 | |
| 15 | | | | | | | | | |

◀ '정렬1(결과)' 시트

**출제유형 ❷ '정렬2' 시트에서 다음의 지시사항을 처리하시오.**

[정렬] 기능을 이용하여 [표1]에서 '포지션'을 공격수–골키퍼–미드필드–수비수 순으로 정렬하고, 동일한 포지션인 경우 나이에 따른 '조건부 서식 아이콘' 기준으로 '★'은 '위에 표시'하고, '☆'은 '아래쪽에 표시'되도록 정렬하시오.

① [A3:G17] 영역을 범위 지정한 후 [데이터]–[정렬 및 필터] 그룹의 [정렬]( )을 클릭한다.

② [정렬]에서 첫 번째 정렬 기준은 '포지션', '셀 값', '사용자 지정 목록...'을 선택한다.

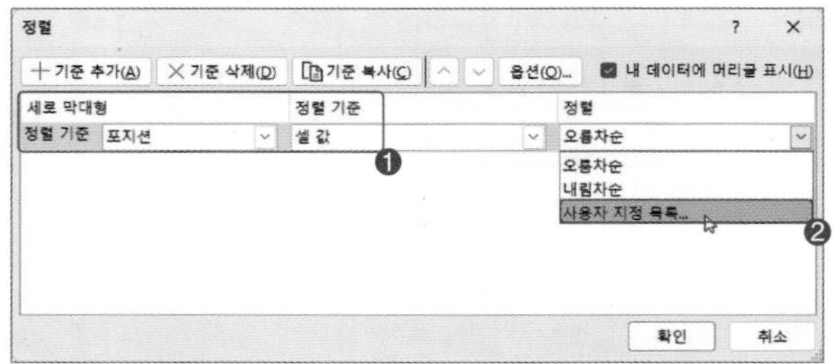

③ 목록 항목에 **공격수, 골키퍼, 미드필드, 수비수** 순으로 입력한 후 [추가]를 클릭하고 [확인]을 클릭한다.

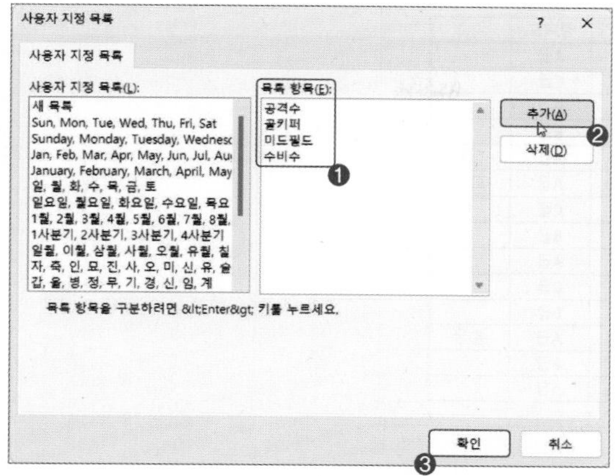

④ 정렬에 '공격수, 골키퍼, 미드필드, 수비수'가 표시되면 [기준 추가]를 클릭한다.

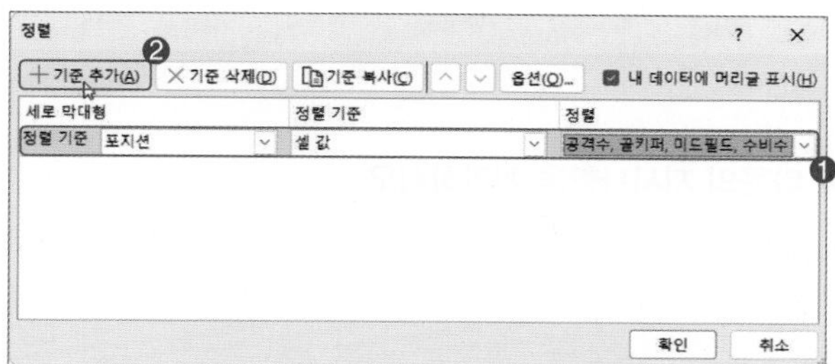

⑤ 다음 기준에 '나이', '조건부 서식 아이콘'의 '★'이 '위에 표시'를 선택한다.

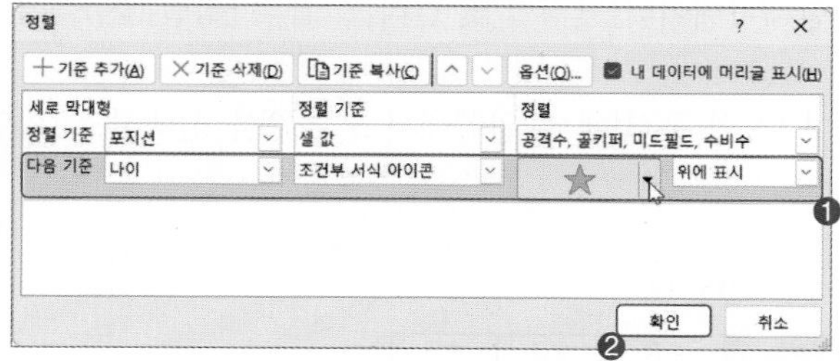

⑥ 다음 기준에 '나이', '조건부 서식 아이콘'의 '☆'이 '아래쪽에 표시'를 선택하고 [확인]을 클릭한다.

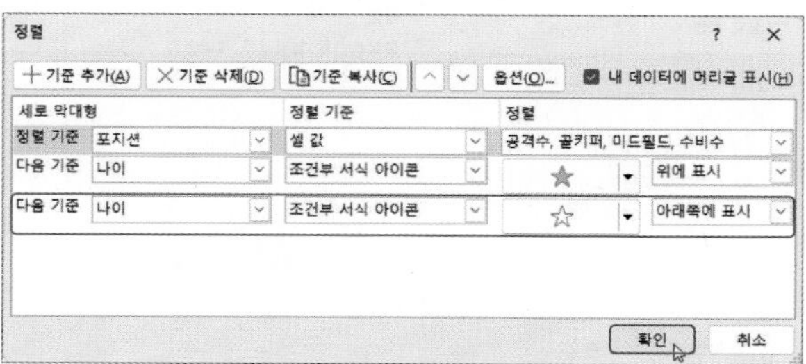

풀이결과

| | A | B | C | D | E | F | G | H |
|---|---|---|---|---|---|---|---|---|
| 1 | [표1] 영진상사 축구동호회 회원명부 | | | | | | | |
| 2 | | | | | | | | |
| 3 | 포지션 | 이름 | 부서 | 나이 | 가입기간 | 참여도 | 비고 | |
| 4 | 공격수 | 이해탁 | 총무부 | 32 | 6년 | A급 | | |
| 5 | 공격수 | 왕전빈 | 경리부 | 26 | 1년 | C급 | | |
| 6 | 공격수 | 주병선 | 생산부 | 28 | 2년 | B급 | | |
| 7 | 골키퍼 | 김신수 | 생산부 | 30 | 6년 | B급 | | |
| 8 | 골키퍼 | 허용진 | 구매부 | 34 | 8년 | A급 | 감독 | |
| 9 | 미드필드 | 박평천 | 총무부 | 43 | 8년 | A급 | 회장 | |
| 10 | 미드필드 | 갈문주 | 생산부 | 31 | 4년 | C급 | | |
| 11 | 미드필드 | 민조항 | 영업부 | 27 | 3년 | B급 | | |
| 12 | 미드필드 | 최배훈 | 영업부 | 26 | 1년 | A급 | | |
| 13 | 수비수 | 길주병 | 생산부 | 41 | 8년 | C급 | | |
| 14 | 수비수 | 편대민 | 영업부 | 40 | 4년 | B급 | | |
| 15 | 수비수 | 김빈우 | 경리부 | 32 | 5년 | A급 | 총무 | |
| 16 | 수비수 | 한민국 | 구매부 | 33 | 7년 | B급 | | |
| 17 | 수비수 | 나대영 | 생산부 | 26 | 2년 | A급 | | |
| 18 | | | | | | | | |

▲ '정렬2(결과)' 시트

**출제유형 ❸ '정렬3' 시트에서 다음의 지시사항을 처리하시오.**

[정렬] 기능을 이용하여 [B3:D12] 영역에 대해 왼쪽에서 오른쪽으로 '회화-듣기-독해' 순으로 데이터를 정렬하시오.

① [B3:D12] 영역을 범위 지정한 후 [데이터]-[정렬 및 필터] 그룹의 [정렬]( )을 클릭한다.

② [정렬]에서 [옵션]을 클릭하여 [정렬 옵션]에서 '왼쪽에서 오른쪽'을 선택하고 [확인]을 클릭한다.

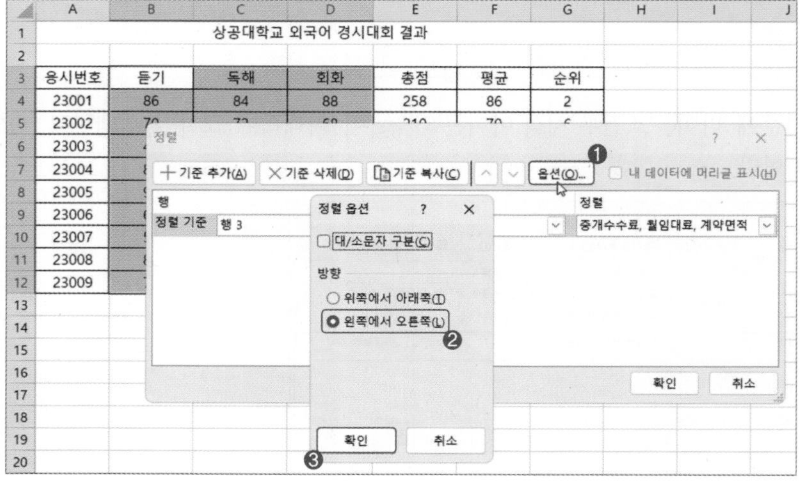

③ 정렬 기준은 '행 3'을 선택하고, 정렬에서 '사용자 지정 목록…'을 선택한다.

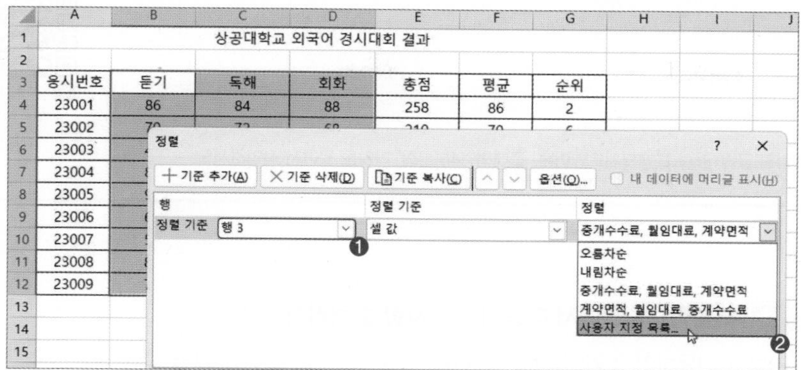


④ **회화, 듣기, 독해** 순으로 입력하고 [추가]를 클릭한 후 [확인]을 클릭한다.

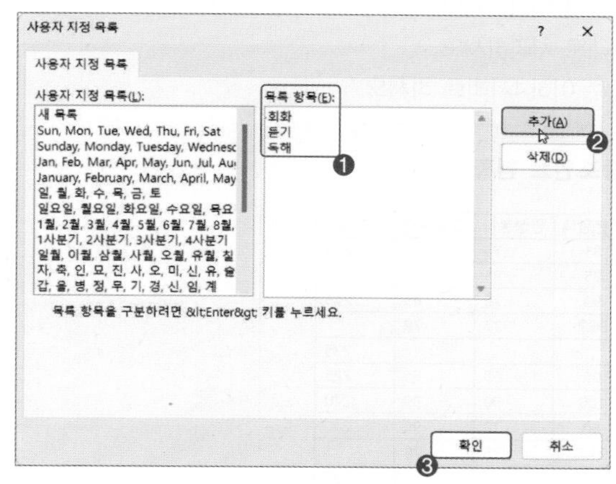


⑤ [정렬]에서 [확인]을 클릭한다.

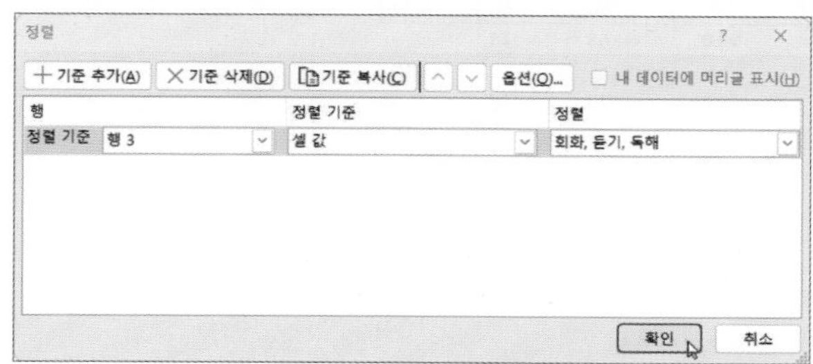


풀이결과

| | A | B | C | D | E | F | G | H |
|---|---|---|---|---|---|---|---|---|
| 1 | 상공대학교 외국어 경시대회 결과 | | | | | | | |
| 2 | | | | | | | | |
| 3 | 응시번호 | 회화 | 듣기 | 독해 | 총점 | 평균 | 순위 | |
| 4 | 23001 | 88 | 86 | 84 | 258 | 86 | 2 | |
| 5 | 23002 | 68 | 70 | 72 | 210 | 70 | 6 | |
| 6 | 23003 | 67 | 46 | 58 | 171 | 57 | 9 | |
| 7 | 23004 | 84 | 88 | 86 | 258 | 86 | 2 | |
| 8 | 23005 | 89 | 94 | 93 | 276 | 92 | 1 | |
| 9 | 23006 | 72 | 63 | 75 | 210 | 70 | 6 | |
| 10 | 23007 | 70 | 57 | 68 | 195 | 65 | 8 | |
| 11 | 23008 | 83 | 84 | 79 | 246 | 82 | 4 | |
| 12 | 23009 | 80 | 79 | 87 | 246 | 82 | 4 | |
| 13 | | | | | | | | |

◀ '정렬3(결과)' 시트

SECTION 08

# 부분합

난 이 도 상 (중) 하

반복학습 1 2 3

작업파일 [2025컴활1급₩1권_스프레드시트₩이론] 폴더의 '14부분합' 파일을 열어서 작업하시오.

## 출제유형 ❶ '부분합1' 시트에서 다음의 지시사항을 처리하시오.

[부분합] 기능을 이용하여 '소양인증포인트 현황' 표에 〈그림〉과 같이 학과별 '합계'의 최소값을 계산한 후 '기본영역', '인성봉사', '교육훈련'의 평균을 계산하시오.

- 정렬은 '학과'를 기준으로 오름차순으로 처리하시오.
- 최소값과 평균은 위에 명시된 순서대로 처리하시오.
- 기본영역의 평균 소수 자릿수는 소수 이하 1자리로 하시오.

| | A | B | C | D | E | F | G |
|---|---|---|---|---|---|---|---|
| 1 | 소양인증포인트 현황 | | | | | | |
| 2 | | | | | | | |
| 3 | 학과 | 성명 | 기본영역 | 인성봉사 | 교육훈련 | 합계 | |
| 4 | 경영정보 | 정소영 | 85 | 75 | 75 | 235 | |
| 5 | 경영정보 | 주경철 | 85 | 85 | 75 | 245 | |
| 6 | 경영정보 | 한기철 | 90 | 70 | 85 | 245 | |
| 7 | **경영정보 평균** | | 86.7 | 77 | 78 | | |
| 8 | **경영정보 최소** | | | | | 235 | |
| 9 | 유아교육 | 강소미 | 95 | 65 | 65 | 225 | |
| 10 | 유아교육 | 이주현 | 100 | 90 | 80 | 270 | |
| 11 | 유아교육 | 한보미 | 80 | 70 | 90 | 240 | |
| 12 | **유아교육 평균** | | 91.7 | 75 | 78 | | |
| 13 | **유아교육 최소** | | | | | 225 | |
| 14 | 정보통신 | 김경호 | 95 | 75 | 95 | 265 | |
| 15 | 정보통신 | 박주영 | 85 | 50 | 80 | 215 | |
| 16 | 정보통신 | 임정민 | 90 | 80 | 60 | 230 | |
| 17 | **정보통신 평균** | | 90.0 | 68 | 78 | | |
| 18 | **정보통신 최소** | | | | | 215 | |
| 19 | **전체 평균** | | 89.4 | 73 | 78 | | |
| 20 | **전체 최소값** | | | | | 215 | |
| 21 | | | | | | | |

▲ '부분합1(결과)' 시트

**기적의 TIP**

정렬을 하지 않고 부분합을 실행한 화면

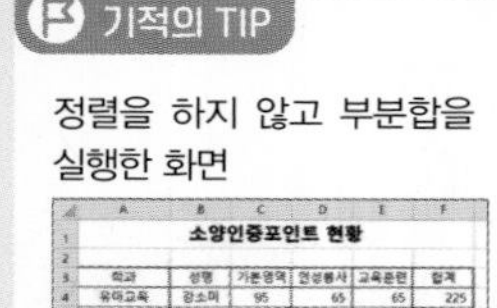

① 학과별로 오름차순 정렬하기 위해서, [A3] 셀을 클릭하고 [데이터]−[정렬 및 필터] 그룹의 [텍스트 오름차순 정렬](↓)을 클릭한다.

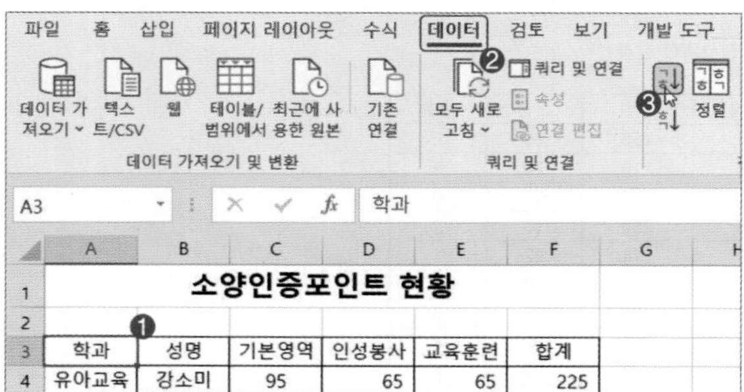

② 데이터 안에 마우스 포인터가 놓여 있는 상태에서 [데이터]–[개요] 그룹의 [부분합](▦)을 클릭한다.

③ 학과별 '합계'의 최소값을 구하기 위해서 [부분합]에서 그룹화할 항목은 '학과', 사용할 함수는 '최소', 부분합 계산 항목은 '합계'를 체크하고 [확인]을 클릭한다.

**기적의 TIP**

부분합을 취소하고자 할 때에는 [데이터]–[개요] 그룹의 [부분합]을 클릭하여 [모두 제거]를 클릭합니다.

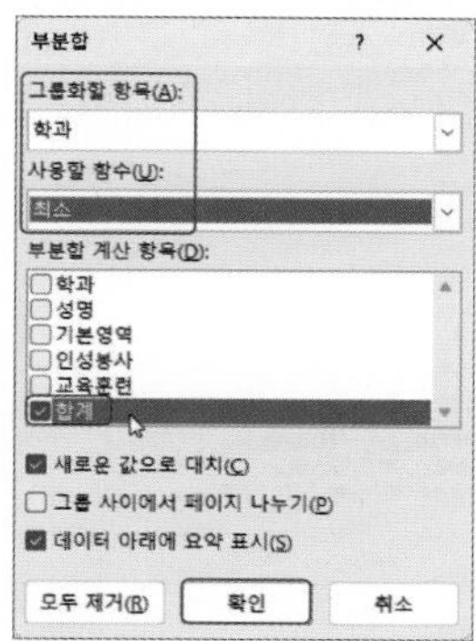


- **그룹화할 항목** : 학과
- **사용할 함수** : 최소
- **부분합 계산 항목** : 합계

④ 다시 한 번 '기본영역', '인성봉사', '교육훈련'의 '평균'을 계산하기 위해서 [데이터]–[개요] 그룹의 [부분합](▦)을 클릭한다.

⑤ 최소값과 평균을 둘 다 표시하기 위해서 '새로운 값으로 대치' 체크를 해제하고, [부분합]에서 그룹화할 항목은 '학과', 사용할 함수는 '평균', 부분합 계산 항목은 '기본영역', '인성봉사', '교육훈련' 만 체크하고 [확인]을 클릭한다.

**기적의 TIP**

두 번째 부분합을 작성할 때에는 '새로운 값으로 대치'의 체크를 해제하지 않으면 처음에 작성한 최소값을 구한 부분합이 제거됩니다.

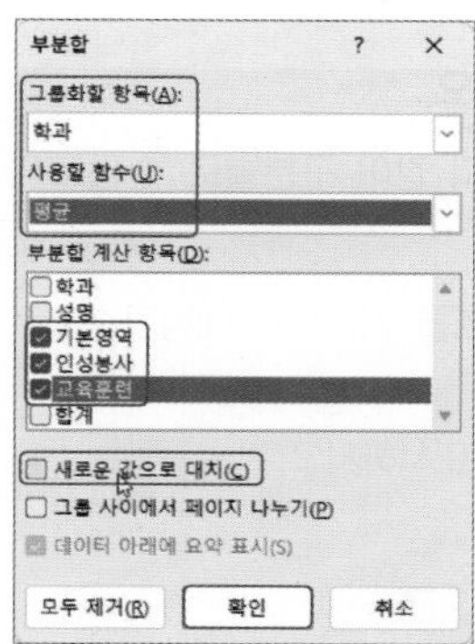


- **그룹화할 항목** : 학과
- **사용할 함수** : 평균
- **부분합 계산 항목** : 기본영역, 인성봉사, 교육훈련
- '새로운 값으로 대치' 체크 해제

⑥ 기본영역의 평균을 소수 이하 1자리로 표시하기 위해서 [C7], [C12], [C17], [C19] 셀을 선택한 후 Ctrl+1을 눌러 [표시 형식] 탭의 '사용자 지정'에 #.0을 입력하고 [확인]을 클릭한다.

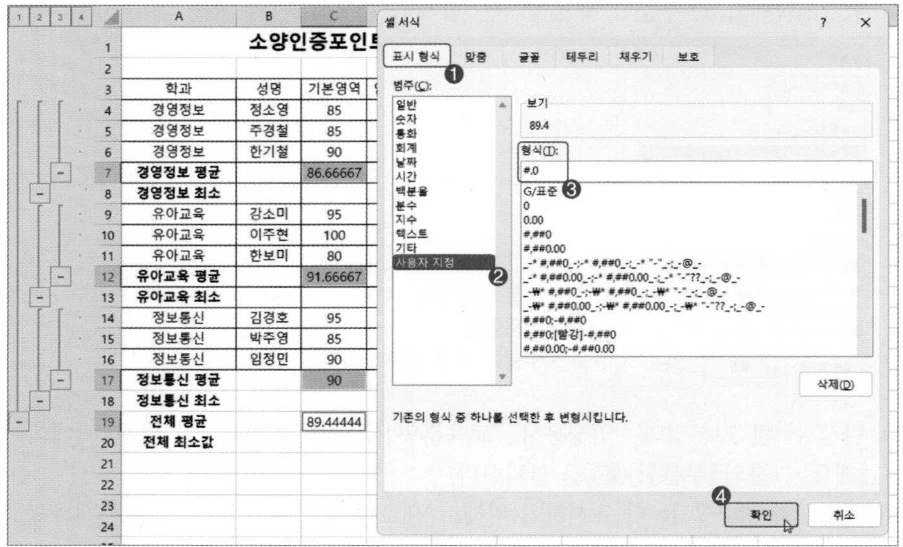


> **기적의 TIP**
>
> Ctrl+1은 [셀 서식]을 실행하는 바로 가기 키입니다. 범위를 지정한 후 마우스 오른쪽 버튼을 눌러 [셀 서식]을 클릭하여 실행할 수 있습니다.

**출제유형 ❷ '부분합2' 시트에서 다음의 지시사항을 처리하시오.**

[부분합] 기능을 이용하여 '상공 문화센터 수강 현황' 표에 〈그림〉과 같이 구분별로 '수강료'의 평균과 '모집인원'의 합계를 구하시오.

- 정렬은 '구분'을 기준으로 오름차순하고 같은 '구분'이라면 '수강료'를 기준으로 내림차순으로 처리하시오.
- 부분합 실행 결과에 나타나는 'ㅇㅇ 요약'을 'ㅇㅇ 합계'의 형태로 표시하시오.
- 평균과 합계는 위에 명시된 순서대로 처리하시오.

| | A | B | C | D | E | F |
|---|---|---|---|---|---|---|
| 1 | 상공 문화센터 수강 현황 | | | | | |
| 2 | | | | | | |
| 3 | 구분 | 수강명 | 강사명 | 수강료 | 모집인원 | 수강요일 |
| 4 | 성인 | 스위트바이올린 | 강선영 | 60,000 | 18 | 수, 금 |
| 5 | 성인 | 할수있다요가교실 | 전희윤 | 60,000 | 18 | 월, 수 |
| 6 | 성인 | 쉽게배우는클래식 | 최경화 | 57,000 | 25 | 목 |
| 7 | 성인 | 우리집밥교실 | 이동욱 | 55,000 | 18 | 목 |
| 8 | 성인 | 목요캘리그라피 | 민기성 | 54,000 | 24 | 목 |
| 9 | 성인 합계 | | | | 103 | |
| 10 | 성인 평균 | | | 57,200 | | |
| 11 | 유아 | 뒤뚱뒤뚱놀이교실 | 이주원 | 50,000 | 16 | 수, 금 |
| 12 | 유아 | 리듬체조튼튼 | 유정은 | 48,000 | 20 | 수, 금 |
| 13 | 유아 | 우리아이오감만족 | 정재성 | 45,000 | 20 | 월, 수 |
| 14 | 유아 | 미술마술 | 황희율 | 42,000 | 16 | 월, 수 |
| 15 | 유아 합계 | | | | 72 | |
| 16 | 유아 평균 | | | 46,250 | | |
| 17 | 초등 | 어린이뮤지컬스쿨 | 조인성 | 55,000 | 20 | 화, 목 |
| 18 | 초등 | 재밌는역사교실 | 한경영 | 50,000 | 22 | 화, 목 |
| 19 | 초등 | 귀가트이는영어 | 김수지 | 45,000 | 20 | 월, 수 |
| 20 | 초등 합계 | | | | 62 | |
| 21 | 초등 평균 | | | 50,000 | | |
| 22 | 총합계 | | | | 237 | |
| 23 | 전체 평균 | | | 51,750 | | |
| 24 | | | | | | |

◀ '부분합2(결과)' 시트

① 데이터를 정렬하기 위해서 [A3] 셀을 클릭하고 [데이터]–[정렬 및 필터] 그룹의 [정렬]( )을 클릭한다.

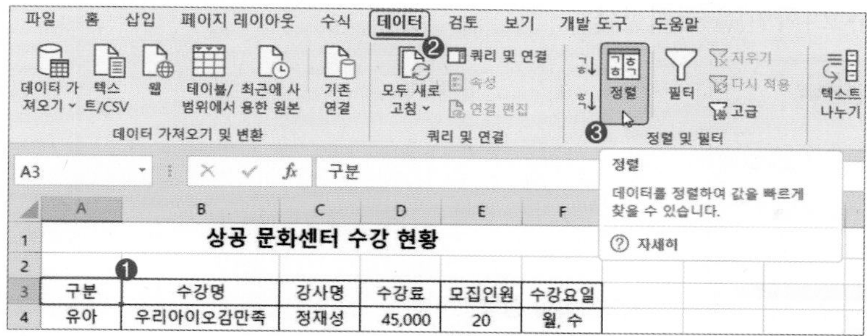


② 첫 번째 정렬 기준은 '구분', '셀 값', '오름차순'을 선택하고, [기준 추가]를 클릭하여 두 번째 정렬 기준은 '수강료', '셀 값', '내림차순'을 선택한 후 [확인]을 클릭한다.

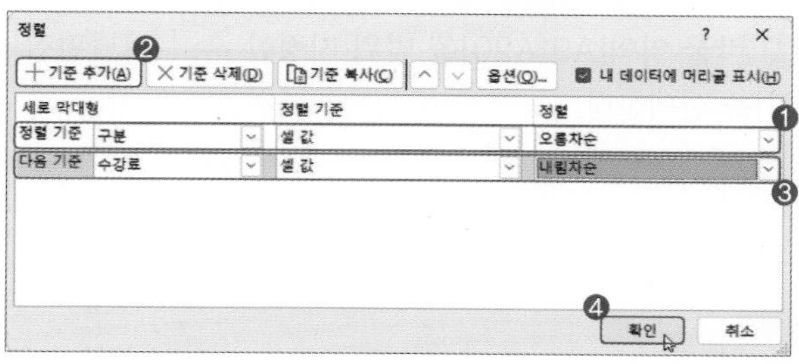


③ 데이터 안에 마우스 포인터가 놓여 있는 상태에서 [데이터]–[개요] 그룹의 [부분합]( )을 클릭한다.

④ 구분별로 '수강료'의 평균을 구하기 위해서 [부분합]에서 그룹화할 항목은 '구분', 사용할 함수는 '평균', 부분합 계산 항목은 '수강료'만 체크하고 [확인]을 클릭한다.

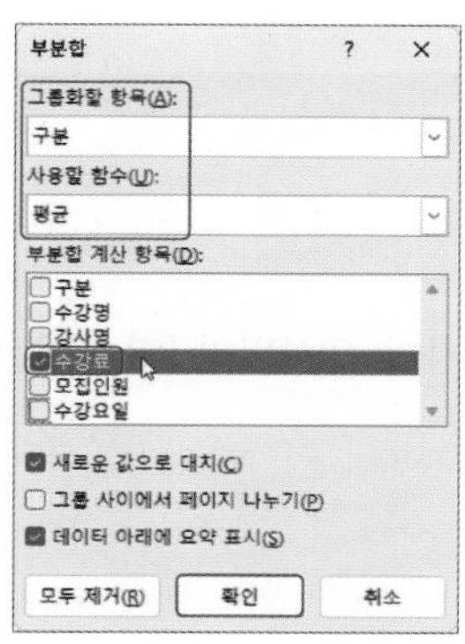


- 그룹화할 항목 : 구분
- 사용할 함수 : 평균
- 부분합 계산 항목 : 수강료

⑤ 다시 한 번 '모집인원'의 '합계'를 계산하기 위해서 [데이터]–[개요] 그룹의 [부분합]( )을 클릭한다.

> **기적의 TIP**
> 두 번째 부분합을 작성할 때에는 '새로운 값으로 대치'의 체크를 해제하지 않으면 처음에 작성한 평균을 구한 부분합이 제거됩니다.

⑥ 평균과 합계를 둘 다 표시하기 위해서 '새로운 값으로 대치' 체크를 해제하고, [부분합]에서 그룹화할 항목은 '구분', 사용할 함수는 '합계', 부분합 계산 항목은 '모집인원'만 체크하고 [확인]을 클릭한다.

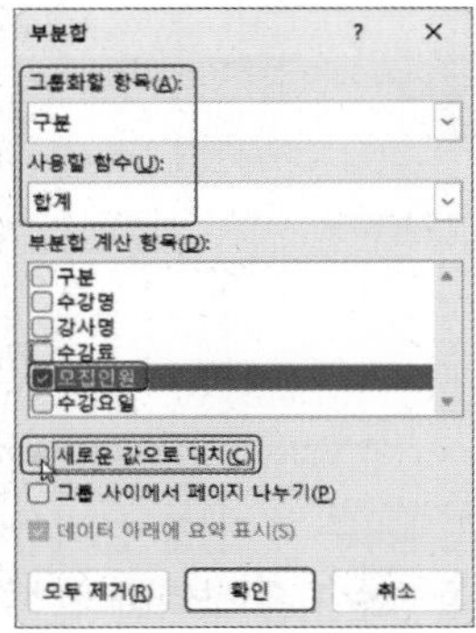


- **그룹화할 항목** : 구분
- **사용할 함수** : 합계
- **부분합 계산 항목** : 모집인원
- '새로운 값으로 대치' 체크 해제

⑦ 요약을 합계로 바꾸기 위해서 바꿀 영역[A9:A20]을 범위 지정한 후, [홈]-[편집] 그룹의 [찾기 및 선택]-[바꾸기]를 선택한다.

⑧ [찾기 및 바꾸기]에서 찾을 내용에 **요약**, 바꿀 내용에 **합계**를 입력하고 [모두 바꾸기]를 클릭한다.

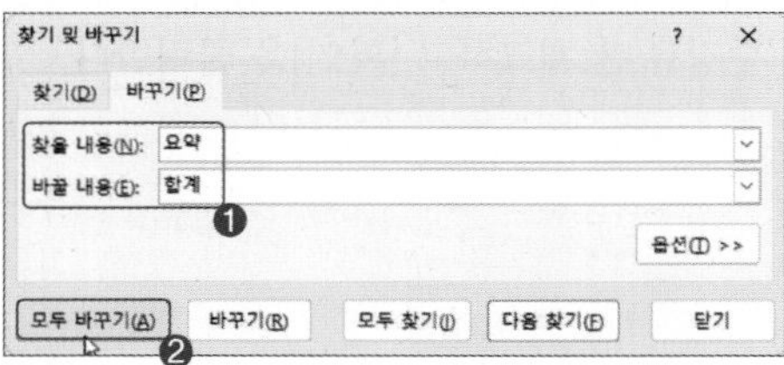


⑨ 바꾸기를 실행한 후 3개의 항목이 바뀌었다는 메시지 상자가 표시되면 [확인]을 클릭한 후 [찾기 및 바꾸기]에서 [닫기]을 클릭한다.

SECTION

# 09 시나리오

합격 강의

난 이 도 상 (중) 하

반복학습 1 2 3

작업파일 [2025컴활1급₩1권_스프레드시트₩이론] 폴더의 '15시나리오' 파일을 열어서 작업하시오.

## 출제유형 ❶ '시나리오1' 시트에 대하여 다음의 지시사항을 처리하시오.

'영업 현황 분석' 표에서 판매수량[C4]이 다음과 같이 변동하는 경우 영업이익[C15]의 변동 시나리오를 작성하시오.

- ▶ 셀 이름 정의 : [C4] 셀은 '판매수량', [C15] 셀은 '영업이익'으로 정의하시오.
- ▶ 시나리오1 : 시나리오 이름은 '판매수량 증가', 판매수량을 '4000'으로 설정하시오.
- ▶ 시나리오2 : 시나리오 이름은 '판매수량 감소', 판매수량을 '2000'으로 설정하시오.
- ▶ 시나리오 요약 시트는 '시나리오1' 시트의 바로 뒤에 위치시키시오.

※ 시나리오 요약 보고서는 작성 시 정답과 일치하여야 하며, 오자로 인한 부분점수는 인정하지 않음

| | A | B | C | D | E | F | G | H |
|---|---|---|---|---|---|---|---|---|
| 1 | | | | | | | | |
| 2 | | 영업 현황 분석 | | | | | | |
| 3 | | | | | | 제품원가 | 3200 | |
| 4 | | 판매수량 | 3000 | | | 판매가 | 4600 | |
| 5 | | 매출액 | 13800000 | | | | | |
| 6 | | 매출원가 | 9600000 | | | | | |
| 7 | | 판매수익 | 4200000 | | | | | |
| 8 | | | | | | | | |
| 9 | | 총비용 | 1242000 | | | | | |
| 10 | | 인건비 | 414000 | | | | | |
| 11 | | 광고비 | 345000 | | | | | |
| 12 | | 일반관리비 | 276000 | | | | | |
| 13 | | 운송비 | 207000 | | | | | |
| 14 | | | | | | | | |
| 15 | | 영업이익 | 2958000 | | | | | |
| 16 | | | | | | | | |

▲ '시나리오1' 시트

기적의 TIP

**셀 이름 정의 방법**

- 이름은 문자나 밑줄, \ 중 하나로 시작하여야 합니다.
- 이름은 공백을 포함할 수 없습니다.
- 이름은 'A1'과 같은 셀 주소 형식이 될 수 없습니다.
- 이름은 255자까지 지정할 수 있습니다.

기적의 TIP

떨어져 있는 셀의 범위를 지정하려면 Ctrl을 이용합니다.

기적의 TIP

[C4] 셀을 클릭하고 '이름 상자'에 「판매수량」이라고 입력해도 이름이 정의됩니다.

① [B4:C4] 영역과 [B15:C15] 영역을 범위 지정하고 [수식]–[정의된 이름] 그룹의 [선택 영역에서 만들기]를 클릭한다. '왼쪽 열'을 체크하고 [확인]을 클릭한다.

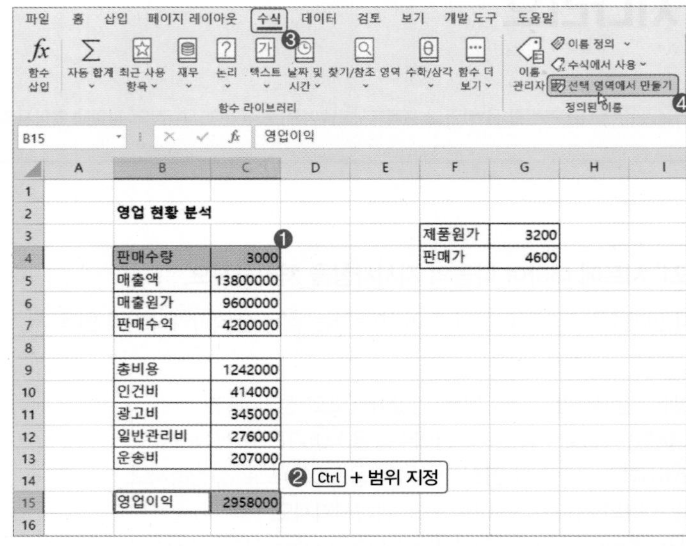
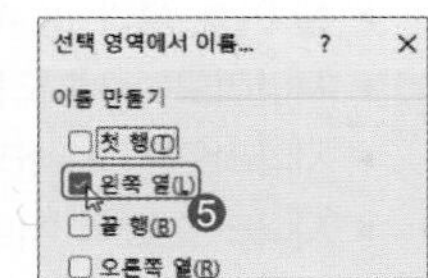

② [데이터]–[예측] 그룹의 [가상 분석]–[시나리오 관리자]를 클릭한 후 [시나리오 관리자]에서 [추가]를 클릭한다.

③ [시나리오 추가]에서 '시나리오 이름'은 **판매수량 증가**를 입력하고 '변경 셀'은 [C4] 셀을 지정한 후 [확인]을 클릭한다. [시나리오 값]에서 '판매수량'은 4000을 입력하고 [추가]를 클릭한다.

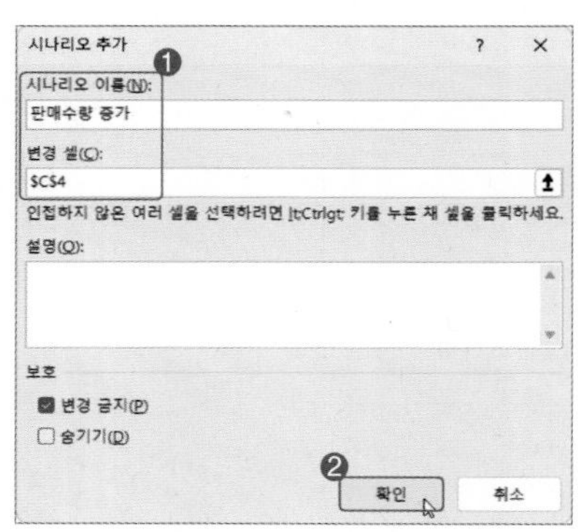
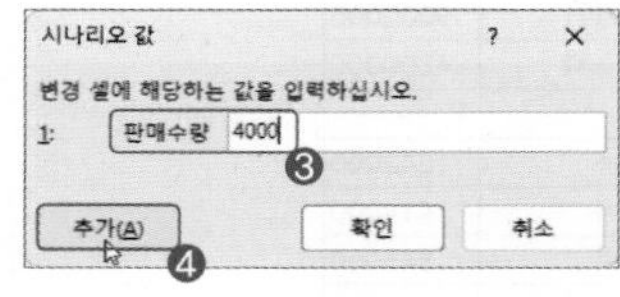

기적의 TIP

**정의된 이름 수정/삭제하고자 할 때**

[수식]–[정의된 이름] 탭의 [이름 관리자]를 클릭한 후 수정/삭제하고자 하는 이름을 선택하고 [편집] 또는 [삭제]를 클릭합니다.

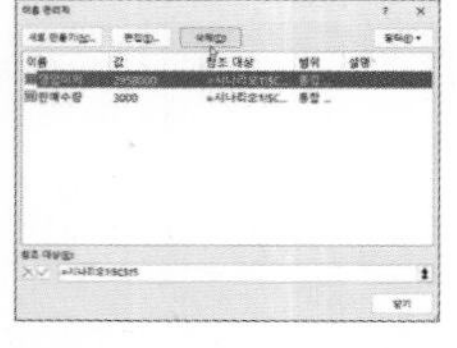

기적의 TIP

이름 상자를 이용하여 이름을 정의할 수 있다. [C4] 셀을 클릭한 후 '이름 상자'에 「판매수량」을 입력하고 Enter를 누르면 이름을 정의할 수 있습니다.

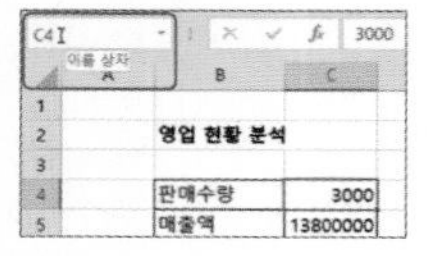

④ 같은 방법으로 [시나리오 추가]에서 '시나리오 이름'은 **판매수량 감소**를 입력하고 [확인]을 클릭한다. [시나리오 값]에서 '판매수량'은 2000을 입력하고 [확인]을 클릭한다.

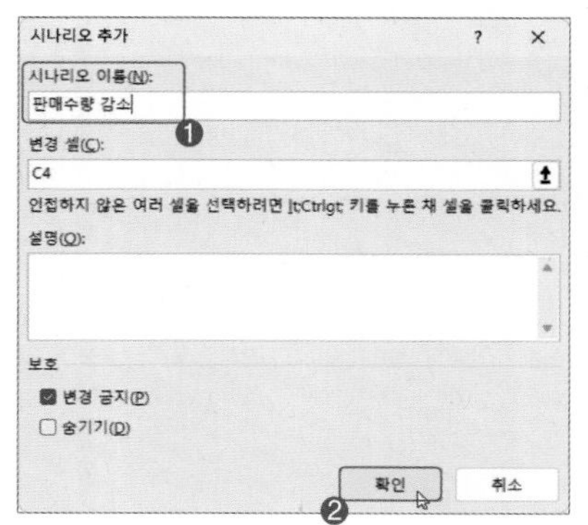
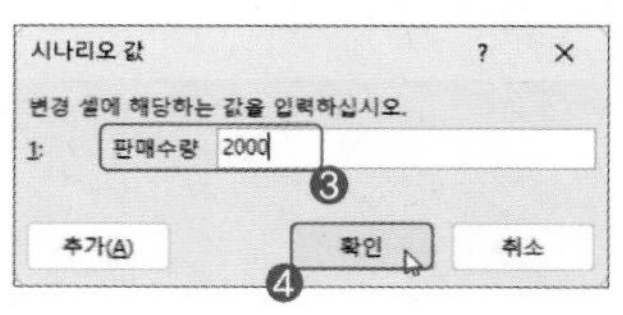

⑤ [시나리오 관리자]에서 [요약]을 클릭하고, [시나리오 요약]에서 '시나리오 요약'을 선택한 후, '결과 셀'은 [C15] 셀을 지정하고 [확인]을 클릭한다.
⑥ '시나리오 요약' 시트를 클릭하고 '시나리오1' 시트 뒤로 드래그하여 이동한다.

풀이결과

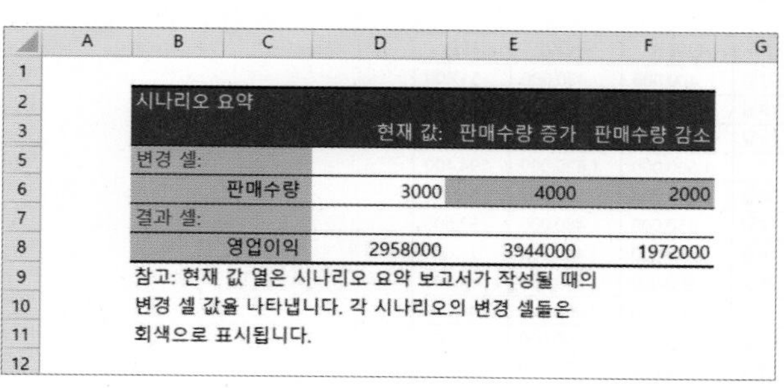

| 시나리오 요약 | | | | |
|---|---|---|---|---|
| | | 현재 값: | 판매수량 증가 | 판매수량 감소 |
| 변경 셀: | | | | |
| | 판매수량 | 3000 | 4000 | 2000 |
| 결과 셀: | | | | |
| | 영업이익 | 2958000 | 3944000 | 1972000 |

참고: 현재 값 열은 시나리오 요약 보고서가 작성될 때의
변경 셀 값을 나타냅니다. 각 시나리오의 변경 셀들은
회색으로 표시됩니다.

▲ '시나리오1(결과)' 시트

**기적의 TIP**

**시나리오 삭제**

[데이터]–[데이터 도구] 탭의 [가상 분석]–[시나리오 관리자]를 클릭한 후 [시나리오 관리자]에서 삭제하고자 하는 시나리오를 선택하고 [삭제]를 클릭합니다.

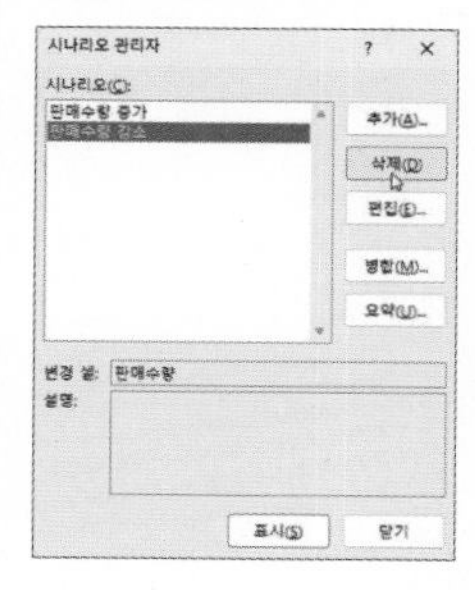


**출제유형 ❷ '시나리오2' 시트에서 다음의 지시사항을 처리하시오.**

'월별 주문 내역서' 표에서 세율[B18]이 다음과 같이 변동하는 경우 월별 세금 합계[G7, G12, G16]의 변동 시나리오를 작성하시오.

- 셀 이름 정의 : [B18] 셀은 '세율', [G7] 셀은 '소계1월', [G12] 셀은 '소계2월', [G16] 셀은 '소계3월'로 정의하시오.
- 시나리오1 : 시나리오 이름은 '세율인상', 세율을 15%로 설정하시오.
- 시나리오2 : 시나리오 이름은 '세율인하', 세율을 9%로 설정하시오.
- 위 시나리오에 의한 '시나리오 요약' 보고서는 '시나리오2' 시트 바로 앞에 위치시키시오.

※ 시나리오 요약 보고서 작성 시 정답과 일치하여야 하며, 오자로 인한 부분점수는 인정하지 않음

| | A | B | C | D | E | F | G | H |
|---|---|---|---|---|---|---|---|---|
| 1 | 월별 주문 내역서 | | | | | | | |
| 2 | | | | | | | | |
| 3 | 월 | 송장번호 | 주문일자 | 배달일자 | 판매액 | 공급가 | 세금 | |
| 4 | 1월 | 101 | 01월 04일 | 01월 07일 | 400,000 | 430,000 | 51,600 | |
| 5 | 1월 | 102 | 01월 15일 | 01월 18일 | 1,000,000 | 1,070,000 | 128,400 | |
| 6 | 1월 | 103 | 01월 21일 | 01월 23일 | 100,000 | 120,000 | 14,400 | |
| 7 | 소계 | | | | 1,500,000 | 1,620,000 | 194,400 | |
| 8 | 2월 | 102 | 02월 06일 | 02월 08일 | 500,000 | 550,000 | 66,000 | |
| 9 | 2월 | 103 | 02월 10일 | 02월 12일 | 450,000 | 480,000 | 57,600 | |
| 10 | 2월 | 103 | 02월 13일 | 02월 16일 | 450,000 | 480,000 | 57,600 | |
| 11 | 2월 | 104 | 02월 23일 | 02월 25일 | 500,000 | 540,000 | 64,800 | |
| 12 | 소계 | | | | 1,900,000 | 2,050,000 | 246,000 | |
| 13 | 3월 | 101 | 03월 02일 | 03월 05일 | 500,000 | 550,000 | 66,000 | |
| 14 | 3월 | 102 | 03월 09일 | 03월 11일 | 1,400,000 | 1,450,000 | 174,000 | |
| 15 | 3월 | 104 | 03월 14일 | 03월 20일 | 1,500,000 | 1,560,000 | 187,200 | |
| 16 | 소계 | | | | 3,400,000 | 3,560,000 | 427,200 | |
| 17 | | | | | | | | |
| 18 | 세율 | 12% | | | | | | |
| 19 | | | | | | | | |

◀ '시나리오2' 시트

① 이름을 정의하기 위해 [B18] 셀을 클릭한 후 이름 상자에 **세율**을 입력하고 Enter를 누른다.

세율 | 12%

**월별 주문 내역서**

| 월 | 송장번호 | 주문일자 | 배달일자 | 판매액 | 공급가 | 세금 |
|---|---|---|---|---|---|---|
| 1월 | 101 | 01월 04일 | 01월 07일 | 400,000 | 430,000 | 51,600 |
| 1월 | 102 | 01월 15일 | 01월 18일 | 1,000,000 | 1,070,000 | 128,400 |
| 1월 | 103 | 01월 21일 | 01월 23일 | 100,000 | 120,000 | 14,400 |
| 소계 | | | | 1,500,000 | 1,620,000 | 194,400 |
| 2월 | 102 | 02월 06일 | 02월 08일 | 500,000 | 550,000 | 66,000 |
| 2월 | 103 | 02월 10일 | 02월 12일 | 450,000 | 480,000 | 57,600 |
| 2월 | 103 | 02월 13일 | 02월 16일 | 450,000 | 480,000 | 57,600 |
| 2월 | 104 | 02월 23일 | 02월 25일 | 500,000 | 540,000 | 64,800 |
| 소계 | | | | 1,900,000 | 2,050,000 | 246,000 |
| 3월 | 101 | 03월 02일 | 03월 05일 | 500,000 | 550,000 | 66,000 |
| 3월 | 102 | 03월 09일 | 03월 11일 | 1,400,000 | 1,450,000 | 174,000 |
| 3월 | 104 | 03월 14일 | 03월 20일 | 1,500,000 | 1,560,000 | 187,200 |
| 소계 | | | | 3,400,000 | 3,560,000 | 427,200 |

| 세율 | 12% |
|---|---|

② [G7] 셀을 클릭한 후 이름 상자에 **소계1월**을 입력하고 Enter를 누른다. 같은 방법으로 [G12] 셀은 '소계2월', [G16] 셀은 '소계3월'으로 이름을 정의한다.

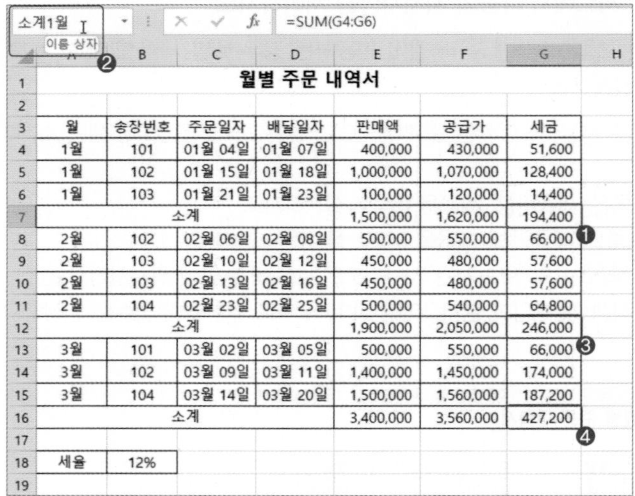
소계1월 | =SUM(G4:G6)

**월별 주문 내역서**

| 월 | 송장번호 | 주문일자 | 배달일자 | 판매액 | 공급가 | 세금 |
|---|---|---|---|---|---|---|
| 1월 | 101 | 01월 04일 | 01월 07일 | 400,000 | 430,000 | 51,600 |
| 1월 | 102 | 01월 15일 | 01월 18일 | 1,000,000 | 1,070,000 | 128,400 |
| 1월 | 103 | 01월 21일 | 01월 23일 | 100,000 | 120,000 | 14,400 |
| 소계 | | | | 1,500,000 | 1,620,000 | 194,400 |
| 2월 | 102 | 02월 06일 | 02월 08일 | 500,000 | 550,000 | 66,000 |
| 2월 | 103 | 02월 10일 | 02월 12일 | 450,000 | 480,000 | 57,600 |
| 2월 | 103 | 02월 13일 | 02월 16일 | 450,000 | 480,000 | 57,600 |
| 2월 | 104 | 02월 23일 | 02월 25일 | 500,000 | 540,000 | 64,800 |
| 소계 | | | | 1,900,000 | 2,050,000 | 246,000 |
| 3월 | 101 | 03월 02일 | 03월 05일 | 500,000 | 550,000 | 66,000 |
| 3월 | 102 | 03월 09일 | 03월 11일 | 1,400,000 | 1,450,000 | 174,000 |
| 3월 | 104 | 03월 14일 | 03월 20일 | 1,500,000 | 1,560,000 | 187,200 |
| 소계 | | | | 3,400,000 | 3,560,000 | 427,200 |

| 세율 | 12% |
|---|---|

③ [데이터]–[예측] 그룹의 [가상 분석]–[시나리오 관리자]를 클릭한다.

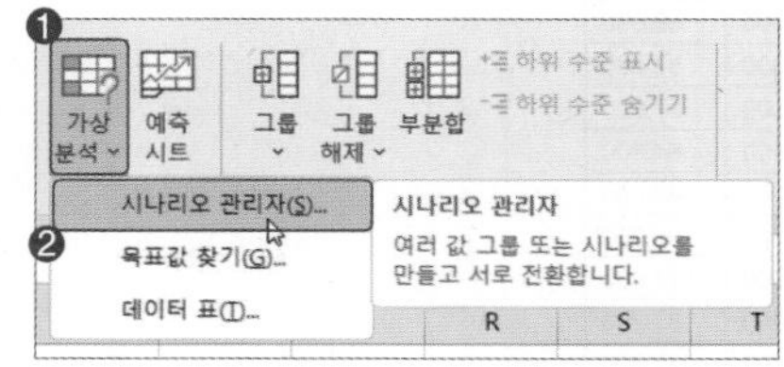


④ [시나리오 관리자]에서 [추가]를 클릭한다.

⑤ [시나리오 추가]에서 시나리오 이름은 **세율인상**을 입력하고, 변경 셀의 입력란을 클릭한 후 [B18] 셀을 클릭한 후 [확인]을 클릭한다.

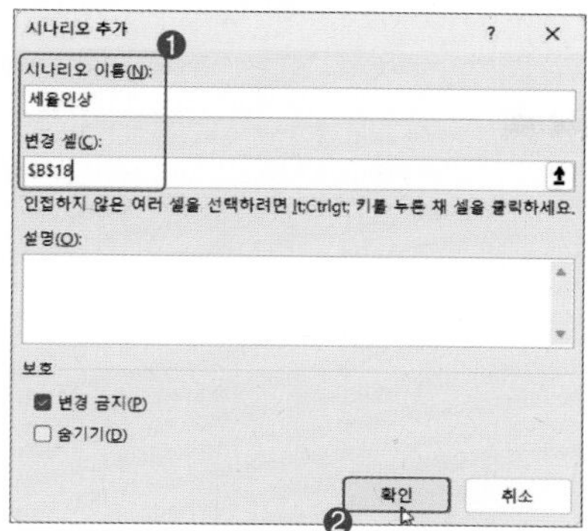


⑥ [시나리오 값]에서 **15%**를 입력하고 [추가]를 클릭한다.

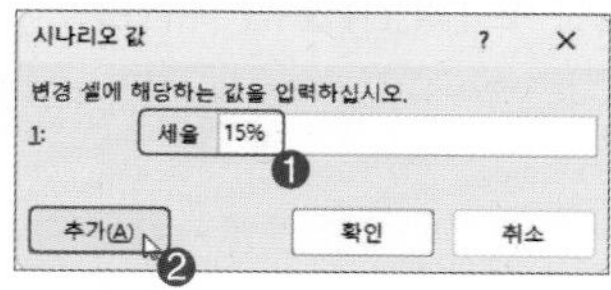

기적의 TIP

15% 대신에 0.15를 입력해도 됩니다.

⑦ 두 번째 시나리오를 작성하기 위해 [시나리오 추가]에서 시나리오 이름은 **세율인하**를 입력하고 [확인]을 클릭한다.

기적의 TIP

시나리오는 수식을 복사하는 것이 아니라서 [변경 셀], [결과 셀]에 상대참조, 절대참조 둘 다 상관이 없습니다.

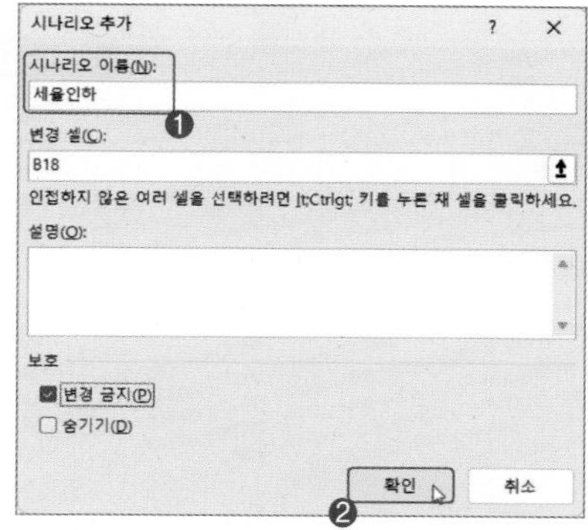


⑧ [시나리오 값]에서 **9%**를 입력하고 [확인]을 클릭한다.

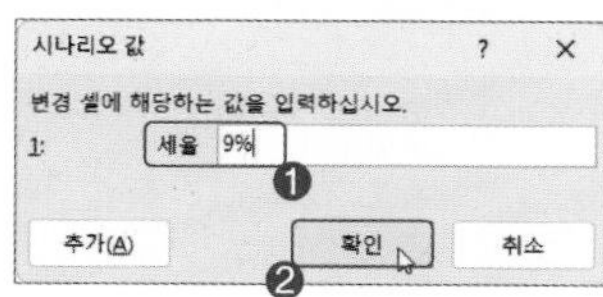


기적의 TIP

9% 대신에 0.09를 입력해도 됩니다.

⑨ 시나리오 결과를 표시하기 위해 [시나리오 관리자]에서 [요약]을 클릭한다.

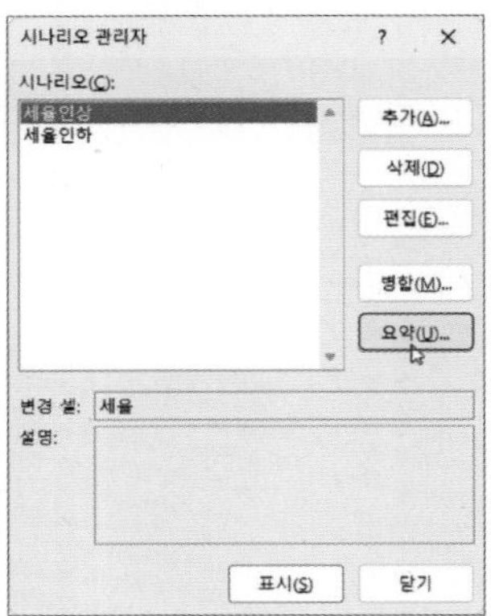


⑩ [시나리오 요약]에서 결과 셀의 입력란에 커서를 두고 [G7] 셀을 클릭한 후 Ctrl을 누른 상태에서 [G12], [G16] 셀을 각각 클릭하여 추가한 후 [확인]을 클릭한다.

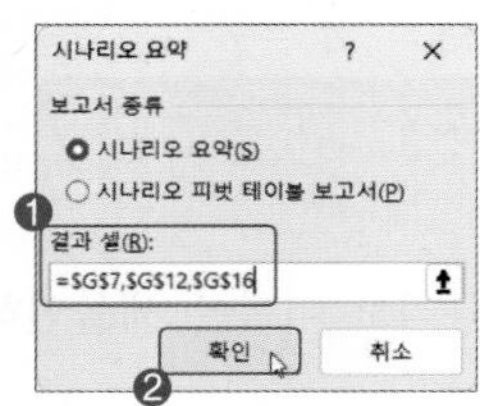


풀이결과

| | A | B | C | D | E | F | G |
|---|---|---|---|---|---|---|---|
| 1 | | | | | | | |
| 2 | | 시나리오 요약 | | | | | |
| 3 | | | | 현재 값: | 세율인상 | 세율인하 | |
| 5 | | 변경 셀: | | | | | |
| 6 | | | 세율 | 12% | 15% | 9% | |
| 7 | | 결과 셀: | | | | | |
| 8 | | | 소계1월 | 194,400 | 243,000 | 145,800 | |
| 9 | | | 소계2월 | 246,000 | 307,500 | 184,500 | |
| 10 | | | 소계3월 | 427,200 | 534,000 | 320,400 | |
| 11 | | 참고: 현재 값 열은 시나리오 요약 보고서가 작성될 때의 | | | | | |
| 12 | | 변경 셀 값을 나타냅니다. 각 시나리오의 변경 셀들은 | | | | | |
| 13 | | 회색으로 표시됩니다. | | | | | |
| 14 | | | | | | | |

▲ '시나리오2(결과)' 시트

SECTION

# 10 텍스트 나누기

난 이 도 상 중 하

반복학습 1 2 3

작업파일 [2025컴활1급₩1권_스프레드시트₩이론] 폴더의 '16텍스트나누기' 파일을 열어서 작업하시오.

출제유형 ❶ **'텍스트1' 시트에 다음의 지시사항을 처리하시오.**

[B4:B19] 영역의 데이터를 텍스트 나누기를 실행하여 나타내시오.

- 데이터는 슬래시(/)로 구분되어 있음
- '번역' 열은 제외할 것

① [B4:B19] 영역을 범위 지정한 후, [데이터]-[데이터 도구] 그룹의 [텍스트 나누기]
( )를 클릭한다.

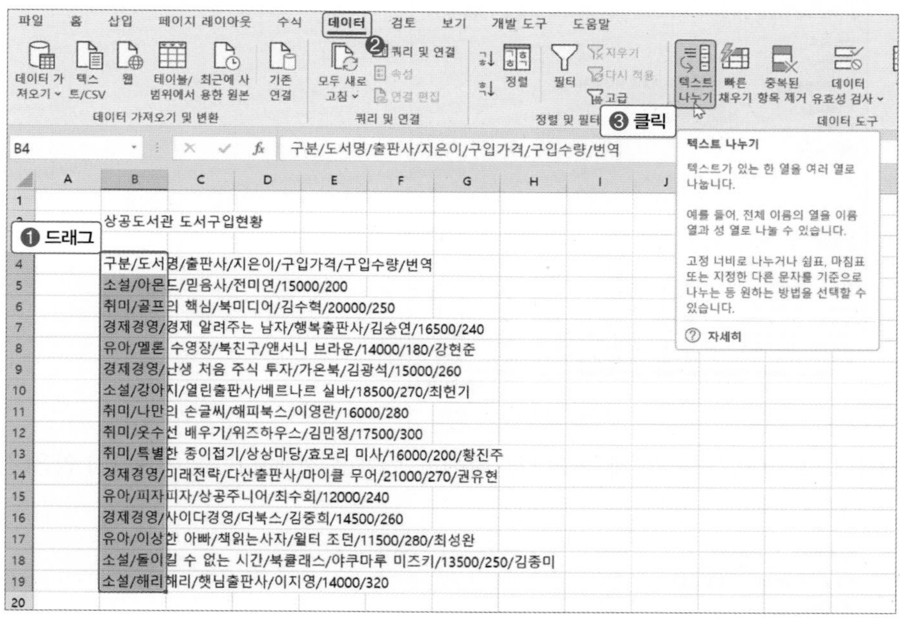

② [텍스트 마법사 – 3단계 중 1단계] 중에서 '구분 기호로 분리됨'을 선택하고 [다음]을 클릭한다.

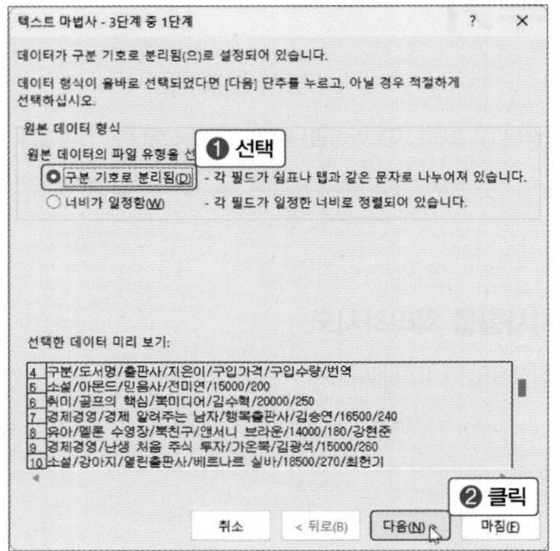


③ [텍스트 마법사 – 3단계 중 2단계] 중에서 구분 기호 '기타'를 선택하고 /를 입력한 후 [다음]을 클릭한다.

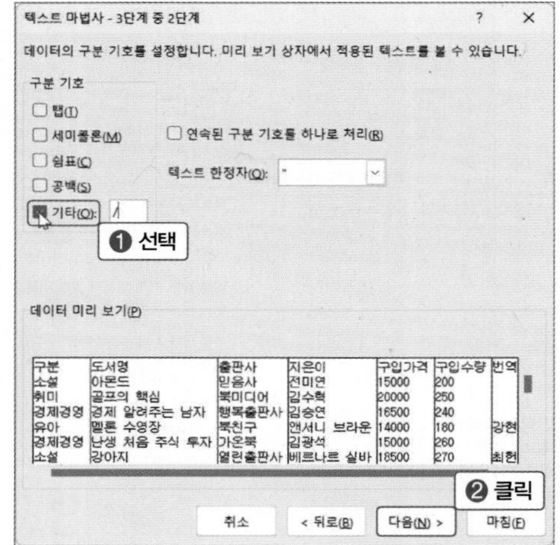


④ [텍스트 마법사 – 3단계 중 3단계] 중에서 '번역'을 선택하고 '열 가져오지 않음(건너뜀)'을 선택한 후 [마침]을 클릭한다.

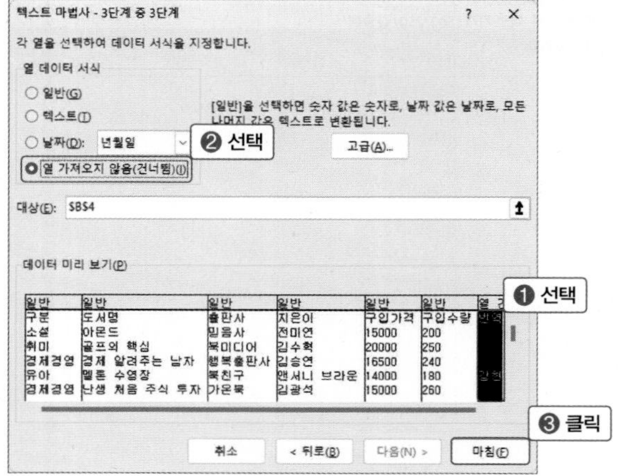

⑤ 열 머리글(C, D, E)을 이용하여 내용이 표시되지 않은 열의 경계라인을 더블 클릭하여 모든 내용을 표시한다.

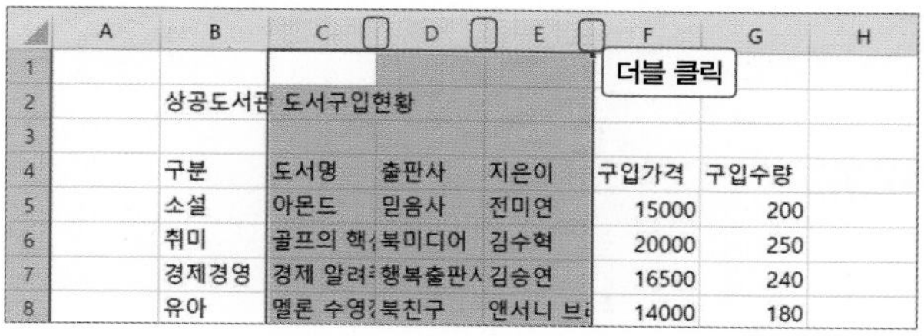

|  | A | B | C | D | E | F | G | H |
|---|---|---|---|---|---|---|---|---|
| 1 | | | | | | | | |
| 2 | | 상공도서관 | 도서구입현황 | | | | | |
| 3 | | | | | | | | |
| 4 | | 구분 | 도서명 | 출판사 | 지은이 | 구입가격 | 구입수량 | |
| 5 | | 소설 | 아몬드 | 믿음사 | 전미연 | 15000 | 200 | |
| 6 | | 취미 | 골프의 핵 | 북미디어 | 김수혁 | 20000 | 250 | |
| 7 | | 경제경영 | 경제 알려 | 행복출판시 | 김승연 | 16500 | 240 | |
| 8 | | 유아 | 멜론 수영 | 북친구 | 앤서니 브 | 14000 | 180 | |

더블 클릭

기적의 TIP

열 머리글 C에서 E까지 드래그한 후 E와 F 사이의 경계라인을 더블클릭하면 한 번에 조절할 수 있다.

풀이결과

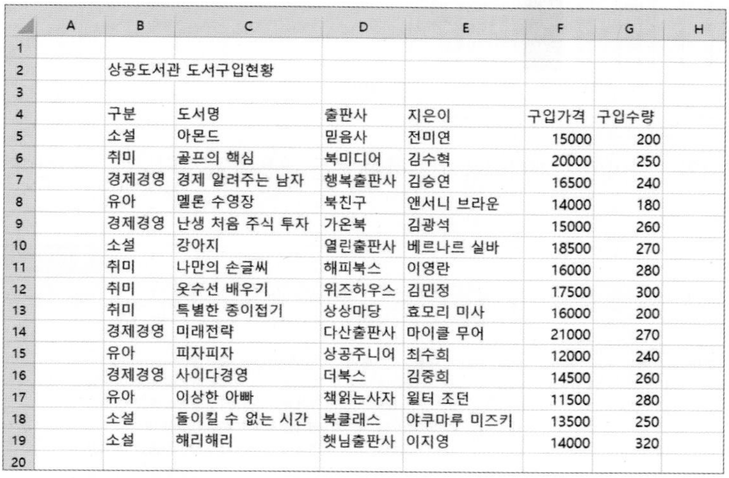

|  | A | B | C | D | E | F | G | H |
|---|---|---|---|---|---|---|---|---|
| 1 | | | | | | | | |
| 2 | | 상공도서관 도서구입현황 | | | | | | |
| 3 | | | | | | | | |
| 4 | | 구분 | 도서명 | 출판사 | 지은이 | 구입가격 | 구입수량 | |
| 5 | | 소설 | 아몬드 | 믿음사 | 전미연 | 15000 | 200 | |
| 6 | | 취미 | 골프의 핵심 | 북미디어 | 김수혁 | 20000 | 250 | |
| 7 | | 경제경영 | 경제 알려주는 남자 | 행복출판사 | 김승연 | 16500 | 240 | |
| 8 | | 유아 | 멜론 수영장 | 북친구 | 앤서니 브라운 | 14000 | 180 | |
| 9 | | 경제경영 | 난생 처음 주식 투자 | 가온북 | 김광석 | 15000 | 260 | |
| 10 | | 소설 | 강아지 | 열린출판사 | 베르나르 실바 | 18500 | 270 | |
| 11 | | 취미 | 나만의 손글씨 | 해피북스 | 이영란 | 16000 | 280 | |
| 12 | | 취미 | 옷수선 배우기 | 위즈하우스 | 김민정 | 17500 | 300 | |
| 13 | | 취미 | 특별한 종이접기 | 상상마당 | 효모리 미사 | 16000 | 200 | |
| 14 | | 경제경영 | 미래전략 | 다산출판사 | 마이클 무어 | 21000 | 270 | |
| 15 | | 유아 | 피자피자 | 상공주니어 | 최수희 | 12000 | 240 | |
| 16 | | 경제경영 | 사이다경영 | 더북스 | 김중희 | 14500 | 260 | |
| 17 | | 유아 | 이상한 아빠 | 책읽는사자 | 윌터 조던 | 11500 | 280 | |
| 18 | | 소설 | 돌이킬 수 없는 시간 | 북클래스 | 야쿠마루 미즈키 | 13500 | 250 | |
| 19 | | 소설 | 해리해리 | 햇님출판사 | 이지영 | 14000 | 320 | |
| 20 | | | | | | | | |

▲ '텍스트1(결과)' 시트

출제유형 ❷ **'텍스트2' 시트에 다음의 지시사항을 처리하시오.**

[A3:A10] 영역의 데이터를 텍스트 나누기를 실행하여 나타내시오.

- 데이터는 세미콜론(;)으로 구분되어 있음
- '연고지' 열은 제외할 것

① [A3:A10] 영역을 범위 지정한 후, [데이터]-[데이터 도구] 그룹의 [텍스트 나누기]( )를 클릭한다.

② [텍스트 마법사 – 3단계 중 1단계] 중에서 '구분 기호로 분리됨'을 선택하고 [다음]을 클릭한다.

③ [텍스트 마법사 – 3단계 중 2단계] 중에서 구분 기호 '세미콜론(;)'만 선택하고 [다음]을 클릭한다.

④ [텍스트 마법사 – 3단계 중 3단계] 중에서 '연고지'를 선택하고 '열 가져오지 않음(건너뜀)'을 선택한 후 [마침]을 클릭한다.

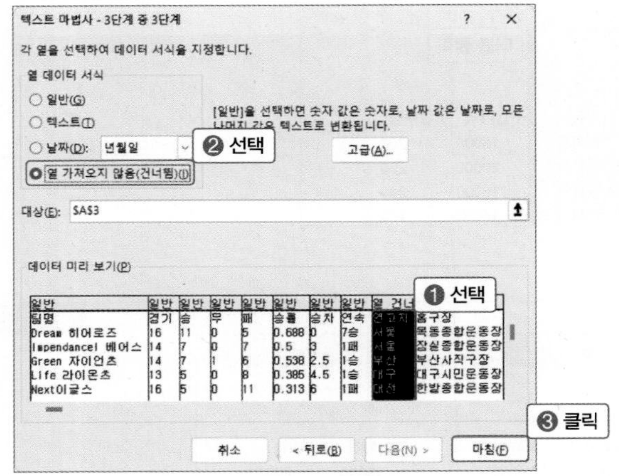


⑤ 열 머리글 A와 B, I와 J 사이의 경계라인을 이용하여 모든 내용이 표시되도록 조절한다.

풀이결과

| | A | B | C | D | E | F | G | H | I | J |
|---|---|---|---|---|---|---|---|---|---|---|
| 1 | 한국프로야구 팀별 성적 | | | | | | | | | |
| 2 | | | | | | | | | | |
| 3 | 팀명 | 경기 | 승 | 무 | 패 | 승률 | 승차 | 연속 | 홈구장 | |
| 4 | Dream 히어로즈 | 16 | 11 | 0 | 5 | 0.688 | 0 | 7승 | 목동종합운동장 야구장 | |
| 5 | Impendancel 베어스 | 14 | 7 | 0 | 7 | 0.5 | 3 | 1패 | 잠실종합운동장 야구장 | |
| 6 | Green 자이언츠 | 14 | 7 | 1 | 6 | 0.538 | 2.5 | 1승 | 부산사직구장 | |
| 7 | Life 라이온즈 | 13 | 5 | 0 | 8 | 0.385 | 4.5 | 1승 | 대구시민운동장 야구장 | |
| 8 | Next이글스 | 16 | 5 | 0 | 11 | 0.313 | 6 | 1패 | 한밭종합운동장 야구장 | |
| 9 | Mirror 타이거즈 | 17 | 7 | 0 | 10 | 0.412 | 4.5 | 2패 | 광주-Mi 챔피언스 필드 | |
| 10 | Seoul 트윈스 | 14 | 4 | 1 | 9 | 0.308 | 5.5 | 1승 | 잠실종합운동장 야구장 | |
| 11 | | | | | | | | | | |

▲ '텍스트2(결과)' 시트

CHAPTER 04

# 기타작업

학습 방향

작성된 차트의 데이터 범위를 수정하는 방법, 차트 옵션에서 차트 제목, 보조 축, 레이블, 범례 위치 등을 지정하는 방법, 데이터 계열 서식에서 겹치기 등의 서식을 지정하는 방법 등을 연습해야 합니다. VBA 프로그래밍에서는 사용자 정의 폼을 이용하여 폼을 보이고, 데이터를 입력하고, 조회하는 등의 프로시저에 대한 많은 연습이 필요합니다.

SECTION 01

# 차트

난 이 도 상 중 (하)

반복학습 1 2 3

작업파일 [2025컴활1급₩1권_스프레드시트₩이론] 폴더의 '17기타작업' 파일을 열어서 작업하시오.

**출제유형 ❶ '차트1' 시트에서 다음의 지시사항에 따라 차트를 수정하시오.**

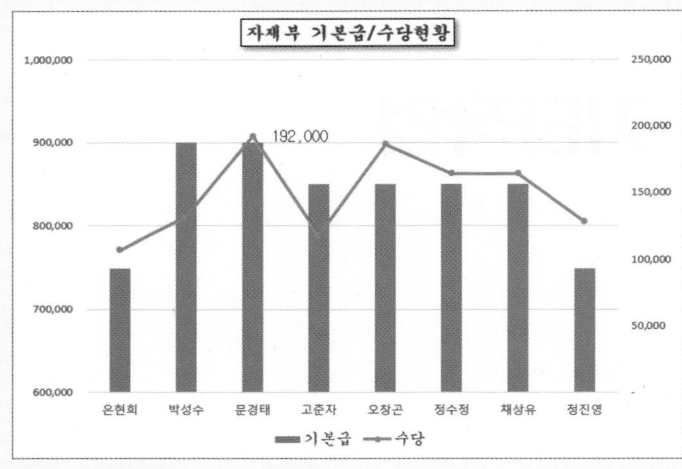


▲ '차트1(결과)' 시트

※ 차트는 반드시 문제에서 제공한 차트를 사용하여야 하며, 신규로 차트 작성 시 0점 처리됨

❶ 차트의 제목은 '자재부 기본급/수당현황'으로 설정하시오.

❷ 차트 제목은 글꼴 '궁서체', 글꼴 스타일 '굵게', 글꼴 크기 '14'로 표시하고, 그림자(오프셋: 오른쪽 아래), 테두리 색(실선–검정)을 설정하시오.

❸ 범례 서식은 글꼴 '궁서체', 크기 '12', 배치 '아래쪽'으로 지정하시오.

❹ 세로(값) 축 서식에서 눈금값의 최소값은 '600,000', 기본 단위는 '100,000', 최대값은 '1,000,000'으로 설정하시오.

❺ '수당' 계열의 '문경태' 요소에 '값'을 표시하고, 데이터 레이블은 '굴림체', 크기 '12'로 지정하시오.

**기적의 TIP**

**차트**

- **리본 메뉴** : [삽입]–[차트]

**기적의 TIP**

예제 파일을 불러온 후 [보안 경고]에서 〈컨텐츠 사용〉을 클릭한 후 실습합니다.

**기적의 TIP**

[콘텐츠 사용]을 클릭한 후 실습합니다.

① 차트를 선택한 후 [차트 요소](⊞)–[차트 제목]–[차트 위]를 클릭한다.

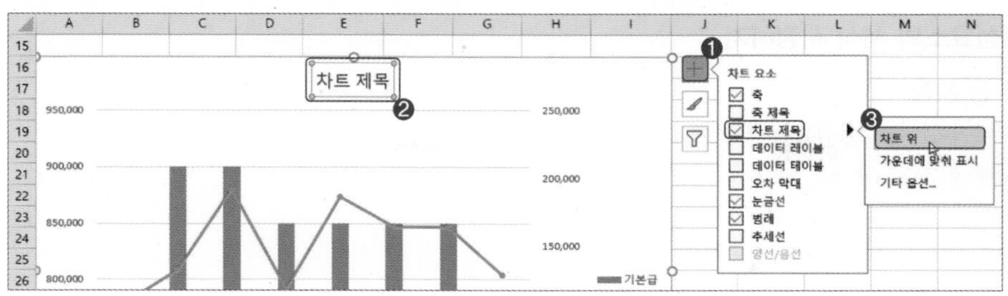

② '차트 제목'에 **자재부 기본급/수당현황**이라고 입력한다.

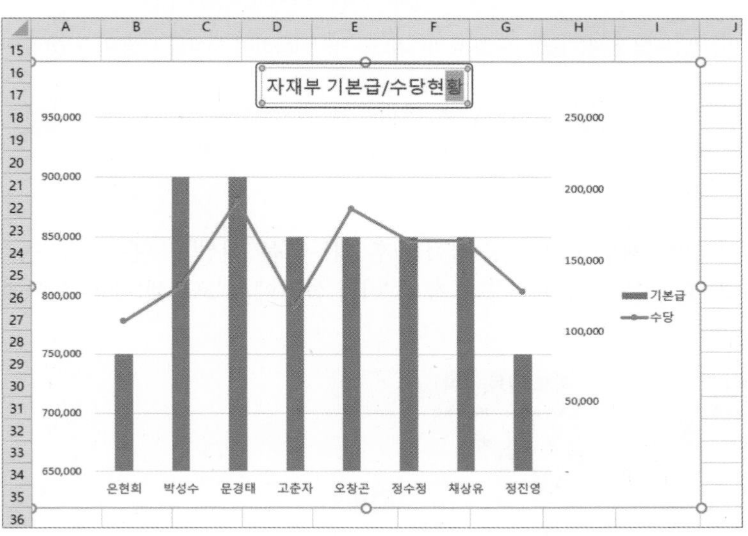

③ '차트 제목'을 선택하고 [홈]–[글꼴] 그룹에서 '궁서체', '굵게', 크기는 '14'로 지정한다.

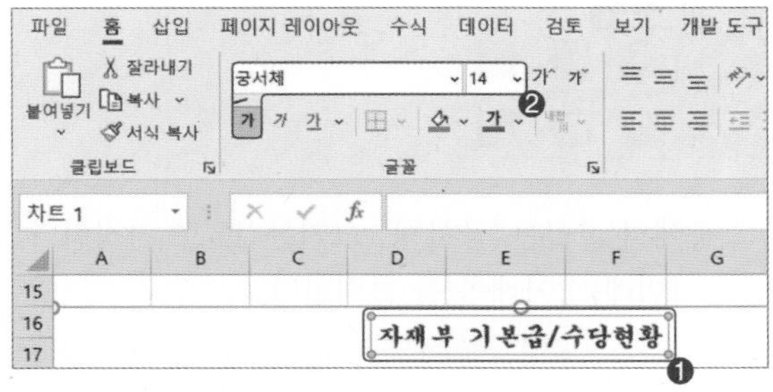

④ '차트 제목'을 선택하고 마우스 오른쪽 버튼을 눌러 [차트 제목 서식]을 선택한다.

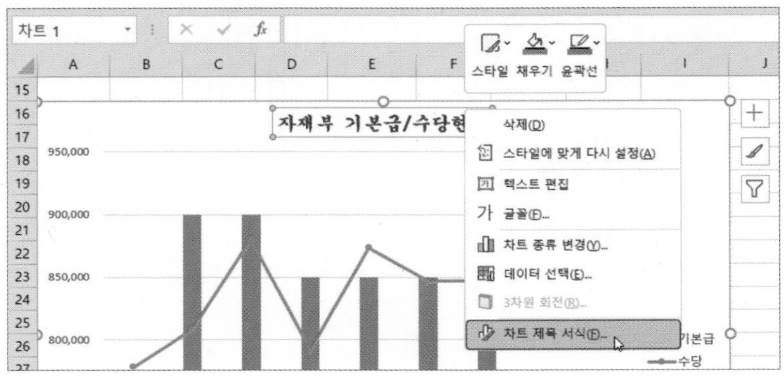

**기적의 TIP**

차트를 선택하면 [차트 디자인], [서식] 메뉴가 화면에 나타납니다.

**기적의 TIP**

[차트 디자인] 탭의 [차트 레이아웃] 그룹에서 [차트 요소 추가]–[차트 제목]을 클릭해도 가능합니다.

**24년 출제**

**세로(값) 축 제목을 [F3] 셀, 보조 세로(값) 축 제목을 [G3] 셀과 연동한 후 축 제목의 텍스트 방향을 '스택형'으로 설정하시오.**

① [차트 요소]–[축 제목]–[기본 세로], [보조 세로]를 체크한다.

② 세로(값) 축 제목을 선택한 후 수식 입력줄에 「=」를 입력한 후 [F3] 셀을 클릭한 후 Enter 를 누른다.

③ 세로(값) 축에서 마우스 오른쪽 버튼을 눌러 [축 제목 서식]을 클릭한다.

④ [크기 및 속성]에서 '맞춤'에서 '텍스트 방향'에서 '스택형'을 선택한다.

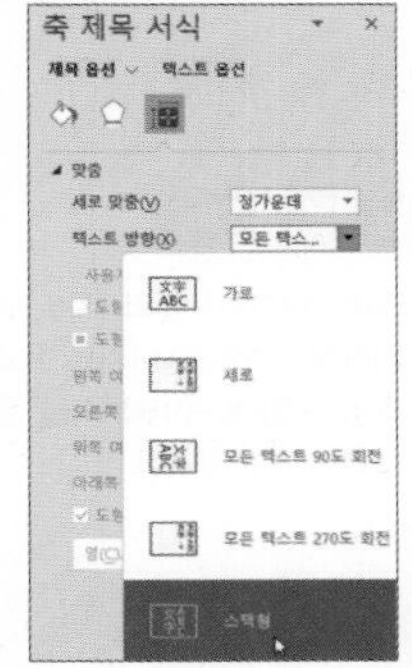

⑤ 같은 방법으로 보조 세로(값) 축 제목도 [G3] 셀과 연동하고 '스택형'으로 지정한다.

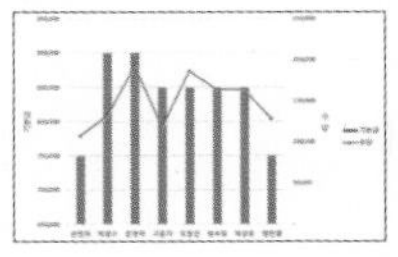

더 알기 TIP

**메뉴 이용하여 차트 구성요소의 서식 지정하기**

**❶ '글꼴', '글꼴 색', '크기' 등 지정**

[홈]-[글꼴] 그룹을 이용하여 서식을 지정할 수 있다.

**❷ '채우기', '테두리 색', '그림자' 지정**

[서식]-[도형 스타일] 그룹의 [도형 채우기](), [도형 윤곽선](), [도형 효과]() 도구를 이용하여 서식을 지정할 수 있다.

24년 출제

**'기본급' 계열의 간격 너비를 100 %로 설정하시오.**

'기본급' 계열을 선택한 후 [데이터 계열 서식]의 '계열 옵션'에서 '간격 너비' 「100」을 입력한다.

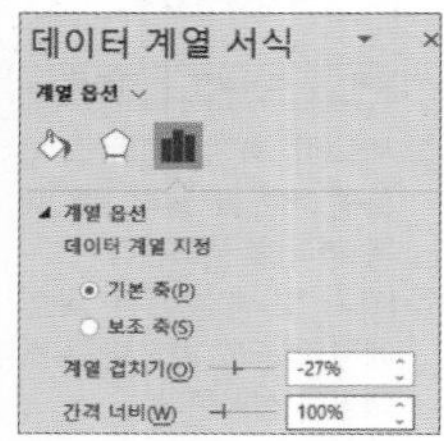


⑤ [차트 제목 서식]의 [채우기 및 선]을 클릭한 후 '테두리'는 '실선', '색'은 '검정, 텍스트 1'을 선택하고 [효과]를 클릭한 후 '그림자'의 '미리 설정'에서 '오프셋: 오른쪽 아래'를 선택한다.

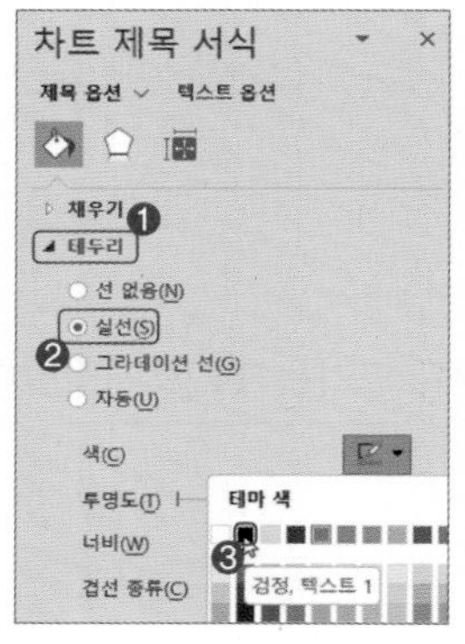


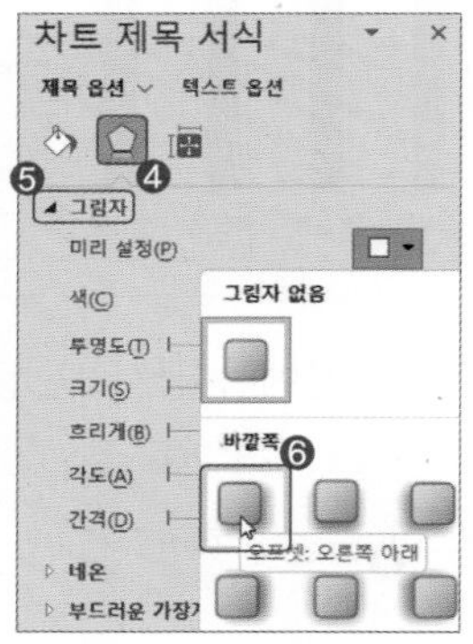


기적의 TIP

[차트 디자인] 탭의 [차트 레이아웃] 그룹에서 [차트 요소 추가]-[범례]-[아래쪽]을 클릭해도 가능합니다.

⑥ '범례'를 선택한 후 [홈]-[글꼴] 그룹에서 글꼴은 '궁서체', 크기는 '12'로 지정한다.

⑦ '범례'를 선택한 후 [차트 요소]()-[범례]-[아래쪽]을 클릭한다.

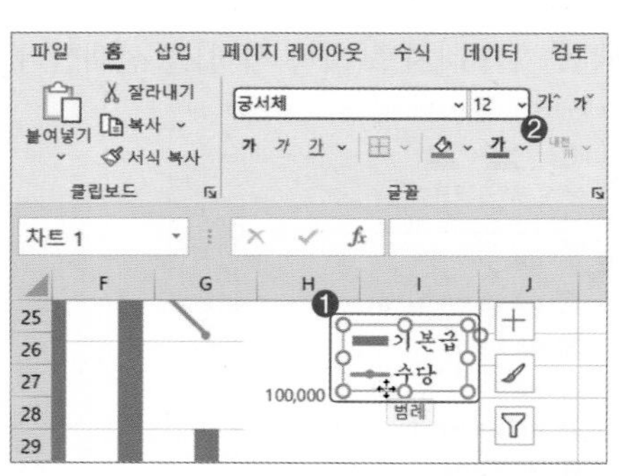


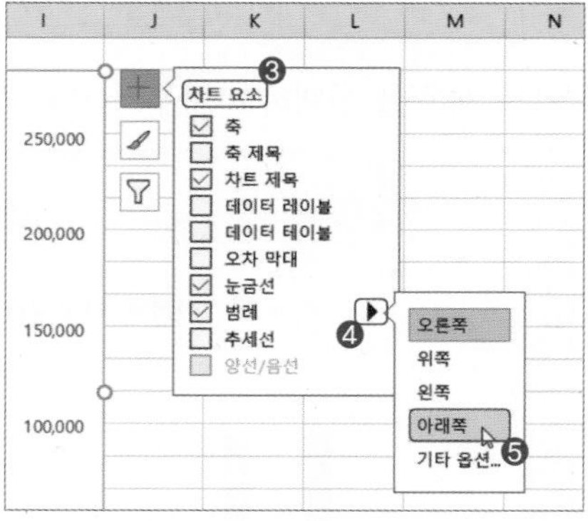

⑧ '세로(값) 축'을 선택한 후 [축 서식]의 [축 옵션]에서 '최소값'은 600000, '최대값'은 1000000, 단위 '기본'은 100000을 입력한다.

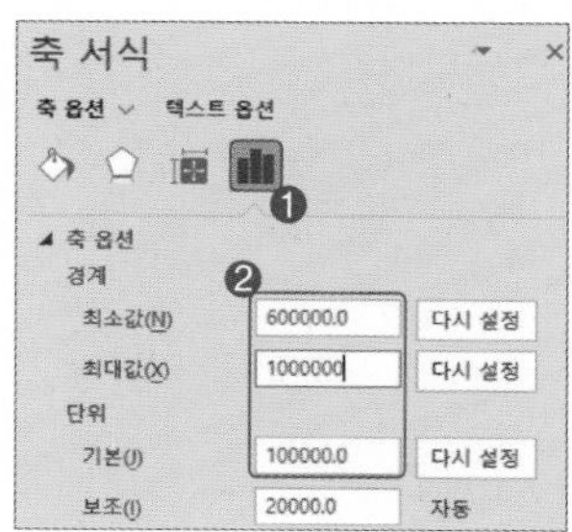

⑨ '수당' 계열의 '문경태' 요소를 마우스로 클릭하면 '수당' 계열 전체가 선택된다.

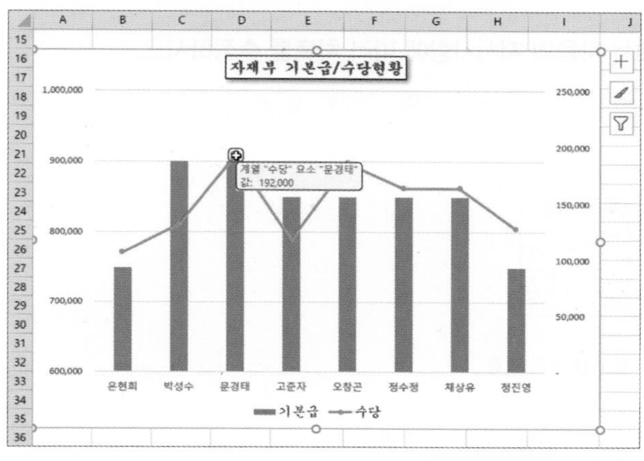

⑩ 다시 한 번 '수당' 계열의 '문경태' 요소를 마우스로 클릭하여 하나의 요소만 선택한 후, 마우스 오른쪽 버튼을 눌러 [데이터 레이블 추가]를 클릭한다.

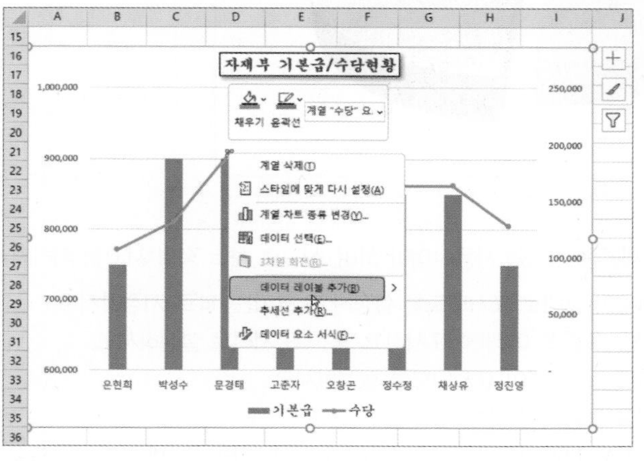

24년 출제

**'기본급' 계열에 대해서 '기본 설정 2'로 적용하시오.**
'기본급' 계열을 선택한 후 [서식] 탭의 [도형 효과]-[기본 설정]-[기본 설정2]를 선택한다.

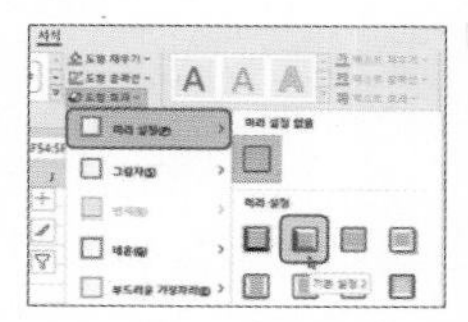

24년 출제

**'기본급' 계열의 '2구간 이동 평균' 추세선을 추가하시오.**

① '기본급' 계열을 선택한 후 [차트 디자인] 탭의 [차트 요소 추가]-[추세선]-[이동 평균]을 클릭한다.

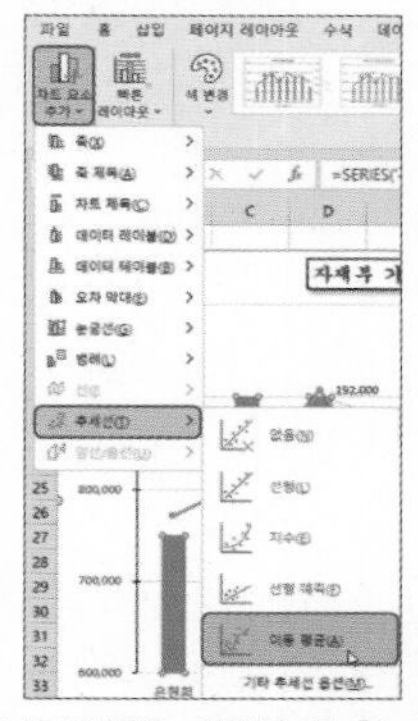

② '추세선'을 선택한 후 [추세선 서식]에서 '추세선 옵션'에서 '이동 평균'이 구간 '2'로 되어 있는지 확인한다.

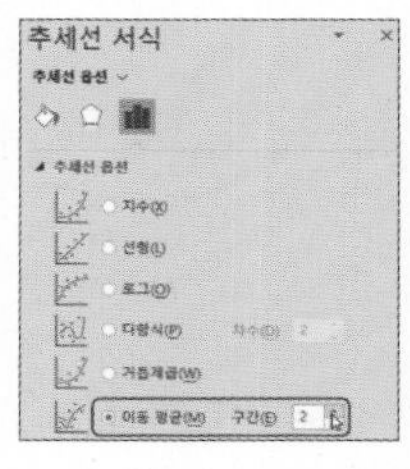

⑪ '데이터 레이블'을 선택한 후 [홈]–[글꼴] 그룹에서 '굴림체', 크기 '12'로 지정한다.

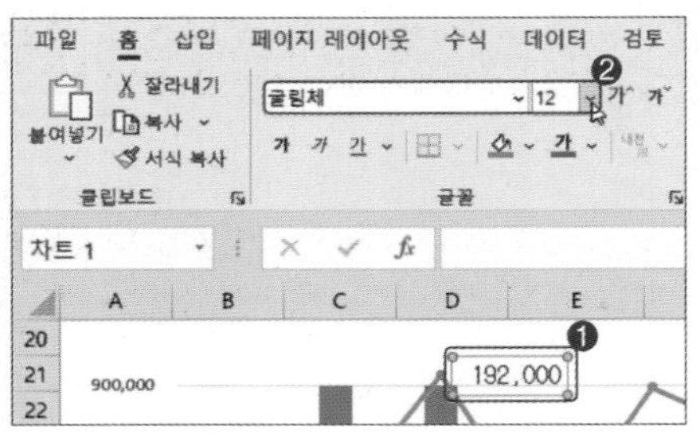


출제유형 ❷ **'차트2' 시트에서 다음의 지시사항에 따라 차트를 수정하시오.**

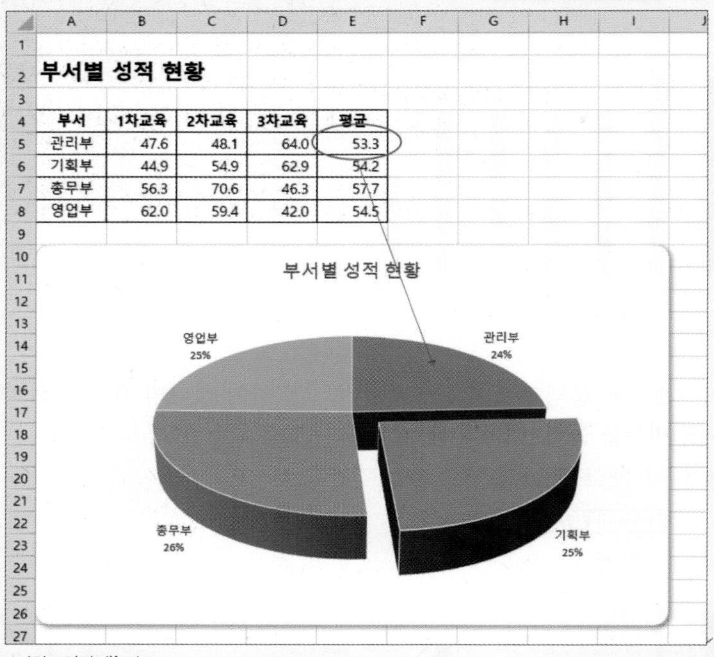

**부서별 성적 현황**

| 부서 | 1차교육 | 2차교육 | 3차교육 | 평균 |
|---|---|---|---|---|
| 관리부 | 47.6 | 48.1 | 64.0 | 53.3 |
| 기획부 | 44.9 | 54.9 | 62.9 | 54.2 |
| 총무부 | 56.3 | 70.6 | 46.3 | 57.7 |
| 영업부 | 62.0 | 59.4 | 42.0 | 54.5 |



▲ '차트2(결과)' 시트

※ 차트는 반드시 문제에서 제공한 차트를 사용하여야 하며, 신규로 차트 작성 시 0점 처리됨

❶ 차트 제목은 [A2] 셀의 내용이 그대로 표시되도록 설정하고, 크기는 '14'로 지정하시오.

❷ 차트 영역에 그림자(오프셋 : 오른쪽 아래)를 표시하고, 둥근 모서리로 설정하시오.

❸ 데이터 레이블을 백분율과 항목 이름이 표시되도록 설정하시오.

❹ '기획부' 계열의 원형 조각을 돌출시키시오.

❺ [삽입]–[도형]의 '타원'과 '화살표'를 그림과 같이 나타내시오.(단, '타원'은 '채우기 없음'으로, '화살표'는 '표준 색 – 빨강'으로 지정하시오.)

① 차트 제목 '평균'을 선택하고 수식 입력줄에 =을 입력하고 [A2] 셀을 선택한 후 Enter를 누른다.

| | A | B | C | D | E |
|---|---|---|---|---|---|
| 2 | 부서별 성적 현황 | | | | |
| 4 | 부서 | 1차교육 | 2차교육 | 3차교육 | 평균 |
| 5 | 관리부 | 47.6 | 48.1 | 64.0 | 53.3 |
| 6 | 기획부 | 44.9 | 54.9 | 62.9 | 54.2 |
| 7 | 총무부 | 56.3 | 70.6 | 46.3 | 57.7 |
| 8 | 영업부 | 62.0 | 59.4 | 42.0 | 54.5 |

② '차트 제목'이 선택된 상태에서 [홈]-[글꼴] 그룹에서 글꼴 크기 '14'를 선택한다.

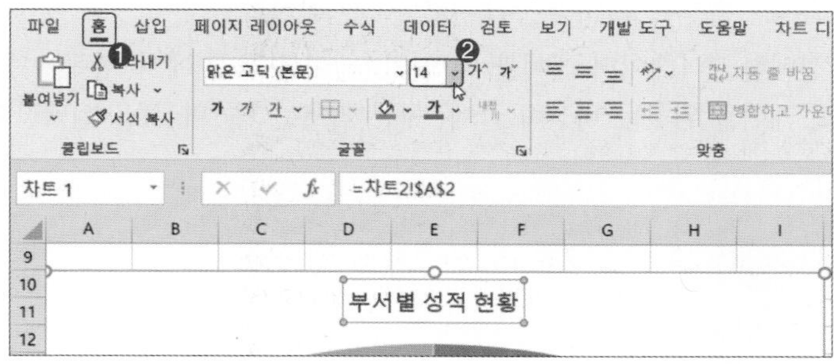


③ '차트 영역'에서 마우스 오른쪽 버튼을 눌러 [차트 영역 서식]을 클릭한 후, [채우기 및 선]을 클릭한 후 '테두리'에서 '둥근 모서리'를 체크한다.

④ [효과]를 클릭한 후 '그림자'의 '미리 설정'에서 '오프셋: 오른쪽 아래'를 선택한다.

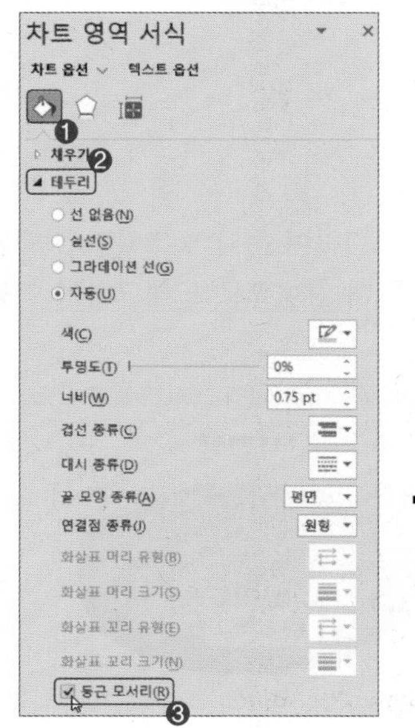


➡

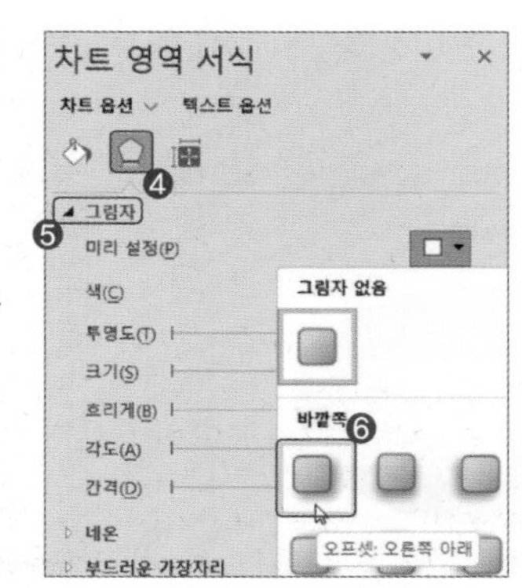


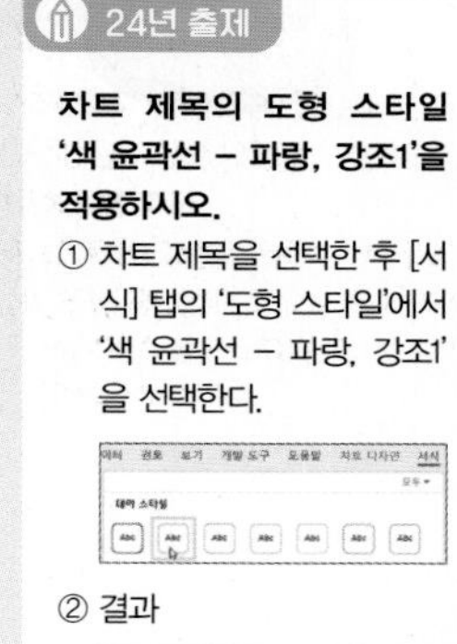
24년 출제

**차트 제목의 도형 스타일 '색 윤곽선 – 파랑, 강조1'을 적용하시오.**

① 차트 제목을 선택한 후 [서식] 탭의 '도형 스타일'에서 '색 윤곽선 – 파랑, 강조1'을 선택한다.

② 결과

24년 출제

**데이터 레이블 도형을 '타원형 설명선'으로 변경하시오.**

① 데이터 레이블을 선택한 후 마우스 오른쪽 버튼을 눌러 [데이터 레이블 도형 변경]을 클릭하여 '타원형 설명선'을 선택한다.

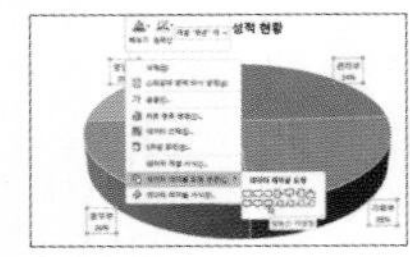

② 결과

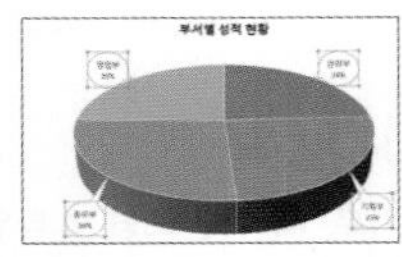

⑤ '원형 차트' 안에서 마우스 오른쪽 버튼을 눌러 [데이터 레이블 추가]를 클릭한다.

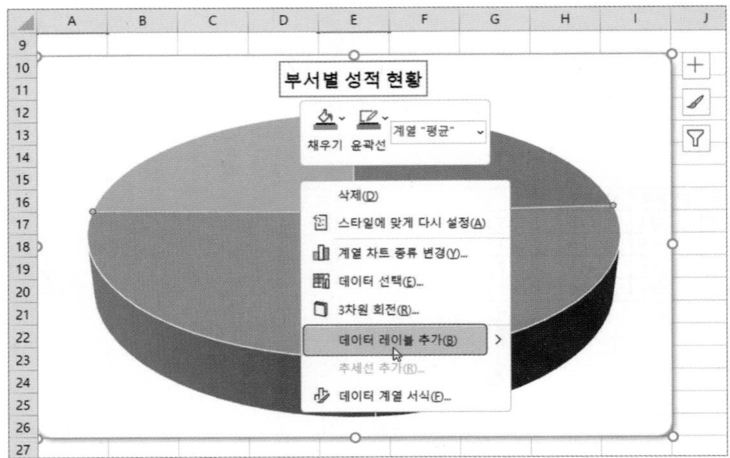


⑥ '데이터 레이블'을 선택한 후 [데이터 레이블 서식]의 [레이블 옵션]에서 '항목 이름', '백분율'을 체크하고, 레이블 위치는 '바깥쪽 끝에', 구분 기호는 '(줄 바꿈)'을 선택한다.

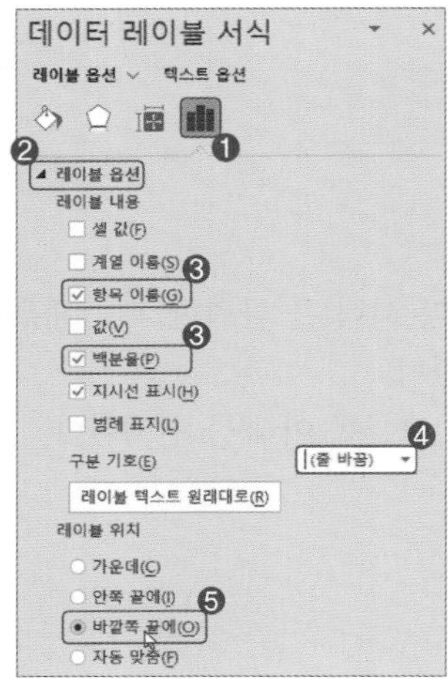


⑦ '기획부'에 해당하는 원형 조각을 클릭한 다음, 다시 클릭하여 하나의 조각만 선택된 상태에서 마우스 왼쪽 버튼을 누른 채 차트 중심의 반대 방향으로 드래그하여 이동한다.

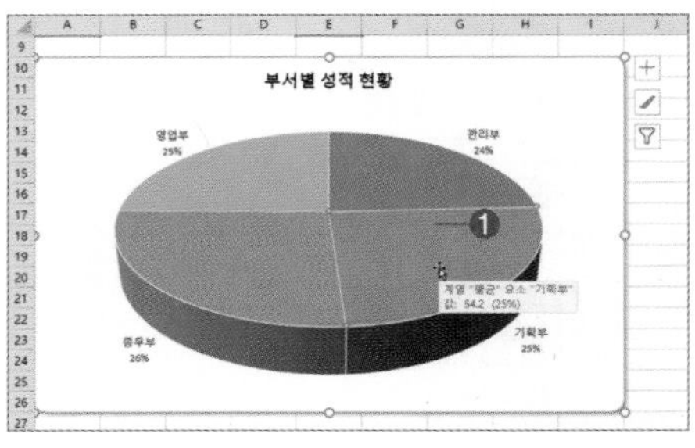


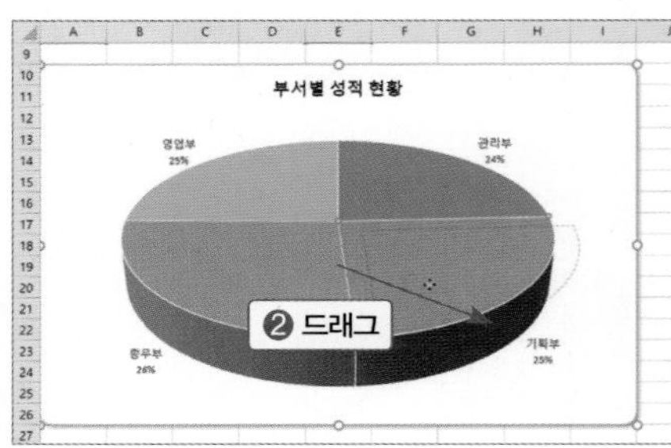


⑧ [삽입]–[일러스트레이션] 그룹의 [도형]–[타원]() 도구를 선택한 다음, [E5] 셀의 '53.3'을 감싸도록 마우스 끌기로 타원을 그린 후 [셰이프 형식]–[도형 스타일] 그룹의 [도형 채우기]()–[채우기 없음]을 클릭한다.

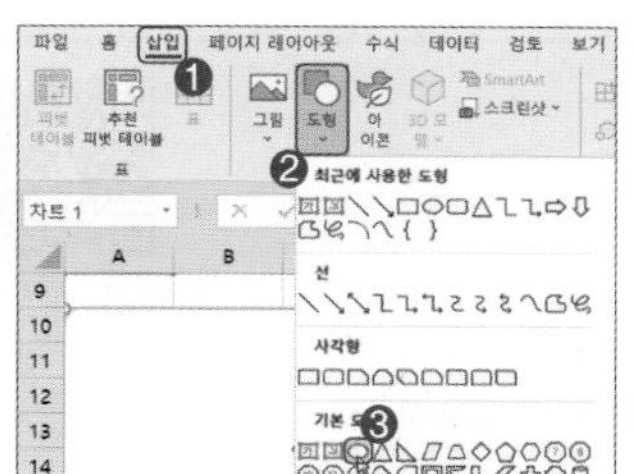
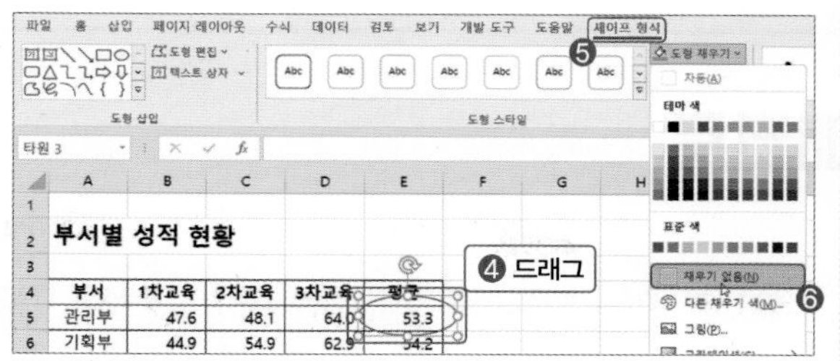

⑨ [도형 삽입] 그룹에서 [화살표](↘) 도구를 선택한 다음 타원에서부터 차트까지 마우스 끌기로 화살표를 그린다.

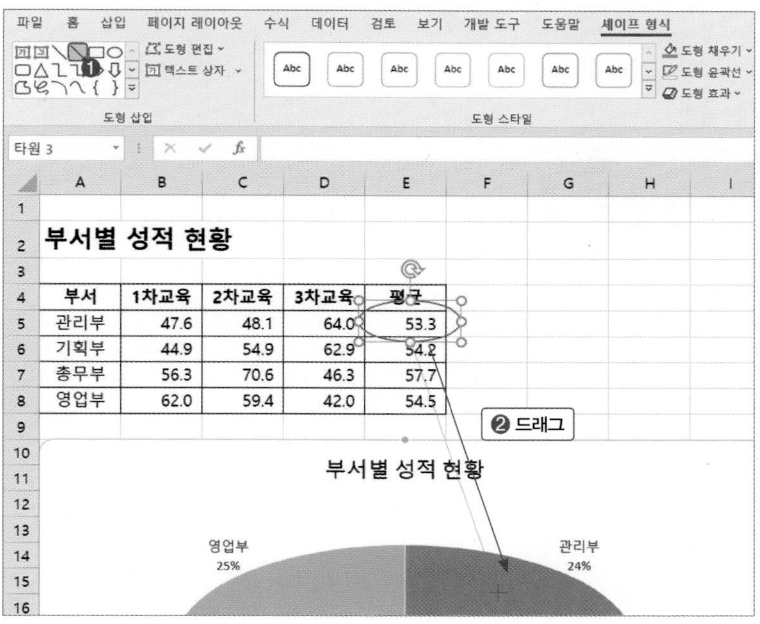

⑩ 화살표를 선택한 후 [그리기 도구]–[서식]–[도형 스타일] 그룹의 [도형 윤곽선](☑)에서 '표준 색 – 빨강' 색을 지정하여 화살표의 색상을 변경한다.

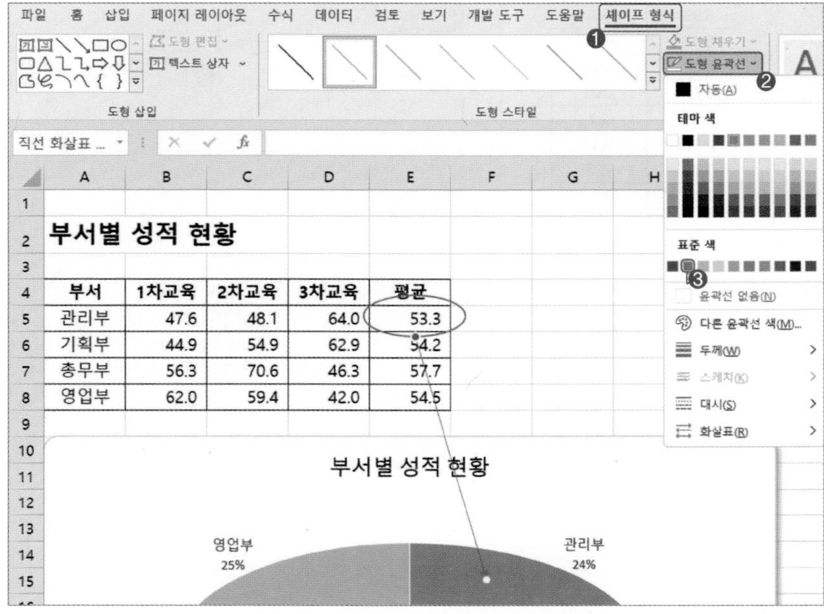

**버전 TIP**

[셰이프 형식] 탭이 [도형 서식]으로 표시됩니다.

**기적의 TIP**

도형을 선택하면 메뉴에 [셰이프 형식]이 화면에 나타납니다.

**24년 출제**

**3차원 회전의 X회전을 10, Y회전을 50으로 지정하시오.**

① 차트 안에서 마우스 오른쪽 버튼을 눌러 [3차원 회전]을 클릭한다.
② '3차원 회전'에서 X회전에 「10」, Y회전에 「50」을 입력한다. ※ 「10」을 입력해도 「10°」로 표시된다.

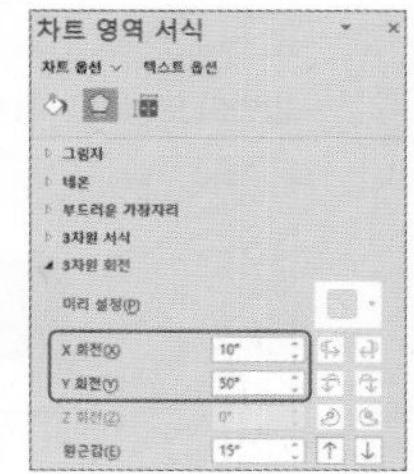

③ 결과

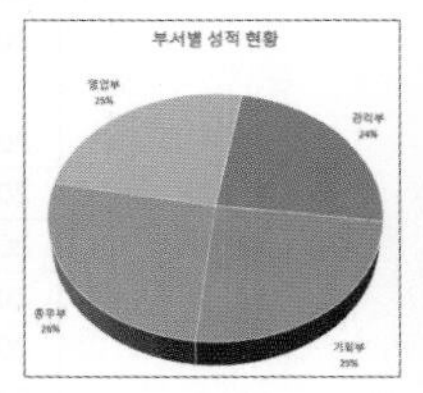

SECTION 02

# 매크로

난 이 도 (상) 중 하

반복학습 1 2 3

작업파일 [2025컴활1급₩1권_스프레드시트₩이론] 폴더의 '17기타작업' 파일을 열어서 작업하시오.

더 알기 TIP

## 매크로 작업 순서

### ❶ 매크로 기록

[개발 도구]-[코드] 그룹의 [매크로 기록]을 클릭

기적의 TIP

**'매크로 기록'하는 또 다른 방법**

방법1) 상태 표시줄에 [새 매크로 기록]( ) 도구를 클릭

방법2) 도형의 가장자리를 선택하고 마우스 오른쪽 버튼을 눌러 [매크로 지정]을 선택한다. 그 다음 [매크로 지정]에서 [기록]을 클릭

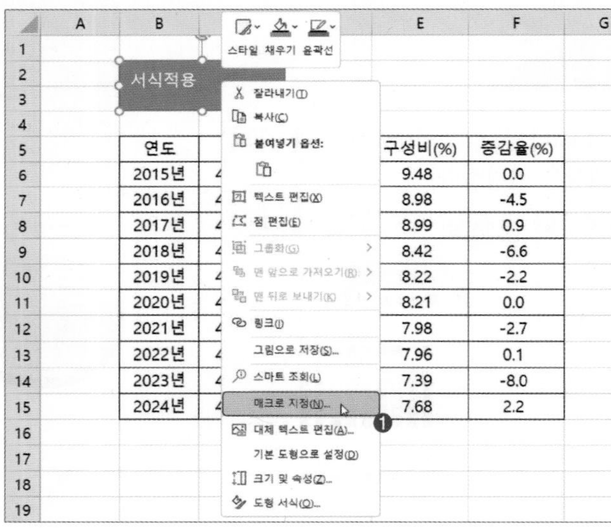


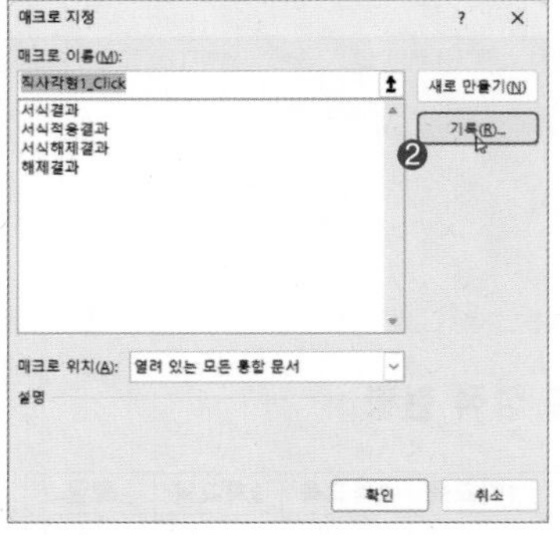


### ❷ [매크로 기록] 대화상자

- 매크로 이름 : 기록할 매크로 이름을 지정하는데, 공백은 포함할 수 없음

• 바로 가기 키 : 영문 대문자, 소문자 모두 가능하며 대문자를 입력하면 저절로 Shift와 조합됨

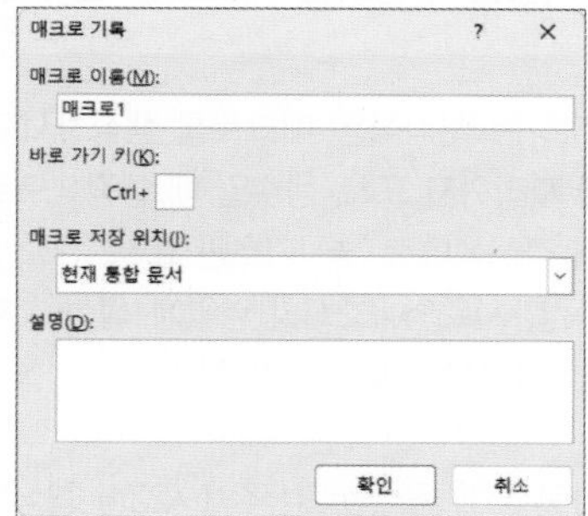

## ❸ 매크로 기록 중

매크로 기록을 시작하면 화면 하단의 상태 표시줄에 [기록 중지](□)가 나타남

## ❹ 매크로 기록 종료

상태 표시줄에서 [기록 중지](□)를 클릭

기적의 TIP

**메뉴에 [개발 도구] 탭을 표시하려면?**

화면에 [개발 도구] 탭이 보이지 않는다면, [파일]-[옵션]을 클릭하여 '리본 사용자 지정' 탭에서 '개발 도구'를 체크한다.

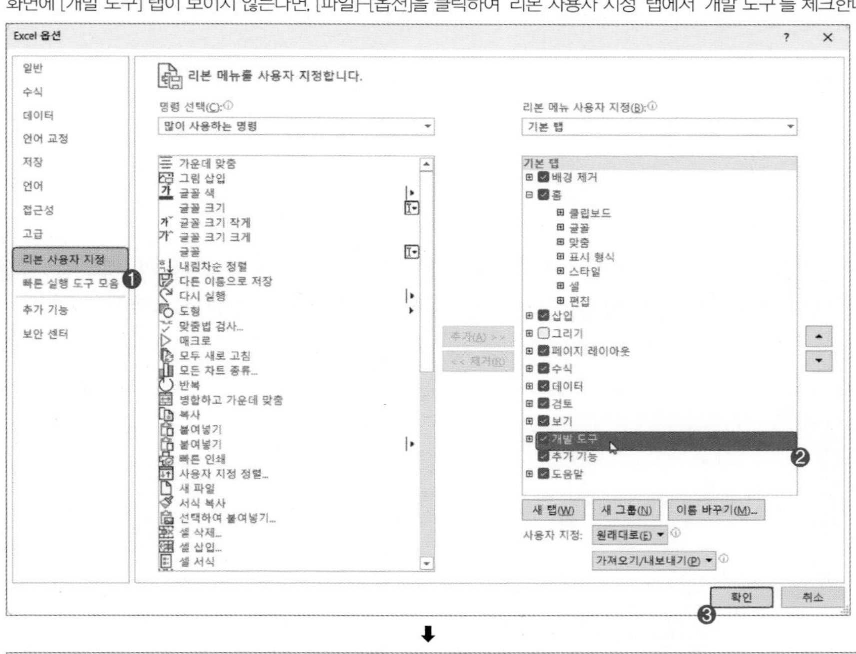

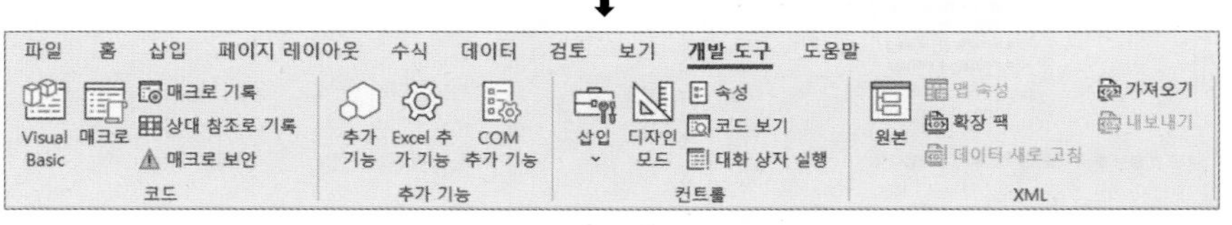

◀ [개발 도구] 탭

출제유형 ❶ **'매크로1' 시트에 대하여 다음과 같은 기능을 수행하는 매크로를 현재 통합문서에 작성하시오.**

❶ [F6:F15] 영역에 대하여 사용자 지정 표시 형식을 설정하는 '서식적용' 매크로를 생성하시오.
- ▸ 양수일 때 파랑색으로 기호 없이 소수점 이하 첫째 자리까지 표시, 음수일 때 빨강색으로 기호 없이 소수점 이하 첫째 자리까지 표시, 0일 때 검정색으로 "★" 기호만 표시
- ▸ [개발 도구]-[삽입]-[양식 컨트롤]의 '단추(▭)'를 동일 시트의 [B2:C3] 영역에 생성한 후 텍스트를 '서식적용'으로 입력하고, 단추를 클릭하면 '서식적용' 매크로가 실행되도록 설정하시오.

❷ [F6:F15] 영역에 대하여 표시 형식을 '숫자'의 소수 자릿수 '1', 음수는 검정색(-1234) 형식으로 적용하는 '서식해제' 매크로를 생성하시오.
- ▸ [개발 도구]-[삽입]-[양식 컨트롤]의 '단추(▭)'를 동일 시트의 [E2:F3] 영역에 생성한 후 텍스트를 '서식해제'로 입력하고, 단추를 클릭하면 '서식해제' 매크로가 실행되도록 설정하시오.

※ 셀 포인터의 위치에 관계없이 매크로가 실행되어야 정답으로 인정됨

> **기적의 TIP**
> 매크로 이름은 공백과 기호를 사용할 수 없고, 첫 글자는 반드시 문자여야 합니다.

① 비어 있는 셀을 클릭한 후 [개발 도구]-[코드] 그룹의 [매크로 기록](▣)을 클릭한다.

② [매크로 기록]에 **서식적용**을 입력하고 [확인]을 클릭한다.

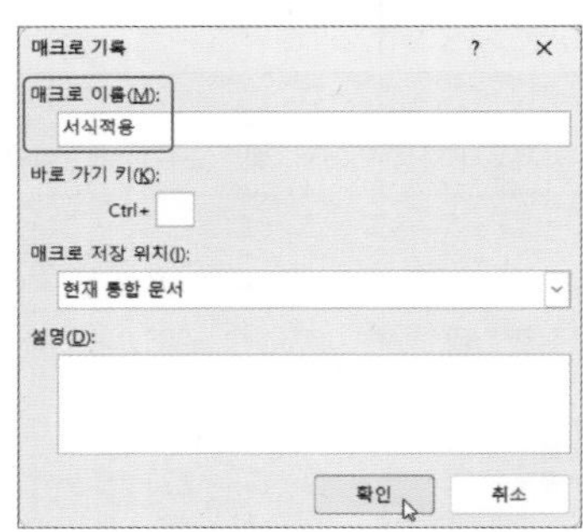


> **기적의 TIP**
> - 서식 지정할 때 세미콜론(;)을 이용하여 양수서식, 음수서식, 0의 값 서식, 문자 서식을 구분
> - 음수 서식에 음수 부호를 따로 지정하지 않으면 음수 부호는 표시되지 않음
> - 세미콜론(;)으로 분리하지 않으면 원본 데이터 그대로 표시
> - 세미콜론(;)으로 분리했으나 형식을 지정하지 않은 경우 원본 데이터가 표시되지 않음
> - '%'는 숫자에 곱하기 100을 한 뒤에 '%'를 붙여서 표시 (예 : 0.75 → 0% → 75%)
> - **대괄호([ ])를 이용하여 색깔, 조건 지정** : [색깔][조건]은 순서가 바뀌어도 상관이 없습니다. (예 : [조건][색깔])

③ [F6:F15] 영역을 범위 지정한 후 Ctrl+1을 눌러 [표시 형식] 탭의 '사용자 지정'을 선택한 후 **[파랑]0.0;[빨강]0.0;[검정]"★"**를 입력하고 [확인]을 클릭한다.

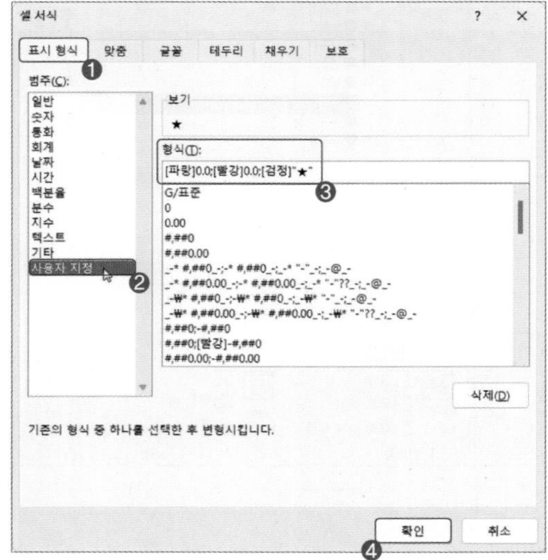


> **기적의 TIP**
> 사용자 지정 서식은 '양수;음수;0;문자' 값 형식으로 서식을 지정합니다. '[색깔][조건]서식' 형식으로 작성합니다.

④ [개발 도구]–[코드] 그룹의 [기록 중지](□)를 클릭한다.

⑤ [개발 도구]–[컨트롤] 그룹의 [삽입]–[단추(양식 컨트롤)](□)을 클릭한다.

⑥ 마우스 포인트가 '+'로 바뀌면 [B2:C3] 영역에 드래그하면 [매크로 지정] 대화상자가 나타난다.

⑦ [매크로 지정]에 '서식적용'을 선택하고 [확인]을 클릭한다.

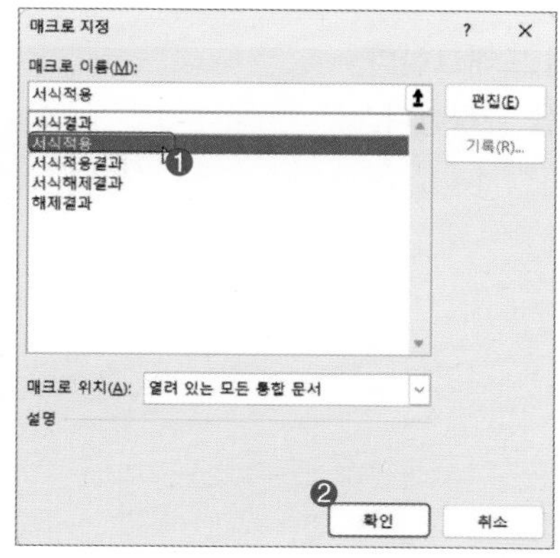

> 기적의 TIP
>
> '단추'에 매크로를 지정하고 바로 텍스트를 수정하면 수정할 수 있는데, 만약 바로 수정하지 않았다면 '단추'에서 마우스 오른쪽 버튼을 눌러 [텍스트 편집]을 클릭하여 수정할 수 있습니다.

⑧ 단추에 입력된 '단추 1'을 지우고 **서식적용**을 입력한다.

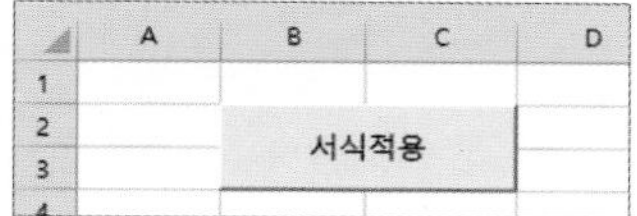

> 기적의 TIP
>
> 단추를 그릴 때 [B2] 셀을 클릭한 후 [C3] 셀 정도에서 Alt를 누르면 셀 눈금선에 맞추어 그릴 수 있습니다.

⑨ 비어 있는 셀을 클릭한 후 [개발 도구]–[코드] 그룹의 [매크로 기록]()을 클릭한다.

⑩ [매크로 기록]에 **서식해제**를 입력하고 [확인]을 클릭한다.

⑪ [F6:F15] 영역을 범위 지정한 후 Ctrl+1을 눌러 [표시 형식] 탭의 '숫자'를 선택하고 소수 자릿수 '1'로 지정한 후 음수는 검정색(–1234)를 선택하고 [확인]을 클릭한다.

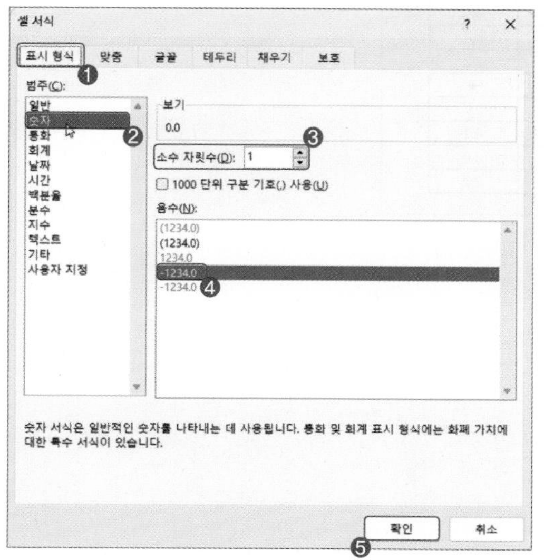

⑫ [개발 도구]–[코드] 그룹의 [기록 중지](□)를 클릭한다.

⑬ [개발 도구]–[컨트롤] 그룹의 [삽입]–[단추(양식 컨트롤)](▭)을 클릭한다.

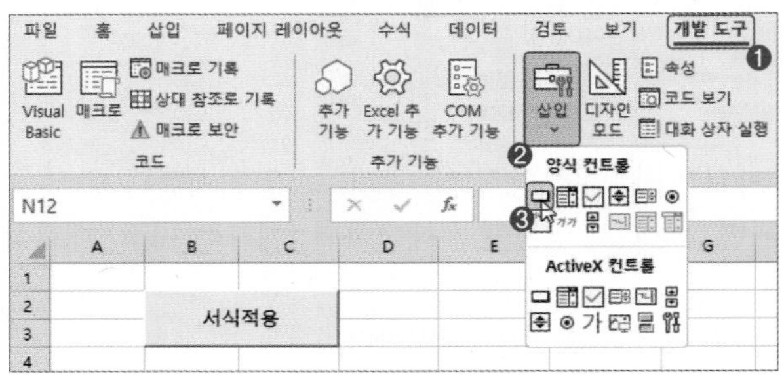


⑭ 마우스 포인트가 '+'로 바뀌면 [E2:F3] 영역에 드래그한다.

⑮ [매크로 지정]에 '서식해제'를 선택하고 [확인]을 클릭한다.

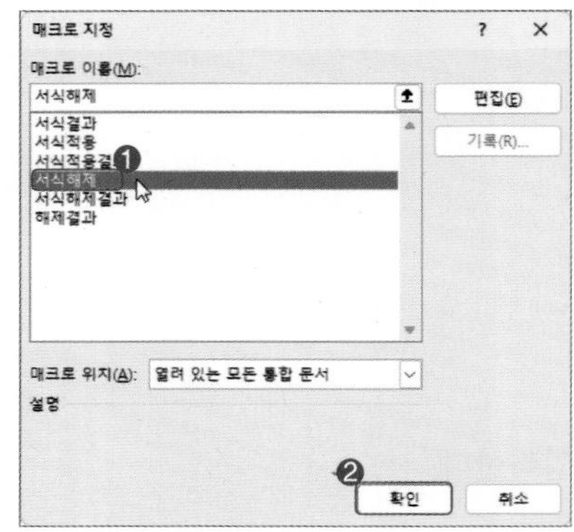


⑯ 단추에 입력된 '단추 2'를 지우고 **서식해제**를 입력한다.

> **기적의 TIP**
>
> **매크로 삭제 방법**
>
> 1. [개발 도구]–[코드] 그룹의 [매크로]를 클릭합니다.
> 2. [매크로]에서 삭제하고자 하는 매크로 이름을 선택한 다음 [삭제]를 클릭합니다.
>
> 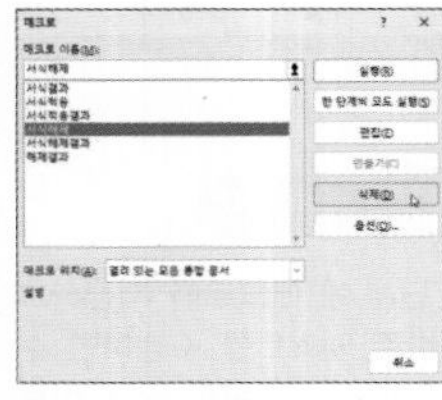

풀이결과

서식적용　　서식해제

| 연도 | 인구 | 소계 | 구성비(%) | 증감율(%) |
|---|---|---|---|---|
| 2015년 | 46,430 | 4,400 | 9.48 | ★ |
| 2016년 | 46,858 | 4,210 | 8.98 | 4.5 |
| 2017년 | 47,275 | 4,250 | 8.99 | 0.9 |
| 2018년 | 47,300 | 3,985 | 8.42 | 6.6 |
| 2019년 | 47,450 | 3,900 | 8.22 | 2.2 |
| 2020년 | 47,500 | 3,900 | 8.21 | ★ |
| 2021년 | 47,600 | 3,797 | 7.98 | 2.7 |
| 2022년 | 47,730 | 3,800 | 7.96 | 0.1 |
| 2023년 | 47,650 | 3,520 | 7.39 | 8.0 |
| 2024년 | 46,895 | 3,600 | 7.68 | 2.2 |

▲ '매크로1(결과)' 시트

출제유형 ❷ **'매크로2' 시트에 대하여 다음과 같은 기능을 수행하는 매크로를 현재 통합문서에 작성하시오.**

❶ [E6:E13] 영역에 대하여 사용자 지정 표시 형식을 설정하는 '서식' 매크로를 생성하시오.
- 셀 값이 1과 같은 경우 "유"로 표시, 셀 값이 0과 같은 경우 "무"로 표시
- [개발 도구]-[삽입]-[양식 컨트롤]의 '단추(▭)'를 동일 시트의 [B2:C3] 영역에 생성한 후 텍스트를 '서식'으로 입력하고, 단추를 클릭하면 '서식' 매크로가 실행되도록 설정하시오.

❷ [E6:E13] 영역에 대하여 표시 형식을 '일반'으로 적용하는 '해제' 매크로를 생성하시오.
- [개발 도구]-[삽입]-[양식 컨트롤]의 '단추(▭)'를 동일 시트의 [E2:F3] 영역에 생성한 후 텍스트를 '해제'로 입력하고, 단추를 클릭하면 '해제' 매크로가 실행되도록 설정하시오.

※ 셀 포인터의 위치에 관계없이 매크로가 실행되어야 정답으로 인정됨

① 비어 있는 셀을 클릭한 후 [개발 도구]-[코드] 그룹의 [매크로 기록](▣)을 클릭한다.
② [매크로 기록]에 **서식**을 입력하고 [확인]을 클릭한다.
③ [E6:E13] 영역을 범위 지정한 후 Ctrl+1을 눌러 [표시 형식] 탭의 '사용자 지정'을 선택한 후 **[=1]"유";[=0]"무"**를 입력하고 [확인]을 클릭한다.

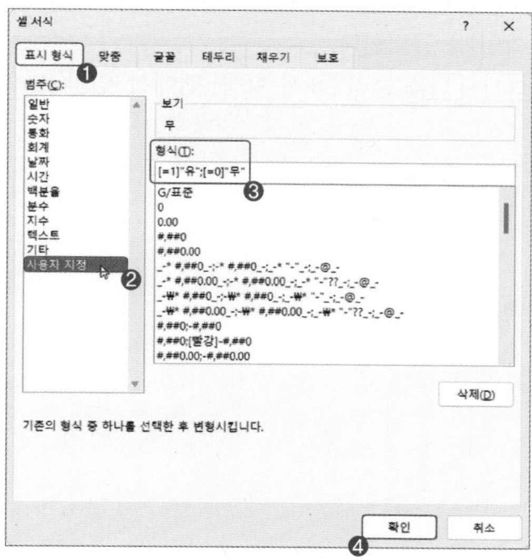

④ [개발 도구]-[코드] 그룹의 [기록 중지](□)를 클릭한다.

⑤ [개발 도구]-[컨트롤] 그룹의 [삽입]-[단추(양식 컨트롤)](▭)을 클릭한다.
⑥ 마우스 포인트가 '+'로 바뀌면 [B2:C3] 영역에 드래그하면 [매크로 지정] 대화상자가 나타난다.

24년 출제

양수는 파랑색 #,##0,
음수는 빨강색 ▼ #,##0(▼과 #,##0 사이에는 열 너비만큼 공백으로 처리)
나머지는 공백으로 표시

[셀 서식]의 '사용자 지정'에 아래와 같이 정의
[파랑] #,##0;[빨강] "▼"* #,##0;;

> **기적의 TIP**
>
> 매크로를 종료하기 전에 범위를 해제하거나 범위를 해제하지 않아도 감점이 되지 않습니다.

⑦ [매크로 지정]에 '서식'을 선택하고 [확인]을 클릭한다.

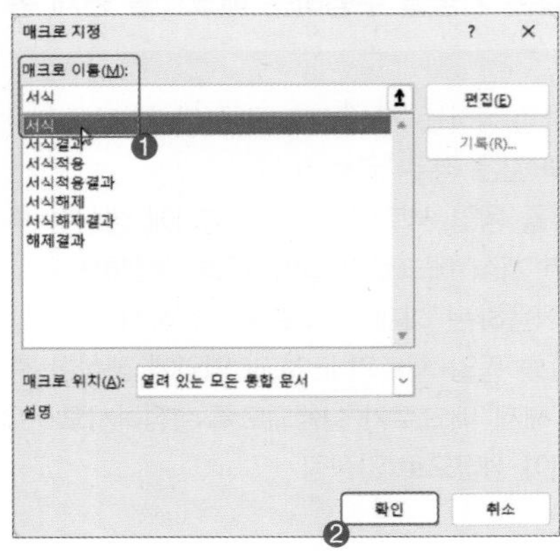


> **기적의 TIP**
>
> [Alt]를 누른 상태에서 [B2] 셀을 클릭한 후 [C3] 셀로 드래그하면 셀 눈금선에 맞추어 그릴 수 있습니다.

⑧ 단추에 입력된 '단추 1'을 지우고 **서식**을 입력한다.

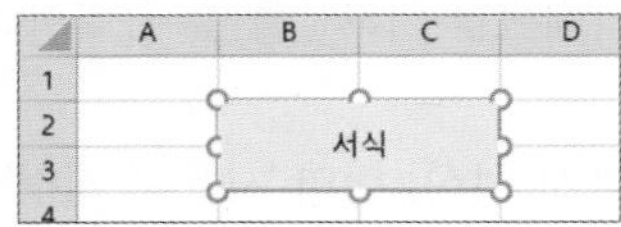


⑨ 비어 있는 셀을 클릭한 후 [개발 도구]-[코드] 그룹의 [매크로 기록]( )을 클릭한다.

⑩ [매크로 기록]에 **해제**를 입력하고 [확인]을 클릭한다.

> **기적의 TIP**
>
> - [셀 서식]에서 '일반'을 선택하면 'G/표준'으로 적용됩니다.
> - 일반(G/표준)은 특정 표시 형식을 지정하지 않은 서식을 의미합니다.

⑪ [E6:E13] 영역을 범위 지정한 후 [Ctrl]+[1]을 눌러 [표시 형식] 탭에서 '일반'을 선택하고 [확인]을 클릭한다.

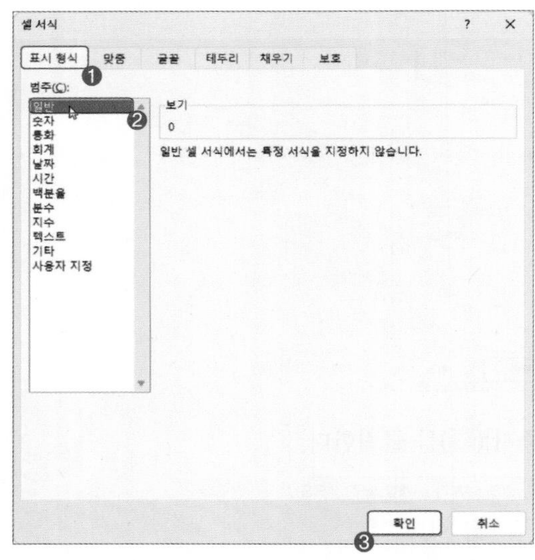


⑫ [개발 도구]-[코드] 그룹의 [기록 중지]( )를 클릭한다.

⑬ [개발 도구]-[컨트롤] 그룹의 [삽입]-[단추(양식 컨트롤)]( )을 클릭한다.

⑭ 마우스 포인트가 '+'로 바뀌면 [E2:F3] 영역에 드래그한다.

⑮ [매크로 지정]에 '해제'를 선택하고 [확인]을 클릭한다.

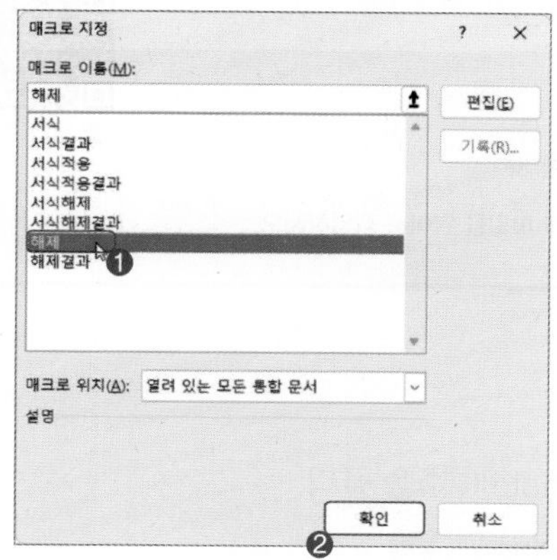


⑯ 단추에 입력된 '단추 2'를 지우고 **해제**를 입력한다.

풀이결과

| | A | B | C | D | E | F | G |
|---|---|---|---|---|---|---|---|
| 1 | | | | | | | |
| 2 | | 서식 | | | 해제 | | |
| 3 | | | | | | | |
| 4 | | | | | | | |
| 5 | | 학교명 | 이름 | 결석일수 | 자격증 | 내신등급 | |
| 6 | | 서초고 | 박유진 | 1 | 무 | 3 | |
| 7 | | 양재고 | 엄정아 | 0 | 유 | 1 | |
| 8 | | 반포고 | 전수아 | 2 | 유 | 0 | |
| 9 | | 잠원고 | 김정림 | 3 | 유 | 2 | |
| 10 | | 노원고 | 강남길 | 1 | 무 | 5 | |
| 11 | | 논현고 | 이진욱 | 0 | 유 | 9 | |
| 12 | | 우면고 | 오안국 | 0 | 유 | 18 | |
| 13 | | 방배고 | 성경수 | 1 | 무 | 6 | |
| 14 | | | | | | | |

▲ '매크로2(결과)' 시트

기적의 TIP

**매크로 기록 다른 방법**

① [개발 도구]-[컨트롤] 그룹의 [단추]( )를 [B2:C3] 영역에 드래그하면 [매크로 지정] 대화상자가 표시됩니다.
② [기록]을 클릭하면 [매크로 기록] 대화상자가 표시되면 「서식」을 입력합니다.
③ [E6:E13] 영역을 범위 지정한 후 Ctrl+1를 눌러 「[=1]"유";[=0]"무"」를 입력하고 [확인]을 클릭합니다.
④ [개발 도구]-[코드] 그룹에서 [기록 중지]를 클릭합니다.
⑤ '단추'에서 마우스 오른쪽 버튼을 눌러 [텍스트 편집]을 클릭하여 「서식」으로 수정합니다.

SECTION 03

난 이 도 (상) 중 하
반복학습 1 2 3

# 프로시저 작성

작업파일 [2025컴활1급₩1권_스프레드시트₩이론] 폴더의 '17기타작업' 파일을 열어서 작업하시오.

## 01 VBE(Visual Basic Editor)의 실행 방법

• 메뉴 : [개발 도구]-[코드] 그룹의 [Visual Basic]( )을 클릭

• 바로 가기 키 : Alt+F11

## 02 VBE(Visual Basic Editor)의 종료 방법

• 메뉴 : [파일] – [닫고 Microsoft Excel(으)로 돌아가기]를 클릭

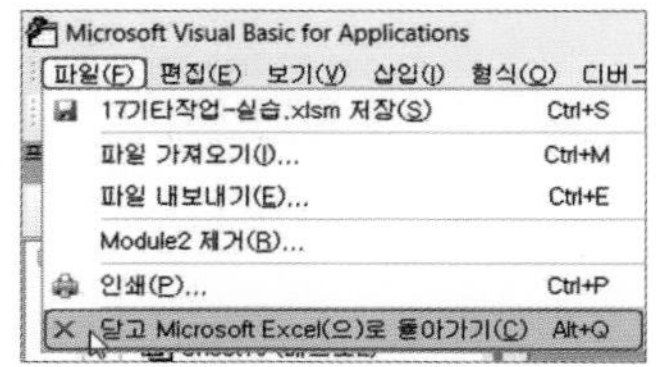


• 도구 모음 : [보기 Microsoft Excel] 도구를 클릭

• 제목 표시줄 : 오른쪽 상단의 [닫기] 단추를 클릭

• 바로 가기 키 : Alt+Q

## 03 VBE(Visual Basic Editor) 살펴보기

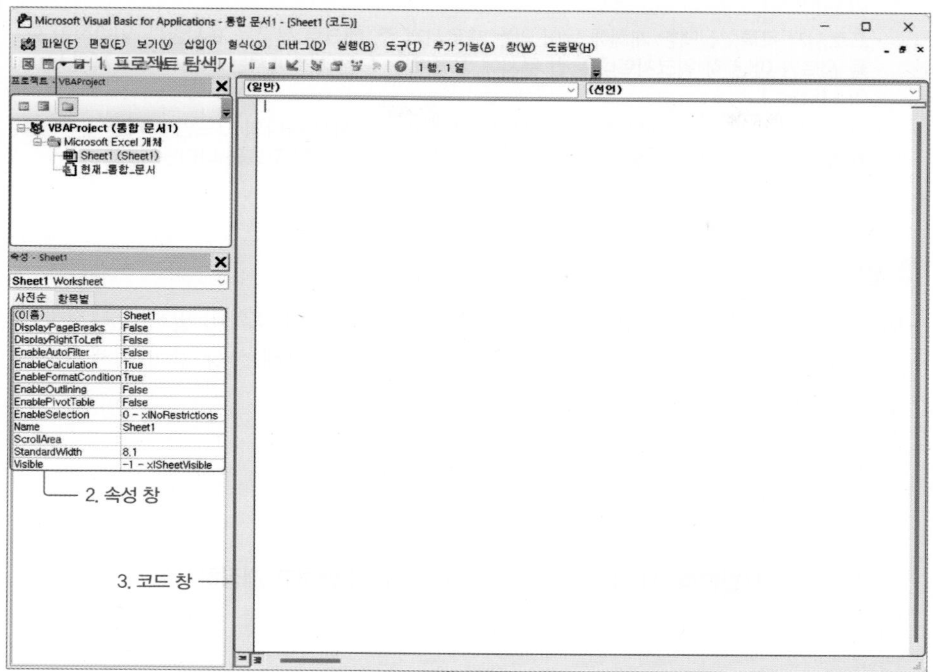


### 1. 프로젝트 탐색기(Ctrl+R)

열려 있는 엑셀 통합 문서 목록과 현재 통합 문서에 포함되어 있는 시트 목록, 매크로가 기록되어 있는 모듈 시트 등 작업을 구성하고 있는 개체를 계층적으로 표시한다.

- (코드 보기) : 현재 선택한 개체의 VBA 코드를 오른쪽 코드 창에 표시
- (개체 보기) : 선택한 개체를 엑셀 프로그램 창에 표시하고 그 곳으로 이동
- (폴더 설정/해제) : 개체 목록을 폴더 별로 표시할지 폴더를 표시하지 않고 개체 목록만 표시할 것인지를 선택

### 2. 속성 창(F4)

속성이란 개체의 특징을 말한다.

### 3. 코드 창(F7)

VBA 코드를 나타내는 곳으로 코드 창에서 매크로를 편집하고 새로 만들 수 있다. 하나의 매크로는 『Sub 매크로이름( )』으로 시작하여 『End Sub』로 끝나게 되며, 코드 창에 여러 개의 매크로가 기록될 수 있다.

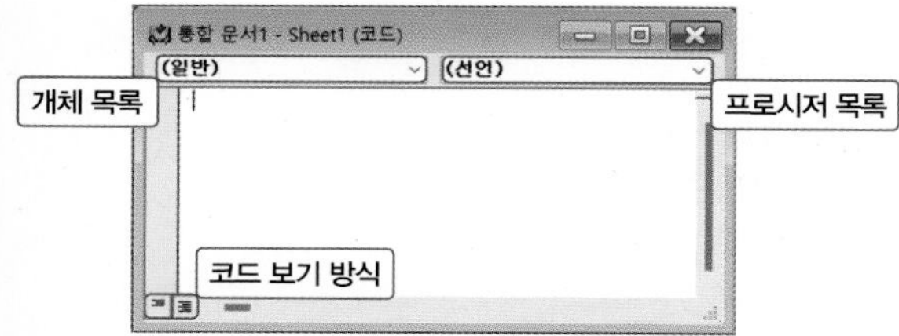

- 개체 목록 : 모듈 시트에서는 '(일반)'항목만 나타나지만 컨트롤 개체를 사용한 경우 개체 목록이 나타난다.
- 프로시저 목록 : 선택한 개체에 들어 있는 프로시저 즉, 매크로 목록을 표시한다. 일반적인 모듈 시트가 아닌 각 워크시트나 통합 문서에 딸려 있는 모듈 시트에서는 이벤트 프로시저 목록이 나타난다.
- 코드 보기 방식 : (프로시저 보기) 상태이면 현재 프로시저 하나의 코드만 나타낸다. (전체 모듈 보기) 상태이면 해당 모듈에 들어 있는 모든 프로시저의 코드를 나타낸다.

## 04 변수

- 변수란 프로그램에서 그 값이 변할 수 있는 수를 의미하며 정확히 말하면 특정한 값을 지정할 수 있도록 할당된 기억 공간을 말한다. 이에 반해 항상 값이 정해져 있는 수를 상수라 한다.

**출제유형 ① '사원현황' 시트에서 다음과 같은 작업을 수행하고 저장하시오.**

'사원입력' 버튼을 클릭하면 〈신입사원입력〉 폼이 나타나도록 프로시저를 작성하시오.

① [개발 도구]–[컨트롤] 그룹의 [디자인 모드]()를 클릭하여 편집할 수 있는 상태로 만든다.

② 〈사원입력〉 버튼을 더블클릭하여 **신입사원입력.show**를 입력한다.

```
Private Sub cmd사원입력_Click()
    신입사원입력.Show
End Sub
```

**코드 설명**

① Cmd사원입력_Click() : 〈Cmd사원입력〉 버튼을 클릭했을 때 수행해야 할 작업을 기술
② 신입사원입력.Show : '신입사원입력'은 폼의 이름이고, 'Show'는 폼을 화면에 표시하는 메소드

**기적의 TIP**

**속성 자동 입력**
「신입사원입력.sh」까지 입력한 후 Tab를 누르면 'show'를 입력할 수 있습니다.

**기적의 TIP**

- **폼이름**.Show : 유저폼을 화면에 표시
- Unload **폼이름 또는** Unload me : 유저폼을 완전히 닫음
- **폼이름**.Hide : 유저폼을 일시적으로 숨김

③ 폼이 표시되는지 확인하기 위해 화면 왼쪽의 [보기 Microsoft Excel]을 클릭한 후, 엑셀로 돌아와서 [개발 도구]-[컨트롤] 그룹의 [디자인 모드]( )를 클릭하면 디자인 모드가 해제된다.

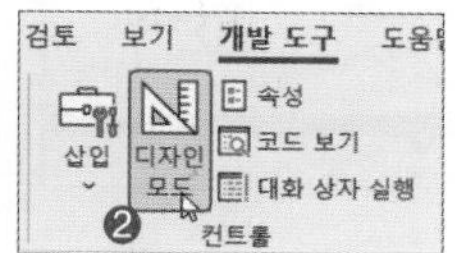


④ 〈사원입력〉 버튼을 클릭하여 화면에 〈신입사원입력〉 폼이 나타나는지 확인한다.

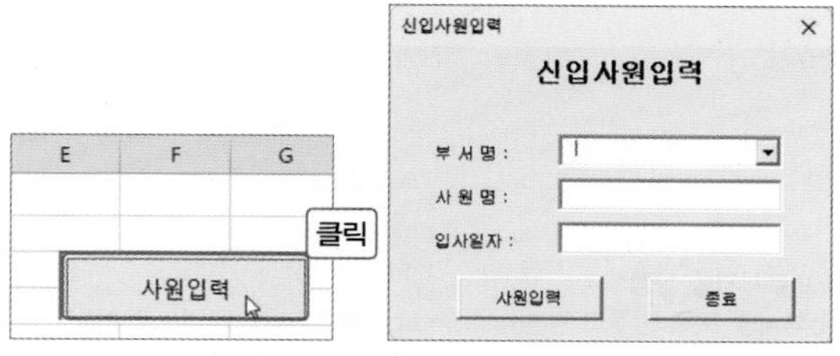


⑤ 〈신입사원입력〉 폼의 오른쪽 상단의 [닫기]를 클릭하여 폼을 닫는다.

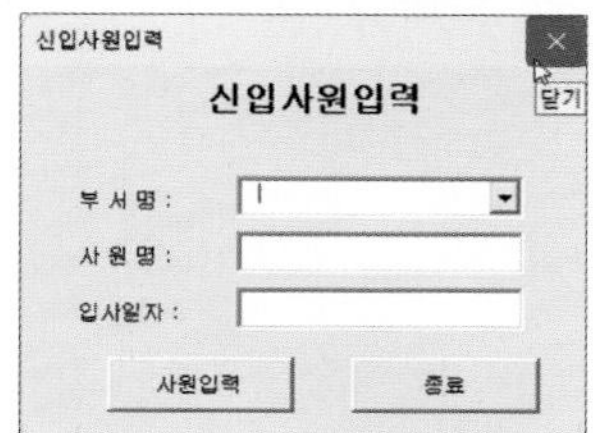


**기적의 TIP**

- [디자인 모드]가 눌려져 있는 상태로 편집 상태

- [디자인 모드]가 해제된 상태로 실행 가능한 상태

**기적의 TIP**

**코드를 실행할 때**

방법1. 엑셀 시트로 돌아가서 [디자인 모드]를 해제한 후 실행

방법2. VBE(비주얼베이직에디터) 창에서 [실행] 도구를 클릭하여 실행

**출제유형 ❷ 다음과 같은 작업을 수행하고 저장하시오.**

폼이 실행되면 목록 단추(cmb부서명)의 목록에 '사원현황' 시트의 [H3:H7]에 입력된 '부서명(총무부, 인사부, 영업부, 전산부, 관리부)'가 추가되도록 프로시저를 작성하시오.

① 엑셀에서 [개발 도구]-[코드] 그룹의 [Visual Basic]( )을 클릭한다.

② 화면 왼쪽의 [프로젝트-VBAProject] 탐색기에서 '폼'을 더블클릭하고, '신입사원입력'을 선택한 후 [코드 보기]( )를 클릭한다.

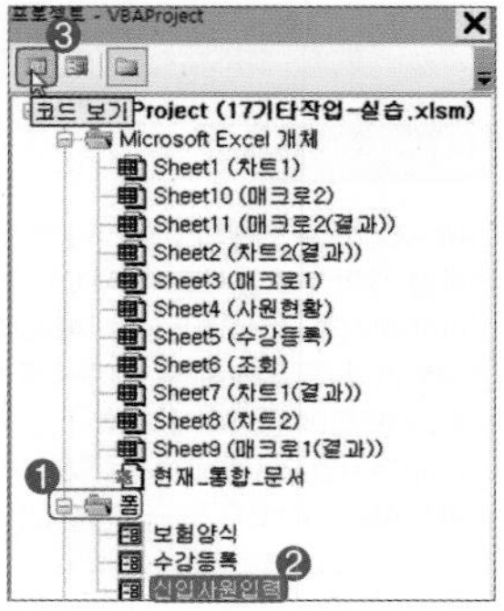


**기적의 TIP**

프로젝트 탐색기에 [폴더 설정/해제]가 해제되어 있으면 개체, 폼, 모듈로 분리되지 않고, 한꺼번에 표시되므로 '신입사원입력'을 바로 선택합니다.

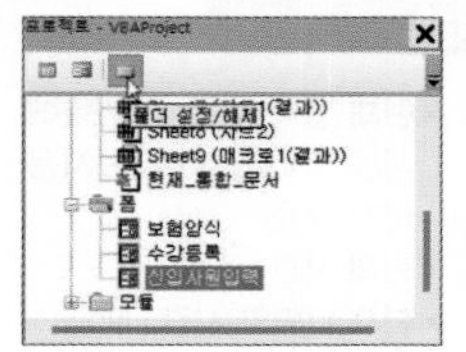

③ 코드 창에서 '개체 목록'은 'UserForm', '프로시저 목록'은 'initialize'를 선택한다.

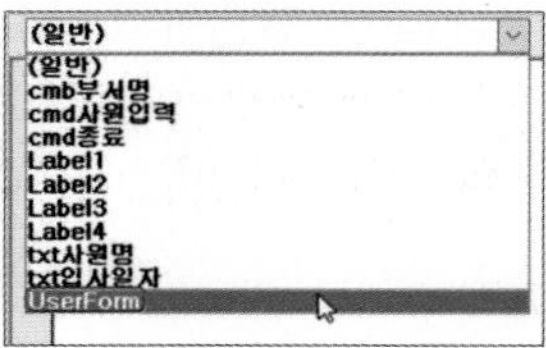


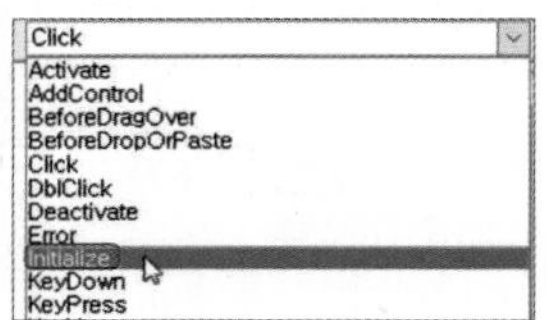


④ 코드 창에서 다음과 같이 입력한다.

> 🏳 기적의 TIP
>
> 「cmb부서명.ro」까지 입력한 후 [Tab] 또는 [Ctrl]+[Enter]를 누르면 'RowSource'를 입력할 수 있습니다.

```
Private Sub UserForm_Initialize()
    cmb부서명.RowSource = "H3:H7"
End Sub
```

**코드 설명**

① UserForm_Initialize() : 폼이 활성화 되면 프로시저를 실행
② cmb부서명.RowSource = "H3:H7" : 'cmb부서명' 목록 단추의 원본(RowSource)을 [H3:H7] 영역으로 지정

⑤ 결과를 확인하기 위해서 화면 왼쪽의 [보기 Microsoft Excel]을 클릭한다.

> 🏳 기적의 TIP
>
> '424' 런타임 오류가 발생하였습니다.
> 라는 오류 메시지는 오타가 있을 때 발생할 수 있습니다.
>
> 
> 
>
> 예) cmb부서명.RowSource => cmd부서명.RowSource

⑥ 〈사원입력〉 버튼을 클릭한 후 〈신입사원입력〉 폼에 '부서명'의 목록 단추(▼)를 클릭하여 목록이 나타나는지 확인한다.

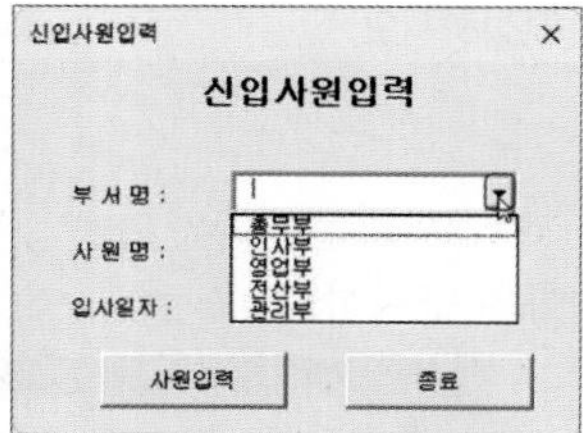


> 🏳 기적의 TIP
>
> RowSource 원본의 데이터가 현재 시트가 아닌 다른 시트의 영역일 때
> 예를 들어 'ABC' 시트의 [A1:C1] 영역으로 지정할 때에는
> cmb부서명.RowSource = "ABC!A1:C1"
> 시트명과 !을 입력한 후 셀 주소를 입력합니다.
> 단, 시트명에 공백이나 기호가 있을 때에는 작은 따옴표를 시트명 앞 뒤에 붙여서 입력합니다.
> cmb부서명.RowSource = "'시트이름'!참조주소"
> 예) "'AB C'!A1:C1", "'A–BC'!A1:C1"

> 🏳 기적의 TIP
>
> - **현재 날짜** : Date (VBE에서는 Today 함수를 사용하지 않음)
> - **현재 시간** : Time
> - **현재 날짜와 시간** : Now

⑦ 〈신입사원입력〉 폼의 오른쪽 상단의 [닫기]를 클릭하여 폼을 닫는다.

**출제유형 ❸ 다음과 같은 작업을 수행하고 저장하시오.**

폼이 실행되면 〈신입사원입력〉 폼의 '입사일자(txt입사일자)'에 현재 날짜가 표시되도록 프로시저를 작성하시오.

▸ 날짜는 Date 사용

① Alt+F11을 눌러 화면 왼쪽의 [프로젝트-VBAProject] 탐색기에서 '폼'을 더블클릭하고, '신입사원입력'을 선택한 후 [코드 보기]( )를 클릭한다.

② 코드 창에서 'Private Sub UserForm_Initialize()'에 다음의 내용을 추가한다.

```
Private Sub UserForm_Initialize()
    cmb부서명.RowSource = "H3:H7"
    txt입사일자 = Date
End Sub
```

**코드 설명**

① txt입사일자 = Date : txt입사일자 텍스트 상자에 Date 함수를 이용하여 오늘 날짜를 표시

③ 실행 결과를 확인하기 위해서 [보기 Microsoft Excel]을 클릭한 후 〈사원입력〉 버튼을 클릭하고 '입사일자'에 현재 날짜가 표시되는지 확인한다.

**기적의 TIP**

**날짜와 시간 형식 지정**

- **Format(Date, "yyyy-mm-dd aaa")** : 2025-03-01 토
- **Format(Date, "yyyy-mm-dd aaaa")** : 2025-03-01 토요일
- **Format(Date, "yyyy-mmm-dd ddd")** : 2025-Mar-01 Sat
- **Format(Date, "yyyy-mmmm-dd dddd")** : 2025-March-01 Saturday
- **Format(Time, "hh:nn:ss ampm")** : 09:05:55 오전(Format(Time, "hh:mm:ss ampm")도 가능
- **Format(Time, "hh:nn:ss am/pm")** : 09:05:55 am(Format(Time, "hh:mm:ss am/pm")도 가능

**기적의 TIP**

**cmb부서명에 셀을 참조하지 않고 직접 값을 입력할 때**

cmb부서명.AddItem "총무부"
cmb부서명.AddItem "인사부"
cmb부서명.AddItem "영업부"
으로 AddItem 메서드를 이용할 수 있습니다.
(단, 메서드 뒤에는 =이 들어가지 않고 한 칸의 스페이스를 띄어줍니다.)

**출제유형 ❹ '사원현황' 시트에서 아래 그림을 참조하여 다음과 같은 작업을 수행하고 저장하시오.**

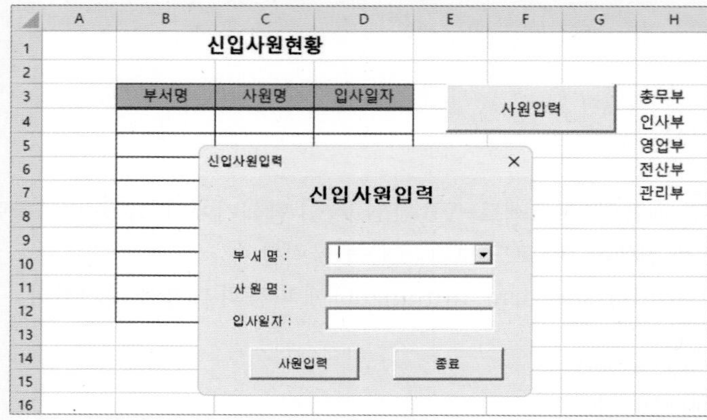


그림과 같이 사용자 정의 폼 <신입사원입력>의 '사원입력(cmd사원입력)' 버튼을 클릭하면 폼에 입력된 부서명(cmb부서명), 사원명(txt사원명), 입사일자(txt입사일자)의 데이터가 '사원현황'시트에 입력되어 있는 마지막 데이터 행에 연속해서 추가되도록 프로시저를 작성하시오.

▸ 자료는 [B3] 셀부터 입력되어 있음

※ 데이터를 추가하거나 삭제하여도 항상 마지막 데이터 다음에 입력되어야 함

① 엑셀에서 [개발 도구]–[코드] 그룹의 [Visual Basic]()을 클릭한 후, 화면 왼쪽의 [프로젝트–VBAProject] 탐색기에서 '폼'을 더블클릭하고 <신입사원입력>을 더블클릭하여 화면 오른쪽에 <신입사원입력> 폼이 보이면, <사원입력> 버튼을 더블클릭한다.

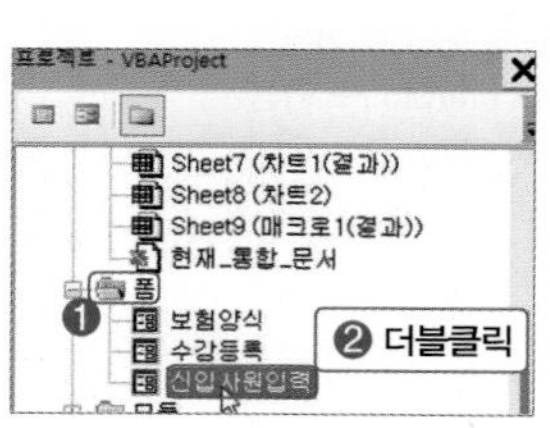


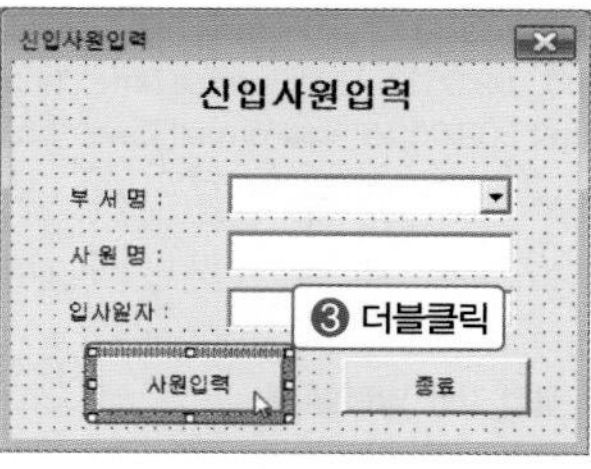


**기적의 TIP**

문제에서 컨트롤 이름이 제시되지 않았을 때에는
① 프로젝트에서 폼 선택(예 : 신입사원입력)
② 해당 컨트롤 선택(예 : 사원입력)
③ 속성 창에서 (이름) 확인(예 : cmd사원입력)

만약, 프로젝트와 속성 창이 표시되지 않았다면 [보기] 메뉴를 이용하여 표시할 수 있습니다.

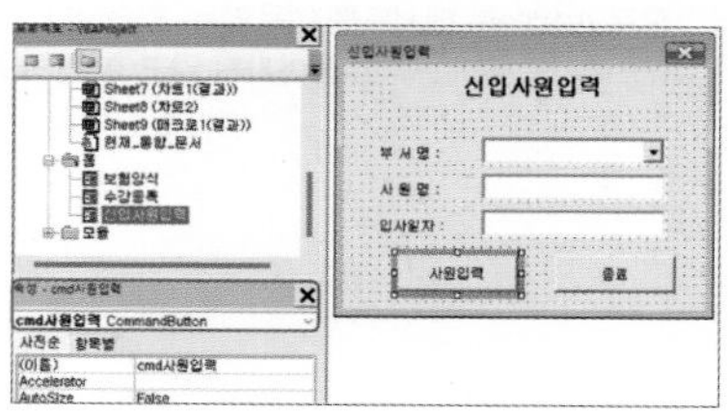

② 코드 창에서 다음과 같이 입력한다.

```
Private Sub cmd사원입력_Click()
  Dim i As Integer
  i = Range("B3").CurrentRegion.Rows.Count + 3
  Cells(i, 2) = cmb부서명
  Cells(i, 3) = txt사원명
  Cells(i, 4) = txt입사일자.Value
End Sub
```

**코드 설명**

① Dim i As Integer
→ 변수 선언(i 라는 변수를 정수형으로 사용). i는 행의 위치를 대신하는 변수로 사용자가 다른 변수(예로 '입력행', '행' 등)를 사용해도 됨(생략이 가능함)

② i = Range("B3").CurrentRegion.Rows.Count + 3
→ i는 [B3] 셀과 연결된 범위에 있는 데이터 범위의 행의 수에 '3'을 더해서 행의 위치로 반환
→ CurrentRegion : 지정된 셀과 연결된 범위를 말함
→ Rows : 범위의 행들을 의미
→ Count : 개수를 말함
→ +3 : [B3] 셀 위에 연결되지 않은 2행과 새롭게 데이터를 추가할 1행을 더해서 +3이 됨

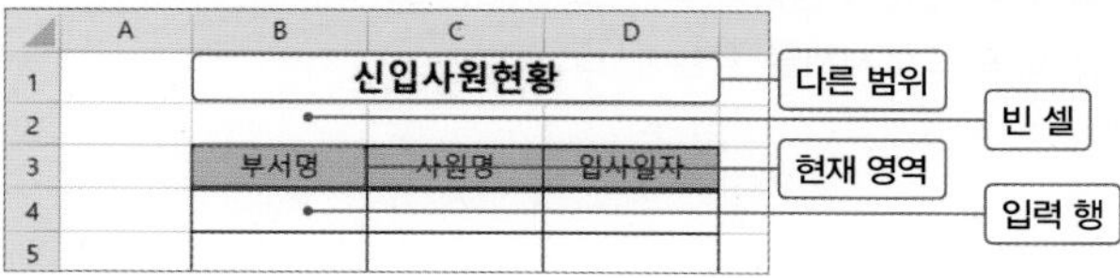


③ Cells(i, 2) = cmb부서명
Cells(i, 3) = txt사원명
Cells(i, 4) = txt입사일자.Value
→ 위에서 구한 행(i)과 2번째 B열(부서명), 3번째 C열(사원명), 4번째 D열(입사일자)에 각각 cmb부서명, txt사원명, txt입사일자 텍스트 상자에 입력된 값을 입력함

**기적의 TIP**

**1. 변수 이름**
i = Range("B3").CurrentRegion.Rows.Count + 3
입력행 = Range("B3").CurrentRegion.Rows.Count + 3
으로 i라는 변수 대신에 '입력행'으로 사용해도 됩니다. 변수는 사용자가 임의로 만들어서 사용할 수 있습니다.
(한글 변수를 사용하면 이해를 돕기에 좋은데, 입력할 때 '한글', '영문' 변환을 하면서 입력해야 하는 번거로움이 조금 있습니다.)

**2. [B3].Row 와 +3**
i = Range("B3").CurrentRegion.Rows.Count + 3
i = [B3].Row + [B3].CurrentRegion.Rows.Count
둘 다 동일한 결과 값을 반환합니다.
[B3].Row를 통해 3행의 값을 반환하여 +3과 같은 결과를 구합니다.
(사용자가 편하신 방법을 사용하시면 됩니다.)

③ 실행 결과를 확인하기 위해서 [보기 Microsoft Excel]을 클릭한 후 〈사원입력〉 버튼을 클릭하고 〈신입사원입력〉 폼에서 '부서명', '사원명'에 임의의 값을 넣은 후 〈사원입력〉 버튼을 클릭하여 '사원현황' 시트에 '신입사원현황' 표에 값이 입력되는지 확인한다.

**기적의 TIP**

**CurrentRegion**
CurrentRegion(현재 영역) 위에 빈 셀(행)이 있다면 다른 영역으로 분리된 것으로 간주합니다.

**기적의 TIP**

- Cells(행번호, 열번호)로 입력합니다.
- Cells(2, 3)은 [C2] 셀, Cells(4, 2)은 [B4] 셀, Cells(6, 1)은 [A6] 셀을 의미합니다.

**기적의 TIP**

- **Cells(4,3) = txt사원명**
  우변의 'txt사원명'의 값을 좌변의 [C4] 셀에 입력합니다.
- **txt사원명 = Cells(4,3)**
  우변의 [C4] 셀의 값을 좌변의 'txt사원명' 컨트롤에 표시합니다.

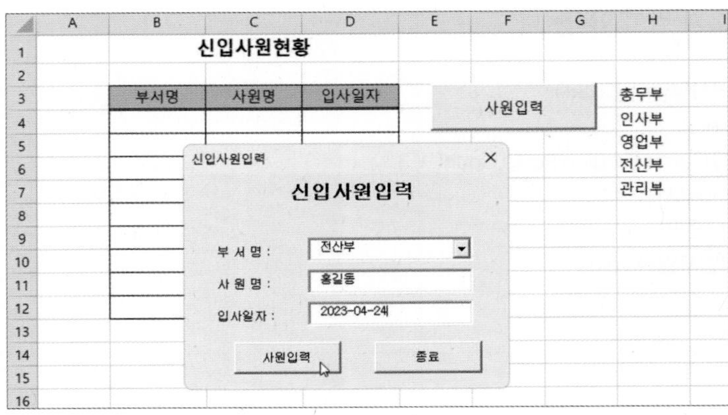


④ '신입사원입력' 폼의 오른쪽 상단의 [닫기]를 클릭하여 폼을 닫는다.

**24년 출제**

**<종료> 버튼을 클릭하면 현재 날짜와 시간을 이용하여 <그림>과 같은 메시지 박스를 표시하고, 폼을 화면과 메모리에서 사라지도록 프로시저를 작성하시오.**

```
Private Sub Cmd종료_Click()
    MsgBox Date & " 수고하셨습니다.", , Time
    Unload Me
End Sub
```

## 출제유형 ⑤ '사원현황' 시트에서 다음과 같은 작업을 수행하고 저장하시오.

'사원현황' 시트에서 사용자 정의 폼 〈신입사원입력〉의 '종료(cmd종료)' 버튼을 클릭하면 폼 화면이 화면과 메모리에서 사라지도록 프로시저를 작성하시오.

① 엑셀에서 [개발 도구]–[코드] 그룹의 [Visual Basic]()을 클릭한다.

② 화면 왼쪽의 [프로젝트–VBAProject] 탐색기에서 '폼'을 더블클릭하고 〈신입사원입력〉을 더블클릭하여 화면 오른쪽에 〈신입사원입력〉 폼이 보이면, 〈종료〉 버튼을 더블클릭한다.

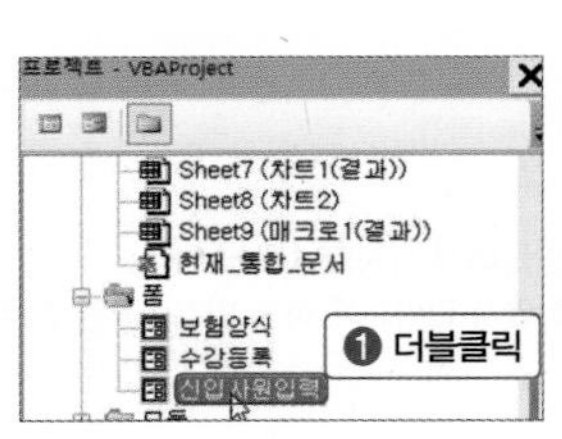


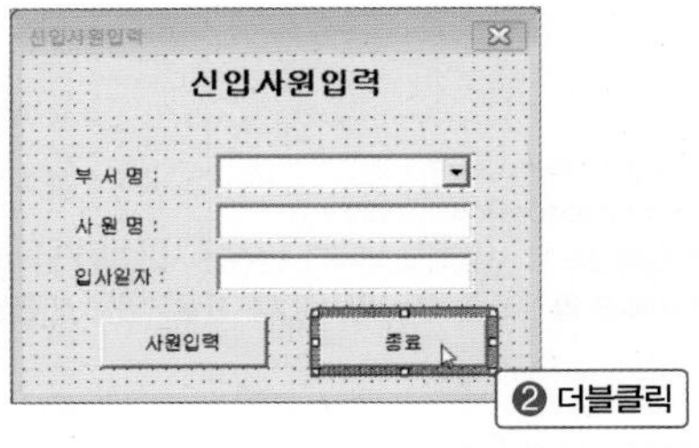


③ 아래와 같이 입력한다.

```
Private Sub cmd종료_Click()
    Unload Me
End Sub
```

**코드 설명**

① cmd종료_Click() : 'cmd종료' 버튼을 클릭했을 때 수행해야 할 작업 기술
② Unload Me : 현재 폼을 화면과 메모리에서 제거

**기적의 TIP**

me : 현재의 개체를 의미합니다. ('신입사원입력' 폼의 개체를 말합니다.)

④ 실행 결과를 확인하기 위해서 [보기 Microsoft Excel]을 클릭한 후 〈사원입력〉 버튼을 클릭하고 〈신입사원입력〉 폼에서 〈종료〉 버튼을 클릭하여 〈신입사원입력〉 폼이 사라지는지 확인한다.

**출제유형 ❻ '사원현황' 시트에서 다음과 같은 작업을 수행하고 저장하시오.**

'사원현황' 시트에서 셀의 데이터가 변경(Change)되면 해당 셀의 글꼴이 '바탕체', '굵게' 변경되도록 이벤트 프로시저를 작성하시오.

① 엑셀에서 [개발 도구]–[코드] 그룹의 [Visual Basic](▣)을 클릭한 후, 화면 왼쪽의 [프로젝트–VBAProject] 탐색기에서 'Sheet4(사원현황)'을 더블클릭한다.

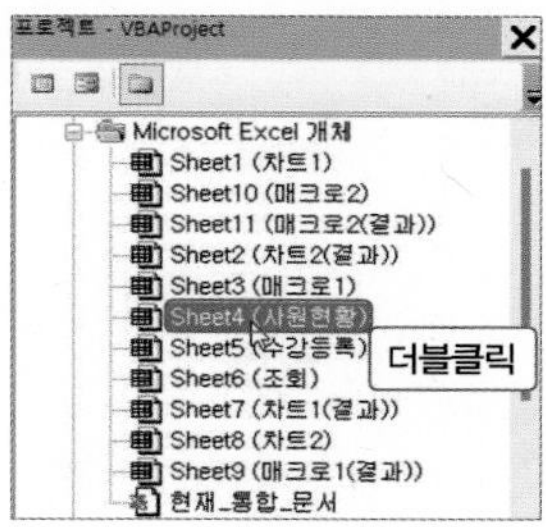


② '개체 목록'은 'Worksheet', '프로시저 목록'은 'Change'를 선택한다.

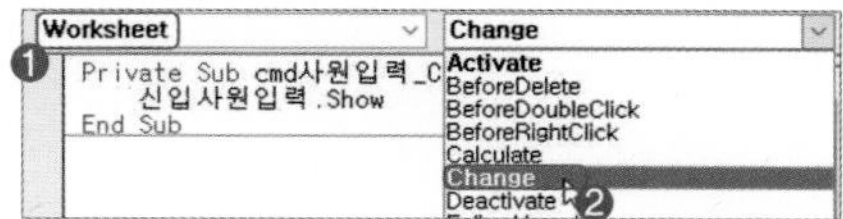


③ 코드 창에서 다음과 같이 입력한다.

```
Private Sub Worksheet_Change(ByVal Target As Range)
    With Target
        .Font.Name = "바탕체"
        .Font.Bold = True
    End With
End Sub
```

**코드 설명**

① Worksheet_Change(ByVal Target As Range) : 워크시트에 데이터가 변경되었을 때를 의미
② With ~ End With : Target의 반복을 줄여줌
③ .Font.Name = "바탕체" : 변경된 범위의 글꼴은 '바탕체'로 수정
④ .Font.Bold = True : 변경된 범위의 글꼴 스타일은 '굵게'로 수정

④ 실행 결과를 확인하기 위해서 [보기 Microsoft Excel]을 클릭한 후 '사원현황' 시트에 임의의 값을 입력하여 글꼴이 '바탕체', '굵게' 변경되는지 확인한다.

**기적의 TIP**

**굵게** : [A1].Font.Bold = True
**굵은 기울임꼴** :
[A1].Font.Bold = True
[A1].Font.Italic = True
**밑줄** : [A1].Font.Underline = True
**글꼴 변경** : [A1].Font.Name = "글꼴 이름"
**글꼴 색** :
[A1].Font.Color = VbRed
[A1].Font.Color = RGB(255, 0,0)
(예 : 빨강색 글꼴)

**기적의 TIP**

[A1] 셀에 서식을 적용한다면
- **기울임꼴** : [A1].Font.Italic = True
- **글꼴 크기** : [A1].Font.Size = 숫자

**기적의 TIP**

Target은 대상을 의미하는 것으로 바뀌는 대상을 말합니다.

**기적의 TIP**

With ~ End With를 사용하지 않고, 아래와 같이 입력해도 됩니다.

```
Target.Font.Name = "바탕체"
Target.Font.Bold = True
```

**기적의 TIP**

With는 반복되는 컨트롤 이름(Target)을 생략할 때 사용합니다.

**출제유형 ⑦ '사원현황' 시트가 활성화(Activate)되면 [H2] 셀에 '부서명'이 입력되도록 프로시저를 작성하시오.**

① 엑셀에서 [개발 도구]–[코드] 그룹의 [Visual Basic]( )을 클릭한 후, Sheet4(사원현황)를 더블클릭하고, '개체 목록'은 'Worksheet', '프로시저 목록'은 'Activate'를 선택한다.

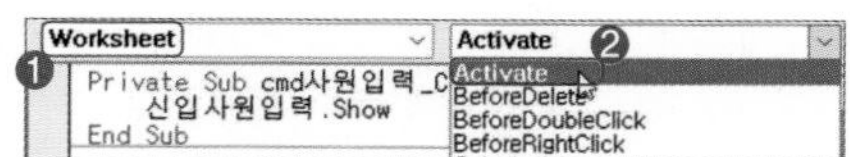


② 코드 창에서 다음과 같이 입력한다.

```
Private Sub Worksheet_Activate()
    [H2] = "부서명"
End Sub
```

**코드 설명**

① Worksheet_Activate() : 워크시트를 활성화
② [H2] = "부서명" : [H2] 셀에 "부서명" 문자열을 입력

**기적의 TIP**

[H2] = "부서명" 대신에 Cells(2, 8) = "부서명"을 입력해도 됩니다.

**기적의 TIP**

프로시저 적용이 정확히 테스트되지 않는다면, 저장 후 파일을 다시 열어서 작업해 보세요.

③ [Microsoft Visual Basic] 창에서 오른쪽 상단에서 [닫기]를 클릭한다.
④ 엑셀에서 다른 시트를 클릭한 후 '사원현황' 시트를 다시 클릭하면 [H2] 셀에 **부서명**이 입력되었는지 확인한다.

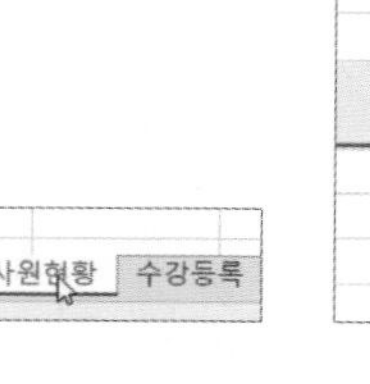


| G | H | I |
|---|---|---|
| | | |
| | 부서명 | |
| | 총무부 | |
| | 인사부 | |
| | 영업부 | |
| | 전산부 | |
| | 관리부 | |

## 출제유형 8 '수강등록' 시트에서 다음과 같은 작업을 수행하고 저장하시오.

[표1]

| 접수자 | 수강개월 | 접수코드 | 과목 | 과목강사 | 수강료 |
|---|---|---|---|---|---|
| | | | | | |

수강등록

수강등록

접수코드선택

접 수 자

수 강 개 월 1 개월

등록 종료

| 접수코드 | |
|---|---|
| A100 | 국어 |
| A200 | 고전 |
| B100 | 국사 |
| B200 | 현대사 |
| C100 | 영어 |
| C200 | 문법 |
| D100 | 수학 |
| D200 | 과탐 |
| E300 | 사탐 |

[참조표]

| 접수코드 | 과목 | 과목강사 | 월수강료 |
|---|---|---|---|
| A100 | 국어 | 신동길 | 100,000 |
| A200 | 고전 | 김솔유 | 110,000 |
| B100 | 국사 | 고두심 | 100,000 |
| B200 | 현대사 | 노현정 | 100,000 |
| C100 | 영어 | 조예슬 | 120,000 |
| C200 | 문법 | 박종훈 | 120,000 |
| D100 | 수학 | 정솔희 | 110,000 |
| D200 | 과탐 | 김태희 | 100,000 |
| E300 | 사탐 | 유인촌 | 100,000 |

▲ '수강등록' 시트

접수코드(C접수코드)를 선택하고 접수자(t접수자), 수강개월(t수강개월) 입력 후 등록(C등록) 버튼을 클릭하면 폼에 입력된 데이터가 [표1]에 입력되어 있는 마지막 행 다음에 연속해서 추가 입력되도록 작성하시오. ('폼의 등록버튼 클릭 후 추가될 프로시저 작성' 아래에 작성하시오.)

- 수강료 = 수강개월 × 월수강료
- 폼에서 선택된 접수코드(C접수코드)에 해당하는 과목, 과목강사, 월수강료는 [참조표]에서 찾아 [표1]의 과목, 과목강사, 수강료에 표시하시오. (ListIndex 속성을 이용)
- 워크시트에 데이터를 입력할 때 표의 제목 행과 입력 내용이 일치하도록 작성하시오.

※ 데이터를 추가하거나 삭제하여도 항상 마지막 데이터 다음에 입력되어야 함

① Alt + F11을 누른다.

② [프로젝트 – VBAProject] 탐색기에서 '폼'의 〈수강등록〉을 더블클릭하여 [등록]을 더블클릭한다. 코드창이 나타나면 다음과 같이 입력한다.

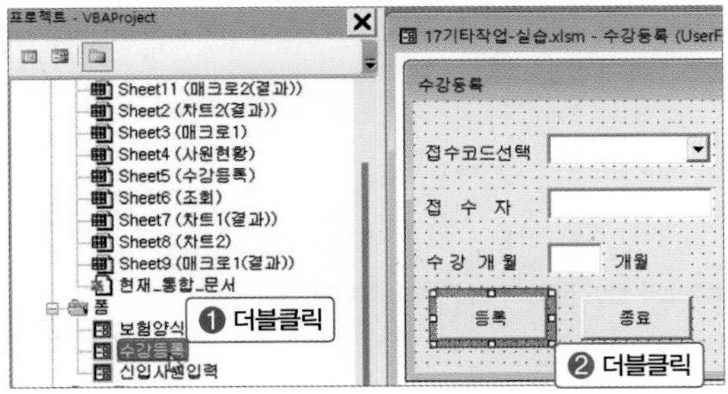

```
iRow = C접수코드.ListIndex + 7
i = Range("A2").CurrentRegion.Rows.Count + 1
  Cells(i, 1) = t접수자
  Cells(i, 2) = t수강개월.Value
  Cells(i, 3) = C접수코드
  Cells(i, 4) = Cells(iRow, 9)
  Cells(i, 5) = Cells(iRow, 10)
  Cells(i, 6) = Cells(i, 2) * Cells(iRow, 11).Value
```

**기적의 TIP**

- ListIndex는 목록에서 선택한 항목을 숫자로 변환해 줍니다.
- 첫 번째 값을 선택하면 0, 두 번째 값을 선택하면 1, ...으로 반환됩니다.

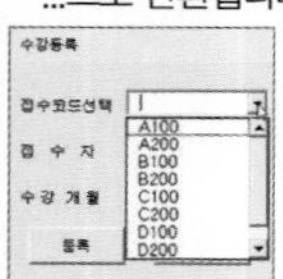

- A100을 선택하면 7번째 행에서 데이터를 찾아야하기 때문에 +7을 합니다.

|  | H | I | J | K |
|---|---|---|---|---|
| 5 | [참조표] | | | |
| 6 | 접수코드 | 과목 | 과목강사 | 월수강료 |
| 7 | A100 | 국어 | 신동길 | 100,000 |
| 8 | A200 | 고전 | 김솔유 | 110,000 |
| 9 | B100 | 국사 | 고두심 | 100,000 |
| 10 | B200 | 현대사 | 노현정 | 100,000 |
| 11 | C100 | 영어 | 조예슬 | 120,000 |
| 12 | C200 | 문법 | 박종훈 | 120,000 |
| 13 | D100 | 수학 | 정솔희 | 110,000 |
| 14 | D200 | 과탐 | 김태희 | 100,000 |
| 15 | E300 | 사탐 | 유인촌 | 100,000 |

**코드 설명**

① iRow = C접수코드.ListIndex + 7
→ iRow는 참조표[H6:K15] 영역에서 찾아올 행 위치를 기억할 변수
→ 'C접수코드' 콤보상자에서 선택한 값의 위치 값에 7을 더한 값을 이용
→ 'C접수코드' 콤보상자에서 'A100'을 선택하면 '0', 'A200'을 선택하면 '1', 'B100'을 선택하면 '2'... 로 Listindex를 통해 값이 반환된다.
→ Listindex 의 반환된 값에 +7을 해서 참조표의 행의 위치를 구함
② i = Range("A2").CurrentRegion.Rows.Count + 1
→ i는 [A2] 셀과 연결된 범위에 있는 데이터 범위 행의 수에, [A2] 셀 위의 비어 있는 행이 없어서 새롭게 입력할 '1 행'을 더해서 +1을 해서 행의 위치를 계산하여 반환
③ Cells(i, 4) = Cells(iRow, 9)
→ 과목(D열)은 참조표의 iRow를 통해 구한 행 위치의 9열(과목)에 있는 값을 입력

③ 실행 결과를 확인하기 위해서 [보기 Microsoft Excel]을 클릭한 후 〈수강등록〉 버튼을 클릭하고, '접수코드선택'을 선택한 후 접수자, 수강개월을 입력한 후 [등록]을 클릭하여 확인한다.

④ '수강등록' 폼의 [종료]을 클릭하여 폼을 닫는다.

**기적의 TIP**

값을 숫자 형식으로 입력받아 계산하고자 할 때(셀에 오른쪽 정렬)
Val(t수강개월) 또는 t수강개월.Value 로 작성합니다.

**기적의 TIP**

i = Range("A2").CurrentRegion.Rows.Count +1
을
i = [A1].Row + [A1].CurrentRegion.Rows.Count
으로 작성해도 됩니다.

**둘의 차이점**

Range("A2")로 작성하는 경우에는 「.cu」를 입력하면 목록에서 선택하여 입력할 수 있는 장점이 있는 반면 연결되지 않은 행의 개수와 새롭게 입력할 개수를 직접 카운트해서 더해주어야 합니다.

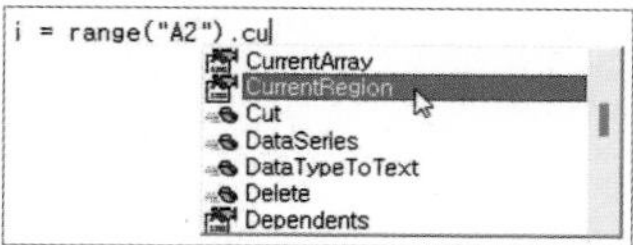


[A1]로 작성할 경우 CurrentRegion.Rows.Count를 오타 없이 정확하게 입력해야 합니다.

**출제유형 ⑨ '조회' 시트에서 다음과 같은 작업을 수행하도록 프로시저를 작성하시오.**

| | A | B | C | D | E | F | G |
|---|---|---|---|---|---|---|---|
| 1 | | | | | | | |
| 2 | 보험종류 | 월납부액 | 납부총액 | 이자총액 | | 보험조회 | |
| 3 | 건강저축보험 | 785,720 | 28,285,904 | 1,714,096 | | | |
| 4 | 주 | | | | | | |
| 5 | 목 | | | | | | |
| 6 | 연 | | | | | | |
| 7 | 무지 | | | | | | |

보험양식: 보험종류 / 월 납 액 / 납부총액 / 이자총액 / 조회 / 종료

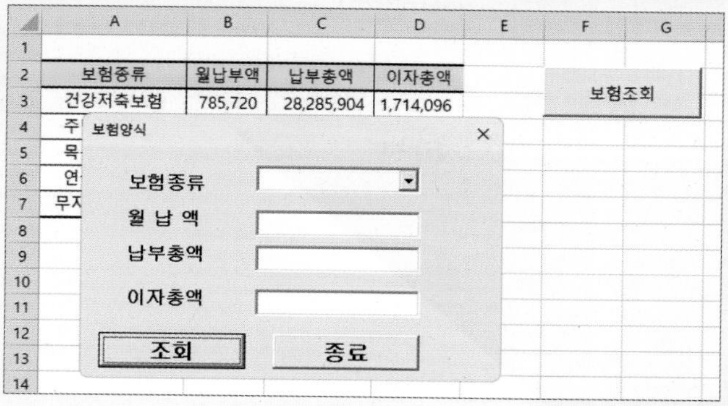

◀ '조회' 시트

'보험종류(Cmb종류)' 컨트롤에서 조회할 보험종류를 선택한 후 '조회(cmd조회)' 단추를 클릭하면 월납부액(Txt월납액), 납부총액(Txt납부총액), 이자총액(Txt이자총액)에 해당하는 자료를 폼에 표시하는 프로시저를 작성하시오. (ListIndex 속성을 이용)

① Alt + F11을 누른다.

② [프로젝트 – VBAProject] 탐색기에서 '폼'의 〈보험양식〉을 더블클릭하여 [조회]을 더블클릭한다. 코드창이 나타나면 다음과 같이 입력한다.

```
iRow = Cmb종류.ListIndex + 3
Txt월납액 = Cells(iRow, 2)
Txt납부총액 = Cells(iRow, 3)
Txt이자총액 = Cells(iRow, 4)
```

**코드 설명**

① iRow = Cmb종류.Listindex + 3
→ iRow는 참조표[A2:D7] 영역에서 찾아올 행 위치를 기억할 변수
→ 'Cmb종류' 콤보상자에서 선택한 값의 위치 값에 3을 더한 값을 이용
→ 'Cmb종류' 콤보상자에서 '건강저축보험'을 선택하면 '0', '주택저축보험'을 선택하면 '1', ...로 Listindex를 통해 값이 반환된다.
→ Listindex의 반환된 값에 +3을 해서 참조표의 행의 위치를 구함

② Txt월납액 = Cells(iRow,2)
→ 'Txt월납액'에 iRow를 통해 구한 행 위치에 2번째 열(B)의 값을 표시한다.

③ 실행 결과를 확인하기 위해서 [보기 Microsoft Excel]을 클릭한 후 〈보험조회〉 버튼을 클릭하고, '보험종류'를 선택한 후 [조회]을 클릭하여 확인한다.

④ '보험양식' 폼의 [종료]을 클릭하여 폼을 닫는다.

PART

# 02

# 스프레드시트 대표 기출 따라하기

# 대표 기출 따라하기

| 시험 시간 | 풀이 시간 | 합격 점수 | 내 점수 |
|---|---|---|---|
| 45분 | 분 | 70점 | 점 |

작업파일 [2025컴활1급₩1권_스프레드시트₩대표기출따라하기] 폴더의 '대표기출따라하기' 파일을 열어서 작업하시오.

| 프로그램명 | 제한시간 |
|---|---|
| EXCEL | 45분 |

수험번호 :

성　　명 :

## 유의사항

- 인적 사항 누락 및 잘못 작성으로 인한 불이익은 수험자 책임으로 합니다.
- 화면에 암호 입력창이 나타나면 아래의 암호를 입력하여야 합니다.
  - ○ 암호: 6845%3
- 작성된 답안은 주어진 경로 및 파일명을 변경하지 마시고 그대로 저장해야 합니다. 이를 준수하지 않으면 실격 처리됩니다.
  답안 파일명의 예: C:₩OA₩수험번호8자리.xlsm
- 외부데이터 위치: C:₩OA₩파일명
- 별도의 지시사항이 없는 경우, 다음과 같이 처리 시 실격 처리됩니다.
  - ○ 제시된 시트 및 개체의 순서나 이름을 임의로 변경한 경우
  - ○ 제시된 시트 및 개체를 임의로 추가 또는 삭제한 경우
  - ○ 외부데이터를 시험 시작 전에 열어본 경우
- 답안은 반드시 문제에서 지시 또는 요구한 셀에 입력하여야 하며 다음과 같이 처리 시 채점 대상에서 제외됩니다.
  - ○ 제시된 함수가 있을 경우 제시된 함수만을 사용하여야 하며 그 외 함수사용시 채점대상에서 제외
  - ○ 수험자가 임의로 지시하지 않은 셀의 이동, 수정, 삭제, 변경 등으로 인해 셀의 위치 및 내용이 변경된 경우 해당 작업에 영향을 미치는 관련문제 모두 채점 대상에서 제외
  - ○ 도형 및 차트의 개체가 중첩되어 있거나 동일한 계산결과 시트가 복수로 존재할 경우 해당 개체나 시트는 채점 대상에서 제외
- 수식 작성 시 제시된 문제 파일의 데이터는 변경 가능한(가변적) 데이터임을 감안하여 문제 풀이를 하시오.
- 별도의 지시사항이 없는 경우, 주어진 각 시트 및 개체의 설정값 또는 기본 설정값 (Default)으로 처리하시오.
- 저장 시간은 별도로 주어지지 않으므로 제한된 시간 내에 저장을 완료해야 하며, 제한 시간 내에 저장이 되지 않은 경우에는 실격 처리됩니다.
- 출제된 문제의 용어는 MS Office LTSC Professional Plus 2021 기준으로 작성되어 있습니다.

대한상공회의소

## 문제 ❶ 기본작업 | 주어진 시트에서 다음 과정을 수행하고 저장하시오. 15점

**01 '기본작업-1' 시트에서 다음과 같이 고급필터를 수행하시오. (5점)**

▶ [B2:L18] 영역에서 '업무'가 관리가 아니고, '월평균임금'이 평균을 초과하고, 임금근로자수가 100 미만인 행을 분류, 종사자수, 월평균임금, 평균연령, 평균경력 열만 순서대로 표시하시오.

▶ 조건은 [B21:B22] 영역 내에 알맞게 입력하시오. (AND, AVERAGE 함수 사용)

▶ 결과는 [B24] 셀부터 표시하시오.

**02 '기본작업-1' 시트의 [B3:L18] 영역에 대해 다음과 같이 조건부 서식을 설정하시오. (5점)**

▶ [B3:L18] 영역에 대해서 평균연령, 여성비율이 각각 가장 큰 값, 가장 작은 값에 해당하는 행 전체에 대해서 글꼴 스타일은 '굵게', 글꼴 색은 '표준 색 – 빨강'으로 적용하시오.

▶ 단, 규칙 유형은 '수식을 사용하여 서식을 지정할 셀 결정'을 사용하고, 한 개의 규칙으로만 작성하시오. (OR, MAX, MIN 함수 사용)

**03 '기본작업-2' 시트에서 다음과 같이 페이지 레이아웃을 설정하시오. (5점)**

▶ 인쇄될 내용이 페이지의 정 가운데에 인쇄되도록 페이지 가운데 맞춤을 설정하시오.

▶ 매 페이지 하단의 가운데 구역에는 페이지 번호가 [표시 예]와 같이 표시되도록 바닥글을 설정하시오.
[표시 예 : 현재 페이지 번호가 1이고 전체 페이지 번호가 3인 경우 → 1 / 3]

▶ [B2:J36] 영역을 인쇄 영역으로 설정하고, [G2] 셀 가격부터 페이지 나누기 삽입하여 다음 페이지 인쇄하도록 설정하면서 B열이 매 페이지마다 반복하여 인쇄되도록 인쇄 제목을 설정하시오.

## 문제 ❷ 계산작업 | 주어진 시트에서 다음 과정을 수행하고 저장하시오. 30점

**01 [표1]의 학과, 중간고사, 기말고사를 이용하여 [표2]의 [M7:N9] 영역에 학과별 중간고사, 기말고사의 평균을 계산하시오. (6점)**

▶ 산출된 평균을 소수 둘째자리에서 올림하여 소수 첫째자리까지 표시 [표시 예 : 81.1828 → 81.2]

▶ AVERAGEIF와 ROUNDUP 함수 사용

**02 [표1]의 출석을 이용하여 [표3]의 출석수별로 학생수[M15:M20]를 계산하시오. (6점)**

▶ 산출된 학생수는 숫자 뒤에 '명'을 추가하여 표시 [표시 예 : 5명]

▶ TEXT와 FREQUENCY 함수 사용, 단 TEXT 함수의 서식 문자열은 '#'을 사용

**03 [표1]의 성명, 학과, 중간고사를 이용하여 학과별 중간고사의 점수가 가장 높은 학생의 이름을 [표4]의 [M26:M28] 영역에 표시하시오. (6점)**

▶ INDEX, MATCH, MAX, IF 함수를 이용한 배열 수식 사용

**04 사용자 정의 함수 'fn총점'을 작성하여 점수[I4:I43]를 계산하시오. (6점)**

▶ 'fn총점'은 출석, 과제, 중간고사, 기말고사를 인수로 받아 총점을 계산하는 함수임

▶ 총점 = 출석 + 과제 + 중간고사 × 0.3 + 기말고사 × 0.3 으로 계산하되 출석, 중간고사, 기말고사 중에 하나라도 0이면 총점은 0으로 하시오.

```
Public Function fn총점(출석, 과제, 중간고사, 기말고사)
End Function
```

**05 [표5]에서 학기별 총점에 따른 등급을 [표6]에서 찾아 [I49:I54] 영역에 표시하시오. (6점)**

▶ 학기별 총점은 [표5]의 학점[D48:H48]과 각 학기별 점수를 곱한 값의 합임

▶ VLOOKUP, SUMPRODUCT 함수 사용

## 문제 ❸ 분석작업 | 주어진 시트에서 다음 작업을 수행하고 저장하시오. 20점

**01 '분석작업-1' 시트에서 다음의 지시사항에 따라 피벗 테이블 보고서를 작성하시오. (10점)**

▶ 외부 데이터 가져오기 기능을 사용하여 〈편의점.accdb〉의 〈주문내역〉 테이블의 '주문일자', '거래구분', '가격', '포인트' 열을 이용하시오.

▶ 피벗 테이블 보고서의 레이아웃과 위치는 〈그림〉을 참조하여 설정하고, 보고서 레이아웃을 개요 형식으로 표시하시오.

▶ '주문일자' 필드는 그룹을 '일' 단위 10으로 설정하시오.

▶ '가격비율' 필드는 추가된 계산필드로서, '가격'을 '열 합계 비율'로 지정한 것임

▶ 피벗 테이블 스타일은 '흰색, 피벗 스타일 밝게 11'로 설정하시오.

| | A | B | C | D | E | F | G |
|---|---|---|---|---|---|---|---|
| 1 | | | | | | | |
| 2 | | 주문일자 | 거래구분 | 합계 : 가격 | 합계 : 포인트 | 합계 : 가격비율 | |
| 3 | | ⊟2025-01-01 - 2025-01-10 | | 18980 | 197 | 7.03% | |
| 4 | | | 카드 | 2480 | 32 | 0.92% | |
| 5 | | | 현금 | 16500 | 165 | 6.11% | |
| 6 | | ⊟2025-01-11 - 2025-01-20 | | 230200 | 22 | 85.30% | |
| 7 | | | 카드 | 60000 | 60 | 22.23% | |
| 8 | | | 쿠폰 | 10000 | 0 | 3.71% | |
| 9 | | | 포인트 | 0 | -200 | 0.00% | |
| 10 | | | 현금 | 160200 | 162 | 59.36% | |
| 11 | | ⊟2025-01-21 - 2025-01-27 | | 20700 | 117 | 7.67% | |
| 12 | | | 카드 | 20700 | 117 | 7.67% | |
| 13 | | | 현금 | 0 | 0 | 0.00% | |
| 14 | | 총합계 | | 269880 | 336 | 100.00% | |
| 15 | | | | | | | |

※ 작업 완성된 그림이며 부분점수 없음

**02** **'분석작업-2' 시트에 대하여 다음의 지시사항을 처리하시오. (10점)**

▶ [C3:D41] 영역에는 데이터 유효성 검사 도구를 이용하여 06:00부터 23:50까지의 시간만 입력되도록 제한 대상을 설정하시오.

▶ [C3:D41] 영역의 셀을 클릭한 경우 〈그림〉과 같은 설명 메시지(제목 : 입력시간범위, 설명 메시지 : 06시~23시50분)을 표시하고, 유효하지 않은 데이터를 입력한 경우 〈그림〉과 같은 오류 메시지가 표시되도록 설정하시오.

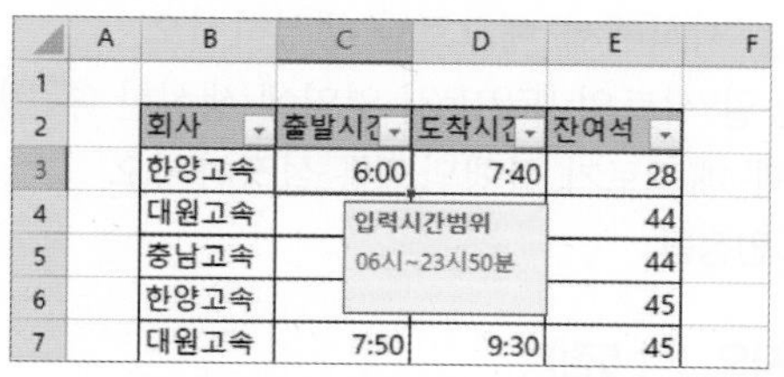

▶ 자동 필터를 이용하여 '출발시간'이 09:00 이후부터 11:00 이전인 경우의 데이터 행만 표시되도록 숫자 필터를 설정하시오.

## 문제 ❹ 기타작업 | 주어진 시트에서 다음 작업을 수행하고 저장하시오. 35점

**01** **'기타작업-1' 시트에서 다음의 지시사항에 따라 차트를 수정하시오. (각 2점)**

※ 차트는 반드시 문제에서 제공한 차트를 사용하여야 하며, 신규로 차트 작성 시 0점 처리됨

① '평균온도' 데이터 계열만 차트 종류를 '표식이 있는 꺾은선형'으로 변경하고, 데이터 레이블을 '값'으로 설정하시오.

② 차트 제목은 그림과 같이 표시되도록 하고, 범례는 서식을 이용하여 '아래쪽'으로 배치하시오.

③ '지면' 데이터 계열의 '계열 겹치기'를 '90%'로 설정하시오.

④ 세로 (값) 축의 최대값을 '5', 최소값을 '-6', 기본 단위를 '1'로 설정하시오.

⑤ 차트 영역의 테두리 스타일은 '둥근 모서리'를 설정하시오.

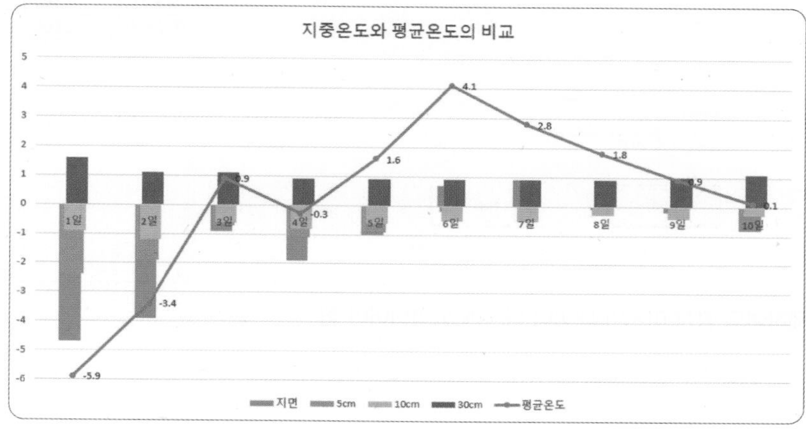

## 02 '기타작업-2' 시트에서 다음과 같은 기능을 수행하는 매크로를 현재 통합문서에 작성하시오. (각 5점)

① [E6:H36] 영역에 대하여 사용자 지정 표시 형식을 설정하는 '서식적용' 매크로를 생성하시오.

▶ 셀 값이 1과 같은 경우 빨강색 정수로 표시, 셀 값이 0과 같은 경우 파랑색 정수로 표시, 나머지는 천 단위 구분 기호로 표시

▶ [개발 도구]-[삽입]-[양식 컨트롤]의 '단추(▭)'를 동일 시트의 [B2:C3] 영역에 생성한 후 텍스트를 '서식적용'으로 입력하고, 단추를 클릭하면 '서식적용' 매크로가 실행되도록 설정하시오.

② [E6:H36] 영역에 대하여 표시 형식을 '회계'로 적용하는 '서식해제' 매크로를 생성하시오.

▶ [개발 도구]-[삽입]-[양식 컨트롤]의 '단추(▭)'를 동일 시트의 [E2:F3] 영역에 생성한 후 텍스트를 '서식해제'로 입력하고, 단추를 클릭하면 '서식해제' 매크로가 실행되도록 설정하시오.

※ 셀 포인터의 위치에 관계없이 매크로가 실행되야 정답으로 인정됨

## 03 '기타작업-3' 시트에서 다음과 같은 작업을 수행하고 저장하시오. (각 5점)

① '중고차입력' 버튼을 클릭하면 〈중고차입력화면〉 폼이 나타나도록 프로시저를 작성하시오.

② 폼이 초기화되면(Initialize) 모델(Cmb모델) 목록에 [K4:L8] 영역의 값이 설정되고, 등록일(Text등록일)에는 현재날짜의 년도가 표시되도록 프로시저를 작성하시오.

▶ 등록일은 Year, Date 함수 사용

③ 〈중고차입력화면〉 폼의 입력(Cmd입력) 버튼을 클릭하면 폼에 입력된 모델(Cmb모델), 년식(Text년식), 등록인(Text등록인), 등록일(Text등록일)과 신차량가격과 감가차량가격을 계산하여 [표1]에 입력되도록 프로시저를 작성하시오.

▶ 감가차량가격 = 신차량가격 × 0.8 ^ (등록일 - 년식) 으로 계산하시오.

▶ 단, 년식을 입력하지 않았거나, 등록일이 년식보다 작으면 감가차량가격에 '등록오류'로 입력하시오.

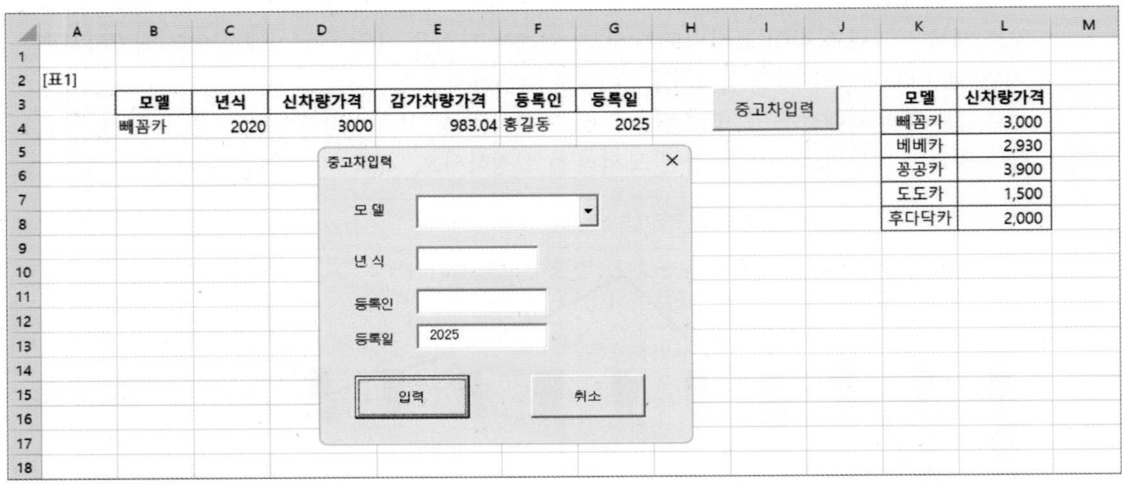


※ 데이터를 추가하거나 삭제하여도 항상 마지막 데이터 다음에 입력되어야 함

# 대표 기출 따라하기 정답

## 문제 ❶ 기본작업

### 01 고급 필터

B22 =AND(C3<>"관리",E3>AVERAGE($E$3:$E$18),L3<100)

| | A | B | C | D | E | F | G | H |
|---|---|---|---|---|---|---|---|---|
| 20 | | | | | | | | |
| 21 | | 조건 | | | | | | |
| 22 | | FALSE | | | | | | |
| 23 | | | | | | | | |
| 24 | | 분류 | 종사자수 | 월평균임금 | 평균연령 | 평균경력 | | |
| 25 | | 시스템SW개발자 | 8,130 | 261 | 33.6 | 6.5 | | |
| 26 | | 웹개발자 | 15,887 | 250 | 29.6 | 4.1 | | |
| 27 | | 통신공학기술자 | 31,080 | 279.8 | 36 | 8.4 | | |
| 28 | | | | | | | | |

### 02 조건부 서식

| | A | B | C | D | E | F | G | H | I | J | K | L | M |
|---|---|---|---|---|---|---|---|---|---|---|---|---|---|
| 1 | | | | | | | | | | | | | |
| 2 | | 분류 | 업무 | 종사자수 | 월평균임금 | 평균학력 | 평균연령 | 평균근속년수 | 평균경력 | 주당작업시간 | 여성비율 | 임금근로자수 | |
| 3 | | 시스템설계/분석 | 관리 | 4,829 | 347.1 | 16.6 | 35.3 | 6.8 | 8 | 50.3 | 13.1 | 100 | |
| 4 | | IT컨설턴트 | 관리 | 14,195 | 313.7 | 16.2 | 34.3 | 3.7 | 5.9 | 53.5 | 27.9 | 93 | |
| 5 | | 시스템SW개발자 | 개발 | 8,130 | 261 | 15.4 | 33.6 | 4.4 | 6.5 | 55.3 | 12.8 | 95 | |
| 6 | | 보안전문가 | 관리 | 5,797 | 258.7 | 16.2 | 34.9 | 2.4 | 6 | 59.4 | 0.5 | 89 | |
| 7 | | NW분석가 | 관리 | 3,168 | 233.7 | 16.4 | 33 | 4.6 | 4.9 | 55.7 | 0.5 | 100 | |
| 8 | | 응용SW개발자 | 개발 | 114,054 | 225 | 15.4 | 33.2 | 3.8 | 5.4 | 54.4 | 14.4 | 86 | |
| 9 | | SM관리자 | 관리 | 76,947 | 204.3 | 14.8 | 33.8 | 5.6 | 6.7 | 50.4 | 17.3 | 94 | |
| 10 | | 웹개발자 | 개발 | 15,887 | 250 | 15.1 | 29.6 | 2 | 4.1 | 54.1 | 32 | 72 | |
| 11 | | 웹디자이너 | 관리 | 32,931 | 154.4 | 14.3 | 28.8 | 2.5 | 3.1 | 52.1 | 58.1 | 84 | |
| 12 | | 통신공학기술자 | 개발 | 31,080 | 279.8 | 16.1 | 36 | 6.5 | 8.4 | 56.7 | 6.1 | 95 | |
| 13 | | 통신케이블설치 | 개발 | 21,786 | 189.4 | 12.7 | 39.7 | 7.9 | 10.6 | 54 | 2.2 | 88 | |
| 14 | | 멀티미디어기획 | 개발 | 2,258 | 183.9 | 15.2 | 31 | 3.9 | 3.4 | 41.9 | 42.4 | 100 | |
| 15 | | 애니메이터 | 관리 | 9,470 | 156.7 | 13.3 | 35.1 | 8.3 | 9.7 | 56.9 | 38.3 | 89 | |
| 16 | | PC수리원 | 관리 | 37,802 | 153.9 | 13.7 | 33.1 | 4 | 4.9 | 56.5 | 3.4 | 59 | |
| 17 | | PC강사 | 개발 | 21,146 | 124 | 14.7 | 31 | 2.4 | 2.8 | 42.5 | 57 | 83 | |
| 18 | | 정보통신관리자 | 관리 | 21,222 | 351.3 | 14.9 | 43 | 7.2 | 12.9 | 54.8 | 5 | 68 | |
| 19 | | | | | | | | | | | | | |

### 03 페이지 레이아웃

| 등록번호 | 모델 | 연식 | 기어 | 주행거리 |
|---|---|---|---|---|
| 1 | 빼꼼카 | 2020년 02 | 오토 | 122,380 |
| 2 | 빼꼼카 | 2020년 12 | 오토 | 130,000 |
| 3 | 빼꼼카 | 2020년 12 | 수동 | 130,000 |
| 4 | 빼꼼카 | 2020년 12 | 오토 | 110,000 |
| 5 | 빼꼼카 | 2019년 06 | 오토 | 80,000 |
| 6 | 빼꼼카 | 2019년 06 | 오토 | 120,700 |
| 7 | 빼꼼카 | 2019년 06 | 수동 | 98,000 |
| 8 | 빼꼼카 | 2019년 05 | 오토 | 74,000 |
| 9 | 빼꼼카 | 2018년 04 | 수동 | 100,000 |
| 10 | 빼꼼카 | 2018년 04 | 오토 | 20,000 |
| 11 | 빼꼼카 | 2018년 04 | 오토 | 45,000 |
| 12 | 빼꼼카 | 2018년 04 | 오토 | 90,000 |
| 13 | 빼꼼카 | 2018년 06 | 오토 | 51,000 |
| 14 | 빼꼼카 | 2018년 06 | 오토 | 65,000 |
| 15 | 빼꼼카 | 2018년 06 | 오토 | 35,000 |
| 16 | 빼꼼카 | 2015년 03 | 오토 | 30,000 |
| 17 | 빼꼼카 | 2015년 03 | 오토 | 29,300 |
| 18 | 빼꼼카 | 2021년 12 | 오토 | 39,000 |
| 19 | 빼꼼카 | 2021년 12 | 오토 | 15,000 |
| 20 | 빼꼼카 | 2021년 12 | 오토 | 20,000 |
| 21 | 빼꼼카 | 2017년 12 | 수동 | 18,000 |
| 22 | 빼꼼카 | 2017년 12 | 오토 | 34,000 |
| 23 | 빼꼼카 | 2018년 01 | 오토 | 10,000 |
| 24 | 빼꼼카 | 2018년 03 | 수동 | 30,000 |
| 25 | 빼꼼카 | 2018년 03 | 오토 | 36,000 |
| 26 | 빼꼼카 | 2018년 03 | 오토 | 18,000 |
| 27 | 빼꼼카 | 2018년 03 | 오토 | 10,000 |
| 28 | 빼꼼카 | 2018년 03 | 오토 | 16,000 |
| 29 | 빼꼼카 | 2018년 03 | 수동 | 20,000 |
| 30 | 빼꼼카 | 2018년 09 | 오토 | 30,000 |
| 31 | 빼꼼카 | 2018년 09 | 오토 | 30,000 |
| 32 | 빼꼼카 | 2019년 01 | 오토 | 8,000 |
| 33 | 빼꼼카 | 2019년 01 | 오토 | 1,200 |
| 34 | 빼꼼카 | 2019년 01 | 오토 | 3,000 |

1 / 2

| 등록번호 | 가격 | 지역 | 업체 | 등록일 |
|---|---|---|---|---|
| 1 | 450 | 경기 | 시환카넷 | 2025-01-18 |
| 2 | 550 | 대전 | 시환카넷 | 2025-01-19 |
| 3 | 410 | 경기 | 시환카넷 | 2025-01-20 |
| 4 | 460 | 경기 | 시환카넷 | 2025-01-21 |
| 5 | 380 | 서울 | 시환카넷 | 2025-01-22 |
| 6 | 480 | 서울 | 시환카넷 | 2025-01-23 |
| 7 | 380 | 충북 | 시환카넷 | 2025-01-24 |
| 8 | 400 | 인천 | 시환카넷 | 2025-01-25 |
| 9 | 440 | 대구 | 시환카넷 | 2025-01-26 |
| 10 | 650 | 경기 | 시환카넷 | 2025-01-27 |
| 11 | 540 | 경기 | 시환카넷 | 2025-01-28 |
| 12 | 500 | 경기 | 시환카넷 | 2025-01-29 |
| 13 | 500 | 경기 | 시환카넷 | 2025-01-30 |
| 14 | 530 | 경기 | 시환카넷 | 2025-01-31 |
| 15 | 610 | 대전 | 시환카넷 | 2025-02-01 |
| 16 | 620 | 서울 | 시환카넷 | 2025-02-02 |
| 17 | 550 | 서울 | 시환카넷 | 2025-02-03 |
| 18 | 799 | 대구 | 시환카넷 | 2025-02-04 |
| 19 | 898 | 대전 | 시환카넷 | 2025-02-05 |
| 20 | 670 | 충남 | 시환카넷 | 2025-02-06 |
| 21 | 1,030 | 경기 | 시환카넷 | 2025-02-07 |
| 22 | 1,100 | 서울 | 시환카넷 | 2025-02-08 |
| 23 | 1,200 | 서울 | 시환카넷 | 2025-02-09 |
| 24 | 890 | 경기 | 시환카넷 | 2025-02-10 |
| 25 | 910 | 경기 | 시환카넷 | 2025-02-11 |
| 26 | 1,030 | 경기 | 시환카넷 | 2025-02-12 |
| 27 | 1,090 | 경기 | 시환카넷 | 2025-02-13 |
| 28 | 1,000 | 경기 | 시환카넷 | 2025-02-14 |
| 29 | 800 | 인천 | 시환카넷 | 2025-02-15 |
| 30 | 950 | 경기 | 시환카넷 | 2025-02-16 |
| 31 | 850 | 경기 | 시환카넷 | 2025-02-17 |
| 32 | 990 | 서울 | 시환카넷 | 2025-02-18 |
| 33 | 1,130 | 서울 | 시환카넷 | 2025-02-19 |
| 34 | 1,010 | 서울 | 시환카넷 | 2025-02-20 |

2 / 2

## 문제 ❷ 계산작업

### 01 중간고사, 기말고사 평균

| | K | L | M | N | O |
|---|---|---|---|---|---|
| 4 | | | | | |
| 5 | | [표2] | | | |
| 6 | | 학과 | 중간고사 | 기말고사 | |
| 7 | | 경영과 | 59.7 | 46.3 | |
| 8 | | 건축과 | 64.6 | 49.7 | |
| 9 | | 전자과 | 81.2 | 57.9 | |
| 10 | | | | | |

[M7] 셀에 「=ROUNDUP(AVERAGEIF($D$4:$D$43,$L7,G$4:G$43),1)」를 입력하고 [N9] 셀까지 수식 복사

### 02 학생수

| | K | L | M | N |
|---|---|---|---|---|
| 12 | | | | |
| 13 | | [표3] | | |
| 14 | | 출석수 | 학생수 | |
| 15 | | 15 이하 | 7명 | |
| 16 | | 16 | 1명 | |
| 17 | | 17 | 1명 | |
| 18 | | 18 | 1명 | |
| 19 | | 19 | 12명 | |
| 20 | | 20 | 18명 | |
| 21 | | | | |

[M15:M20] 영역에 「=TEXT(FREQUENCY(E4:E43,$L$15:$L$20),"#명")」를 입력하고 Ctrl+Shift+Enter를 누름

### 03 이름

| | K | L | M | N |
|---|---|---|---|---|
| 23 | | | | |
| 24 | | [표4] | | |
| 25 | | 학과 | 이름 | |
| 26 | | 경영과 | 윤희수 | |
| 27 | | 건축과 | 조현수 | |
| 28 | | 전자과 | 김보미 | |
| 29 | | | | |

[M26] 셀에 「=INDEX($C$4:$C$43,MATCH(MAX(IF($D$4:$D$43=L26,$G$4:$G$43)),($D$4:$D$43=L26)*($G$4:$G$43),0))」를 입력하고 Ctrl+Shift+Enter를 누른 후 [M28] 셀까지 수식 복사

## 04 총점

[표1]

| 번호 | 성명 | 학과 | 출석 | 과제 | 중간고사 | 기말고사 | 총점 | 비고 |
|---|---|---|---|---|---|---|---|---|
| 1 | 김민률 | 경영과 | 20 | 20 | 80 | 100 | 94 | |
| 2 | 김민찬 | 건축과 | 15 | 8 | 71 | 0 | 0 | |
| 3 | 김보미 | 전자과 | 20 | 20 | 100 | 94 | 98.2 | |
| 4 | 김선국 | 전자과 | 19 | 20 | 75 | 28 | 69.9 | |
| 5 | 김영원 | 전자과 | 20 | 20 | 84 | 48 | 79.6 | |
| 6 | 김영지 | 건축과 | 19 | 17 | 58 | 84 | 78.6 | |
| 7 | 김채원 | 건축과 | 20 | 20 | 73 | 50 | 76.9 | |
| 8 | 나웅선 | 전자과 | 19 | 19 | 63 | 32 | 66.5 | |
| 9 | 노민혁 | 경영과 | 20 | 19 | 48 | 62 | 72 | |
| 10 | 노유진 | 경영과 | 14 | 11 | 60 | 10 | 46 | |
| 11 | 박세원 | 전자과 | 19 | 20 | 56 | 38 | 67.2 | |
| 12 | 박소연 | 경영과 | 20 | 20 | 90 | 73 | 88.9 | |
| 13 | 박희원 | 경영과 | 0 | 0 | 0 | 0 | 0 | |
| 14 | 서준원 | 경영과 | 20 | 20 | 65 | 62 | 78.1 | |
| 15 | 서중표 | 건축과 | 18 | 10 | 55 | 48 | 58.9 | |
| 16 | 송명신 | 건축과 | 20 | 20 | 74 | 74 | 84.4 | |
| 17 | 송성빈 | 건축과 | 20 | 20 | 95 | 76 | 91.3 | |
| 18 | 심선민 | 경영과 | 20 | 20 | 75 | 70 | 83.5 | |
| 19 | 유성진 | 경영과 | 13 | 0 | 45 | 0 | 0 | |
| 20 | 윤예진 | 경영과 | 15 | 9 | 35 | 26 | 42.3 | |
| 21 | 윤희수 | 경영과 | 19 | 20 | 93 | 46 | 80.7 | |
| 22 | 이가은 | 경영과 | 19 | 20 | 55 | 86 | 81.3 | |
| 23 | 이슬 | 전자과 | 19 | 20 | 78 | 76 | 85.2 | |
| 24 | 이시환 | 전자과 | 20 | 20 | 97 | 100 | 99.1 | |
| 25 | 이용현 | 전자과 | 20 | 20 | 98 | 72 | 91 | |
| 26 | 이윤서 | 건축과 | 12 | 13 | 30 | 0 | 0 | |
| 27 | 이하늘 | 건축과 | 20 | 20 | 98 | 97 | 98.5 | |
| 28 | 이형연 | 건축과 | 19 | 20 | 50 | 30 | 63 | |
| 29 | 장민상 | 전자과 | 20 | 18 | 88 | 50 | 79.4 | |
| 30 | 장승우 | 전자과 | 20 | 20 | 88 | 38 | 77.8 | |
| 31 | 정용진 | 전자과 | 20 | 20 | 66 | 60 | 77.8 | |
| 32 | 조현수 | 건축과 | 19 | 20 | 99 | 91 | 96 | |
| 33 | 최문규 | 건축과 | 19 | 19 | 77 | 56 | 77.9 | |
| 34 | 최영준 | 경영과 | 19 | 20 | 60 | 30 | 66 | |
| 35 | 최예원 | 경영과 | 20 | 19 | 69 | 36 | 70.5 | |
| 36 | 한승호 | 건축과 | 20 | 20 | 41 | 44 | 65.5 | |
| 37 | 한준규 | 건축과 | 16 | 19 | 70 | 42 | 68.6 | |
| 38 | 홍태광 | 건축과 | 0 | 0 | 0 | 0 | 0 | |
| 39 | 황종우 | 건축과 | 19 | 20 | 82 | 64 | 82.8 | |
| 40 | 황혜진 | 건축과 | 17 | 0 | 60 | 38 | 46.4 | |

[I4] 셀에 「=fn총점(E4,F4,G4,H4)」를 입력하고 [I43] 셀까지 수식 복사

```
Public Function fn총점(출석, 과제, 중간고사, 기말고사)
    If 출석 = 0 Or 중간고사 = 0 Or 기말고사 = 0 Then
        fn총점 = 0
    Else
        fn총점 = 출석 + 과제 + 중간고사 * 0.3 + 기말고사 * 0.3
    End If
End Function
```

## 05 등급

| | A | B | C | D | E | F | G | H | I | J | K | L | M | N |
|---|---|---|---|---|---|---|---|---|---|---|---|---|---|---|
| 47 | | [표5] | | | | | | | | | | [표6] | | |
| 48 | | | 학점 | 4 | 3 | 2 | 1 | 0 | 등급 | | | 총점 | 등급 | |
| 49 | | | 1학기 | 1 | 1 | 3 | | | C | | | 0 | F | |
| 50 | | | 2학기 | | | 1 | 1 | 2 | F | | | 5 | D | |
| 51 | | 점수 | 3학기 | | 1 | 2 | | 1 | D | | | 10 | C | |
| 52 | | | 4학기 | 2 | 2 | | 1 | | B | | | 15 | B | |
| 53 | | | 5학기 | 1 | 1 | 1 | 1 | 1 | C | | | 20 | A | |
| 54 | | | 6학기 | 5 | | | | | A | | | | | |
| 55 | | | | | | | | | | | | | | |

[I49] 셀에 「=VLOOKUP(SUMPRODUCT(D49:H49,$D$48:$H$48),$L$49:$M$53,2)」를 입력하고 [I54] 셀까지 수식 복사

# 문제 3 분석작업

## 01 피벗 테이블

| | A | B | C | D | E | F | G |
|---|---|---|---|---|---|---|---|
| 1 | | | | | | | |
| 2 | | 주문일자 | 거래구분 | 합계 : 가격 | 합계 : 포인트 | 합계 : 가격비율 | |
| 3 | | ⊟2025-01-01 - 2025-01-10 | | 18980 | 197 | 7.03% | |
| 4 | | | 카드 | 2480 | 32 | 0.92% | |
| 5 | | | 현금 | 16500 | 165 | 6.11% | |
| 6 | | ⊟2025-01-11 - 2025-01-20 | | 230200 | 22 | 85.30% | |
| 7 | | | 카드 | 60000 | 60 | 22.23% | |
| 8 | | | 쿠폰 | 10000 | 0 | 3.71% | |
| 9 | | | 포인트 | 0 | -200 | 0.00% | |
| 10 | | | 현금 | 160200 | 162 | 59.36% | |
| 11 | | ⊟2025-01-21 - 2025-01-27 | | 20700 | 117 | 7.67% | |
| 12 | | | 카드 | 20700 | 117 | 7.67% | |
| 13 | | | 현금 | 0 | 0 | 0.00% | |
| 14 | | 총합계 | | 269880 | 336 | 100.00% | |
| 15 | | | | | | | |

## 02 데이터 도구

| | A | B | C | D | E | F |
|---|---|---|---|---|---|---|
| 1 | | | | | | |
| 2 | | 회사 | 출발시간 | 도착시간 | 잔여석 | |
| 11 | | 충남고속 | 9:30 | 11:10 | 41 | |
| 12 | | 한양고속 | | | 39 | |
| 13 | | 대원고속 | | | 21 | |
| 14 | | 충남고속 | | | 18 | |
| 15 | | 한양고속 | 10:50 | 12:30 | 26 | |
| 42 | | | | | | |

입력시간범위
06시~23시50분

## 문제 ❹ 기타작업

### 01 차트 수정

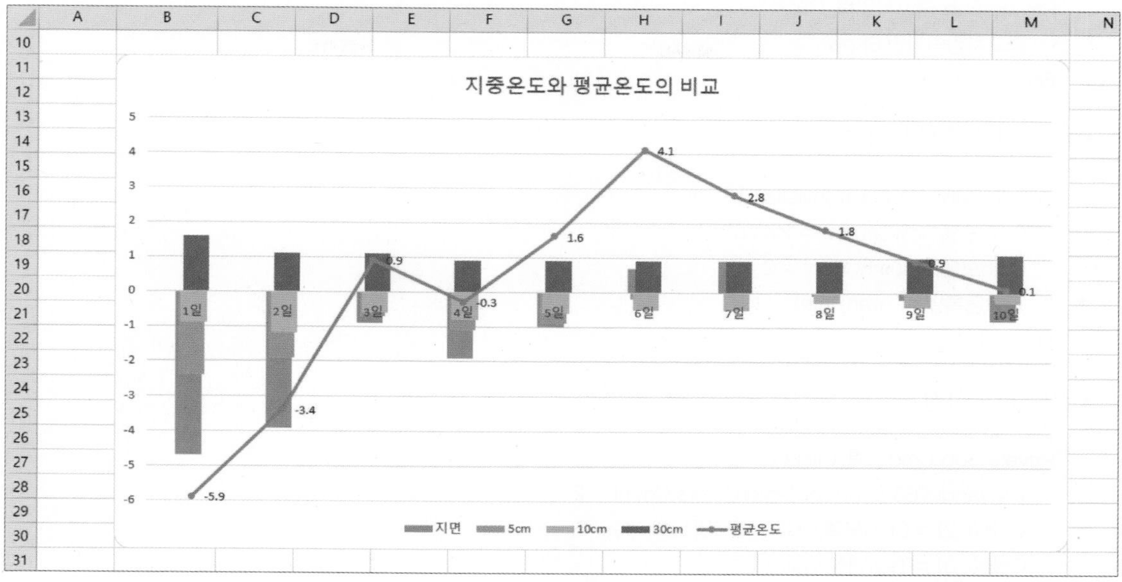


### 02 매크로

서식적용 서식해제

| 주문순서 | 주문코드 | 거래구분 | 상품명 | 주문수량 | 판매수량 | 가격 | 포인트 |
|---|---|---|---|---|---|---|---|
| 1 | 27904896 | 카드 | 쉴드 | 1 | 1 | 500 | 5 |
| 2 | 27904896 | 카드 | 바나나 | 1 | 1 | 200 | 2 |
| 3 | 27904896 | 카드 | 먹구름 | 1 | 1 | 100 | 1 |
| 4 | 28999990 | 현금 | 미사일 | 5 | 5 | 1,000 | 10 |
| 5 | 28999990 | 현금 | 부스터 | 100 | 100 | 10,000 | 100 |
| 6 | 28999990 | 현금 | 물파리 | 10 | 10 | 2,000 | 20 |
| 7 | 28999990 | 현금 | 물폭탄 | 5 | 5 | 1,500 | 15 |
| 8 | 28999990 | 현금 | 자석 | 5 | 5 | 2,000 | 20 |
| 9 | 33900000 | 카드 | 우주선 | 1 | 1 | 600 | 6 |
| 10 | 33900000 | 카드 | 대마왕 | 1 | 1 | 50 | 5 |
| 11 | 35009820 | 카드 | 닥터R | 1 | - | - | - |
| 12 | 35009820 | 카드 | 전자파 | 2 | 2 | 30 | 3 |
| 13 | 35009820 | 카드 | 사이렌 | 5 | 5 | 1,000 | 10 |
| 14 | 55555555 | 쿠폰 | 물파리 | 50 | 50 | - | - |
| 15 | 36897682 | 현금 | 바나나 | 10 | 10 | 20,000 | 20 |
| 16 | 36897682 | 현금 | 자석 | 10 | 10 | 40,000 | 40 |
| 17 | 36897682 | 현금 | 우주선 | 5 | 5 | 30,000 | 30 |
| 18 | 55555550 | 쿠폰 | 먹구름 | 10 | 10 | 10,000 | - |
| 19 | 38983780 | 카드 | 미사일 | 5 | 5 | 10,000 | 10 |
| 20 | 38983780 | 카드 | 부스터 | 10 | 10 | 10,000 | 10 |
| 21 | 55555005 | 포인트 | 물파리 | 50 | 50 | - | - 200 |
| 22 | 38983780 | 카드 | 물폭탄 | 20 | 20 | 40,000 | 40 |
| 23 | 39000000 | 현금 | 자석 | 15 | 15 | 60,000 | 60 |
| 24 | 39000000 | 현금 | 바나나 | 1 | 1 | 200 | 2 |
| 25 | 39000000 | 현금 | 부스터 | 10 | 10 | 10,000 | 10 |
| 26 | 39978390 | 카드 | 부스터 | 10 | 10 | 10,000 | 10 |
| 27 | 39978390 | 카드 | 먹구름 | 1 | 1 | 100 | 1 |
| 28 | 39978390 | 카드 | 우주선 | 1 | 1 | 600 | 6 |
| 29 | 39978390 | 카드 | 물파리 | 40 | 40 | 8,000 | 80 |
| 30 | 39978390 | 카드 | 자석 | 5 | 5 | 2,000 | 20 |
| 31 | 40030000 | 현금 | 대마왕 | 1 | - | - | - |

## 03 VBA 프로그래밍

• 폼 보이기 프로시저

```
Private Sub 중고차입력_Click()
    중고차입력화면.Show
End Sub
```

• 폼 초기화 프로시저

```
Private Sub UserForm_Initialize()
    Cmb모델.RowSource = "K4:L8"
    Cmb모델.ColumnCount = 2
    Text등록일 = Year(Date)
End Sub
```

• 입력 프로시저

```
Private Sub Cmd입력_Click()
    i = Range("B3").CurrentRegion.Rows.Count + 2
    Cells(i, 2) = Cmb모델.List(Cmb모델.ListIndex, 0)
    Cells(i, 3) = Text년식.Value
    Cells(i, 4) = Cmb모델.List(Cmb모델.ListIndex, 1)
    If Text년식 = "" Or Text등록일 < Text년식 Then
        Cells(i, 5) = "등록오류"
    Else
        Cells(i, 5) = Cells(i, 4) * 0.8 ^ (Text등록일 - Text년식)
    End If
    Cells(i, 6) = Text등록인
    Cells(i, 7) = Text등록일.Value
End Sub
```

# 대표 기출 따라하기 / 해설

## 문제 ❶ 기본작업

### 01 고급 필터('기본작업-1' 시트)

① [B21:B22] 영역에 '조건'을 입력하고, [B24:F24] 영역에 '추출할 필드명'을 입력한다.

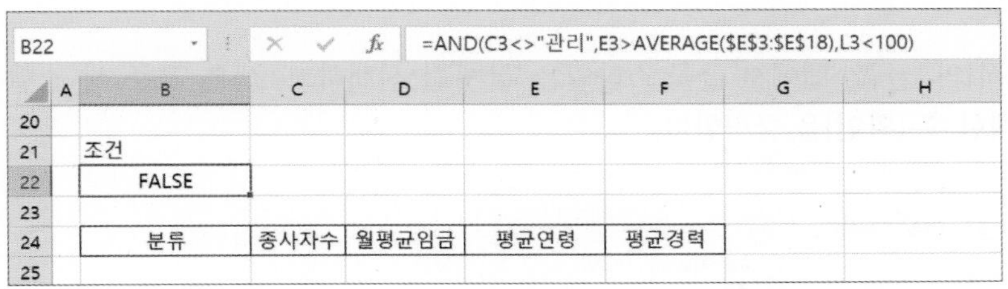

[B22] : =AND(C3<>"관리",E3>AVERAGE($E$3:$E$18),L3<100)

**기적의 TIP**

추출할 필드명을 직접 입력하지 않고, 원본 필드명에서 복사해서 사용할 수 있어요. 오타도 줄일 수 있어서 더 좋아요.

② [데이터]-[정렬 및 필터] 그룹의 [고급]( )을 클릭한다.

③ [고급 필터]에서 다음과 같이 지정한 후 [확인]을 클릭한다.

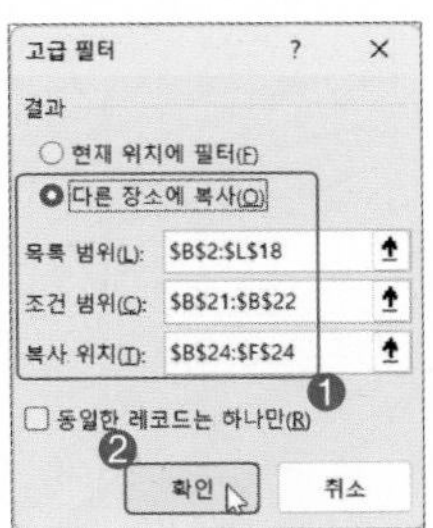

- 결과 : '다른 장소에 복사'
- 목록 범위 : [B2:L18]
- 조건 범위 : [B21:B22]
- 복사 위치 : [B24:F24]

**기적의 TIP**

평균값은 모든 셀에 동일한 값을 비교할 수 있도록 F4를 눌러 절대참조를 합니다.
**초과** : >, **미만** : <

### 02 조건부 서식('기본작업-1' 시트)

① [B3:L18] 영역을 범위 지정한 후 [홈]-[스타일] 그룹의 [조건부 서식]-[새 규칙]을 클릭한다.

② [새 서식 규칙]에서 '▶ 수식을 사용하여 서식을 지정할 셀 결정'을 선택하고 =OR($G3=MAX($G$3:$G$18),$G3=MIN($G$3:$G$18),$K3=MAX($K$3:$K$18),$K3=MIN($K$3:$K$18))를 입력하고 [서식]을 클릭한다.

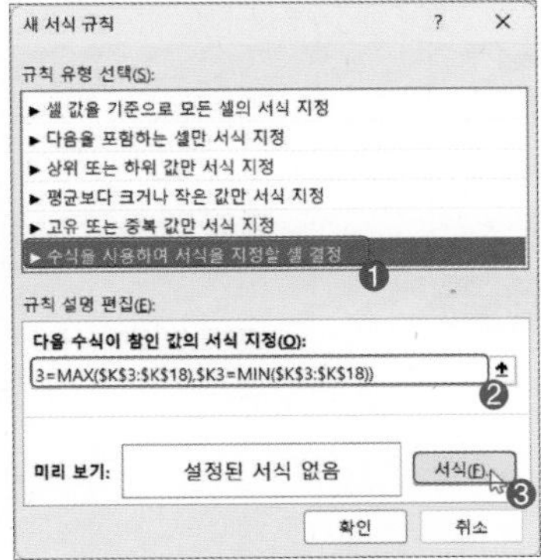

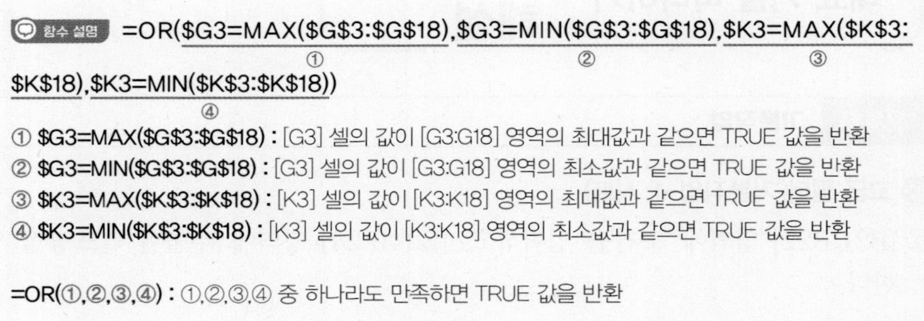
함수 설명 =OR($G3=MAX($G$3:$G$18),$G3=MIN($G$3:$G$18),$K3=MAX($K$3:$K$18),$K3=MIN($K$3:$K$18))

① $G3=MAX($G$3:$G$18) : [G3] 셀의 값이 [G3:G18] 영역의 최대값과 같으면 TRUE 값을 반환
② $G3=MIN($G$3:$G$18) : [G3] 셀의 값이 [G3:G18] 영역의 최소값과 같으면 TRUE 값을 반환
③ $K3=MAX($K$3:$K$18) : [K3] 셀의 값이 [K3:K18] 영역의 최대값과 같으면 TRUE 값을 반환
④ $K3=MIN($K$3:$K$18) : [K3] 셀의 값이 [K3:K18] 영역의 최소값과 같으면 TRUE 값을 반환

=OR(①,②,③,④) : ①,②,③,④ 중 하나라도 만족하면 TRUE 값을 반환

③ [셀 서식]의 [글꼴] 탭에서 글꼴 스타일은 '굵게'를 선택하고, 색은 '표준 색 – 빨강'을 선택한 후 [확인]을 클릭한다.

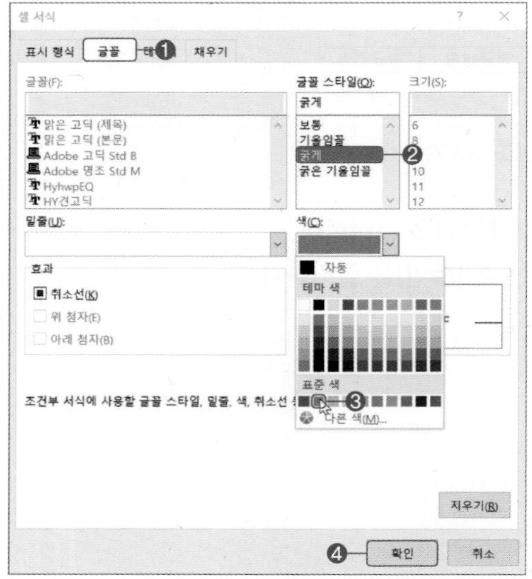


④ [새 서식 규칙]에서 다시 [확인]을 클릭한다.

## 03 페이지 레이아웃('기본작업-2' 시트)

① [B2:J36] 영역을 범위 지정한 후 [페이지 레이아웃]–[페이지 설정] 그룹에서 [인쇄 영역]–[인쇄 영역 설정]을 선택한다.

② [페이지 레이아웃] 탭의 [페이지 설정]에서 [옵션](⧉)을 클릭한다.

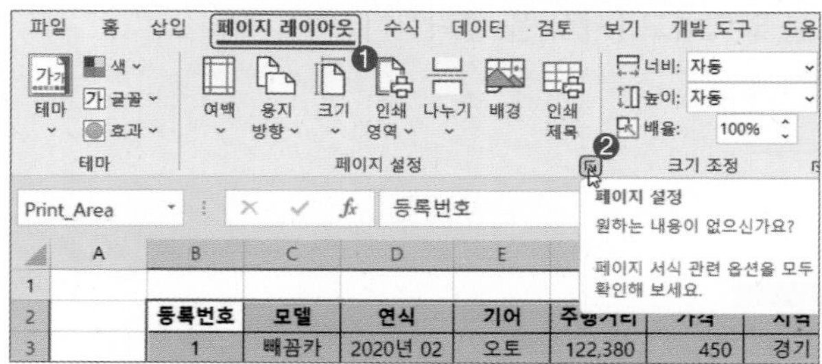

③ [여백] 탭에서 페이지 가운데 맞춤 '가로', '세로'를 체크한다. [머리글/바닥글] 탭을 클릭하여 [바닥글 편집]을 클릭한다.

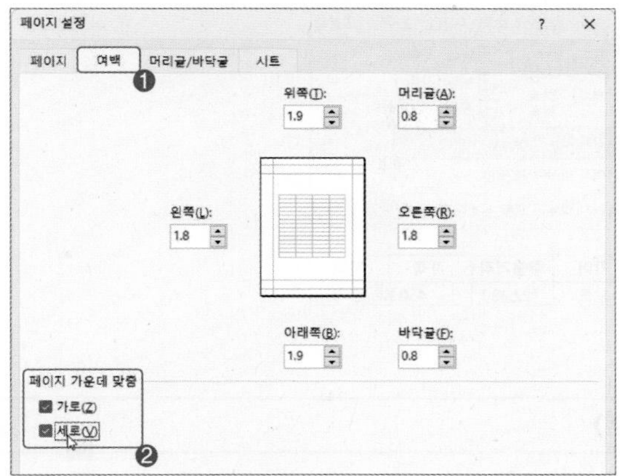

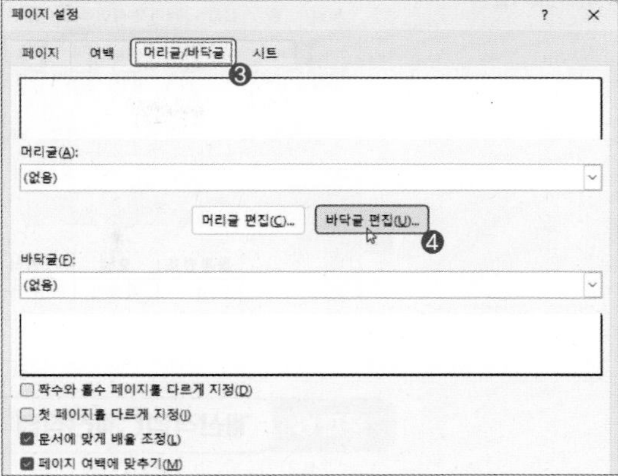

④ 가운데 구역에 커서를 두고 [페이지 번호 삽입]( ) 도구를 클릭한 후 / 을 입력한 후 [전체 페이지 수 삽입]( )을 클릭하고 [확인]을 클릭한다.

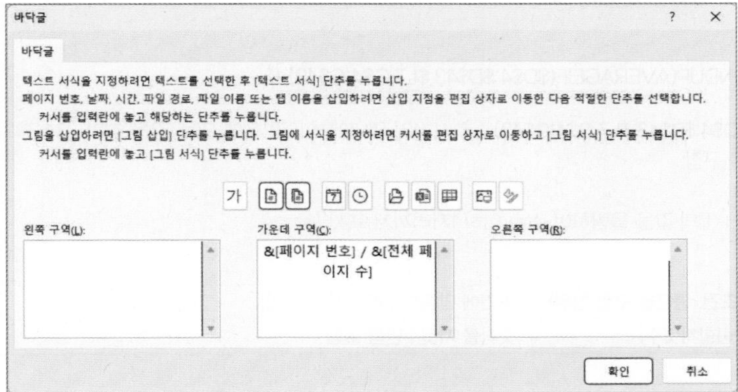

⑤ [시트] 탭에서 반복할 열에 커서를 두고 열 머리글 B를 클릭하고 [확인]을 클릭한다.

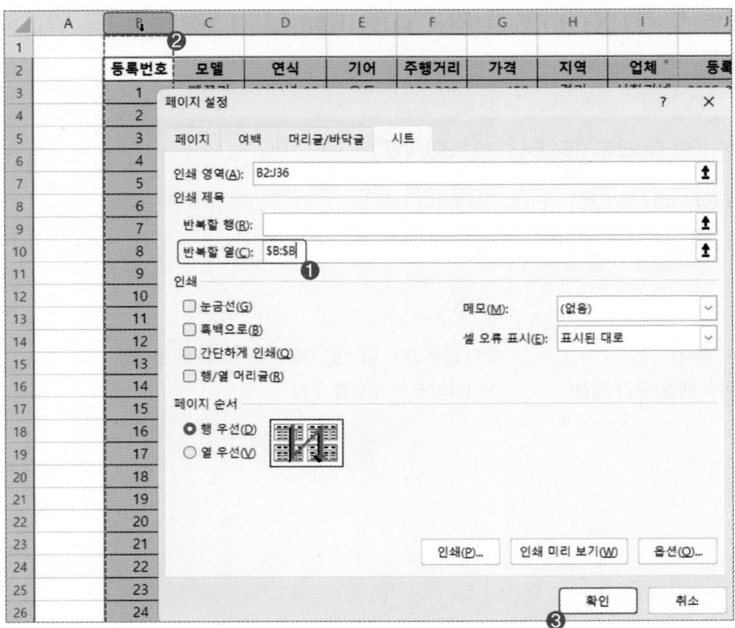

기적의 TIP

실습한 내용을 [파일]-[인쇄]를 클릭하여 미리 보기할 수 있다.

⑥ [G2] 셀에 커서를 두고 [페이지 레이아웃]-[페이지 설정] 그룹에서 [나누기]-[페이지 나누기 삽입]을 선택한다.

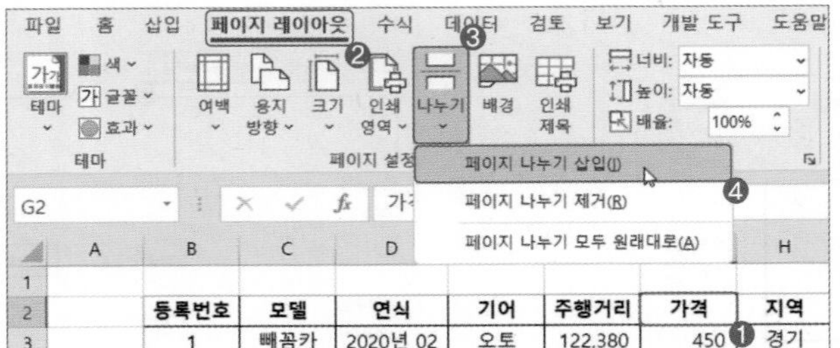


## 문제 ❷ 계산작업('계산작업' 시트)

### 01 학과별 중간고사, 기말고사 평균[M7:N9]

기적의 TIP

$L7 : L열은 고정하고 행의 위치는 바뀔 수 있도록 설정(L7, L8, L9)
G$4:G$43 : [4:43] 행은 고정하고 열은 바뀔 수 있도록 설정(G4:G43, H4:H43)

[M7] 셀에 =ROUNDUP(AVERAGEIF($D$4:$D$43,$L7,G$4:G$43),1)를 입력하고 [N9] 셀까지 수식을 복사한다.

함수 설명 =ROUNDUP(AVERAGEIF($D$4:$D$43,$L7,G$4:G$43),1)

① AVERAGEIF($D$4:$D$43,$L7,G$4:G$43) : [D4:D43] 영역에서 [L7] 셀에 있는 값을 찾아 [G4:G43] 영역에서 평균을 구함

=ROUNDUP(①,1) : ①의 값을 올림하여 소수 이하 1자리까지 표시

| | |
|---|---|
| **=AVERAGEIF(범위, 조건, 평균을 구할 범위)** | 조건에 만족한 셀의 평균을 구함 |
| **=ROUNDUP(숫자, 올림할자릿수)** | 숫자를 자릿수만큼 올림 |

### 02 학생수[M15:M20]

[M15:M20] 영역에 =TEXT(FREQUENCY(E4:E43,L15:L20),"#명")를 입력하고 Ctrl+Shift+Enter를 누른다.

함수 설명 =TEXT(FREQUENCY(E4:E43,L15:L20),"#명")

① FREQUENCY(E4:E43,L15:L20) : [E4:E43] 영역의 값을 [L15:L20] 구간의 분포를 구함

=TEXT(①,"#명") : ①의 값에 '명'을 붙여서 표시

| | |
|---|---|
| **=TEXT(숫자 값, 표시 형식)** | 숫자 값을 표시 형식을 지정하여 텍스트로 변환함 |
| **=FREQUENCY(데이터 배열, 구간 배열)** | 데이터의 도수 분포를 구함 |

## 03 이름[M26:M28]

[M26] 셀에 =INDEX($C$4:$C$43,MATCH(MAX(IF($D$4:$D$43=L26,$G$4:$G$43)),($D$4:$D$43=L26)*$G$4:$G$43,0))를 입력하고 Ctrl+Shift+Enter를 누른 후 [M28] 셀까지 수식을 복사한다.

함수 설명 =INDEX($C$4:$C$43,
MATCH(MAX(IF($D$4:$D$43=L26,$G$4:$G$43)),($D$4:$D$43=L26)*$G$4:$G$43,0))

① IF($D$4:$D$43=L26,$G$4:$G$43) : [D4:D43] 영역의 값이 [L26]과 같은지 비교하여 같다면 [G4:G43] 영역에서 같은 행의 값을 반환함
② MAX(①) : ①의 값에서 최대값을 구함
③ MATCH(②,($D$4:$D$43=L26)*$G$4:$G$43,0) : ②의 값을 [D4:D43] 영역의 값이 [L26]과 같은 행의 [G4:G43] 영역에서 몇 번째 위치하는지 위치값을 구함

=INDEX($C$4:$C$43, ③) : [C4:C43] 영역에서 ③의 결과 값에 해당한 행의 값을 구함

| | |
|---|---|
| =INDEX(범위, 행 번호, 열 번호) | 범위에서 행 번호와 열 번호가 교차하는 값을 찾음 |
| =MAX(범위) | 범위에서 최대값을 구함 |
| =MATCH(값, 범위, 방법) | 범위에서 지정한 값의 위치 번호를 구함. 방법이 0으로 지정하면 범위에서 값을 찾을 때 정확하게 일치하는 값을 구함 |
| =IF(조건, 참, 거짓) | 조건이 참이면 참 값을 출력하고, 거짓이면 거짓 값을 출력함 |

## 04 fn총점

① [개발 도구]-[코드] 그룹의 [Visual Basic]( )을 클릭한다.
② [삽입]-[모듈]을 클릭한다.
③ Module 창에 다음과 같이 입력한다.

```
Public Function fn총점(출석, 과제, 중간고사, 기말고사)
    If 출석 = 0 Or 중간고사 = 0 Or 기말고사 = 0 Then
        fn총점 = 0
    Else
        fn총점 = 출석 + 과제 + 중간고사 * 0.3 + 기말고사 * 0.3
    End If
End Function
```

④ [파일]-[닫고 Microsoft Excel(으)로 돌아가기]를 클릭하여 [Visual Basic Editor]를 닫는다.
⑤ [I4] 셀을 클릭한 후 [함수 삽입]( )을 클릭한다.
⑥ '범주 선택'에서 '사용자 정의', '함수 선택'에서 'fn총점'을 선택한 후 [확인]을 클릭한다.

⑦ [함수 마법사]에서 그림과 같이 셀을 지정한 후 [확인]을 클릭한다.

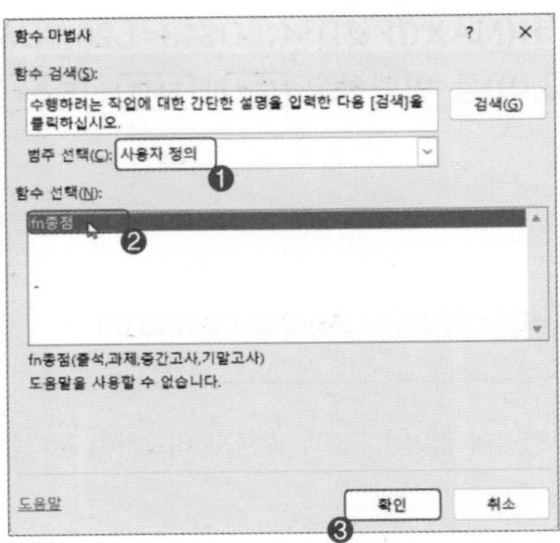


⑧ [함수 인수]에서 그림과 같이 셀을 지정한 후 [확인]을 클릭한다.

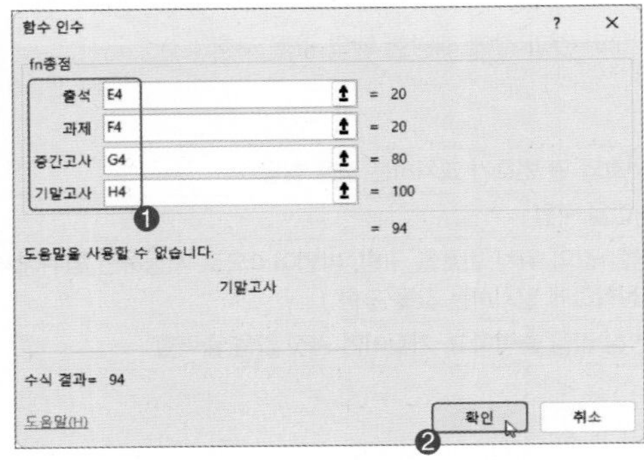


기적의 TIP

**보안 수준**

사용자 정의 함수는 나타나지만 인수를 입력하는 화면이 나타나지 않는다면, [개발 도구]-[코드] 탭의 [매크로 보안] 메뉴에서 [보안 센터]의 '매크로 설정'의 'VBA 매크로 사용(권장 안 함, 위험한 코드가 시행될 수 있음)'으로 지정해 주세요. 필요에 따라서는 파일을 닫고 재시작해 주세요.

⑨ [I4] 셀을 선택한 후 [I43] 셀까지 수식을 복사한다.

### 05 등급[I49:I54]

[I49] 셀에 =VLOOKUP(SUMPRODUCT(D49:H49,$D$48:$H$48),$L$49:$M$53,2)를 입력하고 [I54] 셀까지 수식을 복사한다.

함수 설명 =VLOOKUP(SUMPRODUCT(D49:H49,$D$48:$H$48),$L$49:$M$53,2)

① SUMPRODUCT(D49:H49,$D$48:$H$48) : [D49:H49]와 [D48:H48] 영역에 서로 대응되는 요소의 곱을 구한 후 그 결과의 합을 구함
② VLOOKUP(①,$L$49:$M$53,2) : ①의 값을 [L49:M53] 영역의 첫 번째 열에서 찾아 2번째 열에서 값을 추출함

| | |
|---|---|
| =VLOOKUP(찾을값, 배열범위, 열번호) | 배열의 첫 열에서 값을 검색하여, 지정한 열의 같은 행에서 데이터를 구함 |
| =SUMPRODUCT(배열1, 배열2) | 배열1과 배열2에 각각 대응하는 요소의 곱의 합을 구함 |

**문제 ③ 분석작업**

## 01 피벗 테이블('분석작업-1' 시트)

① [B2] 셀을 선택한 후 [데이터]-[데이터 가져오기 및 변환] 그룹에서 [데이터 가져오기]-[기타 원본에서]-[Microsoft Query에서]를 클릭한다.

② [데이터 원본 선택] 대화상자의 [데이터베이스] 탭에서 'MS Access Database *'를 선택하고 [확인]을 클릭한다.

③ '편의점.accdb'를 선택하고 [확인]을 클릭한다.

④ [열 선택]에서 '주문내역' 테이블을 더블클릭하여 다음과 같이 지정하고 [다음]을 클릭한다.

> **기적의 TIP**
>
> 피벗 테이블의 시작 위치는 데이터 영역의 첫 번째 셀을 지정하면 됩니다. [B2] 셀을 지정하고 피벗 테이블을 작성하면 [3단계]에서 별도로 셀을 지정하지 않아도 됩니다.

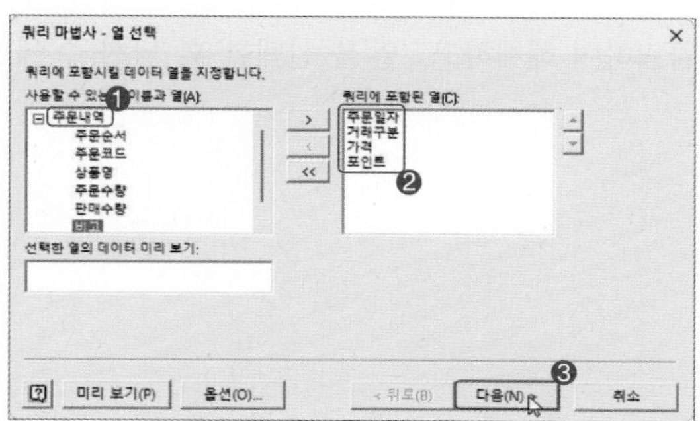


주문일자, 거래구분, 가격, 포인트

⑤ [데이터 필터]와 [정렬 순서]에서는 설정 없이 [다음]을 클릭한다.

⑥ [마침]에서 'Microsoft Excel으로 데이터 되돌리기'를 선택하고 [마침]을 클릭한다.

⑦ [피벗 테이블 필드]에서 '주문일자', '거래구분' 필드는 '행', '가격', '포인트' 필드는 값으로 드래그한다.

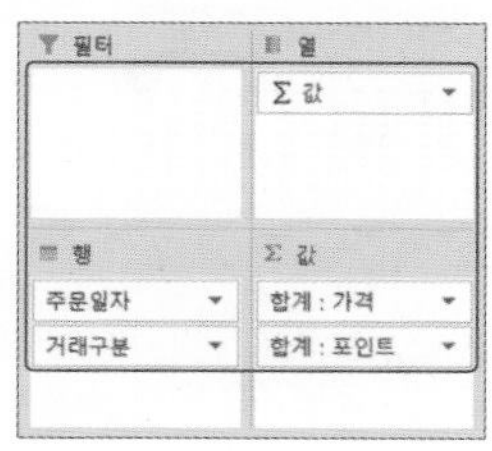

⑧ 주문일자 필드에서 마우스 오른쪽 버튼을 눌러 [그룹]을 클릭한다.

⑨ [그룹화]에서 '월'을 다시 한 번 클릭하여 해제하고, '일'을 선택한 후 '날짜 수'에 10을 입력하고 [확인]을 클릭한다.

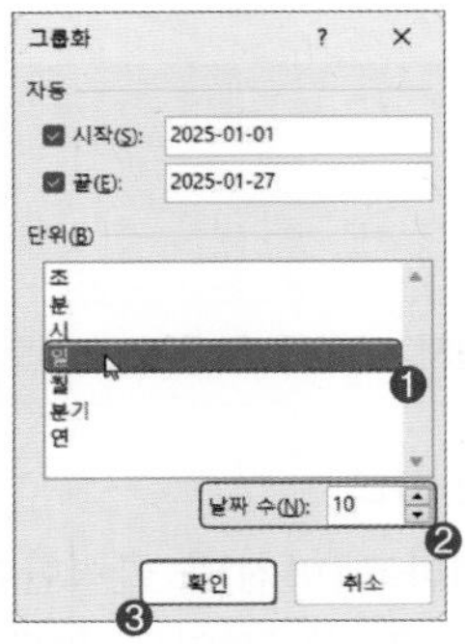

⑩ [디자인]-[레이아웃] 그룹의 [보고서 레이아웃]-[개요 형식으로 표시]를 선택한다.

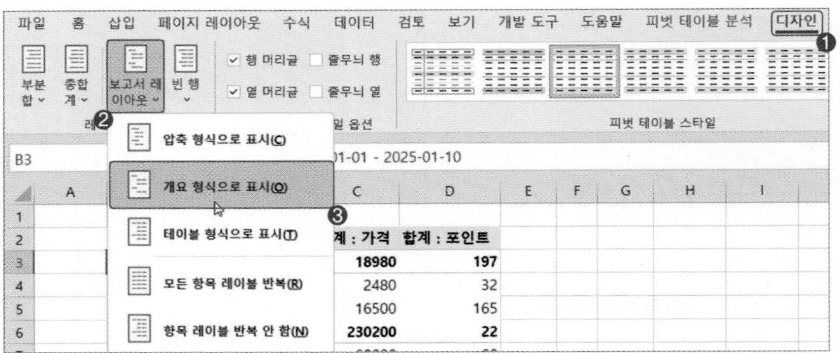

⑪ 피벗 테이블 안쪽에 커서를 두고 [피벗 테이블 분석]-[계산] 그룹의 [필드, 항목 및 집합]-[계산 필드]를 선택한다.

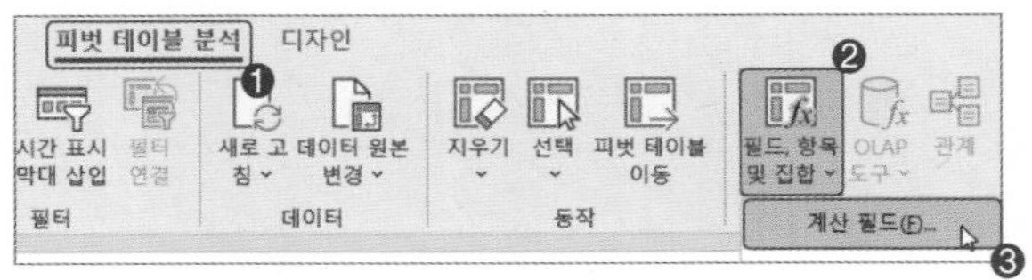

⑫ [계산 필드 삽입]에서 '이름'에 **가격비율**을 입력하고, '수식'에 **=가격**을 입력한 후 [확인]을 클릭한다.

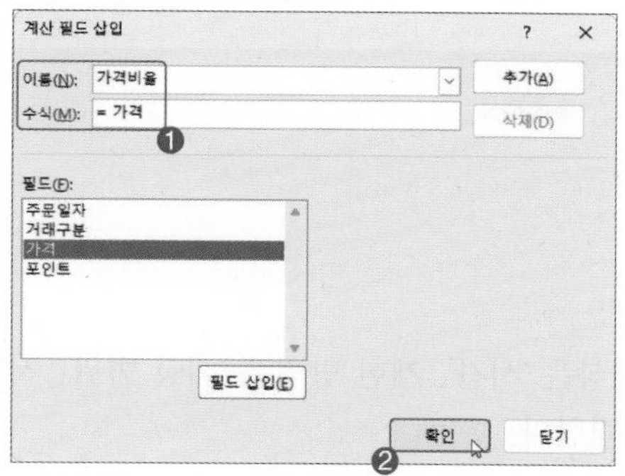


⑬ '합계 : 가격비율[F2]'에서 마우스 오른쪽 버튼을 눌러 [값 필드 설정]을 선택한다.

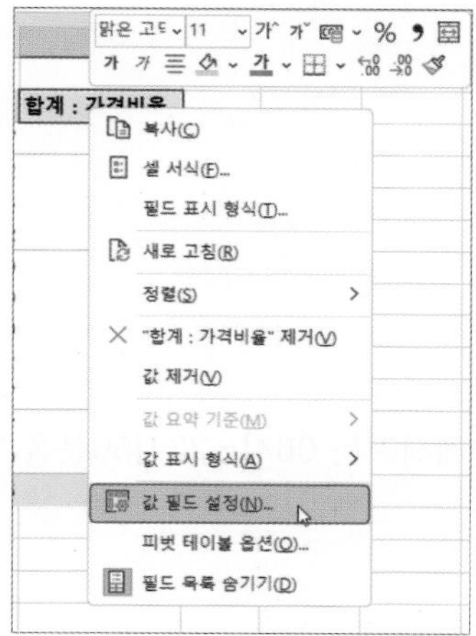


⑭ [값 필드 설정]의 [값 표시 형식] 탭에서 '열 합계 비율'을 선택하고 [확인]을 클릭한다.

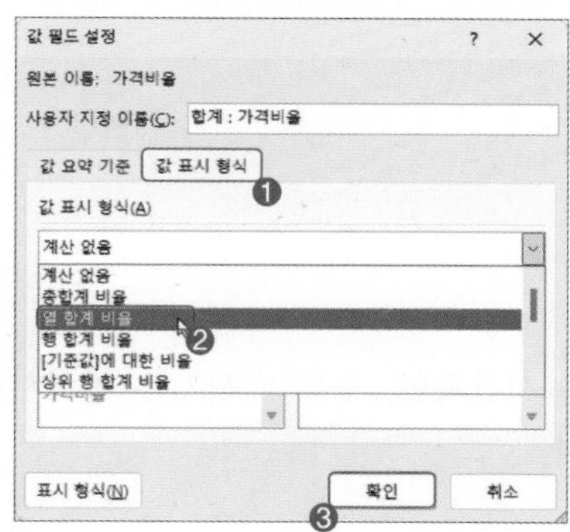


⑮ [디자인]–[피벗 테이블 스타일] 그룹의 '흰색, 피벗 스타일 밝게 11'을 선택한다.

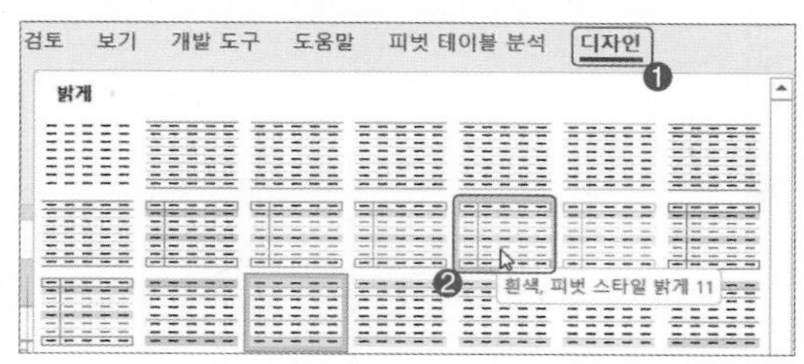


**버전 TIP**

피벗 테이블 작성 시 날짜 데이터가 있을 경우 레이블 이름이 다르게 표시됩니다.

## 02 데이터 도구('분석작업-2' 시트)

① [C3:D41] 영역을 범위 지정한 후 [데이터]-[데이터 도구] 그룹의 [데이터 유효성 검사]( )를 클릭한다.

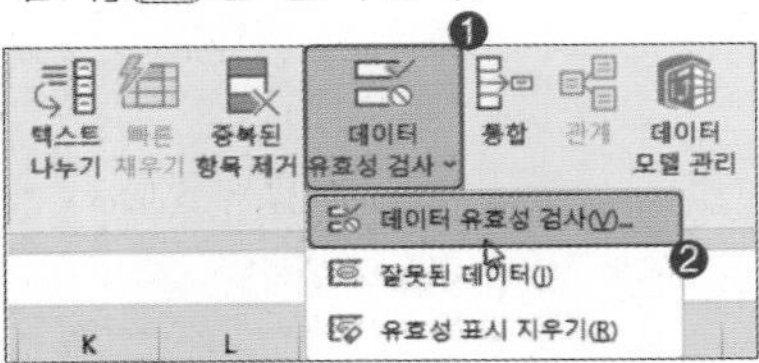


② [데이터 유효성]의 [설정] 탭에서 제한 대상은 '시간', 제한 방법은 '해당 범위', 시작 시간은 06:00, 종료 시간은 23:50을 입력한다.

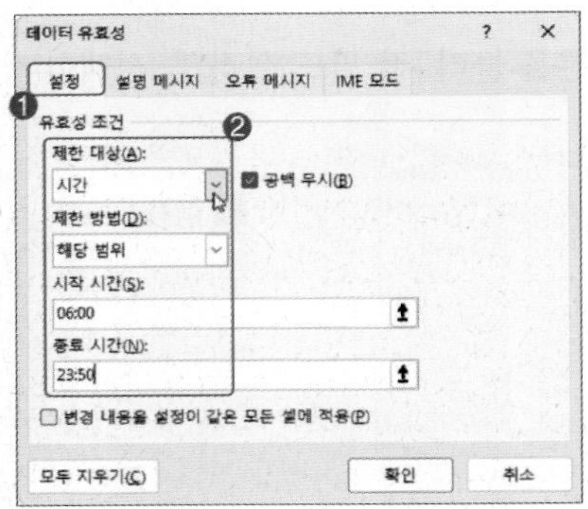


③ [설명 메시지] 탭에서 제목은 **입력시간범위**, 설명 메시지는 **06시~23시50분**을 입력한다.

> **기적의 TIP**
> 오피스 버전에 따라 화면에 표시될 때 제목과 설명 메시지 사이에 한 줄의 스페이스가 있는 것처럼 표시가 되지만, 설명 메시지 안에서 한 줄을 띄고 입력하지 않습니다.

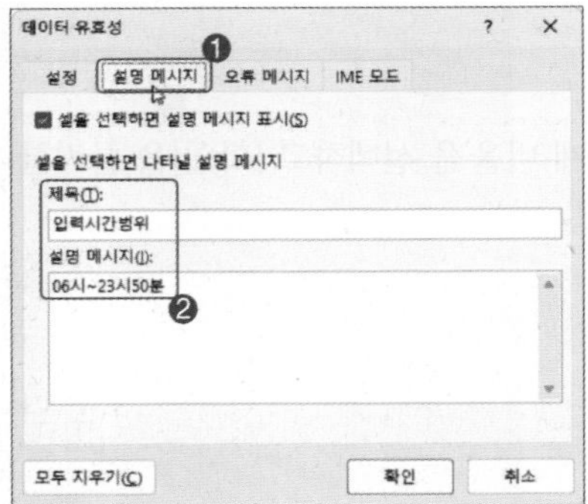


④ [오류 메시지] 탭에서 스타일은 '정보', 제목은 **시간확인**, 오류 메시지는 **입력시간을 확인하세요!!**를 입력하고 [확인]을 클릭한다.

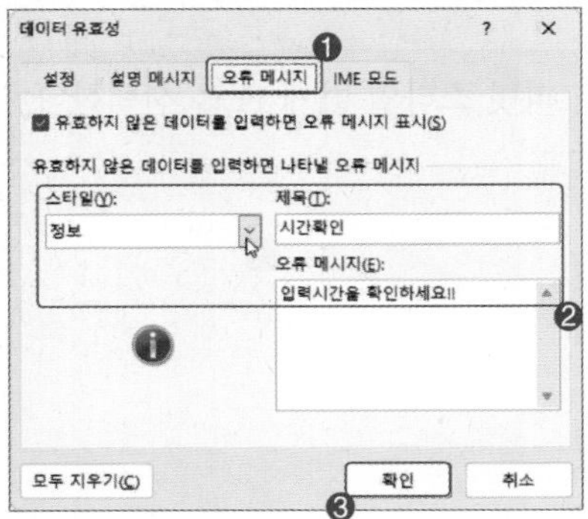

⑤ [데이터]-[정렬 및 필터] 그룹에서 [필터]( )를 클릭한 후, 출발시간 목록단추( )를 클릭하여 [숫자 필터]-[사용자 지정 필터]를 클릭한다.

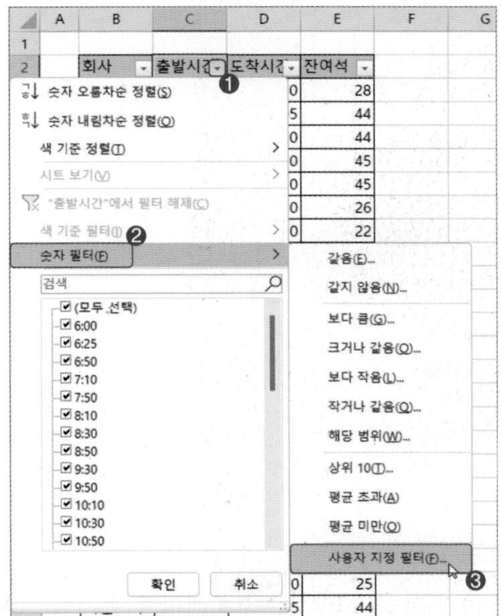

⑥ [사용자 지정 자동 필터]에서 '>=', 09:00, '그리고', '<=', 11:00을 입력하고 [확인]을 클릭한다.

## 문제 ④ 기타작업

### 01 차트('기타작업-1' 시트)

① '평균온도' 계열을 선택한 후 마우스 오른쪽 버튼을 눌러 [계열 차트 종류 변경]을 선택한다.

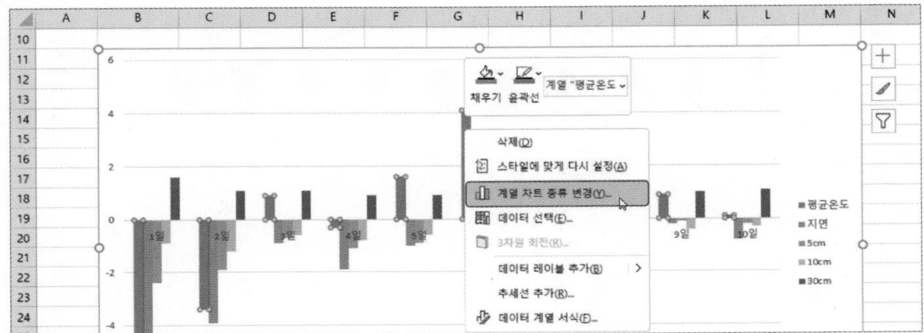

② [차트 종류 변경]에서 '평균온도' 계열을 선택한 후 '꺾은선형'의 '표식이 있는 꺾은선형'을 선택하고 [확인]을 클릭한다.

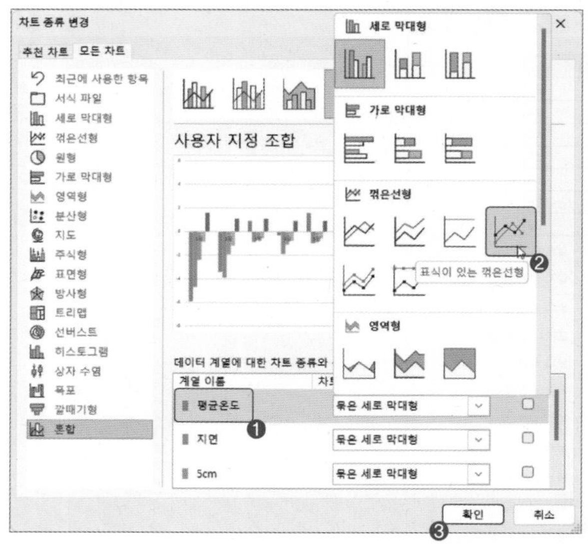

③ '평균온도(꺾은선형)'에서 마우스 오른쪽 버튼을 눌러 [데이터 레이블 추가]를 선택한다.

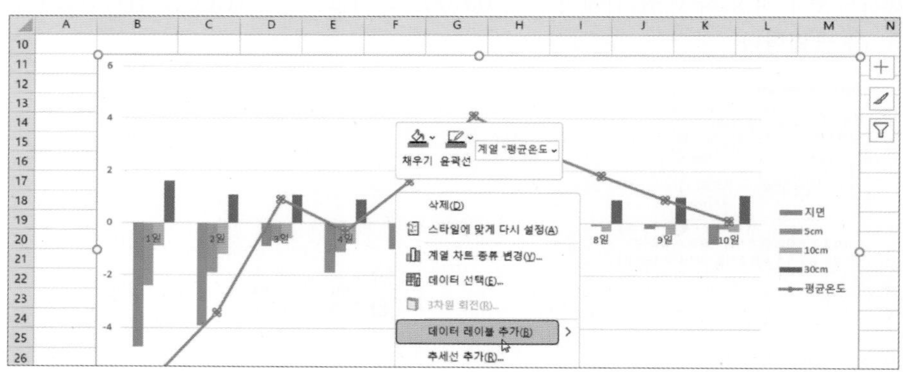

④ 차트를 선택하고 [차트 요소](⊞)−[차트 제목]을 체크하여 차트 제목에 **지중온도와 평균온도의 비교**를 입력한다.

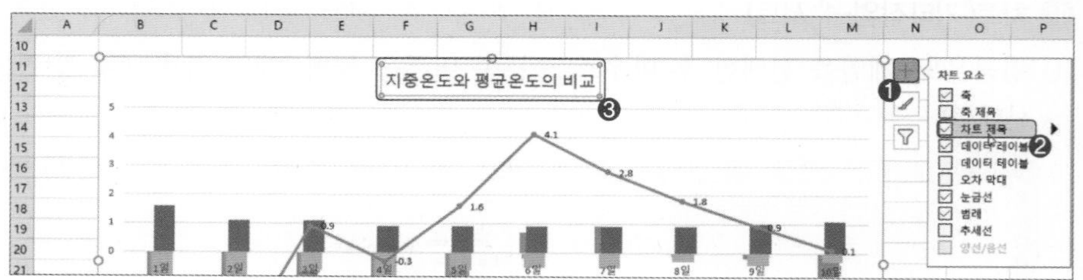

기적의 TIP

[디자인] 탭의 [차트 레이아웃] 그룹에서 [차트 요소 추가]-[차트 제목]-[차트 위]를 클릭해도 가능합니다.

⑤ 차트를 선택하고 [차트 요소](⊞)–[범례]–[아래쪽]을 선택한다.

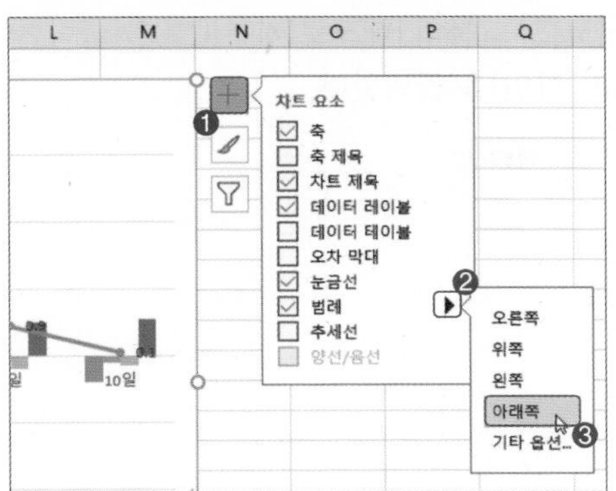


⑥ '지면' 데이터 계열에서 마우스 오른쪽 버튼을 눌러 [데이터 계열 서식]을 선택한다.

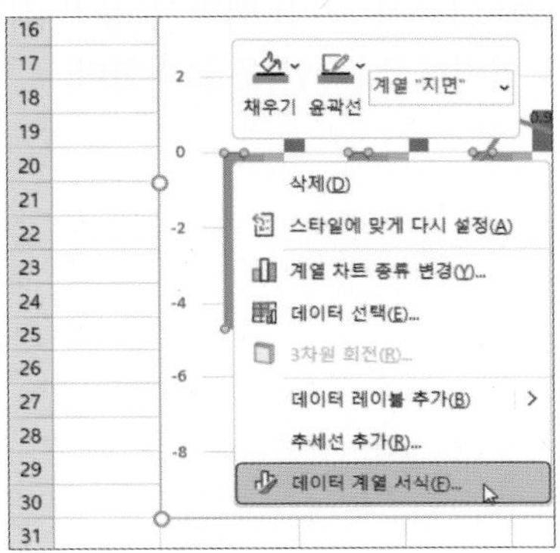


⑦ [데이터 계열 서식]의 '계열 옵션'에서 계열 겹치기는 90%를 입력한다.

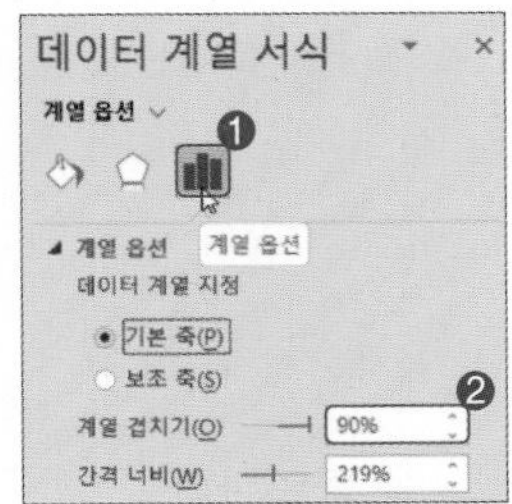


⑧ 세로(값) 축을 선택한 후 [축 서식]에서 '축 옵션'을 선택하여 최소값은 '–6', 최대값은 '5', 단위는 '기본'에 1을 입력한다.

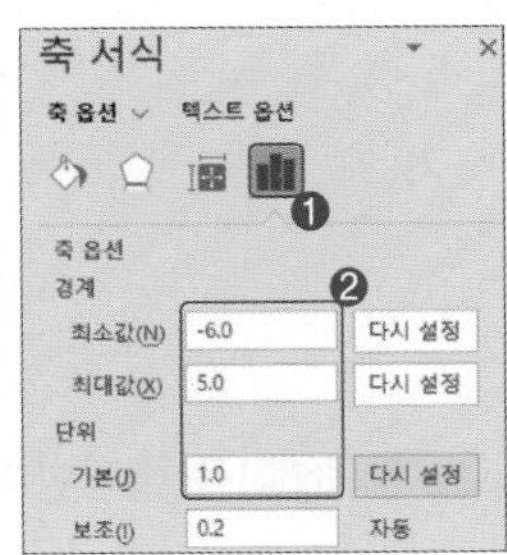


⑨ 차트 영역을 선택한 후 [채우기 및 선]의 '테두리'의 '둥근 모서리'를 체크하고 [닫기]를 클릭한다.

### 02 매크로('기타작업-2' 시트)

① 비어 있는 셀을 클릭한 후 [개발 도구]–[코드] 그룹의 [매크로 기록]( )을 클릭한다.

② [매크로 기록]에서 **서식적용**을 입력하고 [확인]을 클릭한다.

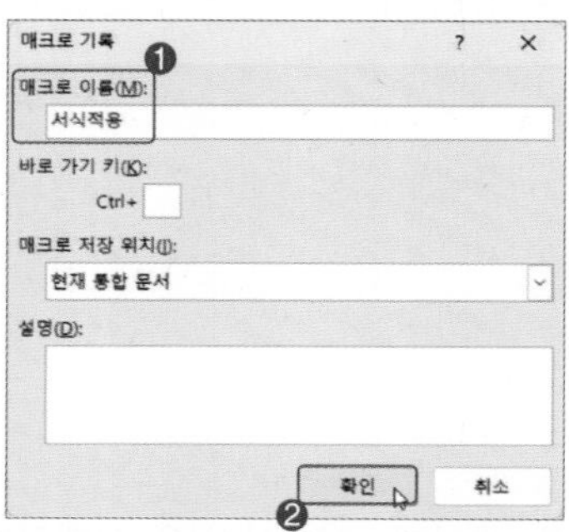


③ [E6:H36] 영역을 범위 지정한 후 Ctrl+1을 눌러 [표시 형식] 탭의 '사용자 지정'을 선택한 후 **[빨강][=1]0;[파랑][=0]0;#,##0**을 입력하고 [확인]을 클릭한다.

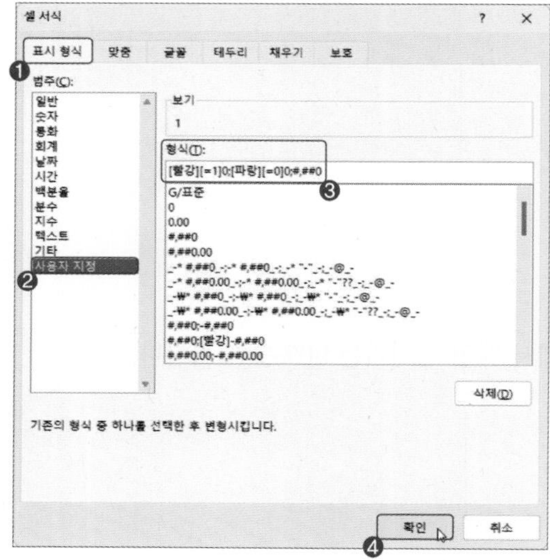


④ [개발 도구]–[코드] 그룹의 [기록 중지]( )를 클릭한다.

⑤ [개발 도구]–[컨트롤] 그룹의 [삽입]–[단추(양식 컨트롤)]( )을 클릭한다.

⑥ 마우스 포인터가 '+'로 바뀌면 Alt를 누르면서 [B2:C3] 영역에 드래그하면 [매크로 지정] 대화상자가 나타난다.

⑦ [매크로 지정]에서 **서식적용**을 선택하고 [확인]을 클릭한다.

⑧ 단추에 입력된 '단추 1'을 지우고 **서식적용**을 입력한다.

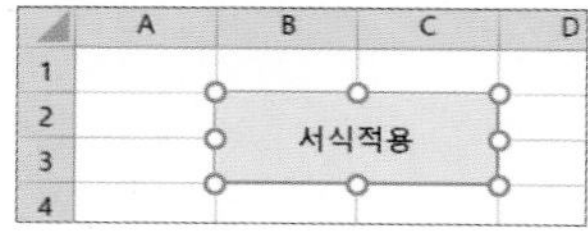


⑨ 비어 있는 셀을 클릭한 후 [개발 도구]–[코드] 그룹의 [매크로 기록]( )을 클릭한다.

⑩ [매크로 기록]에서 **서식해제**를 입력하고 [확인]을 클릭한다.

⑪ [E6:H36] 영역을 범위 지정한 후 Ctrl+1을 눌러 [표시 형식] 탭의 '회계'를 선택하고 [확인]을 클릭한다.

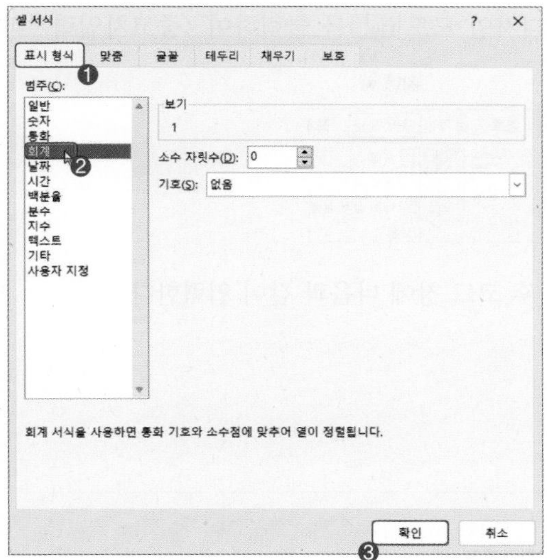


⑫ [개발 도구]-[코드] 그룹의 [기록 중지](□)를 클릭한다.

⑬ [개발 도구]-[컨트롤] 그룹의 [삽입]-[단추(양식 컨트롤)](▭)을 클릭한다.

⑭ 마우스 포인터가 '+'로 바뀌면 Alt를 누르면서 [E2:F3] 영역에 드래그한다.

⑮ [매크로 지정]에서 **서식해제**를 선택하고 [확인]을 클릭한다.

⑯ 단추에 입력된 '단추 2'를 지우고 **서식해제**를 입력한다.

## 03 VBA 프로그래밍('기타작업-3' 시트)

### (1) 폼 보이기

① [개발 도구]-[컨트롤] 그룹에서 [디자인 모드]( )를 클릭하여 〈중고차입력〉 버튼을 편집 상태로 만든다.

② 〈중고차입력〉 버튼을 더블클릭한 후 코드 창에 다음과 같이 입력한다.

```
Private Sub 중고차입력_Click()
    중고차입력화면.Show
End Sub
```

**기적의 TIP**

〈중고차입력〉 버튼에서 마우스 오른쪽 버튼을 눌러 [코드 보기] 메뉴를 클릭하여 입력할 수 있어요.

**코드 설명**

중고차입력화면.Show : 〈중고차입력화면〉 폼을 화면에 표시

### (2) 폼 초기화

① [프로젝트-VBAProject] 탐색기에서 '폼'을 더블 클릭하고 〈중고차입력화면〉을 선택한다.
② [프로젝트-VBAProject] 탐색기의 [코드 보기]( )를 클릭한다.
③ '개체 목록'은 'UserForm', '프로시저 목록'은 'Initialize'를 선택한다.
④ 코드 창에 다음과 같이 입력한다.

```
Private Sub UserForm_Initialize()
    Cmb모델.RowSource = "K4:L8"
    Cmb모델.ColumnCount = 2
    Text등록일 = Year(Date)
End Sub
```

**코드 설명**

① UserForm_Initialize() : 폼이 열리기 바로 직전(Initialize)에 동작
② Cmb모델.RowSource = "K4:L8" : Cmb모델에 데이터 범위[K4:K8]의 내용을 연결
③ Cmb모델.ColumnCount = 2 : Cmb모델에 연결하는 열의 개수가 '2'
④ Text등록일 = Year(Date) : Text등록일에 오늘 날짜의 연도를 표시

### (3) 입력 프로시저

① '개체 목록'에서 'Cmd입력', '프로시저 목록'은 'Click'을 선택한다.

② 코드 창에 다음과 같이 입력한다.

```
Private Sub Cmd입력_Click()
  i = Range("B3").CurrentRegion.Rows.Count + 2
  Cells(i, 2) = Cmb모델.List(Cmb모델.ListIndex, 0)
  Cells(i, 3) = Text년식.Value
  Cells(i, 4) = Cmb모델.List(Cmb모델.ListIndex, 1)
  If Text년식 = "" Or Text등록일 < Text년식 Then
    Cells(i, 5) = "등록오류"
  Else
    Cells(i, 5) = Cells(i, 4) * 0.8 ^ (Text등록일 - Text년식)
  End If
  Cells(i, 6) = Text등록인
  Cells(i, 7) = Text등록일.Value
End Sub
```

**코드 설명**

① i = Range("B3").CurrentRegion.Rows.Count + 2
→ 'i'는 새로운 데이터를 입력할 행의 위치를 구하여 기억하는 변수이다. 'i' 대신에 사용자가 다른 문자를 사용해도 상관없다.
Range : 셀 하나 또는 셀의 범위를 말함
CurrentRegion : 지정된 셀과 연결된 범위를 말함
Rows : 범위의 행들을 의미
Count : 개수를 말함
Range("B3").CurrentRegion.Rows.Count : [B3] 셀과 연결된 행의 개수를 구함

> +2
> 새롭게 데이터를 입력할 마지막 행의 위치를 구하기 위해서 더해주는 값이다. [B3] 셀 위쪽에 연결되지 않은 행의 개수 1행과 새롭게 데이터를 입력할 1행을 더한 값이다. (참고로 [A2] 셀의 [표1]이 입력되어 있어서 2행은 연결된 행으로 인식함)

② Cells(i, 2) = Cmb모델.List(Cmb모델.ListIndex, 0) : Cmb모델에 연결된 [K4:L8] 영역에서 선택한 데이터의 행과 첫 번째 열에 있는 값을 Cells(i, 2)에 입력

③ Cells(i, 4) = Cmb모델.List(Cmb모델.ListIndex, 1) : Cmb모델에 연결된 [K4:L8] 영역에서 선택한 데이터의 행과 두 번째 열에 있는 값을 Cells(i, 4)에 입력

④ If Text년식 = "" Or Text등록일 < Text년식 Then
→ 'Text년식'이 공백이거나 'Text등록일'이 'Text년식'보다 작다면

⑤ Cells(i, 5) = "등록오류"
→ Cells(i, 5) 셀에는 '등록오류'가 입력됨

**기적의 TIP**

[B3] 셀을 기준으로 연결된 행의 수는 2

**기적의 TIP**

Text년식 = ""에서 "" 사이에 공백(스페이스) 없이 입력합니다.

**기적의 TIP**

iROW는 임의로 만든 이름이에요. 다른 이름을 사용해도 됩니다. 한글로 '조회행'이라고 하셔도 되구요. (iROW를 변수라고 합니다.)

**기적의 TIP**

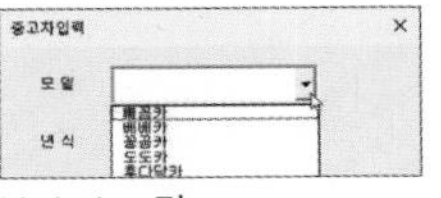
Listindex 값

PART

# 03

# 스프레드시트 상시 기출 문제

# 상시 기출 문제 01회

| 시험 시간 | 풀이 시간 | 합격 점수 | 내 점수 |
|---|---|---|---|
| 45분 | 분 | 70점 | 점 |

합격 강의

작업파일 [2025컴활1급₩1권_스프레드시트₩상시기출문제] 폴더의 '상시기출문제1회' 파일을 열어서 작업하시오.

## 문제 ❶ 기본작업 | 주어진 시트에서 다음 과정을 수행하고 저장하시오. 15점

### 01 '기본작업-1' 시트에서 다음과 같이 고급 필터를 수행하시오. (5점)

▶ [B3:I33] 영역에서 종료일의 년도가 2026 년이면서 휴직유형(급여)가 '육아'로 시작한 데이터의 '이름', '부서', '휴직유형(급여)', '시작일', '종료일', '복직일' 필드만 순서대로 표시하시오.
▶ 조건은 [K3:K4] 영역 내에 알맞게 입력하시오. (AND, YEAR, LEFT 함수 사용)
▶ 결과는 [K6] 셀부터 표시하시오.

### 02 '기본작업-1' 시트에서 다음과 같이 조건부 서식을 설정하시오. (5점)

▶ [B4:I33] 영역에서 종료일과 복직일 차이가 30일 이하이고, 휴직유형(급여)에 '미지급'이 들어있는 데이터의 행 전체에 대하여 글꼴 스타일은 '굵은 기울임꼴', 글꼴 색은 '표준 색 – 진한 파랑'으로 적용하시오.
▶ 단, 규칙 유형은 '수식을 사용하여 서식을 지정할 셀 결정'을 사용하고, 한 개의 규칙으로만 작성하시오.
▶ AND, DAYS, FIND 함수 사용

### 03 '기본작업-2' 시트에서 다음과 같이 페이지 레이아웃을 설정하시오. (5점)

▶ [B34:J52] 영역을 인쇄 영역으로 추가하고, 3행은 반복해서 인쇄될 수 있도록 설정하시오.
▶ '행/열 머리글'이 인쇄될 수 있도록 설정하시오.
▶ 모든 페이지 머리글을 작성하되 첫 페이지에는 '휴직관리'라는 제목을 가운데에 표시하고, 다음 페이지부터는 오른쪽에 오늘 날짜가 표시되도록 머리글을 설정하시오.

## 문제 ❷ 계산작업 | 주어진 시트에서 다음 과정을 수행하고 저장하시오. 30점

### 01 [표1]의 산업구분과 [표2]를 이용하여 산업별 순번을 구하여 [E3:E42] 영역에 표시하시오. (6점)

▶ [표시 예] 산업구분이 첫 번째 '화학'이면 CHE-1, 두 번째 '화학'이면 CHE-2로 표시
▶ VLOOKUP, COUNT, IF 함수와 & 연산자 이용

### 02 [표1]의 부서와 연구비를 이용하여 부서별 연구비에 대한 순위를 구하여 [H3:H42] 영역에 표시하시오. (6점)

▶ 부서별 연구비의 순위를 구하여 [표시 예 : 생명과학-1]로 표시
▶ SUM, IF 함수와 & 연산자 이용하여 배열 수식

**03** [표1]의 부서와 연구비를 이용하여 부서별 1~3등까지의 연구비의 평균을 계산하여 [표3]의 [M12:M15] 영역에 표시하시오. (6점)

▶ AVERAGE, IF, LARGE 함수를 사용한 배열 수식

**04** [표1]의 산업구분 '화학'이 연구비의 최대값을 [표4]의 [M20] 셀에 표시하시오. (6점)

▶ MAX, IF 함수를 사용한 배열 수식

**05** 사용자 정의 함수 'fn연구비'를 작성하여 [표1]의 [J3:J42] 영역에 비고를 계산하여 표시하시오. (6점)

▶ 'fn연구비'는 연구비를 인수로 받아 비고를 계산하는 함수이다.

▶ 비고는 연구비가 30,000,000 이상이면 '충분', 연구비가 20,000,000 이상이면 '적정', 그 외는 '부족'으로 표시하시오.

▶ IF ~ ELSE문 사용

```
Public Function fn연구비(연구비)
End Function
```

## 문제 3 분석작업 | 주어진 시트에서 다음 작업을 수행하고 저장하시오. 20점

**01** '분석작업-1' 시트에서 다음의 지시사항에 따라 피벗 테이블 보고서를 작성하시오. (10점)

▶ 외부 데이터 원본으로 〈다문화학생수.csv〉의 데이터를 사용하시오.
- 원본 데이터는 구분 기호 쉼표(,)로 분리되어 있으며, 내 데이터에 머리글을 표시하시오.
- '시도', '학제', '국내출생(남)', '국내출생(여)', '중도입국(남)', '중도입국(여)' 열만 가져와 데이터 모델에 이 데이터를 추가하시오.

▶ 피벗 테이블 보고서의 레이아웃과 위치는 〈그림〉을 참조하여 설정하고, 보고서 레이아웃을 개요 형식으로 표시하시오.

▶ '국내출생(남)', '국내출생(여)', '중도입국(남)', '중도입국(여)' 필드의 표시 형식은 값 필드 설정의 셀 서식에서 '숫자' 범주를 이용하여 〈그림〉과 같이 설정하시오.

▶ '국내출생(남)', '국내출생(여)' 필드를 추가하여 '총합계 비율'로 설정하시오.

▶ 피벗 테이블 스타일은 '연한 녹색, 피벗 스타일 보통 14', 피벗 테이블 스타일 옵션은 '행 머리글', '열 머리글', '줄무늬 열'을 설정하시오.

| | A | B | C | D | E | F | G | H | I |
|---|---|---|---|---|---|---|---|---|---|
| 1 | | 시도 | All | | | | | | |
| 2 | | | | | | | | | |
| 3 | | 학제 | 국내출생(남) | 비율:국내출생(남) | 국내출생(여) | 비율:국내출생(여) | 중도입국(남) | 중도입국(여) | |
| 4 | | (일반고) | 3,111 | 4.98% | 3,788 | 6.11% | 391 | 570 | |
| 5 | | (자율고) | 164 | 0.26% | 123 | 0.20% | 15 | 4 | |
| 6 | | (특목고) | 327 | 0.52% | 227 | 0.37% | 51 | 55 | |
| 7 | | (특성화고) | 1,635 | 2.62% | 1,716 | 2.77% | 278 | 337 | |
| 8 | | 각종학교 | 81 | 0.13% | 44 | 0.07% | 120 | 65 | |
| 9 | | 고등학교 | 4,791 | 7.66% | 5,307 | 8.56% | 703 | 897 | |
| 10 | | 중학교 | 13,303 | 21.28% | 13,330 | 21.50% | 1,295 | 1,326 | |
| 11 | | 초등학교 | 39,094 | 62.54% | 37,464 | 60.43% | 2,241 | 2,410 | |
| 12 | | **총합계** | **62,506** | **100.00%** | **61,999** | **100.00%** | **5,094** | **5,664** | |
| 13 | | | | | | | | | |

※ 작업 완성된 그림이며 부분 점수 없음

**02 '분석작업-2' 시트에 대하여 다음의 지시사항을 처리하시오. (10점)**

▶ [데이터 유효성 검사] 기능을 이용하여 [E5:E14] 영역에는 50부터 500까지의 정수가 입력되도록 제한 대상을 설정하시오.

– [E5:E14] 영역의 셀을 클릭한 경우 <그림>과 같은 설명 메시지를 표시하고, 유효하지 않은 데이터를 입력한 경우 <그림>과 같은 오류 메시지가 표시되도록 설정하시오.

| | A | B | C | D | E | F |
|---|---|---|---|---|---|---|
| 1 | | | | | | |
| 2 | | 약품 관리 자료 | | | | |
| 3 | | | | | | |
| 4 | | 약품명 | 효능 | 투여방법 | 용량 | 재고수량 |
| 5 | | 아스피린 | 두통 완화 | 경구 | 100mg | 50 |
| 6 | | 판콜비 | 소화 불량 | 경구 | 50 | |
| 7 | | 페니릴린 | 항염작용 | | 200 | |
| 8 | | 제레토신 | 진통 효과 | 경구 | 150 | |
| 9 | | 메라티오 | 혈압 조절 | 경구 | 10mg | 60 |

입력 용량 범위
50mg~500mg

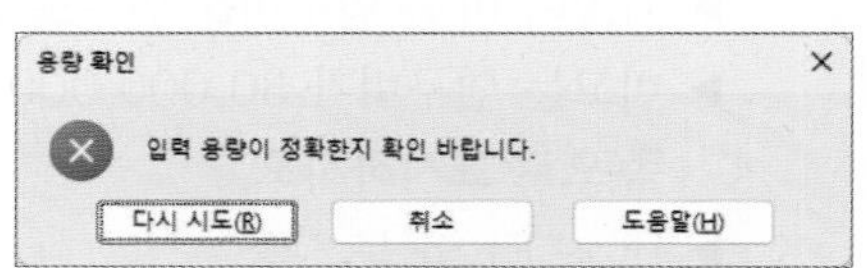


▶ 자동 필터를 이용하여 유통기한이 2025-3-1 ~ 2025-12-31까지 표시되도록 날짜 필터를 설정하시오.

## 문제 ❹ 기타작업 | 주어진 시트에서 다음 작업을 수행하고 저장하시오. 35점

**01 '기타작업-1' 시트에서 다음의 지시사항에 따라 차트를 수정하시오. (각 2점)**

※ 차트는 반드시 문제에서 제공한 차트를 사용하여야 하며, 신규로 차트 작성 시 0점 처리 됨.

① '강수량(mm)'과 '풍속(m/s)'이 차트에 표시되지 않도록 원본 데이터를 수정하고, 차트 종류를 '채워진 방사형'으로 변경하시오.

② 차트 제목은 [B2] 셀과 연동하여 표시되도록 설정하고, 범례를 오른쪽으로 표시하시오.

③ 기본 보조 가로 눈금선을 추가하고, 축의 레이블은 표시되지 않도록 설정하고, 축의 최대값을 40으로 설정하시오.

④ 데이터 레이블은 '값'을 '말풍선: 모서리가 둥근 사각형'으로 <그림>과 같이 표시하시오.

⑤ 차트 영역은 모서리를 둥글게 표시하고, '오프셋: 오른쪽 아래' 그림자를 표시하시오.

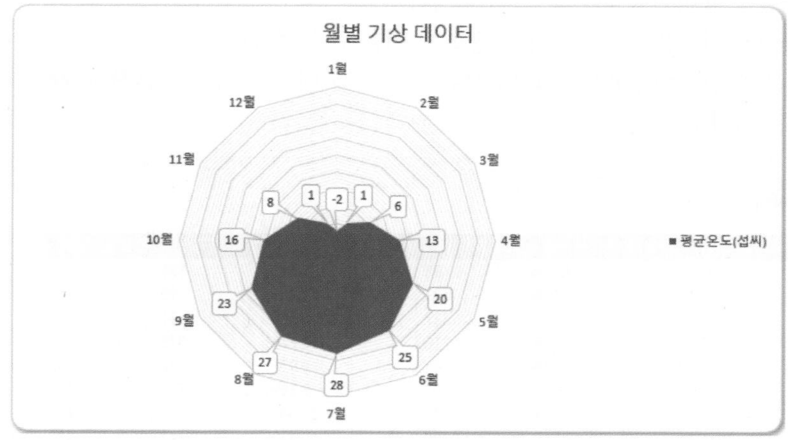

**02 '기타작업-2' 시트에서 다음과 같은 기능을 수행하는 매크로를 현재 통합문서에 작성하시오. (각 5점)**

① [F5:F32] 영역에 사용자 지정 표시 형식을 설정하는 '서식적용' 매크로를 생성하시오.

▶ '재고수량'이 100 이상이면 빨강색으로 왼쪽에 '★'를 붙여서 표시하고, 오른쪽에 숫자를 표시하고, '재고수량'이 20 이하이면 파랑색으로 왼쪽에 '☆'를 붙여서 표시하고, 오른쪽에 숫자를 표시하고, 그 외는 숫자를 오른쪽에 붙여서 표시하시오.
[표시 예 : '재고수량' 이 120일 경우 → ★　　120, 10일 경우 → ☆　　10]

▶ [개발 도구] – [삽입] – [양식 컨트롤]의 '단추(▭)'를 동일 시트의 [I4:I5] 영역에 생성한 후 텍스트를 "서식적용"으로 입력하고, 단추를 클릭하면 "서식적용" 매크로가 실행되도록 설정하시오.

② [F5:F32] 영역에 표시 형식을 '일반'으로 적용하는 '서식해제' 매크로를 생성하시오.

▶ [개발 도구] – [삽입] – [양식 컨트롤]의 '단추(▭)'를 동일 시트의 [I7:I8] 영역에 생성한 후 텍스트를 "서식해제"로 입력하고, 단추를 클릭하면 "서식해제" 매크로가 실행되도록 설정하시오.

※ 셀 포인터의 위치에 관계없이 매크로가 실행되어야 정답으로 인정됨

**03 '기타작업-3' 시트에서 다음과 같은 작업을 수행하도록 프로시저를 작성하시오. (각 5점)**

① '과일등록' 단추를 클릭하면 〈과일등록화면〉 폼이 나타나고, 폼이 초기화(Initialize)되면 '과일명(cmb과일명)' 목록에는 [J6:J10], '당도(cmb당도)' 목록에는 [K6:K10], '만족도(cmb만족도)' 목록에는 [L6:L10], '신선도(cmb신선도)' 목록에는 [M6:M10] 영역이 표시되도록 프로시저를 작성하시오.

② 〈과일등록화면〉 폼의 '등록(cmd등록)' 단추를 클릭하면 폼에 입력된 데이터가 시트의 표에 입력되어 있는 마지막 행 다음에 연속하여 추가되도록 프로시저를 작성하시오.

▶ 번호는 일련번호가 입력되도록 작성

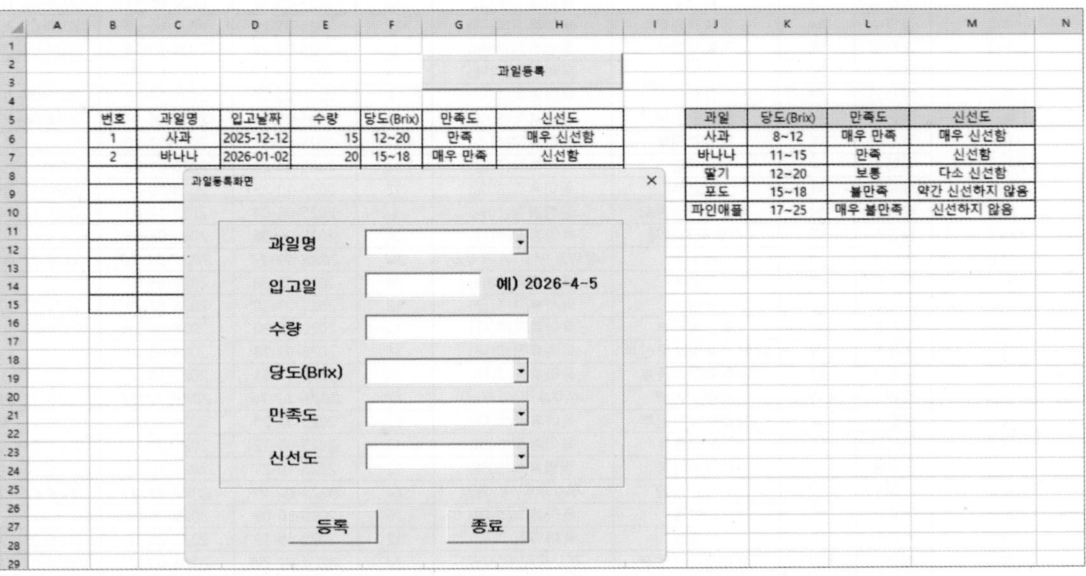


③ 〈과일등록화면〉 폼의 '종료(cmd종료)' 단추를 클릭하면 〈다음〉과 같이 현재 시간과 함께 메시지를 표시하고 폼을 종료하도록 설정하시오.

# 상시 기출 문제 01회 정답

## 문제 ❶ 기본작업

### 01 고급 필터

K4 =AND(YEAR(H4)=2026,LEFT(E4,2)="육아")

| | K | L | M | N | O | P | Q |
|---|---|---|---|---|---|---|---|
| 2 | | | | | | | |
| 3 | 조건 | | | | | | |
| 4 | TRUE | | | | | | |
| 5 | | | | | | | |
| 6 | 이름 | 부서 | 휴직유형(급여) | 시작일 | 종료일 | 복직일 | |
| 7 | 박지영 | 인사부 | 육아휴직(최소) | 2025-05-12 | 2026-05-11 | 2026-05-12 | |
| 8 | 김영수 | 인적자원부 | 육아휴직(최대) | 2025-05-29 | 2026-05-28 | 2026-05-29 | |
| 9 | 송지우 | 환경부 | 육아휴직(80%) | 2025-10-28 | 2026-10-27 | 2026-10-28 | |
| 10 | 이지훈 | 보건복지부 | 육아휴직(최대) | 2025-09-30 | 2026-09-29 | 2026-09-30 | |
| 11 | 박준서 | 산업통상자원부 | 육아휴직(최대) | 2025-11-25 | 2026-11-24 | 2026-11-25 | |
| 12 | 이서영 | 국토교통부 | 육아휴직(80%) | 2025-08-12 | 2026-08-11 | 2026-08-12 | |
| 13 | 박영희 | 산림청 | 육아휴직(최대) | 2025-05-19 | 2026-05-18 | 2026-05-19 | |
| 14 | 이민수 | 정보통신정책실 | 육아휴직(80%) | 2025-11-14 | 2026-11-13 | 2026-10-24 | |
| 15 | 최지우 | 지능정보사회기술부 | 육아휴직(80%) | 2025-06-10 | 2026-06-09 | 2026-06-10 | |
| 16 | | | | | | | |

### 02 조건부 서식

| | A | B | C | D | E | F | G | H | I | J |
|---|---|---|---|---|---|---|---|---|---|---|
| 1 | | | | | | | | | | |
| 2 | | | | | | | | 기준일 | 2026-12-10 | |
| 3 | | 이름 | 성별 | 부서 | 휴직유형(급여) | 휴직기간 | 시작일 | 종료일 | 복직일 | |
| 4 | | 박지영 | 여 | 인사부 | 육아휴직(최소) | 12 | 2025-05-12 | 2026-05-11 | 2026-05-12 | |
| 5 | | 김영수 | 남 | 인적자원부 | 육아휴직(최대) | 12 | 2025-05-29 | 2026-05-28 | 2026-05-29 | |
| 6 | | 이지원 | 여 | 기획재정부 | 질병휴직(70%) | 6 | 2025-03-16 | 2025-09-15 | 2025-09-16 | |
| 7 | | 최성민 | 남 | 법무부 | 육아휴직(최대) | 24 | 2025-01-02 | 2027-01-01 | | |
| 8 | | 박서연 | 여 | 감사원 | 육아휴직(최대) | 3 | 2025-05-20 | 2025-08-19 | 2025-08-20 | |
| 9 | | 이준호 | 남 | 행정안전부 | 질병휴직(50%) | 13 | 2025-05-15 | 2026-06-14 | 2026-06-15 | |
| 10 | | 정윤지 | 여 | 재정경제부 | 육아휴직(최소) | 24 | 2025-01-21 | 2027-01-20 | | |
| 11 | | 김태민 | 남 | 국세청 | 가사휴직(지급) | 12 | 2025-01-23 | 2026-01-22 | 2026-01-23 | |
| 12 | | 송지우 | 여 | 환경부 | 육아휴직(80%) | 12 | 2025-10-28 | 2026-10-27 | 2026-10-28 | |
| 13 | | 박승현 | 남 | 공정거래위원회 | 질병휴직(70%) | 6 | 2025-06-04 | 2025-12-03 | 2025-12-04 | |
| 14 | | 김민지 | 여 | 지방자치단체 | 육아휴직(최대) | 24 | 2025-08-06 | 2027-08-05 | | |
| 15 | | ***이영호*** | ***남*** | ***외무부*** | ***해외동반휴직(미지급)*** | ***24*** | ***2025-01-11*** | ***2027-01-10*** | ***2026-12-21*** | |
| 16 | | 박수진 | 여 | 통일부 | 육아휴직(80%) | 24 | 2025-05-08 | 2027-05-07 | | |
| 17 | | 김성민 | 남 | 국방부 | 가사휴직(지급) | 12 | 2025-07-30 | 2026-07-29 | 2026-07-30 | |
| 18 | | 이지훈 | 남 | 보건복지부 | 육아휴직(최대) | 12 | 2025-09-30 | 2026-09-29 | 2026-09-30 | |
| 19 | | 임은지 | 여 | 과학기술정보통신부 | 육아휴직(최대) | 36 | 2025-03-18 | 2028-03-17 | | |
| 20 | | 정민우 | 남 | 농림축산식품부 | 육아휴직(최대) | 24 | 2025-11-01 | 2027-10-31 | | |
| 21 | | ***김하은*** | ***여*** | ***해양수산부*** | ***가사휴직(미지급)*** | ***12*** | ***2025-12-16*** | ***2026-12-15*** | ***2026-11-25*** | |
| 22 | | 박준서 | 남 | 산업통상자원부 | 육아휴직(최대) | 12 | 2025-11-25 | 2026-11-24 | 2026-11-25 | |
| 23 | | 이서영 | 여 | 국토교통부 | 육아휴직(80%) | 12 | 2025-08-12 | 2026-08-11 | 2026-08-12 | |
| 24 | | 홍길동 | 남 | 방위사업청 | 질병휴직(50%) | 12 | 2025-10-21 | 2026-10-20 | 2026-10-21 | |
| 25 | | ***김철수*** | ***남*** | ***도시건설청*** | ***가사휴직(미지급)*** | ***14*** | ***2025-02-01*** | ***2026-03-31*** | ***2026-03-11*** | |
| 26 | | 이영희 | 여 | 소방청 | 육아휴직(최대) | 36 | 2025-06-09 | 2028-06-08 | | |
| 27 | | 박영희 | 여 | 산림청 | 육아휴직(최대) | 12 | 2025-05-19 | 2026-05-18 | 2026-05-19 | |
| 28 | | ***최민지*** | ***여*** | ***문화체육관광부*** | ***가사휴직(미지급)*** | ***24*** | ***2024-02-08*** | ***2026-02-07*** | ***2026-01-18*** | |
| 29 | | 이민수 | 남 | 정보통신정책실 | 육아휴직(80%) | 12 | 2025-11-14 | 2026-11-13 | 2026-10-24 | |
| 30 | | 한지민 | 여 | 고용노동부 | 육아휴직(최대) | 24 | 2025-07-08 | 2027-07-07 | | |
| 31 | | 최지우 | 여 | 지능정보사회기술부 | 육아휴직(80%) | 12 | 2025-06-10 | 2026-06-09 | 2026-06-10 | |
| 32 | | 손영희 | 여 | 외교통상부 | 유학휴직 | 36 | 2025-12-26 | 2028-12-25 | | |
| 33 | | ***정태일*** | ***남*** | ***지식경제부*** | ***해외동반휴직(미지급)*** | ***12*** | ***2025-02-18*** | ***2026-02-17*** | ***2026-02-18*** | |
| 34 | | | | | | | | | | |

## 03 페이지 레이아웃

휴직관리

| | B | C | D | E | F | G | H | I | J |
|---|---|---|---|---|---|---|---|---|---|
| 3 | 번호 | 이름 | 성별 | 부서 | 휴직유형(급여) | 휴직기간 | 시작일 | 종료일 | 복직일 |
| 4 | 1 | 박지영 | 여 | 인사부 | 육아휴직(최소) | 12 | 2025-05-12 | 2026-05-11 | 2026-05-12 |
| 5 | 2 | 김영수 | 남 | 인적자원부 | 육아휴직(최대) | 12 | 2025-05-29 | 2026-05-28 | 2026-05-29 |
| 6 | 3 | 이지원 | 여 | 기획재정부 | 질병휴직(70%) | 6 | 2025-03-16 | 2025-09-15 | 2025-09-16 |
| 7 | 4 | 최성민 | 남 | 법무부 | 육아휴직(최대) | 24 | 2025-01-02 | 2027-01-01 | |
| 8 | 5 | 박서연 | 여 | 감사원 | 육아휴직(최대) | 3 | 2025-05-20 | 2025-08-19 | 2025-08-20 |
| 9 | 6 | 이준호 | 남 | 행정안전부 | 질병휴직(50%) | 13 | 2025-05-15 | 2026-06-14 | 2026-06-15 |
| 10 | 7 | 정유지 | 여 | 재정경제부 | 육아휴직(최소) | 24 | 2025-01-21 | 2027-01-20 | |
| 11 | 8 | 김태민 | 남 | 국세청 | 가사휴직(지급) | 12 | 2025-01-23 | 2026-01-22 | 2026-01-23 |
| 12 | 9 | 송지우 | 여 | 환경부 | 육아휴직(80%) | 12 | 2025-10-28 | 2026-10-27 | 2026-10-28 |
| 13 | 10 | 박승현 | 남 | 공정거래위원회 | 질병휴직(70%) | 6 | 2025-06-04 | 2025-12-03 | 2025-12-04 |
| 14 | 11 | 김민지 | 여 | 지방자치단체 | 육아휴직(최대) | 24 | 2025-08-06 | 2027-08-05 | |
| 15 | 12 | 이영호 | 남 | 외무부 | 해외동반휴직(미지급) | 24 | 2025-01-11 | 2027-01-10 | 2026-12-21 |
| 16 | 13 | 박수진 | 여 | 통일부 | 육아휴직(80%) | 24 | 2025-05-08 | 2027-05-07 | |
| 17 | 14 | 김성민 | 남 | 국방부 | 가사휴직(지급) | 12 | 2025-07-30 | 2026-07-29 | 2026-07-30 |
| 18 | 15 | 이지훈 | 남 | 보건복지부 | 육아휴직(최대) | 12 | 2025-09-30 | 2026-09-29 | 2026-09-30 |
| 19 | 16 | 임은지 | 여 | 과학기술정보통신부 | 육아휴직(최대) | 36 | 2025-03-18 | 2028-03-17 | |
| 20 | 17 | 정민우 | 남 | 농림축산식품부 | 육아휴직(최대) | 24 | 2025-11-01 | 2027-10-31 | |
| 21 | 18 | 김하은 | 여 | 해양수산부 | 가사휴직(미지급) | 12 | 2025-12-16 | 2026-12-15 | 2026-11-25 |
| 22 | 19 | 박준서 | 남 | 산업통상자원부 | 육아휴직(최대) | 12 | 2025-11-25 | 2026-11-24 | 2026-11-25 |
| 23 | 20 | 이서영 | 여 | 국토교통부 | 육아휴직(80%) | 12 | 2025-08-12 | 2026-08-11 | 2026-08-12 |

2024-04-24

| | B | C | D | E | F | G | H | I | J |
|---|---|---|---|---|---|---|---|---|---|
| 3 | 번호 | 이름 | 성별 | 부서 | 휴직유형(급여) | 휴직기간 | 시작일 | 종료일 | 복직일 |
| 34 | 31 | 김민수 | 남 | 인사부 | 육아휴직(최대) | 12 | 2025-02-14 | 2026-02-13 | 2026-02-14 |
| 35 | 32 | 장영희 | 여 | 기획자원부 | 가사휴직(지급) | 6 | 2025-03-25 | 2025-09-24 | 2025-09-25 |
| 36 | 33 | 홍길동 | 남 | 인적자원부 | 질병휴직(80%) | 12 | 2025-05-07 | 2026-05-06 | 2026-05-07 |
| 37 | 34 | 이순신 | 남 | 경영지원부 | 가사휴직(미지급) | 6 | 2025-07-18 | 2026-01-17 | |
| 38 | 35 | 김철수 | 남 | 법무부 | 질병휴직(50%) | 24 | 2025-09-30 | 2027-09-29 | |
| 39 | 36 | 박미나 | 여 | 지방자치단체 | 육아휴직(최소) | 12 | 2025-11-08 | 2026-11-07 | 2026-11-08 |
| 40 | 37 | 최영희 | 여 | 재정경제부 | 육아휴직(최대) | 18 | 2025-12-17 | 2027-12-16 | |
| 41 | 38 | 이성호 | 남 | 국세청 | 질병휴직(70%) | 6 | 2026-01-01 | 2026-06-30 | 2026-07-01 |
| 42 | 39 | 김지영 | 여 | 행정안전부 | 육아휴직(최대) | 12 | 2026-02-13 | 2027-02-12 | 2027-02-13 |
| 43 | 40 | 이미영 | 여 | 환경부 | 질병휴직(50%) | 24 | 2026-04-26 | 2028-04-25 | |
| 44 | 41 | 박동민 | 남 | 공정거래위원회 | 육아휴직(최소) | 12 | 2026-06-05 | 2027-06-04 | 2027-06-05 |
| 45 | 42 | 정수현 | 여 | 감사원 | 질병휴직(80%) | 18 | 2026-07-20 | 2028-07-19 | |
| 46 | 43 | 한영수 | 남 | 지방자치단체 | 가사휴직(지급) | 24 | 2026-09-12 | 2028-09-11 | |
| 47 | 44 | 김영미 | 여 | 국세청 | 육아휴직(최대) | 12 | 2026-10-04 | 2027-10-03 | 2027-10-04 |
| 48 | 45 | 장준혁 | 남 | 인사부 | 질병휴직(최소) | 6 | 2026-11-23 | 2027-05-22 | 2027-05-23 |
| 49 | 46 | 이서진 | 남 | 행정안전부 | 육아휴직(최대) | 12 | 2026-12-30 | 2027-12-29 | 2027-12-30 |
| 50 | 47 | 최지원 | 여 | 재정경제부 | 질병휴직(70%) | 24 | 2027-02-03 | 2028-02-02 | |
| 51 | 48 | 박준호 | 남 | 외무부 | 육아휴직(최소) | 12 | 2027-03-14 | 2028-03-13 | 2028-03-14 |
| 52 | 49 | 김유진 | 여 | 환경부 | 질병휴직(50%) | 6 | 2027-05-07 | 2027-11-06 | 2027-11-07 |

## 문제 ❷ 계산작업

[표1]

| 번호 | 장비명 | 모델명 | 산업구분 | 산업 | 부서 | 연구비 | 부서 순위 | 보증기간 | 연구비 |
|---|---|---|---|---|---|---|---|---|---|
| 1 | 분광분석기 | SpectraMax | 화학 | CHE-1 | 생명과학 | 15,000,000 | 생명과학-16 | 2년 | 부족 |
| 2 | 전자현미경 | FEI Tecnai | 재료 | MAT-1 | 물리학 | 25,000,000 | 물리학-3 | 3년 | 적정 |
| 3 | 원심분리기 | Eppendorf | 생명과학 | BIO-1 | 생명과학 | 8,000,000 | 생명과학-21 | 1년 | 부족 |
| 4 | 진공펌프 | Agilent | 화학 | CHE-2 | 화학 | 12,000,000 | 화학-5 | 2년 | 부족 |
| 5 | UV-VIS | Shimadzu | 화학 | CHE-3 | 화학 | 10,000,000 | 화학-7 | 2년 | 부족 |
| 6 | HPLC | Waters | 화학 | CHE-4 | 생명과학 | 30,000,000 | 생명과학-4 | 3년 | 충분 |
| 7 | 가스크로마토그래프 | Agilent | 화학 | CHE-5 | 생명과학 | 28,000,000 | 생명과학-7 | 2년 | 적정 |
| 8 | 원심분리기 | Thermo | 생명과학 | BIO-2 | 생명과학 | 9,000,000 | 생명과학-18 | 1년 | 부족 |
| 9 | 초음파분쇄기 | Branson | 재료 | MAT-2 | 재료 | 5,000,000 | 재료-6 | 2년 | 부족 |
| 10 | 분광분석기 | PerkinElmer | 화학 | CHE-6 | 생명과학 | 18,000,000 | 생명과학-14 | 2년 | 부족 |
| 11 | 생물반응기 | Applikon | 생명과학 | BIO-3 | 생명과학 | 35,000,000 | 생명과학-2 | 3년 | 충분 |
| 12 | PCR기계 | Bio-Rad | 생명과학 | BIO-4 | 생명과학 | 20,000,000 | 생명과학-12 | 2년 | 적정 |
| 13 | 진공오븐 | Yamato | 재료 | MAT-3 | 재료 | 7,000,000 | 재료-3 | 1년 | 부족 |
| 14 | 냉동전자현미경 | Leica | 생명과학 | BIO-5 | 생명과학 | 28,000,000 | 생명과학-7 | 3년 | 적정 |
| 15 | HPLC | Agilent | 화학 | CHE-7 | 화학 | 32,000,000 | 화학-2 | 3년 | 충분 |
| 16 | 진공펌프 | Busch | 화학 | CHE-8 | 화학 | 11,000,000 | 화학-6 | 2년 | 부족 |
| 17 | 초음파세척기 | Branson | 재료 | MAT-4 | 재료 | 4,500,000 | 재료-7 | 2년 | 부족 |
| 18 | 가스크로마토그래프 | Shimadzu | 화학 | CHE-9 | 화학 | 25,000,000 | 화학-3 | 2년 | 적정 |
| 19 | 진공오븐 | Thermo | 재료 | MAT-5 | 재료 | 8,000,000 | 재료-1 | 1년 | 부족 |
| 20 | 콜로이드밀링기 | Retsch | 화학 | CHE-10 | 재료 | 6,000,000 | 재료-4 | 2년 | 부족 |
| 21 | UV-VIS | PerkinElmer | 화학 | CHE-11 | 화학 | 9,000,000 | 화학-8 | 2년 | 부족 |
| 22 | 가스크로마토그래프 | Agilent | 화학 | CHE-12 | 생명과학 | 27,000,000 | 생명과학-9 | 2년 | 적정 |
| 23 | 원심분리기 | Eppendorf | 생명과학 | BIO-6 | 생명과학 | 8,500,000 | 생명과학-19 | 1년 | 부족 |
| 24 | 분광분석기 | Shimadzu | 화학 | CHE-13 | 생명과학 | 20,000,000 | 생명과학-12 | 2년 | 적정 |
| 25 | 진공펌프 | Edwards | 화학 | CHE-14 | 화학 | 13,000,000 | 화학-4 | 2년 | 부족 |
| 26 | 분광분석기 | Agilent | 화학 | CHE-15 | 생명과학 | 22,000,000 | 생명과학-10 | 2년 | 적정 |
| 27 | 전자현미경 | FEI Tecnai | 재료 | MAT-6 | 물리학 | 28,000,000 | 물리학-2 | 3년 | 적정 |
| 28 | UV-VIS | Shimadzu | 화학 | CHE-16 | 화학 | 8,500,000 | 화학-9 | 2년 | 부족 |
| 29 | HPLC | Waters | 화학 | CHE-17 | 생명과학 | 35,000,000 | 생명과학-2 | 3년 | 충분 |
| 30 | 원심분리기 | Thermo | 생명과학 | BIO-7 | 생명과학 | 9,500,000 | 생명과학-17 | 1년 | 부족 |
| 31 | 전자현미경 | JEOL | 재료 | MAT-7 | 물리학 | 30,000,000 | 물리학-1 | 3년 | 충분 |
| 32 | 분광분석기 | PerkinElmer | 화학 | CHE-18 | 생명과학 | 17,000,000 | 생명과학-15 | 2년 | 부족 |
| 33 | 가스크로마토그래프 | Agilent | 화학 | CHE-19 | 생명과학 | 29,000,000 | 생명과학-6 | 2년 | 적정 |
| 34 | 원심분리기 | Eppendorf | 생명과학 | BIO-8 | 생명과학 | 8,200,000 | 생명과학-20 | 1년 | 부족 |
| 35 | 초음파분쇄기 | Branson | 재료 | MAT-8 | 재료 | 5,500,000 | 재료-5 | 2년 | 부족 |
| 36 | 생물반응기 | Applikon | 생명과학 | BIO-9 | 생명과학 | 37,000,000 | 생명과학-1 | 3년 | 충분 |
| 37 | PCR기계 | Bio-Rad | 생명과학 | BIO-10 | 생명과학 | 22,000,000 | 생명과학-10 | 2년 | 적정 |
| 38 | 진공오븐 | Yamato | 재료 | MAT-9 | 재료 | 7,500,000 | 재료-2 | 1년 | 부족 |
| 39 | 냉동전자현미경 | Leica | 생명과학 | BIO-11 | 생명과학 | 30,000,000 | 생명과학-4 | 3년 | 충분 |
| 40 | HPLC | Agilent | 화학 | CHE-20 | 화학 | 34,000,000 | 화학-1 | 3년 | 충분 |

[표2]

| 산업구분 | 코드 |
|---|---|
| 화학 | CHE |
| 재료 | MAT |
| 생명과학 | BIO |

[표3]

| 부서 | 1~3등 평균 |
|---|---|
| 생명과학 | 35,666,667 |
| 물리학 | 27,666,667 |
| 화학 | 30,333,333 |
| 재료 | 7,500,000 |

[표4]

| 산업구분 | 최대값 |
|---|---|
| 화학 | 35,000,000 |

1. [E3] 셀에 「=VLOOKUP(D3,$L$5:$M$7,2,0)&"−"&COUNT(IF($D$3:D3=D3,1))」를 입력하고 [E42] 셀까지 수식 복사
2. [H3] 셀에 「=F3&"−"&SUM(IF(($G$3:$G$42〉G3)*($F$3:$F$42=F3),1))+1」을 입력하고 [Ctrl]+[Shift]+[Enter]를 누른 후에 [H42] 셀까지 수식 복사
3. [M12] 셀에 「=AVERAGE(IF(LARGE(($G$3:$G$42)*($F$3:$F$42=$L12),3)〈=($G$3:$G$42)*($F$3:$F$42=$L12),($G$3:$G$42)*($F$3:$F$42=$L12)))」를 입력하고 [Ctrl]+[Shift]+[Enter]를 누른 후에 [M15] 셀까지 수식을 복사
4. [M20] 셀에 「=MAX(IF(D3:D42=L20,G3:G42))」를 입력하고 [Ctrl]+[Shift]+[Enter]를 눌러 수식 입력
5. [J3] 셀에 「=fn연구비(G3)」를 입력하고 [J42] 셀까지 수식 복사

```
Public Function fn연구비(연구비)
    If 연구비 >= 30000000 Then
        fn연구비 = "충분"
    ElseIf 연구비 >= 20000000 Then
        fn연구비 = "적정"
    Else
        fn연구비 = "부족"
    End If
End Function
```

## 문제 ❸ 분석작업

### 01 피벗 테이블

| 시도 | All | | | | | |
|---|---|---|---|---|---|---|
| **학제** | **국내출생(남)** | **비율:국내출생(남)** | **국내출생(여)** | **비율:국내출생(여)** | **중도입국(남)** | **중도입국(여)** |
| (일반고) | 3,111 | 4.98% | 3,788 | 6.11% | 391 | 570 |
| (자율고) | 164 | 0.26% | 123 | 0.20% | 15 | 4 |
| (특목고) | 327 | 0.52% | 227 | 0.37% | 51 | 55 |
| (특성화고) | 1,635 | 2.62% | 1,716 | 2.77% | 278 | 337 |
| 각종학교 | 81 | 0.13% | 44 | 0.07% | 120 | 65 |
| 고등학교 | 4,791 | 7.66% | 5,307 | 8.56% | 703 | 897 |
| 중학교 | 13,303 | 21.28% | 13,330 | 21.50% | 1,295 | 1,326 |
| 초등학교 | 39,094 | 62.54% | 37,464 | 60.43% | 2,241 | 2,410 |
| **총합계** | **62,506** | **100.00%** | **61,999** | **100.00%** | **5,094** | **5,664** |

### 02 데이터 도구

약품 관리 자료

| 약품명 | 효능 | 투여방법 | 용량 | 재고수량 | 유통기한 |
|---|---|---|---|---|---|
| 아스피린 | 두통 완화 | 경구 | 100mg | 50 | 2025-06-30 |
| 페니실린 | 항염작용 | | 200 | | 2025-08-15 |
| 제레토신 | 진통 효과 | 경구 | 150 | | 2025-05-20 |
| 클라리시드 | 항생제 | | 250 | | 2025-10-31 |
| 로사르탄 | 고혈압 관리 | 경구 | 50mg | 35 | 2025-09-10 |
| 리보플라빈 | 에너지 공급 | 경구 | 100mg | 45 | 2025-07-05 |
| 비타민C | 면역력 강화 | 경구 | 500mg | 55 | 2025-11-30 |
| 올리스트란 | 호르몬 조절 | 경구 | 5mg | 50 | 2025-04-15 |

입력 용량 범위
50mg~500mg

## 문제 ❹ 기타작업

### 01 차트

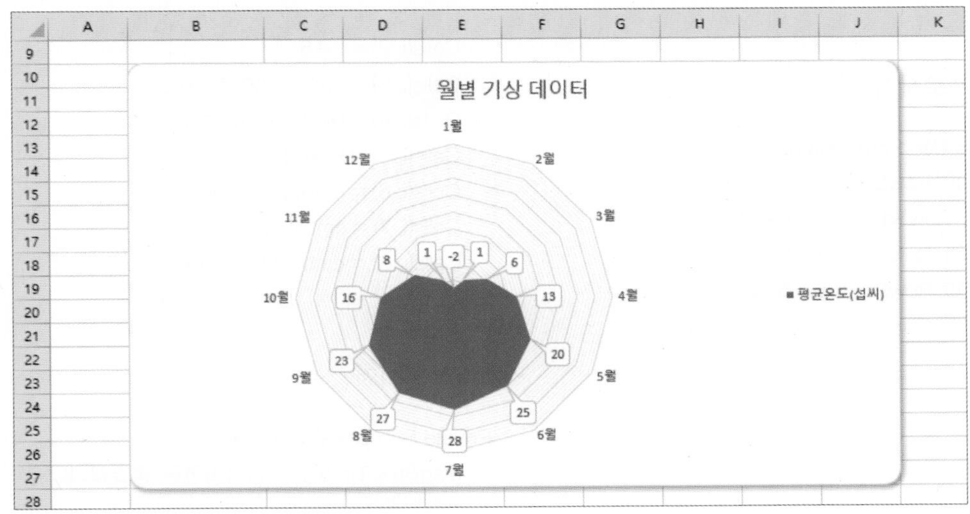

## 02 매크로

약품 관리 자료

| 약품명 | 효능 | 투여방법 | 용량 | 재고수량 | 유통기한 |
|---|---|---|---|---|---|
| 아스피린 | 두통 완화 | 경구 | 100mg | 97 | 2024-06-30 |
| 페니릴린 | 항염작용 | | 200mg | 93 | 2024-08-15 |
| 제레토신 | 진통 효과 | 경구 | 150mg | ☆ 20 | 2024-05-20 |
| 클라리시드 | 항생제 | | 250mg | ☆ 12 | 2024-10-31 |
| 로사르탄 | 고혈압 관리 | 경구 | 50mg | ★ 139 | 2024-09-10 |
| 리보플라빈 | 에너지 공급 | 경구 | 100mg | ★ 196 | 2024-07-05 |
| 비타민C | 면역력 강화 | 경구 | 500mg | ★ 133 | 2024-11-30 |
| 울리스트란 | 호르몬 조절 | 경구 | 5mg | ★ 171 | 2024-04-15 |
| 판토플로신 | 혈당 | 경구 | 10mg | ★ 177 | 2024-10-20 |
| 메티포민 | 당뇨 기능 | 경구 | 500mg | ★ 112 | 2024-09-15 |
| 레보티룩신 | 갑상선 건강 | 경구 | 50mcg | ★ 115 | 2024-08-25 |
| 로시간 | 심장 완화 | 경구 | 100mg | ★ 112 | 2024-07-10 |
| 클로피닉 | 염증 치료 | 경구 | 200mg | ★ 200 | 2024-06-05 |
| 레보시트라 | ED 조절 | 경구 | 10mg | ★ 134 | 2024-11-15 |
| 이로사트란 | 혈압 감소 | 경구 | 25mg | ★ 137 | 2024-10-30 |
| 레베티라세탐 | 콜레스테롤 촉진 | 경구 | 20mg | ★ 118 | 2024-09-25 |
| 실로다제닌 | 소화 감소 | 경구 | 50mg | ★ 177 | 2024-08-20 |
| 푸바스타틴 | 콜레스테롤 조절 | 경구 | 10mg | ☆ 16 | 2024-07-25 |
| 레미프로스틴 | 위산 완화 | 경구 | 20mg | 77 | 2024-06-20 |
| 레보스타딘 | 알레르기 완화 | 경구 | 5mg | ★ 144 | 2024-05-15 |
| 나프록센 | 통증 치료 | 경구 | 250mg | 43 | 2024-04-10 |
| 피롭시카민 | 위염 치료 | 경구 | 20mg | ★ 118 | 2024-11-05 |
| 레비트라 | ED 치료 | 경구 | 20mg | 29 | 2024-10-01 |
| 아미트리프틸린 | 우울증 공급 | 경구 | 25mg | 42 | 2024-09-26 |
| 리보플라빈 | 에너지 치료 | 경구 | 100mg | 86 | 2024-07-05 |
| 저스트로프란 | 호르몬 예방 | 경구 | 2mg | ★ 151 | 2024-06-30 |
| 레브프로스틴 | 골다공증 완화 | 경구 | 70mg | 38 | 2024-05-25 |
| 오티모드 | 스트레스 | 경구 | 50mg | ★ 169 | 2024-04-20 |

서식 적용

서식 해제

## 03 VBA 프로그래밍

• 폼 보이기 프로시저

```
Private Sub cmd등록_Click()
    과일등록화면.Show
End Sub
```

• 폼 초기화 프로시저

```
Private Sub UserForm_Initialize()
    cmb과일명.RowSource = "J6:J10"
    cmb당도.RowSource = "K6:K10"
    cmb만족도.RowSource = "L6:L10"
    cmb신선도.RowSource = "M6:M10"
End Sub
```

• 등록 프로시저

```
Private Sub cmd등록_Click()
    i = Range("B5").CurrentRegion.Rows.Count + 5

    Cells(i, 2) = i – 5
    Cells(i, 3) = cmb과일명.Value
    Cells(i, 4) = txt날짜.Value
    Cells(i, 5) = txt수량.Value
    Cells(i, 6) = cmb당도.Value
    Cells(i, 7) = cmb만족도.Value
    Cells(i, 8) = cmb신선도.Value
End Sub
```

• 종료 프로시저

```
Private Sub cmd종료_Click()
    MsgBox Time & " 등록화면을 종료합니다.",
    vbOKOnly
    Unload Me
End Sub
```

## 문제 ❶ 기본작업

### 01 고급 필터('기본작업-1' 시트)

① [K3:K4] 영역에 조건을 입력하고 [K6:P6] 영역에 추출할 필드명을 입력한다.

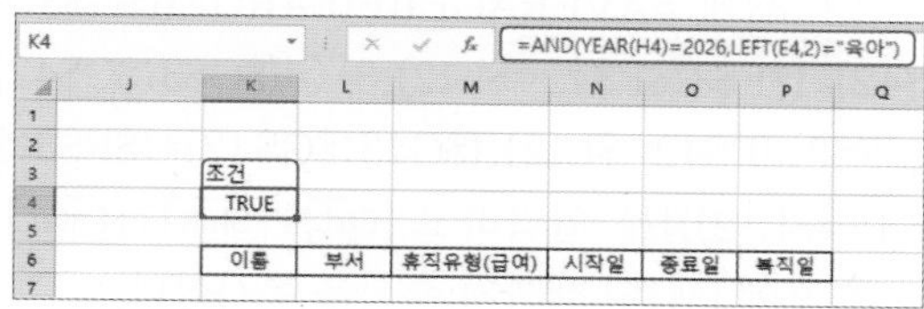

[K4] : =AND(YEAR(H4)=2026,LEFT(E4,2)="육아")

② [데이터]-[정렬 및 필터] 그룹의 [고급]을 선택한다.

③ [고급 필터]에서 다음과 같이 지정한 후 [확인]을 클릭한다.

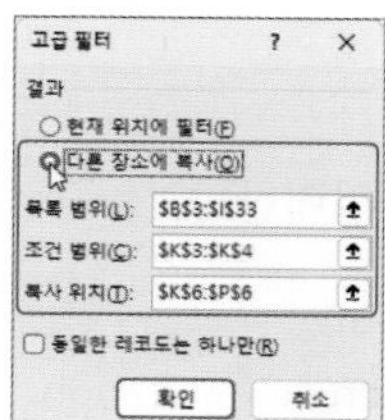

- 결과 : '다른 장소에 복사'
- 목록 범위 : [B3:I33]
- 조건 범위 : [K3:K4]
- 복사 위치 : [K6:P6]

### 02 조건부 서식('기본작업-1' 시트)

① [B4:I33] 영역을 범위 지정한 후 [홈]-[스타일] 그룹의 [조건부 서식]-[새 규칙]을 선택한다.

② [새 서식 규칙]에서 '규칙 유형 선택'에 '▶ 수식을 사용하여 서식을 지정할 셀 결정'을 선택하고, =AND(DAYS($I4,$H4)<=30,FIND("미지급",$E4)>0)를 입력한 후 [서식]을 클릭한다.

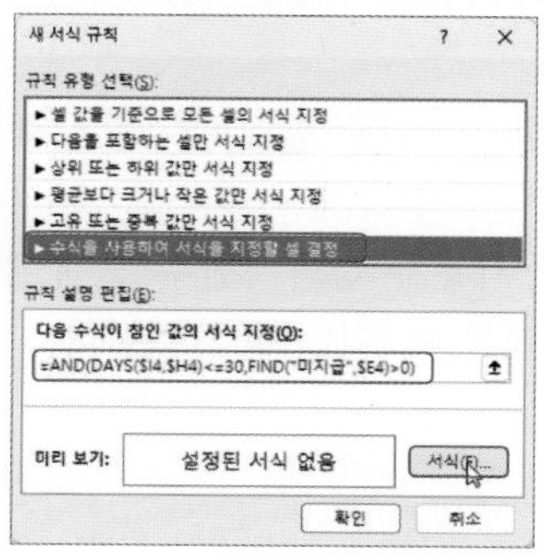

③ [셀 서식]의 [글꼴] 탭에서 글꼴 스타일은 '굵은 기울임꼴', 글꼴 색은 '표준 색 – 진한 파랑'을 선택한 후 [확인]을 클릭한다.

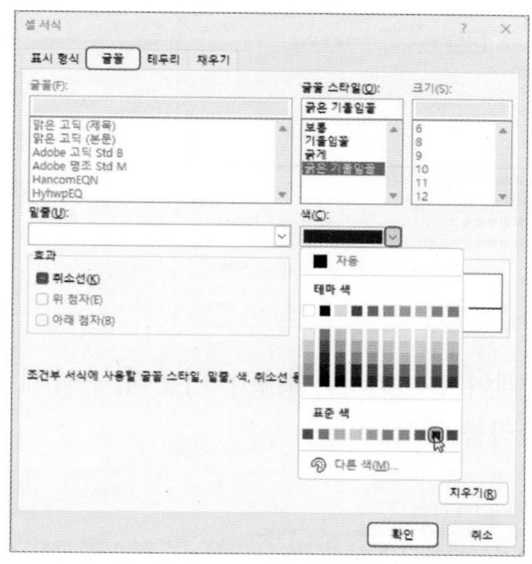

④ [새 서식 규칙]에서 다시 [확인]을 클릭한다.

### 03 페이지 레이아웃('기본작업-2' 시트)

① [B34:J52] 영역을 범위 지정한 후 [페이지 레이아웃]-[페이지 설정] 그룹에서 [인쇄 영역]-[인쇄 영역에 추가]를 클릭한다.

② [페이지 레이아웃]-[페이지 설정] 그룹에서 [인쇄 제목]을 클릭한다.

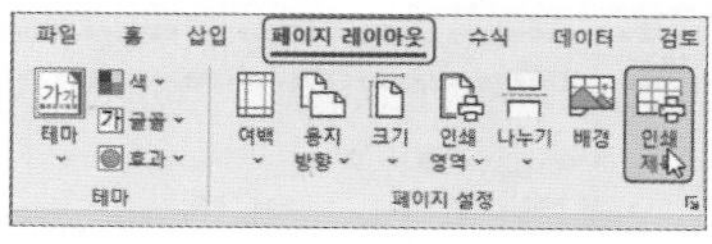

③ [시트] 탭에서 반복할 행을 '3행'으로 지정하고, '행/열 머리글'을 체크한다.

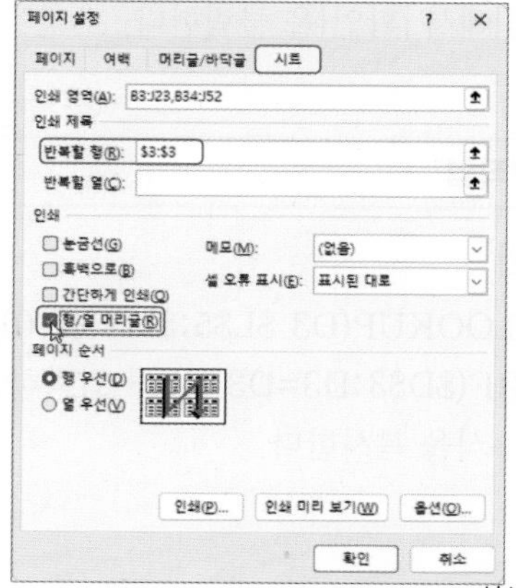

④ [머리글/바닥글] 탭에서 '첫 페이지에 다르게 지정'을 체크하고 [머리글 편집]을 클릭한다.

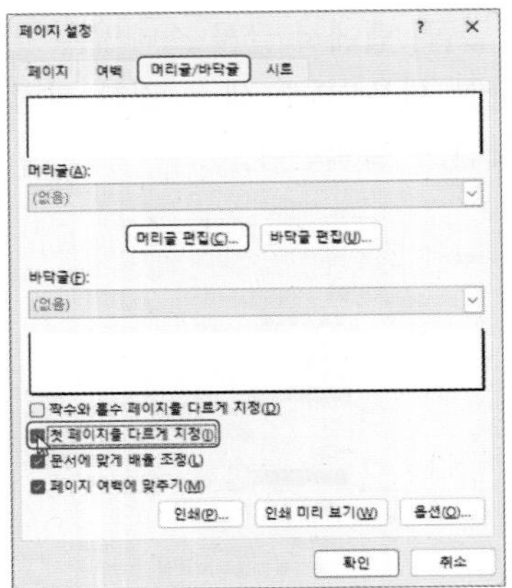

⑤ [첫 페이지 머리글] 탭에서 '가운데 구역'에 **휴직관리**를 입력한다.

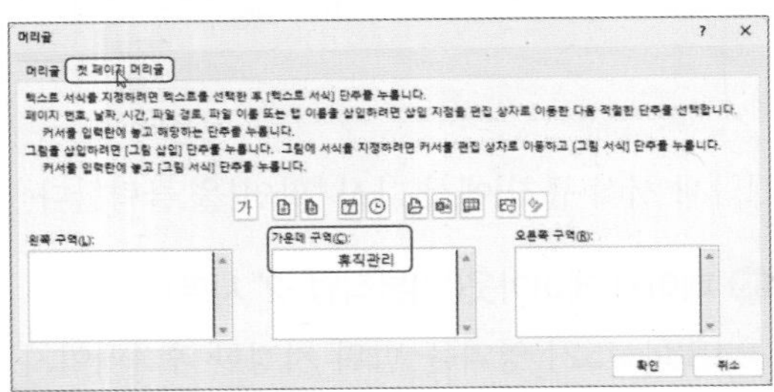

⑥ [머리글] 탭의 오른쪽 구역에 커서를 두고 [날짜 삽입]( )를 클릭하고 [확인]을 클릭한다.

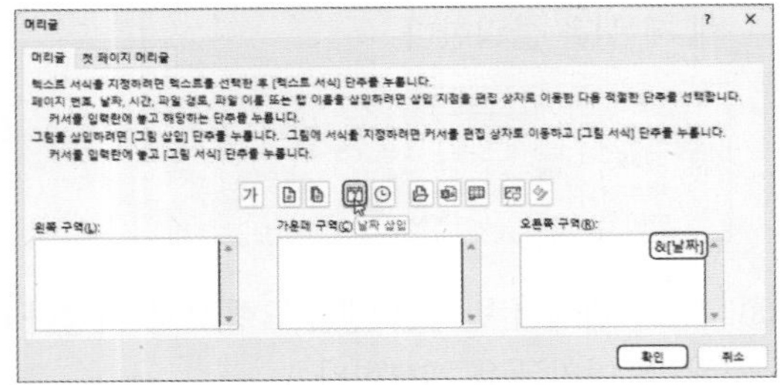

⑦ [페이지 설정]에서 [확인]을 클릭한다.

## 문제 ❷ 계산작업

### 01 산업[E3:E42]

[E3] 셀에 =VLOOKUP(D3,$L$5:$M$7,2,0)&"−"&COUNT(IF($D$3:D3=D3,1))를 입력하고 [E42] 셀까지 수식을 복사한다.

### 02 부서 순위[H3:H42]

[H3] 셀에 =F3&"−"&SUM(IF(($G$3:$G$42>G3)*($F$3:$F$42=F3),1))+1을 입력하고 Ctrl+Shift+Enter를 누른 후에 [H42] 셀까지 수식을 복사한다.

### 03 1~3등 평균[M12:M15]

[M12] 셀에 =AVERAGE(IF(LARGE(($G$3:$G$42)*($F$3:$F$42=$L12),3)<=($G$3:$G$42)*($F$3:$F$42=$L12),($G$3:$G$42)*($F$3:$F$42=$L12)))를 입력하고 Ctrl+Shift+Enter를 누른 후에 [M15] 셀까지 수식을 복사한다.

### 04 최대값[M20]

[M20] 셀에 =MAX(IF(D3:D42=L20,G3:G42))를 입력하고 Ctrl+Shift+Enter를 누른다.

### 05 비고[J3:J42]

① [개발 도구]−[코드] 그룹의 [Visual Basic]( )을 선택한다.
② [삽입]−[모듈]을 선택한다.
③ Module 창에 다음과 같이 입력한다.

```
Public Function fn연구비(연구비)
    If 연구비 >= 30000000 Then
        fn연구비 = "충분"
    ElseIf 연구비 >= 20000000 Then
        fn연구비 = "적정"
    Else
        fn연구비 = "부족"
    End If
End Function
```

④ [파일]−[닫고 Microsoft Excel(으)로 돌아가기]를 클릭하여 [Visual Basic Editor]를 닫는다.
⑤ [J3] 셀을 클릭한 후 [함수 삽입]( )을 클릭한다.
⑥ '범주 선택'에서 '사용자 정의', '함수 선택'에서 'fn연구비'를 선택한 후 [확인]을 클릭한다.

⑦ [함수 인수]에서 연구비는 [G3]을 지정한 후 [확인]을 클릭한다.

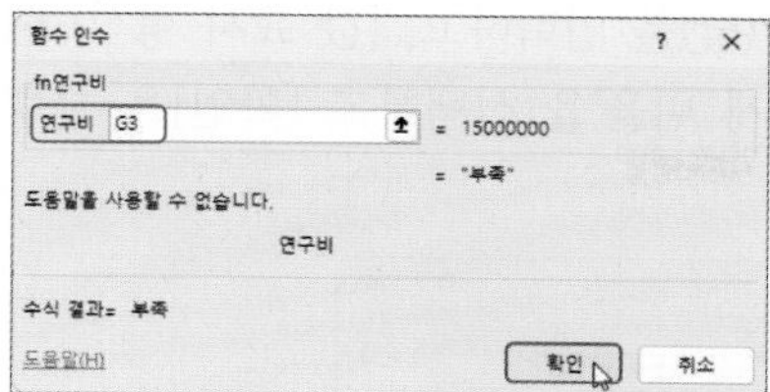


**문제 ③ 분석작업**

### 01 피벗 테이블('분석작업-1' 시트)

① [B3] 셀을 클릭한 후 [삽입]-[표] 그룹에서 [피벗 테이블]()을 클릭한다.

**버전 TIP**

[삽입]-[표] 그룹에서 [피벗 테이블]-[외부 데이터 원본에서]를 선택합니다.

② '데이터 모델에 이 데이터 추가'를 체크하고, '외부 데이터 원본 사용'에서 [연결 선택]을 클릭한다.

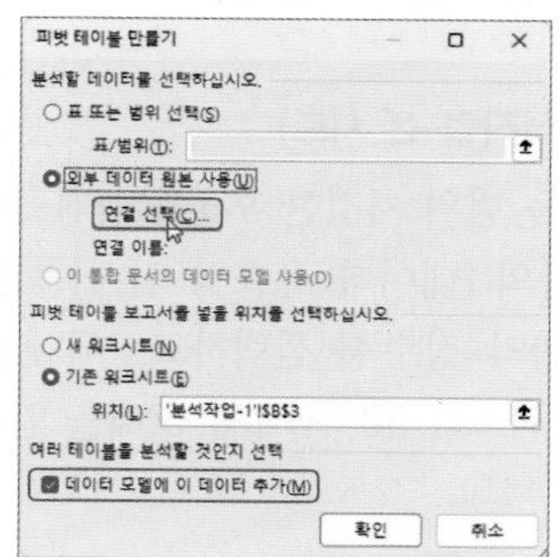


③ [기존 연결]에서 [더 찾아보기]를 클릭하여 '2025컴활1급W3권_문제집W스프레드시트 상시시험문제' 폴더에서 '다문화학생수.csv'를 선택하고 [열기]를 클릭한다.

④ [1단계]에서 '내 데이터에 머리글 표시'를 체크하고, 원본 파일은 '65001 : 유니코드(UTF-8)'을 선택하고 [다음]을 클릭한다.

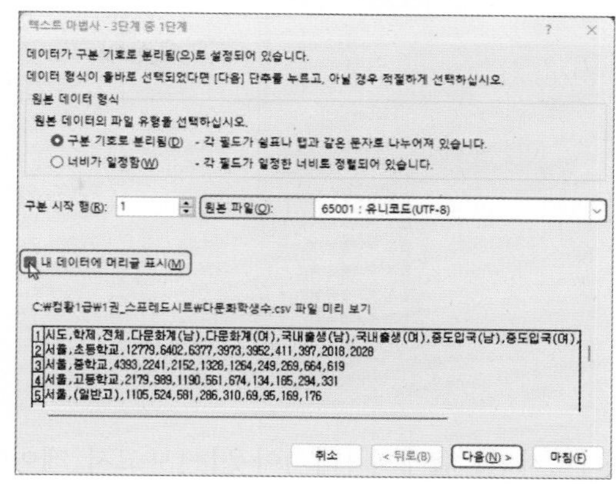


⑤ [2단계]에서 '쉼표'를 체크하고 [다음]을 클릭한다.

⑥ [3단계]에서 '전체', '다문화계(남)', '다문화계(여)', '외국인(남)', '외국인(여)'를 선택하고 '열 가져오지 않음(건너뜀)'으로 지정하고 [마침]을 클릭한다.

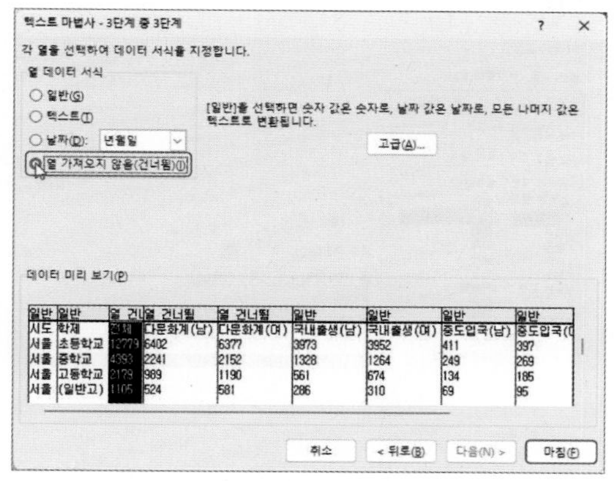


⑦ [피벗 테이블 만들기]에서 '데이터 모델에 이 데이터 추가'를 체크하고 [확인]을 클릭한다.

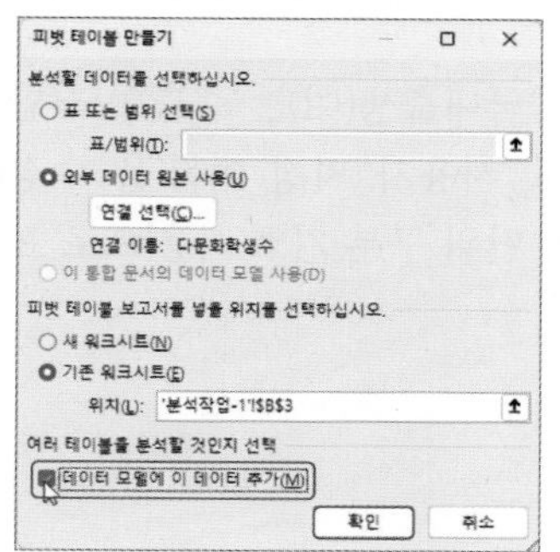

⑧ 다음과 같이 보고서 레이아웃을 지정한다.

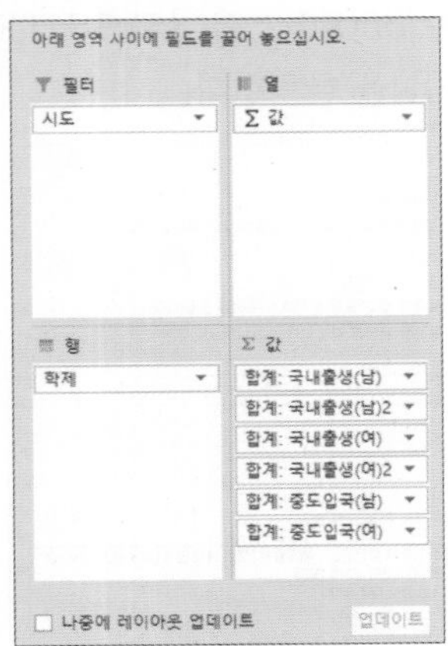

⑨ [디자인] 탭에서 [레이아웃]-[보고서 레이아웃]-[개요 형식으로 표시]를 클릭한다.

⑩ [C3] 셀에서 마우스 오른쪽 버튼을 눌러 [값 필드 설정]을 선택한 후 **국내출생(남)**을 입력하고, [표시 형식]을 클릭하여 범주는 '숫자', '1000 단위 구분 기호(,)'를 체크한 후 [확인]을 클릭하고, [값 필드 설정]에서 [확인]을 클릭한다.

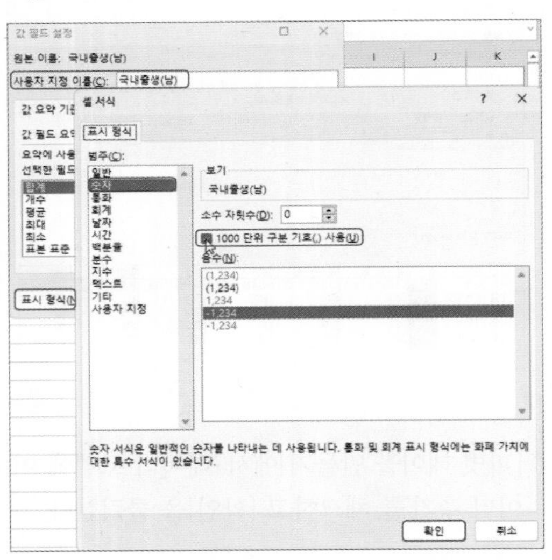

⑪ 같은 방법으로 '국내출생(여)', '중도입국(남)', '중도입국(여)'도 '사용자 지정 이름'을 수정하고, 숫자, '1000 단위 구분 기호 사용'으로 표시한다.

⑫ [D3] 셀에서 마우스 오른쪽 버튼을 눌러 [값 필드 설정]을 선택한 후 사용자 지정 이름 **비율:국내출생(남)**를 입력하고, [값 표시 형식] 탭에서 '총합계 비율'을 선택하고 [확인]을 클릭한다.

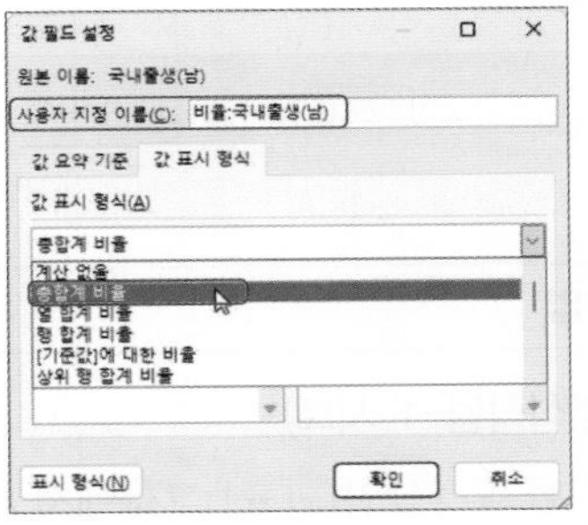

⑬ 같은 방법으로 [F3] 셀도 '총합계 비율'로 표시한다.

⑭ [디자인] 탭의 피벗 테이블 스타일 '연한 녹색, 피벗 스타일 보통 14'를 선택하고, '행 머리글', '열 머리글', '줄무늬 열'을 체크한다.

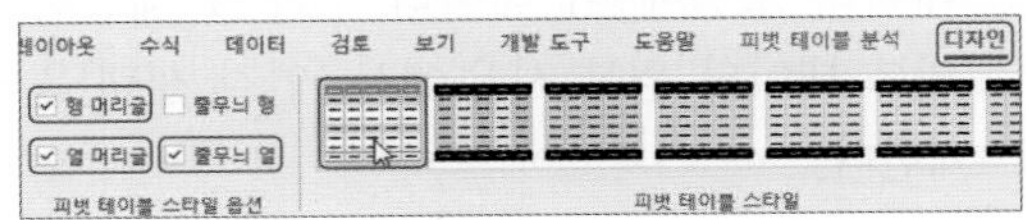

## 02 데이터 도구('분석작업-2' 시트)

① [E5:E14] 영역을 범위 지정한 후 [데이터]-[데이터 도구] 그룹의 [데이터 유효성 검사]를 클릭하여 [설정] 탭의 '정수'를 선택하고, '해당 범위'를 선택하고 최소값 50, 최대값 500을 입력한다.

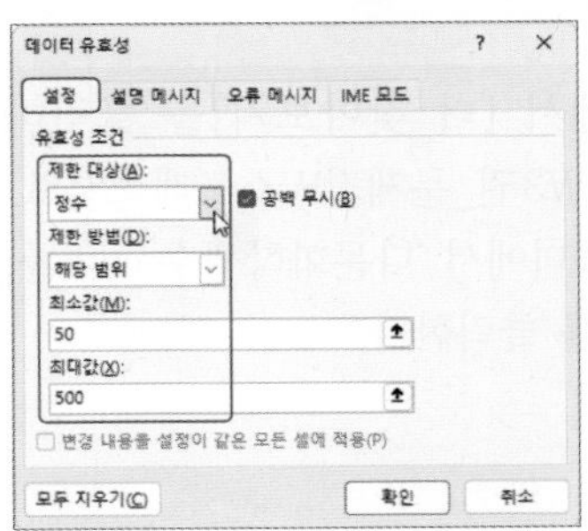

② [설명 메시지] 탭을 선택하고 제목은 **입력 용량 범위**, 설명 메시지는 50mg~500mg을 입력한다.

③ [오류 메시지] 탭에서 '중지'를 선택하고, 제목은 **용량 확인**, 오류 메시지는 **입력 용량이 정확한지 확인 바랍니다.**를 입력하고 [확인]을 클릭한다.

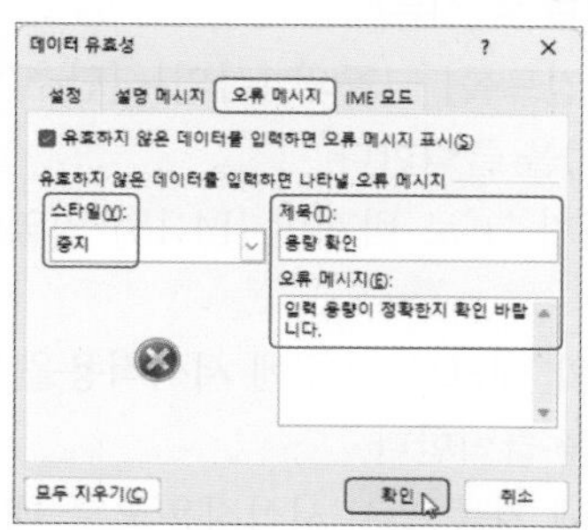


④ [데이터]–[정렬 및 필터] 그룹의 [필터]를 클릭한다.

⑤ '유통기한[G4]' 셀의 목록 단추를 클릭한 후 [날짜 필터]–[사용자 지정 필터]를 클릭하여 다음과 같이 입력하고 [확인]을 클릭한다.

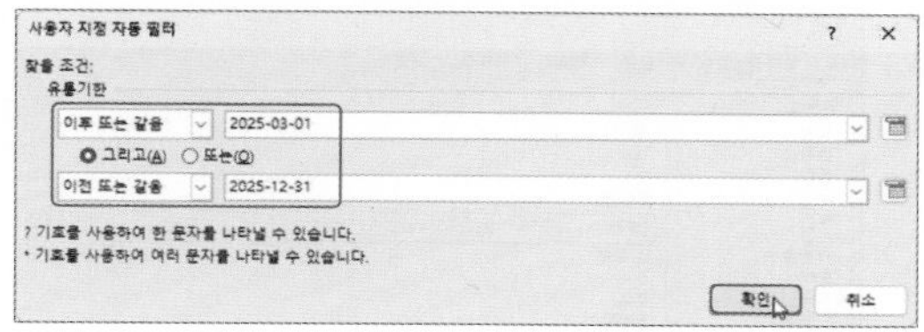


## 문제 ❹ 기타작업

### 01 차트('기타작업–1' 시트)

① 차트 안에서 마우스 오른쪽 버튼을 눌러 [데이터 선택]을 선택한다.

② '차트 데이터 범위'는 기존 범위를 지우고 [B4:N5] 영역으로 수정한 후 [확인]을 클릭한다.

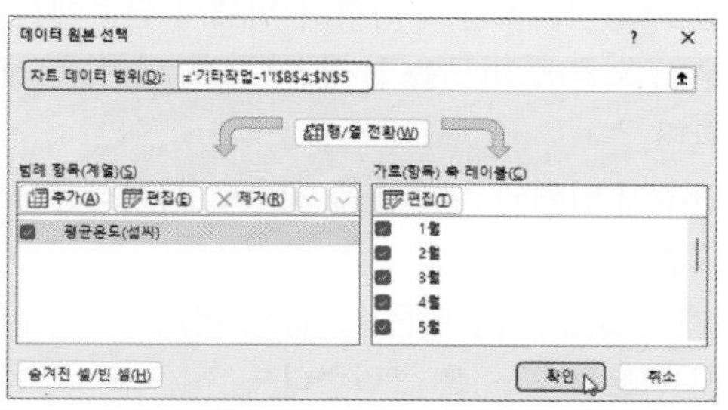


③ 차트를 선택한 후 마우스 오른쪽 버튼을 눌러 [차트 종류 변경]을 선택하여 '방사형'의 '채워진 방사형'을 선택하고 [확인]을 클릭한다.

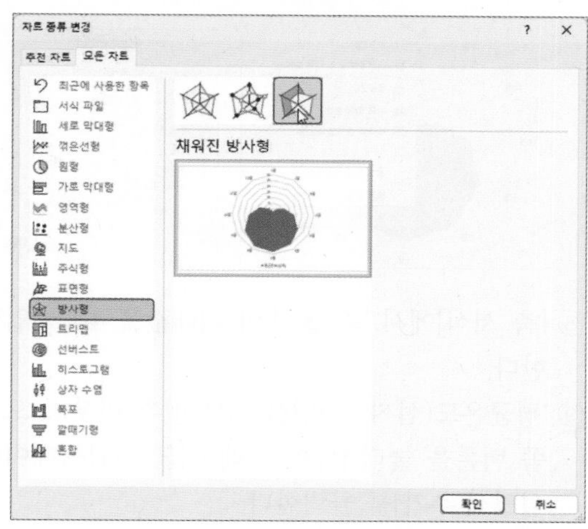


④ 차트를 선택한 후 [차트 요소](⊞)–[차트 제목]을 클릭하여 '차트 제목'을 선택한 후, 수식 입력줄에 =를 입력하고 [B2] 셀을 클릭한 후 Enter를 누른다.

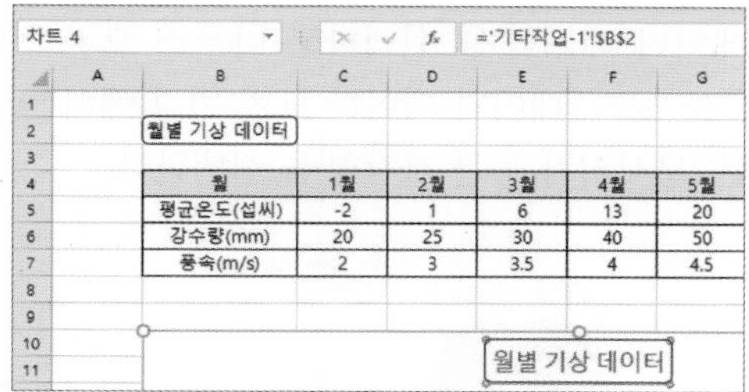


| 월 | 1월 | 2월 | 3월 | 4월 | 5월 |
|---|---|---|---|---|---|
| 평균온도(섭씨) | -2 | 1 | 6 | 13 | 20 |
| 강수량(mm) | 20 | 25 | 30 | 40 | 50 |
| 풍속(m/s) | 2 | 3 | 3.5 | 4 | 4.5 |

⑤ [차트 디자인] 탭의 [차트 레이아웃]–[차트 요소 추가]–[범례]–[오른쪽]을 선택한다.

⑥ [차트 디자인] 탭의 [차트 레이아웃]–[차트 요소 추가]–[눈금선]–[기본 보조 가로]를 선택한다.

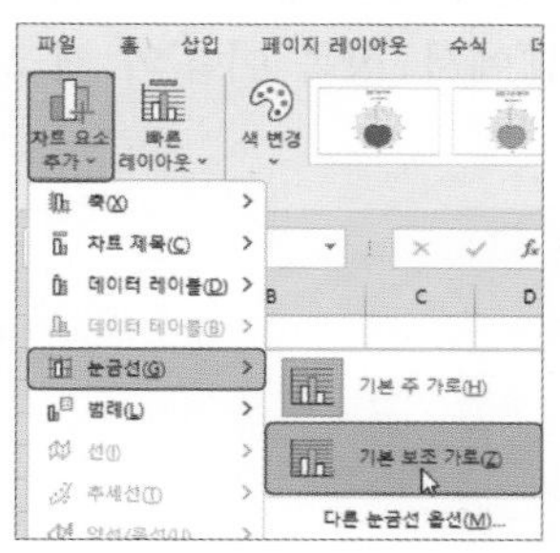

⑦ 방사형 (값)축을 선택한 후 마우스 오른쪽 버튼을 눌러 [축 서식]을 선택한 후 '축 옵션'의 레이블에서 '레이블 위치'는 '없음'을 선택한다.

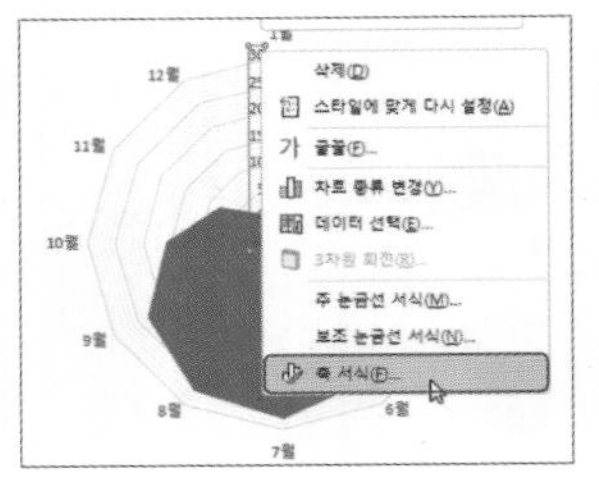

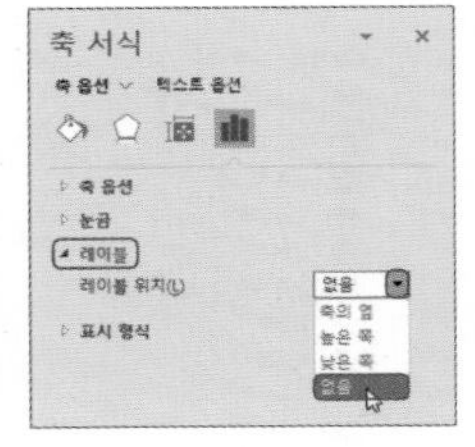

⑧ [축 서식]에서 '축 옵션'의 최대값을 40을 입력한다.

⑨ '평균온도(섭씨)' 계열을 선택한 후 마우스 오른쪽 버튼을 눌러 [데이터 레이블 추가]-[데이터 설명선 추가]를 클릭한다.

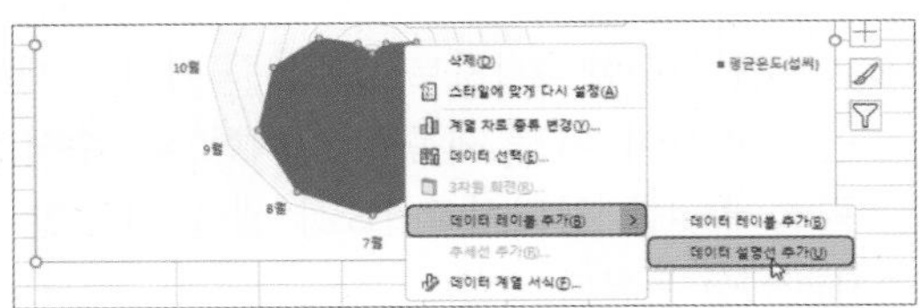

⑩ '데이터 레이블'을 선택하고 마우스 오른쪽 버튼을 눌러 [데이터 레이블 도형 변경]에서 '말풍선: 모서리가 둥근 사각형'을 선택한다.

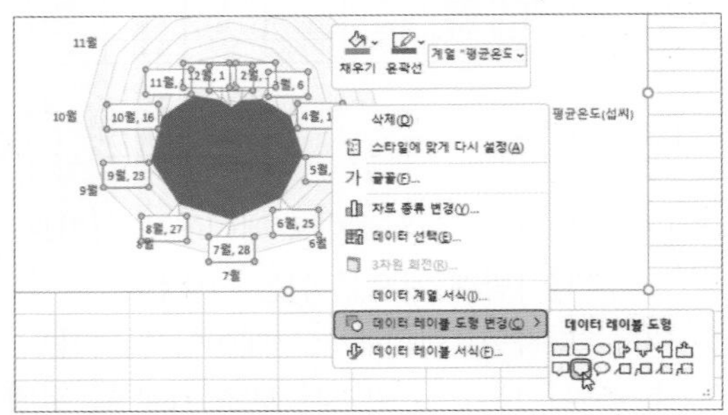

⑪ '데이터 레이블'을 선택하고 [데이터 레이블 서식]의 '레이블 옵션'에서 '항목 이름'의 체크를 해제한다.

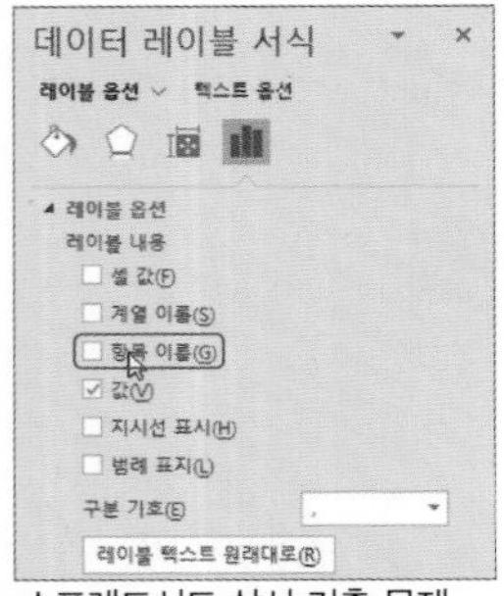

⑫ 차트 영역을 선택한 후 [채우기 및 선]에서 '둥근 모서리', [효과]에서 '그림자' 미리 설정에서 '오프셋: 오른쪽 아래'를 선택한다.

## 02 매크로('기타작업-2' 시트)

① [개발 도구]-[컨트롤] 그룹의 [삽입]-[단추(양식 컨트롤)](▭)을 클릭한다.

② 마우스 포인터가 '+'로 바뀌면 [I4:I5] 영역에 드래그한다.

③ [매크로 지정]의 '매크로 이름'에 **서식적용**을 입력하고 [기록]을 클릭한다.

④ [매크로 기록]에 자동으로 '서식적용'으로 매크로 이름이 표시되면 [확인]을 클릭한다.

⑤ [F5:F32] 영역을 범위 지정한 후 Ctrl+1을 누르고, [셀 서식]의 [표시 형식] 탭의 '사용자 지정'에 **[빨강][>=100]"★"* 0;[파랑][<=20]"☆"* 0;* 0**을 입력하고 [확인]을 클릭한다.

⑥ 임의의 셀을 클릭한 후 매크로 기록을 종료하기 위해 [개발 도구]-[코드] 그룹의 [기록 중지](▢)를 클릭한다.

⑦ 단추에 텍스트를 수정하기 위해서 단추에서 마우스 오른쪽 버튼을 눌러 [텍스트 편집]을 선택한다.

⑧ 단추에 입력된 '단추 1'을 지우고 **서식적용**을 입력한다.

⑨ [개발 도구]-[컨트롤] 그룹의 [삽입]-[단추(양식 컨트롤)](▭)을 클릭한다.

⑩ 마우스 포인터가 '+'로 바뀌면 [I7:I8] 영역에 드래그한다.

⑪ [매크로 지정]의 '매크로 이름'에 **서식해제**를 입력하고 [기록]을 클릭한다.

⑫ [매크로 기록]에 자동으로 '서식해제'로 매크로 이름이 표시되면 [확인]을 클릭한다.

⑬ [F5:F32] 영역을 범위 지정한 후 Ctrl+1을 누르고, [셀 서식]의 [표시 형식] 탭의 '일반'을 선택하고 [확인]을 클릭한다.

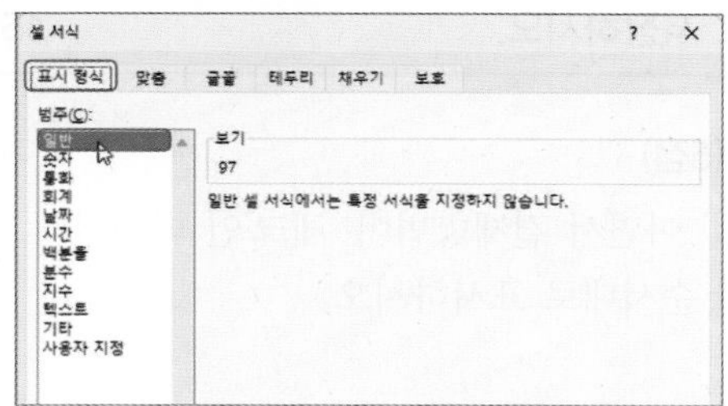


⑭ 임의의 셀을 클릭한 후 매크로 기록을 종료하기 위해 [개발 도구]-[코드] 그룹의 [기록 중지](□)를 클릭한다.

⑮ 단추에 텍스트를 수정하기 위해서 단추에서 마우스 오른쪽 버튼을 눌러 [텍스트 편집]을 선택한다.

⑯ 단추에 입력된 '단추 2'를 지우고 **서식해제**를 입력한다.

## 03 프로시저('기타작업-3' 시트)

### ① 폼 보이기

① [개발 도구]-[컨트롤] 그룹의 [디자인 모드](▧)를 클릭하여 〈과일등록〉 버튼을 편집 상태로 만든다.

② 〈과일등록〉 버튼을 더블클릭한 후 코드 창에 다음과 같이 입력한다.

```
Private Sub cmd등록_Click()
    과일등록화면.Show
End Sub
```

### ② 폼 초기화

① [프로젝트-VBAProject] 탐색기에서 '폼'을 더블 클릭하고 〈과일등록화면〉을 선택한다.

② [프로젝트-VBAProject] 탐색기의 [코드 보기](▤)를 클릭한다.

③ '개체 목록'은 'UserForm', '프로시저 목록'은 'Initialize'를 선택한다.

④ 코드 창에 다음과 같이 입력한다.

```
Private Sub UserForm_Initialize()
    cmb과일명.RowSource = "J6:J10"
    cmb당도.RowSource = "K6:K10"
    cmb만족도.RowSource = "L6:L10"
    cmb신선도.RowSource = "M6:M10"
End Sub
```

### ③ 등록 프로시저

① '개체 목록'에서 'cmd등록', '프로시저 목록'은 'Click'을 선택한다.

② 코드 창에 다음과 같이 입력한다.

```
Private Sub cmd등록_Click()
    i = Range("B5").CurrentRegion.Rows.Count + 5
    Cells(i, 2) = i – 5
    Cells(i, 3) = cmb과일명.Value
    Cells(i, 4) = txt날짜.Value
    Cells(i, 5) = txt수량.Value
    Cells(i, 6) = cmb당도.Value
    Cells(i, 7) = cmb만족도.Value
    Cells(i, 8) = cmb신선도.Value
End Sub
```

**코드 설명**

① i는 새로운 데이터를 입력할 행을 기억할 변수이다. i라는 변수 이름 대신에 한글로 '행' 또는 '입력행' 등을 사용할 수 있다.
② .Value
.Value는 값의 속성으로 입력받는 데이터의 값이 문자이면 왼쪽, 숫자와 날짜는 오른쪽으로 입력된다.

### ④ 종료 프로시저

① '개체 목록'에서 'cmd종료', '프로시저 목록'은 'Click'을 선택한다.

② 코드 창에 다음과 같이 입력한다.

```
Private Sub cmd종료_Click()
    MsgBox Time & " 등록화면을 종료합니다.",
vbOKOnly
    Unload Me
End Sub
```

# 상시 기출 문제 02회

| 시험 시간 | 풀이 시간 | 합격 점수 | 내 점수 |
|---|---|---|---|
| 45분 | 분 | 70점 | 점 |

작업파일 [2025컴활1급₩1권_스프레드시트₩상시기출문제] 폴더의 '상시기출문제2회' 파일을 열어서 작업하시오.

## 문제 ❶ 기본작업 | 주어진 시트에서 다음 과정을 수행하고 저장하시오. 15점

**01 '기본작업-1' 시트에서 다음과 같이 고급 필터를 수행하시오. (5점)**

▶ [B2:J34] 영역에서 승인일자가 '금요일' 이거나 '토요일' 이면서 결제방법이 '체크'인 데이터의 '승인일자', '카드이름', '사용처', '결제방법', '결제금액' 필드만 순서대로 표시하시오.

▶ 조건은 [L2:L3] 영역 내에 알맞게 입력하시오.

▶ AND, WEEKDAY(단, 일요일이 1로 시작) 함수 사용

▶ 결과는 [L6] 셀부터 표시하시오.

**02 '기본작업-1' 시트에 다음과 같이 조건부 서식을 설정하시오. (5점)**

▶ [B3:J34] 영역에서 승인일자가 짝수일에 해당한 데이터의 행 전체에 대하여 글꼴 스타일은 '굵게', 글꼴 색은 '표준 색 – 파랑', 채우기 색은 '표준 색 – 노랑'으로 적용하시오.

▶ 단, 규칙 유형은 '수식을 사용하여 서식을 지정할 셀 결정'을 사용하고, 한 개의 규칙으로만 작성하시오.

▶ ISEVEN, DAY 함수 사용

**03 '기본작업-2' 시트에서 다음과 같이 페이지 레이아웃을 설정하시오. (5점)**

▶ [B2:J36] 영역을 인쇄 영역으로 설정하고, 4행은 반복해서 인쇄될 수 있도록 설정하시오.

▶ 메모는 '시트에 표시된 대로' 인쇄하고, 한 페이지에 모든 열을 맞추어 인쇄될 수 있도록 설정하시오.

▶ 매 페이지 하단의 가운데 구역에는 시트 이름을 표시하고, 오른쪽 구역에는 글꼴은 HY견고딕, 기울임꼴, 글꼴 색은 '표준 색 – 파랑' 으로 페이지 번호가 〈〈1〉〉 형식으로 표시되도록 바닥글을 설정하시오.

## 문제 ❷ 계산작업 | 주어진 시트에서 다음 과정을 수행하고 저장하시오. 30점

**01 [표1]의 측정시간과 습도를 이용하여 [D3:D33] 영역에 [표시 예]와 같이 표시하시오. (6점)**

▶ 측정시간이 12시 전이면 '●', 12시 이후이면 'ㅇ'를 습도의 10의 배수만큼 표시

▶ [표시 예] 10시 47분이고 습도가 33이면 → ●●●

▶ IF, REPT 함수 이용

**02 [표1]의 시작점, 지역명과 [표4]를 이용하여 오차율을 찾아 도로명과 함께 [표시 예]와 같이 [I3:I33] 영역에 오차율을 표시하시오. (6점)**

▶ [표4]를 참조하여 지역과 구에 따른 오차율을 찾아 도로명과 함께 [표시 예 : 고산자로-1.00%]로 표시

▶ TEXT, SUMIFS, LEFT 함수와 & 연산자 이용

**03 [표1]의 측정일자, 시작점, 재비산먼지 평균농도를 이용하여 [표2]의 [O4:R12] 영역에 최대값을 계산하여 표시하시오. (6점)**

▶ 시작점이 '서울특별시'이고 지역명[N4:N12]에 해당한 4, 12, 15, 18일 날짜의 재비산먼지 평균농도의 최대값을 표시

▶ MAX, IFERROR, FIND, DAY 함수를 사용한 배열 수식

**04 [표1]의 재비산먼지 평균농도에서 상위 5곳의 평균을 계산하여 [표3]의 [R15] 셀에 표시하시오. (6점)**

▶ AVERAGE, LARGE 함수를 사용한 배열 수식

**05 사용자 정의 함수 'fn상태'를 작성하여 [표1]의 [L3:L33] 영역에 상태를 계산하여 표시하시오. (6점)**

▶ 'fn상태'는 재비산먼지 평균농도를 인수로 받아 상태를 계산하는 함수이다.

▶ 상태는 재비산먼지는 50 이하이면 '매우 좋음', 재비산먼지는 100 이하이면 '좋음', 재비산먼지는 150 이하이면 '보통', 재비산먼지가 200 이하이면 '나쁨', 그 외는 '매우 나쁨'으로 표시하시오.

▶ Select Case문 사용

```
Public Function fn상태(재비산먼지)
End Function
```

**문제 ❸** **분석작업** | 주어진 시트에서 다음 작업을 수행하고 저장하시오. **20점**

**01 '분석작업-1' 시트에서 다음의 지시사항에 따라 피벗 테이블 보고서를 작성하시오. (10점)**

▶ 외부 데이터 가져오기 기능을 이용하여 〈환승역공기질.accdb〉의 〈공기질정보〉 테이블에서 '역', '시간(00~23:00)', 'CO(일산화탄소)', 'CO2(이산화탄소)', 'NO2(이산화질소)', 'SPM(미세먼지)', '날짜' 열을 이용하시오.

▶ 날짜가 2025-01-01 ~ 2025-01-10 에 해당한 데이터만 이용하여 작성하시오.

▶ 피벗 테이블의 보고서의 레이아웃과 위치는 〈그림〉을 참조하여 설정하고, 보고서 레이아웃은 압축 형식으로 표시하시오.

▶ 'CO(일산화탄소)', 'CO2(이산화탄소)', 'NO2(이산화질소)', 'SPM(미세먼지)' 필드의 표시 형식은 값 필드 설정의 셀 서식에서 '숫자' 범주, '시간(00~23:00)' 필드는 '시간' 범주를 이용하여 〈그림〉과 같이 설정하시오.

▶ 피벗 테이블 스타일은 '연한 파랑, 피벗 스타일 보통 6', 피벗 테이블 스타일 옵션은 '행 머리글', '열 머리글', '줄무늬 열'을 설정하시오.

▶ '동대문역사문화공원'의 하위 데이터만 표시하시오.

| | A | B | C | D | E | F | G |
|---|---|---|---|---|---|---|---|
| 1 | | | | | | | |
| 2 | | | | | | | |
| 3 | | | | | | | |
| 4 | | 행 레이블 | 평균 : CO(일산화탄소) | 평균 : CO2(이산화탄소) | 평균 : NO2(이산화질소) | 평균 : SPM(미세먼지) | |
| 5 | | ⊟동대문역사문화공원 | 0.82 | 658.62 | 0.04 | 30.51 | |
| 6 | | 0:00 | 0.84 | 564.90 | 0.04 | 28.97 | |
| 7 | | 6:00 | 0.76 | 549.60 | 0.04 | 22.43 | |
| 8 | | 12:00 | 0.89 | 699.44 | 0.04 | 38.04 | |
| 9 | | 18:00 | 0.81 | 824.60 | 0.04 | 33.35 | |
| 10 | | ⊞서울역 | 0.79 | 506.00 | 0.04 | 62.47 | |
| 11 | | ⊞시청 | 0.76 | 434.79 | 0.04 | 88.85 | |
| 12 | | ⊞충무로 | 0.88 | 596.74 | 0.04 | 65.09 | |
| 13 | | **총합계** | **0.81** | **549.01** | **0.04** | **61.70** | |
| 14 | | | | | | | |

※ 작업 완성된 그림이며 부분 점수 없음

**02 '분석작업-2' 시트에 대하여 다음의 지시사항을 처리하시오. (10점)**

▶ 데이터 [정렬] 기능을 이용하여 도별 '경기도-강원도-충청남도-충청북도-전라남도-전라북도-경상남도-경상북도-제주도' 순으로 정렬하고, '시별' 오름차순 정렬하시오.

▶ 데이터 도구 [통합] 기능을 이용하여 도별(경기도, 강원도, 충청도, 전라도, 경상도, 제주도), 재배면적(ha), 생산량(톤)의 합계를 [I4:J8] 영역에 표시하시오. (단, 충청, 전라, 경상으로 시작)

## 문제 ④ 기타작업 | 주어진 시트에서 다음 작업을 수행하고 저장하시오. 35점

**01 '기타작업-1' 시트에서 다음의 지시사항에 따라 차트를 수정하시오. (각 2점)**

※ 차트는 반드시 문제에서 제공한 차트를 사용하여야 하며, 신규로 차트 작성 시 0점 처리됨

① 차트 제목은 [B2] 셀과 연동하여 표시되도록 설정하고, 차트 범위를 〈그림〉을 참조하여 원본 데이터를 수정하시오.

② 세로(항목) 축의 축 위치를 '항목을 거꾸로', 가로 축 교차의 항목 번호는 '0', 레이블 위치는 '낮은 쪽'에 표시하시오.

③ 데이터 레이블은 〈그림〉과 같이 값을 표시하고, 범례는 위쪽으로 표시하시오.

④ '고용 증감률'로 빨간색으로 선형 추세선을 추가하고, 추세선 수식을 '표준 색 – 빨강', 굵게 표시하시오.

⑤ 차트 영역은 모서리를 둥글게 표시하고, '오프셋: 아래쪽' 그림자를 표시하시오.

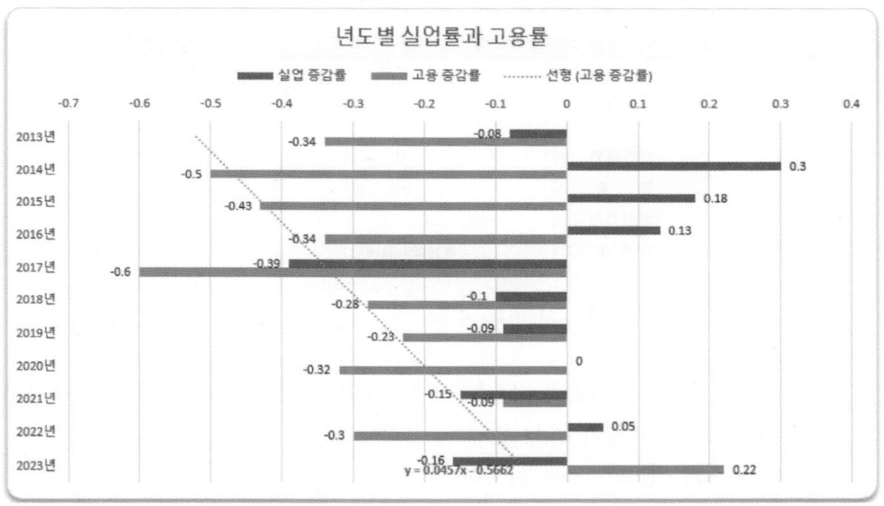


**02 '기타작업-2' 시트에서 다음과 같은 기능을 수행하는 매크로를 현재 통합문서에 작성하시오. (각 5점)**

① [D5:D24], [F5:F24] 영역에 사용자 지정 표시 형식을 설정하는 '증감률' 매크로를 생성하시오.

▶ '실업 증감률[D5:D24]', '고용 증감률[F5:F24]' 영역에 0을 초과하면 파랑색으로 '▲'를 붙여 소수 이하 2자리로 표시하고, 0 미만이면 자홍색으로 '▼'를 붙여 소수 이하 2자리로 표시하고, 0이면 '재입력', 문자일 때는 '오류'로 표시하시오.

[표시 예 : 0.43 일 경우 → ▲ 0.43, -0.27 일 경우 → ▼ 0.11, 0 → 재입력, 체크 → 오류]

▶ [개발 도구]-[삽입]-[양식 컨트롤]의 '단추(▭)'를 동일 시트의 [H5:I6] 영역에 생성한 후 텍스트를 "증감률"로 입력하고, 단추를 클릭하면 "증감률" 매크로가 실행되도록 설정하시오.

② [D5:D24], [F5:F24] 영역에 표시 형식을 '일반'으로 적용하는 '서식지우기' 매크로를 생성하시오.

▶ [개발 도구]-[삽입]-[양식 컨트롤]의 '단추(▭)'를 동일 시트의 [H9:I10] 영역에 생성한 후 텍스트를 "서식지우기"로 입력하고, 단추를 클릭하면 "서식지우기" 매크로가 실행되도록 설정하시오.

※ 셀 포인터의 위치에 관계없이 매크로가 실행되어야 정답으로 인정됨

**03 '기타작업-3' 시트에서 다음과 같은 작업을 수행하도록 프로시저를 작성하시오. (각 5점)**

① '아울렛 할인 이벤트' 단추를 클릭하면 〈아울렛할인이벤트〉 폼이 나타나고, 폼이 초기화(Initialize) 되면 '할인혜택(cmb이벤트)' 목록에는 '신규 고객 10% 할인', 'VIP 고객 20% 할인', '우수 고객 25% 할인', '특별 이벤트 15% 할인'을 추가하고, '종류(cmb종류)' 목록에는 [H6:H9] 영역이 표시되도록 프로시저를 작성하시오.

② 〈아울렛할인이벤트〉 폼의 '등록(cmd등록)' 단추를 클릭하면 폼에 입력된 데이터가 시트의 표에 입력되어 있는 마지막 행 다음에 연속하여 추가되도록 프로시저를 작성하시오.

- ▶ 할인율은 Select Case 문을 이용하여 할인 혜택에 입력된 목록 순에 따라 10%, 20%, 25%, 15% 순으로 입력
- ▶ 종료일은 시작일에 할인기간을 더한 날짜를 입력(DateValue를 이용)

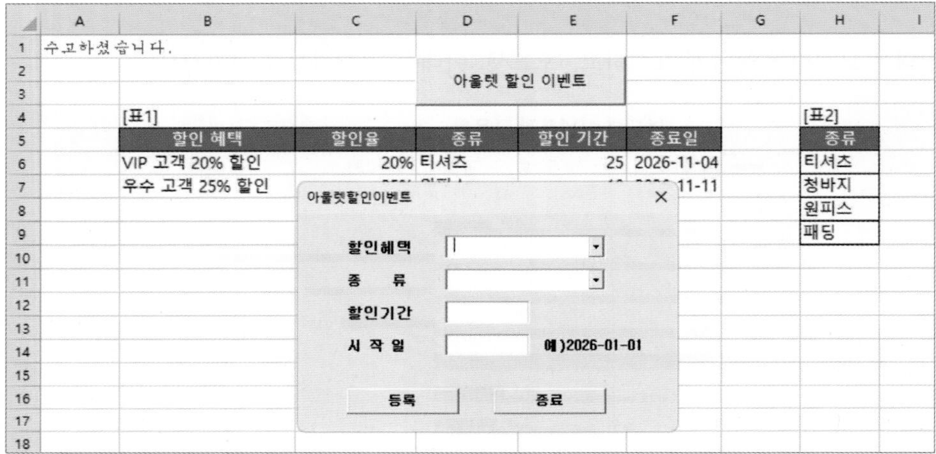


③ 〈아울렛할인이벤트〉 폼의 '종료(cmd종료)' 단추를 클릭하면 〈다음〉과 같이 현재 날짜와 시간 함께 메시지를 표시하고 [확인]을 클릭하면 [A1] 셀에 '수고하셨습니다.'를 입력하고, 글꼴 '궁서체', 글꼴 색은 '파랑'으로 표시되고 폼을 종료하도록 설정하시오.

# 상시 기출 문제 02회 / 정답

## 문제 ❶ 기본작업

### 01 고급 필터

L3 | =AND(WEEKDAY(B3,1)>=6,E3="체크")

| | K | L | M | N | O | P | Q | R | S |
|---|---|---|---|---|---|---|---|---|---|
| 1 | | | | | | | | | |
| 2 | | 조건 | | | | | | | |
| 3 | | FALSE | | | | | | | |
| 4 | | | | | | | | | |
| 5 | | | | | | | | | |
| 6 | | 승인일자 | 카드이름 | 사용처 | 결제방법 | 결제금액 | | | |
| 7 | | 2026-03-27 | NH농협카드 | 카페 | 체크 | 36,000 | | | |
| 8 | | 2026-03-28 | BC카드 | 약국 | 체크 | 15,000 | | | |
| 9 | | | | | | | | | |

### 02 조건부 서식

| | A | B | C | D | E | F | G | H | I | J | K |
|---|---|---|---|---|---|---|---|---|---|---|---|
| 1 | | | | | | | | | | | |
| 2 | | 승인일자 | 카드이름 | 사용처 | 결제방법 | 결제금액 | 승인금액 | 할부개월 | 잔여할부 | 할부잔액 | |
| 3 | | 2026-03-23 | NH농협카드 | 커피전문점 | 체크 | 18,000 | | 0 | 0 | | |
| 4 | | 2026-03-23 | KB국민카드 | 온라인쇼핑몰 | 신용 | 270,000 | 90,000 | 3 | 2 | 180,000 | |
| 5 | | 2026-03-24 | 신한카드 | 주유소 | 신용 | 210,000 | 70,000 | 3 | 1 | 70,000 | |
| 6 | | 2026-03-24 | BC카드 | 슈퍼마켓 | 체크 | 25,000 | | 0 | 0 | | |
| 7 | | 2026-03-25 | 롯데카드 | 영화관 | 신용 | 105,000 | 35,000 | 3 | 2 | 70,000 | |
| 8 | | 2026-03-25 | 비씨카드 | 헬스장 | 신용 | 360,000 | 60,000 | 6 | 3 | 180,000 | |
| 9 | | 2026-03-26 | 국민카드 | 온라인쇼핑몰 | 신용 | 3,600,000 | 300,000 | 12 | 11 | 3,300,000 | |
| 10 | | 2026-03-26 | 씨티카드 | 백화점 | 신용 | 1,200,000 | 200,000 | 6 | 4 | 800,000 | |
| 11 | | 2026-03-27 | 삼성카드 | 슈퍼마켓 | 신용 | 135,000 | 45,000 | 3 | 2 | 90,000 | |
| 12 | | 2026-03-27 | NH농협카드 | 카페 | 체크 | 36,000 | 18,000 | 2 | 1 | 18,000 | |
| 13 | | 2026-03-28 | 신한카드 | 스포츠용품 | 신용 | 3,360,000 | 280,000 | 12 | 10 | 2,800,000 | |
| 14 | | 2026-03-28 | BC카드 | 약국 | 체크 | 15,000 | | 0 | 0 | | |
| 15 | | 2026-03-29 | 현대카드 | 주유소 | 신용 | 180,000 | 60,000 | 3 | 1 | 60,000 | |
| 16 | | 2026-03-29 | KB국민카드 | 영화관 | 신용 | 25,000 | 25,000 | 1 | 0 | 0 | |
| 17 | | 2026-03-30 | 신한카드 | 쇼핑센터 | 신용 | 450,000 | 75,000 | 6 | 5 | 375,000 | |
| 18 | | 2026-03-30 | 삼성카드 | 레스토랑 | 신용 | 120,000 | 40,000 | 3 | 2 | 80,000 | |
| 19 | | 2026-03-31 | BC카드 | 편의점 | 체크 | 12,000 | 12,000 | 1 | 0 | 0 | |
| 20 | | 2026-03-31 | 국민카드 | 온라인쇼핑몰 | 신용 | 180,000 | 60,000 | 3 | 1 | 60,000 | |
| 21 | | 2026-04-01 | 삼성카드 | 영화관 | 신용 | 36,000 | 18,000 | 2 | 1 | 18,000 | |
| 22 | | 2026-04-01 | 현대카드 | 대형마트 | 신용 | 270,000 | 90,000 | 3 | 2 | 180,000 | |
| 23 | | 2026-04-02 | KB국민카드 | 카페 | 신용 | 15,000 | 15,000 | 1 | 0 | 0 | |
| 24 | | 2026-04-02 | BC카드 | 온라인쇼핑몰 | 체크 | 35,000 | | 0 | 0 | | |
| 25 | | 2026-04-03 | 현대카드 | 주유소 | 신용 | 240,000 | 80,000 | 3 | 1 | 80,000 | |
| 26 | | 2026-04-03 | 롯데카드 | 백화점 | 신용 | 1,440,000 | 120,000 | 12 | 11 | 1,320,000 | |
| 27 | | 2026-04-04 | NH농협카드 | 온라인쇼핑몰 | 신용 | 420,000 | 70,000 | 6 | 5 | 350,000 | |
| 28 | | 2026-04-04 | 삼성카드 | 약국 | 신용 | 25,000 | 25,000 | 1 | 0 | 0 | |
| 29 | | 2026-04-05 | 신한카드 | 영화관 | 신용 | 40,000 | 20,000 | 2 | 1 | 20,000 | |
| 30 | | 2026-04-05 | 국민카드 | 음식점 | 신용 | 135,000 | 45,000 | 3 | 2 | 90,000 | |
| 31 | | 2026-04-06 | 아메리칸익스프레스 | 온라인몰 | 신용 | 1,800,000 | 150,000 | 12 | 9 | 1,350,000 | |
| 32 | | 2026-04-06 | BC카드 | 편의점 | 체크 | 10,000 | | 0 | 0 | | |
| 33 | | 2026-04-07 | 신한카드 | 스타벅스 | 신용 | 90,000 | 30,000 | 3 | 2 | 60,000 | |
| 34 | | 2026-04-07 | 신한카드 | 이마트 | 신용 | 300,000 | 50,000 | 6 | 4 | 200,000 | |
| 35 | | | | | | | | | | | |

## 03 페이지 레이아웃

**카드 결제 내역**

| 승인일자 | 카드이름 | 사용처 | 결제방법 | 결제금액 | 승인금액 | 할부개월 | 잔여할부 | 할부잔액 |
|---|---|---|---|---|---|---|---|---|
| 2026-03-23 | NH농협카드 | 커피전문점 | 체크 | 18,000 | | 0 | 0 | |
| 2026-03-23 | KB국민카드 | 온라인쇼핑몰 | 신용 | 270,000 | 90,000 | 3 | 2 | 180,000 |
| 2026-03-24 | 신한카드 | 주유소 | 신용 | 210,000 | 70,000 | 3 | 1 | 70,000 |
| 2026-03-24 | BC카드 | 슈퍼마켓 | 체크 | 25,000 | | 0 | 0 | |
| 2026-03-25 | 롯데카드 | 영화관 | 신용 | 105,000 | 35,000 | 3 | 2 | 70,000 |
| 2026-03-25 | 비씨카드 | 헬스장 | 신용 | 360,000 | 60,000 | 6 | 3 | 180,000 |
| 2026-03-26 | 국민카드 | 온라인쇼핑몰 | 신용 | 3,600,000 | 300,000 | 12 | 11 | 3,300,000 |
| 2026-03-26 | 씨티카드 | 백화점 | 신용 | 1,200,000 | 200,000 | 6 | 4 | 800,000 |
| 2026-03-27 | 삼성카드 | 슈퍼마켓 | 신용 | 135,000 | 45,000 | 3 | 2 | 90,000 |
| 2026-03-27 | NH농협카드 | 카페 | 신용 | 36,000 | 18,000 | 2 | 1 | 18,000 |
| 2026-03-28 | 신한카드 | 스포츠용품 | 신용 | 3,360,000 | 280,000 | 12 | 10 | 2,800,000 |
| 2026-03-28 | BC카드 | 약국 | 체크 | 15,000 | | 0 | 0 | |
| 2026-03-29 | 현대카드 | 주유소 | 신용 | 180,000 | 60,000 | 3 | 1 | 60,000 |
| 2026-03-29 | KB국민카드 | 영화관 | 신용 | 25,000 | 25,000 | 1 | 0 | 0 |
| 2026-03-30 | 신한카드 | 쇼핑센터 | 신용 | 450,000 | 75,000 | 6 | 5 | 375,000 |
| 2026-03-30 | 삼성카드 | 레스토랑 | 신용 | 120,000 | 40,000 | 3 | 2 | 80,000 |
| 2026-03-31 | BC카드 | 편의점 | 체크 | 12,000 | 12,000 | 1 | 0 | 0 |
| 2026-03-31 | 국민카드 | 온라인쇼핑몰 | 신용 | 180,000 | 60,000 | 3 | 1 | 60,000 |
| 2026-04-01 | 삼성카드 | 영화관 | 신용 | 36,000 | 18,000 | 2 | 1 | 18,000 |
| 2026-04-01 | 현대카드 | 대형마트 | 신용 | 270,000 | 90,000 | 3 | 2 | 180,000 |
| 2026-04-02 | KB국민카드 | 카페 | 신용 | 15,000 | 15,000 | 1 | 0 | 0 |
| 2026-04-02 | BC카드 | 온라인쇼핑몰 | 체크 | 35,000 | | 0 | 0 | |
| 2026-04-03 | 현대카드 | 주유소 | 신용 | 240,000 | 80,000 | 3 | 1 | 80,000 |
| 2026-04-03 | 롯데카드 | 백화점 | 신용 | 1,440,000 | 120,000 | 12 | 11 | 1,320,000 |
| 2026-04-04 | NH농협카드 | 온라인쇼핑몰 | 신용 | 420,000 | 70,000 | 6 | 5 | 350,000 |
| 2026-04-04 | 삼성카드 | 약국 | 신용 | 25,000 | 25,000 | 1 | 0 | 0 |
| 2026-04-05 | 신한카드 | 영화관 | 신용 | 40,000 | 20,000 | 2 | 1 | 20,000 |
| 2026-04-05 | 국민카드 | 음식점 | 신용 | 135,000 | 45,000 | 3 | 2 | 90,000 |
| 2026-04-06 | 아메리칸익스 | 온라인몰 | 신용 | 1,800,000 | 150,000 | 12 | 9 | 1,350,000 |
| 2026-04-06 | BC카드 | 편의점 | 체크 | 10,000 | | 0 | 0 | |
| 2026-04-07 | 신한카드 | 스타벅스 | 신용 | 90,000 | 30,000 | 3 | 2 | 60,000 |
| 2026-04-07 | 신한카드 | 이마트 | 신용 | 300,000 | 50,000 | 6 | 4 | 200,000 |

기본작업-2 <<[illegible]>>

## 문제 ❷ 계산작업

| | D | E | F | G | H | I | J | K | L |
|---|---|---|---|---|---|---|---|---|---|
| 1 | | | | | | | | | |
| 2 | 표시 | 지역명 | 도로명 | 시작점 | 측정거리 (km) | 오차율 | 습도(%) | 재비산먼지 평균농도(μg/㎥) | 상태 |
| 3 | ●●● | 성동구 | 고산자로 | 서울특별시 성동구 마장동 | 3.96 | 고산자로-1.00% | 33 | 25 | 매우 좋음 |
| 4 | ●● | 양천구 | 구로중앙로 | 서울특별시 양천구 신정동 | 1.59 | 구로중앙로-1.30% | 26 | 56 | 좋음 |
| 5 | ○○ | 구로구 | 경인로 | 서울특별시 구로구 신도림동 | 6.72 | 경인로-0.50% | 25 | 34 | 매우 좋음 |
| 6 | ○○ | 구로구 | 서해안로 | 서울특별시 구로구 개봉동 | 1.75 | 서해안로-0.50% | 24 | 52 | 좋음 |
| 7 | ●●●●●●● | 강서구 | 개화동로 | 서울특별시 강서구 개화동 | 2.26 | 개화동로-0.80% | 75 | 1 | 매우 좋음 |
| 8 | ●●●● | 강서구 | 공항대로 | 서울특별시 강서구 방화동 | 6.66 | 공항대로-0.80% | 45 | 6 | 매우 좋음 |
| 9 | ●●●●●● | 강서구 | 양천로 | 서울특별시 강서구 염창동 | 7.59 | 양천로-0.80% | 60 | 44 | 매우 좋음 |
| 10 | ●●●●● | 강서구 | 조원로 | 서울특별시 강서구 방화동 | 0.98 | 조원로-0.80% | 55 | 10 | 매우 좋음 |
| 11 | ●●●●●●● | 강서구 | 마곡중앙5로 | 서울특별시 강서구 방화동 | 0.97 | 마곡중앙5로-0.80% | 70 | 189 | 나쁨 |
| 12 | ●●●●●●●● | 강서구 | 방화대로 | 서울특별시 강서구 외발산동 | 1.65 | 방화대로-0.80% | 80 | 30 | 매우 좋음 |
| 13 | ●●●●●●●●● | 강서구 | 금낭화로 | 서울특별시 강서구 방화동 | 1.2 | 금낭화로-0.80% | 90 | 45 | 매우 좋음 |
| 14 | ○○○○○○○ | 강서구 | 하늘길 | 서울특별시 강서구 방화동 | 0.97 | 하늘길-0.80% | 75 | 13 | 매우 좋음 |
| 15 | ○○○○○○ | 강서구 | 남부순환로 | 서울특별시 강서구 방화동 | 2.75 | 남부순환로-0.80% | 65 | 5 | 매우 좋음 |
| 16 | ○○○○○ | 강서구 | 수명로 | 서울특별시 강서구 외발산동 | 0.92 | 수명로-0.80% | 50 | 5 | 매우 좋음 |
| 17 | ○○○○○○○ | 강서구 | 마곡중앙로 | 서울특별시 강서구 내발산동 | 1.93 | 마곡중앙로-0.80% | 75 | 50 | 매우 좋음 |
| 18 | ○○○○○○ | 강서구 | 허준로 | 서울특별시 강서구 가양동 | 2.45 | 허준로-0.80% | 65 | 9 | 매우 좋음 |
| 19 | ○○○ | 양천구 | 등촌로 | 서울특별시 양천구 목동 | 2.43 | 등촌로-1.30% | 30 | 9 | 매우 좋음 |
| 20 | ○○○○ | 양천구 | 국회대로 | 서울특별시 양천구 목동 | 2.07 | 국회대로-1.30% | 45 | 12 | 매우 좋음 |
| 21 | ○○○○○○○○ | 강서구 | 가로공원로 | 서울특별시 강서구 화곡동 | 0.72 | 가로공원로-0.80% | 80 | 14 | 매우 좋음 |
| 22 | ○○○○○○○ | 강서구 | 강서로 | 서울특별시 강서구 화곡동 | 3.77 | 강서로-0.80% | 75 | 26 | 매우 좋음 |
| 23 | ○○○○○○ | 마포구 | 화곡로 | 서울특별시 마포구 상암동 | 3.32 | 화곡로-1.20% | 64 | 5 | 매우 좋음 |
| 24 | ●●●●● | 중랑구 | 동일로 | 서울특별시 중랑구 묵동 | 2.26 | 동일로-0.50% | 54 | 25 | 매우 좋음 |
| 25 | ●●●●● | 중랑구 | 신내로 | 서울특별시 중랑구 묵동 | 2.81 | 신내로-0.50% | 54 | 36 | 매우 좋음 |
| 26 | ○○○○○ | 중랑구 | 망우로 | 서울특별시 중랑구 망우동 | 4.01 | 망우로-0.50% | 52 | 38 | 매우 좋음 |
| 27 | ○○○○○ | 성동구 | 고산자로 | 서울특별시 성동구 마장동 | 3.79 | 고산자로-1.00% | 50 | 18 | 매우 좋음 |
| 28 | ○○○○○ | 광진구 | 아차산로 | 서울특별시 광진구 광장동 | 2.5 | 아차산로-0.70% | 50 | 38 | 매우 좋음 |
| 29 | ○○○○ | 광진구 | 천호대로 | 서울특별시 광진구 광장동 | 3.13 | 천호대로-0.70% | 49 | 21 | 매우 좋음 |
| 30 | ●● | 강동구 | 올림픽로 | 서울특별시 강동구 성내동 | 4.14 | 올림픽로-1.10% | 28 | 34 | 매우 좋음 |
| 31 | ●● | 강동구 | 천호대로 | 서울특별시 강동구 천호동 | 4.61 | 천호대로-1.10% | 23 | 67 | 좋음 |
| 32 | ○ | 송파구 | 오금로 | 서울특별시 송파구 거여동 | 5.33 | 오금로-0.50% | 18 | 10 | 매우 좋음 |
| 33 | ○ | 강서구 | 생곡산단로 | 부산광역시 강서구 생곡동 | 5.79 | 생곡산단로-0.60% | 16 | 4 | 매우 좋음 |
| 34 | | | | | | | | | |

1. [D3] 셀에 「=IF(C3<0.5,REPT("●",J3/10),REPT("○",J3/10))」를 입력하고 [D33] 셀까지 수식 복사
2. [I3] 셀에 「=TEXT(SUMIFS($P$19:$P$28,$N$19:$N$28,LEFT(G3,5),$O$19:$O$28,E3),F3&"-0.00%")」를 입력하고 [I33] 셀까지 수식 복사
5. [L3] 셀에 「=fn상태(K3)」를 입력하고 [L33] 셀까지 수식 복사

```
Public Function fn상태(재비산먼지)
    Select Case 재비산먼지
        Case Is <= 50
            fn상태 = "매우 좋음"
        Case Is <= 100
            fn상태 = "좋음"
        Case Is <= 150
            fn상태 = "보통"
        Case Is <= 200
            fn상태 = "나쁨"
        Case Else
            fn상태 = "매우 나쁨"
    End Select
End Function
```

| | M | N | O | P | Q | R | S |
|---|---|---|---|---|---|---|---|
| 1 | | | | | | | |
| 2 | | [표2] | | | | | |
| 3 | | 서울특별시 | 4일 | 12일 | 15일 | 18일 | |
| 4 | | 성동구 | 25 | 0 | 18 | 0 | |
| 5 | | 양천구 | 56 | 12 | 0 | 0 | |
| 6 | | 구로구 | 52 | 0 | 0 | 0 | |
| 7 | | 강서구 | 0 | 189 | 0 | 0 | |
| 8 | | 마포구 | 0 | 5 | 0 | 0 | |
| 9 | | 중랑구 | 0 | 0 | 38 | 0 | |
| 10 | | 광진구 | 0 | 0 | 38 | 0 | |
| 11 | | 강동구 | 0 | 0 | 0 | 67 | |
| 12 | | 송파구 | 0 | 0 | 0 | 10 | |
| 13 | | | | | | | |
| 14 | | [표3] | | | | | |
| 15 | | 재비산먼지 농도의 상위 5곳의 평균 | | | | 82.8 | |
| 16 | | | | | | | |

3. [O4] 셀에 「=MAX(IFERROR(FIND("서울특별시",$G$3:$G$33)>=1,0)*IFERROR(FIND($N4,$G$3:$G$33)>=1,0)*(DAY($B$3:$B$33)=O$3)*($K$3:$K$33))」를 입력하고 Ctrl+Shift+Enter를 누른 후에 [R12] 셀까지 수식을 복사
4. [R15] 셀에 「=AVERAGE(LARGE(K3:K33,{1,2,3,4,5}))」를 입력하고 Ctrl+Shift+Enter를 눌러 완성

## 문제 ❸ 분석작업

### 01 피벗 테이블

| | A | B | C | D | E | F | G |
|---|---|---|---|---|---|---|---|
| 1 | | | | | | | |
| 2 | | | | | | | |
| 3 | | | | | | | |
| 4 | | 행 레이블 | 평균 : CO(일산화탄소) | 평균 : CO2(이산화탄소) | 평균 : NO2(이산화질소) | 평균 : SPM(미세먼지) | |
| 5 | | ⊟동대문역사문화공원 | 0.82 | 658.62 | 0.04 | 30.51 | |
| 6 | | 0:00 | 0.84 | 564.90 | 0.04 | 28.97 | |
| 7 | | 6:00 | 0.76 | 549.60 | 0.04 | 22.43 | |
| 8 | | 12:00 | 0.89 | 699.44 | 0.04 | 38.04 | |
| 9 | | 18:00 | 0.81 | 824.60 | 0.04 | 33.35 | |
| 10 | | ⊞서울역 | 0.79 | 506.00 | 0.04 | 62.47 | |
| 11 | | ⊞시청 | 0.76 | 434.79 | 0.04 | 88.85 | |
| 12 | | ⊞충무로 | 0.88 | 596.74 | 0.04 | 65.09 | |
| 13 | | **총합계** | **0.81** | **549.01** | **0.04** | **61.70** | |
| 14 | | | | | | | |

## 02 데이터 도구

[표1]

| 도별 | 시별 | 생산량(톤) | 10a당 생산량(kg) | 재배면적(ha) |
|---|---|---|---|---|
| 경기도 | 안성시 | 34,007 | 483 | 7,040 |
| 경기도 | 여주시 | 33,191 | 489 | 6,792 |
| 경기도 | 이천시 | 37,349 | 522 | 7,151 |
| 경기도 | 평택시 | 51,673 | 483 | 10,693 |
| 경기도 | 화성시 | 59,107 | 488 | 12,119 |
| 강원도 | 강릉시 | 11,004 | 460 | 2,395 |
| 강원도 | 고성군 | 13,291 | 491 | 2,707 |
| 강원도 | 원주시 | 15,503 | 504 | 3,076 |
| 강원도 | 철원군 | 53,434 | 564 | 9,479 |
| 강원도 | 홍천군 | 10,742 | 512 | 2,100 |
| 충청남도 | 논산시 | 55,182 | 533 | 10,347 |
| 충청남도 | 당진시 | 114,786 | 572 | 20,055 |
| 충청남도 | 서산시 | 96,272 | 541 | 17,807 |
| 충청남도 | 서천군 | 53,386 | 550 | 9,713 |
| 충청남도 | 예산군 | 54,652 | 545 | 10,031 |
| 충청북도 | 보은군 | 18,640 | 508 | 3,670 |
| 충청북도 | 음성군 | 20,828 | 534 | 3,899 |
| 충청북도 | 진천군 | 20,885 | 503 | 4,154 |
| 충청북도 | 청주시 | 45,344 | 504 | 8,999 |
| 충청북도 | 충주시 | 22,501 | 558 | 4,033 |
| 전라남도 | 고흥군 | 53,324 | 484 | 11,009 |
| 전라남도 | 나주시 | 54,951 | 471 | 11,665 |
| 전라남도 | 영광군 | 45,802 | 481 | 9,532 |
| 전라남도 | 영암군 | 67,932 | 483 | 14,077 |
| 전라남도 | 해남군 | 91,275 | 481 | 18,990 |
| 전라북도 | 고창군 | 60,397 | 523 | 11,539 |
| 전라북도 | 군산시 | 61,288 | 522 | 11,741 |
| 전라북도 | 김제시 | 84,881 | 543 | 15,621 |
| 전라북도 | 익산시 | 82,664 | 526 | 15,730 |
| 전라북도 | 정읍시 | 67,556 | 528 | 12,794 |
| 경상남도 | 고성군 | 24,550 | 500 | 4,915 |
| 경상남도 | 밀양시 | 22,030 | 508 | 4,339 |
| 경상남도 | 창녕군 | 32,524 | 498 | 6,527 |
| 경상남도 | 함안군 | 24,127 | 487 | 4,958 |
| 경상남도 | 합천군 | 31,959 | 493 | 6,487 |
| 경상북도 | 경주시 | 55,205 | 507 | 10,897 |
| 경상북도 | 구미시 | 38,487 | 545 | 7,059 |
| 경상북도 | 상주시 | 71,967 | 567 | 12,699 |
| 경상북도 | 예천군 | 51,178 | 541 | 9,461 |
| 경상북도 | 의성군 | 49,603 | 534 | 9,292 |
| 제주도 | 서귀포시 | 21 | 408 | 5 |

[표2]

| 도별 | 재배면적(ha) | 생산량(톤) |
|---|---|---|
| 경기도 | 43,795 | 215,327 |
| 강원도 | 19,757 | 103,974 |
| 충청* | 92,708 | 502,476 |
| 전라* | 132,698 | 670,070 |
| 경상* | 76,634 | 401,630 |
| 제주도 | 5 | 21 |

## 문제 ④ 기타작업

### 01 차트

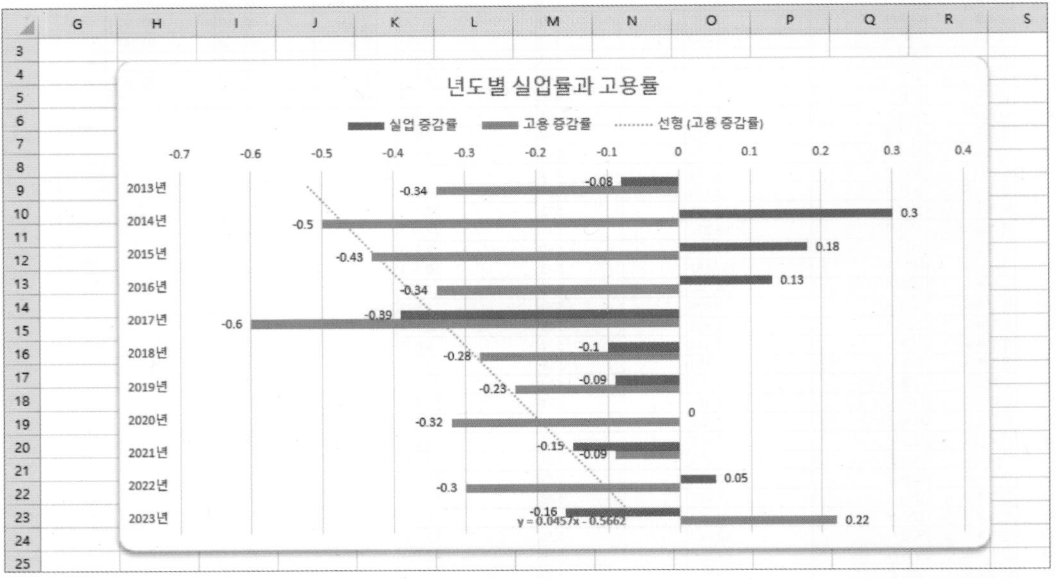


### 02 매크로

| 년도 | 실업률 | 실업 증감률 | 고용률 | 고용 증감률 |
|---|---|---|---|---|
| 2004년 | 4 | ▲ 0.43 | 21.61 | ▼ 0.44 |
| 2005년 | 3.26 | ▲ 0.74 | 22.23 | ▼ 0.62 |
| 2006년 | 3.55 | ▼ 0.29 | 22.22 | ▲ 0.01 |
| 2007년 | 3.66 | ▼ 0.11 | 22.68 | ▼ 0.46 |
| 2008년 | 3.75 | ▼ 0.09 | 22.83 | ▼ 0.15 |
| 2009년 | 3.48 | ▲ 0.27 | 23.19 | ▼ 0.36 |
| 2010년 | 3.26 | ▲ 0.22 | 23.56 | 오류 |
| 2011년 | 3.18 | ▲ 0.08 | 23.78 | ▼ 0.22 |
| 2012년 | 3.63 | ▼ 0.45 | 23.69 | ▲ 0.09 |
| 2013년 | 3.71 | ▼ 0.08 | 24.03 | ▼ 0.34 |
| 2014년 | 3.41 | ▲ 0.30 | 24.53 | ▼ 0.50 |
| 2015년 | 3.23 | ▲ 0.18 | 24.96 | 오류 |
| 2016년 | 3.1 | ▲ 0.13 | 25.3 | ▼ 0.34 |
| 2017년 | 3.49 | ▼ 0.39 | 25.9 | ▼ 0.60 |
| 2018년 | 3.59 | ▼ 0.10 | 26.18 | ▼ 0.28 |
| 2019년 | 3.68 | ▼ 0.09 | 26.41 | ▼ 0.23 |
| 2020년 | 3.68 | 재입력 | 26.73 | ▼ 0.32 |
| 2021년 | 3.83 | ▼ 0.15 | 26.82 | ▼ 0.09 |
| 2022년 | 3.78 | ▲ 0.05 | 27.12 | ▼ 0.30 |
| 2023년 | 3.94 | ▼ 0.16 | 26.9 | ▲ 0.22 |

증감률

서식지우기

## 03 VBA 프로그래밍

• 폼 보이기 프로시저

```
Private Sub cmd등록_Click()
    아울렛할인이벤트.Show
End Sub
```

• 폼 초기화 프로시저

```
Private Sub UserForm_Initialize()
    cmb이벤트.AddItem "신규 고객 10% 할인"
    cmb이벤트.AddItem "VIP 고객 20% 할인"
    cmb이벤트.AddItem "우수 고객 25% 할인"
    cmb이벤트.AddItem "특별 이벤트 15% 할인"
    cmb종류.RowSource = "H6:H9"
End Sub
```

• 등록 프로시저

```
Private Sub cmd등록_Click()
    i = Range("B5").CurrentRegion.Rows.Count + 4
    Cells(i, 2) = cmb이벤트.Value
    Select Case cmb이벤트.ListIndex
        Case 0
            Cells(i, 3) = "10%"
        Case 1
            Cells(i, 3) = "20%"
        Case 2
            Cells(i, 3) = "25%"
        Case 3
            Cells(i, 3) = "15%"
    End Select
    Cells(i, 4) = cmb종류.Value
    Cells(i, 5) = txt기간.Value
    Cells(i, 6) = DateValue(txt시작일) + Cells(i, 5)
End Sub
```

• 종료 프로시저

```
Private Sub cmd종료_Click()
    MsgBox Now, vbOKOnly, "등록화면을 종료합니다."
    [A1] = "수고하셨습니다."
    [A1].Font.Name = "궁서체"
    [A1].Font.Color = RGB(0, 0, 255)
    Unload Me
End Sub
```

# 상시 기출 문제 02회 해설

## 문제 ❶ 기본작업

### 01 고급 필터('기본작업-1' 시트)

① [L2:L3] 영역에 조건을 입력하고 [L6:P6] 영역에 추출할 필드명을 입력한다.

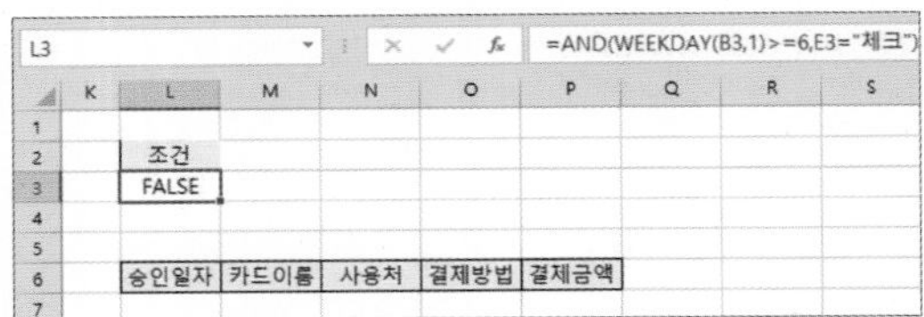

[L3] : =AND(WEEKDAY(B3,1)>=6,E3="체크")

② [데이터]-[정렬 및 필터] 그룹의 [고급]( )을 선택한다.

③ [고급 필터]에서 다음과 같이 지정한 후 [확인]을 클릭한다.

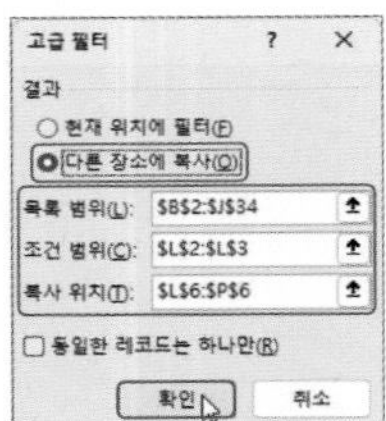

- 결과 : '다른 장소에 복사'
- 목록 범위 : [B2:J34]
- 조건 범위 : [L2:L3]
- 복사 위치 : [L6:P6]

### 02 조건부 서식('기본작업-1' 시트)

① [B3:J34] 영역을 범위 지정한 후 [홈]-[스타일] 그룹의 [조건부 서식]-[새 규칙]을 선택한다.

② [새 서식 규칙]에서 '규칙 유형 선택'에 '▶ 수식을 사용하여 서식을 지정할 셀 결정'을 선택하고, =ISEVEN(DAY($B3))를 입력한 후 [서식]을 클릭한다.

③ [셀 서식]의 [글꼴] 탭에서 글꼴 스타일은 '굵게', 글꼴 색은 '표준 색 – 파랑'을 선택하고, [채우기] 탭에서 '표준 색 – 노랑'을 선택한 후 [확인]을 클릭한다.

④ [새 서식 규칙]에서 다시 [확인]을 클릭한다.

### 03 페이지 레이아웃('기본작업-2' 시트)

① [B2:J36] 영역을 범위 지정한 후 [페이지 레이아웃]-[페이지 설정] 그룹에서 [인쇄 영역]-[인쇄 영역 설정]을 클릭한다.

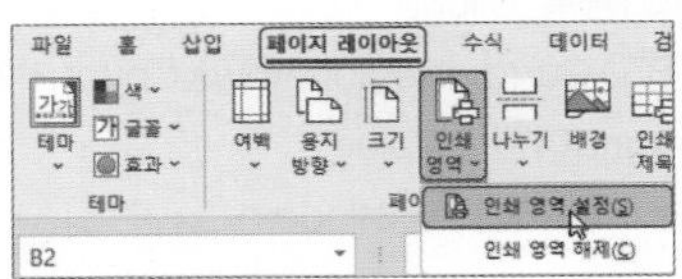

② [페이지 레이아웃]-[페이지 설정] 그룹에서 [인쇄 제목]을 클릭한다.

③ [시트] 탭에서 '반복할 행'에 커서를 두고 4행 머리글을 클릭하여 추가하고, 메모에서 '시트에 표시된 대로'를 선택한다.

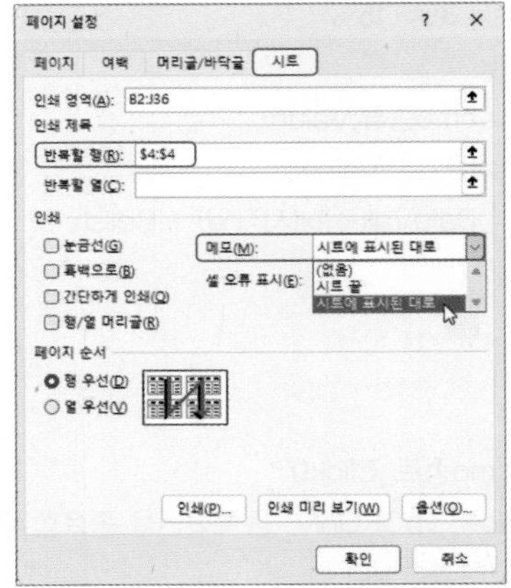

④ [페이지] 탭에서 자동 맞춤의 '용지 너비'에 1을 입력한다.

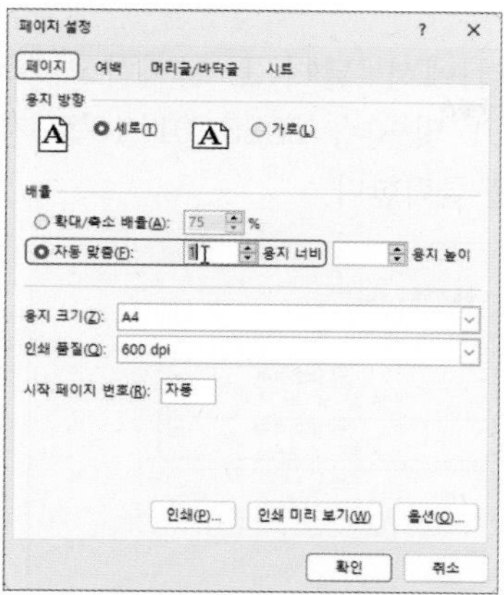

⑤ [머리글/바닥글] 탭에서 [바닥글 편집]을 클릭하고 '가운데 구역'에 커서를 두고 [시트 이름 삽입](▦)를 클릭한다.

⑥ '오른쪽 구역'에 커서를 두고 [텍스트 서식](가)을 클릭하여 글꼴은 'HY견고딕', 글꼴 스타일은 '기울임꼴', 글꼴 색은 '표준 색 – 파랑'을 선택하고, 〈〈 〉〉를 입력하고 안쪽에 커서를 두고 [페이지 번호 삽입](▣)을 클릭한 후 [확인]을 클릭한다.

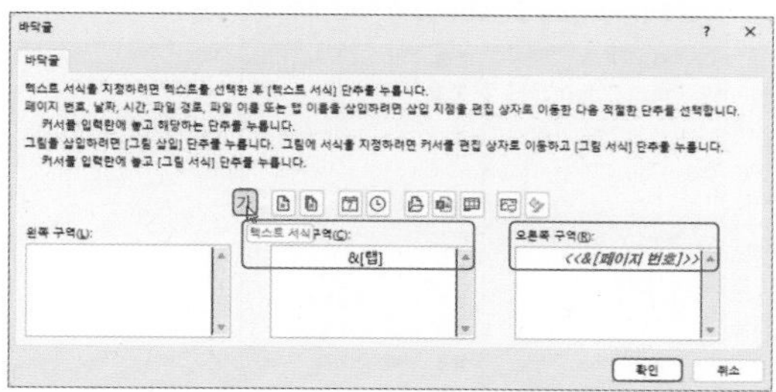

⑦ [페이지 설정]에서 [확인]을 클릭한다.

## 문제 ❷ 계산작업('계산작업' 시트)

### 01 표시[D3:D33]

[D3] 셀에 =IF(C3〈0.5,REPT("●",J3/10),REPT("○",J3/10))를 입력하고 [D33] 셀까지 수식을 복사한다.

### 02 오차율[I3:I33]

[I3] 셀에 =TEXT(SUMIFS($P$19:$P$28,$N$19:$N$28,LEFT(G3,5),$O$19:$O$28,E3),F3&"-0.00%")를 입력하고 [I33] 셀까지 수식을 복사한다.

### 03 평균농도의 최대값[O4:R12]

[O4] 셀에 =MAX(IFERROR(FIND("서울특별시",$G$3:$G$33)〉=1,0)*IFERROR(FIND($N4,$G$3:$G$33)〉=1,0)*(DAY($B$3:$B$33)=O$3)*($K$3:$K$33))를 입력하고 Ctrl+Shift+Enter를 누른 후에 [R12] 셀까지 수식을 복사한다.

### 04 재비산먼지 농도의 상위 5곳의 평균[R15]

[R15] 셀에 =AVERAGE(LARGE(K3:K33,{1,2,3,4,5}))를 입력하고 Ctrl+Shift+Enter를 눌러 수식을 완성한다.

### 05 상태[L3:L33]

① [개발 도구]–[코드] 그룹의 [Visual Basic](▣)을 선택한다.

② [삽입]–[모듈]을 선택한다.

③ Module 창에 다음과 같이 입력한다.

```
Public Function fn상태(재비산먼지)
    Select Case 재비산먼지
        Case Is <= 50
            fn상태 = "매우 좋음"
        Case Is <= 100
            fn상태 = "좋음"
        Case Is <= 150
            fn상태 = "보통"
        Case Is <= 200
            fn상태 = "나쁨"
        Case Else
            fn상태 = "매우 나쁨"
    End Select
End Function
```

④ [파일]-[닫고 Microsoft Excel(으)로 돌아가기]를 클릭하여 [Visual Basic Editor]를 닫는다.

⑤ [L3] 셀을 클릭한 후 [함수 삽입](fx)을 클릭한다.

⑥ '범주 선택'에서 '사용자 정의', '함수 선택'에서 'fn상태'를 선택한 후 [확인]을 클릭한다.

⑦ 그림과 같이 셀을 지정한 후 [확인]을 클릭한다.

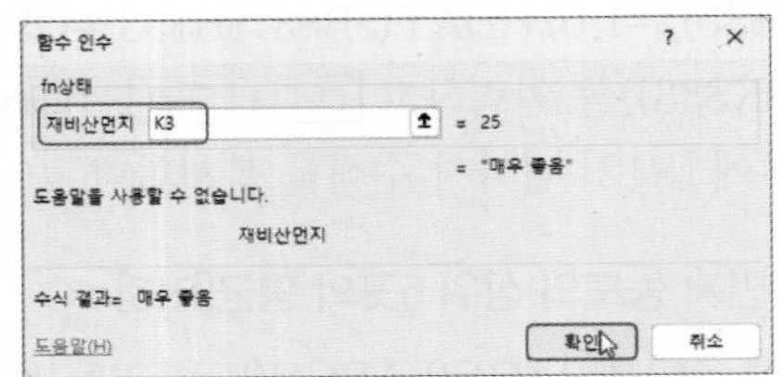


⑧ [L3] 셀을 선택한 후 [L33] 셀까지 수식을 복사한다.

**문제 ❸ 분석작업**

**01 피벗 테이블('분석작업-1' 시트)**

① [B4] 셀을 선택한 후 [데이터]-[데이터 가져오기 및 변환] 그룹에서 [데이터 가져오기]-[기타 원본에서]-[Microsoft Query에서]를 클릭한다.

② [데이터 원본 선택] 대화상자에서 'MS Access Database*'를 선택하고 [확인]을 클릭한다.

③ '환승역공기질.accdb'를 선택하고 [확인]을 클릭한다.

④ [열 선택] 대화상자에서 '공기질정보' 테이블을 더블클릭하여 다음과 같이 지정하고 [다음]을 클릭한다.

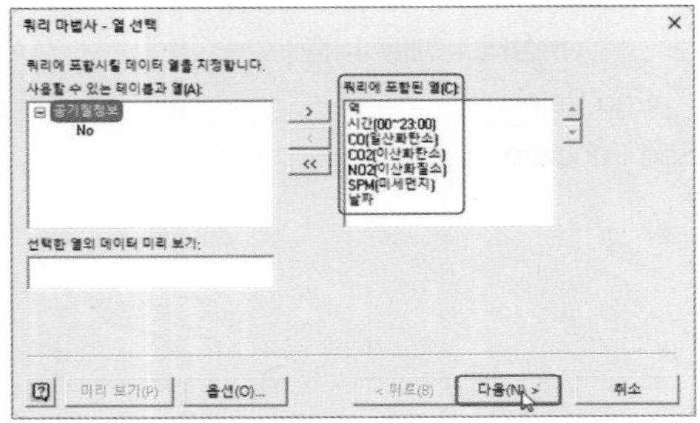


'역', '시간(00~23:00)', 'CO(일산화탄소)', 'CO2(이산화탄소)', 'NO2(이산화질소)', 'SPM(미세먼지)', '날짜'

⑤ [데이터 필터]에서 '날짜'를 선택하고 '>=', '2025-01-01' 및 '<=', '2025-01-10'로 지정하고 [다음]을 클릭한다.

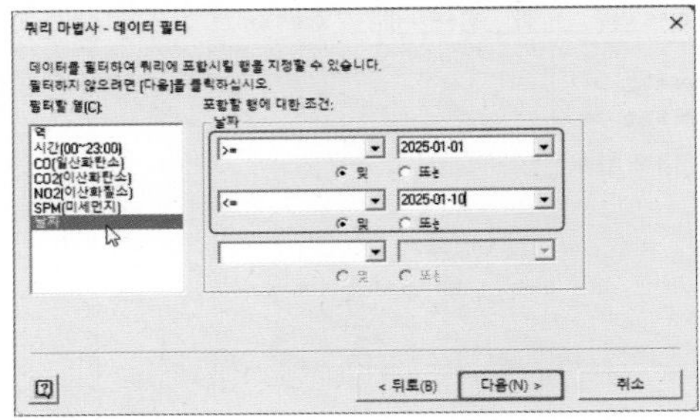


⑥ [정렬 순서]에서는 설정 없이 [다음]을 클릭한다.

⑦ [마침]에서 'Microsoft Excel(으)로 데이터 되돌리기'를 선택하고 [마침]을 클릭한다.

⑧ [데이터 가져오기] 대화상자에서 '피벗 테이블 보고서'를 선택한 다음, '기존 워크시트'는 [B4] 셀을 지정하고 [확인]을 클릭한다.

⑨ 다음과 같이 보고서 레이아웃을 지정한다.

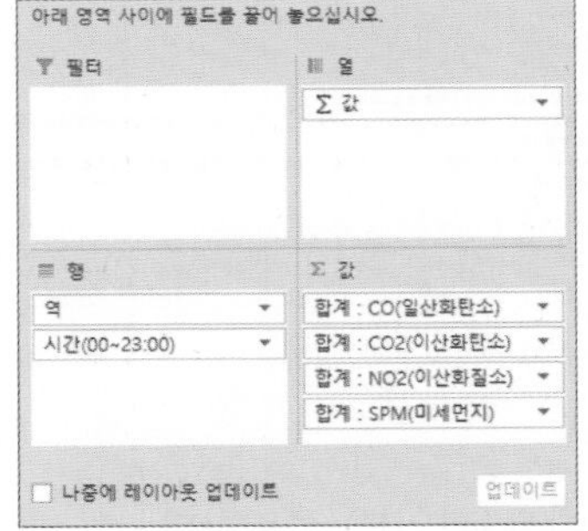


⑩ [디자인] 탭에서 [레이아웃]-[보고서 레이아웃]-[압축 형식으로 표시]를 클릭한다.

⑪ [C4] 셀에서 더블클릭한 후 '평균'을 선택하고, [표시 형식]을 클릭하여 범주는 '숫자', 소수 자릿수 '2'로 지정하고 [확인]을 클릭하고, [값 필드 설정]에서 [확인]을 클릭한다.

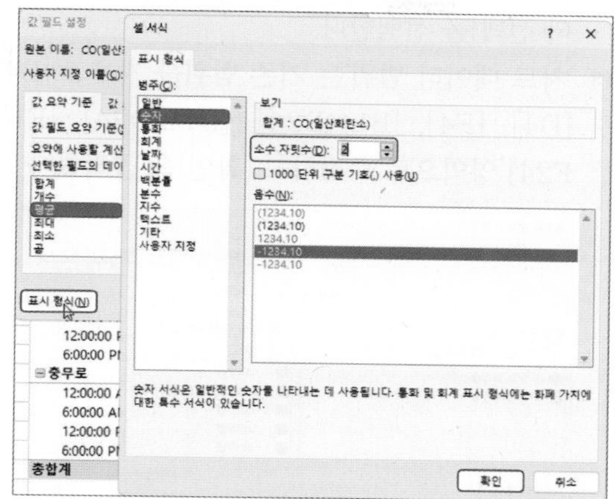


⑫ 같은 방법으로 'CO2(이산화탄소)', 'NO2(이산화질소)', 'SPM(미세먼지)'도 함수는 '평균', 숫자의 소수 자릿수는 2로 지정한다.

⑬ [B6] 셀에서 마우스 오른쪽 버튼을 눌러 [필드 설정]을 선택한 후 [표시 형식]을 클릭하여 '시간'을 선택하고 형식에서 '13:30'을 선택하고 [확인]을 클릭하고, [필드 설정]에서 [확인]을 클릭한다.

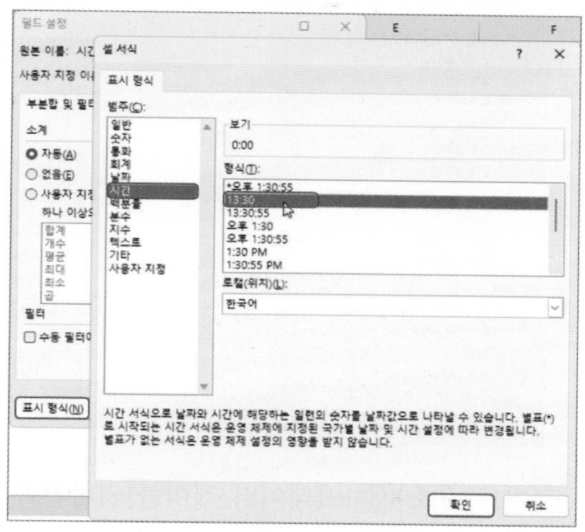


⑭ [디자인] 탭의 [피벗 테이블 스타일] 그룹에서 '연한 파랑, 피벗 스타일 보통 6'을 선택하고, '줄무늬 열'을 체크한다.

⑮ 서울역, 시청, 충무로의 ⊟를 클릭하여 ⊞로 수정한다.

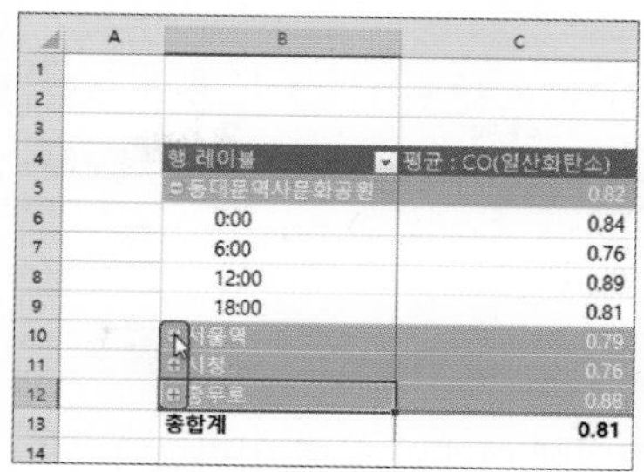


## 02 데이터 도구('분석작업-2' 시트)

① [B2:F43] 영역을 범위 지정한 후 [데이터]-[정렬 및 필터] 그룹의 [정렬]( )을 클릭한다.

② [정렬]에서 정렬 기준 '도별'을 선택하고, 정렬 '사용자 지정 목록'을 선택한다.

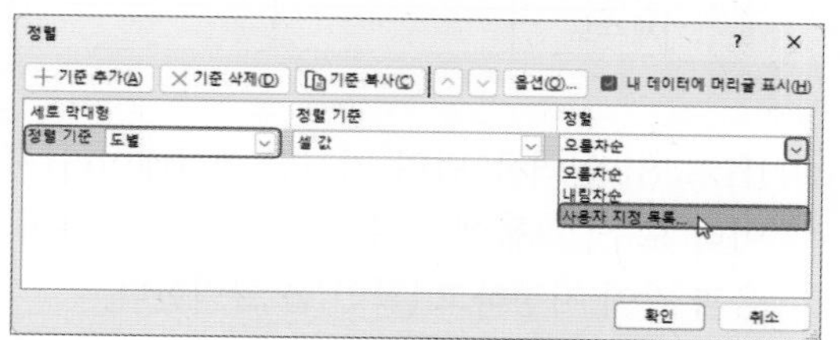


③ 목록 항목에 다음과 같이 입력하고 [추가]를 클릭하고 [확인]을 클릭한다.(경기도, 강원도, 충청남도, 충청북도, 전라남도, 전라북도, 경상남도, 경상북도, 제주도)

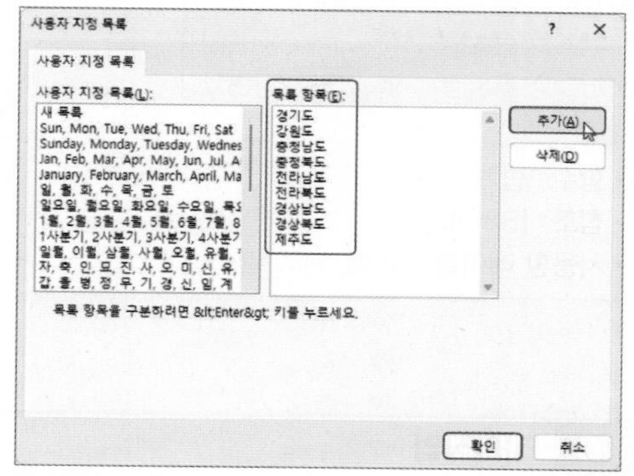

④ [기준 추가]를 추가하여 다음 기준을 '시별', 정렬 '오름차순'을 선택하고 [확인]을 클릭한다.

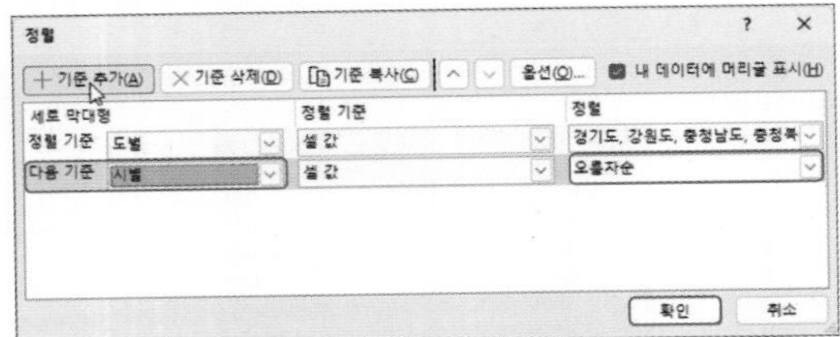

⑤ [H3:H8] 영역에 아래와 같이 입력한다.

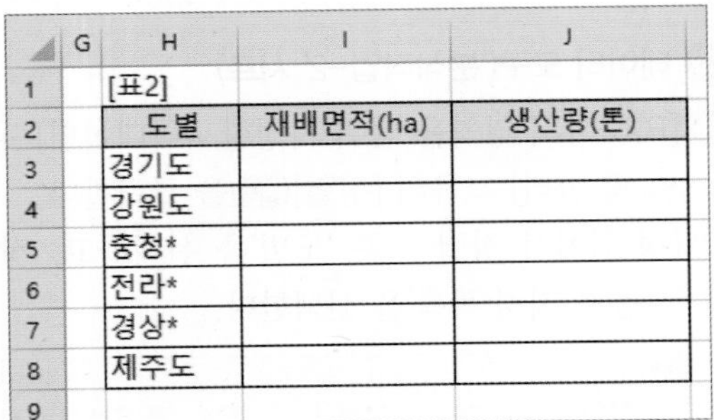

| | G | H | I | J |
|---|---|---|---|---|
| 1 | | [표2] | | |
| 2 | | 도별 | 재배면적(ha) | 생산량(톤) |
| 3 | | 경기도 | | |
| 4 | | 강원도 | | |
| 5 | | 충청* | | |
| 6 | | 전라* | | |
| 7 | | 경상* | | |
| 8 | | 제주도 | | |
| 9 | | | | |

⑥ [H2:J8] 영역을 범위 지정한 후 [데이터]-[데이터 도구] 그룹에서 [통합]( )을 클릭하여 다음과 같이 지정하고 [확인]을 클릭한다.

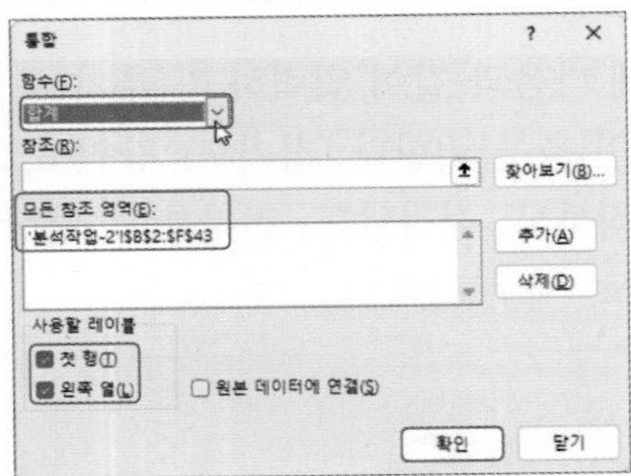

- **함수** : 합계
- **참조** : [B2:F43]
- **사용할 레이블** : 첫 행, 왼쪽 열

## 문제 ❹ 기타작업

### 01 차트('기타작업-1' 시트)

① [차트 요소]( )-[차트 제목]을 체크한 후 '차트 제목'을 선택하고 =를 입력한 후 [B2] 셀을 클릭하고 Enter를 누른다.

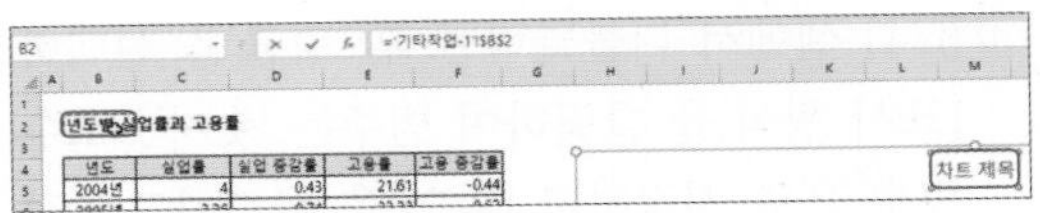

② 차트 안에서 마우스 오른쪽 버튼을 눌러 [데이터 선택]을 선택한다.

③ '차트 데이터 범위'는 기존 범위를 지우고 [B4], [D4], [F4], [B14:B24], [D14:D24], [F14:F24] 영역으로 수정하고 [확인]을 클릭한다.

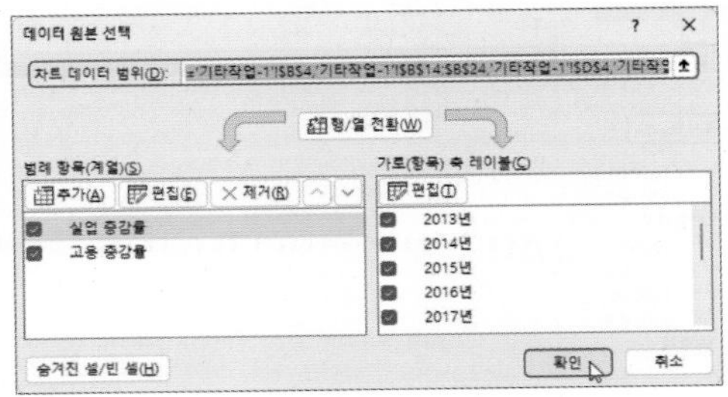

④ 세로(항목) 축을 선택한 후 마우스 오른쪽 버튼을 눌러 [축 서식]을 선택한다.

⑤ [축 서식]의 '축 옵션'에서 '항목을 거꾸로', 가로 축 교차 '항목 번호'에 0, '레이블'에서 레이블 위치 '낮은 쪽'을 선택한다.

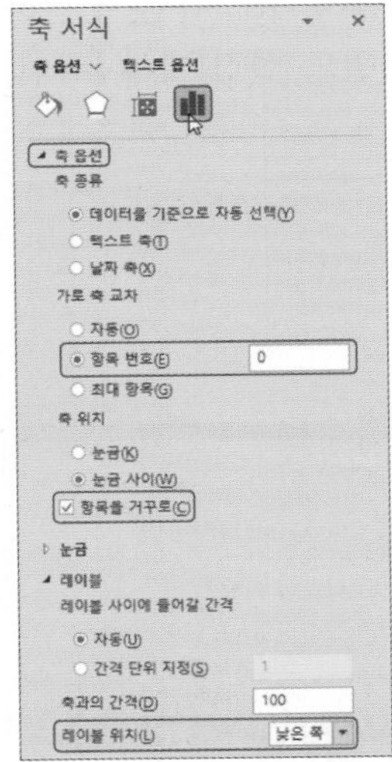

⑥ [차트 요소]( )-[데이터 레이블]-[바깥쪽 끝에]를 클릭한다.

⑦ [차트 요소]( )-[범례]-[위쪽]을 클릭한다.

⑧ '고용 증감률' 계열을 선택한 후 마우스 오른쪽 버튼을 눌러 [추세선 추가]를 선택한다.

⑨ [추세선 서식]의 '추세선 옵션'에서 '수식을 차트에 표시'를 체크한다.

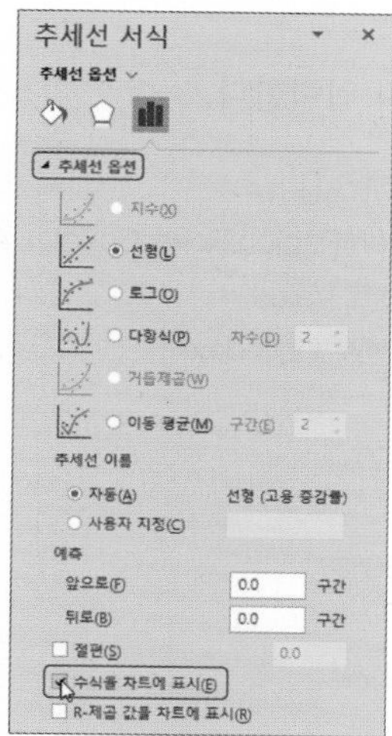

⑩ 추세선 수식을 선택한 후 [홈]-[글꼴] 그룹에서 글꼴 색은 '표준 색 – 빨강', '굵게'를 선택한다.

⑪ 차트 영역을 선택한 후 [차트 영역 서식]의 [채우기 및 선]에서 '둥근 모서리'를 체크하고, [효과]에서 '그림자' 미리 설정에서 '오프셋: 아래쪽'을 선택한다.

## 02 매크로('기타작업-2' 시트)

① [개발 도구]-[컨트롤] 그룹의 [삽입]-[단추(양식 컨트롤)](▭)을 클릭한다.

② 마우스 포인터가 '+'로 바뀌면 [H5:I6] 영역에 드래그한다.

③ [매크로 지정]의 '매크로 이름'에 **증감률**을 입력하고 [기록]을 클릭한다.

④ [매크로 기록]에 자동으로 '증감률'로 매크로 이름이 표시되면 [확인]을 클릭한다.

⑤ [D5:D24], [F5:F24] 영역을 범위 지정한 후 Ctrl+1을 누르고, [셀 서식]의 [표시 형식] 탭의 '사용자 지정'에 **[파랑][>0]"▲" 0.00;[자홍][<0]"▼" 0.00;"재입력";"오류"**를 입력하고 [확인]을 클릭한다.

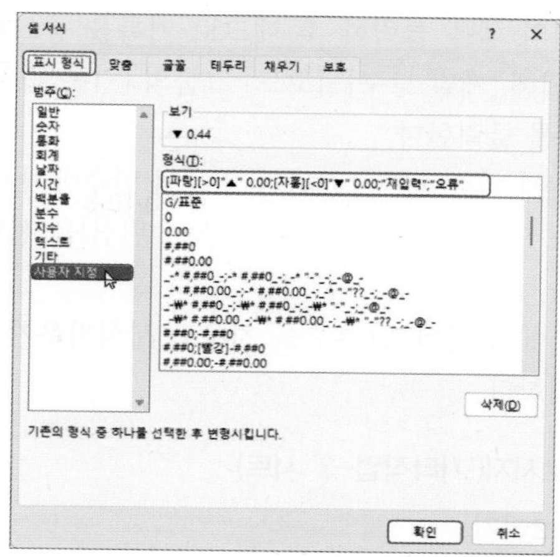

⑥ 임의의 셀을 클릭한 후 매크로 기록을 종료하기 위해 [개발 도구]-[코드] 그룹의 [기록 중지](□)를 클릭한다.

⑦ 단추에 텍스트를 수정하기 위해서 단추에서 마우스 오른쪽 버튼을 눌러 [텍스트 편집]을 선택한다.

⑧ 단추에 입력된 '단추 1'을 지우고 **증감률**을 입력한다.

⑨ [개발 도구]-[컨트롤] 그룹의 [삽입]-[단추(양식 컨트롤)](▭)을 클릭한다.

⑩ 마우스 포인터가 '+'로 바뀌면 [H9:I10] 영역에 드래그한다.

⑪ [매크로 지정]의 '매크로 이름'에 **서식지우기**를 입력하고 [기록]을 클릭한다.

⑫ [매크로 기록]에 자동으로 '서식지우기'로 매크로 이름이 표시되면 [확인]을 클릭한다.

⑬ [D5:D24], [F5:F24] 영역을 범위 지정한 후 Ctrl+1을 누르고, [셀 서식]의 [표시 형식] 탭의 '일반'을 선택하고 [확인]을 클릭한다.

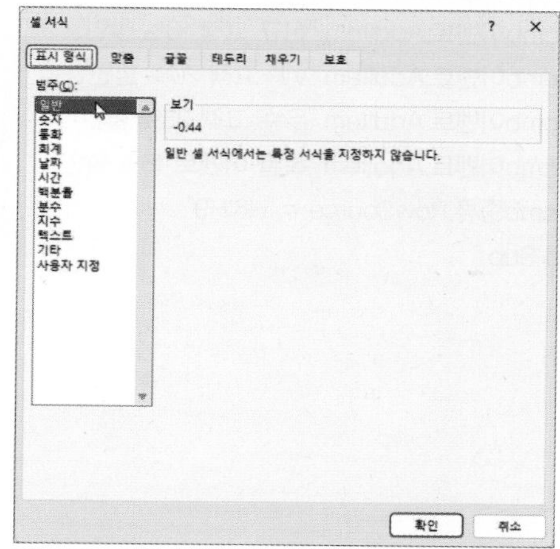

⑭ 임의의 셀을 클릭한 후 매크로 기록을 종료하기 위해 [개발 도구]–[코드] 그룹의 [기록 중지](□)를 클릭한다.

⑮ 단추에 텍스트를 수정하기 위해서 단추에서 마우스 오른쪽 버튼을 눌러 [텍스트 편집]을 선택한다.

⑮ 단추에 입력된 '단추 2'를 지우고 **서식지우기**를 입력한다.

## 03 프로시저('기타작업–3' 시트)

### ① 폼 보이기

① [개발 도구]–[컨트롤] 그룹의 [디자인 모드](📐)를 클릭하여 〈아울렛 할인 이벤트〉 버튼을 편집 상태로 만든다.

② 〈아울렛 할인 이벤트〉 버튼을 더블클릭한 후 코드 창에 다음과 같이 입력한다.

```
Private Sub cmd등록_Click()
    아울렛할인이벤트.Show
End Sub
```

### ② 폼 초기화

① [프로젝트–VBAProject] 탐색기에서 '폼'을 더블 클릭하고 〈아울렛할인이벤트〉을 선택한다.

② [프로젝트–VBAProject] 탐색기의 [코드 보기](▤)를 클릭한다.

③ '개체 목록'은 'UserForm', '프로시저 목록'은 'Initialize'를 선택한다.

④ 코드 창에 다음과 같이 입력한다.

```
Private Sub UserForm_Initialize()
    cmb이벤트.AddItem "신규 고객 10% 할인"
    cmb이벤트.AddItem "VIP 고객 20% 할인"
    cmb이벤트.AddItem "우수 고객 25% 할인"
    cmb이벤트.AddItem "특별 이벤트 15% 할인"
    cmb종류.RowSource = "H6:H9"
End Sub
```

### ③ 등록 프로시저

① '개체 목록'에서 'cmd등록', '프로시저 목록'은 'Click'을 선택한다.

② 코드 창에 다음과 같이 입력한다.

```
Private Sub cmd등록_Click()
    i = Range("B5").CurrentRegion.Rows.Count + 4
    Cells(i, 2) = cmb이벤트.Value
    Select Case cmb이벤트.ListIndex
        Case 0
            Cells(i, 3) = "10%"
        Case 1
            Cells(i, 3) = "20%"
        Case 2
            Cells(i, 3) = "25%"
        Case 3
            Cells(i, 3) = "15%"
    End Select
    Cells(i, 4) = cmb종류.Value
    Cells(i, 5) = txt기간.Value
    Cells(i, 6) = DateValue(txt시작일) + Cells(i, 5)
End Sub
```

### ④ 종료 프로시저

① '개체 목록'에서 'cmd종료', '프로시저 목록'은 'Click'을 선택한다.

② 코드 창에 다음과 같이 입력한다.

```
Private Sub cmd종료_Click()
    MsgBox Now, vbOKOnly, "등록화면을 종료합니
다."
    [A1] = "수고하셨습니다."
    [A1].Font.Name = "궁서체"
    [A1].Font.Color = RGB(0, 0, 255)
    Unload Me
End Sub
```

# 상시 기출 문제 03회

| 시험 시간 | 풀이 시간 | 합격 점수 | 내 점수 |
|---|---|---|---|
| 45분 | 분 | 70점 | 점 |

합격 강의

작업파일 [2025컴활1급₩1권_스프레드시트₩상시기출문제] 폴더의 '상시기출문제3회' 파일을 열어서 작업하시오.

## 문제 ❶ 기본작업 | 주어진 시트에서 다음 과정을 수행하고 저장하시오. 15점

**01 '기본작업-1' 시트에서 다음과 같이 고급 필터를 수행하시오. (5점)**

▶ [B3:T31] 영역에서 '출석수'가 출석수의 중간값보다 작거나 '6/9'일이 빈 셀인 행에 대하여 '학년', '반', '이름', '6/9', '출석수' 열을 순서대로 표시하시오.

▶ 조건은 [V3:V4] 영역에 입력하시오. (ISBLANK, OR, MEDIAN 함수 사용)

▶ 결과는 [X3] 셀부터 표시하시오.

**02 '기본작업-1' 시트에서 다음과 같이 조건부 서식을 설정하시오. (5점)**

▶ [E3:S31] 영역에 대해서 해당 열 번호가 홀수이면서 [E3:S3] 영역의 월이 홀수인 열 전체에 대하여 채우기 색을 '표준 색-노랑'으로 적용하시오.

▶ 단, 규칙 유형은 '수식을 사용하여 서식을 지정할 셀 결정'을 사용하고, 한 개의 규칙으로만 작성하시오.

▶ AND, COLUMN, ISODD, MONTH 함수 사용

**03 '기본작업-2' 시트에서 다음과 같이 시트 보호와 통합 문서 보기를 설정하시오. (5점)**

▶ [E4:T31] 영역에 셀 잠금과 수식 숨기기를 적용한 후 잠긴 셀의 내용과 워크 시트를 보호하시오.

▶ 잠긴 셀의 선택과 잠기지 않은 셀의 선택은 허용하고, 시트 보호 해제 암호는 지정하지 마시오.

▶ '기본작업-2' 시트를 페이지 나누기 보기로 표시하고, [B3:T31] 영역만 1페이지로 인쇄되도록 페이지 나누기 구분선을 조정하시오.

## 문제 ❷ 계산작업 | '계산작업' 시트에서 다음 과정을 수행하고 저장하시오. 30점

**01 [표1]의 코드와 [표2]를 이용하여 구분-성별[D4:D39]을 표시하시오. (6점)**

▶ 구분과 성별은 [표2]를 참조
▶ 구분과 성별 사이에 '-' 기호를 추가하여 표시 [표시 예: 기본형-여자]
▶ CONCAT, VLOOKUP 함수 사용

**02 [표1]의 가입나이와 코드, 그리고 [표3]을 이용하여 가입금액[E4:E39]을 표시하시오. (6점)**

▶ 가입금액은 코드와 가입나이로 [표3]을 참조
▶ INDEX, MATCH 함수 사용

**03 [표1]의 가입나이와 [표4]의 나이를 이용하여 나이대별 가입자수를 [표4]의 [M21:M27] 영역에 표시하시오. (6점)**

▶ 가입자수가 0보다 큰 경우 계산된 값을 두 자리 숫자로 뒤에 '명'을 추가하여 표시하고, 그 외는 '미가입'으로 표시 [표시 예: 0 → 미가입, 7 → 07명]
▶ FREQUENCY, TEXT 함수를 이용한 배열 수식

**04 [표1]의 가입나이, 코드, 가입기간을 이용하여 코드별 나이별 평균 가입기간을 [표5]의 [P22:T25] 영역에 계산하시오. (6점)**

▶ 단, 오류 발생시 공백으로 표시
▶ AVERAGE, IF, IFERROR 함수를 이용한 배열 수식

**05 사용자 정의 함수 'fn가입상태'를 작성하여 [표1]의 가입상태[H4:H39]를 표시하시오. (6점)**

▶ 'fn가입상태'는 가입기간, 미납기간을 인수로 받아 값을 되돌려줌
▶ 미납기간이 가입기간 이상이면 '해지예상', 미납기간이 가입기간 미만인 경우 중에서 미납기간이 0이면 '정상', 미납기간이 2 초과이면 '휴면보험', 그 외는 미납기간과 '개월 미납'을 연결하여 표시 [표시 예: 1개월 미납]
▶ If 문, & 연산자 사용

```
Public Function fn가입상태(가입기간, 미납기간)
End Function
```

## 문제 ❸ 분석작업 | 주어진 시트에서 다음 작업을 수행하고 저장하시오. 20점

### 01 '분석작업-1' 시트에서 다음의 지시사항에 따라 피벗 테이블 보고서를 작성하시오. (10점)

▶ 외부 데이터 원본으로 〈출석부관리.csv〉의 데이터를 사용하시오.
- 원본 데이터는 구분 기호 쉼표(,)로 분리되어 있으며, 내 데이터에 머리글을 표시하시오.
- '학년, '반', '이름', '성별, '출석수' 열만 가져와 데이터 모델에 이 데이터를 추가하시오.

▶ 피벗 테이블 보고서의 레이아웃과 위치는 〈그림〉을 참조하여 설정하고, 보고서 레이아웃을 개요 형식으로 표시하시오.

▶ '출석수' 필드는 표시 형식을 값 필드 설정의 셀 서식에서 '숫자' 범주를 이용하고 소수 자릿수를 0 으로 설정하시오.

▶ '이름' 필드는 개수로 계산한 후 사용자 지정 이름을 '학생수'로 변경하시오.

▶ 빈 셀은 '*'로 표시하고, 레이블이 있는 셀은 병합하고 가운데 맞춤되도록 설정하시오.

▶ 그룹 상단에 모든 부분합을 표시하시오.

| | A | B | C | D | E | F | G | H |
|---|---|---|---|---|---|---|---|---|
| 1 | | | | | | | | |
| 2 | | | | | | | | |
| 3 | | | 성별 | 값 | | | | |
| 4 | | | | 남 | | 여 | | |
| 5 | 학년 | 반 | 평균: 출석수 | 학생수 | 평균: 출석수 | 학생수 | 전체 평균: 출석수 | 전체 학생수 |
| 6 | ⊟1 | | 10 | 10 | 6 | 8 | 8 | 18 |
| 7 | | 사랑반 | 8 | 3 | 4 | 4 | 6 | 7 |
| 8 | | 화평반 | 11 | 5 | * | * | 11 | 5 |
| 9 | | 희락반 | 13 | 2 | 7 | 4 | 9 | 6 |
| 10 | ⊟2 | | 10 | 17 | 7 | 12 | 9 | 29 |
| 11 | | 양선반 | 7 | 4 | 1 | 3 | 5 | 7 |
| 12 | | 오래참음반 | 7 | 4 | 9 | 3 | 8 | 7 |
| 13 | | 자비반 | 13 | 3 | 6 | 4 | 9 | 7 |
| 14 | | 충성반 | 11 | 6 | 13 | 2 | 12 | 8 |
| 15 | ⊟3 | | 10 | 18 | 9 | 15 | 9 | 33 |
| 16 | | 믿음반 | 8 | 5 | 14 | 2 | 10 | 7 |
| 17 | | 소망반 | 10 | 4 | 10 | 6 | 10 | 10 |
| 18 | | 온유반 | 10 | 4 | 9 | 4 | 10 | 8 |
| 19 | | 절제반 | 11 | 5 | 4 | 3 | 9 | 8 |
| 20 | 총합계 | | 10 | 45 | 7 | 35 | 9 | 80 |
| 21 | | | | | | | | |

※ 작업 완성된 그림이며 부분점수 없음

### 02 '분석작업-2' 시트에 대하여 다음의 지시사항을 처리하시오. (10점)

▶ 데이터 도구를 이용하여 [표1]에서 '성명', '성별', '생년월일' 열을 기준으로 중복된 값이 입력된 셀을 포함하는 행을 삭제하시오.

▶ [부분합] 기능을 이용하여 [표1]에서 '반'별 '출석일수'의 평균을 계산한 후 '성별'별 '성명'의 개수를 계산하시오.
- 반을 기준으로 오름차순으로 정렬하고, 반이 동일한 경우 성별을 기준으로 오름차순 정렬하시오.
- 평균과 개수는 위에 명시된 순서대로 처리하시오.

**문제 ❹** **기타작업** | 주어진 시트에서 다음 과정을 수행하고 저장하시오. **35점**

**01 '기타작업-1' 시트에서 다음의 지시사항에 따라 차트를 수정하시오. (각 2점)**

※ 차트는 반드시 문제에서 제공한 차트를 사용하여야 하며, 신규로 차트작성 시 0점 처리 됨

① [C17:C21] 영역을 '중국(CNY)' 계열로 추가한 후 보조 축으로 지정하시오.(단, 계열 추가 시 가로(항목) 축 레이블의 범위는 [B17:B21] 영역으로 설정)

② 세로 (값) 축의 제목을 추가하여 [B2] 셀과 연동하고, 텍스트 상자의 텍스트 방향을 '세로'로 설정하시오.

③ 세로 (값) 축의 최솟값은 1150, 최댓값은 1250, 기본 단위는 10으로 설정하고, 범례는 범례 서식을 이용하여 '위쪽'에 표시하시오.

④ '미국(USD)' 계열의 선을 '완만한 선'으로 설정하고, 표식 옵션의 형식을 '▲', 크기 '6'으로 변경하시오.

⑤ '미국(USD)' 계열의 '03월 16일' 요소에만 데이터 레이블 '값'을 표시하고, 데이터 레이블의 위치를 '아래쪽'으로 지정하시오.

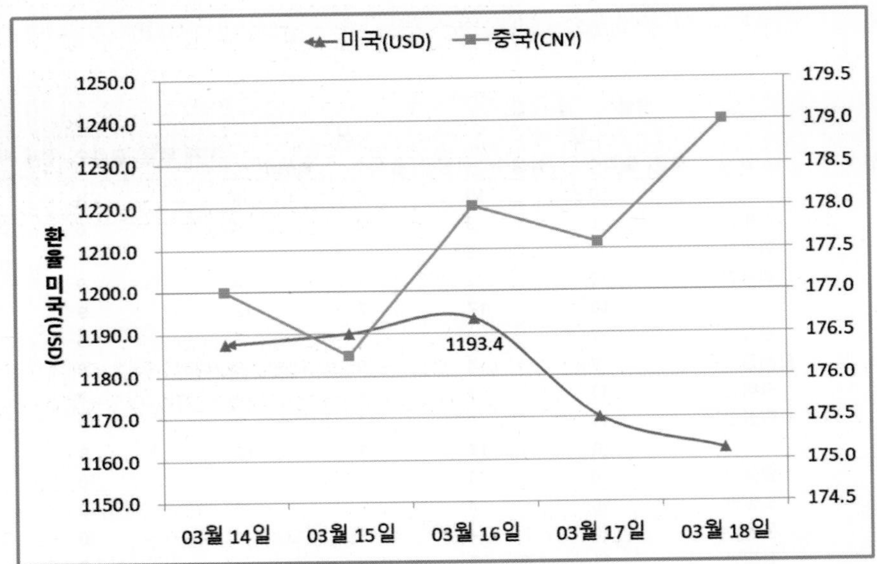

**02 '기타작업-2' 시트에서 다음과 같은 기능을 수행하는 매크로를 현재 통합문서에 작성하시오. (각 5점)**

① [E6:L33] 영역에 대하여 사용자 지정 표시 형식을 설정하는 '서식적용' 매크로를 생성하시오.
  ▶ 셀 값이 1과 같은 경우 영문자 대문자 "O"로 표시, 셀 값이 0과 같은 경우 영문자 대문자 "X"로 표시
  ▶ [개발 도구]-[삽입]-[양식 컨트롤]의 '단추'(□)를 동일 시트의 [B2:C3] 영역에 생성한 후 텍스트를 '서식적용'으로 입력하고, 단추를 클릭하면 '서식적용' 매크로가 실행되도록 설정하시오.

② [M6:M33] 영역에 대하여 조건부 서식을 적용하는 '그래프보기' 매크로를 생성하시오.
  ▶ 규칙 유형은 '셀 값을 기준으로 모든 셀의 서식 지정'으로 선택하고, 서식 스타일 '데이터 막대', 최소값은 백분위수 20, 최대값은 백분위수 80로 설정하시오.
  ▶ 막대 모양은 채우기를 '그라데이션 채우기', 색을 '표준 색-노랑'으로 설정하시오.
  ▶ [개발 도구]-[삽입]-[양식 컨트롤]의 '단추'(□)를 동일 시트의 [E2:F3] 영역에 생성한 후 텍스트를 '그래프보기'로 입력하고, 단추를 클릭하면 '그래프보기' 매크로가 실행되도록 설정하시오.

**03 '기타작업-3' 시트에서 다음과 같은 작업을 수행하도록 프로시저를 작성하시오. (각 5점)**

① '팡팡요금관리' 단추를 클릭하면 〈팡팡요금관리〉 폼이 나타나도록 설정하고, 폼이 초기화(Initialize)되면 구분/기본요금(cmb구분) 목록에는 [M6:N8] 영역의 값이 표시되고, 보호자 동반은 유(opt유)가 초기값으로 선택되도록 프로시저를 작성하시오.

② '팡팡요금관리' 폼의 '등록'(cmd등록) 단추를 클릭하면 폼에 입력된 데이터가 [표1]에 입력되어 있는 마지막 행 다음에 연속하여 추가되도록 프로시저를 작성하시오.
  ▶ 구분과 기본요금에는 구분/기본요금(cmb구분)에서 선택된 값으로 각각 표시
  ▶ 보호자동반에는 opt유가 선택되면 '유', opt무가 선택되면 '무'로 표시
  ▶ 요금 = (퇴장시간의 시간 − 입장시간의 시간 ) × 기본요금
  ▶ If ~ Else문, Hour 함수 사용

③ 종료(cmd종료) 단추를 클릭하면 〈그림〉과 같은 메시지 박스를 표시한 후 폼을 종료하는 프로시저를 작성하시오.
  ▶ 시스템의 현재 날짜와 시간 표시

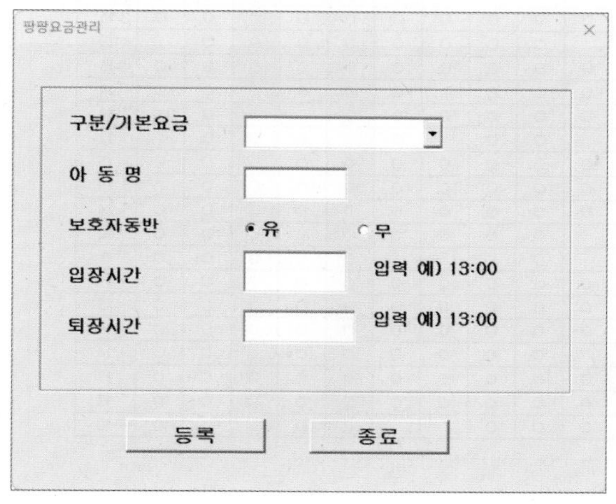

# 상시 기출 문제 03회 정답

## 문제 ❶ 기본작업

### 01 고급 필터

V4 =OR($T4<MEDIAN($T$4:$T$31),ISBLANK($S4))

| 조건 |
| --- |
| FALSE |

| 학년 | 반 | 이름 | 6/9 | 출석수 |
| --- | --- | --- | --- | --- |
| 1 | 사랑반 | 이환 | O | 13 |
| 1 | 사랑반 | 김유준 | O | 12 |
| 1 | 화평반 | 김서찬 | O | 13 |
| 1 | 화평반 | 노재현 | O | 11 |
| 1 | 희락반 | 김우인 | O | 10 |
| 2 | 양선반 | 정승우 |  | 13 |
| 2 | 오래참음반 | 윤지강 |  | 13 |
| 2 | 오래참음반 | 손채영 |  | 12 |
| 2 | 자비반 | 이지훈 | O | 12 |
| 2 | 자비반 | 이선녕 | O | 9 |
| 2 | 충성반 | 노석진 | O | 13 |
| 2 | 충성반 | 권한지 | O | 13 |
| 2 | 충성반 | 최경주 | O | 10 |

### 02 조건부 서식

| 학년 | 반 | 이름 | 3/3 | 3/10 | 3/17 | 3/24 | 3/31 | 4/7 | 4/14 | 4/21 | 4/28 | 5/5 | 5/12 | 5/19 | 5/26 | 6/2 | 6/9 | 출석수 |
| --- | --- | --- | --- | --- | --- | --- | --- | --- | --- | --- | --- | --- | --- | --- | --- | --- | --- | --- |
| 1 | 사랑반 | 김영서 | O | O | O | O | O | O | O | O | O | O | O | O | O | O | O | 15 |
| 1 | 사랑반 | 이환 | O | O |  | O | O | O | O | O |  | O | O | O | O | O | O | 13 |
| 1 | 사랑반 | 김유준 |  | O | O | O | O | O | O | O | O | O |  | O | O |  | O | 12 |
| 1 | 화평반 | 김지환 | O | O | O | O | O | O | O | O | O | O | O | O | O | O | O | 15 |
| 1 | 화평반 | 원가은 |  | O | O | O | O | O | O | O | O | O | O | O | O | O | O | 14 |
| 1 | 화평반 | 김서찬 | O | O | O | O | O | O |  |  | O | O | O | O | O | O | O | 13 |
| 1 | 화평반 | 노재현 |  | O | O | O |  | O | O | O | O | O |  | O | O |  | O | 11 |
| 1 | 희락반 | 최예진 | O | O | O | O | O | O | O | O | O | O | O | O | O | O | O | 15 |
| 1 | 희락반 | 전준호 | O | O | O | O | O | O | O | O | O | O | O | O | O | O | O | 15 |
| 1 | 희락반 | 김우인 | O | O | O |  | O |  |  |  | O |  | O | O | O | O | O | 10 |
| 2 | 양선반 | 신지섭 | O | O | O | O | O | O | O | O | O | O | O | O | O | O | O | 15 |
| 2 | 양선반 | 정승우 | O | O | O | O | O |  | O | O | O | O | O | O | O | O |  | 13 |
| 2 | 오래참음반 | 강연지 | O | O | O | O | O | O | O | O | O | O | O | O | O | O | O | 15 |
| 2 | 오래참음반 | 박소연 | O | O | O | O | O | O | O | O |  | O | O | O | O | O | O | 14 |
| 2 | 오래참음반 | 윤지강 | O | O | O | O | O | O | O | O | O | O | O |  | O | O |  | 13 |
| 2 | 오래참음반 | 손채영 | O | O | O | O | O |  | O | O |  | O | O | O | O | O |  | 12 |
| 2 | 자비반 | 박지민 | O | O | O | O | O | O | O | O | O | O | O | O | O | O | O | 15 |
| 2 | 자비반 | 김하람 | O | O | O | O | O | O | O | O | O | O | O | O | O | O | O | 15 |
| 2 | 자비반 | 김하영 | O |  | O | O | O | O | O | O | O | O | O | O | O | O | O | 14 |
| 2 | 자비반 | 이지훈 | O | O |  | O |  |  | O | O | O | O | O | O | O | O | O | 12 |
| 2 | 자비반 | 이선녕 |  | O | O |  | O |  | O |  |  |  | O | O | O | O | O | 9 |
| 2 | 충성반 | 곽용빈 | O | O | O | O | O | O | O | O | O | O | O | O | O | O | O | 15 |
| 2 | 충성반 | 이승아 | O | O | O | O | O | O | O | O | O | O | O | O | O | O | O | 15 |
| 2 | 충성반 | 한정우 | O | O | O | O | O | O | O | O | O | O | O | O | O | O | O | 15 |
| 2 | 충성반 | 이창재 | O | O | O | O | O |  | O | O | O | O | O | O | O | O | O | 14 |
| 2 | 충성반 | 노석진 |  | O | O | O |  | O | O | O | O | O | O | O | O | O | O | 13 |
| 2 | 충성반 | 권한지 |  |  | O | O | O | O | O | O | O | O | O | O | O | O | O | 13 |
| 2 | 충성반 | 최경주 | O | O | O | O |  | O | O | O |  |  | O | O |  |  | O | 10 |

## 03 시트 보호와 통합 문서 보기

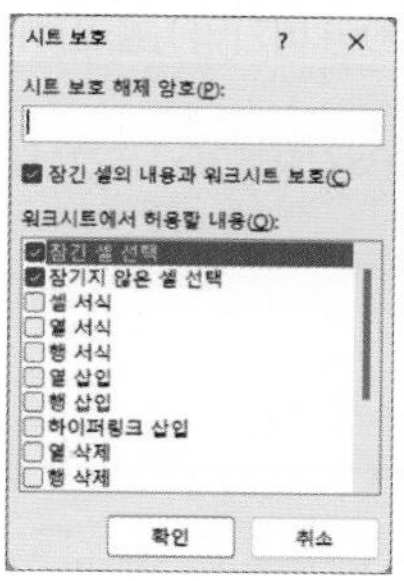

| 학년 | 반 | 이름 | 3/3 | 3/10 | 3/17 | 3/24 | 3/31 | 4/7 | 4/14 | 4/21 | 4/28 | 5/5 | 5/12 | 5/19 | 5/26 | 6/2 | 6/9 | 출석수 |
|---|---|---|---|---|---|---|---|---|---|---|---|---|---|---|---|---|---|---|
| 2 | 오래참음반 | 강연지 | O | O | O | O | O | O | O | O | O | O | O | O | O | O | O | 15 |
| 2 | 충성반 | 곽용빈 | O | O | O | O | O | O | O | O | O | O | O | O | O | O | O | 15 |
| 2 | 충성반 | 권한지 | | | O | O | O | O | O | O | O | O | O | O | O | O | O | 13 |
| 1 | 화평반 | 김서찬 | O | O | O | O | O | O | | | O | O | O | O | O | O | O | 13 |
| 1 | 사랑반 | 김영서 | O | O | O | O | O | O | O | O | O | O | O | O | O | O | O | 15 |
| 1 | 희락반 | 김우인 | O | O | O | | O | | | | O | | O | O | O | O | O | 10 |
| 1 | 사랑반 | 김유준 | | O | O | O | O | O | O | O | O | O | | O | O | | O | 12 |
| 1 | 화평반 | 김지환 | O | O | O | O | O | O | O | O | O | O | O | O | O | O | O | 15 |
| 2 | 자비반 | 김하람 | O | O | O | O | O | O | O | O | O | O | O | O | O | O | O | 15 |
| 2 | 자비반 | 김하영 | O | | O | O | O | O | O | O | O | O | O | O | O | O | O | 14 |
| 2 | 충성반 | 노석진 | | O | O | O | | O | O | O | O | O | O | O | O | O | O | 13 |
| 1 | 화평반 | 노재현 | | O | O | O | | O | O | O | O | O | | O | O | | O | 11 |
| 2 | 오래참음반 | 박소연 | O | O | O | O | O | O | O | O | | O | O | O | O | O | O | 14 |
| 2 | 자비반 | 박지민 | O | O | O | O | O | O | O | O | O | O | O | O | O | O | O | 15 |
| 2 | 오래참음반 | 손채영 | O | O | O | O | O | | O | O | | O | O | O | O | O | | 12 |
| 2 | 양선반 | 신지섭 | O | O | O | O | O | O | O | O | O | O | O | O | O | O | O | 15 |
| 1 | 화평반 | 원가은 | | O | O | O | O | O | O | O | O | O | O | O | O | O | O | 14 |
| 2 | 오래참음반 | 윤지강 | O | O | O | O | O | O | O | O | O | O | O | | O | O | | 13 |
| 2 | 자비반 | 이선녕 | | O | O | | O | | O | | | | O | O | O | O | O | 9 |
| 2 | 충성반 | 이승아 | O | O | O | O | O | O | O | O | O | O | O | O | O | O | O | 15 |
| 2 | 자비반 | 이지훈 | O | O | | O | | | O | O | O | O | O | O | O | O | O | 12 |
| 2 | 충성반 | 이창재 | O | O | O | O | O | | O | O | O | O | O | O | O | O | O | 14 |
| 1 | 사랑반 | 이환 | O | O | | O | O | O | O | O | | O | O | O | O | O | O | 13 |
| 1 | 희락반 | 전준호 | O | O | O | O | O | O | O | O | O | O | O | O | O | O | O | 15 |
| 2 | 양선반 | 정승우 | O | O | O | O | O | | O | O | O | O | O | O | O | O | | 13 |
| 2 | 충성반 | 최경주 | O | O | O | O | | O | O | O | | | O | O | | | O | 10 |
| 1 | 희락반 | 최예진 | O | O | O | O | O | O | O | O | O | O | O | O | O | O | O | 15 |
| 2 | 충성반 | 한정우 | O | O | O | O | O | O | O | O | O | O | O | O | O | O | O | 15 |

## 문제 ❷ 계산작업

### 01 성별, 가입금액, 가입상태

1. [D4] 셀에 「=CONCAT(VLOOKUP(C4,$K$5:$M$8,2, FALSE),"–",VLOOKUP(C4,$K$5:$M$8,3,FALSE))」를 입력하고 [D39] 셀까지 수식 복사
2. [E4] 셀에 「=INDEX($L$13:$S$16,MATCH(C4,$K$13:$K$16,0),MATCH(B4,$L$11:$S$11,1))」를 입력하고 [E39] 셀까지 수식 복사
5. [H4] 셀에 「=fn가입상태(F4,G4)」를 입력하고 [H39] 셀까지 수식 복사

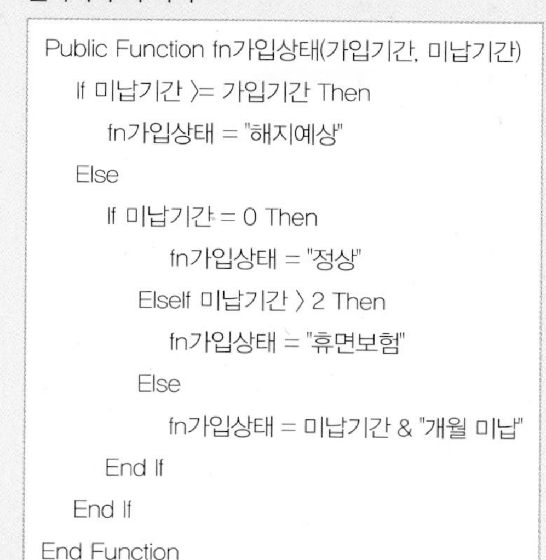

```
Public Function fn가입상태(가입기간, 미납기간)
  If 미납기간 >= 가입기간 Then
    fn가입상태 = "해지예상"
  Else
    If 미납기간 = 0 Then
        fn가입상태 = "정상"
      ElseIf 미납기간 > 2 Then
        fn가입상태 = "휴면보험"
      Else
        fn가입상태 = 미납기간 & "개월 미납"
    End If
  End If
End Function
```

[표1]

| 가입나이 | 코드 | 구분-성별 | 가입금액 | 가입기간 | 미납기간 | 가입상태 |
|---|---|---|---|---|---|---|
| 24 세 | BM | 기본형-남자 | 13,200 | 5 | 3 | 휴면보험 |
| 41 세 | BW | 기본형-여자 | 22,500 | 3 | 0 | 정상 |
| 50 세 | SM | 추가보장-남자 | 45,000 | 15 | 0 | 정상 |
| 29 세 | SW | 추가보장-여자 | 14,200 | 15 | 0 | 정상 |
| 42 세 | SW | 추가보장-여자 | 28,400 | 5 | 1 | 1개월 미납 |
| 7 세 | SW | 추가보장-여자 | 13,000 | 10 | 0 | 정상 |
| 45 세 | SM | 추가보장-남자 | 24,000 | 14 | 1 | 1개월 미납 |
| 16 세 | SW | 추가보장-여자 | 12,900 | 5 | 1 | 1개월 미납 |
| 16 세 | BM | 기본형-남자 | 12,800 | 6 | 1 | 1개월 미납 |
| 51 세 | BM | 기본형-남자 | 33,000 | 8 | 0 | 정상 |
| 46 세 | BM | 기본형-남자 | 19,800 | 8 | 2 | 2개월 미납 |
| 22 세 | BM | 기본형-남자 | 13,200 | 21 | 0 | 정상 |
| 6 세 | BM | 기본형-남자 | 12,800 | 7 | 0 | 정상 |
| 22 세 | BW | 기본형-여자 | 13,500 | 21 | 2 | 2개월 미납 |
| 21 세 | SM | 추가보장-남자 | 13,700 | 20 | 0 | 정상 |
| 13 세 | SW | 추가보장-여자 | 12,900 | 8 | 0 | 정상 |
| 29 세 | BM | 기본형-남자 | 13,200 | 24 | 0 | 정상 |
| 61 세 | BW | 기본형-여자 | 32,200 | 23 | 1 | 1개월 미납 |
| 12 세 | BW | 기본형-여자 | 12,600 | 20 | 2 | 2개월 미납 |
| 64 세 | SW | 추가보장-여자 | 43,900 | 7 | 0 | 정상 |
| 29 세 | BM | 기본형-남자 | 13,200 | 17 | 2 | 2개월 미납 |
| 17 세 | BW | 기본형-여자 | 12,600 | 21 | 2 | 2개월 미납 |
| 29 세 | SM | 추가보장-남자 | 13,700 | 2 | 2 | 해지예상 |
| 26 세 | SM | 추가보장-남자 | 13,700 | 4 | 1 | 1개월 미납 |
| 59 세 | SM | 추가보장-남자 | 45,000 | 2 | 1 | 1개월 미납 |
| 43 세 | BW | 기본형-여자 | 22,500 | 5 | 2 | 2개월 미납 |
| 53 세 | SM | 추가보장-남자 | 45,000 | 21 | 2 | 2개월 미납 |
| 29 세 | SW | 추가보장-여자 | 14,200 | 18 | 1 | 1개월 미납 |
| 18 세 | BM | 기본형-남자 | 12,800 | 9 | 1 | 1개월 미납 |
| 41 세 | BW | 기본형-여자 | 22,500 | 7 | 0 | 정상 |
| 8 세 | SM | 추가보장-남자 | 13,100 | 9 | 2 | 2개월 미납 |
| 64 세 | SW | 추가보장-여자 | 43,900 | 20 | 1 | 1개월 미납 |
| 21 세 | SW | 추가보장-여자 | 14,200 | 12 | 2 | 2개월 미납 |
| 25 세 | SW | 추가보장-여자 | 14,200 | 21 | 0 | 정상 |
| 53 세 | SW | 추가보장-여자 | 34,900 | 23 | 0 | 정상 |
| 59 세 | SW | 추가보장-여자 | 34,900 | 9 | 1 | 1개월 미납 |

## ⓶ 가입자수, 가입기간

[표4] 나이대별 가입자수

| 나이 | | 가입자수 |
|---|---|---|
| 1세 ~ | 10세 | 03명 |
| 11세 ~ | 20세 | 06명 |
| 21세 ~ | 30세 | 12명 |
| 31세 ~ | 40세 | 미가입 |
| 41세 ~ | 50세 | 07명 |
| 51세 ~ | 60세 | 05명 |
| 61세 ~ | 70세 | 03명 |

[표5] 코드별 나이별 평균 가입기간

| 코드 | 0세 이상 | 20세 이상 | 30세 이상 | 40세 이상 | 60세 이상 |
|---|---|---|---|---|---|
| | 20세 미만 | 30세 미만 | 40세 미만 | 60세 미만 | 80세 미만 |
| BM | 7.33 | 16.75 | | 8.00 | |
| BW | 20.50 | 21.00 | | 5.00 | 23.00 |
| SM | 9.00 | 8.67 | | 13.00 | |
| SW | 7.67 | 16.50 | | 12.33 | 13.50 |

3. [M21:M27] 영역을 범위 지정한 후 「=TEXT(FREQUENCY($B$4:$B$39,$L$21:$L$27),"[>0]00명;미가입")」를 입력하고 [Ctrl]+[Shift]+[Enter]를 누름
4. [P22] 셀에 「=IFERROR(AVERAGE(IF(($C$4:$C$39=$O22)*($B$4:$B$39>=P$20)*($B$4:$B$39<P$21),$F$4:$F$39)),"")」를 입력하고 [Ctrl]+[Shift]+[Enter]를 누른 후에 [T25] 셀까지 수식을 복사

# 문제 ❸ 분석작업

## ⓵ 피벗 테이블

| | | 성별 | 값 | | | | |
|---|---|---|---|---|---|---|---|
| | | 남 | | 여 | | 전체 평균: 출석수 | 전체 학생수 |
| 학년 | 반 | 평균: 출석수 | 학생수 | 평균: 출석수 | 학생수 | | |
| ⊟1 | | **10** | **10** | **6** | **8** | **8** | **18** |
| | 사랑반 | 8 | 3 | 4 | 4 | 6 | 7 |
| | 화평반 | 11 | 5 | | | 11 | 5 |
| | 희락반 | 13 | 2 | 7 | 4 | 9 | 6 |
| ⊟2 | | **10** | **17** | **7** | **12** | **9** | **29** |
| | 양선반 | 7 | 4 | 1 | 3 | 5 | 7 |
| | 오래참음반 | 7 | 4 | 9 | 3 | 8 | 7 |
| | 자비반 | 13 | 3 | 6 | 4 | 9 | 7 |
| | 충성반 | 11 | 6 | 13 | 2 | 12 | 8 |
| ⊟3 | | **10** | **18** | **9** | **15** | **9** | **33** |
| | 믿음반 | 8 | 5 | 14 | 2 | 10 | 7 |
| | 소망반 | 10 | 4 | 10 | 6 | 10 | 10 |
| | 온유반 | 10 | 4 | 9 | 4 | 10 | 8 |
| | 절제반 | 11 | 5 | 4 | 3 | 9 | 8 |
| **총합계** | | **10** | **45** | **7** | **35** | **9** | **80** |

## ⓪② 데이터 도구

| | A | B | C | D | E | F | G | H |
|---|---|---|---|---|---|---|---|---|
| 1 | | [표1] | | | | | | |
| 2 | | 반 | 성명 | 성별 | 생년월일 | 연락처 | 출석일수 | |
| 3 | | 믿음반 | 김종헌 | 남 | 2007-05-21 | 010-73**-**** | 13 | |
| 4 | | 믿음반 | 김종헌 | 남 | 2007-08-10 | 010-73**-**** | 12 | |
| 5 | | 믿음반 | 김주형 | 남 | 2007-06-29 | 010-42**-**** | 15 | |
| 6 | | 믿음반 | 박건우 | 남 | 2007-02-24 | 010-47**-**** | 14 | |
| 7 | | 믿음반 | 박연우 | 남 | 2007-09-11 | 010-82**-**** | 13 | |
| 8 | | 믿음반 | 전지호 | 남 | 2007-09-21 | 010-53**-**** | 15 | |
| 9 | | | 6 | **남 개수** | | | | |
| 10 | | 믿음반 | 김서영 | 여 | 2007-02-08 | 010-88**-**** | 15 | |
| 11 | | 믿음반 | 송예린 | 여 | 2007-03-02 | | 15 | |
| 12 | | | 2 | **여 개수** | | | | |
| 13 | | **믿음반 평균** | | | | | 14 | |
| 14 | | 소망반 | 박진우 | 남 | 2007-02-03 | 010-71**-**** | 10 | |
| 15 | | 소망반 | 임형빈 | 남 | 2007-01-03 | 010-99**-**** | 12 | |
| 16 | | 소망반 | 장시훈 | 남 | 2007-12-07 | 010-46**-**** | 15 | |
| 17 | | | 3 | **남 개수** | | | | |
| 18 | | 소망반 | 오정은 | 여 | 2007-04-17 | 010-40**-**** | 15 | |
| 19 | | 소망반 | 유연서 | 여 | 2007-12-10 | 010-52**-**** | 13 | |
| 20 | | 소망반 | 윤서연 | 여 | 2007-02-08 | | 15 | |
| 21 | | 소망반 | 이수린 | 여 | 2007-08-09 | 010-27**-**** | 14 | |
| 22 | | 소망반 | 이유진 | 여 | 2007-09-16 | 010-44**-**** | 13 | |
| 23 | | 소망반 | 최경은 | 여 | 2007-04-30 | 010-32**-**** | 15 | |
| 24 | | | 6 | **여 개수** | | | | |
| 25 | | **소망반 평균** | | | | | 13.55555556 | |
| 26 | | 온유반 | 김주한 | 남 | 2007-12-24 | 010-93**-**** | 9 | |
| 27 | | 온유반 | 박준영 | 남 | 2007-10-10 | 010-71**-**** | 15 | |
| 28 | | 온유반 | 차숙원 | 남 | 2007-08-27 | 010-62**-**** | 14 | |
| 29 | | | 3 | **남 개수** | | | | |
| 30 | | 온유반 | 권지인 | 여 | 2007-01-02 | 010-84**-**** | 14 | |
| 31 | | 온유반 | 김시연 | 여 | 2007-09-06 | 010-36**-**** | 12 | |
| 32 | | 온유반 | 박지원 | 여 | 2007-09-09 | 010-47**-**** | 15 | |
| 33 | | 온유반 | 이지선 | 여 | 2007-06-18 | | 15 | |
| 34 | | | 4 | **여 개수** | | | | |
| 35 | | **온유반 평균** | | | | | 13.42857143 | |
| 36 | | | 24 | **전체 개수** | | | | |
| 37 | | **전체 평균** | | | | | 13.66666667 | |
| 38 | | | | | | | | |

## 문제 ❹ 기타작업

### 01 차트

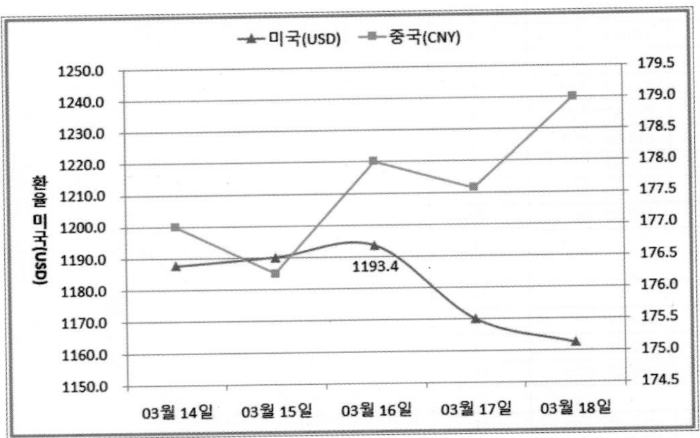


### 02 매크로

서식적용 그래프보기

| 학년 | 반 | 이름 | 3/3 | 3/10 | 3/17 | 3/24 | 3/31 | 4/7 | 4/14 | 4/21 | 출석 |
|---|---|---|---|---|---|---|---|---|---|---|---|
| 1 | 사랑반 | 김영서 | O | O | O | O | O | O | O | O | 8 |
| 1 | 사랑반 | 이환 | O | O | X | O | O | O | O | O | 7 |
| 1 | 사랑반 | 김유준 | X | O | O | O | O | O | O | O | 7 |
| 1 | 화평반 | 김지환 | O | O | O | O | O | O | O | O | 8 |
| 1 | 화평반 | 원가은 | X | O | O | O | O | O | O | O | 7 |
| 1 | 화평반 | 김서찬 | O | O | O | O | O | O | X | X | 6 |
| 1 | 화평반 | 노재현 | X | O | O | O | X | O | O | O | 6 |
| 1 | 희락반 | 최예진 | O | O | O | O | O | O | O | O | 8 |
| 1 | 희락반 | 전준호 | O | O | O | O | O | O | O | O | 8 |
| 1 | 희락반 | 김우인 | O | O | O | X | O | X | X | X | 4 |
| 2 | 양선반 | 신지섭 | O | O | O | O | O | O | O | O | 8 |
| 2 | 양선반 | 정승우 | O | O | O | O | O |  | O | O | 7 |
| 2 | 오래참음반 | 강연지 | O | O | O | O | O | O | O | O | 8 |
| 2 | 오래참음반 | 박소연 | O | O | O | O | O | O | O | O | 8 |
| 2 | 오래참음반 | 윤지강 | O | O | O | O | O | O | O | O | 8 |
| 2 | 오래참음반 | 손채영 | O | O | O | O | O |  | O | O | 7 |
| 2 | 자비반 | 박지민 | O | O | O | O | O | O | O | O | 8 |
| 2 | 자비반 | 김하람 | O | O | O | O | O | O | O | O | 8 |
| 2 | 자비반 | 김하영 | O | X | O | O | O | O | O | O | 7 |
| 2 | 자비반 | 이지훈 | O | O | X | O | X | X | O | O | 5 |
| 2 | 자비반 | 이선녕 | X | O | O | X | O | X | O | X | 4 |
| 2 | 충성반 | 곽용빈 | O | O | O | O | O | O | O | O | 8 |
| 2 | 충성반 | 이승아 | O | O | O | O | O | O | O | O | 8 |
| 2 | 충성반 | 한정우 | O | O | O | O | O | O | O | O | 8 |
| 2 | 충성반 | 이창재 | O | O | O | O | O | X | O | O | 7 |
| 2 | 충성반 | 노석진 | X | O | O | O | X | O | O | O | 6 |
| 2 | 충성반 | 권한지 | X | X | O | O | O | O | O | O | 6 |
| 2 | 충성반 | 최경주 | O | O | O | O | X | O | O | O | 7 |

## 03 VBA 프로그래밍

• 폼 보이기 프로시저

```
Private Sub CommandButton1_Click()
    팡팡요금관리.Show
End Sub
```

• 폼 초기화 프로시저

```
Private Sub UserForm_Initialize()
    cmb구분.RowSource = "M6:N8"
    Opt유.Value = True
End Sub
```

• 종료 프로시저

```
Private Sub cmd종료_Click()
    MsgBox Now, vbOKOnly, "등록화면을 종료합니다."
    Unload Me
End Sub
```

• 등록 프로시저

```
Private Sub cmd등록_Click()
 행 = [B4].Row + [B4].CurrentRegion.Rows.Count
  Cells(행, 2) = cmb구분.List(cmb구분.ListIndex, 0)
  Cells(행, 3) = txt아동명.Value

  If Opt유.Value Then
    Cells(행, 4) = "유"
  Else
    Cells(행, 4) = "무"
  End If

  Cells(행, 5) = cmb구분.List(cmb구분.ListIndex, 1)
  Cells(행, 6) = txt입장시간.Value
  Cells(행, 7) = txt퇴장시간.Value
  Cells(행, 8) = (Hour(Cells(행, 7)) - Hour(Cells(행, 6))) * Cells(행, 5)
End Sub
```

# 상시 기출 문제 03회 해설

## 문제 ❶ 기본작업

### 01 고급 필터('기본작업-1' 시트)

① [V3:V4] 영역에 '조건'을 입력하고 [X3:AB3] 영역에 추출할 필드명을 입력한다.

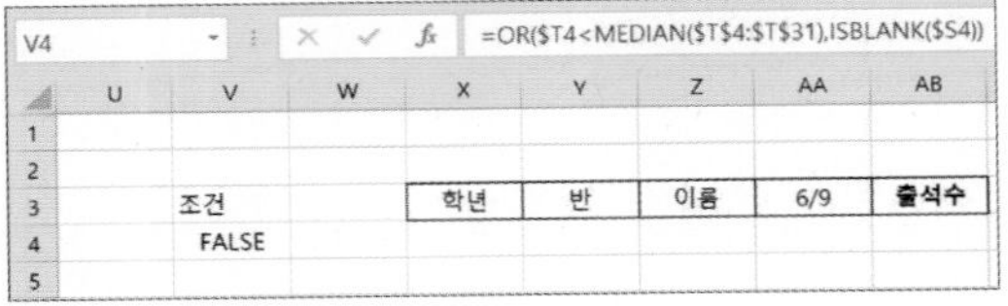

[V4] : =OR($T4<MEDIAN($T$4:$T$31),ISBLANK($S4))

② [데이터]–[정렬 및 필터] 그룹에서 [고급]( )을 클릭한다.

③ [고급 필터]에서 다음과 같이 지정한 후 [확인]을 클릭한다.

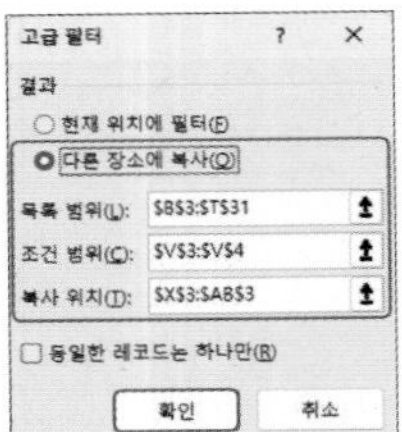

[고급 필터]
- 결과 : '다른 장소에 복사'
- 목록 범위 : [B3:T31]
- 조건 범위 : [V3:V4]
- 복사 위치 : [X3:AB3]

### 02 조건부 서식('기본작업-1' 시트)

① [E3:S31] 영역을 범위 지정한 후 [홈]–[스타일] 그룹의 [조건부 서식]–[새 규칙]을 클릭한다.

② [새 서식 규칙]에서 '규칙 유형 선택'에 '▶ 수식을 사용하여 서식을 지정할 셀 결정'을 선택하고, =AND(ISODD(COLUMN(E$3)),ISODD(MONTH(E$3)))를 입력한 후 [서식]을 클릭한다.

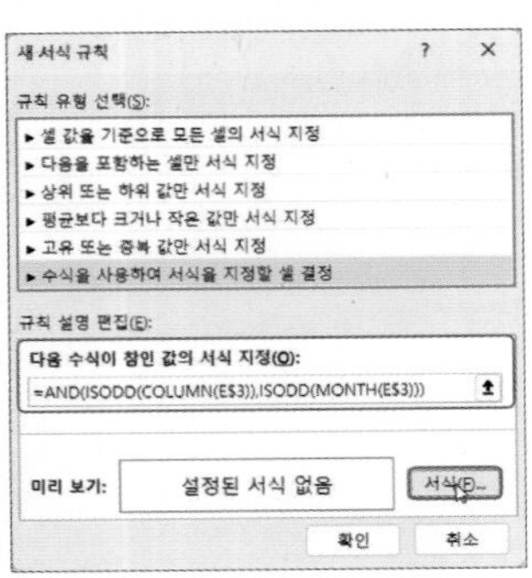

③ [셀 서식]의 [채우기] 탭에서 '표준 색 – 노랑'을 선택한 후 [확인]을 클릭한다.

④ [새 서식 규칙]에서 다시 [확인]을 클릭한다.

### 03 시트 보호와 통합 문서 보기('기본작업-2' 시트)

① [E4:T31] 영역을 범위 지정한 후 마우스 오른쪽 버튼을 눌러 [셀 서식]을 클릭한다.

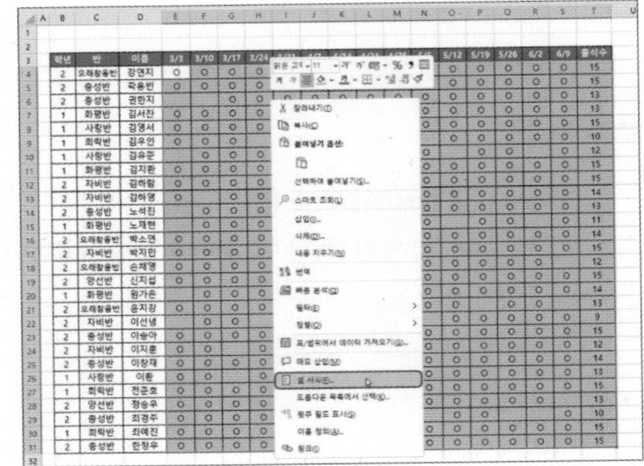

② [보호] 탭에서 '잠금', '숨김'을 체크한 후 [확인]을 클릭한다

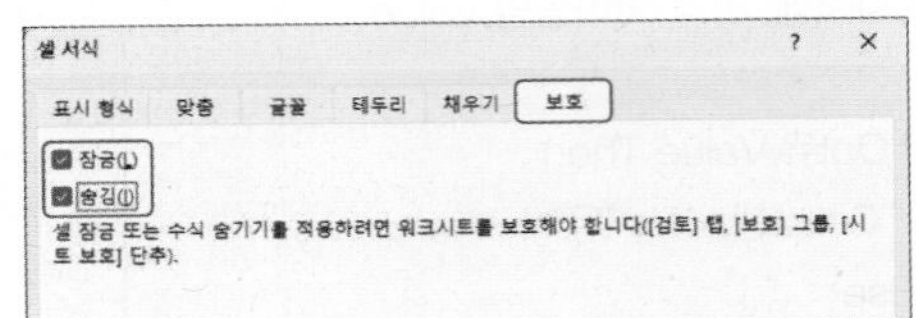

③ [검토] 탭의 [보호] 그룹에서 [시트 보호]를 클릭하여 '잠긴 셀 선택'과 '잠기지 않은 셀 선택'을 체크한 후 [확인]을 클릭한다.

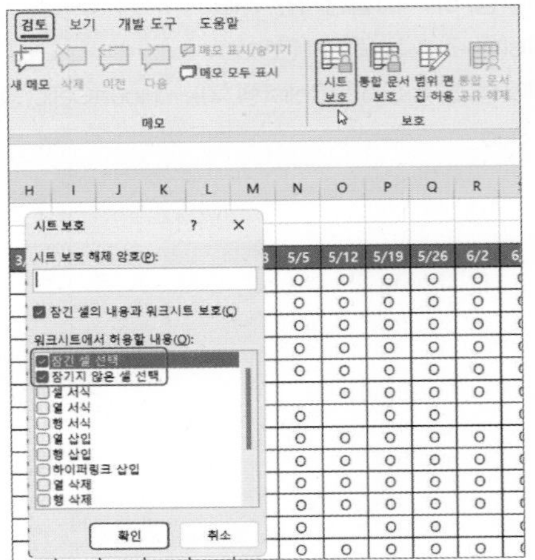

④ [보기]-[통합 문서 보기] 그룹에서 [페이지 나누기 미리 보기]를 클릭한 후 [확대/축소] 그룹에서 [100%]을 클릭한다.
⑤ 페이지 나누기 구분선을 드래그하여 [B3:T31] 영역만 인쇄될 수 있도록 조절한다.
⑥ 1페이지로 인쇄하기 위해서 N와 O열의 경계라인을 드래그하여 T열 밖으로 드래그한다.

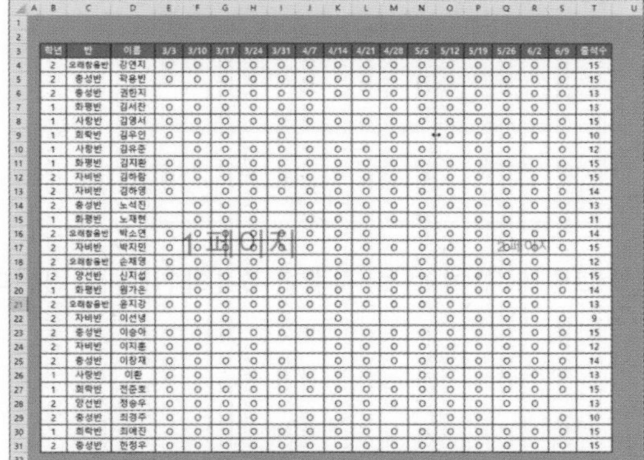

## 문제 ❷ 계산작업('계산작업' 시트)

### 01 구분-성별[D4:D39]

[D4]셀에 =CONCAT(VLOOKUP(C4,$K$5:$M$8,2,FALSE),"-",VLOOKUP(C4,$K$5:$M$8,3,FALSE))를 입력하고 [D39] 셀까지 수식을 복사한다.

**함수 설명**

=CONCAT(VLOOKUP(C4,$K$5:$M$8,2,FALSE),"-",VLOOKUP(C4,$K$5:$M$8,3,FALSE))

① VLOOKUP(C4,$K$5:$M$8,2,FALSE) : 코드[C4] 셀의 값을 [K5:M8] 영역의 첫 번째 열에서 찾아 2번째 열에서 정확하게 일치하는 값을 찾아옴
② VLOOKUP(C4,$K$5:$M$8,3,FALSE) : 코드[C4] 셀의 값을 [K5:M8] 영역의 첫 번째 열에서 찾아 3번째 열에서 정확하게 일치하는 값을 찾아옴

=CONCAT(①,"-",②) : ①-②의 형식으로 연결하여 표시

### 02 가입금액[E4:E39]

[E4]셀에 =INDEX($L$13:$S$16,MATCH(C4,$K$13:$K$16,0),MATCH(B4,$L$11:$S$11,1))를 입력하고 [E39]셀까지 수식을 복사한다.

**함수 설명**

=INDEX($L$13:$S$16,MATCH(C4,$K$13:$K$16,0),MATCH(B4,$L$11:$S$11,1))

① MATCH(C4,$K$13:$K$16,0) : 코드[C4]를 [K13:K16] 영역에 정확하게 일치하는 값을 상대적 위치 값을 구함(만약, 일치하는 값이 없을 때에는 #N/A가 반환됨)
② MATCH(B4,$L$11:$S$11,1) : 가입나이[B4]를 [L11:S11] 영역에서 상대적 위치 값을 구함(참조하는 영역이 오름차순이라서 '1')

=INDEX($L$13:$S$16,①,②) : [L13:S16] 영역의 ①의 행과 ②의 열이 교차하는 값을 찾아옴

### 03 나이대별 가입자수[M21:M27]

[M21:M27] 영역을 범위 지정한 후 =TEXT(FREQUENCY($B$4:$B$39,$L$21:$L$27),"[>0]00명;미가입")를 입력하고 Ctrl+Shift+Enter를 누른다.

**함수 설명**

=TEXT(FREQUENCY($B$4:$B$39,$L$21:$L$27),"[>0]00명;미가입")

① FREQUENCY($B$4:$B$39,$L$21:$L$27) : [B4:B39] 영역의 값이 [L21:L27] 영역의 빈도수를 구함

=TEXT(①,"[>0]00명;미가입") : ①의 값이 0보다 크면 00명 형식으로 그 외는 '미가입'으로 표시

### 04 코드별 나이별 평균 가입기간[P22:T25]

[P22] 셀에 =IFERROR(AVERAGE(IF(($C$4:$C$39=$O22)*($B$4:$B$39>=P$20)*($B$4:$B$39<P$21),$F$4:$F$39)),"")를 입력하고 Ctrl+Shift+Enter를 누른 후에 [T25] 셀까지 수식을 복사한다.

> **함수 설명**
>
> =IFERROR(AVERAGE(IF(($C$4:$C$39=$O22)*($B$4:$B$39>=P$20)*($B$4:$B$39<P$21),$F$4:$F$39)),"")
>
> ① ($C$4:$C$39=$O22)*($B$4:$B$39>=P$20)*($B$4:$B$39<P$21) : 코드[C4:C39]의 값이 [O22]와 같고, 가입나이[B4:B39]이 [P20] 셀 이상이고, [P21] 셀 미만이면 TRUE 값이 반환
> ② IF(①,$F$4:$F$39) : ①의 값이 TRUE이면 가입기간[F4:F39]의 값이 반환
> ③ AVERAGE(②) : ②의 값의 평균을 구함
>
> =IFERROR(③,"") : ②의 오류가 있을 때에는 공백("")으로 표시

### 05 사용자 정의 함수(fn가입상태)[H4:H39]

① [개발 도구]-[코드] 그룹의 [Visual Basic]( )을 클릭한다.
② [삽입]-[모듈]을 클릭한다.
③ Module 창에 다음과 같이 입력한다.

```
Public Function fn가입상태(가입기간, 미납기간)
    If 미납기간 >= 가입기간 Then
        fn가입상태 = "해지예상"
    Else
        If 미납기간 = 0 Then
            fn가입상태 = "정상"
        ElseIf 미납기간 > 2 Then
            fn가입상태 = "휴면보험"
        Else
            fn가입상태 = 미납기간 & "개월 미납"
        End If
    End If
End Function
```

④ [파일]-[닫고 Microsoft Excel(으)로 돌아가기]를 클릭하여 [Visual Basic Editor]를 닫는다.
⑤ [H4] 셀을 클릭한 후 [함수 삽입]( )을 클릭한다.
⑥ '범주 선택'에서 '사용자 정의', '함수 선택'에서 'fn가입상태'를 선택한 후 [확인]을 클릭한다.

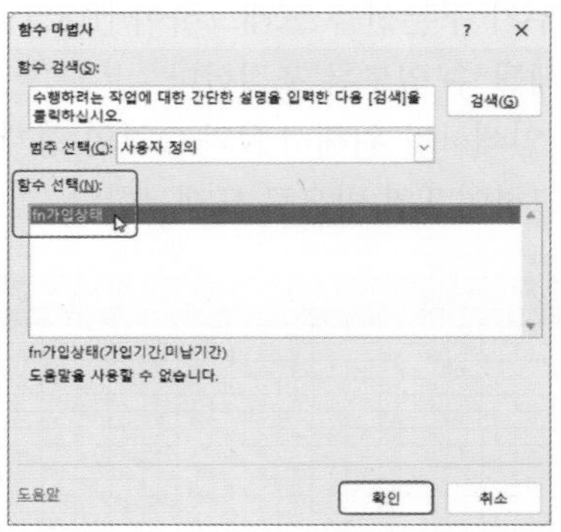


⑦ 그림과 같이 셀을 지정한 후 [확인]을 클릭한다.

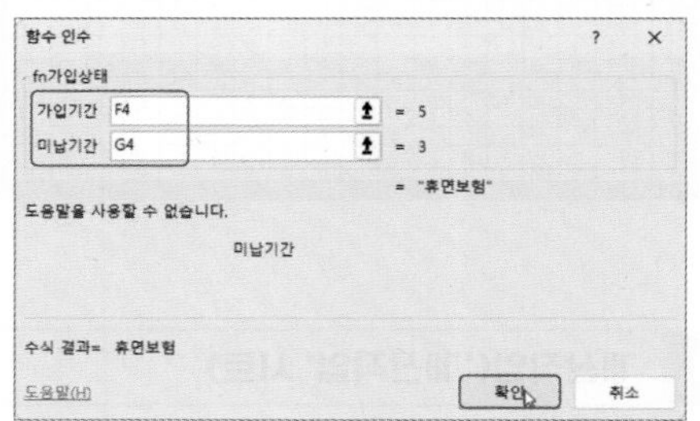


⑧ [H4] 셀을 선택한 후 [H39] 셀까지 수식을 복사한다.

## 문제 ❸ 분석작업

### 01 피벗 테이블('분석작업-1' 시트)

① [A3] 셀을 선택한 후 [삽입]-[표] 그룹의 [피벗 테이블]( )을 클릭한다.
② [피벗 테이블 만들기]에서 '데이터 모델에 이 데이터 추가'를 체크하고, '외부 데이터 원본 사용'에서 [연결 선택]을 클릭한다.

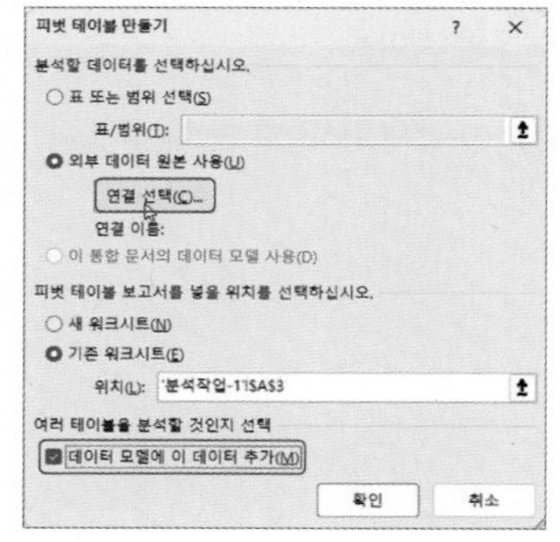

[삽입]-[표] 그룹에서 [피벗 테이블]-[외부 데이터 원본에서]를 클릭한 후 [외부 원본의 피벗 테이블]에서 [연결 선택]을 클릭한다.

③ [기존 연결]에서 [더 찾아보기]를 클릭한 후 '출석부관리.csv'를 선택하고 [열기]를 클릭한다.

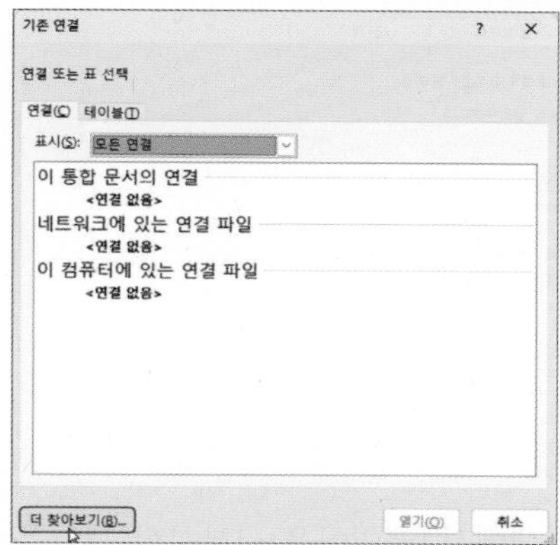

④ [1단계]에서 '내 데이터에 머리글 표시'를 체크하고, '구분 기호로 분리됨'을 선택하고 [다음]을 클릭한다.

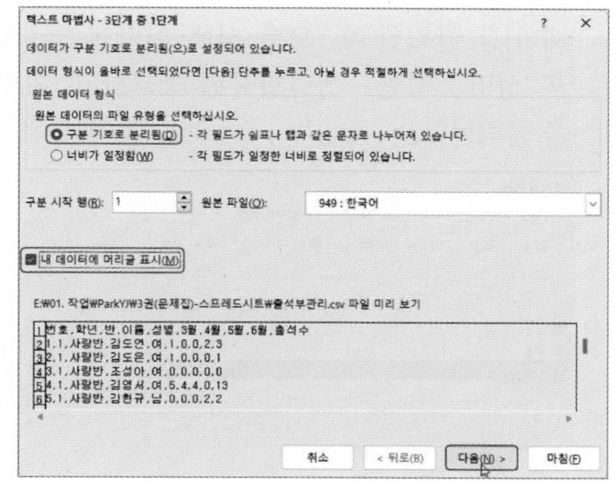

⑤ [2단계]에서 구분 기호 '쉼표'만 체크하고 [다음]을 클릭한다.

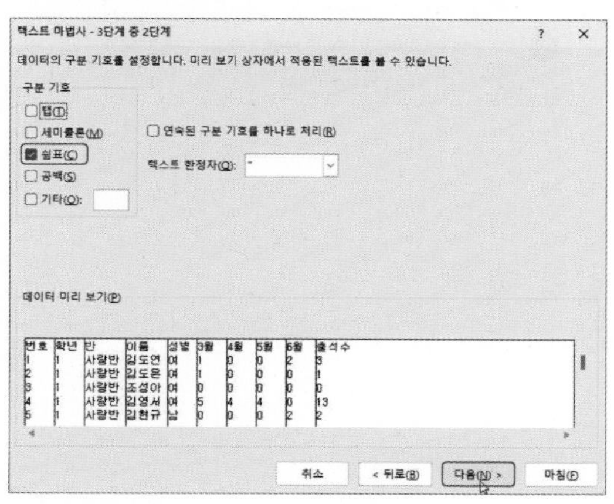

⑥ [3단계]에서 '번호' 필드를 선택한 후 '열 가져오지 않음(건너뜀)'을 선택하고, 같은 방법으로 '3월', '4월', '5월', '6월' 필드도 '열 가져오지 않음(건너뜀)'을 선택하고 [마침]을 클릭한다.

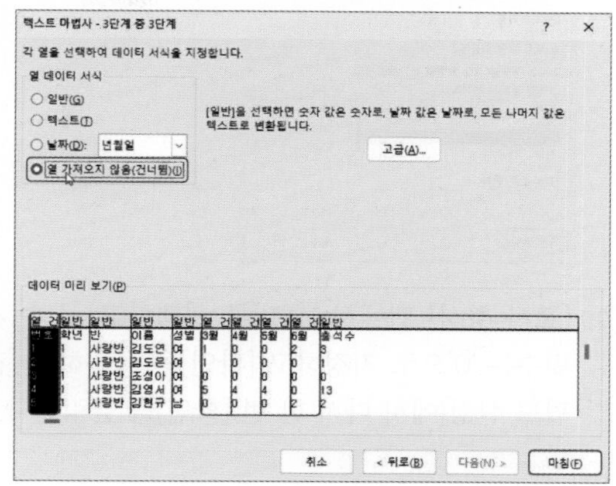

⑦ [피벗 테이블 만들기]에서 [확인]을 클릭한다.

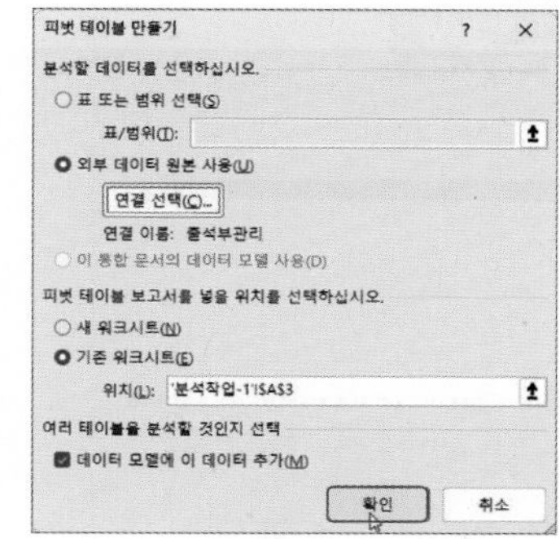

⑧ [피벗 테이블 필드]에서 다음과 같이 드래그한다.

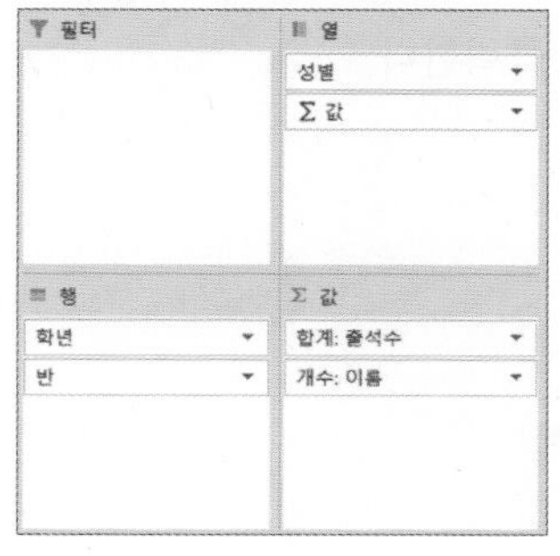


⑨ [디자인] 탭에서 [레이아웃]-[보고서 레이아웃]-[개요 형식으로 표시]를 클릭한다.

⑩ [C5] 셀 '합계 : 출석수'에서 더블클릭하여 '평균'을 선택하고 [표시 형식]을 클릭한다.

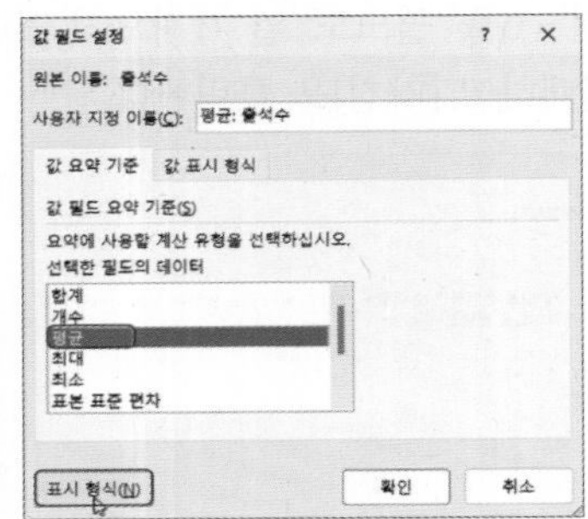

⑪ [표시 형식] 탭에서 '숫자'를 선택하고, 소수 자릿수는 '0'으로 지정하고 [확인]을 클릭하고 [값 필드 설정]에서 다시 한 번 [확인]을 클릭한다.

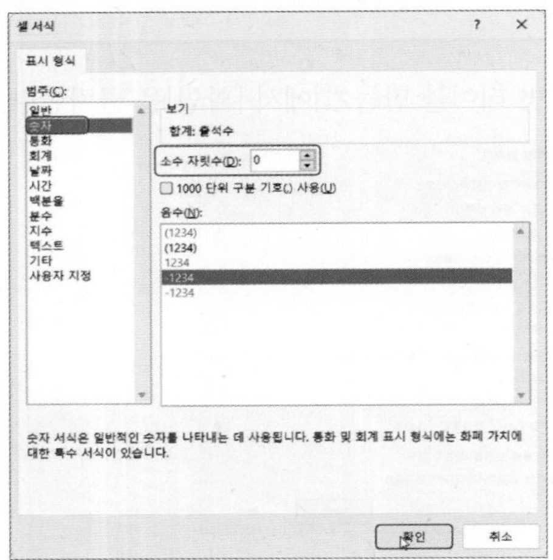

⑫ [D5] 셀 '개수 : 이름'에서 더블클릭하여 [값 필드 설정]에서 '사용자 지정 이름'에 **학생수**를 입력하고 [확인]을 클릭한다.

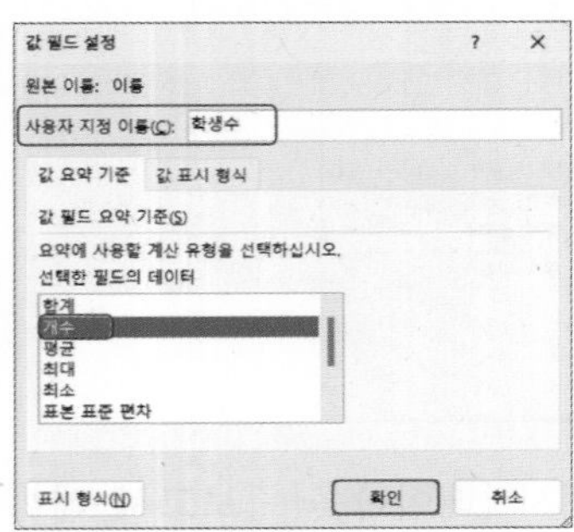

⑬ [피벗 테이블 분석]-[피벗 테이블] 그룹을 클릭하여 [옵션]을 클릭한다.

⑭ [레이아웃 및 서식] 탭에서 '레이블이 있는 셀 병합 및 가운데 맞춤'을 체크하고, '빈 셀 표시'에 *를 입력하고 [확인]을 클릭한다.

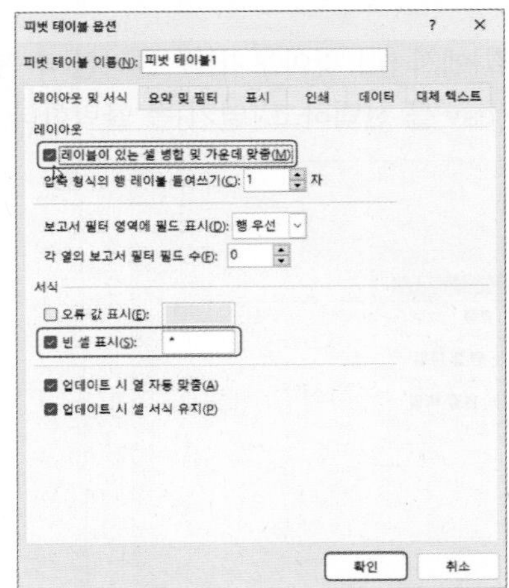

⑮ [디자인] 탭에서 [레이아웃]-[부분합]-[그룹 상단에 모든 부분합 표시]를 클릭한다.

## 02 데이터 도구('분석작업-2' 시트)

① [데이터]-[데이터 도구] 그룹의 [중복된 항목 제거]를 클릭한 후 '모두 선택 취소'를 클릭한 후 '성명', '성별', '생년월일'만 체크하고 [확인]을 클릭한다.

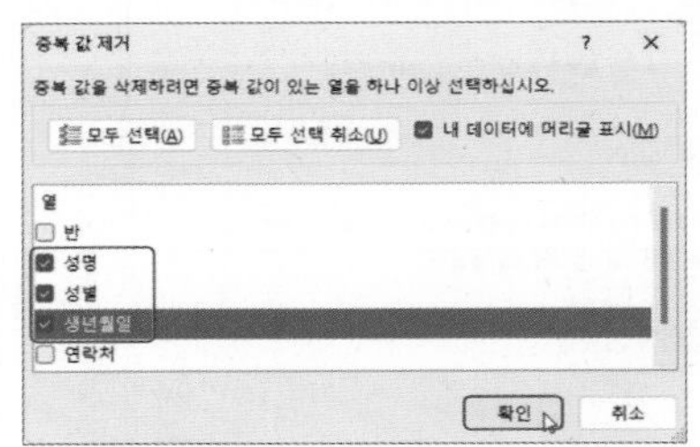

② 다음과 같은 메시지가 표시되고 [확인]을 클릭한다.

③ [B2:G26] 영역을 범위 지정한 후 [데이터]–[정렬 및 필터] 그룹의 [정렬]( )을 클릭한 후 다음과 같이 지정하고 [확인]을 클릭한다.

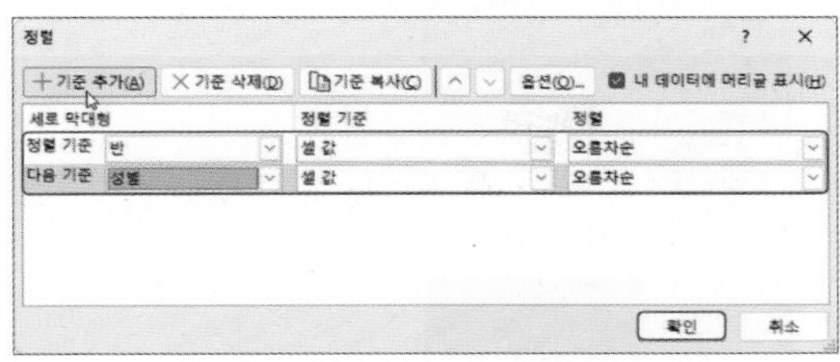

- 정렬 기준 '반', '오름차순'
- 다음 기준 '성별', '오름차순'

④ [데이터]–[개요] 그룹에서 [부분합]을 클릭하여 다음과 같이 지정하고 [확인]을 클릭한다.

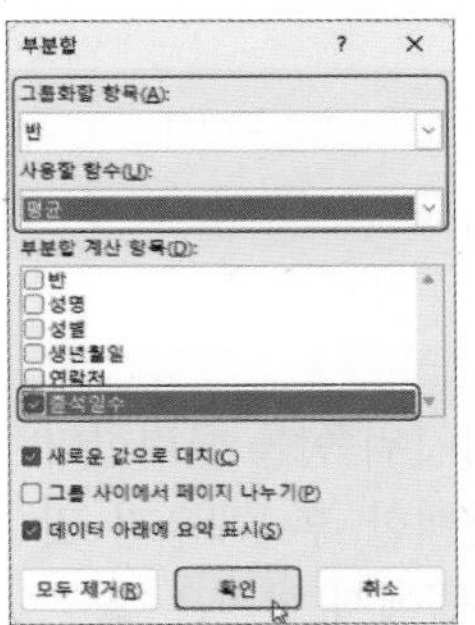

- **그룹화할 항목** : 반
- **사용할 함수** : 평균
- **부분합 계산 항목** : 출석일수

⑤ [데이터]–[개요] 그룹에서 [부분합]을 클릭하여 다음과 같이 지정하고 [확인]을 클릭한다.

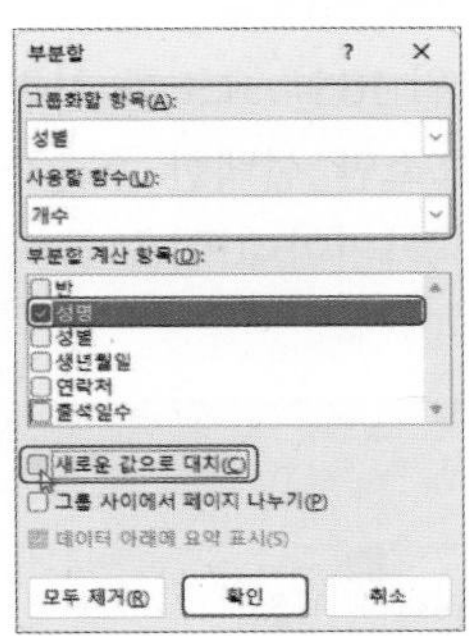

- **그룹화할 항목** : 성별
- **사용할 함수** : 개수
- **부분합 계산 항목** : 성명
- '새로운 값으로 대치' 체크를 해제

## 문제 ❹ 기타작업

### 01 차트('기타작업-1' 시트)

① 차트에서 마우스 오른쪽 버튼을 눌러 [데이터 선택]을 선택한다.

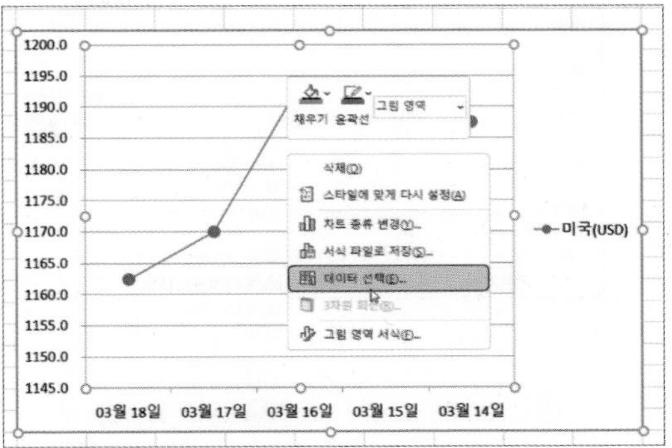

② [추가]를 클릭하여 [계열 편집]에서 다음과 같이 지정하고 [확인]을 클릭한다.

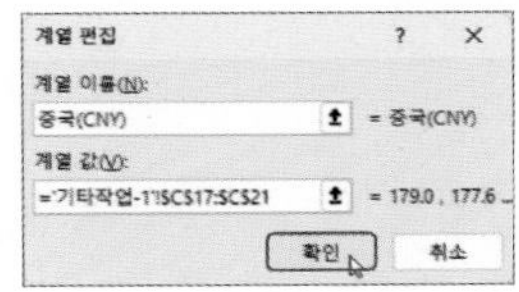

③ [데이터 원본 선택]에서 '가로(항목) 축 레이블'에서 [편집]을 클릭한다.

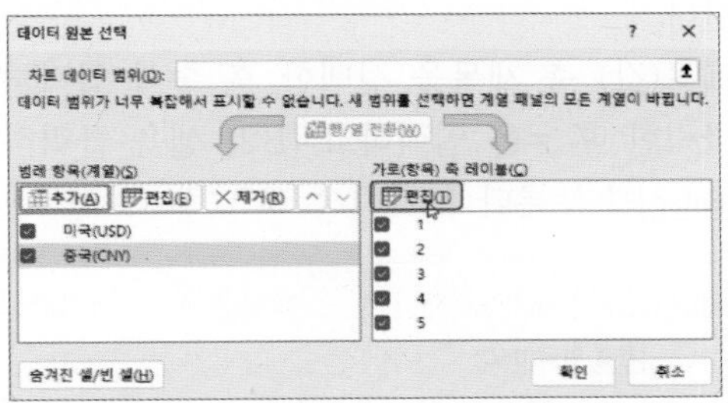

④ [축 레이블]에서 '축 레이블 범위'를 [B17:B21]로 지정하고 [확인]을 클릭한다

⑤ 꺾은선형 '중국(CNY)' 계열을 선택한 후 마우스 오른쪽 버튼을 눌러 [데이터 계열 서식]을 클릭한다.

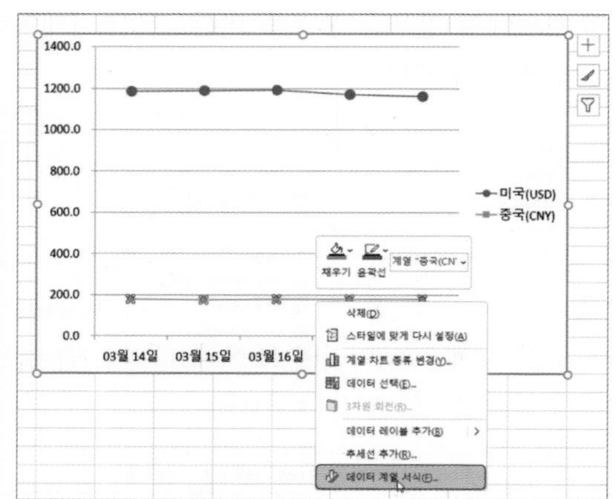

⑥ [데이터 계열 서식]의 '계열 옵션'에서 '보조 축'을 선택한다.

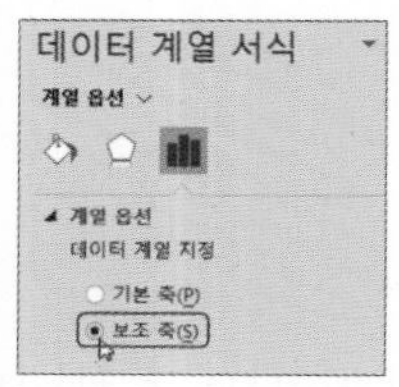

⑦ [차트 요소](⊞)-[축 제목]-[기본 세로]를 클릭한다.

⑧ 세로(값) 축 제목을 선택한 후 수식 입력줄을 클릭한 후 =을 입력하고 [B2] 셀을 클릭하고 Enter를 누른다

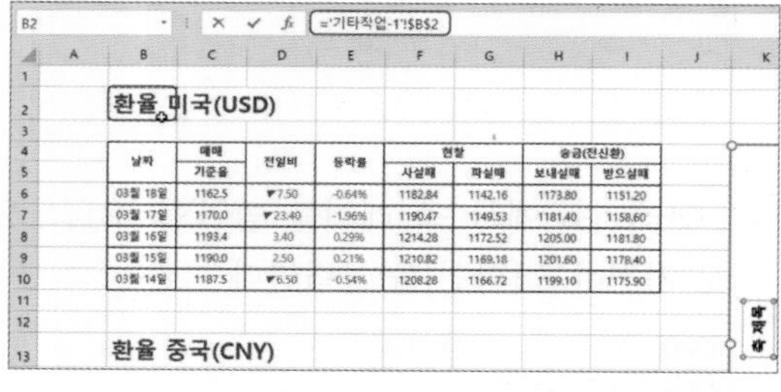

⑨ 세로(값) 축 제목을 선택한 후 [크기 및 속성]의 맞춤에서 텍스트 방향을 '세로'를 선택한다.

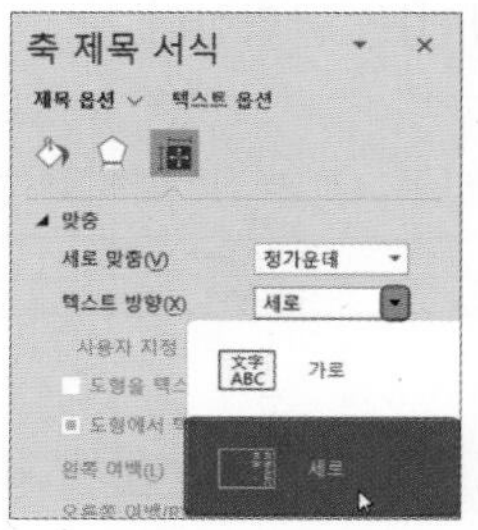

⑩ 세로(값) 축을 선택한 후 '축 옵션'에서 '최소값' 1150, '최대값' 1250, 단위 '기본'에 10을 입력한다.

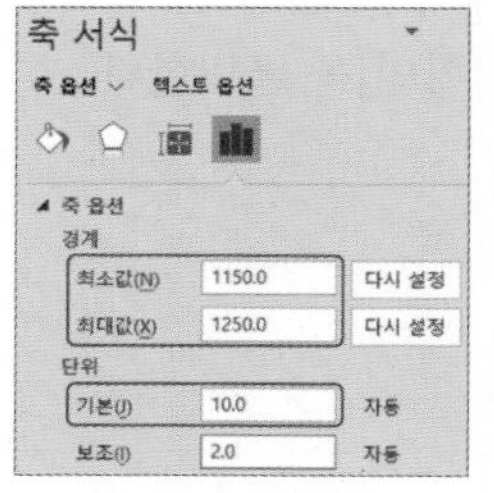

⑪ [차트 요소](⊞)-[범례]-[위쪽]을 클릭한다.

⑫ '미국(USD)' 계열을 선택한 후 [채우기 및 선]의 [표식]에서 '표식 옵션'에서 형식은 '▲', 크기 '6'을 선택한다.

⑬ '테두리'에서 '완만한 선'을 체크하고 [닫기]를 클릭한다.

⑭ '미국(USD)' 계열의 '03월 16일' 요소를 천천히 2번 클릭하여 하나의 요소만 선택한 후 [차트 요소](⊞)-[데이터 레이블]-[아래쪽]을 클릭한다.

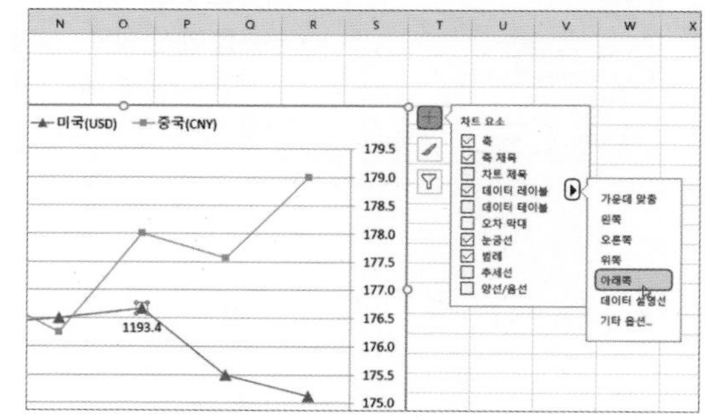

## ❷ 매크로('기타작업-2' 시트)

① [개발 도구]-[컨트롤] 그룹의 [삽입]-[단추(양식 컨트롤)](▭)을 클릭한다.

② 마우스 포인트가 '+'로 바뀌면 Alt를 누른 상태에서 [B2:C3] 영역으로 드래그한 후 [매크로 지정]에서 **서식적용**을 입력하고 [기록]을 클릭한다.

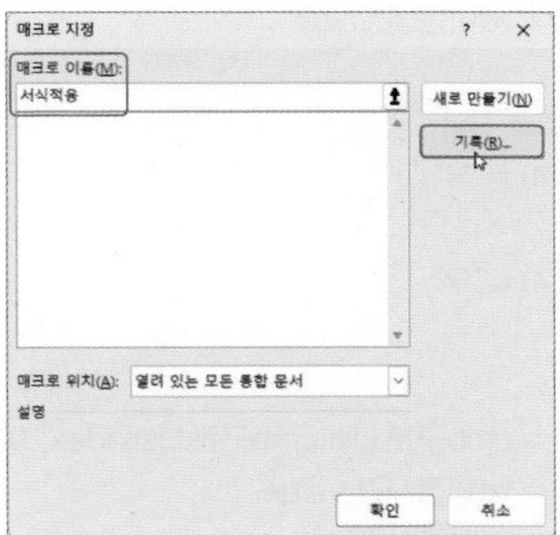

③ [매크로 기록]에 자동으로 '서식적용'으로 매크로 이름이 표시되면 [확인]을 클릭한다.

④ [E6:L33] 영역을 범위 지정한 후 Ctrl+1을 눌러 [표시 형식] 탭의 '사용자 지정'에 [=1]"O";[=0]"X"를 입력하고 [확인]을 클릭한다.

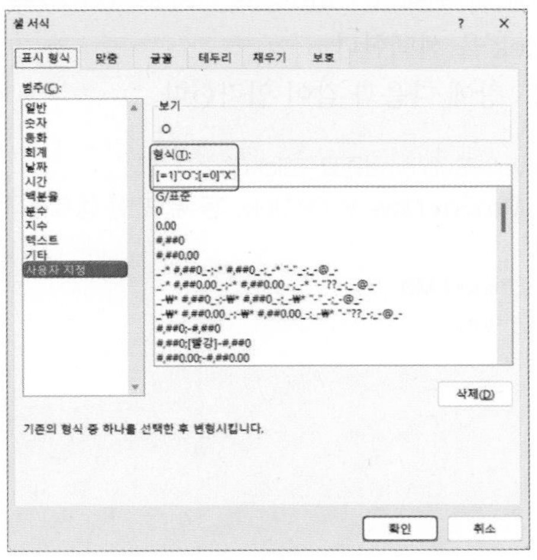

⑤ 임의의 셀을 클릭한 후 매크로 기록을 종료하기 위해 [개발 도구]-[코드] 그룹의 [기록 중지](□)를 클릭한다.

⑥ 단추에 텍스트를 수정하기 위해서 단추에서 마우스 오른쪽 버튼을 눌러 [텍스트 편집]을 클릭한다.

⑦ 단추에 입력된 '단추 1'을 지우고 **서식적용**을 입력한다.

⑧ [개발 도구]-[컨트롤] 그룹의 [삽입]-[단추(양식 컨트롤)](▭)을 클릭한다.

⑨ 마우스 포인트가 '+'로 바뀌면 [E2:F3] 영역에 드래그하면 [매크로 지정] 대화상자가 나타난다. Alt를 누른 상태로 드래그하면 셀 눈금선에 맞추어 그릴 수 있다.

⑩ [매크로 지정]에 **그래프보기**를 입력하고 [기록]을 클릭하고, [매크로 기록]에 자동으로 '그래프보기'로 매크로 이름이 표시되면 [확인]을 클릭한다.

⑪ [M6:M33] 영역을 범위 지정한 후 [홈]-[스타일] 그룹의 [조건부 서식]-[새 규칙]을 클릭하여 다음과 같이 지정하고 [확인]을 클릭한다.

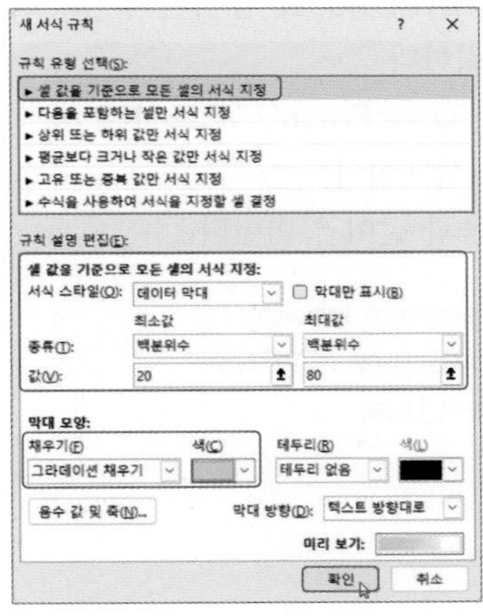

- 셀 값을 기준으로 모든 셀의 서식 지정
- **서식 스타일** : 데이터 막대
- **최소값** : 백분위수(20)
- **최대값** : 백분위수(80)
- **채우기** : 그라데이션 채우기
- **색** : 표준 색 – 노랑

⑫ 임의의 셀을 클릭한 후 매크로 기록을 종료하기 위해 [개발 도구]-[코드] 그룹의 [기록 중지](□)를 클릭한다.

⑬ 단추에서 마우스 오른쪽 버튼을 눌러 [텍스트 편집]을 클릭하여 **그래프보기**를 입력한다.

## 03 VBA 프로그래밍('기타작업-3' 시트)

### ① 폼 보이기

① [개발 도구]-[컨트롤] 그룹에서 [디자인 모드](▣)를 클릭하여 〈팡팡요금관리〉 버튼을 편집 상태로 만든다.

② 〈팡팡요금관리〉 버튼을 더블클릭한 후 코드 창에 다음과 같이 입력한다.

```
Private Sub CommandButton1_Click()
    팡팡요금관리.Show
End Sub
```

### ② 폼 초기화

① [프로젝트-VBAProject] 탐색기에서 '폼'을 더블 클릭하고 〈팡팡요금관리〉를 선택한다.

② [프로젝트-VBAProject] 탐색기의 [코드 보기](▣)를 클릭한다.

③ '개체 목록'은 'UserForm', '프로시저 목록'은 'Initialize'를 선택한다.

④ 코드 창에 다음과 같이 입력한다.

```
Private Sub UserForm_Initialize()
    cmb구분.RowSource = "M6:N8"
    Opt유.Value = True
End Sub
```

### ③ 등록 프로시저

① '개체 목록'에서 'cmd등록', '프로시저 목록'은 'Click'을 선택한다.

② 코드 창에 다음과 같이 입력한다.

```
Private Sub cmd등록_Click()
  행 = [B4].Row + [B4].CurrentRegion.Rows.Count
   Cells(행, 2) = cmb구분.List(cmb구분.ListIndex, 0)
   Cells(행, 3) = txt아동명.Value

   If Opt유.Value Then
      Cells(행, 4) = "유"
   Else
      Cells(행, 4) = "무"
   End If

   Cells(행, 5) = cmb구분.List(cmb구분.ListIndex, 1)
   Cells(행, 6) = txt입장시간.Value
   Cells(행, 7) = txt퇴장시간.Value
   Cells(행, 8) = (Hour(Cells(행, 7)) - Hour(Cells(행,
6))) * Cells(행, 5)
End Sub
```

### ④ 종료 프로시저

① '개체 목록'에서 'cmd종료', '프로시저 목록'은 'Click'을 선택한다.

② 코드 창에 다음과 같이 입력한다.

```
Private Sub cmd종료_Click()
    MsgBox Now, vbOKOnly, "등록화면을 종료합니
다."
    Unload Me
End Sub
```

# 상시 기출 문제 04회

| 시험 시간 | 풀이 시간 | 합격 점수 | 내 점수 |
|---|---|---|---|
| 45분 | 분 | 70점 | 점 |

합격 강의

작업파일 [2025컴활1급₩1권_스프레드시트₩상시기출문제] 폴더의 '상시기출문제4회' 파일을 열어서 작업하시오.

## 문제 ❶ 기본작업 | 주어진 시트에서 다음 과정을 수행하고 저장하시오. 15점

**01 '기본작업-1' 시트에서 다음과 같이 고급 필터를 수행하시오. (5점)**

▶ [B2:G43] 영역에서 '작업사항'이 공백이 아니면서 '작업사항'이 '품절도서'가 아닌 행에 대하여 '입력일자', '신청자이름', '서명', '저자', '작업사항' 열을 순서대로 표시하시오.

▶ 조건은 [I2:I3] 영역에 입력하시오. (AND, ISBLANK, NOT 함수 사용)

▶ 결과는 [I7] 셀부터 표시하시오.

**02 '기본작업-1' 시트에서 다음과 같이 조건부 서식을 설정하시오. (5점)**

▶ [B3:G43] 영역에서 다섯 번째 행마다 글꼴 스타일 '기울임꼴', 채우기 색 '표준 색-노랑'을 적용하시오.

▶ 단, 규칙 유형은 '수식을 사용하여 서식을 지정할 셀 결정'을 사용하고, 한 개의 규칙으로만 작성하시오.

▶ ROW, MOD 함수 사용

**03 '기본작업-2' 시트에서 다음과 같이 페이지 레이아웃을 설정하시오. (5점)**

▶ 인쇄될 내용이 페이지의 정 가운데에 인쇄되도록 페이지 가운데 맞춤을 설정하시오.

▶ 매 페이지 하단의 가운데 구역에는 페이지 번호가 [표시 예]와 같이 표시되도록 바닥글을 설정하시오. [표시 예 : 현재 페이지 번호 1, 전체 페이지 번호 3 → 1/3 ]

▶ [B2:D42] 영역을 인쇄 영역으로 설정하고, 2행이 매 페이지마다 반복하여 인쇄되도록 인쇄 제목을 설정하시오.

## 문제 ❷ 계산작업 | '계산작업' 시트에서 다음 과정을 수행하고 저장하시오. 30점

**01 [표1]의 성명과 [표2]를 이용하여 부양공제[D4:D42]를 표시하시오. (6점)**

▶ 성명이 [표2]의 목록에 있으면 '예'로, 없으면 '아니오'로 표시

▶ IF, ISERROR, MATCH 함수 사용

**02 [표1]의 법인명과 [표3]을 이용하여 사업자번호[H4:H42]를 표시하시오. (6점)**

▶ 사업자번호는 [표3]을 참조하여 구하고 사업자번호의 5번째부터 두 자리 문자를 '○●' 기호로 바꾸어 표시 [표시 예 : 123-45-6789 → 123-○●-6791]

▶ 단, 오류발생 시 빈칸으로 표시하시오.

▶ IFERROR, REPLACE, VLOOKUP 함수 사용

**03** [표1]의 소득공제, 소득공제내용, 금액을 이용하여 소득공제별 소득공제내용별 금액의 합계를 [표4]의 [N14:P16] 영역에 계산하시오. (6점)

- ▶ 합계는 천원 단위로 표시 [표시 예 : 0 → 0, 1,321,420 → 1,321]
- ▶ IF, SUM, TEXT 함수를 이용한 배열 수식

**04** [표1]에서 소득공제가 '일반의료비'인 관계별 최대 금액과 최소 금액의 차이를 [표5]의 [N21:N24] 영역에 계산하시오. (6점)

- ▶ IF, LARGE, SMALL 함수를 이용한 배열 수식

**05** 사용자 정의 함수 'fn의료비보조'를 작성하여 [표1]의 의료비보조[J4:J42]를 표시하시오. (6점)

- ▶ 'fn의료비보조'는 관계, 소득공제, 금액을 인수로 받아 값을 되돌려줌
- ▶ 소득공제가 '일반의료비'인 경우에는 관계가 '본인' 또는 '자' 또는 '처'이면 금액의 80%를, 아니면 금액의 50%을 계산하여 표시, 소득공제가 '일반의료비'가 아닌 경우에는 0으로 표시
- ▶ If ~ Else 문 사용

```
Public Function fn의료비보조(관계, 소득공제, 금액)
End Function
```

## 문제 ❸ 분석작업 | 주어진 시트에서 다음 작업을 수행하고 저장하시오. 20점

**01** '분석작업-1' 시트에서 다음의 지시사항에 따라 피벗 테이블 보고서를 작성하시오. (10점)

- ▶ 외부 데이터 가져오기 기능을 이용하여 〈생활기상정보.accdb〉에서 〈기상자료〉 테이블의 '기상', '지역', '1월', '2월', '3월', '4월', '5월', '12월' 열을 이용하시오.
- ▶ 피벗 테이블 보고서의 레이아웃과 위치는 〈그림〉을 참조하여 설정하고, 보고서 레이아웃을 테이블 형식으로 표시하시오.
- ▶ '12월' + '1월' + '2월'로 계산하는 '겨울기상'계산 필드와 '3월' + '4월' + '5월'로 계산하는 '봄기상' 계산 필드를 추가하시오.
- ▶ 행의 총합계는 표시되지 않도록 설정하시오.
- ▶ 피벗 테이블 스타일은 '밝은 회색, 피벗스타일 밝게 15', 피벗 테이블 스타일옵션은 '행 머리글', '열 머리글', '줄무늬열'을 설정하시오.

| | A | B | C | D | E | F | G |
|---|---|---|---|---|---|---|---|
| 1 | | | | | | | |
| 2 | | | 기상 | | | | |
| 3 | 지역 | 값 | 강수량 | 습도 | 최고기온 | 평균온도 | |
| 4 | 강원 | 합계 : 겨울기상 | 432.6 | 750 | 43.9 | -20.3 | |
| 5 | | 합계 : 봄기상 | 961.7 | 736 | 195.6 | 124.5 | |
| 6 | 경기 | 합계 : 겨울기상 | 191.1 | 544 | 37.9 | -1.4 | |
| 7 | | 합계 : 봄기상 | 642.2 | 556 | 151.9 | 104.8 | |
| 8 | 경상 | 합계 : 겨울기상 | 449.7 | 837 | 123.5 | 54.2 | |
| 9 | | 합계 : 봄기상 | 1306.9 | 923 | 273.4 | 197 | |
| 10 | 전라 | 합계 : 겨울기상 | 472.5 | 987 | 111.1 | 39.5 | |
| 11 | | 합계 : 봄기상 | 1182.1 | 994 | 267.2 | 182.8 | |
| 12 | 제주 | 합계 : 겨울기상 | 179.8 | 191 | 29.5 | 21.3 | |
| 13 | | 합계 : 봄기상 | 287.4 | 195 | 52.5 | 41.5 | |
| 14 | 충청 | 합계 : 겨울기상 | 328 | 776 | 63.5 | 0 | |
| 15 | | 합계 : 봄기상 | 890.6 | 727 | 216 | 140.9 | |
| 16 | 전체 합계 : 겨울기상 | | 2053.7 | 4085 | 409.4 | 93.3 | |
| 17 | 전체 합계 : 봄기상 | | 5270.9 | 4131 | 1156.6 | 791.5 | |
| 18 | | | | | | | |

※ 작업 완성된 그림이며 부분점수 없음

**02** **'분석작업-2' 시트에 대하여 다음의 지시사항을 처리하시오. (10점)**

▶ [데이터 유효성 검사] 기능을 이용하여 [D3:E35] 영역에는 2020-03-01부터 2020-04-30까지의 날짜만 입력되도록 제한 대상을 설정하시오.

– [D3:E35] 영역의 셀을 클릭한 경우 〈그림〉과 같은 설명 메시지를 표시하고, 유효하지 않은 데이터를 입력한 경우 〈그림〉과 같은 오류 메시지가 표시되도록 설정하시오.

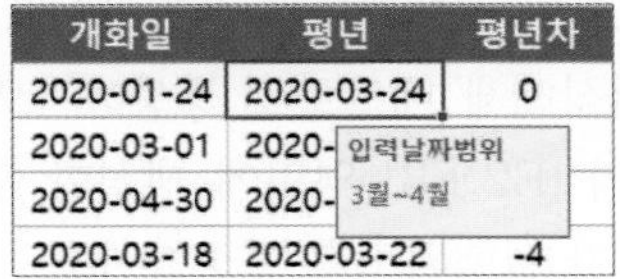

| 개화일 | 평년 | 평년차 |
|---|---|---|
| 2020-01-24 | 2020-03-24 | 0 |
| 2020-03-01 | 2020- | |
| 2020-04-30 | 2020- | |
| 2020-03-18 | 2020-03-22 | -4 |

▶ [필터] 기능을 이용하여 '개화일'이 2020-03-01 이전 또는 2020-04-30 이후인 경우의 데이터 행만 표시되도록 날짜 필터를 설정하시오.

## 문제 ❹ 기타작업 | 주어진 시트에서 다음 과정을 수행하고 저장하시오. 35점

**01** **'기타작업-1' 시트에서 다음의 지시사항에 따라 차트를 수정하시오. (각 2점)**

※ 차트는 반드시 문제에서 제공한 차트를 사용하여야 하며, 신규로 차트작성 시 0점 처리 됨

① 데이터 원본 선택은 '서울', '대전', '대구', '부산' 계열이 〈그림〉과 같이 표시되도록 범례 항목(계열)의 계열 이름을 수정하시오.

② 차트 제목을 추가하여 [B2] 셀과 연동하고, 차트 영역의 글꼴 크기를 '13pt'로 설정하시오.

③ 차트 종류를 '표식이 있는 꺾은선형'으로 변경하고, 그림 영역에 '미세 효과 – 회색, 강조 3'도형 스타일을 적용하시오.

④ 세로 (값) 축의 최소 값은 4, 최대 값은 6으로 설정하고, 기본 주 세로 눈금선을 표시하시오.

⑤ 차트 영역의 테두리 스타일은 '둥근 모서리',그림자는 '안쪽 가운데'로 설정하시오.

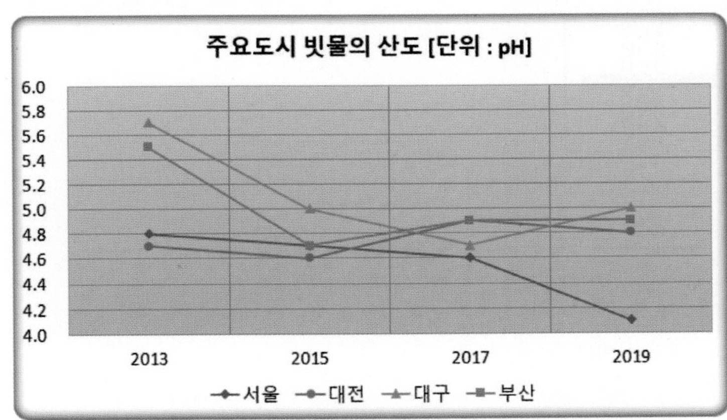

**02 '기타작업-2' 시트에서 다음과 같은 기능을 수행하는 매크로를 현재 통합문서에 작성하시오. (각 5점)**

① [F7:F39] 영역에 대하여 사용자 지정 표시 형식을 설정하는 '서식적용' 매크로를 생성하시오.

▶ 양수일 때 파랑색으로 기호 없이 소수점 이하 첫째 자리까지 표시, 음수일 때 빨강색으로 기호 없이 소수점 이하 첫째 자리까지 표시, 0일 때 검정색으로 "●" 기호만 표시

▶ [개발 도구]-[삽입]-[양식 컨트롤]의 '단추'를 동일 시트의 [B2:C3] 영역에 생성한 후 텍스트를 '서식적용'으로 입력하고, 단추를 클릭하면 '서식적용' 매크로가 실행되도록 설정하시오.

② [F7:F39] 영역에 대하여 표시 형식을 '일반'으로 적용하는 '서식해제' 매크로를 생성하시오.

▶ [개발 도구]-[삽입]-[양식 컨트롤]의 '단추'를 동일 시트의 [E2:F3] 영역에 생성한 후 텍스트를 '서식해제'로 입력하고, 단추를 클릭하면 '서식해제' 매크로가 실행되도록 설정하시오.

※ 셀 포인터의 위치에 관계없이 매크로가 실행되어야 정답으로 인정됨

**03 '기타작업-3' 시트에서 다음과 같은 작업을 수행하도록 프로시저를 작성하시오. (각 5점)**

① '성적입력' 단추를 클릭하면 〈성적등록화면〉 폼이 나타나도록 설정하고, 폼이 초기화(Initialize)되면 수강자(cmb수강자)에는 [O6:P17] 영역의 값이 표시되도록 설정하시오.

② '성적등록화면' 폼의 '등록'(cmd등록) 단추를 클릭하면 폼에 입력된 데이터가 [표1]에 입력되어 있는 마지막 행 다음에 연속하여 추가되도록 프로시저를 작성하시오.

▶ '학번'과 '성명'에는 선택된 수강자(cmb수강자)에 해당하는 학번과 성명을 각각 표시

▶ '출석'은 '20 − (결석 * 2 + 지각 * 1)'로 계산

▶ '비고'는 '출석'이 12보다 작으면 '출석미달'로 표시

▶ If문 사용

③ 종료(cmd종료) 단추를 클릭하면 〈그림〉과 같은 메시지 박스를 표시한 후 폼을 종료하는 프로시저를 작성하시오.

▶ 시스템의 현재 시간과 " 평가를 종료합니다." 텍스트를 함께 표시

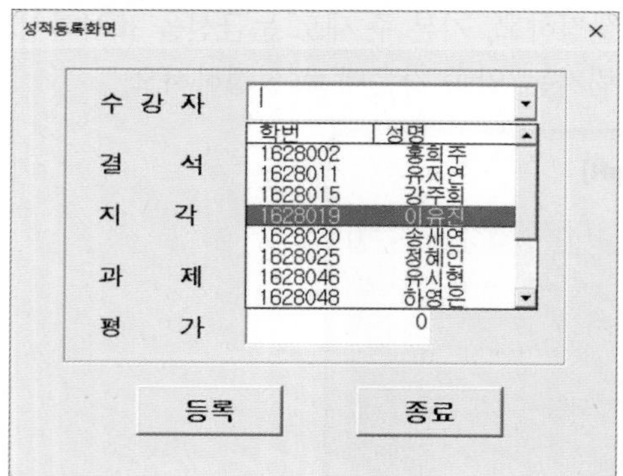


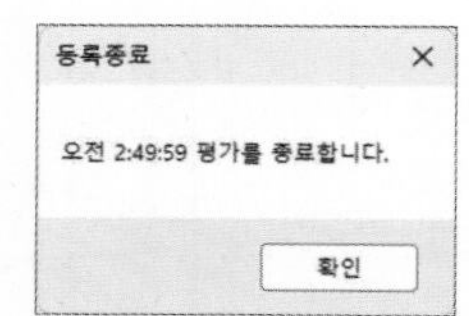

# 상시 기출 문제 04회 정답

## 문제 ❶ 기본작업

### 01 고급 필터

I3 =AND(NOT(ISBLANK($G3)), $G3<>"품절도서")

| 조건 |
|---|
| FALSE |

| 입력일자 | 신청자이름 | 서명 | 저자 | 작업사항 |
|---|---|---|---|---|
| 2016-02-03 | 조*현 | 값싼 음식의 실제 가격 | 마이클 캐롤런 | 입고예정 |
| 2016-02-06 | 정*식 | 새 하늘과 새 땅 | 리처드 미들턴 | 입고예정 |
| 2016-02-11 | 김*연 | 라플라스의 마녀 | 히가시노게이고 | 우선신청도서 |
| 2016-02-17 | 김*선 | 나는 단순하게 살기로 했다 | 사사키 후미오 | 우선신청도서 |
| 2016-02-25 | 김*레 | Duck and Goose, Goose Needs a Hug | Tad Hills | 3월입고예정 |
| 2016-02-25 | 김*레 | Duck & Goose : Find a Pumpkin | Tad Hills | 3월입고예정 |
| 2016-02-27 | 이*숙 | Extra Yarn | Mac Barnett | 3월말입고예정 |
| 2016-02-28 | 서*원 | The Unfinished Angel | Creech, Sharon | 3월말입고예정 |

### 02 조건부 서식

| 서명 | 저자 | 출판년 | 입력일자 | 신청자이름 | 작업사항 |
|---|---|---|---|---|---|
| 프라이다이나믹스 | 고형준 | 2015 | 2016-02-01 | 김*영 | |
| 지식재산 금융과 법제도 | 김승열 | 2015 | 2016-02-01 | 김*영 | |
| 값싼 음식의 실제 가격 | 마이클 캐롤런 | 2016 | 2016-02-03 | 조*현 | 입고예정 |
| 0년 | 이안 부루마 | 2016 | 2016-02-03 | 조*현 | |
| *나이트 워치 상* | *세르게이 루키야넨코* | *2015* | *2016-02-03* | *정*지* | |
| 행운 연습 | 류쉬안 | 2016 | 2016-02-04 | 박*정 | |
| 새 하늘과 새 땅 | 리처드 미들턴 | 2015 | 2016-02-06 | 정*식 | 입고예정 |
| 알라 | 미로슬라브 볼프 | 2016 | 2016-02-06 | 정*울 | |
| 섬을 탈출하는 방법 | 조형근, 김종배 | 2015 | 2016-02-06 | 박*철 | |
| *내 몸의 바운스를 깨워라* | *옥주현* | *2013* | *2016-02-08* | *김*화* | |
| 벤저민 그레이엄의 정량분석 Quant | 스티븐 P. 그라이너 | 2012 | 2016-02-09 | 민*준 | |
| 라플라스의 마녀 | 히가시노게이고 | 2016 | 2016-02-11 | 김*연 | 우선신청도서 |
| 글쓰는 여자의 공간 | 타니아 슐리 | 2016 | 2016-02-11 | 조*혜 | |
| 돼지 루퍼스, 학교에 가다 | 킴 그리스웰 | 2014 | 2016-02-12 | 이*경 | |
| *빼꼼 아저씨네 동물원* | *케빈 월드론* | *2015* | *2016-02-12* | *주*민* | |
| 부동산의 보이지 않는 진실 | 이재범 외1 | 2016 | 2016-02-13 | 민*준 | |
| 영재들의 비밀습관 하브루타 | 장성애 | 2016 | 2016-02-16 | 정*정 | |
| Why? 소프트웨어와 코딩 | 조영선 | 2015 | 2016-02-17 | 변*우 | |
| 나는 단순하게 살기로 했다 | 사사키 후미오 | 2015 | 2016-02-17 | 김*선 | 우선신청도서 |
| *나는 누구인가 - 인문학 최고의 공부* | *강신주, 고미숙 외5* | *2014* | *2016-02-17* | *송*자* | |
| 옴의 방정식 | 미야베 미유키 | 2016 | 2016-02-19 | 이*아 | |
| 인성이 실력이다 | 조벽 | 2016 | 2016-02-20 | 고*원 | |
| 학교를 개선하는 교사 | 마이클 풀란 | 2013 | 2016-02-23 | 한*원 | |
| 혁신교육에 대한 교육학적 성찰 | 한국교육연구네트워크 | 2014 | 2016-02-23 | 한*원 | |
| *부시파일럿, 나는 길이 없는 곳으로 간다* | *오현호* | *2016* | *2016-02-23* | *최*설* | |
| ENJOY 홋카이도(2015-2016) | 정태관,박용준,민보영 | 2015 | 2016-02-24 | 이*아 | |
| 우리 아이 유치원 에이스 만들기 | 에이미 | 2016 | 2016-02-24 | 조*혜 | |
| Duck and Goose, Goose Needs a Hug | Tad Hills | 2012 | 2016-02-25 | 김*레 | 3월입고예정 |
| Duck & Goose : Find a Pumpkin | Tad Hills | 2009 | 2016-02-25 | 김*레 | 3월입고예정 |
| *스웨덴 엄마의 말하기 수업* | *페트라 크란츠 린드그렌* | *2015* | *2016-02-26* | *김*일* | |
| 잠자고 싶은 토끼 | 칼 요한 포센 엘린 | 2015 | 2016-02-26 | 정*희 | |
| 워? 나랑 너랑 닮았다고!? | 고미 타로 | 2015 | 2016-02-26 | 정*희 | |
| 2030년에는 투명망토가 나올까 | 얀 파울 스취턴 | 2015 | 2016-02-26 | 김*윤 | |
| 조금만 기다려봐 | 케빈 행크스 | 2016 | 2016-02-26 | 김*송 | |
| *프랑스 여자는 늙지 않는다* | *미리유 길리아노* | *2016* | *2016-02-26* | *김*송* | |
| 자본에 관한 불편한 진실 | 정철진 | 2012 | 2016-02-26 | 맹*현 | |
| 당나귀와 다이아몬드 | D&B | 2011 | 2016-02-26 | 오*진 | 품절도서 |
| 아바타 나영일 | 박상재 | 2013 | 2016-02-27 | 오*진 | |
| Extra Yarn | Mac Barnett | 2014 | 2016-02-27 | 이*숙 | 3월말입고예정 |
| *The Unfinished Angel* | *Creech, Sharon* | *2011* | *2016-02-28* | *서*원* | *3월말입고예정* |
| 겉은 노란 | 파트릭 종대 룬드베리 | 2014 | 2016-02-29 | 채*아 | |

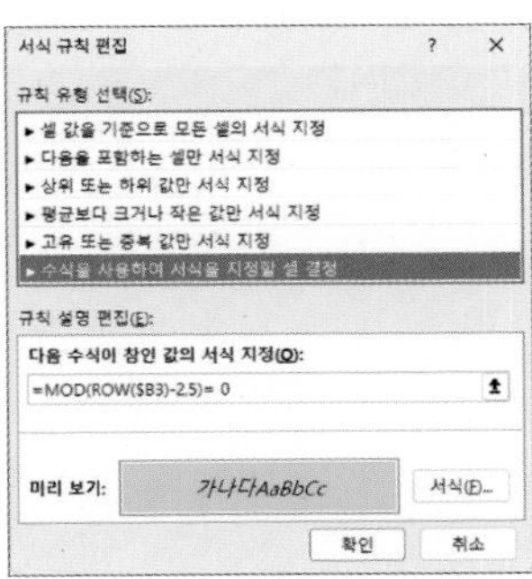

## 03 페이지 레이아웃

| 서명 | 저자 | 출판년 |
|---|---|---|
| 2030년에는 투명망토가 나올까 | 얀 파울 스취턴 | 2015 |
| Duck & Goose : Find a Pumpkin | Tad Hills | 2009 |
| Duck and Goose, Goose Needs a Hug | Tad Hills | 2012 |
| ENJOY 홋카이도(2015-2016) | 정태관,박용준,민보영 | 2015 |
| Extra Yarn | Mac Barnett | 2014 |
| The Unfinished Angel | Creech, Sharon | 2011 |
| Why? 소프트웨어와 코딩 | 조영선 | 2015 |
| 값싼 음식의 실제 가격 | 마이클 캐롤런 | 2016 |
| 검은 노란 | 파트릭 종대 룬드베리 | 2014 |
| 글쓰는 여자의 공간 | 타니아 슐리 | 2016 |
| 나는 누구인가 - 인문학 최고의 공부 | 강신주, 고미숙 외5 | 2014 |
| 나는 단순하게 살기로 했다 | 사사키 후미오 | 2015 |
| 나이트 워치 상 | 세르게이 루키야넨코 | 2015 |
| 내 몸의 바운스를 깨워라 | 옥주현 | 2013 |
| 당나귀와 다이아몬드 | D&B | 2011 |
| 돼지 루퍼스, 학교에 가다 | 킴 그리스웰 | 2014 |
| 라플라스의 마녀 | 히가시노게이고 | 2016 |
| 뭐? 나랑 너랑 닮았다고!? | 고미 타로 | 2015 |
| 벤저민 그레이엄의 정량분석 Quant | 스티븐 P. 그라이너 | 2012 |
| 부동산의 보이지 않는 진실 | 이재범 외1 | 2016 |
| 부시파일럿, 나는 길이 없는 곳으로 간다 | 오현호 | 2016 |
| 빼꼼 아저씨네 동물원 | 케빈 월드론 | 2015 |
| 새 하늘과 새 땅 | 리처드 미들턴 | 2015 |
| 섬을 탈출하는 방법 | 조형근, 김종배 | 2015 |
| 스웨덴 엄마의 말하기 수업 | 페트라 크란츠 린드그렌 | 2015 |
| 아바타 나영일 | 박상재 | 2013 |
| 알라 | 미로슬라브 볼프 | 2016 |
| 영재들의 비밀습관 하브루타 | 장성애 | 2016 |

1/2

## 문제 ❷ 계산작업

### 01 부양공제, 사업자번호, 의료비보조

| | A | B | C | D | E | F | G | H | I | J |
|---|---|---|---|---|---|---|---|---|---|---|
| 1 | | | | | | | | | | |
| 2 | | [표1] | | | | | | | | |
| 3 | | 성명 | 관계 | 부양공제 | 소득공제 | 소득공제내용 | 법인명 | 사업자번호 | 금액 | 의료비보조 |
| 4 | | 김가인 | 모 | 예 | 일반의료비 | 간소화자료 | 사랑의원 | 123-○●-6793 | 612,700 | 306,350 |
| 5 | | 김가인 | 모 | 예 | 신용카드 | 대중교통 | 상공카드 | 123-○●-6791 | 13,000 | 0 |
| 6 | | 김가인 | 모 | 예 | 신용카드 | 대중교통 | 상공카드 | 123-○●-6791 | 46,000 | 0 |
| 7 | | 김가인 | 모 | 예 | 현금영수증 | 일반사용분 | | | 3,000 | 0 |
| 8 | | 김가인 | 모 | 예 | 신용카드 | 일반사용분 | 상공카드 | 123-○●-6791 | 536,790 | 0 |
| 9 | | 김가인 | 모 | 예 | 신용카드 | 일반사용분 | 상공카드 | 123-○●-6791 | 1,738,200 | 0 |
| 10 | | 김가인 | 모 | 예 | 신용카드 | 전통시장 | 상공카드 | 123-○●-6791 | 23,520 | 0 |
| 11 | | 김가인 | 모 | 예 | 일반의료비 | 간소화자료 | 중앙병원 | 123-○●-6794 | 58,600 | 29,300 |
| 12 | | 김가인 | 모 | 예 | 일반의료비 | 간소화자료 | 중앙병원 | 123-○●-6794 | 117,840 | 58,920 |
| 13 | | 임윤아 | 처 | 아니오 | 지정기부금 | 법인 | 사단법인 | | 220,000 | 0 |
| 14 | | 임윤아 | 처 | 아니오 | 일반의료비 | 간소화자료 | 사랑의원 | 123-○●-6793 | 44,700 | 35,760 |
| 15 | | 임윤아 | 처 | 아니오 | 일반의료비 | 간소화자료 | 사랑의원 | 123-○●-6793 | 88,400 | 70,720 |
| 16 | | 임윤아 | 처 | 아니오 | 일반의료비 | 간소화자료 | 중앙병원 | 123-○●-6794 | 107,190 | 85,752 |
| 17 | | 주인철 | 부 | 예 | 일반의료비 | 간소화자료 | 중앙병원 | 123-○●-6794 | 360,600 | 180,300 |
| 18 | | 주인철 | 부 | 예 | 현금영수증 | 일반사용분 | | | 145,000 | 0 |
| 19 | | 주인철 | 부 | 예 | 현금영수증 | 일반사용분 | | | 231,000 | 0 |
| 20 | | 주인철 | 부 | 예 | 일반의료비 | 간소화자료 | 중앙병원 | 123-○●-6794 | 50,620 | 25,310 |
| 21 | | 주인해 | 자 | 예 | 직불카드 | 대중교통 | [illegible] | 123-○●-6792 | 46,360 | 0 |
| 22 | | 주인해 | 자 | 예 | 직불카드 | 대중교통 | [illegible] | 123-○●-6792 | 143,040 | 0 |
| 23 | | 주인해 | 자 | 예 | 직불카드 | 일반사용분 | [illegible] | 123-○●-6792 | 138,660 | 0 |
| 24 | | 주인해 | 자 | 예 | 직불카드 | 일반사용분 | [illegible] | 123-○●-6792 | 239,250 | 0 |
| 25 | | 주인해 | 자 | 예 | 직불카드 | 전통시장 | [illegible] | 123-○●-6792 | 4,000 | 0 |
| 26 | | 주인해 | 자 | 예 | 일반의료비 | 간소화자료 | 중앙병원 | 123-○●-6794 | 81,970 | 65,576 |
| 27 | | 주호백 | 본인 | 예 | 신용카드 | 대중교통 | 미래카드 | 123-○●-6790 | 15,000 | 0 |
| 28 | | 주호백 | 본인 | 예 | 신용카드 | 대중교통 | 상공카드 | 123-○●-6791 | 111,980 | 0 |
| 29 | | 주호백 | 본인 | 예 | 신용카드 | 대중교통 | 상공카드 | 123-○●-6791 | 213,200 | 0 |
| 30 | | 주호백 | 본인 | 예 | 지정기부금 | 법인 | 사단법인 | | 110,000 | 0 |
| 31 | | 주호백 | 본인 | 예 | 지정기부금 | 법인 | 사단법인 | | 240,000 | 0 |
| 32 | | 주호백 | 본인 | 예 | 지정기부금 | 법인 | 사단법인 | | 600,000 | 0 |
| 33 | | 주호백 | 본인 | 예 | 현금영수증 | 일반사용분 | | | 62,340 | 0 |
| 34 | | 주호백 | 본인 | 예 | 현금영수증 | 일반사용분 | | | 213,020 | 0 |
| 35 | | 주호백 | 본인 | 예 | 신용카드 | 일반사용분 | 상공카드 | 123-○●-6791 | 1,925,602 | 0 |
| 36 | | 주호백 | 본인 | 예 | 신용카드 | 일반사용분 | 상공카드 | 123-○●-6791 | 2,638,488 | 0 |
| 37 | | 주호백 | 본인 | 예 | 신용카드 | 일반사용분 | 미래카드 | 123-○●-6790 | 10,725,504 | 0 |
| 38 | | 주호백 | 본인 | 예 | 신용카드 | 일반사용분 | 미래카드 | 123-○●-6790 | 12,127,516 | 0 |
| 39 | | 주호백 | 본인 | 예 | 신용카드 | 전통시장 | 미래카드 | 123-○●-6790 | 8,000 | 0 |
| 40 | | 주호백 | 본인 | 예 | 신용카드 | 전통시장 | 미래카드 | 123-○●-6790 | 60,100 | 0 |
| 41 | | 주호백 | 본인 | 예 | 일반의료비 | 간소화자료 | 사랑의원 | 123-○●-6793 | 59,400 | 47,520 |
| 42 | | 주호백 | 본인 | 예 | 일반의료비 | 간소화자료 | 사랑의원 | 123-○●-6793 | 103,400 | 82,720 |
| 43 | | | | | | | | | | |

1. [D4] 셀에 「=IF(ISERROR(MATCH(B4,$M$4:$M$7,0)),"아니오","예")」를 입력하고 [D42] 셀까지 수식 복사
2. [H4] 셀에 「=IFERROR(REPLACE(VLOOKUP(G4,$P$4:$Q$9,2,FALSE),5,2,"○ ●"),"")」를 입력하고 [H42] 셀까지 수식 복사
5. [J4] 셀에 「=fn의료비보조(C4,E4,I4)」를 입력하고 [J42] 셀까지 수식 복사

```
Public Function fn의료비보조(관계, 소득공제, 금액)
    If 소득공제 = "일반의료비" Then
        If 관계 = "본인" Or 관계 = "자" Or 관계 = "처" Then
            fn의료비보조 = 금액 * 0.8
        Else
            fn의료비보조 = 금액 * 0.5
        End If
    Else
        fn의료비보조 = 0
    End If
End Function
```

## 02 일반사용분, 일반의료비

| | L | M | N | O | P |
|---|---|---|---|---|---|
| 11 | | | | | |
| 12 | | [표4] | | | (단위: 천원) |
| 13 | | 소득공제 | 일반사용분 | 대중교통 | 전통시장 |
| 14 | | 신용카드 | 29,692 | 399 | 92 |
| 15 | | 직불카드 | 378 | 189 | 4 |
| 16 | | 현금영수증 | 654 | 0 | 0 |
| 17 | | | | | |
| 18 | | | | | |
| 19 | | [표5] | | | |
| 20 | | 관계 | 일반의료비 | | |
| 21 | | 본인 | 44,000 | | |
| 22 | | 부 | 309,980 | | |
| 23 | | 모 | 554,100 | | |
| 24 | | 자 | 0 | | |
| 25 | | | | | |

3. [N14] 셀에 「=TEXT(SUM(IF(($E$4:$E$42=$M14)*($F$4:$F$42=N$13),$I$4:$I$42)),"#,##0,")」을 입력하고 Ctrl+Shift+Enter를 누른 후에 [P16] 셀까지 수식을 복사
4. [N21] 셀에 「=LARGE(IF(($C$4:$C$42=$M21)*($E$4:$E$42=$N$20),$I$4:$I$42),1)−SMALL(IF(($C$4:$C$42=$M21)*($E$4:$E$42=$N$20),$I$4:$I$42),1)」를 입력하고 Ctrl+Shift+Enter를 누른 후에 [N24] 셀까지 수식을 복사

# 문제 ③ 분석작업

## 01 피벗 테이블

| | A | B | C | D | E | F | G |
|---|---|---|---|---|---|---|---|
| 1 | | | | | | | |
| 2 | | | 기상 | | | | |
| 3 | 지역 | 값 | 강수량 | 습도 | 최고기온 | 평균온도 | |
| 4 | 강원 | 합계 : 겨울기상 | 432.6 | 750 | 43.9 | -20.3 | |
| 5 | | 합계 : 봄기상 | 961.7 | 736 | 195.6 | 124.5 | |
| 6 | 경기 | 합계 : 겨울기상 | 191.1 | 544 | 37.9 | -1.4 | |
| 7 | | 합계 : 봄기상 | 642.2 | 556 | 151.9 | 104.8 | |
| 8 | 경상 | 합계 : 겨울기상 | 449.7 | 837 | 123.5 | 54.2 | |
| 9 | | 합계 : 봄기상 | 1306.9 | 923 | 273.4 | 197 | |
| 10 | 전라 | 합계 : 겨울기상 | 472.5 | 987 | 111.1 | 39.5 | |
| 11 | | 합계 : 봄기상 | 1182.1 | 994 | 267.2 | 182.8 | |
| 12 | 제주 | 합계 : 겨울기상 | 179.8 | 191 | 29.5 | 21.3 | |
| 13 | | 합계 : 봄기상 | 287.4 | 195 | 52.5 | 41.5 | |
| 14 | 충청 | 합계 : 겨울기상 | 328 | 776 | 63.5 | 0 | |
| 15 | | 합계 : 봄기상 | 890.6 | 727 | 216 | 140.9 | |
| 16 | 전체 합계 : 겨울기상 | | 2053.7 | 4085 | 409.4 | 93.3 | |
| 17 | 전체 합계 : 봄기상 | | 5270.9 | 4131 | 1156.6 | 791.5 | |
| 18 | | | | | | | |

## 02 데이터 도구

| | A | B | C | D | E | F | G |
|---|---|---|---|---|---|---|---|
| 1 | | | | | | | |
| 2 | | 꽃 | 지역명 | 개화일 | 평년 | 평년차 | |
| 3 | | 개나리 | 강릉 | 2020-01-24 | 2020-03-24 | 0 | |
| 9 | | 개나리 | 부산 | 2020-08-15 | 2020-03-16 | -1 | |
| 30 | | 진달래 | 서귀포 | 2020-01-15 | 2020-03-19 | -4 | |
| 35 | | 진달래 | 전주 | 2020-06-27 | 2020-03-29 | -2 | |
| 36 | | | | | | | |

## 문제 ❹ 기타작업

### 01 차트

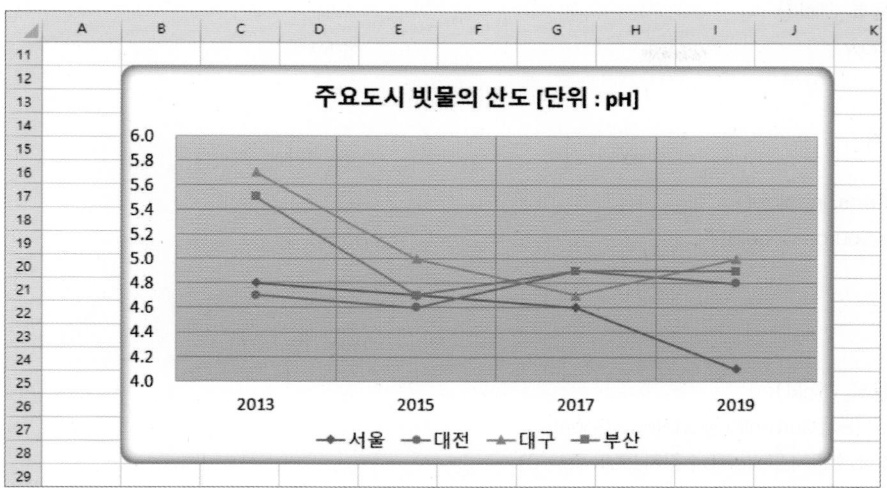


### 02 매크로

서식적용 서식해제

| 꽃 | 지역명 | 개화일 | 평년 | 평년차 |
|---|---|---|---|---|
| 벚꽃 | 강릉 | 04월 02일 | 04월 01일 | 1.0 |
| 진달래 | 강릉 | 03월 27일 | 03월 28일 | 1.0 |
| 개나리 | 강릉 | 03월 25일 | 03월 25일 | ● |
| 벚꽃 | 광주 | 03월 29일 | 04월 02일 | 4.0 |
| 진달래 | 광주 | 03월 27일 | 03월 27일 | ● |
| 개나리 | 광주 | 03월 19일 | 03월 23일 | 4.0 |
| 벚꽃 | 대구 | 03월 26일 | 03월 31일 | 5.0 |
| 진달래 | 대구 | 03월 24일 | 03월 26일 | 2.0 |
| 개나리 | 대구 | 03월 16일 | 03월 19일 | 3.0 |
| 벚꽃 | 대전 | 03월 31일 | 04월 05일 | ● |
| 진달래 | 대전 | 03월 27일 | 03월 29일 | 2.0 |
| 개나리 | 대전 | 03월 23일 | 03월 21일 | 2.0 |
| 벚꽃 | 부산 | 03월 26일 | 03월 28일 | 2.0 |
| 진달래 | 부산 | 03월 18일 | 03월 19일 | 1.0 |
| 개나리 | 부산 | 03월 16일 | 03월 17일 | 1.0 |
| 벚꽃 | 서귀포 | 03월 23일 | 03월 24일 | 1.0 |
| 진달래 | 서귀포 | 03월 16일 | 03월 20일 | 4.0 |
| 개나리 | 서귀포 | 03월 15일 | 03월 14일 | 1.0 |
| 벚꽃 | 서울 | 04월 06일 | 04월 10일 | 4.0 |
| 개나리 | 서울 | 03월 27일 | 03월 26일 | 1.0 |
| 진달래 | 서울 | 03월 27일 | 03월 29일 | 2.0 |
| 벚꽃 | 수원 | 04월 07일 | 04월 10일 | 3.0 |
| 진달래 | 수원 | 03월 30일 | 03월 31일 | 1.0 |
| 개나리 | 수원 | 03월 29일 | 03월 31일 | 2.0 |
| 벚꽃 | 여수 | 03월 29일 | 04월 02일 | 4.0 |
| 개나리 | 여수 | 03월 24일 | 03월 23일 | 1.0 |
| 진달래 | 여수 | 03월 23일 | 03월 20일 | 3.0 |
| 벚꽃 | 인천 | 04월 09일 | 04월 13일 | 4.0 |
| 진달래 | 인천 | 04월 04일 | 04월 04일 | ● |
| 개나리 | 인천 | 04월 02일 | 04월 02일 | ● |
| 벚꽃 | 전주 | 03월 31일 | 04월 05일 | 5.0 |
| 진달래 | 전주 | 03월 28일 | 03월 30일 | 2.0 |
| 개나리 | 전주 | 03월 23일 | 03월 26일 | 3.0 |

## 03 VBA 프로그래밍

• 폼 보이기 프로시저

```
Private Sub cmd등록_Click()
    성적등록화면.Show
End Sub
```

• 폼 초기화 프로시저

```
Private Sub UserForm_Initialize()
    cmb수강자.RowSource = "o6:p17"
End Sub
```

• 등록 프로시저

```
Private Sub cmd등록_Click()
    행 = [B4].Row + [B4].CurrentRegion.Rows.Count
    Cells(행, 2) = cmb수강자.List(cmb수강자.ListIndex, 0)
    Cells(행, 3) = cmb수강자.List(cmb수강자.ListIndex, 1)
    Cells(행, 4) = txt결석.Value
    Cells(행, 5) = txt지각.Value
    Cells(행, 6) = 20 - (txt결석.Value * 2 + txt지각.Value * 1)
    Cells(행, 7) = txt과제.Value
    Cells(행, 8) = txt평가.Value

    If Cells(행, 6) < 12 Then
        Cells(행, 9) = "출석미달"
    End If
End Sub
```

• 종료 프로시저

```
Private Sub cmd종료_Click()
    MsgBox Time & " 평가를 종료합니다.", vbOKOnly, "등록종료"
     Unload Me
End Sub
```

## 상시 기출 문제 04회 해설

### 문제 ❶ 기본작업

#### 01 고급 필터('기본작업-1' 시트)

① [I2:I3] 영역에 '조건'을 입력하고, [I7:M7] 영역에 추출할 필드명을 입력한다.

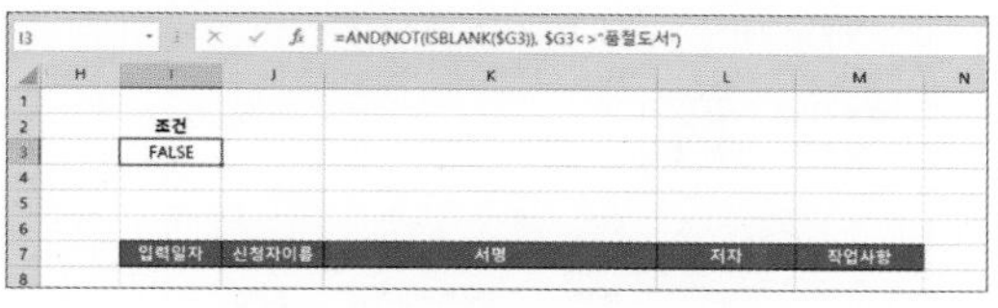

[I3] : =AND(NOT(ISBLANK($G3)), $G3<>"품절도서")

② [데이터]-[정렬 및 필터] 그룹에서 [고급]( )을 클릭한다.

③ [고급 필터]에서 다음과 같이 지정한 후 [확인]을 클릭한다.

[고급 필터]
- 결과 : '다른 장소에 복사'
- 목록 범위 : [B2:G43]
- 조건 범위 : [I2:I3]
- 복사 위치 : [I7:M7]

#### 02 조건부 서식('기본작업-1' 시트)

① [B3:G43] 영역을 범위 지정한 후 [홈]-[스타일] 그룹의 [조건부 서식]-[새 규칙]을 클릭한다.

② [새 서식 규칙]에서 '규칙 유형 선택'에 '▶ 수식을 사용하여 서식을 지정할 셀 결정'을 선택하고, =MOD(ROW($B3)-2,5)=0을 입력한 후 [서식]을 클릭한다.

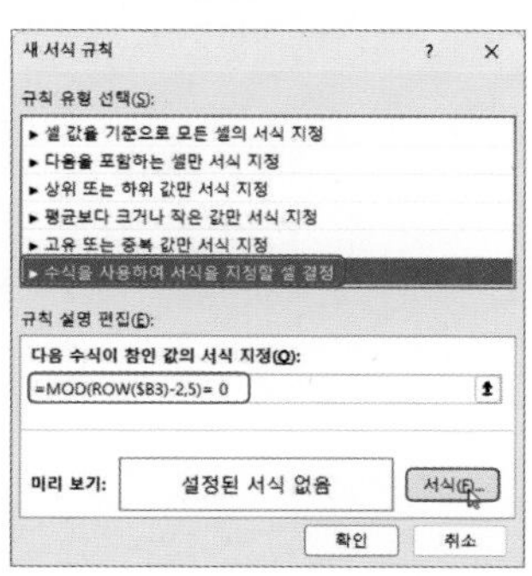

③ [셀 서식]의 [글꼴] 탭에서 글꼴 스타일은 '기울임꼴'을 선택하고, [채우기] 탭에서 '표준 색 – 노랑'을 선택한 후 [확인]을 클릭한다.

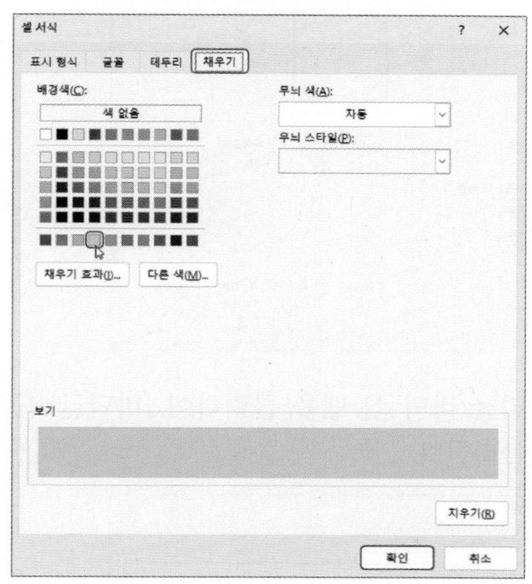

④ [새 서식 규칙]에서 다시 [확인]을 클릭한다.

#### 03 페이지 레이아웃('기본작업-2' 시트)

① [B2:D42] 영역을 범위 지정한 후 [페이지 레이아웃] 탭의 [페이지 설정]-[인쇄 영역]-[인쇄 영역 설정]을 클릭한다.

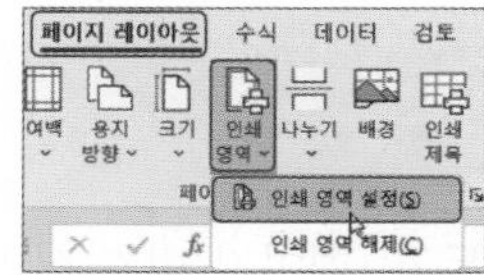

② [페이지 레이아웃] 탭의 [페이지 설정]에서 [옵션]( )을 클릭한다.

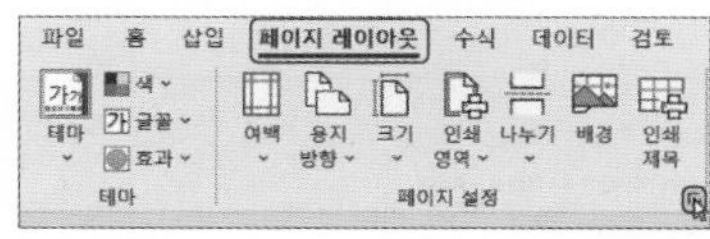

③ [여백] 탭에서 페이지 가운데 맞춤 '가로', '세로'를 체크한다.

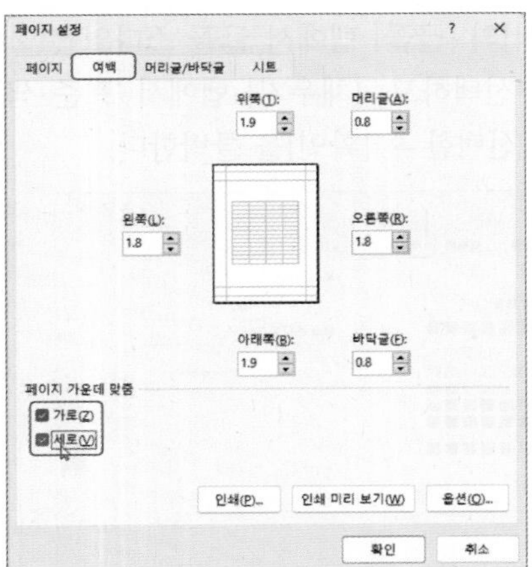

④ [머리글/바닥글] 탭을 클릭하여 [바닥글 편집]을 클릭한다.

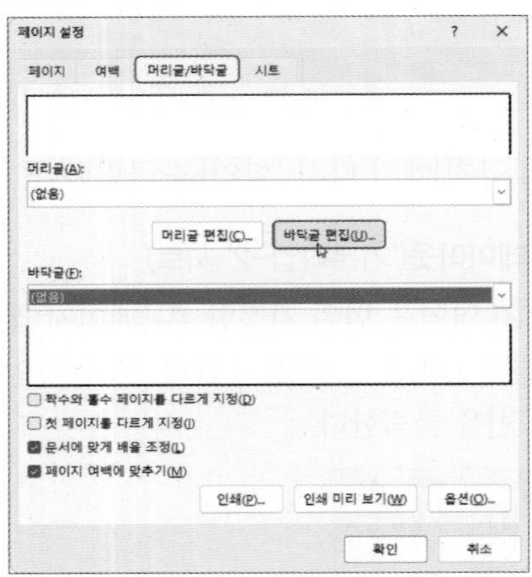

⑤ 가운데 구역에 커서를 두고 [페이지 번호 삽입]( ) 도구를 클릭한 후 /를 입력한 후 [전체 페이지 수 삽입]( ) 도구를 클릭하고 [확인]을 클릭한다.

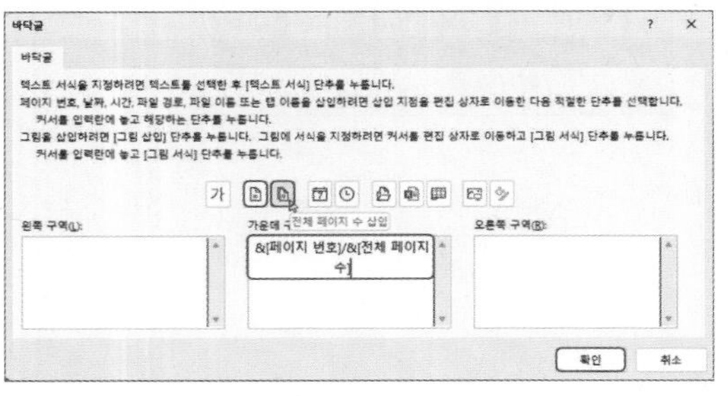

⑥ [시트] 탭에서 '반복할 행'을 선택한 후 행 머리글 2행을 클릭하고 [확인]을 클릭한다.

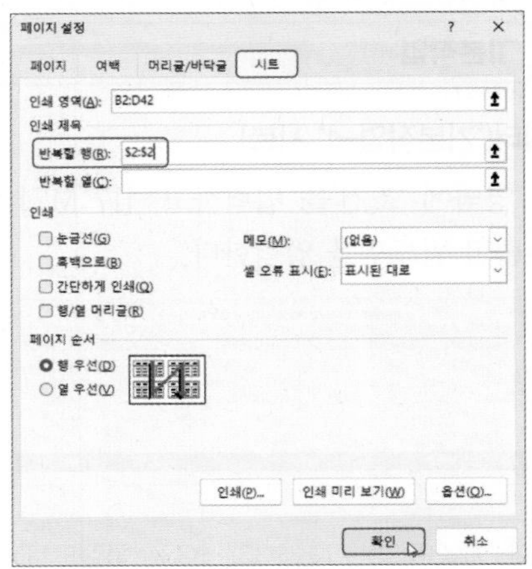

## 문제 ❷ 계산작업('계산작업' 시트)

### 01 부양공제[D4:D42]

[D4] 셀에 =IF(ISERROR(MATCH(B4,$M$4:$M$7,0)),"아니오","예")를 입력하고 [D42] 셀까지 수식을 복사한다

**함수 설명**

=IF(ISERROR(MATCH(B4,$M$4:$M$7,0)),"아니오","예")

① MATCH(B4,$M$4:$M$7,0) : 성명[B4]를 [M4:M7] 영역에 정확하게 일치하는 값을 상대적 위치 값을 구함(만약, 일치하는 값이 없을 때에는 #N/A가 반환됨)

② ISERROR(①) : ①에 오류가 있으면 True, 오류가 없을 때는 False

=IF(②,"아니오","예") : ②의 값이 True이면 '아니요', False이면 '예'를 표시

## 02 사업자번호[H4:H42]

[H4] 셀에 =IFERROR(REPLACE(VLOOKUP(G4,$P$4:$Q$9,2,FALSE),5,2,"○●"),"")를 입력하고 [H42] 셀까지 수식을 복사한다.

> **함수 설명**
>
> =IFERROR(REPLACE(VLOOKUP(G4,$P$4:$Q$9,2,FALSE),5,2,"○●"),"")
>
> ① VLOOKUP(G4,$P$4:$Q$9,2,FALSE) : 법인명[G4] 셀의 값을 [P4:Q9] 영역의 첫 번째 열에서 찾아 2번째 열에서 정확하게 일치하는 값을 찾아옴
>
> ② REPLACE(①,5,2,"○●") : ①의 값에 5번째부터 시작하여 2글자를 '○●'으로 바꾸어 표시
>
> =IFERROR(②,"") : ②의 오류가 있을 때에는 공백("")으로 표시

## 03 소득공제별 소득공제내용별 금액의 합계[N14:P16]

[N14] 셀에 =TEXT(SUM(IF(($E$4:$E$42=$M14)*($F$4:$F$42=N$13),($I$4:$I$42),0)),"#,##0,")를 입력하고 Ctrl+Shift+Enter를 누른 후에 [P16] 셀까지 수식을 복사한다.

> **함수 설명**
>
> =TEXT(SUM(IF(($E$4:$E$42=$M14)*($F$4:$F$42=N$13),($I$4:$I$42),0)),"#,##0,")
>
> ① ($E$4:$E$42=$M14)*($F$4:$F$42=N$13) : 소득공제[E4:E42]가 [M14] 셀과 같고 소득공제내용[F4:F42]이 [N13]과 같은지 비교하여 둘 다 만족하면 True 값을 반환
>
> ② IF(①,$I$4:$I$42) : ①의 값이 True이면 금액[I4:I42] 영역의 값을 반환
>
> =TEXT(SUM(②),"#,##0,") : ②의 합계를 구한 후에 000을 생략하고 천 단위 구분을 표시

## 04 최대 금액과 최소 금액[N21:N24]

[N21] 셀에 =LARGE(IF(($C$4:$C$42=$M21)*($E$4:$E$42=$N$20),$I$4:$I$42),1)−SMALL(IF(($C$4:$C$42=$M21)*($E$4:$E$42=$N$20),$I$4:$I$42),1)를 입력하고 Ctrl+Shift+Enter를 누른 후에 [N24] 셀까지 수식을 복사한다.

## 05 사용자 정의 함수(fn의료비보조)[J4:J42]

① [개발 도구]-[코드] 그룹의 [Visual Basic]( )을 클릭한다.

② [삽입]-[모듈]을 클릭한다.

③ Module 창에 다음과 같이 입력한다.

```
Public Function fn의료비보조(관계, 소득공제, 금액)
    If 소득공제 = "일반의료비" Then
        If 관계 = "본인" Or 관계 = "자" Or 관계 = "처"
Then
            fn의료비보조 = 금액 * 0.8
        Else
            fn의료비보조 = 금액 * 0.5
        End If
    Else
        fn의료비보조 = 0
    End If
End Function
```

④ [파일]-[닫고 Microsoft Excel(으)로 돌아가기]를 클릭하여 [Visual Basic Editor]를 닫는다.

⑤ [J4] 셀을 클릭한 후 [함수 삽입]( )을 클릭한다.

⑥ '범주 선택'에서 '사용자 정의', '함수 선택'에서 'fn의료비보조'를 선택한 후 [확인]을 클릭한다.

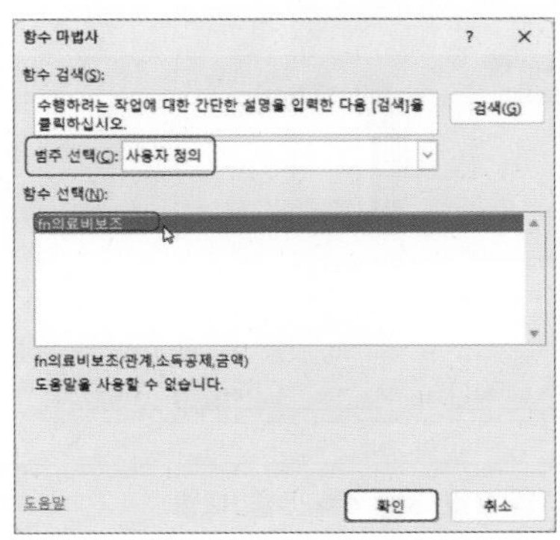

⑦ 그림과 같이 셀을 지정한 후 [확인]을 클릭한다.

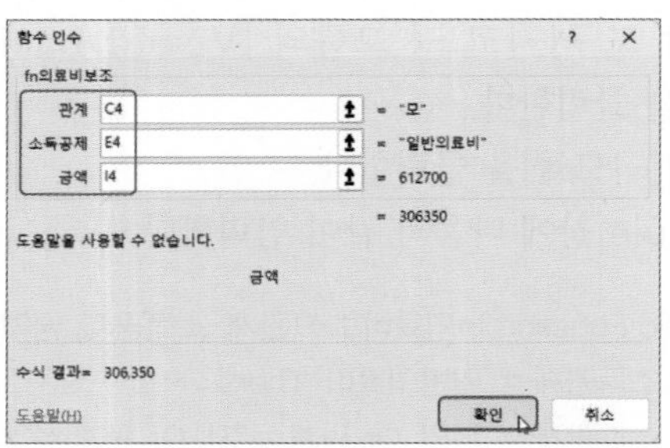


⑧ [J4] 셀을 선택한 후 [J42] 셀까지 수식을 복사한다.

## 문제 ❸ 분석작업

### 01 피벗 테이블('분석작업-1' 시트)

① [A2] 셀을 선택한 후 [데이터]-[데이터 가져오기 및 변환] 그룹의 [데이터 가져오기]-[기타 원본에서]-[Microsoft Query에서]를 클릭한다.

② [데이터베이스] 탭에서 'MS Access Database *'를 선택하고 [확인]을 클릭한다.

③ '생활기상정보.accdb'를 선택하고 [확인]을 클릭한다.

④ [열 선택]에서 '기상자료' 테이블을 더블클릭하여 다음과 같이 지정하고 [다음]을 클릭한다.

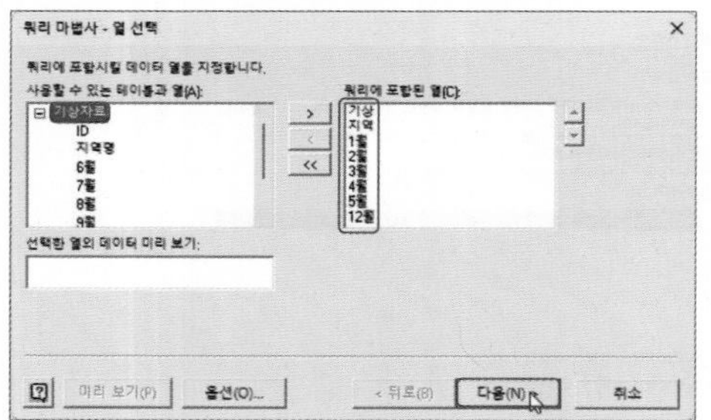


지역, 기상, 1월, 2월, 3월, 4월, 5월, 12월

⑤ [데이터 필터]와 [정렬 순서]에서는 설정 없이 [다음]을 클릭한다.

⑥ [마침]에서 'Microsoft Excel(으)로 데이터 되돌리기'를 선택하고 [마침]을 클릭한다.

⑦ [데이터 가져오기]에서 '피벗 테이블 보고서'를 선택한 다음, '기존 워크시트'는 [A2] 셀을 지정하고 [확인]을 클릭한다.

⑧ [피벗 테이블 분석] 탭에서 [계산]-[필드, 항목 및 집합]-[계산 필드]를 클릭한다.

⑨ [계산 필드 삽입]에서 '이름'에 **겨울기상**을 입력하고 '수식'에 =를 입력한 후 12월, 1월, 2월을 각각 클릭하여 필드를 추가한 후 다음과 같이 지정하고 [추가]를 클릭한다.

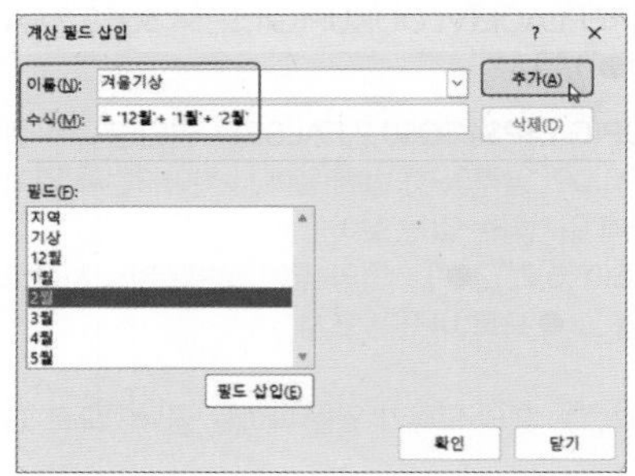


⑩ 같은 방법으로 '봄기상', **=3월 + 4월 + 5월**을 입력한 후 [추가]를 클릭한 후 [확인]을 클릭한다.

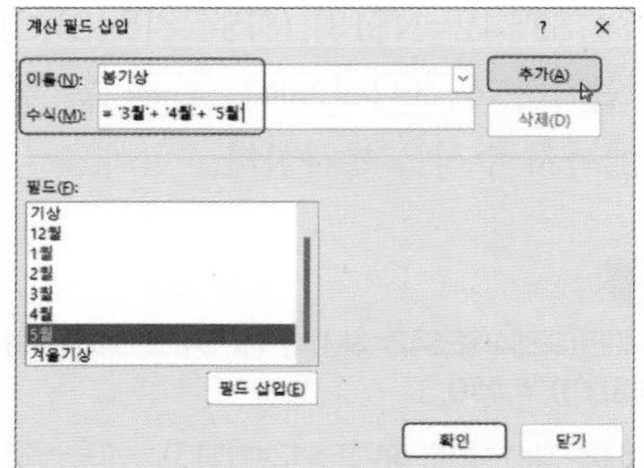


⑪ 다음과 같이 보고서 레이아웃을 지정하고 'Σ 값'을 '행'으로 이동한다.

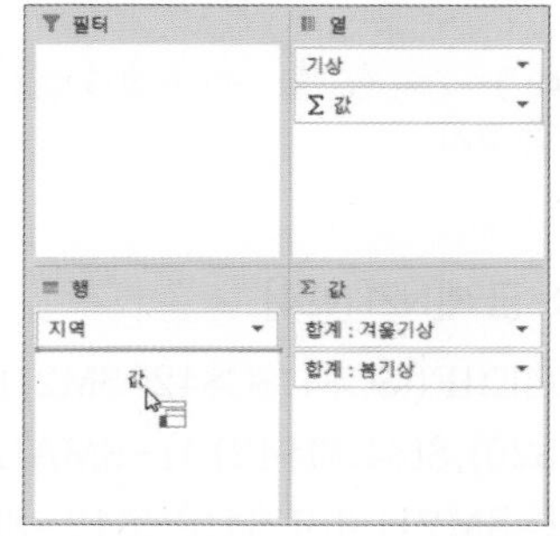


⑫ [디자인] 탭에서 [레이아웃]-[보고서 레이아웃]-[테이블 형식으로 표시]를 클릭한다.

⑬ [디자인] 탭에서 [레이아웃]-[총합계]-[열의 총합계만 설정]을 클릭한다.

⑭ [디자인]–[피벗 테이블 스타일] 그룹에서 '밝은 회색, 피벗 스타일 밝게 15'를 선택하고, [피벗 테이블 스타일 옵션] 그룹에서 '행 머리글', '열 머리글', '줄무늬 열'을 체크한다.

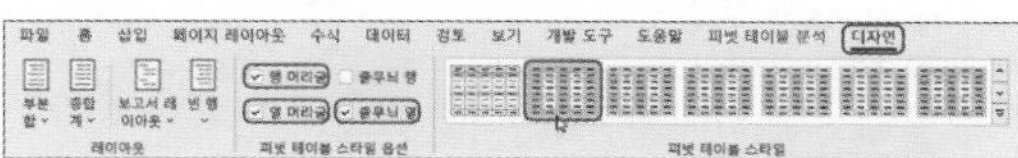

### 02 데이터 도구('분석작업–2' 시트)

① [D3:E35] 영역을 범위 지정한 후 [데이터]–[데이터 도구] 그룹의 [데이터 유효성 검사]( )를 클릭한다.

② [데이터 유효성]의 [설정] 탭에서 제한 대상은 '날짜', 제한 방법은 '해당 범위', 시작 날짜는 2020-03-01, 끝 날짜는 2020-04-30을 입력한다.

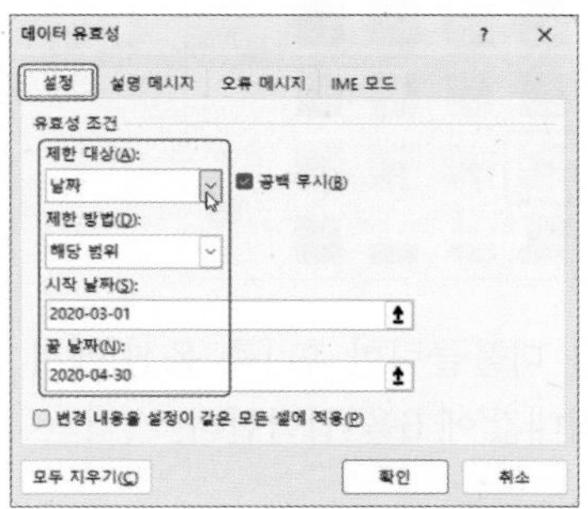

③ [설명 메시지] 탭에서 제목은 **입력날짜범위**, 설명 메시지는 **3월~4월**을 입력한다.

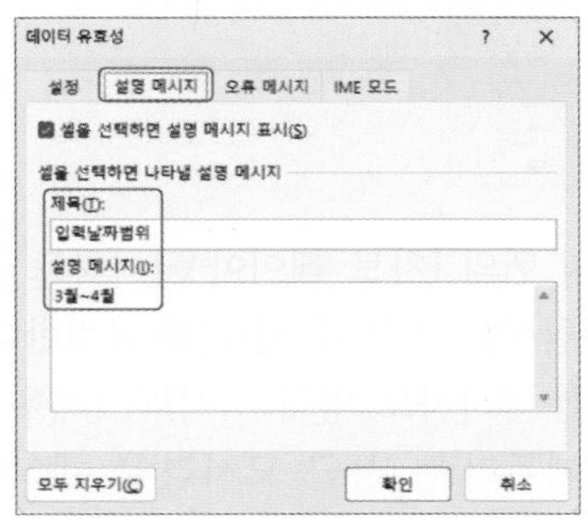

④ [오류 메시지] 탭에서 스타일은 '중지', 제목은 **날짜확인**, 오류 메시지는 **입력 날짜가 정확한지 확인 바랍니다.**를 입력하고 [확인]을 클릭한다.

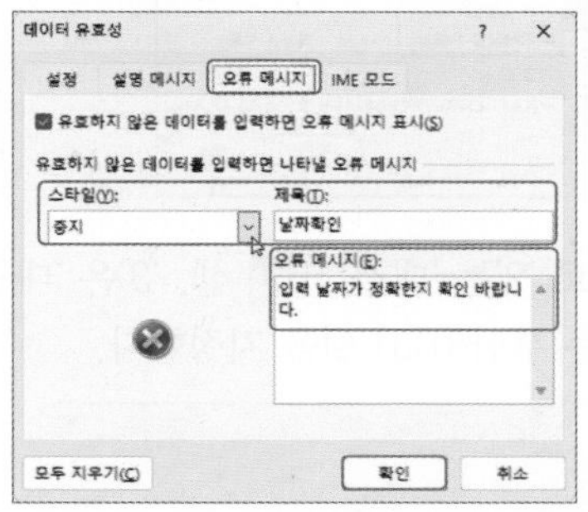

⑤ [데이터]–[정렬 및 필터] 그룹에서 [필터]( )를 클릭한다.

⑥ 개화일[D2] 목록 단추( )를 클릭하여 [날짜 필터]–[사용자 지정 필터]를 클릭한다.

⑦ 다음과 같이 지정하고 [확인]을 클릭한다.

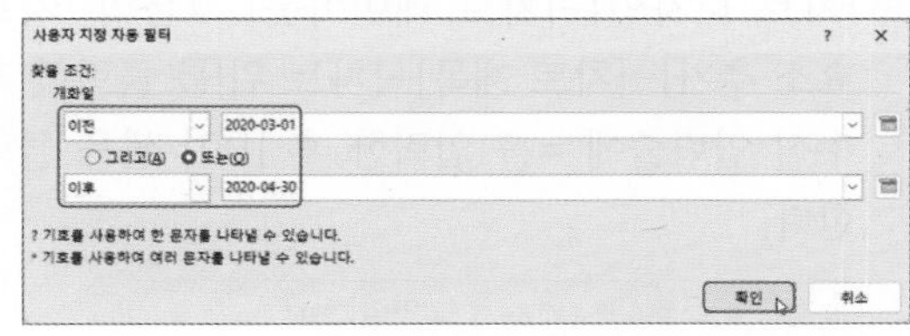

## 문제 ❹ 기타작업

### 01 차트('기타작업–1' 시트)

① 차트에서 마우스 오른쪽 버튼을 눌러 [데이터 선택]을 선택한다.

② '범례 항목(계열)'에서 '1'을 선택하고 [편집]을 클릭한다.

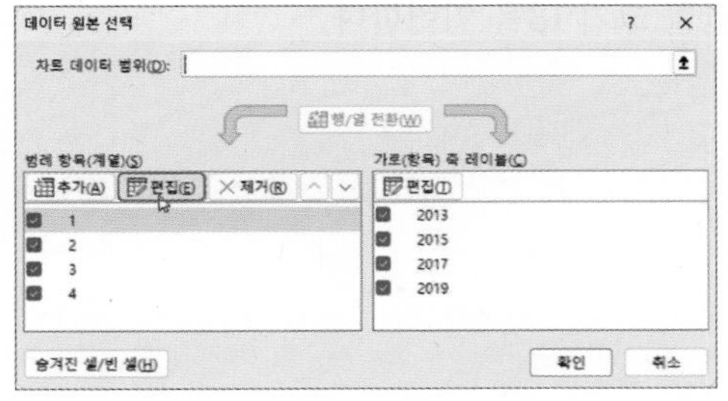

③ '계열 이름'을 선택한 후 서울[B4] 셀을 클릭한 후 [확인]을 클릭한다.

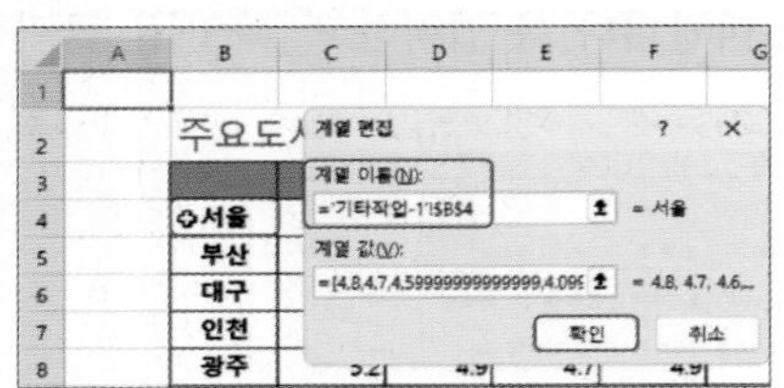


④ 같은 방법으로 '2'는 '대전' [B9] 셀, '3'은 '대구' [B6] 셀, '4'는 부산 [B5] 셀을 지정한다.

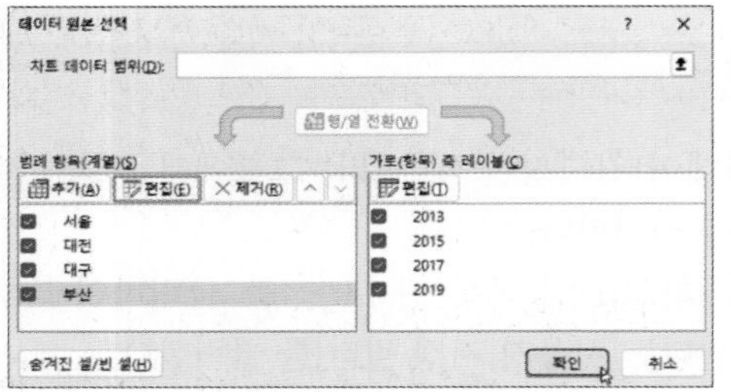


⑤ [차트 디자인]-[차트 레이아웃] 그룹의 [차트 요소 추가]-[차트 제목]-[차트 위]를 클릭한 후 수식 입력줄에 =를 입력한 후 [B2] 셀을 클릭한다.

| | 2012 | 2013 | 2014 | 2015 | 2016 |
|---|---|---|---|---|---|
| 서울 | 4.7 | 4.8 | 4.8 | 4.7 | 4.6 |
| 부산 | 5.7 | 5.5 | 5.1 | 4.7 | 4.4 |
| 대구 | 5.5 | 5.7 | 4.9 | 5.0 | 4.6 |
| 인천 | 5.4 | 4.8 | 4.8 | 4.7 | 4.6 |
| 광주 | 5.2 | 4.9 | 4.7 | 4.9 | 5.0 |
| 대전 | 4.7 | 4.7 | 4.5 | 4.6 | 4.3 |

⑥ 차트 영역을 선택한 후 [홈]-[글꼴] 그룹에서 글꼴 크기 13을 입력한다.

⑦ [차트 디자인]-[종류] 그룹의 [차트 종류 변경]을 클릭하여 '꺾은선형'의 '표식이 있는 꺾은선형'을 선택하고 [확인]을 클릭한다.

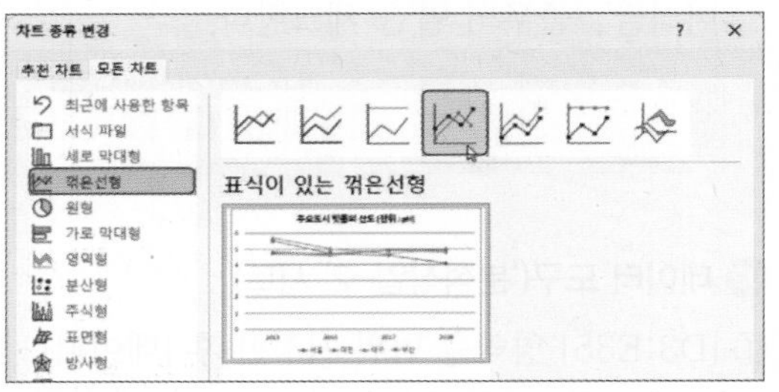


⑧ '그림 영역'을 선택한 후 [서식] 탭의 '도형 스타일'에서 '미세 효과 – 회색, 강조3' 선택한다.

⑨ 세로(값) 축을 더블클릭한 후 [축 옵션]에서 '최소값'에 4, '최대값'에 6을 입력한다.

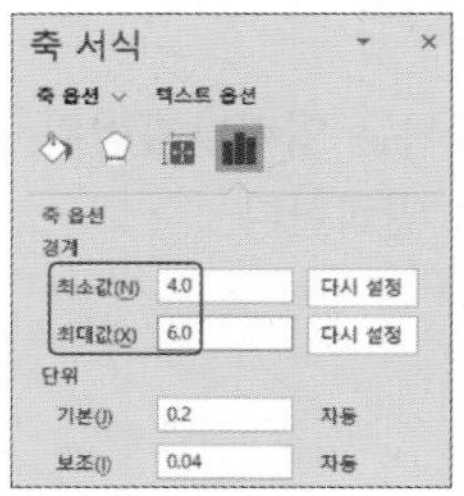


⑩ [차트 디자인] 탭의 [차트 레이아웃]-[차트 요소 추가]-[눈금선]-[기본 주 세로]를 클릭한다.

⑪ 차트를 선택한 후 [차트 영역 서식]의 [채우기 및 선]에서 '테두리'는 '둥근 모서리'를 체크한다.

⑫ [차트 영역 서식]의 [효과]에서 '그림자'의 [미리 설정]을 클릭한 후 '안쪽 가운데'를 선택한다.

## 02 매크로('기타작업-2' 시트)

① [개발 도구]-[컨트롤] 그룹의 [삽입]-[단추(양식 컨트롤)](▭)을 클릭한다.

② 마우스 포인트가 '+'로 바뀌면 Alt를 누른 상태에서 [B2:C3] 영역으로 드래그한 후 [매크로 지정]에서 **서식적용**을 입력하고 [기록]을 클릭한다.

③ [매크로 기록]에 자동으로 '서식적용'으로 매크로 이름이 표시되면 [확인]을 클릭한다.

④ [F7:F39] 영역을 범위 지정한 후 Ctrl+1을 눌러 [표시 형식] 탭의 '사용자 지정'에 **[파랑]0.0;[빨강]0.0;[검정]"●"**을 입력하고 [확인]을 클릭한다.

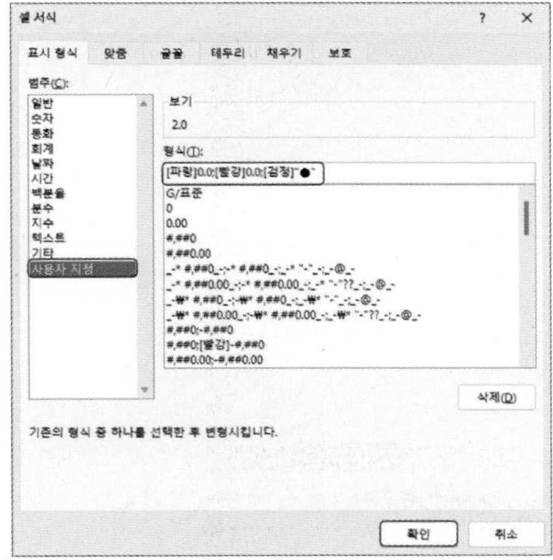

⑤ 임의의 셀을 클릭한 후 매크로 기록을 종료하기 위해 [개발 도구]-[코드] 그룹의 [기록 중지](□)를 클릭한다.

⑥ 단추에 텍스트를 수정하기 위해서 단추에서 마우스 오른쪽 버튼을 눌러 [텍스트 편집]을 클릭한다.

⑦ 단추에 입력된 '단추 1'을 지우고 **서식적용**을 입력한다.

⑧ [개발 도구]-[컨트롤] 그룹의 [삽입]-[단추(양식 컨트롤)](▭)을 클릭한다.

⑨ 마우스 포인트가 '+'로 바뀌면 [E2:F3] 영역에 드래그하면 [매크로 지정] 대화상자가 나타난다. Alt를 누른 상태로 드래그하면 셀 눈금선에 맞추어 그릴 수 있다.

⑩ [매크로 지정]에서 **서식해제**를 입력하고 [기록]을 클릭하고, [매크로 기록]에 자동으로 '서식해제'로 매크로 이름이 표시되면 [확인]을 클릭한다.

⑪ [F7:F39] 영역을 범위 지정한 후 Ctrl+1을 눌러 [표시 형식] 탭의 '일반'을 선택하고 [확인]을 클릭한다.

⑫ 임의의 셀을 클릭한 후 매크로 기록을 종료하기 위해 [개발 도구]-[코드] 그룹의 [기록 중지](□)를 클릭한다.

⑬ 단추에서 마우스 오른쪽 버튼을 눌러 [텍스트 편집]을 클릭하여 **서식해제**를 입력한다.

## 03 VBA 프로그래밍('기타작업-3' 시트)

### ① 폼 보이기

① [개발 도구]-[컨트롤] 그룹에서 [디자인 모드](📐)를 클릭하여 〈성적입력〉 버튼을 편집 상태로 만든다.

② 〈성적입력〉 버튼을 더블클릭한 후 코드 창에 다음과 같이 입력한다.

```
Private Sub cmd등록_Click()
    성적등록화면.Show
End Sub
```

### ② 폼 초기화

① [프로젝트-VBAProject] 탐색기에서 '폼'을 더블 클릭하고 〈성적등록화면〉를 선택한다.

② [프로젝트-VBAProject] 탐색기의 [코드 보기](▤)를 클릭한다.

③ '개체 목록'은 'UserForm', '프로시저 목록'은 'Initialize'를 선택한다.

④ 코드 창에 다음과 같이 입력한다.

```
Private Sub UserForm_Initialize()
    cmb수강자.RowSource = "O6:P17"
End Sub
```

### ③ 입력 프로시저

① '개체 목록'에서 'cmd등록', '프로시저 목록'은 'Click'을 선택한다.

② 코드 창에 다음과 같이 입력한다.

```
Private Sub cmd등록_Click()
   행 = [B4].Row + [B4].CurrentRegion.Rows.
Count
   Cells(행, 2) = cmb수강자.List(cmb수강
자.ListIndex, 0)
   Cells(행, 3) = cmb수강자.List(cmb수강
자.ListIndex, 1)
   Cells(행, 4) = txt결석.Value
   Cells(행, 5) = txt지각.Value
   Cells(행, 6) = 20 – (txt결석.Value * 2 + txt지
각.Value * 1)
   Cells(행, 7) = txt과제.Value
   Cells(행, 8) = txt평가.Value

   If Cells(행, 6) < 12 Then
      Cells(행, 9) = "출석미달"
   End If
End Sub
```

### ④ 종료 프로시저

① '개체 목록'에서 'cmd종료', '프로시저 목록'은 'Click'을 선택한다.

② 코드 창에 다음과 같이 입력한다.

```
Private Sub cmd종료_Click()
    MsgBox Time & " 평가를 종료합니다.", vbO–
KOnly, "등록종료"
    Unload Me
End Sub
```

# 상시 기출 문제 05회

| 시험 시간 | 풀이 시간 | 합격 점수 | 내 점수 |
|---|---|---|---|
| 45분 | 분 | 70점 | 점 |

작업파일 [2025컴활1급₩1권_스프레드시트₩상시기출문제] 폴더의 '상시기출문제5회' 파일을 열어서 작업하시오.

## 문제 ❶ 기본작업 | 주어진 시트에서 다음 과정을 수행하고 저장하시오. 15점

**01 '기본작업' 시트에서 다음과 같이 고급 필터를 수행하시오. (5점)**

▶ [A2:H28] 영역에서 '강의평점'이 상위 5위 이내이면서 '강의일정'이 2025년 이후인 데이터의 '강사명', '나이', '주소', '강의평점', '강의일정' 필드만 순서대로 표시하시오.

▶ 조건은 [A31:A32] 영역 내에 알맞게 입력하시오. (AND, LARGE, YEAR 함수 사용)

▶ 결과는 [A34] 셀부터 표시하시오.

**02 '기본작업' 시트에서 다음과 같이 조건부 서식을 설정하시오. (5점)**

▶ [A3:H28] 영역에서 '주소'가 "서울"이거나 "경기" 이면서, '강사명'의 성이 "김"씨인 데이터의 행 전체에 대하여 글꼴 스타일은 '기울임꼴', 글꼴 색은 '표준 색 – 주황'으로 적용하시오.

▶ 단, 규칙 유형은 '수식을 사용하여 서식을 지정할 셀 결정'을 사용하고, 한 개의 규칙으로만 작성하시오.

▶ AND, OR, LEFT 함수 사용

**03 '기본작업' 시트에서 다음과 같이 페이지 레이아웃을 설정하시오. (5점)**

▶ 용지 방향을 '가로'로 지정하고 인쇄될 내용이 페이지의 가로 · 세로 가운데에 인쇄되도록 페이지 가운데 맞춤을 설정하시오.

▶ [A2:H28] 영역을 인쇄 영역으로 설정하고, 페이지의 내용이 120% 확대되어 인쇄되도록 설정하시오.

▶ 매 페이지 하단의 오른쪽 구역에는 현재 시스템의 날짜가 표시되도록 바닥글을 설정하시오.

## 문제 ❷ 계산작업 | '계산작업' 시트에서 다음 과정을 수행하고 저장하시오. 30점

**01 [표1]의 등급, 대출금액, 기간을 이용하여 [G3:G26] 영역에 월납입액을 양수로 계산하여 표시하시오. (6점)**

▶ 연이율은 등급이 "프리미엄" 또는 "골드"이면 5%, 그 외에는 3%임

▶ IF, OR, PMT 함수 사용

**02 [표1]의 등급, 대출금액, 기간과 [표4]를 이용하여 [H3:H26] 영역에 수수료를 계산하여 표시하시오. (6점)**

▶ 수수료 = 기본수수료 + 등급 및 대출금액별 수수료

▶ 기본수수료는 기간이 24개월 미만이면 10000, 24개월 이상 48개월 미만이면 15000, 48개월 이상이면 20000임

▶ IFS, MATCH, VLOOKUP 함수 사용

**03 [표1]의 대출종류와 대출금액을 이용하여 [표2]의 [B30:D32] 영역에 대출종류별 순위에 해당하는 대출금액을 계산하여 표시하시오. (6점)**

▶ 대출형태는 대출종류 뒤의 두 글자로 구분함

▶ LARGE, RIGHT 함수를 사용한 배열 수식

**04 [표1]의 고객번호와 대출일을 이용하여 [표3]의 [G31:I33] 영역에 대출구분과 대출년도별 대출 건수를 계산하여 표시하시오. (6점)**

▶ 대출구분은 고객번호의 세 번째 문자로 구분함

▶ COUNT, IF, YEAR, MID 함수를 사용한 배열 수식

**05 사용자 정의 함수 'fn비고'를 작성하여 [표1]의 [I3:I26] 영역에 비고를 계산하여 표시하시오. (6점)**

▶ 'fn비고'는 대출금액과 등급을 인수로 받아 비고를 계산하는 함수이다.

▶ 비고는 대출금액이 10,000,000 이상이면서 등급이 "MVP"이면 "◈", 대출금액이 8,000,000 이상이면서 등급이 "로얄" 또는 "골드"이면 "♣", 그 외는 빈칸으로 표시하시오.

▶ IF ~ ELSE문 사용

```
Public Function fn비고(대출금액, 등급)
End Function
```

## 문제 ❸ 분석작업 | 주어진 시트에서 다음 작업을 수행하고 저장하시오. 20점

**01 '분석작업-1' 시트에서 다음의 지시사항에 따라 피벗 테이블 보고서를 작성하시오. (10점)**

- ▶ 외부 데이터 가져오기 기능을 이용하여 〈보험.accdb〉의 〈보험종류〉 테이블에서 '가입년월일', '보험코드', '보험종류', '가입지점명', '월불입액' 열을 이용하시오.
- ▶ 피벗 테이블의 보고서의 레이아웃과 위치는 〈그림〉을 참조하여 설정하고, 보고서 레이아웃은 테이블 형식으로 표시하시오.
- ▶ '가입년월일'은 분기로 표시하고, '4사분기'의 하위 데이터만 표시하시오.
- ▶ '월불입액' 필드의 표시 형식은 값 필드 설정의 셀 서식에서 '회계' 범주를 이용하여 〈그림〉과 같이 설정하시오.
- ▶ 피벗 테이블 스타일은 '연한 녹색, 피벗 스타일 밝게 14', 피벗 테이블 스타일 옵션은 '행 머리글', '열 머리글', '줄무늬 열'을 설정하시오.

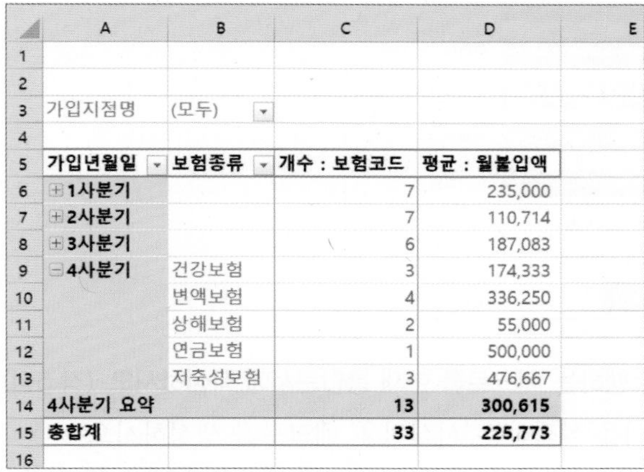

| | A | B | C | D | E |
|---|---|---|---|---|---|
| 1 | | | | | |
| 2 | | | | | |
| 3 | 가입지점명 | (모두) | | | |
| 4 | | | | | |
| 5 | 가입년월일 | 보험종류 | 개수 : 보험코드 | 평균 : 월불입액 | |
| 6 | ⊞1사분기 | | 7 | 235,000 | |
| 7 | ⊞2사분기 | | 7 | 110,714 | |
| 8 | ⊞3사분기 | | 6 | 187,083 | |
| 9 | ⊟4사분기 | 건강보험 | 3 | 174,333 | |
| 10 | | 변액보험 | 4 | 336,250 | |
| 11 | | 상해보험 | 2 | 55,000 | |
| 12 | | 연금보험 | 1 | 500,000 | |
| 13 | | 저축성보험 | 3 | 476,667 | |
| 14 | 4사분기 요약 | | 13 | 300,615 | |
| 15 | 총합계 | | 33 | 225,773 | |
| 16 | | | | | |

※ 작업 완성된 그림이며 부분 점수 없음

**02 '분석작업-2' 시트에 대하여 다음의 지시사항을 처리하시오. (10점)**

- ▶ [데이터 유효성 검사] 기능을 이용하여 [C9:H9] 영역에는 12의 배수만 입력되도록 제한 대상을 설정하시오.
  - [C9:H9] 영역에 유효하지 않은 데이터를 입력한 경우 〈그림〉과 같은 오류 메시지가 표시되도록 설정하시오.

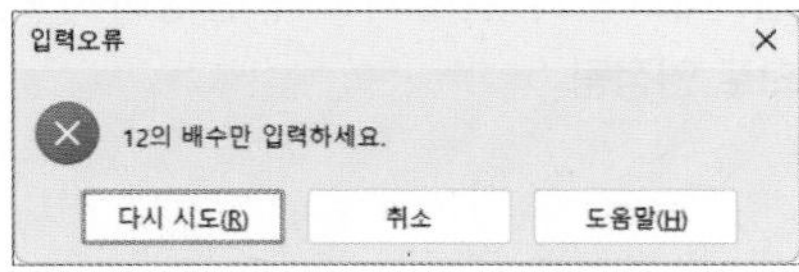


- ▶ 데이터 표 기능을 이용하여 [C10:H16] 영역에 '이자율'과 '대출기간'에 따른 '월납입액'을 계산하시오.

## 문제 ❹ 기타작업 | 주어진 시트에서 다음 작업을 수행하고 저장하시오. 35점

**01 '기타작업-1' 시트에서 다음의 지시사항에 따라 차트를 수정하시오. (각 2점)**

※ 차트는 반드시 문제에서 제공한 차트를 사용하여야 하며, 신규로 차트 작성 시 0점 처리 됨.

① '전동칫솔' 요소가 표시되지 않도록 데이터 범위를 수정하시오.

② 차트 제목과 가로 축 제목, 세로 축 제목을 〈그림〉과 같이 입력하시오.

③ 가로 축의 기본 단위는 〈그림〉과 같이 지정하고, 값이 거꾸로 표시되도록 지정하시오.

④ '지역상품권' 계열에만 데이터 레이블을 〈그림〉과 같이 지정하시오.

⑤ 범례는 도형 스타일을 '강한 효과 – 녹색, 강조 6', 차트 영역의 테두리는 '표준 색 – 녹색'으로 지정하시오.

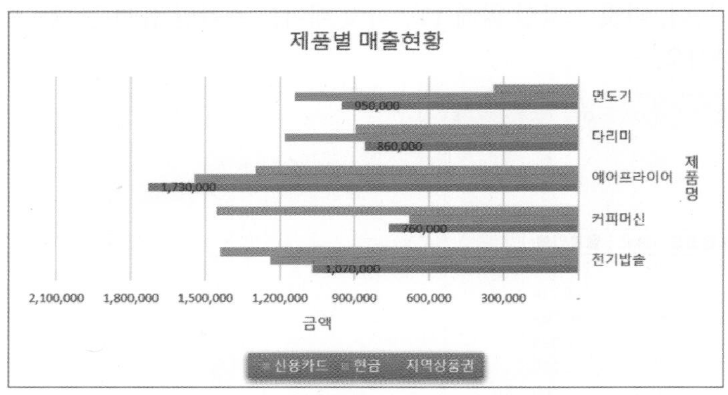


**02 '기타작업-2' 시트에서 다음과 같은 기능을 수행하는 매크로를 현재 통합문서에 작성하시오. (각 5점)**

① [D3:D20] 영역에 사용자 지정 표시 형식을 설정하는 '서식적용' 매크로를 생성하시오.

▶ '주문수량'이 100 이상이면 파랑색으로 숫자를, 50 이하이면 자홍색으로 "♣"을 셀 왼쪽에 표시하고, 숫자는 오른쪽에 붙여서 표시하고, 그 외는 숫자만 표시하시오.
[표시 예 : '주문수량' 이 120일 경우 → 120, 40일 경우 → ♣ 40, 0일 경우 → 0]

▶ [도형] → [기본 도형]의 '사각형: 빗면(▣)'을 동일 시트의 [F2:G3] 영역에 생성한 후 텍스트를 "서식적용"으로 입력하고, 도형을 클릭하면 "서식적용" 매크로가 실행되도록 설정하시오.

② [D3:D20] 영역에 표시 형식을 '일반'으로 적용하는 '서식해제' 매크로를 생성하시오.

▶ [도형] → [기본 도형]의 '사각형: 빗면(▣)'을 동일 시트의 [F5:G6] 영역에 생성한 후 텍스트를 "서식해제"로 입력하고, 도형을 클릭하면 "서식해제" 매크로가 실행되도록 설정하시오.

※ 셀 포인터의 위치에 관계없이 매크로가 실행되어야 정답으로 인정됨

**03 '기타작업-3' 시트에서 다음과 같은 작업을 수행하도록 프로시저를 작성하시오. (각 5점)**

① '판매등록' 단추를 클릭하면 〈판매등록〉 폼이 나타나고, 폼이 초기화(Initialize)되면 '지점(cmb지점)' 목록에는 "서초점", "사당점", "반포점", "송파점"이 표시되고, '제품명(cmb제품명)' 목록에는 [I5:I10] 영역이 표시되도록 프로시저를 작성하시오.

② 〈판매등록〉 폼의 '등록(cmd등록)' 단추를 클릭하면 폼에 입력된 데이터가 시트의 표에 입력되어 있는 마지막 행 다음에 연속하여 추가되도록 프로시저를 작성하시오.

▶ '지점(cmb지점)'을 선택하지 않았으면 '지점을 선택하세요.', '제품명(cmb제품명)'을 선택하지 않았으면 '제품명을 선택하세요.', '판매수량(txt판매수량)'을 입력하지 않았으면 '판매수량을 입력하세요.', '판매금액(txt판매금액)'을 입력하지 않았으면 '판매금액을 입력하세요.'라는 메시지를 출력하고, 이 모두를 입력했을 때만 폼의 데이터를 워크시트에 입력하시오.

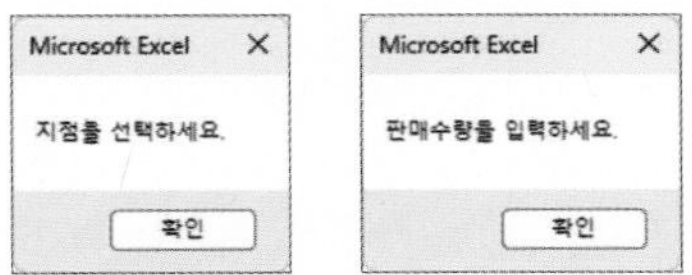


▶ '판매금액'에는 1000 단위 구분 기호를 표시하시오.
[표시 예 : '판매금액'이 123000일 경우 → 123,000, 0일 경우 → 0]

▶ FORMAT 함수 사용

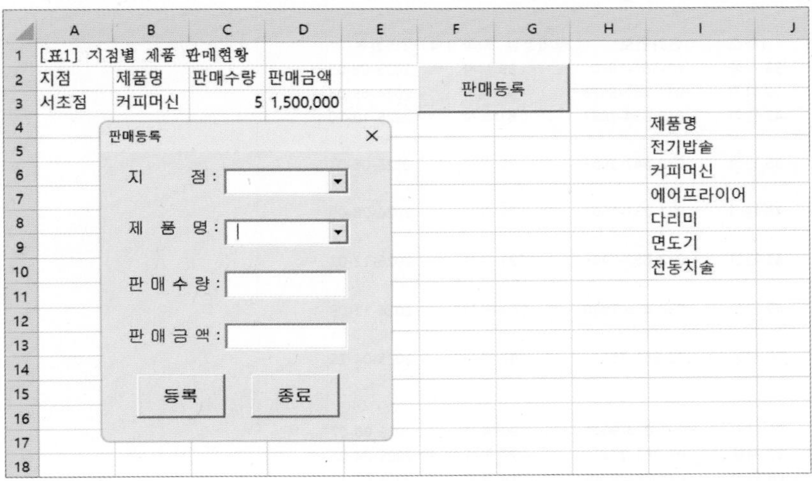


③ 〈판매등록〉 폼의 '종료(cmd종료)' 단추를 클릭하면 [A1] 셀의 글꼴을 '바탕체', 글꼴 색상은 RGB(255,0,0)로 표시하고, 기울임꼴을 설정한 후 폼을 종료하시오.

# 상시 기출 문제 05회 정답

## 문제 ❶ 기본작업

### 01 고급 필터

A32 =AND(F3>=LARGE($F$3:$F$28,5),YEAR(H3)>=2025)

| | A | B | C | D | E | F | G | H | I |
|---|---|---|---|---|---|---|---|---|---|
| 30 | | | | | | | | | |
| 31 | 조건 | | | | | | | | |
| 32 | FALSE | | | | | | | | |
| 33 | | | | | | | | | |
| 34 | 강사명 | 나이 | 주소 | 강의평점 | 강의일정 | | | | |
| 35 | 황은주 | 35 | 인천 | 95 | 2025-06-07 | | | | |
| 36 | 김소주 | 30 | 서울 | 98 | 2025-09-09 | | | | |
| 37 | 김아연 | 46 | 경기 | 94 | 2026-11-11 | | | | |
| 38 | 유호준 | 34 | 서울 | 95 | 2026-09-24 | | | | |
| 39 | 임상준 | 35 | 인천 | 94 | 2025-10-14 | | | | |
| 40 | 강유주 | 30 | 서울 | 97 | 2026-09-18 | | | | |
| 41 | | | | | | | | | |

### 02 조건부 서식

| | A | B | C | D | E | F | G | H | I |
|---|---|---|---|---|---|---|---|---|---|
| 1 | [표1] | | | | | | | | |
| 2 | 강사번호 | 강사명 | 나이 | 주소 | 전화번호 | 강의평점 | 최종학력 | 강의일정 | |
| 3 | T-001 | 장소영 | 33 | 서울 | 02-587-1570 | 89 | 석사 | 2025-09-05 | |
| 4 | T-002 | 이훈덕 | 33 | 경기 | 031-787-9578 | 93 | 박사 | 2024-05-04 | |
| 5 | T-003 | 최영조 | 43 | 인천 | 032-354-7897 | 81 | 학사 | 2025-10-10 | |
| 6 | *T-004* | *김상균* | *43* | *서울* | *02-357-9520* | *85* | *학사* | *2024-07-08* | |
| 7 | T-005 | 황은주 | 35 | 인천 | 032-547-3687 | 95 | 석사 | 2025-06-07 | |
| 8 | *T-006* | *김소주* | *30* | *서울* | *02-357-7531* | *98* | *학사* | *2025-09-09* | |
| 9 | T-007 | 전구민 | 48 | 경기 | 031-951-1597 | 70 | 박사 | 2024-08-09 | |
| 10 | *T-008* | *김아연* | *46* | *경기* | *031-963-7410* | *94* | *학사* | *2026-11-11* | |
| 11 | T-009 | 강주연 | 43 | 인천 | 032-852-7463 | 91 | 석사 | 2026-12-01 | |
| 12 | *T-010* | *김남우* | *38* | *서울* | *02-974-1234* | *90* | *학사* | *2025-10-09* | |
| 13 | T-011 | 오연경 | 49 | 인천 | 032-456-7890 | 89 | 박사 | 2024-11-09 | |
| 14 | *T-012* | *김진서* | *40* | *경기* | *031-963-7410* | *88* | *학사* | *2026-03-05* | |
| 15 | T-013 | 유전수 | 36 | 서울 | 02-951-7530 | 87 | 석사 | 2025-04-25 | |
| 16 | *T-014* | *김환빈* | *34* | *경기* | *031-456-9874* | *92* | *박사* | *2025-02-22* | |
| 17 | *T-015* | *김소영* | *35* | *서울* | *02-222-5781* | *81* | *석사* | *2025-04-04* | |
| 18 | T-016 | 박유주 | 31 | 경기 | 031-874-9641 | 80 | 박사 | 2026-08-07 | |
| 19 | T-017 | 강호균 | 30 | 서울 | 02-784-8745 | 79 | 학사 | 2025-04-06 | |
| 20 | T-018 | 황호안 | 28 | 인천 | 032-954-8745 | 78 | 석사 | 2024-07-12 | |
| 21 | T-019 | 박주연 | 32 | 서울 | 02-587-9634 | 92 | 학사 | 2026-04-29 | |
| 22 | T-020 | 이주연 | 33 | 경기 | 031-754-9678 | 93 | 학사 | 2025-06-07 | |
| 23 | T-021 | 유호준 | 34 | 서울 | 02-456-7890 | 95 | 박사 | 2026-09-24 | |
| 24 | T-022 | 임상준 | 35 | 인천 | 032-874-9687 | 94 | 박사 | 2025-10-14 | |
| 25 | T-023 | 강유주 | 30 | 서울 | 02-487-9612 | 97 | 석사 | 2026-09-18 | |
| 26 | T-024 | 전미옥 | 29 | 인천 | 032-478-9654 | 94 | 석사 | 2024-10-14 | |
| 27 | T-025 | 위소연 | 36 | 인천 | 032-745-8541 | 84 | 박사 | 2025-07-06 | |
| 28 | *T-026* | *김조변* | *37* | *서울* | *02-368-9421* | *75* | *학사* | *2026-05-15* | |
| 29 | | | | | | | | | |

## 03 페이지 레이아웃

| 강사번호 | 강사명 | 나이 | 주소 | 전화번호 | 강의평점 | 최종학력 | 강의일정 |
|---|---|---|---|---|---|---|---|
| T-001 | 장소영 | 33 | 서울 | 02-587-1570 | 89 | 석사 | 2025-09-05 |
| T-002 | 이훈덕 | 33 | 경기 | 031-787-9578 | 93 | 박사 | 2024-05-04 |
| T-003 | 최영조 | 43 | 인천 | 032-354-7897 | 81 | 학사 | 2025-10-10 |
| *T-004* | *김상균* | *43* | *서울* | *02-357-9520* | *85* | *학사* | *2024-07-08* |
| T-005 | 황은주 | 35 | 인천 | 032-547-3687 | 95 | 석사 | 2025-06-07 |
| *T-006* | *김소주* | *30* | *서울* | *02-357-7531* | *98* | *학사* | *2025-09-09* |
| T-007 | 전구민 | 48 | 경기 | 031-951-1597 | 70 | 박사 | 2024-08-09 |
| *T-008* | *김아연* | *46* | *경기* | *031-963-7410* | *94* | *학사* | *2026-11-11* |
| T-009 | 강주연 | 43 | 인천 | 032-852-7463 | 91 | 석사 | 2026-12-01 |
| *T-010* | *김남우* | *38* | *서울* | *02-974-1234* | *90* | *학사* | *2025-10-09* |
| T-011 | 오연경 | 49 | 인천 | 032-456-7890 | 89 | 박사 | 2024-11-09 |
| *T-012* | *김진서* | *40* | *경기* | *031-963-7410* | *88* | *학사* | *2026-03-05* |
| T-013 | 유전수 | 36 | 서울 | 02-951-7530 | 87 | 석사 | 2025-04-25 |
| *T-014* | *김환빈* | *34* | *경기* | *031-456-9874* | *92* | *박사* | *2025-02-22* |
| *T-015* | *김소영* | *35* | *서울* | *02-222-5781* | *81* | *석사* | *2025-04-04* |
| T-016 | 박유주 | 31 | 경기 | 031-874-9641 | 80 | 박사 | 2026-08-07 |
| T-017 | 강호균 | 30 | 서울 | 02-784-8745 | 79 | 학사 | 2025-04-06 |
| T-018 | 황호안 | 28 | 인천 | 032-954-8745 | 78 | 석사 | 2024-07-12 |
| T-019 | 박주연 | 32 | 서울 | 02-587-9634 | 92 | 학사 | 2026-04-29 |
| T-020 | 이주연 | 33 | 경기 | 031-754-9678 | 93 | 학사 | 2025-06-07 |
| T-021 | 유호준 | 34 | 서울 | 02-456-7890 | 95 | 박사 | 2026-09-24 |
| T-022 | 임상준 | 35 | 인천 | 032-874-9687 | 94 | 박사 | 2025-10-14 |
| T-023 | 강유주 | 30 | 서울 | 02-487-9612 | 97 | 석사 | 2026-09-18 |
| T-024 | 전미옥 | 29 | 인천 | 032-478-9654 | 94 | 석사 | 2024-10-14 |
| T-025 | 위소연 | 36 | 인천 | 032-745-8541 | 84 | 박사 | 2025-07-06 |
| *T-026* | *김조변* | *37* | *서울* | *02-368-9421* | *75* | *학사* | *2026-05-15* |

2024-07-21

문제 ❷ **계산작업**

## 01 월납입액, 수수료, 비고

| | A | B | C | D | E | F | G | H | I | J |
|---|---|---|---|---|---|---|---|---|---|---|
| 1 | [표1] | | | | | | | | | |
| 2 | 고객번호 | 등급 | 대출종류 | 대출금액 | 기간 | 대출일 | 월납입액 | 수수료 | 비고 | |
| 3 | CRY-021 | 프리미엄 | 모바일신용 | 4,000,000 | 24개월 | 2024-05-02 | ₩175,486 | 65,000 | | |
| 4 | CRO-071 | 골드 | 전세금담보 | 10,000,000 | 40개월 | 2024-09-16 | ₩271,931 | 45,000 | ♣ | |
| 5 | CRO-084 | MVP | 일반신용 | 15,000,000 | 24개월 | 2024-10-19 | ₩644,718 | 25,000 | ◈ | |
| 6 | CRY-048 | 골드 | 직장인신용 | 6,000,000 | 36개월 | 2024-01-25 | ₩179,825 | 50,000 | | |
| 7 | CRM-023 | 로얄 | 모바일신용 | 5,000,000 | 30개월 | 2026-02-20 | ₩173,203 | 40,000 | | |
| 8 | CRO-029 | MVP | 모바일신용 | 13,000,000 | 18개월 | 2026-05-16 | ₩739,496 | 20,000 | ◈ | |
| 9 | CRM-002 | 프리미엄 | u-보금 | 2,900,000 | 48개월 | 2025-03-04 | ₩66,785 | 70,000 | | |
| 10 | CRY-091 | 프리미엄 | 아낌e보금 | 2,500,000 | 56개월 | 2024-11-09 | ₩50,146 | 70,000 | | |
| 11 | CRY-021 | 프리미엄 | t-보금 | 3,500,000 | 50개월 | 2025-07-19 | ₩77,690 | 70,000 | | |
| 12 | CRO-034 | 프리미엄 | 주택담보 | 9,000,000 | 48개월 | 2025-06-07 | ₩207,264 | 65,000 | | |
| 13 | CRM-042 | 골드 | 적금담보 | 11,000,000 | 36개월 | 2025-12-02 | ₩329,680 | 45,000 | ♣ | |
| 14 | CRO-032 | MVP | 주택담보 | 12,000,000 | 24개월 | 2025-09-03 | ₩515,775 | 25,000 | ◈ | |
| 15 | CRY-074 | 로얄 | 적금담보 | 7,500,000 | 18개월 | 2026-04-03 | ₩426,633 | 35,000 | | |
| 16 | CRM-054 | 골드 | 전세금담보 | 6,500,000 | 24개월 | 2024-02-08 | ₩285,164 | 50,000 | | |
| 17 | CRY-064 | 로얄 | 직장인신용 | 8,000,000 | 15개월 | 2024-08-08 | ₩544,062 | 35,000 | ♣ | |
| 18 | CRM-038 | 프리미엄 | t-보금 | 2,500,000 | 30개월 | 2025-01-14 | ₩88,823 | 65,000 | | |
| 19 | CRY-052 | 프리미엄 | 아낌e보금 | 1,800,000 | 18개월 | 2026-10-01 | ₩104,005 | 60,000 | | |
| 20 | CRM-074 | 프리미엄 | u-보금 | 4,500,000 | 48개월 | 2025-06-17 | ₩103,632 | 70,000 | | |
| 21 | CRY-086 | 로얄 | 직장인신용 | 8,700,000 | 36개월 | 2024-09-04 | ₩253,007 | 40,000 | ♣ | |
| 22 | CRO-097 | MVP | 일반신용 | 11,500,000 | 48개월 | 2025-04-09 | ₩254,545 | 30,000 | ◈ | |
| 23 | CRM-021 | 골드 | 모바일신용 | 7,800,000 | 30개월 | 2026-08-19 | ₩277,129 | 50,000 | | |
| 24 | CRO-004 | 로얄 | 적금담보 | 8,200,000 | 40개월 | 2024-10-03 | ₩215,677 | 40,000 | ♣ | |
| 25 | CRM-006 | 프리미엄 | u-보금 | 2,800,000 | 15개월 | 2025-07-06 | ₩192,949 | 60,000 | | |
| 26 | CRO-014 | 골드 | 주택담보 | 7,200,000 | 36개월 | 2026-10-11 | ₩215,790 | 50,000 | | |
| 27 | | | | | | | | | | |

1. [G3] 셀에 「=PMT(IF(OR(B3="프리미엄",B3="골드"),5%,3%)/12,E3,−D3)」를 입력하고 [G26] 셀까지 수식 복사
2. [H3] 셀에 「=IFS(E3<24,10000,E3<48,15000,E3>=48,20000)+VLOOKUP(B3,$A$37:$D$40,MATCH(D3,$B$35:$D$35,1)+1,FALSE)」를 입력하고 [H26] 셀까지 수식 복사
5. [I3] 셀에 「=fn비고(D3,B3)」를 입력하고 [I26] 셀까지 수식 복사

```
Public Function fn비고(대출금액, 등급)
    If 대출금액 >= 10000000 And 등급 = "MVP" Then
        fn비고 = "◈"
    ElseIf 대출금액 >= 8000000 And (등급 = "로얄" Or 등급 = "골드") Then
        fn비고 = "♣"
    Else
        fn비고 = ""
    End If
End Function
```

## 02 대출종류별 대출금액 순위, 대출구분과 대출년도별 대출 건수

| | A | B | C | D | E | F | G | H | I | J |
|---|---|---|---|---|---|---|---|---|---|---|
| 28 | [표2] | | | | | [표3] | | | | |
| 29 | 대출형태 | 1위 | 2위 | 3위 | | 대출년도 | 신혼부부 | 청년 | 자영업자 | |
| 30 | 신용 | 15,000,000 | 13,000,000 | 11,500,000 | | | M | Y | O | |
| 31 | 보금 | 4,500,000 | 3,500,000 | 2,900,000 | | 2024년 | 1 | 5 | 3 | |
| 32 | 담보 | 12,000,000 | 11,000,000 | 10,000,000 | | 2025년 | 5 | 1 | 3 | |
| 33 | | | | | | 2026년 | 2 | 2 | 2 | |
| 34 | [표4] | | | | | | | | | |

3. [B30] 셀에 「=LARGE((RIGHT($C$3:$C$26,2)=$A30)*$D$3:$D$26,B$29)」를 입력하고 Ctrl+Shift+Enter를 누른 후에 [D32] 셀까지 수식을 복사
4. [G31] 셀에 「=COUNT(IF((MID($A$3:$A$26,3,1)=G$30)*(YEAR($F$3:$F$26)=$F31),1))」를 입력하고 Ctrl+Shift+Enter를 누른 후에 [I33] 셀까지 수식을 복사

# 문제 ❸ 분석작업

## 01 피벗 테이블

| | A | B | C | D | E |
|---|---|---|---|---|---|
| 1 | | | | | |
| 2 | | | | | |
| 3 | 가입지점명 | (모두) | | | |
| 4 | | | | | |
| 5 | **가입년월일** | **보험종류** | **개수 : 보험코드** | **평균 : 월불입액** | |
| 6 | **⊞1사분기** | | 7 | 235,000 | |
| 7 | **⊞2사분기** | | 7 | 110,714 | |
| 8 | **⊞3사분기** | | 6 | 187,083 | |
| 9 | **⊟4사분기** | 건강보험 | 3 | 174,333 | |
| 10 | | 변액보험 | 4 | 336,250 | |
| 11 | | 상해보험 | 2 | 55,000 | |
| 12 | | 연금보험 | 1 | 500,000 | |
| 13 | | 저축성보험 | 3 | 476,667 | |
| 14 | **4사분기 요약** | | **13** | **300,615** | |
| 15 | **총합계** | | **33** | **225,773** | |
| 16 | | | | | |

## 02 데이터 도구

| | A | B | C | D | E | F | G | H | I |
|---|---|---|---|---|---|---|---|---|---|
| 1 | [표1] | | | | | | | | |
| 2 | 이자율 | 4.50% | | | | | | | |
| 3 | 대출기간 | 60개월 | | | | | | | |
| 4 | 대출금액 | - 50,000,000 | | | | | | | |
| 5 | 월납입액 | ₩932,151 | | | | | | | |
| 6 | | | | | | | | | |
| 7 | | | | | | | | | |
| 8 | [표2] | | | | | | | | |
| 9 | | ₩932,151 | 12개월 | 24개월 | 36개월 | 48개월 | 60개월 | 72개월 | |
| 10 | 이자율 | 3.0% | ₩ 4,234,685 | ₩ 2,149,061 | ₩ 1,454,060 | ₩ 1,106,716 | ₩ 898,435 | ₩ 759,684 | |
| 11 | | 3.5% | ₩ 4,246,081 | ₩ 2,160,136 | ₩ 1,465,104 | ₩ 1,117,800 | ₩ 909,587 | ₩ 770,920 | |
| 12 | | 4.0% | ₩ 4,257,495 | ₩ 2,171,246 | ₩ 1,476,199 | ₩ 1,128,953 | ₩ 920,826 | ₩ 782,259 | |
| 13 | | 4.5% | ₩ 4,268,926 | ₩ 2,182,391 | ₩ 1,487,346 | ₩ 1,140,174 | ₩ 932,151 | ₩ 793,701 | |
| 14 | | 5.0% | ₩ 4,280,374 | ₩ 2,193,569 | ₩ 1,498,545 | ₩ 1,151,465 | ₩ 943,562 | ₩ 805,247 | |
| 15 | | 5.5% | ₩ 4,291,839 | ₩ 2,204,783 | ₩ 1,509,795 | ₩ 1,162,824 | ₩ 955,058 | ₩ 816,894 | |
| 16 | | 6.0% | ₩ 4,303,321 | ₩ 2,216,031 | ₩ 1,521,097 | ₩ 1,174,251 | ₩ 966,640 | ₩ 828,644 | |
| 17 | | | | | | | | | |

## 문제 ④ 기타작업

### 01 차트

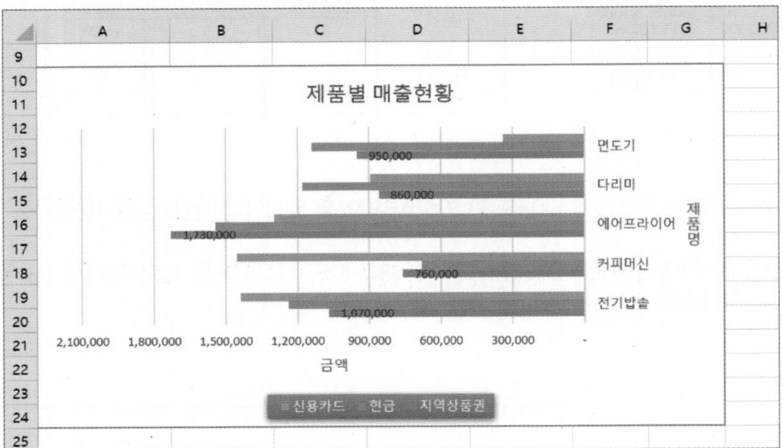


### 02 매크로

| | A | B | C | D |
|---|---|---|---|---|
| 1 | [표1] | | | |
| 2 | 주문처 | 물품코드 | 판매단가 | 주문수량 |
| 3 | 인하대 | 1101 | ₩ 12,000 | 100 |
| 4 | 전주대 | 3105 | ₩ 10,000 | 150 |
| 5 | 군산대 | 3111 | ₩ 22,000 | 120 |
| 6 | 목포대 | 5133 | ₩ 23,000 | ♣ 40 |
| 7 | 부산대 | 2142 | ₩ 19,000 | 100 |
| 8 | 동아대 | 4165 | ₩ 17,000 | 120 |
| 9 | 서울대 | 1109 | ₩ 19,000 | ♣ 20 |
| 10 | 경상대 | 5147 | ₩ 18,000 | ♣ 50 |
| 11 | 울산대 | 3127 | ₩ 20,000 | 90 |
| 12 | 대원대 | 2130 | ₩ 21,000 | 130 |
| 13 | 세종대 | 1101 | ₩ 12,000 | ♣ 50 |
| 14 | 문화대 | 2140 | ₩ 15,000 | ♣ 20 |
| 15 | 남서울대 | 2122 | ₩ 20,000 | 100 |
| 16 | 명지대 | 3105 | ₩ 10,000 | 200 |
| 17 | 배제대 | 3111 | ₩ 22,000 | 170 |
| 18 | 인천대 | 5133 | ₩ 23,000 | 90 |
| 19 | 선문대 | 2142 | ₩ 19,000 | 80 |
| 20 | 호서대 | 4165 | ₩ 17,000 | ♣ 20 |

서식적용

서식해제

## 03 VBA 프로그래밍

• 폼 보이기 프로시저

```
Private Sub cmd판매등록_Click()
    판매등록.Show
End Sub
```

• 폼 초기화 프로시저

```
Private Sub UserForm_Initialize()
    cmb지점.AddItem "서초점"
    cmb지점.AddItem "사당점"
    cmb지점.AddItem "반포점"
    cmb지점.AddItem "송파점"
    cmb제품명.RowSource = "I5:I10"
End Sub
```

• 등록 프로시저

```
Private Sub cmd등록_Click()
If cmb지점 = "" Then
    MsgBox "지점을 선택하세요."
ElseIf cmb제품명 = "" Then
    MsgBox "제품명을 선택하세요."
ElseIf txt판매수량 = "" Then
    MsgBox "판매수량을 입력하세요."
ElseIf txt판매금액 = "" Then
    MsgBox "판매금액을 입력하세요."
Else
    i = Range("a2").CurrentRegion.Rows.Count + 1
    Cells(i, 1) = cmb지점
    Cells(i, 2) = cmb제품명
    Cells(i, 3) = txt판매수량.Value
    Cells(i, 4) = Format(txt판매금액, "#,##0")
End If
End Sub
```

• 종료 프로시저

```
Private Sub cmd종료_Click()
    [A1].Font.Name = "바탕체"
    [A1].Font.Color = RGB(255, 0, 0)
    [A1].Font.Italic = True
    Unload Me
End Sub
```

# 상시 기출 문제 05회 해설

## 문제 ❶ 기본작업

### 01 고급 필터('기본작업' 시트)

① [A31:A32] 영역에 조건을 입력하고, [A34:E34] 영역에 추출할 필드명을 작성한다.

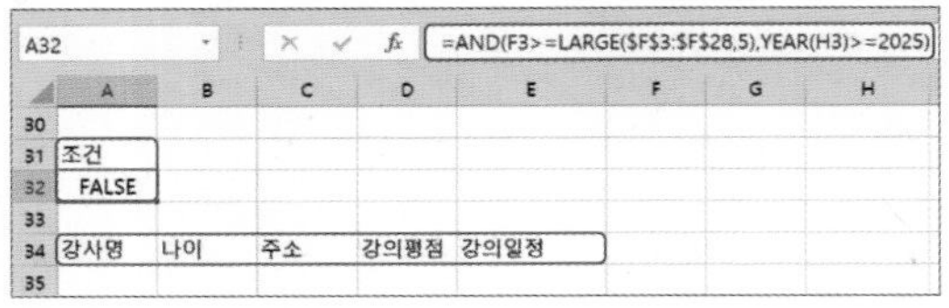

[A32] : =AND(F3>=LARGE($F$3:$F$28,5),YEAR(H3)>=2025)

② [데이터]-[정렬 및 필터] 그룹의 [고급]( )을 클릭한다.

③ [고급 필터]에서 다음과 같이 지정한 후 [확인]을 클릭한다.

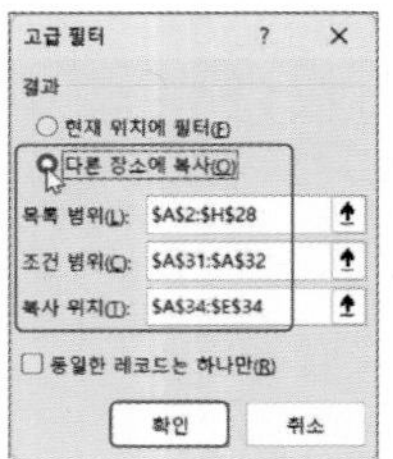

- 결과 : '다른 장소에 복사'
- 목록 범위 : [A2:H28]
- 조건 범위 : [A31:A32]
- 복사 위치 : [A34:E34]

### 02 조건부 서식('기본작업' 시트)

① [A3:H28] 영역을 범위 지정한 후 [홈]-[스타일] 그룹의 [조건부 서식]-[새 규칙]을 클릭한다.

② [새 서식 규칙]에서 '규칙 유형 선택'에 '▶ 수식을 사용하여 서식을 지정할 셀 결정'을 선택하고, =AND(OR($D3="서울",$D3="경기"),LEFT($B3,1)="김")을 입력한 후 [서식]을 클릭한다.

③ [셀 서식]의 [글꼴] 탭에서 글꼴 스타일은 '기울임꼴', 글꼴 색은 '표준 색 – 주황'을 선택한 후 [확인]을 클릭한다.

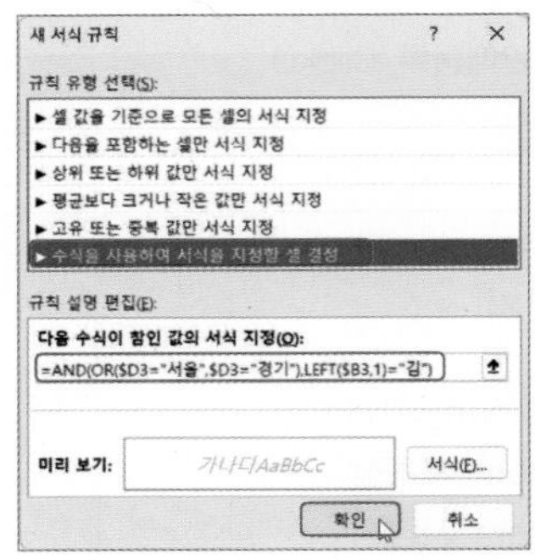

④ [새 서식 규칙]에서 다시 [확인]을 클릭한다.

### 03 페이지 레이아웃('기본작업' 시트)

① [A2:H28] 영역을 범위 지정한 후 [페이지 레이아웃]-[페이지 설정] 그룹에서 [인쇄 영역]-[인쇄 영역 설정]을 클릭한다.

② [페이지 레이아웃]-[페이지 설정] 그룹에서 [옵션]( )을 클릭한다.

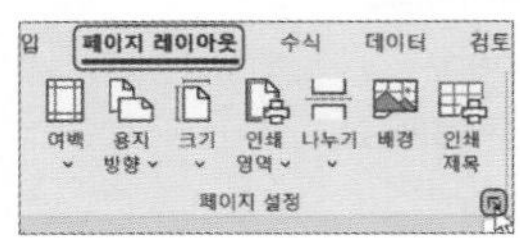

③ [페이지] 탭에서 용지 방향은 '가로', 확대/축소 배율은 120을 입력한다.

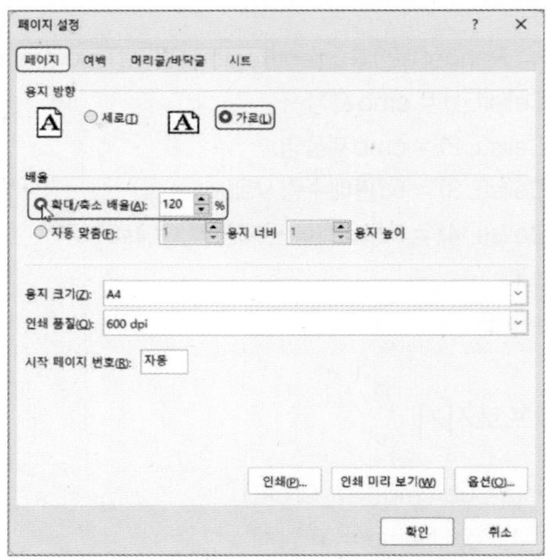

④ [여백] 탭에서 페이지 가운데 맞춤 '가로', '세로'를 체크한다.

⑤ [머리글/바닥글] 탭에서 [바닥글 편집]을 클릭하고 '오른쪽 구역'에 커서를 두고 [날짜 삽입]( ) 도구를 클릭하고 [확인]을 클릭한다.

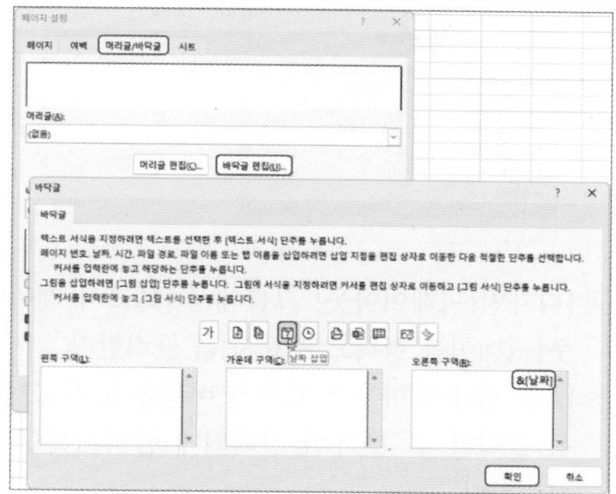

## 문제 ❷ 계산작업('계산작업' 시트)

### 01 월납입액[G3:G26]

[G3] 셀에 =PMT(IF(OR(B3="프리미엄",B3="골드"),5%,3%)/12,E3,-D3)를 입력하고 [G26] 셀까지 수식을 복사한다.

### 02 수수료[H3:H26]

[H3] 셀에 =IFS(E3<24,10000,E3<48,15000,E3>=48,20000)+VLOOKUP(B3,$A$37:$D$40,MATCH(D3,$B$35:$D$35,1)+1,FALSE)를 입력하고 [H26] 셀까지 수식을 복사한다.

### 03 대출종류별 대출금액 순위[B30:D32]

[B30] 셀에 =LARGE((RIGHT($C$3:$C$26,2)=$A30)*$D$3:$D$26,B$29)를 입력하고 Ctrl+Shift+Enter를 누른 후에 [D32] 셀까지 수식을 복사한다.

### 04 대출구분과 대출년도별 대출 건수[G31:I33]

[G31] 셀에 =COUNT(IF((MID($A$3:$A$26,3,1)=G$30)*(YEAR($F$3:$F$26)=$F31),1))를 입력하고 Ctrl+Shift+Enter를 누른 후에 [I33] 셀까지 수식을 복사한다.

### 05 비고[I3:I26]

① [개발 도구]-[코드] 그룹의 [Visual Basic]( )을 클릭한다.

② [삽입]-[모듈]을 클릭한다.

③ Module 창에 다음과 같이 입력한다.

```
Public Function fn비고(대출금액, 등급)
    If 대출금액 >= 10000000 And 등급 = "MVP" Then
        fn비고 = "◈"
    ElseIf 대출금액 >= 8000000 And (등급 = "로얄" Or 등급 = "골드") Then
        fn비고 = "♣"
    Else
        fn비고 = ""
    End If
End Function
```

④ [파일]-[닫고 Microsoft Excel(으)로 돌아가기]를 클릭하여 [Visual Basic Editor]를 닫는다.

⑤ [I3] 셀을 클릭한 후 [함수 삽입]( )을 클릭한다.

⑥ [함수 마법사]에서 범주 선택은 '사용자 정의', 함수 선택은 'fn비고'를 선택한 후 [확인]을 클릭한다.

⑦ [함수 인수]에서 대출금액은 [D3], 등급은 [B3]을 지정한 후 [확인]을 클릭한다.

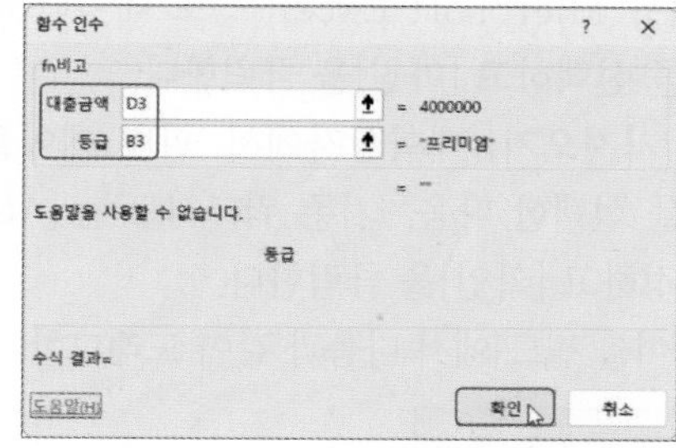

⑧ [I3] 셀을 선택한 후 [I26] 셀까지 수식을 복사한다.

## 문제 ❸ 분석작업

### 01 피벗 테이블('분석작업-1' 시트)

① [A5] 셀을 선택한 후 [데이터]-[데이터 가져오기 및 변환] 그룹에서 [데이터 가져오기]-[기타 원본에서]-[Microsoft Query에서]를 클릭한다.

② [데이터 원본 선택] 대화상자에서 'MS Access Database*'를 선택하고 [확인]을 클릭한다.

③ '보험.accdb'를 선택하고 [확인]을 클릭한다.

④ [열 선택] 대화상자에서 '보험종류' 테이블을 더블클릭하여 다음과 같이 지정하고 [다음]을 클릭한다.

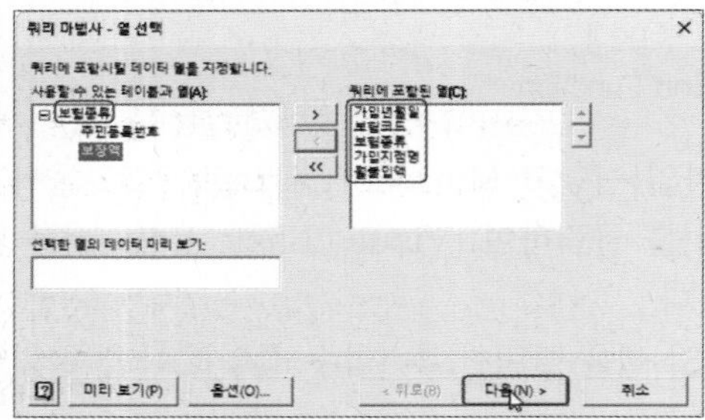

'가입년월일', '보험코드', '보험종류', '가입지점명', '월불입액'

⑤ [데이터 필터]와 [정렬 순서]에서는 설정 없이 [다음]을 클릭한다.

⑥ [마침]에서 'Microsoft Excel(으)로 데이터 되돌리기'를 선택하고 [마침]을 클릭한다.

⑦ [데이터 가져오기] 대화상자에서 '피벗 테이블 보고서'를 선택한 다음, '기존 워크시트'는 [A5] 셀을 지정하고 [확인]을 클릭한다.

⑧ [피벗 테이블 필드]에서 다음과 같이 드래그한다.

버전 TIP

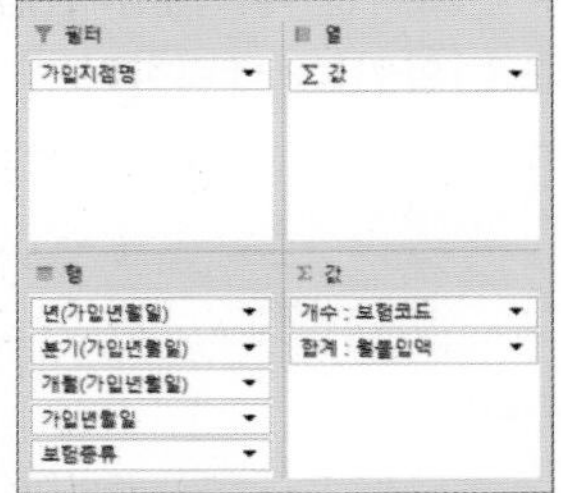

⑨ [디자인]-[레이아웃] 그룹에서 [보고서 레이아웃]-[테이블 형식으로 표시]를 클릭한다.

⑩ [A6] 셀에서 마우스 오른쪽 버튼을 눌러 [그룹]을 클릭한 후 '분기'만 선택되게 한 후 [확인]을 클릭한다.

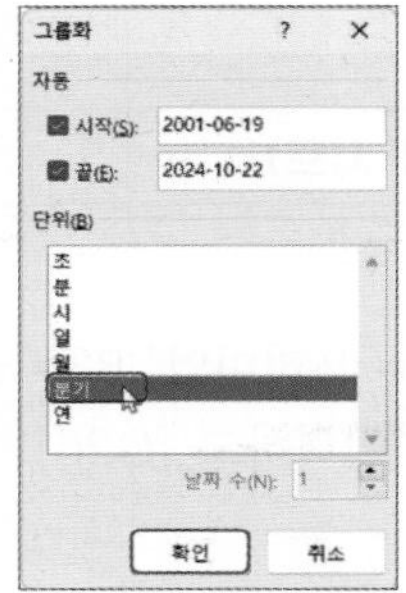

⑪ '1사분기', '2사분기', '3사분기' 단추(⊟)를 클릭하여 숨기기를 한다.

⑫ '합계 : 월불입액'[D5]에서 더블클릭한 후 [값 필드 설정]에서 '평균'을 선택한 후 [표시 형식]을 클릭한 후 '회계', 기호 '없음'을 선택하고 [확인]을 클릭한다.

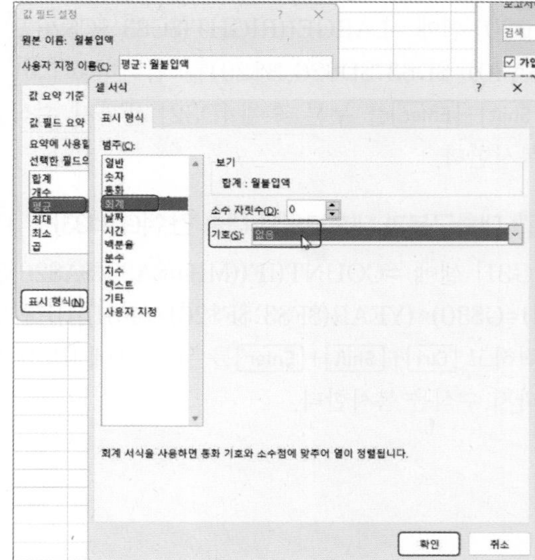

⑬ [디자인]–[피벗 테이블 스타일] 그룹에서 '연한 녹색, 피벗 스타일 밝게 14'를 선택하고, '줄무늬 열'을 체크한다.

**버전 TIP**

피벗 테이블 작성 시 날짜 데이터가 있을 경우 레이블 이름이 다르게 표시됩니다.

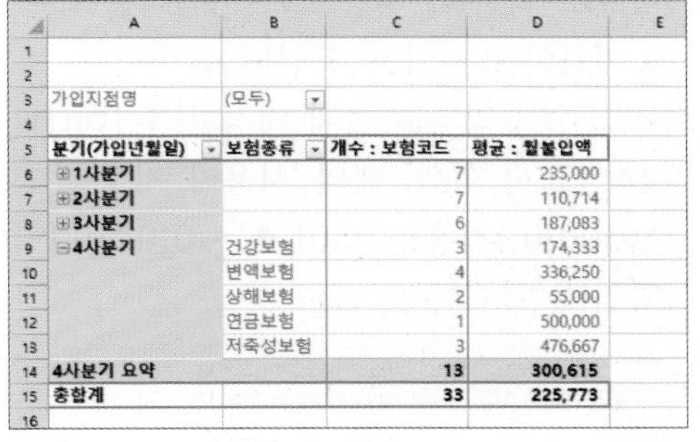

| | A | B | C | D | E |
|---|---|---|---|---|---|
| 1 | | | | | |
| 2 | | | | | |
| 3 | 가입지점명 | (모두) | | | |
| 4 | | | | | |
| 5 | 분기(가입년월일) | 보험종류 | 개수 : 보험코드 | 평균 : 월불입액 | |
| 6 | ⊞1사분기 | | 7 | 235,000 | |
| 7 | ⊞2사분기 | | 7 | 110,714 | |
| 8 | ⊞3사분기 | | 6 | 187,083 | |
| 9 | ⊟4사분기 | 건강보험 | 3 | 174,333 | |
| 10 | | 변액보험 | 4 | 336,250 | |
| 11 | | 상해보험 | 2 | 55,000 | |
| 12 | | 연금보험 | 1 | 500,000 | |
| 13 | | 저축성보험 | 3 | 476,667 | |
| 14 | 4사분기 요약 | | 13 | 300,615 | |
| 15 | 총합계 | | 33 | 225,773 | |
| 16 | | | | | |

## 02 데이터 도구('분석작업-2' 시트)

① [C9:H9] 영역을 범위 지정한 후 [데이터]–[데이터 도구] 그룹의 [데이터 유효성 검사]를 클릭하여 [설정] 탭의 제한 대상은 '사용자 지정', 수식은 =MOD(C9,12)=0을 입력한다.

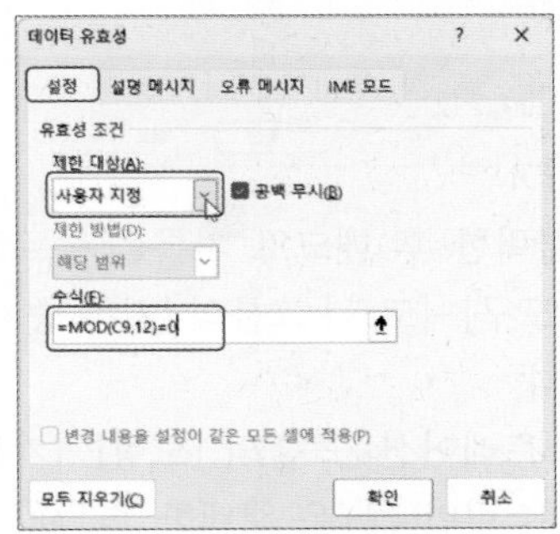


② [오류 메시지] 탭에서 스타일은 '중지'를 선택하고, 제목은 **입력오류**, 오류 메시지는 **12의 배수만 입력하세요.**를 입력하고 [확인]을 클릭한다.

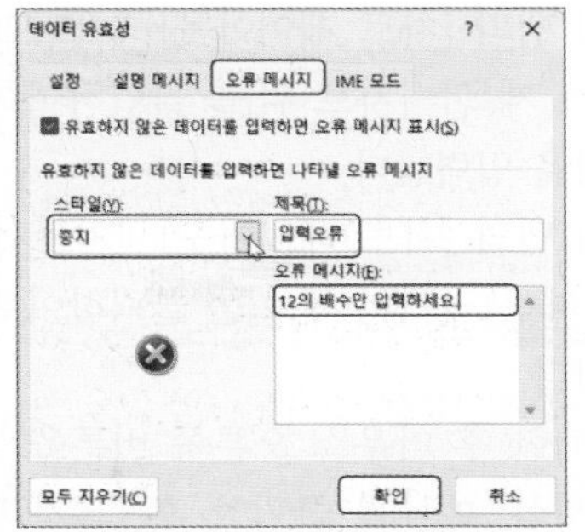


③ [B9] 셀에 =를 입력하고 [B5] 셀을 클릭하여 수식을 연결한다.

④ [B9:H16] 영역을 범위 지정한 후 [데이터]–[예측] 탭의 [가상 분석]–[데이터 표]를 클릭한다.

⑤ 행 입력 셀은 [B3], 열 입력 셀은 [B2] 셀로 지정하고 [확인]을 클릭한다.

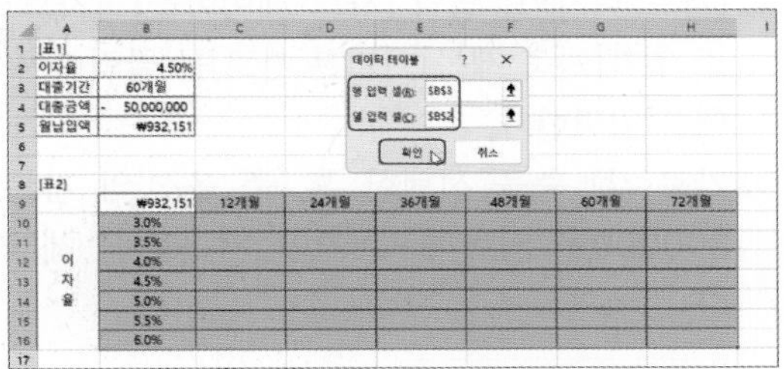

## 문제 ❹ 기타작업

## 01 차트('기타작업-1' 시트)

① 차트 안에서 마우스 오른쪽 버튼을 눌러 [데이터 선택]을 클릭한다.

② '차트 데이터 범위'는 기존 범위를 지우고 [A2:D7] 영역으로 수정하고 [확인]을 클릭한다.

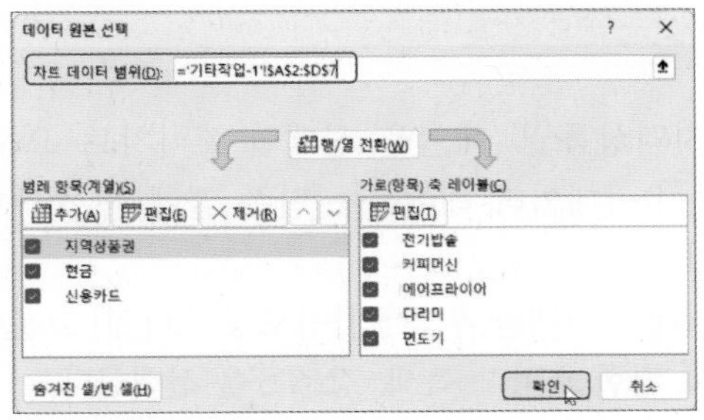

③ [차트 디자인] 탭의 [차트 레이아웃]–[차트 요소 추가]–[차트 제목]–[차트 위]를 클릭하여 **제품별 매출현황**을 입력한다.

④ [차트 디자인] 탭의 [차트 레이아웃]–[차트 요소 추가]–[축 제목]–[기본 세로]를 클릭하여 **제품명**을 입력한다.

⑤ '제품명'을 선택한 후 마우스 오른쪽 버튼을 눌러 [축 제목 서식] 메뉴를 클릭한 후 [크기 및 속성]의 텍스트 방향 '세로'를 선택한다.

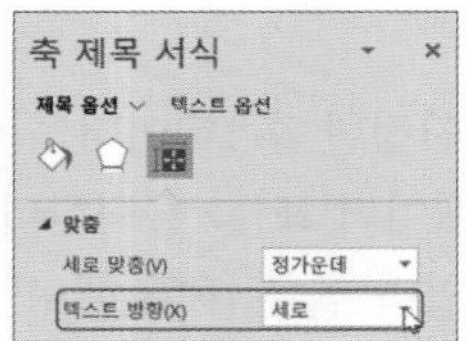


⑥ [차트 디자인] 탭의 [차트 레이아웃]–[차트 요소 추가]–[축 제목]–[기본 가로]를 클릭하여 **금액**을 입력한다.

⑦ 가로(값) 축을 선택한 후 '축 옵션'의 기본에 300000을 입력하고, '값을 거꾸로'를 체크한다.

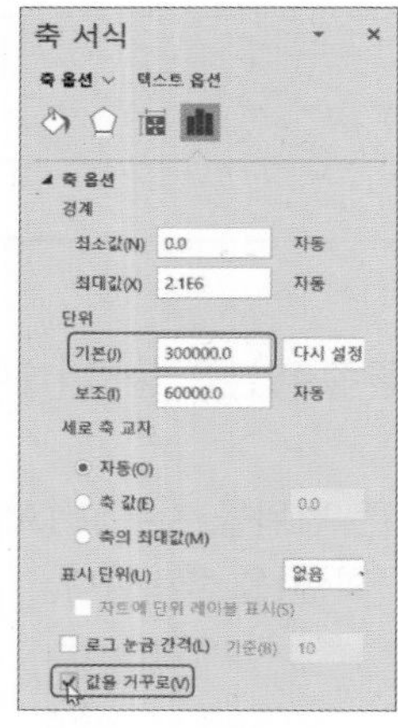


⑧ '지역상품권' 계열을 선택한 후 [차트 요소](⊞)–[데이터 레이블]–[안쪽 끝에]를 선택한다.

⑨ 범례를 선택한 후 [서식]–[도형 스타일] 그룹에서 '강한 효과 – 녹색, 강조 6'을 선택한다.

⑩ 차트 영역을 선택한 후 [채우기 및 선]의 '테두리'의 색을 '표준 색 – 녹색'을 선택한다.

### 02 매크로('기타작업–2' 시트)

① [삽입]–[일러스트레이션] 그룹의 [도형]–[기본 도형]의 '사각형: 빗면(▣)'을 선택한 후 Alt를 누른 상태에서 [F2:G3] 영역을 드래그한 후 **서식적용**을 입력한다.

② '사각형: 빗면(▣)'에서 마우스 오른쪽 버튼을 눌러 [매크로 지정]을 클릭한 후 [매크로 지정]에서 **서식적용**을 입력하고 [기록]을 클릭한다.

③ [매크로 기록]에 자동으로 '서식적용'으로 매크로 이름이 표시되면 [확인]을 클릭한다.

④ [D3:D20] 영역을 범위 지정한 후 Ctrl+1을 눌러 [표시 형식] 탭의 '사용자 지정'에 **[파랑][>=100]0;[자홍][<=50]"♣"* 0;0**을 입력하고 [확인]을 클릭한다.

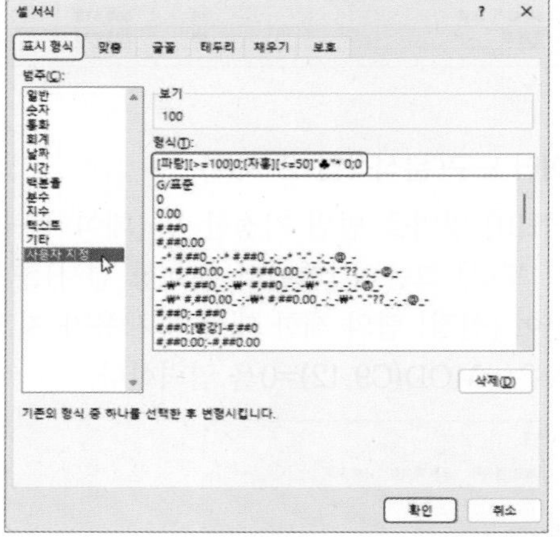


⑤ 임의의 셀을 클릭한 후 매크로 기록을 종료하기 위해 [개발 도구]–[코드] 그룹의 [기록 중지](□)를 클릭한다.

⑥ [삽입]–[일러스트레이션] 그룹의 [도형]–[기본 도형]의 '사각형: 빗면(▣)'을 선택한 후 Alt를 누른 상태에서 [F5:G6] 영역을 드래그한 후 **서식해제**를 입력한다.

⑦ '사각형: 빗면(▣)'에서 마우스 오른쪽 버튼을 눌러 [매크로 지정]을 클릭한 후 [매크로 지정]에서 **서식해제**를 입력하고 [기록]을 클릭한다.

⑧ [매크로 기록]에 자동으로 '서식해제'로 매크로 이름이 표시되면 [확인]을 클릭한다.

⑨ [D3:D20] 영역을 범위 지정한 후 Ctrl+1을 눌러 [표시 형식] 탭의 '일반'을 선택하고 [확인]을 클릭한다.

⑩ 임의의 셀을 클릭한 후 매크로 기록을 종료하기 위해 [개발 도구]-[코드] 그룹의 [기록 중지](□)를 클릭한다.

## 03 프로시저('기타작업-3' 시트에서 작성)

### ① 폼 보이기

① [개발 도구]-[컨트롤] 그룹의 [디자인 모드]()를 클릭하여 〈판매등록〉 버튼을 편집 상태로 만든다.

② 〈판매등록〉 버튼을 더블클릭한 후 코드 창에 다음과 같이 입력한다.

```
Private Sub cmd판매등록_Click()
    판매등록.Show
End Sub
```

### ② 폼 초기화

① [프로젝트-VBAProject] 탐색기에서 '폼'을 더블 클릭하고 〈판매등록〉을 선택한다.

② [프로젝트-VBAProject] 탐색기의 [코드 보기]()를 클릭한다.

③ '개체 목록'은 'UserForm', '프로시저 목록'은 'Initialize'를 선택한다.

④ 코드 창에 다음과 같이 입력한다.

```
Private Sub UserForm_Initialize()
    cmb지점.AddItem "서초점"
    cmb지점.AddItem "사당점"
    cmb지점.AddItem "반포점"
    cmb지점.AddItem "송파점"
    cmb제품명.RowSource = "I5:I10"
End Sub
```

### ③ 등록 프로시저

① '개체 목록'에서 'cmd등록', '프로시저 목록'은 'Click'을 선택한다.

② 코드 창에 다음과 같이 입력한다.

```
Private Sub cmd등록_Click()
    If cmb지점 = "" Then
    MsgBox "지점을 선택하세요."
    ElseIf cmb제품명 = "" Then
    MsgBox "제품명을 선택하세요."
    ElseIf txt판매수량 = "" Then
    MsgBox "판매수량을 입력하세요."
    ElseIf txt판매금액 = "" Then
    MsgBox "판매금액을 입력하세요."
    Else
    i = Range("a2").CurrentRegion.Rows.Count + 1
    Cells(i, 1) = cmb지점
    Cells(i, 2) = cmb제품명
    Cells(i, 3) = txt판매수량.Value
    Cells(i, 4) = Format(txt판매금액, "#,##0")
End Sub
```

**코드 설명**

① i는 새로운 데이터를 입력할 행을 기억할 변수이다. i라는 변수 이름 대신에 한글로 '행' 또는 '입력행' 등을 사용할 수 있다.
② .Value
.Value는 값의 속성으로 입력받는 데이터의 값이 문자이면 왼쪽, 숫자와 날짜는 오른쪽으로 입력된다.

### ④ 종료 프로시저

① '개체 목록'에서 'cmd종료', '프로시저 목록'은 'Click'을 선택한다.

② 코드 창에 다음과 같이 입력한다.

```
Private Sub cmd종료_Click()
    [A1].Font.Name = "바탕체"
    [A1].Font.Color = RGB(255, 0, 0)
    [A1].Font.Italic = True
    Unload Me
End Sub
```

# 상시 기출 문제 06회

| 시험 시간 | 풀이 시간 | 합격 점수 | 내 점수 |
|---|---|---|---|
| 45분 | 분 | 70점 | 점 |

합격 강의

작업파일 [2025컴활1급₩1권_스프레드시트₩상시기출문제] 폴더의 '상시기출문제6회' 파일을 열어서 작업하시오.

## 문제 ❶ 기본작업 | 주어진 시트에서 다음 과정을 수행하고 저장하시오. 15점

**01 '기본작업-1' 시트에서 다음과 같이 고급 필터를 수행하시오. (5점)**

▶ [A2:K30] 영역에서 '수강생코드'의 앞 4 글자가 2025이고 뒤에 1자리가 4가 아닌 데이터를 표시하시오.

▶ 조건은 [A32:A33] 영역 내에 알맞게 입력하시오. (AND, LEFT, RIGHT 함수 사용)

▶ 결과는 [A35] 셀부터 표시하시오.

**02 '기본작업-1' 시트에서 다음과 같이 조건부 서식을 설정하시오. (5점)**

▶ [A3:K30] 영역에서 행 번호를 4로 나눈 나머지가 0인 데이터의 행 전체에 대하여 글꼴 스타일은 '굵은 기울임꼴', 글꼴 색은 '표준 색 – 녹색'으로 적용하시오.

▶ 단, 규칙 유형은 '수식을 사용하여 서식을 지정할 셀 결정'을 사용하고, 한 개의 규칙으로만 작성하시오.

▶ MOD, ROW 함수 사용

**03 '기본작업-2' 시트에서 다음과 같이 페이지 레이아웃을 설정하시오. (5점)**

▶ 용지 방향을 '가로'로 지정하고 인쇄될 내용이 페이지의 가로 가운데에 인쇄되도록 페이지 가운데 맞춤을 설정하시오.

▶ 매 페이지 상단의 왼쪽 구역에는 현재 시스템의 날짜가 표시되도록 머리글을 설정하시오.

▶ 기존 인쇄 영역에 [A31:K41] 영역을 인쇄 영역으로 추가하고 1, 2행이 매 페이지마다 반복하여 인쇄되도록 인쇄 제목을 설정하고, '행/열 머리글'을 표시하시오.

## 문제 ❷ 계산작업 | '계산작업' 시트에서 다음 과정을 수행하고 저장하시오. 30점

**01 [표1]의 입사일자, 대출금액, 기준날짜(I1)을 이용하여 [G3:G24] 영역에 대출심사를 표시하시오. (6점)**

▶ 대출심사는 근무경력이 10년 이상이고 대출금액이 10,000,000 이하이면 "대출가능", 근무경력은 5년 이상이고 대출금액이 20,000,000 이하이면 "서류보완", 그 외는 "보류"로 표시

▶ 근무경력=기준날짜–입사일자

▶ IF, AND, YEAR 함수 사용

**02 [표1]의 대출금액, 대출기간, 연이율과 [표4]를 참조하여 월상환액에 따른 가계부담정도를 계산하여 [H3:H24] 영역에 표시하시오. (6점)**

▶ 가계부담은 대출금액, 대출기간, 연이율을 이용하여 월상환액을 계산한 후 월상환액을 이용하여 [표4]에서 찾아 계산

▶ XLOOKUP, PMT 함수 사용

**03 사용자 정의 함수 'fn비고'를 작성하여 [표1]의 [I3:I24] 영역에 비고를 계산하여 표시하시오. (6점)**

▶ 'fn비고'는 입사일자, 대출금액을 인수로 받아 비고를 계산하는 함수이다.

▶ 비고는 입사일자가 2015년 이후이고 대출금액이 10,000,000 이상이면 '★', 대출금액이 8,000,000 이상이면 '☆', 그 외는 빈칸으로 표시하시오.

▶ IF문 사용

```
Public Function fn비고(입사일자, 대출금액)
End Function
```

**04 [표1]의 지점, 대출금액을 이용하여 [표2]의 [C28:C30] 영역에 지점별 상위 1~3위 대출금액의 합계를 표시하시오. (6점)**

▶ SUM, LARGE, IF, LEFT 함수와 배열 상수를 사용한 배열 수식

**05 [표1]의 지점, 연이율을 이용하여 [표3]의 [F28:F33] 영역에 지점별 이율 중에 낮은 이율의 전체 순위를 구하여 표시하시오. (6점)**

▶ 낮은 이율이 1위에 해당함

▶ RANK.EQ, MIN, IF 함수를 이용한 배열 수식

## 문제 ❸ 분석작업 | 주어진 시트에서 다음 작업을 수행하고 저장하시오. 20점

**01 '분석작업-1' 시트에서 다음의 지시사항에 따라 피벗 테이블 보고서를 작성하시오. (10점)**

▶ 외부 데이터 원본으로 〈성적관리.csv〉의 데이터를 사용하시오.

– 원본 데이터는 구분 기호 쉼표(,)로 분리되어 있으며, 내 데이터에 머리글을 표시하시오.

– '교과과목명', '성별', '평가월', '성적' 열만 가져와 데이터 모델에 이 데이터를 추가하시오.

▶ 피벗 테이블의 보고서의 레이아웃과 위치는 〈그림〉을 참조하여 설정하고, 보고서 레이아웃은 개요 형식으로 표시하시오.

▶ '성적' 필드를 〈그림〉과 같이 총합계 비율로 나타나도록 작성하시오.

▶ '확장(+)/축소(–)' 단추가 표시되지 않도록 설정하시오.

▶ '그룹 상단에 모든 부분합 표시'로 설정하시오.

| | A | B | C | D | E | F | G |
|---|---|---|---|---|---|---|---|
| 1 | | | | | | | |
| 2 | | **합계: 성적** | | **성별** | | | |
| 3 | | **교과과목명** | **평가월** | **남** | **여** | **총합계** | |
| 4 | | **데이터분석** | | **10.14%** | **15.40%** | **25.54%** | |
| 5 | | | 3월 | 1.80% | 2.93% | 4.73% | |
| 6 | | | 4월 | 1.34% | 3.43% | 4.77% | |
| 7 | | | 5월 | 5.30% | 5.76% | 11.06% | |
| 8 | | | 6월 | 1.70% | 3.29% | 4.98% | |
| 9 | | **시스템보안** | | **13.00%** | **13.10%** | **26.10%** | |
| 10 | | | 3월 | 3.11% | 3.11% | 6.22% | |
| 11 | | | 4월 | 3.11% | 2.79% | 5.90% | |
| 12 | | | 5월 | 5.51% | 5.23% | 10.74% | |
| 13 | | | 6월 | 1.27% | 1.98% | 3.25% | |
| 14 | | **에너지융합** | | **11.20%** | **11.30%** | **22.50%** | |
| 15 | | | 3월 | 3.04% | 2.40% | 5.44% | |
| 16 | | | 4월 | 2.83% | 2.05% | 4.87% | |
| 17 | | | 5월 | 3.04% | 5.97% | 9.01% | |
| 18 | | | 6월 | 2.30% | 0.88% | 3.18% | |
| 19 | | **인지과학** | | **13.35%** | **12.50%** | **25.86%** | |
| 20 | | | 3월 | 6.11% | 3.46% | 9.57% | |
| 21 | | | 4월 | 2.12% | 3.07% | 5.19% | |
| 22 | | | 5월 | 3.04% | 3.43% | 6.46% | |
| 23 | | | 6월 | 2.08% | 2.54% | 4.63% | |
| 24 | | **총합계** | | **47.69%** | **52.31%** | **100.00%** | |
| 25 | | | | | | | |

※ 작업 완성된 그림이며 부분 점수 없음

**02 '분석작업-2' 시트에 대하여 다음의 지시사항을 처리하시오. (10점)**

▶ [데이터 유효성 검사] 기능을 이용하여 [B3:B26] 영역에 '클래식', '가요', 'POP', 'OST' 가 목록으로 표시되도록 지정하시오.

– [B3:B26] 영역에 유효하지 않은 데이터를 입력한 경우 〈그림〉과 같은 오류 메시지가 표시되도록 설정하시오.

▶ [부분합] 기능을 이용하여 [표1]에서 '장르'별 '판매액'의 합계를 계산한 후 '곡명'의 개수를 계산하시오.

– '장르'를 기준으로 오름차순으로 정렬하시오.

– 합계와 개수는 위에 명시된 순서대로 처리하시오.

## 문제 ❹ 기타작업 | 주어진 시트에서 다음 작업을 수행하고 저장하시오. 35점

### 01 '기타작업-1' 시트에서 다음의 지시사항에 따라 차트를 수정하시오. (각 2점)

※ 차트는 반드시 문제에서 제공한 차트를 사용하여야 하며, 신규로 차트 작성 시 0점 처리됨.

① 영재학급은 제거하고, 행/열 방향과 계열 순서를 〈그림〉과 같이 변경하시오.

② 차트 제목을 시트의 [B2] 셀과 연결하여 표시하고, 도형 스타일은 '미세 효과 – 황금색, 강조4', 글꼴 스타일은 '궁서체'로 설정하시오.

③ 세로(값) 축의 최대값과 기본 단위, 가로 축 교차를 〈그림〉과 같이 설정하시오.

④ 계열 겹치기는 30%, 간격 너비는 0%로 설정하시오.

⑤ '교육청' 계열의 '경북' 요소에만 데이터 레이블을 〈그림〉과 같이 표시하고, '기본 설정 5' 효과를 지정하시오.

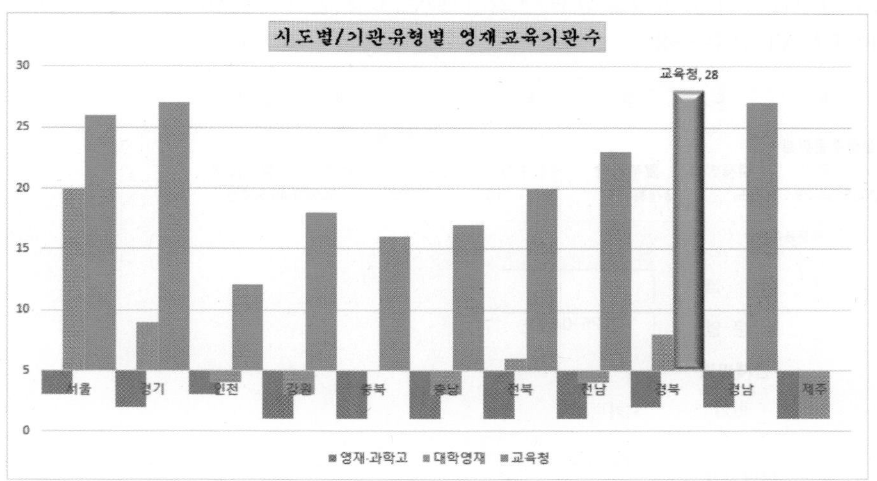


### 02 '기타작업-2' 시트에서 다음과 같은 기능을 수행하는 매크로를 현재 통합문서에 작성하시오. (각 5점)

① [B4:C12] 영역에 사용자 지정 표시 형식을 설정하는 '서식적용' 매크로를 생성하시오.

▶ '편입 증감'이 양수이면 빨강색, 음수이면 파랑색으로 소수점 이하 첫째 자리까지 표시하고, 0과 텍스트이면 아무것도 표시하지 마시오.
[표시 예 : '편입 증감' 이 20일 경우 → 20.0, -60일 경우 → -60.0]

▶ [개발 도구] → [삽입] → [양식 컨트롤]의 '단추'(▭)를 동일 시트의 [E3:F4] 영역에 생성한 후 텍스트를 "서식적용"으로 입력하고, 도형을 클릭하면 "서식적용" 매크로가 실행되도록 설정하시오.

② [B4:C12] 영역에 표시 형식을 '일반'으로 적용하는 '서식해제' 매크로를 생성하시오.

▶ [개발 도구] → [삽입] → [양식 컨트롤]의 '단추'(▭)를 동일 시트의 [E6:F7] 영역에 생성한 후 텍스트를 "서식해제"로 입력하고, 도형을 클릭하면 "서식해제" 매크로가 실행되도록 설정하시오.

※ 셀 포인터의 위치에 관계없이 매크로가 실행되어야 정답으로 인정됨

### 03 '기타작업-3' 시트에서 다음과 같은 작업을 수행하도록 프로시저를 작성하시오. (각 5점)

① '주문등록' 단추를 클릭하면 〈주문등록화면〉 폼이 나타나고, 폼이 초기화(Initialize)되면 현재 날짜만을 표시하는 함수를 이용하여 '주문일(txt주문일)'에는 현재 날짜를 표시하고, '카드(opt카드)'가 선택되고, '할부기간(cmb할부기간)' 목록에는 "일시불", "3개월", "6개월", "12개월"이 표시되도록 프로시저를 작성하시오.

② 〈주문등록화면〉 폼의 '등록(cmd등록)' 단추를 클릭하면 폼에 입력된 데이터가 시트의 표에 입력되어 있는 마지막 행 다음에 연속하여 추가되도록 프로시저를 작성하시오.

- ▶ 금액 = 수량 × 단가
- ▶ 할인금액 = 금액 × (1-할인율)
- ▶ '할인율'은 '할부기간'이 '일시불'이면 10%, '3개월'이면 7%, '6개월'이면 5%, '12개월'이면 0%임
- ▶ '할인금액'은 1000 단위 구분 기호와 값 뒤에 "원"을 표시하시오.
  [표시 예 : '할인금액'이 28900일 경우 → 28,900원, 0일 경우 → 0원]
- ▶ IF문과 FORMAT 함수 사용

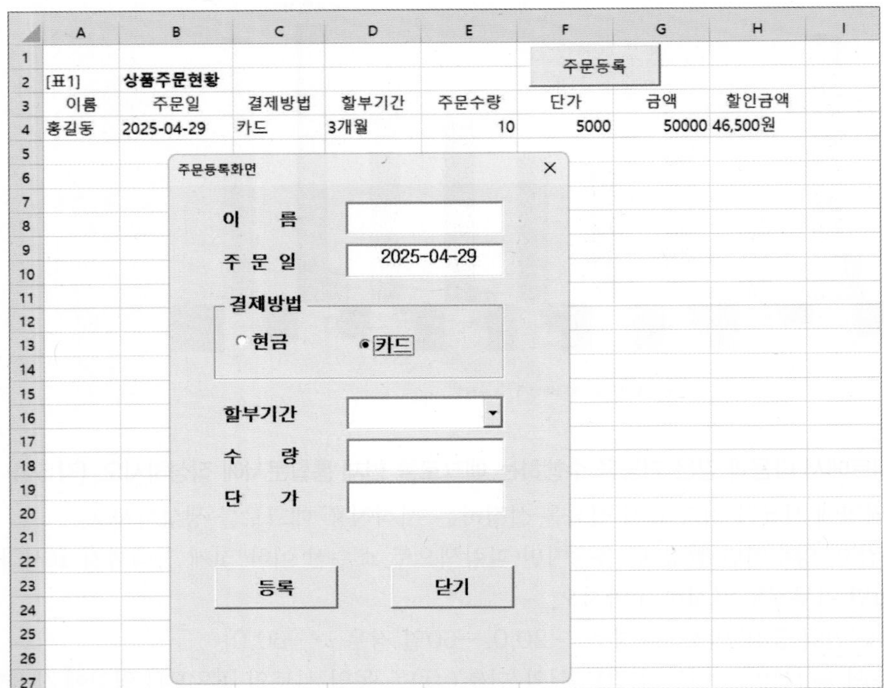


③ 〈주문등록화면〉 폼의 '닫기(cmd닫기)' 단추를 클릭하면 [B2] 셀의 글꼴 스타일을 '굵게'로 지정한 후 〈그림〉과 같은 메시지 박스를 표시한 후 폼을 종료하는 프로시저를 작성하시오.

- ▶ 시스템의 현재 날짜와 시간 표시

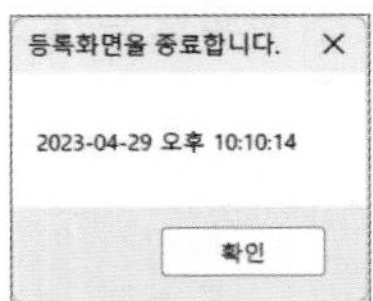

# 상시 기출 문제 06회 정답

## 문제 ❶ 기본작업

### 01 고급 필터

A33 =AND(LEFT(C3,4)="2025",RIGHT(C3,1)<>"4")

| | A | B | C | D | E | F | G | H | I | J | K | L |
|---|---|---|---|---|---|---|---|---|---|---|---|---|
| 31 | | | | | | | | | | | | |
| 32 | 조건 | | | | | | | | | | | |
| 33 | TRUE | | | | | | | | | | | |
| 34 | | | | | | | | | | | | |
| 35 | 연번 | 교과과목명 | 수강생코드 | 3월 | 4월 | 5월 | 6월 | 합계 | 평균 | 평점환산 | 결석 | |
| 36 | 1 | 인지과학 | 2025E-03-12 | 92 | 97 | 88 | 92 | 369 | 92.25 | 4.61 | 1 | |
| 37 | 3 | 인지과학 | 2025E-03-12 | 93 | 87 | 94 | 90 | 364 | 91 | 4.55 | 0 | |
| 38 | 5 | 고급알고리즘 | 2025E-03-02 | 72 | 51 | 64 | 70 | 257 | 64.25 | 3.21 | 0 | |
| 39 | 6 | 고급알고리즘 | 2025E-03-03 | 75 | 72 | 88 | 85 | 320 | 80 | 4 | 0 | |
| 40 | 9 | 에너지융합 | 2025E-03-12 | 70 | 45 | 55 | 62 | 232 | 58 | 2.9 | 2 | |
| 41 | 11 | 에너지융합 | 2025E-03-12 | 72 | 88 | 92 | 80 | 332 | 83 | 4.15 | 0 | |
| 42 | 13 | 데이터분석 | 2025E-04-12 | 70 | 38 | 76 | 79 | 263 | 65.75 | 3.29 | 0 | |
| 43 | 16 | 시스템보안 | 2025E-04-02 | 80 | 98 | 69 | 84 | 331 | 82.75 | 4.14 | 4 | |
| 44 | 22 | 시스템보안 | 2025E-04-08 | 78 | 65 | 59 | 55 | 257 | 64.25 | 3.21 | 0 | |
| 45 | 24 | 시스템보안 | 2025E-05-02 | 65 | 58 | 74 | 58 | 255 | 63.75 | 3.19 | 0 | |
| 46 | | | | | | | | | | | | |

### 02 조건부 서식

| | A | B | C | D | E | F | G | H | I | J | K | L |
|---|---|---|---|---|---|---|---|---|---|---|---|---|
| 1 | [표1] | | | | | | | | | | | |
| 2 | 연번 | 교과과목명 | 수강생코드 | 3월 | 4월 | 5월 | 6월 | 합계 | 평균 | 평점환산 | 결석 | |
| 3 | 1 | 인지과학 | 2025E-03-12 | 92 | 97 | 88 | 92 | 369 | 92.25 | 4.61 | 1 | |
| 4 | *2* | *인지과학* | *2026E-03-12* | *91* | *71* | *69* | *65* | *296* | *74* | *3.7* | *1* | |
| 5 | 3 | 인지과학 | 2025E-03-12 | 93 | 87 | 94 | 90 | 364 | 91 | 4.55 | 0 | |
| 6 | 4 | 고급알고리즘 | 2026E-03-01 | 62 | 88 | 92 | 62 | 304 | 76 | 3.8 | 3 | |
| 7 | 5 | 고급알고리즘 | 2025E-03-02 | 72 | 51 | 64 | 70 | 257 | 64.25 | 3.21 | 0 | |
| 8 | *6* | *고급알고리즘* | *2025E-03-03* | *75* | *72* | *88* | *85* | *320* | *80* | *4* | *0* | |
| 9 | 7 | 고급알고리즘 | 2026E-03-04 | 88 | 92 | 88 | 86 | 354 | 88.5 | 4.43 | 0 | |
| 10 | 8 | 고급알고리즘 | 2027E-03-05 | 95 | 93 | 92 | 92 | 372 | 93 | 4.65 | 0 | |
| 11 | 9 | 에너지융합 | 2025E-03-12 | 70 | 45 | 55 | 62 | 232 | 58 | 2.9 | 2 | |
| 12 | *10* | *이산신호처리* | *2026E-03-11* | *63* | *67* | *70* | *65* | *265* | *66.25* | *3.31* | *2* | |
| 13 | 11 | 에너지융합 | 2025E-03-12 | 72 | 88 | 92 | 80 | 332 | 83 | 4.15 | 0 | |
| 14 | 12 | 데이터분석 | 2024E-04-11 | 93 | 86 | 88 | 92 | 359 | 89.75 | 4.49 | 4 | |
| 15 | 13 | 데이터분석 | 2025E-04-12 | 70 | 38 | 76 | 79 | 263 | 65.75 | 3.29 | 0 | |
| 16 | *14* | *데이터분석* | *2024E-04-13* | *92* | *86* | *88* | *60* | *326* | *81.5* | *4.08* | *0* | |
| 17 | 15 | 에너지융합 | 2024E-03-12 | 62 | 86 | 63 | 50 | 261 | 65.25 | 3.26 | 0 | |
| 18 | 16 | 시스템보안 | 2025E-04-02 | 80 | 98 | 69 | 84 | 331 | 82.75 | 4.14 | 4 | |
| 19 | 17 | 고급알고리즘 | 2026E-04-03 | 90 | 97 | 92 | 96 | 375 | 93.75 | 4.69 | 0 | |
| 20 | *18* | *시스템보안* | *2025E-04-04* | *78* | *59* | *59* | *60* | *256* | *64* | *3.2* | *0* | |
| 21 | 19 | 시스템보안 | 2024E-04-05 | 72 | 63 | 61 | 55 | 251 | 62.75 | 3.14 | 0 | |
| 22 | 20 | 시스템보안 | 2024E-04-06 | 65 | 60 | 66 | 49 | 240 | 60 | 3 | 0 | |
| 23 | 21 | 시스템보안 | 2027E-04-07 | 69 | 35 | 67 | 50 | 221 | 55.25 | 2.76 | 0 | |
| 24 | *22* | *시스템보안* | *2025E-04-08* | *78* | *65* | *59* | *55* | *257* | *64.25* | *3.21* | *0* | |
| 25 | 23 | 시스템보안 | 2026E-05-01 | 81 | 25 | 62 | 84 | 252 | 63 | 3.15 | 1 | |
| 26 | 24 | 시스템보안 | 2025E-05-02 | 65 | 58 | 74 | 58 | 255 | 63.75 | 3.19 | 0 | |
| 27 | 25 | 시스템보안 | 2026E-05-03 | 41 | 81 | 66 | 72 | 260 | 65 | 3.25 | 4 | |
| 28 | *26* | *시스템보안* | *2024E-05-04* | *85* | *88* | *72* | *70* | *315* | *78.75* | *3.94* | *0* | |
| 29 | 27 | 시스템보안 | 2027E-05-05 | 51 | 48 | 65 | 49 | 213 | 53.25 | 2.66 | 2 | |
| 30 | 28 | 에너지융합 | 2024E-03-12 | 95 | 88 | 72 | 70 | 325 | 81.25 | 4.06 | 2 | |
| 31 | | | | | | | | | | | | |

## 03 페이지 레이아웃

2023-04-29

| | A | B | C | D | E | F | G | H | I | J | K |
|---|---|---|---|---|---|---|---|---|---|---|---|
| 1 | [표1] | | | | | | | | | | |
| 2 | 연번 | 교과과목명 | 수강생코드 | 3월 | 4월 | 5월 | 6월 | 합계 | 평균 | 평점환산 | 결석 |
| 29 | 27 | 시스템보안 | 2027E-05-05 | 51 | 48 | 65 | 49 | 213 | 53.25 | 2.66 | 2 |
| 30 | 28 | 에너지융합 | 2024E-03-12 | 95 | 88 | 72 | 70 | 325 | 81.25 | 4.06 | 2 |
| 31 | 29 | 인지과학 | 2025E-03-12 | 92 | 97 | 88 | 92 | 369 | 92.25 | 4.61 | 1 |
| 32 | 30 | 인지과학 | 2026E-03-12 | 91 | 71 | 69 | 65 | 296 | 74 | 3.7 | 1 |
| 33 | 31 | 인지과학 | 2025E-03-12 | 93 | 87 | 94 | 90 | 364 | 91 | 4.55 | 0 |
| 34 | 32 | 고급알고리즘 | 2026E-03-01 | 62 | 88 | 92 | 62 | 304 | 76 | 3.8 | 3 |
| 35 | 33 | 고급알고리즘 | 2025E-03-02 | 72 | 51 | 64 | 70 | 257 | 64.25 | 3.21 | 0 |
| 36 | 34 | 고급알고리즘 | 2025E-03-03 | 75 | 72 | 88 | 85 | 320 | 80 | 4 | 0 |
| 37 | 35 | 고급알고리즘 | 2026E-03-04 | 88 | 92 | 88 | 86 | 354 | 88.5 | 4.43 | 0 |
| 38 | 36 | 고급알고리즘 | 2027E-03-05 | 95 | 93 | 92 | 92 | 372 | 93 | 4.65 | 0 |
| 39 | 37 | 에너지융합 | 2025E-03-12 | 70 | 45 | 55 | 62 | 232 | 58 | 2.9 | 2 |
| 40 | 38 | 이산신호처리 | 2026E-03-11 | 63 | 67 | 70 | 65 | 265 | 66.25 | 3.31 | 2 |
| 41 | 39 | 에너지융합 | 2025E-03-12 | 72 | 88 | 92 | 80 | 332 | 83 | 4.15 | 0 |

## 문제 ❷ 계산작업

### 01 대출심사, 가계부담정도, 비고

| | A | B | C | D | E | F | G | H | I | J |
|---|---|---|---|---|---|---|---|---|---|---|
| 1 | [표1] | | | | | | | 기준날짜 | 2025-10-10 | |
| 2 | 이름 | 지점 | 입사일자 | 대출금액 | 대출기간 | 연이율 | 대출심사 | 가계부담정도 | 비고 | |
| 3 | 고찬희 | SE-01 | 2022-01-01 | 7,200,000 | 25 | 5.0% | 보류 | 보통 | | |
| 4 | 주선희 | IN-02 | 2004-03-01 | 6,000,000 | 36 | 4.0% | 대출가능 | 낮음 | | |
| 5 | 박명자 | GY-02 | 2010-05-01 | 6,400,000 | 24 | 6.0% | 대출가능 | 보통 | | |
| 6 | 나은명 | SE-02 | 2015-03-01 | 5,250,000 | 12 | 7.5% | 대출가능 | 보통 | | |
| 7 | 강감찬 | IN-02 | 2012-02-01 | 29,000,000 | 30 | 3.8% | 보류 | 아주높음 | ☆ | |
| 8 | 김나비 | IN-01 | 2007-10-01 | 14,800,000 | 20 | 3.5% | 서류보완 | 높음 | ☆ | |
| 9 | 김윤선 | GY-01 | 2009-04-01 | 4,200,000 | 40 | 4.8% | 대출가능 | 낮음 | | |
| 10 | 김정식 | GY-01 | 2001-08-01 | 6,400,000 | 50 | 4.5% | 대출가능 | 낮음 | | |
| 11 | 마소희 | SE-01 | 2002-07-01 | 9,000,000 | 12 | 6.3% | 대출가능 | 높음 | ☆ | |
| 12 | 방정환 | SE-02 | 2011-09-01 | 8,800,000 | 24 | 7.1% | 대출가능 | 보통 | ☆ | |
| 13 | 배기성 | SE-02 | 2003-11-01 | 5,200,000 | 36 | 3.9% | 대출가능 | 낮음 | | |
| 14 | 아유라 | GY-02 | 2005-12-01 | 7,800,000 | 48 | 4.2% | 대출가능 | 낮음 | | |
| 15 | 엄화정 | IN-02 | 2011-12-01 | 7,500,000 | 19 | 4.4% | 대출가능 | 보통 | | |
| 16 | 왕연 | IN-02 | 2013-11-01 | 6,400,000 | 21 | 6.1% | 대출가능 | 보통 | | |
| 17 | 우희진 | GY-02 | 2012-07-01 | 24,900,000 | 25 | 4.8% | 보류 | 아주높음 | ☆ | |
| 18 | 유강현 | GY-01 | 2020-05-01 | 12,400,000 | 31 | 3.7% | 서류보완 | 보통 | ★ | |
| 19 | 이기자 | SE-02 | 2019-08-01 | 22,760,000 | 32 | 5.1% | 보류 | 높음 | ★ | |
| 20 | 이순신 | SE-01 | 2018-08-01 | 3,500,000 | 33 | 4.5% | 서류보완 | 낮음 | | |
| 21 | 조용히 | GY-01 | 2016-06-01 | 3,200,000 | 24 | 3.7% | 서류보완 | 낮음 | | |
| 22 | 최민영 | IN-01 | 2015-09-01 | 9,000,000 | 26 | 5.2% | 대출가능 | 보통 | ☆ | |
| 23 | 최민정 | GY-01 | 2014-08-01 | 38,400,000 | 28 | 7.3% | 보류 | 아주높음 | ☆ | |
| 24 | 홍난수 | SE-02 | 2017-05-01 | 10,800,000 | 29 | 6.5% | 서류보완 | 보통 | ★ | |
| 25 | | | | | | | | | | |

1. [G3] 셀에 「=IF(AND(YEAR($I$1)−YEAR(C3)〉=10,D3〈=10000000),"대출가능",IF(AND(YEAR($I$1)−YEAR(C3)〉=5,D3〈=20000000),"서류보완","보류"))」를 입력하고 [G24] 셀까지 수식 복사
2. [H3] 셀에 「=XLOOKUP(PMT(F3/12,E3,−D3),$H$28:$H$31,$I$28:$I$31,,−1)」를 입력하고 [H24] 셀까지 수식 복사
3. [I3] 셀에 「=fn비고(C3,D3)」를 입력하고 [I24] 셀까지 수식 복사

```
Public Function fn비고(입사일자, 대출금액)
    If Year(입사일자) >= 2015 And 대출금액 >= 10000000 Then
        fn비고 = "★"
    ElseIf 대출금액 >= 8000000 Then
        fn비고 = "☆"
    Else
        fn비고 = ""
    End If
End Function
```

## 02 지점별 대출금액 상위1~3위 합계, 낮은 이율 순위

| | A | B | C | D | E | F | G |
|---|---|---|---|---|---|---|---|
| 25 | | | | | | | |
| 26 | [표2] | | | | [표3] | | |
| 27 | 지점코드 | 지점 | 상위1~3 합계 | | 지점 | 낮은 이율 순위 | |
| 28 | SE | 서울 | 42,560,000 | | GY-01 | 2 | |
| 29 | IN | 인천 | 52,800,000 | | GY-02 | 7 | |
| 30 | GY | 경기 | 75,700,000 | | IN-01 | 1 | |
| 31 | | | | | IN-02 | 4 | |
| 32 | | | | | SE-01 | 9 | |
| 33 | | | | | SE-02 | 5 | |
| 34 | | | | | | | |

4. [C28] 셀에 「=SUM(LARGE(IF(LEFT($B$3:$B$24,2)=A28,$D$3:$D$24),{1,2,3}))」를 입력하고 Ctrl+Shift+Enter를 누른 후에 [C30] 셀까지 수식을 복사
5. [F28] 셀에 「=RANK.EQ(MIN(IF($B$3:$B$24=E28,$F$3:$F$24)),$F$3:$F$24,1)」를 입력하고 Ctrl+Shift+Enter를 누른 후에 [F33] 셀까지 수식을 복사

# 문제 ❸ 분석작업

## 01 피벗 테이블

| | A | B | C | D | E | F | G |
|---|---|---|---|---|---|---|---|
| 1 | | | | | | | |
| 2 | | **합계: 성적** | | **성별** | | | |
| 3 | | **교과과목명** | **평가월** | **남** | **여** | **총합계** | |
| 4 | | **데이터분석** | | **10.14%** | **15.40%** | **25.54%** | |
| 5 | | | 3월 | 1.80% | 2.93% | 4.73% | |
| 6 | | | 4월 | 1.34% | 3.43% | 4.77% | |
| 7 | | | 5월 | 5.30% | 5.76% | 11.06% | |
| 8 | | | 6월 | 1.70% | 3.29% | 4.98% | |
| 9 | | **시스템보안** | | **13.00%** | **13.10%** | **26.10%** | |
| 10 | | | 3월 | 3.11% | 3.11% | 6.22% | |
| 11 | | | 4월 | 3.11% | 2.79% | 5.90% | |
| 12 | | | 5월 | 5.51% | 5.23% | 10.74% | |
| 13 | | | 6월 | 1.27% | 1.98% | 3.25% | |
| 14 | | **에너지융합** | | **11.20%** | **11.30%** | **22.50%** | |
| 15 | | | 3월 | 3.04% | 2.40% | 5.44% | |
| 16 | | | 4월 | 2.83% | 2.05% | 4.87% | |
| 17 | | | 5월 | 3.04% | 5.97% | 9.01% | |
| 18 | | | 6월 | 2.30% | 0.88% | 3.18% | |
| 19 | | **인지과학** | | **13.35%** | **12.50%** | **25.86%** | |
| 20 | | | 3월 | 6.11% | 3.46% | 9.57% | |
| 21 | | | 4월 | 2.12% | 3.07% | 5.19% | |
| 22 | | | 5월 | 3.04% | 3.43% | 6.46% | |
| 23 | | | 6월 | 2.08% | 2.54% | 4.63% | |
| 24 | | **총합계** | | **47.69%** | **52.31%** | **100.00%** | |
| 25 | | | | | | | |

## 02 부분합

|  | A | B | C | D | E | F |
|---|---|---|---|---|---|---|
| 1 | [표1] |  |  |  |  |  |
| 2 | 앨범코드 | 장르 | 아티스트 | 곡명 | 판매액 |  |
| 3 | O0231 | OST | 폴킴 | 모든 날, 모든 순간 | 9,229,100 |  |
| 4 | O0142 | OST | 임영웅 | 사랑은 늘 도망가 | 17,279,600 |  |
| 5 | O1520 | OST | 성시경 | 너의 모든 순간 | 2,629,100 |  |
| 6 | O1520 | OST | 송민경 | You are my everything | 788,900 |  |
| 7 |  | **OST 개수** |  | 4 |  |  |
| 8 |  | **OST 요약** |  |  | 29,926,700 |  |
| 9 | P0025 | POP | Astrud Gilberto | The Shadow of Your Smile | 829,100 |  |
| 10 | P0065 | POP | Donna Summer | She Works Hard for the Money | 185,600 |  |
| 11 | P6523 | POP | Pink | Stupid Girl | 587,100 |  |
| 12 | P1039 | POP | Paul Potts | Nessun Dorma | 6,648,500 |  |
| 13 | P1039 | POP | Paul Potts | Caruso | 1,375,900 |  |
| 14 |  | **POP 개수** |  | 5 |  |  |
| 15 |  | **POP 요약** |  |  | 9,626,200 |  |
| 16 | K0077 | 가요 | 임영웅 | 무지개 | 3,957,100 |  |
| 17 | K0124 | 가요 | 윤하 | 사건의 지평선 | 5,302,100 |  |
| 18 | K0562 | 가요 | 임영웅 | 이제 나만 믿어요 | 13,011,600 |  |
| 19 | K3523 | 가요 | WSG워너비 | 그때 그 순간 그대로 | 536,600 |  |
| 20 | K3765 | 가요 | 서동현 | 정이라고 하자 | 2,886,600 |  |
| 21 | K0324 | 가요 | 최호섭 | 세월이 가면 | 319,600 |  |
| 22 | K1023 | 가요 | 방탄소년단 | 봄날 | 4,998,500 |  |
| 23 | K2041 | 가요 | 임영웅 | 우리들의 블루스 | 18,043,100 |  |
| 24 | K2041 | 가요 | 김동률 | 오래된 노래 | 6,715,100 |  |
| 25 | K4023 | 가요 | 임영웅 | 다시 만날 수 있을까 | 12,715,100 |  |
| 26 | K0105 | 가요 | 태양 | VIBE | 5,292,100 |  |
| 27 |  | **가요 개수** |  | 11 |  |  |
| 28 |  | **가요 요약** |  |  | 73,777,500 |  |
| 29 | C0087 | 클래식 | Various Artists | 모짜르트 소나타 1번 1악장 | 200,400 |  |
| 30 | C1087 | 클래식 | Various Artists | 요한 슈트라우스 2세: 봄의 소리 왈츠 | 181,800 |  |
| 31 | C0532 | 클래식 | 조슈아 벨 | 슈베르트-세레나데 | 6,353,900 |  |
| 32 | C0532 | 클래식 | 조슈아 벨 | 푸치니-나의 사랑하는 아버지 | 355,700 |  |
| 33 |  | **클래식 개수** |  | 4 |  |  |
| 34 |  | **클래식 요약** |  |  | 7,091,800 |  |
| 35 |  | **전체 개수** |  | 24 |  |  |
| 36 |  | **총합계** |  |  | 120,422,200 |  |
| 37 |  |  |  |  |  |  |

## 문제 ❹ 기타작업

### 01 차트

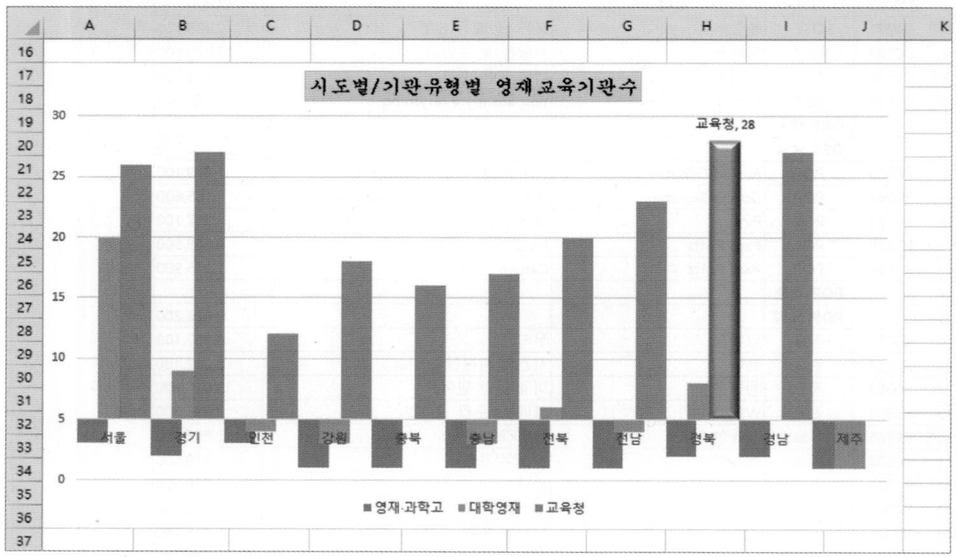


### 02 매크로

| | A | B | C | D | E | F | G |
|---|---|---|---|---|---|---|---|
| 1 | | | | | | | |
| 2 | [표1] 학교별 편입 증감 | | | | | | |
| 3 | **학교명** | **일반편입** | **학사편입** | | 서식적용 | | |
| 4 | 연세대학교 | 17.0 | | | | | |
| 5 | 고려대학교 | -33.0 | 9.0 | | | | |
| 6 | 서강대학교 | 22.0 | | | 서식해제 | | |
| 7 | 성균관대학교 | 112.0 | | | | | |
| 8 | 한양대학교 | -137.0 | | | | | |
| 9 | 중앙대학교 | 7.0 | 5.0 | | | | |
| 10 | 경희대학교 | 27.0 | | | | | |
| 11 | 외국어대학교 | 24.0 | | | | | |
| 12 | 서울시립대학교 | -62.0 | | | | | |
| 13 | | | | | | | |

### 03 VBA 프로그래밍

• 폼 보이기 프로시저

```
Private Sub cmd등록_Click()
    주문등록화면.Show
End Sub
```

• 조회 프로시저

```
Private Sub UserForm_Initialize()
    txt주문일 = Date
    opt카드.Value = True
    cmb할부기간.AddItem "일시불"
    cmb할부기간.AddItem "3개월"
    cmb할부기간.AddItem "6개월"
    cmb할부기간.AddItem "12개월"
End Sub
```

• 등록 프로시저

```
Private Sub cmd등록_Click()
    i = Range("A3").CurrentRegion.Rows.Count + 2
    Cells(i, 1) = txt이름
    Cells(i, 2) = txt주문일
    If opt현금.Value = True Then
        Cells(i, 3) = "현금"
    Else
        Cells(i, 3) = "카드"
    End If
    Cells(i, 4) = cmb할부기간
    Cells(i, 5) = txt수량.Value
    Cells(i, 6) = txt단가.Value
    Cells(i, 7) = Cells(i, 5) * Cells(i, 6)
    If Cells(i, 4) = "일시불" Then
        Cells(i, 8) = Format(Cells(i, 7) * (1 - 0.1), "#,##0원")
    ElseIf Cells(i, 4) = "3개월" Then
        Cells(i, 8) = Format(Cells(i, 7) * (1 - 0.07), "#,##0원")
    ElseIf Cells(i, 4) = "6개월" Then
        Cells(i, 8) = Format(Cells(i, 7) * (1 - 0.05), "#,##0원")
    Else
        Cells(i, 8) = Format(Cells(i, 7), "#,##0원")
    End If
End Sub
```

• 종료 프로시저

```
Private Sub cmd닫기_Click()
    [B2].Font.Bold = True
    MsgBox Now, vbOKOnly, "등록화면을 종료합니다."
    Unload Me
End Sub
```

# 상시 기출 문제 06회 해설

## 문제 ❶ 기본작업

### 01 고급 필터('기본작업-1' 시트)

① [A32:A33] 영역에 조건을 입력한다.

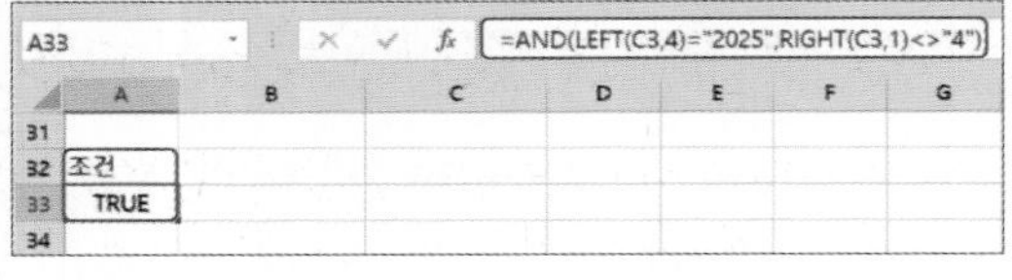


[A33] : =AND(LEFT(C3,4)="2025",RIGHT(C3,1)〈〉"4")

② [데이터]-[정렬 및 필터] 그룹의 [고급]( )을 클릭한다.

③ [고급 필터]에서 다음과 같이 지정한 후 [확인]을 클릭한다.

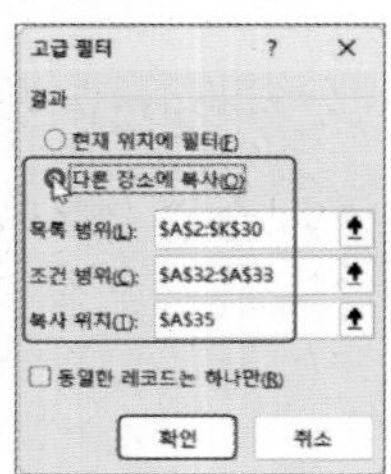


- 결과 : '다른 장소에 복사'
- 목록 범위 : [A2:K30]
- 조건 범위 : [A32:A33]
- 복사 위치 : [A35]

### 02 조건부 서식('기본작업-1' 시트)

① [A3:K30] 영역을 범위 지정한 후 [홈]-[스타일] 그룹의 [조건부 서식]-[새 규칙]을 클릭한다.

② [새 서식 규칙]에서 '규칙 유형 선택'에 '▶ 수식을 사용하여 서식을 지정할 셀 결정'을 선택하고, =MOD(ROW(),4)=0를 입력한 후 [서식]을 클릭한다.

③ [셀 서식]의 [글꼴] 탭에서 글꼴 스타일은 '굵은 기울임꼴', 글꼴 색은 '표준 색 – 녹색'을 선택한 후 [확인]을 클릭한다.

④ [새 서식 규칙]에서 다시 [확인]을 클릭한다.

### 03 페이지 레이아웃('기본작업-2' 시트)

① [페이지 레이아웃]-[페이지 설정] 그룹에서 [옵션]( )을 클릭한다.

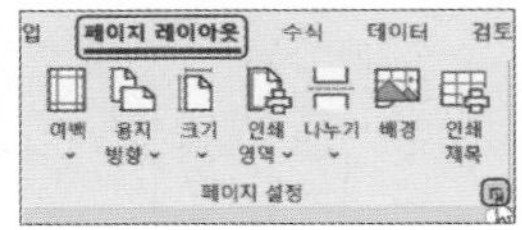


② [페이지] 탭에서 용지 방향은 '가로'를 선택한다.

③ [여백] 탭에서 페이지 가운데 맞춤 '가로'를 체크한다.

④ [머리글/바닥글] 탭에서 [머리글 편집]을 클릭하고 '왼쪽 구역'에 커서를 두고 [날짜 삽입]( ) 도구를 클릭하고 [확인]을 클릭한다.

⑤ [시트] 탭의 인쇄 영역에 ,를 입력하고 [A31:K41]을 추가하고, 반복할 행에 1~2행을 드래그하고, '행/열 머리글'을 체크하고 [확인]을 클릭한다.

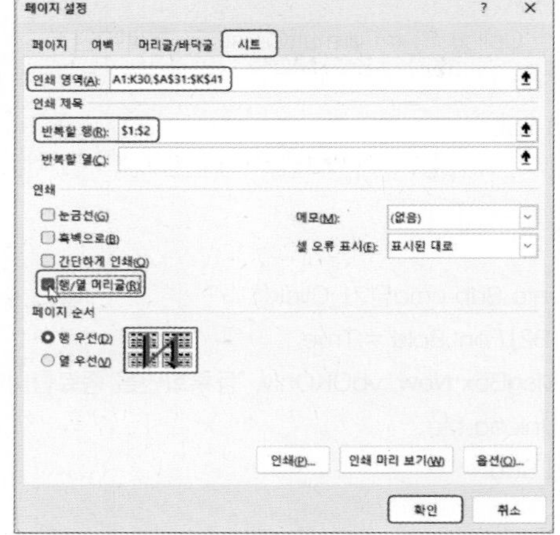


## 문제 ❷ 계산작업('계산작업' 시트)

### 01 대출심사[G3:G24]

[G3] 셀에 =IF(AND(YEAR($I$1)-YEAR(C3)〉=10,D3〈=10000000),"대출가능",IF(AND(YEAR($I$1)-YEAR(C3)〉=5,D3〈=20000000),"서류보완","보류"))를 입력하고 [G24] 셀까지 수식을 복사한다.

**02 가계부담정도[H3:H24]**

[H3] 셀에 =XLOOKUP(PMT(F3/12,E3,-D3), $H$28:$H$31,$I$28:$I$31,,-1)를 입력하고 [H24] 셀까지 수식을 복사한다.

**03 비고[I3:I24]**

① [개발 도구]-[코드] 그룹의 [Visual Basic]( )을 클릭한다.
② [삽입]-[모듈]을 클릭한다.
③ Module 창에 다음과 같이 입력한다.

```
Public Function fn비고(입사일자, 대출금액)
    If Year(입사일자) >= 2015 And 대출금액 >= 10000000 Then
        fn비고 = "★"
    ElseIf 대출금액 >= 8000000 Then
        fn비고 = "☆"
    Else
        fn비고 = ""
    End If
End Function
```

④ [파일]-[닫고 Microsoft Excel(으)로 돌아가기]를 클릭하여 [Visual Basic Editor]를 닫는다.
⑤ [I3] 셀을 클릭한 후 [함수 삽입]( fx )을 클릭한다.
⑥ [함수 마법사]에서 범주 선택은 '사용자 정의', 함수 선택은 'fn비고'를 선택한 후 [확인]을 클릭한다.
⑦ [함수 인수]에서 입사일자는 [C3], 대출금액은 [D3]을 지정한 후 [확인]을 클릭한다.

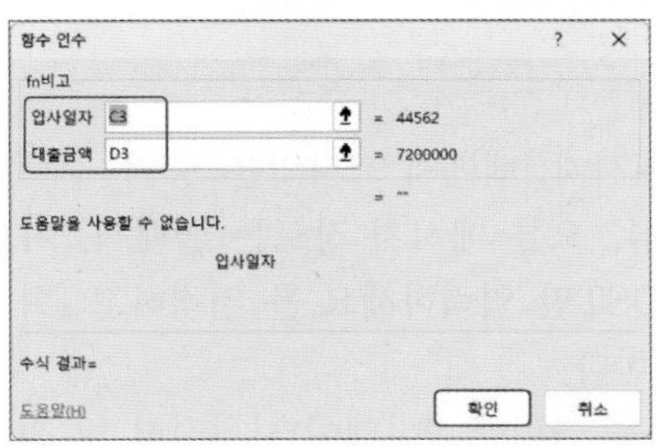


⑧ [I3] 셀을 선택한 후 [I24] 셀까지 수식을 복사한다.

**04 지점별 대출금액 상위 1~3위 합계[C28:C30]**

[C28] 셀에 =SUM(LARGE(IF(LEFT($B$3:$B$24,2)=A28,$D$3:$D$24),{1,2,3}))를 입력하고 Ctrl+Shift+Enter를 누른 후에 [C30] 셀까지 수식을 복사한다.

**05 낮은 이율 순위[F28:F33]**

[F28] 셀에 =RANK.EQ(MIN(IF($B$3:$B$24=E28,$F$3:$F$24)),$F$3:$F$24,1)를 입력하고 Ctrl+Shift+Enter를 누른 후에 [F33] 셀까지 수식을 복사한다.

## 문제 ③ 분석작업

**01 피벗 테이블('분석작업-1' 시트)**

① [B2] 셀을 클릭한 후 [삽입]-[표] 그룹에서 [피벗 테이블]( )을 클릭한다.

버전 TIP

[삽입]-[표] 그룹에서 [피벗 테이블]-[외부 데이터 원본에서]를 선택합니다.

② [피벗 테이블 만들기]에서 '데이터 모델에 이 데이터 추가'를 체크하고, '외부 데이터 원본 사용'에서 [연결 선택]을 클릭한다.

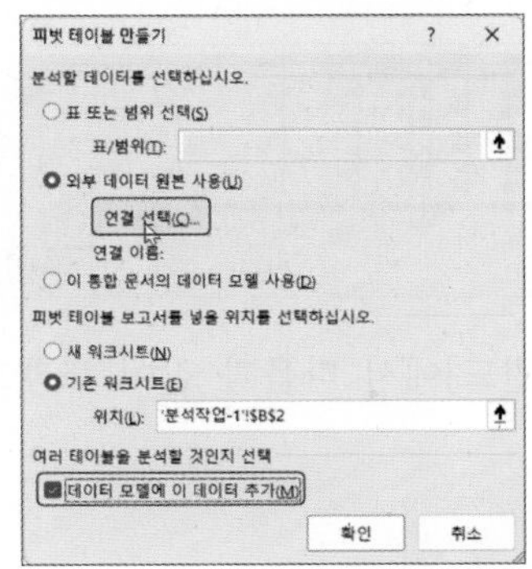


③ [기존 연결]에서 [더 찾아보기]를 클릭하여 '2025컴활1급₩3권_문제집₩스프레드시트 상시기출문제' 폴더에서 '성적관리.csv'를 선택하고 [확인]을 클릭한다.

④ [1단계]에서 '내 데이터에 머리글 표시'를 체크하고, 원본 파일은 '한국어(완성)'을 선택하고 [다음]을 클릭한다.

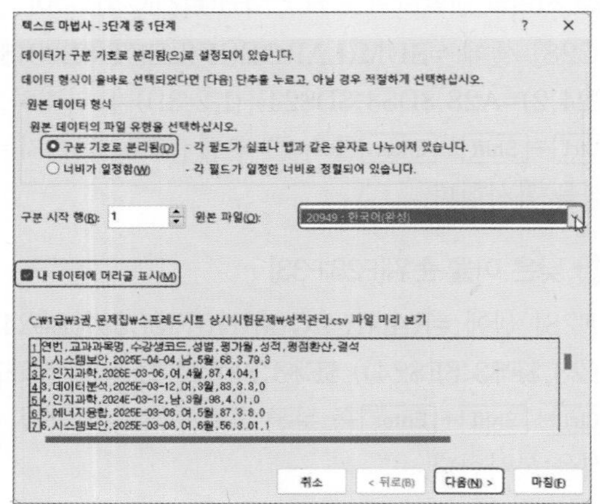


⑤ [2단계]에서 '쉼표'를 체크하고 [다음]을 클릭한다.

⑥ [3단계]에서 '연번', '수강생코드', '평점환산', '결석'을 선택하고 '열 가져오지 않음(건너뜀)'으로 지정하고 [마침]을 클릭한 후 [피벗 테이블 만들기]에서 [확인]을 클릭한다.

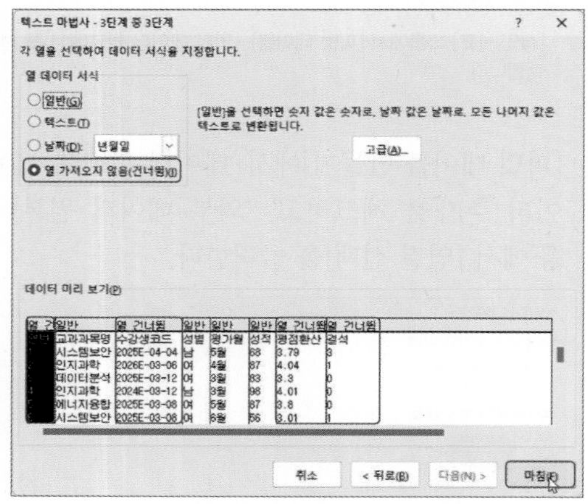


⑦ [피벗 테이블 필드]에서 다음과 같이 드래그한다.

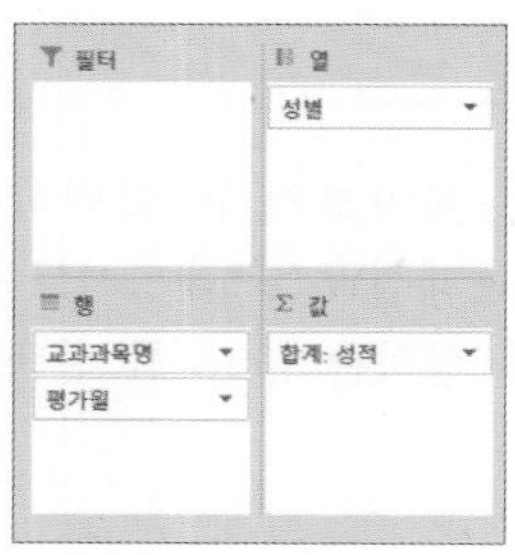


⑧ [디자인] 탭에서 [레이아웃]–[보고서 레이아웃]–[개요 형식으로 표시]를 클릭한다.

⑨ [B2] 셀에서 마우스 오른쪽 버튼을 눌러 [값 필드 설정]을 클릭한 후 [값 표시 형식] 탭에서 '총합계 비율'을 선택하고 [확인]을 클릭한다.

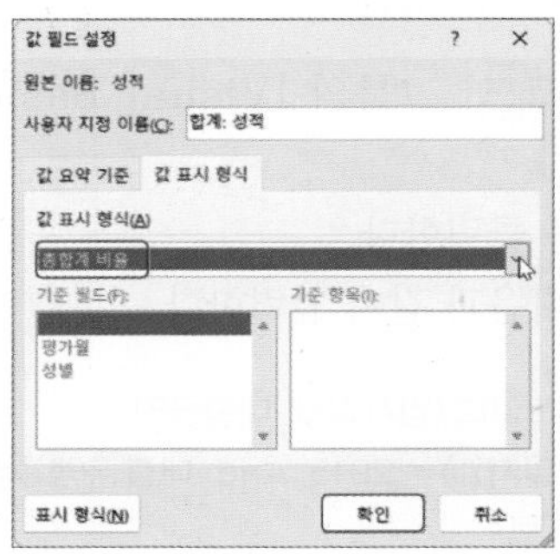


⑩ [피벗 테이블 분석]–[표시] 그룹의 [+/− 단추]를 클릭하여 해제한다.

⑪ [디자인]–[레이아웃] 그룹의 [부분합]–[그룹 상단에 모든 부분합 표시]를 클릭한다.

## 02 데이터 도구('분석작업–2' 시트)

① [B3:B26] 영역을 범위 지정한 후 [데이터]–[데이터 도구] 그룹의 [데이터 유효성 검사]를 클릭하여 [설정] 탭의 제한 대상은 '목록', 원본은 **클래식,가요,POP,OST**를 입력한다.

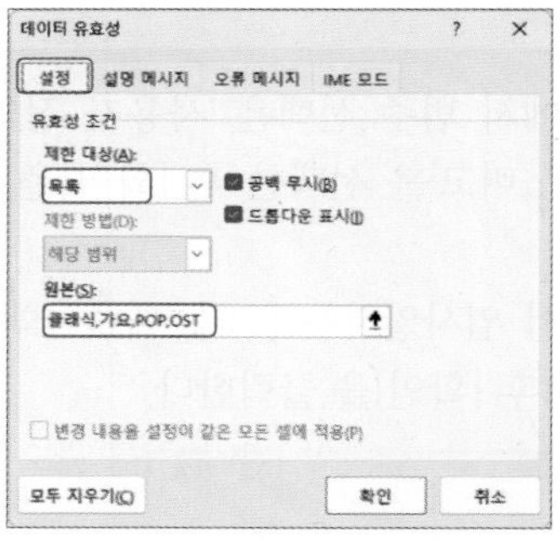


② [오류 메시지] 탭에서 스타일은 '중지', 제목은 **입력오류**, 오류 메시지 **장르는 클래식, 가요, POP, OST만 입력하세요.**를 입력하고 [확인]을 클릭한다.

③ [B2] 셀을 클릭한 후 [데이터]–[정렬 및 필터] 그룹에서 [텍스트 오름차순 정렬]()을 클릭한다.

④ [데이터]-[개요] 그룹에서 [부분합](▦)을 클릭한 후 다음과 같이 지정하고 [확인]을 클릭한다.

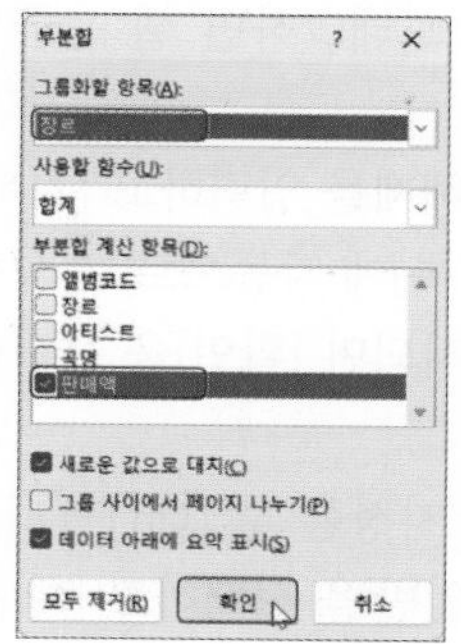

- 그룹화할 항목 : 장르
- 사용할 함수 : 합계
- 부분합 계산 항목 : 판매액

⑤ [데이터]-[개요] 그룹에서 [부분합](▦)을 클릭한 후 다음과 같이 지정하고 [확인]을 클릭한다.

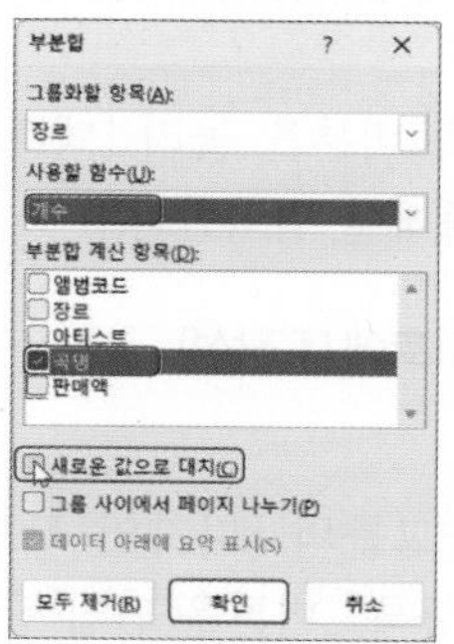

- 그룹화할 항목 : 장르
- 사용할 함수 : 개수
- 부분합 계산 항목 : 곡명
- '새로운 값으로 대치' 체크 해제

## 문제 ❹ 기타작업

### 01 차트('기타작업-1' 시트)

① 차트 안에서 마우스 오른쪽 버튼을 눌러 [데이터 선택]을 클릭한다.

② '차트 데이터 범위'는 [A3:D14] 영역으로 수정한 후 [행/열 전환]을 클릭한 후 '교육청'을 선택, [아래로 이동]을 클릭하고 [확인]을 클릭한다.

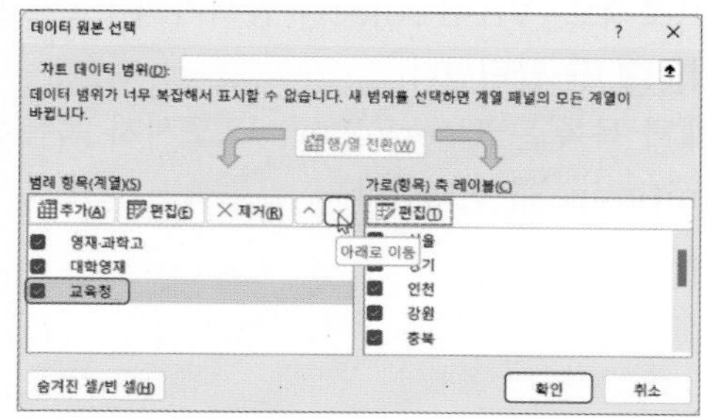

③ [차트 요소]-[차트 제목]을 체크하고 =을 입력한 후 [B2] 셀을 클릭하고 Enter를 누른다.

④ 차트 제목을 선택한 후 [서식]-[도형 스타일] 그룹에서 '미세 효과 – 황금색, 강조4'를 선택하고, [홈]-[글꼴] 그룹에서 '궁서체'를 선택한다.

⑤ 세로(값) 축을 선택한 후 마우스 오른쪽 버튼을 눌러 [축 서식]을 클릭하여 최대값 30, 기본 5, 가로 축 교차의 '축 값' 5를 입력한다.

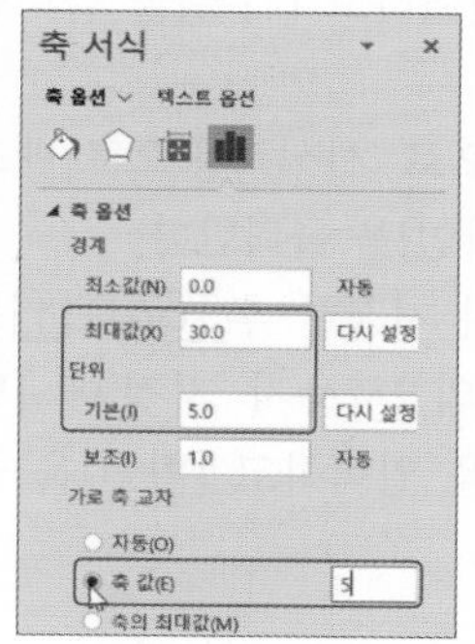

⑥ 특정 계열을 선택한 후 [계열 옵션]에서 '계열 겹치기'는 30, '간격 너비'에 0을 입력한다.

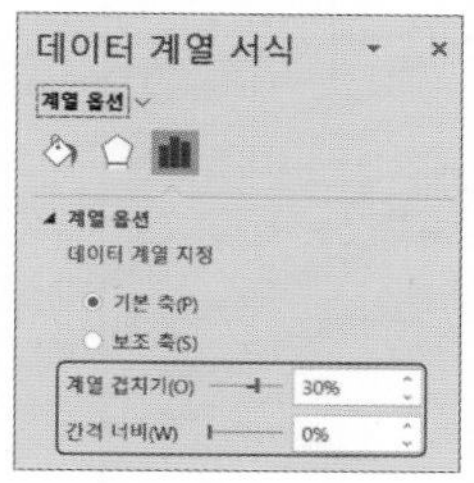

⑦ '교육청' 계열의 '경북' 요소를 천천히 2번 클릭한 후 [차트 요소](⊞)-[데이터 레이블]-[기타 옵션]을 클릭한다.

⑧ [레이블 옵션]에서 '계열 이름', '값'을 체크하고, [레이블 위치]는 '바깥쪽 끝에'를 체크한다.

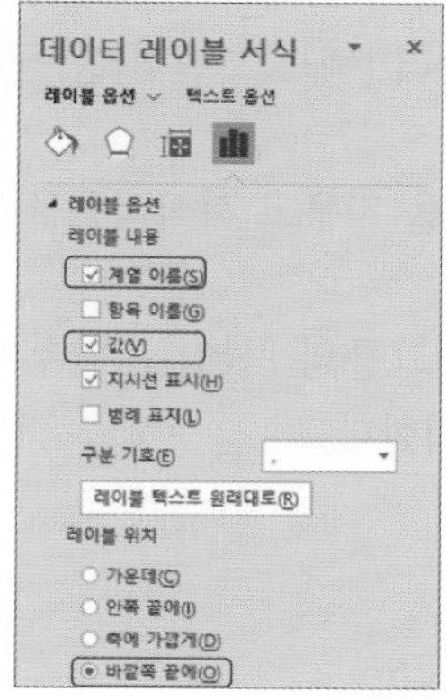

⑨ '교육청' 계열의 '경북' 요소를 천천히 2번 클릭한 후 [서식]–[도형 스타일] 그룹의 [도형 효과]–[미리 설정]에서 '기본 설정 5'를 선택한다.

**02 매크로('기타작업–2' 시트)**

① [개발 도구]–[컨트롤] 그룹의 [삽입]–[단추(양식 컨트롤)]( )을 클릭한다.

② 마우스 포인트가 '+'로 바뀌면 Alt를 누른 상태에서 [E3:F4] 영역으로 드래그한 후 [매크로 지정]에 **서식적용**을 입력하고 [기록]을 클릭한다.

③ [매크로 기록]에 자동으로 '서식적용'으로 매크로 이름이 표시되면 [확인]을 클릭한다.

④ [B4:C12] 영역을 범위 지정한 후 Ctrl+1을 눌러 [표시 형식] 탭의 '사용자 지정'에 **[빨강]0.0;[파랑]–0.0;;**을 입력하고 [확인]을 클릭한다.

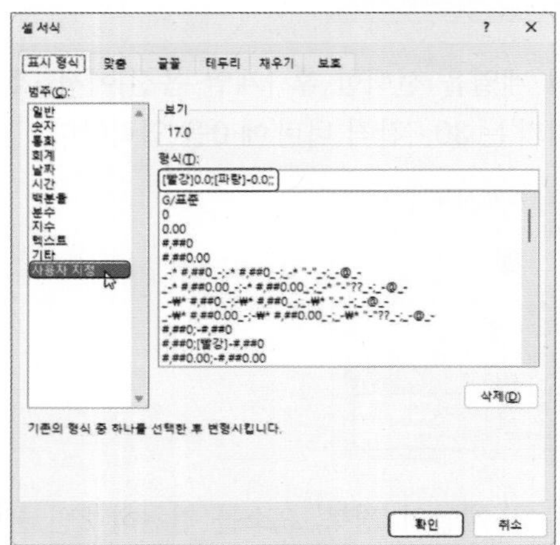

⑤ 임의의 셀을 클릭한 후 매크로 기록을 종료하기 위해 [개발 도구]–[코드] 그룹의 [기록 중지]( )를 클릭한다.

⑥ 단추에 텍스트를 수정하기 위해서 단추에서 마우스 오른쪽 버튼을 눌러 [텍스트 편집]을 클릭한다.

⑦ 단추에 입력된 '단추 1'을 지우고 **서식적용**을 입력한다.

⑧ [개발 도구]–[컨트롤] 그룹의 [삽입]–[단추(양식 컨트롤)]( )을 클릭한다.

⑨ 마우스 포인트가 '+'로 바뀌면 [E6:F7] 영역에 드래그하면 [매크로 지정] 대화상자가 나타난다. Alt를 누른 상태로 드래그하면 셀 눈금선에 맞추어 그릴 수 있다.

⑩ [매크로 지정]에서 **서식해제**를 입력하고 [기록]을 클릭하고, [매크로 기록]에 자동으로 '서식해제'로 매크로 이름이 표시되면 [확인]을 클릭한다.

⑪ [B4:C12] 영역을 범위 지정한 후 Ctrl+1을 눌러 [표시 형식] 탭의 '일반'을 선택하고 [확인]을 클릭한다.

⑫ 임의의 셀을 클릭한 후 매크로 기록을 종료하기 위해 [개발 도구]–[코드] 그룹의 [기록 중지]( )를 클릭한다.

⑬ 단추에서 마우스 오른쪽 버튼을 눌러 [텍스트 편집]을 클릭하여 **서식해제**를 입력한다.

**03 프로시저('기타작업–3' 시트에서 작성)**

**① 폼 보이기**

① [개발 도구]–[컨트롤] 그룹의 [디자인 모드]( )를 클릭하여 <주문등록> 버튼을 편집 상태로 만든다.

② <주문등록> 버튼을 더블클릭한 후 코드 창에 다음과 같이 입력한다.

```
Private Sub cmd등록_Click()
    주문등록화면.Show
End Sub
```

**② 폼 초기화**

① [프로젝트–VBAProject] 탐색기에서 '폼'을 더블 클릭하고 <주문등록화면>을 선택한다.

② [프로젝트–VBAProject] 탐색기의 [코드 보기]( )를 클릭한다.

③ '개체 목록'은 'UserForm', '프로시저 목록'은 'Initialize'를 선택한다.

④ 코드 창에 다음과 같이 입력한다.

```
Private Sub UserForm_Initialize()
    txt주문일 = Date
    opt카드.Value = True
    cmb할부기간.AddItem "일시불"
    cmb할부기간.AddItem "3개월"
    cmb할부기간.AddItem "6개월"
    cmb할부기간.AddItem "12개월"
End Sub
```

③ 등록 프로시저

① '개체 목록'에서 'cmd등록', '프로시저 목록'은 'Click'을 선택한다.

② 코드 창에 다음과 같이 입력한다.

```
Private Sub cmd등록_Click()
    i = Range("A3").CurrentRegion.Rows.Count +
    2
    Cells(i, 1) = txt이름
    Cells(i, 2) = txt주문일
    If opt현금.Value = True Then
        Cells(i, 3) = "현금"
    Else
        Cells(i, 3) = "카드"
    End If
    Cells(i, 4) = cmb할부기간
    Cells(i, 5) = txt수량.Value
    Cells(i, 6) = txt단가.Value
    Cells(i, 7) = Cells(i, 5) * Cells(i, 6)
    If Cells(i, 4) = "일시불" Then
        Cells(i, 8) = Format(Cells(i, 7) * (1 - 0.1),
        "#,##0원")
    ElseIf Cells(i, 4) = "3개월" Then
        Cells(i, 8) = Format(Cells(i, 7) * (1 - 0.07),
        "#,##0원")
    ElseIf Cells(i, 4) = "6개월" Then
        Cells(i, 8) = Format(Cells(i, 7) * (1 - 0.05),
        "#,##0원")
    Else
        Cells(i, 8) = Format(Cells(i, 7), "#,##0원")
    End If
End Sub
```

**코드 설명**

① i는 새로운 데이터를 입력할 행을 기억할 변수이다. i라는 변수 이름 대신에 한글로 '행' 또는 '입력행' 등을 사용할 수 있다.

② .Value

.Value는 값의 속성으로 입력받는 데이터의 값이 문자이면 왼쪽, 숫자와 날짜는 오른쪽으로 입력된다.

④ 종료 프로시저

① '개체 목록'에서 'cmd닫기', '프로시저 목록'은 'Click'을 선택한다.

② 코드 창에 다음과 같이 입력한다.

```
Private Sub cmd닫기_Click()
    [B2].Font.Bold = True
    MsgBox Now, vbOKOnly, "등록화면을 종료합니
    다."
    Unload Me
End Sub
```

**코드 설명**

vbOKOnly는 생략이 가능하다.

# 상시 기출 문제 07회

| 시험 시간 | 풀이 시간 | 합격 점수 | 내 점수 |
|---|---|---|---|
| 45분 | 분 | 70점 | 점 |

작업파일 [2025컴활1급₩1권_스프레드시트₩상시기출문제] 폴더의 '상시기출문제7회' 파일을 열어서 작업하시오.

## 문제 ❶ 기본작업 | 주어진 시트에서 다음 과정을 수행하고 저장하시오. 15점

**01 '기본작업-1' 시트에서 다음과 같이 고급 필터를 수행하시오. (5점)**

▶ [B2:K24] 영역에서 '1차평가', '2차평가', '3차평가'가 모두 'O'이고, 승진시험이 90 이상인 행만을 대상으로 표시하시오.

▶ 조건은 [B26:B27] 영역 내에 알맞게 입력하시오. (AND, COUNTA 함수 사용)

▶ 결과는 [B29] 셀부터 표시하시오.

**02 '기본작업-1' 시트에서 다음과 같이 조건부 서식을 설정하시오. (5점)**

▶ [B3:K24] 영역에서 '사번' 뒤의 두 자리가 짝수이고, '입사일'이 2024년인 행 전체에 대하여 글꼴 스타일 '굵은 기울임꼴', 글꼴 색 '표준 색 – 녹색'으로 적용하시오.

▶ 단, 규칙 유형은 '수식을 사용하여 서식을 지정할 셀 결정'을 사용하고, 한 개의 규칙으로만 작성하시오.

▶ AND, MOD, RIGHT, YEAR 함수 사용

**03 '기본작업-2' 시트에서 다음과 같이 페이지 레이아웃을 설정하시오. (5점)**

▶ 인쇄용지가 가로로 인쇄되도록 용지 방향을 설정하고, [B2:L45]를 인쇄 영역으로 지정하시오.

▶ 매 페이지 하단의 오른쪽 구역에는 현재 페이지 번호가 [표시 예]와 같이 표시되도록 바닥글을 설정하시오.

[표시 예 : 현재 페이지 번호 1 → 1 페이지]

▶ 2행이 매 페이지마다 반복하여 인쇄되도록 인쇄 제목을 설정하고, [B15:L34], [B35:L45] 영역으로 나누어 총 3페이지로 출력되도록 페이지 나누기를 삽입하시오.

## 문제 ❷ 계산작업 | '계산작업' 시트에서 다음 과정을 수행하고 저장하시오. 30점

**01 [표1]의 출근일수, 1차평가, 2차평가, 3차평가를 이용하여 [I3:I24] 영역에 근무평가를 계산하여 표시하시오. (6점)**

▶ 근무평가는 출근일수가 23일 이상이고 1차평가, 2차평가, 3차평가 점수가 모두 90점 이상이면 'S', 근무평가는 출근일수가 20일 이상이고 1차평가, 2차평가, 3차평가 점수가 모두 80점 이상이면 'A', 그 외는 'B'로 표시

▶ IF, AND, COUNTIF 함수 사용

**02 [표1]의 결근일수, 1차평가, 2차평가, 3차평가와 [표3]을 이용하여 [J3:J24] 영역에 가산점을 계산하여 [표시 예]와 같이 표시하시오. (6점)**

▶ 1차평가, 2차평가, 3차평가 점수의 평균을 기준으로 [표3]의 평균별 가산점에서 가산점을 찾아 표시

▶ 결근일수가 0일 경우 가산점에 1점 추가

▶ [표시 예 : 가산점이 3 → 3점]

▶ IF, AVERAGE, VLOOKUP 함수와 & 연산자 사용

**03 사용자 정의 함수 'fn비고'를 작성하여 [표1]의 [K3:K24] 영역에 비고를 계산하여 표시하시오. (6점)**

▶ 'fn비고'는 출근일수와 결근일수를 인수로 받아 비고를 계산하는 함수이다.

▶ 비고는 '출근일수 ÷ (출근일수 + 결근일수)'가 1이면 "연차수당지급", 0.85 미만이면 "연차사용", 그 외는 빈칸으로 표시하시오.

▶ SELECT CASE 사용

```
Public Function fn비고(출근일수, 결근일수)
End Function
```

**04 [표1]의 영업소를 이용하여 [표2]의 [C28:E31] 영역에 영업소별 직급별 인원수를 계산하여 표시하시오. (6점)**

▶ 영업소에서 "-"을 기준으로 앞 부분은 영업소, 뒷 부분은 직급임

▶ IF, COUNT, FIND 함수를 사용한 배열 수식

**05 [표1]의 영업소, 1차평가, 2차평가, 3차평가를 이용하여 [표4]의 [I28:K39] 영역에 1차평가, 2차평가, 3차평가 각각의 영업소별 최대점수를 찾아 표시하시오. (6점)**

▶ INDEX, MATCH, MAX 함수를 이용한 배열 수식

## 문제 ③ 분석작업 | 주어진 시트에서 다음 작업을 수행하고 저장하시오. 20점

**01 '분석작업-1' 시트에서 다음의 지시사항에 따라 피벗 테이블 보고서를 작성하시오. (10점)**

▶ 외부 데이터 원본으로 〈사원형황.accdb〉의 〈사원평가〉 테이블에서 '영업소', '입사일', '직급', '1차평가', '2차평가', '3차평가' 필드만을 이용하시오.

▶ 피벗 테이블의 보고서의 레이아웃과 위치는 〈그림〉을 참조하여 설정하고, 보고서 레이아웃은 개요 형식으로 표시하시오.

▶ '영업소' 필드는 '서울'만 표시하고, 행 필드는 '입사일'의 분기로 표시하고, '1사분기'의 하위 데이터만 표시하시오.

▶ '1차평가', '2차평가', '3차평가' 필드의 표시 형식은 값 필드 설정의 셀 서식에서 '숫자' 범주를 이용하여 〈그림〉과 같이 설정하시오.

▶ 피벗 테이블 스타일은 '진한 노랑, 피벗 스타일 어둡게 5'로 설정하시오.

▶ '1사분기'의 '사원' 데이터를 별도의 시트에 표시한 후 시트 이름을 '서울1사분기입사사원'으로 지정하고, '분석작업-1' 시트의 왼쪽에 위치시키시오.

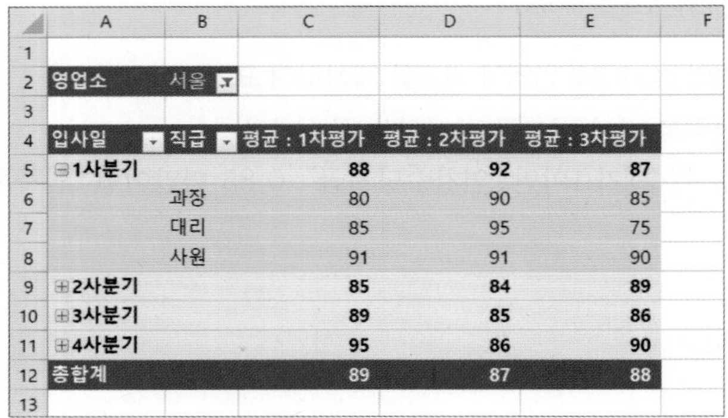

| | A | B | C | D | E | F |
|---|---|---|---|---|---|---|
| 1 | | | | | | |
| 2 | 영업소 | 서울 | | | | |
| 3 | | | | | | |
| 4 | 입사일 | 직급 | 평균 : 1차평가 | 평균 : 2차평가 | 평균 : 3차평가 | |
| 5 | ⊟1사분기 | | 88 | 92 | 87 | |
| 6 | | 과장 | 80 | 90 | 85 | |
| 7 | | 대리 | 85 | 95 | 75 | |
| 8 | | 사원 | 91 | 91 | 90 | |
| 9 | ⊞2사분기 | | 85 | 84 | 89 | |
| 10 | ⊞3사분기 | | 89 | 85 | 86 | |
| 11 | ⊞4사분기 | | 95 | 86 | 90 | |
| 12 | 총합계 | | 89 | 87 | 88 | |
| 13 | | | | | | |

※ 작업 완성된 그림이며 부분 점수 없음

**02 '분석작업-2' 시트에 대하여 다음의 지시사항을 처리하시오. (10점)**

▶ [정렬] 기능을 이용하여 [표1], [표2], [표3]의 '항목'을 '교육비-임대료-주차비-전기료' 순으로 정렬하시오.

▶ [통합] 기능을 이용하여 [표1], [표2], [표3]에 대해 첫 행만을 기준으로 1월, 2월, 3월의 평균을 [표4]의 [H11:J14] 영역에 계산하시오.

## 문제 ❹ 기타작업 | 주어진 시트에서 다음 작업을 수행하고 저장하시오. 35점

**01 '기타작업-1' 시트에서 다음의 지시사항에 따라 차트를 수정하시오. (각 2점)**

※ 차트는 반드시 문제에서 제공한 차트를 사용하여야 하며, 신규로 차트 작성 시 0점 처리됨.

① 신입생과 4학년만 표시되도록 데이터 범위를 수정하고, 행/열 방향을 〈그림〉과 같이 변경하시오.

② 차트 제목과 가로 축 제목을 〈그림〉과 같이 표시하시오.

③ '4학년'의 '숙식' 요소에만 〈그림〉과 같이 데이터 레이블을 표시하고, 계열의 간격 너비를 70%로 지정하시오.

④ 범례를 위쪽에 표시하고, 세로 축 기본 단위를 〈그림〉과 같이 지정하시오.

⑤ 차트 영역의 테두리 스타일을 '둥근 모서리', '네온: 5pt, 주황, 강조색2'로 설정하시오.

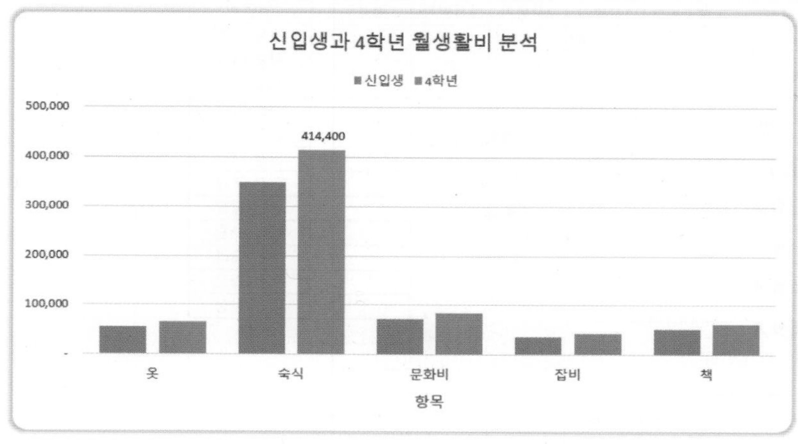


**02 '기타작업-2' 시트에서 다음과 같은 기능을 수행하는 매크로를 현재 통합문서에 작성하시오. (각 5점)**

① [G3:G22] 영역에 사용자 지정 표시 형식을 설정하는 '총점서식' 매크로를 생성하시오.

▶ 총점이 280 이상일 경우 파랑색으로 "♠"를, 총점이 250 이하인 경우에는 빨강색으로 "♤"를 표시한 후 뒤에 숫자를 표시하고, 그 외는 숫자만을 표시하시오.

▶ [표시 예 : 285 인 경우 → ♠ 285, 240 인 경우 → ♤ 240, 260 인 경우 → 260]

▶ [개발 도구] → [삽입] → [양식 컨트롤]의 '단추(▭)'를 동일 시트의 [I2:J3] 영역에 생성한 후 텍스트를 "총점서식"으로 입력하고, 단추를 클릭하면 '총점서식' 매크로가 실행되도록 설정하시오.

② [G3:G22] 영역에 표시 형식을 '일반'으로 적용하는 '일반서식' 매크로가 실행되도록 설정하시오.

▶ [개발 도구] → [삽입] → [양식 컨트롤]의 '단추(▭)'를 동일 시트의 [I5:J6] 영역에 생성한 후 텍스트를 "일반서식"으로 입력하고, 단추를 클릭하면 '일반서식' 매크로가 실행되도록 설정하시오.

※ 셀 포인터의 위치에 관계없이 매크로가 실행되어야 정답으로 인정됨

**03 '기타작업-3' 시트에서 다음과 같은 작업을 수행하도록 프로시저를 작성하시오. (각 5점)**

① '평가등록' 단추를 클릭하면 〈근무평가〉 폼이 나타나도록 설정하고, 폼이 초기화(Initialize)되면 '영업소(cmb영업소)' 목록에는 [J6:J17] 영역의 값이 표시되도록 프로시저를 작성하시오.

② 〈근무평가〉 폼의 '등록(cmd등록)' 단추를 클릭하면 폼에 입력된 데이터가 [표1]에 입력되어 있는 마지막 행 다음에 연속하여 추가되도록 프로시저를 작성하시오.

▶ '평균'에는 '1차평가', '2차평가', '3차평가'의 평균을 정수로 입력하시오. (Int 함수 사용)

▶ 입력되는 데이터는 워크시트에 입력된 기존 데이터와 같은 형식의 데이터를 입력하시오.

[표1] 근무평가

| 성명 | 부서 | 결근일수 | 1차평가 | 2차평가 | 3차평가 | 평균 |
|---|---|---|---|---|---|---|
| 홍길동 | 서울-사원 | 2 | 80 | 85 | 80 | 81 |

[표2]

| 영업소 |
|---|
| 서울-사원 |
| 서울-대리 |
| 서울-과장 |
| 서울-팀장 |
| 인천-사원 |
| 인천-대리 |
| 인천-과장 |
| 인천-팀장 |
| 대전-사원 |
| 대전-대리 |
| 대전-과장 |
| 대전-팀장 |

평가등록

근무평가

성 명 :

영업소 :

결근일수 :

1차평가 :

2차평가 :

3차평가 :

등록

종료

③ 〈근무평가〉 폼의 '종료(cmd종료)' 단추를 클릭하면 〈그림〉과 같은 메시지 박스를 표시한 후 종료하는 프로시저를 작성하시오.

▶ 시스템의 현재 시간 표시

# 상시 기출 문제 07회 정답

## 문제 ❶ 기본작업

### 01 고급 필터

B27 | =AND(COUNTA(H3:J3)=3,K3>=90)

| | A | B | C | D | E | F | G | H | I | J | K | L |
|---|---|---|---|---|---|---|---|---|---|---|---|---|
| 25 | | | | | | | | | | | | |
| 26 | | 조건 | | | | | | | | | | |
| 27 | | FALSE | | | | | | | | | | |
| 28 | | | | | | | | | | | | |
| 29 | | 사번 | 성명 | 입사일 | 영업소 | 출근일수 | 결근일수 | 1차평가 | 2차평가 | 3차평가 | 승진시험 | |
| 30 | | F220124 | 서원희 | 2024-10-01 | 대전-대리 | 23 | 2 | O | O | O | 92 | |
| 31 | | F160023 | 한지선 | 2016-01-01 | 서울-과장 | 25 | 0 | O | O | O | 96 | |
| 32 | | F180113 | 김지영 | 2021-03-01 | 대전-과장 | 15 | 10 | O | O | O | 92 | |
| 33 | | F170122 | 박효준 | 2017-07-01 | 서울-과장 | 21 | 4 | O | O | O | 91 | |
| 34 | | F220216 | 김혜진 | 2024-02-01 | 서울-사원 | 25 | 0 | O | O | O | 93 | |
| 35 | | F101205 | 정명일 | 2010-12-01 | 대전-팀장 | 17 | 8 | O | O | O | 94 | |
| 36 | | | | | | | | | | | | |

### 02 조건부 서식

| | A | B | C | D | E | F | G | H | I | J | K | L |
|---|---|---|---|---|---|---|---|---|---|---|---|---|
| 1 | | | | | | | | | | | | |
| 2 | | 사번 | 성명 | 입사일 | 영업소 | 출근일수 | 결근일수 | 1차평가 | 2차평가 | 3차평가 | 승진시험 | |
| 3 | | ***F220102*** | ***장경원*** | ***2024-01-01*** | ***서울-사원*** | ***25*** | ***0*** | ***O*** | | ***O*** | ***97*** | |
| 4 | | F200126 | 김민수 | 2022-03-01 | 인천-대리 | 24 | 1 | O | O | | 90 | |
| 5 | | ***F220124*** | ***서원희*** | ***2024-10-01*** | ***대전-대리*** | ***23*** | ***2*** | ***O*** | ***O*** | ***O*** | ***92*** | |
| 6 | | F110127 | 김이슬 | 2015-05-01 | 서울-팀장 | 20 | 5 | O | | O | 85 | |
| 7 | | F150126 | 정은혜 | 2015-03-01 | 대전-과장 | 22 | 3 | | O | O | 93 | |
| 8 | | F210132 | 홍승헌 | 2021-09-01 | 서울-대리 | 25 | 0 | O | O | | 85 | |
| 9 | | F160023 | 한지선 | 2016-01-01 | 서울-과장 | 25 | 0 | O | O | O | 96 | |
| 10 | | F190026 | 최현진 | 2019-01-01 | 서울-대리 | 22 | 3 | O | | O | 85 | |
| 11 | | F220117 | 현희태 | 2024-02-01 | 인천-사원 | 24 | 1 | | O | O | 88 | |
| 12 | | ***F220110*** | ***최혁주*** | ***2024-05-01*** | ***인천-사원*** | ***23*** | ***2*** | ***O*** | ***O*** | | ***90*** | |
| 13 | | F200111 | 이찬희 | 2022-08-01 | 서울-대리 | 21 | 4 | | | O | 82 | |
| 14 | | F180113 | 김지영 | 2021-03-01 | 대전-과장 | 15 | 10 | O | O | O | 92 | |
| 15 | | F120112 | 이상훈 | 2012-03-01 | 인천-팀장 | 24 | 1 | O | | | 84 | |
| 16 | | F220121 | 양수진 | 2024-05-01 | 대전-사원 | 22 | 3 | O | O | O | 87 | |
| 17 | | F170122 | 박효준 | 2017-07-01 | 서울-과장 | 21 | 4 | O | O | O | 91 | |
| 18 | | F220401 | 최선호 | 2024-04-01 | 서울-사원 | 20 | 5 | | | O | 74 | |
| 19 | | ***F220218*** | ***변호성*** | ***2024-02-01*** | ***서울-사원*** | ***19*** | ***6*** | ***O*** | | | ***82*** | |
| 20 | | F220127 | 황규호 | 2024-01-01 | 대전-사원 | 25 | 0 | O | O | O | 88 | |
| 21 | | F180603 | 최선영 | 2021-06-01 | 인천-대리 | 24 | 1 | | O | O | 81 | |
| 22 | | ***F220216*** | ***김혜진*** | ***2024-02-01*** | ***서울-사원*** | ***25*** | ***0*** | ***O*** | ***O*** | ***O*** | ***93*** | |
| 23 | | F170910 | 이도훈 | 2017-09-01 | 인천-과장 | 18 | 7 | O | | O | 92 | |
| 24 | | F101205 | 정명일 | 2010-12-01 | 대전-팀장 | 17 | 8 | O | O | O | 94 | |
| 25 | | | | | | | | | | | | |

## 03 페이지 레이아웃

| 사번 | 성명 | 입사일 | 영업소 | 직급 | 출근일수 | 결근일수 | 1차평가 | 2차평가 | 3차평가 | 총점 |
|---|---|---|---|---|---|---|---|---|---|---|
| F220102 | 장경원 | 2024-01-01 | 서울 | 사원 | 25 | 0 | 100 | 95 | 95 | 290 |
| F200126 | 김민수 | 2020-03-01 | 인천 | 대리 | 24 | 1 | 95 | 90 | 85 | 270 |
| F220124 | 서원희 | 2024-10-01 | 대전 | 대리 | 23 | 2 | 100 | 85 | 80 | 265 |
| F110127 | 김이슬 | 2011-05-01 | 서울 | 팀장 | 20 | 5 | 80 | 85 | 90 | 255 |
| F150126 | 정은혜 | 2015-03-01 | 대전 | 과장 | 22 | 3 | 95 | 90 | 95 | 280 |
| F210132 | 홍승현 | 2021-09-01 | 서울 | 대리 | 25 | 0 | 70 | 85 | 100 | 255 |
| F160023 | 한지선 | 2016-01-01 | 서울 | 과장 | 25 | 0 | 80 | 90 | 85 | 255 |
| F190026 | 최현진 | 2022-01-01 | 서울 | 대리 | 22 | 3 | 85 | 95 | 75 | 255 |
| F220117 | 현희태 | 2024-02-01 | 인천 | 사원 | 24 | 1 | 95 | 100 | 70 | 265 |
| F220110 | 최혁주 | 2024-05-01 | 인천 | 사원 | 23 | 2 | 100 | 75 | 95 | 270 |
| F200111 | 이찬희 | 2020-08-01 | 서울 | 대리 | 21 | 4 | 95 | 70 | 80 | 245 |
| F180113 | 김지영 | 2018-03-01 | 대전 | 과장 | 15 | 10 | 85 | 90 | 100 | 275 |

1 페이지

| 사번 | 성명 | 입사일 | 영업소 | 직급 | 출근일수 | 결근일수 | 1차평가 | 2차평가 | 3차평가 | 총점 |
|---|---|---|---|---|---|---|---|---|---|---|
| F120112 | 이상훈 | 2012-03-01 | 인천 | 팀장 | 24 | 1 | 80 | 85 | 95 | 260 |
| F220121 | 양수진 | 2024-05-01 | 대전 | 사원 | 22 | 3 | 75 | 95 | 90 | 260 |
| F170122 | 박효준 | 2017-07-01 | 서울 | 과장 | 21 | 4 | 100 | 100 | 75 | 275 |
| F220401 | 최선호 | 2024-04-01 | 서울 | 사원 | 20 | 5 | 70 | 70 | 80 | 220 |
| F220218 | 변호성 | 2024-02-01 | 서울 | 사원 | 19 | 6 | 75 | 85 | 85 | 245 |
| F220127 | 황규호 | 2024-01-01 | 대전 | 사원 | 25 | 0 | 80 | 90 | 95 | 265 |
| F180603 | 최선영 | 2018-06-01 | 인천 | 대리 | 24 | 1 | 85 | 85 | 75 | 245 |
| F220216 | 김혜진 | 2024-02-01 | 서울 | 사원 | 25 | 0 | 90 | 90 | 100 | 280 |
| F170910 | 이도훈 | 2017-09-01 | 인천 | 과장 | 18 | 7 | 85 | 95 | 95 | 275 |
| F101205 | 정명일 | 2010-12-01 | 대전 | 팀장 | 17 | 8 | 100 | 90 | 85 | 275 |
| F220109 | 강청동 | 2024-01-01 | 서울 | 사원 | 25 | 0 | 100 | 95 | 80 | 275 |
| F200511 | 김국영 | 2020-05-01 | 서울 | 대리 | 23 | 2 | 95 | 85 | 85 | 265 |
| F211038 | 김시운 | 2021-01-01 | 대전 | 사원 | 22 | 3 | 85 | 80 | 90 | 255 |
| F210604 | 남세연 | 2021-05-01 | 인천 | 사원 | 18 | 7 | 70 | 75 | 100 | 245 |
| F220609 | 문지섭 | 2024-04-01 | 대전 | 대리 | 20 | 5 | 95 | 90 | 85 | 270 |
| F191206 | 박세균 | 2022-12-01 | 인천 | 대리 | 19 | 6 | 75 | 85 | 70 | 230 |
| F170809 | 송미율 | 2017-08-01 | 서울 | 과장 | 21 | 4 | 80 | 80 | 75 | 235 |
| F210609 | 신수라 | 2021-06-01 | 서울 | 사원 | 25 | 0 | 95 | 95 | 100 | 290 |
| F200491 | 유지원 | 2020-04-01 | 대전 | 대리 | 24 | 1 | 90 | 100 | 95 | 285 |
| F220831 | 윤서민 | 2024-08-01 | 인천 | 사원 | 24 | 1 | 100 | 95 | 100 | 295 |

2 페이지

| 사번 | 성명 | 입사일 | 영업소 | 직급 | 출근일수 | 결근일수 | 1차평가 | 2차평가 | 3차평가 | 총점 |
|---|---|---|---|---|---|---|---|---|---|---|
| F160914 | 이민우 | 2016-09-01 | 대전 | 과장 | 23 | 2 | 85 | 70 | 95 | 250 |
| F191106 | 이설화 | 2022-10-01 | 서울 | 대리 | 25 | 0 | 90 | 85 | 90 | 265 |
| F181206 | 조강민 | 2018-11-01 | 대전 | 대리 | 24 | 1 | 75 | 90 | 85 | 250 |
| F161204 | 한기석 | 2016-12-01 | 인천 | 과장 | 24 | 1 | 70 | 85 | 70 | 225 |
| F190327 | 허남용 | 2022-03-01 | 인천 | 대리 | 23 | 2 | 85 | 70 | 75 | 230 |
| F220607 | 이상욱 | 2024-07-01 | 인천 | 사원 | 25 | 0 | 90 | 95 | 85 | 270 |
| F200709 | 강민이 | 2020-09-01 | 대전 | 대리 | 22 | 3 | 100 | 100 | 90 | 290 |
| F201206 | 임선우 | 2020-12-01 | 서울 | 대리 | 21 | 4 | 95 | 95 | 95 | 285 |
| F140906 | 최인경 | 2014-09-01 | 서울 | 과장 | 20 | 5 | 100 | 90 | 100 | 290 |
| F211103 | 한선인 | 2021-11-01 | 서울 | 사원 | 19 | 6 | 100 | 85 | 95 | 280 |
| F190809 | 유병선 | 2022-12-01 | 서울 | 대리 | 24 | 1 | 95 | 80 | 80 | 255 |

3 페이지

문제 ❷ 계산작업

## 01 근무평가, 가산점, 비고

| | A | B | C | D | E | F | G | H | I | J | K | L |
|---|---|---|---|---|---|---|---|---|---|---|---|---|
| 1 | | [표1] | | | | | | | | | | |
| 2 | | 성명 | 영업소 | 출근일수 | 결근일수 | 1차평가 | 2차평가 | 3차평가 | 근무평가 | 가산점 | 비고 | |
| 3 | | 장경원 | 서울-사원 | 25 | 0 | 100 | 95 | 95 | S | 5점 | 연차수당지급 | |
| 4 | | 김민수 | 인천-대리 | 24 | 1 | 95 | 90 | 85 | A | 4점 | | |
| 5 | | 서원희 | 대전-대리 | 23 | 2 | 100 | 85 | 80 | A | 3점 | | |
| 6 | | 김이슬 | 서울-팀장 | 20 | 5 | 80 | 85 | 90 | A | 3점 | 연차사용 | |
| 7 | | 정은혜 | 대전-과장 | 22 | 3 | 95 | 90 | 95 | A | 4점 | | |
| 8 | | 홍승헌 | 서울-대리 | 25 | 0 | 70 | 85 | 100 | B | 4점 | 연차수당지급 | |
| 9 | | 한지선 | 서울-과장 | 25 | 0 | 80 | 90 | 85 | A | 4점 | 연차수당지급 | |
| 10 | | 최현진 | 서울-대리 | 22 | 3 | 85 | 95 | 75 | B | 3점 | | |
| 11 | | 현희태 | 인천-사원 | 24 | 1 | 95 | 100 | 70 | B | 3점 | | |
| 12 | | 최혁주 | 인천-사원 | 23 | 2 | 100 | 75 | 95 | B | 4점 | | |
| 13 | | 이찬희 | 서울-대리 | 21 | 4 | 95 | 70 | 80 | B | 3점 | 연차사용 | |
| 14 | | 김지영 | 대전-과장 | 15 | 10 | 85 | 90 | 100 | B | 4점 | 연차사용 | |
| 15 | | 이상훈 | 인천-팀장 | 24 | 1 | 80 | 85 | 95 | A | 3점 | | |
| 16 | | 앙수진 | 대전-사원 | 22 | 3 | 75 | 95 | 90 | B | 3점 | | |
| 17 | | 박효준 | 서울-과장 | 21 | 4 | 100 | 100 | 75 | B | 4점 | 연차사용 | |
| 18 | | 최선호 | 서울-사원 | 20 | 5 | 70 | 70 | 80 | B | 2점 | 연차사용 | |
| 19 | | 변호성 | 서울-사원 | 19 | 6 | 75 | 85 | 85 | B | 3점 | 연차사용 | |
| 20 | | 황규호 | 대전-사원 | 25 | 0 | 80 | 90 | 95 | A | 4점 | 연차수당지급 | |
| 21 | | 최선영 | 인천-대리 | 24 | 1 | 85 | 85 | 75 | B | 3점 | | |
| 22 | | 김혜진 | 서울-사원 | 25 | 0 | 90 | 90 | 100 | S | 5점 | 연차수당지급 | |
| 23 | | 이도훈 | 인천-과장 | 18 | 7 | 85 | 95 | 95 | B | 4점 | 연차사용 | |
| 24 | | 정명일 | 대전-팀장 | 17 | 8 | 100 | 90 | 85 | B | 4점 | 연차사용 | |
| 25 | | | | | | | | | | | | |

1. [I3] 셀에 「=IF(AND(D3>=23,COUNTIF(F3:H3,">=90")=3),"S",IF(AND(D3>=20,COUNTIF(F3:H3,">=80")=3),"A","B"))」를 입력하고 [I24] 셀까지 수식 복사
2. [J3] 셀에 「=VLOOKUP(AVERAGE(F3:H3),$B$35:$D$39,3)+IF(E3=0,1,0)&"점"」를 입력하고 [J24] 셀까지 수식 복사
3. [K3] 셀에 「=fn비고(D3,E3)」를 입력하고 [K24] 셀까지 수식 복사

```
Public Function fn비고(출근일수, 결근일수)
    Select Case 출근일수 / (출근일수 + 결근일수)
        Case 1
            fn비고 = "연차수당지급"
        Case Is < 0.85
            fn비고 = "연차사용"
        Case Else
            fn비고 = ""
    End Select
End Function
```

## 02 영업소별 직급별 인원수, 영업소별 최대점수

| | A | B | C | D | E | F | G | H | I | J | K | L |
|---|---|---|---|---|---|---|---|---|---|---|---|---|
| 26 | | [표2] 영업소별 직급별 인원수 | | | | | | [표4] 영업소별 최대점수 | | | | |
| 27 | | 직급 | 서울 | 인천 | 대전 | | | 영업소 | 1차평가 | 2차평가 | 3차평가 | |
| 28 | | 사원 | 4 | 2 | 2 | | | 서울-사원 | 100 | 95 | 100 | |
| 29 | | 대리 | 3 | 2 | 1 | | | 서울-대리 | 95 | 95 | 100 | |
| 30 | | 과장 | 2 | 1 | 2 | | | 서울-과장 | 100 | 100 | 85 | |
| 31 | | 팀장 | 1 | 1 | 1 | | | 서울-팀장 | 80 | 85 | 90 | |
| 32 | | | | | | | | 인천-사원 | 100 | 100 | 95 | |
| 33 | | [표3] 평균별 가산점 | | | | | | 인천-대리 | 95 | 90 | 85 | |
| 34 | | 평균 | | 가산점 | | | | 인천-과장 | 85 | 95 | 95 | |
| 35 | | 0 이상 | 60 미만 | 0 | | | | 인천-팀장 | 80 | 85 | 95 | |
| 36 | | 60 이상 | 70 미만 | 1 | | | | 대전-사원 | 80 | 95 | 95 | |
| 37 | | 70 이상 | 80 미만 | 2 | | | | 대전-대리 | 100 | 85 | 80 | |
| 38 | | 80 이상 | 90 미만 | 3 | | | | 대전-과장 | 95 | 90 | 100 | |
| 39 | | 90 이상 | | 4 | | | | 대전-팀장 | 100 | 90 | 85 | |
| 40 | | | | | | | | | | | | |

4. [C28] 셀에 「=COUNT(IF(FIND($B28,$C$3:$C$24,1)>=1*(FIND(C$27,$C$3:$C$24,1)>=1),1))」를 입력하고 Ctrl+Shift+Enter를 누른 후에 [E31] 셀까지 수식을 복사
5. [I28] 셀에 「=INDEX(F$3:F$24, MATCH(MAX(($C$3:$C$24=$H28)*F$3:F$24),($C$3:$C$24=$H28)*F$3:F$24,0))」를 입력하고 Ctrl+Shift+Enter를 누른 후에 [K39] 셀까지 수식을 복사

## 문제 ❸ 분석작업

### 01 피벗 테이블

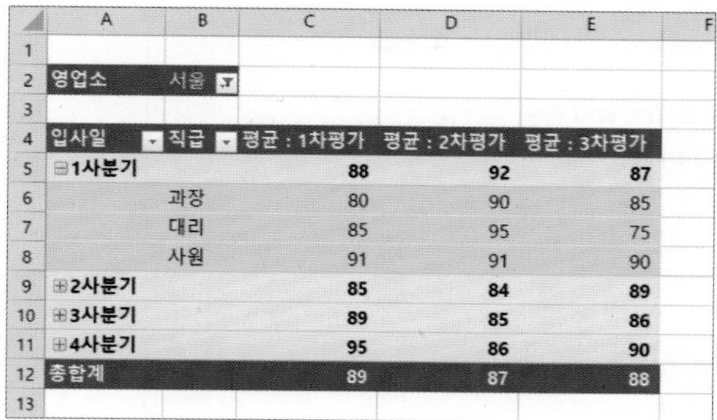

| | A | B | C | D | E | F |
|---|---|---|---|---|---|---|
| 1 | | | | | | |
| 2 | 영업소 | 서울 | | | | |
| 3 | | | | | | |
| 4 | 입사일 | 직급 | 평균 : 1차평가 | 평균 : 2차평가 | 평균 : 3차평가 | |
| 5 | ⊟1사분기 | | **88** | **92** | **87** | |
| 6 | | 과장 | 80 | 90 | 85 | |
| 7 | | 대리 | 85 | 95 | 75 | |
| 8 | | 사원 | 91 | 91 | 90 | |
| 9 | ⊞2사분기 | | **85** | **84** | **89** | |
| 10 | ⊞3사분기 | | **89** | **85** | **86** | |
| 11 | ⊞4사분기 | | **95** | **86** | **90** | |
| 12 | 총합계 | | 89 | 87 | 88 | |
| 13 | | | | | | |

| | A | B | C | D | E | F | G |
|---|---|---|---|---|---|---|---|
| 1 | 영업소 | 입사일 | 직급 | 1차평가 | 2차평가 | 3차평가 | |
| 2 | 서울 | 2024-01-01 | 사원 | 100 | 95 | 95 | |
| 3 | 서울 | 2024-01-01 | 사원 | 100 | 95 | 80 | |
| 4 | 서울 | 2024-02-01 | 사원 | 90 | 90 | 100 | |
| 5 | 서울 | 2024-02-01 | 사원 | 75 | 85 | 85 | |
| 6 | | | | | | | |

기본작업-1 | 기본작업-2 | 계산작업 | 서울1사분기입사사원 | 분석작업

### 02 데이터 도구

| | A | B | C | D | E | F | G | H | I | J | K |
|---|---|---|---|---|---|---|---|---|---|---|---|
| 1 | | | | | | | | | | | |
| 2 | | [표1] | 지출 내역서(서울) | | | | [표2] | 지출 내역서(부산) | | | |
| 3 | | 항목 | 1월 | 2월 | 3월 | | 항목 | 1월 | 2월 | 3월 | |
| 4 | | 교육비 | 69,000 | 89,000 | 95,000 | | 교육비 | 430,000 | 444,000 | 456,000 | |
| 5 | | 임대료 | 57,900 | 76,500 | 87,000 | | 임대료 | 378,000 | 289,000 | 354,000 | |
| 6 | | 주차비 | 368,000 | 567,000 | 483,000 | | 주차비 | 20,000 | 55,000 | 68,000 | |
| 7 | | 전기료 | 456,000 | 489,000 | 423,000 | | 전기료 | 40,000 | 45,000 | 87,000 | |
| 8 | | | | | | | | | | | |
| 9 | | [표3] | 지출 내역서(대전) | | | | [표4] | 1/4분기 평균지출 내역서 | | | |
| 10 | | 항목 | 1월 | 2월 | 3월 | | 항목 | 1월 | 2월 | 3월 | |
| 11 | | 교육비 | 300,000 | 255,000 | 342,000 | | 교육비 | 266,333 | 262,667 | 297,667 | |
| 12 | | 임대료 | 387,000 | 356,000 | 384,000 | | 임대료 | 274,300 | 240,500 | 275,000 | |
| 13 | | 주차비 | 55,000 | 55,500 | 53,000 | | 주차비 | 147,667 | 225,833 | 201,333 | |
| 14 | | 전기료 | 76,400 | 57,000 | 78,000 | | 전기료 | 190,800 | 197,000 | 196,000 | |
| 15 | | | | | | | | | | | |

## 문제 ❹ 기타작업

### 01 차트

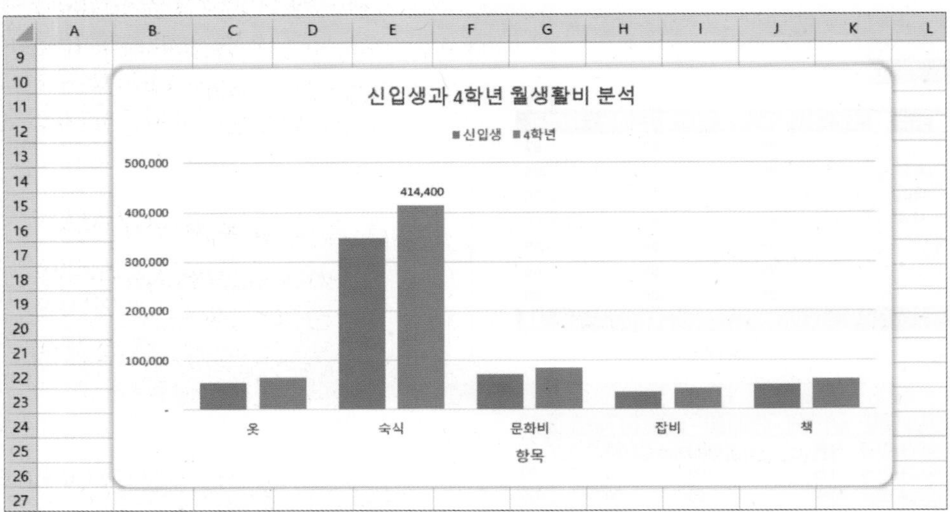


### 02 매크로

[표1]

| 성명 | 영업소 | 1차평가 | 2차평가 | 3차평가 | 총점 |
|---|---|---|---|---|---|
| 장경원 | 서울-사원 | 100 | 95 | 95 | ♠ 290 |
| 김민수 | 인천-대리 | 95 | 90 | 85 | 270 |
| 서원희 | 대전-대리 | 100 | 85 | 80 | 265 |
| 김이슬 | 서울-팀장 | 80 | 85 | 90 | 255 |
| 정은혜 | 대전-과장 | 95 | 90 | 95 | ♠ 280 |
| 홍승현 | 서울-대리 | 70 | 85 | 100 | 255 |
| 한지선 | 서울-과장 | 80 | 90 | 85 | 255 |
| 최현진 | 서울-대리 | 85 | 95 | 75 | 255 |
| 현희태 | 인천-사원 | 95 | 100 | 70 | 265 |
| 최혁주 | 인천-사원 | 100 | 75 | 95 | 270 |
| 이찬희 | 서울-대리 | 95 | 70 | 80 | ♤ 245 |
| 김지영 | 대전-과장 | 85 | 90 | 100 | 275 |
| 이상훈 | 인천-팀장 | 80 | 85 | 95 | 260 |
| 양수진 | 대전-사원 | 75 | 95 | 90 | 260 |
| 박효준 | 서울-과장 | 100 | 100 | 75 | 275 |
| 최선호 | 서울-사원 | 70 | 70 | 80 | ♤ 220 |
| 변호성 | 서울-사원 | 75 | 85 | 85 | ♤ 245 |
| 황규호 | 대전-사원 | 80 | 90 | 95 | 265 |
| 최선영 | 인천-대리 | 85 | 85 | 75 | ♤ 245 |
| 김혜진 | 서울-사원 | 90 | 90 | 100 | ♠ 280 |

총점서식

일반서식

## ⓪③ VBA 프로그래밍

• 폼 보이기 프로시저

```
Private Sub cmd평가등록_Click()
    근무평가.Show
End Sub
```

• 폼 초기화 프로시저

```
Private Sub UserForm_Initialize()
    cmb영업소.RowSource = "J6:J17"
End Sub
```

• 등록 프로시저

```
Private Sub cmd등록_Click()
    i = Range("B5").CurrentRegion.Rows.Count + 4
    Cells(i, 2) = txt성명.Value
    Cells(i, 3) = cmb영업소.Value
    Cells(i, 4) = txt결근일수.Value
    Cells(i, 5) = txt1차평가.Value
    Cells(i, 6) = txt2차평가.Value
    Cells(i, 7) = txt3차평가.Value
    Cells(i, 8) = Int((Cells(i, 5) + Cells(i, 6) + Cells(i, 7)) / 3)
End Sub
```

• 종료 프로시저

```
Private Sub cmd종료_Click()
    MsgBox Time, vbOKOnly, "폼닫기"
    Unload Me
End Sub
```

# 상시 기출 문제 07회 해설

## 문제 ❶ 기본작업

### 01 고급 필터('기본작업-1' 시트)

① [B26:B27] 영역에 조건을 입력한다.

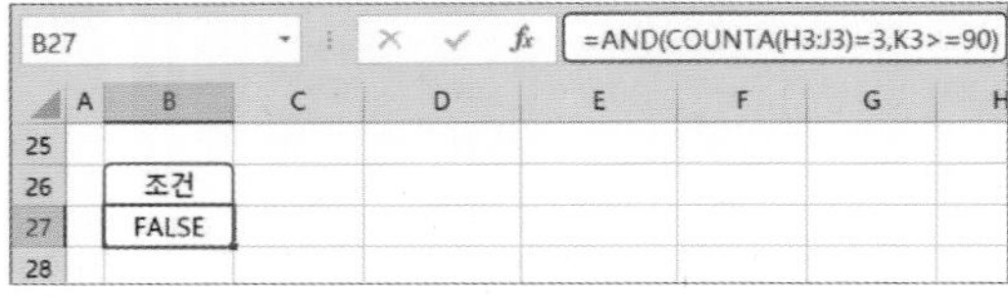

[B27] : =AND(COUNTA(H3:J3)=3,K3>=90)

② [데이터]-[정렬 및 필터] 그룹의 [고급]( )을 클릭한다.

③ [고급 필터]에서 다음과 같이 지정한 후 [확인]을 클릭한다.

- 결과 : '다른 장소에 복사'
- 목록 범위 : [B2:K24]
- 조건 범위 : [B26:B27]
- 복사 위치 : [B29]

### 02 조건부 서식('기본작업-1' 시트)

① [B3:K24] 영역을 범위 지정한 후 [홈]-[스타일] 그룹의 [조건부 서식]-[새 규칙]을 클릭한다.

② [새 서식 규칙]에서 '규칙 유형 선택'에 '▶ 수식을 사용하여 서식을 지정할 셀 결정'을 선택하고, =AND(MOD(RIGHT($B3,2),2)=0, YEAR($D3)=2024)를 입력한 후 [서식]을 클릭한다.

③ [셀 서식]의 [글꼴] 탭에서 글꼴 스타일은 '굵은 기울임꼴', 글꼴 색은 '표준 색 – 녹색'을 선택한 후 [확인]을 클릭한다.

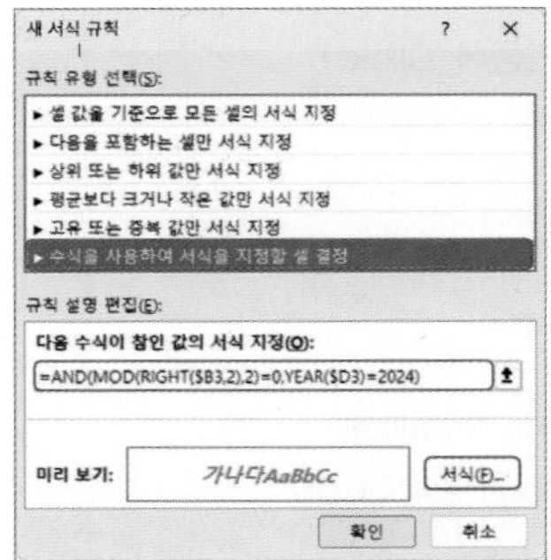

④ [새 서식 규칙]에서 다시 [확인]을 클릭한다.

### 03 페이지 레이아웃('기본작업-2' 시트)

① [B2:L45] 영역을 범위 지정한 후 [페이지 레이아웃]-[페이지 설정] 그룹에서 [인쇄 영역]-[인쇄 영역 설정]을 클릭한다.

② [페이지 레이아웃]-[페이지 설정] 그룹에서 [옵션]( )을 클릭한다.

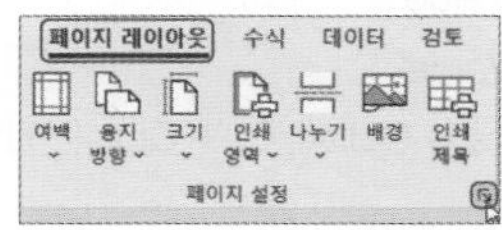

③ [시트] 탭에서 반복할 행에 커서를 두고 행 머리글 2를 클릭한다.

④ [페이지] 탭에서 용지 방향은 '가로'를 선택한다.

⑤ [머리글/바닥글] 탭에서 [바닥글 편집]을 클릭하고 '오른쪽 구역'에 커서를 두고 [페이지 번호 삽입]( ) 도구를 클릭한 후 **페이지**를 입력하고 [확인]을 클릭한다.

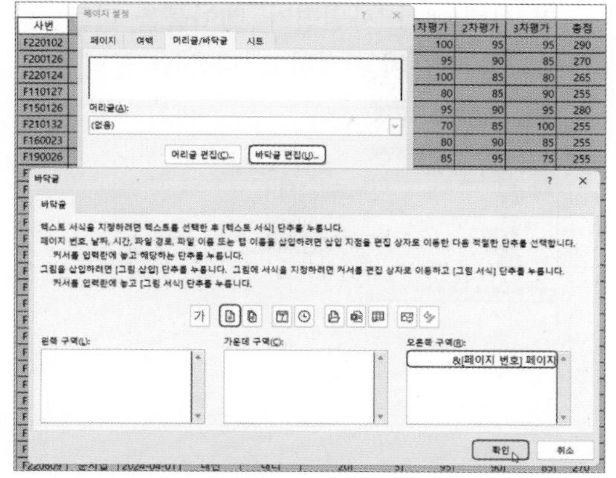

⑥ [B15] 셀을 클릭한 후 [페이지 레이아웃]-[나누기]-[페이지 나누기 삽입]을 클릭한다.

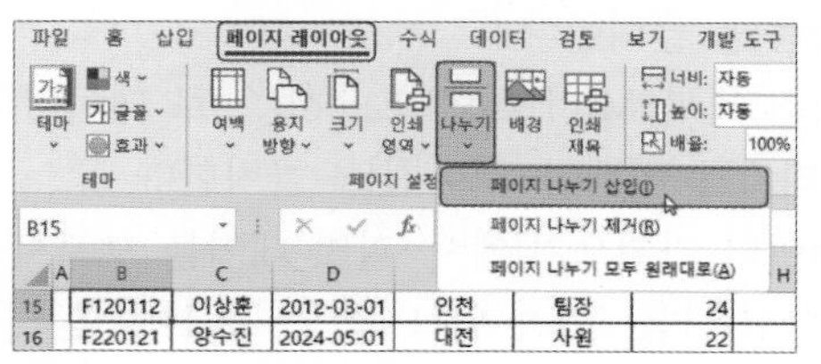

⑦ 같은 방법으로 [B35] 셀을 클릭한 후 [페이지 레이아웃]-[페이지 설정] 그룹에서 [나누기]-[페이지 나누기 삽입]을 클릭한다.

## 문제 ❷ 계산작업('계산작업' 시트)

### 01 근무평가[I3:I24]

[I3] 셀에 =IF(AND(D3>=23,COUNTIF(F3:H3,">=90")=3),"S",IF(AND(D3>=20,COUNTIF(F3:H3,">=80")=3),"A","B"))를 입력하고 [I24] 셀까지 수식을 복사한다.

### 02 가산점[J3:J24]

[J3] 셀에 =VLOOKUP(AVERAGE(F3:H3),$B$35:$D$39,3)+IF(E3=0,1,0)&"점"를 입력하고 [J24] 셀까지 수식을 복사한다.

### 03 비고[K3:K24]

① [개발 도구]-[코드] 그룹의 [Visual Basic]( )을 클릭한다.

② [삽입]-[모듈]을 클릭한다.

③ Module 창에 다음과 같이 입력한다.

```
Public Function fn비고(출근일수, 결근일수)
    Select Case 출근일수 / (출근일수 + 결근일수)
        Case 1
            fn비고 = "연차수당지급"
        Case Is < 0.85
            fn비고 = "연차사용"
        Case Else
            fn비고 = ""
    End Select
End Function
```

④ [파일]-[닫고 Microsoft Excel(으)로 돌아가기]를 클릭하여 [Visual Basic Editor]를 닫는다.

⑤ [K3] 셀을 클릭한 후 [함수 삽입]( )을 클릭한다.

⑥ '범주 선택'에서 '사용자 정의', '함수 선택'에서 'fn비고'를 선택한 후 [확인]을 클릭한다.

⑦ 그림과 같이 셀을 지정한 후 [확인]을 클릭한다.

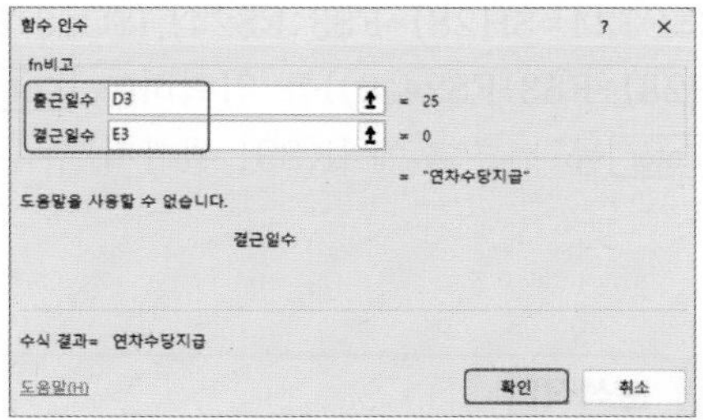

⑧ [K3] 셀을 선택한 후 [K24] 셀까지 수식을 복사한다.

### 04 영업소별 직급별 인원수[C28:E31]

[C28] 셀에 =COUNT(IF(FIND($B28,$C$3:$C$24)>=1*FIND(C$27,$C$3:$C$24)>=1,1))를 입력하고 Ctrl+Shift+Enter를 누른 후에 [E31] 셀까지 수식을 복사한다.

**함수 설명**

=COUNT(IF(FIND($B28,$C$3:$C$24))=1*FIND(C$27,$C$3:$C$24))=1,1))

① FIND($B28,$C$3:$C$24) : [B28] 셀의 '사원'을 [C3:C24] 영역에서 찾아 시작 위치 값을 구하면 '4'가 반환됨
(예 : '사원'을 [C3] 셀에서 찾았을 때 시작 위치가 4번째에 위치한 값이라고 반환됨.
'사원'은 '서울-' 다음에 있기 때문에 4번째가 사원이 시작한다는 것을 의미)

② FIND(C$27,$C$3:$C$24) : [C27] 셀의 '서울'을 [C3:C24] 영역에서 찾아 시작 위치 값을 구하면 '1'이 반환됨
(예 : '서울'을 [C3] 셀에서 찾았을 때 시작 위치가 1번째에서 시작한다는 것을 의미)

③ IF(①)=1*②)=1,1) : : ①의 값이 1 이상이고 ②의 값이 1이상인 행/열 모두 조건에 만족하면 1의 값을 반환

=COUNT(③) : ③에서 반환된 1의 개수가 몇 개인지를 카운트해서 결과로 표시

### 05 영업소별 최대점수[I28:K39]

[I28] 셀에 =INDEX(F$3:F$24, MATCH(MAX(($C$3:$C$24=$H28)*F$3:F$24),($C$3:$C$24=$H28)*F$3:F$24,0))를 입력하고 Ctrl+Shift+Enter를 누른 후에 [K39] 셀까지 수식을 복사한다.

## 문제 ❸ 분석작업

### 01 피벗 테이블('분석작업-1' 시트)

① [A4] 셀을 선택한 후 [데이터]-[데이터 가져오기 및 변환] 그룹의 [데이터 가져오기]-[기타 원본에서]-[Microsoft Query에서]를 클릭한다.

② [데이터 원본 선택]에서 [데이터베이스] 탭에서 'MS Access Database*'를 선택하고 [확인]을 클릭한다.

③ '사원현황.accdb'를 선택하고 [확인]을 클릭한다.

④ [열 선택]에서 '사원평가' 테이블을 더블클릭하여 다음과 같이 지정하고 [다음]을 클릭한다.

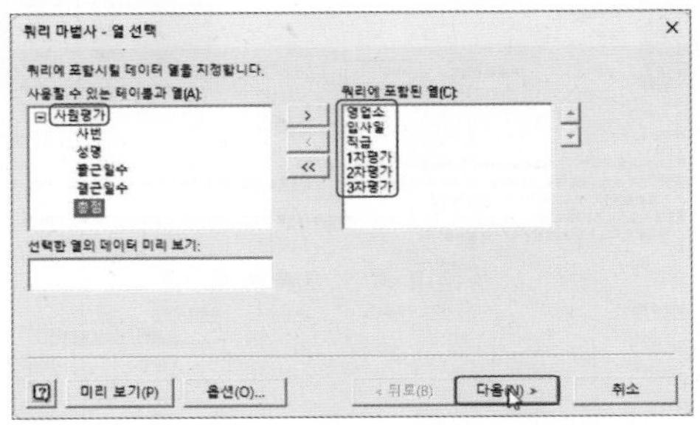


영업소, 입사일, 직급, 1차평가, 2차평가, 3차평가

⑤ [데이터 필터]와 [정렬 순서]에서는 설정 없이 [다음]을 클릭한다.

⑥ [마침]에서 'Microsoft Excel(으)로 데이터 되돌리기'를 선택하고 [마침]을 클릭한다.

⑦ [데이터 가져오기]에서 '피벗 테이블 보고서'를 선택한 다음, '기존 워크시트'는 [A4] 셀을 지정하고 [확인]을 클릭한다.

⑧ [피벗 테이블 필드]에서 다음과 같이 드래그한다.

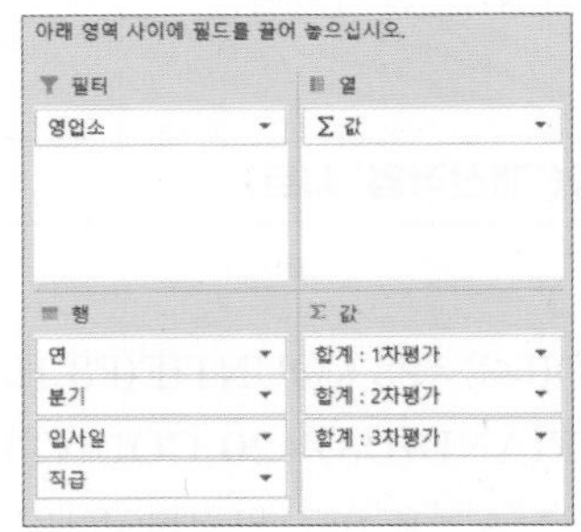


**버전 TIP**

⑨ [디자인] 그룹에서 [레이아웃]-[보고서 레이아웃]-[개요 형식으로 표시]를 클릭한다.

⑩ [B2] 셀의 목록 단추(▾)를 클릭하여 '서울'을 선택하고 [확인]을 클릭한다.

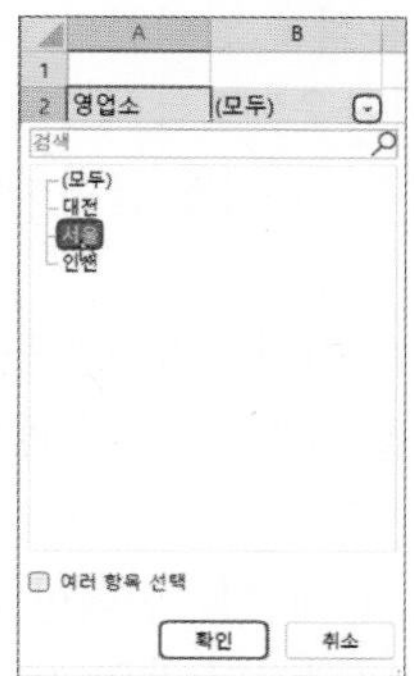


⑪ [A5] 셀에서 마우스 오른쪽 버튼을 눌러 [그룹]을 클릭한 후 '분기'만 선택되게 한 후 [확인]을 클릭한다.

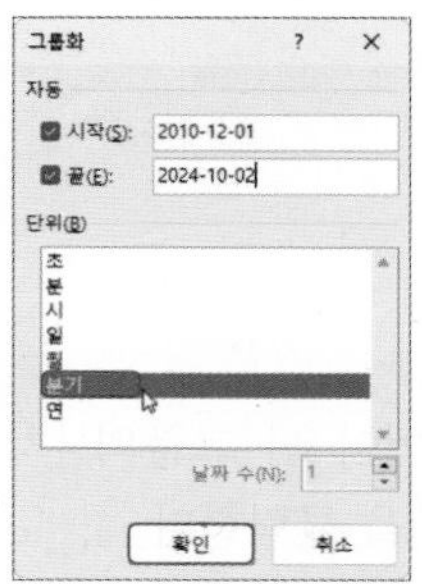


⑫ '2사분기', '3사분기', '4사분기'의 단추(⊟)를 클릭하여 숨기기한다.

⑬ '합계 : 1차평가'[C4]에서 더블클릭한 후 [값 필드 설정]에서 '평균'을 선택한 후 [표시 형식]을 클릭한 후 '숫자'를 선택하고 [확인]을 클릭한다.

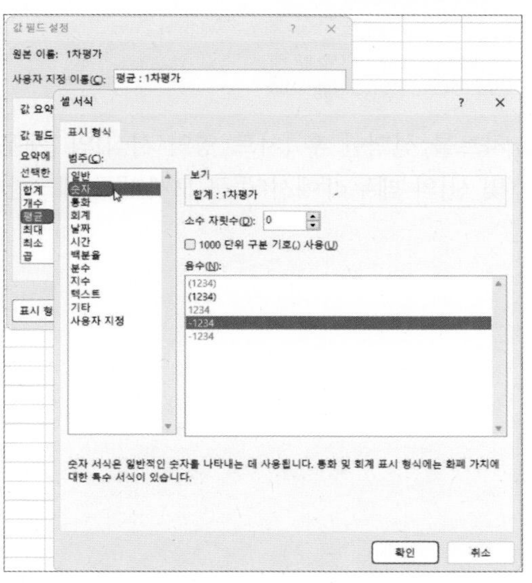


⑭ 같은 방법으로 '합계 : 2차평가'[D4], '합계 : 3차평가'[E4] 셀에서 더블클릭하여 '평균'을 선택하고, [표시 형식]을 클릭한 후 '숫자'를 선택하고 [확인]을 클릭한다.

⑮ [디자인] 탭의 [피벗 테이블 스타일] 그룹에서 '진한 노랑, 피벗 스타일 어둡게 5'를 선택한다.

⑯ '1사분기'의 '1차평가'[C8], '2차평가'[D8], '3차평가'[E8] 셀 중에 하나를 더블클릭한다.

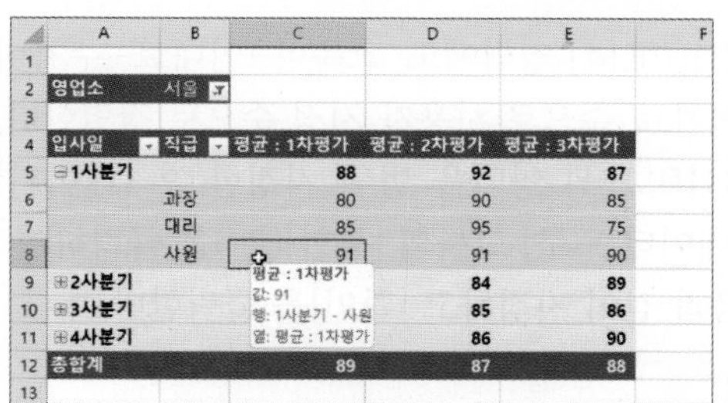

| 입사일 | 직급 | 평균 : 1차평가 | 평균 : 2차평가 | 평균 : 3차평가 |
|---|---|---|---|---|
| ⊟1사분기 | | 88 | 92 | 87 |
| | 과장 | 80 | 90 | 85 |
| | 대리 | 85 | 95 | 75 |
| | 사원 | 91 | 91 | 90 |
| ⊞2사분기 | | | 84 | 89 |
| ⊞3사분기 | | | 85 | 86 |
| ⊞4사분기 | | | 86 | 90 |
| 총합계 | | 89 | 87 | 88 |



⑰ '분석작업-1' 시트 앞에 삽입된 시트명을 더블클릭하여 **서울1사분기입사사원**을 입력한다.

### 02 데이터 도구('분석작업-2' 시트)

① [B3:E7] 영역을 범위 지정한 후 [데이터]-[정렬 및 필터] 그룹의 [정렬]을 클릭하여 정렬 기준 '항목'을 선택하고, 정렬 '사용자 지정 목록'을 선택하고 **교육비 임대료 주차비 전기료**순으로 입력하고 [추가]를 클릭한 후 [확인]을 클릭한다.

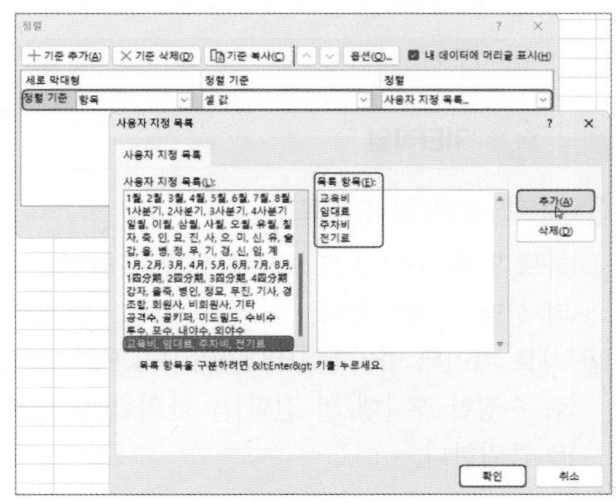

② [G3:J7] 영역을 범위 지정한 후 [정렬]을 클릭하여 다음과 같이 선택하고 [확인]을 클릭한다.

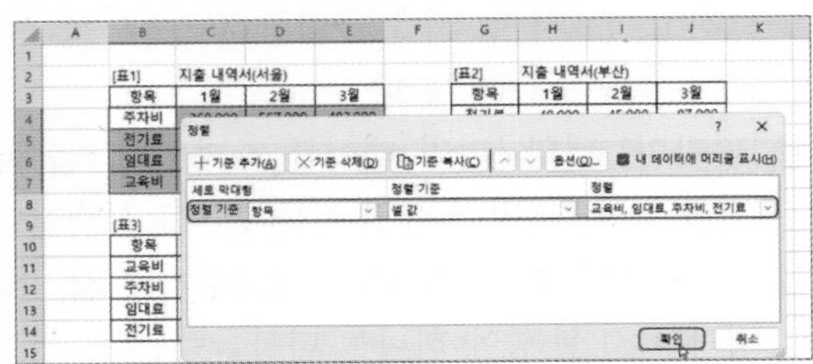

③ [B10:E14] 영역에도 '교육비–임대료–주차비–전기료' 순으로 사용자 지정 순으로 정렬한다.

④ [G10:J14] 영역을 범위 지정한 후 [데이터]–[데이터 도구] 그룹의 [통합]( )을 클릭하여 다음과 같이 지정하고 [확인]을 클릭한다.

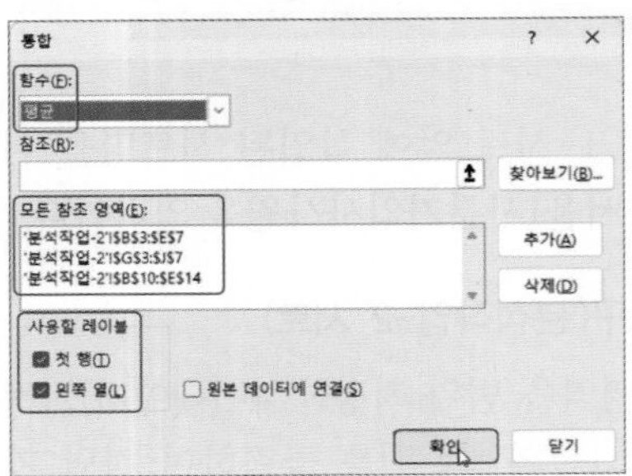


- **함수** : 평균
- **모든 참조 영역** : [B3:E7], [G3:J7], [B10:E14]
- **사용할 레이블** : 첫 행, 왼쪽 열

## 문제 4 기타작업

### 01 차트('기타작업-1' 시트)

① 차트 안에서 마우스 오른쪽 버튼을 눌러 [데이터 선택]을 클릭한다.

② '차트 데이터 범위'는 [B3:C8], [F3:F8] 영역으로 수정한 후 [행/열 전환]을 클릭한 후 [확인]을 클릭한다.

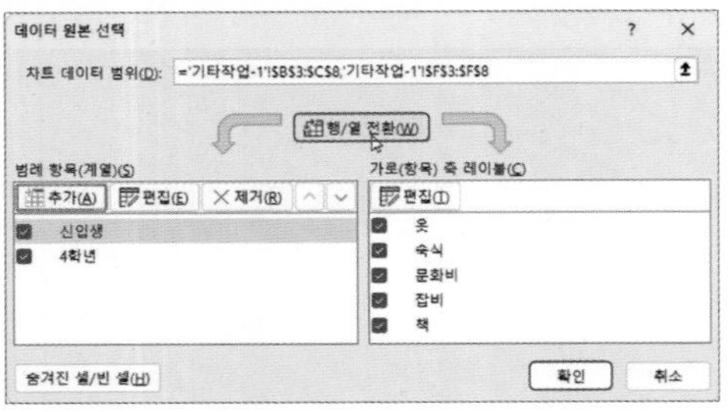


③ [차트 디자인]–[차트 레이아웃] 그룹의 [차트 요소 추가]–[차트 제목]–[차트 위]를 클릭하여 **신입생과 4학년 월생활비 분석**을 입력한다.

④ [차트 디자인]–[차트 레이아웃] 그룹의 [차트 요소 추가]–[축 제목]–[기본 가로]를 클릭하여 **항목**을 입력한다.

⑤ '4학년' 계열의 '숙식' 요소를 천천히 두 번 클릭한 후 마우스 오른쪽 버튼을 눌러 [데이터 레이블 추가]를 클릭한다.

⑥ '신입생' 또는 '4학년' 데이터 계열을 선택한 후 마우스 오른쪽 버튼을 눌러 [데이터 계열 서식]을 클릭한 후 [계열 옵션]에서 '간격 너비'에 70을 입력한다.

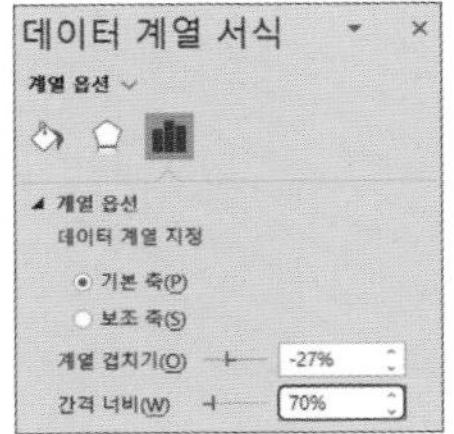


⑦ [차트 디자인]–[차트 레이아웃] 그룹의 [차트 요소 추가]–[범례]–[위쪽]을 클릭한다.

⑧ 세로(값) 축을 선택한 후 [축 서식]에서 '축 옵션'의 단위 '기본'에 100000을 입력한다.

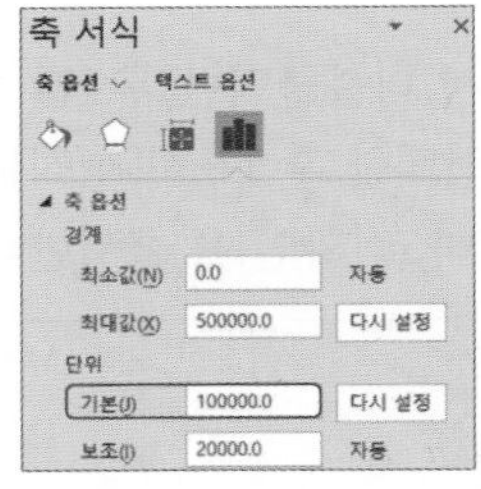


⑨ 차트를 선택한 후 [차트 영역 서식]의 [채우기 및 선]의 '테두리'에서 '둥근 모서리'를 체크한다.

⑩ [차트 영역 서식]의 [효과]에서 '네온'의 [미리 설정]을 클릭한 후 '네온: 5pt, 주황, 강조색2'를 선택한다.

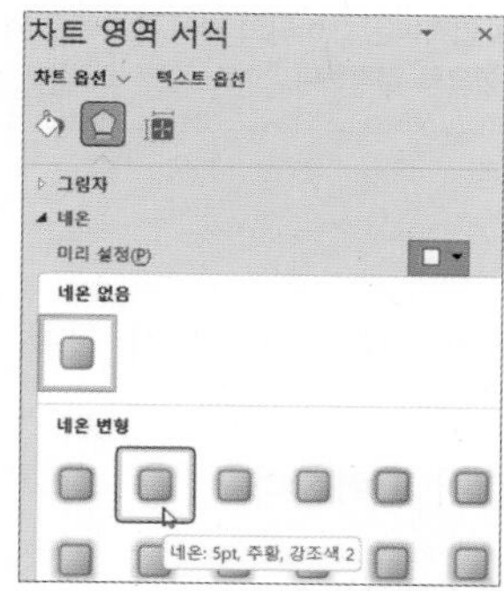


### 02 매크로('기타작업-2' 시트)

① [개발 도구]-[컨트롤] 그룹의 [삽입]-[단추(양식 컨트롤)](▭)을 클릭한다.

② 마우스 포인트가 '+'로 바뀌면 Alt를 누른 상태에서 [I2:J3] 영역으로 드래그한 후 [매크로 지정]에서 **총점서식**을 입력하고 [기록]을 클릭한다.

③ [매크로 기록]에 자동으로 '총점서식'으로 매크로 이름이 표시되면 [확인]을 클릭한다.

④ [G3:G22] 영역을 범위 지정한 후 Ctrl+1을 눌러 [표시 형식] 탭의 '사용자 지정'에 **[파랑][>=280]"♠" 0;[빨강][<=250]"♤" 0;0**을 입력하고 [확인]을 클릭한다.

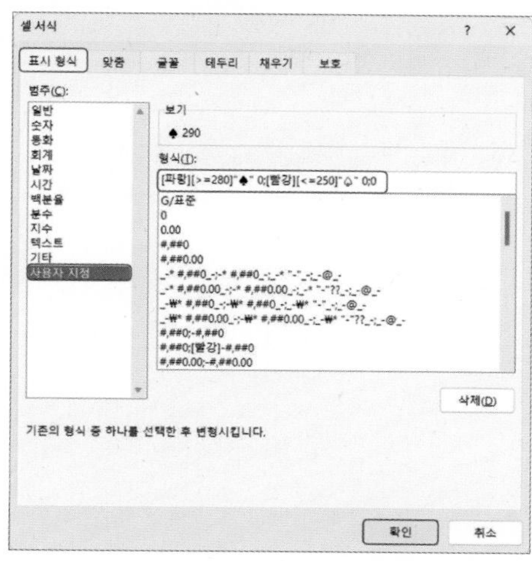


⑤ 임의의 셀을 클릭한 후 매크로 기록을 종료하기 위해 [개발 도구]-[코드] 그룹의 [기록 중지](□)를 클릭한다.

⑥ 단추에 텍스트를 수정하기 위해서 단추에서 마우스 오른쪽 버튼을 눌러 [텍스트 편집]을 클릭한다.

⑦ 단추에 입력된 '단추 1'을 지우고 **총점서식**을 입력한다.

⑧ [개발 도구]-[컨트롤] 그룹의 [삽입]-[단추(양식 컨트롤)](▭)을 클릭한다.

⑨ 마우스 포인트가 '+'로 바뀌면 [I5:J6] 영역에 드래그하면 [매크로 지정] 대화상자가 나타난다. Alt를 누른 상태로 드래그하면 셀 눈금선에 맞추어 그릴 수 있다.

⑩ [매크로 지정]에서 **일반서식**을 입력하고 [기록]을 클릭하고, [매크로 기록]에 자동으로 '일반서식'으로 매크로 이름이 표시되면 [확인]을 클릭한다.

⑪ [G3:G22] 영역을 범위 지정한 후 Ctrl+1을 눌러 [표시 형식] 탭의 '일반'을 선택하고 [확인]을 클릭한다.

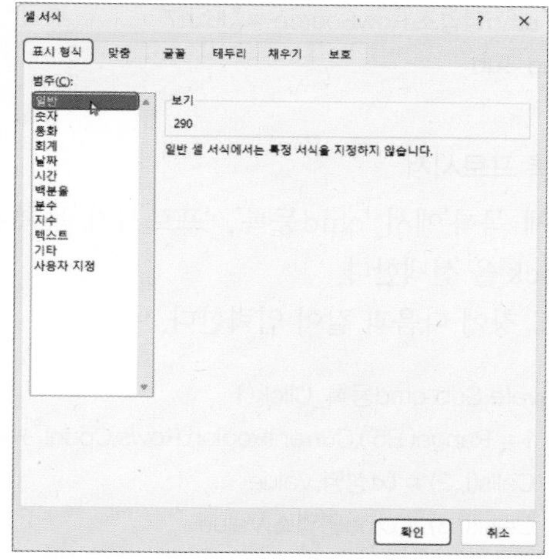


⑫ 임의의 셀을 클릭한 후 매크로 기록을 종료하기 위해 [개발 도구]-[코드] 그룹의 [기록 중지](□)를 클릭한다.

⑬ 단추에서 마우스 오른쪽 버튼을 눌러 [텍스트 편집]을 클릭하여 **일반서식**을 입력한다.

## 03 프로시저('기타작업-3' 시트)

### ① 폼 보이기

① [개발 도구]-[컨트롤] 그룹의 [디자인 모드](📐)를 클릭하여 〈평가등록〉 버튼을 편집 상태로 만든다.

② 〈평가등록〉 버튼을 더블클릭한 후 코드 창에 다음과 같이 입력한다.

```
Private Sub cmd평가등록_Click()
    근무평가.Show
End Sub
```

### ② 폼 초기화

① [프로젝트-VBAProject] 탐색기에서 '폼'을 더블 클릭하고 〈근무평가〉를 선택한다.

② [프로젝트-VBAProject] 탐색기의 [코드 보기](▤)를 클릭한다.

③ '개체 목록'은 'UserForm', '프로시저 목록'은 'Initialize'를 선택한다.

④ 코드 창에 다음과 같이 입력한다.

```
Private Sub UserForm_Initialize()
    cmb영업소.RowSource = "J6:J17"
End Sub
```

### ③ 등록 프로시저

① '개체 목록'에서 'cmd등록', '프로시저 목록'은 'Click'을 선택한다.

② 코드 창에 다음과 같이 입력한다.

```
Private Sub cmd등록_Click()
    i = Range("B5").CurrentRegion.Rows.Count + 4
    Cells(i, 2) = txt성명.Value
    Cells(i, 3) = cmb영업소.Value
    Cells(i, 4) = txt결근일수.Value
    Cells(i, 5) = txt1차평가.Value
    Cells(i, 6) = txt2차평가.Value
    Cells(i, 7) = txt3차평가.Value
    Cells(i, 8) = Int((Cells(i, 5) + Cells(i, 6) + Cells(i,
    7)) / 3)
End Sub
```

**코드 설명**

① i는 새로운 데이터를 입력할 행을 기억할 변수이다. i라는 변수 이름 대신에 한글로 '행' 또는 '입력행' 등을 사용할 수 있다.

② .Value
.Value는 값의 속성으로 입력받는 데이터의 값이 문자이면 왼쪽, 숫자와 날짜는 오른쪽으로 입력된다.

### ④ 종료 프로시저

① '개체 목록'에서 'cmd종료', '프로시저 목록'은 'Click'을 선택한다.

② 코드 창에 다음과 같이 입력한다.

```
Private Sub cmd종료_Click()
    MsgBox Time, vbOKOnly, "폼닫기"
    Unload Me
End Sub
```

**코드 설명**

vbOKOnly는 생략이 가능하다.

# 상시 기출 문제 08회

| 시험 시간 | 풀이 시간 | 합격 점수 | 내 점수 |
|---|---|---|---|
| 45분 | 분 | 70점 | 점 |

작업파일 [2025컴활1급₩1권_스프레드시트₩상시기출문제] 폴더의 '상시기출문제8회' 파일을 열어서 작업하시오.

## 문제 ❶ 기본작업 | 주어진 시트에서 다음 과정을 수행하고 저장하시오. 15점

### 01 '기본작업-1' 시트에서 다음과 같이 고급 필터를 수행하시오. (5점)

▶ [A2:H18] 영역에서 '동'이 '나리동'이고, 가족수가 홀수인 행만을 대상으로 '동', '호수', '가족수', '전기(kWh)'만을 표시하시오.

▶ 조건은 [J2:J3] 영역 내에 알맞게 입력하시오. (AND, ISODD 함수 사용)

▶ 결과는 [J5] 셀부터 표시하시오.

### 02 '기본작업-1' 시트에서 다음과 같이 조건부 서식을 설정하시오. (5점)

▶ [A3:H18] 영역에서 '동'이 '한수동'이고, '납부일'의 요일이 '월'이나 '수'인 행 전체에 대하여 글꼴 스타일 '굵은 기울임꼴', 글꼴 색 '표준 색 – 파랑'으로 적용하시오.

▶ 단, 규칙 유형은 '수식을 사용하여 서식을 지정할 셀 결정'을 사용하고, 한 개의 규칙으로만 작성하시오.

▶ AND, OR, WEEKDAY 함수 사용(WEEKDAY 함수는 '월요일'이 1이 되도록 작성)

### 03 '기본작업-2' 시트에서 다음과 같이 페이지 레이아웃을 설정하시오. (5점)

▶ 용지 너비는 1페이지, 용지 높이가 2페이지에 맞게 자동 배열되어 표시되도록 설정하고, [A2:J99] 영역을 인쇄 영역으로 지정하시오.

▶ 홀수 페이지 하단의 왼쪽 구역과 짝수 페이지 오른쪽 구역에 현재 페이지 번호가 [표시 예]와 같이 표시되도록 바닥글을 설정하시오.
[표시 예 : 현재 페이지 번호 1 → 1쪽]

▶ 2행이 매 페이지마다 반복하여 인쇄되도록 인쇄 제목을 설정하시오.

## 문제 ❷ 계산작업 | '계산작업' 시트에서 다음 과정을 수행하고 저장하시오. 30점

**01 [표1]의 가족수, 전기(kWh)와 [표4]를 이용하여 전기사용요금[E3:E18] 영역에 계산하여 표시하시오. (6점)**

- ▶ 전기사용요금 = 기본요금 + 전기(kWh) × 전력량요금 × (1−할인율)
- ▶ 전기(kWh), 가족수를 기준으로 [표4]에서 기본요금, 전력량요금, 할인율을 찾아 계산
- ▶ VLOOKUP, MATCH 함수 사용

**02 사용자 정의 함수 'fn승강기전기료'를 작성하여 [표1]의 [G3:G18] 영역에 승강기전기료를 계산하여 표시하시오. (6점)**

- ▶ 'fn승강기전기료'는 공동금액과 호수를 인수로 받아 값을 되돌려줌
- ▶ 승강기전기료는 '호수'의 왼쪽 한 글자는 층수를 나타내고 층수가 2 이하이거나 공동금액이 10,000 이하이면 공동금액의 30%, 그 외는 40%로 표시하시오.
- ▶ IF문 사용

```
Public Function fn승강기전기료(공동금액, 호수)
End Function
```

**03 [표1]의 호수와 공동금액을 이용하여 단위별공동금액[H3:H18] 영역에 계산하여 표시하시오. (6점)**

- ▶ 단위별공동금액은 공동금액을 호수의 끝자리가 1이면 20, 2이면 40, 3이면 50으로 나눈 몫에 '원'을 붙여서 표시 [표시 예 : 몫이 600 → 600원]
- ▶ QUOTIENT, CHOOSE, RIGHT, & 연산자 함수 사용

**04 [표1]의 동과 전기(kWh)을 이용하여 [표2]의 [B22:B24] 영역에 동별 전기(kWh)가 전체 전기(kWh)의 평균보다 큰 가구의 전기(kWh)를 동별로 합한 값과 세대수를 계산하여 [표시 예]와 같이 표시하시오. (6점)**

- ▶ [표시 예 : 1120(4세대)]
- ▶ CONCAT, SUM, AVERAGE 함수를 사용한 배열 수식

**05 [표1]의 동, 호수, 전기(kWh)를 이용하여 [표3]의 [E22:G24] 영역에 동별 호수의 끝자리별 최대 전기(kWh)을 계산하여 표시하시오. (6점)**

- ▶ MAX, VALUE, RIGHT 함수를 이용한 배열 수식

**문제 ❸ 분석작업** | 주어진 시트에서 다음 작업을 수행하고 저장하시오. **20점**

**01 '분석작업-1' 시트에서 다음의 지시사항에 따라 피벗 테이블 보고서를 작성하시오. (10점)**

▶ 외부 데이터 원본으로 〈수강현황.csv〉의 데이터를 사용하시오.
- 원본 데이터는 쉼표(,)로 분리되어 있으며, 첫 행에 머리글이 포함되어 있음
- '강좌명', '강사명', '납부액', '미납액' 열만 가져와 데이터 모델에 이 데이터를 추가하시오.

▶ 피벗 테이블의 보고서의 레이아웃과 위치는 〈그림〉을 참조하여 설정하고, 보고서 레이아웃은 개요 형식으로 표시하시오.

▶ '강좌명' 필드는 '바리스타중급', '바이올린중급', '수채화그리기(중)', '영어회화중급', '오카리나(중)', '종이접기(중)'만 표시하고, '납부액' 필드를 열 합계 비율을 기준으로 〈그림〉과 같이 나타나도록 작성한 후 사용자 지정 이름은 '납부액비율'로 지정하시오.

▶ '납부액', '미납액' 필드의 표시 형식은 값 필드 설정의 셀 서식에서 '회계' 범주를 이용하여 〈그림〉과 같이 설정하시오.

▶ '피벗 테이블 옵션'에서 '레이블이 있는 셀 병합 및 가운데 맞춤'을 지정하시오.

| | A | B | C | D | E | F |
|---|---|---|---|---|---|---|
| 1 | | | | | | |
| 2 | | 강좌명 | (다중 항목) | | | |
| 3 | | | | | | |
| 4 | | 강사명 | 합계: 납부액 | 합계: 미납액 | 납부액비율 | |
| 5 | | 김윤하 | 1,190,000 | 280,000 | 24.20% | |
| 6 | | 유지영 | 480,000 | 80,000 | 9.76% | |
| 7 | | 윤지윤 | 540,000 | 120,000 | 10.98% | |
| 8 | | 장하민 | 1,500,000 | 450,000 | 30.51% | |
| 9 | | 정윤로 | 272,000 | 68,000 | 5.53% | |
| 10 | | 최문하 | 935,000 | 220,000 | 19.02% | |
| 11 | | 총합계 | 4,917,000 | 1,218,000 | 100.00% | |
| 12 | | | | | | |

※ 작업 완성된 그림이며 부분 점수 없음

**02 '분석작업-2' 시트에 대하여 다음의 지시사항을 처리하시오. (10점)**

▶ [데이터 유효성 검사] 기능을 이용하여 [B6] 셀에는 [D4:D9] 영역의 목록을 선택할 수 있도록 제한 대상을 설정하시오.

▶ [표1]의 '월납입금액'은 '할부원금', '연이율', '상환기간(월)'을 이용하여 계산한 것이다. [데이터 표] 기능을 이용하여 [표2]의 [C14:H18] 영역에 '연이율'과 '상환기간(월)'에 따른 '월납입금액'을 계산하시오.

## 문제 ❹ 기타작업 | 주어진 시트에서 다음 작업을 수행하고 저장하시오. 35점

**01 '기타작업-1' 시트에서 다음의 지시사항에 따라 차트를 수정하시오. (각 2점)**

※ 차트는 반드시 문제에서 제공한 차트를 사용하여야 하며, 신규로 차트 작성 시 0점 처리됨

① 1~3층까지 '전기사용요금'과 '단위별공동요금'만 표시되도록 데이터 계열을 수정하고, '레이아웃 4'를 지정하시오.

② '단위별공동요금' 계열의 차트 종류를 '표식이 있는 꺾은선형'으로 변경한 후 보조 축으로 지정하시오.

③ 차트 제목을 추가하고 [C1] 셀, 기본 가로 축 제목을 추가하여 [B2] 셀과 연동하시오.

④ 기본 주 세로 눈금선을 표시하고 범례를 위쪽에 표시하시오.

⑤ 차트 영역의 테두리 스타일을 '둥근 모서리', 그림자를 '오프셋: 오른쪽'으로 설정하시오.

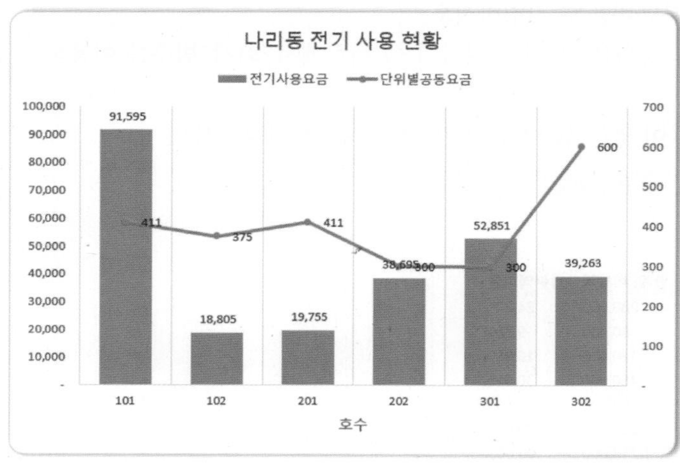


**02 '기타작업-2' 시트에서 다음과 같은 기능을 수행하는 매크로를 현재 통합문서에 작성하시오. (각 5점)**

① [B9:F9] 영역에 사용자 지정 표시 형식을 설정하는 '서식적용' 매크로를 생성하시오.

▶ 값이 양수이면 숫자를 소수점 둘째 자리까지 표시하고, 음수이면 빨강색으로 '▼'를 셀 왼쪽에 붙여서 표시하고, 숫자는 오른쪽에 붙여서 소수점 둘째 자리까지 표시하고, 0이나 텍스트이면 아무것도 표시하지 마시오.

▶ [표시 예 : 0.0344인 경우 → 0.03, -0.1821인 경우 → ▼ 0.18 ]

▶ [개발 도구] → [삽입] → [양식 컨트롤]의 '단추(▭)'를 동일 시트의 [H3:I4] 영역에 생성한 후 텍스트를 "서식적용"으로 입력하고, 단추를 클릭하면 '서식적용' 매크로가 실행되도록 설정하시오.

② [B9:F9] 영역에 표시 형식을 '일반'으로 적용하는 '일반서식' 매크로가 실행되도록 설정하시오.

▶ [개발 도구] → [삽입] → [양식 컨트롤]의 '단추(▭)'를 동일 시트의 [H6:I7] 영역에 생성한 후 텍스트를 "일반서식"으로 입력하고, 단추를 클릭하면 '일반서식' 매크로가 실행되도록 설정하시오.

※ 셀 포인터의 위치에 관계없이 매크로가 실행되어야 정답으로 인정됨

**03 '기타작업-3' 시트에서 다음과 같은 작업을 수행하도록 프로시저를 작성하시오. (각 5점)**

① '등록' 단추를 클릭하면 〈전기료등록〉 폼이 나타나도록 설정하고, 폼이 초기화(Initialize)되면 '납부일(txt납부일)'에는 시스템의 현재 날짜가 표시되고, '동(cmb동)' 목록에는 [G5:G7] 영역의 값이 표시되도록 프로시저를 작성하시오.

② 〈전기료등록〉 폼의 '등록(cmd등록)' 단추를 클릭하면 폼에 입력된 데이터가 [표1]에 입력되어 있는 마지막 행 다음에 연속하여 추가되도록 프로시저를 작성하시오.

▶ 전기(kWh)가 200 이하이면 730 + 전기(kWh) × 78.3, 전기(kWh)가 201 ~ 400 이면 1260 + 전기(kWh) × 147.3, 전기(kWh)가 400 초과이면 6060 + 전기(kWh) × 215.6 으로 전기료를 계산하시오.

▶ 전기료는 Format문을 사용하여 [표시 예]와 같이 입력하시오.
[표시 예 : 32000 → 32,000원, 0 → 0원]

▶ 입력되는 데이터는 워크시트에 입력된 기존 데이터와 같은 형식의 데이터를 입력하시오.

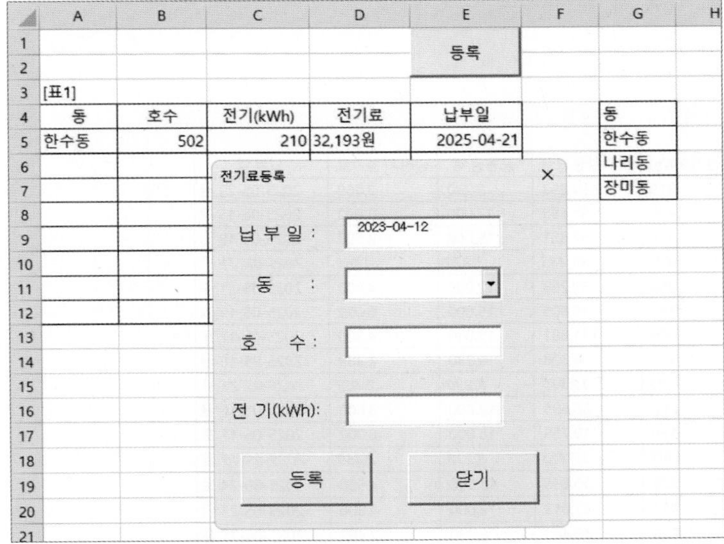


③ 〈전기료등록〉 폼의 '닫기(cmd닫기)' 단추를 클릭하면 〈그림〉과 같은 메시지 박스를 표시한 후 종료하는 프로시저를 작성하시오.

▶ 시스템의 현재 날짜와 시간 표시

# 상시 기출 문제 08회 정답

## 문제 ❶ 기본작업

### 01 고급 필터

J3 =AND(A3="나리동",ISODD(C3))

| | I | J | K | L | M | N | O |
|---|---|---|---|---|---|---|---|
| 1 | | | | | | | |
| 2 | | 조건 | | | | | |
| 3 | | FALSE | | | | | |
| 4 | | | | | | | |
| 5 | | 동 | 호수 | 가족수 | 전기(kWh) | | |
| 6 | | 나리동 | 101 | 5 | 409 | | |
| 7 | | 나리동 | 202 | 3 | 262 | | |
| 8 | | 나리동 | 402 | 7 | 420 | | |
| 9 | | | | | | | |

### 02 조건부 서식

| | A | B | C | D | E | F | G | H | I |
|---|---|---|---|---|---|---|---|---|---|
| 1 | | | | | | | | | |
| 2 | 동 | 호수 | 가족수 | 전기(kWh) | 전기사용요금 | 공동금액 | 승강기전기료 | 납부일 | |
| 3 | 한수동 | 101 | 4 | 319 | 54,293 | 8,230 | 2,469 | 2025-05-23 금 | |
| 4 | 나리동 | 101 | 5 | 409 | 91,595 | 12,000 | 3,600 | 2025-05-15 목 | |
| 5 | 장미동 | 203 | 3 | 310 | 52,851 | 15,000 | 4,500 | 2025-05-18 일 | |
| 6 | *한수동* | *201* | *4* | *423* | *95,435* | *8,230* | *2,469* | *2025-05-21 수* | |
| 7 | 나리동 | 303 | 2 | 258 | 39,263 | 12,000 | 4,800 | 2025-05-21 수 | |
| 8 | 장미동 | 303 | 1 | 189 | 18,805 | 15,000 | 6,000 | 2025-05-19 월 | |
| 9 | 장미동 | 102 | 5 | 506 | 111,881 | 15,000 | 4,500 | 2025-05-17 토 | |
| 10 | 한수동 | 502 | 3 | 418 | 94,378 | 8,230 | 2,469 | 2025-05-16 금 | |
| 11 | *한수동* | *401* | *2* | *195* | *19,375* | *8,230* | *2,469* | *2025-05-21 수* | |
| 12 | 나리동 | 202 | 3 | 262 | 38,695 | 12,000 | 3,600 | 2025-05-16 금 | |
| 13 | 장미동 | 502 | 2 | 199 | 19,755 | 15,000 | 6,000 | 2025-05-17 토 | |
| 14 | *한수동* | *303* | *4* | *341* | *57,818* | *8,230* | *2,469* | *2025-05-19 월* | |
| 15 | 장미동 | 201 | 3 | 329 | 55,896 | 15,000 | 4,500 | 2025-05-24 토 | |
| 16 | 나리동 | 501 | 6 | 411 | 92,013 | 12,000 | 4,800 | 2025-05-23 금 | |
| 17 | 한수동 | 601 | 3 | 274 | 40,409 | 8,230 | 2,469 | 2025-05-25 일 | |
| 18 | 나리동 | 402 | 7 | 420 | 93,895 | 12,000 | 4,800 | 2025-05-26 월 | |
| 19 | | | | | | | | | |

## 03 페이지 레이아웃

| 수강생코드 | 수강생명 | 주소 | 강좌코드 | 강좌명 | 강사명 | 수강료 | 수강료합계 | 납부액 | 미납액 |
|---|---|---|---|---|---|---|---|---|---|
| A-023 | 민유아 | 서대문구 | VF01 | 피트니스1 | 한류민 | 65,000 | 325,000 | 260,000 | 65,000 |
| A-023 | 민유아 | 서대문구 | AC01 | 바리스타기초 | 최문하 | 55,000 | 275,000 | 220,000 | 55,000 |
| A-024 | 강지율 | 성북구 | CP02 | 한지공예(오후) | 이윤호 | 65,000 | 325,000 | 325,000 | - |
| A-024 | 강지율 | 성북구 | VJ03 | 종이접기(고) | 정윤표 | 68,000 | 340,000 | 204,000 | 136,000 |
| A-025 | 김미현 | 도봉구 | CC02 | 중식요리 | 하민수 | 75,000 | 450,000 | 375,000 | 75,000 |
| A-025 | 김미현 | 도봉구 | TR01 | 바이올린초급 | 유지영 | 50,000 | 300,000 | 250,000 | 50,000 |
| A-026 | 이윤하 | 강남구 | VM03 | 오카리나(고) | 윤지윤 | 60,000 | 420,000 | 420,000 | - |
| A-026 | 이윤하 | 강남구 | AM03 | 트로트배우기3 | 하지민 | 70,000 | 490,000 | 420,000 | 70,000 |
| A-027 | 최연지 | 강남구 | VH02 | 손바느질2 | 하진아 | 50,000 | 250,000 | 250,000 | - |
| A-027 | 최연지 | 강남구 | VP01 | 수채화그리기(초) | 장하민 | 75,000 | 375,000 | 225,000 | 150,000 |
| A-028 | 이민지 | 광진구 | CC01 | 일식요리 | 하민수 | 75,000 | 375,000 | 300,000 | 75,000 |
| A-028 | 이민지 | 광진구 | VF01 | 피트니스1 | 한류민 | 65,000 | 325,000 | 260,000 | 65,000 |
| A-029 | 안영웅 | 노원구 | VM03 | 오카리나(고) | 윤지윤 | 60,000 | 240,000 | 180,000 | 60,000 |
| A-029 | 안영웅 | 노원구 | VH02 | 손바느질2 | 하진아 | 50,000 | 200,000 | 150,000 | 50,000 |
| A-030 | 김사윤 | 마포구 | AM02 | 트로트배우기2 | 하지민 | 70,000 | 350,000 | 280,000 | 70,000 |
| A-030 | 김사윤 | 마포구 | AC01 | 바리스타기초 | 최문하 | 55,000 | 275,000 | 165,000 | 110,000 |
| A-031 | 김사랑 | 성북구 | AM01 | 트로트배우기1 | 하지민 | 70,000 | 420,000 | 350,000 | 70,000 |
| A-031 | 김사랑 | 성북구 | CC02 | 중식요리 | 하민수 | 75,000 | 450,000 | 375,000 | 75,000 |
| A-032 | 정아진 | 중랑구 | VJ01 | 종이접기(초) | 정윤표 | 68,000 | 340,000 | 272,000 | 68,000 |
| A-032 | 정아진 | 중랑구 | VM02 | 오카리나(중) | 윤지윤 | 60,000 | 300,000 | 240,000 | 60,000 |
| A-033 | 민유리 | 마포구 | VH01 | 손바느질1 | 하진아 | 50,000 | 250,000 | 250,000 | - |
| A-033 | 민유리 | 마포구 | CP01 | 한지공예(오전) | 이윤호 | 65,000 | 325,000 | 195,000 | 130,000 |
| C-003 | 박서진 | 동작구 | CE02 | 영어회화중급 | 김윤하 | 70,000 | 350,000 | 280,000 | 70,000 |
| C-003 | 박서진 | 동작구 | VF01 | 피트니스1 | 한류민 | 65,000 | 325,000 | 260,000 | 65,000 |
| C-004 | 박서후 | 서초구 | CR02 | 로봇코딩(오후) | 강윤아 | 75,000 | 150,000 | 150,000 | - |
| C-004 | 박서후 | 서초구 | TR02 | 바이올린중급 | 유지영 | 80,000 | 160,000 | 160,000 | - |
| C-005 | 지수아 | 관악구 | AM03 | 트로트배우기3 | 하지민 | 70,000 | 350,000 | 280,000 | 70,000 |
| C-005 | 지수아 | 관악구 | CD02 | 방송댄스(자격증) | 이미나 | 60,000 | 300,000 | 300,000 | - |
| C-006 | 지영훈 | 관악구 | VP01 | 수채화그리기(초) | 장하민 | 75,000 | 450,000 | 450,000 | - |
| C-006 | 지영훈 | 관악구 | VF01 | 피트니스1 | 한류민 | 65,000 | 390,000 | 325,000 | 65,000 |
| C-007 | 윤하진 | 종로구 | AC02 | 바리스타중급 | 최문하 | 55,000 | 275,000 | 275,000 | - |
| C-007 | 윤하진 | 종로구 | CC02 | 중식요리 | 하민수 | 75,000 | 375,000 | 300,000 | 75,000 |
| C-008 | 윤하율 | 중구 | TR01 | 바이올린초급 | 유지영 | 50,000 | 250,000 | 200,000 | 50,000 |
| C-008 | 윤하율 | 중구 | VM03 | 오카리나(고) | 윤지윤 | 60,000 | 300,000 | 300,000 | - |
| C-009 | 지민서 | 은평구 | CD02 | 방송댄스(자격증) | 이미나 | 60,000 | 300,000 | 240,000 | 60,000 |
| C-009 | 지민서 | 은평구 | VF01 | 피트니스1 | 한류민 | 65,000 | 325,000 | 260,000 | 65,000 |
| C-010 | 장주영 | 용산구 | VJ03 | 종이접기(고) | 정윤표 | 68,000 | 340,000 | 340,000 | - |
| C-010 | 장주영 | 용산구 | VP02 | 수채화그리기(중) | 장하민 | 75,000 | 375,000 | 225,000 | 150,000 |
| C-011 | 하미정 | 금천구 | AM01 | 트로트배우기1 | 하지민 | 70,000 | 280,000 | 140,000 | 140,000 |
| C-011 | 하미정 | 금천구 | CP01 | 한지공예(오전) | 이윤호 | 65,000 | 260,000 | 195,000 | 65,000 |
| C-012 | 한서윤 | 강동구 | VH02 | 손바느질2 | 하진아 | 50,000 | 250,000 | 200,000 | 50,000 |
| C-012 | 한서윤 | 강동구 | CE03 | 영어회화고급 | 김윤하 | 70,000 | 350,000 | 350,000 | - |
| C-013 | 민유아 | 송파구 | VP01 | 수채화그리기(초) | 장하민 | 75,000 | 450,000 | 375,000 | 75,000 |
| C-013 | 민유아 | 송파구 | CE03 | 영어회화고급 | 김윤하 | 70,000 | 420,000 | 280,000 | 140,000 |
| D-014 | 송창희 | 강서구 | VF01 | 피트니스1 | 한류민 | 65,000 | 325,000 | 260,000 | 65,000 |
| D-014 | 송창희 | 강서구 | AM02 | 트로트배우기2 | 하지민 | 70,000 | 350,000 | 210,000 | 140,000 |
| D-015 | 나민우 | 강북구 | AM02 | 트로트배우기2 | 하지민 | 70,000 | 490,000 | 420,000 | 70,000 |
| D-015 | 나민우 | 강북구 | CE02 | 영어회화중급 | 김윤하 | 70,000 | 490,000 | 420,000 | 70,000 |
| D-016 | 민지후 | 강동구 | AC01 | 바리스타기초 | 최문하 | 55,000 | 275,000 | 275,000 | - |
| D-016 | 민지후 | 강동구 | CC02 | 중식요리 | 하민수 | 75,000 | 375,000 | 300,000 | 75,000 |
| D-017 | 홍기영 | 동대문구 | VM02 | 오카리나(중) | 윤지윤 | 60,000 | 60,000 | 60,000 | - |
| D-017 | 홍기영 | 동대문구 | CR02 | 로봇코딩(오후) | 강윤아 | 75,000 | 75,000 | 75,000 | - |
| D-018 | 황미윤 | 중구 | TR02 | 바이올린중급 | 유지영 | 80,000 | 400,000 | 320,000 | 80,000 |
| D-018 | 황미윤 | 중구 | VF02 | 피트니스2 | 한류민 | 65,000 | 325,000 | 195,000 | 130,000 |

1쪽

| 수강생코드 | 수강생명 | 주소 | 강좌코드 | 강좌명 | 강사명 | 수강료 | 수강료합계 | 납부액 | 미납액 |
|---|---|---|---|---|---|---|---|---|---|
| M-021 | 진하민 | 영등포구 | TR03 | 바이올린고급 | 유지영 | 80,000 | 480,000 | 400,000 | 80,000 |
| M-021 | 진하민 | 영등포구 | AC02 | 바리스타중급 | 최문하 | 55,000 | 330,000 | 220,000 | 110,000 |
| M-022 | 유하수 | 마포구 | CR01 | 로봇코딩(오전) | 강윤아 | 75,000 | 375,000 | 300,000 | 75,000 |
| M-022 | 유하수 | 마포구 | CE02 | 영어회화중급 | 김윤하 | 70,000 | 350,000 | 280,000 | 70,000 |
| M-023 | 윤미래 | 관악구 | VP02 | 수채화그리기(중) | 장하민 | 75,000 | 375,000 | 300,000 | 75,000 |
| M-023 | 윤미래 | 관악구 | AM02 | 트로트배우기2 | 하지민 | 70,000 | 350,000 | 210,000 | 140,000 |
| M-024 | 도미라 | 동작구 | CD02 | 방송댄스(자격증) | 이미나 | 60,000 | 420,000 | 360,000 | 60,000 |
| M-024 | 도미라 | 동작구 | VJ01 | 종이접기(초) | 정윤표 | 68,000 | 476,000 | 408,000 | 68,000 |
| M-025 | 유진희 | 종로구 | VM03 | 오카리나(고) | 윤지윤 | 60,000 | 300,000 | 300,000 | - |
| M-025 | 유진희 | 종로구 | VH01 | 손바느질1 | 하진아 | 50,000 | 250,000 | 150,000 | 100,000 |
| M-026 | 하창수 | 중랑구 | CP01 | 한지공예(오전) | 이윤호 | 65,000 | 325,000 | 260,000 | 65,000 |
| M-026 | 하창수 | 중랑구 | AM02 | 트로트배우기2 | 하지민 | 70,000 | 350,000 | 350,000 | - |
| M-027 | 하창희 | 노원구 | TR03 | 바이올린고급 | 유지영 | 80,000 | 480,000 | 400,000 | 80,000 |
| M-027 | 하창희 | 노원구 | VP02 | 수채화그리기(중) | 장하민 | 75,000 | 450,000 | 450,000 | - |
| M-028 | 민윤서 | 도봉구 | VF01 | 피트니스1 | 한류민 | 65,000 | 325,000 | 195,000 | 130,000 |
| M-028 | 민윤서 | 도봉구 | VM03 | 오카리나(고) | 윤지윤 | 60,000 | 300,000 | 240,000 | 60,000 |
| M-029 | 정의진 | 은평구 | CP02 | 한지공예(오후) | 이윤호 | 65,000 | 260,000 | 130,000 | 130,000 |
| M-029 | 정의진 | 은평구 | VH01 | 손바느질1 | 하진아 | 50,000 | 200,000 | 150,000 | 50,000 |
| M-030 | 서미라 | 금천구 | VF02 | 피트니스2 | 한류민 | 65,000 | 325,000 | 260,000 | 65,000 |
| M-030 | 서미라 | 금천구 | TR01 | 바이올린초급 | 유지영 | 50,000 | 250,000 | 200,000 | 50,000 |
| M-031 | 서정윤 | 금천구 | CC01 | 일식요리 | 하민수 | 75,000 | 525,000 | 375,000 | 150,000 |
| M-031 | 서정윤 | 금천구 | AC01 | 바리스타기초 | 최문하 | 55,000 | 385,000 | 330,000 | 55,000 |
| S-009 | 사미영 | 노원구 | VP02 | 수채화그리기(중) | 장하민 | 75,000 | 375,000 | 300,000 | 75,000 |
| S-009 | 사미영 | 노원구 | VJ02 | 종이접기(중) | 정윤표 | 68,000 | 340,000 | 272,000 | 68,000 |
| S-010 | 한동수 | 성북구 | VP01 | 수채화그리기(초) | 장하민 | 75,000 | 375,000 | 300,000 | 75,000 |
| S-010 | 한동수 | 성북구 | CC02 | 중식요리 | 하민수 | 75,000 | 375,000 | 300,000 | 75,000 |
| S-011 | 최진이 | 광진구 | CD02 | 방송댄스(자격증) | 이미나 | 60,000 | 360,000 | 300,000 | 60,000 |
| S-011 | 최진이 | 광진구 | VF02 | 피트니스2 | 한류민 | 65,000 | 390,000 | 390,000 | - |
| S-011 | 최진이 | 광진구 | AC01 | 바리스타기초 | 최문하 | 55,000 | 330,000 | 220,000 | 110,000 |
| S-012 | 이미리 | 마포구 | VM01 | 오카리나(초) | 윤지윤 | 60,000 | 300,000 | 240,000 | 60,000 |
| S-012 | 이미리 | 마포구 | AC02 | 바리스타중급 | 최문하 | 55,000 | 275,000 | 220,000 | 55,000 |
| S-013 | 임영진 | 동작구 | CC02 | 중식요리 | 하민수 | 75,000 | 150,000 | 150,000 | - |
| S-013 | 임영진 | 동작구 | AM02 | 트로트배우기2 | 하지민 | 70,000 | 140,000 | 140,000 | - |
| S-014 | 강미현 | 서대문구 | CR01 | 로봇코딩(오전) | 강윤아 | 75,000 | 300,000 | 300,000 | - |
| S-014 | 강미현 | 서대문구 | CE02 | 영어회화중급 | 김윤하 | 70,000 | 280,000 | 210,000 | 70,000 |
| S-015 | 인서율 | 은평구 | TR03 | 바이올린고급 | 유지영 | 80,000 | 400,000 | 400,000 | - |
| S-015 | 인서율 | 은평구 | VM02 | 오카리나(중) | 윤지윤 | 60,000 | 300,000 | 240,000 | 60,000 |
| S-016 | 한지후 | 강북구 | VJ01 | 종이접기(초) | 정윤표 | 68,000 | 476,000 | 408,000 | 68,000 |
| S-016 | 한지후 | 강북구 | CP02 | 한지공예(오후) | 이윤호 | 65,000 | 455,000 | 455,000 | - |
| S-017 | 도은서 | 은평구 | CC01 | 일식요리 | 하민수 | 75,000 | 450,000 | 375,000 | 75,000 |
| S-017 | 도은서 | 은평구 | VF01 | 피트니스1 | 한류민 | 65,000 | 390,000 | 260,000 | 130,000 |
| S-018 | 장한서 | 영등포구 | VP02 | 수채화그리기(중) | 장하민 | 75,000 | 375,000 | 225,000 | 150,000 |
| S-018 | 장한서 | 영등포구 | AC02 | 바리스타중급 | 최문하 | 55,000 | 275,000 | 220,000 | 55,000 |

2쪽

## 문제 ❷ 계산작업

### 01 전기사용요금, 승강기전기료, 단위별공동금액, 합계, 최대 전기(kWh)

| | A | B | C | D | E | F | G | H | I |
|---|---|---|---|---|---|---|---|---|---|
| 1 | [표1] | | | | | | | | |
| 2 | 동 | 호수 | 가족수 | 전기(kWh) | 전기사용요금 | 공동금액 | 승강기전기료 | 단위별공동금액 | |
| 3 | 한수동 | 101 | 4 | 319 | 54,293 | 8,230 | 2,469 | 411원 | |
| 4 | 나리동 | 101 | 5 | 409 | 91,595 | 12,000 | 3,600 | 600원 | |
| 5 | 장미동 | 203 | 3 | 310 | 52,851 | 15,000 | 4,500 | 300원 | |
| 6 | 한수동 | 201 | 4 | 423 | 95,435 | 8,230 | 2,469 | 411원 | |
| 7 | 나리동 | 303 | 2 | 258 | 39,263 | 12,000 | 4,800 | 240원 | |
| 8 | 장미동 | 303 | 1 | 189 | 18,805 | 15,000 | 6,000 | 300원 | |
| 9 | 장미동 | 102 | 5 | 506 | 111,881 | 15,000 | 4,500 | 375원 | |
| 10 | 한수동 | 502 | 3 | 418 | 94,378 | 8,230 | 2,469 | 205원 | |
| 11 | 한수동 | 401 | 2 | 195 | 19,375 | 8,230 | 2,469 | 411원 | |
| 12 | 나리동 | 202 | 3 | 262 | 38,695 | 12,000 | 3,600 | 300원 | |
| 13 | 장미동 | 502 | 2 | 199 | 19,755 | 15,000 | 6,000 | 375원 | |
| 14 | 한수동 | 303 | 4 | 341 | 57,818 | 8,230 | 2,469 | 164원 | |
| 15 | 장미동 | 201 | 3 | 329 | 55,896 | 15,000 | 4,500 | 750원 | |
| 16 | 나리동 | 501 | 6 | 411 | 92,013 | 12,000 | 4,800 | 600원 | |
| 17 | 한수동 | 601 | 3 | 274 | 40,409 | 8,230 | 2,469 | 411원 | |
| 18 | 나리동 | 402 | 7 | 420 | 93,895 | 12,000 | 4,800 | 300원 | |
| 19 | | | | | | | | | |
| 20 | [표2] | | | [표3] | | | | | |
| 21 | 동 | 합계 | | 동:호수 | 1 | 2 | 3 | | |
| 22 | 한수동 | 1182(3세대) | | 한수동 | 423 | 418 | 341 | | |
| 23 | 나리동 | 1240(3세대) | | 나리동 | 411 | 420 | 258 | | |
| 24 | 장미동 | 835(2세대) | | 장미동 | 329 | 506 | 310 | | |
| 25 | | | | | | | | | |

1. [E3] 셀에 「=VLOOKUP(D3,$A$29:$D$33,3)+D3*VLOOKUP(D3,$A$29:$D$33,4)*(1-VLOOKUP(D3,$A$29:$G$33, MATCH(C3,$E$27:$G$27,1)+4))」를 입력하고 [E18] 셀까지 수식 복사
2. [G3] 셀에 「=fn승강기전기료(F3,B3)」를 입력하고 [G18] 셀까지 수식 복사

```
Public Function fn승강기전기료(공동금액, 호수)
   If Left(호수, 1) <= 2 Or 공동금액 <= 10000 Then
      fn승강기전기료 = 공동금액 * 0.3
   Else
      fn승강기전기료 = 공동금액 * 0.4
   End If
End Function
```

3. [H3] 셀에 「=QUOTIENT(F3,CHOOSE(RIGHT(B3,1),20,40,50))&"원"」를 입력하고 [H18] 셀까지 수식 복사
4. [B22] 셀에 「=CONCAT(SUM(($A$3:$A$18=A22)*($D$3:$D$18>AVERAGE($D$3:$D$18))*$D$3:$D$18),"(",SUM(($A$3:$A$18=A22)*($D$3:$D$18>AVERAGE($D$3:$D$18))),"세대)")」를 입력하고 Ctrl+Shift+Enter를 누른 후에 [B24] 셀까지 수식을 복사
5. [E22] 셀에 「=MAX(($A$3:$A$18=$D22)*(VALUE(RIGHT($B$3:$B$18,1))=E$21)*$D$3:$D$18)」를 입력하고 Ctrl+Shift+Enter를 누른 후에 [G24] 셀까지 수식을 복사

## 문제 ❸ 분석작업

### 01 피벗 테이블

| | A | B | C | D | E | F |
|---|---|---|---|---|---|---|
| 1 | | | | | | |
| 2 | | 강좌명 | (다중 항목) | | | |
| 3 | | | | | | |
| 4 | | 강사명 | 합계: 납부액 | 합계: 미납액 | 납부액비율 | |
| 5 | | 김윤하 | 1,190,000 | 280,000 | 24.20% | |
| 6 | | 유지영 | 480,000 | 80,000 | 9.76% | |
| 7 | | 윤지윤 | 540,000 | 120,000 | 10.98% | |
| 8 | | 장하민 | 1,500,000 | 450,000 | 30.51% | |
| 9 | | 정윤로 | 272,000 | 68,000 | 5.53% | |
| 10 | | 최문하 | 935,000 | 220,000 | 19.02% | |
| 11 | | 총합계 | 4,917,000 | 1,218,000 | 100.00% | |
| 12 | | | | | | |

### 02 데이터 도구

| | A | B | C | D | E | F | G | H | I |
|---|---|---|---|---|---|---|---|---|---|
| 1 | | | | | | | | | |
| 2 | [표1] 자동차 할부금 계산 | | | | | | | | |
| 3 | 차량금액 | ₩ 35,000,000 | | 연이율 | | | | | |
| 4 | 인도금 | ₩ 5,000,000 | | 2% | | | | | |
| 5 | 할부원금 | ₩ 30,000,000 | | 3% | | | | | |
| 6 | 연이율 | 7% | | 4% | | | | | |
| 7 | 상환기간(월) | 40 | | 5% | | | | | |
| 8 | 월납입금액 | ₩ 843,075 | | 6% | | | | | |
| 9 | | | | 7% | | | | | |
| 10 | | | | | | | | | |
| 11 | | | | | | | | | |
| 12 | | [표2] | 연이율 | | | | | | |
| 13 | | ₩ 843,075 | 2% | 3% | 4% | 5% | 6% | 7% | |
| 14 | 상환기간(월) | 12 | 2,527,166 | 2,540,811 | 2,554,497 | 2,568,224 | 2,581,993 | 2,595,802 | |
| 15 | | 24 | 1,276,208 | 1,289,436 | 1,302,748 | 1,316,142 | 1,329,618 | 1,343,177 | |
| 16 | | 36 | 859,277 | 872,436 | 885,720 | 899,127 | 912,658 | 926,313 | |
| 17 | | 48 | 650,854 | 664,030 | 677,372 | 690,879 | 704,551 | 718,387 | |
| 18 | | 60 | 525,833 | 539,061 | 552,496 | 566,137 | 579,984 | 594,036 | |
| 19 | | | | | | | | | |

## 문제 ❹ 기타작업

### 01 차트

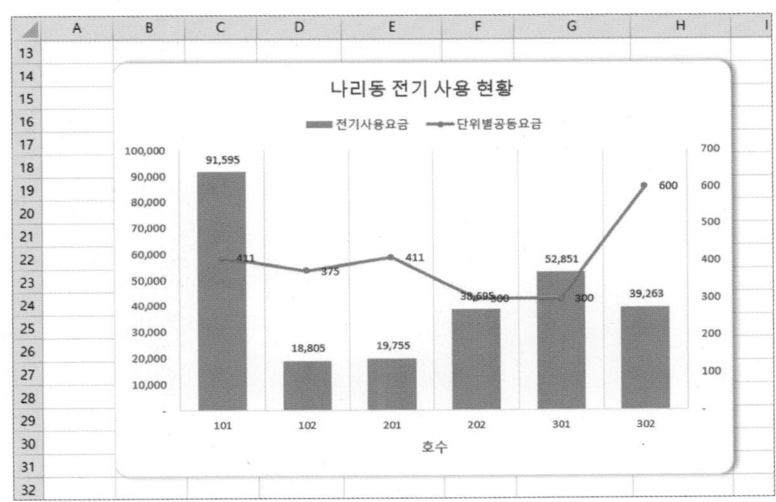

## 02 매크로

| | A | B | C | D | E | F | G | H | I | J |
|---|---|---|---|---|---|---|---|---|---|---|
| 1 | [표1] S사 연도별 수출입 현황 | | | | | | | | | |
| 2 | | | | | | 단위: 만원 | | | | |
| 3 | 구분 | 2021년 | 2022년 | 2023년 | 2024년 | 2025년 | | 서식적용 | | |
| 4 | 수출 | 34,859 | 52,473 | 60,117 | 64,630 | 81,989 | | | | |
| 5 | 증감률 | 0.45 | 0.51 | 0.15 | 0.08 | 0.27 | | | | |
| 6 | 수입 | 17,774 | 34,800 | 37,033 | 46,618 | 67,242 | | 일반서식 | | |
| 7 | 증감률 | 0.54 | 0.96 | 0.06 | 0.26 | 0.44 | | | | |
| 8 | 수지 | 17,085 | 17,673 | 23,084 | 18,012 | 14,747 | | | | |
| 9 | 증감률 | 0.36 | 0.03 | 0.31 | ▼ 0.22 | ▼ 0.18 | | | | |
| 10 | | | | | | | | | | |

## 03 VBA 프로그래밍

• 폼 보이기 프로시저

```
Private Sub cmd등록_Click()
    전기료등록.Show
End Sub
```

• 폼 초기화 프로시저

```
Private Sub UserForm_Initialize()
    txt납부일 = Date
    cmb동.RowSource = "G5:G7"
End Sub
```

• 종료 프로시저

```
Private Sub cmd닫기_Click()
    MsgBox Now & " 폼을 종료합니다.", vbOKOnly, "
    폼 종료"
    Unload Me
End Sub
```

• 등록 프로시저

```
Private Sub cmd등록_Click()
    i = Range("A4").CurrentRegion.Rows.Count + 3
    Cells(i, 1) = cmb동.Value
    Cells(i, 2) = txt호수.Value
    Cells(i, 3) = txt전기.Value

    If Cells(i, 3) <= 200 Then
        Cells(i, 4) = Format(730 + Cells(i, 3) * 78.3,
        "#,##0원")
    ElseIf Cells(i, 3) <= 400 Then
        Cells(i, 4) = Format(1260 + Cells(i, 3) * 147.3,
        "#,##0원")
    Else
        Cells(i, 4) = Format(6060 + Cells(i, 3) * 215.6,
        "#,##0원")
    End If
    Cells(i, 5) = txt납부일.Value
End Sub
```

# 상시 기출 문제 08회 해설

## 문제 ❶ 기본작업

### 01 고급 필터('기본작업-1' 시트)

① [J2:J3] 영역에 조건을 입력하고 [J5:M5] 영역에 추출할 필드명을 입력한다.

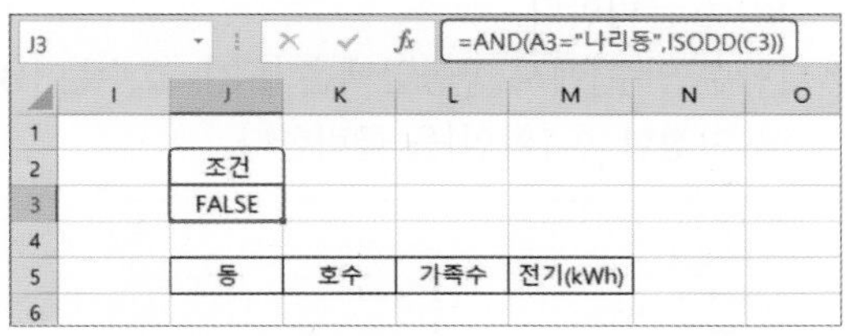


[J3] : =AND(A3="나리동",ISODD(C3))

**기적의 TIP**

동, 호수, 가족수, 전기(kWh) 필드명을 직접 입력하는 것보다 [A2:D2] 영역을 복사한 후 [J5] 셀에 붙여넣기를 이용하세요.

② [데이터]-[정렬 및 필터] 그룹의 [고급]( )을 클릭한다.

③ [고급 필터]에서 다음 그림과 같이 지정한 후 [확인]을 클릭한다.

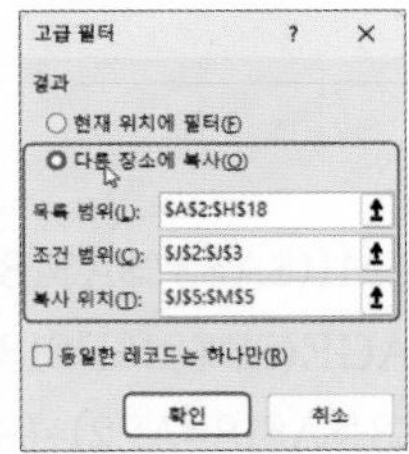


- 결과 : '다른 장소에 복사'
- 목록 범위 : [A2:H18]
- 조건 범위 : [J2:J3]
- 복사 위치 : [J5:M5]

### 02 조건부 서식('기본작업-1' 시트)

① [A3:H18] 영역을 범위 지정한 후 [홈]-[스타일] 그룹의 [조건부 서식]-[새 규칙]을 클릭한다.

② [새 서식 규칙]에서 '규칙 유형 선택'에 '▶ 수식을 사용하여 서식을 지정할 셀 결정'을 선택하고, =AND($A3="한수동",OR(WEEKDAY($H3,2)=1,WEEKDAY($H3,2)=3))를 입력한 후 [서식]을 클릭한다.

③ [셀 서식]의 [글꼴] 탭에서 글꼴 스타일은 '굵은 기울임꼴', 글꼴 색은 '표준 색 - 파랑'을 선택한 후 [확인]을 클릭한다.

④ [새 서식 규칙]에서 다시 [확인]을 클릭한다.

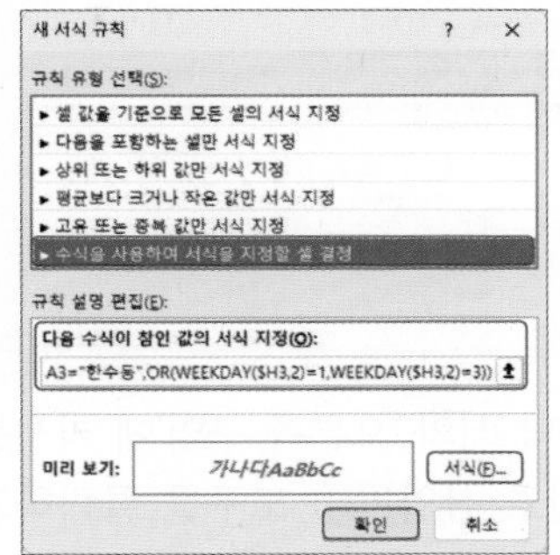


### 03 페이지 레이아웃('기본작업-2' 시트)

① [페이지 레이아웃]-[페이지 설정] 그룹에서 [옵션]( )을 클릭한다.

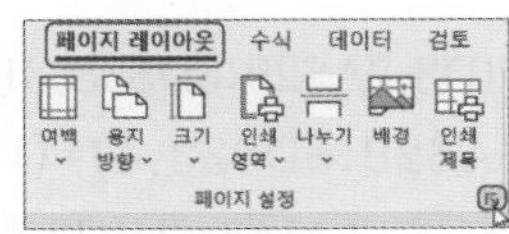


② [페이지] 탭에서 '자동 맞춤'을 선택하고 '용지 너비'에 1, '용지 높이'에 2를 입력한다.

③ [시트] 탭에서 '인쇄 영역'에 [A2:J99] 영역을 설정하고, '반복할 행'에 커서를 두고 행 머리글 2를 클릭한다.

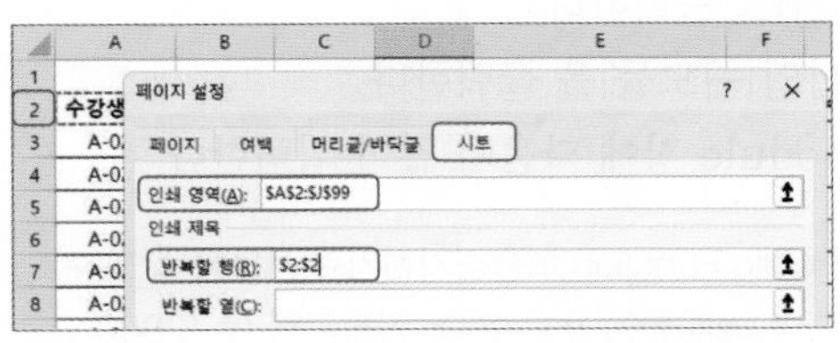


④ [머리글/바닥글] 탭에서 '짝수와 홀수 페이지를 다르게 지정'을 체크한 후 [바닥글 편집]을 클릭한다.

⑤ [홀수 페이지 바닥글]의 '왼쪽 구역'에 커서를 두고 [페이지 번호 삽입]( ) 도구를 클릭하고 쪽을 입력한다.

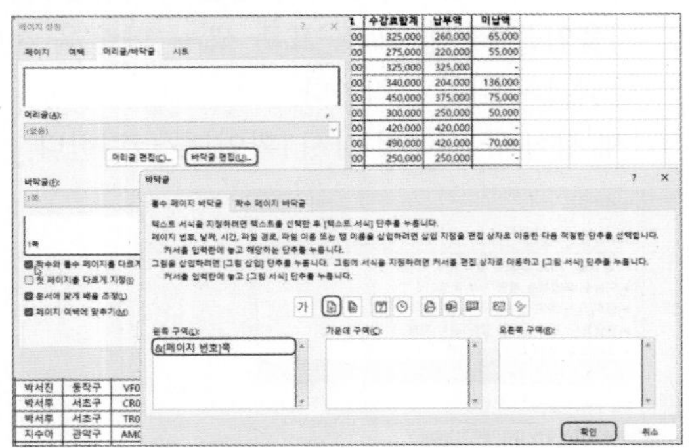

⑥ [짝수 페이지 바닥글]의 '오른쪽 구역'에 커서를 두고 [페이지 번호 삽입]( ) 도구를 클릭하고 쪽을 입력한 후 [확인]을 클릭한다.

## 문제 ❷ 계산작업('계산작업' 시트)

### 01 전기사용요금[E3:E18]

[E3] 셀에 =VLOOKUP(D3,$A$29:$D$33,3)+D3*VLOOKUP(D3,$A$29:$D$33,4)*(1-VLOOKUP(D3,$A$29:$G$33,MATCH(C3,$E$27:$G$27,1)+4))를 입력하고 [E18] 셀까지 수식을 복사한다.

### 02 승강기전기료[G3:G18]

① [개발 도구]-[코드] 그룹의 [Visual Basic]( )을 클릭한다.

② [삽입]-[모듈]을 클릭한다.

③ Module 창에 다음과 같이 입력한다.

```
Public Function fn승강기전기료(공동금액, 호수)
    If Left(호수, 1) <= 2 Or 공동금액 <= 10000 Then
        fn승강기전기료 = 공동금액 * 0.3
    Else
        fn승강기전기료 = 공동금액 * 0.4
    End If
End Function
```

④ [파일]-[닫고 Microsoft Excel(으)로 돌아가기]를 클릭하여 [Visual Basic Editor]를 닫는다.

⑤ [G3] 셀을 클릭한 후 [함수 삽입]( )을 클릭한다.

⑥ [함수 마법사]에서 범주 선택은 '사용자 정의', 함수 선택은 'fn승강기전기료'를 선택한 후 [확인]을 클릭한다.

⑦ [함수 인수]에서 공동금액은 [F3], 호수는 [B3]을 지정한 후 [확인]을 클릭한다.

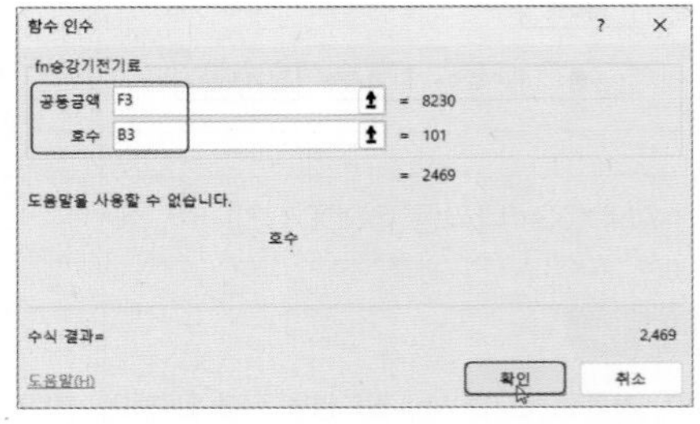

⑧ [G3] 셀을 선택한 후 [G18] 셀까지 수식을 복사한다.

### 03 단위별공동금액[H3:H18]

[H3] 셀에 =QUOTIENT(F3,CHOOSE(RIGHT(B3,1),20,40,50))&"원"를 입력하고 [H18] 셀까지 수식을 복사한다.

### 04 합계[B22:B24]

[B22] 셀에 =CONCAT(SUM(($A$3:$A$18=A22)*($D$3:$D$18>AVERAGE($D$3:$D$18))*$D$3:$D$18),"(",SUM(($A$3:$A$18=A22)*($D$3:$D$18>AVERAGE($D$3:$D$18))),"세대)")를 입력하고 Ctrl+Shift+Enter를 누른 후 [B24] 셀까지 수식을 복사한다.

### 05 최대 전기(kWh)[E22:G24]

[E22] 셀에 =MAX(($A$3:$A$18=$D22)*(VALUE(RIGHT($B$3:$B$18,1))=E$21)*$D$3:$D$18)를 입력하고 Ctrl+Shift+Enter를 누른 후 [G24] 셀까지 수식을 복사한다.

## 문제 ❸ 분석작업

### 01 피벗 테이블('분석작업-1' 시트)

① [B4] 셀을 클릭한 후 [삽입]-[표] 그룹에서 [피벗 테이블]( )을 클릭한다.

**버전 TIP**

[삽입]-[표] 그룹에서 [피벗 테이블]-[외부 데이터 원본에서]를 선택합니다.

② [피벗 테이블 만들기]에서 '외부 데이터 원본 사용'를 선택한 후 '데이터 모델에 이 데이터 추가'를 체크하고 [연결 선택]을 클릭한다.

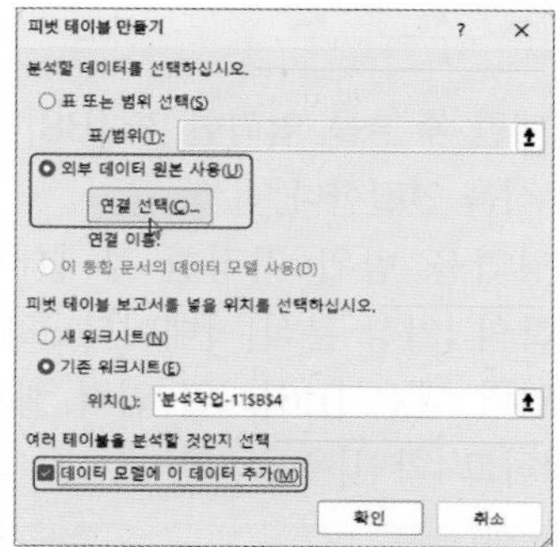


③ [기존 연결]에서 [더 찾아보기]를 클릭하여 '2025컴활1급W3권_문제집W스프레드시트 상시기출문제' 폴더에서 '수강현황.csv' 파일을 선택한 후 [열기]를 클릭한다.

④ [1단계]에서 '구분 기호로 분리됨'을 선택하고, '내 데이터에 머리글 표시'를 체크하고 [다음]을 클릭한다.

⑤ [2단계]에서 구분 기호 '쉼표'만 체크하고 [다음]을 클릭한다.

⑥ [3단계]에서 '강좌명', '강사명', '납부액', '미납액' 필드를 제외한 나머지 필드는 각각 클릭하여 '열 가져오지 않음(건너뜀)'을 선택하고 [마침]을 클릭한다.

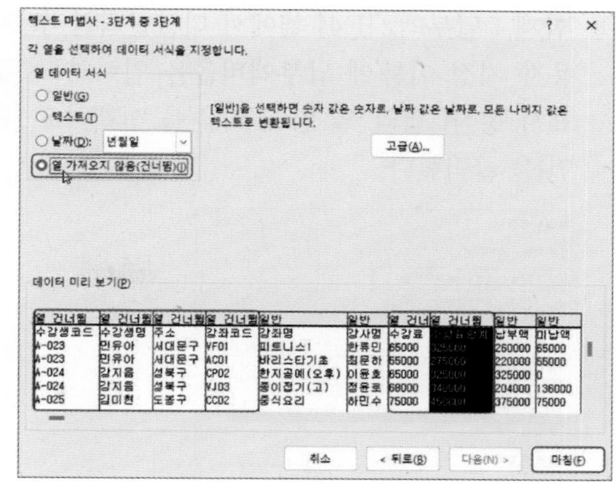


⑦ [피벗 테이블 만들기]에서 [확인]을 클릭한다.

⑧ [피벗 테이블 필드]에서 다음과 같이 드래그한다.

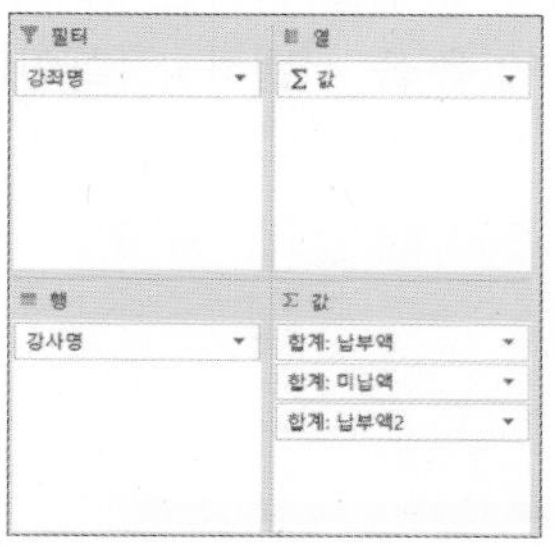


⑨ [디자인] 그룹에서 [레이아웃]-[보고서 레이아웃]-[개요 형식으로 표시]를 클릭한다.

⑩ 강좌명[C2] 셀의 목록 단추( )를 클릭하여 '여러 항목 선택'을 체크하고, 'All'의 체크를 해제한 후 '바리스타중급', '바이올린중급', '수채화그리기(중)', '영어회화중급', '오카리나(중)', '종이접기(중)'을 체크한다.

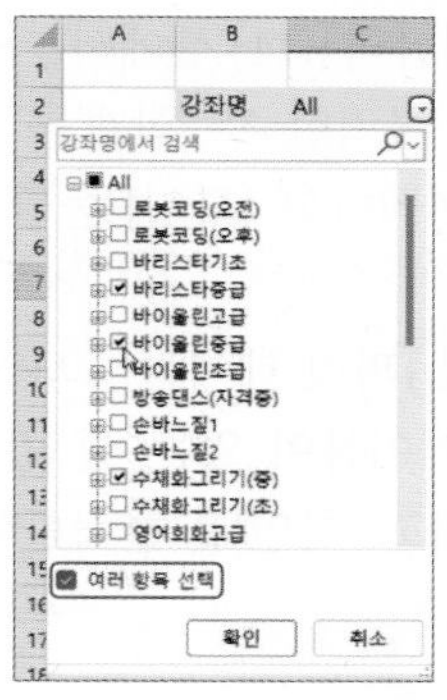

⑪ '합계 : 납부액2'[E4] 셀에서 더블클릭한 후 '사용자 지정 이름'에 **납부액비율**을 입력하고 [값 표시 형식] 탭의 '열 합계 비율'을 선택하고 [확인]을 클릭한다.

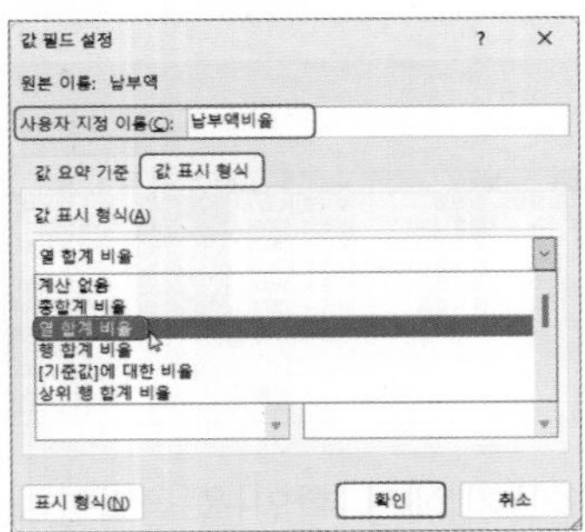


⑫ '합계 : 납부액'[C4] 셀에서 더블클릭한 후 [값 필드 설정]에서 [표시 형식]을 클릭한 후 '회계'를 선택하고, 기호 '없음'을 선택하고 [확인]을 클릭한다.

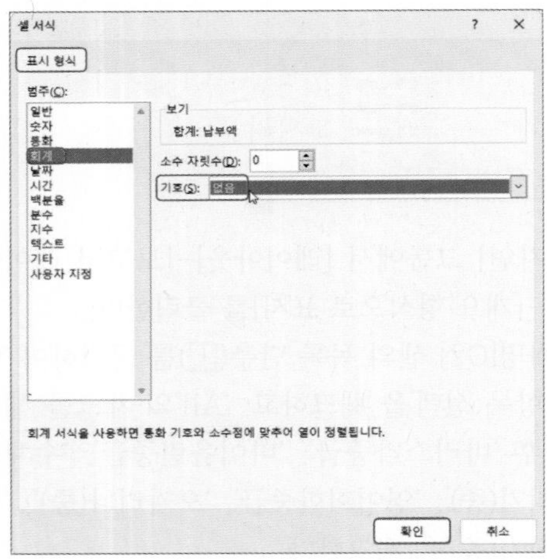


⑬ 같은 방법으로 '합계 : 미납액'[D4] 셀에서 더블클릭하여 [표시 형식]을 클릭한 후 '회계'를 선택하고, 기호 '없음'을 선택하고 [확인]을 클릭한다.

⑭ [피벗 테이블 분석] 탭의 [피벗 테이블] 그룹에서 [옵션]을 클릭하여 '레이블이 있는 셀 병합 및 가운데 맞춤'을 체크하고 [확인]을 클릭한다.

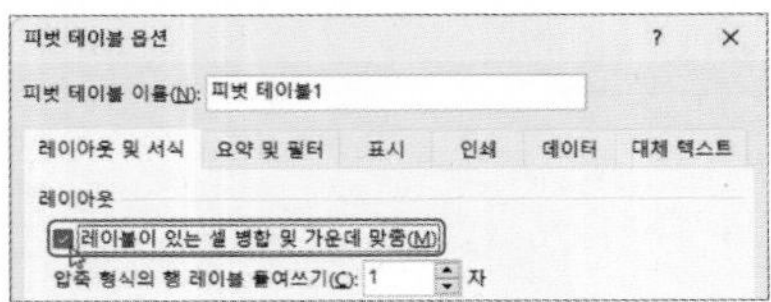


## 02 데이터 도구('분석작업-2' 시트)

① [B6] 셀을 클릭한 후 [데이터]-[데이터 도구] 그룹의 [데이터 유효성 검사]를 클릭한다.

② [설정] 탭에서 '목록'을 선택하고 [D4:D9] 영역을 드래그하여 선택한 후 [확인]을 클릭한다.

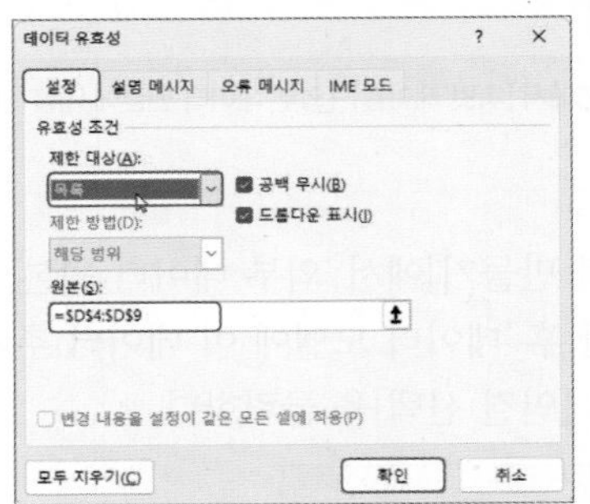


③ [B13] 셀을 선택한 후 =를 입력한 후 [B8] 셀을 클릭하여 수식을 연결한다.

④ [B13:H18] 영역을 범위 지정한 후 [데이터]-[예측] 그룹의 [가상 분석]-[데이터 표]를 클릭하여 '행 입력 셀'은 [B6], '열 입력 셀'은 [B7] 셀을 지정하고 [확인]을 클릭한다.

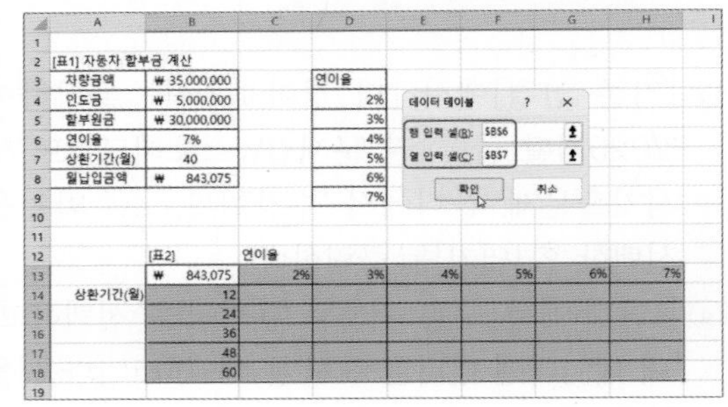

## 문제 ❹ 기타작업

### 01 차트('기타작업-1' 시트)

① 차트 안에서 마우스 오른쪽 버튼을 눌러 [데이터 선택]을 클릭한다.

② 기존 '차트 데이터 범위'를 지우고 [E2:E8], [G2:G8] 영역으로 수정하고 '가로(항목) 축 레이블'의 [편집]을 클릭하여 [B3:B8] 영역으로 수정하고 [확인]을 클릭한다.

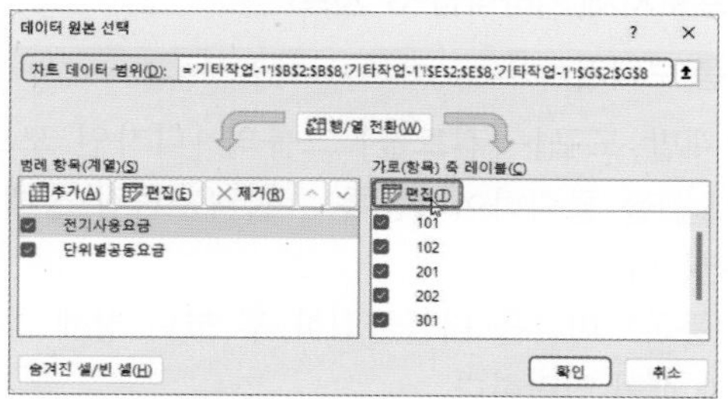


③ [차트 디자인] 탭의 [차트 레이아웃]-[빠른 레이아웃]을 클릭하여 '레이아웃 4'를 선택한다.

④ 차트에서 마우스 오른쪽 버튼을 눌러 [차트 종류 변경]을 클릭한다.

⑤ '혼합'을 선택하고 '단위별공동요금' 계열은 '표식이 있는 꺾은선형', '보조 축'을 선택하고 [확인]을 클릭한다.

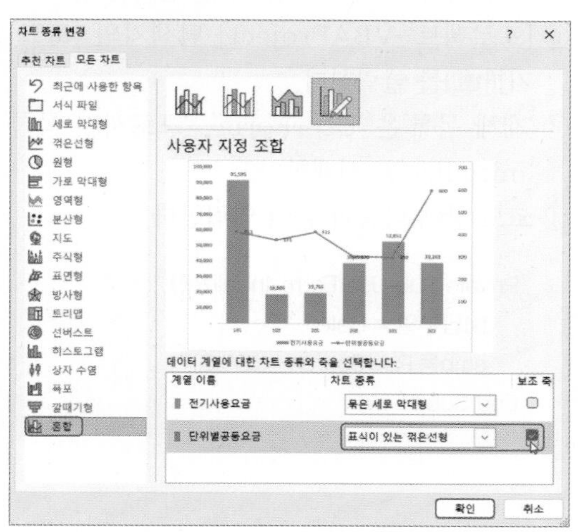


⑥ [차트 디자인]-[차트 레이아웃] 그룹의 [차트 요소 추가]-[차트 제목]-[차트 위]를 클릭한다.

⑦ 차트 제목을 선택한 후 '수식 입력줄'에 =를 입력한 후 [C1] 셀을 클릭한 후 Enter를 눌러 연결한다.

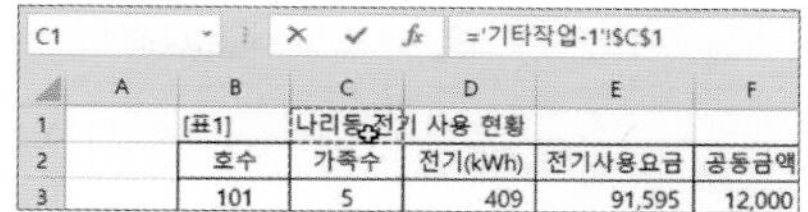


⑧ [차트 디자인]-[차트 레이아웃] 그룹의 [차트 요소 추가]-[축 제목]-[기본 가로]를 클릭한다.

⑨ 기본 가로 축 제목을 선택한 후 '수식 입력줄'에 =를 입력한 후 [B2] 셀을 클릭한 후 Enter를 눌러 연결한다.

⑩ [차트 디자인]-[차트 레이아웃] 그룹의 [차트 요소 추가]-[눈금선]-[기본 주 세로]를 클릭한다.

⑪ [차트 디자인]-[차트 레이아웃] 그룹의 [차트 요소 추가]-[범례]-[위쪽]을 클릭한다.

⑫ 차트를 선택한 후 마우스 오른쪽 버튼을 눌러 [차트 영역 서식]을 클릭한 후 [채우기 및 선]에서 '테두리'의 '둥근 모서리'를 체크한다.

⑬ [효과]의 '그림자'에서 '미리 설정'을 클릭하여 '바깥쪽'의 '오프셋: 오른쪽'을 선택한다.

### 02 매크로('기타작업-2' 시트)

① [개발 도구]-[컨트롤] 그룹의 [삽입]-[단추(양식 컨트롤)](▭)을 클릭한다.

② 마우스 포인트가 '+'로 바뀌면 Alt를 누른 상태에서 [H3:I4] 영역에 드래그하면 [매크로 지정] 대화상자가 나타난다.

③ [매크로 지정]에서 **서식적용**을 입력하고 [기록]을 클릭한다.

④ [매크로 기록]에 자동으로 '서식적용'으로 매크로 이름이 표시되면 [확인]을 클릭한다.

⑤ [B9:F9] 영역을 범위 지정한 후 Ctrl+1을 눌러 [표시 형식] 탭의 '사용자 지정'에 **0.00;[빨강]"▼"* 0.00;;**을 입력하고 [확인]을 클릭한다.

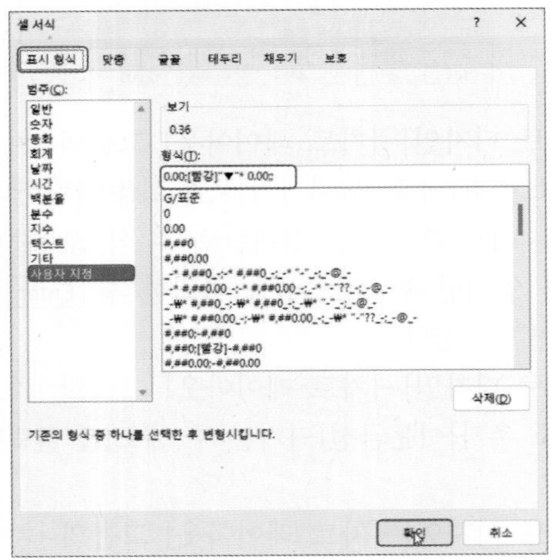

> **기적의 TIP**
>
> 사용자 지정 기호 '*' 다음에 입력하는 문자를 셀 너비만큼 반복하여 표시한다. 현재 예제에서 * 다음에 공백(빈 칸)을 삽입하면 셀 너비만큼 빈칸을 반복하여 표시한다.

⑥ 임의의 셀을 클릭한 후 매크로 기록을 종료하기 위해 [개발 도구]-[코드] 그룹의 [기록 중지](□)를 클릭한다.

⑦ 단추의 텍스트를 수정하기 위해서 단추에서 마우스 오른쪽 버튼을 눌러 [텍스트 편집]을 클릭한다.

⑧ 단추에 입력된 '단추 1'을 지우고 **서식적용**을 입력한다.

⑨ [개발 도구]-[컨트롤] 그룹의 [삽입]-[단추(양식 컨트롤)](□)을 클릭한다.

⑩ 마우스 포인트가 '+'로 바뀌면 [H6:I7] 영역에 드래그하면 [매크로 지정] 대화상자가 나타난다. Alt를 누른 상태로 드래그하면 셀 눈금선에 맞추어 그릴 수 있다.

⑪ [매크로 지정]에서 **일반서식**을 입력하고 [기록]을 클릭하고, [매크로 기록]에 자동으로 '일반서식'으로 매크로 이름이 표시되면 [확인]을 클릭한다.

⑫ [B9:F9] 영역을 범위 지정한 후 Ctrl+1을 눌러 [표시 형식] 탭의 '일반'을 선택하고 [확인]을 클릭한다.

⑬ 임의의 셀을 클릭한 후 매크로 기록을 종료하기 위해 [개발 도구]-[코드] 그룹의 [기록 중지](□)를 클릭한다.

⑭ 단추에서 마우스 오른쪽 버튼을 눌러 [텍스트 편집]을 클릭하여 **일반서식**을 입력한다.

## 03 프로시저('기타작업-3' 시트)

### ① 폼 보이기

① [개발 도구]-[컨트롤] 그룹의 [디자인 모드](▧)를 클릭하여 〈등록〉 버튼을 편집 상태로 만든다.

② 〈등록〉 버튼을 더블클릭한 후 코드 창에 다음과 같이 입력한다.

```
Private Sub cmd등록_Click()
    전기료등록.Show
End Sub
```

### ② 폼 초기화

① [프로젝트-VBAProject] 탐색기에서 '폼'을 더블 클릭하고 〈전기료등록〉을 선택한다.

② [프로젝트-VBAProject] 탐색기의 [코드 보기](▤)를 클릭한다.

③ '개체 목록'은 'UserForm', '프로시저 목록'은 'Initialize'를 선택한다.

④ 코드 창에 다음과 같이 입력한다.

```
Private Sub UserForm_Initialize()
    txt납부일 = Date
    cmb동.RowSource = "G5:G7"
End Sub
```

③ 등록 프로시저

① '개체 목록'에서 'cmd등록', '프로시저 목록'은 'Click'을 선택한다.

② 코드 창에 다음과 같이 입력한다.

```
Private Sub cmd등록_Click()
    i = Range("A4").CurrentRegion.Rows.Count + 3
    Cells(i, 1) = cmb동.Value
    Cells(i, 2) = txt호수.Value
    Cells(i, 3) = txt전기.Value
    If Cells(i, 3) <= 200 Then
        Cells(i, 4) = Format(730 + Cells(i, 3) * 78.3, "#,##0원")
    ElseIf Cells(i, 3) <= 400 Then
        Cells(i, 4) = Format(1260 + Cells(i, 3) * 147.3, "#,##0원")
    Else
        Cells(i, 4) = Format(6060 + Cells(i, 3) * 215.6, "#,##0원")
    End If
    Cells(i, 5) = txt납부일.Value
End Sub
```

④ 종료 프로시저

① '개체 목록'에서 'cmd닫기', '프로시저 목록'은 'Click'을 선택한다.

② 코드 창에 다음과 같이 입력한다.

```
Private Sub cmd닫기_Click()
    MsgBox Now & " 폼을 종료합니다.", vbOKOnly, "폼 종료"
    Unload Me
End Sub
```

# 상시 기출 문제 09회

| 시험 시간 | 풀이 시간 | 합격 점수 | 내 점수 |
|---|---|---|---|
| 45분 | 분 | 70점 | 점 |

합격 강의

작업파일 [2025컴활1급₩1권_스프레드시트₩상시기출문제] 폴더의 '상시기출문제9회' 파일을 열어서 작업하시오.

## 문제 ❶ 기본작업 | 주어진 시트에서 다음 과정을 수행하고 저장하시오. 15점

**01 '기본작업-1' 시트에서 다음과 같이 고급 필터를 수행하시오. (5점)**

▶ [A2:K32] 영역에서 '전용면적'이 100 이상이고, '입주일'의 10년 후 날짜가 '작성일(K1)'보다 크거나 같은 데이터의 '지역명', '아파트명', '거래가', '전용면적', '입주일' 필드만 순서대로 표시하시오.

▶ 조건은 [A34:A35] 영역 내에 알맞게 입력하시오. (AND, EDATE 함수 사용)

▶ 결과는 [A37] 열부터 표시하시오.

**02 '기본작업-1' 시트에서 다음과 같이 조건부 서식을 설정하시오. (5점)**

▶ [A3:K32] 영역에 대해서 '거래종류'가 "매매"이고 '전용면적'이 전체 '전용면적'의 평균보다 작거나 같은 행 전체에 대하여 글꼴 스타일 '굵게', 글꼴 색 '표준 색 – 파랑'으로 적용하시오.

▶ 단, 규칙 유형은 '수식을 사용하여 서식을 지정할 셀 결정'을 사용하고, 한 개의 규칙으로만 작성하시오.

▶ AND, AVERAGE 함수 사용

**03 '기본작업-2' 시트에서 다음과 같이 페이지 레이아웃을 설정하시오. (5점)**

▶ 인쇄 용지가 가로로 인쇄되도록 용지 방향을 설정하고, 페이지가 가로 방향의 가운데에 출력되도록 페이지 가운데 맞춤을 지정하시오.

▶ 매 페이지 하단의 가운데 구역에는 페이지 번호가 [표시 예]와 같이 표시되도록 바닥글을 설정하시오. [표시 예 : 현재 페이지 번호가 1인 경우 → 1페이지]

▶ [A1:K32] 영역을 인쇄 영역으로 설정하고, [1:2] 행이 매 페이지마다 표시되도록 설정하시오.

## 문제 ❷ 계산작업 | '계산작업' 시트에서 다음 과정을 수행하고 저장하시오. 30점

**01 [표1]의 거래종류, 거래가와 [표4]를 이용하여 [J3:J32] 영역에 거래수수료를 계산하여 표시하시오. (6점)**

▶ 거래수수료는 거래종류에 따른 '거래가 × 수수료율'과 최고수수료 중 작은 금액으로 표시
▶ 수수료율과 최고수수료는 [표4]를 참조
▶ HLOOKUP, MATCH, MIN 함수 사용

**02 [표1]의 지역명, 거래종류, 거래가를 이용하여 [표2]의 [B36:C41] 영역에 지역명별 거래종류별 거래가 평균을 계산하여 표시하시오. (6점)**

▶ 평균은 백만 단위로 표시
▶ [표시 예 : 100,000,000 → 100]
▶ IF, AVERAGE, TEXT 함수를 사용한 배열 수식

**03 [표1]의 전용면적을 이용하여 [표3]의 [C45:C48] 영역에 전용면적별 거래건수를 계산하여 표시하시오. (6점)**

▶ [표시 예 : 5건]
▶ COUNT, IF 함수와 & 연산자를 사용한 배열 수식

**04 [표1]의 아파트명, 거래종류, 거래가를 이용하여 [F46:F47] 영역에 거래종류별 최고가의 아파트명을 표시하시오. (6점)**

▶ INDEX, MAX, MATCH 함수를 사용한 배열 수식

**05 사용자 정의 함수 'fn규모'를 작성하여 [K3:K32] 영역에 규모를 계산하여 표시하시오. (6점)**

▶ 'fn규모'는 전용면적을 인수로 받아 값을 되돌려줌
▶ 전용면적이 62 미만이면 "소형", 96 미만이면 "중형", 96 이상이면 "대형"으로 표시
▶ IF ~ ELSE문 사용

```
Public Function fn규모(전용면적)
End Function
```

## 문제 ❸ 분석작업 | 주어진 시트에서 다음 작업을 수행하고 저장하시오. 20점

### 01 '분석작업-1' 시트에서 다음의 지시사항에 따라 피벗 테이블 보고서를 작성하시오. (10점)

▶ 외부 데이터 원본으로 〈아파트거래현황.csv〉의 데이터를 사용하시오.
- 원본 데이터는 구분 기호 쉼표(,)로 분리되어 있으며, 내 데이터에 머리글을 표시하시오.
- '입주일', '거래종류', '거래수수료' 열만 가져와 데이터 모델에 이 데이터를 추가하시오.

▶ 피벗 테이블 보고서의 레이아웃과 위치는 〈그림〉을 참조하여 설정하고, 보고서 레이아웃을 개요 형식으로 표시하시오.

▶ '입주일'은 '연' 단위로 그룹을 지정하시오.

▶ '거래수수료' 필드는 표시 형식을 값 필드 설정의 표시 형식에서 '회계' 범주를 이용하여 지정하시오.

▶ 빈 셀은 '*'로 표시하고, 레이블이 있는 셀은 병합하고 가운데 맞춤되도록 설정하시오.

| | A | B | C | D | E | F | G |
|---|---|---|---|---|---|---|---|
| 1 | | | | | | | |
| 2 | | 평균: 거래수수료 | | 거래종류 | | | |
| 3 | | 입주일(연도) | 입주일 | 매매 | 전세 | 총합계 | |
| 4 | | ⊞2019 | | ₩ 5,940,000 | * | ₩ 5,940,000 | |
| 5 | | ⊞2020 | | * | ₩ 1,680,000 | ₩ 1,680,000 | |
| 6 | | ⊞2021 | | ₩ 8,400,000 | ₩ 1,720,000 | ₩ 5,060,000 | |
| 7 | | ⊞2022 | | ₩ 3,452,000 | * | ₩ 3,452,000 | |
| 8 | | ⊞2023 | | ₩ 4,568,667 | ₩ 1,480,000 | ₩ 3,333,200 | |
| 9 | | ⊞2024 | | ₩ 2,572,667 | ₩ 1,940,000 | ₩ 2,414,500 | |
| 10 | | ⊞2025 | | ₩ 1,360,000 | ₩ 1,153,333 | ₩ 1,205,000 | |
| 11 | | ⊞2026 | | ₩ 6,330,000 | * | ₩ 6,330,000 | |
| 12 | | ⊞2027 | | ₩ 2,319,000 | * | ₩ 2,319,000 | |
| 13 | | 총합계 | | ₩ 3,589,952 | ₩ 1,522,222 | ₩ 2,969,633 | |
| 14 | | | | | | | |

※ 작업 완성된 그림이며 부분점수 없음

### 02 '분석작업-2' 시트에 대하여 다음의 지시사항을 처리하시오. (10점)

▶ [데이터 유효성 검사] 기능을 이용하여 [E3:E18] 영역에 3.3으로 나누었을 때 몫이 38 이하 값만 입력되도록 제한 대상을 설정하시오. (QUOTIENT 함수 이용)
- [E3:E18] 영역의 셀을 클릭한 경우 〈그림〉과 같은 설명 메시지를 표시하고, 유효하지 않은 데이터를 입력한 경우 〈그림〉과 같은 오류 메시지가 표시되도록 설정하시오.

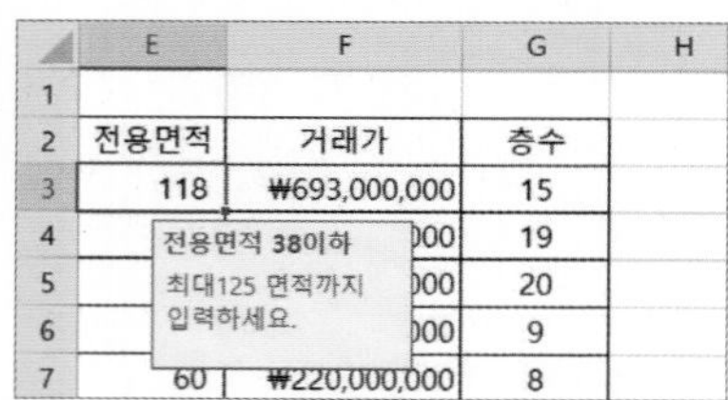


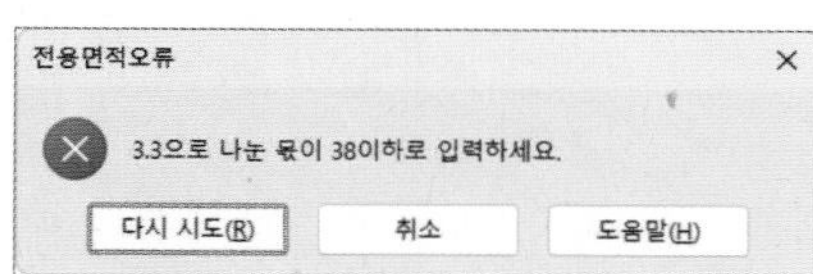


▶ [B2:G18] 영역에 대해 왼쪽에서 오른쪽으로 데이터 정렬을 하시오.
- 정렬 순서는 지역명-거래종류-아파트명-전용면적-층수-거래가 순으로 정렬하시오.

## 문제 ❹ 기타작업 | 주어진 시트에서 다음 작업을 수행하고 저장하시오. 35점

### 01 '기타작업-1' 시트에서 다음의 지시사항에 따라 차트를 수정하시오. (각 2점)

※ 차트는 반드시 문제에서 제공한 차트를 사용하여야 하며, 신규로 차트작성 시 0점 처리됨

① '수입액' 계열을 추가한 후 차트 종류를 '표식이 있는 꺾은선형'으로 변경하시오.

② 차트 제목은 '차트 위', 세로(값) 축 제목은 '세로 제목'으로 〈그림〉과 같이 입력하고 차트 제목의 글꼴 크기를 14로 지정하시오.

③ 기본 단위와 주 눈금선을 〈그림〉과 같이 표시하시오.

④ '수입액' 계열의 '2월' 요소에만 〈그림〉과 같이 데이터 레이블을 표시하시오.

⑤ 차트 영역의 테두리 스타일은 '둥근 모서리', 그림 영역의 도형 스타일은 '미세 효과 - 파랑, 강조1'로 지정하시오.

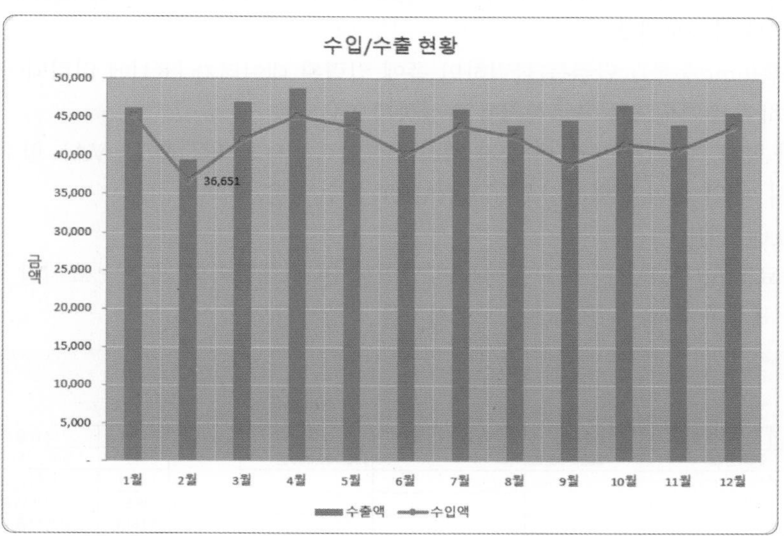


### 02 '기타작업-2' 시트에서 다음과 같은 기능을 수행하는 매크로를 현재 통합문서에 작성하시오. (각 5점)

① [E6:L33] 영역에 대하여 사용자 지정 표시 형식을 설정하는 '서식적용' 매크로를 생성하시오.

▶ 셀 값이 1과 같은 경우 영문자 대문자 "O"로 표시, 셀 값이 0과 같은 경우 영문자 대문자 "X"로 표시

▶ [삽입]-[도형]의 '별 및 현수막'에서 '리본: 위로 기울어짐'( )을 동일 시트의 [B2:D3] 영역에 생성한 후 텍스트를 '서식적용'으로 입력하고, 도형을 클릭하면 '서식적용' 매크로가 실행되도록 설정하시오.

② [M6:M33] 영역에 대하여 조건부 서식을 적용하는 '아이콘보기' 매크로를 생성하시오.

▶ 규칙 유형은 '셀 값을 기준으로 모든 셀의 서식 지정'으로 선택하고, 서식 스타일 '아이콘 집합', 아이콘 스타일은 '5가지 원(흑백)', '검정색 원'은 90이상 백분율, '원(1/4흰색)'은 90미만 70이상 백분율, 나머지는 그대로 설정하시오.

▶ [삽입]-[도형]의 '별 및 현수막'에서 '리본: 아래로 기울어짐'( )을 동일 시트의 [F2:H3] 영역에 생성한 후 텍스트를 '아이콘보기'로 입력하고, 도형을 클릭하면 '아이콘보기' 매크로가 실행되도록 설정하시오.

※ 셀 포인터의 위치에 관계없이 매크로가 실행되어야 정답으로 인정됨

### 03 '기타작업-3' 시트에서 다음과 같은 작업을 수행하도록 프로시저를 작성하시오. (각 5점)

① 〈대출등록〉 단추를 클릭하면 '대출등록' 폼이 나타나도록 설정하고, 폼이 초기화(Initialize)되면 고객등급(cmb고객등급) 목록으로 [H4:H7] 영역이, 대출종류(cmb대출종류) 목록으로 [I4:I7] 영역이 표시되도록 프로시저를 작성하시오.

② '대출등록' 폼의 〈등록(cmd등록)〉 단추를 클릭하면 폼에 입력된 데이터가 [표1]에 입력되어 있는 마지막행 다음에 연속하여 추가되도록 프로시저를 작성하시오.

▶ '대출일자'는 날짜 형식, '대출기간(월)'은 숫자 형식으로 입력하시오. (CDATE, VAL 함수 사용)

▶ '대출금액'은 [표시 예]와 같이 입력하시오. (FORMAT 함수 사용)

[표시 예 : 5,000,000원]

③ '대출등록' 폼의 〈종료(cmd종료)〉 단추를 클릭하면 입력한 전체 데이터의 개수를 표시한 〈그림〉과 같은 메시지 박스를 표시한 후 폼을 종료하는 프로시저를 작성하시오.

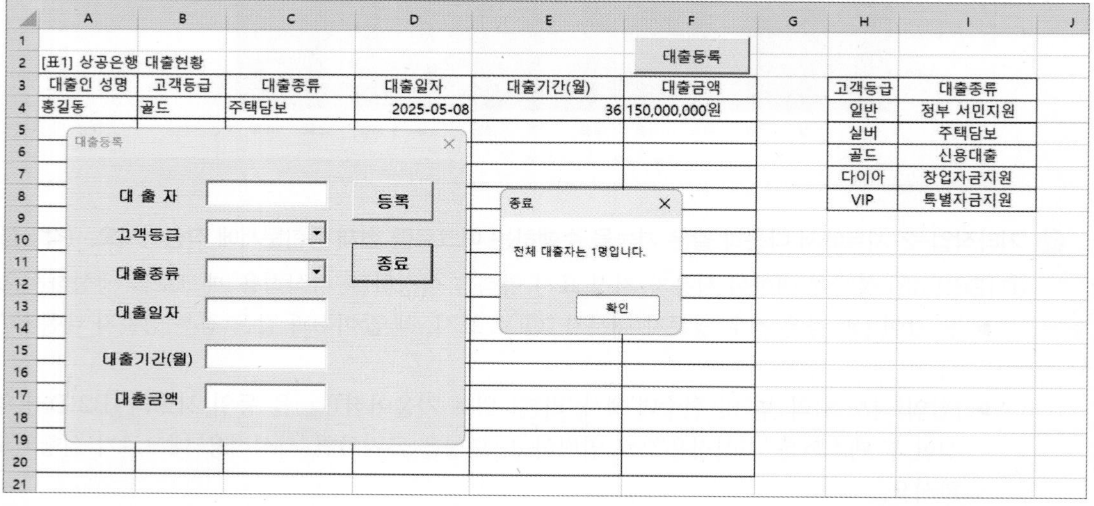

# 상시 기출 문제 09회 정답

## 문제 ❶ 기본작업

### 01 고급 필터

A35 | =AND(D3>=100,EDATE(H3,120)>=$K$1)

| | A | B | C | D | E | F | G |
|---|---|---|---|---|---|---|---|
| 34 | 조건 | | | | | | |
| 35 | FALSE | | | | | | |
| 36 | | | | | | | |
| 37 | 지역명 | 아파트명 | 거래가 | 전용면적 | 입주일 | | |
| 38 | 성남시 | I-PARK | ₩1,421,000,000 | 170 | 2017-03-05 | | |
| 39 | 수원시 | 자이 | ₩1,400,000,000 | 126 | 2018-01-21 | | |
| 40 | | | | | | | |

### 02 조건부 서식

| | A | B | C | D | E | F | G | H | I | J | K | L |
|---|---|---|---|---|---|---|---|---|---|---|---|---|
| 1 | | | | | | | | | | 작성일: | 2025-02-28 | |
| 2 | 지역명 | 아파트명 | 거래종류 | 전용면적 | 규모 | 거래가 | 층수 | 입주일 | 세대수 | 거래등록일 | 거래수수료 | |
| 3 | 군포시 | e-편한세상 | 매매 | 118 | 대형 | ₩693,000,000 | 15 | 2007-10-29 | 730 | 2025-01-07 | ₩3,465,000 | |
| 4 | 수원시 | I-PARK | 매매 | 60 | 소형 | ₩730,000,000 | 19 | 2018-06-20 | 580 | 2025-01-08 | ₩3,650,000 | |
| 5 | 남양주시 | 푸르지오 | 매매 | 76 | 중형 | ₩470,000,000 | 20 | 2015-03-02 | 450 | 2025-01-09 | ₩1,880,000 | |
| 6 | 구리시 | e-편한세상 | 매매 | 59 | 소형 | ₩560,000,000 | 9 | 2006-09-12 | 380 | 2025-01-13 | ₩2,240,000 | |
| 7 | 안양시 | 주공 | 전세 | 60 | 소형 | ₩220,000,000 | 8 | 1995-03-21 | 640 | 2025-01-14 | ₩660,000 | |
| 8 | 성남시 | I-PARK | 매매 | 84 | 중형 | ₩529,000,000 | 8 | 1992-11-10 | 1200 | 2025-01-15 | ₩2,116,000 | |
| 9 | 안양시 | 래미안 | 매매 | 112 | 중형 | ₩610,000,000 | 10 | 2000-11-20 | 480 | 2025-01-16 | ₩3,050,000 | |
| 10 | 구리시 | I-PARK | 매매 | 85 | 중형 | ₩710,000,000 | 26 | 2018-02-21 | 255 | 2025-01-17 | ₩3,550,000 | |
| 11 | 용인시 | 푸르지오 | 전세 | 60 | 소형 | ₩490,000,000 | 29 | 2019-05-21 | 610 | 2025-01-17 | ₩1,960,000 | |
| 12 | 군포시 | 래미안 | 매매 | 112 | 대형 | ₩990,000,000 | 3 | 2010-05-02 | 650 | 2025-01-21 | ₩5,940,000 | |
| 13 | 수원시 | 레미안 | 전세 | 85 | 중형 | ₩540,000,000 | 26 | 2018-03-03 | 420 | 2025-01-21 | ₩2,160,000 | |
| 14 | 성남시 | I-PARK | 매매 | 170 | 대형 | ₩1,421,000,000 | 16 | 2017-03-05 | 180 | 2025-01-29 | ₩8,526,000 | |
| 15 | 남양주시 | I-PARK | 매매 | 85 | 중형 | ₩690,000,000 | 17 | 2015-04-21 | 410 | 2025-01-30 | ₩3,450,000 | |
| 16 | 군포시 | 푸르지오 | 전세 | 85 | 중형 | ₩280,000,000 | 21 | 2004-04-18 | 280 | 2025-02-03 | ₩840,000 | |
| 17 | 성남시 | e-편한세상 | 전세 | 60 | 소형 | ₩430,000,000 | 4 | 2003-07-03 | 980 | 2025-02-03 | ₩1,720,000 | |
| 18 | 남양주시 | e-편한세상 | 매매 | 75 | 중형 | ₩680,000,000 | 15 | 2017-05-06 | 620 | 2025-02-04 | ₩3,400,000 | |
| 19 | 남양주시 | 캐슬 | 전세 | 85 | 중형 | ₩310,000,000 | 18 | 2017-12-03 | 570 | 2025-02-05 | ₩1,240,000 | |
| 20 | 성남시 | 푸르지오 | 매매 | 114 | 대형 | ₩1,055,000,000 | 24 | 2009-09-10 | 690 | 2025-02-05 | ₩6,330,000 | |
| 21 | 성남시 | 푸르지오 | 전세 | 85 | 중형 | ₩430,000,000 | 15 | 2012-12-21 | 520 | 2025-02-06 | ₩1,720,000 | |
| 22 | 수원시 | e-편한세상 | 매매 | 85 | 중형 | ₩445,000,000 | 21 | 2007-02-01 | 475 | 2025-02-08 | ₩1,780,000 | |
| 23 | 군포시 | I-PARK | 매매 | 84 | 중형 | ₩428,000,000 | 19 | 2007-04-01 | 560 | 2025-02-10 | ₩1,712,000 | |
| 24 | 구리시 | 푸르지오 | 매매 | 61 | 소형 | ₩445,000,000 | 7 | 1994-10-13 | 840 | 2025-02-11 | ₩1,780,000 | |
| 25 | 용인시 | 비발디 | 매매 | 85 | 중형 | ₩340,000,000 | 2 | 2002-01-05 | 470 | 2025-02-13 | ₩1,360,000 | |
| 26 | 수원시 | 힐스테이트 | 매매 | 60 | 소형 | ₩450,000,000 | 13 | 2006-05-02 | 920 | 2025-02-14 | ₩1,800,000 | |
| 27 | 안양시 | 힐스테이트 | 매매 | 114 | 대형 | ₩648,000,000 | 28 | 2015-02-21 | 365 | 2025-02-17 | ₩3,240,000 | |
| 28 | 용인시 | e-편한세상 | 전세 | 85 | 중형 | ₩430,000,000 | 10 | 2006-01-23 | 390 | 2025-02-18 | ₩1,720,000 | |
| 29 | 수원시 | 자이 | 매매 | 126 | 대형 | ₩1,400,000,000 | 23 | 2018-01-21 | 490 | 2025-02-20 | ₩8,400,000 | |
| 30 | 용인시 | 래미안 | 매매 | 99 | 대형 | ₩940,000,000 | 8 | 2015-09-30 | 590 | 2025-02-20 | ₩5,640,000 | |
| 31 | 안양시 | e-편한세상 | 매매 | 60 | 소형 | ₩520,000,000 | 7 | 2001-08-31 | 530 | 2025-02-22 | ₩2,080,000 | |
| 32 | 구리시 | 래미안 | 전세 | 85 | 중형 | ₩420,000,000 | 21 | 2011-02-05 | 770 | 2025-02-27 | ₩1,680,000 | |
| 33 | | | | | | | | | | | | |

## 03 인쇄 미리보기

작성일: 2025-02-28

| 지역명 | 아파트명 | 거래종류 | 전용면적 | 규모 | 거래가 | 층수 | 입주일 | 세대수 | 거래등록일 | 거래수수료 |
|---|---|---|---|---|---|---|---|---|---|---|
| 용인시 | 래미안 | 매매 | 99 | 대형 | ₩940,000,000 | 8 | 2015-09-30 | 590 | 2025-02-20 | ₩5,640,000 |
| 안양시 | e-편한세상 | 매매 | 60 | 소형 | ₩520,000,000 | 7 | 2001-08-31 | 530 | 2025-02-22 | ₩2,080,000 |
| 구리시 | 래미안 | 전세 | 85 | 중형 | ₩420,000,000 | 21 | 2011-02-05 | 770 | 2025-02-27 | ₩1,680,000 |

2페이지

## 문제 ❷ 계산작업

### 01 거래 수수료, 규모

| | A | B | C | D | E | F | G | H | I | J | K |
|---|---|---|---|---|---|---|---|---|---|---|---|
| 1 | [표1] | | | | | | | | | | |
| 2 | 지역명 | 아파트명 | 거래종류 | 전용면적 | 거래가 | 층수 | 입주일 | 세대수 | 거래등록일 | 거래수수료 | 규모 |
| 3 | 군포시 | e-편한세상 | 매매 | 118 | ₩693,000,000 | 15 | 2007-10-29 | 730 | 2025-01-07 | 3,465,000 | 대형 |
| 4 | 수원시 | I-PARK | 매매 | 60 | ₩730,000,000 | 19 | 2018-06-20 | 580 | 2025-01-08 | 3,650,000 | 소형 |
| 5 | 남양주시 | 푸르지오 | 매매 | 76 | ₩470,000,000 | 20 | 2015-03-02 | 450 | 2025-01-09 | 2,350,000 | 중형 |
| 6 | 구리시 | e-편한세상 | 매매 | 59 | ₩560,000,000 | 9 | 2006-09-12 | 380 | 2025-01-13 | 2,800,000 | 소형 |
| 7 | 안양시 | 주공 | 전세 | 60 | ₩220,000,000 | 8 | 1995-03-21 | 640 | 2025-01-14 | 660,000 | 소형 |
| 8 | 성남시 | I-PARK | 매매 | 84 | ₩529,000,000 | 8 | 1992-11-10 | 1200 | 2025-01-15 | 2,645,000 | 중형 |
| 9 | 안양시 | 래미안 | 매매 | 112 | ₩610,000,000 | 10 | 2000-11-20 | 480 | 2025-01-16 | 3,050,000 | 대형 |
| 10 | 구리시 | I-PARK | 매매 | 85 | ₩710,000,000 | 26 | 2018-02-21 | 255 | 2025-01-17 | 3,550,000 | 중형 |
| 11 | 용인시 | 푸르지오 | 전세 | 60 | ₩490,000,000 | 29 | 2019-05-21 | 610 | 2025-01-17 | 1,960,000 | 소형 |
| 12 | 군포시 | 래미안 | 매매 | 112 | ₩990,000,000 | 3 | 2010-05-02 | 650 | 2025-01-21 | 4,500,000 | 대형 |
| 13 | 수원시 | 레미안 | 전세 | 85 | ₩540,000,000 | 26 | 2018-03-03 | 420 | 2025-01-21 | 2,160,000 | 중형 |
| 14 | 성남시 | I-PARK | 매매 | 170 | ₩1,421,000,000 | 16 | 2003-03-05 | 180 | 2025-01-29 | 4,500,000 | 대형 |
| 15 | 남양주시 | I-PARK | 매매 | 85 | ₩690,000,000 | 17 | 2015-04-21 | 410 | 2025-01-30 | 3,450,000 | 중형 |
| 16 | 군포시 | 푸르지오 | 전세 | 85 | ₩280,000,000 | 21 | 2004-04-18 | 280 | 2025-02-03 | 800,000 | 중형 |
| 17 | 성남시 | e-편한세상 | 전세 | 60 | ₩430,000,000 | 4 | 2003-07-03 | 980 | 2025-02-03 | 1,720,000 | 소형 |
| 18 | 남양주시 | e-편한세상 | 매매 | 75 | ₩680,000,000 | 15 | 2017-05-06 | 620 | 2025-02-04 | 3,400,000 | 중형 |
| 19 | 남양주시 | 캐슬 | 전세 | 85 | ₩310,000,000 | 18 | 2017-12-03 | 570 | 2025-02-05 | 1,240,000 | 중형 |
| 20 | 성남시 | 푸르지오 | 매매 | 114 | ₩1,055,000,000 | 24 | 2009-09-10 | 690 | 2025-02-05 | 4,500,000 | 대형 |
| 21 | 성남시 | 푸르지오 | 전세 | 85 | ₩430,000,000 | 15 | 2012-12-21 | 520 | 2025-02-06 | 1,720,000 | 중형 |
| 22 | 수원시 | e-편한세상 | 매매 | 85 | ₩445,000,000 | 21 | 2007-02-01 | 475 | 2025-02-08 | 2,225,000 | 중형 |
| 23 | 군포시 | I-PARK | 매매 | 84 | ₩428,000,000 | 19 | 2007-04-01 | 560 | 2025-02-10 | 2,140,000 | 중형 |
| 24 | 구리시 | 푸르지오 | 매매 | 61 | ₩445,000,000 | 7 | 1994-10-13 | 840 | 2025-02-11 | 2,225,000 | 소형 |
| 25 | 용인시 | 비발디 | 매매 | 85 | ₩340,000,000 | 2 | 2002-01-05 | 470 | 2025-02-13 | 1,700,000 | 중형 |
| 26 | 수원시 | 힐스테이트 | 매매 | 60 | ₩450,000,000 | 13 | 2006-05-02 | 920 | 2025-02-14 | 2,250,000 | 소형 |
| 27 | 안양시 | 힐스테이트 | 매매 | 114 | ₩648,000,000 | 28 | 2015-02-21 | 365 | 2025-02-17 | 3,240,000 | 대형 |
| 28 | 용인시 | e-편한세상 | 전세 | 85 | ₩430,000,000 | 10 | 2006-01-23 | 390 | 2025-02-18 | 1,720,000 | 중형 |
| 29 | 수원시 | 자이 | 매매 | 126 | ₩1,400,000,000 | 23 | 2012-01-21 | 490 | 2025-02-20 | 4,500,000 | 대형 |
| 30 | 용인시 | 래미안 | 매매 | 99 | ₩940,000,000 | 8 | 2015-09-30 | 590 | 2025-02-20 | 4,500,000 | 대형 |
| 31 | 안양시 | e-편한세상 | 매매 | 60 | ₩520,000,000 | 7 | 2001-08-31 | 530 | 2025-02-22 | 2,600,000 | 소형 |
| 32 | 구리시 | 래미안 | 전세 | 85 | ₩420,000,000 | 21 | 2011-02-05 | 770 | 2025-02-27 | 1,680,000 | 중형 |
| 33 | | | | | | | | | | | |

1. [J3] 셀에 「=MIN(E3*HLOOKUP(E3,$G$35:$J$42,MATCH(C3,$E$35:$E$42,0)+2),HLOOKUP(E3,$G$35:$J$42,MATCH(C3,$E$35:$E$42,0)+3))」를 입력하고 [J32] 셀까지 수식 복사
5. [K3] 셀에 「=fn규모(D3)」를 입력하고 [K32] 셀까지 수식 복사

```
Public Function fn규모(전용면적)
    If 전용면적 < 62 Then
        fn규모 = "소형"
    ElseIf 전용면적 < 96 Then
        fn규모 = "중형"
    Else
        fn규모 = "대형"
    End If
End Function
```

## 02 거래가 평균, 거래건수, 최고가 아파트명

| | A | B | C | D | E | F | G | H | I | J | K |
|---|---|---|---|---|---|---|---|---|---|---|---|
| 34 | [표2] 거래가 평균 | | 단위 : 백만원 | | [표4] 거래종류별 수수료 | | | | | | |
| 35 | 지역명 | 매매 | 전세 | | 전세 | 거래가 | 0~ | 50,000,000~ | 100,000,000~ | 300,000,000~ | |
| 36 | 구리시 | 572 | 420 | | | | 49,999,999 | 99,999,999 | 299,999,999 | | |
| 37 | 군포시 | 704 | 280 | | | 수수료율 | 0.5% | 0.4% | 0.3% | 0.4% | |
| 38 | 남양주시 | 613 | 310 | | | 최고수수료 | 200,000 | 300,000 | 800,000 | 2,400,000 | |
| 39 | 수원시 | 756 | 540 | | 매매 | 거래가 | 0~ | 50,000,000~ | 100,000,000~ | 300,000,000~ | |
| 40 | 안양시 | 593 | 220 | | | | 49,999,999 | 99,999,999 | 299,999,999 | | |
| 41 | 용인시 | 640 | 460 | | | 수수료율 | 0.6% | 0.5% | 0.4% | 0.5% | |
| 42 | | | | | | 최고수수료 | 250,000 | 800,000 | 2,400,000 | 4,500,000 | |
| 43 | [표3] 전용면적별 거래건수 | | | | | | | | | | |
| 44 | 전용면적 | | 거래건수 | | [표5] 거래종류별 최고가 아파트명 | | | | | | |
| 45 | 40 | 59 | 1건 | | 거래종류 | 아파트명 | | | | | |
| 46 | 60 | 79 | 9건 | | 매매 | I-PARK | | | | | |
| 47 | 80 | 99 | 13건 | | 전세 | 레미안 | | | | | |
| 48 | 100 | 150 | 6건 | | | | | | | | |
| 49 | | | | | | | | | | | |

2. [B36] 셀에 「=TEXT(AVERAGE(IF(($A$3:$A$32=$A36)*($C$3:$C$32=B$35),$E$3:$E$32)),"#,,")」를 입력하고 [C41] 셀까지 수식 복사
3. [C45] 셀에 「=COUNT(IF(($D$3:$D$32〉=A45)*($D$3:$D$32〈=B45),1))&"건"」를 입력하고 Ctrl+Shift+Enter를 누른 후에 [C48] 셀까지 수식을 복사
4. [F46] 셀에 「=INDEX($B$3:$B$32,MATCH(MAX(($C$3:$C$32=E46)*$E$3:$E$32),($C$3:$C$32=E46)*$E$3:$E$32,0))」를 입력하고 Ctrl+Shift+Enter를 누른 후에 [F47] 셀까지 수식을 복사

# 문제 ③ 분석작업

## 01 피벗 테이블

| | A | B | C | D | E | F | G |
|---|---|---|---|---|---|---|---|
| 1 | | | | | | | |
| 2 | | 평균: 거래수수료 | | 거래종류 | | | |
| 3 | | 입주일(연도) | 입주일 | 매매 | 전세 | 총합계 | |
| 4 | | ⊞2019 | | ₩ 5,940,000 | * | ₩ 5,940,000 | |
| 5 | | ⊞2020 | | * | ₩ 1,680,000 | ₩ 1,680,000 | |
| 6 | | ⊞2021 | | ₩ 8,400,000 | ₩ 1,720,000 | ₩ 5,060,000 | |
| 7 | | ⊞2022 | | ₩ 3,452,000 | * | ₩ 3,452,000 | |
| 8 | | ⊞2023 | | ₩ 4,568,667 | ₩ 1,480,000 | ₩ 3,333,200 | |
| 9 | | ⊞2024 | | ₩ 2,572,667 | ₩ 1,940,000 | ₩ 2,414,500 | |
| 10 | | ⊞2025 | | ₩ 1,360,000 | ₩ 1,153,333 | ₩ 1,205,000 | |
| 11 | | ⊞2026 | | ₩ 6,330,000 | * | ₩ 6,330,000 | |
| 12 | | ⊞2027 | | ₩ 2,319,000 | * | ₩ 2,319,000 | |
| 13 | | 총합계 | | ₩ 3,589,952 | ₩ 1,522,222 | ₩ 2,969,633 | |
| 14 | | | | | | | |

## 02 데이터 도구

| | A | B | C | D | E | F | G | H |
|---|---|---|---|---|---|---|---|---|
| 1 | | | | | | | | |
| 2 | | 지역명 | 거래종류 | 아파트명 | 전용면적 | 층수 | 거래가 | |
| 3 | | 군포시 | 매매 | e-편한세상 | 118 | 15 | ₩693,000,000 | |
| 4 | | 수원시 | 매매 | I-PARK | | | ₩730,000,000 | |
| 5 | | 남양주시 | 매매 | 푸르지오 | | | ₩470,000,000 | |
| 6 | | 구리시 | 매매 | e-편한세상 | | | ₩560,000,000 | |
| 7 | | 안양시 | 전세 | 주공 | 60 | 8 | ₩220,000,000 | |
| 8 | | 성남시 | 매매 | I-PARK | 84 | 8 | ₩529,000,000 | |
| 9 | | 안양시 | 매매 | 래미안 | 112 | 10 | ₩610,000,000 | |
| 10 | | 구리시 | 매매 | I-PARK | 85 | 26 | ₩710,000,000 | |
| 11 | | 용인시 | 전세 | 푸르지오 | 60 | 29 | ₩490,000,000 | |
| 12 | | 군포시 | 매매 | 래미안 | 112 | 3 | ₩990,000,000 | |
| 13 | | 수원시 | 전세 | 레미안 | 85 | 26 | ₩540,000,000 | |
| 14 | | 성남시 | 매매 | I-PARK | 101 | 16 | ₩421,000,000 | |
| 15 | | 남양주시 | 매매 | I-PARK | 85 | 17 | ₩690,000,000 | |
| 16 | | 군포시 | 전세 | 푸르지오 | 85 | 21 | ₩280,000,000 | |
| 17 | | 성남시 | 전세 | e-편한세상 | 60 | 4 | ₩430,000,000 | |
| 18 | | 남양주시 | 매매 | e-편한세상 | 75 | 15 | ₩680,000,000 | |
| 19 | | | | | | | | |

**전용면적 38이하**

최대125 면적까지 입력하세요.

## 문제 ④ 기타작업

### 01 차트

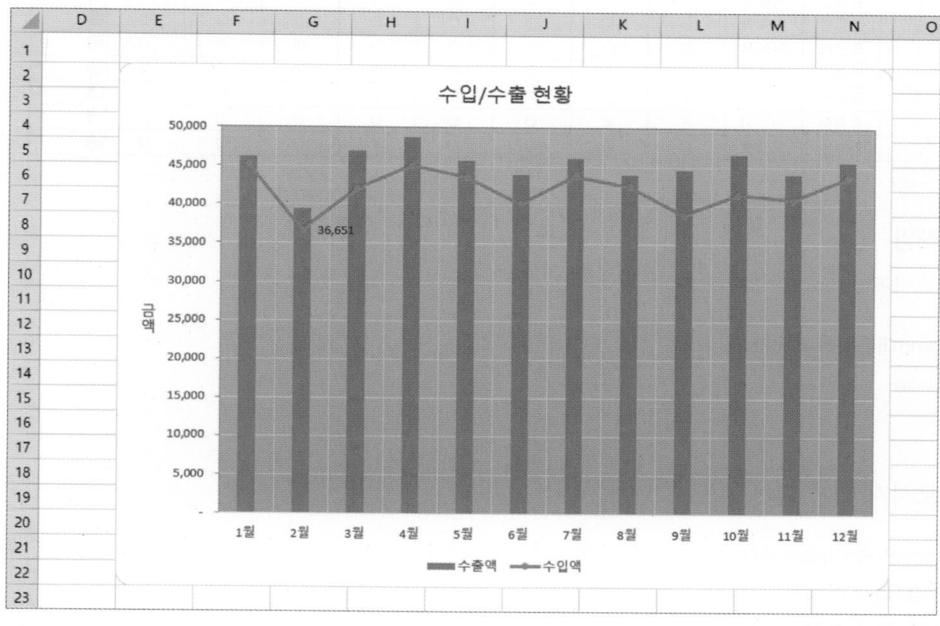

## 02 매크로

서식적용 아이콘보기

| 학년 | 반 | 이름 | 3/3 | 3/10 | 3/17 | 3/24 | 3/31 | 4/7 | 4/14 | 4/21 | 출석 |
|---|---|---|---|---|---|---|---|---|---|---|---|
| 1 | 사랑반 | 김영서 | O | O | O | O | O | O | O | O | 8 |
| 1 | 사랑반 | 이환 | O | O | X | O | O | O | O | O | 7 |
| 1 | 사랑반 | 김유준 | X | O | O | O | O | O | O | O | 7 |
| 1 | 화평반 | 김지환 | O | O | O | O | O | O | O | O | 8 |
| 1 | 화평반 | 원가은 | X | O | O | O | O | O | O | O | 7 |
| 1 | 화평반 | 김서찬 | O | O | O | O | O | O | X | X | 6 |
| 1 | 화평반 | 노재현 | X | O | O | O | X | O | O | O | 6 |
| 1 | 희락반 | 최예진 | O | O | O | O | O | O | O | O | 8 |
| 1 | 희락반 | 전준호 | O | O | O | O | O | O | O | O | 8 |
| 1 | 희락반 | 김우인 | O | O | O | X | O | X | X | X | 4 |
| 2 | 양선반 | 신지섭 | O | O | O | O | O | O | O | O | 8 |
| 2 | 양선반 | 정승우 | O | O | O | O | O |  | O | O | 7 |
| 2 | 오래참음반 | 강연지 | O | O | O | O | O | O | O | O | 8 |
| 2 | 오래참음반 | 박소연 | O | O | O | O | O | O | O | O | 8 |
| 2 | 오래참음반 | 윤지강 | O | O | O | O | O | O | O | O | 8 |
| 2 | 오래참음반 | 손채영 | O | O | O | O | O |  | O | O | 7 |
| 2 | 자비반 | 박지민 | O | O | O | O | O | O | O | O | 8 |
| 2 | 자비반 | 김하람 | O | O | O | O | O | O | O | O | 8 |
| 2 | 자비반 | 김하영 | O | X | O | O | O | O | O | O | 7 |
| 2 | 자비반 | 이지훈 | O | O | X | O | X | X | O | O | 5 |
| 2 | 자비반 | 이선녕 | X | O | O | X | O | X | O | X | 4 |
| 2 | 충성반 | 곽용빈 | O | O | O | O | O | O | O | O | 8 |
| 2 | 충성반 | 이승아 | O | O | O | O | O | O | O | O | 8 |
| 2 | 충성반 | 한정우 | O | O | O | O | O | O | O | O | 8 |
| 2 | 충성반 | 이창재 | O | O | O | O | O | X | O | O | 7 |
| 2 | 충성반 | 노석진 | X | O | O | O | X | O | O | O | 6 |
| 2 | 충성반 | 권한지 | X | X | O | O | O | O | O | O | 6 |
| 2 | 충성반 | 최경주 | O | O | O | O | X | O | O | O | 7 |

## 03 VBA 프로그래밍

• 폼 보이기 프로시저

```
Private Sub cmd대출등록_Click()
    대출등록.Show
End Sub
```

• 폼 초기화 프로시저

```
Private Sub UserForm_Initialize()
    cmb고객등급.RowSource = "H4:H7"
    cmb대출종류.RowSource = "I4:I7"
End Sub
```

• 종료 프로시저

```
Private Sub cmd종료_Click()
    MsgBox "전체 대출자는 " & Range("A3").CurrentRegion.Rows.Count - 2
    & "명입니다.", ,"종료"
    Unload Me
End Sub
```

• 등록 프로시저

```
Private Sub cmd등록_Click()
    i = Range("A3").CurrentRegion.Rows.Count + 2
    Cells(i, 1) = txt대출자
    Cells(i, 2) = cmb고객등급
    Cells(i, 3) = cmb대출종류
    Cells(i, 4) = CDate(txt대출일자)
    Cells(i, 5) = Val(txt대출기간)
    Cells(i, 6) = Format(txt대출금액, "#,##0원")
End Sub
```

또는

```
Private Sub cmd등록_Click()
    입력행 = [A2].Row + [A2].CurrentRegion.Rows.Count
    Cells(입력행, 1) = txt대출자
    Cells(입력행, 2) = cmb고객등급
    Cells(입력행, 3) = cmb대출종류
    Cells(입력행, 4) = CDate(txt대출일자)
    Cells(입력행, 5) = Val(txt대출기간)
    Cells(입력행, 6) = Format(txt대출금액, "#,##0원")
End Sub
```

# 상시 기출 문제 09회 해설

## 문제 ❶ 기본작업

### 01 고급 필터('기본작업-1' 시트)

① [A34:A35] 영역에 조건을 입력하고 [A37:E37] 영역에 추출할 필드명을 작성한다.

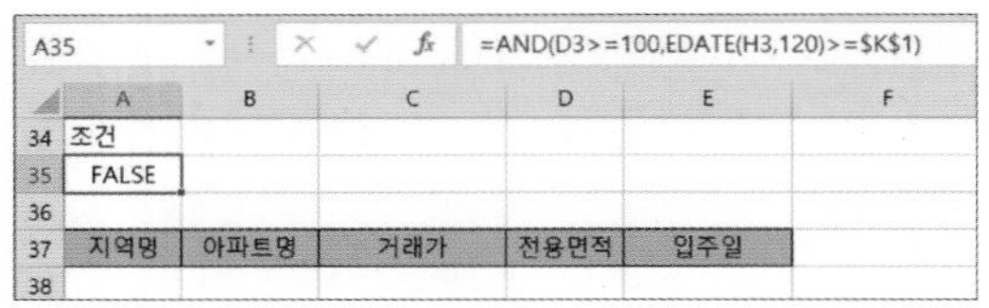

[A35] : =AND(D3>=100,EDATE(H3,120)>=$K$1)

② [데이터]-[정렬 및 필터] 그룹에서 [고급]( )을 클릭한다.

③ [고급 필터]에서 다음과 같이 지정한 후 [확인]을 클릭한다.

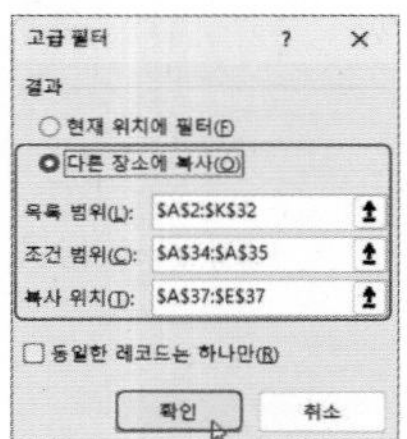

- 결과 : '다른 장소에 복사'
- 목록 범위 : [A2:K32]
- 조건 범위 : [A34:A35]
- 복사 위치 : [A37:E37]

### 02 조건부 서식('기본작업-1' 시트)

① [A3:K32] 영역을 범위 지정한 후 [홈]-[스타일] 그룹의 [조건부 서식]-[새 규칙]을 클릭한다.

② [새 서식 규칙]에서 '규칙 유형 선택'에 '▶ 수식을 사용하여 서식을 지정할 셀 결정'을 선택하고, =AND($C3="매매",$D3<=AVERAGE($D$3:$D$32))를 입력한 후 [서식]을 클릭한다.

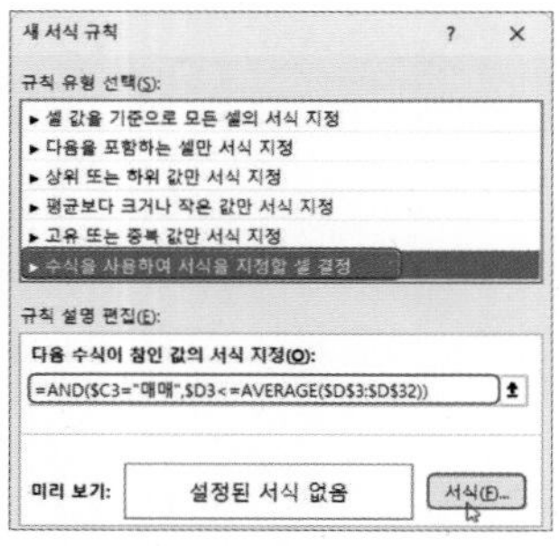

③ [셀 서식]의 [글꼴] 탭에서 글꼴 스타일은 '굵게', 색은 '표준 색 – 파랑'을 선택한 후 [확인]을 클릭한다.

④ [새 서식 규칙]에서 다시 [확인]을 클릭한다.

### 03 페이지 레이아웃('기본작업-2' 시트)

① [페이지 레이아웃] 탭의 [페이지 설정]-[인쇄 제목]을 클릭한다.

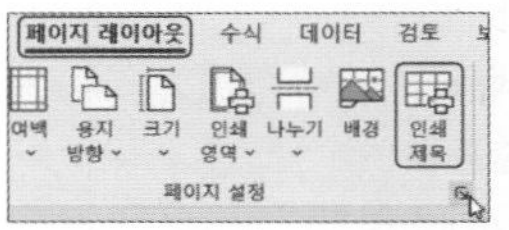

② [페이지] 탭에서 '용지 방향'에 '가로'를 선택한다.

③ [여백] 탭에서 '페이지 가운데 맞춤'에 '가로'를 선택한다.

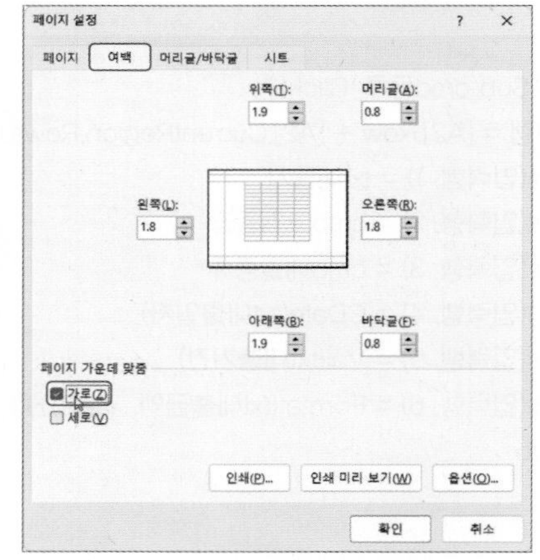

④ [머리글/바닥글] 탭을 클릭하여 [바닥글 편집]을 클릭한다.

⑤ 가운데 구역에 커서를 두고 [페이지 번호 삽입( )] 도구를 클릭한 후 **페이지**를 입력하고 [확인]을 클릭한다.

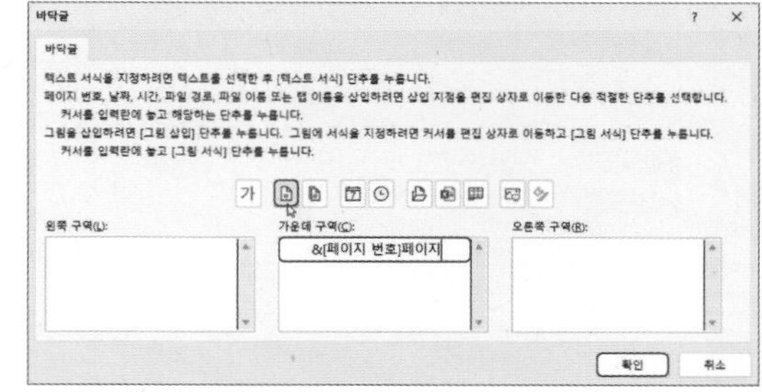

⑥ [시트] 탭에서 '인쇄 영역'을 클릭한 후 [A1:K32] 영역을 드래그하고, '반복할 행'을 클릭한 후 1행부터 2행까지 드래그하고 [확인]을 클릭한다.

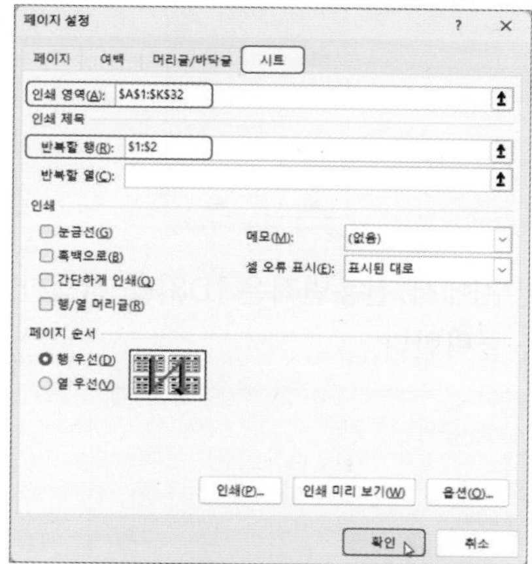


## 문제 ② 계산작업('계산작업' 시트)

### 01 거래수수료[J3:J32]

[J3] 셀에 =MIN(E3*HLOOKUP(E3,$G$35:$J$42,MATCH(C3,$E$35:$E$42,0)+2),HLOOKUP(E3,$G$35:$J$42,MATCH(C3,$E$35:$E$42,0)+3))를 입력하고 [J32] 셀까지 수식을 복사한다.

> **함수 설명**
>
> =MIN(E3*HLOOKUP(E3,$G$35:$J$42,MATCH(C3,$E$35:$E$42,0)+2),HLOOKUP(E3,$G$35:$J$42,MATCH(C3,$E$35:$E$42,0)+3)
>
> ① MATCH(C3,$E$35:$E$42,0) : 거래종류[C3] 셀과 정확하게 일치하는 값을 [E35:E42] 영역에서 찾아 행의 위치 값을 반환 (전세 : 1, 매매 : 5의 값이 반환됨)
> ② HLOOKUP(E3,$G$35:$J$42,①+2) : 거래가[E3] 셀의 값을 [G35:J42] 영역의 첫 번째 행에서 찾아 같은 열에서 ①+2의 행의 위치에 있는 수수료율을 찾아옴
> ③ HLOOKUP(E3,$G$35:$J$42,①+3) : 거래가[E3] 셀의 값을 [G35:J42] 영역의 첫 번째 행에서 값을 찾아 같은 열에서 ①+3의 행의 위치에 있는 최고수수료를 찾아옴
>
> =MIN(E3*②, ③) : 거래가*수수료율과 최고수수료 중에서 가장 작은 값을 구함

### 02 거래가 평균[B36:C41]

[B36] 셀에 =TEXT(AVERAGE(IF(($A$3:$A$32=$A36)*($C$3:$C$32=B$35),$E$3:$E$32)),"#,,")를 입력하고 Ctrl+Shift+Enter를 누른 후에 [C41] 셀까지 수식을 복사한다.

> **함수 설명**
>
> =TEXT(AVERAGE(IF(($A$3:$A$32=$A36)*($C$3:$C$32=B$35),$E$3:$E$32)),"#,,")
>
> ① ($A$3:$A$32=$A36) : 지역명[A3:A32] 셀의 값이 [A36] 셀과 같은지 비교
> ② ($C$3:$C$32=B$35) : 거래종류[C3:C32] 셀의 값이 [B35] 셀과 같은지 비교
> ③ IF(①*②,$E$3:$E$32) : ①과 ② 조건 모두 만족할 경우 거래가[E3:E32] 영역에서 같은 행의 값을 반환
> ④ AVERAGE(③) : ③의 평균을 구함
>
> =TEXT(④,"#,,") : ④의 값을 000000을 생략하여 표시

### 03 거래건수[C45:C48]

[C45] 셀에 =COUNT(IF(($D$3:$D$32〉=A45)*($D$3:$D$32〈=B45),1))&"건"를 입력하고 Ctrl+Shift+Enter를 누른 후에 [C48] 셀까지 수식을 복사한다.

> **함수 설명**
>
> =COUNT(IF(($D$3:$D$32〉=A45)*($D$3:$D$32〈=B45),1))&"건"
>
> ① ($D$3:$D$32〉=A45) : 전용면적[D3:D32] 셀의 값이 [A45] 셀보다 크거나 같은지 비교
> ② ($D$3:$D$32〈=B45) : 전용면적[D3:D32] 셀의 값이 [B45] 셀보다 작거나 같은지 비교
> ③ IF(①*②,1) : ①과 ② 조건 모두 만족할 경우 1의 값을 반환
>
> =COUNT(③)&"건" : ③의 값의 개수를 구한 후에 '건'을 붙여서 표시

### 04 최고가 아파트명[F46:F47]

[F46] 셀에 =INDEX($B$3:$B$32,MATCH(MAX(($C$3:$C$32=E46)*$E$3:$E$32),($C$3:$C$32=E46)*$E$3:$E$32,0))를 입력하고 Ctrl+Shift+Enter를 누른 후에 [F47] 셀까지 수식을 복사한다.

**함수 설명**

=INDEX($B$3:$B$32,MATCH(MAX(($C$3:$C$32=E46)*$E$3:$E$32),($C$3:$C$32=E46)*$E$3:$E$32,0))

① **($C$3:$C$32=E46)** : [C3:C32] 영역에서 [E46] 셀과 같은지 비교, 같으면 1, 같지 않으면 0을 반환
② **(①*$E$3:$E$32)** : ①의 값과 [E3:E32] 영역의 같은 행에 값을 곱함
③ **MAX(②)** : ②의 값에서 가장 큰 값을 구함
④ **MATCH(③,②,0)** : ③의 값을 ②에서 찾아 일치하는 행의 위치 값을 반환

**=INDEX($B$3:$B$32,④)** : [B3:B32] 영역에서 ④의 위치 값을 반환

### 05 사용자 정의 함수(fn규모)

① [개발 도구]-[코드] 그룹의 [Visual Basic]( )을 클릭한다.
② [삽입]-[모듈]을 클릭한다.
③ Module 창에 다음과 같이 입력한다.

```
Public Function fn규모(전용면적)
   If 전용면적 < 62 Then
      fn규모 = "소형"
   ElseIf 전용면적 < 96 Then
      fn규모 = "중형"
   Else
      fn규모 = "대형"
   End If
End Function
```

④ [파일]-[닫고 Microsoft Excel(으)로 돌아가기]를 클릭하여 [Visual Basic Editor]를 닫는다.
⑤ [K3] 셀을 클릭한 후 [함수 삽입]( fx )을 클릭한다.
⑥ [함수 마법사]에서 범주 선택은 '사용자 정의', 함수 선택은 'fn규모'를 선택한 후 [확인]을 클릭한다.

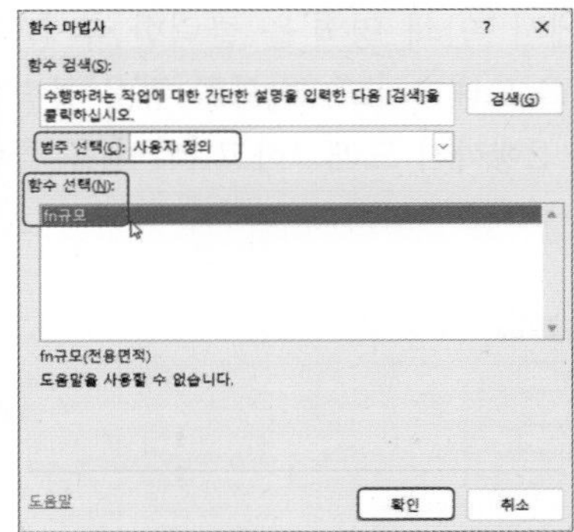


⑦ [함수 인수]에서 전용면적은 [D3]을 지정한 후 [확인]을 클릭한다.

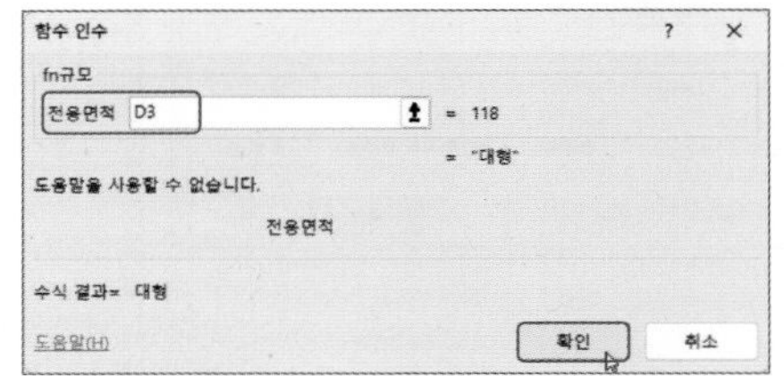


⑧ [K3] 셀을 선택한 후 [K32] 셀까지 수식을 복사한다.

## 문제 ❸ 분석작업

### 01 피벗 테이블('분석작업-1' 시트)

① [B2] 셀을 선택한 후 [삽입]-[표] 그룹의 [피벗 테이블]( )을 클릭한다.
② [피벗 테이블 만들기]에서 '데이터 모델에 이 데이터 추가'를 체크하고, '외부 데이터 원본 사용'에서 [연결 선택]을 클릭한다.

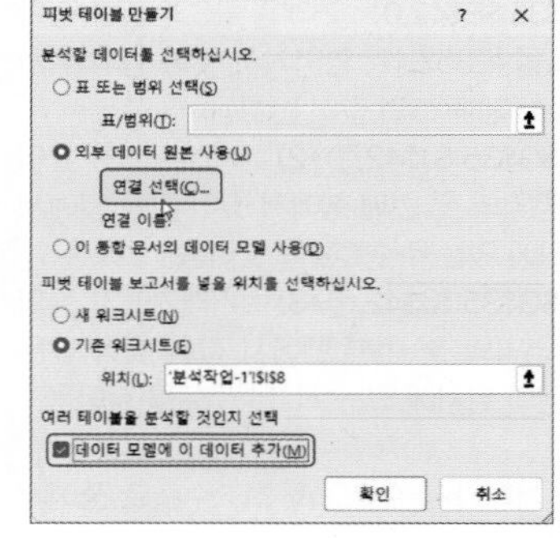


③ [기존 연결]에서 [더 찾아보기]를 클릭하여 '아파트거래현황.csv'를 선택하고 [열기]를 클릭한다.

④ [1단계]에서 '내 데이터에 머리글 표시'를 체크하고, '구분 기호로 분리됨'을 선택하고 [다음]을 클릭한다.

⑤ [2단계]에서 구분 기호 '쉼표'만 체크하고 [다음]을 클릭한다.

⑥ [3단계]에서 '거래종류', '입주일', '거래수수료' 필드를 제외한 나머지 필드는 각각 클릭하여 '열 가져오지 않음(건너뜀)'을 선택하고 [마침]을 클릭한다.

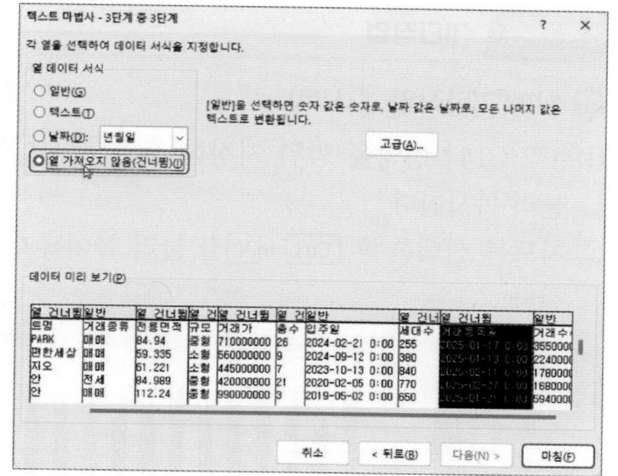

⑦ [피벗 테이블 만들기]에서 [확인]을 클릭한다.

⑧ [피벗 테이블 필드]에서 다음과 같이 드래그한다.

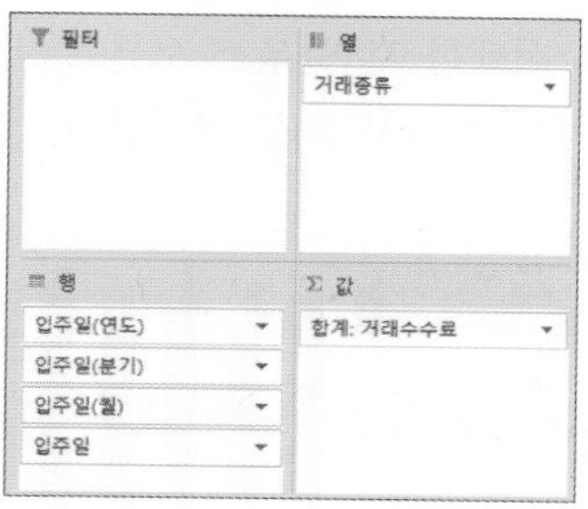


⑨ [디자인] 탭에서 [레이아웃]–[보고서 레이아웃]–[개요 형식으로 표시]를 클릭한다.

⑩ [B4] 셀에서 마우스 오른쪽 버튼을 눌러 [그룹]을 클릭한다.

⑪ [그룹화]에서 '월', '분기'의 선택을 해제하고 '연'만 선택된 상태에서 [확인]을 클릭한다.

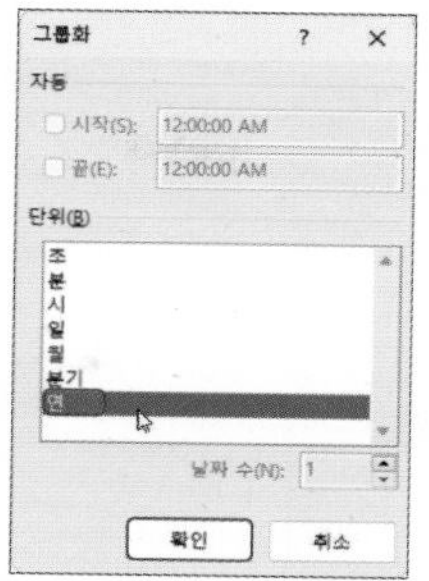

⑫ [B2] 셀에서 마우스 오른쪽 버튼을 눌러 [값 필드 설정]을 클릭한다.

⑬ [값 필드 설정]에서 '평균'을 선택하고 [표시 형식]을 클릭한다.

⑭ [표시 형식] 탭에서 '회계'를 선택하고 [확인]을 클릭한 후 [값 필드 설정]에서 [확인]을 클릭한다.

⑮ [피벗 테이블 분석]–[피벗 테이블] 그룹을 클릭하여 [옵션]을 클릭한다.

⑯ [레이아웃 및 서식] 탭에서 '레이블이 있는 셀 병합 및 가운데 맞춤'을 체크하고, '빈 셀 표시'에 *를 입력하고 [확인]을 클릭한다.

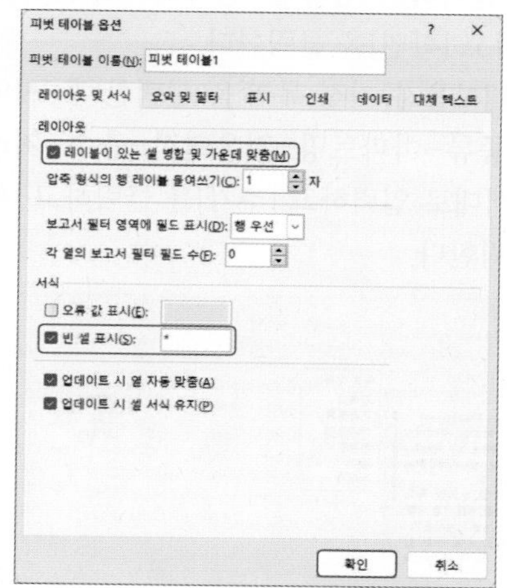

## 02 데이터 도구('분석작업-2' 시트)

① [E3:E18] 영역을 범위 지정한 후 [데이터]–[데이터 도구] 그룹의 [데이터 유효성 검사]( )를 클릭한다.

② [데이터 유효성]의 [설정] 탭에서 제한 대상은 '사용자 지정', 수식은 =QUOTIENT(E3,3,3)<=38을 작성한다.

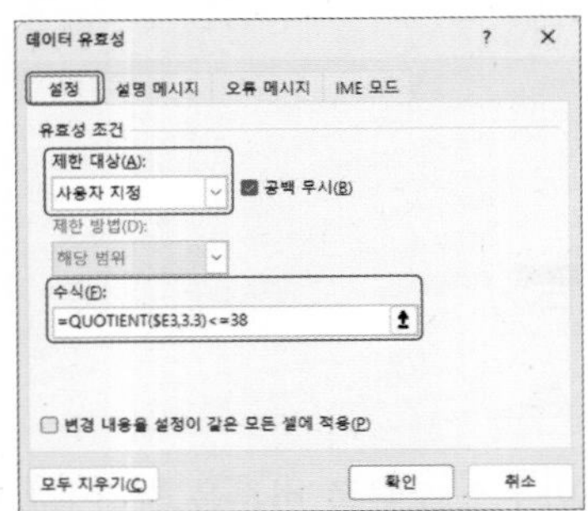


③ [설명 메시지] 탭에서 제목은 **전용면적 38이하**, 설명 메시지는 **최대125 면적까지 입력하세요.**를 입력한다.

④ [오류 메시지] 탭에서 스타일은 '중지', 제목은 **전용면적오류**, 오류 메시지는 **3.3으로 나눈 몫이 38이하로 입력하세요.**를 입력하고 [확인]을 클릭한다.

⑤ [B2:G18] 영역을 범위 지정한 후 [데이터]-[정렬 및 필터] 그룹의 [정렬]을 클릭한다.

⑥ [옵션]을 클릭하여 '방향'을 '왼쪽에서 오른쪽'으로 선택하고 [확인]을 클릭한다.

⑦ 정렬에서 '사용자 지정 목록'을 선택한 후 '지역명-거래종류-아파트명-전용면적-층수-거래가'를 순서대로 입력하고 [추가]를 클릭하고 [확인]을 클릭한다.

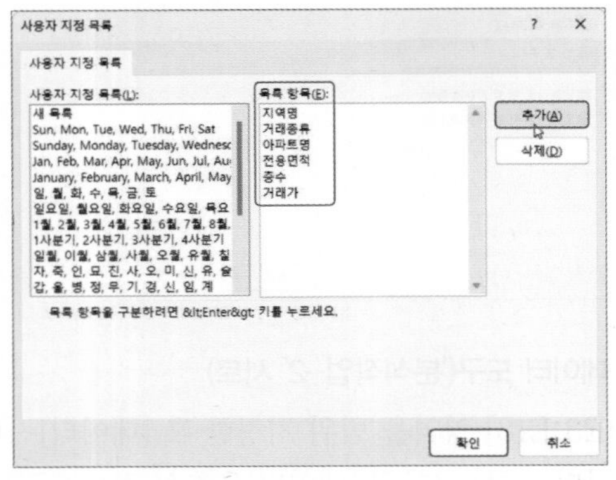


⑧ 정렬 기준은 '행 2'를 선택하고 [확인]을 클릭한다.

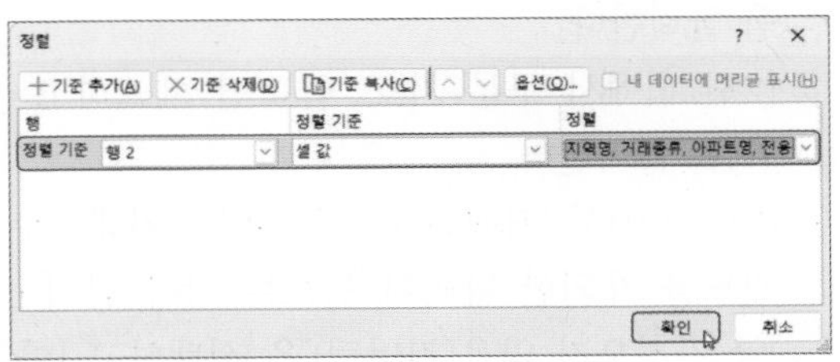


## 문제 ❹ 기타작업

### 01 차트('기타작업-1' 시트)

① [C2:C14] 영역을 범위 지정한 후 Ctrl+C를 눌러 복사한다.

② 차트를 선택한 후 Ctrl+V를 눌러 붙여넣기를 한다.

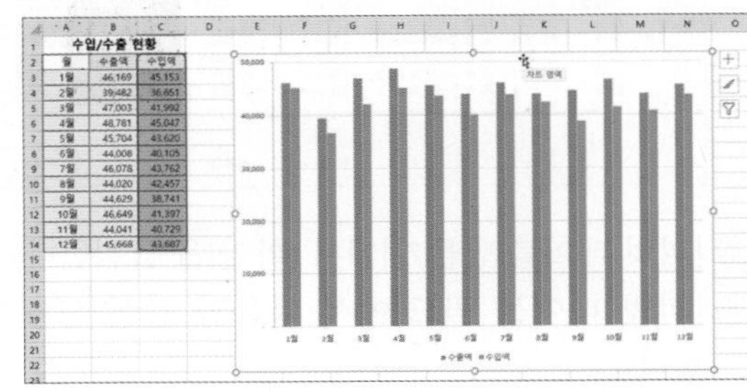

③ '수입액' 계열을 선택한 후 마우스 오른쪽 버튼을 눌러 [계열 차트 종류 변경]을 클릭한다.

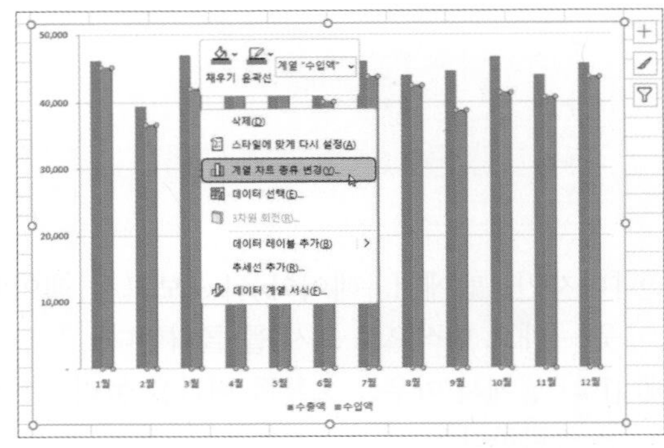


④ [차트 종류 변경]에서 '혼합'을 선택하고 '수입액' 계열의 차트 종류를 '표식이 있는 꺾은선형'을 선택하고 [확인]을 클릭한다.

⑤ 차트를 선택한 후 [차트 요소](⊞)–[차트 제목]을 클릭한 후 **수입/수출 현황**을 입력한다.

⑥ [차트 요소](⊞)–[축 제목]–[기본 세로]를 클릭한 후 **금액**을 입력한다.

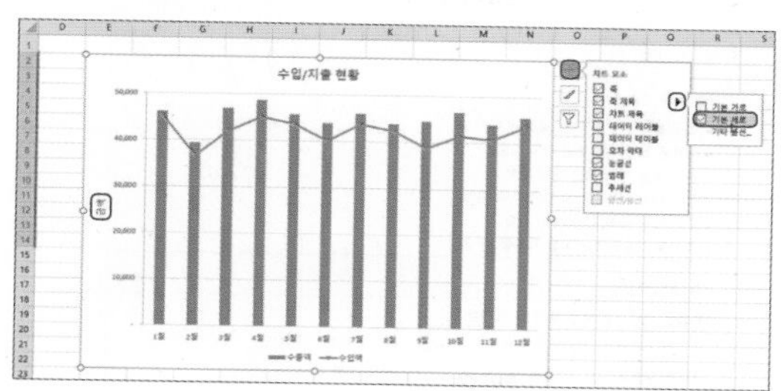

⑦ '금액' 축 제목을 선택한 후 마우스 오른쪽 버튼을 눌러 [축 제목 서식]을 클릭한다.

⑧ [축 제목 서식]의 [크기 및 속성]에서 '텍스트 방향'을 '세로'를 선택한다.

⑨ '차트 제목'을 선택한 후 [홈]–[글꼴] 탭에서 글꼴 크기 '14'로 지정한다.

⑩ 축 서식을 클릭하고 [축 서식]의 '축 옵션'에서 단위 '기본'에 5000을 입력한다.

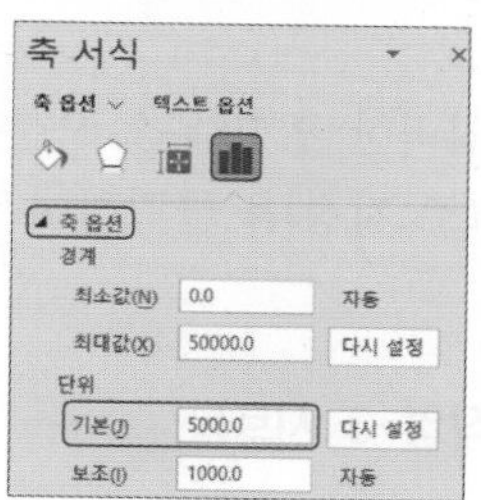


⑪ 주 눈금선을 표시하기 위해서 [차트 요소](⊞)–[눈금선]–[기본 주 세로]를 체크한다.

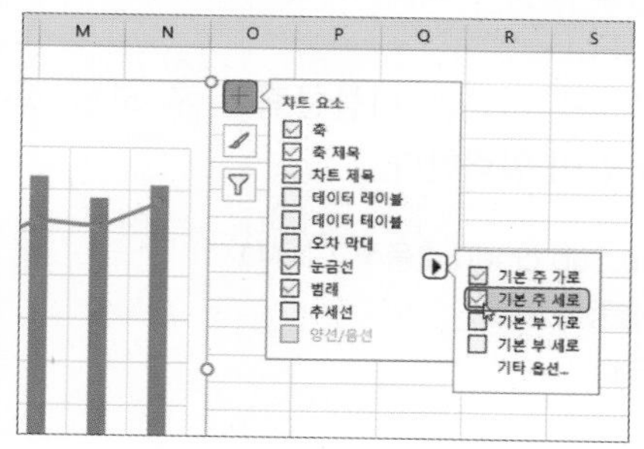


⑫ '2월 수입액' 계열을 천천히 2번 클릭하여 하나의 요소만을 선택한 후 마우스 오른쪽 버튼을 눌러 [데이터 레이블 추가]를 클릭한다.

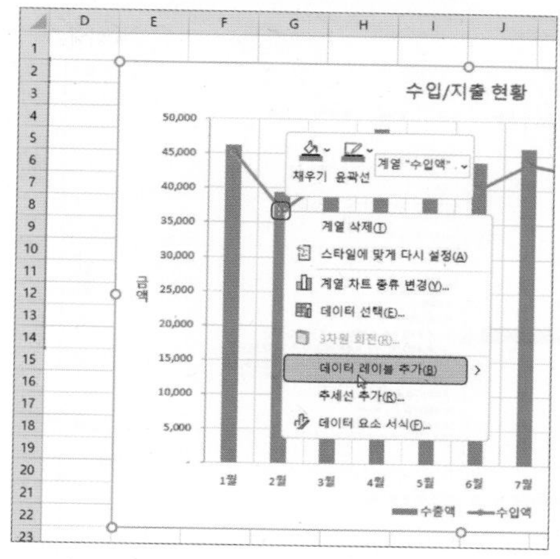


⑬ 차트 영역을 선택한 후 [차트 영역 서식]–[채우기 및 선]에서 [테두리]의 '둥근 모서리'를 체크한다.

⑭ 그림 영역을 선택한 후 [서식] 탭의 '도형 스타일'에서 '미세 효과 – 파랑, 강조1'을 선택한다.

### 02 매크로('기타작업–2' 시트)

① 비어 있는 셀을 클릭한 후 [개발 도구]–[코드] 그룹의 [매크로 기록]( )을 클릭한다.

② [매크로 기록]에서 **서식적용**을 입력하고 [확인]을 클릭한다.

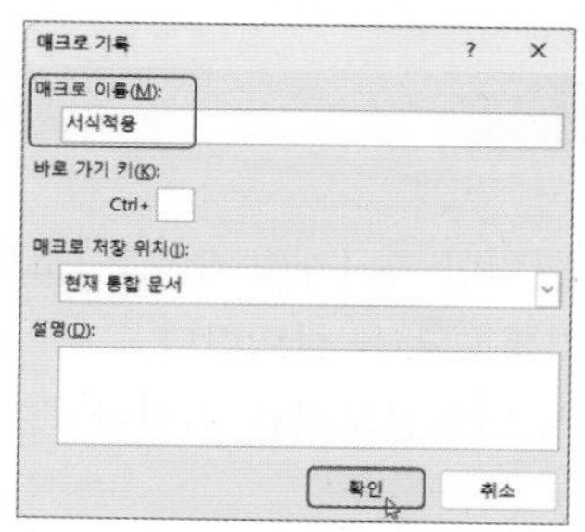

③ [E6:L33] 영역을 범위 지정한 후 Ctrl+1을 눌러 [표시 형식] 탭의 '사용자 지정'을 선택한 후 [=1]"O";[=0]"X"를 입력하고 [확인]을 클릭한다.

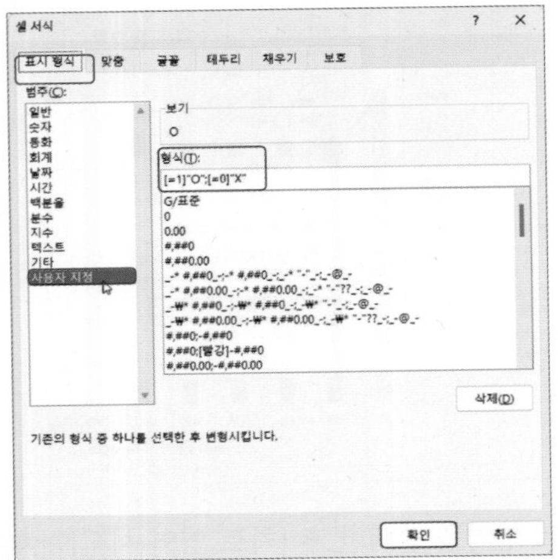

④ [개발 도구]-[코드] 그룹의 [기록 중지](□)를 클릭한다.

⑤ [삽입]-[일러스트레이션] 그룹의 [도형]-[별 및 현수막]의 '리본: 위로 기울어짐'(  )을 클릭한 후 Alt를 누른 채 [B2:D3] 영역에 드래그한다.

⑥ 도형에 **서식적용**을 입력한 후 마우스 오른쪽 버튼을 클릭한 후 [매크로 지정]을 클릭하여 '서식적용'을 선택한다.

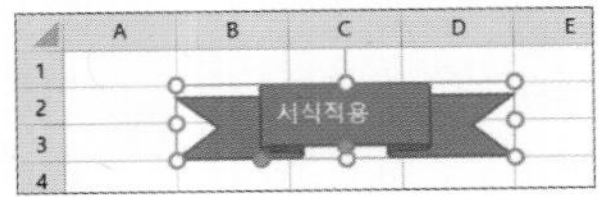


⑦ 비어 있는 셀을 클릭한 후 [개발 도구]-[코드] 그룹의 [매크로 기록](  )을 클릭한다.

⑧ [매크로 기록]에서 **아이콘보기**를 입력하고 [확인]을 클릭한다.

⑨ [M6:M33] 영역을 범위 지정한 후 [홈]-[스타일] 그룹의 [조건부 서식]-[새 규칙]을 클릭한다.

⑩ [새 서식 규칙]에서 다음과 같이 지정하고 [확인]을 클릭한 후 [개발 도구]-[코드] 그룹의 [기록 중지](□)를 클릭한다.

- 서식 스타일 : 아이콘 집합
- 아이콘 스타일 : 5가지 원(흑백)
- 첫 번째 아이콘 : 90, 백분율
- 두 번째 아이콘 : 70, 백분율

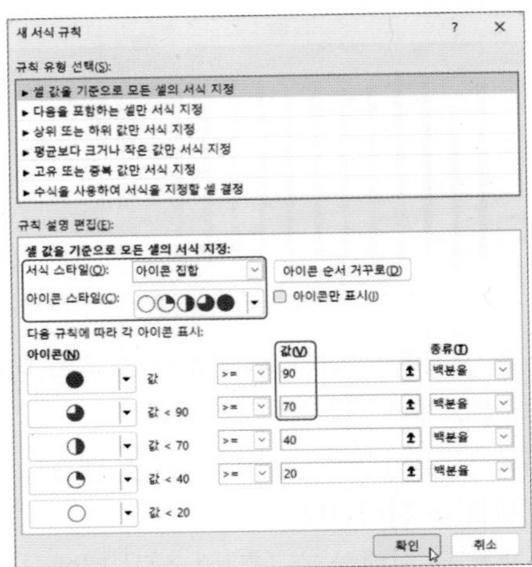

⑪ [삽입]-[일러스트레이션] 그룹의 [도형]-[별 및 현수막]의 '리본: 아래로 기울어짐'(  )을 클릭한 후 Alt를 누른 채 [F2:H3] 영역에 드래그한다.

⑫ 도형에 **아이콘보기**를 입력한 후 마우스 오른쪽 버튼을 클릭한 후 [매크로 지정]을 클릭하여 '아이콘보기'를 선택한다.

## 03 VBA 프로그래밍('기타작업-3' 시트)

### ① 폼 보이기

① [개발 도구]-[컨트롤] 그룹에서 [디자인 모드](  )를 클릭하여 〈대출등록〉 버튼을 편집 상태로 만든다.

② 〈대출등록〉 버튼을 더블클릭한 후 코드 창에 다음과 같이 입력한다.

```
Private Sub cmd대출등록_Click()
    대출등록.Show
End Sub
```

② 폼 초기화

① [프로젝트-VBAProject] 탐색기에서 '폼'을 더블 클릭하고 〈대출등록〉을 선택한다.

② [프로젝트-VBAProject] 탐색기의 [코드 보기(▣)] 도구를 클릭한다.

③ '개체 목록'은 'UserForm', '프로시저 목록'은 'Initialize'를 선택한다.

④ 코드 창에 다음과 같이 입력한다.

```
Private Sub UserForm_Initialize()
    cmb고객등급.RowSource = "H4:H7"
    cmb대출종류.RowSource = "I4:I7"
End Sub
```

③ 등록 프로시저

① '개체 목록'에서 'cmd등록', '프로시저 목록'은 'Click'을 선택한다.

② 코드 창에 다음과 같이 입력한다.

```
Private Sub cmd등록_Click()
    i = Range("A3").CurrentRegion.Rows.Count +
    2
    Cells(i, 1) = txt대출자
    Cells(i, 2) = cmb고객등급
    Cells(i, 3) = cmb대출종류
    Cells(i, 4) = CDate(txt대출일자)
    Cells(i, 5) = Val(txt대출기간)
    Cells(i, 6) = Format(txt대출금액, "#,##0원")
End Sub
```

기적의 TIP

i라는 변수 대신에 '입력행'을 사용해서 작성할 수 있다.

④ 종료 프로시저

① '개체 목록'에서 'cmd종료', '프로시저 목록'은 'Click'을 선택한다.

② 코드 창에 다음과 같이 입력한다.

```
Private Sub cmd종료_Click()
    MsgBox "전체 대출자는 " & Range("A3").Cur-
    rentRegion.Rows.Count - 2 & "명입니다.", ,"종
    료"
    Unload Me
End Sub
```

# 상시 기출 문제 10회

| 시험 시간 | 풀이 시간 | 합격 점수 | 내 점수 |
| --- | --- | --- | --- |
| 45분 | 분 | 70점 | 점 |

작업파일 [2025컴활1급₩1권_스프레드시트₩상시기출문제] 폴더의 '상시기출문제10회' 파일을 열어서 작업하시오.

## 문제 ❶ 기본작업 | 주어진 시트에서 다음 과정을 수행하고 저장하시오. 15점

### 01 '기본작업-1' 시트에서 다음과 같이 고급 필터를 수행하시오. (5점)

▶ [A2:G32] 영역에서 '관리코드'의 다섯 번째 글자가 1이고, 시간이 100 이상이고 150 미만인 행만을 대상으로 표시하시오.

▶ 조건은 [A34:A35] 영역 내에 알맞게 입력하시오. (MID, AND 함수 사용)

▶ 결과는 [A37] 셀부터 표시하시오.

### 02 '기본작업-1' 시트에서 다음과 같이 조건부 서식을 설정하시오. (5점)

▶ [A3:G32] 영역에 대해서 '입고일자'의 월이 6 또는 7이고, 가격이 25,000 이상인 행 전체에 대하여 글꼴 스타일 '굵은 기울임꼴', 글꼴 색 '표준 색 – 녹색'으로 적용하시오.

▶ 단, 규칙 유형은 '수식을 사용하여 서식을 지정할 셀 결정'을 사용하고, 한 개의 규칙으로만 작성하시오.

▶ MONTH, AND, OR 함수 사용

### 03 '기본작업-2' 시트에서 다음과 같이 시트 보호를 설정하시오. (5점)

▶ [G3:G10] 영역에 수식 숨기기를 적용하고 차트는 편집할 수 없도록 잠금을 적용한 후 잠긴 셀의 내용과 워크시트를 보호하시오.

▶ 잠긴 셀의 선택과 잠기지 않은 셀의 선택, 정렬은 허용하시오.

▶ 시트 보호 암호는 지정하지 마시오.

## 문제 ❷ 계산작업 | '계산작업' 시트에서 다음 과정을 수행하고 저장하시오. 30점

### 01 사용자 정의 함수 'fn총점'을 작성하여 [H3:H23] 영역에 총점을 계산하여 표시하시오. (6점)

▶ 'fn총점'은 과제, 출석, 중간, 기말을 인수로 받아 값을 되돌려줌

▶ 총점 = 과제 + 출석 + 중간 + 기말 + 추가점수

▶ 추가점수는 중간과 기말 점수가 모두 20점 이상이면 3, 그 외는 0으로 계산

▶ IF ~ ELSE문 사용

```
Public Function fn총점(과제, 출석, 중간, 기말)
End Function
```

**02** [표1]의 과목ID와 [표2]를 이용하여 [I3:I23] 영역에 전공여부를 표시하시오. (6점)

- ▶ 전공여부는 과목ID의 첫 번째 글자(강의코드)가 R이면 '교양', S이면 '전공선택', P이면 '전공필수'를 표시
- ▶ 과목ID의 맨 마지막 글자(강의진행)를 이용하여 [표2]에서 과목을 추출하시오.
- ▶ 표시 예 : 과목ID가 R001인 경우 → 교양(영어)
- ▶ SWITCH, LEFT, HLOOKUP, VALUE, RIGHT 함수와 & 연산자 사용

**03** [표1]의 중간과 기말 점수를 이용하여 [J3:J23] 영역에 등급을 표시하시오. (6점)

- ▶ (중간 + 기말) 점수와 [표4]를 이용하여 등급을 표시할 것
- ▶ INDEX, MATCH 함수 사용

**04** [표1]의 과목ID와 학과를 이용하여 [표3]의 [B31:C33] 영역에 강의코드와 학과별 인원수를 계산하시오. (6점)

- ▶ 강의코드는 과목ID의 첫 번째 글자임
- ▶ COUNT, IF, LEFT 함수를 사용한 배열 수식

**05** [표1]의 과목ID와 과제, 출석, 중간, 기말을 이용하여 [D31:G33] 영역에 강의코드별 최대 점수를 계산하여 표시하시오. (6점)

- ▶ 강의코드는 과목ID의 첫 번째 글자임
- ▶ MAX, IF, LEFT 함수를 사용한 배열 수식

## 문제 ❸ 분석작업 | 주어진 시트에서 다음 작업을 수행하고 저장하시오. 20점

**01** '분석작업-1' 시트에서 다음의 지시사항에 따라 피벗 테이블 보고서를 작성하시오. (10점)

- ▶ 외부 데이터 가져오기 기능을 사용하여 〈DVD목록.accdb〉의 〈DVD목록〉 테이블을 이용하시오.
- ▶ 피벗 테이블 보고서의 레이아웃과 위치는 〈그림〉을 참조하여 설정하고, 보고서 레이아웃을 개요 형식으로 표시하시오.
- ▶ '입고일자' 필드를 기준으로 그룹을 설정하시오.
- ▶ '장르' 필드를 기준으로 내림차순 정렬하고, 열의 총합계만 표시하시오.
- ▶ '시간' 필드의 표시 형식은 값 필드 설정의 셀 서식에서 '숫자' 범주를 이용하여 지정하시오.

| | A | B | C | D | E | F | G |
|---|---|---|---|---|---|---|---|
| 1 | | | | | | | |
| 2 | | 제작년도 | (모두) | | | | |
| 3 | | | | | | | |
| 4 | | | 입고일자 | 값 | | | |
| 5 | | | 2024년 | | 2025년 | | |
| 6 | | 장르 | 개수 : 타이틀명 | 평균 : 시간 | 개수 : 타이틀명 | 평균 : 시간 | |
| 7 | | 코미디 | | | 2 | 111.5 | |
| 8 | | 액션 | 2 | 134.0 | 7 | 125.7 | |
| 9 | | 애니메이션 | 1 | 127.0 | 1 | 78.0 | |
| 10 | | 범죄 | | | 1 | 115.0 | |
| 11 | | 미스터리 | | | 1 | 122.0 | |
| 12 | | 모험 | 1 | 178.0 | | | |
| 13 | | 드라마 | 8 | 119.9 | 6 | 121.8 | |
| 14 | | 총합계 | 12 | 127.7 | 18 | 119.4 | |
| 15 | | | | | | | |

※ 작업 완성된 그림이며 부분 점수 없음

### 02 '분석작업-2' 시트에 대하여 다음의 지시사항을 처리하시오. (10점)

▶ [C14:C19] 영역에는 데이터 유효성 검사 도구를 이용하여 1000의 배수 관계의 숫자만 입력할 수 있도록 제한 대상을 설정하시오. (MOD 함수 이용)

▶ [C14:C19] 영역의 셀을 클릭한 경우 〈그림〉 과 같은 설명 메시지를 표시하고, 유효하지 않은 데이터를 입력한 경우 〈그림〉과 같은 오류 메시지가 표시되도록 설정하시오.

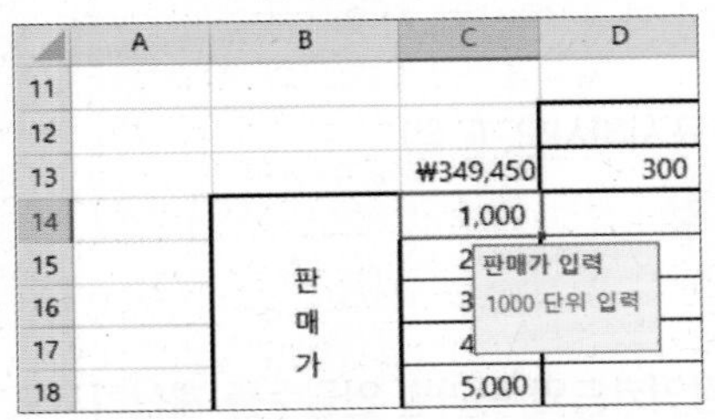

▶ [데이터 표] 기능을 이용하여 판매가와 판매량 변동에 따른 순이익금을 [D14:H19]에 계산하여 표시하시오.

▶ 순이익금 = (판매가-제조원가)×판매량-초기투자비용-홍보비용

## 문제 ❹ 기타작업 | 주어진 시트에서 다음 작업을 수행하고 저장하시오. 35점

### 01 '기타작업-1' 시트에서 다음의 지시사항에 따라 차트를 수정하시오. (각 2점)

※ 차트는 반드시 문제에서 제공한 차트를 사용하여야 하며, 신규로 차트작성 시 0점 처리됨

① 〈그림〉과 같이 표시되도록 데이터 범위를 변경하시오.

② 차트 제목과 기본 가로 축 제목, 기본 세로 축 제목이 〈그림〉과 표시되도록 설정하시오.

③ 범례의 위치를 아래쪽으로 변경하고 도형 스타일을 '강한 효과 – 파랑, 강조1'로 설정하시오.

④ 〈그림〉과 같이 최대값과 기본 단위를 지정하고 값이 거꾸로 표시되도록 설정하시오.

⑤ '판매금액' 계열에 〈그림〉과 같이 데이터 레이블을 표시하시오.

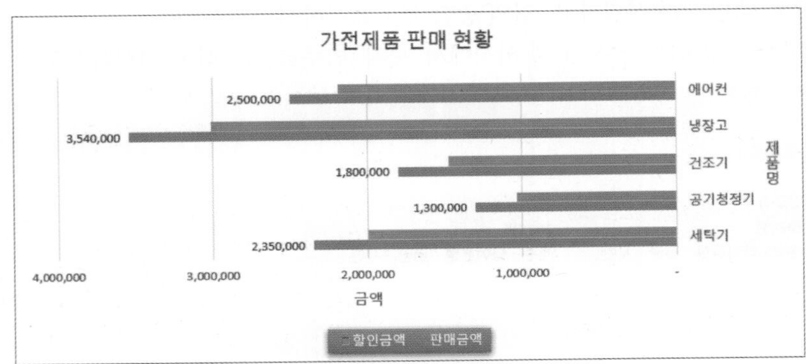

**02 '기타작업-2' 시트에서 다음과 같은 기능을 수행하는 매크로를 현재 통합문서에 작성하시오. (각 5점)**

① 목표값 찾기 기능을 이용하여 평점[C11]이 4가 되려면 기말[C9] 점수가 얼마가 되어야 하는지 계산하는 '평점4' 매크로를 생성하시오.

▶ [도형]-[기본 도형]의 '사각형: 빗면'(□)을 동일 시트의 [E6:E7] 영역에 생성한 후 텍스트를 '평점4'로 입력하고, 단추를 클릭하면 '평점4' 매크로가 실행되도록 설정하시오.

② 목표값 찾기 기능을 이용하여 평점[C11]이 3.7이 되려면 기말[C9] 점수가 얼마가 되어야 하는지 계산하는 '평점3_7' 매크로를 생성하시오.

▶ [도형]-[기본 도형]의 '사각형: 빗면'(□)을 동일 시트의 [E9:E10] 영역에 생성한 후 텍스트를 '평점3.7'로 입력하고, 단추를 클릭하면 '평점3_7' 매크로가 실행되도록 설정하시오.

※ 셀 포인터의 위치에 관계없이 매크로가 실행되어야 정답으로 인정됨

**03 '기타작업-3' 시트에서 다음과 같은 작업을 수행하도록 프로시저를 작성하시오. (각 5점)**

① '판매내역입력' 단추를 클릭하면 〈판매내역입력〉 폼이 나타나도록 설정하고, 폼이 초기화(Initialize)되면 제품명(cmb제품명) 목록으로 "세탁기", "공기청정기", "건조기", "냉장고", "에어컨"이 표시되도록 프로시저를 작성하시오.

② 〈판매내역입력〉 폼의 '입력(cmd입력)' 단추를 클릭하면 폼에 입력된 데이터가 [표]에 입력되어 있는 마지막 행 다음에 연속하여 추가되고, 폼의 모든 텍스트 컨트롤의 값이 삭제되도록 프로시저를 작성하시오.

▶ 금액은 FORMAT 함수를 이용하여 워크시트에 입력된 기존 데이터와 같은 형식으로 입력하시오. [표시 예 : 250000일 경우 → 250,000원, 0일 경우 → 0원]

▶ 입력되는 데이터는 워크시트에 입력된 기존 데이터와 같은 형식의 데이터로 입력하시오.

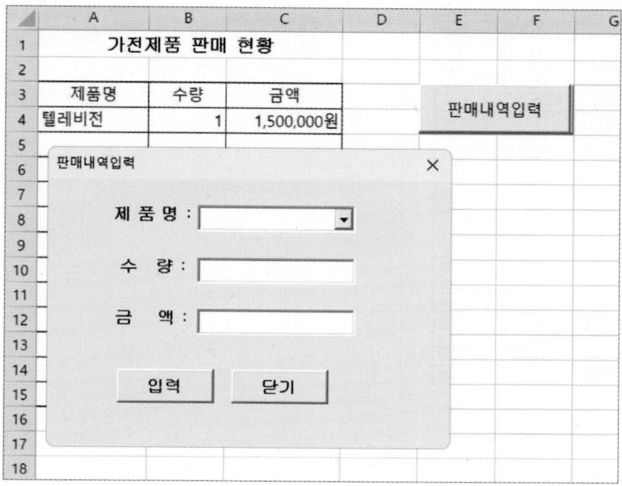


③ '닫기(cmd닫기)' 단추를 클릭하면 폼을 종료하고 [A1] 셀의 글꼴을 '굴림체'로 변경하는 프로시저를 작성하시오.

# 상시 기출 문제 10회 정답

## 문제 ❶ 기본작업

### 01 고급 필터

A35 =AND(MID(A3,5,1)="1",F3>=100,F3<150)

| | A | B | C | D | E | F | G | H |
|---|---|---|---|---|---|---|---|---|
| 34 | 조건 | | | | | | | |
| 35 | FALSE | | | | | | | |
| 36 | | | | | | | | |
| 37 | 관리코드 | 타이틀명 | 입고일자 | 가격 | 장르 | 시간 | 대여료 | |
| 38 | DVD-10 | 기생충 | 2025-08-30 | 22,000 | 드라마 | 131 | 1,000 | |
| 39 | DVD-11 | 극한직업 | 2025-04-23 | 25,000 | 코미디 | 111 | 1,000 | |
| 40 | DVD-12 | 증인 | 2025-05-13 | 25,000 | 드라마 | 129 | 1,000 | |
| 41 | DVD-13 | 빵반 | 2025-04-30 | 29,000 | 액션 | 133 | 2,000 | |
| 42 | DVD-14 | 기묘한 가족 | 2025-05-13 | 25,000 | 코미디 | 112 | 1,000 | |
| 43 | DVD-16 | 알리타 | 2025-05-05 | 25,000 | 액션 | 122 | 1,500 | |
| 44 | DVD-17 | 사바하 | 2025-05-20 | 28,000 | 미스터리 | 122 | 1,500 | |
| 45 | DVD-18 | 신과함께-죄와 벌 | 2024-03-20 | 25,300 | 드라마 | 139 | 1,000 | |
| 46 | | | | | | | | |

### 02 조건부 서식

| | A | B | C | D | E | F | G |
|---|---|---|---|---|---|---|---|
| 1 | [표1] | | | | | | |
| 2 | 관리코드 | 타이틀명 | 입고일자 | 가격 | 장르 | 시간 | 대여료 |
| 3 | DVD-01 | 악인전 | 2025-08-15 | 25,000 | 액션 | 110 | 1,500 |
| 4 | DVD-02 | 어벤져스:앤드게임 | 2025-10-24 | 25,300 | 액션 | 181 | 2,000 |
| 5 | DVD-03 | 걸캅스 | 2025-09-09 | 29,500 | 액션 | 107 | 1,000 |
| 6 | DVD-04 | 명량 | 2024-10-30 | 23,000 | 액션 | 128 | 500 |
| 7 | DVD-05 | 명탐정 피카츄 | 2025-08-09 | 25,000 | 액션 | 104 | 500 |
| 8 | *DVD-06* | *생일* | *2025-06-03* | *25,000* | *드라마* | *120* | *1,000* |
| 9 | *DVD-07* | *캡틴 마블* | *2025-07-06* | *25,300* | *액션* | *123* | *1,500* |
| 10 | DVD-08 | 미성년 | 2025-06-11 | 16,500 | 드라마 | 96 | 1,000 |
| 11 | DVD-09 | 돈 | 2025-05-20 | 29,000 | 범죄 | 115 | 1,000 |
| 12 | DVD-10 | 기생충 | 2025-08-30 | 22,000 | 드라마 | 131 | 1,000 |
| 13 | DVD-11 | 극한직업 | 2025-04-23 | 25,000 | 코미디 | 111 | 1,000 |
| 14 | DVD-12 | 증인 | 2025-05-13 | 25,000 | 드라마 | 129 | 1,000 |
| 15 | DVD-13 | 빵반 | 2025-04-30 | 29,000 | 액션 | 133 | 2,000 |
| 16 | DVD-14 | 기묘한 가족 | 2025-05-13 | 25,000 | 코미디 | 112 | 1,000 |
| 17 | DVD-15 | 반지의 제왕 | 2024-01-21 | 29,000 | 모험 | 178 | 1,000 |
| 18 | DVD-16 | 알리타 | 2025-05-05 | 25,000 | 액션 | 122 | 1,500 |
| 19 | DVD-17 | 사바하 | 2025-05-20 | 28,000 | 미스터리 | 122 | 1,500 |
| 20 | DVD-18 | 신과함께-죄와 벌 | 2024-03-20 | 25,300 | 드라마 | 139 | 1,000 |
| 21 | DVD-19 | 극장판 헬로카봇 | 2025-04-30 | 16,500 | 애니메이션 | 78 | 500 |
| 22 | DVD-20 | 더 포스트 | 2024-05-28 | 19,800 | 드라마 | 116 | 1,000 |
| 23 | DVD-21 | 국가부도의 날 | 2025-01-28 | 22,000 | 드라마 | 114 | 1,500 |
| 24 | *DVD-22* | *아이 토냐* | *2024-06-08* | *25,300* | *드라마* | *120* | *1,000* |
| 25 | DVD-23 | 코코 | 2024-04-11 | 21,000 | 애니메이션 | 127 | 500 |
| 26 | DVD-24 | 국제시장 | 2024-03-17 | 27,500 | 드라마 | 126 | 500 |
| 27 | DVD-25 | 플로리다 프로젝트 | 2024-06-07 | 19,980 | 드라마 | 111 | 1,000 |
| 28 | DVD-26 | 퍼스트맨 | 2025-01-18 | 25,000 | 드라마 | 141 | 1,000 |
| 29 | DVD-27 | 어느 가족 | 2024-10-26 | 25,300 | 드라마 | 121 | 500 |
| 30 | *DVD-28* | *레디 플레이어 원* | *2024-06-28* | *25,300* | *액션* | *140* | *500* |
| 31 | *DVD-29* | *콜 미 바이 유어 네임* | *2024-06-22* | *25,000* | *드라마* | *132* | *500* |
| 32 | DVD-30 | 레이디 버드 | 2024-07-04 | 24,000 | 드라마 | 94 | 1,000 |
| 33 | | | | | | | |

### 03 시트 보호

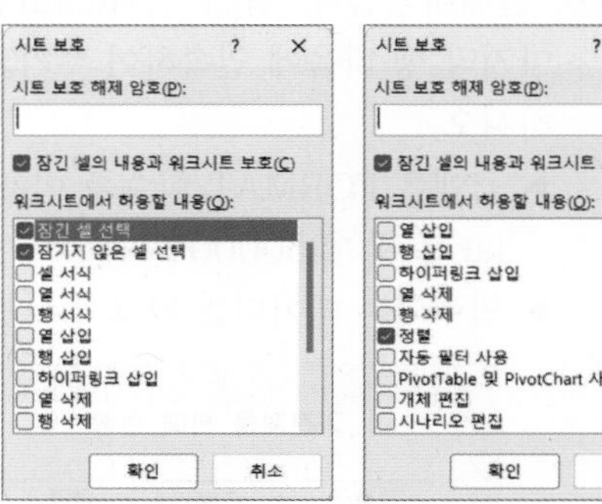

## 문제 ❷ 계산작업

### 01 총점, 전공여부, 등급

| | A | B | C | D | E | F | G | H | I | J | K |
|---|---|---|---|---|---|---|---|---|---|---|---|
| 1 | [표1] | | | | | | | | | | |
| 2 | 과목ID | 이름 | 학과 | 과제 | 출석 | 중간 | 기말 | 총점 | 전공여부 | 등급 | |
| 3 | R003 | 이현정 | 컴퓨터공학과 | 13 | 11 | 23 | 30 | 80 | 교양(한국어) | A | |
| 4 | S002 | 송수정 | 컴퓨터공학과 | 19 | 10 | 16 | 26 | 71 | 전공선택(영어) | B | |
| 5 | R004 | 문병용 | 컴퓨터공학과 | 14 | 11 | 15 | 25 | 65 | 교양(한국어) | C | |
| 6 | R007 | 김혜영 | 컴퓨터공학과 | 20 | 15 | 21 | 15 | 71 | 교양(기타) | C | |
| 7 | R008 | 이문성 | 전자공학과 | 10 | 15 | 22 | 27 | 77 | 교양(기타) | B | |
| 8 | P005 | 우용표 | 전자공학과 | 14 | 12 | 27 | 28 | 84 | 전공필수(한국어) | A | |
| 9 | S003 | 김후영 | 컴퓨터공학과 | 16 | 19 | 15 | 23 | 73 | 전공선택(한국어) | C | |
| 10 | P002 | 김민국 | 컴퓨터공학과 | 18 | 13 | 16 | 23 | 70 | 전공필수(영어) | C | |
| 11 | S004 | 최신국 | 컴퓨터공학과 | 18 | 20 | 17 | 15 | 70 | 전공선택(한국어) | C | |
| 12 | P006 | 박억남 | 전자공학과 | 17 | 18 | 19 | 30 | 84 | 전공필수(한국어) | B | |
| 13 | P008 | 조민정 | 전자공학과 | 15 | 12 | 17 | 24 | 68 | 전공필수(기타) | B | |
| 14 | R007 | 이재건 | 전자공학과 | 20 | 15 | 25 | 27 | 90 | 교양(기타) | A | |
| 15 | S003 | 서승범 | 전자공학과 | 12 | 15 | 26 | 15 | 68 | 전공선택(한국어) | B | |
| 16 | R003 | 박인성 | 컴퓨터공학과 | 11 | 10 | 28 | 21 | 73 | 교양(한국어) | B | |
| 17 | S005 | 김주우 | 컴퓨터공학과 | 14 | 10 | 22 | 29 | 78 | 전공선택(한국어) | A | |
| 18 | R001 | 이건홍 | 전자공학과 | 20 | 10 | 29 | 18 | 77 | 교양(영어) | B | |
| 19 | S002 | 이용현 | 컴퓨터공학과 | 17 | 16 | 24 | 22 | 82 | 전공선택(영어) | B | |
| 20 | P007 | 나웅선 | 전자공학과 | 11 | 16 | 24 | 16 | 67 | 전공필수(기타) | C | |
| 21 | R004 | 김보미 | 컴퓨터공학과 | 18 | 10 | 23 | 30 | 84 | 교양(한국어) | A | |
| 22 | R002 | 성도식 | 전자공학과 | 10 | 12 | 28 | 18 | 68 | 교양(영어) | B | |
| 23 | P007 | 유성진 | 전자공학과 | 13 | 13 | 28 | 29 | 86 | 전공필수(기타) | A | |
| 24 | | | | | | | | | | | |

1. [H3] 셀에 「=fn총점(D3,E3,F3,G3)」를 입력하고 [H23] 셀까지 수식 복사

```
Public Function fn총점(과제, 출석, 중간, 기말)
    If 중간 >= 20 And 기말 >= 20 Then
        fn총점 = 과제 + 출석 + 중간 + 기말 + 3
    Else
        fn총점 = 과제 + 출석 + 중간 + 기말
    End If
End Function
```

2. [I3]셀에 「=SWITCH(LEFT(A3,1),"R","교양","S","전공선택","P","전공필수")&"("&HLOOKUP(VALUE(RIGHT(A3,1)),$F$26:$H$27,2)&")"」를 입력하고 [I23] 셀까지 수식 복사
3. [J3] 셀에 「=INDEX($C$37:$C$42,MATCH(F3+G3,$B$37:$B$42,−1))」를 입력하고 [J23] 셀까지 수식 복사

### 02 강의 코드와 학과별 인원수, 강의코드별 최대 점수

| | A | B | C | D | E | F | G | H |
|---|---|---|---|---|---|---|---|---|
| 29 | [표3] | | | | | | | |
| 30 | 강의코드 | 컴퓨터공학과 | 전자공학과 | 과제 | 출석 | 중간 | 기말 | |
| 31 | R | 5 | 4 | 20 | 15 | 29 | 30 | |
| 32 | S | 5 | 1 | 19 | 20 | 26 | 29 | |
| 33 | P | 1 | 5 | 18 | 18 | 28 | 30 | |
| 34 | | | | | | | | |

4. [B31] 셀에 「=COUNT(IF((LEFT($A$3:$A$23,1)=$A31)*($C$3:$C$23=B$30),1))」를 입력하고 Ctrl+Shift+Enter를 누른 후에 [C33] 셀까지 수식을 복사
5. [D31] 셀에 「=MAX(IF(LEFT($A$3:$A$23,1)=$A31,D$3:D$23))를 입력하고 Ctrl+Shift+Enter를 누른 후에 [G33] 셀까지 수식을 복사

## 문제 ③ 분석작업

### 01 피벗 테이블

| | A | B | C | D | E | F | G |
|---|---|---|---|---|---|---|---|
| 1 | | | | | | | |
| 2 | | 제작년도 | (모두) | | | | |
| 3 | | | | | | | |
| 4 | | | 입고일자 | 값 | | | |
| 5 | | | 2024년 | | 2025년 | | |
| 6 | | 장르 | 개수 : 타이틀명 | 평균 : 시간 | 개수 : 타이틀명 | 평균 : 시간 | |
| 7 | | 코미디 | | | 2 | 111.5 | |
| 8 | | 액션 | 2 | 134.0 | 7 | 125.7 | |
| 9 | | 애니메이션 | 1 | 127.0 | 1 | 78.0 | |
| 10 | | 범죄 | | | 1 | 115.0 | |
| 11 | | 미스터리 | | | 1 | 122.0 | |
| 12 | | 모험 | 1 | 178.0 | | | |
| 13 | | 드라마 | 8 | 119.9 | 6 | 121.8 | |
| 14 | | 총합계 | 12 | 127.7 | 18 | 119.4 | |
| 15 | | | | | | | |

### 02 데이터 도구

| | A | B | C | D | E | F | G | H | I |
|---|---|---|---|---|---|---|---|---|---|
| 9 | | | | | | | | | |
| 10 | | 판매량과 판매가 변동에 따른 순이익금 계산표 | | | | | | | |
| 11 | | | | | | | | | |
| 12 | | | | 판 매 량 | | | | | |
| 13 | | | ₩349,450 | 300 | 400 | 500 | 600 | 700 | |
| 14 | | 판<br>매<br>가 | 1,000 | - 450,550 | - 600,550 | - 750,550 | - 900,550 | - 1,050,550 | |
| 15 | | | 2,000 | - 150,550 | - 200,550 | - 250,550 | - 300,550 | - 350,550 | |
| 16 | | | 3,000 | 149,450 | 199,450 | 249,450 | 299,450 | 349,450 | |
| 17 | | | 4,000 | 449,450 | 599,450 | 749,450 | 899,450 | 1,049,450 | |
| 18 | | | 5,000 | 749,450 | 999,450 | 1,249,450 | 1,499,450 | 1,749,450 | |
| 19 | | | 6,000 | 1,049,450 | 1,399,450 | 1,749,450 | 2,099,450 | 2,449,450 | |
| 20 | | | | | | | | | |

## 문제 ④ 기타작업

### 01 차트

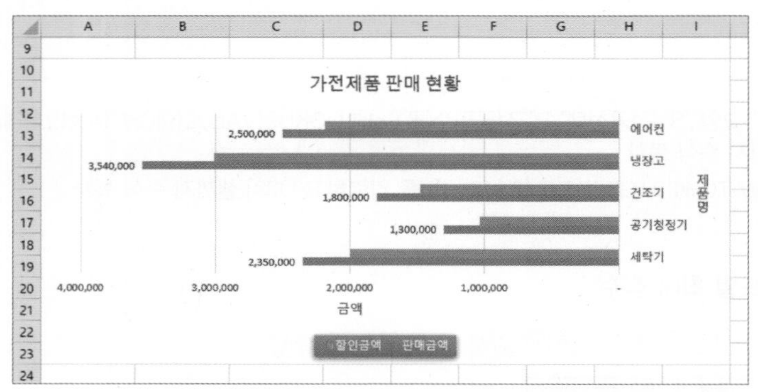


### 02 매크로

| | A | B | C | D | E |
|---|---|---|---|---|---|
| 1 | | [표1] | | | |
| 2 | | 과제 | 중간 | 수시시험 | 기말 |
| 3 | | 20% | 30% | 20% | 30% |
| 4 | | | | | |
| 5 | | [표2] | | | |
| 6 | | 과제 | 60 | | 평점4 |
| 7 | | 중간 | 75 | | |
| 8 | | 수시시험 | 85 | | |
| 9 | | 기말 | 95 | | 평점3.7 |
| 10 | | 총점 | 80 | | |
| 11 | | 평점 | 4 | | |
| 12 | | | | | |

## 03 VBA 프로그래밍

• 폼 보이기 프로시저

```
Private Sub cmb판매내역_Click()
    판매내역입력.Show
End Sub
```

• 폼 초기화 프로시저

```
Private Sub UserForm_Initialize()
    cmb제품명.AddItem "세탁기"
    cmb제품명.AddItem "공기청정기"
    cmb제품명.AddItem "건조기"
    cmb제품명.AddItem "냉장고"
    cmb제품명.AddItem "에어컨"
End Sub
```

• 등록 프로시저

```
Private Sub cmd입력_Click()
    i = Range("A3").CurrentRegion.Rows.Count + 3
    Cells(i, 1) = cmb제품명
    Cells(i, 2) = Val(txt수량)
    Cells(i, 3) = Format(txt금액, "#,##0원")
    cmb제품명 = ""
    txt수량 = ""
    txt금액 = ""
End Sub
```

• 종료 프로시저

```
Private Sub cmd닫기_Click()
    Unload Me
    [A1].Font.Name = "굴림체"
End Sub
```

## 상시 기출 문제 10회 해설

### 문제 ❶ 기본작업

#### 01 고급 필터('기본작업-1' 시트)

① [A34:A35] 영역에 조건을 입력한다.

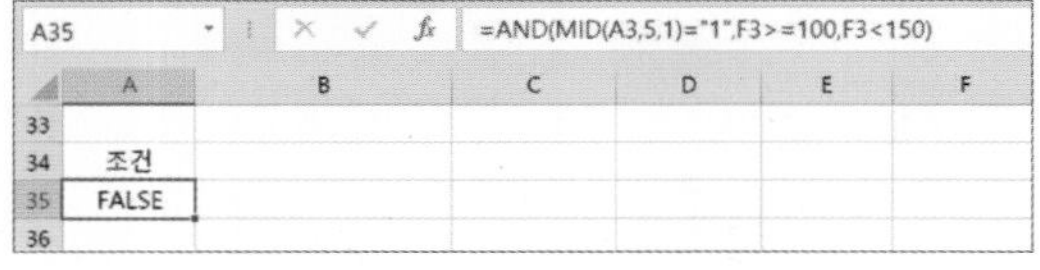

[A35] : =AND(MID(A3,5,1)="1",F3>=100,F3<150)

② [데이터]-[정렬 및 필터] 그룹에서 [고급]( ) 을 클릭한다.

③ [고급 필터]에서 다음과 같이 지정한 후 [확인]을 클릭한다.

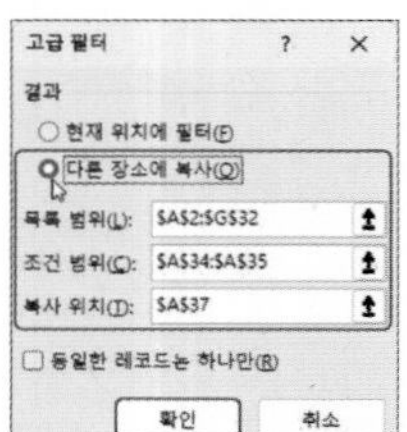

- 결과 : '다른 장소에 복사'
- 목록 범위 : [A2:G32]
- 조건 범위 : [A34:A35]
- 복사 위치 : [A37]

#### 02 조건부 서식('기본작업-1' 시트)

① [A3:G32] 영역을 범위 지정한 후 [홈]-[스타일] 그룹의 [조건부 서식]-[새 규칙]을 클릭한다.

② [새 서식 규칙]에서 '규칙 유형 선택'에 '▶ 수식을 사용하여 서식을 지정할 셀 결정'을 선택하고, =AND(OR(MONTH($C3)=6,MONTH($C3)=7),$D3>=25000)을 입력한 후 [서식]을 클릭한다.

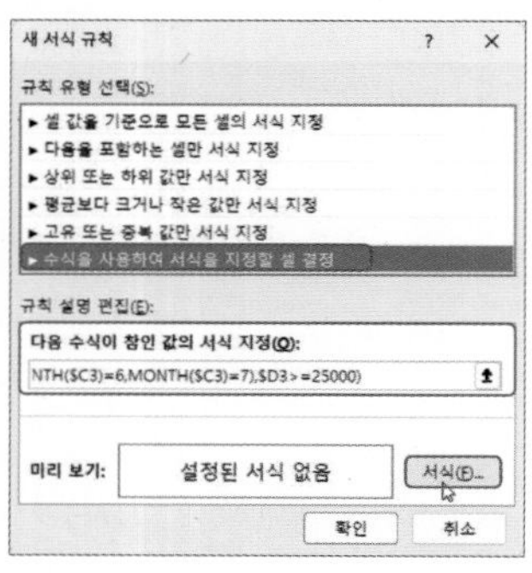

③ [셀 서식]의 [글꼴] 탭에서 글꼴 스타일은 '굵은 기울임꼴', 색은 '표준 색 – 녹색'을 선택한 후 [확인]을 클릭한다.

④ [새 서식 규칙]에서 다시 [확인]을 클릭한다.

#### 03 시트 보호('기본작업-2' 시트)

① [G3:G10] 영역을 범위 지정한 후 마우스 오른쪽 버튼을 눌러 [셀 서식]을 클릭한다.

② [보호] 탭에서 '숨김'을 체크하고 [확인]을 클릭한다.

③ 차트에서 마우스 오른쪽 버튼을 눌러 [차트 영역 서식]을 클릭한다.

④ [차트 영역 서식]-[크기 및 속성]의 '속성'에서 '잠금'이 체크가 되어 있는지 확인하고 [닫기]를 클릭한다.

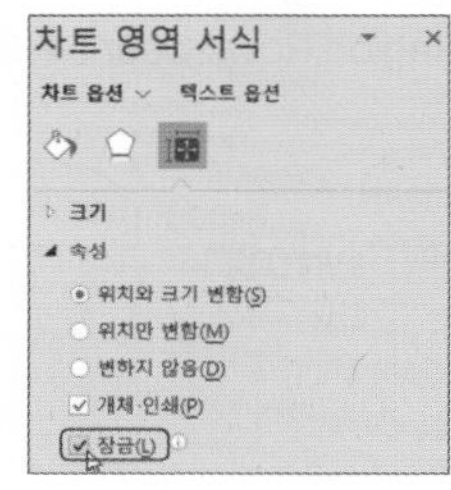

⑤ [검토] 탭의 [보호] 그룹에서 [시트 보호]를 클릭한다.

⑥ [시트 보호]에서 '잠긴 셀의 내용과 워크시트 보호'가 체크가 되어 있는지 확인하고, '잠긴 셀 선택', '잠기지 않는 셀 선택', '정렬'을 체크하고 [확인]을 클릭한다.

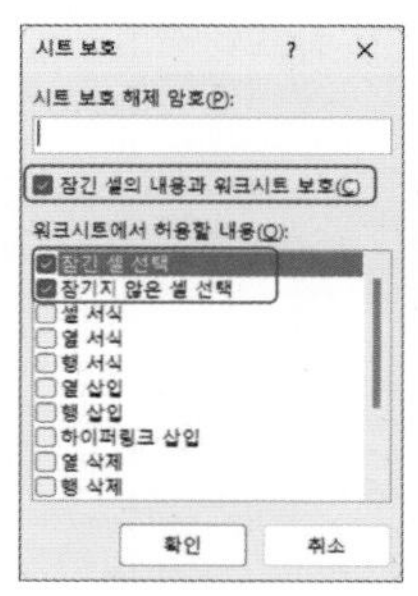

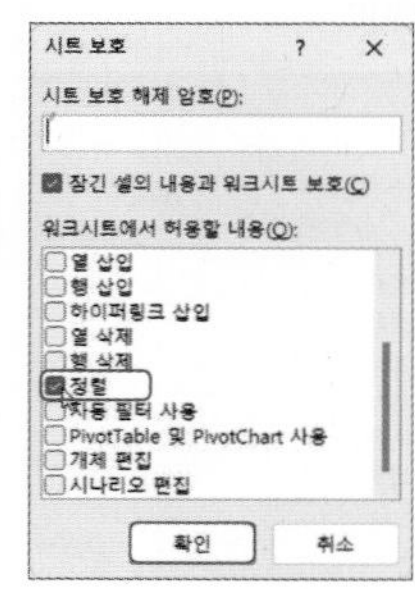

## 문제 ❷ 계산작업('계산작업' 시트)

### 01 fn총점[H3:H23]

① [개발 도구]-[코드] 그룹의 [Visual Basic](아이콘)을 클릭한다.
② [삽입]-[모듈]을 클릭한다.
③ Module 창에 다음과 같이 입력한다.

```
Public Function fn총점(과제, 출석, 중간, 기말)
    If 중간 >= 20 And 기말 >= 20 Then
        fn총점 = 과제 + 출석 + 중간 + 기말 + 3
    Else
        fn총점 = 과제 + 출석 + 중간 + 기말
    End If
End Function
```

④ [파일]-[닫고 Microsoft Excel(으)로 돌아가기]를 클릭하여 [Visual Basic Editor]를 닫는다.
⑤ [H3] 셀을 클릭한 후 [함수 삽입](fx)을 클릭한다.
⑥ [함수 마법사]에서 범주 선택은 '사용자 정의', 함수 선택은 'fn총점'을 선택한 후 [확인]을 클릭한다.
⑦ [함수 인수]에서 과제는 [D3], 출석은 [E3], 중간은 [F3], 기말은 [G3]을 지정한 후 [확인]을 클릭한다.

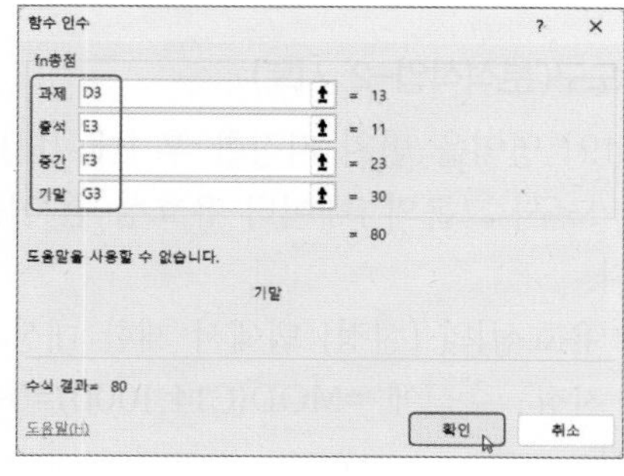


⑧ [H3] 셀을 선택한 후 [H23] 셀까지 수식을 복사한다.

### 02 전공여부[I3:I23]

[I3] 셀에 =SWITCH(LEFT(A3,1),"R","교양","S","전공선택","P","전공필수")&"("&HLOOKUP(VALUE(RIGHT(A3,1)),$F$26:$H$27,2)&")"를 입력하고 [I23] 셀까지 수식을 복사한다.

**함수 설명**

=SWITCH(LEFT(A3,1),"R","교양","S","전공선택","P","전공필수")&"("&HLOOKUP(VALUE(RIGHT(A3,1)),$F$26:$H$27,2)&")"

① LEFT(A3,1) : 과목ID[A3] 셀의 왼쪽에 한 글자를 추출함
② =SWITCH(①,"R","교양","S","전공선택","P","전공필수") : ①의 값이 'R'이면 '교양' 'S'이면 '전공선택', 'P'이면 '전공필수' 값이 반환
③ VALUE(RIGHT(A3,1)) : 과목ID[A3] 셀의 오른쪽에 한 글자를 추출한 후 숫자로 변환
④ HLOOKUP(③,$F$26:$H$27,2) : ③의 값을 [F26:H27] 영역의 첫 번째 행에서 값을 찾아 2번째 행의 정확하게 일치하는 값을 반환

=②&"("&④&")" : 전공(과목) 형식으로 표시

### 03 등급[J3:J23]

[J3] 셀에 =INDEX($C$37:$C$42,MATCH(F3+G3,$B$37:$B$42,−1))를 입력하고 [J23] 셀까지 수식을 복사한다.

**함수 설명**

=INDEX($C$37:$C$42,MATCH(F3+G3,$B$37:$B$42,−1))

① MATCH(F3+G3,$B$37:$B$42,−1) : 중간+기말의 값을 [B37:B42] 영역에서 상대적 위치 값을 구함(참조하는 영역이 내림차순으로 정렬되어 있어 −1을 넣음)

=INDEX($C$37:$C$42,①) : [C37:C42] 영역에서 ① 행에 있는 값을 찾아옴

### 04 강의코드와 학과별 인원수[B31:C33]

[B31] 셀에 =COUNT(IF((LEFT($A$3:$A$23,1)=$A31)*($C$3:$C$23=B$30),1))를 입력하고 Ctrl+Shift+Enter를 누른 후에 [C33] 셀까지 수식을 복사한다.

### 05 강의코드별 최대 점수[D31:G33]

[D31] 셀에 =MAX(IF(LEFT($A$3:$A$23,1)=$A31,D$3:D$23))를 입력하고 Ctrl+Shift+Enter를 누른 후에 [G33] 셀까지 수식을 복사한다.

## 문제 ❸ 분석작업

### 01 피벗 테이블('분석작업-1' 시트)

① [B4] 셀을 클릭한 후 [삽입]-[표] 그룹에서 [피벗 테이블]을 클릭한다.

> **버전 TIP**
>
> [삽입]-[표] 그룹에서 [피벗 테이블]-[외부 데이터 원본에서]를 선택합니다.

② [연결 선택]을 클릭하여 [기존 연결]에서 [더 찾아보기]를 클릭하여 'DVD목록.accdb' 파일을 선택하고 [열기]를 클릭한 후 [확인]을 클릭한다.

③ [피벗 테이블 필드]에서 다음과 같이 드래그한다.

④ [피벗 테이블 도구]-[디자인] 탭에서 [레이아웃]-[보고서 레이아웃]-[개요 형식으로 표시]를 클릭한다.

⑤ 연[C4] 셀에서 마우스 오른쪽 버튼을 눌러 [그룹]을 클릭한다.

⑥ [그룹화]에서 '단위'는 '월'과 '분기'의 선택을 클릭하여 해제하고 '연'만 선택하고 [확인]을 클릭한다.

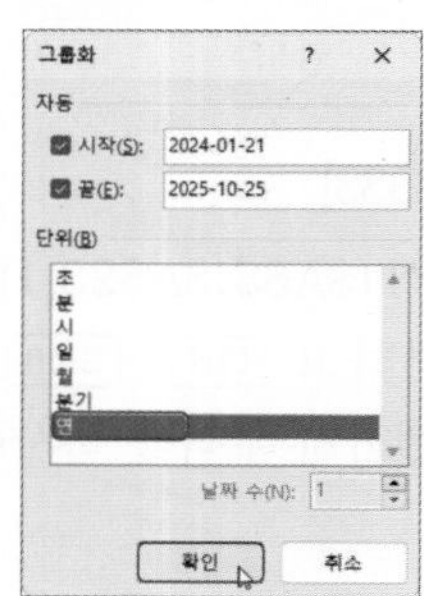


⑦ 장르[B6] 셀에서 목록 단추를 클릭하여 [텍스트 내림차순 정렬]을 클릭한다.

⑧ 피벗 테이블 데이터 안쪽에 커서를 두고 마우스 오른쪽 버튼을 눌러 [피벗 테이블 옵션]을 클릭한다.

⑨ [피벗 테이블 옵션]의 [요약 및 필터] 탭에서 '행 총합계 표시' 체크를 해제하고 [확인]을 클릭한다.

⑩ 합계:시간[D6] 셀에서 마우스 오른쪽 버튼을 눌러 [값 필드 설정]을 클릭한다.

⑪ [값 필드 설정]에서 '평균'을 선택하고, [표시 형식]을 클릭한다.

⑫ [셀 서식]에서 '숫자', 소수 자릿수 '1'로 지정하고 [확인]을 클릭한 후 [값 필드 설정]에서 [확인]을 클릭한다.

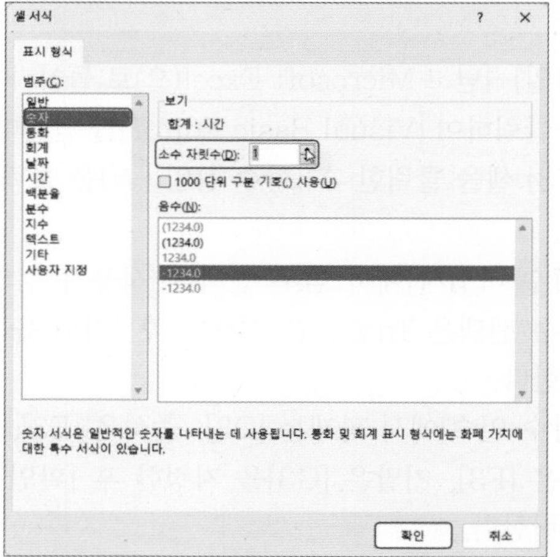


### 02 데이터 도구('분석작업-2' 시트)

① [C14:C19] 영역을 범위 지정한 후 [데이터]-[데이터 도구] 그룹의 [데이터 유효성 검사]를 클릭한다.

② [데이터 유효성]의 [설정] 탭에서 제한 대상은 '사용자 지정', 수식에 =MOD(C14,1000)=0을 입력한다.

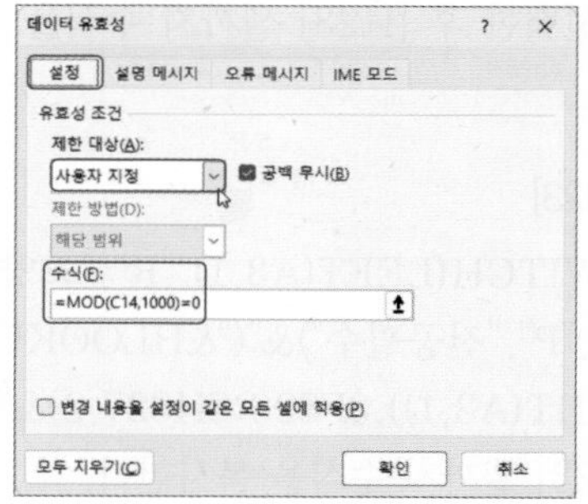

③ [설명 메시지] 탭에서 제목은 **판매가 입력**, 설명 메시지는 1000 **단위 입력**을 입력한다.

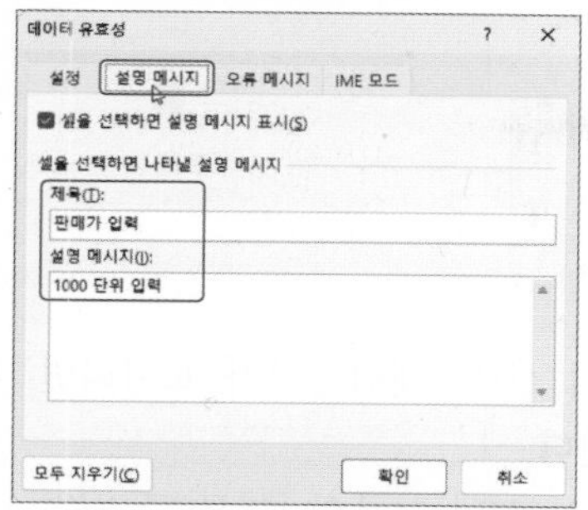


④ [오류 메시지] 탭에서 스타일은 '중지', 제목은 **입력오류**, 오류 메시지는 **1000단위로 입력하세요.**를 입력하고 [확인]을 클릭한다.

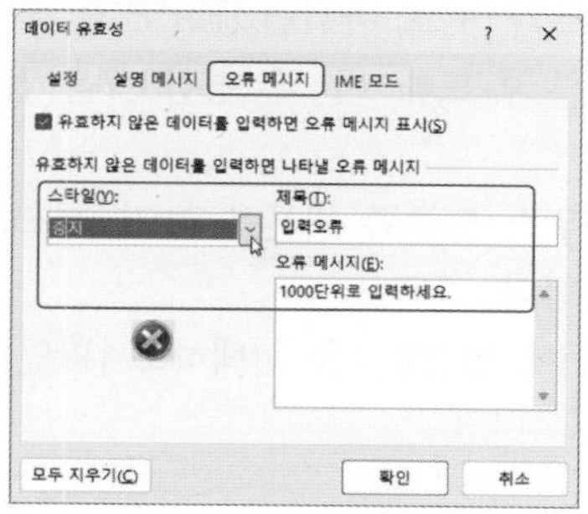


⑤ [C13] 셀에 **=(C4-C3)*C7-C5-C6**을 입력한 후 [C13:H19] 영역을 범위 지정한 후 [데이터]-[예측] 그룹의 [가상 분석]-[데이터 표]를 클릭한다.

⑥ '행 입력 셀'은 판매량[C7], '열 입력 셀'은 판매가[C4] 셀을 지정하고 [확인]을 클릭한다.

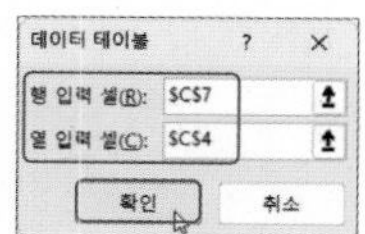


## 문제 ❹ 기타작업

### 01 차트('기타작업-1' 시트)

① 차트 안에서 마우스 오른쪽 버튼을 눌러 [데이터 선택]을 클릭한다.

② 기존 데이터 범위를 삭제하고 [A3:C8] 영역을 드래그 한 후 [확인]을 클릭한다.

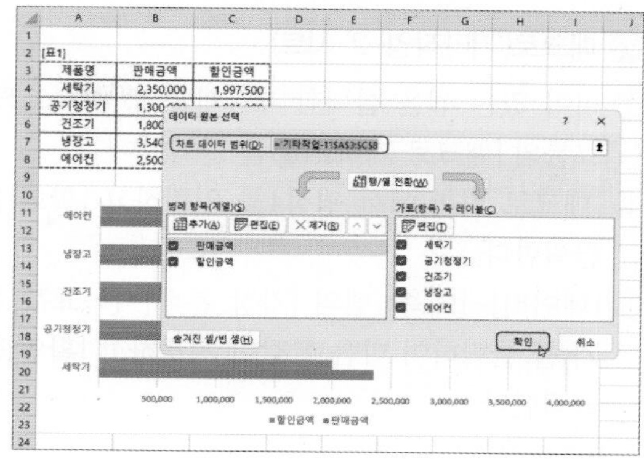

③ 차트를 선택한 후 [차트 요소](⊞)-[차트 제목]을 클릭한 후 **가전제품 판매 현황**을 입력한다.

④ 차트를 선택한 후 [차트 요소](⊞)-[축 제목]-[기본 가로]를 선택한 후 **금액**을 입력한다.

⑤ 차트를 선택한 후 [차트 요소](⊞)-[축 제목]-[기본 세로]를 선택한 후 **제품명**을 입력한다.

⑥ '세로 항목(축) 제목'에서 마우스 오른쪽 단추를 클릭하여 [축 제목 서식]을 클릭한 후 [크기 및 속성]의 '맞춤'에서 텍스트 방향 '세로'를 선택한다.

⑦ 차트를 선택한 후 [차트 요소](⊞)-[범례]-[아래쪽]을 클릭한다.

⑧ 범례를 선택한 후, [서식] 탭의 [도형 스타일] 그룹에서 [강한 효과 - 파랑, 강조1]을 선택한다.

⑨ 가로(값) 축을 선택한 후, [축 서식]의 '축 옵션'에서 최대값은 4000000, 주 단위는 1000000을 입력하고, '값을 거꾸로'를 선택하고 [닫기]를 클릭한다.

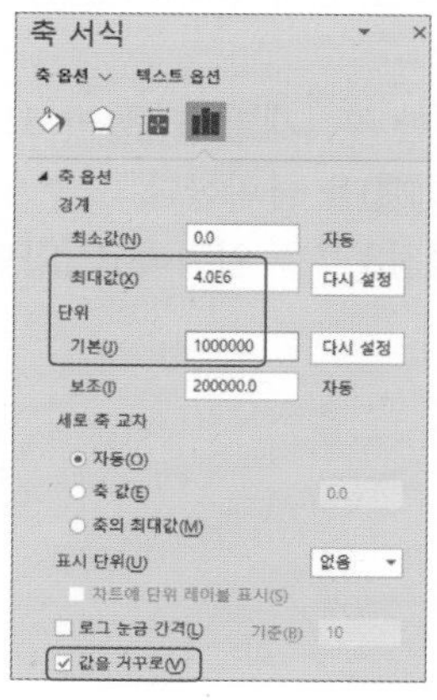

⑩ '판매금액' 계열을 선택한 후 [차트 요소]-[데이터 레이블]-[바깥쪽 끝에]를 클릭한다.

### 02 매크로('기타작업-2' 시트)

① 비어 있는 셀을 클릭한 후 [개발 도구]-[코드] 그룹의 [매크로 기록]( )을 클릭한다.
② [매크로 기록]에서 **평점4**를 입력하고 [확인]을 클릭한다.
③ [데이터]-[예측] 탭의 [가상 분석]-[목표값 찾기]를 클릭하여 다음과 같이 지정하고 [확인]을 클릭한다.

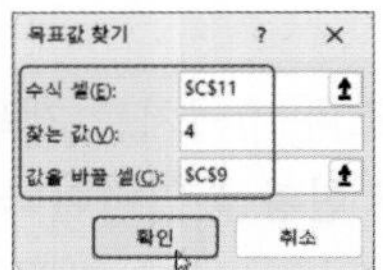


- 수식 셀 : [C11]
- 찾는 값 : 4
- 값을 바꿀 셀 : [C9]

④ [목표값 찾기 상태] 대화상자가 표시되면 [확인]을 클릭한다.

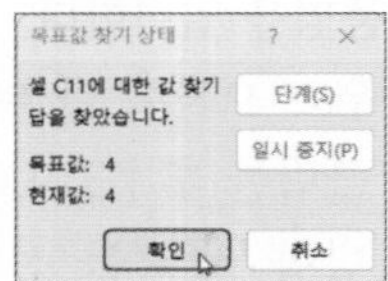


⑤ [개발 도구]-[코드] 그룹의 [기록 중지]( )를 클릭한다.
⑥ [삽입]-[일러스트레이션] 그룹의 [도형]-[기본 도형]의 '사각형: 빗면'( )을 클릭한다.
⑦ 마우스 포인트가 '+'로 바뀌면 [E6:E7] 영역에 Alt를 누른 후 드래그한 후 **평점4**를 입력한다.
⑧ 빗면에서 마우스 오른쪽 버튼을 눌러 [매크로 지정]을 클릭한다.
⑨ [매크로 지정]에 **평점4**를 선택하고 [확인]을 클릭한다.
⑩ 비어 있는 셀을 클릭한 후 [개발 도구]-[코드] 그룹의 [매크로 기록]( )을 클릭한다.
⑪ [매크로 기록]에서 **평점3_7**을 입력하고 [확인]을 클릭한다.
⑫ [데이터]-[예측] 탭의 [가상 분석]-[목표값 찾기]를 클릭하여 다음과 같이 지정하고 [확인]을 클릭한다.

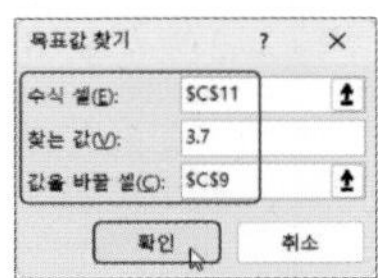


⑬ [목표값 찾기 상태] 대화상자가 표시되면 [확인]을 클릭한다.
⑭ [개발 도구]-[코드] 그룹의 [기록 중지]( )를 클릭한다.
⑮ [삽입]-[일러스트레이션] 그룹의 [도형]-[기본 도형]의 '사각형: 빗면'( )을 클릭한다.
⑯ 마우스 포인트가 '+'로 바뀌면 [E9:E10] 영역에 Alt를 누른 후 드래그한 후 **평점3.7**을 입력한다.
⑰ 빗면에서 마우스 오른쪽 버튼을 눌러 [매크로 지정]을 클릭한다.
⑱ [매크로 지정]에 **평점3_7**을 선택하고 [확인]을 클릭한다.

### 03 VBA 프로그래밍('기타작업-3' 시트)

#### ① 폼 보이기

① [개발 도구]-[컨트롤] 그룹에서 [디자인 모드]( )를 클릭하여 〈판매내역입력〉 버튼을 편집 상태로 만든다.
② 〈판매내역입력〉 버튼을 더블클릭한 후 코드 창에 다음과 같이 입력한다.

```
Private Sub cmb판매내역_Click()
    판매내역입력.Show
End Sub
```

#### ② 폼 초기화

① [프로젝트-VBAProject] 탐색기에서 '폼'을 더블 클릭하고 〈판매내역입력〉을 선택한다.
② [프로젝트-VBAProject] 탐색기의 [코드 보기]( )를 클릭한다.
③ '개체 목록'은 'UserForm', '프로시저 목록'은 'Initialize'를 선택한다.

④ 코드 창에 다음과 같이 입력한다.

```
Private Sub UserForm_Initialize()
    cmb제품명.AddItem "세탁기"
    cmb제품명.AddItem "공기청정기"
    cmb제품명.AddItem "건조기"
    cmb제품명.AddItem "냉장고"
    cmb제품명.AddItem "에어컨"
End Sub
```

### ③ 등록 프로시저

① '개체 목록'에서 'cmd입력', '프로시저 목록'은 'Click'을 선택한다.

② 코드 창에 다음과 같이 입력한다.

```
Private Sub cmd입력_Click()
    i = Range("A3").CurrentRegion.Rows.Count +
    3
    Cells(i, 1) = cmb제품명
    Cells(i, 2) = Val(txt수량)
    Cells(i, 3) = Format(txt금액, "#,##0원")
    cmb제품명 = ""
    txt수량 = ""
    txt금액 = ""
End Sub
```

### ④ 종료 프로시저

① '개체 목록'에서 'cmd닫기', '프로시저 목록'은 'Click'을 선택한다.

② 코드 창에 다음과 같이 입력한다.

```
Private Sub cmd닫기_Click()
    Unload Me
    [A1].Font.Name = "굴림체"
End Sub
```

PART

# 04

# 스프레드시트 기출 유형 문제

# 기출 유형 문제 01회

| 시험 시간 | 풀이 시간 | 합격 점수 | 내 점수 |
|---|---|---|---|
| 45분 | 분 | 70점 | 점 |

합격 강의

작업파일 [2025컴활1급₩1권_스프레드시트₩기출유형문제] 폴더의 '기출유형문제1회' 파일을 열어서 작업하시오.

## 문제 ❶ 기본작업 | 주어진 시트에서 다음 과정을 수행하고 저장하시오. 15점

**01 '기본작업-1' 시트에서 다음과 같이 고급 필터를 수행하시오. (5점)**

▶ '직위'에 '과'를 포함하면서 '총점'이 300점 이상인 자료에 대하여 '사번', '사원명', '부서', '정보화능력', '엑셀', '파워포인트', '인터넷' 필드만 순서대로 표시하시오.

▶ 조건은 [B19:B20] 영역 내에 알맞게 입력하시오. (AND, FIND 함수 사용)

▶ 결과는 [B23] 셀부터 표시하시오.

**02 '기본작업-1' 시트에서 다음과 같이 조건부 서식을 설정하시오. (5점)**

▶ [B4:J17] 영역에 '직위'에 '대'가 포함되어 있고, '총점'이 300점 이상인 행 전체에 대해서 글꼴 스타일은 '굵은 기울임꼴', 글꼴 색은 '표준 색 – 빨강'으로 적용하는 조건부 서식을 작성하시오.

▶ 단, 규칙 유형은 '수식을 사용하여 서식을 지정할 셀 결정'을 이용하시오.

▶ 단, 오류일 경우 FALSE로 표시하고 AND, IFERROR, SEARCH 함수 사용

**03 '기본작업-2' 시트에서 다음과 같이 시트 보호와 통합 문서 보기를 설정하시오. (5점)**

▶ [J4:J17] 영역에 셀 잠금과 수식 숨기기를 적용한 후 잠긴 셀의 내용과 워크시트를 보호하시오.

▶ 잠긴 셀의 선택과 잠기지 않은 셀의 선택은 허용하고, 시트 보호 해제 암호는 지정하지 마시오.

▶ '기본작업-2' 시트를 페이지 나누기 보기로 표시하고, [B3:J17] 영역만 1페이지로 인쇄되도록 페이지 나누기 구분선을 조정하시오.

## 문제 ❷ 계산작업 | 주어진 시트에서 다음 과정을 수행하고 저장하시오. 30점

**01 [표5]의 영역을 참조하여 부서별 엑셀 점수의 최고성적을 [표1]의 [C3:C6] 영역에 계산하여 표시하시오. (6점)**

▶ MAXA, IF, LEFT 함수를 사용한 배열 수식

**02 [표5]의 영역의 정보화능력, 엑셀, 파워포인트, 인터넷 점수를 참조하여 부서별, 직위별 점수의 평균을 [표2]의 [G3:J6] 영역에 계산하여 표시하시오. (6점)**

▶ AVERAGE, IF, LEFT 함수를 사용한 배열 수식

**03** **[표5]의 정보화능력 점수가 80 이상이거나 60 미만이면서, 엑셀 점수가 파워포인트 점수보다 높은 사원의 비율을 [표4]의 [H10] 셀에 표시하시오. (6점)**

▶ 조건은 [표4]의 [J10] 셀에 작성하시오.
▶ COUNTA, DCOUNTA 함수 사용, 조건식은 AND, OR 함수 사용

**04** **[표5]의 [J14:J38] 영역에 개인별 성적 평균점수를 계산하여 표시하시오. (6점)**

▶ '평균점수'는 각 과정의 성적에 과정별 가중치를 곱한 값들의 합으로 계산
▶ 과정별 가중치는 [표3]의 영역 참조
▶ 단, 출석현황이 문자가 입력된 경우 : 평균점수를 표시하고, 출석현황에 숫자가 입력된 경우 : 평균점수 – 10
▶ IF, ISERROR, VALUE, SUMPRODUCT 함수 사용

**05** **[표5]의 [K14:K38] 영역에 개인별 직위와 정보화능력에 따른 평가를 결정하는 사용자 정의 함수 'fn평가'를 작성하여 계산을 수행하시오. (6점)**

▶ 'fn평가'는 직위와 정보화능력을 인수로 받아 평가 여부를 계산하여 되돌려 줌
▶ 직위가 사원이고 정보화능력이 80 이상이거나 직위가 대리이고 정보화능력이 85 이상이면 '우수사원', 그 이외에는 공백을 표시
▶ 'fn평가' 함수를 이용하여 [K14:K38] 영역에 계산하시오.

```
Public Function fn평가(직위, 정보화능력)
End Function
```

## 문제 ❸ 분석작업 | 주어진 시트에서 다음 작업을 수행하고 저장하시오. 20점

**01** **'분석작업-1' 시트에서 다음과 같이 피벗 테이블을 작성하시오. (10점)**

▶ 외부 데이터 가져오기 기능을 사용하여 〈사원평가.accdb〉의 〈사원평가〉 테이블에서 '직위', '부서', '정보화능력', '엑셀', '파워포인트', '인터넷' 필드만을 이용하시오.
▶ 피벗 테이블 보고서의 레이아웃과 위치는 〈그림〉을 참조하여 설정하고, 보고서 레이아웃을 테이블 형식으로 표시하시오.
▶ '정보화능력', '엑셀', '파워포인트', '인터넷' 필드를 이용하여 표준편차 계산 필드를 추가하시오.
▶ '정보화능력', '엑셀', '파워포인트', '인터넷', '표준편차(STDEV.S)' 필드의 표시 형식은 값 필드 설정의 셀 서식에서 '숫자' 범주를 이용하여 소수 이하 2자리로 지정하시오.
▶ 피벗 테이블 스타일은 '연한 주황(흰색), 피벗 스타일 밝게 24', 피벗 테이블 스타일 옵션은 '행 머리글', '열 머리글', '줄무늬 열'을 설정하시오.

| | A | B | C | D | E | F | G |
|---|---|---|---|---|---|---|---|
| 1 | | 직위 | (모두) | | | | |
| 2 | | | | | | | |
| 3 | | 부서 | 평균 : 정보화능력 | 평균 : 엑셀 | 평균 : 파워포인트 | 평균 : 인터넷 | 합계 : 표준편차 |
| 4 | | 관리과 | 76.08 | 78.92 | 77.69 | 76.69 | 16.18 |
| 5 | | 기획실 | 71.80 | 73.50 | 67.20 | 71.90 | 27.14 |
| 6 | | 사무처 | 91.29 | 80.00 | 86.12 | 85.12 | 78.69 |
| 7 | | 홍보팀 | 87.60 | 76.00 | 80.40 | 77.70 | 51.15 |
| 8 | | 총합계 | 82.70 | 77.62 | 79.00 | 78.80 | 109.97 |
| 9 | | | | | | | |

※ 작업 완성된 그림이며 부분점수 없음

## 02 '분석작업-2' 시트에 대하여 다음의 지시사항을 처리하시오. (10점)

▶ [D6:D27] 영역에는 데이터 유효성 검사 도구를 이용하여 '사원, 대리, 과장, 부장'만 입력되도록 제한 대상을 설정하시오.

▶ [D6:D27] 영역의 셀을 클릭한 경우 〈그림〉과 같은 설명 메시지를 표시하고, 유효하지 않은 데이터를 입력한 경우 〈그림〉과 같은 오류 메시지가 표시되도록 설정하시오.

| | A | B | C | D | E |
|---|---|---|---|---|---|
| 1 | | | | | |
| 2 | | | | | |
| 3 | | | | | |
| 4 | | | | | |
| 5 | | 부서 | 사원명 | 직위 | 정보화능력 |
| 6 | | 홍보팀 | 도충선 | 과장 | 82 |
| 7 | | 관리과 | 김수지 | 과 | 80 |
| 8 | | 기획실 | 김석하 | 과 | 70 |
| 9 | | 기획실 | 김종란 | 대 | 27 |
| 10 | | 사무처 | 김충희 | 대리 | 82 |



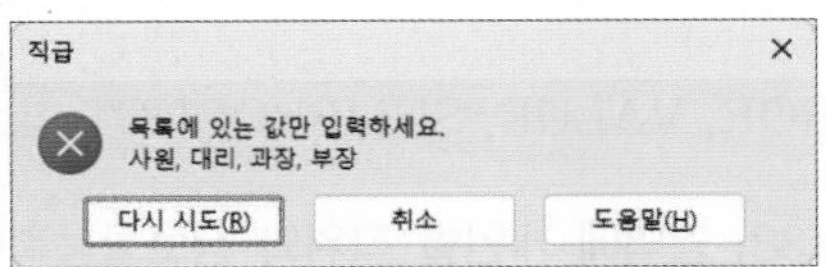


▶ 자동 필터를 이용하여 '부서'가 '기획실'과 '홍보팀'인 데이터 행만 표시되도록 필터를 설정하시오.

## 문제 ❹ 기타작업 | 주어진 시트에서 다음 작업을 수행하고 저장하시오. 35점

## 01 '기타작업-1' 시트의 차트를 다음의 지시사항 및 그림에 따라 수정하시오. (각 2점)

※ 차트는 반드시 문제에서 제공한 차트를 사용하여야 하며, 신규로 차트 작성 시 0점 처리됨

① 행과 열을 전환한 후, '정보화능력'이 차트에 표시되지 않도록 원본 데이터를 수정하시오.

② '합계' 데이터 계열의 차트 종류를 '표식이 있는 꺾은선형'으로 변경한 후 보조 축으로 지정하시오.

③ '엑셀' 계열에 대해 '2구간 이동 평균' 추세선 추가하고, '강한선 – 어둡게 1' 도형 스타일을 설정하시오.

④ 차트 제목을 '기획실 정보화 평가'로 지정하고 글꼴 크기는 '15'로 지정하시오.

⑤ '화살표: 오각형'을 추가한 후 그림과 같이 표시되도록 설정하시오.

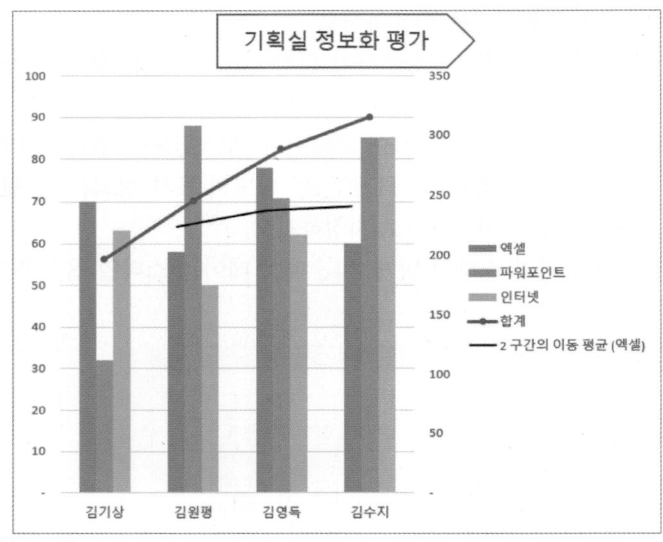

**02 '기타작업-2' 시트에서 다음과 같은 기능을 수행하는 매크로를 현재 통합문서에 작성하시오. (각 5점)**

① [E6:H30] 영역에 대하여 사용자 지정 표시 형식을 설정하는 '서식적용' 매크로를 생성하시오.

▶ 점수가 60 이하이면 빨강색 정수로 표시, 점수가 90 이상이면 파랑색 정수로 표시, 나머지는 정수로 표시하는 서식으로 표시

▶ [개발 도구]-[삽입]-[양식 컨트롤]의 '단추(▭)'를 동일 시트의 [B2:D3] 영역에 생성한 후 텍스트를 '서식적용'으로 입력하고, 단추를 클릭하면 '서식적용' 매크로가 실행되도록 설정하시오.

② [E6:H30] 영역에 대하여 조건부 서식을 적용하는 '그래프보기' 매크로를 생성하시오.

▶ 규칙 유형은 '셀 값을 기준으로 모든 셀의 서식 지정'으로 선택하고, 서식 스타일 '데이터 막대', 최소값은 백분위수 20, 최대값은 백분위수 80으로 설정하시오.

▶ 막대 모양은 채우기를 '그라데이션 채우기', 색을 '표준 색 – 연한 녹색'으로 설정하시오.

▶ [개발 도구]-[삽입]-[양식 컨트롤]의 '단추(▭)'를 동일 시트의 [F2:H3] 영역에 생성한 후 텍스트를 '그래프보기'로 입력하고, 단추를 클릭하면 '그래프보기' 매크로가 실행되도록 설정하시오.

※ 셀 포인터의 위치에 관계없이 매크로가 실행되어야 정답으로 인정됨

**03 '기타작업-3' 시트에서 다음과 같은 작업을 그림을 참조하여 수행하고 저장하시오. (각 5점)**

① '점수조회' 버튼을 클릭하면 〈점수조회폼〉이 나타나도록 하고, 폼이 초기화(Initialize)되면 [A3:A8] 영역의 값이 콤보상자(cmb사원명)의 목록에 추가하고 'txt사번', 'txt평균점수'의 텍스트 박스는 비활성화하시오.

② '기타작업-3' 시트를 활성화(Activate)하면 해당 시트의 [A1] 셀에 '평가성적'이 입력되도록 프로시저를 작성하시오.

③ 〈점수조회폼〉에서 사원명(cmb사원명)을 선택하고, 〈조회(cmd조회)〉 버튼을 클릭하면 사원명(cmb사원명)에 해당하는 사번(txt사번), 평균점수(txt평균점수)의 자료를 폼에 표시하고, 다음의 경우 메시지 상자를 표시하는 프로시저를 작성하시오. (Listindex 속성을 이용)

▶ 평균점수가 85 이상이면 사원명과 함께 '은 우수사원입니다' 이라는 문자열을 메시지 상자로 표시

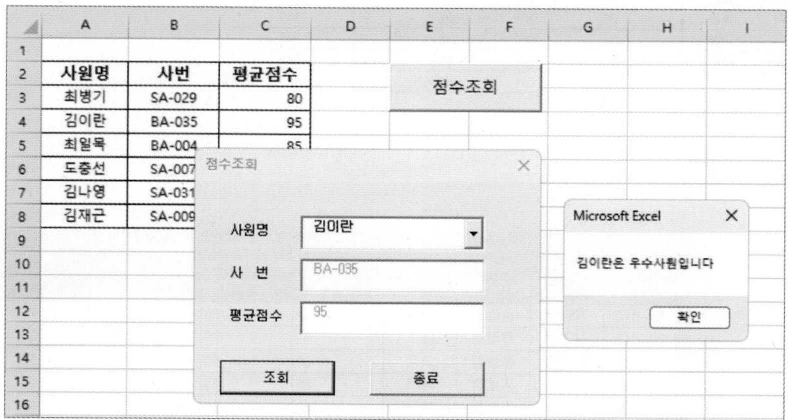

# 기출 유형 문제 01회 정답

## 문제 ❶ 기본작업

### 01 고급 필터

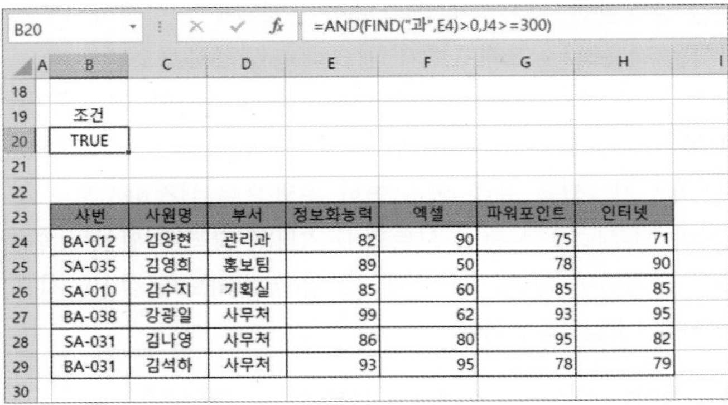

B20 | =AND(FIND("과",E4)>0,J4>=300)

| 조건 |
|---|
| TRUE |

| 사번 | 사원명 | 부서 | 정보화능력 | 엑셀 | 파워포인트 | 인터넷 |
|---|---|---|---|---|---|---|
| BA-012 | 김양현 | 관리과 | 82 | 90 | 75 | 71 |
| SA-035 | 김영희 | 홍보팀 | 89 | 50 | 78 | 90 |
| SA-010 | 김수지 | 기획실 | 85 | 60 | 85 | 85 |
| BA-038 | 강광일 | 사무처 | 99 | 62 | 93 | 95 |
| SA-031 | 김나영 | 사무처 | 86 | 80 | 95 | 82 |
| BA-031 | 김석하 | 사무처 | 93 | 95 | 78 | 79 |

### 02 조건부 서식

직위별 정보화 결과

| 사번 | 사원명 | 부서 | 직위 | 정보화능력 | 엑셀 | 파워포인트 | 인터넷 | 총점 |
|---|---|---|---|---|---|---|---|---|
| BA-012 | 김양현 | 관리과 | 과장 | 82 | 90 | 75 | 71 | 318 |
| *BA-013* | *김이란* | *관리과* | *대리* | *83* | *70* | *70* | *80* | *303* |
| SA-035 | 김영희 | 홍보팀 | 과장 | 89 | 50 | 78 | 90 | 307 |
| *SA-034* | *김환식* | *홍보팀* | *대리* | *89* | *63* | *78* | *70* | *300* |
| SA-002 | 김기상 | 기획실 | 과장 | 32 | 70 | 32 | 63 | 197 |
| SA-010 | 김수지 | 기획실 | 과장 | 85 | 60 | 85 | 85 | 315 |
| BA-009 | 김영득 | 기획실 | 과장 | 77 | 78 | 71 | 62 | 288 |
| SA-003 | 김원평 | 기획실 | 대리 | 50 | 58 | 88 | 50 | 246 |
| *BA-006* | *김한응* | *기획실* | *대리* | *77* | *73* | *65* | *90* | *305* |
| BA-038 | 강광일 | 사무처 | 과장 | 99 | 62 | 93 | 95 | 349 |
| SA-031 | 김나영 | 사무처 | 과장 | 86 | 80 | 95 | 82 | 343 |
| BA-031 | 김석하 | 사무처 | 과장 | 93 | 95 | 78 | 79 | 345 |
| SA-032 | 김정은 | 사무처 | 대리 | 87 | 84 | 65 | 60 | 296 |
| *BA-033* | *김종란* | *사무처* | *대리* | *93* | *78* | *89* | *93* | *353* |

### 03 시트 보호와 통합 문서 보기

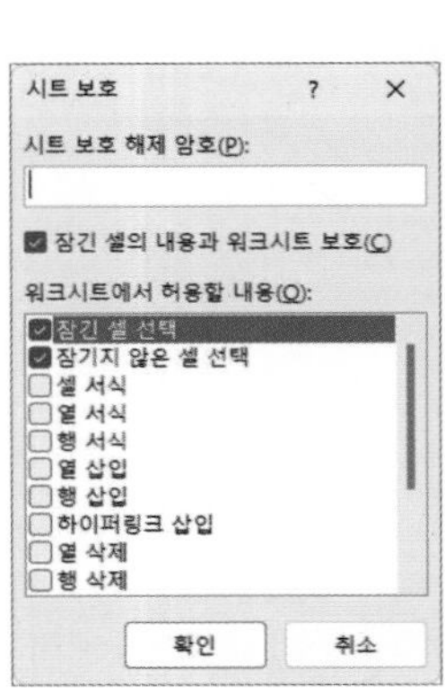


| 사번 | 사원명 | 부서 | 직위 | 정보화능력 | 엑셀 | 파워포인트 | 인터넷 | 총점 |
|---|---|---|---|---|---|---|---|---|
| BA-012 | 김양현 | 관리과 | 과장 | 82 | 90 | 75 | 71 | 318 |
| BA-013 | 김이란 | 관리과 | 대리 | 83 | 70 | 70 | 80 | 303 |
| SA-035 | 김영희 | 홍보팀 | 과장 | 89 | 50 | 78 | 90 | 307 |
| SA-034 | 김환식 | 홍보팀 | 대리 | 89 | 63 | 78 | 70 | 300 |
| SA-002 | 김기상 | 기획실 | 과장 | 32 | 70 | 32 | 63 | 197 |
| SA-010 | 김수지 | 기획실 | 과장 | 85 | 60 | 85 | 85 | 315 |
| BA-009 | 김영득 | 기획실 | 과장 | 77 | 78 | 71 | 62 | 288 |
| SA-003 | 김원평 | 기획실 | 대리 | 50 | 58 | 88 | 50 | 246 |
| BA-006 | 김한응 | 기획실 | 대리 | 77 | 73 | 65 | 90 | 305 |
| BA-038 | 강광일 | 사무처 | 과장 | 99 | 62 | 93 | 95 | 349 |
| SA-031 | 김나영 | 사무처 | 과장 | 86 | 80 | 95 | 82 | 343 |
| BA-031 | 김석하 | 사무처 | 과장 | 93 | 95 | 78 | 79 | 345 |
| SA-032 | 김정은 | 사무처 | 대리 | 87 | 84 | 65 | 60 | 296 |
| BA-033 | 김종란 | 사무처 | 대리 | 93 | 78 | 89 | 93 | 353 |

1 페이지

## 문제 ❷ 계산작업

### 01 엑셀 최고점, 부서별 직위별 평균, 사원비율

| | A | B | C | D | E | F | G | H | I | J | K |
|---|---|---|---|---|---|---|---|---|---|---|---|
| 1 | | [표1] | | | | [표2] | | | | | |
| 2 | | 부서 | 엑셀 최고점 | | | 직위 / 부서 | 사원 | 대리 | 과장 | 부장 | |
| 3 | | 홍보 | 88 | | | 홍보 | 84 | 81 | 81 | 80 | |
| 4 | | 사무 | 85 | | | 사무 | 84 | 80 | 85 | 86 | |
| 5 | | 기획 | 75 | | | 기획 | 80 | 51 | 73 | 76 | |
| 6 | | 관리 | 92 | | | 관리 | 77 | 81 | 82 | 80 | |
| 7 | | | | | | | | | | | |

1. [C3] 셀에 「=MAXA(IF(LEFT($B$14:$B$38,2)=B3,$F$14:$F$38))」를 입력하고 Ctrl+Shift+Enter를 누른 후 [C6] 셀까지 수식 복사
2. [G3] 셀에 「=AVERAGE(IF(($D$14:$D$38=G$2)*(LEFT($B$14:$B$38,2)=$F3),$E$14:$H$38))」를 입력하고 Ctrl+Shift+Enter를 누른 후 [J6] 셀까지 수식 복사
3. [H10] 셀에 「=DCOUNTA(B13:I38,C13,J9:J10)/COUNTA(C14:C38)」 수식 입력

### 02 평균점수, 평가

| | G | H | I | J | K |
|---|---|---|---|---|---|
| 8 | | [표4] | | | |
| 9 | | 사원 비율 | | 조건 | |
| 10 | | 36% | | TRUE | |
| 11 | | | | | |

| | A | B | C | D | E | F | G | H | I | J | K | L |
|---|---|---|---|---|---|---|---|---|---|---|---|---|
| 12 | | [표5] | | | | | | | | | | |
| 13 | | 부서 | 사원명 | 직위 | 정보화능력 | 엑셀 | 파워포인트 | 인터넷 | 출석현황 | 평균점수 | 평가 | |
| 14 | | 기획실 | 김종란 | 대리 | 27 | 65 | 43 | 68 | 결석없음 | 45.70 | | |
| 15 | | 관리과 | 방극준 | 부장 | 80 | 73 | 61 | 75 | 1 | 63.60 | | |
| 16 | | 기획실 | 김원섭 | 부장 | 83 | 72 | 71 | 78 | 2 | 66.80 | | |
| 17 | | 홍보팀 | 도충선 | 과장 | 82 | 79 | 73 | 88 | 3 | 69.90 | | |
| 18 | | 관리과 | 김수지 | 과장 | 80 | 77 | 74 | 95 | 결석없음 | 79.40 | | |
| 19 | | 사무처 | 김충희 | 대리 | 82 | 79 | 76 | 65 | 2 | 68.20 | | |
| 20 | | 관리과 | 유제관 | 사원 | 80 | 77 | 76 | 70 | 3 | 67.30 | 우수사원 | |
| 21 | | 홍보팀 | 김병열 | 사원 | 85 | 88 | 82 | 95 | 결석없음 | 86.30 | 우수사원 | |
| 22 | | 기획실 | 김석하 | 과장 | 70 | 75 | 82 | 65 | 1 | 63.40 | | |
| 23 | | 관리과 | 김영희 | 부장 | 80 | 86 | 86 | 100 | 결석없음 | 85.00 | | |
| 24 | | 홍보팀 | 김이란 | 대리 | 84 | 58 | 89 | 75 | 3 | 66.30 | | |
| 25 | | 홍보팀 | 백준걸 | 사원 | 80 | 86 | 89 | 67 | 3 | 72.30 | 우수사원 | |
| 26 | | 사무처 | 안기순 | 부장 | 91 | 60 | 90 | 98 | 1 | 72.20 | | |
| 27 | | 사무처 | 김영득 | 과장 | 85 | 85 | 93 | 77 | 2 | 75.80 | | |
| 28 | | 사무처 | 김정은 | 사원 | 86 | 67 | 94 | 88 | 1 | 72.10 | 우수사원 | |
| 29 | | 기획실 | 김나영 | 사원 | 80 | 55 | 96 | 90 | 결석없음 | 76.70 | 우수사원 | |
| 30 | | 홍보팀 | 김태정 | 대리 | 83 | 66 | 96 | 67 | 3 | 68.90 | | |
| 31 | | 관리과 | 유옹구 | 대리 | 58 | 88 | 98 | 98 | 1 | 69.00 | | |
| 32 | | 관리과 | 유근선 | 사원 | 47 | 69 | 90 | 83 | 결석없음 | 65.80 | | |
| 33 | | 관리과 | 김한용 | 사원 | 56 | 92 | 91 | 97 | 2 | 67.90 | | |
| 34 | | 홍보팀 | 김형섭 | 부장 | 87 | 57 | 91 | 83 | 2 | 68.40 | | |
| 35 | | 홍보팀 | 김양현 | 대리 | 84 | 74 | 92 | 98 | 2 | 74.00 | | |
| 36 | | 사무처 | 양정회 | 부장 | 94 | 57 | 94 | 100 | 1 | 73.50 | | |
| 37 | | 사무처 | 이영훈 | 대리 | 81 | 75 | 96 | 87 | 결석없음 | 82.80 | | |
| 38 | | 관리과 | 김원평 | 대리 | 80 | 57 | 97 | 75 | 2 | 66.00 | | |
| 39 | | | | | | | | | | | | |

4. [J14] 셀에 「=SUMPRODUCT(E14:H14,$C$10:$F$10)–IF(ISERROR(VALUE(I14)),0,10)」를 입력하고 [J38] 셀까지 수식 복사
5. [K14] 셀에 「=fn평가(D14,E14)」를 입력하고 [K38] 셀까지 수식 복사

```
Public Function fn평가(직위, 정보화능력)
    If (직위 = "사원" And 정보화능력 >= 80) Or (직위 = "대리" And 정보화능력 >= 85) Then
        fn평가 = "우수사원"
    Else
        fn평가 = ""
    End If
End Function
```

## 문제 ❸ 분석작업

### 01 피벗 테이블

| | A | B | C | D | E | F | G | H |
|---|---|---|---|---|---|---|---|---|
| 1 | | 직위 | (모두) | | | | | |
| 2 | | | | | | | | |
| 3 | | 부서 | 평균 : 정보화능력 | 평균 : 엑셀 | 평균 : 파워포인트 | 평균 : 인터넷 | 합계 : 표준편차 | |
| 4 | | 관리과 | 76.08 | 78.92 | 77.69 | 76.69 | 16.18 | |
| 5 | | 기획실 | 71.80 | 73.50 | 67.20 | 71.90 | 27.14 | |
| 6 | | 사무처 | 91.29 | 80.00 | 86.12 | 85.12 | 78.69 | |
| 7 | | 홍보팀 | 87.60 | 76.00 | 80.40 | 77.70 | 51.15 | |
| 8 | | 총합계 | 82.70 | 77.62 | 79.00 | 78.80 | 109.97 | |
| 9 | | | | | | | | |

### 02 데이터 도구

| | A | B | C | D | E | F | G | H | I |
|---|---|---|---|---|---|---|---|---|---|
| 1 | | | | | | | | | |
| 2 | | | | | | | | | |
| 3 | | | | | | | | | |
| 4 | | | | | | | | | |
| 5 | | 부서 | 사원명 | 직위 | 정보화능력 | 엑셀 | 파워포인트 | 인터넷 | |
| 6 | | 홍보팀 | 도충선 | 과장 | 82 | 79 | 73 | 88 | |
| 8 | | 기획실 | 김석하 | 과 | 70 | 75 | 82 | 65 | |
| 9 | | 기획실 | 김종란 | 대 | 27 | 65 | 43 | 68 | |
| 11 | | 홍보팀 | 김이란 | 대 | 84 | 58 | 89 | 75 | |
| 13 | | 홍보팀 | 김양현 | 대리 | 84 | 74 | 92 | 98 | |
| 17 | | 기획실 | 김원섭 | 부장 | 83 | 72 | 71 | 78 | |
| 19 | | 홍보팀 | 김형섭 | 부장 | 87 | 57 | 91 | 83 | |
| 22 | | 홍보팀 | 김병열 | 사원 | 85 | 88 | 82 | 95 | |
| 23 | | 홍보팀 | 백준걸 | 사원 | 80 | 86 | 89 | 67 | |
| 25 | | 기획실 | 김나영 | 사원 | 80 | 55 | 96 | 90 | |
| 28 | | | | | | | | | |

직급목록
사원, 대리,
과장, 부장

## 문제 ④ 기타작업

### 01 차트

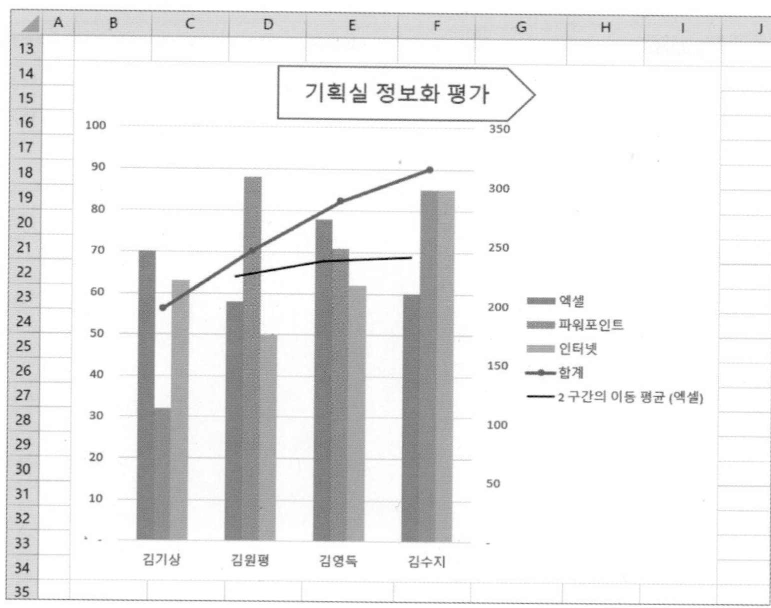


### 02 매크로

| 서식적용 | 그래프보기 |
|---|---|

| 부서 | 사원명 | 직위 | 정보화능력 | 엑셀 | 파워포인트 | 인터넷 | 출석현황 |
|---|---|---|---|---|---|---|---|
| 기획실 | 김종란 | 대리 | 27 | 65 | 43 | 68 | 결석없음 |
| 관리과 | 방극준 | 부장 | 80 | 73 | 61 | 75 | 1 |
| 기획실 | 김원섭 | 부장 | 83 | 72 | 71 | 78 | 2 |
| 홍보팀 | 도충선 | 과장 | 82 | 79 | 73 | 88 | 3 |
| 관리과 | 김수지 | 과장 | 80 | 77 | 74 | 95 | 결석없음 |
| 사무처 | 김충희 | 대리 | 82 | 79 | 76 | 65 | 2 |
| 관리과 | 유제관 | 사원 | 80 | 77 | 76 | 70 | 3 |
| 홍보팀 | 김병열 | 사원 | 85 | 88 | 82 | 95 | 결석없음 |
| 기획실 | 김석하 | 과장 | 70 | 75 | 82 | 65 | 1 |
| 관리과 | 김영희 | 부장 | 80 | 86 | 86 | 100 | 결석없음 |
| 홍보팀 | 김이란 | 대리 | 84 | 58 | 89 | 75 | 3 |
| 홍보팀 | 백준걸 | 사원 | 80 | 86 | 89 | 67 | 3 |
| 사무처 | 안기순 | 부장 | 91 | 60 | 90 | 98 | 1 |
| 사무처 | 김영득 | 과장 | 85 | 85 | 93 | 77 | 2 |
| 사무처 | 김정은 | 사원 | 86 | 67 | 94 | 88 | 1 |
| 기획실 | 김나영 | 사원 | 80 | 55 | 96 | 90 | 결석없음 |
| 홍보팀 | 김태정 | 대리 | 83 | 66 | 96 | 67 | 3 |
| 관리과 | 유응구 | 대리 | 58 | 88 | 98 | 98 | 1 |
| 관리과 | 유근선 | 사원 | 47 | 69 | 90 | 83 | 결석없음 |
| 관리과 | 김한웅 | 사원 | 56 | 92 | 91 | 97 | 2 |
| 홍보팀 | 김형섭 | 부장 | 87 | 57 | 91 | 83 | 2 |
| 홍보팀 | 김양현 | 대리 | 84 | 74 | 92 | 98 | 2 |
| 사무처 | 양정회 | 부장 | 94 | 57 | 94 | 100 | 1 |
| 사무처 | 이영훈 | 대리 | 81 | 75 | 96 | 87 | 결석없음 |
| 관리과 | 김원평 | 대리 | 80 | 57 | 97 | 75 | 2 |

## ⓪③ VBA 프로그래밍

• 폼 보이기 프로시저

```
Private Sub 점수조회_Click()
  점수조회폼.Show
End Sub
```

• 폼 초기화 프로시저

```
Private Sub UserForm_Initialize()
    cmb사원명.RowSource = "A3:A8"
    txt사번.Enabled = False
    txt평균점수.Enabled = False
End Sub
```

• Activate 이벤트 프로시저

```
Private Sub Worksheet_Activate()
    [A1] = "평가성적"
End Sub
```

• 조회 프로시저

```
Private Sub cmd조회_Click()
    iRow = cmb사원명.ListIndex + 3
    txt사번 = Cells(iRow, 2)
    txt평균점수 = Cells(iRow, 3)
    If txt평균점수 >= 85 Then
        MsgBox cmb사원명 & "은 우수사원입니다"
    End If
End Sub
```

# 기출 유형 문제 01회 해설

## 문제 ❶ 기본작업

### 01 고급 필터('기본작업-1' 시트)

① [B19:B20] 영역에 조건식을 입력하고 [B23:H23] 영역에 추출할 필드명을 입력한다.

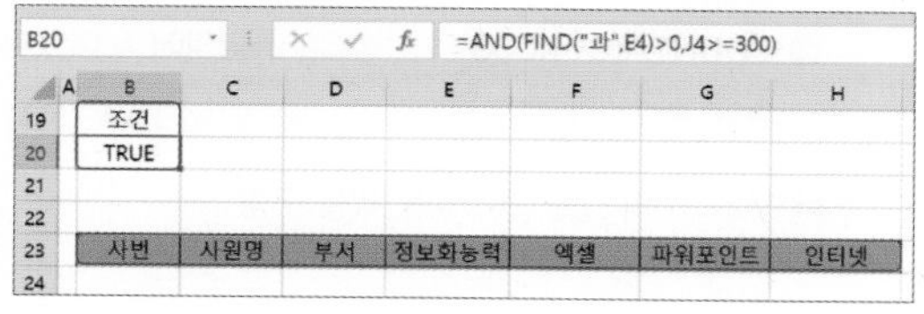

[B20] : =AND(FIND("과",E4)>0,J4>=300) 또는
=AND(FIND("과",E4)>=1,J4>=300)
=AND(FIND("과",E4),J4>=300)

② 데이터 목록 안의 아무 셀이나 클릭하고 [데이터]-[정렬 및 필터] 그룹에서 [고급]( )을 클릭한다.

③ [고급 필터]에서 그림과 같이 지정한 후 [확인]을 클릭한다.

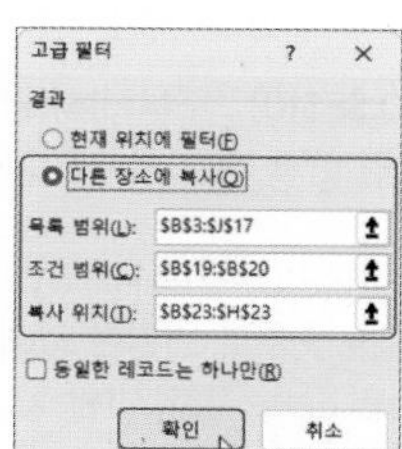

- 결과 : 다른 장소에 복사
- 목록 범위 : [B3:J17]
- 조건 범위 : [B19:B20]
- 복사 위치 : [B23:H23]

### 02 조건부 서식('기본작업-1' 시트)

① [B4:J17] 영역을 범위 지정한 후 [홈]-[스타일] 그룹의 [조건부 서식]-[새 규칙]을 클릭한다.

② [새 서식 규칙]에서 '▶ 수식을 사용하여 서식을 지정할 셀 결정'을 선택하고, =AND(IFERROR(SEARCH("대",$E4),FALSE),$J4>=300)를 입력한 후 [서식]을 클릭한다.

**기적의 TIP**

「=AND(IFERROR(SEARCH("대",$E4),0),$J4>=300)」를 입력해도 됩니다.

③ [글꼴] 탭에서 '굵은 기울임꼴', '색'은 '표준 색 – 빨강'을 선택하고 [확인]을 클릭한다.

④ [새 서식 규칙]에서 '수식'과 '서식'이 맞는지 확인하고 [확인]을 클릭한다.

### 03 시트 보호와 통합 문서 보기('기본작업-2' 시트)

① [J4:J17] 영역을 범위 지정한 후 마우스 오른쪽 버튼을 눌러 [셀 서식]을 클릭한다.

② [보호] 탭에서 '잠금', '숨김'을 체크한 후 [확인]을 클릭한다.

③ [검토]-[보호] 그룹에서 [시트 보호]를 클릭하여 '잠긴 셀 선택'과 '잠기지 않은 셀 선택'을 체크한 후 [확인]을 클릭한다.

④ [보기]-[통합 문서 보기] 그룹에서 [페이지 나누기 미리 보기]를 클릭한 후 [확대/축소] 탭에서 [100%]를 클릭한다.

⑤ 페이지 나누기 구분선을 드래그하여 [B3:J17] 영역만 인쇄될 수 있도록 조절한다.

| 사번 | 사원명 | 부서 | 직위 | 정보화능력 | 엑셀 | 파워포인트 | 인터넷 | 총점 |
|---|---|---|---|---|---|---|---|---|
| BA-012 | 김양현 | 관리과 | 과장 | 82 | 90 | 75 | 71 | 318 |
| BA-013 | 김이란 | 관리과 | 대리 | 83 | 70 | 70 | 80 | 303 |
| SA-035 | 김영희 | 홍보팀 | 과장 | 89 | 50 | 78 | 90 | 307 |
| SA-034 | 김환식 | 홍보팀 | 대리 | 89 | 63 | 78 | 70 | 300 |
| SA-002 | 김기상 | 기획실 | 과장 | 32 | 70 | 32 | 63 | 197 |
| SA-010 | 김수지 | 기획실 | 과장 | 85 | 60 | 85 | 85 | 315 |
| BA-009 | 김영득 | 기획실 | 과장 | 77 | 78 | 71 | 62 | 288 |
| SA-003 | 김원평 | 기획실 | 대리 | 50 | 58 | 88 | 50 | 246 |
| BA-006 | 김한용 | 기획실 | 대리 | 77 | 73 | 65 | 90 | 305 |
| BA-038 | 강광일 | 사무처 | 과장 | 99 | 62 | 93 | 95 | 349 |
| SA-031 | 김나영 | 사무처 | 과장 | 86 | 80 | 95 | 82 | 343 |
| BA-031 | 김석하 | 사무처 | 과장 | 93 | 95 | 78 | 79 | 345 |
| SA-032 | 김정은 | 사무처 | 대리 | 87 | 84 | 65 | 60 | 296 |
| BA-033 | 김종란 | 사무처 | 대리 | 93 | 78 | 89 | 93 | 353 |

1페이지

⑥ 1페이지로 인쇄하기 위해서 I와 J열의 경계라인을 드래그하여 J열 밖으로 드래그한다.

| 사번 | 사원명 | 부서 | 직위 | 정보화능력 | 엑셀 | 파워포인트 | 인터넷 | 총점 |
|---|---|---|---|---|---|---|---|---|
| BA-012 | 김양현 | 관리과 | 과장 | 82 | 90 | 75 | 71 | 318 |
| BA-013 | 김이란 | 관리과 | 대리 | 83 | 70 | 70 | 80 | 303 |
| SA-035 | 김영희 | 홍보팀 | 과장 | 89 | 50 | 78 | 90 | 307 |
| SA-034 | 김환식 | 홍보팀 | 대리 | 89 | 63 | 78 | 70 | 300 |
| SA-002 | 김기상 | 기획실 | 과장 | 32 | 70 | 32 | 63 | 197 |
| SA-010 | 김수지 | 기획실 | 과장 | 85 | 60 | 85 | 85 | 315 |
| BA-009 | 김영득 | 기획실 | 과장 | 77 | 78 | 71 | 62 | 288 |
| SA-003 | 김원평 | 기획실 | 대리 | 50 | 58 | 88 | 50 | 246 |
| BA-006 | 김한용 | 기획실 | 대리 | 77 | 73 | 65 | 90 | 305 |
| BA-038 | 강광일 | 사무처 | 과장 | 99 | 62 | 93 | 95 | 349 |
| SA-031 | 김나영 | 사무처 | 과장 | 86 | 80 | 95 | 82 | 343 |
| BA-031 | 김석하 | 사무처 | 과장 | 93 | 95 | 78 | 79 | 345 |
| SA-032 | 김정은 | 사무처 | 대리 | 87 | 84 | 65 | 60 | 296 |
| BA-033 | 김종란 | 사무처 | 대리 | 93 | 78 | 89 | 93 | 353 |

1 페이지

**문제 ❷ 계산작업('계산작업' 시트)**

### 01 엑셀 최고점[C3:C6]

[C3] 셀에 =MAXA(IF(LEFT($B$14:$B$38,2)=B3,$F$14:$F$38))를 입력하고 Ctrl+Shift+Enter를 누른 후 [C6] 셀까지 수식을 복사한다.

> **함수 설명**
>
> =MAXA(IF(LEFT($B$14:$B$38,2)=B3,$F$14:$F$38))
>
> ① LEFT($B$14:$B$38,2)=B3 : [B14:B38] 영역의 왼쪽의 2글자가 [B3] 셀과 같은지 비교
>
> =MAXA(IF(①,$F$14:$F$38)) : ①과 같은 행의 엑셀 [F14:F38] 영역의 값 중에 최대값을 구함

### 02 부서별 직위별 평균[G3:J6]

[G3] 셀에 =AVERAGE(IF(($D$14:$D$38=G$2)*(LEFT($B$14:$B$38,2)=$F3),$E$14:$H$38))를 입력하고 Ctrl+Shift+Enter를 누른 후 [J6] 셀까지 수식을 복사한다.

> **함수 설명**
>
> =AVERAGE(IF(($D$14:$D$38=G$2)*(LEFT($B$14:$B$38,2)=$F3),$E$14:$H$38))
>
> ① ($D$14:$D$38=G$2) : [D14:D38] 영역의 값이 [G2] 셀과 같은지 비교
> ② LEFT($B$14:$B$38,2)=$F3 : [B14:B38] 영역의 왼쪽의 2글자가 [F3] 셀과 같은지 비교
> ③ IF(①*②,$E$14:$H$38) : ①과 ②의 조건에 모두 만족한 행의 [E14:H38] 영역의 값을 구함
>
> =AVERAGE(③) : ③의 평균값을 구함

### 03 사원비율[H10]

① [J10] 셀에 =AND(OR(E14>=80,E14<60),F14>G14)를 입력한다.

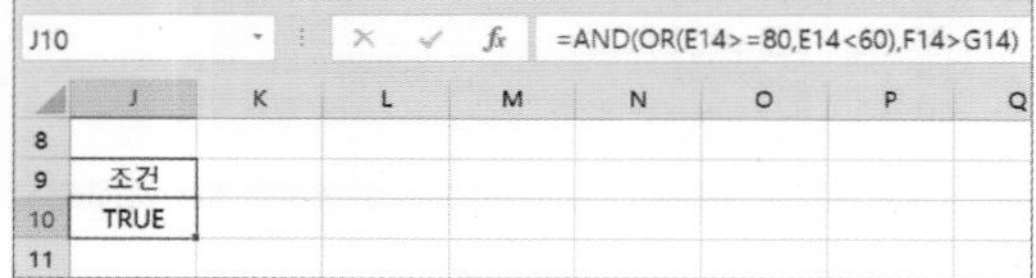

| | J | K | L | M | N | O | P | Q |
|---|---|---|---|---|---|---|---|---|
| 8 | | | | | | | | |
| 9 | 조건 | | | | | | | |
| 10 | TRUE | | | | | | | |
| 11 | | | | | | | | |

② [H10] 셀에 =DCOUNTA(B13:I38,C13,J9:J10)/COUNTA(C14:C38)를 입력한다.

> **함수 설명**
>
> =DCOUNTA(B13:I38,C13,J9:J10)/COUNTA(C14:C38)
>
> ① DCOUNTA(B13:I38,C13,J9:J10) : [B13:I38] 영역에서 [J9:J10] 영역의 조건에 만족한 자료의 C열의 개수를 구함
> ② COUNTA(C14:C38) : [C14:C38] 영역에 비어있지 않은 셀의 개수를 구함
>
> =①/② : ①의 값을 ②로 나눈 몫을 구함

### 04 평균점수[J14:J38]

[J14] 셀에 =SUMPRODUCT(E14:H14,$C$10:$F$10)−IF(ISERROR(VALUE(I14)),0,10)를 입력한 후 [J38] 셀까지 드래그하여 수식을 복사한다.

> **함수 설명**
>
> =SUMPRODUCT(E14:H14,$C$10:$F$10)−IF(ISERROR(VALUE(I14)),0,10)
>
> ① SUMPRODUCT(E14:H14,$C$10:$F$10) : [E14:H14] 영역의 값을 가중치[C10:F10] 영역의 값과 각각 곱하고 그 값의 합을 구함
> (예 : [E14]*[C10]+[F14]*[D10]+[G14]*[E10]+[H14]*[F10])
> ② ISERROR(VALUE(I14)) : [I14] 셀을 숫자로 변환한 값에 오류가 있으면 True, 오류가 없다면 False 값이 반환
>
> =①−IF(②,0,10) : ①의 값에 ②에 오류가 있으면 0을 빼고, 오류가 없다면 10을 뺀 값을 구함

### 05 fn평가[K14:K38]

① [개발 도구]−[코드] 그룹의 [Visual Basic]( )을 클릭한다.

② [삽입]−[모듈]을 클릭한다.

③ Module 창에 다음과 같이 입력한다.

```
Public Function fn평가(직위, 정보화능력)
    If (직위 = "사원" And 정보화능력 >= 80) Or (직위
    = "대리" And 정보화능력 >= 85) Then
        fn평가 = "우수사원"
    Else
        fn평가 = ""
    End If
End Function
```

④ 오른쪽 상단의 [닫기]를 클릭한다.

⑤ '계산작업' 시트의 [K14] 셀을 선택한 후 [함수 삽입](fx)을 클릭한다.

⑥ [함수 마법사]에서 범주 선택은 '사용자 정의', 함수 선택은 'fn평가'를 선택하고 [확인]을 클릭한다.

⑦ 직위는 [D14], 정보화능력은 [E14] 셀을 클릭한 후 [확인]을 클릭한다.

⑧ [K14] 셀의 수식을 [K38] 셀까지 복사한다.

## 문제 ❸ 분석작업

### 01 피벗 테이블('분석작업-1' 시트)

① [B3] 셀을 선택한 후 [데이터]-[데이터 가져오기 및 변환] 그룹에서 [데이터 가져오기]-[기타 원본에서]-[Microsoft Query에서]를 클릭한다.

② [데이터 원본 선택]의 [데이터베이스] 탭에서 'MS Access Database *'를 선택하고 [확인]을 클릭한다.

③ '사원평가.accdb'를 선택하고 [확인]을 클릭한다.

④ [열 선택]에서 '사원평가' 테이블을 더블클릭하여 다음과 같이 지정하고 [다음]을 클릭한다.

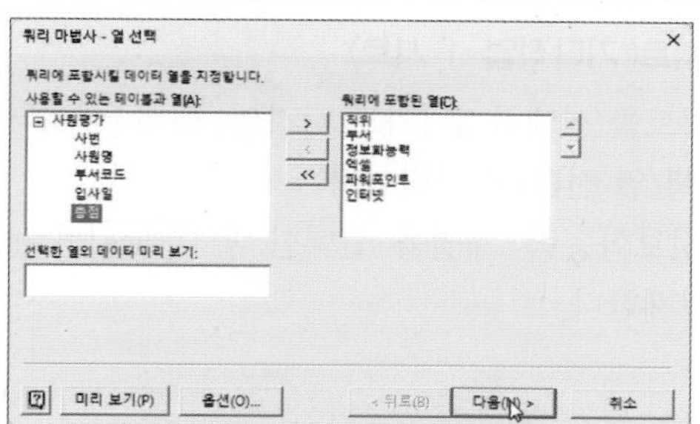


직위, 부서, 정보화능력, 엑셀, 파워포인트, 인터넷

⑤ [데이터 필터]와 [정렬 순서]에서는 설정 없이 [다음]을 클릭한다.

⑥ [마침]에서 'Microsoft Excel(으)로 데이터 되돌리기'를 선택하고 [마침]을 클릭한다.

⑦ [피벗 테이블 필드]에서 다음과 같이 드래그한다.

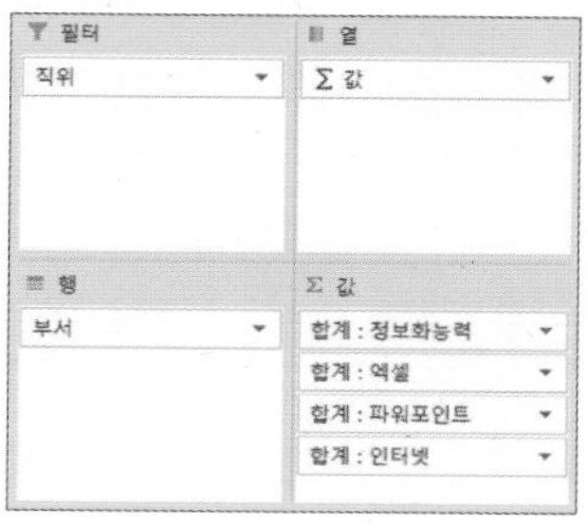


⑧ [디자인]-[레이아웃] 그룹의 [보고서 레이아웃]-[테이블 형식으로 표시]를 클릭한다.

⑨ [C3] 셀을 더블클릭하여 [값 필드 설정]에서 '평균'을 선택하고 [표시 형식]을 클릭한다.

⑩ [셀 서식]에서 '숫자'를 선택하고 '소수 자릿수'를 '2'로 지정하고 [확인]을 클릭한다. 같은 방법으로 '엑셀', '파워포인트', '인터넷'도 '평균'으로 바꾸고 '소수 자릿수'를 '2'로 지정한다.

⑪ [피벗 테이블 분석]-[계산] 그룹의 [필드, 항목 및 집합]-[계산 필드]를 클릭한다.

⑫ [계산 필드 삽입]에서 '이름'에 **표준편차**를 입력하고 '수식'에 **=stdev.s(**를 입력한 후 정보화능력, 엑셀, 파워포인트, 인터넷 필드를 더블클릭하여 추가하고 구분은 **,** 연산자와 **)**를 입력하여 작성한 후 [추가]를 클릭하고 [확인]을 클릭한다.

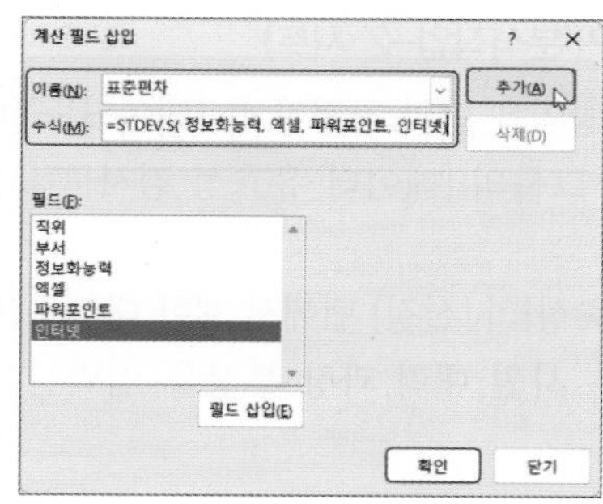

⑬ '합계 : 표준편차[G3]'에서 마우스 오른쪽 버튼을 눌러 [값 필드 설정]을 클릭한 후 [표시 형식]을 클릭한다.

⑭ [셀 서식]에서 '숫자'를 선택하고 '소수 자릿수'를 '2'로 지정하고 [확인]을 클릭한다.

⑮ [디자인]-[피벗 테이블 스타일] 그룹의 '흰색, 피벗 스타일 밝게 24'를 선택한다.

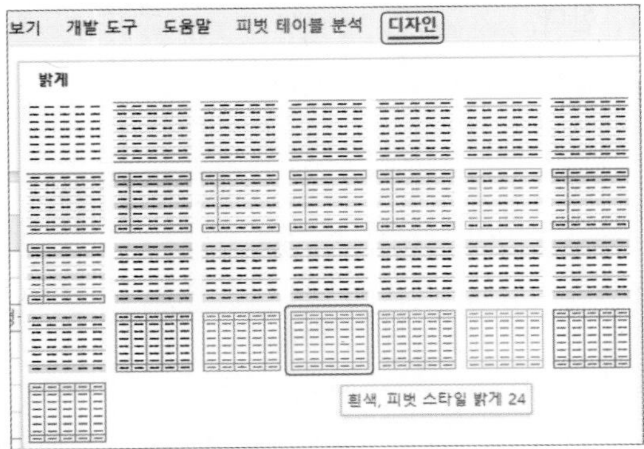


⑯ [디자인]-[피벗 테이블 스타일 옵션] 그룹의 '줄무늬 열'을 체크한다.

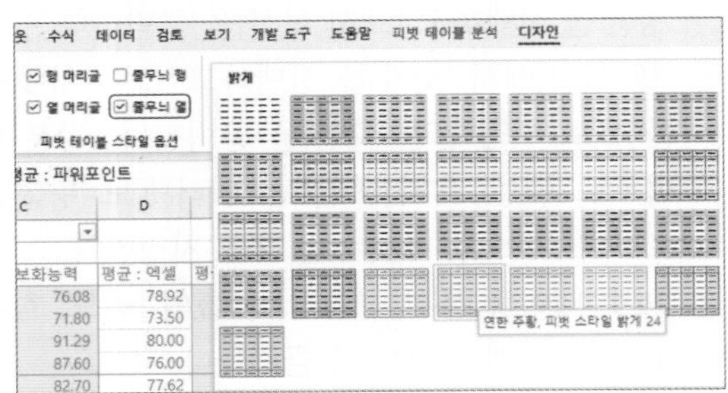


**기적의 TIP**

'흰색, 피벗 스타일 밝게 24'를 선택한 후 [피벗 테이블 스타일 옵션]의 '줄무늬 열'을 체크하면 피벗 테이블 스타일 이름이 '흰색, 피벗 스타일 밝게 24'에서 '연한 주황, 피벗 스타일 밝게 24'로 바뀌며, [피벗 테이블 스타일] 목록도 변경된다.

### 02 데이터 도구('분석작업-2' 시트)

① [D6:D27] 영역을 범위 지정한 후 [데이터]- [데이터 도구] 그룹의 [데이터 유효성 검사]()를 클릭한다.

② [데이터 유효성]의 [설정] 탭에서 제한 대상은 '목록', 원본은 **사원,대리,과장,부장**을 입력한다.

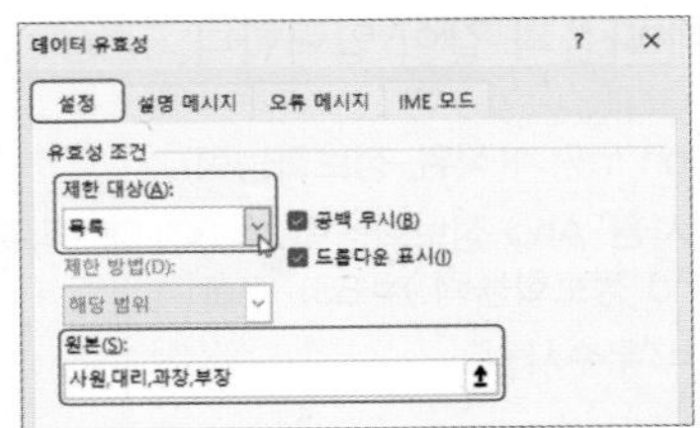


③ [설명 메시지] 탭에서 제목은 **직급목록**, 설명 메시지는 **사원, 대리, 과장, 부장**을 입력한다.

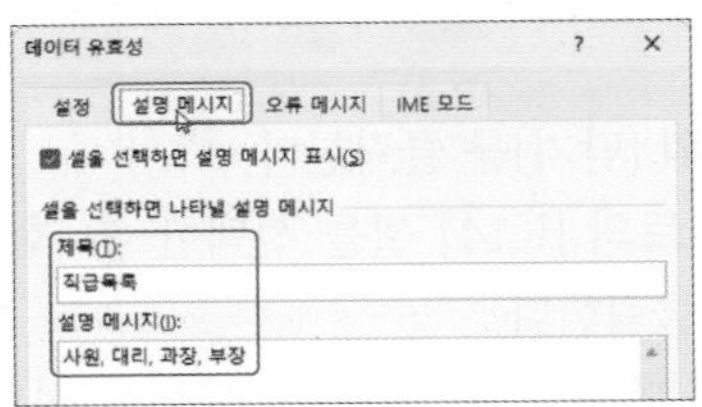


④ [오류 메시지] 탭에서 스타일은 '중지', 제목은 **직급**, 오류 메시지는 **목록에 있는 값만 입력하세요. 사원, 대리, 과장, 부장**을 입력하고 [확인]을 클릭한다.

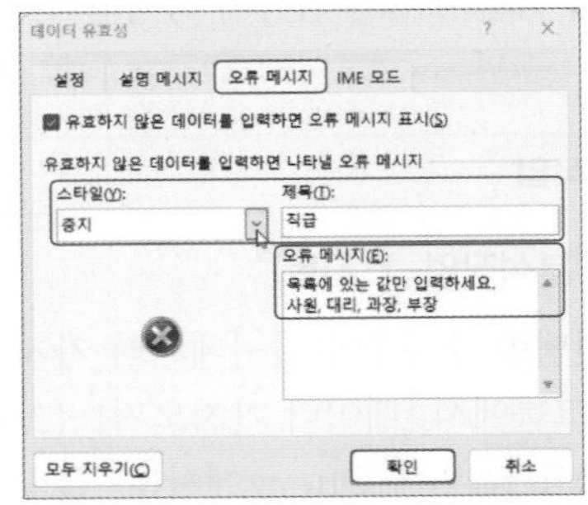


⑤ [데이터]-[정렬 및 필터] 그룹에서 [필터]()를 클릭한다.

⑥ 부서[B5]의 목록 단추()를 클릭하여 (모두 선택)을 체크 해제한 후, '기획실', '홍보팀'만 체크한다.

## 문제 ❹ 기타작업

### 01 차트('기타작업-1' 시트)

① 차트를 선택한 후 [차트 디자인] 탭의 [데이터]-[행/열 전환]을 클릭한다.

② '정보화능력' 계열을 선택한 후 Delete를 눌러 삭제한다.

③ '합계' 계열에서 마우스 오른쪽 버튼을 눌러 [계열 차트 종류 변경]을 클릭한다.

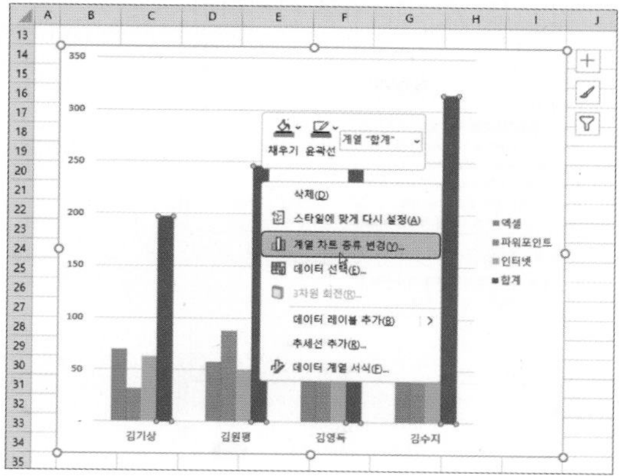

④ [차트 종류 변경]에서 '합계'를 선택하고 '꺾은선형'의 '표식이 있는 꺾은선형'을 선택한다.

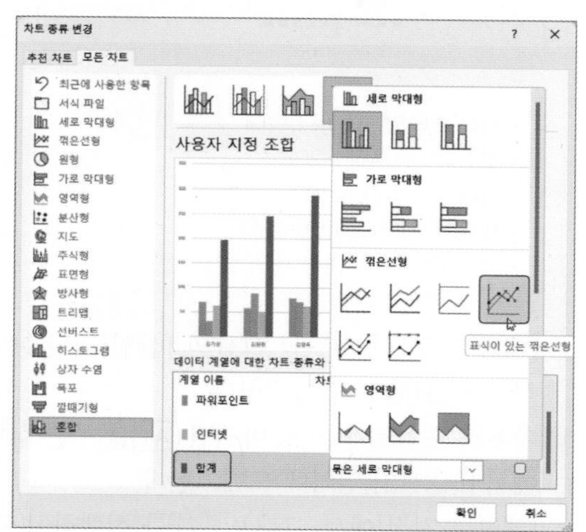

⑤ '합계' 계열에 '보조 축'을 체크하고 [확인]을 클릭한다.

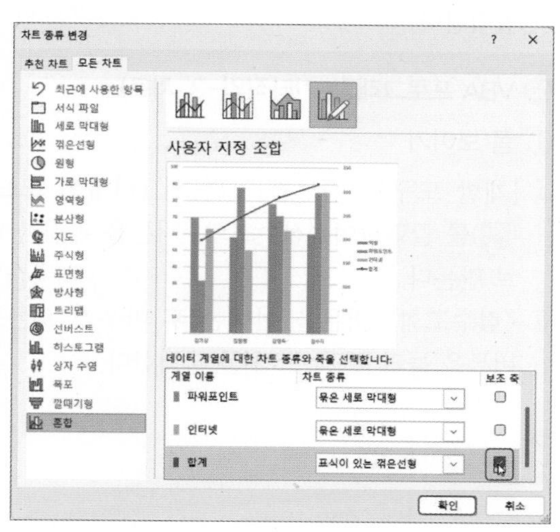

⑥ '엑셀' 계열을 선택한 후 [차트 요소](⊞)–[추세선]–[2 구간 이동 평균]을 선택하고, '추세선'을 선택한 후 [서식]–[도형 스타일] 그룹에서 '강한 선 – 어둡게 1'을 선택한다.

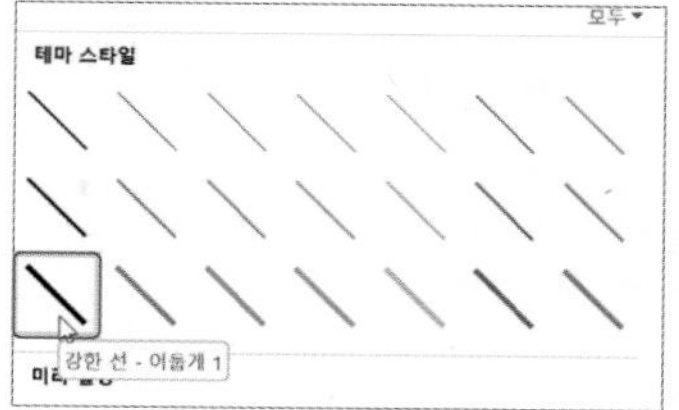

⑦ 차트를 선택한 후 [차트 요소](⊞)–[차트 제목]을 체크하고, '차트 제목'에 **기획실 정보화 평가**를 입력한다.

⑧ 차트 제목을 선택한 후 [홈]–[글꼴] 탭에서 크기 '15'를 입력한다.

⑨ [삽입]–[일러스트레이션] 그룹의 [도형]–[블록 화살표]–'화살표: 오각형'(⌷)을 클릭하여 차트 제목 위쪽에 드래그한다.

⑩ 오각형을 선택한 후 [셰이프 형식] 탭의 [도형 스타일]–[도형 채우기]에서 '채우기 없음'을 클릭한다.

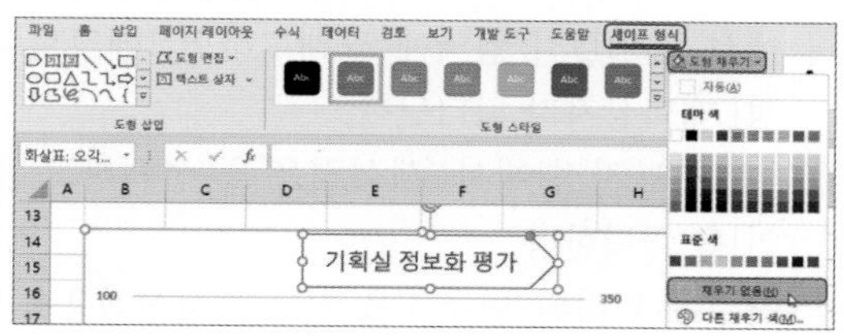

**버전 TIP**

[셰이프 형식] 탭이 [도형 서식]으로 표시됩니다.

### 02 매크로('기타작업–2' 시트)

① 비어 있는 셀을 클릭한 후 [개발 도구]–[코드] 그룹의 [매크로 기록](▣)을 클릭한다.

② [매크로 기록]에서 **서식적용**을 입력하고 [확인]을 클릭한다.

③ [E6:H30] 영역을 범위 지정한 후 Ctrl+1을 눌러 [표시 형식] 탭의 '사용자 지정'을 선택한 후 **[빨강][<=60]0;[파랑][>=90]0**;0을 입력하고 [확인]을 클릭한다.

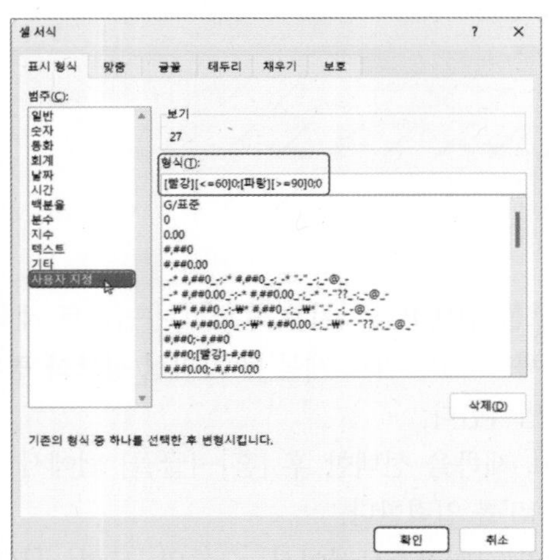


④ [개발 도구]-[코드] 그룹의 [기록 중지](□)를 클릭한다.

⑤ [개발 도구]-[컨트롤] 그룹의 [삽입]-[단추(양식 컨트롤)](▭)을 클릭한다.

⑥ 마우스 포인트가 '+'로 바뀌면 Alt를 누른 상태에서 [B2:D3] 영역에 드래그하면 [매크로 지정] 대화상자가 나타난다.

⑦ [매크로 지정]에서 '서식적용'을 선택하고 [확인]을 클릭한다.

⑧ 단추에 입력된 '단추 1'을 지우고 **서식적용**을 입력한다.

⑨ 비어 있는 셀을 클릭한 후 [개발 도구]-[코드] 그룹의 [매크로 기록](▣)을 클릭한다.

⑩ [매크로 기록]에서 **그래프보기**를 입력하고 [확인]을 클릭한다.

⑪ [E6:H30] 영역을 범위 지정한 후 [홈]-[스타일] 그룹의 [조건부 서식]-[새 규칙]을 클릭한다.

⑫ [새 서식 규칙]에서 다음과 같이 지정하고 [확인]을 클릭한 후 [개발 도구] 탭의 [코드] 그룹의 [기록 중지](□)를 클릭한다.

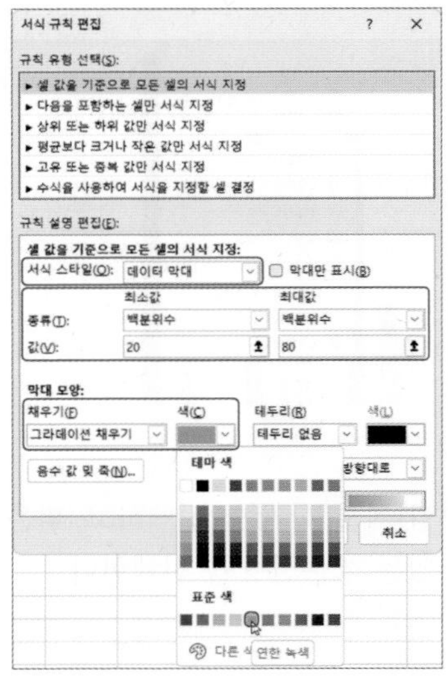


- **서식 스타일** : 데이터 막대
- **최소값** : 백분위수(20)
- **최대값** : 백분위수(80)
- **채우기** : 그라데이션 채우기
- **색** : 표준 색 – 연한 녹색

⑬ [개발 도구]-[컨트롤] 그룹의 [삽입]-[단추(양식 컨트롤)](▭)을 클릭한다.

⑭ 마우스 포인트가 '+'로 바뀌면 Alt를 누른 상태에서 [F2:H3] 영역에 드래그한다.

⑮ [매크로 지정]에서 '그래프보기'를 선택하고 [확인]을 클릭한다.

⑯ 단추에 입력된 '단추 2'를 지우고 **그래프보기**를 입력한다.

### 03 VBA 프로그래밍('기타작업-3' 시트)

#### ① 폼 보이기

① [개발 도구]-[컨트롤] 그룹의 [디자인 모드](▧)를 클릭하여 〈점수조회〉 버튼을 편집 상태로 만든다.

② 〈점수조회〉 버튼을 선택한 후 마우스 오른쪽 버튼을 눌러 [코드 보기]를 클릭한다.

③ 코드 창에 다음과 같이 입력한다.

```
Private Sub 점수조회_Click()
    점수조회폼.Show
End Sub
```

### ② 폼 초기화

① [프로젝트-VBAProject] 탐색기에서 '폼'을 더블클릭하고 〈점수조회폼〉을 선택한다.

② [프로젝트-VBAProject] 탐색기의 [코드 보기]( )를 클릭한다.

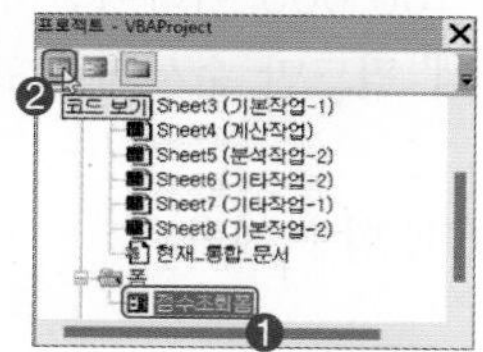


③ '개체 목록'은 'UserForm', '프로시저 목록'은 'Initialize'를 선택한다.

④ 코드 창에 다음과 같이 입력한다.

```
Private Sub UserForm_Initialize()
    cmb사원명.RowSource = "A3:A8"
    txt사번.Enabled = False
    txt평균점수.Enabled = False
End Sub
```

### ③ Activate 이벤트 프로시저

① [프로젝트-VBAProject] 탐색기에서 'Microsoft Excel 개체'의 'Sheet1(기타작업-3)'를 더블클릭한다.

② '개체 목록'은 'Worksheet', '프로시저 목록'은 'Activate'를 선택한 후 다음 내용을 입력한다.

```
Private Sub Worksheet_Activate()
    [A1] = "평가성적"
End Sub
```

### ④ 조회 프로시저

① [프로젝트-VBAProject] 탐색기의 〈점수조회폼〉을 선택하고 [코드 보기]( )를 클릭한다.

② '개체 목록'에서 'cmd조회', '프로시저 목록'은 'Click'을 선택한 후 다음 내용을 입력한다.

```
Private Sub cmd조회_Click()
    iRow = cmb사원명.ListIndex + 3
    txt사번 = Cells(iRow, 2)
    txt평균점수 = Cells(iRow, 3)
    If txt평균점수 >= 85 Then
        MsgBox cmb사원명 & "은 우수사원입니다"
    End If
End Sub
```

③ [Visual Basic Editor]에서 오른쪽 상단의 [닫기]를 클릭한다.

④ 엑셀에서 [디자인 모드]를 한 번 더 클릭하여 편집 상태를 해제시킨다.

# 기출 유형 문제 02회

| 시험 시간 | 풀이 시간 | 합격 점수 | 내 점수 |
|---|---|---|---|
| 45분 | 분 | 70점 | 점 |

합격 강의

작업파일 [2025컴활1급₩1권_스프레드시트₩기출유형문제] 폴더의 '기출유형문제2회' 파일을 열어서 작업하시오.

## 문제 ❶ 기본작업 | 주어진 시트에서 다음 과정을 수행하고 저장하시오. 15점

**01 '기본작업-1' 시트에서 다음과 같이 고급 필터를 수행하시오. (5점)**

▶ [A2:I20] 영역에서 지역이 '노'로 시작하면서 3월 구매실적이 80,000 이상 100,000 이하이면서 구매실적합계가 전체 평균 초과인 데이터의 '이름', '성별', '지역', '구매실적합계' 필드만 순서대로 표시하시오.

▶ 조건은 [A22:A23] 영역 내에 알맞게 입력하시오. (AND, LEFT, AVERAGE 함수 사용)

▶ 결과는 [A27] 셀부터 표시하시오.

**02 '기본작업-1' 시트에 다음과 같이 조건부 서식을 설정하시오. (5점)**

▶ '최종주문일'의 년도가 2026년이거나 월이 5월인 행 전체에 대해 글꼴 스타일은 '굵은 기울임꼴', 글꼴 색은 '표준 색 – 파랑'으로 적용하는 조건부 서식을 작성하시오.

▶ 단, 규칙 유형은 '수식을 사용하여 서식을 지정할 셀 결정'을 이용하시오. (OR, YEAR, MONTH 함수 이용)

**03 '기본작업-2' 시트에서 다음과 같이 페이지 레이아웃을 설정하시오. (5점)**

▶ [A2:I20] 영역을 인쇄 영역으로 설정하고, 용지 방향을 '가로'로 설정하시오.

▶ 인쇄될 내용이 페이지의 정 가운데에 인쇄되도록 페이지 가운데 맞춤을 설정하시오.

▶ 매 페이지 하단의 오른쪽 구역에는 페이지 번호가 [표시 예]와 같이 표시되도록 바닥글을 설정하시오. [표시 예 : 현재 페이지 번호가 1이면 → 1 페이지]

## 문제 ❷ 계산작업 | 주어진 시트에서 다음 과정을 수행하고 저장하시오. 30점

**01 [표1]을 이용해서 부서별 성실책임 평균을 [표2]의 [K4:K7] 영역에 계산하여 표시하시오. (6점)**

▶ 부서는 [J4:J7]을 기준으로 계산

▶ 산출된 평균은 소수 둘째자리에서 내림하여 소수 첫째자리까지 표시 [표시 예 : 78.695 → 78.6]

▶ AVERAGEIF와 ROUNDDOWN 함수 사용

**02 [표1]의 직무수행의 백분위 점수를 구하여 [표3] 점수[K11:K13] 영역에 표시하시오. (6점)**

▶ [표시 예 : 81 → 81점]

▶ TEXT, PERCENTILE.INC 함수 사용

**03 [표1]의 이해판단을 참조하여 [표4]의 점수대 분포도[L17:L21] 영역에 표시하시오. (6점)**

▶ [표1]과 [표4]를 사용하여 빈도수를 구하여 '■' 만큼 반복하여 표시
▶ REPT와 SUM, IF 함수를 사용한 배열 수식

**04 [표1]을 참조하여 이해판단 비율을 계산하여 [표4]의 [M17:M21] 영역에 표시하시오. (6점)**

▶ [표1]과 [표4]를 사용하여 빈도수를 이해판단 전체 개수로 나눈 값을 표시
▶ FREQUENCY, COUNTA 함수를 사용한 배열 수식

**05 총점을 계산하는 사용자 정의 함수 'fn총점'을 작성하여 계산을 수행하시오. (6점)**

▶ 'fn총점'은 직무수행, 이해판단, 성실책임, 절충협조를 인수로 받아 값을 되돌려 줌
▶ 총점은 '직무수행 × 0.2 + 이해판단 × 0.3 + 성실책임 × 0.2 + 절충협조 × 0.3'으로 계산하되, 직무수행, 이해판단, 성실책임, 절충협조 중 하나라도 60점 미만이면 0으로 표시하시오.
▶ 'fn총점' 함수를 이용하여 [H4:H26] 영역에 총점을 표시하시오.

```
Public Function fn총점(직무수행, 이해판단, 성실책임, 절충협조)
End Function
```

## 문제 ❸ 분석작업 | 주어진 시트에서 다음 작업을 수행하고 저장하시오. 20점

**01 '분석작업-1' 시트에서 다음 그림과 같이 피벗 테이블을 작성하시오. (10점)**

▶ 외부 데이터 가져오기 기능을 사용하여 〈인사현황.accdb〉의 〈인사현황〉 테이블을 이용하시오.
▶ 피벗 테이블 보고서의 레이아웃과 위치는 〈그림〉을 참조하여 설정하고, 보고서 레이아웃을 개요 형식으로 표시하시오.
▶ '입사일자'를 '년' 단위로 그룹을 설정하시오.
▶ '직무수행'의 열 합계 비율을 표시하는 '열 합계 비율' 계산 필드를 추가하고 '전체비율'로 이름을 변경하시오.
▶ 피벗 테이블 스타일은 '연한 파랑, 피벗 스타일 밝게 9'로 설정하시오.

| | A | B | C | D | E | F |
|---|---|---|---|---|---|---|
| 1 | | | | | | |
| 2 | | | | | | |
| 3 | | 부서명 | (모두) | | | |
| 4 | | | | | | |
| 5 | | 직위 | 입사일자 | 합계 : 직무수행 | 전체비율 | |
| 6 | | ⊟대리 | | 2034 | 55.06% | |
| 7 | | | 2018년 | 92 | 2.49% | |
| 8 | | | 2019년 | 1032 | 27.94% | |
| 9 | | | 2020년 | 429 | 11.61% | |
| 10 | | | 2021년 | 150 | 4.06% | |
| 11 | | | 2022년 | 254 | 6.88% | |
| 12 | | | 2023년 | 77 | 2.08% | |
| 13 | | ⊟사원 | | 1660 | 44.94% | |
| 14 | | | 2018년 | 347 | 9.39% | |
| 15 | | | 2022년 | 530 | 14.35% | |
| 16 | | | 2023년 | 310 | 8.39% | |
| 17 | | | 2024년 | 473 | 12.80% | |
| 18 | | 총합계 | | 3694 | 100.00% | |
| 19 | | | | | | |

※ 작업 완성된 그림이며 부분 점수 없음

## 02 '분석작업-2' 시트에 대하여 다음의 지시사항을 처리하시오. (10점)

▶ [데이터 유효성 검사] 기능을 이용하여 [I3:I11] 영역에는 7 배수만 입력되도록 제한 대상을 설정하시오. (MOD 함수 이용)

▶ [I3:I11] 영역의 셀을 클릭한 경우 〈그림〉과 같은 설명 메시지를 표시하고, 유효하지 않은 데이터를 입력한 경우 〈그림〉과 같은 오류 메시지가 표시되도록 설정하시오.

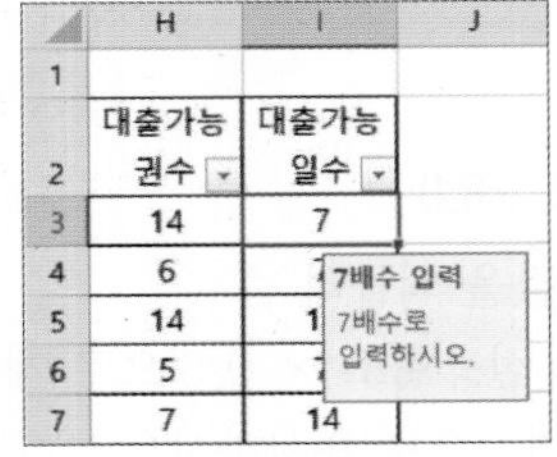


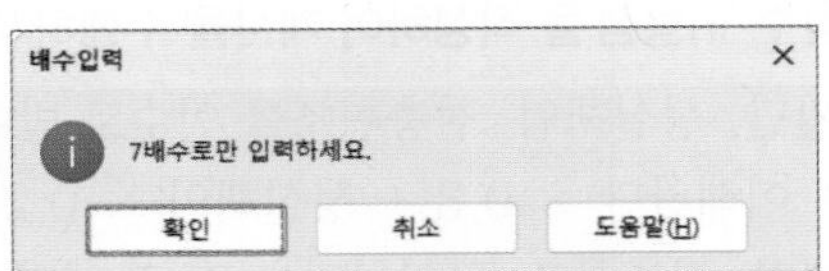


▶ 자동 필터를 이용하여 '운영시작시간'이 10:00 이후인 데이터 행만 표시되도록 숫자 필터를 설정하시오.

## 문제 4 기타작업 | 주어진 시트에서 다음 작업을 수행하고 저장하시오. 35점

## 01 '기타작업-1' 시트에서 다음의 지시사항 및 그림에 따라 차트를 수정하시오. (각 2점)

※ 차트는 반드시 문제에서 제공한 차트를 사용하여야 하며, 신규로 차트 작성 시 0점 처리됨

① '판매량' 계열의 차트 종류를 '표식이 있는 꺾은선형'으로 변경하시오.

② 가로(항목) 축 제목은 [B2] 셀, 세로(값) 축 제목은 [E2] 셀과 연동한 후, 세로(값) 축 제목은 텍스트 방향을 '스택형'으로 설정하시오.

③ '판매량' 계열에 데이터 값을 표시하고, '목표량' 계열의 겹치기를 50%, 간격 너비를 100%로 설정하시오.

④ 세로(값) 축 서식에서 눈금값의 최소값을 200, 기본 단위를 200으로 설정하시오.

⑤ 차트 영역의 모서리를 둥글게 표시하고, 그림자(오프셋: 오른쪽 아래)가 나타나도록 하시오.

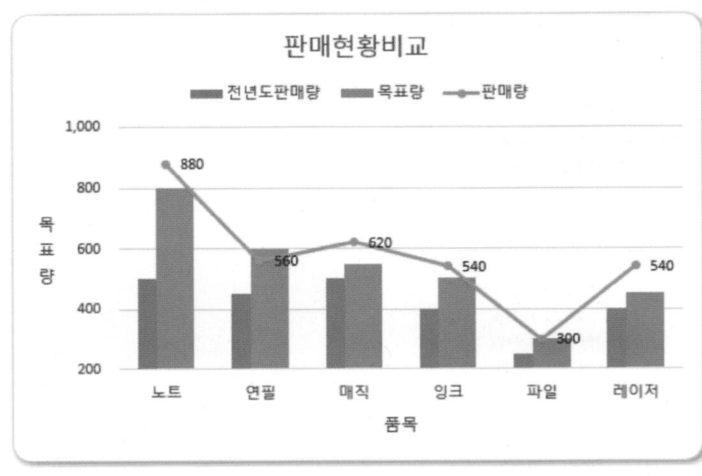

**02** **'기타작업-2' 시트에서 다음과 같은 기능을 수행하는 매크로를 현재 통합문서에 작성하시오. (각 5점)**

① [D3:D21] 영역에 대하여 사용자 지정 표시 형식을 설정하는 '만족도' 매크로를 생성하시오.

▶ 만족도가 9 이상이면 파랑색으로 '♣' 기호를 숫자 앞에 표시하고, 0 이면 '※', 문자는 빨강으로 표시, 단 숫자는 2자리로 표시하시오.

▶ [개발 도구]-[삽입]-[양식 컨트롤]의 '단추(▭)'를 동일 시트의 [F2:G3] 영역에 생성한 후 텍스트를 '만족도'로 입력하고, 단추를 클릭하면 '만족도' 매크로가 실행되도록 설정하시오.

② [B3:B21] 영역에 대하여 아이콘 형식의 별3개 조건부 서식을 적용하는 '아이콘_별' 매크로를 생성하시오.

▶ '★'은 숫자 90 이상, '☆'은 숫자 90 미만 80 이상, 나머지는 '☆'로 설정하시오.

▶ [개발 도구]-[삽입]-[양식 컨트롤]의 '단추(▭)'를 동일 시트의 [F5:G6] 영역에 생성한 후 텍스트를 '아이콘_별'로 입력하고, 단추를 클릭하면 '아이콘_별' 매크로가 실행되도록 설정하시오.

※ 셀 포인터의 위치에 관계없이 매크로가 실행되어야 정답으로 인정됨

**03** **'기타작업-3' 시트에서 다음과 같은 작업을 수행하고 저장하시오. (각 5점)**

① 〈인사고과입력현황〉 버튼을 클릭하면 〈인사고과입력〉 폼이 나타나도록 프로시저를 작성하시오.

② 폼이 초기화(Initialize)되면 [G5:G9] 영역의 값이 콤보상자(cmb부서)의 목록에 설정되고, 날짜(Txt날짜) 컨트롤에는 현재 년도와 현재 월이 표시되도록 프로시저를 작성하시오.

▶ DATE, YEAR, MONTH 함수와 & 연산자 이용

▶ 표시 예 : 2025년 9월

③ 〈인사고과입력〉 폼의 〈등록(Cmd등록)〉 버튼을 클릭하면 폼에 입력된 데이터가 시트의 표 안에 추가되도록 프로시저를 작성하시오.

▶ 평균 = (직무수행능력 + 이해판단력) / 2

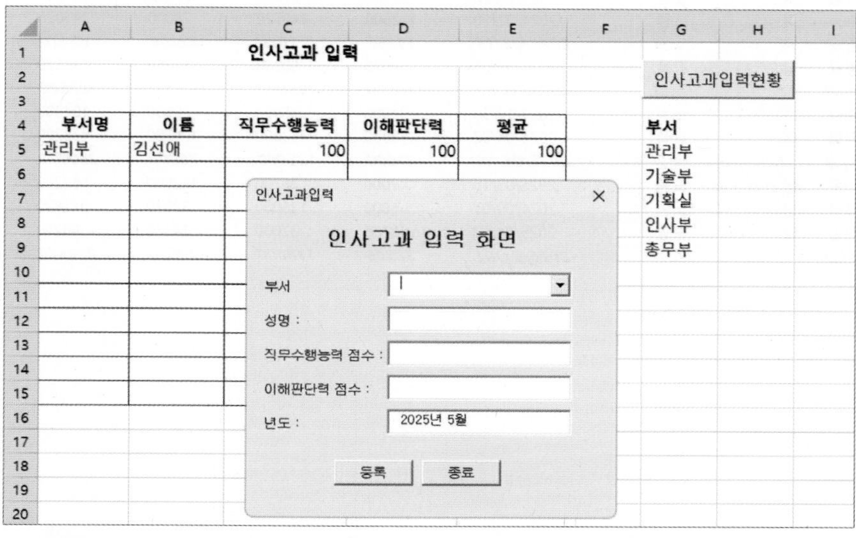


※ 데이터를 추가하거나 삭제하여도 항상 마지막 데이터 다음에 입력되어야 함

# 기출 유형 문제 02회 / 정답

## 문제 ❶ 기본작업

### 01 고급 필터

A23 | =AND(LEFT(D3,1)="노",H3>=80000,H3<=100000,I3>AVERAGE($I$3:$I$20))

| | A | B | C | D | E | F | G | H |
|---|---|---|---|---|---|---|---|---|
| 21 | | | | | | | | |
| 22 | 조건 | | | | | | | |
| 23 | FALSE | | | | | | | |
| 24 | | | | | | | | |
| 25 | | | | | | | | |
| 26 | | | | | | | | |
| 27 | **이름** | **성별** | **지역** | **구매실적합계** | | | | |
| 28 | 한성현 | 남 | 노원 | 215400 | | | | |
| 29 | 정은희 | 여 | 노원 | 270000 | | | | |
| 30 | 심지영 | 여 | 노원 | 237900 | | | | |
| 31 | 최재석 | 남 | 노원 | 222820 | | | | |
| 32 | | | | | | | | |

### 02 조건부 서식

| | A | B | C | D | E | F | G | H | I | J |
|---|---|---|---|---|---|---|---|---|---|---|
| 1 | | | | | | | | | | |
| 2 | **고객번호** | **이름** | **성별** | **지역** | **최종주문일** | **1월 구매실적** | **2월 구매실적** | **3월 구매실적** | **구매실적합계** | |
| 3 | ***PR-002*** | ***김한응*** | ***남*** | ***강북*** | ***2024/05/21*** | ***135000*** | ***55000*** | ***135000*** | ***325000*** | |
| 4 | PR-004 | 한성현 | 남 | 노원 | 2024/03/12 | 38700 | 78000 | 98700 | 215400 | |
| 5 | PR-005 | 김영득 | 남 | 도봉 | 2025/03/14 | 7700 | 52200 | 7700 | 67600 | |
| 6 | PR-006 | 정은희 | 여 | 노원 | 2024/04/14 | 55000 | 122500 | 92500 | 270000 | |
| 7 | PR-008 | 김양현 | 남 | 중랑 | 2025/04/15 | 38700 | 21020 | 37000 | 96720 | |
| 8 | PR-009 | 이미라 | 여 | 중랑 | 2023/03/17 | 78000 | 2020 | 135000 | 215020 | |
| 9 | PR-010 | 심지영 | 여 | 노원 | 2025/08/08 | 52200 | 87800 | 97900 | 237900 | |
| 10 | PR-011 | 고수정 | 여 | 노원 | 2024/02/10 | 122500 | 140520 | 78000 | 341020 | |
| 11 | ***PR-012*** | ***유응구*** | ***여*** | ***노원*** | ***2026/02/15*** | ***11250*** | ***22020*** | ***52200*** | ***85470*** | |
| 12 | PR-014 | 이병열 | 남 | 강북 | 2024/09/01 | 2020 | 80250 | 11250 | 93520 | |
| 13 | ***PR-016*** | ***강흥석*** | ***남*** | ***노원*** | ***2025/05/30*** | ***140520*** | ***135000*** | ***152000*** | ***427520*** | |
| 14 | SP-001 | 백준걸 | 여 | 노원 | 2023/10/30 | 37000 | 38000 | 29000 | 104000 | |
| 15 | SP-005 | 이지영 | 여 | 강북 | 2024/04/02 | 135000 | 178000 | 120200 | 433200 | |
| 16 | ***SP-006*** | ***김미현*** | ***남*** | ***노원*** | ***2025/05/26*** | ***37000*** | ***135000*** | ***78000*** | ***250000*** | |
| 17 | SP-008 | 한미우 | 남 | 도봉 | 2025/03/16 | 7000 | 38700 | 122500 | 168200 | |
| 18 | SP-011 | 최재석 | 남 | 노원 | 2024/09/07 | 5800 | 135000 | 82020 | 222820 | |
| 19 | SP-012 | 안성윤 | 남 | 중랑 | 2025/11/08 | 38700 | 37000 | 14560 | 90260 | |
| 20 | ***SP-014*** | ***하인화*** | ***여*** | ***노원*** | ***2026/01/01*** | ***32500*** | ***118000*** | ***79020*** | ***229520*** | |
| 21 | | | | | | | | | | |

## 03 페이지 레이아웃

| 고객번호 | 이름 | 성별 | 지역 | 최종주문일 | 1월 구매실적 | 2월 구매실적 | 3월 구매실적 | 구매실적합계 |
|---|---|---|---|---|---|---|---|---|
| PR-002 | 김한용 | 남 | 강북 | 2024/05/21 | 135000 | 55000 | 135000 | 325000 |
| PR-004 | 한성현 | 남 | 노원 | 2024/03/12 | 38700 | 78000 | 98700 | 215400 |
| PR-005 | 김영득 | 남 | 도봉 | 2025/03/14 | 7700 | 52200 | 7700 | 67600 |
| PR-006 | 정은희 | 여 | 노원 | 2024/04/14 | 55000 | 122500 | 92500 | 270000 |
| PR-008 | 김양현 | 남 | 중랑 | 2025/04/15 | 38700 | 21020 | 37000 | 96720 |
| PR-009 | 이미라 | 여 | 중랑 | 2023/03/17 | 78000 | 2020 | 135000 | 215020 |
| PR-010 | 심지영 | 여 | 노원 | 2025/08/08 | 52200 | 87800 | 97900 | 237900 |
| PR-011 | 고수정 | 여 | 노원 | 2024/02/10 | 122500 | 140520 | 78000 | 341020 |
| PR-012 | 유용구 | 여 | 노원 | 2026/02/15 | 11250 | 22020 | 52200 | 85470 |
| PR-014 | 이병열 | 남 | 강북 | 2024/09/01 | 2020 | 80250 | 11250 | 93520 |
| PR-016 | 강홍석 | 남 | 노원 | 2025/05/30 | 140520 | 135000 | 152000 | 427520 |
| SP-001 | 백준걸 | 여 | 노원 | 2023/10/30 | 37000 | 38000 | 29000 | 104000 |
| SP-005 | 이지영 | 여 | 강북 | 2024/04/02 | 135000 | 178000 | 120200 | 433200 |
| SP-006 | 김미현 | 남 | 노원 | 2025/05/26 | 37000 | 135000 | 78000 | 250000 |
| SP-008 | 한미우 | 남 | 도봉 | 2025/03/16 | 7000 | 38700 | 122500 | 168200 |
| SP-011 | 최재석 | 남 | 노원 | 2024/09/07 | 5800 | 135000 | 82020 | 222820 |
| SP-012 | 안성윤 | 남 | 중랑 | 2025/11/08 | 38700 | 37000 | 14560 | 90260 |
| SP-014 | 하인화 | 여 | 노원 | 2026/01/01 | 32500 | 118000 | 79020 | 229520 |

1 페이지

## 문제 ❷ 계산작업

## 01 부서별 평균, 직무수행 백분위수, 분포도, 비율

| | I | J | K | L | M | N |
|---|---|---|---|---|---|---|
| 1 | | | | | | |
| 2 | | [표2] | 부서별 평균 | | | |
| 3 | | 부서 | 성실책임 평균 | | | |
| 4 | | 관리부 | 78.8 | | | |
| 5 | | 기술부 | 76.2 | | | |
| 6 | | 기획실 | 81 | | | |
| 7 | | 인사부 | 79.5 | | | |
| 8 | | | | | | |
| 9 | | [표3] | 직무수행 점수분석 | | | |
| 10 | | 백분위 | 점수 | | | |
| 11 | | 50% | 85점 | | | |
| 12 | | 70% | 89점 | | | |
| 13 | | 90% | 95점 | | | |
| 14 | | | | | | |
| 15 | | [표4] | 이해판단 성적분석 | | | |
| 16 | | 이해판단 | | 분포도 | 비율 | |
| 17 | | 0 초과 | 60 이하 | ▣▣ | 9% | |
| 18 | | 60 초과 | 70 이하 | ▣▣▣▣▣▣ | 26% | |
| 19 | | 70 초과 | 80 이하 | ▣▣▣▣ | 17% | |
| 20 | | 80 초과 | 90 이하 | ▣▣▣▣▣ | 22% | |
| 21 | | 90 초과 | 100 이하 | ▣▣▣▣▣▣ | 26% | |
| 22 | | | | | | |

1. [K4] 셀에 「=ROUNDDOWN(AVERAGEIF($C$4:$C$26,J4,$F$4:$F$26),1)」를 입력하고 [K7] 셀까지 수식 복사
2. [K11] 셀에 「=TEXT(PERCENTILE.INC($D$4:$D$26,J11),"0점")」를 입력하고 [K13] 셀까지 수식 복사
3. [L17] 셀에 「=REPT("▣",SUM(IF(($E$4:$E$26>J17)*($E$4:$E$26<=K17),1)))」를 입력하고 Ctrl+Shift+Enter를 누른 후 [L21] 셀까지 수식 복사
4. [M17:M21] 영역을 범위 지정한 후 「=FREQUENCY(E4:E26,K17:K21)/COUNTA(E4:E26)」를 입력하고 Ctrl+Shift+Enter를 눌러 수식 완성

## 02 총점

| | A | B | C | D | E | F | G | H |
|---|---|---|---|---|---|---|---|---|
| 1 | | | | | | | | |
| 2 | [표1] | | | | | | | |
| 3 | 번호 | 이름 | 부서명 | 직무수행 | 이해판단 | 성실책임 | 절충협조 | 총점 |
| 4 | 1 | 이나영 | 기획실 | 82 | 56 | 77 | 91 | 0 |
| 5 | 2 | 방극준 | 기획실 | 85 | 70 | 78 | 62 | 72.2 |
| 6 | 3 | 이원섭 | 기술부 | 91 | 62 | 70 | 82 | 75.4 |
| 7 | 4 | 정태은 | 기술부 | 92 | 90 | 78 | 85 | 86.5 |
| 8 | 5 | 최재석 | 기획실 | 87 | 85 | 82 | 70 | 80.3 |
| 9 | 6 | 최준기 | 관리부 | 78 | 68 | 78 | 91 | 78.9 |
| 10 | 7 | 이원형 | 관리부 | 77 | 78 | 82 | 91 | 82.5 |
| 11 | 8 | 홍지원 | 인사부 | 77 | 78 | 76 | 80 | 78 |
| 12 | 9 | 정은숙 | 기술부 | 96 | 82 | 78 | 56 | 0 |
| 13 | 10 | 김지영 | 기획실 | 84 | 78 | 69 | 70 | 75 |
| 14 | 11 | 박영훈 | 기획실 | 75 | 95 | 82 | 82 | 84.5 |
| 15 | 12 | 이준성 | 인사부 | 72 | 92 | 95 | 90 | 88 |
| 16 | 13 | 전광일 | 인사부 | 88 | 95 | 59 | 82 | 0 |
| 17 | 14 | 유제관 | 기술부 | 92 | 68 | 77 | 75 | 76.7 |
| 18 | 15 | 김민영 | 인사부 | 84 | 56 | 67 | 87 | 0 |
| 19 | 16 | 도경민 | 기획실 | 97 | 89 | 88 | 77 | 86.8 |
| 20 | 17 | 인정제 | 관리부 | 88 | 69 | 72 | 68 | 73.1 |
| 21 | 18 | 최대훈 | 기술부 | 88 | 91 | 78 | 85 | 86 |
| 22 | 19 | 윤여송 | 인사부 | 66 | 92 | 90 | 97 | 87.9 |
| 23 | 20 | 유근선 | 기획실 | 92 | 68 | 91 | 91 | 84.3 |
| 24 | 21 | 정환호 | 관리부 | 81 | 78 | 82 | 77 | 79.1 |
| 25 | 22 | 이용표 | 관리부 | 76 | 82 | 80 | 75 | 78.3 |
| 26 | 23 | 이지수 | 인사부 | 98 | 98 | 90 | 80 | 91 |
| 27 | | | | | | | | |

5. [H4] 셀에 「=fn총점(D4,E4,F4,G4)」를 입력하고 [H26] 셀까지 수식 복사

```
Public Function fn총점(직무수행, 이해판단, 성실책임, 절충협조)
    If 직무수행 < 60 Or 이해판단 < 60 Or 성실책임 < 60 Or 절충협조 < 60 Then
        fn총점 = 0
    Else
        fn총점 = 직무수행 * 0.2 + 이해판단 * 0.3 + 성실책임 * 0.2 + 절충협조 * 0.3
    End If
End Function
```

## 문제 ❸ 분석작업

### 01 피벗 테이블

| | A | B | C | D | E | F |
|---|---|---|---|---|---|---|
| 1 | | | | | | |
| 2 | | | | | | |
| 3 | | 부서명 | (모두) | | | |
| 4 | | | | | | |
| 5 | | 직위 | 입사일자 | 합계 : 직무수행 | 전체비율 | |
| 6 | | ⊟대리 | | 2034 | 55.06% | |
| 7 | | | 2018년 | 92 | 2.49% | |
| 8 | | | 2019년 | 1032 | 27.94% | |
| 9 | | | 2020년 | 429 | 11.61% | |
| 10 | | | 2021년 | 150 | 4.06% | |
| 11 | | | 2022년 | 254 | 6.88% | |
| 12 | | | 2023년 | 77 | 2.08% | |
| 13 | | ⊟사원 | | 1660 | 44.94% | |
| 14 | | | 2018년 | 347 | 9.39% | |
| 15 | | | 2022년 | 530 | 14.35% | |
| 16 | | | 2023년 | 310 | 8.39% | |
| 17 | | | 2024년 | 473 | 12.80% | |
| 18 | | 총합계 | | 3694 | 100.00% | |
| 19 | | | | | | |

### 02 데이터 도구

| | A | B | C | D | E | F | G | H | I | J |
|---|---|---|---|---|---|---|---|---|---|---|
| 1 | | | | | | | | | | |
| 2 | | 도서관명 | 운영시작 시각 | 운영종료 시각 | 열람 좌석수 | 자료수 (도서) | 자료수 (비도서 | 대출가능 권수 | 대출가능 일수 | |
| 4 | | 아름다운작은도서관 | 10:00 | 16:00 | 28 | 15000 | 150 | 6 | 7 | |
| 5 | | 해나루작은도서관 | 10:00 | 21:00 | 30 | 1000 | 100 | 14 | 1 | |
| 7 | | 꿈의도서관 | 10:00 | 21:00 | 15 | 840 | 500 | 7 | 1 | |
| 11 | | 반딧불이작은도서관 | 11:00 | 22:00 | 30 | 2000 | 200 | 14 | 1 | |
| 12 | | | | | | | | | | |

7배수 입력
7배수로 입력하시오.

## 문제 ❹ 기타작업

### 01 차트

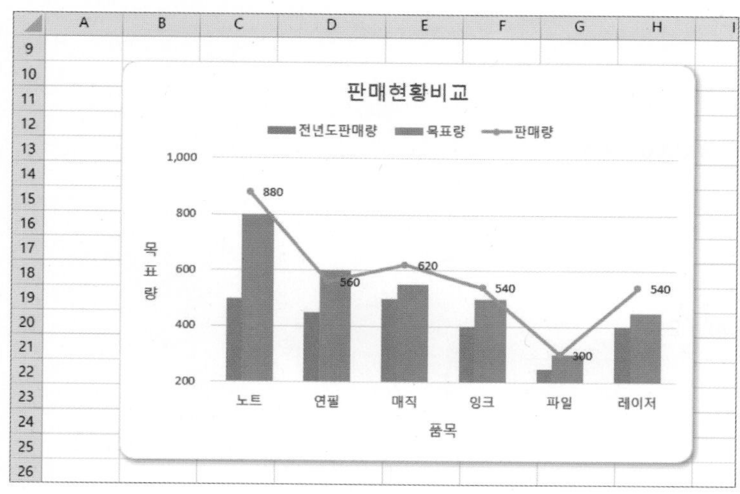

## 02 매크로

| | A | B | C | D | E | F | G | H |
|---|---|---|---|---|---|---|---|---|
| 1 | | | | | | | | |
| 2 | 이름 | 영어 | 수학 | 수업 만족도 | | 만족도 | | |
| 3 | 김영호 | ☆ 72 | 82 | ♣10 | | | | |
| 4 | 이준성 | ☆ 56 | 77 | 08 | | | | |
| 5 | 김민영 | ☆ 72 | 68 | 05 | | 아이콘_별 | | |
| 6 | 마성일 | ☆ 77 | 75 | 03 | | | | |
| 7 | 김일묵 | ☆ 67 | 87 | 07 | | | | |
| 8 | 전광일 | ☆ 70 | 78 | 미응답 | | | | |
| 9 | 신미래 | ★ 82 | 89 | ※ | | | | |
| 10 | 김선영 | ★ 89 | 82 | 미응답 | | | | |
| 11 | 이나영 | ☆ 78 | 85 | ♣10 | | | | |
| 12 | 방극준 | ★ 90 | 97 | ♣10 | | | | |
| 13 | 피승현 | ★ 90 | 80 | ♣09 | | | | |
| 14 | 신상호 | ☆ 76 | 84 | ♣09 | | | | |
| 15 | 하진철 | ★ 80 | 82 | 06 | | | | |
| 16 | 김형섭 | ☆ 61 | 62 | 05 | | | | |
| 17 | 김순영 | ★ 85 | 82 | 04 | | | | |
| 18 | 조용호 | ☆ 68 | 77 | ♣09 | | | | |
| 19 | 배대승 | ☆ 78 | 91 | 07 | | | | |
| 20 | 유제관 | ☆ 72 | 67 | ※ | | | | |
| 21 | 도경민 | ★ 90 | 92 | 미응답 | | | | |
| 22 | | | | | | | | |

## 03 VBA 프로그래밍

• 폼 보이기 프로시저

```
Private Sub 인사고과입력현황_Click()
    인사고과입력.Show
End Sub
```

• 폼 초기화 프로시저

```
Private Sub UserForm_Initialize()
    cmb부서.RowSource = "G5:G9"
    Txt날짜 = Year(Date) & "년 " & Month(Date) & "월"
End Sub
```

• 등록 이벤트 프로시저

```
Private Sub Cmd등록_Click()
    i = Range("A4").CurrentRegion.Rows.Count + 4
    Cells(i, 1) = cmb부서
    Cells(i, 2) = Txt성명
    Cells(i, 3) = Txt직무점수.Value
    Cells(i, 4) = Txt이해점수.Value
    Cells(i, 5) = (Cells(i, 3) + Cells(i, 4)) / 2
End Sub
```

# 기출 유형 문제 02회 해설

## 문제 ❶ 기본작업

### 01 고급 필터('기본작업-1' 시트)

① [A22:A23] 영역에 조건을 입력하고, [A27:D27] 영역에 추출할 필드명을 입력한다.

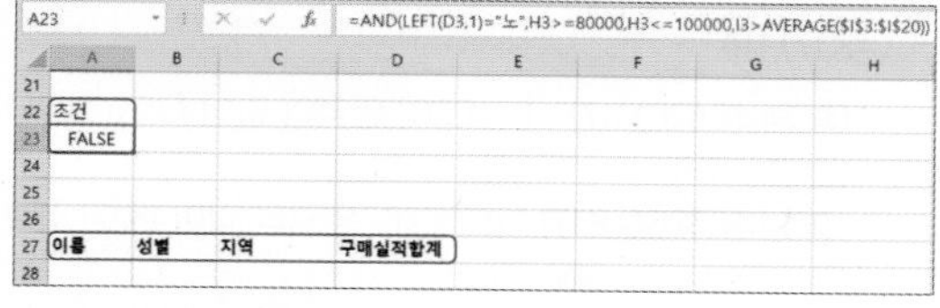

[A23] : =AND(LEFT(D3,1)="노",H3>=80000,H3<=100000,I3>AVERAGE($I$3:$I$20))

② 데이터 목록 안의 아무 셀이나 클릭하고 [데이터]-[정렬 및 필터] 그룹에서 [고급]( )을 클릭한다.

③ [고급 필터]에서 다음과 같이 지정한 후 [확인]을 클릭한다.

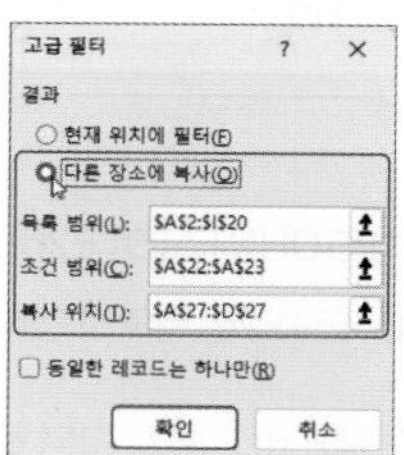

- 결과 : '다른 장소에 복사'
- 목록 범위 : [A2:I20]
- 조건 범위 : [A22:A23]
- 복사 위치 : [A27:D27]

### 02 조건부 서식('기본작업-1' 시트)

① [A3:I20] 영역을 범위 지정한 후 [홈]-[스타일] 그룹의 [조건부 서식]-[새 규칙]을 클릭한다.

② [새 서식 규칙]에서 '▶ 수식을 사용하여 서식을 지정할 셀 결정'을 선택하고, =OR(YEAR($E3)=2026,MONTH($E3)=5)를 입력한 후 [서식]을 클릭한다.

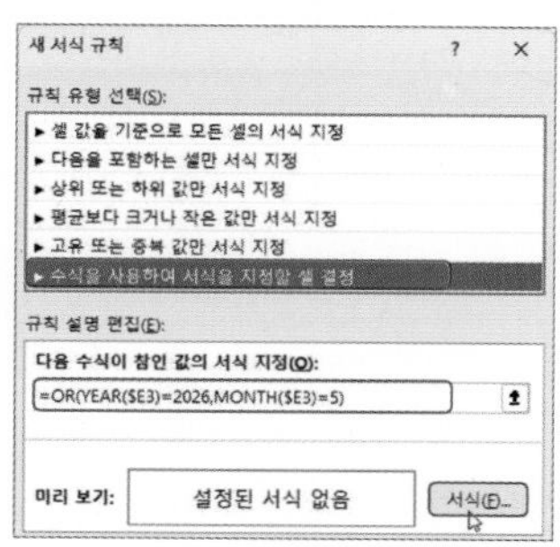

③ [글꼴] 탭에서 '굵은 기울임꼴', 색은 '표준 색 – 파랑'을 선택하고 [확인]을 클릭한다.

④ [새 서식 규칙]에서 '수식'과 '서식'이 맞는지 확인한 후 [확인]을 클릭한다.

### 03 페이지 레이아웃('기본작업-2' 시트)

① [A2:I20] 영역을 범위 지정한 후 [페이지 레이아웃] 탭의 [페이지 설정]-[인쇄 영역]-[인쇄 영역 설정]을 클릭한다.

② [페이지 레이아웃] 탭의 [페이지 설정]에서 [옵션]( )을 클릭한다.

③ [페이지] 탭에서 용지 방향 '가로'를 선택한다.

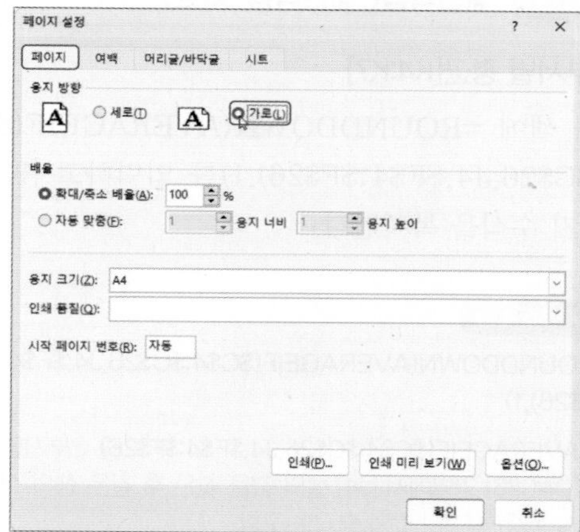

④ [여백] 탭에서 페이지 가운데 맞춤 '가로', '세로'를 체크한다.

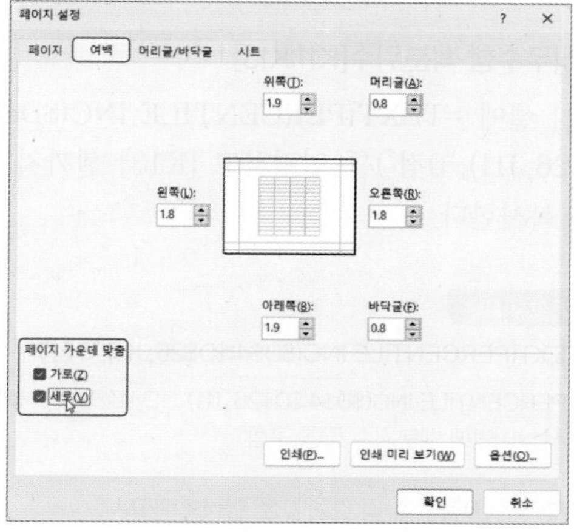

⑤ [머리글/바닥글]에서 [바닥글 편집]을 클릭한다.

⑥ 오른쪽 구역에 커서를 두고 [페이지 번호 삽입]() 도구를 클릭한 후 **페이지**를 입력한 후 [확인]을 클릭한 후 [페이지 설정]에서 [확인]을 클릭한다.

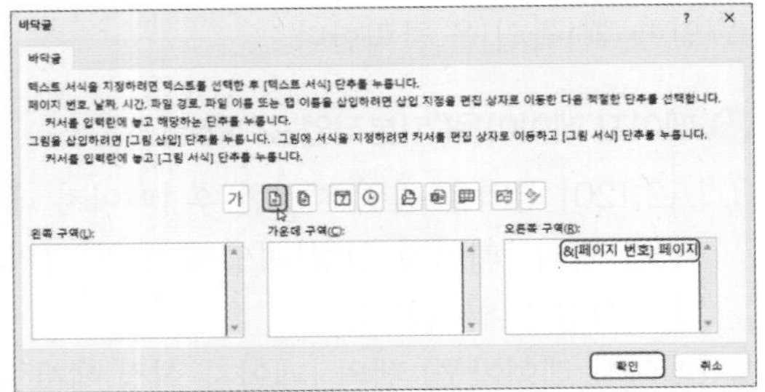

문제 ❷ **계산작업('계산작업' 시트)**

### 01 부서별 평균[K4:K7]

[K4] 셀에 =ROUNDDOWN(AVERAGEIF($C$4:$C$26,J4,$F$4:$F$26),1)를 입력하고 [K7] 셀까지 수식을 복사한다.

**함수 설명**

=ROUNDDOWN(AVERAGEIF($C$4:$C$26,J4,$F$4:$F$26),1)

① AVERAGEIF($C$4:$C$26,J4,$F$4:$F$26) : 부서명[C4:C26] 영역에서 [J4] 셀의 값을 찾은 후 같은 행의 성실책임[F4:F26] 값의 평균을 구함

=ROUNDDOWN(①,1) : ①의 값을 내림하여 소수 이하 1자리로 표시

### 02 직무수행 백분위수[K11:K13]

[K11] 셀에 =TEXT(PERCENTILE.INC($D$4:$D$26,J11),"0점")를 입력하고 [K13] 셀까지 수식을 복사한다.

**함수 설명**

=TEXT(PERCENTILE.INC($D$4:$D$26,J11),"0점")

① PERCENTILE.INC($D$4:$D$26,J11) : [D4:D26] 영역에서 [J11]번째 백분위수 값을 구함

=TEXT(①,"0점") : ①의 값을 '0점' 형식으로 표시

### 03 이해판단 분포도[L17:L21]

[L17] 셀에 =REPT("■",SUM(IF(($E$4:$E$26>J17)*($E$4:$E$26<=K17),1)))를 입력하고 Ctrl+Shift+Enter를 눌러 수식을 완성한 후에 [L21] 셀까지 수식을 복사한다.

**함수 설명**

=REPT("■",SUM(IF(($E$4:$E$26>J17)*($E$4:$E$26<=K17),1)))

① ($E$4:$E$26>J17) : [E4:E26] 영역의 값이 [J17] 셀보다 큰 경우 TRUE

② ($E$4:$E$26<=K17) : [E4:E26] 영역의 값이 [K17] 셀보다 작거나 같은 경우 TRUE

③ IF(①*②,1) : ①과 ②의 조건 모두 만족하면 1의 값이 반환

④ SUM(③) : ③의 값의 합계를 구함

=REPT("■",④) : '■'을 ④ 개수만큼 반복하여 표시

### 04 비율[M17:M21]

[M17:M21] 영역을 범위 지정한 후 =FREQUENCY(E4:E26,K17:K21)/COUNTA(E4:E26)를 입력하고 Ctrl+Shift+Enter를 누른다.

**함수 설명**

=FREQUENCY(E4:E26,K17:K21)/COUNTA(E4:E26)

① FREQUENCY(E4:E26,K17:K21) : [E4:E26] 영역의 값이 [K17:K21] 영역의 빈도수를 구함

② COUNTA(E4:E26) : [E4:E26] 영역에 비어 있지 않은 셀의 개수를 구함

=①/② : ①의 값을 ②로 나눈 몫을 구함

### 05 fn총점[H4:H26]

① [개발 도구]-[코드] 그룹의 [Visual Basic]()을 클릭한다.

② [삽입]-[모듈]을 클릭한다.

③ Module 창에 다음과 같이 입력한다.

```
Public Function fn총점(직무수행, 이해판단, 성실책임, 절충협조)
    If 직무수행 < 60 Or 이해판단 < 60 Or 성실책임 < 60 Or 절충협조 < 60 Then
        fn총점 = 0
    Else
        fn총점 = 직무수행 * 0.2 + 이해판단 * 0.3 + 성실책임 * 0.2 + 절충협조 * 0.3
    End If
End Function
```

④ [파일]-[닫고 Microsoft Excel(으)로 돌아가기]를 클릭하여 [Visual Basic Editor]를 닫는다.

⑤ '계산작업' 시트의 [H4] 셀을 클릭한 후 [함수 삽입](fx)을 클릭한다.

⑥ [함수 마법사]에서 범주 선택은 '사용자 정의', 함수 선택은 'fn총점'을 선택한 후 [확인]을 클릭한다.

⑦ [함수 인수]에서 직무수행은 [D4], 이해판단은 [E4], 성실책임은 [F4], 절충협조는 [G4] 셀을 각각 선택한 후 [확인] 을 클릭한다

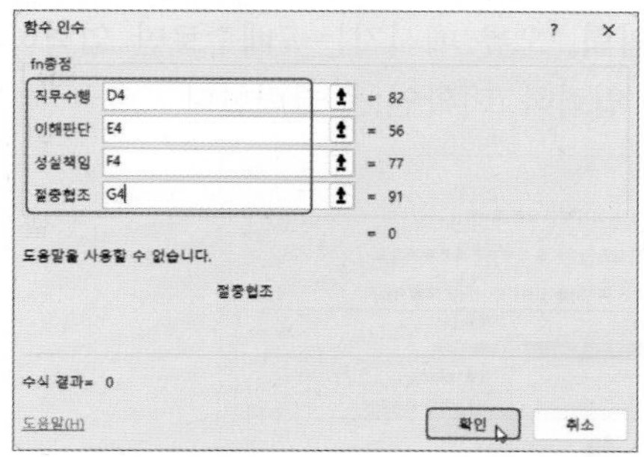


⑧ [H4] 셀을 선택한 후 [H26] 셀까지 수식을 복사한다.

## 문제 ❸ 분석작업

### 01 피벗 테이블('분석작업-1' 시트)

① [B5] 셀을 클릭한 후 [삽입]-[표] 그룹에서 [피벗 테이블]을 클릭한다.

> **버전 TIP**
>
> [삽입]-[표] 그룹에서 [피벗 테이블]-[외부 데이터 원본에서]를 클릭한다.

② [연결 선택]을 클릭하여 [기존 연결]에서 [더 찾아보기]를 클릭하여 '인사현황.accdb' 파일을 선택하고 [열기] 버튼을 클릭한 후 [확인] 버튼을 클릭한다.

③ [피벗 테이블 필드]에서 다음과 같이 드래그한다.

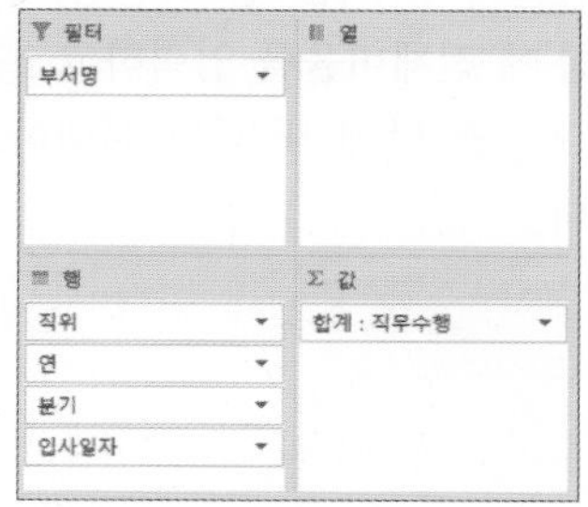


> **버전 TIP**

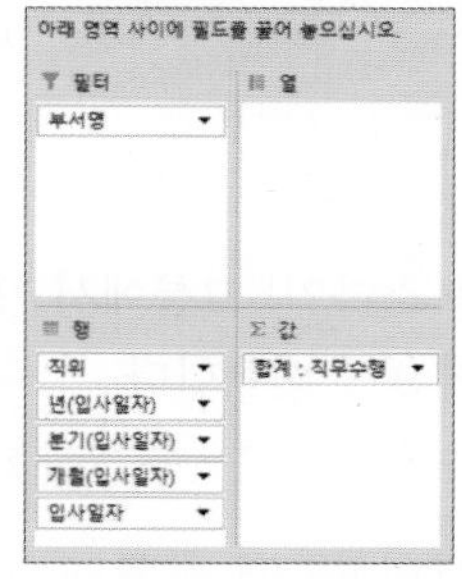


④ [디자인]-[레이아웃] 그룹의 [보고서 레이아웃]-[개요 형식으로 표시]를 클릭한다.

⑤ [C5] 셀에서 마우스 오른쪽 버튼을 눌러 [그룹] 메뉴를 클릭한다.

⑥ [그룹화]에서 '월'과 '분기'를 다시 클릭하여 해제한 후 '연'만 선택된 상태에서 [확인]을 클릭한다.

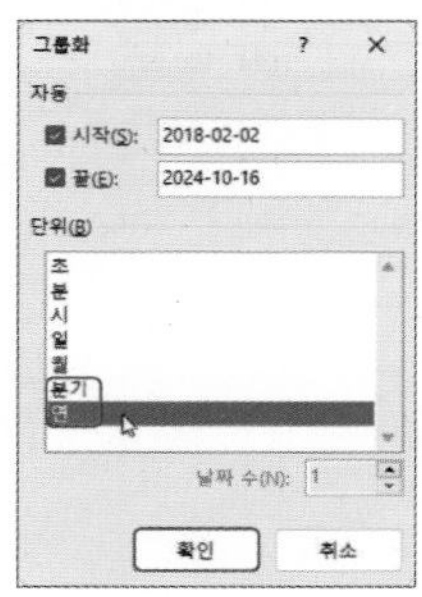

⑦ [피벗 테이블 필드]에서 '직무수행' 필드를 Σ값에 한 번 더 추가한다.

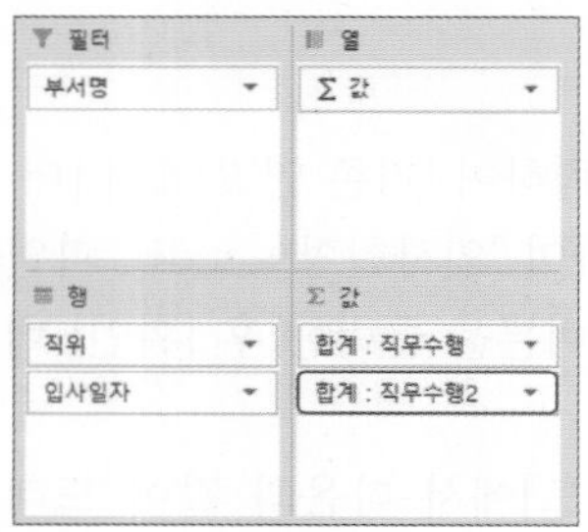


⑧ [E5] 셀에서 더블클릭하여 [값 필드 설정]에서 '사용자 지정 이름'에 **전체비율**을 입력하고, [값 표시 형식] 탭에서 '열 합계 비율'을 선택하고 [확인]을 클릭한다.

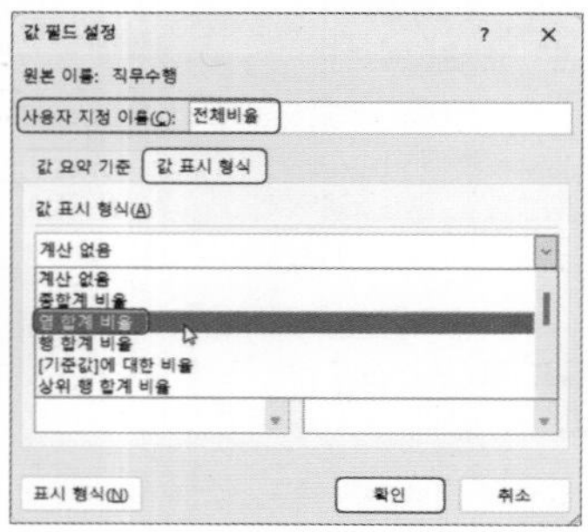


⑨ [디자인]–[피벗 테이블 스타일] 그룹에서 '연한 파랑, 피벗 스타일 밝게 9'를 선택한다.

**버전 TIP**

[피벗 테이블 작성 시 날짜 데이터가 있을 경우 레이블 이름이 다르게 표시됩니다.

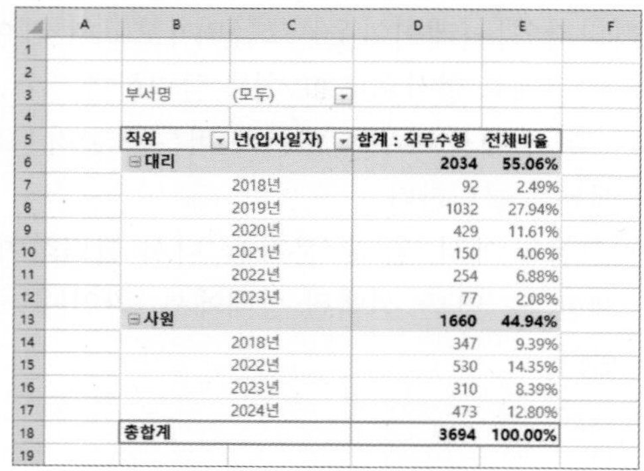

| | A | B | C | D | E | F |
|---|---|---|---|---|---|---|
| 1 | | | | | | |
| 2 | | | | | | |
| 3 | | 부서명 | (모두) | | | |
| 4 | | | | | | |
| 5 | | 직위 | 년(입사일자) | 합계 : 직무수행 | 전체비율 | |
| 6 | | ⊟대리 | | 2034 | 55.06% | |
| 7 | | | 2018년 | 92 | 2.49% | |
| 8 | | | 2019년 | 1032 | 27.94% | |
| 9 | | | 2020년 | 429 | 11.61% | |
| 10 | | | 2021년 | 150 | 4.06% | |
| 11 | | | 2022년 | 254 | 6.88% | |
| 12 | | | 2023년 | 77 | 2.08% | |
| 13 | | ⊟사원 | | 1660 | 44.94% | |
| 14 | | | 2018년 | 347 | 9.39% | |
| 15 | | | 2022년 | 530 | 14.35% | |
| 16 | | | 2023년 | 310 | 8.39% | |
| 17 | | | 2024년 | 473 | 12.80% | |
| 18 | | 총합계 | | 3694 | 100.00% | |
| 19 | | | | | | |

### 02 데이터 도구('분석작업–2' 시트)

① [I3:I11] 영역을 범위 지정한 후 [데이터]–[데이터 도구] 그룹의 [데이터 유효성 검사]( )를 클릭한다.

② [데이터 유효성]의 [설정] 탭에서 제한 대상은 '사용자 지정', 수식은 =MOD(I3,7)=0을 작성한다.

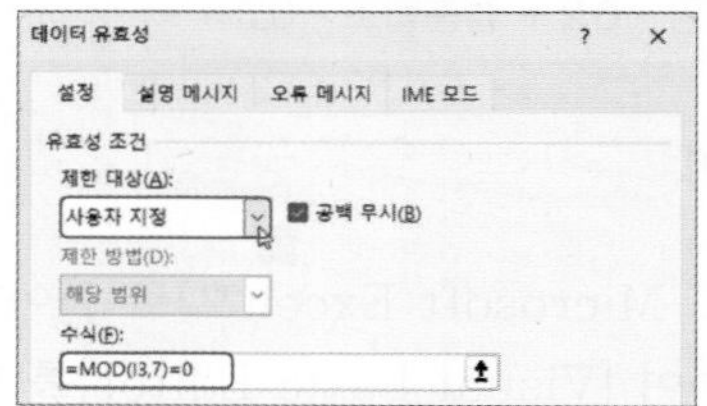


③ [설명 메시지] 탭에서 제목은 **7배수 입력**, 설명 메시지는 **7배수로 입력하시오.**를 입력한다.

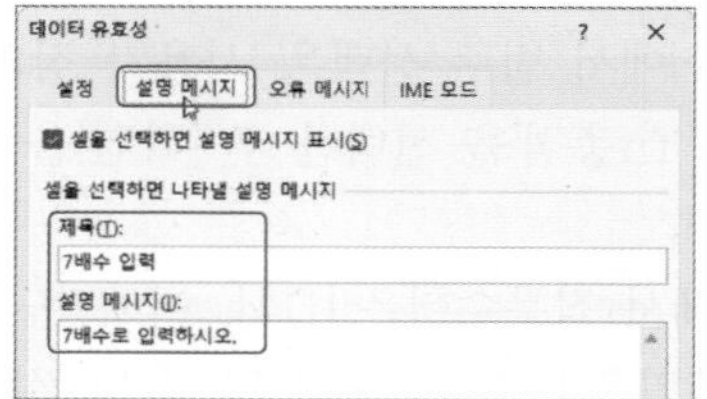


④ [오류 메시지] 탭에서 스타일은 '정보', 제목은 **배수입력**, 오류 메시지는 **7배수로만 입력하세요.**를 입력하고 [확인]을 클릭한다.

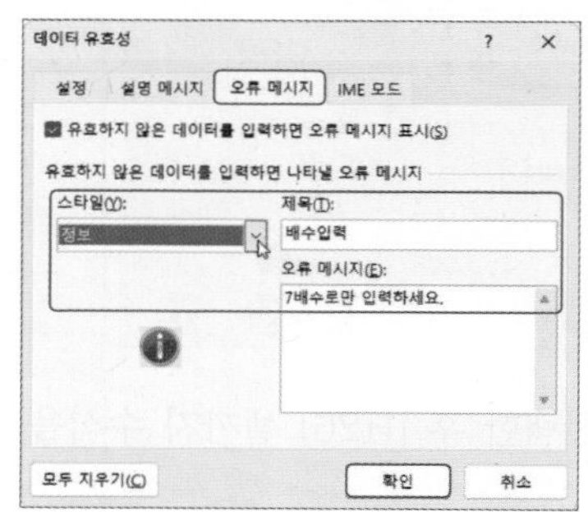


⑤ [데이터]–[정렬 및 필터] 그룹에서 [필터]( )를 클릭한다.

⑥ '운영시작시각[C2]'의 목록 단추( )를 클릭하여 [숫자 필터]–[크거나 같음]을 클릭한다.

⑦ 10:00을 입력하고 [확인]을 클릭한다.

## 문제 ❹ 기타작업

### 01 차트('기타작업-1' 시트)

① '판매량' 계열을 선택하고 마우스 오른쪽 버튼을 눌러 [계열 차트 종류 변경]을 클릭한다.

② [차트 종류 변경]에서 '판매량'을 선택한 후 '꺾은선형'의 '표식이 있는 꺾은선형'을 선택하고 [확인]을 클릭한다.

③ [차트 요소](⊞)−[축 제목]−[기본 가로, 기본 세로]를 각각 클릭하여 추가한 후 기본 가로 축 제목을 선택한 후 '수식 입력줄'에 =를 입력하고 [B2] 셀을 클릭하고, 기본 세로 축에는 [E2] 셀을 클릭하여 연동시킨다.

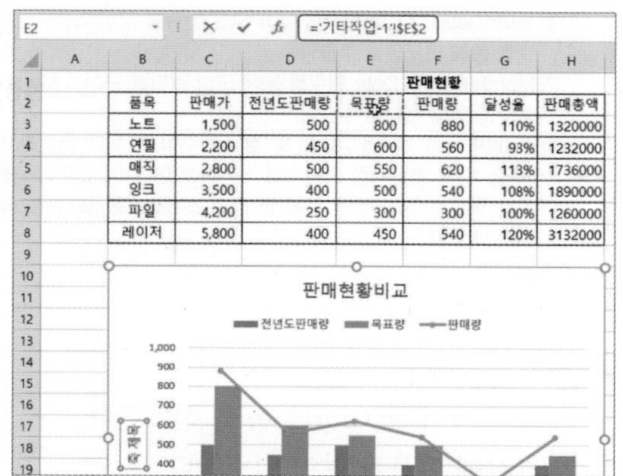


| | 판매현황 | | | | | |
|---|---|---|---|---|---|---|
| 품목 | 판매가 | 전년도판매량 | 목표량 | 판매량 | 달성율 | 판매총액 |
| 노트 | 1,500 | 500 | 800 | 880 | 110% | 1320000 |
| 연필 | 2,200 | 450 | 600 | 560 | 93% | 1232000 |
| 매직 | 2,800 | 500 | 550 | 620 | 113% | 1736000 |
| 잉크 | 3,500 | 400 | 500 | 540 | 108% | 1890000 |
| 파일 | 4,200 | 250 | 300 | 300 | 100% | 1260000 |
| 레이저 | 5,800 | 400 | 450 | 540 | 120% | 3132000 |

④ 기본 세로 축 제목을 선택한 후 마우스 오른쪽 버튼을 눌러 [축 제목 서식]을 클릭하여 '텍스트 방향'은 '스택형'을 선택한다.

⑤ '판매량' 계열을 선택한 후 마우스 오른쪽 버튼을 눌러 [데이터 레이블 추가]를 클릭한다.

⑥ '목표량' 계열을 선택한 후 [데이터 계열 서식]의 계열 옵션에서 '계열 겹치기'는 50%, '간격 너비'는 100%을 입력한다.

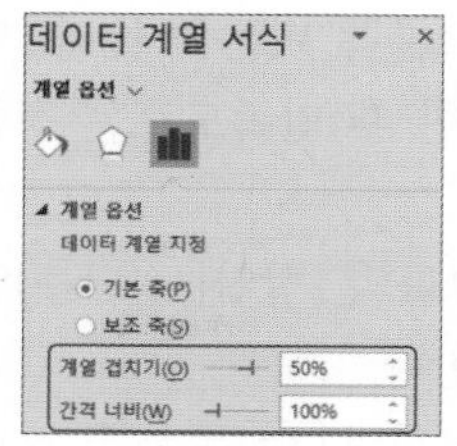


⑦ '세로(값) 축'을 선택한 후 '축 옵션'에서 '최소값'에 200, 단위 '기본'에 200을 입력한다.

⑧ 차트를 선택한 후 [채우기 및 선]의 '테두리'에서 '둥근 모서리'에 체크하고, [효과]의 '그림자'의 '미리 설정'을 클릭하고 '바깥쪽'에서 '오프셋: 오른쪽 아래'를 선택한 후 [닫기]를 클릭한다.

### 02 매크로('기타작업-2' 시트)

① [개발 도구]−[컨트롤] 그룹의 [삽입]−[(단추)양식 컨트롤)](▭)를 클릭한다.

② 마우스 포인트가 '+'로 바뀌면 Alt를 누른 상태에서 [F2:G3] 영역에 드래그한 후 **만족도**를 입력하고 [기록]을 클릭한다.

③ [매크로 기록]에서 '만족도'가 표시되면 [확인]을 클릭한다.

④ [D3:D21] 영역을 범위 지정한 후 Ctrl+1을 눌러 [표시 형식] 탭의 '사용자 지정'에 **[파랑]**[>=9]"♣"00;[=0]"※";00;**[빨강]**@을 입력하고 [확인]을 클릭한다.

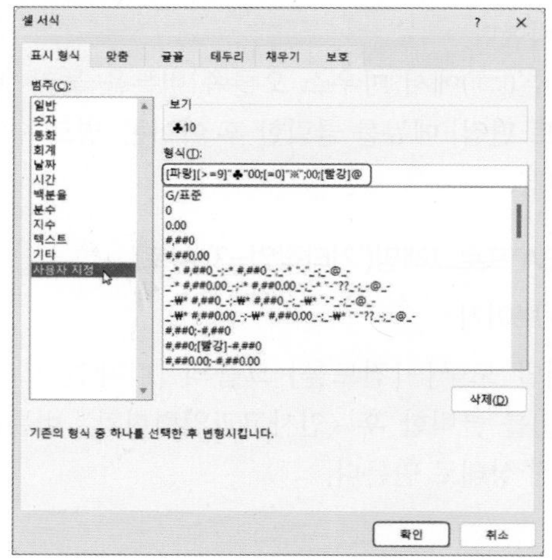


⑤ 임의의 셀을 클릭한 후 [개발 도구]−[코드] 그룹의 [기록 중지](□)를 클릭한다.

⑥ '단추'(▭)에서 마우스 오른쪽 버튼을 눌러 [텍스트 편집] 메뉴를 클릭한 후 **만족도**로 수정한다.

⑦ [개발 도구]–[컨트롤] 그룹의 [삽입]–[(단추)양식 컨트롤)](▭)를 클릭한다.

⑧ 마우스 포인트가 '+'로 바뀌면 Alt를 누른 상태에서 [F5:G6] 영역에 드래그한 후 **아이콘_별**을 입력하고 [기록]을 클릭한다.

⑨ [매크로 기록]에 '아이콘_별'이 표시되면 [확인]을 클릭한다.

⑩ [B3:B21] 영역을 범위 지정한 후 [홈]–[스타일] 그룹에서 [조건부 서식]–[새 규칙]을 클릭하여 다음과 같이 지정하고 [확인]을 클릭한다.

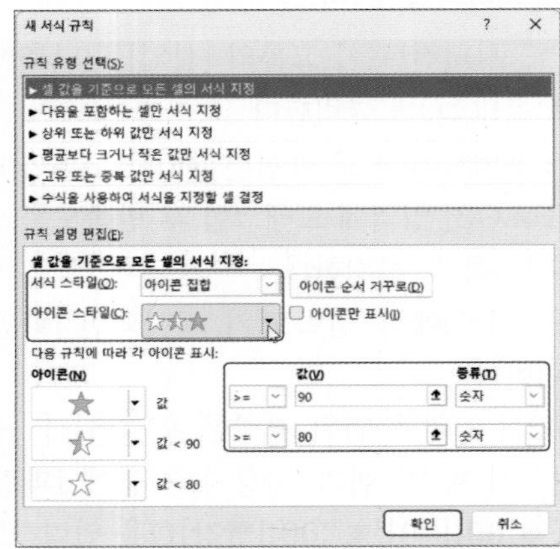


⑪ [개발 도구]–[코드] 그룹의 [기록 중지](□)를 클릭한다.

⑫ '단추'(▭)에서 마우스 오른쪽 버튼을 눌러 [텍스트 편집] 메뉴를 클릭한 후 **아이콘_별**로 수정한다.

## 03 VBA 프로그래밍('기타작업–3' 시트)

### ① 폼 보이기

① [개발 도구]–[컨트롤] 그룹의 [디자인 모드](📐)를 클릭한 후 〈인사고과입력현황〉 버튼을 편집 상태로 만든다.

② 〈인사고과입력현황〉 버튼을 더블클릭한 후 다음과 같이 입력한다.

```
Private Sub 인사고과입력현황_Click()
    인사고과입력.Show
End Sub
```

### ② 폼 초기화

① [프로젝트–VBAProject] 탐색기에서 '폼'을 더블클릭하고 〈인사고과입력〉을 선택한다.

② [프로젝트–VBAProject] 탐색기의 [코드 보기](▤)를 클릭한다.

③ '개체 목록'은 'UserForm', '프로시저 목록'은 'Initialize'를 선택한다.

④ 코드 창에 다음과 같이 입력한다.

```
Private Sub UserForm_Initialize()
    cmb부서.RowSource = "G5:G9"
Txt날짜 = Year(Date) & "년 " & Month(Date) & "월"
End Sub
```

**코드 설명**

① Year(Date) : Date 함수를 통해 오늘 날짜를 구하고 Year 함수를 통해 년도만을 추출함
② Month(Date) : Date 함수를 통해 오늘 날짜를 구하고 Month 함수를 통해 월만을 추출함
③ Txt날짜 = ① & "년 " & ② & "월" : 함수식 ① 뒤에 연결하고자 할 때 & 연산자를 이용하며 '년' 뒤에 한 칸의 스페이스를 주는 이유는 결과에 년 뒤에 한 칸의 스페이스를 표시하도록 했기 때문임

### ③ 등록 프로시저

① '개체 목록'에서 'Cmd등록'을 선택한다.

② 코드 창에 다음과 같이 입력한다.

```
Private Sub Cmd등록_Click()
    i = Range("A4").CurrentRegion.Rows.Count + 4
    Cells(i, 1) = cmb부서
    Cells(i, 2) = Txt성명
    Cells(i, 3) = Txt직무점수.Value
    Cells(i, 4) = Txt이해점수.Value
    Cells(i, 5) = (Cells(i, 3) + Cells(i, 4)) / 2
End Sub
```

# 기출 유형 문제 03회

| 시험 시간 | 풀이 시간 | 합격 점수 | 내 점수 |
|---|---|---|---|
| 45분 | 분 | 70점 | 점 |

합격 강의

작업파일 [2025컴활1급₩1권_스프레드시트₩기출유형문제] 폴더의 '기출유형문제3회' 파일을 열어서 작업하시오.

## 문제 ❶ 기본작업 | 주어진 시트에서 다음 과정을 수행하고 저장하시오. 15점

**01 '기본작업-1' 시트에서 다음과 같이 고급 필터를 수행하시오. (5점)**

- ▶ [B2:I36] 영역에서 상품명이 '향수'이고 주문수량이 짝수인 행 중에서 주문번호, 상품명, 판매가격, 주문수량, 주문지역, 주문일자 열만 순서대로 표시하시오.
- ▶ 조건은 [B38:B39] 영역 내에 알맞게 입력하시오. (AND, ISEVEN 함수 사용)
- ▶ 결과는 [B43] 셀부터 표시하시오.

**02 '기본작업-1' 시트의 [B3:I36]에 대해 다음과 같이 조건부 서식을 설정하시오. (5점)**

- ▶ 주문지역이 '서울'이면서 요일이 화요일 또는 목요일인 행 전체에 대해서 글꼴 스타일은 '굵게', 글꼴 색은 '표준 색 – 파랑'으로 적용하는 조건부 서식을 작성하시오.
- ▶ 단, 규칙 유형은 '수식을 사용하여 서식을 지정할 셀 결정'을 이용하시오. (AND, OR, WEEKDAY 함수 사용)

**03 '기본작업-2' 시트에서 다음과 같이 페이지 레이아웃을 설정하시오. (5점)**

- ▶ [B2:I36] 영역을 인쇄 영역으로 설정하고, 한 페이지에 모든 열이 인쇄될 수 있도록 용지 너비를 조절하시오.
- ▶ 인쇄될 내용이 페이지의 정 가운데에 인쇄되도록 페이지 가운데 맞춤을 설정하시오.
- ▶ 매 페이지 하단의 가운데 구역에는 출력 날짜가 [표시 예]와 같이 표시되도록 바닥글을 설정하시오. [표시 예 : 현재 날짜가 2025-01-01이면 → 출력 날짜 : 2025-01-01]

## 문제 ❷ 계산작업 | 주어진 시트에서 다음 과정을 수행하고 저장하시오. 30점

**01 [표1]의 기준일[I2]과 제조일을 이용하여 기준일에서 제조일까지의 기간을 [표시 예]와 같이 보존기간 [H4:H33] 영역에 표시하시오. (6점)**

- ▶ 1년은 365일, 1개월 30일로 계산
- ▶ [표시 예 : 1년11개월]
- ▶ QUOTIENT, MOD 함수와 & 연산자 사용

**02** **[표1]의 지점과 분류를 이용하여 지점별 분류별 판매건수를 [표2]의 [L5:N7] 영역에 계산하여 표시하시오. (6점)**

▶ 지점과 분류를 찾을 때, 오류가 발생하면 공백으로 나타내시오.

▶ [표시 예 : 2 → 2건]

▶ COUNT, IFERROR, FIND 함수와 & 연산자를 사용한 배열 수식

**03** **[표1]의 주문코드의 왼쪽에서 두 번째 문자를 이용하여 [표3]의 코드별 상반기, 하반기 판매건수가 70 이상인 개수를 [표3]의 [L11:M13] 영역에 계산하여 표시하시오. (6점)**

▶ COUNTIFS 함수와 와일드 문자(?, *), & 연산자 사용

**04** **[표1]의 제조일과 분류, 상반기를 이용하여 [표4]의 제조년도별 분류별 상반기의 평균을 [L17:N19] 영역에 계산하여 표시하시오. (6점)**

▶ [표4]의 [L16:N16] 영역은 분류의 앞뒤 공백을 제거한 후 참조

▶ AVERAGE, IF, YEAR, LEFT, TRIM 함수를 사용한 배열 수식

**05** **사용자 정의 함수 'fn비고'를 작성하여 계산하시오. (6점)**

▶ 'fn비고'는 상반기, 하반기를 인수로 받아 비고를 계산하는 함수임

▶ 비고= 상반기+하반기의 값이 150 이상이면 우수업체 아니면 공백으로 하시오.

▶ 'fn비고' 함수를 이용하여 비고[I4:I33] 영역에 비고를 표시하시오.

```
Public Function fn비고(상반기, 하반기)
End Function
```

## 문제 3 **분석작업** | 주어진 시트에서 다음 작업을 수행하고 저장하시오. **20점**

**01** **'분석작업-1' 시트에서 다음 그림과 같이 피벗 테이블을 작성하시오. (10점)**

▶ 외부 데이터 가져오기 기능을 사용하여 〈화장품.accdb〉의 〈판매내역〉에서 '물품명', '거래구분', '금액', '포인트' 필드만을 이용하시오.

▶ 피벗 테이블 보고서의 레이아웃과 위치는 〈그림〉을 참조하여 설정하고, 보고서 레이아웃을 테이블 형식으로 표시하시오.

▶ '금액'의 열 합계 비율을 표시하는 '열 합계 비율' 계산 필드를 추가하고 '금액비율'로 이름을 변경하시오.

▶ '금액' 필드는 필드 표시 형식의 셀 서식에서 '숫자' 범주를 이용하여 〈그림〉과 같이 지정하시오.

▶ 피벗 테이블 스타일은 '연한 주황, 피벗 스타일 밝게 17'로 설정하시오.

| | A | B | C | D | E | F | G |
|---|---|---|---|---|---|---|---|
| 1 | | | | | | | |
| 2 | | | | | | | |
| 3 | | 물품명 | 거래구분 | 합계 : 금액 | 합계 : 포인트 | 금액비율 | |
| 4 | | ⊟로션 | 카드 | 58,500 | 135 | 21.68% | |
| 5 | | | 현금 | 11,000 | 110 | 4.08% | |
| 6 | | 로션 요약 | | 69,500 | 245 | 25.75% | |
| 7 | | ⊟향수 | 카드 | 24,680 | 74 | 9.14% | |
| 8 | | | 쿠폰 | 10,000 | 0 | 3.71% | |
| 9 | | | 포인트 | 0 | -200 | 0.00% | |
| 10 | | | 현금 | 165,700 | 217 | 61.40% | |
| 11 | | 향수 요약 | | 200,380 | 91 | 74.25% | |
| 12 | | 총합계 | | 269,880 | 336 | 100.00% | |
| 13 | | | | | | | |

※ 작업 완성된 그림이며 부분 점수 없음

**02 '분석작업-2' 시트에 대하여 다음의 지시사항을 처리하시오. (10점)**

▶ 데이터 도구를 이용하여 '거래구분', '물품명', '주문수량', '판매수량' 열을 기준으로 중복된 값이 입력된 셀을 포함하는 행을 삭제하시오.

▶ [부분합] 기능을 이용하여 '물품명'별 '금액'의 평균을 계산한 후 '거래구분'별 '주문수량'의 개수를 계산하시오.

- 물품명을 기준으로 〈로션-향수-마스크팩〉 순으로 정렬하고, 물품명이 동일한 경우 거래구분을 기준으로 오름차순 정렬하고, 물품명 글꼴색 RGB(255,0,0)를 위에 표시하고, 글꼴색 RGB(0,112,192)를 아래쪽에 표시되도록 정렬하시오.
- 평균과 개수는 위에 명시된 순서대로 처리하시오.

## 문제 ❹ 기타작업 | 주어진 시트에서 다음 작업을 수행하고 저장하시오. 35점

**01 '차트작업' 시트에서 다음의 지시사항에 따라 차트를 수정하시오. (각 2점)**

※ 차트는 반드시 문제에서 제공한 차트를 사용하여야 하며, 신규로 차트 작성 시 0점 처리됨

① 지점의 순서를 '속초-철원-대관령-춘천-강릉'에서 '철원-대관령-춘천-강릉-속초' 순으로 변경하시오.

② 차트의 제목은 [B2] 셀과 연동하고, 세로(값) 축에 주 눈금을 '교차'로 설정하시오.

③ 차트의 축 옵션에서 단위는 〈그림〉을 참조하여 설정하고, 축의 가로 축 교차를 〈그림〉과 같이 설정하시오.

④ 데이터 테이블을 범례와 함께 추가하고, 2월 강릉의 요소에 대해서 레이블을 가운데에 추가하고, 계열 이름과 값이 표시될 수 있도록 설정하시오.

⑤ 계열 겹치기 0으로 설정하고, 차트 영역의 테두리를 검정색, 실선으로 설정하시오.

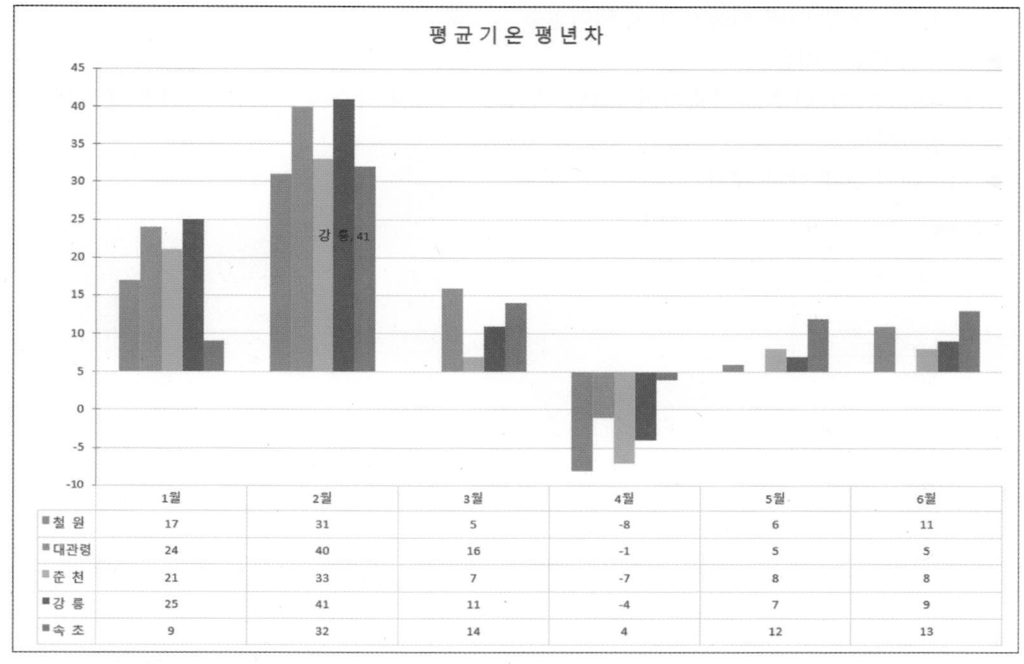

**02 '매크로' 시트에서 다음과 같은 기능을 수행하는 매크로를 현재 통합문서에 작성하시오. (각 5점)**

① [D4:D16] 영역에 대하여 사용자 지정 표시 형식을 설정하는 '서식적용' 매크로를 생성하시오.

▶ 셀 값이 10 이상인 경우 파란색으로 ★과 함께 소수점 한자리까지 나타내고, ★과 값 사이에는 셀의 너비만큼 공백을 표시하고, 그 이외에는 셀 값을 소수 한자리 까지만 나타내도록 표시하시오.
[표시 예 : 11 → ★ 11.0 9 → 9.0]

▶ [개발 도구]−[삽입]−[양식 컨트롤]의 '단추(▭)'를 동일 시트의 [I3:J4] 영역에 생성한 후 텍스트를 '서식적용'으로 입력하고, 단추를 클릭하면 '서식적용' 매크로가 실행되도록 설정하시오.

② [G4:G16] 영역에 대하여 조건부 서식을 적용하는 '아이콘보기' 매크로를 생성하시오.

▶ 규칙 유형은 '셀 값을 기준으로 모든 셀의 서식 지정' 선택하고, 서식 스타일 '아이콘 집합', 아이콘 스타일은 '5가지 원(흑백)', '검정색 원'은 90 이상 백분율, '원(1/4흰색)'은 90 미만 70 이상 백분율, 나머지는 그대로 설정하시오.

▶ [삽입]−[도형]의 '별 및 현수막'에서 '리본: 위로 기울어짐(▭)'을 동일 시트의 [I6:K7] 영역에 생성한 후 텍스트를 '아이콘보기'로 입력하고, 도형을 클릭하면 '아이콘보기' 매크로가 실행되도록 설정하시오.

※ 셀 포인터의 위치에 관계없이 매크로가 실행되어야 정답으로 인정됨

**03 '렌트입력' 시트에서 아래 그림을 참조하여 다음과 같은 작업을 수행하고 저장하시오. (각 5점)**

① '렌트입력' 버튼을 클릭하면 〈렌트입력화면〉 폼이 나타나도록 설정하고, 폼이 초기화되면(Initialize) 제품명(Cmb제품명) 목록에 [K4:L8] 영역, 고객등급(Cmb등급)에는 'VIP', '우수', '일반'이 표시되도록 프로시저를 작성하시오.

② 〈렌트입력화면〉 폼의 입력(Cmd입력) 버튼을 클릭하면 폼에 입력된 데이터가 [표1]에 입력되어 있는 마지막 행 다음에 연속하여 추가되도록 프로시저를 작성하시오.

▶ 제품명과 제품가격은 Cmb제품명에서 선택한 값으로 표시

▶ 대여금액은 고객등급이 'VIP'이면 제품가격 × 대여일수 × 1%, '우수'이면 제품가격 × 대여일수 × 1.5%, '일반'이면 제품가격 × 대여일수 × 2%

▶ Select Case 이용

③ '종료(Cmd종료)' 단추를 클릭하면 〈그림〉과 같은 메시지 박스를 표시한 후 폼을 종료하는 프로시저를 작성하시오.

▶ 시스템의 현재 날짜 표시

# 기출 유형 문제 03회 정답

## 문제 ❶ 기본작업

### 01 고급 필터

B39 =AND(D3="향수",ISEVEN(F3))

| | A | B | C | D | E | F | G | H |
|---|---|---|---|---|---|---|---|---|
| 37 | | | | | | | | |
| 38 | | 조건 | | | | | | |
| 39 | | FALSE | | | | | | |
| 40 | | | | | | | | |
| 41 | | | | | | | | |
| 42 | | | | | | | | |
| 43 | | 주문번호 | 상품명 | 판매가격 | 주문수량 | 주문지역 | 주문일자 | |
| 44 | | 4 | 향수 | 110,000 | 460 | 경기 | 2025-01-21 | |
| 45 | | 6 | 향수 | 120,700 | 480 | 서울 | 2025-01-23 | |
| 46 | | 13 | 향수 | 51,000 | 500 | 경기 | 2025-01-30 | |
| 47 | | 10 | 향수 | 20,000 | 650 | 경기 | 2025-01-27 | |
| 48 | | 19 | 향수 | 15,000 | 898 | 대전 | 2025-02-05 | |
| 49 | | | | | | | | |

### 02 조건부 서식

| | A | B | C | D | E | F | G | H | I | J |
|---|---|---|---|---|---|---|---|---|---|---|
| 1 | | | | | | | | | | |
| 2 | | 주문번호 | 구분 | 상품명 | 판매가격 | 주문수량 | 주문지역 | 업체 | 주문일자 | |
| 3 | | 7 | 남성용 | 로션 | 98,000 | 381 | 충북 | HOMME | 2025-01-24 | |
| 4 | | 5 | 남성용 | 향수 | 80,000 | 381 | 서울 | HOMME | 2025-01-22 | |
| 5 | | 8 | 남성용 | 향수 | 74,000 | 407 | 인천 | HOMME | 2025-01-25 | |
| 6 | | 3 | 남성용 | 로션 | 130,000 | 413 | 경기 | HOMME | 2025-01-20 | |
| 7 | | 9 | 남성용 | 로션 | 100,000 | 443 | 대구 | HOMME | 2025-01-26 | |
| 8 | | 1 | 남성용 | 향수 | 122,380 | 453 | 경기 | HOMME | 2025-01-18 | |
| 9 | | 4 | 남성용 | 향수 | 110,000 | 460 | 경기 | HOMME | 2025-01-21 | |
| 10 | | 6 | 남성용 | 향수 | **120,700** | **480** | 서울 | **HOMME** | **2025-01-23** | |
| 11 | | 12 | 남성용 | 향수 | 90,000 | 501 | 경기 | HOMME | 2025-01-29 | |
| 12 | | 13 | 남성용 | 향수 | 51,000 | 500 | 경기 | HOMME | 2025-01-30 | |
| 13 | | 14 | 남성용 | 향수 | 65,000 | 533 | 경기 | HOMME | 2025-01-31 | |
| 14 | | 11 | 남성용 | 향수 | 45,000 | 541 | 경기 | HOMME | 2025-01-28 | |
| 15 | | 2 | 남성용 | 향수 | 130,000 | 553 | 대전 | HOMME | 2025-01-19 | |
| 16 | | 17 | 남성용 | 향수 | 29,300 | 555 | 서울 | HOMME | 2025-02-03 | |
| 17 | | 15 | 남성용 | 향수 | 35,000 | 617 | 대전 | HOMME | 2025-02-01 | |
| 18 | | 16 | 남성용 | 향수 | 30,000 | 623 | 서울 | HOMME | 2025-02-02 | |
| 19 | | 10 | 남성용 | 향수 | 20,000 | 650 | 경기 | HOMME | 2025-01-27 | |
| 20 | | 20 | 여성용 | 향수 | 20,000 | 671 | 충남 | HOMME | 2025-02-06 | |
| 21 | | 18 | 여성용 | 향수 | 39,000 | 799 | 대구 | HOMME | 2025-02-04 | |
| 22 | | 29 | 여성용 | 로션 | 20,000 | 800 | 인천 | HOMME | 2025-02-15 | |
| 23 | | 31 | 여성용 | 향수 | 30,000 | 851 | 경기 | HOMME | 2025-02-17 | |
| 24 | | 24 | 여성용 | 로션 | 30,000 | 893 | 경기 | HOMME | 2025-02-10 | |
| 25 | | 19 | 여성용 | 향수 | 15,000 | 898 | 대전 | HOMME | 2025-02-05 | |
| 26 | | 25 | 여성용 | 향수 | 36,000 | 913 | 경기 | HOMME | 2025-02-11 | |
| 27 | | 30 | 여성용 | 향수 | 30,000 | 957 | 경기 | HOMME | 2025-02-16 | |
| 28 | | 32 | 여성용 | 향수 | **8,000** | **991** | 서울 | **HOMME** | **2025-02-18** | |
| 29 | | 28 | 여성용 | 향수 | 16,000 | 1,003 | 경기 | HOMME | 2025-02-14 | |
| 30 | | 34 | 여성용 | 향수 | **3,000** | **1,011** | 서울 | **HOMME** | **2025-02-20** | |
| 31 | | 21 | 여성용 | 로션 | 18,000 | 1,033 | 경기 | HOMME | 2025-02-07 | |
| 32 | | 26 | 여성용 | 향수 | 18,000 | 1,037 | 경기 | HOMME | 2025-02-12 | |
| 33 | | 27 | 여성용 | 향수 | 10,000 | 1,091 | 경기 | HOMME | 2025-02-13 | |
| 34 | | 22 | 여성용 | 향수 | 34,000 | 1,103 | 서울 | HOMME | 2025-02-08 | |
| 35 | | 33 | 여성용 | 향수 | 1,200 | 1,131 | 서울 | HOMME | 2025-02-19 | |
| 36 | | 23 | 여성용 | 향수 | 10,000 | 1,209 | 서울 | HOMME | 2025-02-09 | |
| 37 | | | | | | | | | | |

## 03 페이지 레이아웃

| 주문번호 | 구분 | 상품명 | 판매가격 | 주문수량 | 주문지역 | 업체 | 주문일자 |
|---|---|---|---|---|---|---|---|
| 7 | 남성용 | 로션 | 98,000 | 381 | 충북 | HOMME | 2025-01-24 |
| 5 | 남성용 | 향수 | 80,000 | 381 | 서울 | HOMME | 2025-01-22 |
| 8 | 남성용 | 향수 | 74,000 | 407 | 인천 | HOMME | 2025-01-25 |
| 3 | 남성용 | 로션 | 130,000 | 413 | 경기 | HOMME | 2025-01-20 |
| 9 | 남성용 | 로션 | 100,000 | 443 | 대구 | HOMME | 2025-01-26 |
| 1 | 남성용 | 향수 | 122,380 | 453 | 경기 | HOMME | 2025-01-18 |
| 4 | 남성용 | 향수 | 110,000 | 460 | 경기 | HOMME | 2025-01-21 |
| 6 | 남성용 | 향수 | 120,700 | 480 | 서울 | HOMME | 2025-01-23 |
| 12 | 남성용 | 향수 | 90,000 | 501 | 경기 | HOMME | 2025-01-29 |
| 13 | 남성용 | 향수 | 51,000 | 500 | 경기 | HOMME | 2025-01-30 |
| 14 | 남성용 | 향수 | 65,000 | 533 | 경기 | HOMME | 2025-01-31 |
| 11 | 남성용 | 향수 | 45,000 | 541 | 경기 | HOMME | 2025-01-28 |
| 2 | 남성용 | 향수 | 130,000 | 553 | 대전 | HOMME | 2025-01-19 |
| 17 | 남성용 | 향수 | 29,300 | 555 | 서울 | HOMME | 2025-02-03 |
| 15 | 남성용 | 향수 | 35,000 | 617 | 대전 | HOMME | 2025-02-01 |
| 16 | 남성용 | 향수 | 30,000 | 623 | 서울 | HOMME | 2025-02-02 |
| 10 | 남성용 | 향수 | 20,000 | 650 | 경기 | HOMME | 2025-01-27 |
| 20 | 여성용 | 향수 | 20,000 | 671 | 충남 | HOMME | 2025-02-06 |
| 18 | 여성용 | 향수 | 39,000 | 799 | 대구 | HOMME | 2025-02-04 |
| 29 | 여성용 | 로션 | 20,000 | 800 | 인천 | HOMME | 2025-02-15 |
| 31 | 여성용 | 향수 | 30,000 | 851 | 경기 | HOMME | 2025-02-17 |
| 24 | 여성용 | 로션 | 30,000 | 893 | 경기 | HOMME | 2025-02-10 |
| 19 | 여성용 | 향수 | 15,000 | 898 | 대전 | HOMME | 2025-02-05 |
| 25 | 여성용 | 향수 | 36,000 | 913 | 경기 | HOMME | 2025-02-11 |
| 30 | 여성용 | 향수 | 30,000 | 957 | 경기 | HOMME | 2025-02-16 |
| 32 | 여성용 | 향수 | 8,000 | 991 | 서울 | HOMME | 2025-02-18 |
| 28 | 여성용 | 향수 | 16,000 | 1,003 | 경기 | HOMME | 2025-02-14 |
| 34 | 여성용 | 향수 | 3,000 | 1,011 | 서울 | HOMME | 2025-02-20 |
| 21 | 여성용 | 로션 | 18,000 | 1,033 | 경기 | HOMME | 2025-02-07 |
| 26 | 여성용 | 향수 | 18,000 | 1,037 | 경기 | HOMME | 2025-02-12 |
| 27 | 여성용 | 향수 | 10,000 | 1,091 | 경기 | HOMME | 2025-02-13 |
| 22 | 여성용 | 향수 | 34,000 | 1,103 | 서울 | HOMME | 2025-02-08 |
| 33 | 여성용 | 향수 | 1,200 | 1,131 | 서울 | HOMME | 2025-02-19 |
| 23 | 여성용 | 향수 | 10,000 | 1,209 | 서울 | HOMME | 2025-02-09 |

출력 날짜 : 2024-05-28

## 문제 ② 계산작업

### 01 보존기간, 분류, 코드, 년도, 비고

[표1]

기준일 2025-12-31

| 주문코드 | 지점 | 분류 | 제조일 | 상반기 | 하반기 | 보존기간 | 비고 |
|---|---|---|---|---|---|---|---|
| SA-001 | 서울지점 | 기능성 | 2024-02-04 | 70 | 80 | 1년11개월 | 우수업체 |
| TC-002 | 인천지점 | 베이스메이크업 | 2023-05-01 | 70 | 97 | 2년8개월 | 우수업체 |
| SA-003 | 인천지점 | 색조 | 2024-05-04 | 70 | 98 | 1년8개월 | 우수업체 |
| TC-004 | 서울지점 | 베이스메이크업 | 2025-01-05 | 90 | 100 | 0년12개월 | 우수업체 |
| TC-005 | 대전지점 | 색조 | 2024-09-10 | 69 | 99 | 1년3개월 | 우수업체 |
| SA-006 | 인천지점 | 기능성 | 2023-12-16 | 69 | 55 | 2년0개월 | |
| JB-007 | 경기지점 | 색조 | 2023-11-09 | 69 | 58 | 2년1개월 | |
| SA-008 | 경기지점 | 색조 | 2024-01-10 | 70 | 95 | 1년11개월 | 우수업체 |
| SA-009 | 인천지점 | 베이스메이크업 | 2024-05-06 | 69 | 78 | 1년7개월 | |
| SA-010 | 경기지점 | 색조 | 2023-10-07 | 70 | 74 | 2년2개월 | |
| SA-011 | 경기지점 | 기능성 | 2024-12-09 | 71 | 90 | 1년0개월 | 우수업체 |
| JB-012 | 인천지점 | 베이스메이크업 | 2024-10-14 | 70 | 98 | 1년2개월 | 우수업체 |
| SA-013 | 경기지점 | 기능성 | 2023-12-04 | 35 | 75 | 2년0개월 | |
| SA-014 | 인천지점 | 색조 | 2024-09-17 | 69 | 82 | 1년3개월 | 우수업체 |
| TC-015 | 서울지점 | 기능성 | 2024-08-31 | 90 | 48 | 1년4개월 | |
| SA-016 | 경기지점 | 기능성 | 2023-07-17 | 70 | 65 | 2년5개월 | |
| TC-017 | 대전지점 | 베이스메이크업 | 2025-02-02 | 70 | 66 | 0년11개월 | |
| SA-018 | 대전지점 | 색조 | 2025-03-03 | 40 | 77 | 0년10개월 | |
| JB-019 | 경기지점 | 색조 | 2025-04-04 | 70 | 73 | 0년9개월 | |
| SA-020 | 대전지점 | 베이스메이크업 | 2024-11-11 | 70 | 88 | 1년1개월 | 우수업체 |
| SA-021 | 서울지점 | 베이스메이크업 | 2024-10-10 | 70 | 84 | 1년2개월 | 우수업체 |
| TC-022 | 경기지점 | 색조 | 2023-09-09 | 68 | 55 | 2년3개월 | |
| TC-023 | 경기지점 | 기능성 | 2023-08-08 | 69 | 93 | 2년4개월 | 우수업체 |
| SA-024 | 인천지점 | 색조 | 2024-07-07 | 70 | 41 | 1년5개월 | |
| TC-025 | 인천지점 | 색조 | 2024-06-06 | 90 | 70 | 1년6개월 | 우수업체 |
| SA-026 | 서울지점 | 베이스메이크업 | 2025-05-05 | 69 | 56 | 0년8개월 | |
| SA-027 | 대전지점 | 베이스메이크업 | 2025-04-04 | 70 | 88 | 0년9개월 | 우수업체 |
| JB-028 | 인천지점 | 색조 | 2025-03-31 | 67 | 60 | 0년9개월 | |
| SA-029 | 대전지점 | 기능성 | 2025-02-02 | 35 | 69 | 0년11개월 | |
| TC-030 | 경기지점 | 베이스메이크업 | 2024-01-31 | 69 | 63 | 1년11개월 | |

[표2]

| 분류 | 서울 | 인천 | 경기 |
|---|---|---|---|
| 기능 | 2건 | 1건 | 4건 |
| 색조 | 0건 | 5건 | 5건 |
| 메이크업 | 3건 | 3건 | 1건 |

[표3]

| 코드 | 상반기 | 하반기 |
|---|---|---|
| A | 10 | 12 |
| B | 2 | 2 |
| C | 5 | 5 |

[표4]

| 제조년도 | 기능성 | 베이스 | 색조 |
|---|---|---|---|
| 2023년 | 60.75 | 70 | 69 |
| 2024년 | 77 | 69.6 | 73 |
| 2025년 | 35 | 74.75 | 59 |

1. [H4] 셀에 「=QUOTIENT($I$2–E4,365)&"년""IENT(MOD($I$2–E4,365),30)&"개월"」를 입력하고 [H33] 셀까지 수식 복사
2. [L5] 셀에 「=COUNT((IFERROR(FIND(L$4,$C$4:$C$33),""))*(IFERROR(FIND($K5,$D$4:$D$33),"")))&"건"」를 입력하고 Ctrl+Shift+Enter를 누른 후 [N7] 셀까지 수식 복사
3. [L11] 셀에 「=COUNTIFS(F$4:F$33,">=70",$B$4:$B$33,"?"&$K11&"*")」를 입력하고 [M13] 셀까지 수식 복사
4. [L17] 셀에 「=AVERAGE(IF((YEAR($E$4:$E$33)=$K17)*(LEFT($D$4:$D$33,3)=TRIM(L$16)),$F$4:$F$33))」를 입력하고 Ctrl+Shift+Enter를 누른 후 [N19] 셀까지 수식 복사
5. [I4] 셀에 「=fn비고(F4,G4)」를 입력하고 [I33] 셀까지 수식 복사

```
Public Function fn비고(상반기, 하반기)
    If 상반기 + 하반기 >= 150 Then
        fn비고 = "우수업체"
    Else
        fn비고 = ""
    End If
End Function
```

## 문제 ❸ 분석작업

### 01 피벗 테이블

| | A | B | C | D | E | F | G |
|---|---|---|---|---|---|---|---|
| 1 | | | | | | | |
| 2 | | | | | | | |
| 3 | | 물품명 | 거래구분 | 합계 : 금액 | 합계 : 포인트 | 금액비율 | |
| 4 | | ⊟로션 | 카드 | 58,500 | 135 | 21.68% | |
| 5 | | | 현금 | 11,000 | 110 | 4.08% | |
| 6 | | **로션 요약** | | **69,500** | **245** | **25.75%** | |
| 7 | | ⊟향수 | 카드 | 24,680 | 74 | 9.14% | |
| 8 | | | 쿠폰 | 10,000 | 0 | 3.71% | |
| 9 | | | 포인트 | 0 | -200 | 0.00% | |
| 10 | | | 현금 | 165,700 | 217 | 61.40% | |
| 11 | | **향수 요약** | | **200,380** | **91** | **74.25%** | |
| 12 | | **총합계** | | **269,880** | **336** | **100.00%** | |
| 13 | | | | | | | |

### 02 데이터 도구

| | A | B | C | D | E | F | G |
|---|---|---|---|---|---|---|---|
| 1 | 거래구분 | 물품명 | 주문수량 | 판매수량 | 금액 | 포인트 | |
| 2 | 카드 | 로션 | 40 | 40 | 8000 | 80 | |
| 3 | 카드 | 로션 | 10 | 10 | 500 | 5 | |
| 4 | 카드 | 로션 | 20 | 20 | 40000 | 40 | |
| 5 | **카드 개수** | | 3 | | | | |
| 6 | 현금 | 로션 | 100 | 100 | 10000 | 100 | |
| 7 | 현금 | 로션 | 50 | 5 | 30000 | 30 | |
| 8 | **현금 개수** | | 2 | | | | |
| 9 | | **로션 평균** | | | 17700 | | |
| 10 | 카드 | 향수 | 10 | 10 | 200 | 2 | |
| 11 | 카드 | 향수 | 10 | 20 | 30 | 3 | |
| 12 | 카드 | 향수 | 50 | 5 | 1000 | 10 | |
| 13 | 카드 | 향수 | 15 | 10 | 10000 | 10 | |
| 14 | 카드 | 향수 | 50 | 50 | 2000 | 20 | |
| 15 | **카드 개수** | | 5 | | | | |
| 16 | 현금 | 향수 | 10 | 10 | 2000 | 20 | |
| 17 | 현금 | 향수 | 15 | 10 | 200 | 2 | |
| 18 | 현금 | 향수 | 10 | 5 | 0 | 0 | |
| 19 | 현금 | 향수 | 50 | 50 | 2000 | 20 | |
| 20 | **현금 개수** | | 4 | | | | |
| 21 | | 향수 평균 | | | 1936.667 | | |
| 22 | 카드 | 마스크팩 | 10 | 0 | 0 | 0 | |
| 23 | 카드 | 마스크팩 | 50 | 35 | 10000 | 10 | |
| 24 | 카드 | 마스크팩 | 10 | 10 | 100 | 1 | |
| 25 | **카드 개수** | | 3 | | | | |
| 26 | 현금 | 마스크팩 | 50 | 50 | 1000 | 10 | |
| 27 | 현금 | 마스크팩 | 15 | 15 | 60000 | 60 | |
| 28 | **현금 개수** | | 2 | | | | |
| 29 | | **마스크팩 평균** | | | 14220 | | |
| 30 | **전체 개수** | | 19 | | | | |
| 31 | | **전체 평균** | | | 9317.368 | | |
| 32 | | | | | | | |

## 문제 ④ 기타작업

### 01 차트

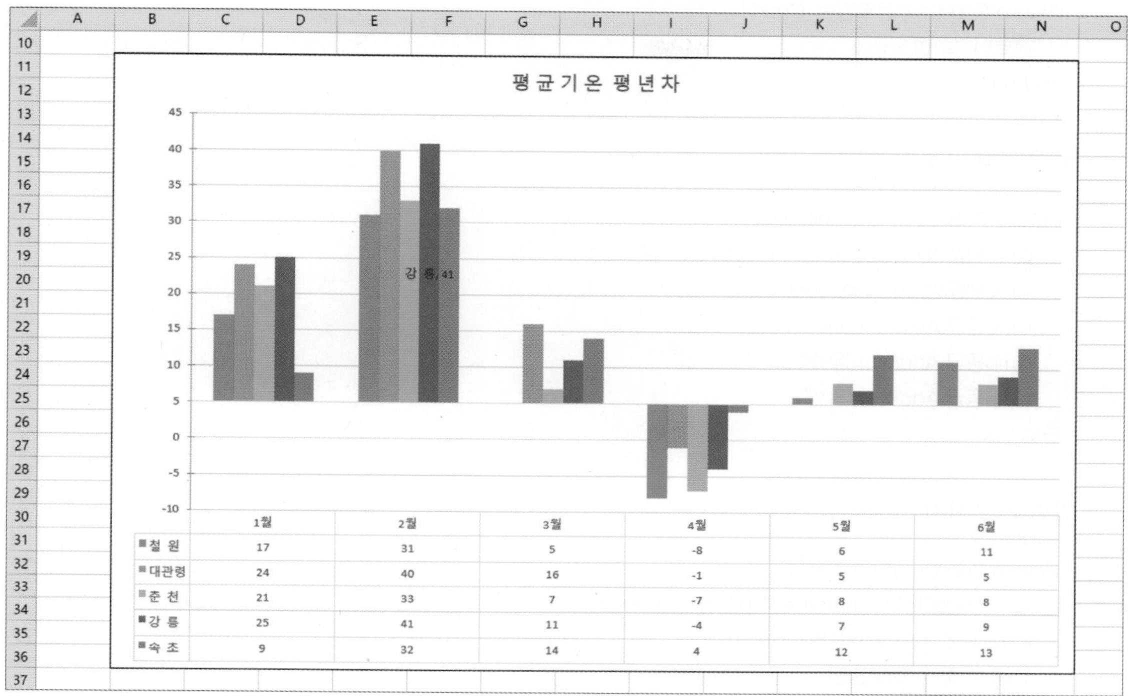


### 02 매크로

**1월 적립금 분석표**

| 판매일자 | 물품명 | 주문수량 | 판매단가 | 판매금액 | 적립금 |
|---|---|---|---|---|---|
| 2025-01-05 | 로션 | 6.0 | 24 | 148 | 14 |
| 2025-01-06 | 샴푸 | ★ 11.0 | 64 | 708 | 70 |
| 2025-01-07 | 샴푸 | 6.0 | 54 | 328 | 32 |
| 2025-01-08 | 향수 | 9.0 | 204 | 1840 | 184 |
| 2025-01-09 | 샴푸 | ★ 14.0 | 104 | 1460 | 146 |
| 2025-01-10 | 샴푸 | 8.0 | 204 | 1636 | 163 |
| 2025-01-11 | 향수 | 9.0 | 304 | 2740 | 274 |
| 2025-01-12 | 로션 | ★ 10.0 | 404 | 4044 | 404 |
| 2025-01-13 | 로션 | 5.0 | 604 | 3024 | 302 |
| 2025-01-14 | 향수 | 6.0 | 29 | 178 | 17 |
| 2025-01-15 | 로션 | ★ 12.0 | 24 | 292 | 29 |
| 2025-01-16 | 로션 | 4.0 | 34 | 140 | 14 |
| 2025-01-17 | 향수 | 9.0 | 204 | 1840 | 184 |

서식적용

아이콘보기

## 03 VBA 프로그래밍

• 폼 보이기 프로시저

```
Private Sub Cmd렌트입력_Click()
    렌트입력화면.Show
End Sub
```

• 폼 초기화 프로시저

```
Private Sub UserForm_Initialize()
    Cmb제품명.RowSource = "K4:L8"
    Cmb제품명.ColumnCount = 2
    Cmb등급.AddItem "VIP"
    Cmb등급.AddItem "우수"
    Cmb등급.AddItem "일반"
End Sub
```

• 입력 프로시저

```
Private Sub Cmd입력_Click()
    i = Range("B3").CurrentRegion.Rows.Count + 2
    Cells(i, 2) = Cmb제품명.Column(0)
    Cells(i, 3) = Cmb등급
    Cells(i, 4) = Cmb제품명.Column(1)
    Cells(i, 5) = Text대여일수.Value
    Select Case Cmb등급
        Case "VIP"
            Cells(i, 6) = Cells(i, 4) * Cells(i, 5) * 0.01
        Case "우수"
            Cells(i, 6) = Cells(i, 4) * Cells(i, 5) * 0.015
        Case "일반"
            Cells(i, 6) = Cells(i, 4) * Cells(i, 5) * 0.02
    End Select
End Sub
```

• 종료 프로시저

```
Private Sub Cmd종료_Click()
    MsgBox "현재 일시 : " & Date, , "종료"
    Unload Me
End Sub
```

# 기출 유형 문제 03회 해설

## 문제 ① 기본작업

### 01 고급 필터('기본작업-1' 시트)

① [B38:B39] 영역에 조건식을 입력하고, [B43:G43] 영역에 출력할 필드명을 입력한다.

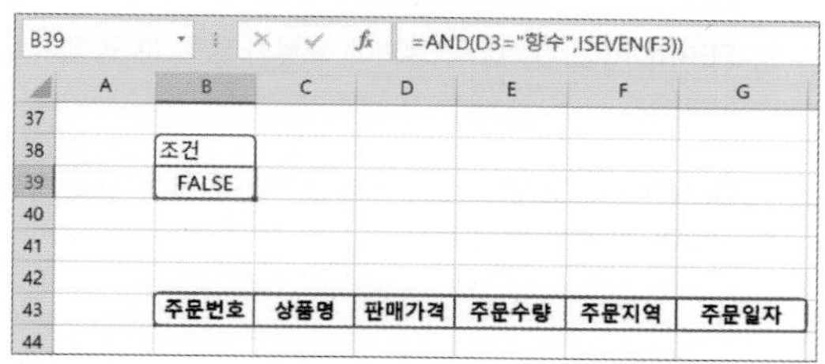

[B39] : =AND(D3="향수",ISEVEN(F3))

② 데이터 목록 안의 아무 셀이나 클릭하고 [데이터]–[정렬 및 필터] 그룹에서 [고급]( )을 클릭한다.

③ [고급 필터]에서 다음과 같이 지정한 후 [확인]을 클릭한다.

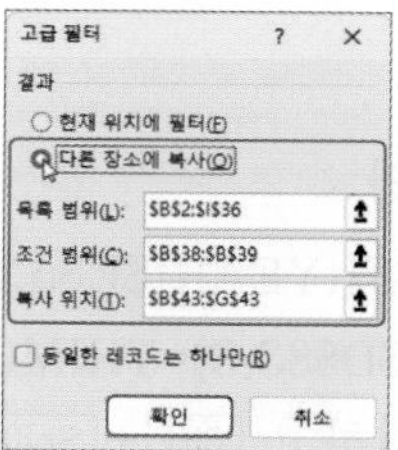

- 결과 : '다른 장소에 복사'
- 목록 범위 : [B2:I36]
- 조건 범위 : [B38:B39]
- 복사 위치 : [B43:G43]

### 02 조건부 서식('기본작업-1' 시트)

① [B3:I36] 영역을 범위 지정한 후 [홈]–[스타일] 그룹의 [조건부 서식]–[새 규칙]을 클릭한다.

② [새 서식 규칙]에서 '▶ 수식을 사용하여 서식을 지정할 셀 결정'을 선택하고, =AND($G3="서울",OR(WEEKDAY($I3,2)=2,WEEKDAY($I3,2)=4))를 입력한 후 [서식]을 클릭한다.

③ [글꼴] 탭에서 '굵게', 글꼴 색 '표준 색 – 파랑'을 선택하고 [확인]을 클릭한다.

④ [새 서식 규칙] 에서 '수식'과 '서식'이 맞는지 확인한 다음 [확인]을 클릭한다.

### 03 페이지 레이아웃('기본작업-2' 시트)

① [B2:I36] 영역을 범위 지정한 후 [페이지 레이아웃] 탭의 [페이지 설정]–[인쇄 영역]–[인쇄 영역 설정]을 클릭한다.

② [페이지 설정]의 [페이지 레이아웃] 탭의 [페이지 설정]에서 [옵션]( )을 클릭한다.

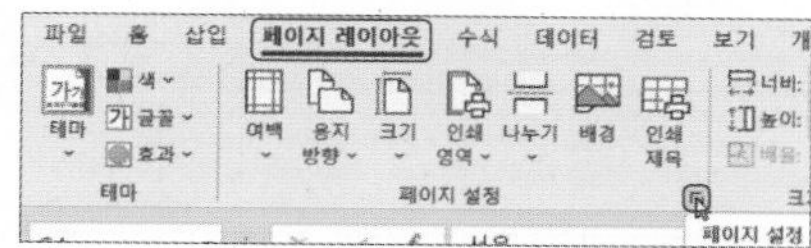

③ [페이지] 탭에서 배율에서 '자동 맞춤'을 선택하고, 용지 너비에 1을 입력한다.

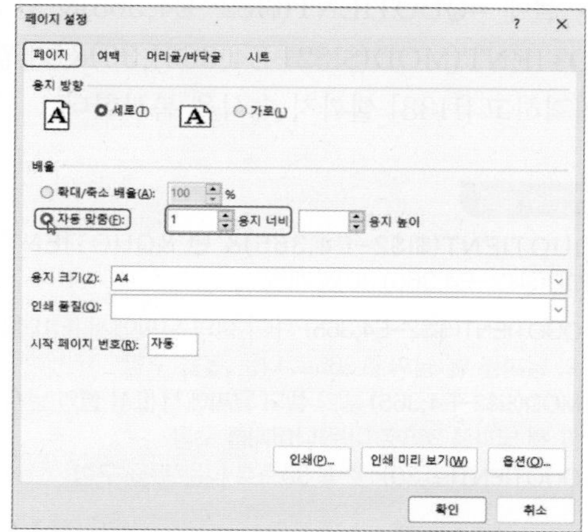

**기적의 TIP**

[파일]–[인쇄] 메뉴를 클릭하여 '설정'에서 '한 페이지에 모든 열 맞추기'를 클릭하여 설정할 수 있습니다.

④ [여백] 탭에서 페이지 가운데 맞춤 '가로', '세로'를 체크한다.

⑤ [머리글/바닥글]에서 [바닥글 편집]을 클릭한다.

⑥ 가운데 구역에 커서를 두고 **출력 날짜 :** 를 입력한 후, [날짜]( )를 클릭한 후 [확인]을 클릭하고 [페이지 설정]에서 [확인]을 클릭한다.

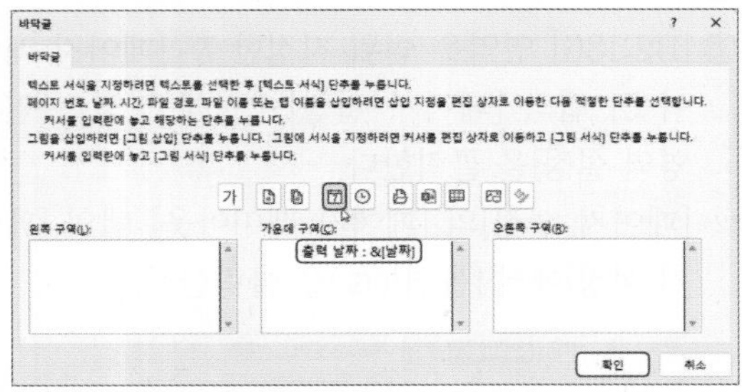

## 문제 ❷ 계산작업('계산작업' 시트)

### 01 보존기간[H4:H33]

[H4] 셀에 =QUOTIENT($I$2-E4,365)&"**년**""IENT(MOD($I$2-E4,365),30)&"**개월**"를 입력하고 [H33] 셀까지 수식을 복사한다.

> **함수 설명**
>
> =QUOTIENT($I$2-E4,365)&"년""IENT(MOD($I$2-E4,365),30)&"개월"
>
> ① QUOTIENT($I$2-E4,365) : [I2] 셀의 날짜에서 [E4] 셀의 날짜를 뺀 날짜를 365로 나눈 몫을 구함
> ② MOD($I$2-E4,365) : [I2] 셀의 날짜에서 [E4] 셀의 날짜를 뺀 날짜를 365로 나눈 나머지를 구함
> ③ QUOTIENT(②,30) : ②를 30으로 나눈 몫을 구함
>
> =①&"년"&③&"개월" : ①년 ③개월 형식으로 표시

### 02 분류별[L5:N7]

[L5] 셀에 =COUNT((IFERROR(FIND(L$4,$C$4:$C$33),""))*(IFERROR(FIND($K5,$D$4:$D$33),"")))&"**건**"를 입력하고 Ctrl+Shift+Enter를 누른 후 [N7] 셀까지 수식을 복사한다.

> **함수 설명**
>
> =COUNT((IFERROR(FIND(L$4,$C$4:$C$33),""))*(IFERROR(FIND($K5,$D$4:$D$33),"")))&"건"
>
> ① FIND(L$4,$C$4:$C$33) : [L4] 셀의 텍스트를 [C4:C33] 영역에서 찾아 시작 위치를 구함
> ② FIND($K5,$D$4:$D$33) : [K5] 셀의 텍스트를 [D4:D33] 영역에서 찾아 시작 위치를 구함
> ③ IFERROR(①,"") : ①의 결과에 오류가 있을 때 공백으로 처리
> ④ IFERROR(②,"") : ②의 결과에 오류가 있을 때 공백으로 처리
>
> =COUNT(③*④)&"건" : ③과 ④의 조건에 만족한 셀의 개수를 구하여 '건'을 붙여서 표시

### 03 코드별[L11:M13]

[L11] 셀에 =COUNTIFS(F$4:F$33,">=70",$B$4:$B$33,"?"&$K11&"*")를 입력하고 [M13] 셀까지 수식을 복사한다.

> **함수 설명**
>
> "?"&$K11&"*"
>
> ?는 한글자를 대신
> *는 한글자 ~ 여러 글자를 대신

### 04 제조년도와 분류별[L17:N19]

[L17] 셀에 =AVERAGE(IF((YEAR($E$4:$E$33)=$K17)*(LEFT($D$4:$D$33,3)=TRIM(L$16)),$F$4:$F$33))를 입력하고 Ctrl+Shift+Enter를 누른 후 [N19] 셀까지 수식을 복사한다.

> **함수 설명**
>
> TRIM(L$16) : L16 셀의 앞 뒤에 불필요한 공백을 제거

### 05 비고(fn비고)[I4:I43]

① Alt+F11을 눌러 [Visual Basic Editor] 창을 연다.

② [삽입]-[모듈]을 클릭한다.

③ 코드 입력창에 아래와 같이 코드를 입력한다.

```
Public Function fn비고(상반기, 하반기)
    If 상반기 + 하반기 >= 150 Then
        fn비고 = "우수업체"
    Else
        fn비고 = ""
    End If
End Function
```

④ 오른쪽 상단의 [닫기]를 눌러 [Visual Basic Editor] 창을 닫는다.

⑤ '계산작업' 시트의 [I4] 셀을 클릭한 후 [함수 삽입]( fx )을 클릭한다.

⑥ [함수 마법사]에서 범주 선택은 '사용자 정의', 함수 선택은 'fn비고'를 선택한 후 [확인]을 클릭한다.

⑦ [함수 인수]에서 상반기는 [F4], 하반기는 [G4] 셀을 지정하고 [확인]을 클릭한다.

⑧ [I4] 셀의 채우기 핸들을 드래그하여 [I33] 셀까지 수식을 복사한다.

## 문제 ❸ 분석작업

### 01 피벗 테이블('분석작업-1' 시트)

① [B3] 셀을 선택한 후 [데이터]-[데이터 가져오기 및 변환] 그룹에서 [데이터 가져오기]-[기타 원본에서]-[Microsoft Query에서]를 클릭한다.

② [데이터 원본 선택]의 [데이터베이스] 탭에서 'MS Access Database *'를 선택하고 [확인]을 클릭한다.

③ '화장품.accdb'를 선택하고 [확인]을 클릭한다.

④ [열 선택]에서 '판매내역' 테이블을 더블클릭하여 다음과 같이 지정하고 [다음]을 클릭한다.

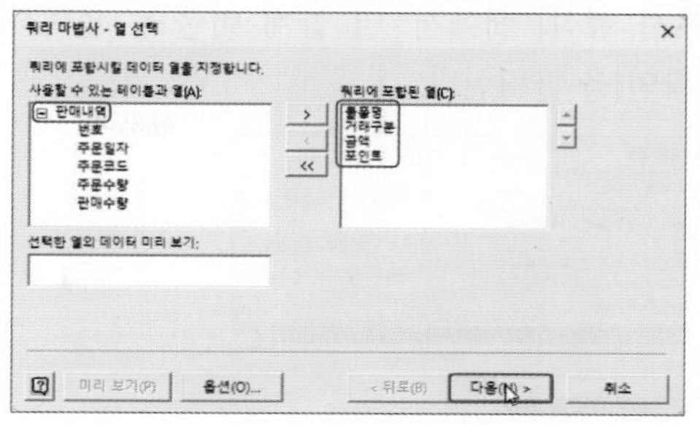

물품명, 거래구분, 금액, 포인트

⑤ [데이터 필터]와 [정렬 순서]에서는 설정 없이 [다음]을 클릭한다.

⑥ [마침]에서 'Microsoft Excel(으)로 데이터 되돌리기'를 선택하고 [마침]을 클릭한다.

⑦ [데이터 가져오기]에서 '피벗 테이블 보고서'를 선택한 다음, '기존 워크시트'는 [B3] 셀을 지정하고 [확인]을 클릭한다.

⑧ [피벗 테이블 필드]에서 다음과 같이 드래그한다.

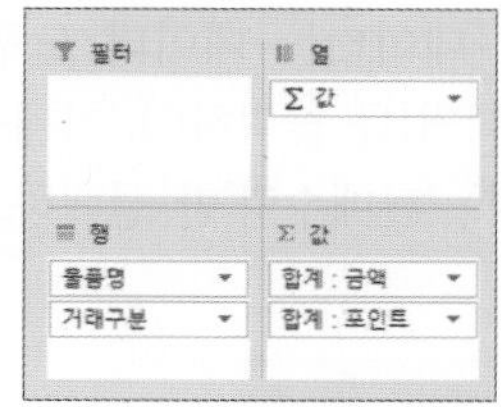

⑨ [디자인]-[레이아웃] 그룹의 [보고서 레이아웃]-[테이블 형식으로 표시]을 클릭한다.

⑩ [피벗 테이블 필드 목록]에서 '금액' 필드를 Σ값에 한 번 더 추가한다.

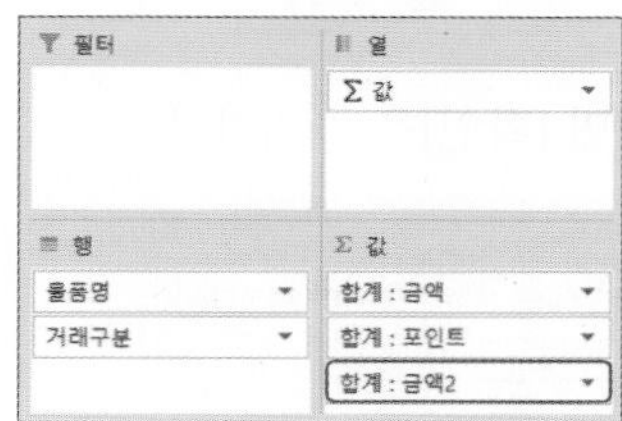

⑪ [F3] 셀에서 더블클릭하여 [값 필드 설정]에서 '사용자 지정 이름'에 **금액비율**을 입력하고, [값 표시 형식] 탭에서 '열 합계 비율'을 선택하고 [확인]을 클릭한다.

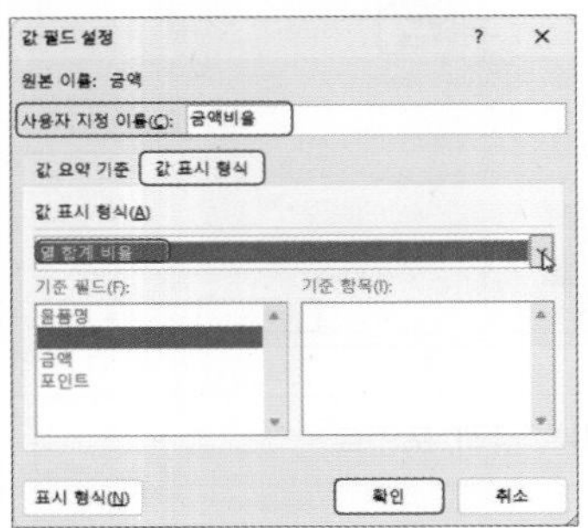

⑫ [D3] 셀에서 더블클릭하여 [값 필드 설정]에서 [표시 형식]을 클릭한다.

⑬ [셀 서식]에서 '숫자'를 선택하고 '1000단위 구분 기호(,) 사용'을 체크하고 [값 필드 설정]에서 [확인]을 클릭한다.

⑭ [디자인]-[피벗 테이블 스타일] 그룹의 '연한 주황, 피벗 스타일 밝게 17'을 선택한다.

## 02 데이터 도구('분석작업-2' 시트)

① [A1] 셀을 클릭한 후 [데이터]-[데이터 도구] 그룹의 [중복된 항목 제거]를 클릭하여 '거래구분', '물품명', '주문수량', '판매수량'만 선택하고 [확인]을 클릭한다.

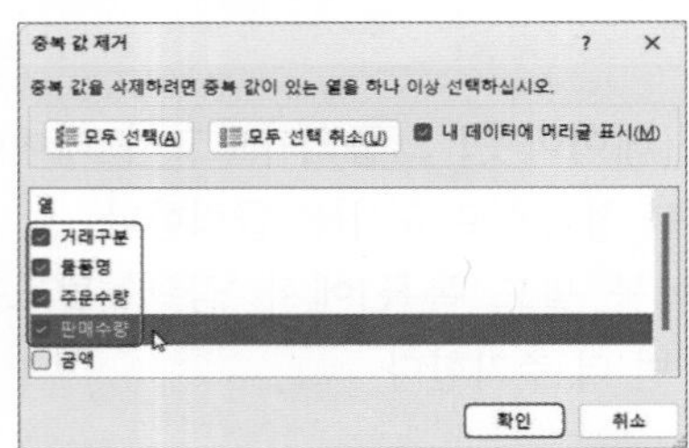

② 메시지가 표시되면 [확인]을 클릭한다.

③ [A1] 셀을 클릭한 후 [데이터]-[정렬 및 필터] 그룹에서 [정렬]을 클릭한다.

④ [정렬]에서 '물품명', '사용자 지정 목록'을 선택한 후 **로션, 향수, 마스크팩**를 입력하고 [추가]를 클릭하고 [확인]을 클릭한다.

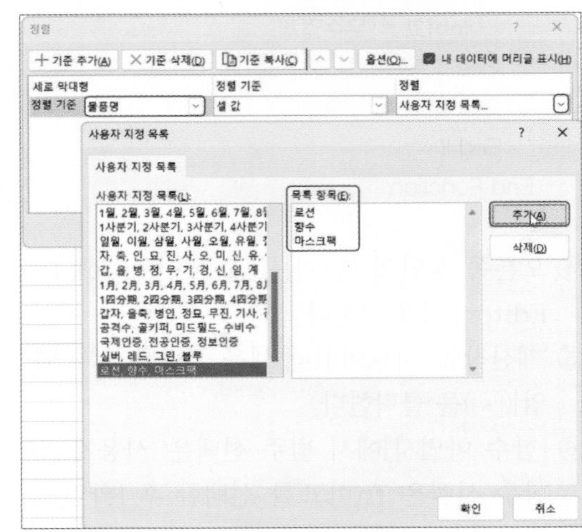

⑤ [기준 추가]를 클릭하여 '거래구분', '오름차순', 다음 기준에서 '물품명', '글꼴 색', RGB(255,0,0), '위에 표시', 다음 기준에서 '물품명', '글꼴 색', RGB(0,112,192), '아래쪽에 표시'를 선택하고 [확인]을 클릭한다.

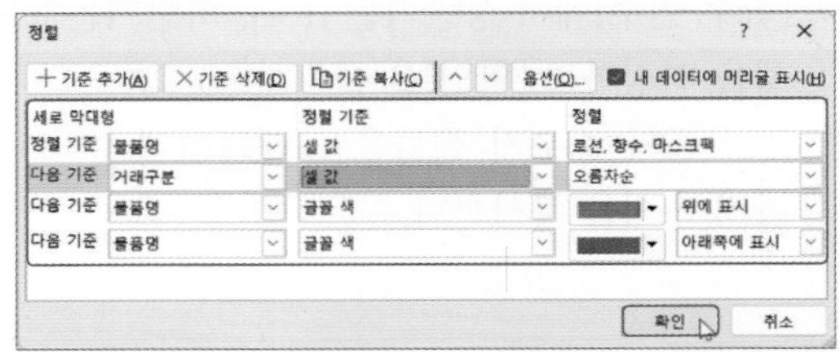

⑥ [데이터]-[개요] 그룹에서 [부분합]을 클릭한다.

⑦ [부분합]에서 그룹화할 항목 '물품명', 사용할 함수 '평균', 계산 항목 '금액'만 체크하고 [확인]을 클릭한다.

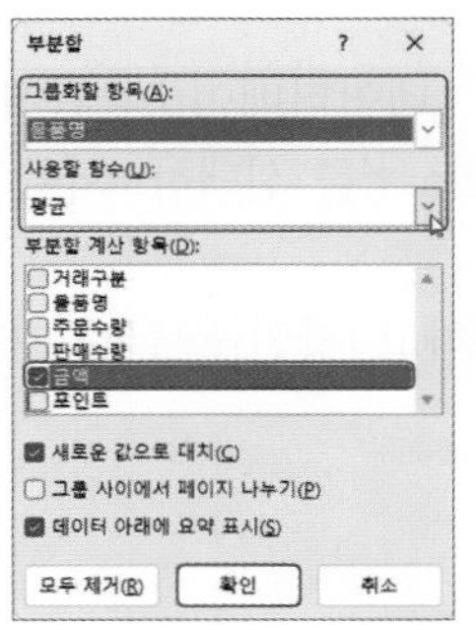

⑧ 다시 한번 [데이터]-[개요] 그룹에서 [부분합](▦)을 클릭한다.

⑨ [부분합]에서 그룹화할 항목 '거래구분', 사용할 함수 '개수', 계산 항목 '주문수량'만 체크한 후 '새로운 값으로 대치' 체크를 해제하고 [확인]을 클릭한다.

## 문제 ❹ 기타작업

### 01 차트('차트작업' 시트)

① 차트에서 마우스 오른쪽 버튼을 눌러 [데이터 선택] 메뉴를 클릭한 후 범례 항목(계열)에서 '속초'를 [아래로 이동]을 클릭하여 가장 아래로 배치하고 [확인]을 클릭한다.

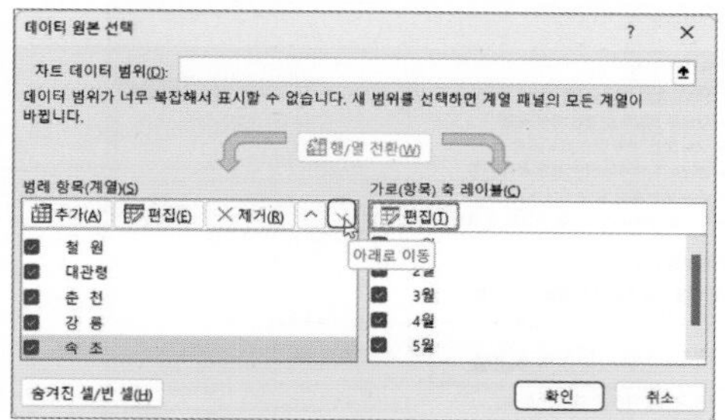

② [차트 요소](⊞)-[차트 제목]을 체크한 후 '차트 제목'을 선택한 후 수식 입력줄에 =를 입력하고 [B2] 셀을 클릭한 후 Enter를 누른다.

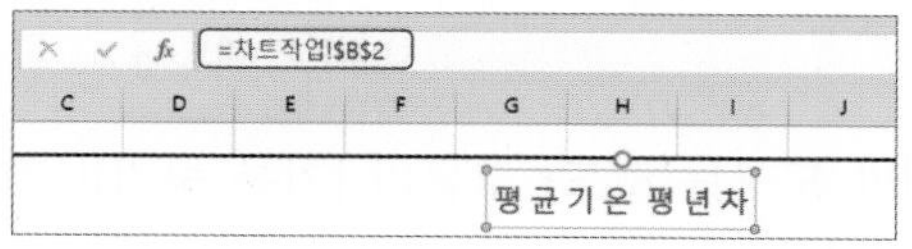


③ 세로(값) 축을 선택한 후 마우스 오른쪽 버튼을 눌러 [축 서식] 메뉴를 클릭한 후 '축 옵션'의 '눈금'에서 '교차'를 선택한다.

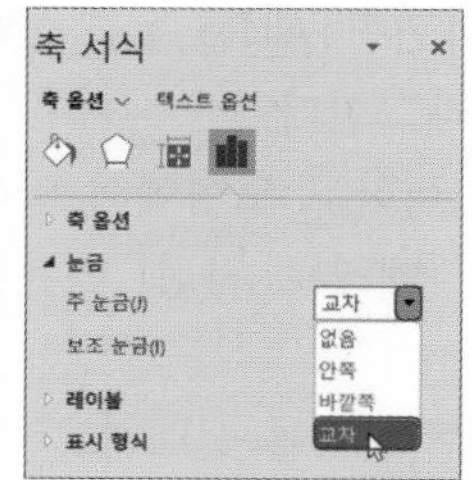

④ 세로(값) 축의 [축 서식]의 '축 옵션'에 '최소값 -10, '최대값'은 45, 단위 '기본'은 5, 가로 축 교차 '축 값'은 5를 입력한다.

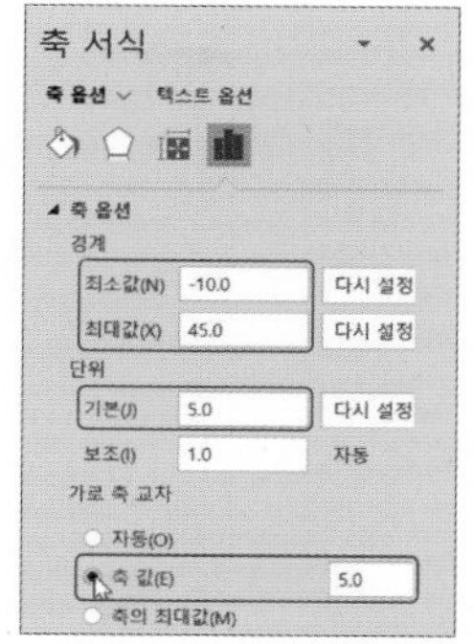

⑤ [차트 요소](⊞)-[데이터 테이블]-[범례 표시 포함]을 선택한다.

⑥ 2월 계열의 '강릉' 요소를 천천히 2번 클릭한다.

⑦ [차트 요소](⊞)-[데이터 레이블]-[기타 옵션]을 클릭한 후 레이블 내용은 '계열 이름', '값', 레이블 위치는 '가운데'를 선택한다.

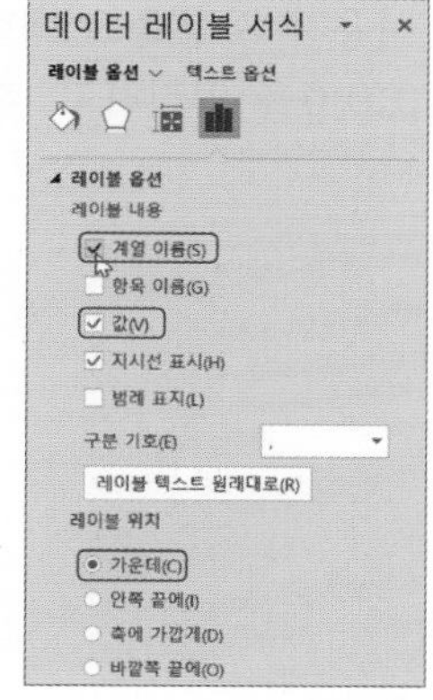

⑧ 데이터 계열을 선택한 후 [데이터 계열 서식]의 '계열 옵션'에 계열 겹치기 0를 입력한다.

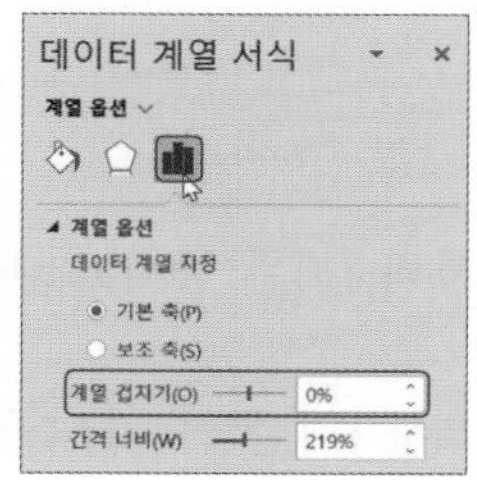

⑨ 차트 영역을 선택한 후 [차트 영역 서식]의 '테두리'에서 실선을 선택하고 색은 '검정, 텍스트 1'을 선택한다.

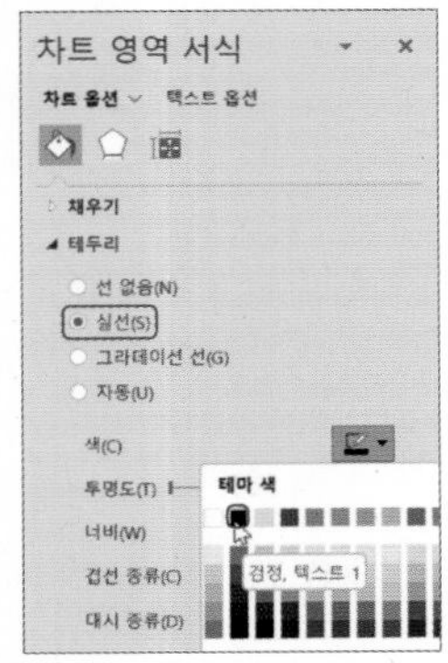


## 02 매크로('매크로' 시트)

① 비어 있는 셀을 클릭한 후 [개발 도구]–[코드] 그룹의 [매크로 기록]()을 클릭한다.

② [매크로 기록]에서 **서식적용**을 입력하고 [확인]을 클릭한다.

③ [D4:D16] 영역을 범위 지정한 후 Ctrl+1을 눌러 [표시 형식] 탭의 '사용자 지정'을 선택한 후 **[파랑][>=10]★* 0.0;0.0**을 입력하고 [확인]을 클릭한다.

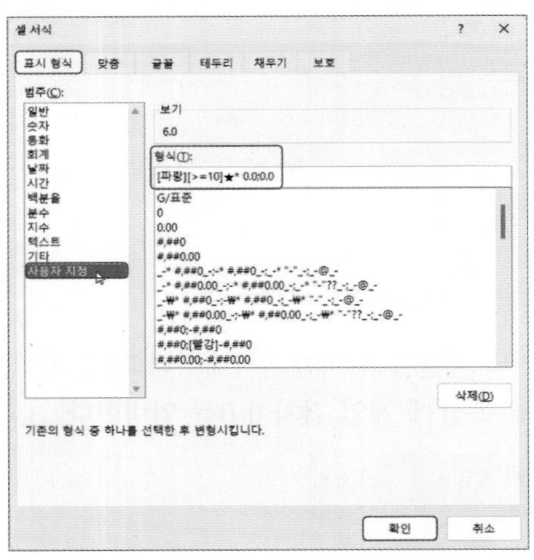


④ [개발 도구]–[코드] 그룹의 [기록 중지]()를 클릭한다.

⑤ [개발 도구]–[컨트롤] 그룹의 [삽입]–[단추(양식 컨트롤)]()을 클릭한다.

⑥ 마우스 포인트가 '+'로 바뀌면 Alt를 누른 상태에서 [I3:J4] 영역에 드래그하면 [매크로 지정] 대화상자가 나타난다.

⑦ [매크로 지정]에서 **서식적용**을 선택하고 [확인]을 클릭한다.

⑧ 단추에 입력된 '단추 1'을 지우고 **서식적용**을 입력한다.

⑨ 비어 있는 셀을 클릭한 후 [개발 도구]–[코드] 그룹의 [매크로 기록]()을 클릭한다.

⑩ [매크로 기록]에서 **아이콘보기**를 입력하고 [확인]을 클릭한다.

⑪ [G4:G16] 영역을 범위 지정한 후 [홈]–[스타일] 그룹의 [조건부 서식]–[새 규칙]을 클릭한 후 다음과 같이 지정하고 [확인]을 클릭한다.

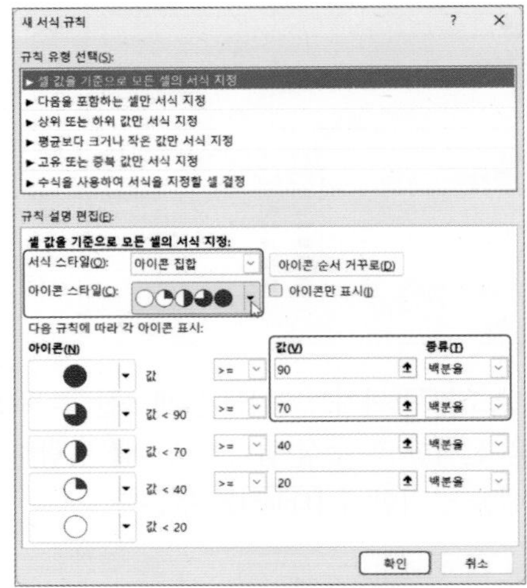


⑫ [개발 도구]–[코드] 그룹의 [기록 중지]()를 클릭한다.

⑬ [삽입]–[일러스트레이션] 그룹의 [도형]–[별 및 현수막]의 '리본: 위로 기울어짐()'을 선택한다.

⑭ 마우스 포인트가 '+'로 바뀌면 Alt를 누른 상태에서 [I6:K7] 영역에 드래그한다.

⑮ 도형에 **아이콘보기**를 입력하고 도형에서 마우스 오른쪽 버튼을 눌러 [매크로 지정] 메뉴를 클릭한다.

⑯ [매크로 지정]에서 '아이콘보기'를 선택하고 [확인]을 클릭한다.

## 03 VBA 프로그래밍('렌트입력' 시트)

### ① 폼 보이기

① [개발 도구]-[컨트롤] 그룹의 [디자인 모드](아이콘)를 클릭하여 〈렌트입력〉 버튼을 편집 상태로 만든다.

② 〈렌트입력〉 버튼에서 마우스 오른쪽 버튼을 클릭한 후 [코드 보기]를 클릭하여 다음과 같이 입력한다.

```
Private Sub Cmd렌트입력_Click()
    렌트입력화면.Show
End Sub
```

### ② 폼 초기화(콤보 상자)

① [프로젝트-VBAProject] 탐색기에서 〈렌트입력화면〉 폼을 더블클릭한 후 [코드 보기](아이콘)를 클릭한다.

② '개체 목록'은 'UserForm', '프로시저 목록'은 'Initialize'를 선택한다.

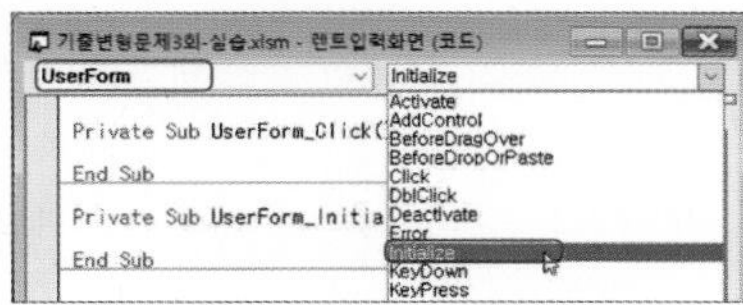

③ 코드 창에서 다음과 같이 입력한다.

```
Private Sub UserForm_Initialize()
    Cmb제품명.RowSource = "K4:L8"
    Cmb제품명.ColumnCount = 2
    Cmb등급.AddItem "VIP"
    Cmb등급.AddItem "우수"
    Cmb등급.AddItem "일반"
End Sub
```

### ③ 입력 프로시저

① [프로젝트-VBAProject] 탐색기에서 〈렌트입력화면〉 폼을 더블클릭한 후 '입력' 버튼을 더블클릭한다.

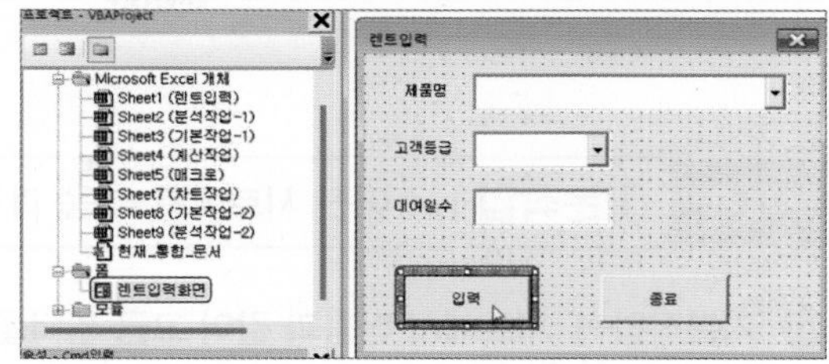

② 코드 창에서 다음과 같이 입력한다.

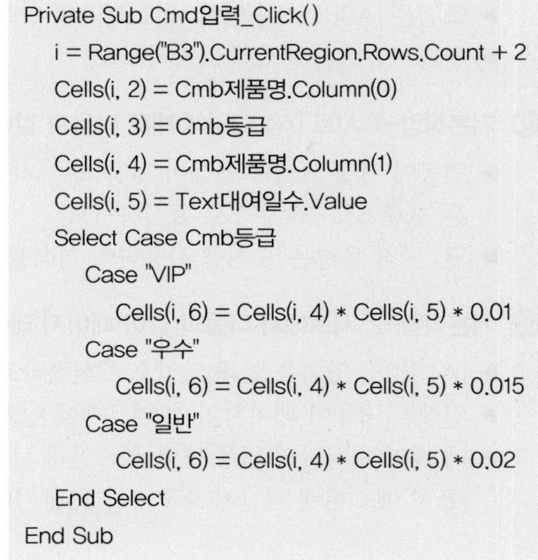

```
Private Sub Cmd입력_Click()
    i = Range("B3").CurrentRegion.Rows.Count + 2
    Cells(i, 2) = Cmb제품명.Column(0)
    Cells(i, 3) = Cmb등급
    Cells(i, 4) = Cmb제품명.Column(1)
    Cells(i, 5) = Text대여일수.Value
    Select Case Cmb등급
        Case "VIP"
            Cells(i, 6) = Cells(i, 4) * Cells(i, 5) * 0.01
        Case "우수"
            Cells(i, 6) = Cells(i, 4) * Cells(i, 5) * 0.015
        Case "일반"
            Cells(i, 6) = Cells(i, 4) * Cells(i, 5) * 0.02
    End Select
End Sub
```

### ④ 종료 프로시저

① '개체 목록'은 'Cmd종료', '프로시저 목록'은 'Click'를 선택한다.

② 코드 창에서 다음과 같이 입력한다.

```
Private Sub Cmd종료_Click()
    MsgBox "현재 일시 : " & Date, , "종료"
    Unload Me
End Sub
```

# 기출 유형 문제 04회

| 시험 시간 | 풀이 시간 | 합격 점수 | 내 점수 |
|---|---|---|---|
| 45분 | 분 | 70점 | 점 |

합격 강의

작업파일 [2025컴활1급₩1권_스프레드시트₩기출유형문제] 폴더의 '기출유형문제4회' 파일을 열어서 작업하시오.

## 문제 ① 기본작업 | 주어진 시트에서 다음 과정을 수행하고 저장하시오. 15점

**01 '기본작업-1' 시트에서 다음과 같이 고급 필터를 수행하시오. (5점)**

▶ 부서가 '영업1팀'이 아니면서, 연봉이 중앙값을 초과한 자료를 입사일, 성명, 직급, 연봉 열만 순서대로 표시하시오.

▶ 조건은 [A30:A31] 영역 내에 알맞게 입력하시오. (AND, MEDIAN 함수 사용)

▶ 결과는 [A34] 셀부터 표시하시오.

**02 '기본작업-1' 시트 [A4:F28]에 대해 다음과 같이 조건부 서식을 설정하시오. (5점)**

▶ 연봉이 가장 크거나 연봉이 가장 작은 자료 행 전체에 대하여 글꼴 스타일은 '굵은 기울임꼴', 글꼴 색은 '표준 색 – 빨강'으로 표시하시오.

▶ 단, 규칙 유형은 '수식을 사용하여 서식을 지정할 셀 결정'을 이용하시오. (MAX, MIN 함수 사용)

**03 '기본작업-2' 시트에서 다음과 같이 페이지 레이아웃을 설정하시오. (5점)**

▶ [A1:F28] 영역을 인쇄 영역으로 설정하고, 용지 여백을 왼쪽과 오른쪽의 값 '1'로 지정하시오.

▶ 인쇄될 내용이 페이지의 정 가운데에 인쇄되도록 페이지 가운데 맞춤을 설정하시오.

▶ 매 페이지 하단의 왼쪽 구역에는 인쇄 시간이 [표시 예]와 같이 표시되도록 바닥글을 설정하시오.
[표시 예 : 현재 시간이 오후 5시 45분이면 → 인쇄 시간 : 5:45 PM]

## 문제 ② 계산작업 | 주어진 시트에서 다음 과정을 수행하고 저장하시오. 30점

**01 [표1]의 주문코드를 이용하여 주문방법[E3:E25] 영역에 주문방법별 누적개수를 계산하여 표시하시오. (6점)**

▶ 주문코드[A3:A25]의 첫 글자는 "T"이면 "전화", "O"이면 "온라인", "V"이면 "방문"으로 표시
▶ 동일한 주문방법은 누적하여 표시 [표시 예 : 방문(2건)]
▶ IF, LEFT, COUNTIF 함수와 & 연산자 이용

**02 [표1]의 결제방법, 매출액, 할부기간과 [표2]의 할부기간별 수수료율을 이용하여 결제수수료[F3:F25] 영역에 결제수수료를 계산하여 표시하시오. (6점)**

▶ 결제수수료 = 매출액 × 수수료율
▶ 결제방법에서 '한국카드'를 제외한 나머지 카드는 '기타카드'로 처리
▶ HLOOKUP, MATCH 함수를 사용

**03 [표1]의 매출액을 이용하여 [표3]를 이용하여 매출액별 주문건수를 구한 후에 해당 개수만큼 '♥'를 [J3:J7] 영역에 반복하여 표시하시오. (6점)**

▶ [표시 예 : 3 → ♥♥♥]
▶ REPT, FREQUENCY 함수를 이용한 배열 수식 사용

**04 [표1]의 결제방법, 매출액을 이용하여 결제방법에 따른 매출액의 순위 1, 2, 3위에 해당하는 값을 [표4]의 [I11:K13] 영역에 표시하시오. (6점)**

▶ 매출액은 내림하여 만 단위로 표시 [표시 예 : 1,234,500 → 1,230,000]
▶ ROUNDDOWN, LARGE 함수와 배열 상수를 이용한 배열 수식

**05 [표5]의 키와 몸무게를 이용하여 BMI(체질량지수)를 계산하는 사용자 정의 함수 'fn지수'를 작성하여 체질량지수[K17:K25] 영역에 표시하시오. (6점)**

▶ 'fn지수'은 키와 몸무게를 인수로 받아 체질량지수를 계산하여 되돌려 줌
▶ 체질량지수 = (몸무게 / 키 ) ^ 2

```
Public Function fn지수(키, 몸무게)
End Function
```

## 문제 ③ 분석작업 | 주어진 시트에서 다음 작업을 수행하고 저장하시오. 20점

### 01 '분석작업-1' 시트에서 다음 그림과 같이 피벗 테이블을 작성하시오. (10점)

▶ 외부 데이터 가져오기 기능을 사용하여 〈핸드폰.accdb〉의 〈핸드폰상품목록〉 테이블의 '출시일', '통신사', '단말기가격', '기타비용' 필드만을 이용하시오.

▶ 피벗 테이블 보고서의 레이아웃과 위치는 〈그림〉을 참조하여 설정하고, 보고서 레이아웃을 개요 형식으로 표시하시오.

▶ '출시일' 필드는 그룹의 '월' 단위로 지정하고, 그룹 하단에 모든 부분합이 표시되도록 설정하시오.

▶ "단말기가격', '기타비용' 필드는 평균으로 계산 후 사용자 지정 이름을 각각 '단말기가격평균', '기타비용평균'으로 변경하고, 필드 표시 형식은 값 필드 설정의 셀 서식에서 '숫자' 범주를 이용하여 〈그림〉과 같이 지정하시오.

▶ 피벗 테이블 스타일은 '연한 파랑, 피벗 스타일 보통 9', 피벗 테이블 스타일 옵션은 '행 머리글', '열 머리글', '줄무늬 열'로 설정하시오.

▶ +/- 기호는 표시하지 않고, 통신사를 기준으로 내림차순 정렬하시오.

| | A | B | C | D | E | F |
|---|---|---|---|---|---|---|
| 1 | | | | | | |
| 2 | | 출시일 | 통신사 | 단말기가격평균 | 기타비용평균 | |
| 3 | | 1월 | | | | |
| 4 | | | 한국통신 | 323,333 | 40,000 | |
| 5 | | | 영진통신 | 310,000 | 26,667 | |
| 6 | | | 나래통신 | 386,667 | 38,333 | |
| 7 | | 1월 요약 | | 342,222 | 37,222 | |
| 8 | | 2월 | | | | |
| 9 | | | 한국통신 | 140,000 | 13,333 | |
| 10 | | | 영진통신 | 445,556 | 35,556 | |
| 11 | | | 나래통신 | 515,000 | 10,000 | |
| 12 | | 2월 요약 | | 390,000 | 27,143 | |
| 13 | | 총합계 | | 363,125 | 32,813 | |
| 14 | | | | | | |

※ 작업 완성된 그림이며 부분 점수 없음

### 02 '분석작업-2' 시트에 대하여 다음의 지시사항을 처리하시오. (10점)

▶ [B2:G23] 영역에 대해서 '등급' 필드를 '실버-레드-그린-블루' 순으로 정렬하고, '등급'이 동일한 경우 '포인트'의 '조건부 서식 아이콘'을 기준으로 '★'은 '위에 표시'하고, '☆'은 '아래쪽에 표시'되도록 정렬하시오.

▶ 적립률[D27]이 다음과 같이 변동하는 경우 포인트 합계[G24]의 변동 시나리오를 작성하시오.

- 셀 이름 정의 : [D27] 셀은 '적립률', [G24] 셀은 '포인트합계'로 정의하시오.
- 시나리오1 : 시나리오 이름은 '적립률10%', 적립률은 10%로 설정하시오.
- 시나리오2 : 시나리오 이름은 '적립률30%', 적립률은 30%로 설정하시오.
- 위 시나리오에 의한 '시나리오 요약' 보고서는 '분석작업-2' 시트 바로 앞에 위치시키시오.

※ 시나리오 요약 보고서 작성 시 정답과 일치하여야 하며, 오자로 인한 부분점수는 인정하지 않음

## 문제 ❹ 기타작업 | 주어진 시트에서 다음 작업을 수행하고 저장하시오. 35점

**01 '기타작업-1' 시트에서 다음의 지시사항에 따라 차트를 수정하시오. (각 2점)**

※ 차트는 반드시 문제에서 제공한 차트를 사용하여야 하며, 신규로 차트 작성 시 0점 처리됨

① '증감' 계열을 삭제하고, 차트를 '원형 대 원형' 차트로 변경한 후 차트 제목을 그림과 같이 설정하시오.

② 계열 분할 위치의 둘째 영역 값을 3으로 설정하시오.

③ 계열간의 간격 너비는 50%, 둘째 영역 크기는 100%로 설정하시오.

④ 데이터의 모든 레이블을 나타내고, 계열 내의 '항목 이름'과 '백분율'을 '가운데'에 표시하시오.

⑤ '2025' 요소를 '작은 물방울' 질감으로 채우고, 도형 효과 미리 설정의 '기본 설정2'로 설정하시오.

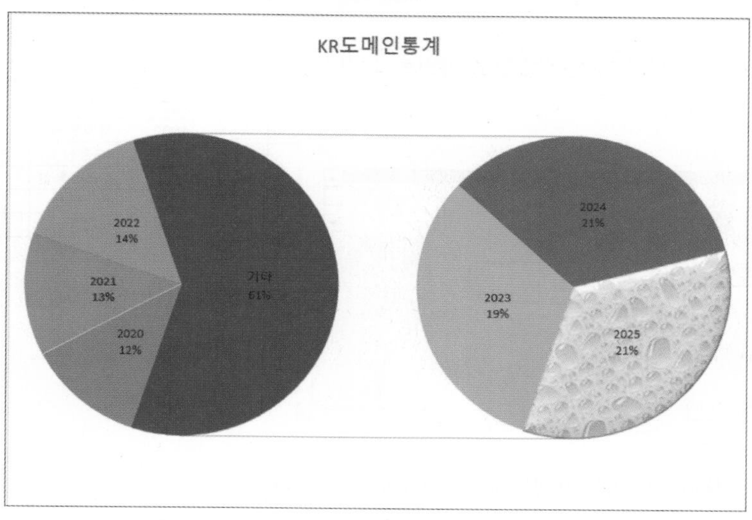


**02 '기타작업-2' 시트에서 다음과 같은 기능을 수행하는 매크로를 현재 통합문서에 작성하시오. (각 5점)**

① [G6:G37] 영역에 대하여 사용자 지정 표시 형식을 설정하는 '서식적용' 매크로를 생성하시오.

▶ 양수는 백분율, 음수는 자홍색으로 [적립]이란 글자와 백분율로 나타내고, 그 외는 아무것도 표시되지 않도록 설정하시오. 음수의 경우 '[적립]'과 백분율 사이는 열의 너비만큼 공백을 삽입하시오.
[표시 예 : 0.03 → 3%, −0.01 → [적립]　　　1%, 0 → ]

▶ [개발 도구]−[삽입]−[양식 컨트롤]의 '단추(□)'를 동일 시트의 [B2:C3] 영역에 생성한 후 텍스트를 '서식적용'으로 입력하고, 단추를 클릭하면 '서식적용' 매크로가 실행되도록 설정하시오.

② [E6:E37] 영역에 대하여 조건부 서식을 적용하는 '그래프보기' 매크로를 생성하시오.

▶ 규칙 유형은 '셀 값을 기준으로 모든 셀의 서식 지정'으로 선택하고, 서식 스타일 '데이터 막대', 최소값은 백분위수 10, 최대값은 백분위수 90으로 설정하시오.

▶ 막대 모양은 채우기를 '그라데이션 채우기', 색을 '표준 색 − 연한 파랑'으로 설정하시오.

▶ [개발 도구]−[삽입]−[양식 컨트롤]의 '단추'를 동일 시트의 [E2:F3] 영역에 생성한 후 텍스트를 '그래프보기'로 입력하고, 단추를 클릭하면 '그래프보기' 매크로가 실행되도록 설정하시오.

※ 셀 포인터의 위치에 관계없이 매크로가 실행되어야 정답으로 인정됨

**03 '기타작업-3' 시트에서 아래 그림을 참조하여 다음과 같은 작업을 수행하고 저장하시오. (각 5점)**

① '요금계산' 버튼을 클릭하면 〈요금계산〉 폼이 나타나도록 프로시저를 작성하시오.

② 폼이 초기화되면(Initialize) Txt납부일에는 오늘 날짜가 표시되고, [H6:J12] 영역의 내용이 요금선택(lst요금)의 목록에 설정되도록 프로시저를 작성하시오.

③ 〈요금계산〉 폼의 〈계산(cmd계산)〉 버튼을 클릭하면 폼에 입력된 납부일(Txt납부일), 요금코드, 통신사, 사용시간(초)(Txt사용시간), 기본요금, 사용요금을 계산하여 [표1]에 입력되도록 작성하시오.

▶ 사용요금 = 사용시간(초) × 기본요금

▶ 통신사, 기본요금은 ListIndex 속성을 이용해서 구하시오.

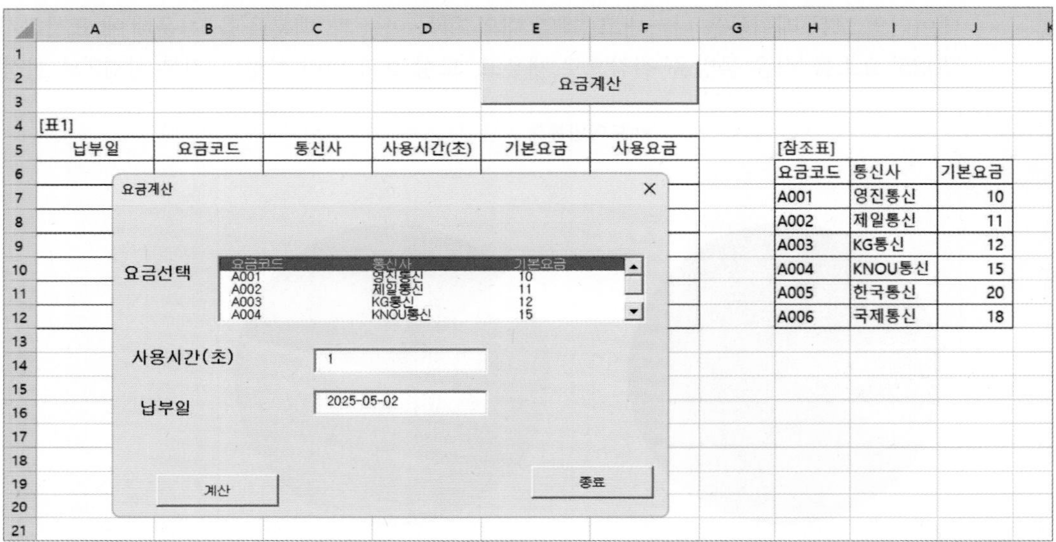


※ 데이터를 추가하거나 삭제하여도 항상 마지막 데이터 다음에 입력되어야 함

# 기출 유형 문제 04회 / 정답

## 문제 ❶ 기본작업

### 01 고급 필터

A31 | =AND(C4<>"영업1팀",F4>MEDIAN($F$4:$F$28))

| | A | B | C | D | E | F | G |
|---|---|---|---|---|---|---|---|
| 29 | | | | | | | |
| 30 | 조건 | | | | | | |
| 31 | TRUE | | | | | | |
| 32 | | | | | | | |
| 33 | | | | | | | |
| 34 | 입사일 | 성명 | 직급 | 연봉 | | | |
| 35 | 2014-12-05 | 김경원 | 과장 | 38,500,000 | | | |
| 36 | 2018-11-27 | 김석영 | 대리 | 33,500,000 | | | |
| 37 | 1992-12-08 | 김수찬 | 과장 | 35,800,000 | | | |
| 38 | 2017-11-06 | 박용화 | 과장 | 38,100,000 | | | |
| 39 | 1999-12-09 | 서필기 | 부장 | 33,400,000 | | | |
| 40 | 2011-11-28 | 양은주 | 과장 | 35,900,000 | | | |
| 41 | 2004-12-08 | 윤호도 | 부장 | 43,500,000 | | | |
| 42 | | | | | | | |

### 03 페이지 레이아웃


[표1] 영업팀 직급별 연봉 현황

| 입사일 | 성명 | 부서 | 직급 | 주민번호 | 연봉 |
|---|---|---|---|---|---|
| 2014-12-05 | 김경원 | 영업3팀 | 과장 | 841213-1123456 | 38,500,000 |
| 2016-12-05 | 김규진 | 영업1팀 | 대리 | 930912-2123456 | 30,100,000 |
| 2015-11-29 | 김기대 | 영업1팀 | 과장 | 881101-1123456 | 37,200,000 |
| 2022-12-11 | 김기도 | 영업1팀 | 사원 | 010109-3123456 | 26,600,000 |
| 2023-12-05 | 김무영 | 영업2팀 | 사원 | 020326-3123456 | 27,800,000 |
| 2020-12-14 | 김상국 | 영업1팀 | 사원 | 991001-1123456 | 27,400,000 |
| 2018-11-27 | 김석영 | 영업2팀 | 대리 | 920912-2123456 | 33,500,000 |
| 1992-12-08 | 김수찬 | 영업2팀 | 과장 | 720716-1123456 | 35,800,000 |
| 2002-11-17 | 김식상 | 영업1팀 | 부장 | 671018-1123456 | 45,300,000 |
| 2019-11-21 | 김아슬 | 영업2팀 | 대리 | 890101-2123456 | 29,900,000 |
| 2023-11-27 | 김학종 | 영업3팀 | 사원 | 000110-3123456 | 29,300,000 |
| 1998-12-13 | 문일규 | 영업1팀 | 부장 | 691010-2123456 | 46,200,000 |
| 2017-11-06 | 박용화 | 영업2팀 | 과장 | 711201-2123456 | 38,100,000 |
| 1999-12-09 | 서필기 | 영업3팀 | 부장 | 700823-1123456 | 33,400,000 |
| 2019-11-26 | 안채상 | 영업3팀 | 대리 | 860108-1123456 | 31,300,000 |
| 2011-11-28 | 양은주 | 영업3팀 | 과장 | 850617-2123456 | 35,900,000 |
| 2017-12-10 | 유희만 | 영업2팀 | 대리 | 901111-1123456 | 30,500,000 |
| 2004-12-08 | 윤호도 | 영업2팀 | 부장 | 721212-1123456 | 43,500,000 |
| 2022-12-07 | 이상얼 | 영업3팀 | 대리 | 951010-1123456 | 31,600,000 |
| 2023-11-29 | 이우중 | 영업2팀 | 사원 | 970303-1123456 | 31,600,000 |
| 2021-12-03 | 이주신 | 영업1팀 | 대리 | 911224-1123456 | 29,500,000 |
| 2023-12-06 | 장선용 | 영업1팀 | 사원 | 990725-2123456 | 28,300,000 |
| 2012-12-07 | 조현성 | 영업1팀 | 과장 | 830403-1123456 | 36,200,000 |
| 2022-12-04 | 최덕희 | 영업2팀 | 사원 | 990516-2123456 | 27,500,000 |
| 2023-11-16 | 한정수 | 영업3팀 | 사원 | 980205-1123456 | 26,900,000 |


인쇄 시간 : 3:09 AM

### 02 조건부 서식

| | A | B | C | D | E | F | G |
|---|---|---|---|---|---|---|---|
| 1 | [표1] | 영업팀 직급별 연봉 현황 | | | | | |
| 2 | | | | | | | |
| 3 | 입사일 | 성명 | 부서 | 직급 | 주민번호 | 연봉 | |
| 4 | 2014-12-05 | 김경원 | 영업3팀 | 과장 | 841213-1123456 | 38,500,000 | |
| 5 | 2016-12-05 | 김규진 | 영업1팀 | 대리 | 930912-2123456 | 30,100,000 | |
| 6 | 2015-11-29 | 김기대 | 영업1팀 | 과장 | 881101-1123456 | 37,200,000 | |
| 7 | *2022-12-11* | *김기도* | *영업1팀* | *사원* | *010109-3123456* | *26,600,000* | |
| 8 | 2023-12-05 | 김무영 | 영업2팀 | 사원 | 020326-3123456 | 27,800,000 | |
| 9 | 2020-12-14 | 김상국 | 영업1팀 | 사원 | 991001-1123456 | 27,400,000 | |
| 10 | 2018-11-27 | 김석영 | 영업2팀 | 대리 | 920912-2123456 | 33,500,000 | |
| 11 | 1992-12-08 | 김수찬 | 영업2팀 | 과장 | 720716-1123456 | 35,800,000 | |
| 12 | 2002-11-17 | 김식상 | 영업1팀 | 부장 | 671018-1123456 | 45,300,000 | |
| 13 | 2019-11-21 | 김아슬 | 영업2팀 | 대리 | 890101-2123456 | 29,900,000 | |
| 14 | 2023-11-27 | 김학종 | 영업3팀 | 사원 | 000110-3123456 | 29,300,000 | |
| 15 | *1998-12-13* | *문일규* | *영업1팀* | *부장* | *691010-2123456* | *46,200,000* | |
| 16 | 2017-11-06 | 박용화 | 영업2팀 | 과장 | 711201-2123456 | 38,100,000 | |
| 17 | 1999-12-09 | 서필기 | 영업3팀 | 부장 | 700823-1123456 | 33,400,000 | |
| 18 | 2019-11-26 | 안채상 | 영업3팀 | 대리 | 860108-1123456 | 31,300,000 | |
| 19 | 2011-11-28 | 양은주 | 영업3팀 | 과장 | 850617-2123456 | 35,900,000 | |
| 20 | 2017-12-10 | 유희만 | 영업2팀 | 대리 | 901111-1123456 | 30,500,000 | |
| 21 | 2004-12-08 | 윤호도 | 영업2팀 | 부장 | 721212-1123456 | 43,500,000 | |
| 22 | 2022-12-07 | 이상얼 | 영업3팀 | 대리 | 951010-1123456 | 31,600,000 | |
| 23 | 2023-11-29 | 이우중 | 영업2팀 | 사원 | 970303-1123456 | 31,600,000 | |
| 24 | 2021-12-03 | 이주신 | 영업1팀 | 대리 | 911224-1123456 | 29,500,000 | |
| 25 | 2023-12-06 | 장선용 | 영업1팀 | 사원 | 990725-2123456 | 28,300,000 | |
| 26 | 2012-12-07 | 조현성 | 영업1팀 | 과장 | 830403-1123456 | 36,200,000 | |
| 27 | 2022-12-04 | 최덕희 | 영업2팀 | 사원 | 990516-2123456 | 27,500,000 | |
| 28 | 2023-11-16 | 한정수 | 영업3팀 | 사원 | 980205-1123456 | 26,900,000 | |
| 29 | | | | | | | |

## 문제 ❷ 계산작업

### 01 주문방법, 결제수수료, 주문건수, 결제방법, 체질량지수

| | A | B | C | D | E | F | G | H | I | J | K | L |
|---|---|---|---|---|---|---|---|---|---|---|---|---|
| 1 | [표1] | | | | | | | [표3] | | | | |
| 2 | 주문코드 | 결제방법 | 매출액 | 할부기간 | 주문방법 | 결제수수료 | | 매출액 | | 주문건수 | | |
| 3 | T001 | 나라카드 | 1,650,000 | 6 | 전화(1건) | 66,000 | | 0 ~ | 1,000,000 | ♥♥♥♥ | | |
| 4 | O002 | 한국카드 | 1,560,000 | 12 | 온라인(1건) | 109,200 | | 1000001 ~ | 2,000,000 | ♥♥♥♥♥♥♥ | | |
| 5 | V006 | 한국카드 | 1,280,000 | 3 | 방문(1건) | 38,400 | | 2000001 ~ | 3,000,000 | ♥♥♥♥♥ | | |
| 6 | V003 | 대한카드 | 2,540,000 | 12 | 방문(2건) | 152,400 | | 3000001 ~ | 4,000,000 | ♥♥♥♥ | | |
| 7 | T004 | 나라카드 | 3,210,000 | 6 | 전화(2건) | 128,400 | | 4000001 ~ | 5,000,000 | ♥♥♥ | | |
| 8 | O005 | 한국카드 | 4,210,000 | 12 | 온라인(2건) | 294,700 | | | | | | |
| 9 | V006 | 나라카드 | 2,840,000 | 12 | 방문(3건) | 170,400 | | [표4] | | | | |
| 10 | O005 | 나라카드 | 3,130,000 | 12 | 온라인(3건) | 187,800 | | 결제방법 | 1위 | 2위 | 3위 | |
| 11 | V002 | 대한카드 | 857,000 | 3 | 방문(4건) | 17,140 | | 나라카드 | 4,150,000 | 3,210,000 | 3,130,000 | |
| 12 | V003 | 한국카드 | 840,000 | 12 | 방문(5건) | 58,800 | | 대한카드 | 4,780,000 | 3,540,000 | 3,140,000 | |
| 13 | T001 | 대한카드 | 3,540,000 | 6 | 전화(3건) | 141,600 | | 한국카드 | 4,210,000 | 2,570,000 | 2,540,000 | |
| 14 | O002 | 나라카드 | 1,586,000 | 12 | 온라인(4건) | 95,160 | | | | | | |
| 15 | V005 | 한국카드 | 857,000 | 6 | 방문(6건) | 42,850 | | [표5] | | | | |
| 16 | T007 | 한국카드 | 2,541,000 | 6 | 전화(4건) | 127,050 | | 성명 | 키 | 몸무게 | 체질량지수 | |
| 17 | O002 | 대한카드 | 3,147,000 | 7 | 온라인(5건) | 125,880 | | 김문근 | 185 | 80 | 18.7% | |
| 18 | V006 | 나라카드 | 954,000 | 10 | 방문(7건) | 38,160 | | 백미화 | 156 | 55 | 12.4% | |
| 19 | T001 | 한국카드 | 1,879,000 | 6 | 전화(5건) | 93,950 | | 위견 | 171 | 68 | 15.8% | |
| 20 | O003 | 나라카드 | 4,150,000 | 12 | 온라인(6건) | 249,000 | | 유명상 | 176 | 70 | 15.8% | |
| 21 | V005 | 나라카드 | 2,741,000 | 8 | 방문(8건) | 109,640 | | 박형선 | 181 | 75 | 17.2% | |
| 22 | T005 | 대한카드 | 1,238,000 | 9 | 전화(6건) | 49,520 | | 차준호 | 178 | 90 | 25.6% | |
| 23 | O005 | 한국카드 | 2,574,000 | 11 | 온라인(7건) | 128,700 | | 최태웅 | 175 | 85 | 23.6% | |
| 24 | V006 | 대한카드 | 4,784,000 | 4 | 방문(9건) | 95,680 | | 윤지은 | 160 | 59 | 13.6% | |
| 25 | V007 | 나라카드 | 1,297,000 | 5 | 방문(10건) | 25,940 | | 위성신 | 169 | 50 | 8.8% | |
| 26 | | | | | | | | | | | | |

1. [E3] 셀에 「=IF(LEFT(A3,1)="T", "전화(", IF(LEFT(A3,1)="O","온라인(","방문(")) & COUNTIF($A$3:A3, LEFT(A3,1)&"*") & "건)"」를 입력하고 [E25] 셀까지 수식 복사
2. [F3] 셀에 「=C3*HLOOKUP(D3,$B$28:$E$31,MATCH(B3,{"한국카드","대한카드"},-1)+2)」를 입력하고 [F25] 셀까지 수식 복사
3. [J3:J7] 영역에 「=REPT("♥",FREQUENCY(C3:C25,I3:I7))」를 입력하고 Ctrl+Shift+Enter
4. [I11:K11] 셀에 「=ROUNDDOWN(LARGE(($B$3:$B$25=H11)*$C$3:$C$25,{1,2,3}),-4)」를 입력하고 Ctrl+Shift+Enter를 누른 후 [K13] 셀까지 수식 복사
5. [K17] 셀에 「=fn지수(I17,J17)」를 입력하고 [K25] 셀까지 수식 복사

```
Public Function fn지수(키, 몸무게)
    fn지수 = (몸무게 / 키) ^ 2
End Function
```

## 문제 ❸ 분석작업

### 01 피벗 테이블

| 출시일 | 통신사 | 단말기가격평균 | 기타비용평균 |
|---|---|---|---|
| 1월 | | | |
| | 한국통신 | 323,333 | 40,000 |
| | 영진통신 | 310,000 | 26,667 |
| | 나래통신 | 386,667 | 38,333 |
| **1월 요약** | | **342,222** | **37,222** |
| 2월 | | | |
| | 한국통신 | 140,000 | 13,333 |
| | 영진통신 | 445,556 | 35,556 |
| | 나래통신 | 515,000 | 10,000 |
| **2월 요약** | | **390,000** | **27,143** |
| **총합계** | | **363,125** | **32,813** |

### 02 데이터 도구

| 시나리오 요약 | | | |
|---|---|---|---|
| | 현재 값: | 적립률10% | 적립률30% |
| 변경 셀: | | | |
| 적립률 | 20% | 10% | 30% |
| 결과 셀: | | | |
| 포인트합계 | 312,000 | 286,000 | 338,000 |

참고: 현재 값 열은 시나리오 요약 보고서가 작성될 때의 변경 셀 값을 나타냅니다. 각 시나리오의 변경 셀들은 회색으로 표시됩니다.

※ 나이는 실습하는 년도에 따라 결과 그림과 다를 수 있습니다.

## 문제 ❹ 기타작업

### 01 차트

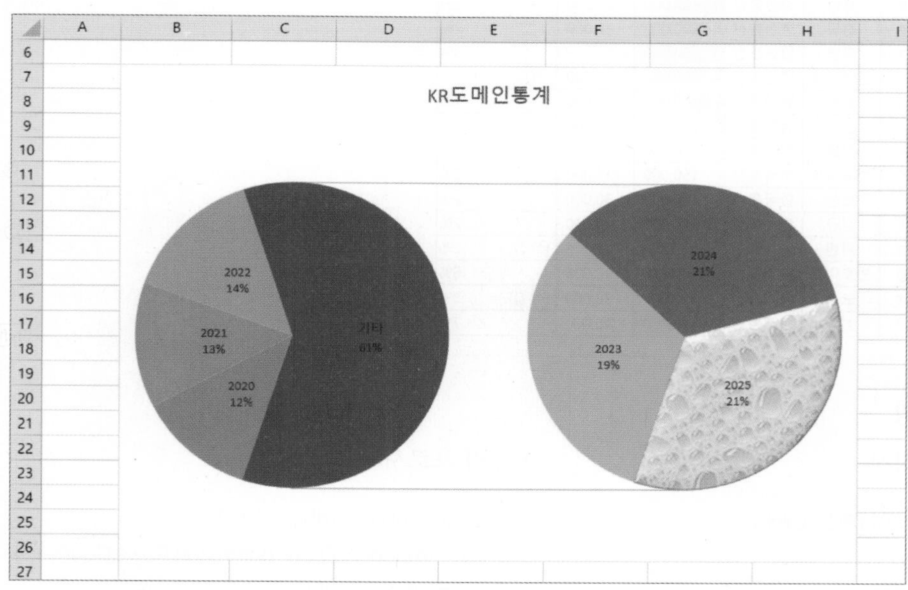

## 02 매크로

| | A | B | C | D | E | F | G | H |
|---|---|---|---|---|---|---|---|---|
| 1 | | | | | | | | |
| 2 | | 서식적용 | | | 그래프보기 | | | |
| 3 | | | | | | | | |
| 4 | | | | | | | | |
| 5 | | 제품코드 | 판매조건 | 통신사 | 단말기가격 | 기타비용 | 할인율 | |
| 6 | | SA-1 | 기변 | 나래통신 | 500,000 | - | 3% | |
| 7 | | SA-2 | 번호이동 | 나래통신 | 450,000 | 20,000 | [적립] 1% | |
| 8 | | SA-3 | 보상 | 나래통신 | 350,000 | 60,000 | | |
| 9 | | SA-4 | 신규 | 나래통신 | 150,000 | 80,000 | 3% | |
| 10 | | SA-5 | 기변 | 한국통신 | 600,000 | - | [적립] 5% | |
| 11 | | SA-6 | 번호이동 | 한국통신 | 500,000 | 20,000 | 3% | |
| 12 | | SA-7 | 보상 | 한국통신 | 400,000 | 60,000 | 4% | |
| 13 | | SA-8 | 신규 | 한국통신 | 250,000 | 80,000 | 2% | |
| 14 | | SA-9 | 기변 | 한국통신 | 220,000 | - | 1% | |
| 15 | | SA-10 | 번호이동 | 한국통신 | 190,000 | 20,000 | 5% | |
| 16 | | SA-11 | 보상 | 한국통신 | 150,000 | 60,000 | [적립] 4% | |
| 17 | | SA-12 | 신규 | 한국통신 | 350,000 | 80,000 | 2% | |
| 18 | | SA-13 | 기변 | 영진통신 | 350,000 | - | | |
| 19 | | SA-14 | 번호이동 | 영진통신 | 300,000 | 20,000 | | |
| 20 | | SA-15 | 보상 | 영진통신 | 280,000 | 60,000 | | |
| 21 | | SA-16 | 신규 | 영진통신 | 400,000 | 80,000 | | |
| 22 | | SA-17 | 기변 | 영진통신 | 480,000 | - | 1% | |
| 23 | | SA-18 | 번호이동 | 영진통신 | 400,000 | 20,000 | 5% | |
| 24 | | SA-19 | 보상 | 영진통신 | 380,000 | 60,000 | 3% | |
| 25 | | SA-20 | 신규 | 영진통신 | 600,000 | 80,000 | 2% | |
| 26 | | SA-21 | 기변 | 영진통신 | 650,000 | - | 3% | |
| 27 | | SA-22 | 번호이동 | 영진통신 | 500,000 | 10,000 | [적립] 3% | |
| 28 | | SA-23 | 보상 | 영진통신 | 400,000 | 30,000 | 4% | |
| 29 | | SA-24 | 신규 | 영진통신 | 200,000 | 40,000 | 4% | |
| 30 | | SA-25 | 기변 | 한국통신 | 170,000 | - | 3% | |
| 31 | | SA-26 | 번호이동 | 한국통신 | 150,000 | 10,000 | 2% | |
| 32 | | SA-27 | 보상 | 한국통신 | 100,000 | 30,000 | 2% | |
| 33 | | SA-28 | 신규 | 한국통신 | 250,000 | 40,000 | 2% | |
| 34 | | SA-29 | 기변 | 나래통신 | 550,000 | - | [적립] 2% | |
| 35 | | SA-30 | 번호이동 | 나래통신 | 480,000 | 20,000 | 5% | |
| 36 | | SA-31 | 보상 | 나래통신 | 320,000 | 30,000 | [적립] 3% | |
| 37 | | SA-32 | 신규 | 나래통신 | 550,000 | 40,000 | 7% | |
| 38 | | | | | | | | |

## 03 VBA 프로그래밍

• 폼 보이기 프로시저

```
Private Sub cmd요금계산_Click()
   요금계산.Show
End Sub
```

• 폼 초기화 프로시저

```
Private Sub UserForm_Initialize()
    Txt납부일 = Date
    lst요금.ColumnCount = 3
    lst요금.RowSource = "H6:J12"
End Sub
```

• 입력 프로시저

```
Private Sub cmd계산_Click()
    i = Range("A5").CurrentRegion.Rows.Count + 4
    Cells(i, 1) = Txt납부일
    Cells(i, 2) = lst요금.List(lst요금.ListIndex, 0)
    Cells(i, 3) = lst요금.List(lst요금.ListIndex, 1)
    Cells(i, 4) = Txt사용시간.Value
    Cells(i, 5) = lst요금.List(lst요금.ListIndex, 2)
    Cells(i, 6) = Cells(i, 4) * Cells(i, 5)
End Sub
```

# 기출 유형 문제 04회 해설

## 문제 ❶ 기본작업

### 01 고급 필터('기본작업-1' 시트)

① [A30:A31] 영역에 조건식을 입력하고, [A34:D34] 영역에 출력할 필드명을 입력한다.

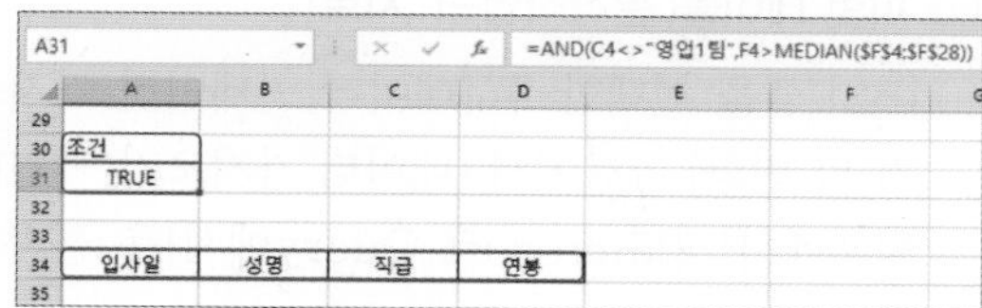

[A31] : =AND(C4<>"영업1팀",F4>MEDIAN($F$4:$F$28))

② 데이터 목록 안의 아무 셀이나 클릭하고 [데이터]-[정렬 및 필터] 그룹에서 [고급]( )을 클릭한다.

③ [고급 필터]에서 그림과 같이 지정한 후 [확인]을 클릭한다.

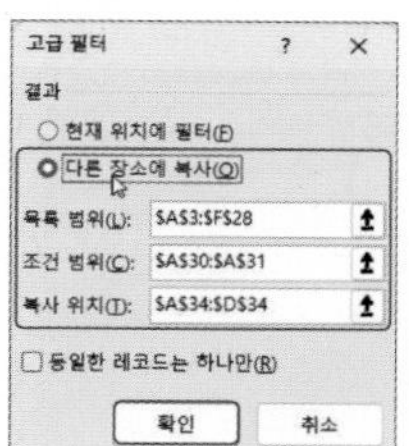

- 결과 : '다른 장소에 복사'
- 목록 범위 : [A3:F28]
- 조건 범위 : [A30:A31]
- 복사 위치 : [A34:D34]

### 02 조건부 서식('기본작업-1' 시트)

① [A4:F28] 영역을 범위 지정한 후 [홈]-[스타일] 그룹의 [조건부 서식]-[새 규칙]을 클릭한다.

**기적의 TIP**

조건부 서식의 범위 지정할 때 [F28] 셀에서 [A4] 셀 방향으로 범위를 지정하면 조건부 서식이 제대로 실행되지 않습니다. 반드시 [A4] 셀에서 시작하여 [F28] 셀까지 범위를 지정해야 합니다.

② [새 서식 규칙]에서 '▶수식을 사용하여 서식을 지정할 셀 결정'을 선택한 후, =($F4=MAX($F$4:$F$28))+($F4=MIN($F$4:$F$28))를 입력하고 [서식]을 클릭한다.

③ [글꼴] 탭에서 '굵은 기울임꼴', 글꼴 색 '표준 색 – 빨강'을 선택하고 [확인]을 클릭한다.

④ [새 서식 규칙] 에서 '수식'과 '서식'이 맞는지 확인한 다음 [확인]을 클릭한다.

### 03 페이지 레이아웃('기본작업-2' 시트)

① [A1:F28] 영역을 범위 지정한 후 [페이지 레이아웃] 탭의 [페이지 설정]-[인쇄 영역]-[인쇄 영역 설정]을 클릭한다.

② [페이지 레이아웃] 탭의 [페이지 설정]에서 [옵션]( )을 클릭한다.

③ [여백] 탭에서 왼쪽, 오른쪽에 각각 1로 지정하고, 페이지 가운데 맞춤 '가로', '세로'를 체크한다.

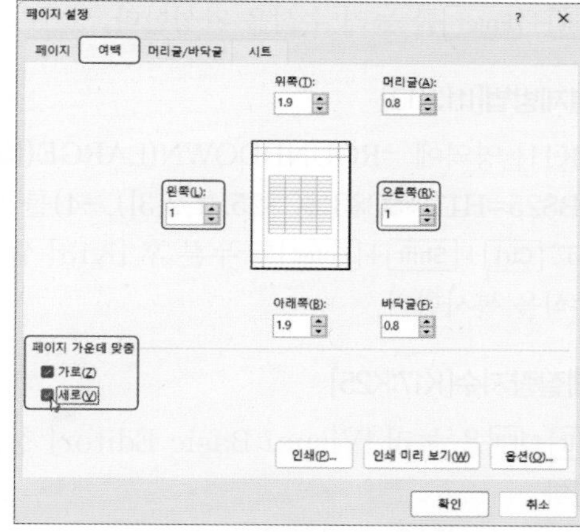

④ [머리글/바닥글] 탭에서 [바닥글 편집]을 클릭한다.

⑤ 왼쪽 구역에 커서를 두고 **인쇄 시간 :** 을 입력한 후, [시간 삽입]( )을 클릭한 후 [확인]을 클릭하고 [페이지 설정]에서 [확인]을 클릭한다.

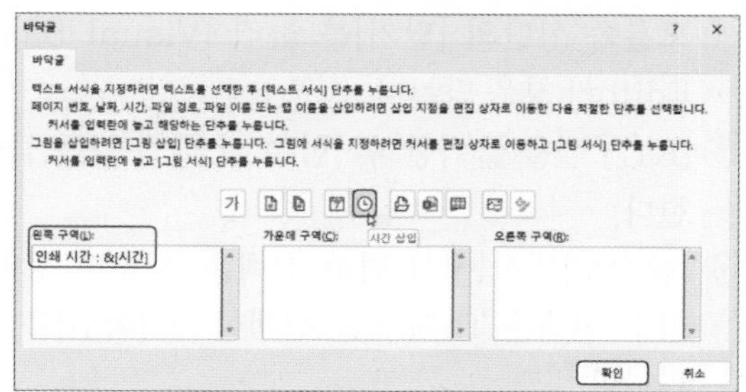

## 문제 ❷ 계산작업

### 01 주문방법[E3:E25]

[E3] 셀에 =IF(LEFT(A3,1)="T", "전화(", IF(LEFT(A3,1)="O","온라인(","방문(")) & COUNTIF($A$3:A3, LEFT(A3,1)&"*") & "건)"를 입력하고 [E25] 셀까지 수식을 복사한다.

### 02 결제수수료[F3:F25]

[F3] 셀에 =C3*HLOOKUP(D3,$B$28:$E$31, MATCH(B3,{"한국카드","대한카드"},-1)+2)를 입력하고 [F25] 셀까지 수식을 복사한다.

### 03 주문건수[J3:J7]

[J3:J7] 영역을 범위 지정한 후 =REPT("♥", FREQUENCY(C3:C25,I3:I7))를 입력하고 Ctrl+Shift+Enter를 눌러 수식을 완성한다.

### 04 결제방법[I11:K13]

[I11:K11] 영역에 =ROUNDDOWN(LARGE(($B$3:$B$25=H11)*$C$3:$C$25,{1,2,3}),-4)를 입력하고 Ctrl+Shift+Enter를 누른 후 [K13] 셀까지 수식을 복사한다.

### 05 체질량지수[K17:K25]

① Alt+F11을 눌러 [Visual Basic Editor] 창을 연다.
② [삽입]-[모듈]을 클릭한다.
③ 코드 입력창에 아래와 같이 코드를 입력한다.

```
Public Function fn지수(키, 몸무게)
    fn지수 = (몸무게 / 키) ^ 2
End Function
```

④ 오른쪽 상단의 [닫기]를 눌러 [Visual Basic Editor] 창을 닫는다.
⑤ [K17] 셀을 클릭한 후 [함수 삽입] 도구를 클릭한다.
⑥ [함수 마법사]에서 범주 선택은 '사용자 정의', 함수 선택은 'fn지수'를 선택한 후 [확인]을 클릭한다.
⑦ [함수 인수]에서 키는 [I17], 몸무게는 [J17] 셀을 지정하고 [확인]을 클릭한다.
⑧ [K17] 셀의 채우기 핸들을 이용하여 [K25] 셀까지 수식을 복사한다.

## 문제 ❸ 분석작업

### 01 피벗 테이블('분석작업-1' 시트)

① [B2] 셀을 선택한 후 [데이터]-[데이터 가져오기 및 변환] 그룹에서 [데이터 가져오기]-[기타 원본에서]-[Microsoft Query에서]를 클릭한다.
② [데이터 원본 선택]의 [데이터베이스] 탭에서 'MS Access Database *'를 선택하고 [확인]을 클릭한다.
③ '핸드폰.accdb'를 선택하고 [확인]을 클릭한다.
④ [열 선택]에서 '핸드폰상품목록' 테이블을 더블클릭하여 다음과 같이 지정하고 [다음]을 클릭한다.

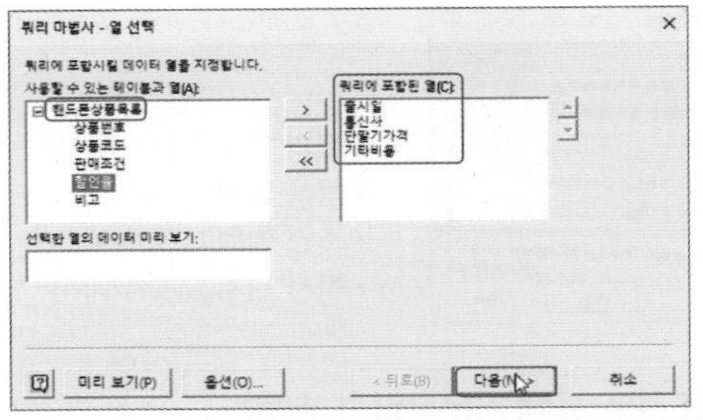


출시일, 통신사, 단말기가격, 기타비용

⑤ [데이터 필터]와 [정렬 순서]에서는 설정 없이 [다음]을 클릭한다.
⑥ [마침]에서 'Microsoft Excel(으)로 데이터 되돌리기'를 선택하고 [마침]을 클릭한다.
⑦ [데이터 가져오기]에서 '피벗 테이블 보고서'를 선택한 다음, '기존 워크시트'는 [B2] 셀을 지정하고 [확인]을 클릭한다.

⑧ [피벗 테이블 필드]에서 다음과 같이 드래그한다.

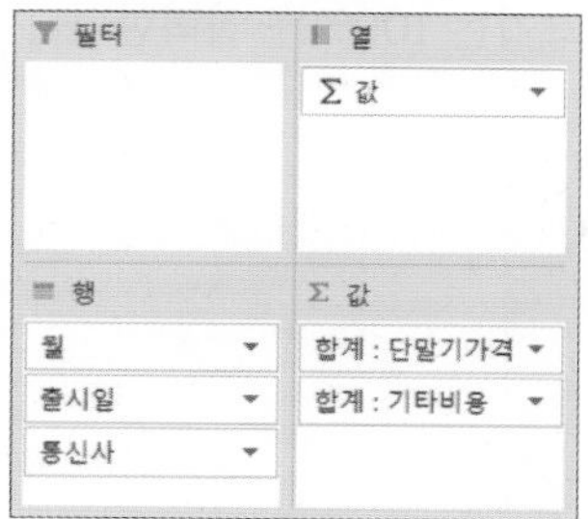


⑨ [디자인]–[레이아웃] 그룹의 [보고서 레이아웃]–[개요 형식으로 표시]을 클릭한다.

⑩ [B2] 셀에서 마우스 오른쪽 버튼을 눌러 [그룹] 메뉴를 클릭한다.

⑪ [그룹화]에서 '일'을 선택을 해제하고, '월'만 선택된 상태에서 [확인]을 클릭한다.

⑫ [디자인]–[레이아웃] 그룹의 [부분합]–[그룹 하단에 모든 부분합 표시]를 클릭한다.

⑬ [D2] 셀에서 마우스 오른쪽 버튼을 눌러 [값 필드 설정]을 클릭하여 '평균'을 선택하고, 사용자 지정 이름에 **단말기가격평균**을 입력하고, [표시 형식]을 클릭한 후 [셀 서식]에서 '숫자'를 선택하고 '1000단위 구분 기호 사용'을 체크하고 [확인]을 클릭한다.

⑭ 같은 방법으로 '기타비용'도 '평균', 사용자 지정 이름은 **기타비용평균**, 셀 서식을 '숫자'를 선택하고 '1000단위 구분 기호 사용'을 체크하고 [확인]을 클릭한다.

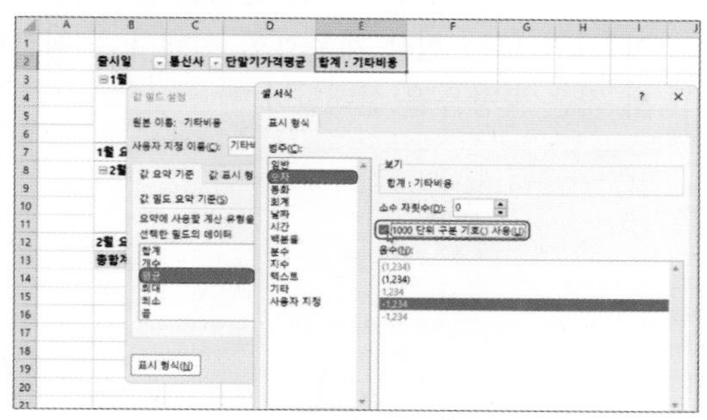

⑮ 피벗 테이블 안에 셀 포인터가 놓여 있는 상태에서 [디자인]–[피벗 테이블 스타일] 그룹의 '연한 파랑, 피벗 스타일 보통 9'을 선택하고 '줄무늬 열'을 체크한다.

⑯ [피벗 테이블 분석]–[표시] 그룹에서 [+/– 단추]를 클릭하여 해제하고, 통신사 [C2] 셀의 목록 단추(▾)를 클릭하여 [텍스트 내림차순 정렬](↓)을 클릭한다.

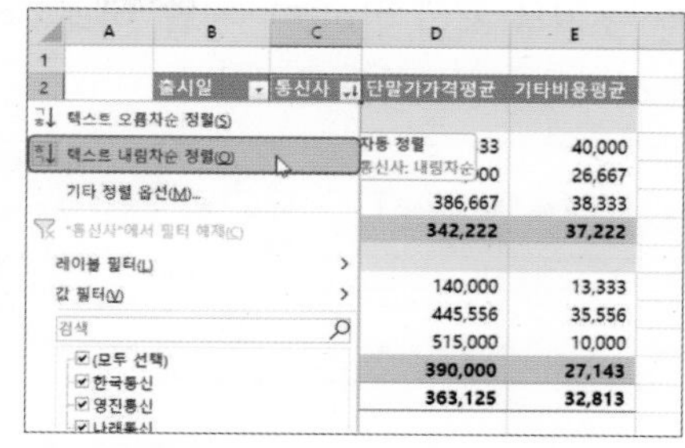


버전 TIP

피벗 테이블 작성 시 날짜 데이터가 있을 경우 레이블 이름이 다르게 표시됩니다.

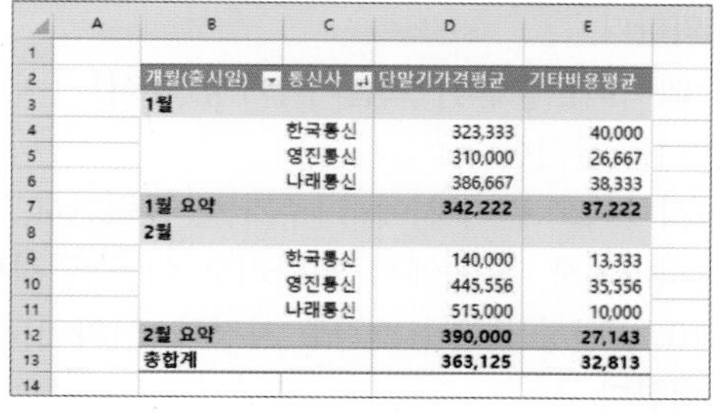

| 개월(출시일) | 통신사 | 단말기가격평균 | 기타비용평균 |
|---|---|---|---|
| 1월 | | | |
| | 한국통신 | 323,333 | 40,000 |
| | 영진통신 | 310,000 | 26,667 |
| | 나래통신 | 386,667 | 38,333 |
| 1월 요약 | | 342,222 | 37,222 |
| 2월 | | | |
| | 한국통신 | 140,000 | 13,333 |
| | 영진통신 | 445,556 | 35,556 |
| | 나래통신 | 515,000 | 10,000 |
| 2월 요약 | | 390,000 | 27,143 |
| 총합계 | | 363,125 | 32,813 |

## 02 데이터 도구('분석작업-2' 시트)

① [B2:G23] 영역을 범위 지정한 후 [데이터]–[정렬 및 필터] 그룹에서 [정렬]()을 클릭한다.

② 정렬 기준 '등급', 정렬 '사용자 지정 목록...'을 선택한 후 **실버, 레드, 그린, 블루**를 입력한 후 [추가]를 클릭한 후 [확인]을 클릭한다.

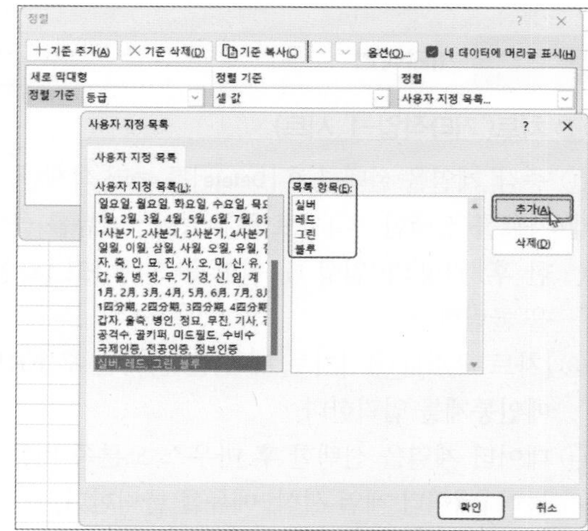

③ [정렬]에서 [기준 추가]를 클릭하여 다음 기준 '포인트', 정렬 기준 '조건부 서식 아이콘', 정렬 '위에 표시'를 선택한다.

④ [기준 추가]를 클릭하여 다음 기준 '포인트', 정렬 기준 '조건부 서식 아이콘', 정렬 '아래쪽에 표시'를 선택하고 [확인]을 클릭한다.

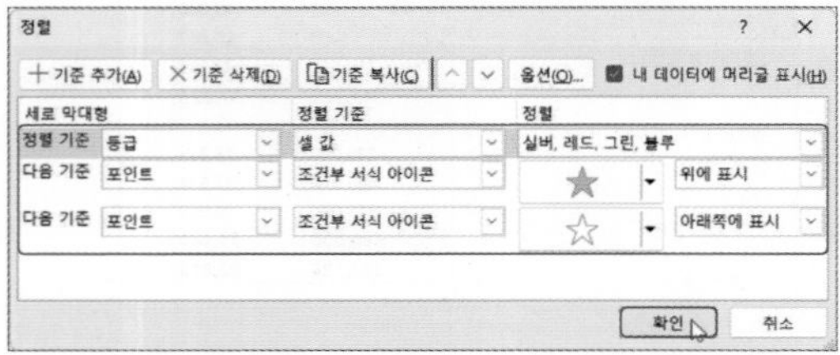


⑤ [D27] 셀을 클릭한 후 이름 상자에 **적립률**를 입력하고, [G24] 셀은 **포인트합계**로 이름을 정의한다.

⑥ [데이터]-[예측] 그룹의 [가상 분석]-[시나리오]를 클릭한다.

⑦ [시나리오 관리자]에서 [추가]를 클릭한다.

⑧ [시나리오 추가]에서 '시나리오 이름'은 **적립률 10%**, 변경 셀은 [D27]로 지정하고 [확인]을 클릭한다.

⑨ 적립률은 **10%**를 입력하고 [추가]를 클릭한다.

⑩ [시나리오 추가]에서 시나리오 이름에 **적립률 30%**를 입력하고 [확인]을 클릭한다.

⑪ [시나리오 값]에서 **30%**를 입력하고 [확인]을 클릭한다.

⑫ [시나리오 관리자]에서 [요약]을 클릭한 후 결과 셀 [G24] 셀을 지정하고 [확인]을 클릭한다.

## 문제 ❹ 기타작업

### 01 차트('기타작업-1' 시트)

① '증감' 계열을 선택한 후 Delete를 눌러 삭제한다.

② 차트를 선택한 후 [차트 종류 변경] 메뉴를 클릭한 후 '원형'의 '원형 대 원형'을 선택하고 [확인]을 클릭한다.

③ [차트 요소](⊞)-[차트 제목]을 클릭한 후 **KR도메인통계**를 입력한다.

④ 데이터 계열을 선택한 후 마우스 오른쪽 버튼을 눌러 [데이터 계열 서식] 메뉴를 클릭한다.

⑤ '계열 옵션'에서 둘째 영역 값은 3, 간격 너비 50%, 둘째 영역 크기는 100%를 입력한다.

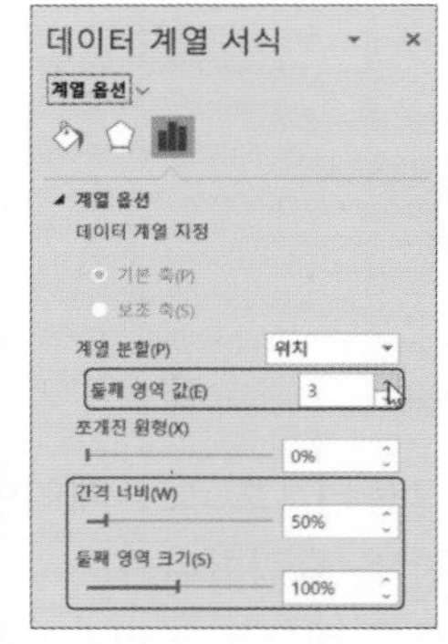


⑥ [차트 요소]-[데이터 레이블]-[기타 옵션]을 클릭하여 '항목 이름', '백분율'을 선택하고, 레이블 위치는 '가운데'를 선택한다.

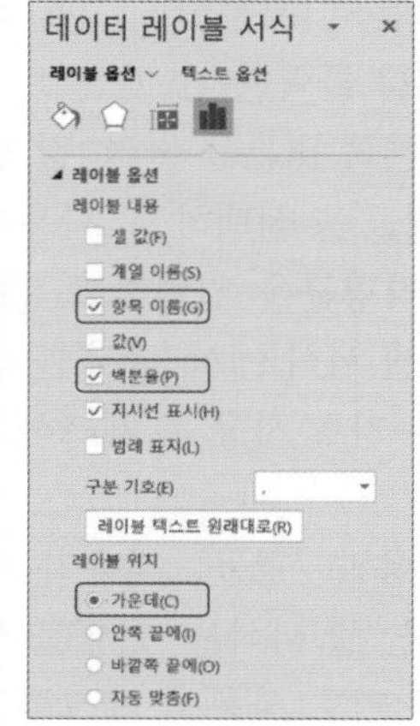


⑦ '2025' 요소를 천천히 2번 클릭한 후 '채우기'에서 '그림 또는 질감 채우기'를 선택하고 '질감'에서 '작은 물방울'을 선택한다.

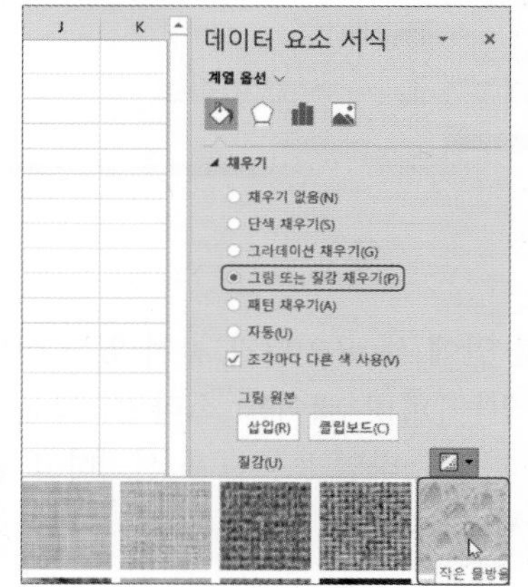

⑧ [서식]–[도형 스타일] 그룹에서 [도형 효과]–[미리 설정]의 '기본 설정2'를 선택한다.

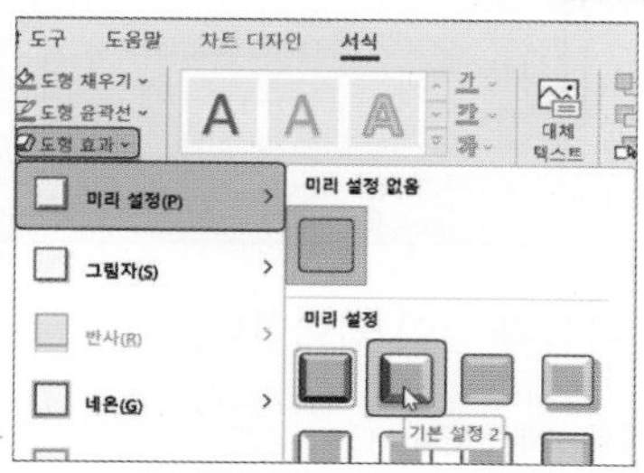

## 02 매크로('기타작업–2' 시트)

① 비어 있는 셀을 클릭한 후 [개발 도구]–[코드] 그룹의 [매크로 기록]( )을 클릭한다.

② [매크로 기록]에 **서식적용**을 입력하고 [확인]을 클릭한다.

③ [G6:G37] 영역을 범위 지정한 후 Ctrl+1을 눌러 [표시 형식] 탭의 '사용자 지정'을 선택한 후 0%;[**자홍**]"[**적립**]"* 0%;를 입력하고 [확인]을 클릭한다.

④ [개발 도구]–[코드] 그룹의 [기록 중지]( )를 클릭한다.

⑤ [개발 도구]–[컨트롤] 그룹의 [삽입]–[단추(양식 컨트롤)]( )을 클릭한다.

⑥ 마우스 포인트가 '+'로 바뀌면 Alt를 누른 상태에서 [B2:C3] 영역에 드래그하면 [매크로 지정] 대화상자가 나타난다.

⑦ [매크로 지정]에 **서식적용**을 선택하고 [확인]을 클릭한다.

⑧ 단추에 입력된 '단추 1'을 지우고 **서식적용**을 입력한다.

⑨ 비어 있는 셀을 클릭한 후 [개발 도구]–[코드] 그룹의 [매크로 기록]( )을 클릭한다.

⑩ [매크로 기록]에 **그래프보기**를 입력하고 [확인]을 클릭한다.

⑪ [E6:E37] 영역을 범위 지정한 후 [홈]–[스타일] 그룹의 [조건부 서식]–[새 규칙]을 클릭한다.

⑫ [새 서식 규칙]에서 다음과 같이 지정하고 [확인]을 클릭한 후 [개발 도구] 탭의 [코드] 그룹의 [기록 중지]( )를 클릭한다.

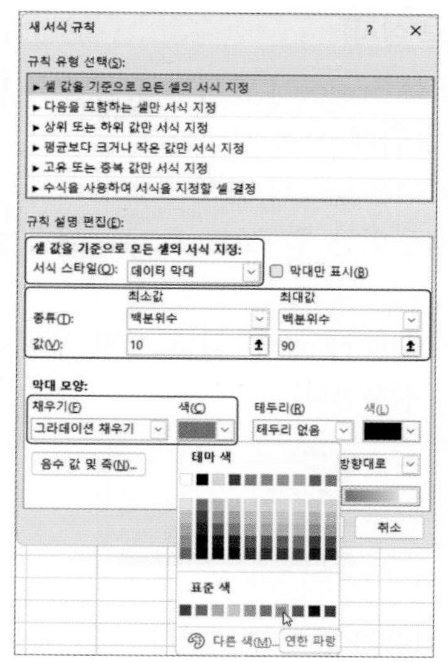

- **서식 스타일** : 데이터 막대
- **최소값** : 백분위수(10)
- **최대값** : 백분위수(90)
- **채우기** : 그라데이션 채우기
- **색** : 표준 색 – 연한 파랑

⑬ [개발 도구]–[컨트롤] 그룹의 [삽입]–[단추(양식 컨트롤)]( )을 클릭한다.

⑭ 마우스 포인트가 '+'로 바뀌면 Alt를 누른 상태에서 [E2:F3] 영역에 드래그한다.

⑮ [매크로 지정]에 **그래프보기**를 선택하고 [확인]을 클릭한다.

⑯ 단추에 입력된 '단추 2'를 지우고 **그래프보기**를 입력한다.

## 03 VBA 프로그래밍('기타작업–3' 시트)

### ① 폼 보이기

① [개발 도구]–[컨트롤] 그룹의 [디자인 모드]( )를 클릭하여 <요금계산> 버튼을 편집 상태로 만든다.

② <요금계산> 버튼에서 마우스 오른쪽 버튼을 클릭한 후 [코드 보기]를 클릭하여 다음과 같이 입력한다.

```
Private Sub cmd요금계산_Click()
    요금계산.Show
End Sub
```

### ② 폼 초기화(콤보 상자)

① [프로젝트–VBAProject] 탐색기에서 '폼'을 더블클릭하고 〈요금계산〉을 선택한다.

② [프로젝트–VBAProject] 탐색기에서 〈요금계산〉 폼을 더블클릭한 후 [코드 보기](▤)를 클릭한다.

③ '개체 목록'은 'UserForm', '프로시저 목록'은 'Initialize'를 선택한다.

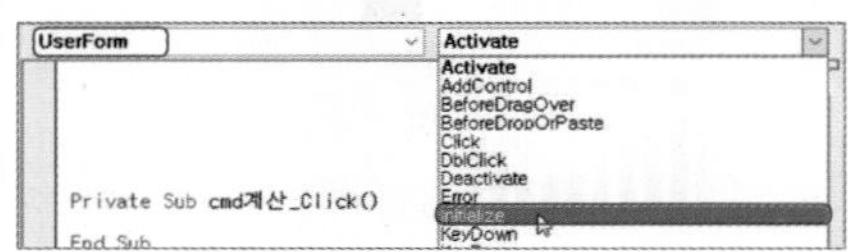


④ 코드 창에서 다음과 같이 입력한다.

```
Private Sub UserForm_Initialize()
    Txt납부일 = Date
    lst요금.ColumnCount = 3
    lst요금.RowSource = "H6:J12"
End Sub
```

**코드 설명**

① UserForm_Initialize() : 폼이 화면에 나타나기 전에 수행해야 할 작업들을 기술
② Txt납부일 = Date : Txt납부일에는 오늘 날짜를 표시
③ lst요금.ColumnCount = 3 : lst요금에 연결할 열의 개수는 3
④ lst요금.RowSource = "H6:J12" : lst요금의 목록 단추에 [H6:J12] 영역을 연결함

**코드 설명**

사용자 폼이 활성화 되었을 때 'Txt사용시간' 컨트롤에 '1'을 표시하기 위해서 다음과 같은 코드가 이미 입력되어 있습니다.

```
Private Sub UserForm _Activate()
Txt사용시간 = 1
End Sub
```

### ③ 입력 프로시저

① [프로젝트– VBAProject] 탐색기에서 〈요금계산〉 폼을 더블클릭 한 후 '계산' 버튼을 더블클릭한다.

② 코드 창에서 다음과 같이 입력한다.

```
Private Sub cmd계산_Click()
    i = Range("A5").CurrentRegion.Rows.Count + 4
    Cells(i, 1) = Txt납부일
    Cells(i, 2) = lst요금.List(lst요금.ListIndex, 0)
    Cells(i, 3) = lst요금.List(lst요금.ListIndex, 1)
    Cells(i, 4) = Txt사용시간.Value
    Cells(i, 5) = lst요금.List(lst요금.ListIndex, 2)
    Cells(i, 6) = Cells(i, 4) * Cells(i, 5)
End Sub
```

**코드 설명**

① i = Range("A5").CurrentRegion.Rows.Count + 4
→ i는 임의로 만든 변수로 새로운 데이터를 입력할 행을 의미
→ [A5] 셀의 위쪽 [A4] 셀에 입력된 [표1]도 연결된 행의 수로 인식. 따라서, [A5] 셀 위로 연결되지 않은 3행과 새롭게 입력할 1행을 더해서 +4가 됨

+3 　 요금계산

[표1]

| 납부일 | 요금코드 | 통신사 | 사용시간(초) | 기본요금 | 사용요금 |
|---|---|---|---|---|---|
| +1 | | | | | |

② Cells(i, 2) = lst요금.List(lst요금.ListIndex, 0)
→ lst요금.ListIndex은 lst요금에서 선택한 값이 첫 번째이면 0으로 반환
→ lst요금.List(0,0)은 첫 번째 행과 열을 의미

③ [Visual Basic Editor]에서 오른쪽 상단의 [닫기]를 클릭한다.

④ 엑셀에서 [디자인 모드]를 한 번 더 클릭하여 편집 상태를 해제시킨다.

# 기출 유형 문제 05회

| 시험 시간 | 풀이 시간 | 합격 점수 | 내 점수 |
|---|---|---|---|
| 45분 | 분 | 70점 | 점 |

합격 강의

작업파일 [2025컴활1급₩1권_스프레드시트₩기출유형문제] 폴더의 '기출유형문제5회' 파일을 열어서 작업하시오.

## 문제 ❶ 기본작업 | 주어진 시트에서 다음 과정을 수행하고 저장하시오. 15점

**01 '기본작업1' 시트에서 다음과 같이 고급 필터를 수행하시오. (5점)**

▶ [A1:J24] 영역에서 수량이 10 이상이면서, 매출액을 1,000,000으로 나눈 몫이 5 이상인 자료의 회사명, 자전거명, 매출액 열만 순서대로 표시하시오.

▶ 조건은 [A26:A27] 영역 내에 알맞게 입력하시오. (AND, QUOTIENT 함수 사용)

▶ 결과는 [A30] 셀부터 표시하시오.

**02 '기본작업1' 시트에 다음과 같이 조건부 서식을 설정하시오. (5점)**

▶ [A2:J24] 영역에서 열번호가 3이거나 10인 열에 대해서 글꼴 스타일을 '기울임꼴', 글꼴 색 '표준 색 – 파랑'으로 적용하는 조건부 서식을 작성하시오.

▶ 단, 규칙 유형은 '수식을 사용하여 서식을 지정할 셀 결정'을 이용하시오. (OR, COLUMN 함수 사용)

**03 '기본작업2' 시트에서 다음과 같이 시트 보호와 통합 문서 보기를 설정하시오.(5점)**

▶ [I3:I25], [K3:K25] 영역에 셀 잠금과 수식 숨기기를 적용한 후 잠긴 셀의 내용과 워크 시트를 보호하시오.

▶ 잠긴 셀의 선택과 잠기지 않은 셀의 선택은 허용하고, 시트 보호 해제 암호는 지정하지 마시오.

▶ '기본작업2' 시트를 페이지 나누기 보기로 표시하고, [B2:K25] 영역만 1페이지로 인쇄되도록 페이지 나누기 구분선을 조정하시오.

## 문제 ❷ 계산작업 | 주어진 시트에서 다음 과정을 수행하고 저장하시오. 30점

**01 재고[E3:E28]과 예약주문[F3:F28]을 이용하여 수량의 차이만큼 그래프[G3:G28] 영역에 표시하시오. (6점)**

▶ 수량 차이 = 재고 – 예약주문

▶ 수량의 차이만큼 "▶"을 반복하여 표시하고, 오류가 발생할 경우(차이가 0미만일 때)에는 차이값을 양수로 계산하여 "▷"을 반복하여 표시하시오.

▶ IFERROR, REPT, ABS 함수 이용

**02 자전거명[B3:B28]과 회사명[C3:C28], 판매일자[D3:D28]를 이용하여 [표1]의 [K4:M7] 영역에 가장 빠른 판매일자의 월을 표시하시오. (6점)**

▶ [표시 예 : 2025-01-09 → 01월]
▶ TEXT, MIN, IF 함수를 이용한 배열 수식 이용

**03 판매일자[D3:D28]와 재고 수량[E3:E28]을 이용하여 6~7월의 재고 수량 평균을 구하여 [표2]의 [J16]에 표시하시오. (6점)**

▶ AVERAGE, IF, MONTH 함수를 이용한 배열 수식 이용

**04 자전거명[B3:B28]과 회사명[C3:C28]을 이용하여 자전거명별 회사명별 건수를 구하여 [표3]의 [K22:M25] 영역에 표시하시오. (6점)**

▶ CONCAT, SUM 함수를 이용한 배열 수식 이용
▶ [표시 예 : 2 → 확정 2건]

**05 비고[H3:H28]를 계산하는 사용자 정의 함수 'fn비고'를 작성하여 표시하시오. (6점)**

▶ 'fn비고'는 예약주문을 인수로 받아 비고를 계산하여 되돌려 줌
▶ 예약주문이 30 이상이면 "단체구매", 5 미만이면 "개인구매", 그 외에는 공백을 표시하시오.
▶ 'fn비고' 함수를 이용하여 [H3:H28] 영역에 비고를 표시하시오. (Select Case 사용)

```
Public Function fn비고(예약주문)
End Function
```

## 문제 3 분석작업 | 주어진 시트에서 다음 작업을 수행하고 저장하시오. 20점

**01 '분석작업1' 시트에서 다음 그림과 같이 피벗 테이블을 작성하시오. (10점)**

▶ 외부 데이터 가져오기 기능을 사용하여 〈자전거매장관리.accdb〉의 〈자전거매장관리〉 테이블에서 '판매일자', '매출액', '자전거명', '단가', '이익금', '회사명' 필드만을 이용하시오.
▶ 회사명이 '삼천리' 이거나 '참좋은레저'의 데이터를 이용하시오.
▶ 피벗 테이블 보고서의 레이아웃과 위치는 〈그림〉을 참조하여 설정하고, 보고서 레이아웃을 테이블 형식으로 표시하시오.
▶ '매출액' 필드는 0부터 6,000,000까지 1,000,000 단위로 〈그림〉을 참조하여 그룹화 하시오.
▶ '단가', '이익금' 필드의 표시 형식은 값 필드 설정의 셀 서식에서 '숫자' 범주를 이용하여 〈그림〉과 같이 지정하시오.
▶ '자전거명' 필드는 개수로 계산한 후 '자전거수'로 이름을 변경하시오.

▶ 피벗 테이블 스타일은 '연한 녹색, 피벗 스타일 보통 21'로 설정하시오.

| | A | B | C | D | E | F |
|---|---|---|---|---|---|---|
| 1 | | | | | | |
| 2 | | 판매일자 | (모두) | | | |
| 3 | | | | | | |
| 4 | | 매출액 | 자전거수 | 합계 : 단가 | 합계 : 이익금 | |
| 5 | | 0-999999 | 7 | 997,358 | 942,204 | |
| 6 | | 1000000-1999999 | 12 | 2,001,994 | 3,856,700 | |
| 7 | | 2000000-2999999 | 2 | 326,000 | 2,271,500 | |
| 8 | | 4000000-4999999 | 2 | 495,000 | 2,332,250 | |
| 9 | | 5000000-6000000 | 2 | 543,250 | 2,368,900 | |
| 10 | | 총합계 | 25 | 4,363,602 | 11,771,554 | |
| 11 | | | | | | |

※ 작업 완성된 그림이며 부분 점수 없음

**02 '분석작업2' 시트에 대하여 다음의 지시사항을 처리하시오. (10점)**

▶ 데이터 도구를 이용하여 [표1]에서 '수량', '이익율' 열을 기준으로 중복된 값이 입력된 셀을 포함하는 행을 삭제하시오.

▶ 조건부 서식의 상위/하위 규칙을 이용하여 '이익금' 필드에 대하여 상위 10개 항목에 해당한 데이터 값에 대해 '진한 빨강 텍스트가 있는 연한 빨강 채우기' 서식이 적용되도록 설정하시오.

▶ 필터 도구를 이용하여 [표1]의 '이익금' 필드에서 '진한 빨강 텍스트가 있는 연한 빨강 채우기' 색을 기준으로 필터링한 후 내림차순 정렬하시오.

## 문제 ❹ 기타작업 | 주어진 시트에서 다음 작업을 수행하고 저장하시오. 35점

**01 '기타작업1' 시트에서 다음의 그림과 같이 작업을 수행하시오. (각 2점)**

※ 차트는 반드시 문제에서 제공한 차트를 사용하여야 하며, 신규로 차트 작성 시 0점 처리됨

① 차트의 행/열을 전환하고, 차트의 스타일을 '스타일 6'으로 변경하시오.

② 차트의 제목과 기본 가로 축 제목을 추가하고 〈그림〉과 같이 입력하시오.

③ 충청북도의 '무료방문객수'에 해당하는 값에 레이블을 〈그림〉을 참고하여 추가하고, 범례는 '위쪽'에 표시하시오.

④ 간격 너비를 70%로 설정하고, 축 단위를 〈그림〉과 같이 설정하시오.

⑤ 차트 영역의 테두리에 둥근 모서리를 적용하고, '네온: 5pt, 파랑, 강조색1'로 설정하시오.

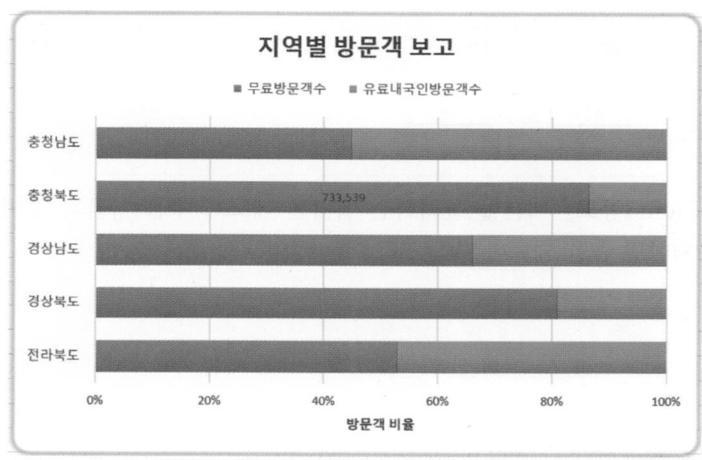

**02 '기타작업2' 시트에서 다음과 같은 기능을 수행하는 매크로를 현재 통합문서에 작성하시오. (각 5점)**

① [F7:F17] 영역에 대하여 사용자 지정 표시 형식을 설정하는 '서식적용' 매크로를 생성하시오.

▶ 양수일 때 파랑색으로 기호 없이 소수점 이하 첫째 자리까지 표시, 음수일 때 빨강색으로 기호 없이 소수점 이하 첫째 자리까지 표시, 0일 때 검정색으로 "◆" 기호만 표시

▶ [개발 도구]-[삽입]-[양식 컨트롤]의 '단추(▭)'를 동일 시트의 [B2:C3] 영역에 생성한 후 텍스트를 '서식적용'으로 입력하고, 단추를 클릭하면 '서식적용' 매크로가 실행되도록 설정하시오.

② [F7:F17] 영역에 대하여 표시 형식을 '회계', 소수 자릿수 '2', 기호 '없음'으로 적용하는 '서식해제' 매크로를 생성하시오.

▶ [개발 도구]-[삽입]-[양식 컨트롤]의 '단추(▭)'를 동일 시트의 [E2:F3] 영역에 생성한 후 텍스트를 '서식해제'로 입력하고, 단추를 클릭하면 '서식해제' 매크로가 실행되도록 설정하시오.

※ 셀 포인터의 위치에 관계없이 매크로가 실행되어야 정답으로 인정됨

**03 '기타작업3' 시트에서 다음과 같은 작업을 수행하고 저장하시오. (각 5점)**

① 〈자전거구입〉 버튼을 클릭하면 〈자전거판매관리〉 폼이 나타나도록 하고, 폼이 초기화(Initialize)되면 [K4:K8] 영역의 값이 콤보상자(cmb자전거명)의 목록에 추가되도록 프로시저를 작성하시오.

② 〈자전거판매관리〉 폼의 〈등록(cmd등록)〉 버튼을 클릭하면 아래의 내용이 수행되도록 작성하시오.

▶ 폼에 입력된 회사명(txt회사명), 자전거명(cmb자전거명), 판매액(txt판매액), 구분이 '기타작업3' 시트의 표 안에 입력되어 있는 마지막 데이터 행에 연속하여 추가되도록 프로시저를 작성하시오.

▶ 구분은 일반(OP일반)을 선택하면 '일반', 공동구매(OP공구)를 선택하면 '공동구매'로 표시하시오.

▶ 할인액은 구분의 일반(OP일반)을 선택하면 판매액의 '3%', 공동구매(OP공구)를 선택하면 판매액의 '10%'을 계산하여 표시하시오.

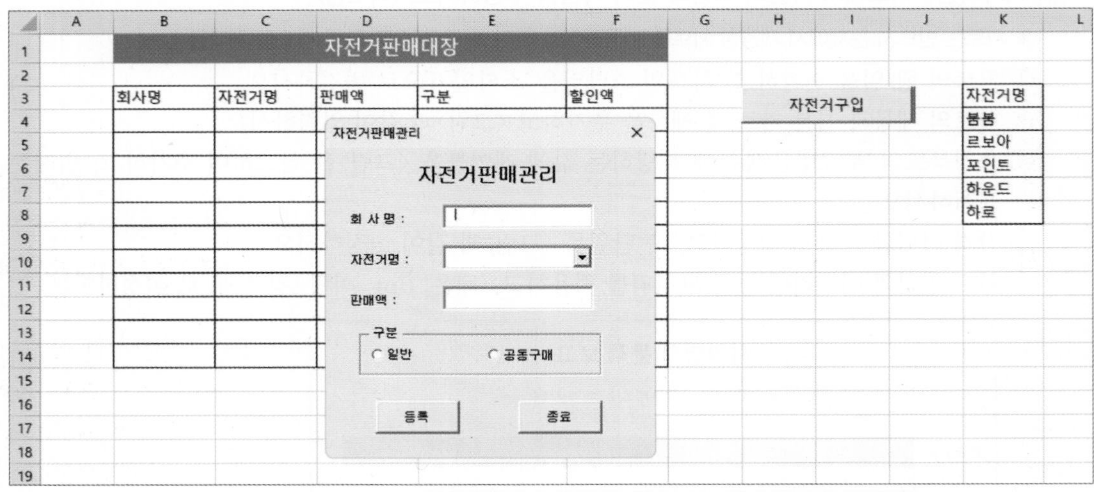


③ 〈자전거판매관리〉 폼의 '종료(cmd종료)' 버튼을 클릭하면 입력된 레코드 수를 다음과 같이 메시지 박스를 표시하고 [확인]을 클릭하면 폼을 종료하시오.

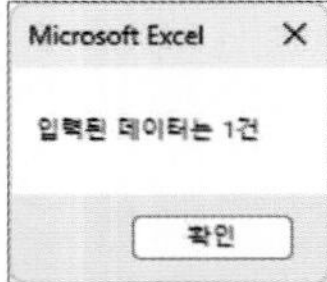


※ 데이터를 추가하거나 삭제하여도 항상 마지막 데이터 다음에 입력되어야 함

# 기출 유형 문제 05회 정답

## 문제 ❶ 기본작업

### 01 고급 필터

A27 | =AND(G2>=10,QUOTIENT(H2,1000000)>=5)

| | A | B | C | D | E | F |
|---|---|---|---|---|---|---|
| 25 | | | | | | |
| 26 | 조건 | | | | | |
| 27 | FALSE | | | | | |
| 28 | | | | | | |
| 29 | | | | | | |
| 30 | 회사명 | 자전거명 | 매출액 | | | |
| 31 | 참좋은레저 | 봄봄 | 5,695,000 | | | |
| 32 | 참좋은레저 | 골드DX | 5,428,500 | | | |
| 33 | | | | | | |

### 02 조건부 서식

| | A | B | C | D | E | F | G | H | I | J |
|---|---|---|---|---|---|---|---|---|---|---|
| 1 | 제품코드 | 회사명 | 자전거명 | 입고일자 | 판매일자 | 단가 | 수량 | 매출액 | 이익율 | 이익금 |
| 2 | K-04 | 코렉스 | 옐로우콘 | 2024-10-03 | 2025-06-02 | 267,500 | 3 | 802,500 | 20% | 160,500 |
| 3 | K-01 | 삼천리 | 스파크 | 2024-09-11 | 2025-06-09 | 111,278 | 4 | 445,112 | 22% | 97,925 |
| 4 | K-02 | 삼천리 | 하운드 | 2024-09-13 | 2025-05-08 | 108,500 | 18 | 1,953,000 | 30% | 585,900 |
| 5 | K-07 | 삼천리 | 하로 | 2024-09-14 | 2025-02-03 | 114,500 | 15 | 1,717,500 | 20% | 343,500 |
| 6 | K-01 | 삼천리 | 하운드700 | 2024-09-24 | 2025-02-01 | 211,278 | 8 | 1,690,224 | 23% | 388,752 |
| 7 | K-03 | 코렉스 | 포인트 | 2024-09-28 | 2025-03-04 | 134,750 | 15 | 2,021,250 | 17% | 343,613 |
| 8 | K-01 | 참좋은레저 | 스파크DX | 2024-10-01 | 2025-01-09 | 111,278 | 15 | 1,669,170 | 32% | 534,134 |
| 9 | K-07 | 참좋은레저 | 접이식 | 2024-10-04 | 2025-02-05 | 214,500 | 4 | 858,000 | 20% | 171,600 |
| 10 | K-03 | 참좋은레저 | 봄봄 | 2024-09-16 | 2025-02-05 | 284,750 | 20 | 5,695,000 | 13% | 740,350 |
| 11 | K-07 | 참좋은레저 | 아이콘 | 2024-09-30 | 2025-01-08 | 114,500 | 3 | 343,500 | 20% | 68,700 |
| 12 | K-07 | 코렉스 | 아이콘 | 2024-09-26 | 2025-01-02 | 114,500 | 2 | 229,000 | 20% | 45,800 |
| 13 | K-02 | 코렉스 | 환타지아 | 2024-09-21 | 2025-03-05 | 108,500 | 11 | 1,193,500 | 35% | 417,725 |
| 14 | K-03 | 코렉스 | 블랙캣 | 2024-09-17 | 2025-07-15 | 234,750 | 7 | 1,643,250 | 15% | 246,488 |
| 15 | K-03 | 삼천리 | 임펙트 | 2024-09-20 | 2025-07-11 | 284,750 | 6 | 1,708,500 | 17% | 290,445 |
| 16 | K-02 | 삼천리 | 로보아 | 2024-09-12 | 2025-04-05 | 108,500 | 22 | 2,387,000 | 25% | 596,750 |
| 17 | K-04 | 삼천리 | 트로이 | 2024-09-23 | 2025-05-03 | 117,500 | 1 | 117,500 | 30% | 35,250 |
| 18 | K-01 | 삼천리 | 인피자 | 2024-09-29 | 2025-04-07 | 111,278 | 11 | 1,224,058 | 28% | 342,736 |
| 19 | K-01 | 코렉스 | 그린머신 | 2024-10-02 | 2025-02-12 | 111,278 | 2 | 222,556 | 10% | 22,256 |
| 20 | K-02 | 참좋은레저 | 골드DX | 2024-10-05 | 2025-06-09 | 258,500 | 21 | 5,428,500 | 30% | 1,628,550 |
| 21 | K-02 | 참좋은레저 | 레온 | 2024-10-08 | 2025-07-08 | 108,500 | 10 | 1,085,000 | 20% | 217,000 |
| 22 | K-04 | 참좋은레저 | 메리다 | 2024-10-09 | 2025-05-11 | 217,500 | 4 | 870,000 | 30% | 261,000 |
| 23 | Z-03 | 참좋은레저 | FG-120 | 2024-10-10 | 2025-07-08 | 134,750 | 8 | 1,078,000 | 20% | 215,600 |
| 24 | Z-04 | 코렉스 | 포르테 | 2024-10-11 | 2025-06-09 | 267,500 | 7 | 1,872,500 | 20% | 374,500 |
| 25 | | | | | | | | | | |

### 03 시트 보호와 통합 문서 보기

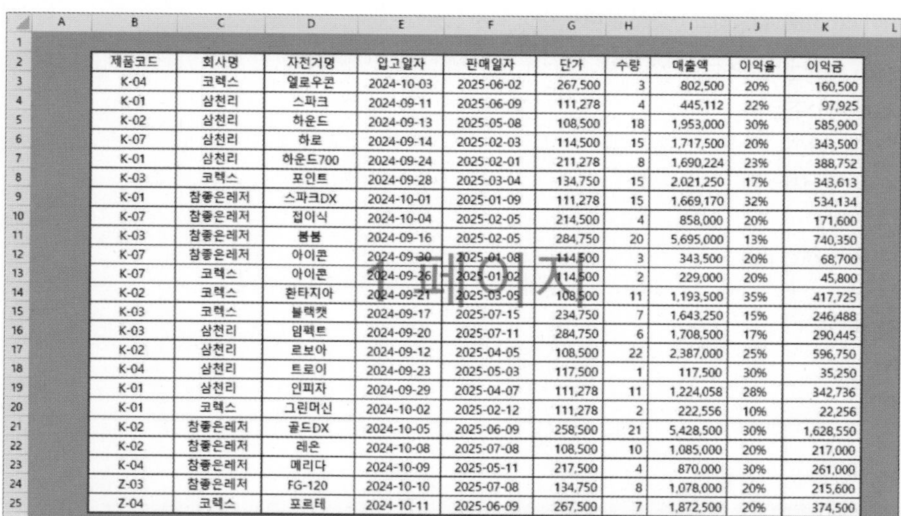

| | B | C | D | E | F | G | H | I | J | K |
|---|---|---|---|---|---|---|---|---|---|---|
| 2 | 제품코드 | 회사명 | 자전거명 | 입고일자 | 판매일자 | 단가 | 수량 | 매출액 | 이익율 | 이익금 |
| 3 | K-04 | 코렉스 | 옐로우콘 | 2024-10-03 | 2025-06-02 | 267,500 | 3 | 802,500 | 20% | 160,500 |
| 4 | K-01 | 삼천리 | 스파크 | 2024-09-11 | 2025-06-09 | 111,278 | 4 | 445,112 | 22% | 97,925 |
| 5 | K-02 | 삼천리 | 하운드 | 2024-09-13 | 2025-05-08 | 108,500 | 18 | 1,953,000 | 30% | 585,900 |
| 6 | K-07 | 삼천리 | 하로 | 2024-09-14 | 2025-02-03 | 114,500 | 15 | 1,717,500 | 20% | 343,500 |
| 7 | K-01 | 삼천리 | 하운드700 | 2024-09-24 | 2025-02-01 | 211,278 | 8 | 1,690,224 | 23% | 388,752 |
| 8 | K-03 | 코렉스 | 포인트 | 2024-09-28 | 2025-03-04 | 134,750 | 15 | 2,021,250 | 17% | 343,613 |
| 9 | K-01 | 참좋은레저 | 스파크DX | 2024-10-01 | 2025-01-09 | 111,278 | 15 | 1,669,170 | 32% | 534,134 |
| 10 | K-07 | 참좋은레저 | 접이식 | 2024-10-04 | 2025-02-05 | 214,500 | 4 | 858,000 | 20% | 171,600 |
| 11 | K-03 | 참좋은레저 | 봄봄 | 2024-09-16 | 2025-02-05 | 284,750 | 20 | 5,695,000 | 13% | 740,350 |
| 12 | K-07 | 참좋은레저 | 아이콘 | 2024-09-30 | 2025-01-08 | 114,500 | 3 | 343,500 | 20% | 68,700 |
| 13 | K-07 | 코렉스 | 아이콘 | 2024-09-26 | 2025-01-02 | 114,500 | 2 | 229,000 | 20% | 45,800 |
| 14 | K-02 | 코렉스 | 환타지아 | 2024-09-21 | 2025-03-05 | 108,500 | 11 | 1,193,500 | 35% | 417,725 |
| 15 | K-03 | 코렉스 | 블랙캣 | 2024-09-17 | 2025-07-15 | 234,750 | 7 | 1,643,250 | 15% | 246,488 |
| 16 | K-03 | 삼천리 | 임펙트 | 2024-09-20 | 2025-07-11 | 284,750 | 6 | 1,708,500 | 17% | 290,445 |
| 17 | K-02 | 삼천리 | 로보아 | 2024-09-12 | 2025-04-05 | 108,500 | 22 | 2,387,000 | 25% | 596,750 |
| 18 | K-04 | 삼천리 | 트로이 | 2024-09-23 | 2025-05-03 | 117,500 | 1 | 117,500 | 30% | 35,250 |
| 19 | K-01 | 삼천리 | 인피자 | 2024-09-29 | 2025-04-07 | 111,278 | 11 | 1,224,058 | 28% | 342,736 |
| 20 | K-01 | 코렉스 | 그린머신 | 2024-10-02 | 2025-02-12 | 111,278 | 2 | 222,556 | 10% | 22,256 |
| 21 | K-02 | 참좋은레저 | 골드DX | 2024-10-05 | 2025-06-09 | 258,500 | 21 | 5,428,500 | 30% | 1,628,550 |
| 22 | K-02 | 참좋은레저 | 레온 | 2024-10-08 | 2025-07-08 | 108,500 | 10 | 1,085,000 | 20% | 217,000 |
| 23 | K-04 | 참좋은레저 | 메리다 | 2024-10-09 | 2025-05-11 | 217,500 | 4 | 870,000 | 30% | 261,000 |
| 24 | Z-03 | 참좋은레저 | FG-120 | 2024-10-10 | 2025-07-08 | 134,750 | 8 | 1,078,000 | 20% | 215,600 |
| 25 | Z-04 | 코렉스 | 포르테 | 2024-10-11 | 2025-06-09 | 267,500 | 7 | 1,872,500 | 20% | 374,500 |

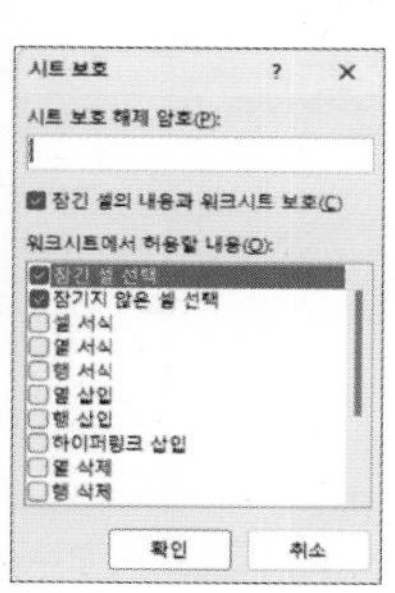

## 문제 ❷ 계산작업

### 01 그래프, 판매월, 수량평균, 회사별 건수, 비고

| | G | H | I | J | K | L | M | N |
|---|---|---|---|---|---|---|---|---|
| 1 | | | | | | | | |
| 2 | 그래프 | 비고 | | [표1] 자전거명별 회사별 가장 빠른 판매월 | | | | |
| 3 | ▶▶▶▶▶▶▶ | 개인구매 | | 자전거명 | 삼천리 | 코렉스 | 참좋은레저 | |
| 4 | ▷▷▷▷ | 단체구매 | | 스파크 | 07월 | 04월 | 05월 | |
| 5 | ▶▶ | | | 포인트 | 05월 | 02월 | 04월 | |
| 6 | ▷▷▷▷ | | | 하운드 | 01월 | 06월 | 06월 | |
| 7 | ▶▶▶ | | | 하로 | 03월 | 03월 | 02월 | |
| 8 | ▷▷ | 단체구매 | | | | | | |
| 9 | ▷▷▷▷▷▷▷▷ | | | | | | | |
| 10 | ▷▷▷▷▷ | | | | | | | |
| 11 | ▶▶▶▶ | | | | | | | |
| 12 | ▶▶▶▶▶▶ | 개인구매 | | | | | | |
| 13 | ▶▶ | | | | | | | |
| 14 | ▶▶▶▶▶ | 단체구매 | | [표2] 6~7월 재고평균 | | | | |
| 15 | ▶▶▶▶▶ | | | 6~7월 | | | | |
| 16 | ▶ | 단체구매 | | 33 | | | | |
| 17 | ▶▶▶ | 단체구매 | | | | | | |
| 18 | ▶▶▶▶ | | | | | | | |
| 19 | ▶▶▶▶ | 단체구매 | | | | | | |
| 20 | ▷▷▷▷ | 단체구매 | | [표3] 자전거명별 회사별 건수 | | | | |
| 21 | ▶▶▶▶ | 단체구매 | | 자전거명 | 삼천리 | 코렉스 | 참좋은레저 | |
| 22 | ▷▷▷ | | | 스파크 | 확정 1건 | 확정 3건 | 확정 2건 | |
| 23 | ▶▶▶▶▶ | | | 포인트 | 확정 2건 | 확정 3건 | 확정 1건 | |
| 24 | ▶▶▶▶ | | | 하운드 | 확정 3건 | 확정 3건 | 확정 1건 | |
| 25 | ▷▷▷▷ | 단체구매 | | 하로 | 확정 1건 | 확정 1건 | 확정 2건 | |
| 26 | ▷▷▷▷▷▷▷ | | | | | | | |
| 27 | ▶▶▶▶▶▶ | | | | | | | |
| 28 | ▶▶▶▶▶ | | | | | | | |
| 29 | | | | | | | | |

1. [G3] 셀에 「=IFERROR(REPT("▶",E3-F3),REPT("▷",ABS(E3-F3)))」를 입력하고 [G28] 셀까지 수식 복사
2. [K4] 셀에 「=TEXT(MIN(IF(($B$3:$B$28=$J4)*($C$3:$C$28=K$3),$D$3:$D$28)),"MM월")」를 입력하고 Ctrl+Shift+Enter를 누른 후 [M7] 셀까지 수식 복사
3. [J16] 셀에 「=AVERAGE(IF((MONTH($D$3:$D$28)=6)+(MONTH($D$3:$D$28)=7),$E$3:$E$28))」를 입력하고 Ctrl+Shift+Enter를 누름
4. [K22] 셀에 「=CONCAT("확정 ",SUM(($B$3:$B$28=$J22)*($C$3:$C$28=K$21)),"건")」를 입력하고 Ctrl+Shift+Enter를 누른 후 [M25] 셀까지 수식 복사
5. [H3] 셀에 「=fn비고(F3)」를 입력하고 [H28] 셀까지 수식 복사

```
Public Function fn비고(예약주문)
   Select Case 예약주문
      Case Is >= 30
         fn비고 = "단체구매"
      Case Is < 5
         fn비고 = "개인구매"
      Case Else
         fn비고 = " "
   End Select
End Function
```

## 문제 ③ 분석작업

### 01 피벗 테이블

| 판매일자 | (모두) | | |
|---|---|---|---|
| | | | |
| 매출액 | 자전거수 | 합계 : 단가 | 합계 : 이익금 |
| 0-999999 | 7 | 997,358 | 942,204 |
| 1000000-1999999 | 12 | 2,001,994 | 3,856,700 |
| 2000000-2999999 | 2 | 326,000 | 2,271,500 |
| 4000000-4999999 | 2 | 495,000 | 2,332,250 |
| 5000000-6000000 | 2 | 543,250 | 2,368,900 |
| 총합계 | 25 | 4,363,602 | 11,771,554 |

### 02 데이터 도구

[표1]

| 자전거명 | 판매일지 | 단가 | 수량 | 매출액 | 이익율 | 이익금 |
|---|---|---|---|---|---|---|
| 싸이런스 | 2022-05-19 | 222,500 | 21 | 4,672,500 | 40% | 1,869,000 |
| 스트로베리 | 2022-09-02 | 217,500 | 11 | 2,392,500 | 70% | 1,674,750 |
| 골드DX | 2022-06-09 | 258,500 | 21 | 5,428,500 | 30% | 1,628,550 |
| 피크닉 | 2022-07-11 | 284,750 | 9 | 2,562,750 | 30% | 768,825 |
| 봄봄 | 2022-02-05 | 284,750 | 20 | 5,695,000 | 13% | 740,350 |
| 르보아 | 2022-04-05 | 108,500 | 22 | 2,387,000 | 25% | 596,750 |
| 하운드 | 2022-05-08 | 108,500 | 18 | 1,953,000 | 30% | 585,900 |
| 스파크DX | 2022-01-09 | 111,278 | 15 | 1,669,170 | 32% | 534,134 |
| 토비 | 2022-08-07 | 217,500 | 8 | 1,740,000 | 30% | 522,000 |
| 미라지 | 2022-01-02 | 234,750 | 19 | 4,460,250 | 11% | 490,628 |

## 문제 ④ 기타작업

### 01 차트

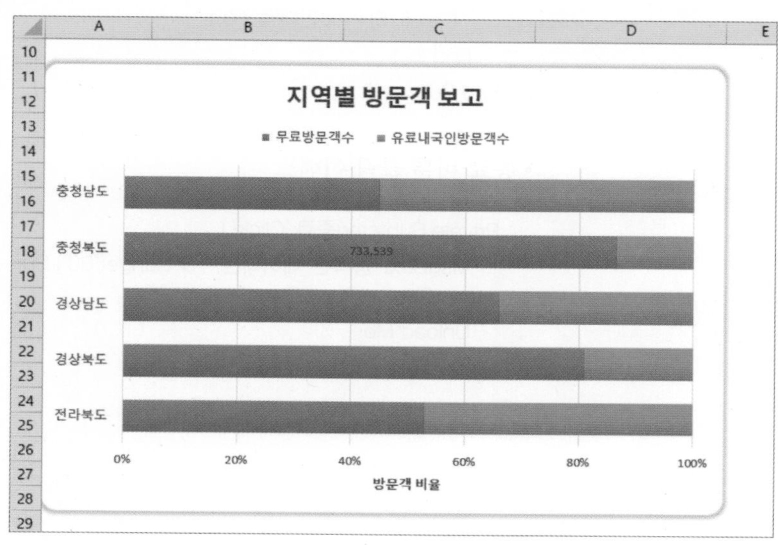

## 02 매크로

|  | A | B | C | D | E | F | G |
|---|---|---|---|---|---|---|---|
| 1 | | | | | | | |
| 2 | | 서식적용 | | | 서식해제 | | |
| 3 | | | | | | | |
| 4 | | | | | | | |
| 5 | | | | | | | |
| 6 | | 종목명 | 보유량 | 매입가 | 현재가 | 수익률(%) | |
| 7 | | SK하이닉스 | 20 | 80,000 | 83,200 | 4.0 | |
| 8 | | 현대차 | 30 | 95,000 | 125,000 | 31.6 | |
| 9 | | 호텔신라 | 25 | 75,000 | 70,000 | 6.7 | |
| 10 | | 삼성전기 | 10 | 110,500 | 145,000 | 31.2 | |
| 11 | | 삼성SDI | 35 | 306,000 | 385,500 | 26.0 | |
| 12 | | NAVER | 50 | 290,000 | 290,000 | ◆ | |
| 13 | | 카카오 | 40 | 248,000 | 332,000 | 33.9 | |
| 14 | | LG전자 | 45 | 75,000 | 72,000 | 4.0 | |
| 15 | | 셀트리온 | 28 | 320,000 | 301,500 | 5.8 | |
| 16 | | 삼성전자 | 60 | 50,800 | 59,000 | 16.1 | |
| 17 | | 일양약품 | 5 | 76,900 | 76,900 | ◆ | |
| 18 | | | | | | | |

## 03 VBA 프로그래밍

• 폼 보이기 프로시저

```
Private Sub 자전거구입_Click()
  자전거판매관리.Show
End Sub
```

• 폼 초기화 프로시저

```
Private Sub UserForm_Initialize()
   cmb자전거명.RowSource = "K4:K8"
End Sub
```

• 등록 버튼 클릭 이벤트

```
Private Sub cmd등록_Click()
   i = Range("B3").CurrentRegion.Rows.Count + 3
   Cells(i, 2) = txt회사명
   Cells(i, 3) = cmb자전거명
   Cells(i, 4) = txt판매액.Value
   If OP일반 = True Then
     Cells(i, 5) = "일반"
     Cells(i, 6) = txt판매액 * 0.03
   Else
     Cells(i, 5) = "공동구매"
     Cells(i, 6) = txt판매액 * 0.1
   End If
End Sub
```

• 종료 버튼 클릭 이벤트

```
Private Sub cmd종료_Click()
   MsgBox "입력된 데이터는 " & Range("B3").Cur-
   rentRegion.Rows.Count - 1 & "건"
   Unload Me
End Sub
```

# 기출 유형 문제 05회 해설

## 문제 ❶ 기본작업

### 01 고급 필터('기본작업1' 시트)

① [A26:A27] 영역에 조건식을 입력하고 [A30:C30] 영역에 추출할 필드명을 입력한다.

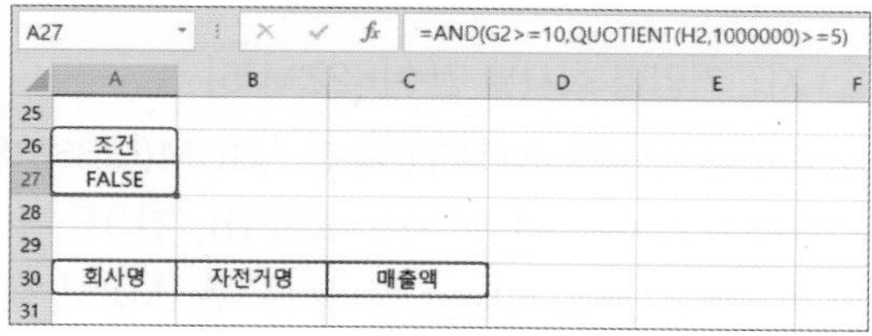


[A27] : =AND(G2〉=10,QUOTIENT(H2,1000000)〉=5)

**기적의 TIP**

**조건 필드명**
수식이 조건으로 입력될 때에는 필드명을 생략하거나, 원본 데이터에 없는 필드명으로 지정해야 합니다.

② 데이터 목록 안의 아무 셀이나 클릭하고 [데이터]-[정렬 및 필터] 그룹에서 [고급]( )을 클릭한다.

③ [고급 필터]에서 다음과 같이 지정한 후 [확인]을 클릭한다.

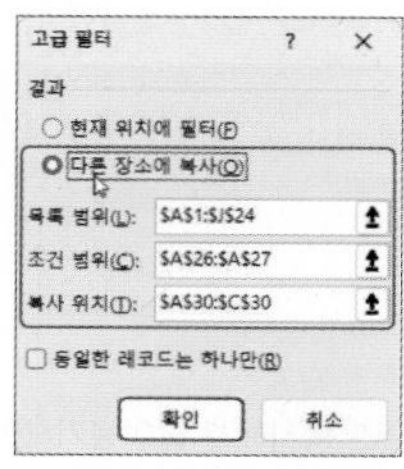


- 결과 : '다른 장소에 복사'
- 목록 범위 : [A1:J24]
- 조건 범위 : [A26:A27]
- 복사 위치 : [A30:C30]

**기적의 TIP**

**조건식 입력**
**조건이 AND이면(~이고~)** : 같은 행에 입력
**조건이 OR이면(~이거나~)** : 다른 행에 입력

### 02 조건부 서식('기본작업1' 시트)

① [A2:J24] 영역을 범위 지정한 후 [홈]-[스타일] 그룹의 [조건부 서식]-[새 규칙]을 클릭한다.

② [새 서식 규칙]에서 '▶수식을 사용하여 서식을 지정할 셀 결정'을 선택한 후, =OR(COLUMN()=3,COLUMN()=10)를 입력하고 [서식]을 클릭한다.

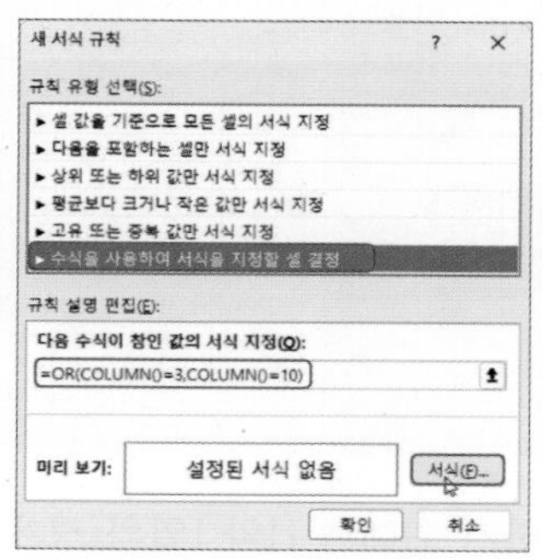


**기적의 TIP**

초과는 〉, 이상은 〉=, 미만 〈, 이하는 〈= 로 표현합니다.

③ [글꼴] 탭에서 '기울임꼴', 글꼴 색 '표준 색 – 파랑'을 선택하고 [확인]을 클릭한다.

④ [새 서식 규칙] 에서 '수식'과 '서식'이 맞는지 확인한 다음 [확인]을 클릭한다.

### 03 시트 보호와 통합 문서 보기('기본작업2' 시트)

① [I3:I25], [K3:K25] 영역을 범위 지정한 후 마우스 오른쪽 버튼을 눌러 [셀 서식]을 클릭한다.

② [보호] 탭에서 '잠금', '숨김'을 체크한 후 [확인]을 클릭한다.

③ [검토] 탭의 [보호] 그룹에서 [시트 보호]를 클릭하여 '잠긴 셀 선택'과 '잠기지 않은 셀 선택'을 체크한 후 [확인]을 클릭한다.

④ [보기]–[통합 문서 보기] 그룹에서 [페이지 나누기 미리 보기](▦)를 클릭한 후 [100%]를 클릭한다.

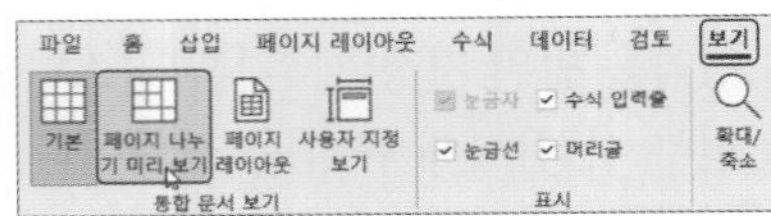


⑤ 페이지 나누기 구분선을 드래그하여 [B2:K25] 영역만 인쇄될 수 있도록 조절한다.

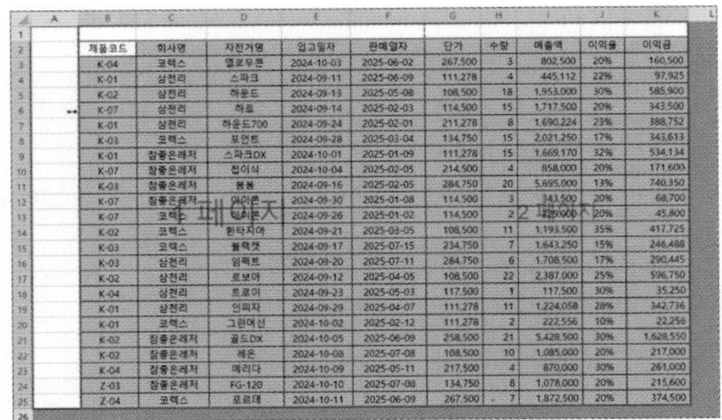

⑥ 1페이지로 인쇄하기 위해서 H와 I열의 경계라인을 드래그하여 K열 밖으로 드래그한다.

## 문제 ❷ 계산작업('계산작업' 시트)

### 01 그래프[G3:G28]

[G3] 셀에 =IFERROR(REPT("▶",E3–F3), REPT("▷",ABS(E3–F3)))를 입력하고 [G28] 셀까지 수식을 복사한다.

### 02 자전거명별 빠른 판매월[K4:M7]

[K4] 셀에 =TEXT(MIN(IF(($B$3:$B$28=$J4)*($C$3:$C$28=K$3),$D$3:$D$28)),"MM월")를 입력하고 Ctrl+Shift+Enter를 누른 후 [M7] 셀까지 수식을 복사한다.

### 03 수량평균[J16]

[J16] 셀에 =AVERAGE(IF((MONTH($D$3:$D$28)=6)+(MONTH ($D$3:$D$28)=7),$E$3:$E$28))를 입력하고 Ctrl+Shift+Enter를 누른다.

> 기적의 TIP
>
> 조건을 나열할 때 AND 조건은 *, OR 조건은 +를 사용합니다.

### 04 자전거명별 회사별 건수[K22:M25]

[K22] 셀에 =CONCAT("확정 ",SUM(($B$3:$B$28=$J22)*($C$3:$C$28=K$21)),"건")를 입력하고 Ctrl+Shift+Enter를 누른 후 [M25] 셀까지 수식을 복사한다.

### 05 fn비고[H3:H28]

① [개발 도구]–[코드] 그룹의 [Visual Basic](▣)을 클릭하고 [삽입]–[모듈]을 클릭한다.

② 코드 입력창에 아래와 같이 코드를 입력한다.

```
Public Function fn비고(예약주문)
   Select Case 예약주문
      Case Is >= 30
         fn비고 = "단체구매"
      Case Is < 5
         fn비고 = "개인구매"
      Case Else
         fn비고 = ""
   End Select
End Function
```

> 기적의 TIP
>
> 코드에 'fn비고'가 반복적으로 나온다면 복사해서 붙여넣기하면 입력 속도가 더 빨라질 수 있어요.

③ 오른쪽 상단의 [닫기]를 눌러 [Visual Basic Editor] 창을 닫는다.

④ '계산작업' 시트의 [H3] 셀을 클릭한 후 [함수 삽입](fx)을 클릭한다.

⑤ [함수 마법사]에서 범주 선택은 '사용자 정의', 함수 선택은 'fn비고'를 선택한 후 [확인]을 클릭한다.

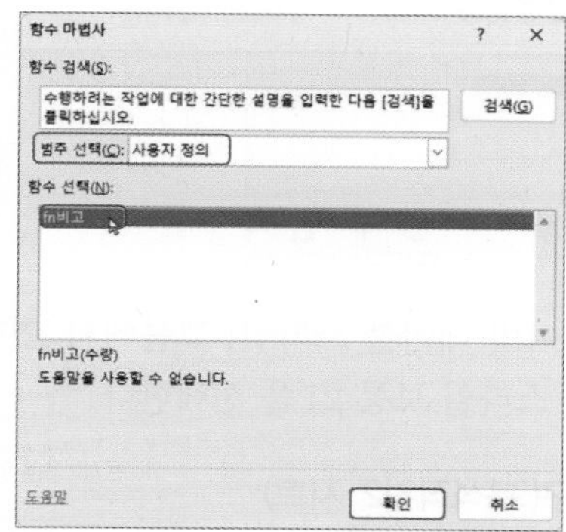

⑥ [함수 인수]에서 예약주문에 [F3] 셀을 지정하고 [확인]을 클릭한다.

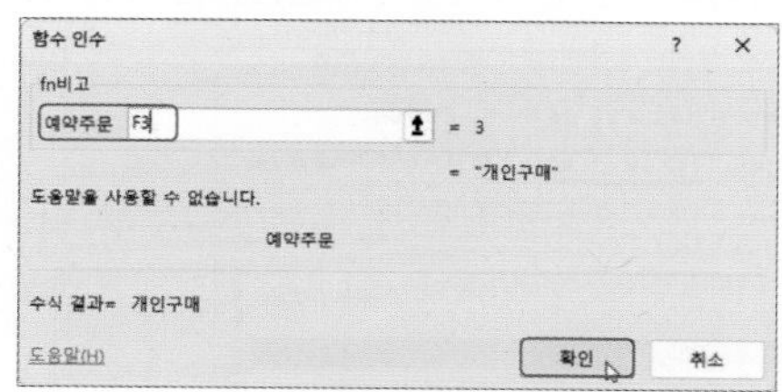

⑦ [H3] 셀의 채우기 핸들을 드래그하여 [H28] 셀까지 수식을 복사한다.

## 문제 ❸ 분석작업

### 01 피벗 테이블('분석작업1' 시트)

① [B4] 셀을 선택한 후 [데이터]-[데이터 가져오기 및 변환] 그룹에서 [데이터 가져오기]-[기타 원본에서]-[Microsoft Query에서]를 클릭한다.

② [데이터 원본 선택]의 [데이터베이스] 탭에서 'MS Access Database *'를 선택하고 [확인]을 클릭한다.

③ '자전거매장관리.accdb'를 선택하고 [확인]을 클릭한다.

④ [열 선택]에서 '자전거매장관리' 테이블을 더블클릭하여 다음 그림과 같이 지정하고 [다음]을 클릭한다.

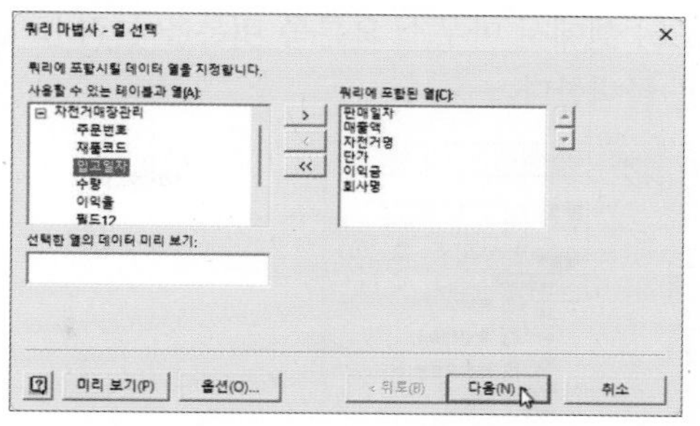

판매일자, 매출액, 자전거명, 단가, 이익금, 회사명

⑤ [데이터 필터]에서 '회사명'을 선택하고 =, 삼천리, 또는 =, 참좋은레저를 선택하고 [다음]을 클릭한다.

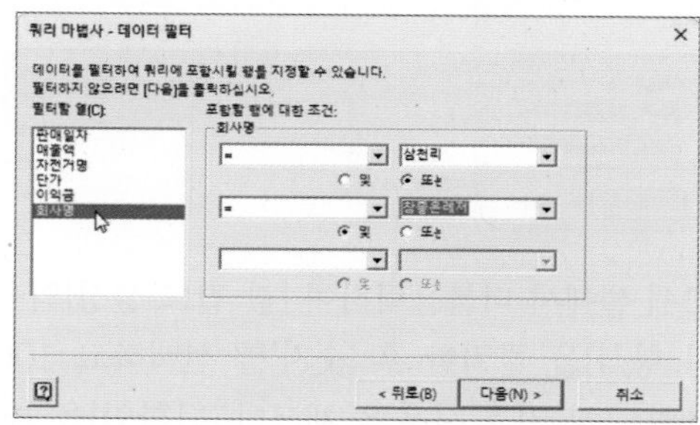

⑥ [정렬 순서]에서는 설정 없이 [다음]을 클릭한다.

⑦ [마침]에서 'Microsoft Excel(으)로 데이터 되돌리기'를 선택하고 [마침]을 클릭한다.

⑧ [데이터 가져오기]에서 '피벗 테이블 보고서'를 선택한 다음, '기존 워크시트'는 [B4] 셀을 지정하고 [확인]을 클릭한다.

⑨ [피벗 테이블 필드]에서 다음과 같이 드래그한다.

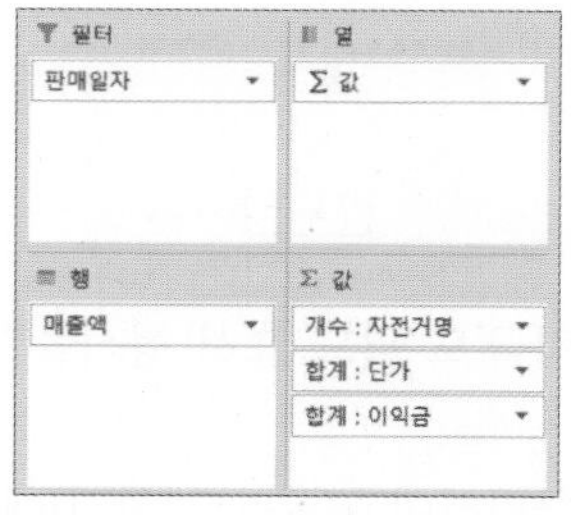


⑩ [디자인]-[레이아웃] 그룹의 [보고서 레이아웃]-[테이블 형식으로 표시]을 클릭한다.

⑪ [B5] 셀에서 마우스 오른쪽 버튼을 눌러 [그룹]을 클릭한다.

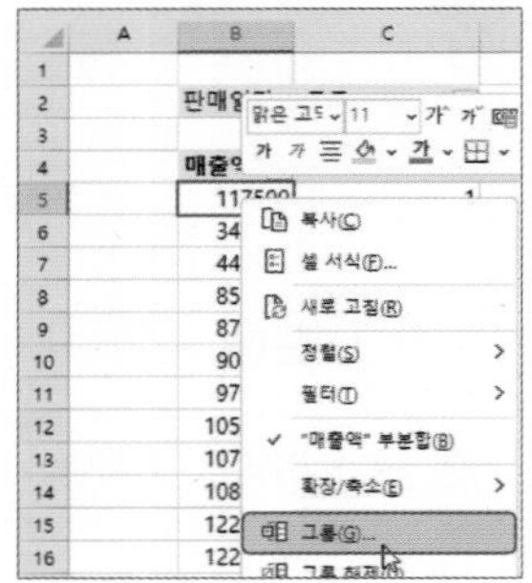


⑫ [그룹화]에서 '시작'을 0, '끝'을 6000000, '단위'는 1000000을 입력하고 [확인]을 클릭한다.

⑬ [D4] 셀에서 더블클릭하여 [값 필드 설정]의 [표시 형식]을 클릭한 후 '숫자'를 선택하고 '1000 단위 구분 기호 사용'을 체크하고 [확인]을 클릭하고 [값 필드 설정]에서 [확인]을 클릭한다.

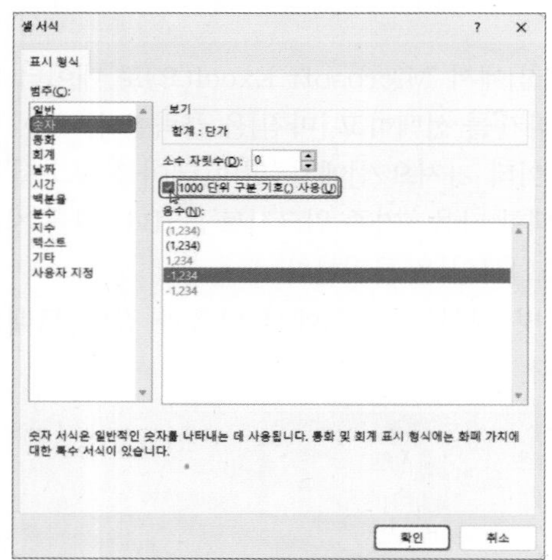


⑭ 같은 방법으로 '이익금'도 필드 표시 형식을 '숫자'로 수정한다.

⑮ [C4] 셀에서 더블클릭하여 [값 필드 설정]에서 '사용자 지정 이름'에 **자전거수**를 입력하고 [확인]을 클릭한다.

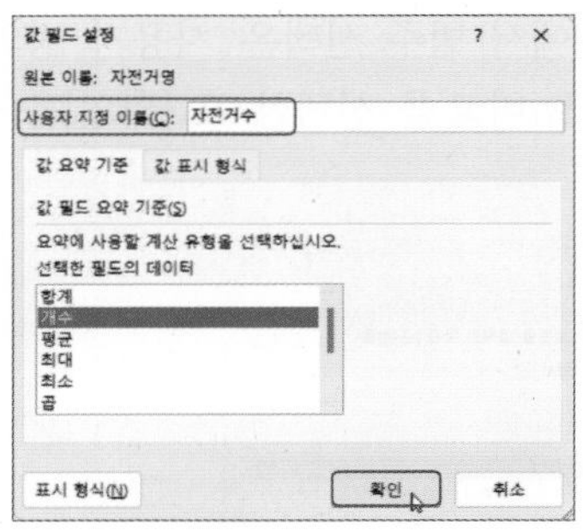


⑯ [디자인]–[피벗 테이블 스타일] 그룹에서 '연한 녹색, 피벗 스타일 보통 21'을 선택한다.

### 02 데이터 도구('분석작업2' 시트)

① [A2] 셀을 클릭한 후 [데이터]–[데이터 도구] 그룹의 [중복된 항목 제거]( )를 클릭하여 '수량', '이익율' 만 선택하고 [확인]을 클릭한다.

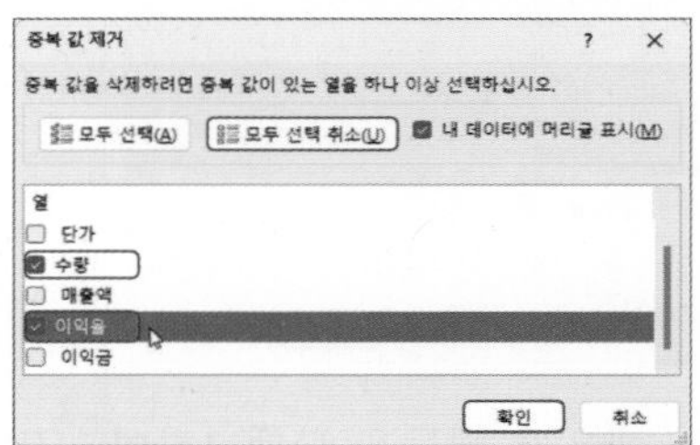


② 메시지가 표시되면 [확인]을 클릭한다.

③ [G3:G39] 영역을 범위 지정한 후 [홈]–[스타일] 그룹의 [조건부 서식]–[상위/하위 규칙]–[상위 10개 항목]을 클릭한다.

④ 10을 입력하고, '진한 빨강 텍스트가 있는 연한 빨강 채우기'를 선택하고 [확인]을 클릭한다.

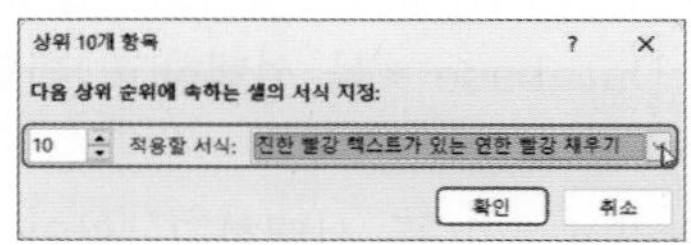


⑤ [데이터]–[정렬 및 필터] 그룹에서 [필터]( )를 클릭한다.

⑥ [G2] 셀의 목록 단추( )를 클릭하여 [색 기준 필터]를 클릭하여 [셀 색 기준 필터]를 클릭한다.

⑦ [G2] 셀의 목록 단추(▼)를 클릭하여 [숫자 내림차순 정렬]을 클릭한다.

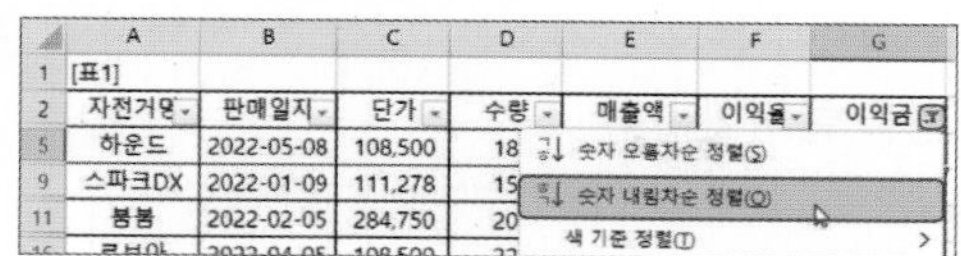

## 문제 ❹ 기타작업

### 01 차트('기타작업1' 시트)

① [차트 디자인]–[데이터] 그룹의 [행/열 전환]을 클릭한다.

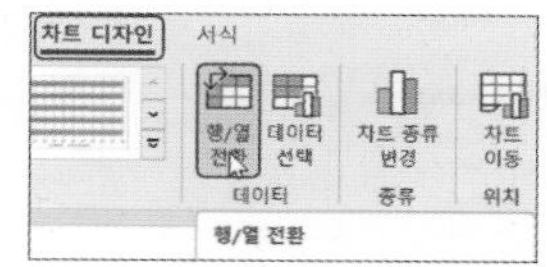

② [차트 디자인]–[차트 스타일] 그룹에서 '스타일 6'을 선택한다.

③ [차트 요소](⊞)–[차트 제목]을 클릭한 후 **지역별 방문객 보고**를 입력한다.

④ [차트 요소](⊞)–[축 제목]–[기본 가로]를 클릭한 후 **방문객 비율**을 입력한다.

⑤ '충청북도' 계열을 클릭한 후 다시 '무료방문객수' 요소를 클릭한 후 마우스 오른쪽 클릭한 후 [데이터 레이블 추가] 메뉴를 클릭한다.

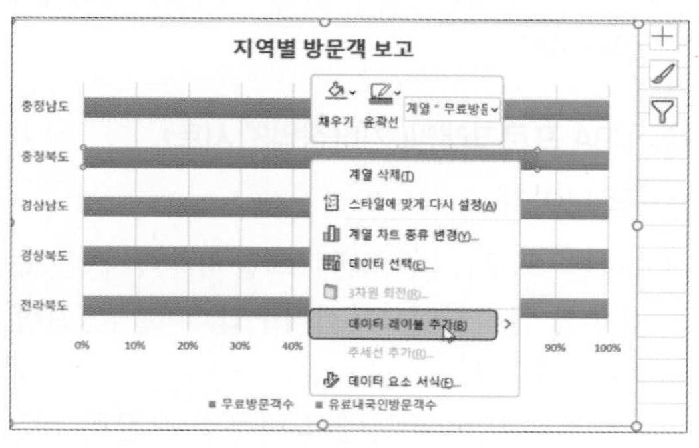


⑥ [차트 요소]–[범례]–[위쪽]을 클릭한다.

⑦ '무료방문객수' 계열을 선택한 후 마우스 오른쪽 버튼을 눌러 [데이터 계열 서식] 메뉴를 클릭한다.

⑧ '계열 옵션'의 '간격 너비'를 70을 입력한다.

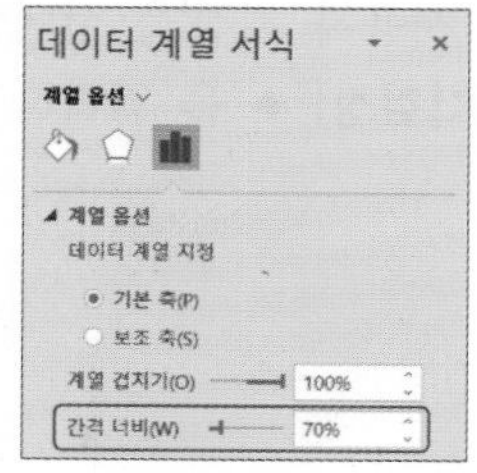


⑨ '가로(값) 축'을 선택한 후 '축 옵션'에서 단위 '기본'에 0.2를 입력한다.

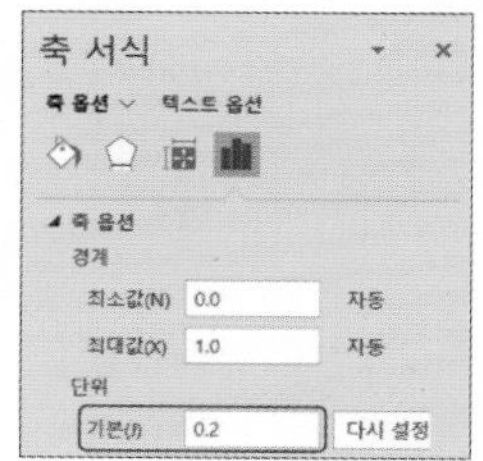


⑩ 차트를 선택한 후 [차트 영역 서식]에서 '채우기 및 선'의 테두리에 '둥근 모서리'를 체크한다.

⑪ [서식]–[도형 스타일] 그룹의 [도형 효과]–[네온]에서 '네온: 5pt, 파랑, 강조색1'을 선택한다.

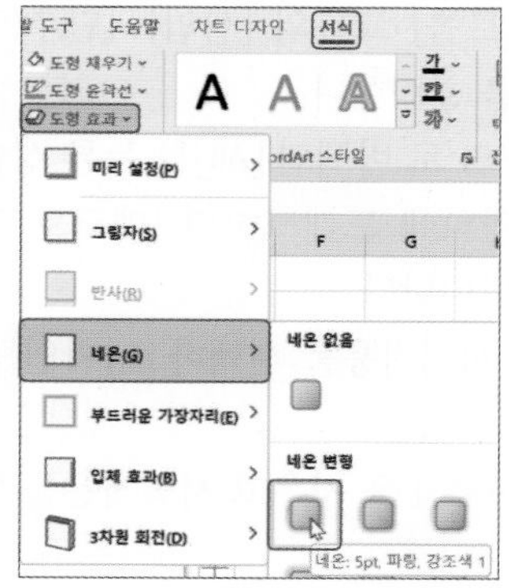


### 02 매크로('기타작업2' 시트)

① 비어 있는 셀을 클릭한 후 [개발 도구]–[코드] 그룹의 [매크로 기록]을 클릭한다.

② [매크로 기록]에서 **서식적용**을 입력하고 [확인]을 클릭한다.

③ [F7:F17] 영역을 범위 지정한 후 Ctrl+1을 눌러 [표시 형식] 탭의 '사용자 지정'을 선택한 후 **[파랑]0.0;[빨강]0.0;[검정]"◆"**을 입력하고 [확인]을 클릭한다.

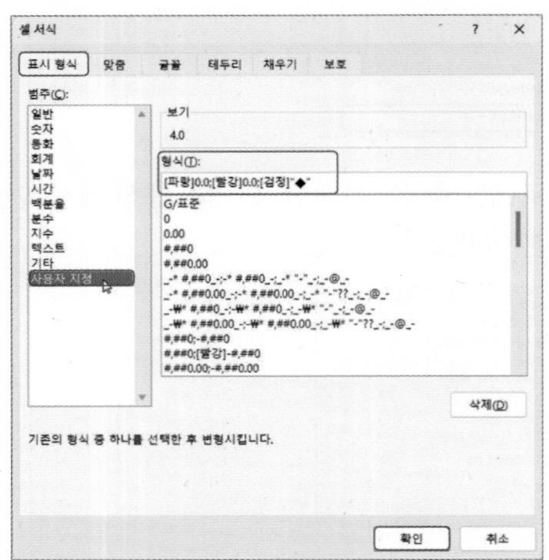

**기적의 TIP**

'◆'은 한글 자음 「ㅁ」을 입력한 후 키보드의 한자를 누릅니다.

④ [개발 도구]-[코드] 그룹의 [기록 중지](□)를 클릭한다.

⑤ [개발 도구]-[컨트롤] 그룹의 [삽입]-[단추(양식 컨트롤)](▭)을 클릭한다.

⑥ 마우스 포인트가 '+'로 바뀌면 Alt를 누른 상태에서 [B2:C3] 영역에 드래그하면 [매크로 지정] 대화상자가 나타난다.

⑦ [매크로 지정]에 **서식적용**을 선택하고 [확인]을 클릭한다.

⑧ 단추에 입력된 '단추 1'을 지우고 **서식적용**을 입력한다.

⑨ 비어 있는 셀을 클릭한 후 [개발 도구]-[코드] 그룹의 [매크로 기록](▣)을 클릭한다.

⑩ [매크로 기록]에서 **서식해제**를 입력하고 [확인]을 클릭한다.

⑪ [F7:F17] 영역을 범위 지정한 후 Ctrl+1을 눌러 [표시 형식] 탭에서 '회계'를 선택하고, 소수 자릿수는 '2', 기호는 '없음'을 선택하고 [확인]을 클릭한다.

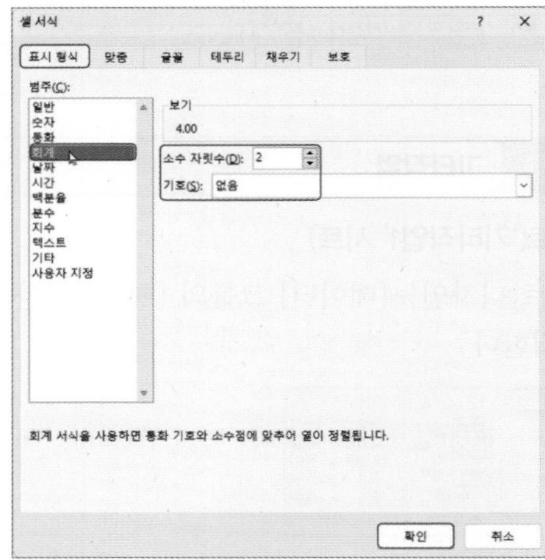

⑫ [개발 도구]-[코드] 그룹의 [기록 중지](□)를 클릭한다.

⑬ [개발 도구]-[컨트롤] 그룹의 [삽입]-[단추(양식 컨트롤)](▭)을 클릭한다.

⑭ 마우스 포인트가 '+'로 바뀌면 Alt를 누른 상태에서 [E2:F3] 영역에 드래그한다.

⑮ [매크로 지정]에 **서식해제**를 선택하고 [확인]을 클릭한다.

⑯ 단추에 입력된 '단추 2'를 지우고 **서식해제**를 입력한다.

## 03 VBA 프로그래밍('기타작업3' 시트)

① 폼 보이기

① [개발 도구]-[컨트롤] 그룹의 [디자인 모드](▧)를 클릭하여 〈자전거구입〉 버튼을 편집 상태로 만든다.

② 〈자전거구입〉 버튼에서 마우스 오른쪽 버튼을 클릭한 후 [코드 보기]를 클릭하여 다음과 같이 입력한다.

```
Private Sub 자전거구입_Click()
    자전거판매관리.Show
End Sub
```

### ② 폼 초기화(콤보 상자)

① [프로젝트-VBAProject] 탐색기에서 '폼'을 더블클릭하고 〈자전거판매관리〉를 선택한다.

② [프로젝트-VBAProject] 탐색기에서 '자전거판매관리' 폼을 더블클릭한 후 [코드 보기]( )를 클릭한다.

③ '개체 목록'은 'UserForm', '프로시저 목록'은 'Initialize'를 선택한다.

④ 코드 창에서 다음과 같이 입력한다.

```
Private Sub UserForm_Initialize()
    cmb자전거명.RowSource = "K4:K8"
End Sub
```

### ③ 등록 프로시저

① [프로젝트-VBAProject] 탐색기에서 〈자전거판매관리〉 폼을 더블클릭하고 '등록' 버튼을 더블클릭한다.

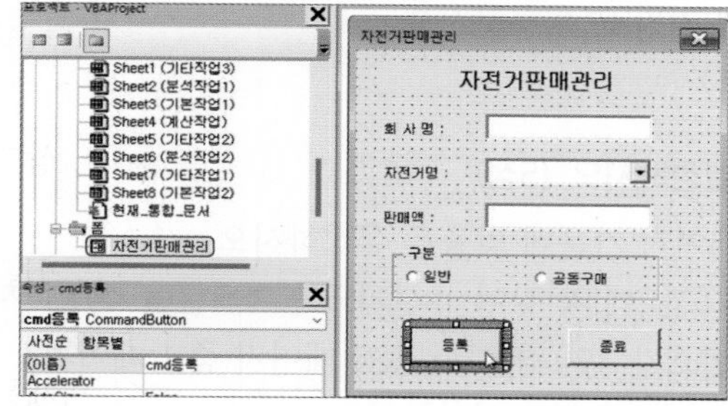


② 코드 창에서 다음과 같이 입력한다.

```
Private Sub cmd등록_Click()
    i = Range("B3").CurrentRegion.Rows.Count + 3
        Cells(i, 2) = txt회사명
        Cells(i, 3) = cmb자전거명
        Cells(i, 4) = txt판매액.Value
    If OP일반 = True Then
        Cells(i, 5) = "일반"
        Cells(i, 6) = txt판매액 * 0.03
    Else
        Cells(i, 5) = "공동구매"
        Cells(i, 6) = txt판매액 * 0.1
    End If
End Sub
```

**코드 설명**

① i = Range("B3").CurrentRegion.Rows.Count + 3
- → i는 임의로 만든 변수로 다른 이름을 사용해도 됨
- → **Range("B3").CurrentRegion.Rows.Count** : [B3] 셀과 연결된 행의 개수를 구함
- → **+3** : 새롭게 데이터를 입력할 마지막 행의 위치를 구하기 위해서 더해주는 값으로, [B3] 셀 바로 위쪽으로 연결되지 않은 행의 개수 2행과 새롭게 데이터(줄바꿈)를 추가하기 위해 1행을 더함

② Cells(i, 2) = txt회사명
- → 〈자전거판매관리〉 폼에서 입력한 회사명을 워크시트의 해당 셀에 입력
- → **Cells** : 워크시트의 행과 열이 만나는 칸을 의미
  **(i, 2)** : 위에서 구한 입력할 행의 위치(마지막 행)에 2번째 열(B열)을 의미

③ If OP일반 = True Then
```
    Cells(i, 5) = "일반"
    Cells(i, 6) = txt판매액 * 0.03
Else
    Cells(i, 5) = "공동구매"
    Cells(i, 6) = txt판매액 * 0.1
End If
```
- → 만약, 〈자전거판매관리〉 폼에서 '구분' 그룹안의 '일반'을 선택하면 E열에 '일반'이라고 입력하고 F열에 판매액 * 3%를 입력함. '일반'이 아닌 다른 것을 선택('공동구매')하면 E열에 '공동구매'라고 입력하고, F열에는 판매액 * 10%를 입력함

### ④ 종료 프로시저

① 〈자전거판매관리〉 폼에서 '개체 목록'을 'cmd종료'로 선택한다.

② 코드 창에서 다음과 같이 입력한다.

```
Private Sub cmd종료_Click()
    MsgBox "입력된 데이터는 " & Range("B3").Cur-
    rentRegion.Rows.Count - 1 & "건"
    Unload Me
End
```

③ [Visual Basic Editor]에서 오른쪽 상단의 [닫기]를 클릭한다.

④ 엑셀에서 [디자인 모드]를 한 번 더 클릭하여 편집 상태를 해제시킨다.

# 기출 유형 문제 06회

| 시험 시간 | 풀이 시간 | 합격 점수 | 내 점수 |
|---|---|---|---|
| 45분 | 분 | 70점 | 점 |

합격 강의

작업파일 [2025컴활1급₩1권_스프레드시트₩기출유형문제] 폴더의 '기출유형문제6회' 파일을 열어서 작업하시오.

## 문제 ❶ 기본작업 | 주어진 시트에서 다음 과정을 수행하고 저장하시오. 15점

**01 '기본작업-1' 시트의 [표1]에 대하여 다음과 같이 고급 필터 작업을 수행하시오. (5점)**

▶ 시행청에 "한국"이 포함되어 있고 자격증명이 '2급'으로 끝나는 자료를 '학번', '성명', '학과', '자격증명'열만 순서대로 표시하시오.

▶ 조건은 [A30:A31] 영역 내에 알맞게 입력하시오. (AND, RIGHT, FIND 함수 사용)

▶ 결과는 [A35] 셀부터 표시하시오.

**02 '기본작업-1' 시트의 [표1]에 대하여 다음과 같이 조건부 서식을 설정하시오. (5점)**

▶ 취득일자 중 요일이 '토요일'이거나 '일요일'인 자료 행 전체에 대하여 글꼴 스타일은 '굵은 기울임꼴', 글꼴 색은 '표준 색 – 빨강'으로 표시하시오.

▶ 단, 규칙 유형은 '수식을 사용하여 서식을 지정할 셀 결정'을 이용하시오.

▶ WEEKDAY, OR 함수 사용

**03 '기본작업-2' 시트에서 다음과 같이 페이지 레이아웃을 설정하시오. (5점)**

▶ 인쇄될 내용이 페이지의 정 가운데에 인쇄되도록 페이지 가운데 맞춤을 설정하시오.

▶ 매 페이지 하단의 오른쪽 구역에는 페이지 번호가 [표시 예]와 같이 표시되도록 바닥글을 설정하시오.
[표시 예 : 현재 페이지 번호가 1이고 전체 페이지 번호가 3인 경우 → 총 3 페이지 중 1 페이지]

▶ [A1:F28] 영역을 인쇄 영역으로 설정하고, 용지 방향을 '가로'로 설정하시오.

## 문제 ❷ 계산작업 | 주어진 시트에서 다음 과정을 수행하고 저장하시오. 30점

**01 '계산작업-1' 시트에서 [표3]을 참조하여 [표1]의 [B3:C5] 영역에 학과별로 시행청에 따른 자격증 취득 개수를 계산하여 표시하시오. (6점)**

▶ SUM 함수를 사용한 배열 수식 사용

**02 '계산작업-1' 시트에서 [표3]을 참조하여 [표2]의 [F3:F7] 영역에 자격증별 취득명수를 계산하여 표시하시오. (6점)**

▶ [표2]의 [E3:E7]은 [표3]의 '자격증명'의 왼쪽 문자열 중의 일부임

▶ COUNT, IF, LEFT, LEN 함수를 모두 사용한 배열 수식 사용

**03 '계산작업-1' 시트에서 [표4]를 참조하여 [표3]의 [F10:F37] 영역에 자격증 장학금을 계산하여 표시하시오. (6점)**

▶ 단, [표4]의 목록에 없는 자격증명일 경우 '0'이 표시되도록 하시오.

▶ IF, ISERROR, XLOOKUP 함수 모두 사용

**04 '계산작업-2' 시트의 [표1]의 기준일[E1], 개설일자[C3:C15], 잔액[B3:B15]을 이용하여 이자[D3:D15]를 계산하시오. (6점)**

▶ 이자 = 잔액 × 이자율

▶ 이자율은 [표2]의 잔액과 개월수를 이용하여 계산

▶ 개월수는 기준일과 개설일자간 회계상 30일로 나눈 값으로 계산

▶ 개월수는 [G5:H8], 열 번호는 [G2:K2], 이자율은 [I5:K8], 잔액은 양수로 참조

▶ VLOOKUP, DAYS, ABS, LOOKUP 함수 사용

**05 '계산작업-2' 시트에서 사용자 정의 함수 'fn비고'를 작성한 후, 'fn비고'를 이용하여 [표1]의 비고[E3:E15] 영역에 표시하시오. (6점)**

▶ 'fn비고'는 계좌번호를 인수로 받아 비고를 판정하여 되돌려 줌

▶ 비고는 계좌번호의 4번째부터 2글자가 '25' 또는 '26'이면 '예금', '35' 또는 '36'이면 '적금', '45' 또는 '46'이면 '수시입출금', '55' 또는 '56'이면 '청약'

▶ Select Case 명령어를 이용

```
Public Function fn비고(계좌번호)
End Function
```

## 문제 ❸ 분석작업 | 주어진 시트에서 다음 작업을 수행하고 저장하시오. 20점

### 01 '분석작업-1' 시트에서 다음의 지시사항에 따라 피벗 테이블 보고서를 작성하시오. (10점)

▶ 외부 데이터 원본으로 〈직급부서.csv〉의 데이터를 사용하시오.
- 원본 데이터는 구분 기호 쉼표(,)로 분리되어 있으며, 내 데이터에 머리글을 표시하시오.
- '부서', '직급', '기본급', '상여금', '급여합계' 열만 가져와 데이터 모델에 이 데이터를 추가하시오.

▶ 피벗 테이블 보고서의 레이아웃과 위치는 〈그림〉을 참조하여 설정하고, 보고서 레이아웃을 테이블 형식으로 표시하시오.

▶ 'Σ 값'의 위치를 행 레이블로 이동시키고, 행의 총합계는 표시되지 않도록 설정하시오.

▶ '기본급', '상여금' 필드는 표시 형식을 값 필드 설정의 셀 서식에서 '사용자 지정'을 이용하여 천 단위마다 쉼표를 하며, 기본 단위가 '천'이 되도록 설정하시오. [표시 예 : 1500000 → 1,500]

▶ '합계 : 급여합계'는 값 표시 형식을 '열 합계 비율'로 설정하시오.

▶ 빈 셀은 '*'로 표시하고, 레이블이 있는 셀은 병합하고 가운데 맞춤되도록 설정하시오.

| | A | B | C | D | E | F | G | H |
|---|---|---|---|---|---|---|---|---|
| 1 | | | | | | | | |
| 2 | | | | | | | | |
| 3 | | | | | | | | |
| 4 | | | | 부서 | | | | |
| 5 | | 직급 | 값 | 기획부 | 생산부 | 인사부 | 총무부 | 판매부 |
| 6 | | 과장 | 합계: 기본급 | * | * | * | 1,500 | * |
| 7 | | | 합계: 상여금 | * | * | * | 1,050 | * |
| 8 | | | 합계: 급여합계 | 0.00% | 0.00% | 0.00% | 10.54% | 0.00% |
| 9 | | 대리 | 합계: 기본급 | 2,370 | 1,200 | 1,250 | 6,250 | 4,770 |
| 10 | | | 합계: 상여금 | 1,659 | 840 | 875 | 4,375 | 3,339 |
| 11 | | | 합계: 급여합계 | 55.05% | 44.44% | 20.70% | 43.91% | 58.14% |
| 12 | | 부장 | 합계: 기본급 | * | * | * | 2,350 | 2,350 |
| 13 | | | 합계: 상여금 | * | * | * | 1,645 | 1,645 |
| 14 | | | 합계: 급여합계 | 0.00% | 0.00% | 0.00% | 16.51% | 28.64% |
| 15 | | 사원 | 합계: 기본급 | 1,935 | 1,500 | 4,790 | 4,135 | 1,085 |
| 16 | | | 합계: 상여금 | 1,355 | 1,050 | 3,353 | 2,895 | 760 |
| 17 | | | 합계: 급여합계 | 44.95% | 55.56% | 79.30% | 29.05% | 13.22% |
| 18 | | 전체 합계: 기본급 | | 4,305 | 2,700 | 6,040 | 14,235 | 8,205 |
| 19 | | 전체 합계: 상여금 | | 3,014 | 1,890 | 4,228 | 9,965 | 5,744 |
| 20 | | 전체 합계: 급여합계 | | 100.00% | 100.00% | 100.00% | 100.00% | 100.00% |
| 21 | | | | | | | | |

※ 작업 완성된 그림이며 부분점수 없음

### 02 '상반기' 시트에 대하여 다음의 지시사항을 처리하시오. (10점)

▶ '상반기' 시트의 [B2:B22] 영역은 주민등록번호, 대출일 필드는 제외하고 텍스트 나누기를 하시오.
- 외부 데이터는 쉼표(,)로 구분되어 있음

▶ '상반기' 시트와 '하반기' 시트의 내용을 데이터 통합 기능을 이용하여 '상반기' 시트의 [표2]에 대출지점별 대출금액과 대출기간의 평균을 계산하시오.

## 문제 ❹ 기타작업 | 주어진 시트에서 다음 작업을 수행하고 저장하시오. 35점

**01 '기타작업-1' 시트에서 다음의 지시사항에 따라 차트를 수정하시오. (각 2점)**

① 'A사' 데이터 계열에 대한 추세선의 종류를 다항식으로 추가하고 예측은 1구간 앞으로 설정하시오.
② '합계' 계열은 표식이 있는 꺾은선형 차트로 설정하시오.
③ 보조 세로(값) 축이 보이도록 하고, 최소값 '750', 최대값 '950', 기본 단위 '50'으로 설정하시오.
④ 차트 제목 및 각 축의 제목은 〈그림〉과 같이 설정하고, 차트 제목은 테두리에 '그림자(오프셋: 오른쪽 아래)', 채우기(단색 채우기-흰색, 배경1), 테두리(실선-검정, 텍스트1)을 설정하시오.
⑤ 기본 가로 눈금선은 나타나지 않도록 하며, 범례의 위치를 범례 서식을 이용하여 '아래쪽', 테두리(실선-검정, 텍스트1)으로 설정하시오.

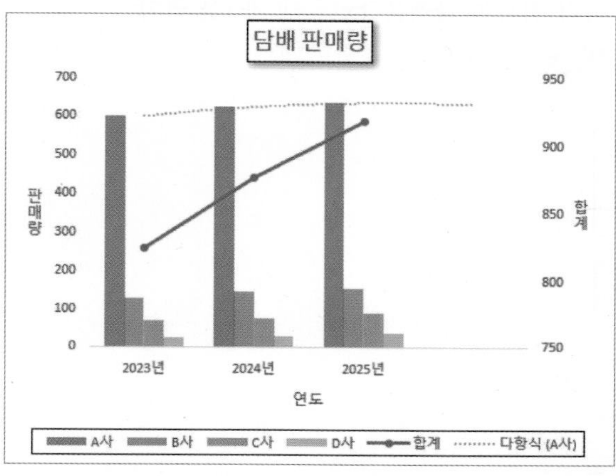


※ 차트는 반드시 문제에서 제공한 차트를 사용하여야 하며, 신규로 차트작성 시 0점 처리됨

**02 '기타작업-2' 시트에서 다음과 같은 기능을 수행하는 매크로를 현재 통합문서에 작성하시오. (각 5점)**

① [D3:D15] 영역에 대하여 사용자 지정 표시 형식을 설정하는 '백분율' 매크로를 생성하시오.
- ▶ 수익률이 0.2 이상이면 파랑색으로 숫자 앞에 '▲' 표시와 백분율로 표시하고, 0 이하면 빨강색으로 '▼' 표시와 백분율로 표시하고, 그 외는 백분율로 표시하시오.
- ▶ [표시 예] : 0.2 → ▲20%, -0.2 → -▼20%
- ▶ [개발 도구]-[삽입]-[양식 컨트롤]의 '단추(▭)'를 동일 시트의 [F2:G3] 영역에 생성한 후 텍스트를 '백분율'로 입력하고, 단추를 클릭하면 '백분율' 매크로가 실행되도록 설정하시오.

② [D3:D15] 영역에 대하여 표시 형식을 '일반'으로 적용하는 '일반서식' 매크로를 생성하시오.
- ▶ [개발 도구]-[삽입]-[양식 컨트롤]의 '단추(▭)'를 동일 시트의 [F5:G6] 영역에 생성한 후 텍스트를 '일반서식'으로 입력하고, 단추를 클릭하면 '일반서식' 매크로가 실행되도록 설정하시오.

※ 셀 포인터의 위치에 관계없이 매크로가 실행되어야 정답으로 인정됨

**03 '기타작업-3' 시트에서 다음과 같은 작업을 수행하도록 프로시저를 작성하시오. (각 5점)**

① '결제하기' 버튼을 클릭하면 〈결제화면〉 폼이 나타나도록하고, 폼이 초기화(Initialize)되면 '신용카드(Opt신용)'가 선택되도록 프로시저를 작성하시오.

② 〈결제화면〉 폼이 '선택(cmb선택)'의 드롭버튼을 클릭(DropButtonClick)하면 다음과 같은 기능을 수행하도록 프로시저를 작성하시오.

▶ '은행이체(Opt은행)'가 선택되어 있으면 [A4:A6] 영역의 값이, '신용카드(Opt신용)'가 선택되어 있으면 [A9:A12] 영역의 값이 '선택(cmb선택)'의 목록으로 설정되도록 함

③ 〈결제화면〉 폼의 '결제(cmd결제)' 버튼을 클릭하면 폼에 입력된 결제종류, 선택(cmb선택), 금액(txt금액)의 값이 [표1]에 입력되도록 작성하시오.

▶ 단, 결제종류는 선택된 결제종류의 caption 속성을 이용

▶ 시트에 입력될 때 숫자로 인식되도록 하기 위하여 금액은 'txt금액'에 1을 곱함

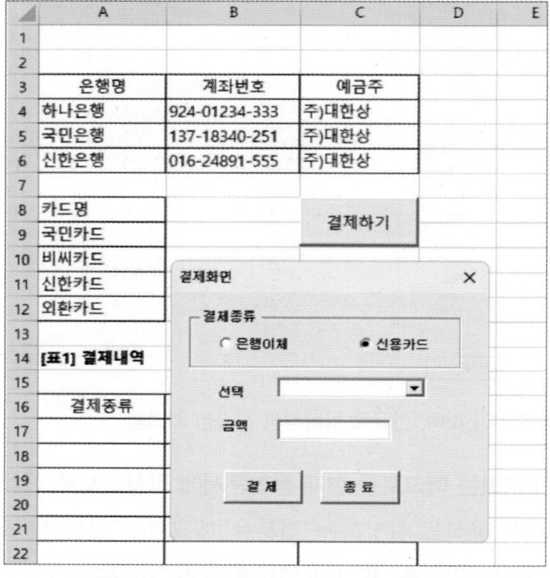


※ 데이터를 추가하면 항상 마지막 데이터 다음에 입력되어야 함

# 기출 유형 문제 06회 / 정답

## 문제 ❶ 기본작업

### 01 고급 필터

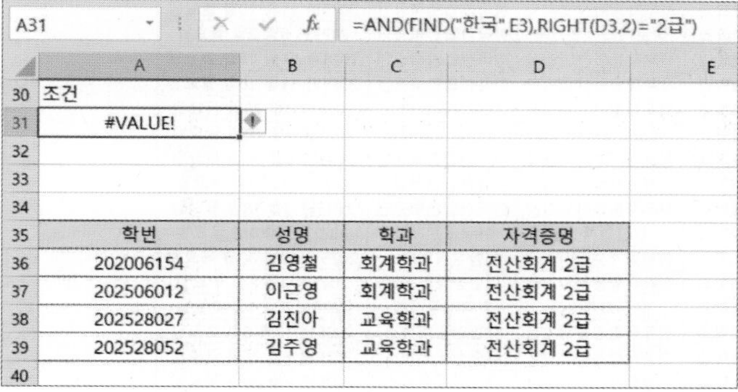

A31 =AND(FIND("한국",E3),RIGHT(D3,2)="2급")

| | A | B | C | D | E |
|---|---|---|---|---|---|
| 30 | 조건 | | | | |
| 31 | #VALUE! | | | | |
| 32 | | | | | |
| 33 | | | | | |
| 34 | | | | | |
| 35 | 학번 | 성명 | 학과 | 자격증명 | |
| 36 | 202006154 | 김영철 | 회계학과 | 전산회계 2급 | |
| 37 | 202506012 | 이근영 | 회계학과 | 전산회계 2급 | |
| 38 | 202528027 | 김진아 | 교육학과 | 전산회계 2급 | |
| 39 | 202528052 | 김주영 | 교육학과 | 전산회계 2급 | |
| 40 | | | | | |

### 02 조건부 서식

| | A | B | C | D | E | F | G |
|---|---|---|---|---|---|---|---|
| 1 | [표1] 자격증 취득현황 | | | | | | |
| 2 | 학번 | 성명 | 학과 | 자격증명 | 시행청 | 취득일자 | |
| 3 | *202512024* | *김미분* | *경영학과* | *컴퓨터활용능력 2급* | *대한상공회의소* | *2025년 2월 16일 일요일* | |
| 4 | *202512024* | *김미분* | *경영학과* | *워드프로세서 1급* | *대한상공회의소* | *2025년 1월 4일 토요일* | |
| 5 | 202512049 | 박용훈 | 경영학과 | 사무자동화산업기사 | 한국산업인력공단 | 2025년 11월 10일 월요일 | |
| 6 | 202512053 | 최유리 | 경영학과 | 정보처리산업기사 | 한국산업인력공단 | 2025년 6월 2일 월요일 | |
| 7 | 202512053 | 최유리 | 경영학과 | 사무자동화산업기사 | 한국산업인력공단 | 2025년 11월 11일 화요일 | |
| 8 | 202512056 | 이은영 | 경영학과 | 사무자동화산업기사 | 한국산업인력공단 | 2025년 11월 10일 월요일 | |
| 9 | 202512057 | 이은지 | 경영학과 | 컴퓨터활용능력 2급 | 대한상공회의소 | 2025년 4월 25일 금요일 | |
| 10 | 202512058 | 홍은지 | 경영학과 | 워드프로세서 1급 | 대한상공회의소 | 2025년 3월 28일 금요일 | |
| 11 | *202006154* | *김영철* | *회계학과* | *정보기기운용기능사* | *한국산업인력공단* | *2025년 8월 30일 토요일* | |
| 12 | 202006154 | 김영철 | 회계학과 | 정보처리기능사 | 한국산업인력공단 | 2025년 1월 1일 수요일 | |
| 13 | 202006154 | 김영철 | 회계학과 | 사무자동화산업기사 | 한국산업인력공단 | 2025년 8월 18일 월요일 | |
| 14 | 202006154 | 김영철 | 회계학과 | 전산회계 2급 | 한국세무사회 | 2025년 5월 1일 목요일 | |
| 15 | 202106028 | 김민혜 | 회계학과 | 전산회계운용사 1급 | 대한상공회의소 | 2025년 10월 30일 목요일 | |
| 16 | 202106028 | 김민혜 | 회계학과 | 컴퓨터활용능력 2급 | 대한상공회의소 | 2025년 1월 1일 수요일 | |
| 17 | 202506012 | 이근영 | 회계학과 | 전산회계 2급 | 한국세무사회 | 2025년 1월 1일 수요일 | |
| 18 | *202506056* | *김은정* | *회계학과* | *컴퓨터활용능력 2급* | *대한상공회의소* | *2025년 12월 6일 토요일* | |
| 19 | 202506073 | 최종두 | 회계학과 | 컴퓨터활용능력 2급 | 대한상공회의소 | 2025년 9월 26일 금요일 | |
| 20 | 202528014 | 이영주 | 교육학과 | 전산회계운용사 2급 | 대한상공회의소 | 2025년 6월 26일 목요일 | |
| 21 | 202528014 | 이영주 | 교육학과 | 컴퓨터활용능력 2급 | 대한상공회의소 | 2025년 6월 27일 금요일 | |
| 22 | 202528014 | 이영주 | 교육학과 | 비서 2급 | 대한상공회의소 | 2025년 11월 18일 화요일 | |
| 23 | 202528027 | 김진아 | 교육학과 | 비서 2급 | 대한상공회의소 | 2025년 4월 7일 월요일 | |
| 24 | 202528027 | 김진아 | 교육학과 | 전산회계 2급 | 한국세무사회 | 2025년 6월 26일 목요일 | |
| 25 | 202528052 | 김주영 | 교육학과 | 컴퓨터활용능력 2급 | 대한상공회의소 | 2025년 5월 30일 금요일 | |
| 26 | 202528052 | 김주영 | 교육학과 | 비서 1급 | 대한상공회의소 | 2025년 11월 11일 화요일 | |
| 27 | 202528052 | 김주영 | 교육학과 | 비서 2급 | 대한상공회의소 | 2025년 11월 11일 화요일 | |
| 28 | *202528052* | *김주영* | *교육학과* | *전산회계 2급* | *한국세무사회* | *2025년 10월 26일 일요일* | |
| 29 | | | | | | | |

## 03 페이지 레이아웃

[표1] 자격증 취득현황

| 학번 | 성명 | 학과 | 자격증명 | 시행청 | 취득일자 |
|---|---|---|---|---|---|
| 202512024 | 김미분 | 경영학과 | 컴퓨터활용능력 2급 | 대한상공회의소 | 2025년 2월 16일 일요일 |
| 202512024 | 김미분 | 경영학과 | 워드프로세서 1급 | 대한상공회의소 | 2025년 1월 4일 토요일 |
| 202512049 | 박용훈 | 경영학과 | 사무자동화산업기사 | 한국산업인력공단 | 2025년 11월 10일 월요일 |
| 202512053 | 최유리 | 경영학과 | 정보처리산업기사 | 한국산업인력공단 | 2025년 6월 2일 월요일 |
| 202512053 | 최유리 | 경영학과 | 사무자동화산업기사 | 한국산업인력공단 | 2025년 11월 11일 화요일 |
| 202512056 | 이은영 | 경영학과 | 사무자동화산업기사 | 한국산업인력공단 | 2025년 11월 10일 월요일 |
| 202512057 | 이은지 | 경영학과 | 컴퓨터활용능력 2급 | 대한상공회의소 | 2025년 4월 25일 금요일 |
| 202512058 | 홍은지 | 경영학과 | 워드프로세서 1급 | 대한상공회의소 | 2025년 3월 28일 금요일 |
| 202006154 | 김영철 | 회계학과 | 정보기기운용기능사 | 한국산업인력공단 | 2025년 8월 30일 토요일 |
| 202006154 | 김영철 | 회계학과 | 정보처리기능사 | 한국산업인력공단 | 2025년 1월 1일 수요일 |
| 202006154 | 김영철 | 회계학과 | 사무자동화산업기사 | 한국산업인력공단 | 2025년 8월 18일 월요일 |
| 202006154 | 김영철 | 회계학과 | 전산회계 2급 | 한국세무사회 | 2025년 5월 1일 목요일 |
| 202106028 | 김민혜 | 회계학과 | 전산회계운용사 1급 | 대한상공회의소 | 2025년 10월 30일 목요일 |
| 202106028 | 김민혜 | 회계학과 | 컴퓨터활용능력 2급 | 대한상공회의소 | 2025년 1월 1일 수요일 |
| 202506012 | 이근영 | 회계학과 | 전산회계 2급 | 한국세무사회 | 2025년 1월 1일 수요일 |
| 202506056 | 김은정 | 회계학과 | 컴퓨터활용능력 2급 | 대한상공회의소 | 2025년 12월 6일 토요일 |
| 202506073 | 최종두 | 회계학과 | 컴퓨터활용능력 2급 | 대한상공회의소 | 2025년 9월 26일 금요일 |
| 202528014 | 이영주 | 교육학과 | 전산회계운용사 2급 | 대한상공회의소 | 2025년 6월 26일 목요일 |
| 202528014 | 이영주 | 교육학과 | 컴퓨터활용능력 2급 | 대한상공회의소 | 2025년 6월 27일 금요일 |
| 202528014 | 이영주 | 교육학과 | 비서 2급 | 대한상공회의소 | 2025년 11월 18일 화요일 |
| 202528027 | 김진아 | 교육학과 | 비서 2급 | 대한상공회의소 | 2025년 4월 7일 월요일 |
| 202528027 | 김진아 | 교육학과 | 전산회계 2급 | 한국세무사회 | 2025년 6월 26일 목요일 |
| 202528052 | 김주영 | 교육학과 | 컴퓨터활용능력 2급 | 대한상공회의소 | 2025년 5월 30일 금요일 |
| 202528052 | 김주영 | 교육학과 | 비서 1급 | 대한상공회의소 | 2025년 11월 11일 화요일 |
| 202528052 | 김주영 | 교육학과 | 비서 2급 | 대한상공회의소 | 2025년 11월 11일 화요일 |
| 202528052 | 김주영 | 교육학과 | 전산회계 2급 | 한국세무사회 | 2025년 10월 26일 일요일 |

총 1 페이지 중 1 페이지

## 문제 ❷ 계산작업

### 01 시행처별 자격증 취득 현황, 취득명수, 자격증 장학금

| | A | B | C | D | E | F | G |
|---|---|---|---|---|---|---|---|
| 1 | [표1] 시행청별 자격증 취득 현황 | | | | [표2] 자격증명별 취득 현황 | | |
| 2 | 학과명 | 대한상공회의소 | 한국산업인력공단 | | 자격증 | 취득명수 | |
| 3 | 경영학과 | 4 | 5 | | 컴퓨터활용 | 9 | |
| 4 | 경제학과 | 8 | 3 | | 비서 | 5 | |
| 5 | 비서학과 | 8 | 0 | | 워드 | 4 | |
| 6 | | | | | 전자상거래 | 1 | |
| 7 | | | | | 전산회계 | 1 | |
| 8 | [표3] 자격증 취득현황 | | | | | | |
| 9 | 학번 | 성명 | 학과 | 자격증명 | 시행청 | 자격증 장학금 | |
| 10 | 202528052 | 김주영 | 비서학과 | 비서 2급 | 대한상공회의소 | 200000 | |
| 11 | 202512049 | 박용훈 | 경영학과 | 사무자동화산업기사 | 한국산업인력공단 | 400000 | |
| 12 | 202512024 | 김미분 | 경영학과 | 컴퓨터활용능력 2급 | 대한상공회의소 | 200000 | |
| 13 | 202512024 | 김미분 | 경영학과 | 워드프로세서 1급 | 대한상공회의소 | 200000 | |
| 14 | 202406154 | 김영철 | 경제학과 | 컴퓨터활용능력 2급 | 대한상공회의소 | 200000 | |
| 15 | 202512053 | 최유리 | 경영학과 | 정보처리산업기사 | 한국산업인력공단 | 400000 | |
| 16 | 202506056 | 김은정 | 경제학과 | 컴퓨터활용능력 2급 | 대한상공회의소 | 200000 | |
| 17 | 202406154 | 김영철 | 경제학과 | 정보처리기능사 | 한국산업인력공단 | 0 | |
| 18 | 202528027 | 김진아 | 비서학과 | 비서 2급 | 대한상공회의소 | 200000 | |
| 19 | 202528052 | 김주영 | 비서학과 | 컴퓨터활용능력 2급 | 대한상공회의소 | 200000 | |
| 20 | 202406154 | 김영철 | 경제학과 | 전자상거래운용사 | 대한상공회의소 | 300000 | |
| 21 | 202406154 | 김영철 | 경제학과 | 사무자동화산업기사 | 한국산업인력공단 | 400000 | |
| 22 | 202528014 | 이영주 | 비서학과 | 비서 2급 | 대한상공회의소 | 200000 | |
| 23 | 202512053 | 최유리 | 경영학과 | 사무자동화산업기사 | 한국산업인력공단 | 400000 | |
| 24 | 202512056 | 이은영 | 경영학과 | 사무자동화산업기사 | 한국산업인력공단 | 400000 | |
| 25 | 202406154 | 김영철 | 경제학과 | 정보기기운용기능사 | 한국산업인력공단 | 0 | |
| 26 | 202406154 | 김영철 | 경제학과 | 워드프로세서 1급 | 대한상공회의소 | 200000 | |
| 27 | 202528052 | 김주영 | 비서학과 | 비서 3급 | 대한상공회의소 | 100000 | |
| 28 | 202528052 | 김주영 | 비서학과 | 비서 1급 | 대한상공회의소 | 300000 | |
| 29 | 202528014 | 이영주 | 비서학과 | 컴퓨터활용능력 2급 | 대한상공회의소 | 200000 | |
| 30 | 202512058 | 홍은지 | 경영학과 | 워드프로세서 1급 | 대한상공회의소 | 200000 | |
| 31 | 202106028 | 김민혜 | 경제학과 | 컴퓨터활용능력 2급 | 대한상공회의소 | 200000 | |
| 32 | 202406154 | 김영철 | 경제학과 | 워드프로세서 2급 | 대한상공회의소 | 100000 | |
| 33 | 202406014 | 최일우 | 경제학과 | 컴퓨터활용능력 2급 | 대한상공회의소 | 200000 | |
| 34 | 202506073 | 최종두 | 경제학과 | 컴퓨터활용능력 2급 | 대한상공회의소 | 200000 | |
| 35 | 202512058 | 홍은지 | 경영학과 | 사무자동화산업기사 | 한국산업인력공단 | 400000 | |
| 36 | 202512057 | 이은지 | 경영학과 | 컴퓨터활용능력 2급 | 대한상공회의소 | 200000 | |
| 37 | 202528014 | 이영주 | 비서학과 | 전산회계운용사 2급 | 대한상공회의소 | 200000 | |
| 38 | | | | | | | |

1. [B3] 셀에 「=SUM(($E$10:$E$37=B$2) * ($C$10:$C$37=$A3))」를 입력하고 Ctrl+Shift+Enter를 누른 후 [C5] 셀까지 수식 복사
2. [F3] 셀에 「=COUNT(IF(LEFT($D$10:$D$37,LEN(E3))=E3,$A$10:$A$37))」를 입력하고 Ctrl+Shift+Enter를 누른 후 [F7] 셀까지 수식 복사
3. [F10] 셀에 「=IF(ISERROR(XLOOKUP(D10,$B$42:$B$51,$C$42:$C$51)),0,XLOOKUP(D10,$B$42:$B$51,$C$42:$C$51))」를 입력하고 [F37] 셀까지 수식 복사

## 02 이자, 비고

| | A | B | C | D | E |
|---|---|---|---|---|---|
| 1 | [표1] | | | 기준일 | 2025-12-05 |
| 2 | 계좌번호 | 잔액 | 개설일자 | 이자 | 비고 |
| 3 | 99-36-623 | 7,654,700 | 2020-05-02 | 176,058 | 적금 |
| 4 | 88-25-123 | 1,573,000 | 2022-06-04 | 40,898 | 예금 |
| 5 | 77-46-632 | 2,136,570 | 2024-03-04 | 53,414 | 수시입출금 |
| 6 | 66-25-258 | 4,756,000 | 2021-06-04 | 114,144 | 예금 |
| 7 | 55-35-789 | 873,000 | 2024-05-06 | 26,190 | 적금 |
| 8 | 44-25-456 | 5,750,000 | 2020-02-04 | 132,250 | 예금 |
| 9 | 33-56-251 | 975,000 | 2022-07-05 | 27,300 | 청약 |
| 10 | 22-45-693 | - 710,000 | 2021-03-05 | - 19,880 | 수시입출금 |
| 11 | 11-35-250 | 143,570 | 2021-12-20 | 4,020 | 적금 |
| 12 | 91-55-620 | - 1,246,500 | 2021-02-06 | - 32,409 | 청약 |
| 13 | 96-26-360 | 2,367,000 | 2021-02-09 | 56,808 | 예금 |
| 14 | 19-45-520 | 856,000 | 2021-03-04 | 23,968 | 수시입출금 |
| 15 | 45-25-129 | 4,356,000 | 2023-06-09 | 104,544 | 예금 |
| 16 | | | | | |

4. [D3] 셀에 「=B3*VLOOKUP(DAYS($E$1,C3)/30,$G$5:$K$8,LOOKUP(ABS(B3),$I$3:$K$3,$I$2:$K$2))」를 입력하고 [D15] 셀까지 수식 복사
5. [E3] 셀에 「=fn비고(A3)」를 입력하고 [E15] 셀까지 수식 복사

```
Public Function fn비고(계좌번호)
    Select Case Mid(계좌번호, 4, 2)
        Case 25, 26
            fn비고 = "예금"
        Case 35, 36
            fn비고 = "적금"
        Case 45, 46
            fn비고 = "수시입출금"
        Case 55, 56
            fn비고 = "청약"
    End Select
End Function
```

## 문제 ❸ 분석작업

### 01 피벗 테이블

| | A | B | C | D | E | F | G | H | I |
|---|---|---|---|---|---|---|---|---|---|
| 1 | | | | | | | | | |
| 2 | | | | | | | | | |
| 3 | | | | | | | | | |
| 4 | | | | 부서 | | | | | |
| 5 | | 직급 | 값 | 기획부 | 생산부 | 인사부 | 총무부 | 판매부 | |
| 6 | | 과장 | 합계: 기본급 | * | * | * | 1,500 | * | |
| 7 | | | 합계: 상여금 | * | * | * | 1,050 | * | |
| 8 | | | 합계: 급여합계 | 0.00% | 0.00% | 0.00% | 10.54% | 0.00% | |
| 9 | | 대리 | 합계: 기본급 | 2,370 | 1,200 | 1,250 | 6,250 | 4,770 | |
| 10 | | | 합계: 상여금 | 1,659 | 840 | 875 | 4,375 | 3,339 | |
| 11 | | | 합계: 급여합계 | 55.05% | 44.44% | 20.70% | 43.91% | 58.14% | |
| 12 | | 부장 | 합계: 기본급 | * | * | * | 2,350 | 2,350 | |
| 13 | | | 합계: 상여금 | * | * | * | 1,645 | 1,645 | |
| 14 | | | 합계: 급여합계 | 0.00% | 0.00% | 0.00% | 16.51% | 28.64% | |
| 15 | | 사원 | 합계: 기본급 | 1,935 | 1,500 | 4,790 | 4,135 | 1,085 | |
| 16 | | | 합계: 상여금 | 1,355 | 1,050 | 3,353 | 2,895 | 760 | |
| 17 | | | 합계: 급여합계 | 44.95% | 55.56% | 79.30% | 29.05% | 13.22% | |
| 18 | | 전체 합계: 기본급 | | 4,305 | 2,700 | 6,040 | 14,235 | 8,205 | |
| 19 | | 전체 합계: 상여금 | | 3,014 | 1,890 | 4,228 | 9,965 | 5,744 | |
| 20 | | 전체 합계: 급여합계 | | 100.00% | 100.00% | 100.00% | 100.00% | 100.00% | |
| 21 | | | | | | | | | |

### 02 데이터 도구

| | A | B | C | D | E | F | G | H | I | J | K | L |
|---|---|---|---|---|---|---|---|---|---|---|---|---|
| 1 | | [표1] | | | | | | | [표2] | | | |
| 2 | | 접수번호 | 성명 | 주소 | 대출지점 | 대출금액 | 대출기간 | | 대출지점 | 대출금액 | 대출기간 | |
| 3 | | 1 | 김진석 | 대전시 유성구 온천동 | 충청 | 5000000 | 12 | | 충청 | 4750000 | 38.5 | |
| 4 | | 2 | 구준식 | 서울시 종로구 팔판동 | 서울 | 5000000 | 30 | | 서울 | 5488889 | 30 | |
| 5 | | 3 | 이진태 | 경기도 안양시 동안구 | 경기 | 3000000 | 24 | | 경기 | 5650000 | 40.1 | |
| 6 | | 4 | 이재철 | 경기도 안양시 동안구 | 경기 | 2500000 | 12 | | 부산 | 7428571 | 48.85714 | |
| 7 | | 5 | 박세희 | 서울시 서대문구 역촌동 | 서울 | 8000000 | 30 | | | | | |
| 8 | | 5 | 박순영 | 부산시 중구 대창동 | 부산 | 10000000 | 36 | | | | | |
| 9 | | 6 | 이성재 | 경기도 부천시 원미구 | 경기 | 7000000 | 73 | | | | | |
| 10 | | 7 | 설진구 | 부산시 중구 대창동 | 부산 | 2000000 | 60 | | | | | |
| 11 | | 8 | 이영민 | 경기도 시흥시 은행동 | 경기 | 5000000 | 30 | | | | | |
| 12 | | 9 | 도희철 | 서울시 강남구 역삼동 | 서울 | 3000000 | 36 | | | | | |
| 13 | | 10 | 우진우 | 대전시 유성구 어은동 | 충청 | 5000000 | 78 | | | | | |
| 14 | | 11 | 민애라 | 부산시 동구 범일동 | 부산 | 12000000 | 60 | | | | | |
| 15 | | 12 | 민승렬 | 부산시 부산진구 동평동 | 부산 | 15000000 | 60 | | | | | |
| 16 | | 13 | 최만용 | 서울시 중구 필동 | 서울 | 8000000 | 45 | | | | | |
| 17 | | 14 | 오태열 | 서울시 양천구 목동 | 서울 | 7000000 | 24 | | | | | |
| 18 | | 15 | 장우석 | 대전시 서구 둔산동 | 충청 | 3000000 | 36 | | | | | |
| 19 | | 16 | 형연주 | 경기도 수원시 장안구 | 경기 | 1000000 | 48 | | | | | |
| 20 | | 17 | 이민주 | 경기도 성남시 분당구 | 경기 | 27000000 | 48 | | | | | |
| 21 | | 18 | 이진태 | 경기도 안양시 동안구 | 경기 | 3000000 | 24 | | | | | |
| 22 | | 19 | 설진구 | 부산시중구대창동 | 부산 | 2000000 | 60 | | | | | |
| 23 | | | | | | | | | | | | |

## 문제 4 기타작업

### 01 차트

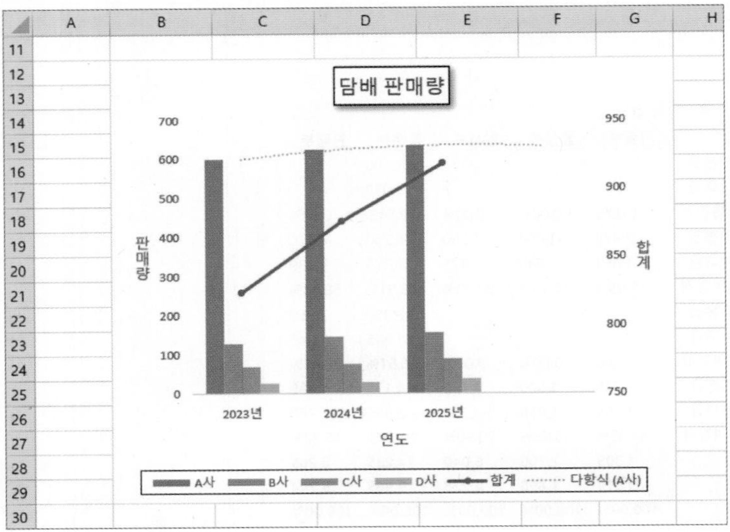


### 02 매크로

| 펀드명 | 운용사 | 수익률 |
|---|---|---|
| 베스트공모주10 증권투자 | 신한금융 | 3% |
| 마이다스 책임투자증권투자 | 삼성 | ▲85% |
| 코스닥벤처증권투자 | 한국투자 | ▲59% |
| 베트남레버리지증권투자 | NH | ▲20% |
| 성장유망중소형주증권투자 | 미래에셋 | 15% |
| 하나USB 인베스트연금 주식S | 하나투자 | ▲20% |
| 미래에셋 라이프사이클2030 | 미래에셋 | ▼0% |
| 한국골드플랜 연금주식1 | 키움 | -▼20% |
| 한국밸류 10년투자연금주식 | 대신 | 4% |
| 부동산투자신탁 | 삼성 | -▼30% |
| 코리아몰캡증권투자 | 메리츠 | ▲40% |
| 미국배당프리미엄 | 미래에셋 | ▲24% |
| 차이나증권투자 | 메리츠 | ▲67% |

백분율

일반서식

## 03 VBA 프로그래밍

• 폼 보이기 프로시저

```
Private Sub Btn결제_Click()
    결제화면.Show
End Sub
```

• 폼 초기화 프로시저

```
Private Sub UserForm_Initialize()
    Opt신용 = True
End Sub
```

• 선택 이벤트 프로시저

```
Private Sub cmb선택_DropButtonClick()
    If Opt은행 = True Then
        cmb선택.RowSource = "A4:A6"
    Else
        cmb선택.RowSource = "A9:A12"
    End If
End Sub
```

• 결제 이벤트 프로시저

```
Private Sub cmd결제_Click()
    i = Range("B16").CurrentRegion.Rows.Count + 16
    If Opt은행 = True Then
        Cells(i, 1) = Opt은행.Caption
    Else
        Cells(i, 1) = Opt신용.Caption
    End If
        Cells(i, 2) = cmb선택
        Cells(i, 3) = txt금액 * 1
End Sub
```

# 기출 유형 문제 06회 해설

## 문제 ❶ 기본작업

### 01 고급 필터('기본작업-1' 시트)

① [A30:A31] 영역에 조건을 입력하고, [A35:D35] 영역에 추출할 필드명을 입력한다.

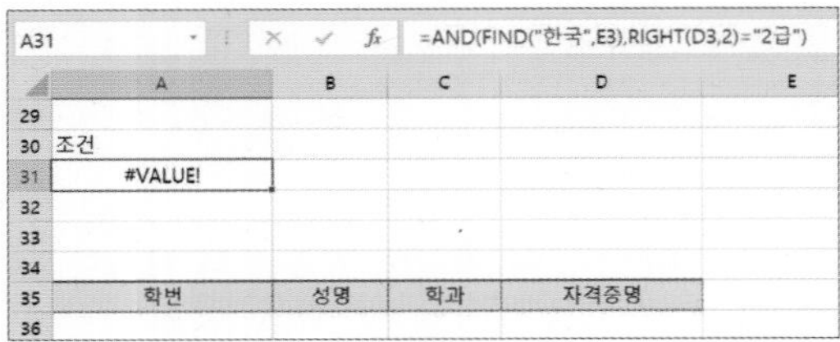

[A31] : =AND(FIND("한국",E3),RIGHT(D3,2)="2급")

② 데이터 목록 안의 아무 셀이나 선택하고 [데이터]-[정렬 및 필터] 그룹에서 [고급]( )을 클릭한다.

③ [고급 필터]에서 다음과 같이 지정한 후 [확인]을 클릭한다.

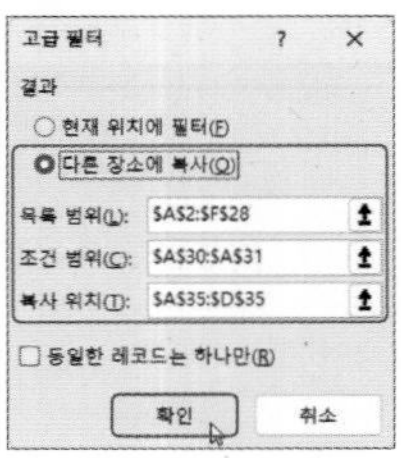

- 결과 : '다른 장소에 복사'
- 목록 범위 : [A2:F28]
- 조건 범위 : [A30:A31]
- 복사 위치 : [A35:D35]

### 02 조건부 서식('기본작업-1' 시트)

① [A3:F28] 영역을 범위 지정한 후 [홈]-[스타일] 탭의 [조건부 서식]-[새 규칙]을 클릭한다.

② [새 서식 규칙]에서 '▶ 수식을 사용하여 서식을 지정할 셀 결정'을 선택하고, =OR(WEEKDAY($F3)=1,WEEKDAY($F3)=7)을 입력한 후 [서식]을 클릭한다.

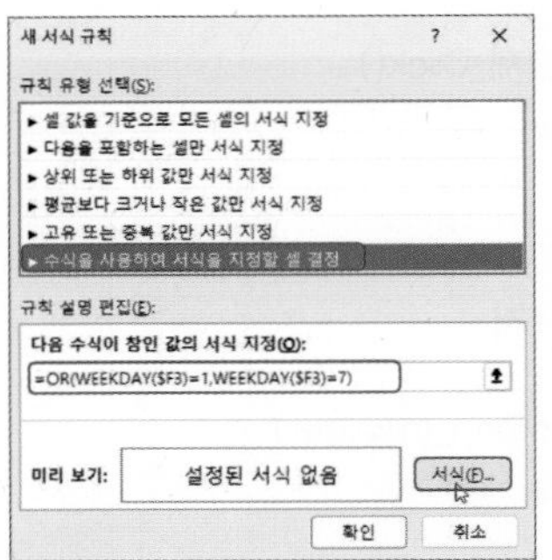

③ [글꼴] 탭에서 글꼴 스타일은 '굵은 기울임꼴', 글꼴 색은 '표준 색 – 빨강'을 선택하고 [확인]을 클릭한다.

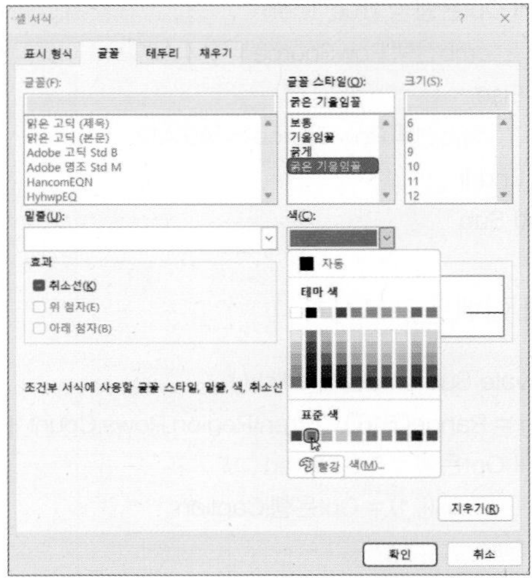

④ [새 서식 규칙]에서 '수식'과 '서식'이 맞는지 확인한 후 [확인]을 클릭한다.

### 03 페이지 레이아웃('기본작업-2' 시트)

① [A1:F28] 영역을 범위 지정한 후 [페이지 레이아웃] 탭의 [페이지 설정]-[인쇄 영역]-[인쇄 영역 설정]을 클릭한다.

② [페이지 레이아웃] 탭의 [페이지 설정]-[용지 방향]-[가로]를 클릭한다.

③ [페이지 레이아웃] 탭의 [페이지 설정]에서 [옵션]( )을 클릭한다.

④ [여백] 탭에서 페이지 가운데 맞춤 '가로', '세로'를 체크한다.

⑤ [머리글/바닥글] 탭을 클릭하여 [바닥글 편집]을 클릭한다.

⑥ 오른쪽 구역에 커서를 두고 **총** 을 입력하고, [전체 페이지 수 삽입](📄) 도구를 클릭한 후 **페이지 중** 을 입력한 후 [페이지 번호 삽입](📄) 도구를 클릭하고 **페이지**를 입력하고 [확인]을 클릭한다.

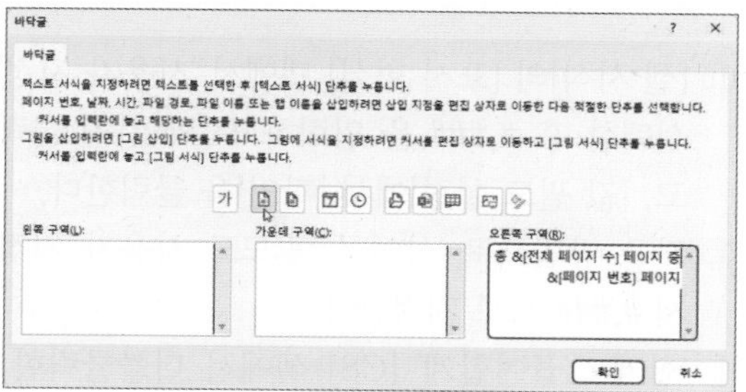

## 문제 ❷ 계산작업('계산작업' 시트)

### 01 자격증 취득 개수[B3:C5]

'계산작업-1' 시트의 [B3] 셀에 =SUM(($E$10:$E$37=B$2)*($C$10:$C$37=$A3))를 입력하고 Ctrl+Shift+Enter를 누른 후 [C5] 셀까지 수식을 복사한다.

### 02 자격증별 취득명수[F3:F7]

'계산작업-1' 시트에서 [F3] 셀에 =COUNT(IF(LEFT($D$10:$D$37,LEN(E3))=E3,$A$10:$A$37))를 입력하고 Ctrl+Shift+Enter를 누른 후 [F7] 셀까지 수식을 복사한다.

### 03 자격증 장학금[F10:F37]

'계산작업-1' 시트에서 [F10] 셀에 =IF(ISERROR(XLOOKUP(D10,$B$42:$B$51,$C$42:$C$51)),0,XLOOKUP(D10,$B$42:$B$51,$C$42:$C$51))를 입력한 후 [F37] 셀까지 수식을 복사한다.

### 04 이자[D3:D15]

'계산작업-2' 시트의 [D3] 셀에 =B3*VLOOKUP(DAYS($E$1,C3)/30,$G$5:$K$8,LOOKUP(ABS(B3),$I$3:$K$3,$I$2:$K$2))를 입력하고 [D15] 셀까지 수식을 복사한다.

### 05 비고[E3:E15]

① [개발 도구]-[코드] 그룹의 [Visual Basic] 메뉴를 클릭한다.

② [삽입]-[모듈]을 클릭한다.

③ Module 창에 다음과 같이 입력한다.

```
Public Function fn비고(계좌번호)
    Select Case Mid(계좌번호, 4, 2)
        Case 25, 26
            fn비고 = "예금"
        Case 35, 36
            fn비고 = "적금"
        Case 45, 46
            fn비고 = "수시입출금"
        Case 55, 56
            fn비고 = "청약"
    End Select
End Function
```

④ [파일]-[닫고 Microsoft Excel(으)로 돌아가기]를 클릭하여 [Visual Basic Editor]를 닫는다.

⑤ '계산작업-2' 시트의 [E3] 셀을 클릭한 후 [함수 삽입](fx)을 클릭한다.

⑥ [함수 마법사]에서 범주 선택은 '사용자 정의', 함수 선택은 'fn비고'를 선택한 후 [확인]을 클릭한다.

⑦ [함수 인수]에서 계좌번호는 [A3] 셀을 선택한 후 [확인]을 클릭한다.

⑧ [E3] 셀의 수식을 [E15] 셀까지 수식을 복사한다.

## 문제 ❸ 분석작업

### 01 피벗 테이블('분석작업-1' 시트)

① [B4] 셀을 선택한 후 [삽입]-[표] 그룹의 [피벗 테이블](📊)을 클릭한다.

② [피벗 테이블 만들기]에서 '데이터 모델에 이 데이터 추가'를 체크하고, '외부 데이터 원본 사용'에서 [연결 선택]을 클릭한다.

③ [기존 연결]에서 [더 찾아보기]를 클릭한 후 '2025컴활1급₩1권_스프레드시트₩기출유형문제' 폴더에서 '직급부서.csv'를 선택하고 [열기]를 클릭한다.

④ [1단계]에서 '내 데이터에 머리글 표시'를 체크하고, '구분 기호로 분리됨'을 선택하고 [다음]을 클릭한다.

⑤ [2단계]에서 구분 기호 '쉼표'만 체크하고 [다음]을 클릭한다.

⑥ [3단계]에서 '성명', '공제계', '실수령액' 필드는 각각 클릭한 후 '열 가져오지 않음(건너뜀)'을 선택하고 [마침]을 클릭한다.

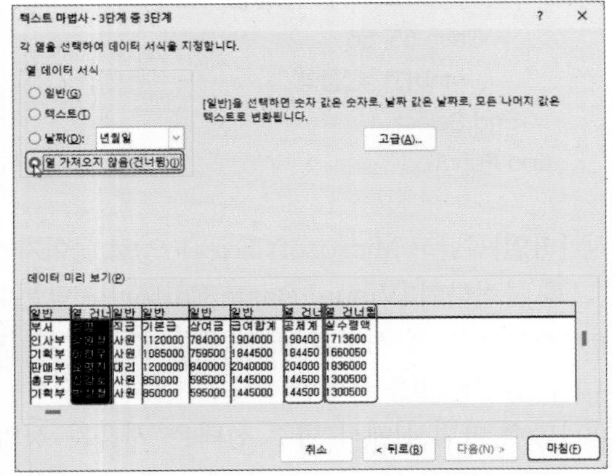

⑦ [피벗 테이블 만들기]에서 [확인]을 클릭한다.

⑧ [피벗 테이블 필드]에서 다음과 같이 드래그한다.

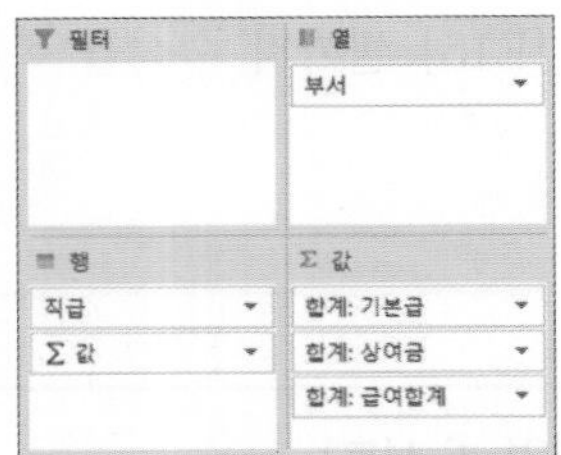

⑨ [디자인]–[레이아웃] 그룹의 [보고서 레이아웃]–[테이블 형식으로 표시]을 클릭한다.

⑩ '합계 : 기본급' [C6] 셀에서 더블클릭하여 [값 필드 설정]에서 [표시 형식]을 클릭한다.

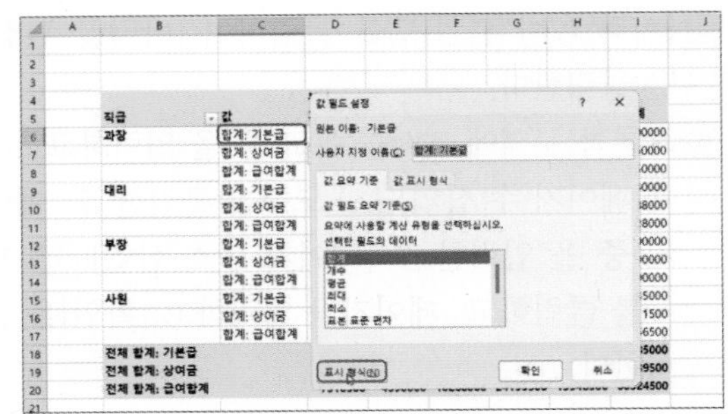

⑪ [셀 서식]의 [표시 형식] 탭에서 '사용자 지정'을 선택한 후 #,###,을 입력하고 [확인]을 클릭하고, [값 필드 설정]에서 [확인]을 클릭한다.

⑫ 같은 방법으로 '상여금' 필드도 사용자 지정에서 #,###,으로 지정한다.

⑬ '합계 : 급여합계' [C8] 셀에서 더블클릭한 후 [값 필드 설정]에서 [값 표시 형식] 탭에서 '열 합계 비율'을 선택하고 [확인]을 클릭한다.

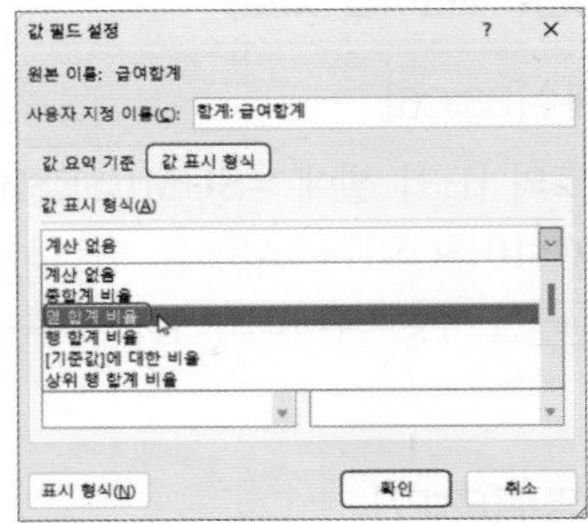

⑭ [피벗 테이블 분석]–[피벗 테이블] 그룹의 [옵션]을 클릭한다.

⑮ [레이아웃 및 서식] 탭에서 '레이블이 있는 셀 병합 및 가운데 맞춤'을 체크하고, '빈 셀 표시'에 *를 입력한다.

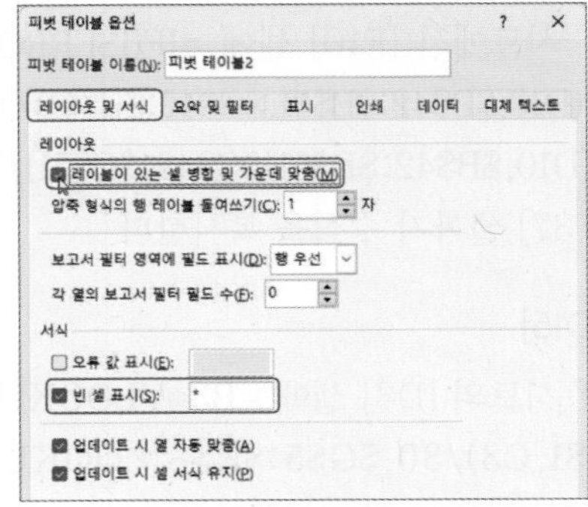

⑯ [요약 및 필터]에서 '행 총합계 표시' 체크를 해제하고 [확인]을 클릭한다.

### 02 데이터 도구('상반기' 시트)

① [B2:B22] 영역을 범위 지정한 후 [데이터]-[데이터 도구] 그룹의 [텍스트 나누기]( )를 클릭한다.

② [1단계]에서 '구분 기호로 분리됨'을 선택하고 [다음]을 클릭한다.

③ [2단계]에서 '쉼표'만 선택하고 [다음]을 클릭한다.

④ [3단계]에서 '주민등록번호' 필드를 선택하고 '열 가져오지 않음(건너뜀)'을 선택하고 같은 방법으로 '대출일'도 열 가져오지 않음을 선택하고 [마침]을 클릭한다.

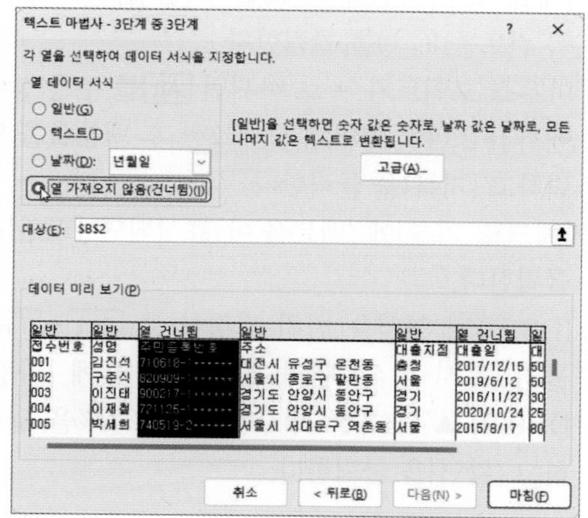


⑤ [I2:K2] 영역을 범위 지정한 후 [데이터]-[데이터 도구] 그룹의 [통합]( )을 클릭한다.

⑥ [통합]에서 다음과 같이 지정하고 [확인]을 클릭한다.

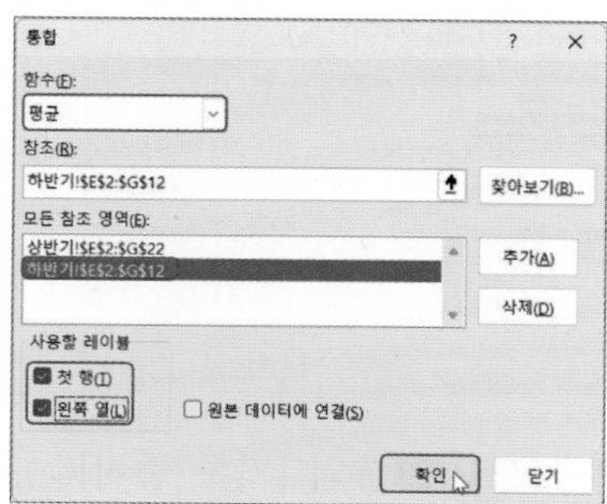


- **함수** : 평균
- **참조** : '상반기' 시트 [E2:G22], '하반기' 시트 [E2:G12]
- **사용할 레이블** : 첫 행, 왼쪽 열

## 문제 ④ 기타작업

### 01 차트('기타작업-1' 시트)

① 'A사' 계열에서 마우스 오른쪽 버튼을 클릭한 후 [추세선 추가]를 클릭한다.

② '추세선 옵션'의 '다항식'을 선택하고, '예측'의 '앞으로'에 1이라고 입력한다.

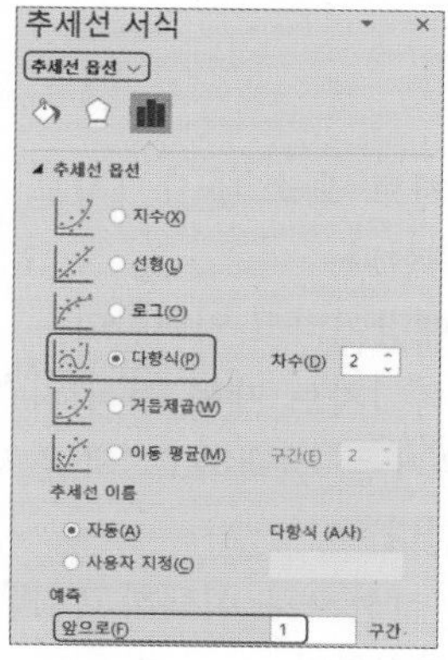


③ '합계' 계열에서 마우스 오른쪽 버튼을 클릭한 후 [계열 차트 종류 변경]을 클릭한다.

④ '합계' 계열은 '꺾은선형'의 '표식이 있는 꺾은선형'을 선택한다.

⑤ '계열 옵션'에서 '보조 축'을 선택하고 [확인]을 클릭한다.

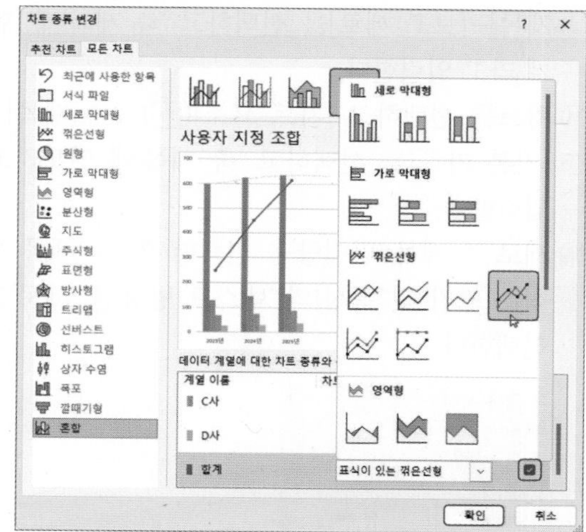

⑥ '보조 세로(값) 축'을 선택한 후 '축 옵션'에서 '최소값'에 750, '최대값'에 950, 단위 '기본'에 50을 입력한다.

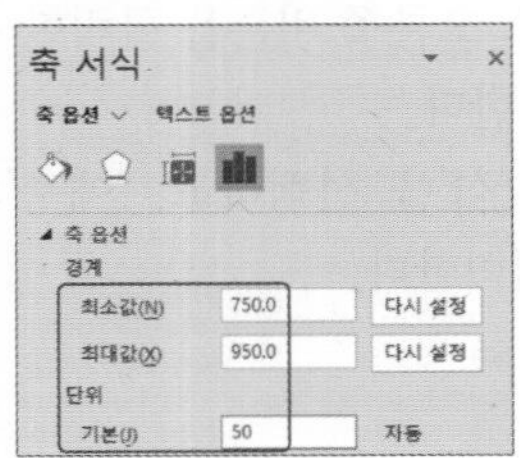


⑦ 차트를 선택한 후 [차트 요소](⊞)–[차트 제목]– [차트 위]를 클릭한다.

⑧ 차트 제목에 **담배 판매량**이라고 입력한다.

⑨ 차트 제목을 선택한 후 [차트 제목 서식]의 '채우기'에서 '단색 채우기'를 선택하고 '색'은 '흰색, 배경1'으로 지정한다.

⑩ '테두리'를 클릭하여 '실선'으로 선택하고 '색'은 '검정, 텍스트1'으로 지정한다.

⑪ [효과]의 '그림자'를 클릭하여 '미리 설정'의 '바깥쪽'을 '오프셋: 오른쪽 아래'로 선택한다.

⑫ 차트를 선택한 상태에서 [축 제목]–[기본 세로]를 선택하고 '축 제목'에 **판매량**이라고 입력한다.

⑬ 차트를 선택한 상태에서 [차트 요소](⊞)–[축 제목]–[보조 세로]를 선택하고 '축 제목'에 「합계」라고 입력한다.

⑭ 차트를 선택하고 [차트 요소](⊞)–[축 제목]–[기본 가로]를 선택하고 '축 제목'에 **연도**라고 입력한다.

⑮ 세로 축 제목 '판매량'을 선택한 후 [축 제목 서식]–[크기 및 속성]의 '텍스트 방향'을 '세로'를 선택한다.

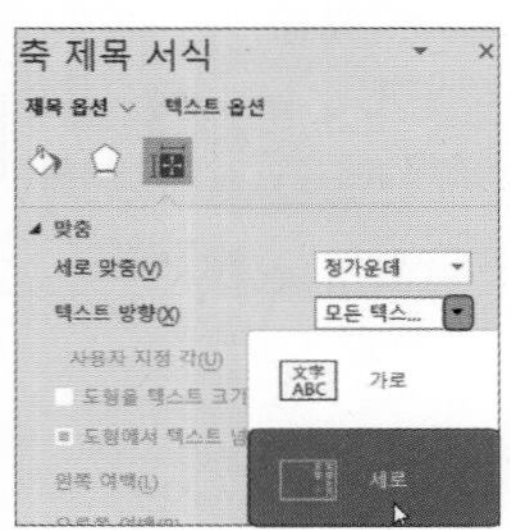


⑯ 보조 세로 축 제목 '합계'를 선택한 후 [축 제목 서식]–[크기 및 속성]의 '텍스트 방향'을 '세로'를 선택한다.

⑰ 차트를 선택한 후 [차트 요소](⊞)–[눈금선]–[기본 주 가로]의 체크를 해제한다.

⑱ 차트를 선택한 상태에서 [차트 요소](⊞)–[범례]–[아래쪽]을 선택한다.

⑲ 범례를 선택하고 [범례 서식]–[채우기 및 선]의 '테두리'를 선택한 후, '실선'을 선택하고 색상은 '검정, 텍스트1'으로 지정한다.

### 02 매크로('기타작업–2' 시트)

① [개발 도구]–[컨트롤] 그룹의 [삽입]–[(단추)양식 컨트롤)](▭)를 클릭한다.

② 마우스 포인트가 '+'로 바뀌면 Alt를 누른 상태에서 [F2:G3] 영역에 드래그한 후 **백분율**을 입력하고 [기록]을 클릭한다.

③ [매크로 기록]에 '백분율'이 표시되면 [확인]을 클릭한다.

④ [D3:D15] 영역을 범위 지정한 후 Ctrl+1을 눌러 [표시 형식] 탭의 '사용자 지정'에 **[파랑][>=0.2]"▲"0%;[빨강][<=0]"▼"0%;0%**을 입력하고 [확인]을 클릭한다.

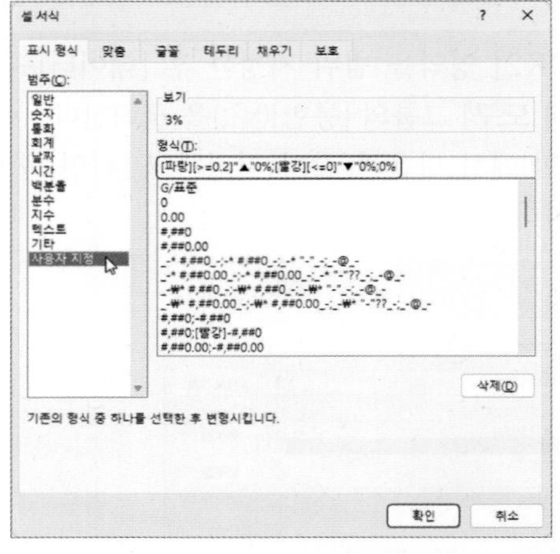


⑤ [개발 도구]–[코드] 그룹의 [기록 중지](□)를 클릭한다.

⑥ '단추'(▭)에서 마우스 오른쪽 버튼을 눌러 [텍스트 편집]을 클릭한 후 **백분율**로 수정한다.

⑦ [개발 도구]-[컨트롤] 그룹의 [삽입]-[(단추)양식 컨트롤)](▭)를 클릭한다.
⑧ 마우스 포인트가 '+'로 바뀌면 Alt를 누른 상태에서 [F5:G6] 영역에 드래그한 후 「일반서식」을 입력하고 [기록]을 클릭한다.
⑨ [매크로 기록]에 '일반서식'이 표시되면 [확인]을 클릭한다.
⑩ [D3:D15] 영역을 범위 지정한 후 Ctrl+1을 눌러 [표시 형식] 탭에서 '일반'을 선택하고 [확인]을 클릭한다.
⑪ [개발 도구]-[코드] 그룹의 [기록 중지](▢)를 클릭한다.
⑫ '단추'(▭)에서 마우스 오른쪽 버튼을 눌러 [텍스트 편집]을 클릭한 후 **일반서식**으로 수정한다.

## 03 VBA 프로그래밍('기타작업-3' 시트)

### ① 폼 보이기

① [개발 도구]-[컨트롤] 그룹의 [디자인 모드](📐) 메뉴를 클릭하여 〈결제하기〉 버튼을 편집 상태로 만든다.
② 〈결제하기〉 버튼을 더블클릭한 후 다음과 같이 입력한다.

```
Private Sub Btn결제_Click()
    결제화면.Show
End Sub
```

### ② 폼 초기화

① [프로젝트-VBAProject] 탐색기에서 '폼'을 더블클릭하고 〈결제화면〉을 선택한다.
② [프로젝트-VBAProject] 탐색기의 [코드 보기](▤)를 클릭한다.
③ '개체 목록'은 'UserForm', '프로시저 목록'은 'Initialize'를 선택한다.
④ 코드 창에 다음과 같이 입력한다.

```
Private Sub UserForm_Initialize()
    Opt신용 = True
End Sub
```

### ③ 선택 프로시저

① '개체 목록'에서 'cmb선택', '프로시저'에서 'DropButtonClick'을 선택한다.

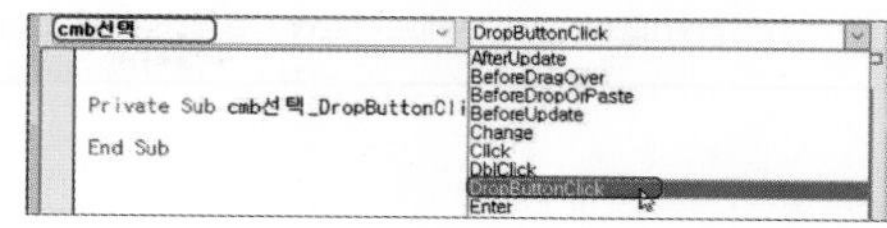

② 코드 창에 다음과 같이 입력한다.

```
Private Sub cmb선택_DropButtonClick()
    If Opt은행 = True Then
        cmb선택.RowSource = "A4:A6"
    Else
        cmb선택.RowSource = "A9:A12"
    End If
End Sub
```

### ④ 결제 프로시저

① '개체 목록'에서 'cmd결제', '프로시저'에서 'Click'을 선택한다.
② 코드 창에 다음과 같이 입력한다.

```
Private Sub cmd결제_Click()
    i = Range("B16").CurrentRegion.Rows.Count + 16
    If Opt은행 = True Then
    Cells(i, 1) = Opt은행.Caption
    Else
    Cells(i, 1) = Opt신용.Caption
    End If
    Cells(i, 2) = cmb선택
    Cells(i, 3) = txt금액*1
End Sub
```

**코드 설명**

```
① If Opt은행 = True Then
    Cells(i, 1) = Opt은행.Caption
  Else
    Cells(i, 1) = Opt신용.Caption
  End If
```
→ Opt은행이 선택되면 Opt은행의 Caption 내용(은행이체)을 입력하고, Opt은행이 선택되지 않으면 Opt신용의 Caption 내용(신용카드)을 입력한다.

# 기출 유형 문제 07회

| 시험 시간 | 풀이 시간 | 합격 점수 | 내 점수 |
|---|---|---|---|
| 45분 | 분 | 70점 | 점 |

합격 강의

작업파일 [2025컴활1급₩1권_스프레드시트₩기출유형문제] 폴더의 '기출유형문제7회' 파일을 열어서 작업하시오.

## 문제 ❶ 기본작업 | 주어진 시트에서 다음 과정을 수행하고 저장하시오. 15점

**01 '기본작업-1' 시트의 [표1]에 대하여 다음과 같이 고급 필터 작업을 수행하시오. (5점)**

▶ 연봉이 상위 5 이내이면서 입사일자 연도가 2021년에 해당하는 자료를 '성명', '연봉', '입사일' 열만을 나열하시오.

▶ 조건은 [A30:A31] 영역 내에 알맞게 입력하시오. (AND, LARGE, YEAR 함수 사용)

▶ 결과는 [A35] 셀부터 표시하시오.

**02 '기본작업-1' 시트의 [표1]에 대하여 다음과 같이 조건부 서식을 설정하시오. (5점)**

▶ 직급이 '과장' 이거나 '대리'이면서 성명의 성이 '이'인 자료 행 전체에 대하여 글꼴 스타일은 '굵은 기울임꼴', 글꼴 색은 '표준 색 – 파랑'으로 표시하시오.

▶ 단, 규칙 유형은 '수식을 사용하여 서식을 지정할 셀 결정'을 이용하시오.

▶ AND, OR, LEFT 함수 사용

**03 '기본작업-2' 시트에서 다음과 같이 페이지 레이아웃을 설정하시오. (5점)**

▶ 인쇄될 내용이 페이지의 가로만 정 가운데에 인쇄되도록 페이지 가운데 맞춤을 설정하시오.

▶ 매 페이지 하단의 오른쪽 구역에는 오늘 날짜, 현재 시간이 [표시 예]와 같이 표시되도록 바닥글을 설정하시오.
[표시 예 : 오늘 날짜가 2025-12-31이고 현재 시간이 오후 3:39 인 경우 → 출력일 : 2025-12-31, 출력시간 : 3:30 PM]

▶ [A3:F28] 영역을 인쇄 영역으로 설정하고, 용지 여백을 '좁게(위쪽, 아래쪽 : 1.91cm, 왼쪽, 오른쪽 : 0.64cm, 머리글, 바닥글 : 0.76cm)로 설정하시오.

**문제 ❷** **계산작업** | 주어진 시트에서 다음 과정을 수행하고 저장하시오. **30점**

**01 '계산작업-1' 시트에서 [표2]를 참조하여 [표1]의 [B3:D5] 영역에 분류별 순위에 따른 판매부수를 표시하시오. (6점)**

▶ 순위는 판매부수로 산출함

▶ LARGE, IF, LEFT 함수와 배열 상수, 배열 수식 사용

**02 '계산작업-1' 시트에서 [표2]의 판매부수를 이용하여 상위 5개의 판매부수 평균을 [표3]의 [A34] 셀에 표시하시오. (6점)**

▶ AVERAGE, LARGE 함수와 배열 상수, 배열 수식 사용

**03 '계산작업-2' 시트에서 [표4]의 대출금액, 대출기간, 이자율을 이용하여 월상환액을 계산한 후 [표6]의 기준표를 참조하여 월상환액을 따른 분류를 찾아 비고[F4:F12] 영역에 표시하시오. (6점)**

▶ VLOOKUP, PMT 함수 사용

**04 '계산작업-2' 시트에서 [표4]의 지점명 최고 대출금액에 대한 순위를 [표7]의 순위[E16:E18] 영역에 표시하시오. (6점)**

▶ RANK.EQ, MAX, IF 함수와 & 연산자를 이용한 배열 수식 사용

▶ [표시 예 : 1 → 1위]

**05 '계산작업-2' 시트의 [표5]의 지원자 점수표를 이용하여 합격여부를 계산하는 사용자 정의 함수 'fn합격'을 작성하고, 'fn합격'을 이용하여 합격여부[L4:L11]를 계산하시오. (6점)**

▶ 'fn합격'은 필기시험과 개별면접, 집단면접을 인수로 받아 합격여부를 판정하여 되돌려 줌

▶ 합격여부는 필기시험과 면접점수가 모두 80점 이상이 되면 '합격', 그렇지 않으면 '불합격'으로 판정하시오.

▶ 면접점수는 개별면접과 집단면접의 평균 점수

▶ IF문을 이용

```
Public Function fn합격(필기시험, 개별면접, 집단면접)
End Function
```

## 문제 ❸ **분석작업** | 주어진 시트에서 다음 작업을 수행하고 저장하시오. **20점**

### 01 '분석작업-1' 시트에서 다음과 같은 피벗 테이블을 작성하시오. (10점)

- ▶ 외부 데이터 가져오기 기능을 사용하여 〈매출.accdb〉의 〈지점별〉 테이블을 이용하시오.
- ▶ 피벗 테이블 보고서의 레이아웃과 위치는 〈그림〉을 참조하여 설정하고, 보고서 레이아웃을 개요 형식으로 표시하시오.
- ▶ '일자'를 기준으로 〈그림〉과 같이 그룹을 설정하시오.
- ▶ 부분합은 하단에 표시하고, 합계와 평균을 함께 표시하시오.
- ▶ +/- 기호는 표시하지 않고, 품목을 기준으로 내림차순으로 정렬하시오.
- ▶ '개수', '매출' 필드는 표시 형식을 값 필드 설정의 셀 서식에서 '숫자' 범주를 이용하여 〈그림〉과 같이 지정하시오.
- ▶ 피벗 테이블 스타일은 '연한 녹색, 피벗 스타일 보통 14'로 설정하시오.
- ▶ 7월 LED 매출 자료를 별도의 시트로 생성하고, 시트 이름은 '7월LED'로 하여 '분석작업-1' 시트 오른쪽에 위치시키시오.

| | A | B | C | D | E | F | G |
|---|---|---|---|---|---|---|---|
| 1 | | | | | | | |
| 2 | | | 지점 | (모두) ▼ | | | |
| 3 | | | | | | | |
| 4 | | | 일자 ▼ | 품목 ↓ | 합계 : 개수 | 합계 : 매출 | |
| 5 | | | **7월** | | | | |
| 6 | | | | LED | 179 | 11,535,555 | |
| 7 | | | | DSLR | 106 | 5,097,255 | |
| 8 | | | **7월 합계** | | **285** | **16,632,810** | |
| 9 | | | **7월 평균** | | **57** | **3,326,562** | |
| 10 | | | **8월** | | | | |
| 11 | | | | LED | 513 | 38,566,650 | |
| 12 | | | | LCD | 352 | 27,960,015 | |
| 13 | | | | DSLR | 653 | 33,323,820 | |
| 14 | | | **8월 합계** | | **1,518** | **99,850,485** | |
| 15 | | | **8월 평균** | | **56** | **3,698,166** | |
| 16 | | | **총합계** | | **1,803** | **116,483,295** | |
| 17 | | | | | | | |

### 02 '분석작업-2' 시트에 대하여 다음의 지시사항을 처리하시오. (10점)

- ▶ [A3:D3] 영역에는 [데이터 유효성 검사] 기능을 이용하여 항목별 점수 반영비율의 합이 100%가 되도록 제한 대상을 설정하시오.
  - SUM 함수 이용
  - 유효하지 않은 데이터를 입력한 경우 〈그림〉과 같은 오류 메시지가 표시되도록 설정하시오.

- ▶ [목표값 찾기] 기능을 이용하여 '성적표'의 환산점수[B11]가 90점이 되도록 중간고사[B7]의 점수를 계산하시오.

## 문제 ❹ 기타작업 | 주어진 시트에서 다음 작업을 수행하고 저장하시오. 35점

### 01 '기타작업-1' 시트에서 다음의 지시사항에 따라 차트를 수정하시오. (각 2점)

※ 차트는 반드시 문제에서 제공한 차트를 사용하여야 하며, 신규로 차트작성 시 0점 처리됨

① '인터넷이용률' 계열에 대해 '표식이 있는 꺾은선형'으로 차트 종류를 변경하고 보조 축으로 설정하시오.

② 가로 축 교차를 〈그림〉과 같이 설정하고, 보조 세로(값) 축의 최소값 '66', 최대값 '80', 기본 단위 '2'로 설정하시오.

③ 차트의 제목, 축 제목과 텍스트 방향(세로 축 제목은 스택형)은 〈그림〉과 같이 설정하시오.

④ 범례의 위치는 〈그림〉과 같이 설정하시오.

⑤ 차트 영역은 '안쪽 : 가운데' 그림자를 적용하고, 부드러운 가장자리 2.5pt를 설정하시오.

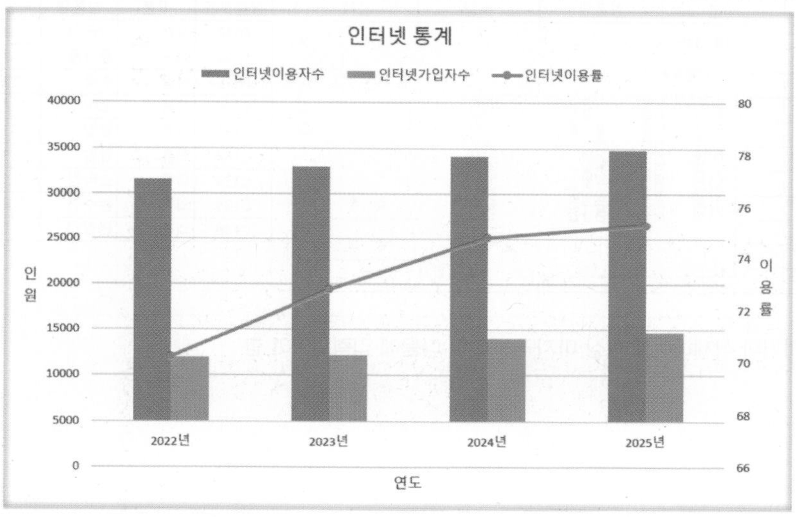


### 02 '기타작업-2' 시트에서 다음과 같은 기능을 수행하는 매크로를 현재 통합문서에 작성하시오. (각 5점)

① [E5:E22] 영역에 대하여 사용자 지정 표시 형식을 설정하는 '서식' 매크로를 생성하시오.

▶ 셀 값이 5,000,000 이상이면 파랑색으로 천 단위 기호를 표시, 셀 값이 1,000,000 미만이면 빨강색으로 천 단위 기호를 표시, 나머지는 천 단위 기호를 표시

▶ [도형]-[사각형]의 '직사각형(▭)'을 동일 시트의 [B1:C2] 영역에 생성한 후 텍스트를 '서식'으로 입력하고, '직사각형'을 클릭하면 '서식' 매크로가 실행되도록 설정하시오.

② [E5:E22] 영역에 대하여 기호 없는 회계 서식으로 적용하는 '회계' 매크로를 생성하시오.

▶ [도형]-[사각형]의 '직사각형(▭)'을 동일 시트의 [D1:E2] 영역에 생성한 후 텍스트를 '회계'로 입력하고, '직사각형'을 클릭하면 '회계' 매크로가 실행되도록 설정하시오.

※ 셀 포인터의 위치에 관계없이 매크로가 실행되어야 정답으로 인정됨

**03 '기타작업-3' 시트에서 다음과 같은 작업을 수행하도록 프로시저를 작성하시오. (각 5점)**

① '매출입력' 버튼을 클릭하면 〈매출입력〉 폼이 나타나도록 하고, 폼이 초기화(Initialize)되면 [H5:K14] 영역의 값이 상품목록(lst품목)의 목록에 설정되도록 프로시저를 작성하시오.

② 수량의 '스핀(spn수량)' 버튼을 누르면 증감된 숫자가 수량(txt판매수량)에 표시되도록 작성하시오.

③ 〈매출입력〉 폼의 '등록(cmd등록)' 버튼을 클릭하면 상품코드, 구분, 상품명, 수량(txt판매수량), 금액을 계산하여 [표1]에 입력되도록 작성하시오.

▶ 금액 = 단가 × 수량

▶ 상품코드, 구분, 상품명, 단가는 ListIndex 속성을 이용

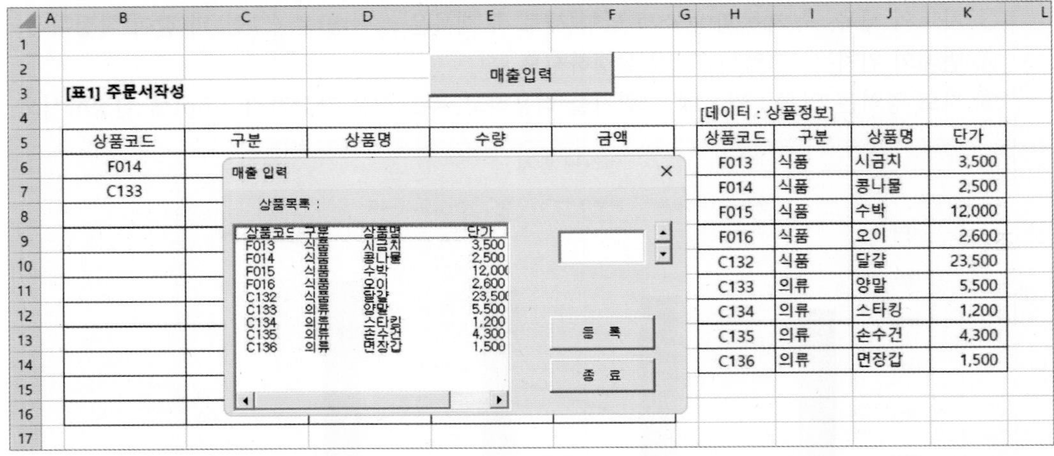


| 상품코드 | 구분 | 상품명 | 수량 | 금액 |
|---|---|---|---|---|
| F014 | | | | |
| C133 | | | | |

| 상품코드 | 구분 | 상품명 | 단가 |
|---|---|---|---|
| F013 | 식품 | 시금치 | 3,500 |
| F014 | 식품 | 콩나물 | 2,500 |
| F015 | 식품 | 수박 | 12,000 |
| F016 | 식품 | 오이 | 2,600 |
| C132 | 식품 | 달걀 | 23,500 |
| C133 | 의류 | 양말 | 5,500 |
| C134 | 의류 | 스타킹 | 1,200 |
| C135 | 의류 | 손수건 | 4,300 |
| C136 | 의류 | 면장갑 | 1,500 |

※ 데이터를 추가하거나 삭제하여도 항상 마지막 데이터 다음에 입력되어야 함

# 기출 유형 문제 07회 정답

## 문제 ❶ 기본작업

### 01 고급 필터

A31 =AND(E4>=LARGE($E$4:$E$28,5),YEAR(F4)=2021)

| | A | B | C | D | E | F |
|---|---|---|---|---|---|---|
| 29 | | | | | | |
| 30 | 조건 | | | | | |
| 31 | FALSE | | | | | |
| 32 | | | | | | |
| 33 | | | | | | |
| 34 | | | | | | |
| 35 | 성명 | 연봉 | 입사일 | | | |
| 36 | 윤성현 | 45,200,000 | 2021-12-08 | | | |
| 37 | 김한재 | 40,200,000 | 2021-12-05 | | | |
| 38 | | | | | | |

### 02 조건부 서식

| | A | B | C | D | E | F |
|---|---|---|---|---|---|---|
| 1 | | | | | | |
| 2 | [표1] | | | | | |
| 3 | 성명 | 부서 | 직급 | 주민번호 | 연봉 | 입사일 |
| 4 | 강원철 | 교육팀 | 과장 | 821101-1123456 | 38,900,000 | 2021-11-29 |
| 5 | 강진용 | 영업팀 | 사원 | 031001-4123456 | 29,100,000 | 2021-12-14 |
| 6 | 구자춘 | 교육팀 | 부장 | 751018-1123456 | 47,000,000 | 2010-11-17 |
| 7 | 권부규 | 기획팀 | 부장 | 711010-2123456 | 47,900,000 | 2005-12-13 |
| 8 | *이진규* | *기획팀* | *대리* | *971224-1123456* | *31,200,000* | *2019-12-03* |
| 9 | 김한일 | 교육팀 | 사원 | 000725-4123456 | 30,000,000 | 2020-12-06 |
| 10 | 문택식 | 교육팀 | 과장 | 790403-1123456 | 37,900,000 | 2022-12-07 |
| 11 | *이상철* | *교육팀* | *대리* | *930912-2123456* | *31,800,000* | *2021-12-05* |
| 12 | 박종훈 | 기획팀 | 사원 | 020109-4123456 | 28,300,000 | 2022-12-11 |
| 13 | 서병일 | 기획팀 | 대리 | 970912-2123456 | 35,200,000 | 2021-11-27 |
| 14 | 성기철 | 교육팀 | 과장 | 830716-1123456 | 37,500,000 | 2021-12-08 |
| 15 | *이강호* | *교육팀* | *과장* | *851201-2123456* | *39,800,000* | *2023-11-06* |
| 16 | 오명진 | 교육팀 | 대리 | 981111-1123456 | 32,200,000 | 2021-12-10 |
| 17 | 윤성현 | 영업팀 | 부장 | 791212-1123456 | 45,200,000 | 2021-12-08 |
| 18 | 이기호 | 영업팀 | 사원 | 010303-3123456 | 33,300,000 | 2020-11-29 |
| 19 | 이병호 | 홍보팀 | 사원 | 020516-4123456 | 29,200,000 | 2022-12-04 |
| 20 | 이영성 | 영업팀 | 사원 | 030326-4123456 | 29,500,000 | 2021-12-05 |
| 21 | *이영주* | *기획팀* | *대리* | *960101-2123456* | *31,600,000* | *2021-11-21* |
| 22 | 김한재 | 교육팀 | 과장 | 851213-1123456 | 40,200,000 | 2021-12-05 |
| 23 | *이현우* | *영업팀* | *대리* | *960108-1123456* | *33,000,000* | *2019-11-26* |
| 24 | 장정미 | 홍보팀 | 대리 | 921010-1123456 | 33,300,000 | 2021-12-07 |
| 25 | 조한열 | 기획팀 | 사원 | 030110-4123456 | 31,000,000 | 2022-11-27 |
| 26 | 최준섭 | 홍보팀 | 부장 | 730823-1123456 | 35,100,000 | 2024-12-09 |
| 27 | 한영환 | 기획팀 | 과장 | 860617-2123456 | 37,600,000 | 2021-11-28 |
| 28 | 한재혁 | 홍보팀 | 사원 | 990205-1123456 | 28,600,000 | 2019-11-16 |
| 29 | | | | | | |

### 03 페이지 레이아웃

| 성명 | 부서 | 직급 | 주민번호 | 연봉 | 입사일 |
|---|---|---|---|---|---|
| 강원철 | 교육팀 | 과장 | 821101-1123456 | 38,900,000 | 2021-11-29 |
| 강진용 | 영업팀 | 사원 | 031001-4123456 | 29,100,000 | 2021-12-14 |
| 구자춘 | 교육팀 | 부장 | 751018-1123456 | 47,000,000 | 2010-11-17 |
| 권부규 | 기획팀 | 부장 | 711010-2123456 | 47,900,000 | 2005-12-13 |
| 이진규 | 기획팀 | 대리 | 971224-1123456 | 31,200,000 | 2019-12-03 |
| 김한일 | 교육팀 | 사원 | 000725-4123456 | 30,000,000 | 2020-12-06 |
| 문택식 | 교육팀 | 과장 | 790403-1123456 | 37,900,000 | 2022-12-07 |
| 이상철 | 교육팀 | 대리 | 930912-2123456 | 31,800,000 | 2021-12-05 |
| 박종훈 | 기획팀 | 사원 | 020109-4123456 | 28,300,000 | 2022-12-11 |
| 서병일 | 기획팀 | 대리 | 970912-2123456 | 35,200,000 | 2021-11-27 |
| 성기철 | 교육팀 | 과장 | 830716-1123456 | 37,500,000 | 2021-12-08 |
| 이강호 | 교육팀 | 과장 | 851201-2123456 | 39,800,000 | 2023-11-06 |
| 오명진 | 교육팀 | 대리 | 981111-1123456 | 32,200,000 | 2021-12-10 |
| 윤성현 | 영업팀 | 부장 | 791212-1123456 | 45,200,000 | 2021-12-08 |
| 이기호 | 영업팀 | 사원 | 010303-3123456 | 33,300,000 | 2020-11-29 |
| 이병호 | 홍보팀 | 사원 | 020516-4123456 | 29,200,000 | 2022-12-04 |
| 이영성 | 영업팀 | 사원 | 030326-4123456 | 29,500,000 | 2021-12-05 |
| 이영주 | 기획팀 | 대리 | 960101-2123456 | 31,600,000 | 2021-11-21 |
| 김한재 | 교육팀 | 과장 | 851213-1123456 | 40,200,000 | 2021-12-05 |
| 이현우 | 영업팀 | 대리 | 960108-1123456 | 33,000,000 | 2019-11-26 |
| 장정미 | 홍보팀 | 대리 | 921010-1123456 | 33,300,000 | 2021-12-07 |
| 조한열 | 기획팀 | 사원 | 030110-4123456 | 31,000,000 | 2022-11-27 |
| 최준섭 | 홍보팀 | 부장 | 730823-1123456 | 35,100,000 | 2024-12-09 |
| 한영환 | 기획팀 | 과장 | 860617-2123456 | 37,600,000 | 2021-11-28 |
| 한재혁 | 홍보팀 | 사원 | 990205-1123456 | 28,600,000 | 2019-11-16 |

출력일 : 2024-05-29, 출력시간 : 5:36 PM

## 문제 ❷ 계산작업

### 01 베스트셀러, 상위 5개 평균

|  | A | B | C | D | E | F |
|---|---|---|---|---|---|---|
| 1 | **[표1] 베스트셀러** |  |  |  |  |  |
| 2 | 순위 / 분류 | 1위 | 2위 | 3위 |  |  |
| 3 | 문학 | 4,530 | 4,130 | 3,420 |  |  |
| 4 | 교육 | 3,280 | 3,150 | 2,400 |  |  |
| 5 | 경영 | 3,420 | 2,200 | 1,550 |  |  |
| 6 |  |  |  |  |  |  |
| 7 |  |  |  |  |  |  |
| 8 | **[표2] 판매현황** |  |  |  |  |  |
| 9 | **도서명** | **저자** | **분류** | **출판일** | **판매부수** |  |
| 10 | 히치하이커 | 애덤스 | 문학분야 | 2018-05-05 | 1350 |  |
| 11 | Why? | 허순봉 | 교육분야 | 2020-11-10 | 2400 |  |
| 12 | 엄마를 부탁해 | 신경숙 | 문학분야 | 2008-11-10 | 1250 |  |
| 13 | 4개의 통장 | 고경호 | 경영분야 | 2018-06-15 | 2200 |  |
| 14 | 도서관 고양이 | 마이런 | 문학분야 | 2012-02-06 | 3105 |  |
|  | 깃털 하나 | 공지영 |  |  |  |  |
|  |  |  |  | 2007-06-22 | 4530 |  |
| 24 | 마지막 강의 | 랜디포시 | 경영분야 | 2008-06-16 | 1550 |  |
| 25 | 불황을 넘어서 | 토플러 | 교육분야 | 2009-02-07 | 3280 |  |
| 26 | 죽음의 중지 | 사라마구 | 문학분야 | 2009-02-10 | 4130 |  |
| 27 | 더 리더 | 슐링크 | 교육분야 | 2013-03-25 | 1210 |  |
| 28 | 내 얼굴 | 스미 | 문학분야 | 2014-02-25 | 2110 |  |
| 29 | 노니는 집 | 이영서 | 문학분야 | 2017-03-22 | 3230 |  |
| 30 | 천자문 | 시리얼 | 교육분야 | 2021-12-20 | 1330 |  |
| 31 |  |  |  |  |  |  |
| 32 | **[표3]** |  |  |  |  |  |
| 33 | 판매부수 상위 5개 평균 |  |  |  |  |  |
| 34 | 3,756 |  |  |  |  |  |
| 35 |  |  |  |  |  |  |

1. [B3:D3] 영역을 범위 지정한 후 「=LARGE(IF((LEFT($C$10:$C$30,2)=$A3),$E$10:$E$30),{1,2,3})을 입력하고 Ctrl+Shift+Enter를 누른 후 [B5:D5] 셀까지 수식 복사
2. [A34] 셀에 「=AVERAGE(LARGE(E10:E30,{1,2,3,4,5}))」를 입력하고 Ctrl+Shift+Enter

### 02 비고, 순위, 합격여부

|  | A | B | C | D | E | F | G | H | I | J | K | L | M |
|---|---|---|---|---|---|---|---|---|---|---|---|---|---|
| 1 |  |  |  |  |  |  |  |  |  |  |  |  |  |
| 2 | **[표4] 대출고객** |  |  |  |  |  |  | **[표5] 지원자 점수표** |  |  |  |  |  |
| 3 | **고객명** | **지점명** | **대출금액** | **대출기간** | **이자율** | **비고** |  | **성명** | **필기시험** | **개별면접** | **집단면접** | **합격여부** |  |
| 4 | 이동준 | 경기 | 14,000,000 | 60 | 7.0% | 보통 |  | 한지영 | 80 | 80 | 85 | 합격 |  |
| 5 | 정옥희 | 인천 | 50,000,000 | 50 | 5.4% | 과다 |  | 최한일 | 75 | 90 | 78 | 불합격 |  |
| 6 | 강현주 | 서울 | 7,500,000 | 36 | 3.5% | 보통 |  | 김영주 | 90 | 85 | 85 | 합격 |  |
| 7 | 김인수 | 서울 | 10,000,000 | 60 | 4.8% | 최소 |  | 이상진 | 80 | 75 | 90 | 합격 |  |
| 8 | 최한나 | 경기 | 2,500,000 | 12 | 6.4% | 보통 |  | 김상일 | 65 | 80 | 95 | 불합격 |  |
| 9 | 이유진 | 인천 | 25,000,000 | 50 | 7.5% | 부담 |  | 유하진 | 75 | 85 | 95 | 불합격 |  |
| 10 | 김옥희 | 경기 | 30,000,000 | 34 | 5.0% | 부담 |  | 박영철 | 90 | 85 | 90 | 합격 |  |
| 11 | 김형란 | 서울 | 4,000,000 | 28 | 4.5% | 최소 |  | 심정수 | 80 | 75 | 85 | 합격 |  |
| 12 | 김희애 | 인천 | 65,000,000 | 56 | 3.9% | 과다 |  |  |  |  |  |  |  |
| 13 |  |  |  |  |  |  |  |  |  |  |  |  |  |
| 14 | **[표6]** |  |  | **[표7] 지점별 최고 대출액 순위** |  |  |  |  |  |  |  |  |  |
| 15 | 월상환액 | 분류 |  | **지점명** | **순위** |  |  |  |  |  |  |  |  |
| 16 | 0 이상 | 최소 |  | 서울 | 6위 |  |  |  |  |  |  |  |  |
| 17 | 200,000 이상 | 보통 |  | 경기 | 3위 |  |  |  |  |  |  |  |  |
| 18 | 500,000 이상 | 부담 |  | 인천 | 1위 |  |  |  |  |  |  |  |  |
| 19 | 1,000,000 이상 | 과다 |  |  |  |  |  |  |  |  |  |  |  |
| 20 |  |  |  |  |  |  |  |  |  |  |  |  |  |

3. [F4] 셀에 「=VLOOKUP(PMT(E4/12,D4,-C4),$A$16:$B$19,2)」를 입력하고 [F12] 셀까지 수식 복사
4. [E16] 셀에 「=RANK.EQ(MAX(IF($B$4:$B$12=D16,$C$4:$C$12)),$C$4:$C$12)&"위"」를 입력하고 Ctrl+Shift+Enter를 누른 후 [E18] 셀까지 수식 복사
5. [L4] 셀에 「=fn합격(I4,J4,K4)」를 입력하고 [L11] 셀까지 수식 복사

```
Public Function fn합격(필기시험, 개별면접, 집단면접)
    면접점수 = (개별면접 + 집단면접) / 2
    If 필기시험 >= 80 And 면접점수 >= 80 Then
        fn합격 = "합격"
    Else
        fn합격 = "불합격"
    End If
End Function
```

## 문제 ❸ 분석작업

### 01 피벗 테이블

| | A | B | C | D | E | F | G |
|---|---|---|---|---|---|---|---|
| 1 | | | | | | | |
| 2 | | | 지점 | (모두) | | | |
| 3 | | | | | | | |
| 4 | | | 일자 | 품목 | 합계 : 개수 | 합계 : 매출 | |
| 5 | | | 7월 | | | | |
| 6 | | | | LED | 179 | 11,535,555 | |
| 7 | | | | DSLR | 106 | 5,097,255 | |
| 8 | | | 7월 합계 | | 285 | 16,632,810 | |
| 9 | | | 7월 평균 | | 57 | 3,326,562 | |
| 10 | | | 8월 | | | | |
| 11 | | | | LED | 513 | 38,566,650 | |
| 12 | | | | LCD | 352 | 27,960,015 | |
| 13 | | | | DSLR | 653 | 33,323,820 | |
| 14 | | | 8월 합계 | | 1,518 | 99,850,485 | |
| 15 | | | 8월 평균 | | 56 | 3,698,166 | |
| 16 | | | 총합계 | | 1,803 | 116,483,295 | |
| 17 | | | | | | | |

| | A | B | C | D | E | F |
|---|---|---|---|---|---|---|
| 1 | 일자 | 지점 | 품목 | 개수 | 매출 | |
| 2 | 2025-07-25 | 강동 | LED | 55 | 2902245 | |
| 3 | 2025-07-27 | 강남 | LED | 61 | 5995185 | |
| 4 | 2025-07-29 | 강남 | LED | 63 | 2638125 | |
| 5 | | | | | | |

### 02 데이터 도구

| | A | B | C | D | E |
|---|---|---|---|---|---|
| 1 | [표1] | 기준표 | | | |
| 2 | 중간고사 | 기말고사 | 출석 | 수행평가 | |
| 3 | 30% | 40% | 10% | 20% | |
| 4 | | | | | |
| 5 | | | | | |
| 6 | [표2] | 성적표 | | | |
| 7 | 중간고사 | 93.33333 | | | |
| 8 | 기말고사 | 90 | | | |
| 9 | 출석 | 90 | | | |
| 10 | 수행평가 | 85 | | | |
| 11 | 환산점수 | 90 | | | |
| 12 | | | | | |

## 문제 4 기타작업

### 01 차트 수정

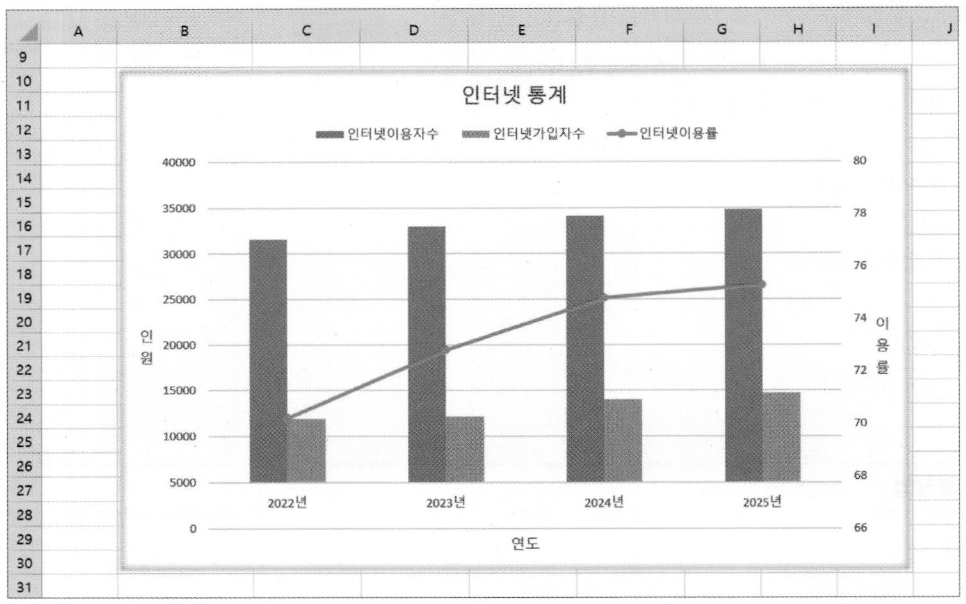


### 02 매크로

| | A | B | C | D | E | F |
|---|---|---|---|---|---|---|
| 1 | | 서식 | | 회계 | | |
| 2 | | | | | | |
| 3 | | | | | | |
| 4 | 일자 | 지점 | 품목 | 개수 | 매출 | |
| 5 | 2025-07-25 | 강동 | LED | 55 | 2,902,245 | |
| 6 | 2025-07-27 | 강남 | LED | 61 | 5,995,185 | |
| 7 | 2025-07-28 | 강북 | DSLR | 54 | 4,651,035 | |
| 8 | 2025-07-29 | 강동 | DSLR | 52 | 446,220 | |
| 9 | 2025-07-29 | 강남 | LED | 63 | 2,638,125 | |
| 10 | 2025-08-01 | 강서 | LED | 62 | 5,133,780 | |
| 11 | 2025-08-01 | 강남 | DSLR | 46 | 670,665 | |
| 12 | 2025-08-01 | 강북 | LCD | 57 | 3,371,160 | |
| 13 | 2025-08-04 | 강남 | DSLR | 61 | 750,300 | |
| 14 | 2025-08-04 | 강북 | LED | 55 | 2,990,820 | |
| 15 | 2025-08-06 | 강동 | LED | 53 | 5,912,580 | |
| 16 | 2025-08-06 | 강동 | LED | 49 | 4,324,095 | |
| 17 | 2025-08-07 | 강남 | LCD | 57 | 5,459,025 | |
| 18 | 2025-08-07 | 강북 | DSLR | 52 | 4,834,275 | |
| 19 | 2025-08-09 | 강북 | DSLR | 63 | 4,950,525 | |
| 20 | 2025-08-10 | 강동 | DSLR | 55 | 3,789,615 | |
| 21 | 2025-08-10 | 강북 | LED | 56 | 5,514,000 | |
| 22 | 2025-08-12 | 강서 | DSLR | 56 | 2,911,410 | |
| 23 | | | | | | |

## 03 VBA 프로그래밍

• 폼 보이기 프로시저

```
Private Sub cmd매출입력_Click()
    매출입력.Show
End Sub
```

• 폼 초기화 프로시저

```
Private Sub UserForm_Initialize()
    lst품목.RowSource = "H5:K14"
    lst품목.ColumnCount = 4
End Sub
```

• 수량 표시 프로시저

```
Private Sub spn수량_Change()
    txt판매수량 = spn수량.Value
End Sub
```

• 등록 이벤트 프로시저

```
Private Sub cmd등록_Click()
    i = Range("b5").CurrentRegion.Rows.Count + 5
    Cells(i, 2) = lst품목.List(lst품목.ListIndex, 0)
    Cells(i, 3) = lst품목.List(lst품목.ListIndex, 1)
    Cells(i, 4) = lst품목.List(lst품목.ListIndex, 2)
    Cells(i, 5) = txt판매수량.Value
    Cells(i, 6) = lst품목.List(lst품목.ListIndex, 3) * Cells(i, 5)
End Sub
```

# 기출 유형 문제 07회 해설

## 문제 ❶ 기본작업

### 01 고급 필터('기본작업-1' 시트)

① [A30:A31] 영역에 조건을 입력하고, [A35:C35] 영역에 추출할 필드명을 입력한다.

A31 =AND(E4>=LARGE($E$4:$E$28,5),YEAR(F4)=2021)

| | A | B | C | D | E |
|---|---|---|---|---|---|
| 29 | | | | | |
| 30 | 조건 | | | | |
| 31 | FALSE | | | | |
| 32 | | | | | |
| 33 | | | | | |
| 34 | | | | | |
| 35 | 성명 | 연봉 | 입사일 | | |
| 36 | | | | | |

[A31] : =AND(E4>=LARGE($E$4:$E$28,5),YEAR(F4)=2021)

② 데이터 목록 안의 아무 셀이나 선택하고 [데이터]–[정렬 및 필터] 그룹에서 [고급]( )을 클릭한다.

③ [고급 필터]에서 다음과 같이 지정한 후 [확인]을 클릭한다.

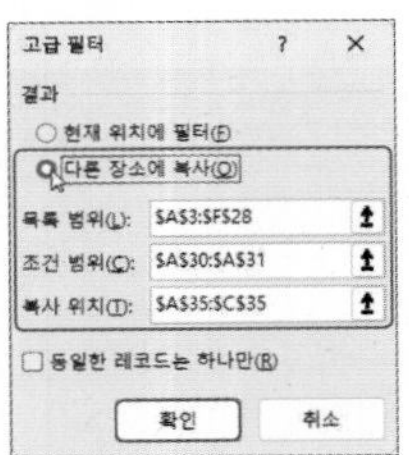


- 결과 : '다른 장소에 복사'
- 목록 범위 : [A3:F28]
- 조건 범위 : [A30:A31]
- 복사 위치 : [A35:C35]

### 02 조건부 서식('기본작업-1' 시트)

① [A4:F28] 영역을 범위 지정한 후 [홈]–[스타일] 그룹의 [조건부 서식]–[새 규칙]을 클릭한다.

② [새 서식 규칙]에서 '▶ 수식을 사용하여 서식을 지정할 셀 결정'을 선택하고, **=AND(OR($C4="과장",$C4="대리"),LEFT($A4,1)="이")**를 입력한 후 [서식]을 클릭한다.

③ [글꼴] 탭에서 '굵은 기울임꼴', 글꼴 색 '표준 색 – 파랑'을 선택하고 [확인]을 클릭한다.

④ [새 서식 규칙]에서 '수식'과 '서식'이 맞는지 확인한 후 [확인]을 클릭한다.

### 03 페이지 레이아웃('기본작업-2' 시트)

① [A3:F28] 영역을 범위 지정한 후 [페이지 레이아웃] 탭의 [페이지 설정]–[인쇄 영역]–[인쇄 영역 설정]을 클릭한다.

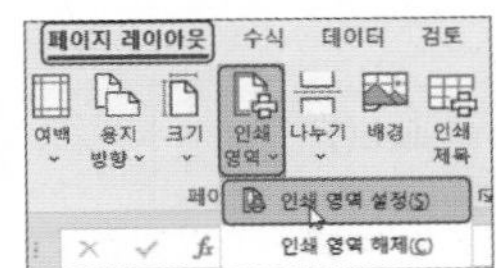


② [페이지 레이아웃] 탭의 [페이지 설정]–[여백]–[좁게]를 클릭한다.

③ [페이지 레이아웃] 탭의 [페이지 설정]에서 [옵션]( )을 클릭한다.

④ [여백] 탭에서 페이지 가운데 맞춤 '가로'만을 체크한다.

⑤ [머리글/바닥글] 탭을 클릭하여 [바닥글 편집]을 클릭한다.

⑥ 오른쪽 구역에 커서를 두고 **출력일 :**을 입력하고, [날짜 삽입]( ) 도구를 클릭한 후 **, 출력시간 :** 을 입력한 후 [시간 삽입]( ) 도구를 클릭하고 [확인]을 클릭한다.

## 문제 ❷ 계산작업

### 01 분류별 판매부수[B3:D5]

'계산작업-1' 시트의 [B3:D3] 영역을 범위 지정한 후 **=LARGE(IF((LEFT($C$10:$C$30,2)=$A3),$E$10:$E$30),{1,2,3})**를 입력하고 Ctrl+Shift+Enter를 누른 후 범위 지정된 상태에서 [D5] 셀까지 수식을 복사한다.

### 02 판매부수 상위 5개 평균[A34]

'계산작업-1' 시트의 [A34] 셀에 **=AVERAGE(LARGE(E10:E30,{1,2,3,4,5}))**를 입력하고 Ctrl+Shift+Enter를 누른다.

### 03 비고[F4:F12]

'계산작업-2' 시트의 [F4] 셀에 =VLOOKUP(PMT(E4/12,D4,-C4),$A$16:$B$19,2)를 입력하고 [F12] 셀까지 수식을 복사한다.

### 04 순위[E16:E18]

'계산작업-2' 시트의 [E16] 셀에 =RANK.EQ(MAX(IF($B$4:$B$12=D16,$C$4:$C$12)),$C$4:$C$12)&"위"를 입력하고 Ctrl+Shift+Enter를 누른 후 [E18] 셀까지 수식을 복사한다.

### 05 fn합격[L4:L11]

① [개발 도구]-[코드] 그룹의 [Visual Basic]() 을 클릭한다.
② [삽입]-[모듈]을 클릭한다.
③ Module 창에 다음과 같이 입력한다.

```
Public Function fn합격(필기시험, 개별면접, 집단면접)
    면접점수 = (개별면접 + 집단면접) / 2
    If 필기시험 >= 80 And 면접점수 >= 80 Then
        fn합격 = "합격"
    Else
        fn합격 = "불합격"
    End If
End Function
```

④ [파일]-[닫고 Microsoft Excel(으)로 돌아가기]를 클릭하여 [Visual Basic Editor]를 닫는다.
⑤ '계산작업-2' 시트의 [L4] 셀을 클릭한 후 [함수 삽입]을 클릭한다.
⑥ [함수 마법사]에서 범주 선택은 '사용자 정의', 함수 선택은 'fn합격'을 선택한 후 [확인]을 클릭한다.
⑦ [함수 인수]에서 필기시험은 [I4], 개별면접은 [J4], 집단면접은 [K4] 셀을 선택한 후 [확인]을 클릭한다.
⑧ [L4] 셀을 선택한 후 [L11] 셀까지 수식을 복사한다.

## 문제 ③ 분석작업

### 01 피벗 테이블('분석작업-1' 시트)

① [C4] 셀을 클릭한 후 [삽입]-[표] 그룹에서 [피벗 테이블]을 클릭한다.

> **버전 TIP**
> [삽입]-[표] 그룹에서 [피벗 테이블]-[외부 데이터 원본에서]를 선택합니다.

② [연결 선택]을 클릭하여 [기존 연결]에서 [더 찾아보기]를 클릭하여 '매출.accdb' 파일을 선택하고 [열기]를 클릭한 후 [확인]을 클릭한다.
③ [피벗 테이블 필드 목록]에서 다음과 같이 지정한다.

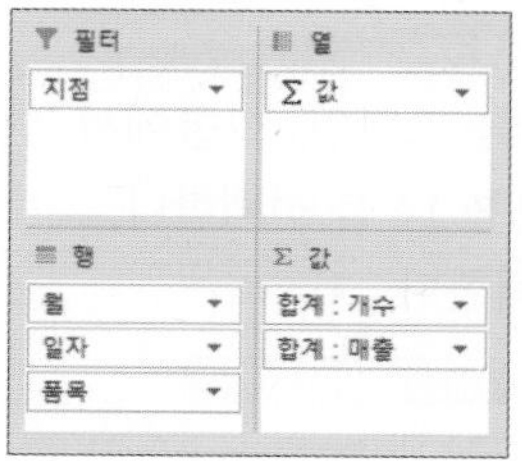


④ [디자인]-[레이아웃] 그룹의 [보고서 레이아웃]-[개요 형식으로 표시]을 클릭한다.
⑤ [C5] 셀에서 마우스 오른쪽 버튼을 눌러 [그룹]을 클릭하여 '일'의 선택을 해제하고 [확인]을 클릭한다.
⑥ [디자인]-[레이아웃] 그룹의 [부분합]-[그룹 하단에 모든 부분합 표시]를 클릭한다.
⑦ [C8] 셀에서 마우스 오른쪽 버튼을 눌러 [필드 설정] 메뉴를 클릭한다.
⑧ [필드 설정]에서 '사용자 지정'을 선택하고 '합계'와 '평균'을 동시에 선택하고 [확인]을 클릭한다.

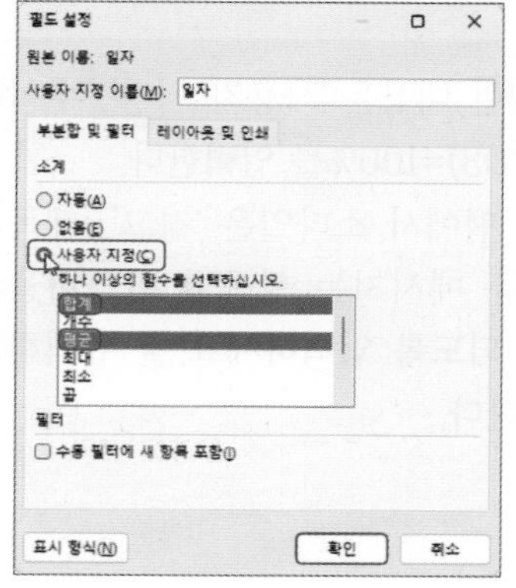

⑨ [피벗 테이블 분석]-[표시] 그룹의 '+/- 단추'를 클릭한 후 품목[D4] 셀에서 목록 단추(▾)를 클릭하여 [텍스트 내림차순 정렬]을 클릭한다.

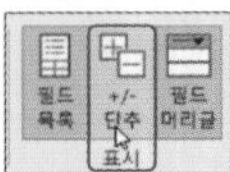

⑩ [E4] 셀에서 마우스 오른쪽 버튼을 눌러 [값 필드 설정]을 클릭하고, [표시 형식]을 클릭한 후 '숫자'에서 '1000 단위 구분 기호 사용'을 체크하고 [확인]을 클릭한다.

⑪ [F4] 셀에서 마우스 오른쪽 버튼을 눌러 [값 필드 설정]을 클릭하고, [표시 형식]을 클릭한 후 '숫자'에서 '1000 단위 구분 기호 사용'을 체크하고 [확인]을 클릭한다.

⑫ [디자인]-[피벗 테이블 스타일] 그룹에서 '연한 녹색, 피벗 스타일 보통 14'를 선택한다.

⑬ [E6] 셀에서 더블클릭한다.

⑭ 시트명을 더블클릭하여 **7월LED**를 입력하고 시트명을 드래그하여 '분석작업-1' 시트 뒤로 드래그한다.

### 02 데이터 도구('분석작업-2')

① [A3:D3] 영역을 범위 지정한 후 [데이터]-[데이터 도구] 그룹의 [데이터 유효성 검사]를 클릭한다.

② [설정] 탭의 제한 대상은 '사용자 지정', 수식은 =SUM($A3:$D3)=100%를 입력한다.

③ [오류 메시지] 탭에서 스타일은 '경고', 제목은 **입력오류**, 오류 메시지는 **항목별 반영비율의 합이 100%가 되도록 입력하세요.**를 입력하고 [확인]을 클릭한다.

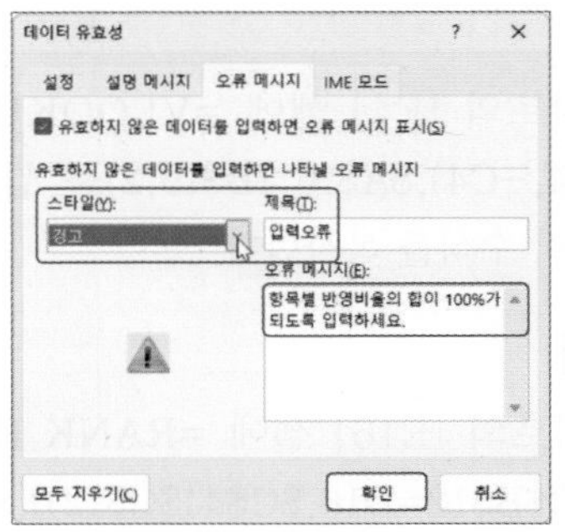

④ [B11] 셀을 클릭한 후 [데이터]-[예측] 그룹의 [가상 분석]-[목표값 찾기]를 클릭한다.

⑤ '수식 셀'은 [B11], '찾는 값'은 **90**, '값을 바꿀 셀'은 [B7]로 지정하고 [확인]을 클릭한다.

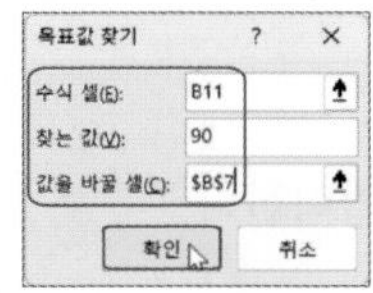

⑥ [목표값 찾기 상태]에서 [확인]을 클릭한다.

## 문제 ④ 기타작업

### 01 차트('기타작업-1' 시트)

① '인터넷이용률'을 계열을 선택하고 마우스 오른쪽 버튼을 눌러 [계열 차트 종류 변경]을 클릭하여 '꺾은선형'의 '표식이 있는 꺾은선형' 차트를 선택한다.

② '보조 축'을 선택한 후 [확인]을 클릭한다.

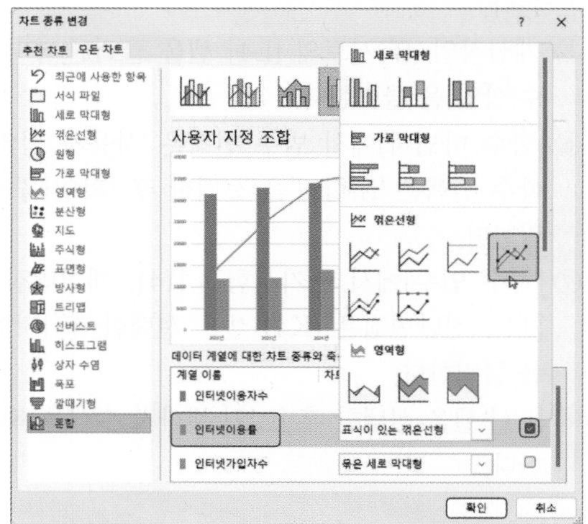

③ '세로(값) 축'에서 마우스 오른쪽 버튼을 눌러 [축 서식]의 '축 옵션'에 가로 축 교차 '축 값'을 5000을 입력한다.

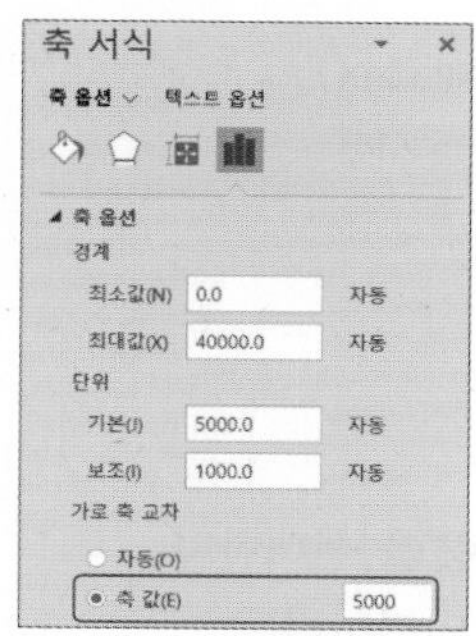

④ 보조(세로) 값 축을 선택한 후 '축 옵션'에서 '최소값'에 66, '최대값'에 80, 단위 '기본'에 2를 입력한다.

⑤ 차트를 선택한 후 [차트 요소](⊞)–[차트 제목]을 클릭한 다음, '차트 제목'에 **인터넷 통계**라고 입력한다.

⑥ [차트 요소](⊞)–[축 제목]–[기본 세로]를 클릭하고 '축 제목'에 **인원**이라고 입력한다.

⑦ [차트 요소](⊞)–[축 제목]–[보조 세로]를 클릭하고 '축 제목'에 **이용률**이라고 입력한다.

⑧ [차트 요소](⊞)–[축 제목]–[기본 가로]를 클릭하고 '축 제목'에 **연도**라고 입력한다.

⑨ 세로 축 제목 '인원'을 선택한 후 [축 제목 서식]–[크기 및 속성]의 '텍스트 방향'을 '스택형'를 선택한다.

⑩ 보조 세로 축 제목 '이용률'을 선택한 후 [축 제목 서식]–[크기 및 속성]의 '텍스트 방향'을 '스택형'를 선택한다.

⑪ '범례'를 선택한 후 '범례 옵션'에서 '위쪽'을 선택한다.

⑫ 차트를 선택한 후 [서식]–[도형 스타일] 그룹에서 [도형 효과]–[그림자]의 '안쪽 : 가운데'를 선택한다.

⑬ [서식]–[도형 스타일] 그룹에서 [도형 효과]–[부드러운 가장자리]의 '2.5 포인트'를 선택한다.

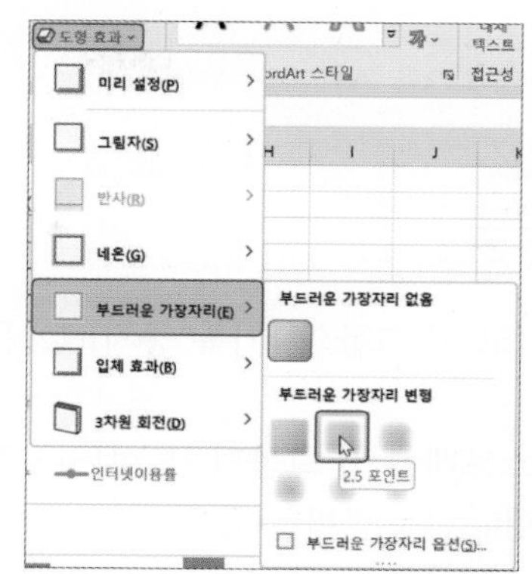

### 02 매크로('기타작업–2' 시트)

① 비어 있는 셀을 클릭한 후 [개발 도구]–[코드] 그룹의 [매크로 기록]()을 클릭한다.

② [매크로 기록]에서 **서식**을 입력하고 [확인]을 클릭한다.

③ [E5:E22] 영역을 범위 지정한 후 Ctrl+1을 눌러 [표시 형식] 탭의 '사용자 지정'을 선택한 후 **[파랑][>=5000000]#,##0;[빨강][<1000000]#,##0;#,##0**을 입력하고 [확인]을 클릭한다.

④ [개발 도구]–[코드] 그룹의 [기록 중지]()를 클릭한다.

⑤ [삽입]–[일러스트레이션] 그룹의 [도형]–[사각형]의 직사각형()을 클릭한다.

⑥ 마우스 포인트가 '+'로 바뀌면 Alt를 누른 상태에서 [B1:C2] 영역에 드래그하면 **서식**을 입력한다.

⑦ 직사각형에서 마우스 오른쪽 버튼을 눌러 [매크로 지정]을 클릭한다.

⑧ [매크로 지정]에 '서식'을 선택하고 [확인]을 클릭한다.

⑨ 비어 있는 셀을 클릭한 후 [개발 도구]–[코드] 그룹의 [매크로 기록]()을 클릭한다.

⑩ [매크로 기록]에서 **회계**를 입력하고 [확인]을 클릭한다.

⑪ [E5:E22] 영역을 범위 지정한 후 Ctrl+1을 눌러 [표시 형식] 탭에서 '회계', 기호는 '없음'을 선택하고 [확인]을 클릭한다.

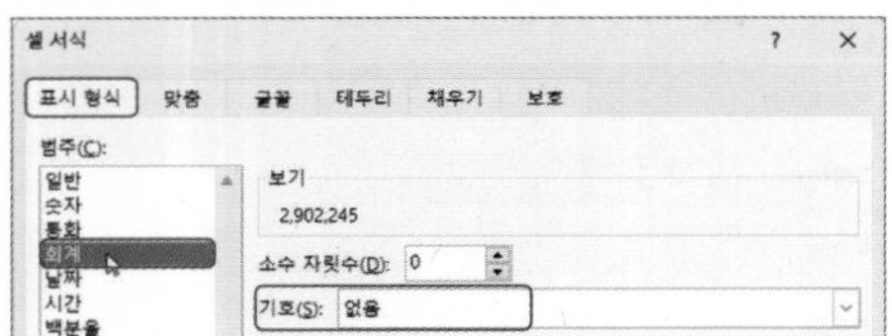

⑫ [개발 도구]-[코드] 그룹의 [기록 중지](□)를 클릭한다.

⑬ [삽입]-[일러스트레이션] 그룹의 [도형]-[사각형]의 직사각형(□)을 클릭한다.

⑭ 마우스 포인트가 '+'로 바뀌면 Alt를 누른 상태에서 [D1:E2] 영역에 드래그하면 **회계**를 입력한다.

⑮ 직사각형에서 마우스 오른쪽 버튼을 눌러 [매크로 지정]을 클릭한다.

⑯ [매크로 지정]에 '회계'를 선택하고 [확인]을 클릭한다.

## 03 VBA 프로그래밍('기타작업-3' 시트)

### ① 폼 보이기

① [개발 도구]-[컨트롤] 그룹의 [디자인 모드] 메뉴를 클릭하여 〈매출입력〉 버튼을 편집 상태로 만든다.

② 〈매출입력〉 버튼을 더블클릭한 후 다음과 같이 입력한다.

```
Private Sub cmd매출입력_Click()
  매출입력.Show
End Sub
```

### ② 폼 초기화

① [프로젝트-VBAProject] 탐색기에서 '폼'을 더블클릭하고 〈매출입력〉 폼을 선택한다.

② [프로젝트-VBAProject] 탐색기의 [코드 보기](▤)를 클릭한다.

③ '개체 목록'은 'UserForm', '프로시저 목록'은 'Initialize'를 선택한다.

④ 코드 창에 다음과 같이 입력한다.

```
Private Sub UserForm_Initialize()
  lst품목.RowSource = "H5:K14"
  lst품목.ColumnCount = 4
End Sub
```

### ③ 수량 표시 프로시저

① '개체 목록'에서 'spn수량'을 선택한다.

② 코드 창에 다음과 같이 입력한다.

```
Private Sub spn수량_Change()
  txt판매수량 = spn수량.Value
End Sub
```

### ④ 등록 프로시저

① '개체 목록'에서 'cmd등록'을 선택한다.

② 코드 창에 다음과 같이 입력한다.

```
Private Sub cmd등록_Click()
  i = Range("b5").CurrentRegion.Rows.Count + 5
  Cells(i, 2) = lst품목.List(lst품목.ListIndex, 0)
  Cells(i, 3) = lst품목.List(lst품목.ListIndex, 1)
  Cells(i, 4) = lst품목.List(lst품목.ListIndex, 2)
  Cells(i, 5) = txt판매수량.Value
  Cells(i, 6) = lst품목.List(lst품목.ListIndex, 3) *
  Cells(i, 5)
End Sub
```

**코드 설명**

lst품목에서 '상품코드'를 선택하면 0, 'F013'을 선택하면 1, 'F014'를 선택하면 2, 'F015'를 선택하면 3, …으로 ListIndex 속성에 의해 값이 반환됨

# 기출 유형 문제 08회

| 시험 시간 | 풀이 시간 | 합격 점수 | 내 점수 |
|---|---|---|---|
| 45분 | 분 | 70점 | 점 |

작업파일 [2025컴활1급₩1권_스프레드시트₩기출유형문제] 폴더의 '기출유형문제8회' 파일을 열어서 작업하시오.

## 문제 ❶ 기본작업 | 주어진 시트에서 다음 과정을 수행하고 저장하시오. 15점

**01 '기본작업1' 시트에서 다음과 같이 고급 필터를 수행하시오. (5점)**

▶ [B3:I20] 영역에서 '출시일자'의 출시일이 15일 이전이면서, '출시일자'의 시간이 오후 12시에서 오후 6시 사이인 자료의 게임파일코드, 장르, 회사명, 다운로드수 열만 순서대로 표시하시오.
▶ 조건은 [B22:B23] 영역 내에 알맞게 입력하시오. (AND, DAY, HOUR 함수 사용)
▶ 결과는 [B27] 셀부터 표시하시오.

**02 '기본작업1' 시트에서 다음과 같이 조건부 서식을 설정하시오. (5점)**

▶ '출시일자'를 이용하여 홀수 달에 출시한 자료의 행 전체에 대해서 글꼴 스타일은 '기울임꼴', 글꼴 색은 '표준 색 – 빨강'으로 적용하는 조건부 서식을 작성하시오.
▶ 단, 규칙 유형은 '수식을 사용하여 서식을 지정할 셀 결정'을 이용하시오. (MONTH와 MOD 함수 사용)

**03 '기본작업2' 시트에서 다음과 같이 페이지 레이아웃을 설정하시오. (5점)**

▶ [B3:I20] 영역을 인쇄 영역으로 설정하고, 용지 방향을 '가로'로 설정하시오.
▶ 인쇄될 내용이 페이지의 정 가운데에 인쇄되도록 페이지 가운데 맞춤을 설정하시오.
▶ 매 페이지 하단의 가운데 구역에는 페이지 번호가 [표시 예]와 같이 표시되도록 바닥글을 설정하시오. [표시 예 : 전체 페이지 번호가 3이면 → 총 3 페이지]

## 문제 ❷ 계산작업 | 주어진 시트에서 다음 과정을 수행하고 저장하시오. 30점

**01 [표1]에서 게임코드를 이용하여 장르[C4:C23]를 표시하시오. (6점)**

▶ 게임코드의 첫 문자가 'A'이면서 마지막 문자가 '1'이면 '액션', 첫 문자가 'P'이면서 마지막 문자가 '4'이면 '퍼즐', 나머지는 모두 '아케이드'로 표시
▶ IF, LEFT, RIGHT, AND 함수 사용

**02 [표1]과 [표3]의 [F26:G27] 영역을 참조하여 적립액[I4:I23]을 계산하시오. (6점)**

▶ 적립액은 조회수와 다운로드수의 적용비율을 곱한 값들의 합으로 계산
▶ 조회수와 다운로드수의 적용비율은 [표3]의 적용비율을 행/열 전환하여 참조
▶ 산출된 적립액은 십의 자리에서 올림하여 백의 자리까지 표시 [표시 예 : 789 → 800]
▶ ROUNDUP, SUMPRODUCT, TRANSPOSE 함수를 사용한 배열 수식

**03 [표1]과 [표4]의 [G30:K31] 영역을 참조하여 판매액[J4:J23]을 계산하시오. (6점)**

▶ 판매액 = 파일크기(MB) × 단가 × (1 – 할인율)
▶ 단가는 파일크기(MB)에 따라 다르며 [표4]를 참조
▶ 할인율은 다운로드수가 500 미만이면 10%, 나머지는 0%
▶ IF, XLOOKUP 함수 사용

**04 사용자 정의 함수로 'fn다운로드비율'을 작성하여 계산하시오. (6점)**

▶ 'fn다운로드비율'은 게임코드, 조회수, 다운로드수를 인수로 받아 비율을 계산하여 되돌려 줌
▶ 다운로드 비율 = (다운로드수 / 조회수 × 100) + 추가비율
▶ 추가비율은 게임코드의 첫 문자가 'A'이면 10, 아니면 0으로 처리
▶ 'fn다운로드비율' 함수를 이용하여 [K4:K23] 영역에 다운로드비율(%)을 계산하시오

```
Public Function fn다운로드비율(게임코드, 조회수, 다운로드수)
End Function
```

**05 [표1]을 참조하여 [표2]의 출시년도별 장르별 평균다운로드수[B27:D28]를 계산하시오. (6점)**

▶ 평균다운로드수는 '파일출시일'의 년도별과 '게임코드'의 왼쪽의 첫 글자(장르)별 다운로드수의 평균
▶ AVERAGE, IF, YEAR, LEFT 함수를 사용한 배열 수식 사용

## 문제 ❸ 분석작업 | 주어진 시트에서 다음 작업을 수행하고 저장하시오. 20점

**01 '분석작업1' 시트에서 다음 그림과 같이 피벗 테이블을 작성하시오. (10점)**

▶ 외부 데이터 가져오기 기능을 사용하여 〈온라인게임.accdb〉의 〈판매량분석〉 테이블의 '장르', '회사명', '출시일', '정기권', '정액권' 필드만을 이용하시오.
▶ 피벗 테이블 보고서의 레이아웃과 위치는 〈그림〉을 참조하여 설정하고, 보고서 레이아웃을 테이블 형식으로 표시하시오.
▶ 〈그림〉을 참조하여 '출시일'의 그룹을 설정하시오.
▶ '정기권', '정액권' 필드의 표시 형식은 값 필드 설정의 셀 서식에서 '숫자' 범주를 이용하여 지정하시오.
▶ 피벗 테이블 스타일은 '밝은 회색, 피벗 스타일 밝게 15' 로 설정하시오.

| | A | B | C | D | E | F |
|---|---|---|---|---|---|---|
| 1 | | 회사명 | (모두) | | | |
| 2 | | | | | | |
| 3 | | 장르 | 출시일 | 합계 : 정기권 | 합계 : 정액권 | |
| 4 | | ⊟아케이드 | 2023년 | 10,000 | 13,000 | |
| 5 | | | 2024년 | 15,000 | 19,500 | |
| 6 | | | 2025년 | 35,000 | 45,500 | |
| 7 | | 아케이드 요약 | | 60,000 | 78,000 | |
| 8 | | ⊟액션 | 2023년 | 18,000 | 23,400 | |
| 9 | | | 2024년 | 24,000 | 31,200 | |
| 10 | | | 2025년 | 48,000 | 62,400 | |
| 11 | | 액션 요약 | | 90,000 | 117,000 | |
| 12 | | ⊟퍼즐 | 2023년 | 12,000 | 15,600 | |
| 13 | | | 2024년 | 16,000 | 20,800 | |
| 14 | | | 2025년 | 36,000 | 46,800 | |
| 15 | | 퍼즐 요약 | | 64,000 | 83,200 | |
| 16 | | 종합계 | | 214,000 | 278,200 | |
| 17 | | | | | | |

※ 작업 완성된 그림이며 부분점수 없음

## 02 '분석작업2' 시트에 대하여 다음의 지시사항을 처리하시오. (10점)

▶ [E4:E9] 영역에는 데이터 유효성 검사를 이용하여 12의 배수값만 입력되도록 제한 대상을 설정하시오.

– 유효하지 않은 데이터를 입력한 경우 〈그림〉과 같은 오류 메시지가 표시되도록 설정하시오.

▶ [데이터 표] 기능을 이용하여 상환기간, 연이율의 변동에 따른 월납입금액의 변화를 [F4:L9] 영역에 계산하시오.

## 문제 ❹ 기타작업 | 주어진 시트에서 다음 작업을 수행하고 저장하시오. 35점

## 01 '기타작업1' 시트에서 다음의 지시사항에 따라 차트를 수정하시오. (각 2점)

※ 차트는 반드시 문제에서 제공한 차트를 사용하여야 하며, 신규로 차트 작성시 0점 처리됨.

① '전체사업체' 데이터 계열의 차트 종류를 '표식이 있는 꺾은선형'으로 변경하시오.

② 범례의 위치는 〈그림〉과 같이 설정하고, '전체사업체' 데이터 계열의 선 스타일을 '완만한 선'으로 설정하시오.

③ '전체사업체' 계열을 보조 세로(값) 축으로 표시하고, 보조 세로(값) 축 눈금의 최소값을 100000, 최대값을 4100000, 기본 단위를 1000000으로 설정하시오.

④ 보조 세로(값) 축 눈금의 표시 단위를 '천'으로 설정하고 차트에 표시되도록 설정하시오.

⑤ 차트 영역 서식은 테두리에 '그림자(오프셋: 오른쪽 아래)', '둥근 모서리', 글꼴 '굴림', 크기는 '10'으로 설정하시오.

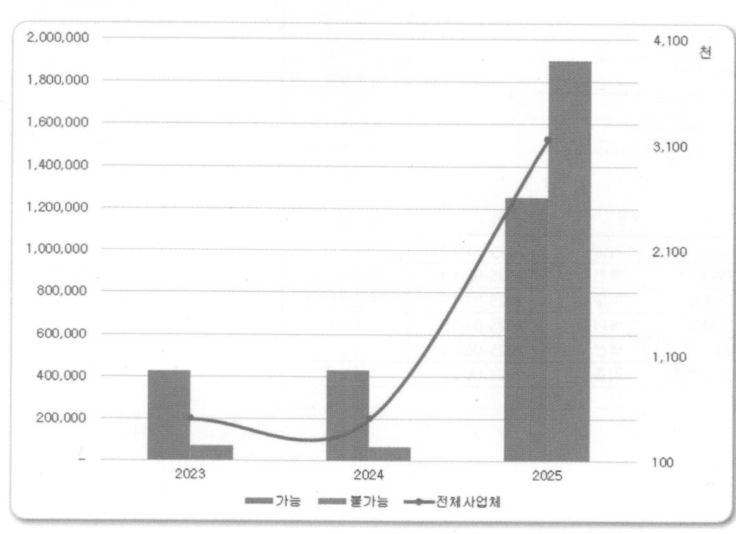

## 02 '기타작업2' 시트에서 다음과 같은 기능을 수행하는 매크로를 현재 통합문서에 작성하시오. (각 5점)

① [C6:I16] 영역에 대하여 사용자 지정 표시 형식을 설정하는 '서식적용' 매크로를 생성하시오.

- ▶ 만족도 값이 1인 경우 녹청색으로 ★을 표시하고, 0인 경우 ☆로 나타나도록 표시하시오. [표시 예 : 1 → ★, 0 → ☆]
- ▶ [개발 도구]-[삽입]-[양식 컨트롤]의 '단추(▭)'를 동일 시트의 [B2:C3] 영역에 생성한 후 텍스트를 '서식적용'으로 입력하고, 단추를 클릭하면 '서식적용' 매크로가 실행되도록 설정하시오.

② [C6:I16] 영역에 대하여 표시 형식을 '일반'으로 적용하는 '서식해제' 매크로를 생성하시오.

- ▶ [개발 도구]-[삽입]-[양식 컨트롤]의 '단추(▭)'를 동일 시트의 [E2:F3] 영역에 생성한 후 텍스트를 '서식해제'로 입력하고, 단추를 클릭하면 '서식해제' 매크로가 실행되도록 설정하시오.

※ 셀 포인터의 위치에 관계없이 매크로가 실행되어야 정답으로 인정됨

## 03 '기타작업3' 시트에서 다음과 같은 작업을 수행하고 저장하시오. (각 5점)

① '게임검색' 버튼을 클릭하면 〈게임검색화면〉 폼이 화면에 나타나도록 하며, 〈게임검색화면〉 폼이 초기화(Initialize)되면 [B4:B22] 영역의 값이 콤보상자(Combo게임명)의 목록에 설정되도록 프로시저를 작성하시오.

② 콤보상자에서 찾고자 하는 게임명을 선택한 후 〈검색(Cmd검색)〉 단추를 클릭하면 선택된 게임명에 해당하는 게임파일코드(Text게임파일코드), 장르(Text장르), 출시일(Text출시일), 회사명(Text회사명)을 워크시트에서 찾아 화면에 표시하는 프로시저를 작성하시오. (ListIndex 속성 이용)

③ '종료(Cmd종료)' 버튼을 클릭하면 사용자 정의 폼인 〈게임검색화면〉이 메모리에서 제거되고, [B1] 셀의 글꼴 스타일이 '굵게'로 지정되는 프로시저를 작성하시오.

| | A | B | C | D | E | F |
|---|---|---|---|---|---|---|
| 1 | [표1] | 핸드폰 게임 | | | 게임검색 | |
| 2 | | | | | | |
| 3 | 게임파일코드 | 게임명 | 장르 | 출시일 | 회사명 | |
| 4 | P0054 | | | | 게임군 | |
| 5 | P0114 | | | | 게임군 | |
| 6 | C0083 | | | | 게임군 | |
| 7 | C0143 | | | | 게임군 | |
| 8 | K0041 | | | | 게임군 | |
| 9 | C0133 | | | | 게임군 | |
| 10 | K0031 | | | | 게임군 | |
| 11 | P0104 | | | | 게임군 | |
| 12 | P0064 | | | | 게임메니아 | |
| 13 | C0093 | | | | 게임메니아 | |
| 14 | P0174 | | | | 겜노리 | |
| 15 | K0101 | | | | 겜노리 | |
| 16 | K0061 | | | | 게임메니아 | |
| 17 | C0033 | | | | 겜노리 | |
| 18 | P0134 | 안나의찬란한농장 | 액션 | 2025-03-19 | 게임메니아 | |
| 19 | C0163 | 워머스머더클럽 | 퍼즐 | 2025-03-19 | 게임메니아 | |
| 20 | K0131 | 제인은호텔리어 | 아케이드 | 2025-03-19 | 겜노리 | |
| 21 | P0024 | 매직볼4 | 액션 | 2025-06-22 | 겜노리 | |
| 22 | C0053 | 웬디의 몸짱프로젝트 | 퍼즐 | 2025-06-22 | 겜노리 | |
| 23 | | | | | | |

게임 정보 검색화면

게임명 보글보글요리교실 검색

게임정보

게임파일코드 K0031

장르 아케이드

출시일 2024-08-25

회사명 게임군

종료

# 기출 유형 문제 08회 / 정답

## 문제 ❶ 기본작업

### 01 고급 필터

B23 =AND(DAY(E4)<=15,HOUR(E4)>=12,HOUR(E4)<=18)

| | A | B | C | D | E | F |
|---|---|---|---|---|---|---|
| 22 | | 조건 | | | | |
| 23 | | FALSE | | | | |
| 24 | | | | | | |
| 25 | | | | | | |
| 26 | | | | | | |
| 27 | | 게임파일코드 | 장르 | 회사명 | 다운로드수 | |
| 28 | | C0083 | 퍼즐 | 게임군 | 500 | |
| 29 | | C0143 | 퍼즐 | 게임군 | 230 | |
| 30 | | P0114 | 액션 | 게임군 | 472 | |
| 31 | | P0174 | 액션 | 겜노리 | 284 | |
| 32 | | | | | | |

### 02 조건부 서식

| | A | B | C | D | E | F | G | H | I | J |
|---|---|---|---|---|---|---|---|---|---|---|
| 1 | | | | | | | | | | |
| 2 | | | | | | | | | | |
| 3 | | 게임명 | 게임파일코드 | 장르 | 출시일자 | 회사명 | 파일크기(MB) | 조회수 | 다운로드수 | |
| 4 | | 신비한세계일주모험 | C0033 | 퍼즐 | 2025-02-19 13:00 | 겜노리 | 100 | 569 | 284 | |
| 5 | | *미스터리PI* | *C0083* | *퍼즐* | *2025-03-12 15:00* | *게임군* | *100* | *1,000* | *500* | |
| 6 | | *터보샌드위치* | *C0093* | *퍼즐* | *2025-01-06 09:00* | *게임메니아* | *100* | *1,025* | *513* | |
| 7 | | 마트의여왕 | C0133 | 퍼즐 | 2025-08-25 14:00 | 게임군 | 100 | 1,032 | 516 | |
| 8 | | *사만다스위프트* | *C0143* | *퍼즐* | *2025-03-12 17:00* | *게임군* | *100* | *459* | *230* | |
| 9 | | 워머스머더클럽 | C0163 | 퍼즐 | 2025-02-19 16:00 | 게임메니아 | 100 | 1,200 | 600 | |
| 10 | | 보글보글요리교실 | K0031 | 아케이드 | 2025-08-25 10:00 | 게임군 | 50 | 859 | 430 | |
| 11 | | *프린세스아나벨* | *K0041* | *아케이드* | *2025-03-12 11:00* | *게임군* | *50* | *859* | *430* | |
| 12 | | 비쥬월드트위스트 | K0061 | 아케이드 | 2025-02-19 18:00 | 게임메니아 | 50 | 1,350 | 675 | |
| 13 | | *후루비치파티* | *K0101* | *아케이드* | *2025-03-11 19:00* | *겜노리* | *50* | *1,203* | *602* | |
| 14 | | 제인은호텔리어 | K0131 | 아케이드 | 2025-02-19 20:00 | 겜노리 | 50 | 859 | 430 | |
| 15 | | *러브하우스2* | *P0054* | *액션* | *2025-03-12 21:00* | *게임군* | *60* | *943* | *472* | |
| 16 | | *불멸의 해전* | *P0064* | *액션* | *2025-01-06 11:00* | *게임메니아* | *60* | *943* | *472* | |
| 17 | | WW2퍼시픽히어 | P0104 | 액션 | 2025-08-25 15:00 | 게임군 | 60 | 943 | 472 | |
| 18 | | *머쉬룸에이지* | *P0114* | *액션* | *2025-03-12 16:00* | *게임군* | *60* | *943* | *472* | |
| 19 | | 안나의찬란한농장 | P0134 | 액션 | 2025-02-19 17:00 | 게임메니아 | 60 | 943 | 472 | |
| 20 | | *프린세스아나벨* | *P0174* | *액션* | *2025-03-11 14:00* | *겜노리* | *60* | *569* | *284* | |
| 21 | | | | | | | | | | |

## 03 페이지 레이아웃

| 게임명 | 게임파일코드 | 장르 | 출시일자 | 회사명 | 파일크기(MB) | 조회수 | 다운로드수 |
|---|---|---|---|---|---|---|---|
| 신비한세계일주모험 | C0033 | 퍼즐 | 2025-02-19 13:00 | 겜노리 | 100 | 569 | 284 |
| 미스터리PI | C0083 | 퍼즐 | 2025-03-12 15:00 | 게임군 | 100 | 1,000 | 500 |
| 터보샌드위치 | C0093 | 퍼즐 | 2025-01-06 09:00 | 게임메니아 | 100 | 1,025 | 513 |
| 마트의여왕 | C0133 | 퍼즐 | 2025-08-25 14:00 | 게임군 | 100 | 1,032 | 516 |
| 사만다스위프트 | C0143 | 퍼즐 | 2025-03-12 17:00 | 게임군 | 100 | 459 | 230 |
| 워머스머더클럽 | C0163 | 퍼즐 | 2025-02-19 16:00 | 게임메니아 | 100 | 1,200 | 600 |
| 보글보글요리교실 | K0031 | 아케이드 | 2025-08-25 10:00 | 게임군 | 50 | 859 | 430 |
| 프린세스아나벨 | K0041 | 아케이드 | 2025-03-12 11:00 | 게임군 | 50 | 859 | 430 |
| 비쥬월드트위스트 | K0061 | 아케이드 | 2025-02-19 18:00 | 게임메니아 | 50 | 1,350 | 675 |
| 후루비치파티 | K0101 | 아케이드 | 2025-03-11 19:00 | 겜노리 | 50 | 1,203 | 602 |
| 제인은호텔리어 | K0131 | 아케이드 | 2025-02-19 20:00 | 겜노리 | 50 | 859 | 430 |
| 러브하우스2 | P0054 | 액션 | 2025-03-12 21:00 | 게임군 | 60 | 943 | 472 |
| 불멸의 해전 | P0064 | 액션 | 2025-01-06 11:00 | 게임메니아 | 60 | 943 | 472 |
| WW2퍼시픽히어 | P0104 | 액션 | 2025-08-25 15:00 | 게임군 | 60 | 943 | 472 |
| 머쉬룸에이지 | P0114 | 액션 | 2025-03-12 16:00 | 게임군 | 60 | 943 | 472 |
| 안나의찬란한농장 | P0134 | 액션 | 2025-02-19 17:00 | 게임메니아 | 60 | 943 | 472 |
| 프린세스아나벨 | P0174 | 액션 | 2025-03-11 14:00 | 겜노리 | 60 | 569 | 284 |

총 1 페이지

## 문제 ❷ 계산작업

### 01 장르, 적립액, 판매액, 다운로드 비율, 평균 다운로드 수

| | A | B | C | D | E | F | G | H | I | J | K | L |
|---|---|---|---|---|---|---|---|---|---|---|---|---|
| 1 | [표1] | 핸드폰 게임 다운로드 현황 | | | | | | | | | | |
| 2 | | | | | | | | | | | | |
| 3 | 게임코드 | 파일출시일 | 장르 | 조회수 | 다운로드수 | 파일크기(MB) | 제작사 | 게임구매하기 | 적립액 | 판매액 | 다운로드비율(%) | |
| 4 | P0054 | 2024-01-06 | 퍼즐 | 1,500 | 472 | 40 | 게임군 | 10,200 | 800 | 18,000 | 31 | |
| 5 | P0114 | 2024-01-06 | 퍼즐 | 1,450 | 472 | 60 | 게임군 | 10,200 | 800 | 37,800 | 33 | |
| 6 | C0083 | 2024-03-11 | 아케이드 | 3,000 | 500 | 100 | 게임군 | 6,800 | 1,300 | 80,000 | 17 | |
| 7 | C0143 | 2024-03-11 | 아케이드 | 459 | 230 | 100 | 게임군 | 6,800 | 300 | 72,000 | 50 | |
| 8 | A0041 | 2024-03-19 | 액션 | 450 | 430 | 50 | 게임군 | 8,500 | 500 | 27,000 | 105 | |
| 9 | C0133 | 2024-03-19 | 아케이드 | 1,032 | 516 | 20 | 게임군 | 6,800 | 700 | 8,000 | 50 | |
| 10 | A0031 | 2024-03-19 | 액션 | 2,578 | 430 | 50 | 게임군 | 8,500 | 1,100 | 27,000 | 27 | |
| 11 | P0104 | 2024-03-19 | 퍼즐 | 2,830 | 472 | 60 | 게임군 | 10,200 | 1,200 | 37,800 | 17 | |
| 12 | P0064 | 2024-03-19 | 퍼즐 | 943 | 472 | 60 | 게임메니아 | 10,200 | 700 | 37,800 | 50 | |
| 13 | C0093 | 2024-06-22 | 아케이드 | 1,025 | 513 | 100 | 게임메니아 | 6,800 | 700 | 80,000 | 50 | |
| 14 | P0174 | 2024-06-22 | 퍼즐 | 365 | 284 | 60 | 겜노리 | 10,200 | 400 | 37,800 | 78 | |
| 15 | A0101 | 2025-01-18 | 액션 | 3,610 | 602 | 50 | 겜노리 | 8,500 | 1,600 | 30,000 | 27 | |
| 16 | A0061 | 2025-01-18 | 액션 | 1,350 | 675 | 50 | 게임메니아 | 8,500 | 900 | 30,000 | 60 | |
| 17 | C0033 | 2025-02-10 | 아케이드 | 780 | 284 | 100 | 겜노리 | 6,800 | 500 | 72,000 | 36 | |
| 18 | P0134 | 2025-02-10 | 퍼즐 | 500 | 472 | 60 | 게임메니아 | 10,200 | 500 | 37,800 | 94 | |
| 19 | C0163 | 2025-03-01 | 아케이드 | 3,600 | 600 | 100 | 게임메니아 | 6,800 | 1,500 | 80,000 | 17 | |
| 20 | A0131 | 2025-03-01 | 액션 | 859 | 430 | 50 | 겜노리 | 8,500 | 600 | 27,000 | 60 | |
| 21 | P0024 | 2025-04-03 | 퍼즐 | 859 | 430 | 60 | 겜노리 | 10,200 | 600 | 37,800 | 50 | |
| 22 | C0053 | 2025-04-03 | 아케이드 | 3,307 | 551 | 100 | 겜노리 | 6,800 | 1,400 | 80,000 | 17 | |
| 23 | P0044 | 2025-05-02 | 퍼즐 | 943 | 472 | 60 | 게임메니아 | 10,200 | 700 | 37,800 | 50 | |
| 24 | | | | | | | | | | | | |
| 25 | [표2] | 출시년도별 장르별 평균다운로드수 | | | | [표3] 적용비율 | | | | | | |
| 26 | 출시년도 | A | C | P | | 조회수 | 30% | | | | | |
| 27 | 2024 | 430 | 440 | 434 | | 다운로드수 | 70% | | | | | |
| 28 | 2025 | 569 | 479 | 458 | | | | | | | | |
| 29 | | | | | | [표4] | | | | | | |
| 30 | | | | | | 파일크기 | 10 | 40 | 50 | 60 | 70 | |
| 31 | | | | | | 단가 | 400 | 500 | 600 | 700 | 800 | |
| 32 | | | | | | | | | | | | |

1. [C4] 셀에 「=IF(AND(LEFT(A4,1)="A",RIGHT(A4,1)="1"),"액션",IF(AND(LEFT(A4,1)="P",RIGHT(A4,1)="4"),"퍼즐","아케이드"))」를 입력하고 [C23] 셀까지 수식 복사
2. [I4] 셀에 「=ROUNDUP(SUMPRODUCT(D4:E4,TRANSPOSE($G$26:$G$27)),-2)」를 입력하고 Ctrl+Shift+Enter를 누른 후 [I23] 셀까지 수식 복사
3. [J4] 셀에 「=F4*XLOOKUP(F4,$G$30:$K$30,$G$31:$K$31,,-1)*(1-IF(E4<500,10%,0%))」를 입력하고 [J23] 셀까지 수식 복사
4. [K4] 셀에 「=fn다운로드비율(A4,D4,E4)」를 입력하고 [K23] 셀까지 수식 복사

```
Public Function fn다운로드비율(게임코드, 조회수, 다운로드수)
  If Left(게임코드, 1) = "A" Then
    추가비율 = 10
  Else
    추가비율 = 0
  End If
  fn다운로드비율 = (다운로드수 / 조회수 * 100) + 추가비율
End Function
```

5. [B27] 셀에 「=AVERAGE(IF((YEAR($B$4:$B$23)=$A27)*(LEFT($A$4:$A$23,1)=B$26),$E$4:$E$23))」를 입력하고 Ctrl+Shift+Enter를 누른 후 [D28] 셀까지 수식 복사

## 문제 ❸ 분석작업

### 01 피벗 테이블

| | A | B | C | D | E | F |
|---|---|---|---|---|---|---|
| 1 | | 회사명 | (모두) | | | |
| 2 | | | | | | |
| 3 | | 장르 | 출시일 | 합계 : 정기권 | 합계 : 정액권 | |
| 4 | | ⊟아케이드 | 2023년 | 10,000 | 13,000 | |
| 5 | | | 2024년 | 15,000 | 19,500 | |
| 6 | | | 2025년 | 35,000 | 45,500 | |
| 7 | | 아케이드 요약 | | 60,000 | 78,000 | |
| 8 | | ⊟액션 | 2023년 | 18,000 | 23,400 | |
| 9 | | | 2024년 | 24,000 | 31,200 | |
| 10 | | | 2025년 | 48,000 | 62,400 | |
| 11 | | 액션 요약 | | 90,000 | 117,000 | |
| 12 | | ⊟퍼즐 | 2023년 | 12,000 | 15,600 | |
| 13 | | | 2024년 | 16,000 | 20,800 | |
| 14 | | | 2025년 | 36,000 | 46,800 | |
| 15 | | 퍼즐 요약 | | 64,000 | 83,200 | |
| 16 | | 총합계 | | 214,000 | 278,200 | |
| 17 | | | | | | |

## 02 데이터 도구

| | | | 연이율 | | | | | | |
|---|---|---|---|---|---|---|---|---|---|
| | | ₩ 466,593 | 3% | 4% | 5% | 6% | 7% | 8% | 9% |
| 상환기간 | | 12개월 | ₩1,270,405 | ₩1,277,249 | ₩1,284,112 | ₩1,290,996 | ₩1,297,901 | ₩1,304,826 | ₩1,311,772 |
| | | 24개월 | ₩ 644,718 | ₩ 651,374 | ₩ 658,071 | ₩ 664,809 | ₩ 671,589 | ₩ 678,409 | ₩ 685,271 |
| | | 48개월 | ₩ 332,015 | ₩ 338,686 | ₩ 345,439 | ₩ 352,275 | ₩ 359,194 | ₩ 366,194 | ₩ 373,276 |
| | | 60개월 | ₩ 269,530 | ₩ 276,248 | ₩ 283,069 | ₩ 289,992 | ₩ 297,018 | ₩ 304,146 | ₩ 311,375 |
| | | 72개월 | ₩ 227,905 | ₩ 234,678 | ₩ 241,574 | ₩ 248,593 | ₩ 255,735 | ₩ 262,999 | ₩ 270,383 |
| | | 84개월 | ₩ 198,200 | ₩ 205,032 | ₩ 212,009 | ₩ 219,128 | ₩ 226,390 | ₩ 233,793 | ₩ 241,336 |

# 문제 4 기타작업

## 01 차트

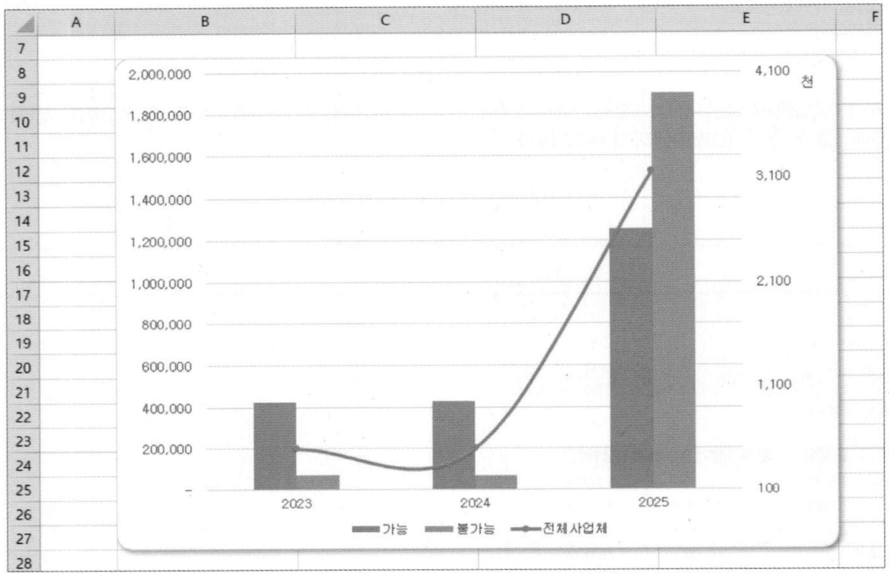


## 02 매크로

| 서식적용 | | | 서식해제 | | | | |
|---|---|---|---|---|---|---|---|
| 게임명 | 만족도1 | 만족도2 | 만족도3 | 만족도4 | 만족도5 | 만족도6 | 만족도7 |
| 신비한세계일주모험 | ★ | ★ | ★ | ☆ | ★ | ★ | ★ |
| 미스터리PI | ★ | ☆ | ★ | ☆ | ☆ | ★ | ☆ |
| 터보샌드위치 | ☆ | ★ | ☆ | ★ | ★ | ☆ | ★ |
| 마트의여왕 | ★ | ★ | ★ | ★ | ★ | ★ | ★ |
| 사만다스위프트 | ★ | ☆ | ☆ | ☆ | ☆ | ★ | ★ |
| 워머스머더클럽 | ☆ | ★ | ☆ | ★ | ★ | ★ | ☆ |
| 보글보글요리교실 | ★ | ★ | ☆ | ★ | ★ | ☆ | ★ |
| 프린세스아나벨 | ★ | ★ | ★ | ★ | ★ | ★ | ☆ |
| 비쥬월드트위스트 | ★ | ★ | ☆ | ☆ | ★ | ★ | ☆ |
| 후루비치파티 | ☆ | ★ | ★ | ★ | ★ | ★ | ☆ |
| 제인은호텔리어 | ☆ | ☆ | ★ | ★ | ☆ | ★ | ★ |

## 03 VBA 프로그래밍

• 폼 보이기 프로시저

```
Private Sub 게임검색_Click()
    게임검색화면.Show
End Sub
```

• 폼 초기화 프로시저

```
Private Sub UserForm_Initialize()
    Combo게임명.RowSource = "B4:B22"
End Sub
```

• 검색 버튼 클릭 이벤트

```
Private Sub cmd검색_Click()
    iRow = Combo게임명.ListIndex + 4
    Text게임파일코드 = Cells(iRow, 1)
    Text장르 = Cells(iRow, 3)
    Text출시일 = Cells(iRow, 4)
    Text회사명 = Cells(iRow, 5)
End Sub
```

• 종료 프로시저

```
Private Sub cmd종료_Click()
    Unload Me
    [B1].Font.Bold = True
End Sub
```

# 기출 유형 문제 08회 해설

## 문제 ❶ 기본작업

### 01 고급 필터('기본작업1' 시트)

① [B22:B23] 영역에 조건식을 입력하고, [B27:E27] 영역에 출력할 필드명을 입력한다.

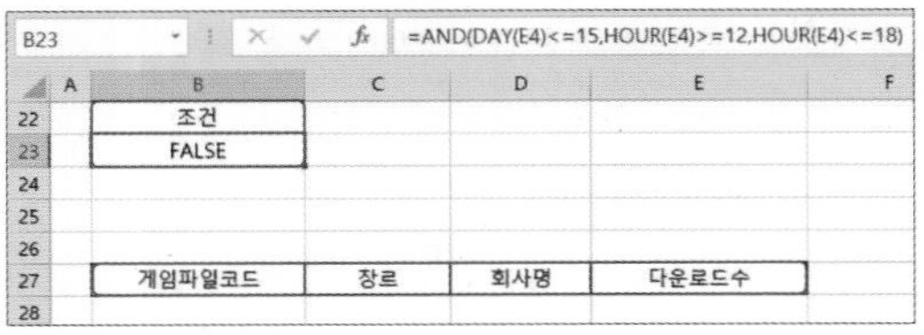

[B23] : =AND(DAY(E4)<=15,HOUR(E4)>=12,HOUR(E4)<=18)

② 데이터 목록 안의 아무 셀이나 클릭하고 [데이터]–[정렬 및 필터] 그룹에서 [고급]( )을 클릭한다.

③ [고급 필터]에서 다음과 같이 지정한 후 [확인]을 클릭한다.

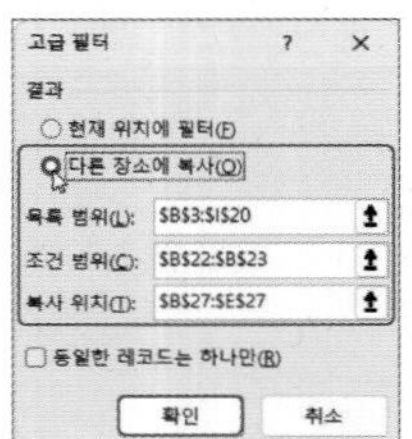

- 결과 : '다른 장소에 복사'
- 목록 범위 : [B3:I20]
- 조건 범위 : [B22:B23]
- 복사 위치 : [B27:E27]

### 02 조건부 서식('기본작업1' 시트)

① [B4:I20] 영역을 범위 지정한 후 [홈]–[스타일] 그룹의 [조건부 서식]–[새 규칙]을 클릭한다.

② [새 서식 규칙]에서 '▶ 수식을 사용하여 서식을 지정할 셀 결정'을 선택하고, =MOD(MONTH($E4),2)<>0을 입력한 후 [서식]을 클릭한다.

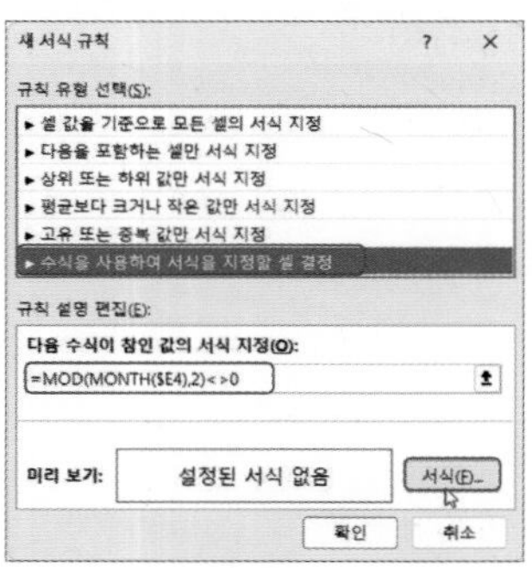

③ [홈]–[글꼴] 그룹에서 '기울임꼴', '색'은 '표준 색 – 빨강'을 선택하고 [확인]을 클릭한다.

④ [새 서식 규칙]에서 '수식'과 '서식'이 맞는지 확인한 다음 [확인]을 클릭한다.

### 03 페이지 레이아웃('기본작업2' 시트)

① [B3:I20] 영역을 범위 지정한 후 [페이지 레이아웃]–[페이지 설정] 그룹의 [인쇄 영역]–[인쇄 영역 설정]을 클릭한다.

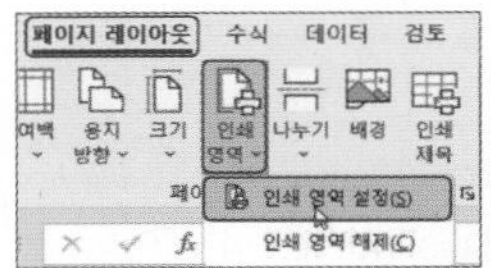

② [페이지 레이아웃] 탭의 [페이지 설정]–[용지 방향]–[가로]를 클릭한다.

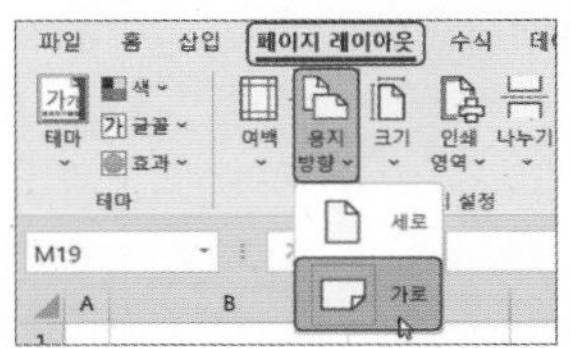

③ [페이지 레이아웃] 탭의 [페이지 설정]에서 [옵션]( )을 클릭한다.

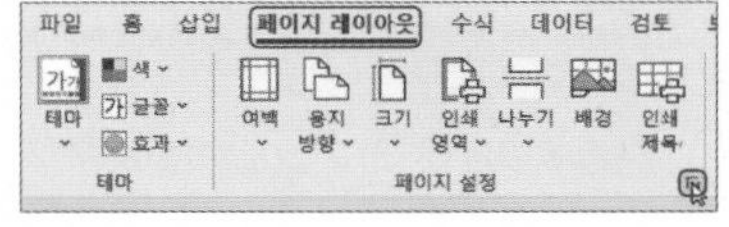

④ [여백] 탭에서 페이지 가운데 맞춤 '가로', '세로'를 체크한다.

⑤ [머리글/바닥글] 탭을 클릭하여 [바닥글 편집]을 클릭한다.

⑥ 가운데 구역에 커서를 두고 **총** 을 입력하고 [전체 페이지 수 삽입]( ) 도구를 클릭한 후 **페이지**를 입력하고 [확인]을 클릭한다.

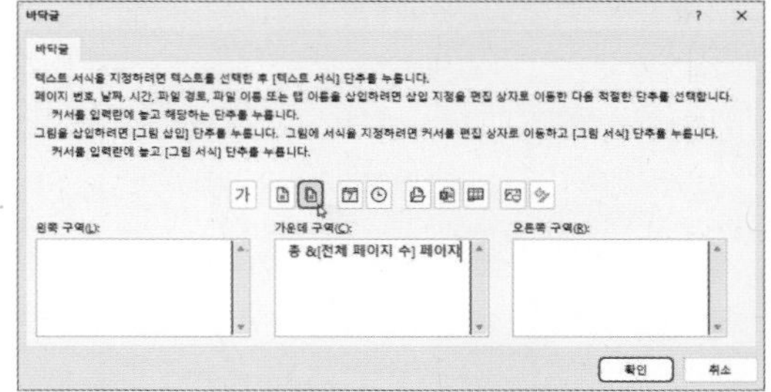

## 문제 ❷ 계산작업('계산작업' 시트)

### 01 장르[C4:C23]

[C4] 셀에 =IF(AND(LEFT(A4,1)="A",RIGHT(A4,1)="1"),"액션",IF(AND(LEFT(A4,1)="P",RIGHT(A4,1)="4"),"퍼즐","아케이드"))를 입력하고 [C23] 셀까지 수식을 복사한다.

### 02 적립액[I4:I23]

[I4] 셀에 =ROUNDUP(SUMPRODUCT(D4:E4,TRANSPOSE($G$26:$G$27)),-2)를 입력하고 Ctrl+Shift+Enter를 누른 후 [I23] 셀까지 수식을 복사한다.

### 03 판매액[J4:J23]

[J4] 셀에 =F4*XLOOKUP(F4,$G$30:$K$30,$G$31:$K$31,,-1)*(1-IF(E4<500,10%,0%))를 입력하고 [J23] 셀까지 수식을 복사한다.

### 04 fn다운로드비율[K4:K23]

① Alt+F11을 눌러 [Visual Basic Editor] 창을 연다.

② [삽입]-[모듈]을 클릭한다.

③ Module 창에 다음과 같이 입력한다.

```
Public Function fn다운로드비율(게임코드, 조회수, 다운로드수)
    If Left(게임코드, 1) = "A" Then
      추가비율 = 10
    Else
      추가비율 = 0
    End If
    fn다운로드비율 = (다운로드수 / 조회수 * 100) + 추가비율
End Function
```

④ 오른쪽 상단의 [닫기]를 눌러 [Visual Basic Editor] 창을 닫는다.

⑤ '계산작업' 시트의 [K4] 셀을 클릭한 후 [함수 삽입](fx)을 클릭한다.

⑥ [함수 마법사]에서 범주 선택은 '사용자 정의', 함수 선택은 'fn다운로드비율'을 선택한 후 [확인]을 클릭한다.

⑦ [함수 인수]에서 게임코드는 [A4], 조회수는 [D4], 다운로드수는 [E4] 셀을 지정하고 [확인]을 클릭한다.

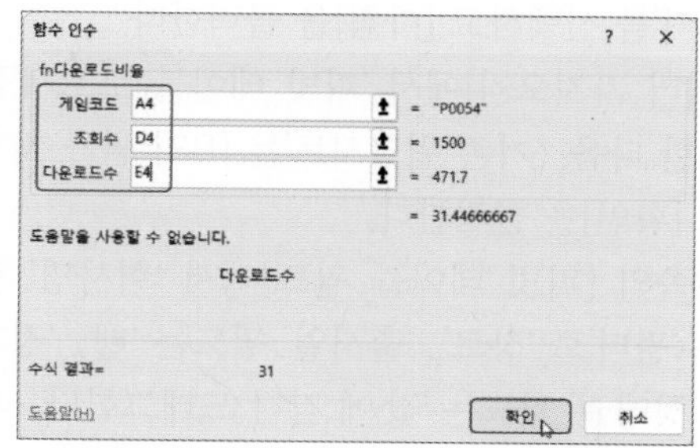


⑧ [K4] 셀의 채우기 핸들을 드래그하여 [K23] 셀까지 수식을 복사한다.

### 05 평균다운로드수[B27:D28]

[B27] 셀에 =AVERAGE(IF((YEAR($B$4:$B$23)=$A27)*(LEFT($A$4:$A$23,1)=B$26),$E$4:$E$23))를 입력하고 Ctrl+Shift+Enter를 누른 후 [D28] 셀까지 수식을 복사한다.

## 문제 ❸ 분석작업

### 01 피벗 테이블('분석작업1' 시트)

① [B3] 셀을 선택한 후 [데이터]-[데이터 가져오기 및 변환] 그룹에서 [데이터 가져오기]-[기타 원본에서]-[Microsoft Query에서]를 클릭한다.

② [데이터베이스] 탭에서 'MS Access Database *'를 선택하고 [확인]을 클릭한다.

③ '온라인게임.accdb'를 선택하고 [확인]을 클릭한다.

④ [열 선택]에서 '판매량분석' 테이블을 더블클릭하여 다음과 같이 지정하고 [다음]을 클릭한다.

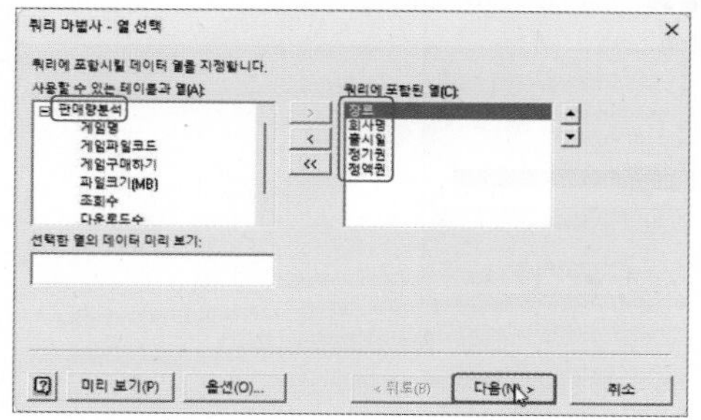


장르, 회사명, 출시일, 정기권, 정액권

⑤ [데이터 필터]와 [정렬 순서]에서는 설정 없이 [다음]을 클릭한다.

⑥ [마침]에서 'Microsoft Excel(으)로 데이터 되돌리기'를 선택하고 [마침]을 클릭한다.

⑦ [데이터 가져오기]에서 '피벗 테이블 보고서'를 선택한 다음, '기존 워크시트'는 [B3] 셀을 지정하고 [확인]을 클릭한다.

⑧ 오른쪽의 [피벗 테이블 필드]에서 '회사명' 필드는 '필터'로 '장르', '출시일' 필드는 '행', '정기권', '정액권' 필드는 '값'에 각각 드래그한다.

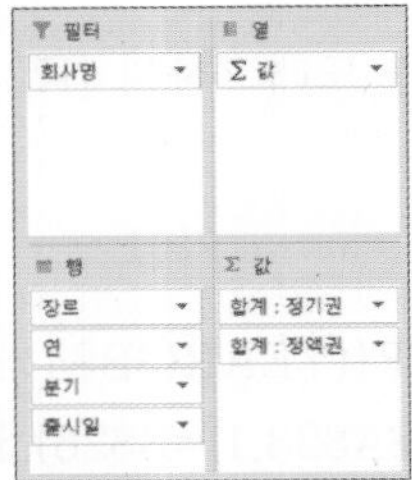


⑨ [디자인]–[레이아웃] 그룹의 [보고서 레이아웃]–[테이블 형식으로 표시]을 클릭한다.

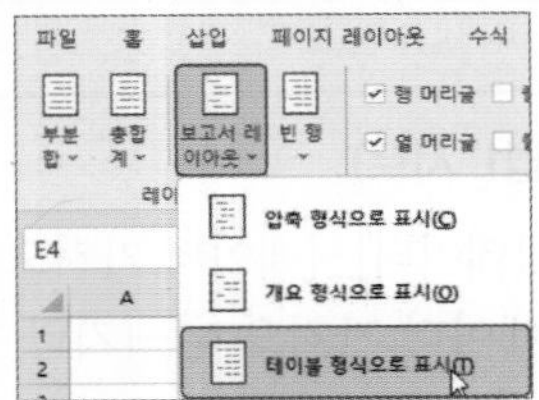


⑩ [C4] 셀에서 마우스 오른쪽 버튼을 눌러 [그룹]을 클릭한다.

⑪ [그룹화]에서 '월'과 '분기'를 클릭하여 해제한 후, '연'만 클릭한 후 [확인]을 클릭한다.

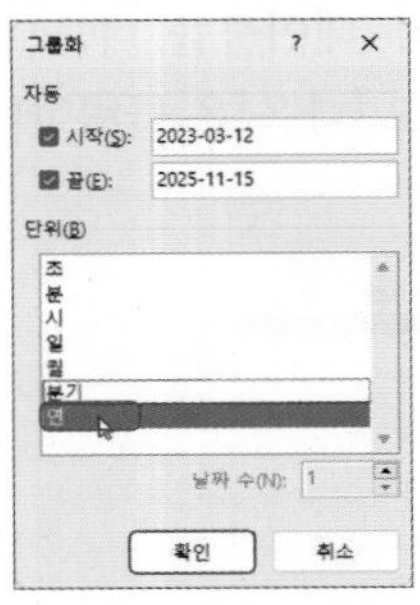


⑫ '합계 : 정기권[D3]'에서 마우스 오른쪽 버튼을 눌러 [값 필드 설정]을 클릭한 후 [표시 형식]을 클릭한다.

⑬ [셀 서식]의 [표시 형식] 탭에서 '숫자'를 선택하고 '1000 단위 구분 기호(,) 사용'을 체크하고 [확인]을 클릭한다.

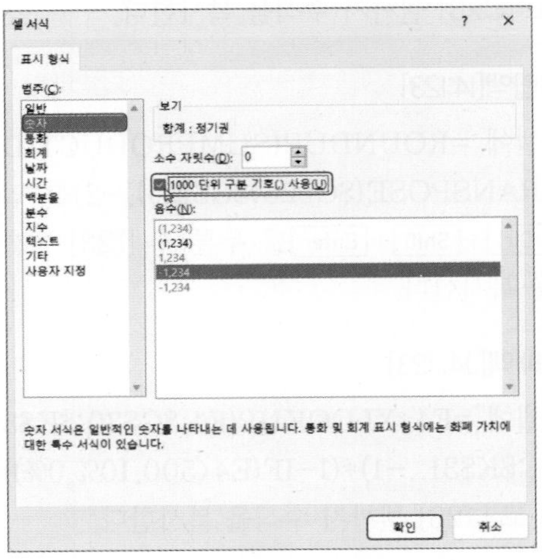


⑭ 같은 방법으로 정액권도 '숫자' 서식을 지정한다.

⑮ [디자인]–[피벗 테이블 스타일] 그룹에서 '밝은 회색, 피벗 스타일 밝게 15'을 선택한다.

**버전 TIP**

피벗 테이블 작성 시 날짜 데이터가 있을 경우 레이블 이름이 다르게 표시됩니다.

| | A | B | C | D | E | F |
|---|---|---|---|---|---|---|
| 1 | | 회사명 | (모두) | | | |
| 2 | | | | | | |
| 3 | | 장르 | 년(출시일) | 합계 : 정기권 | 합계 : 정액권 | |
| 4 | | ⊟아케이드 | 2023년 | 10,000 | 13,000 | |
| 5 | | | 2024년 | 15,000 | 19,500 | |
| 6 | | | 2025년 | 35,000 | 45,500 | |
| 7 | | 아케이드 요약 | | 60,000 | 78,000 | |
| 8 | | ⊟액션 | 2023년 | 18,000 | 23,400 | |
| 9 | | | 2024년 | 24,000 | 31,200 | |
| 10 | | | 2025년 | 48,000 | 62,400 | |
| 11 | | 액션 요약 | | 90,000 | 117,000 | |
| 12 | | ⊟퍼즐 | 2023년 | 12,000 | 15,600 | |
| 13 | | | 2024년 | 16,000 | 20,800 | |
| 14 | | | 2025년 | 36,000 | 46,800 | |
| 15 | | 퍼즐 요약 | | 64,000 | 83,200 | |
| 16 | | 총합계 | | 214,000 | 278,200 | |
| 17 | | | | | | |

## 02 데이터 도구('분석작업2' 시트)

① [E4:E9] 영역을 범위 지정한 후 [데이터]–[데이터 도구] 그룹의 [데이터 유효성 검사]를 클릭한다.

② [설정] 탭의 제한 대상은 '사용자 지정', 수식은 =MOD(E4,12)=0을 입력한다.

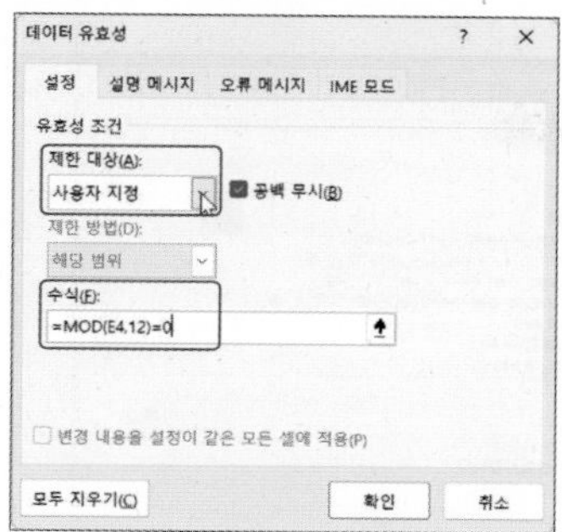

③ [오류 메시지] 탭에서 스타일은 '중지', 제목은 **입력오류**, 오류 메시지는 **12의 배수값만 입력하세요.**를 입력하고 [확인]을 클릭한다.

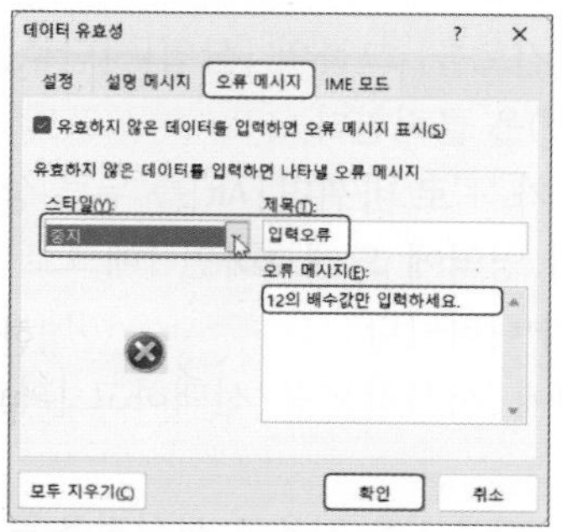

④ [E3] 셀에 =B8을 입력한다.

⑤ [E3:L9] 영역을 범위 지정한 후 [데이터]–[예측] 그룹의 [가상 분석]–[데이터 표]를 클릭한다.

⑥ [데이터 테이블]의 '행 입력 셀'은 [B6], '열 입력 셀'은 [B7]을 지정하고 [확인]을 클릭한다.

## 문제 ④ 기타작업

### 01 차트('기타작업1' 시트)

① '전체사업체' 계열을 선택하고 마우스 오른쪽 버튼을 눌러 [계열 차트 종류 변경]( )을 클릭한다.

② '전체사업체' 계열을 선택한 후 '꺾은선형'의 '표식이 있는 꺾은선형'을 선택한다.

③ 차트를 선택한 상태에서 [차트 요소]( )–[범례]–[아래쪽]을 클릭한다.

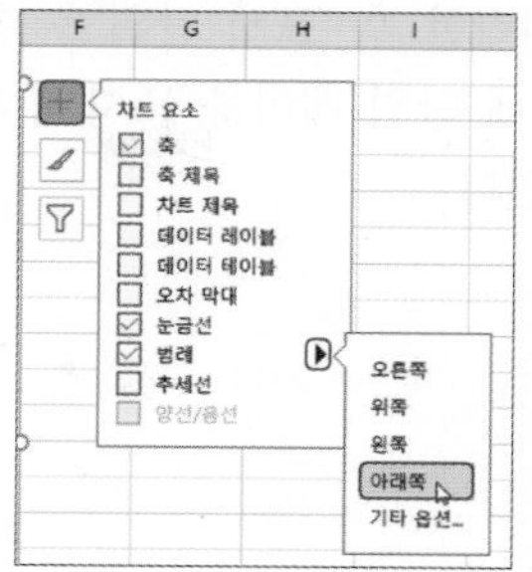

④ '전체사업체' 계열에서 마우스 오른쪽 버튼을 눌러 [데이터 계열 서식]을 클릭한다.

⑤ [데이터 계열 서식]의 [채우기 및 선]에서 '선'의 '완만한 선'을 체크한다.

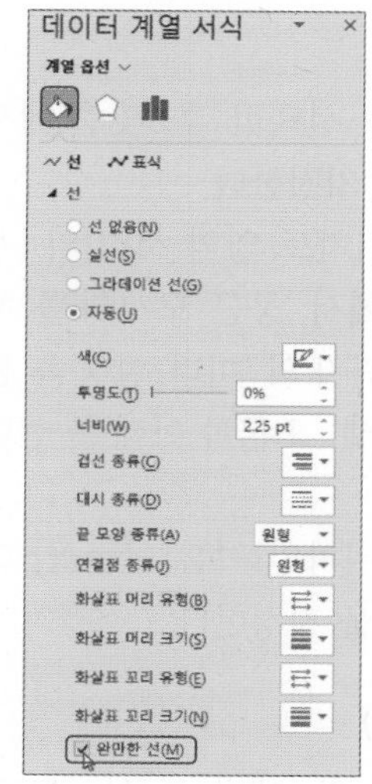

⑥ [계열 옵션]에서 '보조 축'을 선택한다.

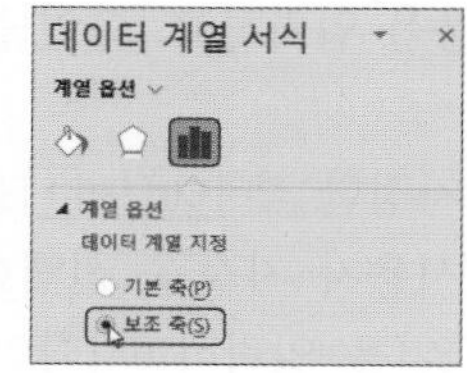

⑦ '보조 세로(값) 축'을 선택한 후 '축 옵션'에서 최소값은 100000, 최대값은 4100000, 단위 '기본'에 1000000을 입력한 후 '표시 단위'를 '천'으로 지정하고 '차트에 단위 레이블 표시'에 체크가 되었는지 확인한다.

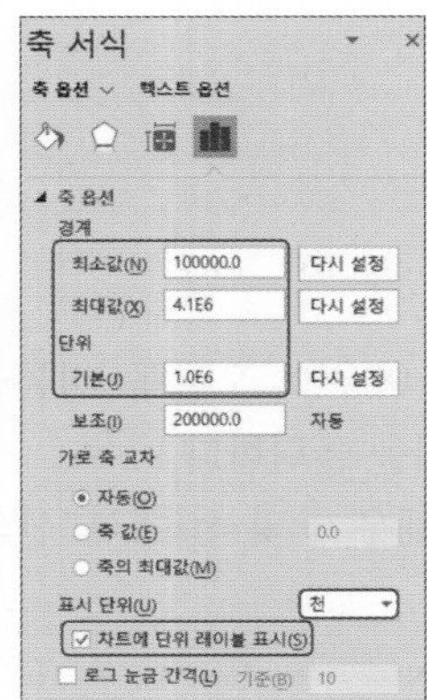

⑧ 차트에서 '천' 레이블을 선택한 후 '맞춤'에서 '텍스트 방향'을 '가로'로 지정한다.

⑨ 차트 영역을 선택한 후 [차트 영역 서식]의 [채우기 및 선]의 '테두리'에서 '둥근 모서리'를 체크하고, [효과]에서 '그림자'의 '미리 설정'을 클릭하여 '바깥쪽'의 '오프셋: 오른쪽 아래'를 선택한다.

⑩ 차트 영역을 클릭한 후 [파일]–[홈]–[글꼴] 그룹에서 '굴림', 크기 '10'을 지정한다.

### 02 매크로('기타작업2' 시트)

① 비어 있는 셀을 클릭한 후 [개발 도구]–[코드] 그룹의 [매크로 기록]()을 클릭한다.

② [매크로 기록]에 **서식적용**을 입력하고 [확인]을 클릭한다.

③ [C6:I16] 영역을 범위 지정한 후 Ctrl+1을 눌러 [표시 형식] 탭의 '사용자 지정'을 선택한 후 **[녹청][=1]"★";[=0]"☆"**을 입력하고 [확인]을 클릭한다.

④ [개발 도구]–[코드] 그룹의 [기록 중지]()를 클릭한다.

⑤ [개발 도구]–[컨트롤] 그룹의 [삽입]–[단추(양식 컨트롤)]()을 클릭한다.

⑥ 마우스 포인트가 '+'로 바뀌면 Alt를 누른 상태에서 [B2:C3] 영역에 드래그하면 [매크로 지정] 대화상자가 나타난다.

⑦ [매크로 지정]에 '서식적용'을 선택하고 [확인]을 클릭한다.

⑧ 단추에 입력된 '단추 1'을 지우고 **서식적용**을 입력한다.

⑨ 비어 있는 셀을 클릭한 후 [개발 도구]–[코드] 그룹의 [매크로 기록]()을 클릭한다.

⑩ [매크로 기록]에 **서식해제**를 입력하고 [확인]을 클릭한다.

⑪ [C6:I16] 영역을 범위 지정한 후 Ctrl+1을 눌러 [표시 형식] 탭에서 '일반'을 선택하고 [확인]을 클릭한다.

⑫ [개발 도구]–[코드] 그룹의 [기록 중지]()를 클릭한다.

⑬ [개발 도구]–[컨트롤] 그룹의 [삽입]–[단추(양식 컨트롤)]()을 클릭한다.

⑭ 마우스 포인트가 '+'로 바뀌면 Alt를 누른 상태에서 [E2:F3] 영역에 드래그한다.

⑮ [매크로 지정]에 '서식해제'를 선택하고 [확인]을 클릭한다.

⑯ 단추에 입력된 '단추 2'를 지우고 **서식해제**를 입력한다.

## 03 VBA 프로그래밍('기타작업3' 시트)

### ① 폼 보이기

① [개발 도구]-[컨트롤] 그룹의 [디자인 모드]( )를 클릭한 후 〈게임검색〉 버튼을 편집 상태로 만든다.

② 〈게임검색〉 버튼에서 마우스 오른쪽 버튼을 클릭한 후 [코드 보기]를 클릭하고, 다음과 같이 입력한다.

```
Private Sub 게임검색_Click()
    게임검색화면.Show
End Sub
```

### ② 폼 초기화(콤보 상자)

① [프로젝트-VBAProject] 탐색기에서 '폼'을 더블 클릭하고 〈게임검색화면〉을 선택한다.

② [프로젝트-VBAProject] 탐색기에서 '게임검색화면' 폼을 더블클릭한 후 [코드 보기]( )를 클릭한다.

③ '개체 목록'은 'UserForm', '프로시저 목록'은 'Initialize'를 선택한다.

④ 코드 창에서 다음과 같이 입력한다.

```
Private Sub UserForm_Initialize()
    Combo게임명.RowSource = "B4:B22"
End Sub
```

### ③ 검색 프로시저

① '개체 목록'은 'cmd검색', '프로시저 목록'은 'Click'을 선택한다.

② 코드 창에서 다음과 같이 입력한다.

```
Private Sub cmd검색_Click()
    iRow = Combo게임명.ListIndex + 4
    Text게임파일코드 = Cells(iRow, 1)
    Text장르 = Cells(iRow, 3)
    Text출시일 = Cells(iRow, 4)
    Text회사명 = Cells(iRow, 5)
End Sub
```

**코드 설명**

① iRow = Combo게임명.ListIndex + 4
→ Combo게임명 콤보 상자에서 선택한 값의 위치 값에 4를 더한 값이 참조표에서 찾아올 행 위치가 됨

② Text게임파일코드 = Cells(iRow, 1)
→ 참조표의 1번째 열(A열)에서 '게임파일코드'를 찾아와 Text게임파일코드에 표시함

### ④ 종료 프로시저

① [프로젝트-VBAProject] 탐색기에서 '게임검색화면' 폼을 더블클릭한 후 〈종료〉를 더블클릭한다.

② 코드 창에서 다음과 같이 입력한다.

```
Private Sub cmd종료_Click()
    Unload Me
    [B1].Font.Bold = True
End Sub
```

③ [Visual Basic Editor]에서 오른쪽 상단의 [닫기]를 클릭한다.

④ 엑셀에서 [디자인 모드]를 한번 더 클릭하여 편집 상태를 해제시킨다.

# 기출 유형 문제 09회

| 시험 시간 | 풀이 시간 | 합격 점수 | 내 점수 |
|---|---|---|---|
| 45분 | 분 | 70점 | 점 |

합격 강의

작업파일 [2025컴활1급₩1권_스프레드시트₩기출유형문제] 폴더의 '기출유형문제9회' 파일을 열어서 작업하시오.

## 문제 ❶ 기본작업 | 주어진 시트에서 다음 과정을 수행하고 저장하시오. 15점

**01 '기본작업-1' 시트에서 다음과 같이 고급 필터를 수행하시오. (5점)**

▶ 도서코드 마지막 1자리가 짝수이면서 주문수량이 50 미만인 자료에 대하여 필터링하되 '접수번호', '주문처', '주문수량', '판매단가', '도서코드', '저자' 열만 순서대로 표시하시오.

▶ 조건은 [A35:A36] 영역 내에 알맞게 입력하시오. (AND, ISEVEN, RIGHT 함수 사용)

▶ 결과는 [A39] 셀부터 표시하시오.

**02 '기본작업-1' 시트에서 다음과 같이 조건부 서식을 설정하시오. (5점)**

▶ [A3:K33] 영역에서 행번호를 4로 나눈 몫이 짝수인 경우 행 전체에 대해 채우기 색 '표준 색 – 연한 녹색'으로 표시하시오.

▶ 단, 규칙 유형은 '수식을 사용하여 서식을 지정할 셀 결정'을 이용하시오. (QUOTIENT, ROW, IS-EVEN 함수 사용)

**03 '기본작업-2' 시트에서 다음과 같이 페이지 레이아웃을 설정하시오. (5점)**

▶ 인쇄될 내용이 페이지의 가로 가운데에 인쇄되도록 페이지 가운데 맞춤을 설정하시오.

▶ 행/열 머리글이 인쇄되고, 두 페이지(용지 너비 1, 용지 높이 2)에 맞춰 배율이 자동 조절되어 인쇄되도록 설정하시오.

▶ [A1:K33] 영역을 인쇄 영역으로 설정하고, 용지 방향을 '가로'로 설정하고, 1~2행이 매 페이지마다 반복하여 인쇄되도록 인쇄 제목을 설정하시오.

## 문제 ❷ 계산작업 | 주어진 시트에서 다음 과정을 수행하고 저장하시오. 30점

**01 [표1]의 도서코드[B3:B31]를 이용하여 도서명[C3:C31]을 구하시오. (6점)**

▶ 도서명은 도서코드 맨 앞 1자와 맨 뒤 1자를 이용하여 [표5]에서 가져온다.

▶ 오류가 있을 경우 '–'로 표시

▶ IFERROR, LEFT, RIGHT, MATCH, INDEX 함수 모두 사용

**02 [표1]의 도서코드, 총금액을 이용하여 분류코드별 총금액이 가장 적은 1, 2위의 금액을 [표2]의 [B35:C38] 영역에 표시하시오. (6점)**

▶ 분류코드는 도서코드의 맨 앞 1글자를 이용

▶ SMALL, IF, LEFT 함수와 배열 상수를 이용한 배열 수식

**03** **[표1]에서 주문수량이 가장 많은 주문처를 [E35] 셀에 구하시오. (6점)**

▶ INDEX, MAX, XMATCH 함수 모두 사용

**04** **[표1]에서 주문일자 월별 총금액의 합계를 [I35:I37] 영역에 계산하시오. (6점)**

▶ SUM, IF, MONTH 함수를 사용한 배열 수식

**05** **할인액을 계산하는 사용자 정의 함수 'f할인액'을 작성하여 계산을 수행하시오. (6점)**

▶ 'f할인액'은 도서코드와 총금액을 인수로 받아 할인액을 계산하여 되돌려 줌

▶ 도서코드의 맨 앞 1자리가 'D'이면 총금액의 30%, 그 외는 도서는 20%로 계산하여 정수로 표시하시오.

▶ 'f할인액' 함수를 이용하여 [I3:I31] 영역에 할인액을 표시하시오.

```
Public Function f할인액(도서코드, 총금액)
End Function
```

## 문제 ❸ 분석작업 | 주어진 시트에서 다음 작업을 수행하고 저장하시오. 20점

**01** **'분석작업-1' 시트에서 다음 그림과 같이 피벗 테이블을 작성하시오. (10점)**

▶ 외부 데이터 가져오기 기능을 이용하여 〈도서판매.accdb〉의 〈도서판매현황〉 테이블에서 '담당자', '출판사', '주문수량', '판매단가' 필드만을 이용하시오.

▶ 피벗 테이블 보고서의 레이아웃과 위치는 〈그림〉을 참조하여 설정하고, 보고서 레이아웃을 테이블 형식으로 표시하시오.

▶ '주문수량' × '판매단가'로 계산하는 '총금액' 계산 필드를 추가하시오.

▶ '주문수량', '판매단가', '총금액' 필드의 표시 형식은 값 필드 설정의 셀 서식에서 '숫자' 범주를 이용하여 지정하시오.

▶ 피벗 테이블 스타일은 '흰색, 피벗 스타일 밝게 22', 피벗 테이블 스타일 옵션은 '행 머리글', '열 머리글', '줄무늬 행'을 설정하시오.

| | A | B | C | D | E | F |
|---|---|---|---|---|---|---|
| 1 | | 담당자 | (모두) | | | |
| 2 | | | | | | |
| 3 | | 출판사 | 합계 : 주문수량 | 합계 : 판매단가 | 합계 : 총금액 | |
| 4 | | T&T | 820 | 170,000 | 139,400,000 | |
| 5 | | 무한 | 590 | 119,000 | 70,210,000 | |
| 6 | | 영진 | 570 | 236,500 | 134,805,000 | |
| 7 | | 용천 | 190 | 58,500 | 11,115,000 | |
| 8 | | 제일 | 210 | 96,500 | 20,265,000 | |
| 9 | | 총합계 | 2,380 | 680,500 | 1,619,590,000 | |
| 10 | | | | | | |

※ 작업 완성된 그림이며 부분점수 없음

**02** **'분석작업-2' 시트에 대하여 다음의 지시사항을 처리하시오. (10점)**

▶ [B3:B18] 영역의 데이터를 텍스트 나누기를 실행하여 [C3] 셀부터 나타내시오.
- 구분 기호는 공백과 기타 '-'으로 되어 있음
- 원본 데이터 B열은 삭제하시오.

▶ 텍스트 나누기 기능(너비가 일정함)을 이용하여 이름[C3:C18] 필드에 대해서 성을 제외한 이름만 표시하시오. [표시 예 : 길동이 → 동이]
▶ [정렬] 기능을 이용하여 [B2:E18] 영역에 대해 왼쪽에서 오른쪽으로 '학년-성별-이름-나이' 순으로 데이터를 정렬하시오.

## 문제 ❹ 기타작업 | 주어진 시트에서 다음 작업을 수행하고 저장하시오. 35점

**01 '기타작업-1' 시트에서 다음에 지시사항에 따라 차트를 수정하시오. (각 2점)**

※ 차트는 반드시 문제에서 제공된 차트를 사용하여야 하며, 신규로 차트 작성 시 0점 처리됨

① 차트 제목을 '교재 주문 현황'으로 설정하고, 글꼴 '굴림체', 크기 '12', '굵게', 밑줄 '실선'으로 설정하시오.
② 원형 차트에 대하여 그림과 같이 레이블을 표시하고, 첫째 조각의 각을 '100'도로 지정하시오.
③ 막대 차트에 대하여 그림과 같이 레이블을 표시하시오.
④ 막대 차트에 대하여 '요소마다 다른 색 사용'으로 설정하시오.
⑤ 차트 테두리에 '둥근 모서리'로 지정하시오.

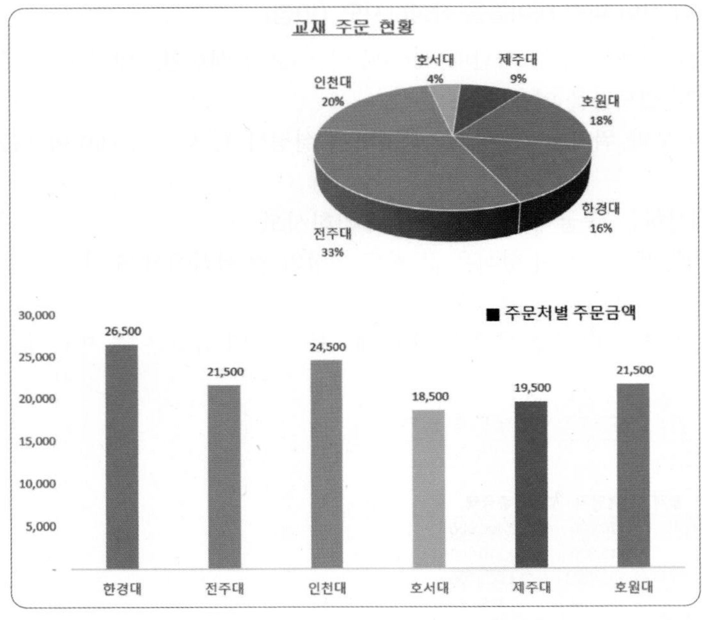


**02 '기타작업-2' 시트에서 다음과 같은 기능을 수행하는 매크로를 현재 통합문서에 작성하시오. (각 5점)**

① [B3:B15] 영역에 대하여 사용자 지정 표시 형식을 설정하는 '동호수' 매크로를 생성하시오.
▶ 숫자가 5자 이상이면 왼쪽부터 00동 000호, 5 미만이면 0동 000호로 왼쪽에 여백을 표시하여 오른쪽 정렬하여 표시하시오.
▶ 표시 예 : 1101 → 1동 101호, 16703 → 16동 703호
▶ [개발 도구]-[삽입]-[양식 컨트롤]의 '단추(▭)'를 동일 시트의 [F2:G3] 영역에 생성한 후 텍스트를 '동호수'로 입력하고, 단추를 클릭하면 '동호수' 매크로가 실행되도록 설정하시오.

② [C3:C15] 영역에 대하여 사용자 지정 표시 형식을 설정하는 '사용량' 매크로를 생성하시오.

▶ 100 이상이면 숫자 앞에 '※'를 붙여서 표시하고 숫자 뒤에 '㎥'를 붙여서 표시, 0보다 크면 숫자 뒤에 '㎥'를 붙여서 표시, 0은 공백으로 표시, 문자는 '■'로 표시하시오.

▶ 표시 예 : 120 → ※ 121㎥, 21 → 21㎥, 사용중지 → ■

▶ [개발 도구]–[삽입]–[양식 컨트롤]의 '단추(▭)'를 동일 시트의 [F5:G6] 영역에 생성한 후 텍스트를 '사용량'으로 입력하고, 단추를 클릭하면 '사용량' 매크로가 실행되도록 설정하시오.

※ 셀 포인터의 위치에 관계없이 매크로가 실행되어야 정답으로 인정됨

**03 '기타작업–3' 시트에서 다음과 같은 작업을 수행하고 저장하시오. (각 5점)**

① 폼이 초기화되면(Initialize) [G3:G6] 영역의 값이 분류(Cmb분류)의 목록에 설정되고, 'Cmb주문처'에 'A서점', 'B서점'이 추가되도록 하고, 'Cmb주문처' 컨트롤로 포커스가 옮겨가도록 프로시저를 작성하시오.

② 〈도서구입〉 폼에서 도서선택과 부록을 체크한 후 주문처(Cmb주문처)를 입력하고, 분류(Cmb분류)를 선택한 후 〈입력(Cmd입력)〉 버튼을 클릭하면 [표1]에 입력되어 있는 마지막 행 다음에 연속해서 추가입력 되도록 작성하시오.

▶ 도서선택에서 '전산개론(Opt전산개론)'을 선택하면 (20,000원), '논리회로(Opt논리회로)'를 선택하면 (25,000원), '알고리즘(Opt알고리즘)'을 선택하면 (30,000원)으로 계산

▶ 부록에서 '기출문제(Chk기출문제)'를 체크하면 (2,000원), '모의고사 (Chk모의고사)'를 체크하면 (1,500원) 부록이 없으면 (0원)으로 계산

▶ 금액 = 도서선택 + 부록(기출문제 + 모의고사)

▶ 워크시트에 데이터를 입력할 때 표의 제목 행과 입력 내용이 일치하도록 작성하시오.

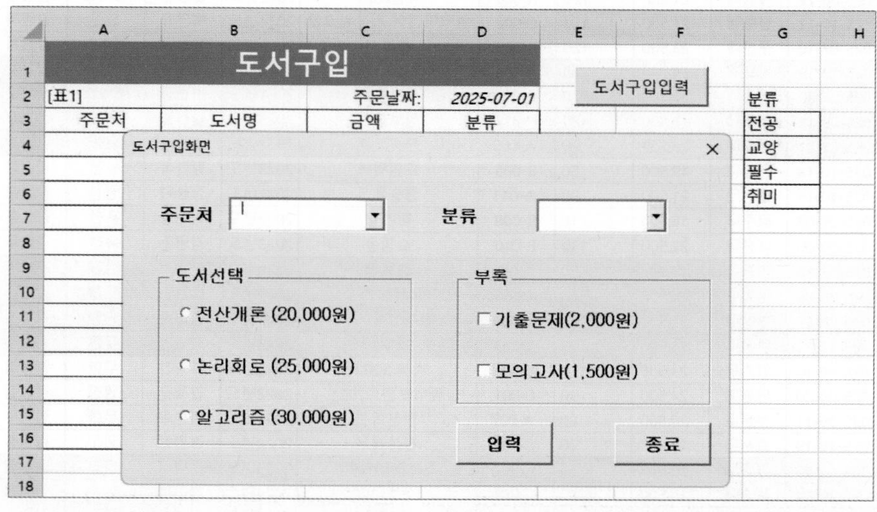


※ 데이터를 추가하거나 삭제하여도 항상 마지막 데이터 다음에 입력되어야 함

③ 〈도서구입〉 폼의 종료(cmd종료)를 클릭하면 폼이 종료되고, [D2] 셀에 현재 날짜를 표시하고 글꼴 스타일을 '기울임꼴'로 설정하시오.

# 기출 유형 문제 09회 정답

## 문제 ❶ 기본작업

### 01 고급 필터

A36 | =AND(ISEVEN(RIGHT(F3,1)),E3<50)

| | A | B | C | D | E | F |
|---|---|---|---|---|---|---|
| 34 | | | | | | |
| 35 | 조건 | | | | | |
| 36 | FALSE | | | | | |
| 37 | | | | | | |
| 38 | | | | | | |
| 39 | 접수번호 | 주문처 | 주문수량 | 판매단가 | 도서코드 | 저자 |
| 40 | 9 | 서울대 | 20 | 20,500 | A-006 | 민재호 |
| 41 | 12 | 광주대 | 10 | 16,500 | B-008 | 이태승 |
| 42 | 15 | 문화대 | 20 | 26,500 | A-002 | 박정인 |
| 43 | 22 | 강릉대 | 30 | 20,500 | B-002 | 유재석 |
| 44 | 26 | 영진대 | 20 | 22,500 | A-010 | 정형돈 |
| 45 | 29 | 평택대 | 30 | 30,500 | C-004 | 문택영 |
| 46 | | | | | | |

### 02 조건부 서식

| | A | B | C | D | E | F | G | H | I | J | K | L |
|---|---|---|---|---|---|---|---|---|---|---|---|---|
| 1 | | | | | | | | | | | | |
| 2 | 접수번호 | 주문일자 | 주문처 | 판매단가 | 주문수량 | 도서코드 | 도서명 | 발행년도 | 저자 | 출판사 | 담당자 | |
| 3 | 1 | 2025-08-10 | 고려대 | 13,500 | 100 | B-007 | 멀티미디어 웹디자인 | 2023년도 | 최호진 | 에이스 | 이원호 | |
| 4 | 2 | 2025-09-01 | 한경대 | 26,500 | 70 | C-005 | PHP | 2024년도 | 암성현 | 영진 | 이원호 | |
| 5 | 3 | 2025-08-22 | 계림대 | 21,500 | 120 | B-006 | 엑셀2021 | 2022년도 | 장창근 | 에이스 | 김길창 | |
| 6 | 4 | 2025-10-13 | 전주대 | 21,500 | 150 | C-002 | 멀티미디어 저작워크샵 | 2024년도 | 박인규 | 영진 | 김원기 | |
| 7 | 5 | 2025-08-10 | 군산대 | 23,500 | 120 | B-009 | 플래쉬 | 2023년도 | 장인규 | 에이스 | 김원기 | |
| 8 | 6 | 2025-10-19 | 목포대 | 24,500 | 40 | A-001 | 타이포그래피 | 2021년도 | 장윤철 | 에이스 | 김상두 | |
| 9 | 7 | 2025-08-20 | 부산대 | 20,500 | 100 | A-003 | 전산개론 | 2021년도 | 이현철 | 에이스 | 강영훈 | |
| 10 | 8 | 2025-09-11 | 동아대 | 18,500 | 120 | B-012 | 정보통신 | 2023년도 | 김진일 | 에이스 | 강영훈 | |
| 11 | 9 | 2025-08-21 | 서울대 | 20,500 | 20 | A-006 | 전자회로 | 2021년도 | 민재호 | 영진 | 김원기 | |
| 12 | 10 | 2025-10-14 | 경상대 | 19,500 | 50 | B-005 | 드림위버 | 2023년도 | 김한욱 | 용천 | 김길창 | |
| 13 | 11 | 2025-10-15 | 울산대 | 21,500 | 90 | A-011 | 웹솔루션 | 2021년도 | 장용덕 | 영진 | 강영훈 | |
| 14 | 12 | 2025-09-08 | 광주대 | 16,500 | 10 | B-008 | 마케팅 | 2023년도 | 이태승 | 용천 | 강영훈 | |
| 15 | 13 | 2025-09-09 | 대원대 | 22,500 | 130 | B-010 | 쇼핑몰 | 2023년도 | 김영준 | 용천 | 김상두 | |
| 16 | 14 | 2025-08-10 | 세종대 | 13,500 | 50 | A-008 | 포토샵 | 2021년도 | 한정수 | 영진 | 김상두 | |
| 17 | 15 | 2025-08-08 | 문화대 | 26,500 | 20 | A-002 | 일러스트cs | 2021년도 | 박정인 | 영진 | 김일환 | |
| 18 | 16 | 2025-08-22 | 부산대 | 31,500 | 100 | A-004 | 비주얼베이직 | 2021년도 | 김이란 | 영진 | 김원기 | |
| 19 | 17 | 2025-10-13 | 명지대 | 11,500 | 200 | B-013 | c++ | 2023년도 | 최병기 | 무한 | 김길창 | |
| 20 | 18 | 2025-08-10 | 경기대 | 23,500 | 170 | B-004 | 액세스2021 | 2022년도 | 도충선 | 무한 | 강상철 | |
| 21 | 19 | 2025-08-20 | 인천대 | 24,500 | 90 | C-001 | 파워포인트2021 | 2022년도 | 김재근 | 영진 | 강상철 | |
| 22 | 20 | 2025-09-11 | 선문대 | 20,500 | 80 | A-007 | 전산회계 | 2021년도 | 이선희 | 무한 | 정민수 | |
| 23 | 21 | 2025-10-19 | 호서대 | 18,500 | 20 | C-007 | 전산세무 | 2024년도 | 강민성 | 영진 | 강상철 | |
| 24 | 22 | 2025-08-12 | 강릉대 | 20,500 | 30 | B-002 | 초보자를위한C | 2023년도 | 유재석 | 영진 | 강상철 | |
| 25 | 23 | 2025-10-14 | 제주대 | 19,500 | 40 | C-003 | 프리젠테이션 | 2024년도 | 정준하 | 영진 | 김길창 | |
| 26 | 24 | 2025-10-15 | 호원대 | 21,500 | 80 | C-008 | 사무자동화 | 2024년도 | 박명수 | 영진 | 정민수 | |
| 27 | 25 | 2025-09-08 | 대전대 | 16,500 | 40 | B-011 | 전산회계실무 | 2023년도 | 하동훈 | 영진 | 정민수 | |
| 28 | 26 | 2025-08-08 | 영진대 | 22,500 | 20 | A-010 | 지도기법 | 2021년도 | 정형돈 | 제일 | 김상두 | |
| 29 | 27 | 2025-08-12 | 강원대 | 16,500 | 30 | B-003 | 액세스2021 | 2022년도 | 노홍철 | 영진 | 김상두 | |
| 30 | 28 | 2025-10-14 | 한양대 | 31,500 | 50 | C-006 | Visual c | 2024년도 | 박윤정 | 영진 | 정민수 | |
| 31 | 29 | 2025-10-15 | 평택대 | 30,500 | 30 | C-004 | ASP | 2024년도 | 문택영 | 영진 | 정민수 | |
| 32 | 30 | 2025-08-08 | 서강대 | 29,500 | 90 | A-005 | HTML | 2021년도 | 황신호 | 영진 | 김상두 | |
| 33 | 31 | 2025-08-10 | 연세대 | 31,500 | 120 | A-009 | 디지털논리회로 | 2021년도 | 한윤석 | 영진 | 김원기 | |
| 34 | | | | | | | | | | | | |

## 03 페이지 레이아웃

| | A | B | C | D | E | F | G | H | I | J | K |
|---|---|---|---|---|---|---|---|---|---|---|---|
| 1 | | | | | | | | | | | |
| 2 | 접수번호 | 주문일자 | 주문처 | 판매단가 | 주문수량 | 도서코드 | 도서명 | 발행년도 | 저자 | 출판사 | 담당자 |
| 3 | 1 | 2025-08-10 | 고려대 | 13,500 | 100 | B-007 | 멀티미디어 웹디자인 | 2023년도 | 최호진 | 에이스 | 이원호 |
| 4 | 2 | 2025-09-01 | 한경대 | 26,500 | 70 | C-005 | PHP | 2024년도 | 암성현 | 영진 | 이원호 |
| 5 | 3 | 2025-08-22 | 계림대 | 21,500 | 120 | B-006 | 엑셀2021 | 2022년도 | 장창근 | 에이스 | 김길창 |
| 6 | 4 | 2025-10-13 | 전주대 | 21,500 | 150 | C-002 | 멀티미디어 저작워크샵 | 2024년도 | 박인규 | 영진 | 김원기 |
| 7 | 5 | 2025-08-10 | 군산대 | 23,500 | 120 | B-009 | 플래쉬 | 2023년도 | 장인규 | 에이스 | 김원기 |
| 8 | 6 | 2025-10-19 | 목포대 | 24,500 | 40 | A-001 | 타이포그래피 | 2021년도 | 장윤철 | 에이스 | 김상두 |
| 9 | 7 | 2025-08-20 | 부산대 | 20,500 | 100 | A-003 | 전산개론 | 2021년도 | 이현철 | 에이스 | 강영훈 |
| 10 | 8 | 2025-09-11 | 동아대 | 18,500 | 120 | B-012 | 정보통신 | 2023년도 | 김진일 | 에이스 | 강영훈 |
| 11 | 9 | 2025-08-21 | 서울대 | 20,500 | 20 | A-006 | 전자회로 | 2021년도 | 민재호 | 영진 | 김원기 |
| 12 | 10 | 2025-10-14 | 경상대 | 19,500 | 50 | B-005 | 드림위버 | 2023년도 | 김한욱 | 용천 | 김길창 |
| 13 | 11 | 2025-10-15 | 울산대 | 21,500 | 90 | A-011 | 웹솔루션 | 2021년도 | 장용덕 | 영진 | 강영훈 |
| 14 | 12 | 2025-09-08 | 광주대 | 16,500 | 10 | B-008 | 마케팅 | 2023년도 | 이태승 | 용천 | 강영훈 |
| 15 | 13 | 2025-09-09 | 대원대 | 22,500 | 130 | B-010 | 쇼핑몰 | 2023년도 | 김영준 | 용천 | 김상두 |
| 16 | 14 | 2025-08-10 | 세종대 | 13,500 | 50 | A-008 | 포토샵 | 2021년도 | 한정수 | 영진 | 김상두 |
| 17 | 15 | 2025-08-08 | 문화대 | 26,500 | 20 | A-002 | 일러스트cs | 2021년도 | 박정인 | 영진 | 김일환 |
| 18 | 16 | 2025-08-22 | 부산대 | 31,500 | 100 | A-004 | 비주얼베이직 | 2021년도 | 김이란 | 영진 | 김원기 |
| 19 | 17 | 2025-10-13 | 명지대 | 11,500 | 200 | B-013 | c++ | 2023년도 | 최병기 | 무한 | 김길창 |
| 20 | 18 | 2025-08-10 | 경기대 | 23,500 | 170 | B-004 | 엑세스2021 | 2022년도 | 도충선 | 무한 | 강상철 |
| 21 | 19 | 2025-08-20 | 인천대 | 24,500 | 90 | C-001 | 파워포인트2021 | 2022년도 | 김재근 | 영진 | 강상철 |
| 22 | 20 | 2025-09-11 | 선문대 | 20,500 | 80 | A-007 | 전산회계 | 2021년도 | 이선희 | 무한 | 정민수 |
| 23 | 21 | 2025-10-19 | 호서대 | 18,500 | 20 | C-007 | 전산세무 | 2024년도 | 강민성 | 영진 | 강상철 |
| 24 | 22 | 2025-08-12 | 강릉대 | 20,500 | 30 | B-002 | 초보자를위한C | 2023년도 | 유재석 | 영진 | 강상철 |
| 25 | 23 | 2025-10-14 | 제주대 | 19,500 | 40 | C-003 | 프리젠테이션 | 2024년도 | 정준하 | 영진 | 김길창 |
| 26 | 24 | 2025-10-15 | 호원대 | 21,500 | 80 | C-008 | 사무자동화 | 2024년도 | 박명수 | 영진 | 정민수 |
| 27 | 25 | 2025-09-08 | 대전대 | 16,500 | 40 | B-011 | 전산회계실무 | 2023년도 | 하동훈 | 영진 | 정민수 |

**문제 ❷ 계산작업**

## 01 도서명, 할인액

| | A | B | C | D | E | F | G | H | I | J |
|---|---|---|---|---|---|---|---|---|---|---|
| 1 | [표1] | | | | | | | | | |
| 2 | 담당자 | 도서코드 | 도서명 | 주문처 | 주문일자 | 주문수량 | 판매단가 | 총금액 | 할인액 | |
| 3 | 강영훈 | A2 | HTML | 목포대 | 2025-10-19 | 40 | 24,500 | 980,000 | 196,000 | |
| 4 | 김원기 | B7 | - | 문화대 | 2025-08-08 | 20 | 16,500 | 330,000 | 66,000 | |
| 5 | 김상두 | D3 | 초보자C | 부산대 | 2025-08-20 | 100 | 20,500 | 2,050,000 | 615,000 | |
| 6 | 김원기 | D4 | 엑셀2021 | 부산대 | 2025-08-22 | 100 | 21,500 | 2,150,000 | 645,000 | |
| 7 | 정민수 | A5 | 멀티미디어 | 서강대 | 2025-08-08 | 90 | 19,500 | 1,755,000 | 351,000 | |
| 8 | 김상두 | C4 | 드림위버 | 서울대 | 2025-08-21 | 20 | 20,500 | 410,000 | 82,000 | |
| 9 | 김원기 | A5 | 멀티미디어 | 선문대 | 2025-09-11 | 80 | 20,500 | 1,640,000 | 328,000 | |
| 10 | 김상두 | C2 | 전산회계 | 세종대 | 2025-08-10 | 50 | 13,500 | 675,000 | 135,000 | |
| 11 | 강영훈 | B3 | 지도기법 | 연세대 | 2025-08-10 | 120 | 21,500 | 2,580,000 | 516,000 | |
| 12 | 강상철 | C5 | 플래쉬 | 영진대 | 2025-08-08 | 20 | 22,500 | 450,000 | 90,000 | |
| 13 | 김상두 | C4 | 드림위버 | 울산대 | 2025-10-15 | 90 | 21,500 | 1,935,000 | 387,000 | |
| 14 | 강상철 | B5 | 마케팅 | 강릉대 | 2025-08-12 | 30 | 20,500 | 615,000 | 123,000 | |
| 15 | 김길창 | B5 | 마케팅 | 강원대 | 2025-08-12 | 30 | 16,500 | 495,000 | 99,000 | |
| 16 | 김길창 | D5 | 쇼핑몰 | 경기대 | 2025-08-10 | 170 | 23,500 | 3,995,000 | 1,198,500 | |
| 17 | 이원호 | B9 | - | 경상대 | 2025-10-14 | 50 | 19,500 | 975,000 | 195,000 | |
| 18 | 강영훈 | D2 | 포토샵 | 계림대 | 2025-08-22 | 120 | 21,500 | 2,580,000 | 774,000 | |
| 19 | 김원기 | A3 | 디지털논리 | 고려대 | 2025-08-10 | 100 | 13,500 | 1,350,000 | 270,000 | |
| 20 | 김상두 | A4 | 액세스2021 | 광주대 | 2025-09-08 | 10 | 16,500 | 165,000 | 33,000 | |
| 21 | 정민수 | A5 | 멀티미디어 | 군산대 | 2025-08-10 | 120 | 23,500 | 2,820,000 | 564,000 | |
| 22 | 강영훈 | C4 | 드림위버 | 대원대 | 2025-09-09 | 130 | 22,500 | 2,925,000 | 585,000 | |
| 23 | 김길창 | A5 | 멀티미디어 | 대전대 | 2025-09-08 | 40 | 16,500 | 660,000 | 132,000 | |
| 24 | 강상철 | C2 | 전산회계 | 동아대 | 2025-09-11 | 120 | 18,500 | 2,220,000 | 444,000 | |
| 25 | 김원기 | B7 | - | 명지대 | 2025-10-13 | 200 | 11,500 | 2,300,000 | 460,000 | |
| 26 | 김길창 | D1 | 비주얼베이직 | 인천대 | 2025-08-20 | 90 | 24,500 | 2,205,000 | 661,500 | |
| 27 | 정민수 | C2 | 전산회계 | 전주대 | 2025-10-13 | 150 | 11,500 | 1,725,000 | 345,000 | |
| 28 | 김상두 | C4 | 드림위버 | 제주대 | 2025-10-14 | 40 | 19,500 | 780,000 | 156,000 | |
| 29 | 김일환 | B5 | 마케팅 | 평택대 | 2025-10-15 | 30 | 20,500 | 615,000 | 123,000 | |
| 30 | 이원호 | C5 | 플래쉬 | 한경대 | 2025-09-01 | 70 | 16,500 | 1,155,000 | 231,000 | |
| 31 | 정민수 | B1 | 일러스트cs | 한양대 | 2025-10-14 | 50 | 21,500 | 1,075,000 | 215,000 | |
| 32 | | | | | | | | | | |

1. [C3] 셀에 「=IFERROR(INDEX($B$41:$F$44,MATCH(LEFT(B3,1),$A$41:$A$44,0),RIGHT(B3,1)),"–")」를 입력하고 [C31] 셀까지 수식 복사
5. [I3] 셀에 「=f할인액(B3,H3)」를 입력하고 [I31] 셀까지 수식 복사

```
Public Function f할인액(도서코드, 총금액)
    If Left(도서코드, 1) = "D" Then
        f할인액 = Int(총금액 * 0.3)
    Else
        f할인액 = Int(총금액 * 0.2)
    End If
End Function
```

## 02 분류코드 1~2위, 주문수량이 가장 많은 주문처, 총금액

| | A | B | C | D | E | F | G | H | I | J |
|---|---|---|---|---|---|---|---|---|---|---|
| 33 | [표2] | | | | [표3] | | | [표4] | | |
| 34 | 분류코드 | 1위 | 2위 | | 주문수량이 가장 많은 주문처 | | | 주문일자(월) | 총금액 | |
| 35 | A | 165,000 | 660,000 | | 명지대 | | | 8 | 24460000 | |
| 36 | B | 330,000 | 495,000 | | | | | 9 | 8765000 | |
| 37 | C | 410,000 | 450,000 | | | | | 10 | 10385000 | |
| 38 | D | 2,050,000 | 2,150,000 | | | | | | | |
| 39 | | | | | | | | | | |
| 40 | [표5] | | | | | | | | | |
| 41 | A | 타이포그래피 | HTML | 디지털논리 | 액세스2021 | 멀티미디어 | | | | |
| 42 | B | 일러스트cs | 전자회로 | 지도기법 | 엑세스2021 | 마케팅 | | | | |
| 43 | C | 전산개론 | 전산회계 | 웹솔루션 | 드림위버 | 플래쉬 | | | | |
| 44 | D | 비주얼베이직 | 포토샵 | 초보자C | 엑셀2021 | 쇼핑몰 | | | | |
| 45 | | | | | | | | | | |

2. [B35:C35] 영역을 범위 지정한 후 「=SMALL(IF(LEFT($B$3:$B$31,1)=A35,$H$3:$H$31),{1,2})」를 입력한 후 Ctrl+Shift+Enter를 누른 후 [C38] 셀까지 수식 복사
3. [E35] 셀에 「=INDEX(D3:D31,XMATCH(MAX(F3:F31),F3:F31))」를 입력
4. [I35] 셀에 「=SUM(IF(MONTH($E$3:$E$31)=$H35,$H$3:$H$31))」를 입력하고 Ctrl+Shift+Enter를 누른 후 [I37] 셀까지 수식 복사

# 문제 3 분석작업

## 01 피벗 테이블

| | A | B | C | D | E | F |
|---|---|---|---|---|---|---|
| 1 | | 담당자 | (모두) | | | |
| 2 | | | | | | |
| 3 | | 출판사 | 합계 : 주문수량 | 합계 : 판매단가 | 합계 : 총금액 | |
| 4 | | T&T | 820 | 170,000 | 139,400,000 | |
| 5 | | 무한 | 590 | 119,000 | 70,210,000 | |
| 6 | | 영진 | 570 | 236,500 | 134,805,000 | |
| 7 | | 용천 | 190 | 58,500 | 11,115,000 | |
| 8 | | 제일 | 210 | 96,500 | 20,265,000 | |
| 9 | | 총합계 | 2,380 | 680,500 | 1,619,590,000 | |
| 10 | | | | | | |

## 02 데이터 도구

| | A | B | C | D | E | F |
|---|---|---|---|---|---|---|
| 1 | | | | | | |
| 2 | | 학년 | 성별 | 이름 | 나이 | |
| 3 | | 2학년1반 | 남 | 동이 | 15 | |
| 4 | | 3학년2반 | 남 | 호동 | 16 | |
| 5 | | 2학년2반 | 여 | 은지 | 15 | |
| 6 | | 3학년3반 | 여 | 나영 | 16 | |
| 7 | | 1학년1반 | 여 | 주은 | 14 | |
| 8 | | 2학년2반 | 남 | 주혁 | 15 | |
| 9 | | 3학년5반 | 여 | 진의 | 16 | |
| 10 | | 2학년4반 | 남 | 준호 | 15 | |
| 11 | | 3학년9반 | 남 | 백산 | 16 | |
| 12 | | 2학년3반 | 여 | 슬기 | 15 | |
| 13 | | 2학년5반 | 여 | 시연 | 15 | |
| 14 | | 2학년2반 | 남 | 유성 | 15 | |
| 15 | | 3학년6반 | 여 | 희선 | 16 | |
| 16 | | 2학년6반 | 남 | 지훈 | 15 | |
| 17 | | 2학년4반 | 남 | 진영 | 15 | |
| 18 | | 2학년3반 | 남 | 지성 | 16 | |
| 19 | | | | | | |

## 문제 4 기타작업

### 01 차트

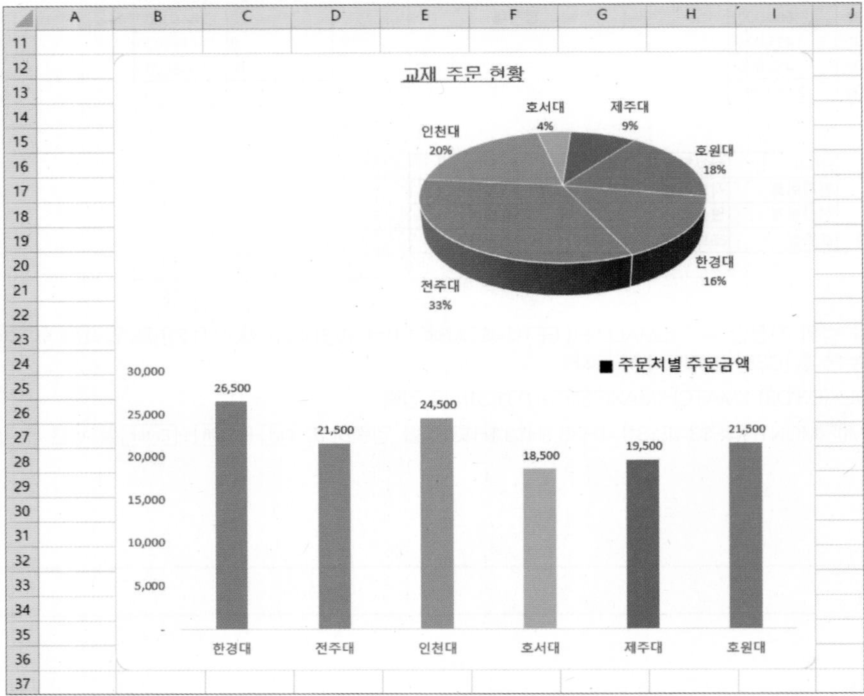


### 02 매크로

| | A | B | C | D | E | F | G | H |
|---|---|---|---|---|---|---|---|---|
| 1 | 도시가스 요금 | | | | | | | |
| 2 | 이름 | 동호수 | 사용량 | 사용료 | | 동호수 | | |
| 3 | 최호진 | 1동 101호 | ※ 121㎥ | 97,040 | | | | |
| 4 | 암성현 | 10동 503호 | ※ 100㎥ | 80,650 | | | | |
| 5 | 장창근 | 12동 604호 | 29㎥ | 24,620 | | 사용량 | | |
| 6 | 박인규 | 3동 705호 | 21㎥ | 17,100 | | | | |
| 7 | 장인규 | 12동 803호 | ■ | - | | | | |
| 8 | 장윤철 | 4동 906호 | 40㎥ | 29,190 | | | | |
| 9 | 이현철 | 5동 802호 | 17㎥ | 12,540 | | | | |
| 10 | 김진일 | 16동 703호 | 32㎥ | 23,380 | | | | |
| 11 | 민재호 | 13동 605호 | ※ 104㎥ | 75,020 | | | | |
| 12 | 김한욱 | 14동 803호 | ※ 218㎥ | 156,830 | | | | |
| 13 | 장용덕 | 7동 901호 | ※ 242㎥ | 176,260 | | | | |
| 14 | 이태승 | 6동 202호 | ※ 188㎥ | 135,580 | | | | |
| 15 | 김영준 | 11동 704호 | ※ 119㎥ | 86,280 | | | | |
| 16 | | | | | | | | |

## 02 VBA 프로그래밍

• 폼 초기화 프로시저

```
Private Sub UserForm_Initialize()
    Cmb분류.RowSource = "G3:G6"
    Cmb주문처.AddItem "A서점"
    Cmb주문처.AddItem "B서점"
    Cmb주문처.SetFocus
End Sub
```

• 입력 프로시저

```
Private Sub Cmd입력_Click()
    i = Range("A3").CurrentRegion.Rows.Count + 1
    Cells(i, 1) = Cmb주문처
    If Opt전산개론 = True Then
        Cells(i, 2) = "전산개론"
        도서선택 = 20000
    ElseIf Opt논리회로 = True Then
        Cells(i, 2) = "논리회로"
        도서선택 = 25000
    Else
        Cells(i, 2) = "알고리즘"
        도서선택 = 30000
    End If
    If Chk기출문제 = True Then
        기출문제 = 2000
    Else
        기출문제 = 0
    End If
    If Chk모의고사 = True Then
        모의고사 = 1500
    Else
        모의고사 = 0
    End If
    Cells(i, 3) = 도서선택 + 기출문제 + 모의고사
    Cells(i, 4) = Cmb분류
End Sub
```

• 종료 프로시저

```
Private Sub Cmd종료_Click()
    Unload Me
    [D2] = Date
    [D2].Font.Italic = True
End Sub
```

# 기출 유형 문제 09회 해설

## 문제 ❶ 기본작업

### 01 고급 필터('기본작업-1' 시트)

① [A35:A36] 영역에 조건식, [A39:F39] 영역에 추출할 필드명을 입력한다.

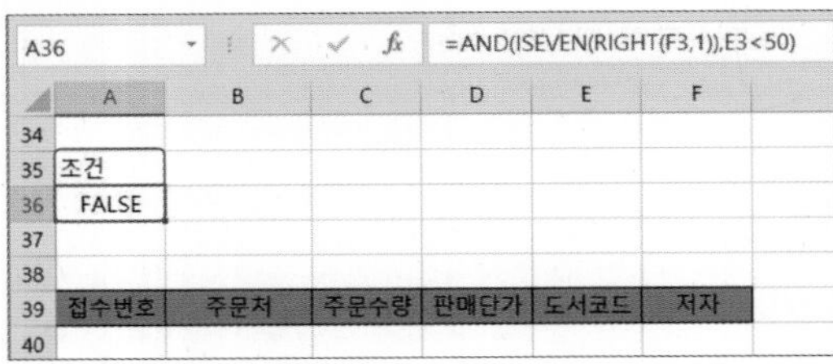


[A36] : =AND(ISEVEN(RIGHT(F3,1)),E3<50)

② 데이터 목록 안의 아무 셀이나 클릭하고 [데이터]-[정렬 및 필터] 그룹에서 [고급]( )을 클릭한다.

③ [고급 필터]에서 다음과 같이 지정한 후 [확인]을 클릭한다.

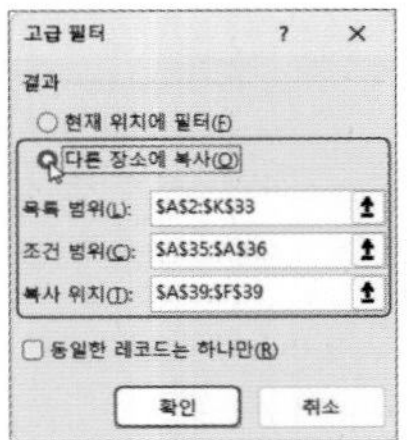


- 결과 : '다른 장소에 복사'
- 목록 범위 : [A2:K33]
- 조건 범위 : [A35:A36]
- 복사 위치 : [A39:F39]

### 02 조건부 서식('기본작업-1' 시트)

① [A3:K33] 영역을 범위 지정한 후 [홈]-[스타일] 그룹의 [조건부 서식]-[새 규칙]을 클릭한다.

② [새 서식 규칙]에서 '▶ 수식을 사용하여 서식을 지정할 셀 결정'을 선택하고, =ISEVEN(QUOTIENT(ROW(),4))을 입력한 후 [서식]을 클릭한다.

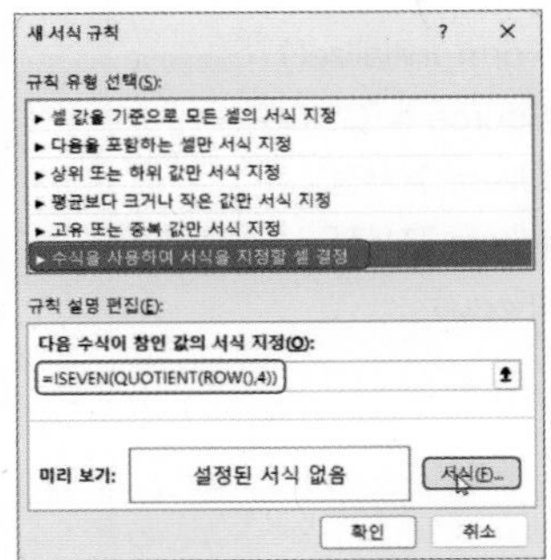


③ [채우기] 탭에서 '배경색'에 '표준 색 – 연한 녹색'을 선택하고 [확인]을 클릭한다.

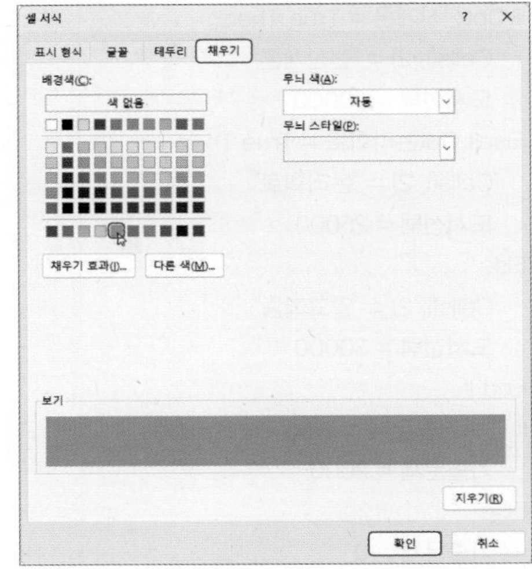


④ [새 서식 규칙]에서 '수식'과 '서식'을 확인하고 [확인]을 클릭한다.

### 03 페이지 레이아웃('기본작업-2' 시트)

① [페이지 레이아웃]-[페이지 설정] 그룹에서 [인쇄 제목]을 클릭한 후 '인쇄 영역'에 [A1:K33], '반복할 행'에 1:2, '행/열 머리글'을 체크한다.

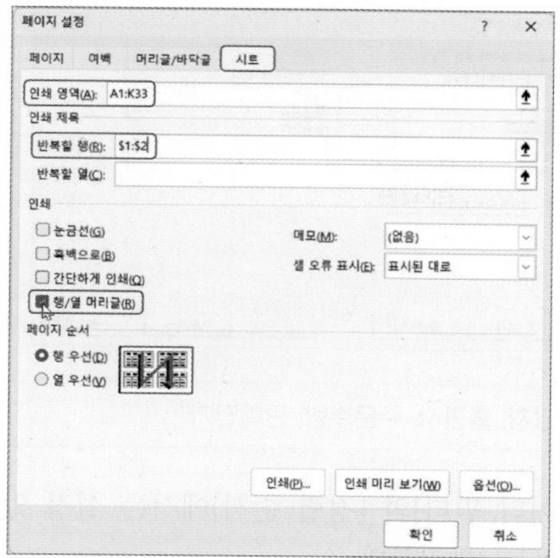


② [페이지] 탭에서 용지 방향은 '가로', '자동 맞춤'에 용지 너비는 '1', 용지 높이는 '2'로 지정한다.

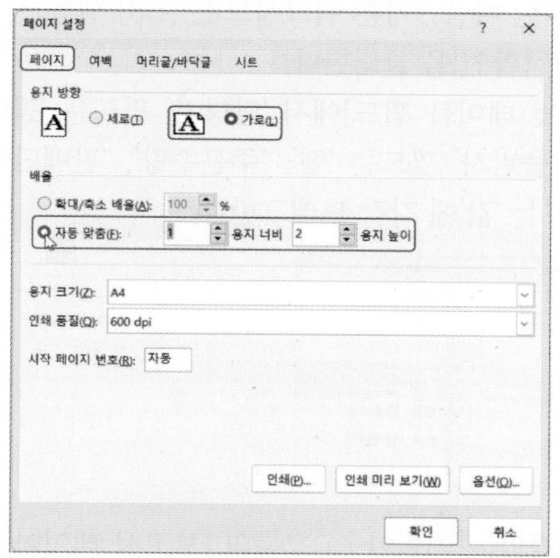


③ [여백] 탭에서 페이지 가운데 맞춤 '가로'를 체크하고 [확인]을 클릭한다.

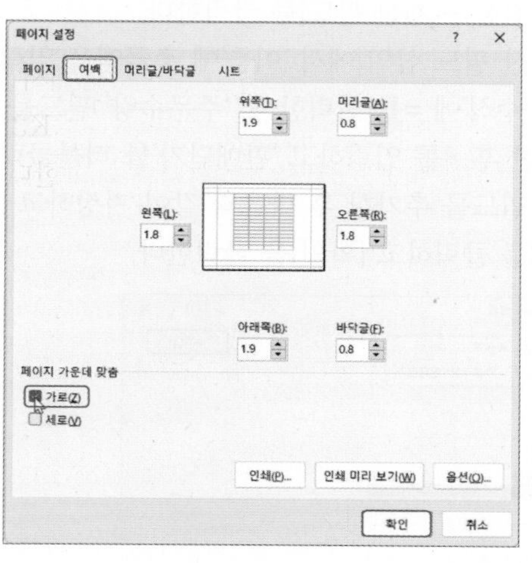


## 문제 ❷ 계산작업('계산작업' 시트)

### 01 도서명[C3:C31]

[C3] 셀에 =IFERROR(INDEX($B$41:$F$44, MATCH(LEFT(B3,1),$A$41:$A$44,0),RIGHT(B3,1)),"-")를 입력하고 [C31] 셀까지 수식을 복사한다.

### 02 분류코드 1~2위[B35:C38]

[B35:C35] 영역을 범위 지정한 후=SMALL(IF(LEFT($B$3:$B$31,1)=A35,$H$3:$H$31),{1,2})를 작성한 후 Ctrl+Shift+Enter를 누른 후 범위 지정된 상태에서 [C38] 셀까지 수식을 복사한다.

### 03 주문수량이 가장 많은 주문처[E35]

[E35] 셀에 =INDEX(D3:D31,XMATCH(MAX(F3:F31),F3:F31))를 입력한다.

### 04 총금액[I35:I37]

[I35] 셀에 =SUM(IF(MONTH($E$3:$E$31)=$H35,$H$3:$H$31))를 입력하고 Ctrl+Shift+Enter를 누른 후 [I37] 셀까지 수식을 복사한다.

### 05 f할인액[I3:I31]

① [개발 도구]-[코드] 그룹의 [Visual Basic]( )을 클릭한다.
② [삽입]-[모듈]을 클릭한다.
③ Module 창에 다음과 같이 입력한다.

```
Public Function f할인액(도서코드, 총금액)
    If Left(도서코드, 1) = "D" Then
        f할인액 = Int(총금액 * 0.3)
    Else
        f할인액 = Int(총금액 * 0.2)
    End If
End Function
```

④ 오른쪽 상단의 [닫기]를 클릭한다.
⑤ [I3] 셀에서 [함수 삽입]( )을 클릭한다.

⑥ [함수 마법사]에서 범주 선택은 '사용자 정의', 함수 선택은 'f할인액'을 선택하고 [확인]을 클릭한다.

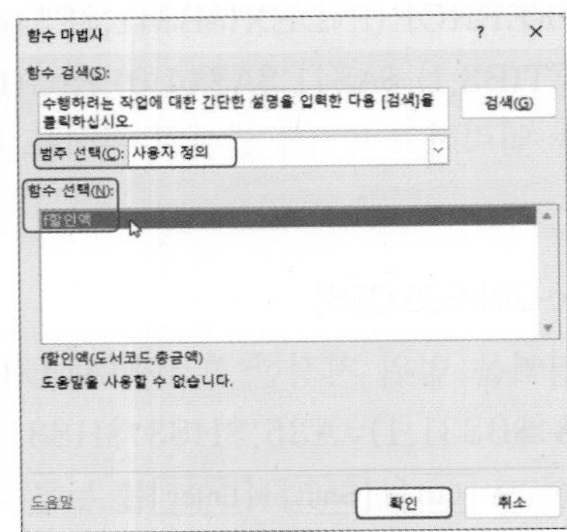


⑦ [함수 인수]에서 도서코드는 [B3], 총금액은 [H3]을 선택하고 [확인]을 클릭한다.

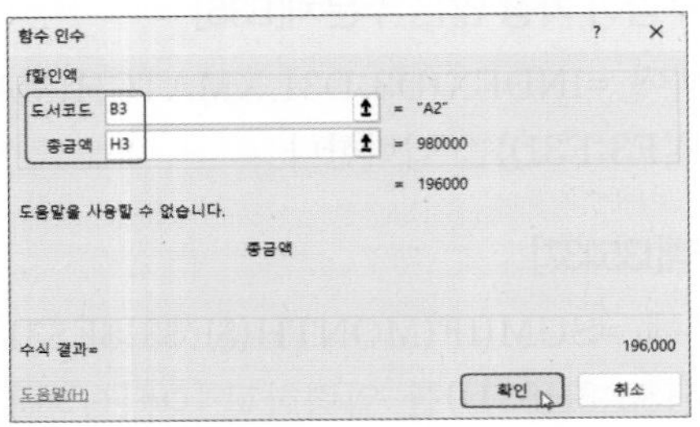


⑧ [I31] 셀까지 채우기 핸들로 수식을 복사한다.

## 문제 ❸ 분석작업

### 01 피벗 테이블('분석작업-1' 시트)

① [B3] 셀을 선택한 후 [데이터]-[데이터 가져오기 및 변환] 그룹에서 [데이터 가져오기]-[기타 원본에서]-[Microsoft Query에서]를 클릭한다.

② [데이터 원본 선택]의 [데이터베이스] 탭에서 'MS Access Database *'를 선택하고 [확인]을 클릭한다.

③ '도서판매.accdb'를 선택하고 [확인]을 클릭한다.

④ [열 선택]에서 '도서판매현황' 테이블을 더블클릭하여 다음 그림과 같이 지정하고 [다음]을 클릭한다.

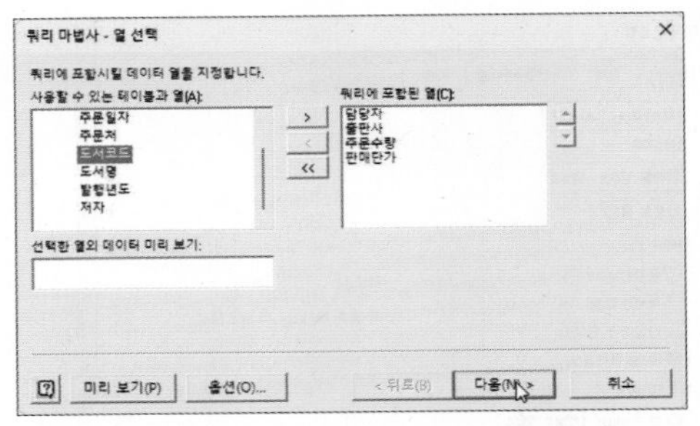


담당자, 출판사, 주문수량, 판매단가

⑤ [데이터 필터]와 [정렬 순서]에서는 설정 없이 [다음]을 클릭한다.

⑥ [마침]에서 'Microsoft Excel(으)로 데이터 되돌리기'를 선택하고 [마침]을 클릭한다.

⑦ [데이터 가져오기]에서 '피벗 테이블 보고서'를 선택한 다음, '기존 워크시트'는 [B3] 셀을 지정하고 [확인]을 클릭한다.

⑧ [피벗 테이블 필드]에서 '담당자' 필드는 '필터'로 '출판사' 필드는 '행', '주문수량', '판매단가' 필드는 '값'에 각각 드래그한다.

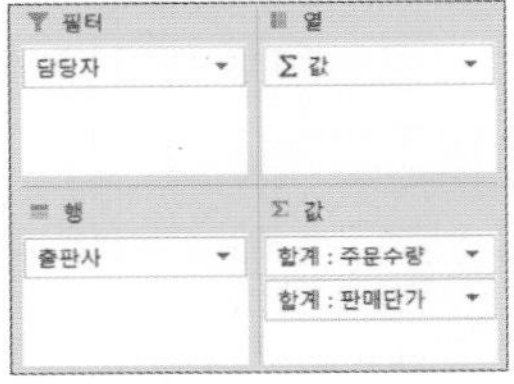


⑨ [디자인]-[레이아웃] 그룹의 [보고서 레이아웃]-[테이블 형식으로 표시]를 클릭한다.

⑩ [피벗 테이블 분석]-[계산] 그룹의 [필드, 항목 및 집합]-[계산 필드]를 클릭한다.

⑪ [계산 필드 삽입]에서 '이름'에 **총금액**을 입력하고 '수식'에 =를 입력한 후 '주문수량' 필드를 추가한 후 *를 입력하고 '판매단가'를 더블클릭하여 필드를 추가한 후 다음과 같이 지정하고 [추가]를 클릭하고 [확인]을 클릭한다.

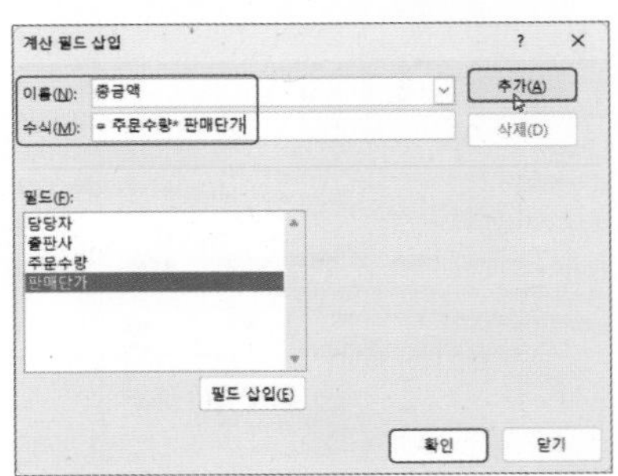

⑫ 합계 : 주문수량[C3]에서 마우스 오른쪽 버튼을 눌러 [값 필드 설정]을 클릭한 후 [표시 형식]을 클릭한다.

⑬ [셀 서식]의 [표시 형식] 탭에서 '숫자'를 선택하고 '1000 단위 구분 기호(,) 사용'을 체크하고 [확인]을 클릭한다.

⑭ 같은 방법으로 판매단가, 총금액 필드도 '숫자' 서식을 지정한다.

⑮ [디자인]-[피벗 테이블 스타일] 그룹의 '흰색, 피벗 스타일 밝게 22'를 선택하고, [피벗 테이블 스타일 옵션] 그룹에서 '줄무늬 행'을 체크한다.

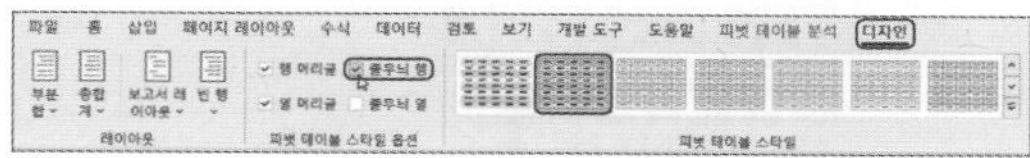

## 02 데이터 도구('분석작업-2' 시트)

① [B3:B18] 영역을 범위 지정한 후 [데이터]-[데이터 도구] 그룹의 [텍스트 나누기]()를 클릭한다.

② [1단계]에서 '구분 기호로 분리됨'을 선택하고 [다음]을 클릭한다.

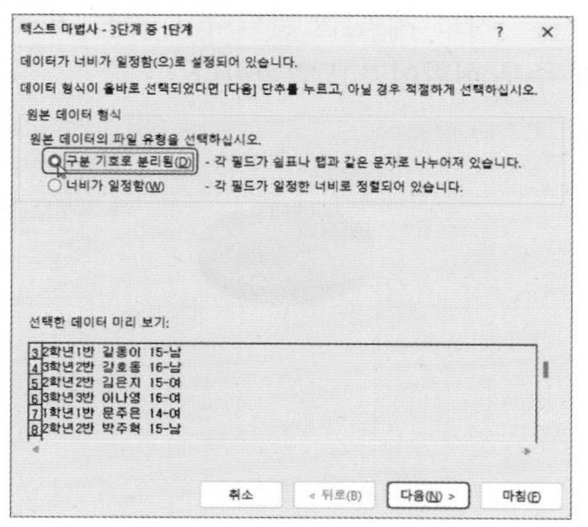

③ [2단계]에서 '공백', '기타'를 선택한 후 -을 입력하고 [다음]을 클릭한다.

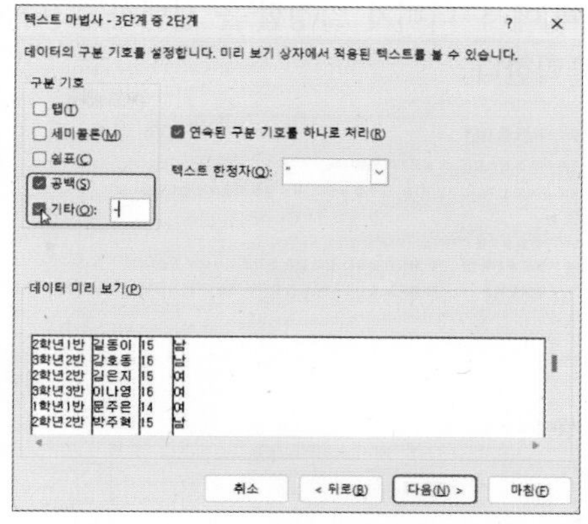

④ [3단계]에서 대상에서 '' 클릭하여 [C3] 셀을 선택하고 [마침]을 클릭한다.

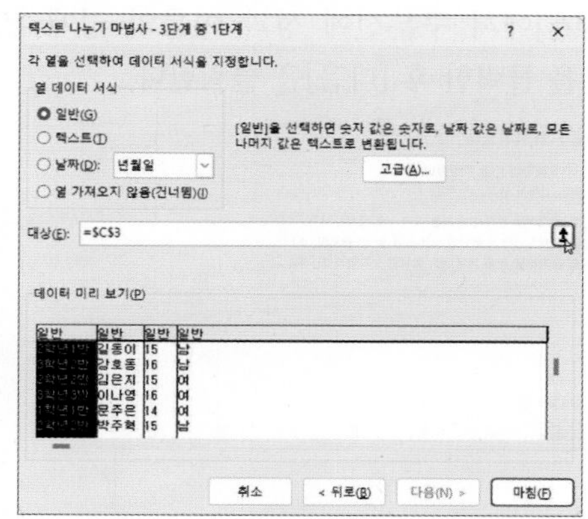

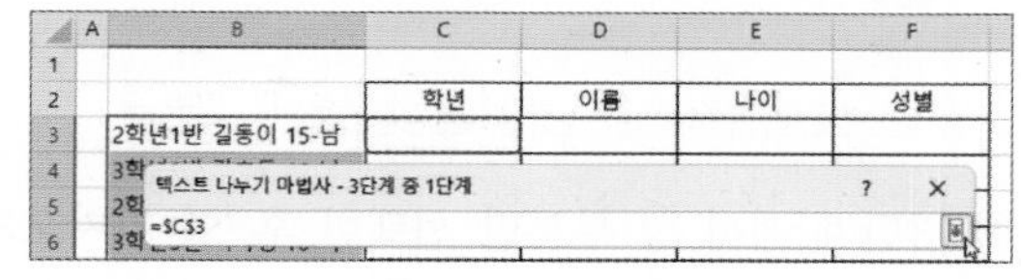

⑤ 메시지가 표시되면 [확인]을 클릭한다.

⑥ B열 머리글에서 마우스 오른쪽 버튼을 눌러 [삭제]를 클릭한다.

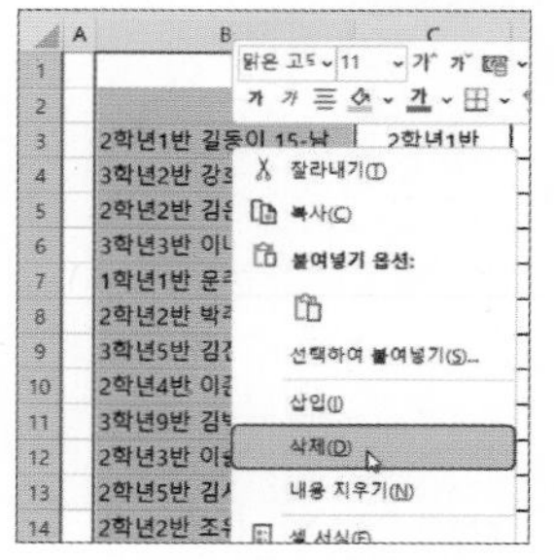

⑦ [C3:C18] 영역을 범위 지정한 후 [데이터]-[데이터 도구] 그룹의 [텍스트 나누기]()를 클릭한다.

⑧ [1단계]에서 '너비가 일정함'을 선택하고 [다음]을 클릭한다.

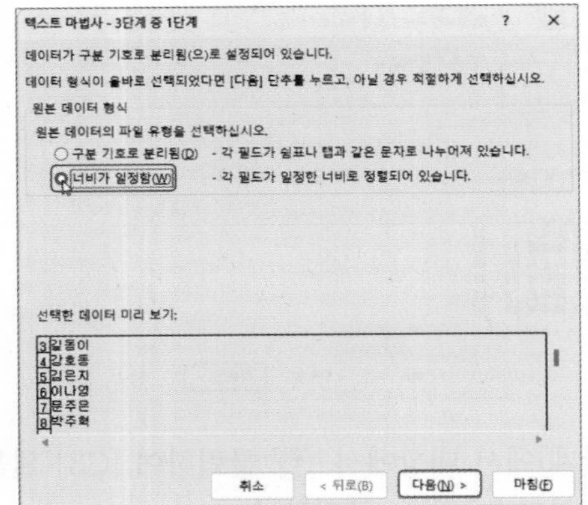


⑨ [2단계]에서 구분선에 성과 이름의 경계라인 부분을 클릭한 후 [다음]을 클릭한다.

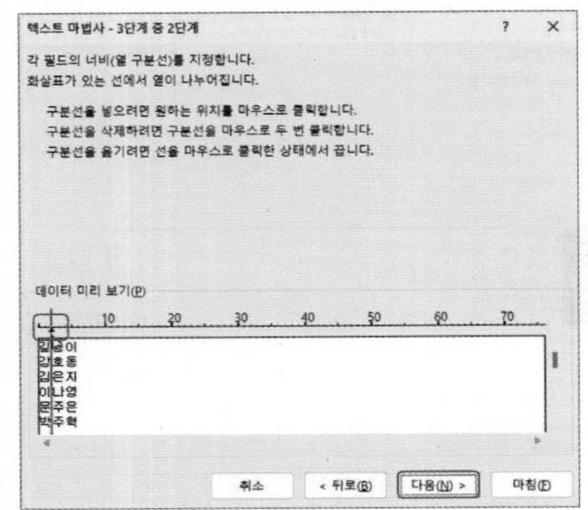


⑩ [3단계]에서 성 부분만 선택한 후 '열 가져오지 않음(건너뜀)'을 선택하고 [마침]을 클릭한다.

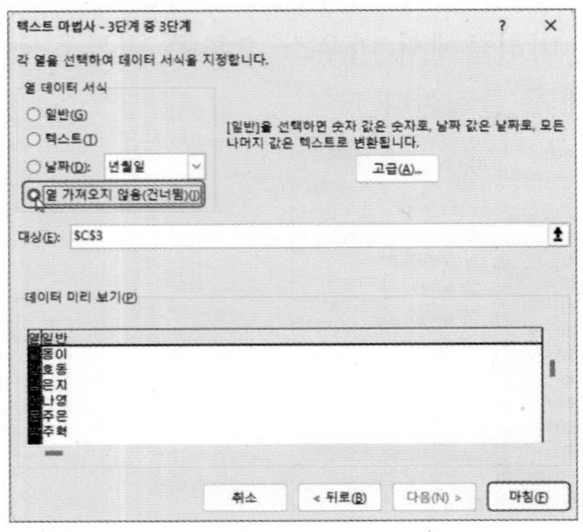


⑪ [B2:E18] 영역을 범위 지정한 후 [데이터]-[정렬 및 필터] 그룹의 [정렬]을 클릭한다.

⑫ [옵션]을 클릭하여 '왼쪽에서 오른쪽'을 선택하고 [확인]을 클릭한다.

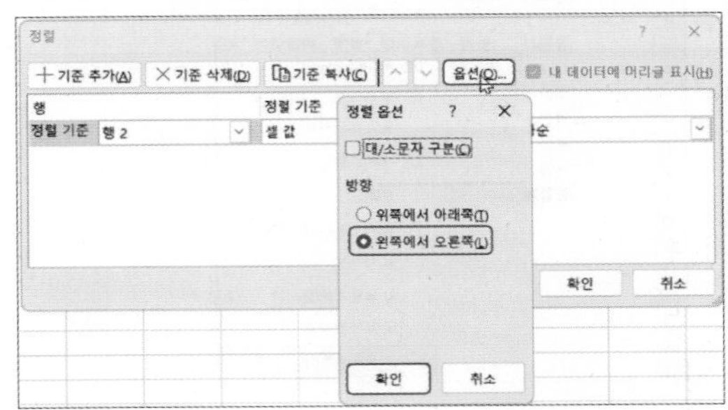


⑬ 정렬 기준 '행2', 사용자 지정 목록을 선택한 후 **학년, 성별, 이름, 나이**를 입력하고 [추가]를 클릭하고 [확인]을 클릭한다.

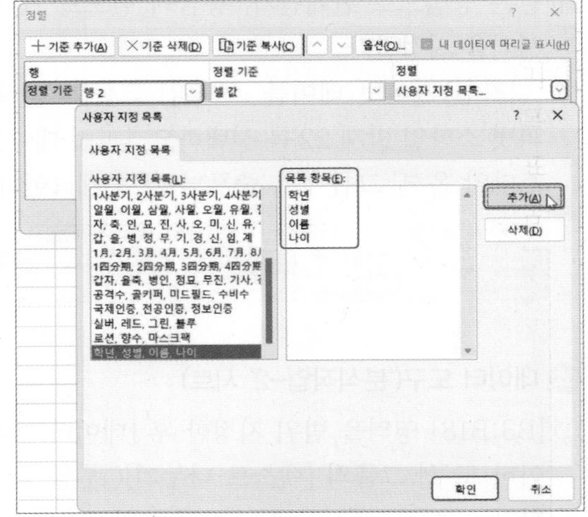


## 문제 ❹ 기타작업

### 01 차트('기타작업-1' 시트)

① 세로 막대형 차트를 선택한 상태에서 [차트 요소](⊞)-[차트 제목]을 클릭하고 '차트 제목'에 **교재 주문 현황**이라고 입력한다.

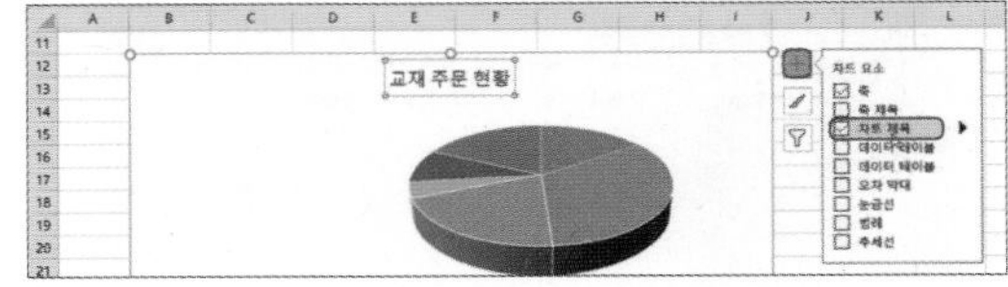

② 차트 제목을 선택하고 [홈]-[글꼴] 그룹에서 '굴림체', '굵게', 크기 '12', '밑줄'을 지정한다.

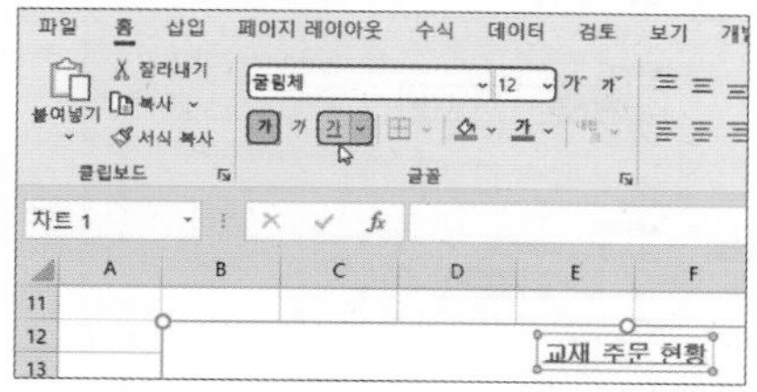

③ 원형 차트를 선택한 후 [차트 요소](⊞)-[데이터 레이블]-[기타 옵션]을 클릭한다.

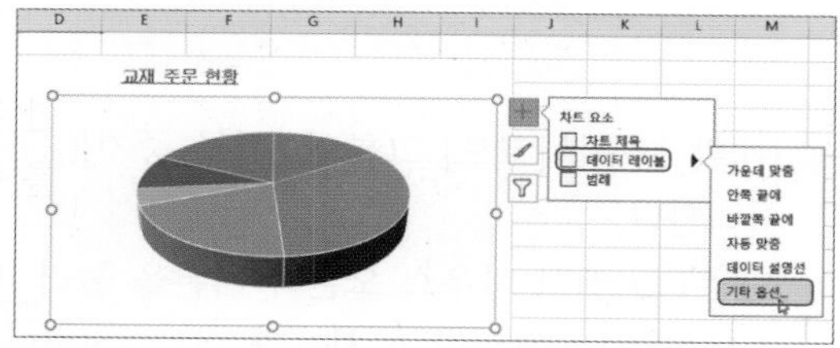

④ [데이터 레이블 서식]의 '레이블 옵션'에서 '항목이름'과 '백분율'에 체크하고, '값'과 '지시선 표시'는 체크를 해제한 후 '구분 기호'는 '(줄 바꿈)', '레이블 위치'는 '바깥쪽 끝에'를 선택한다.

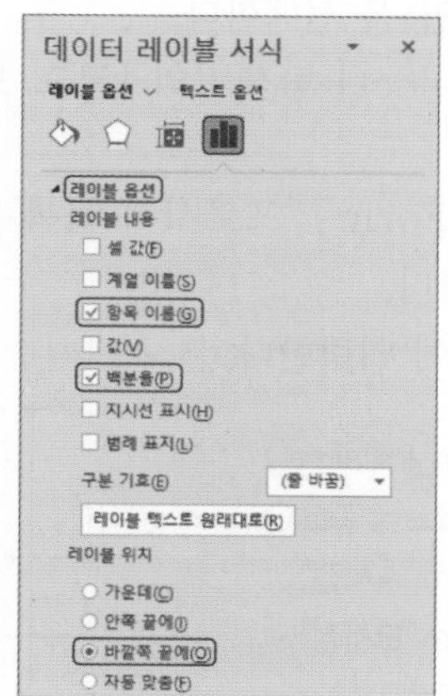

⑤ 원형 차트를 선택하고 [데이터 계열 서식]의 '계열 옵션'의 '첫째 조각의 각'에 100을 입력한다.

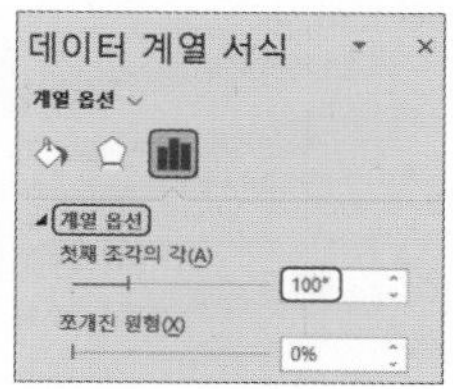

⑥ 세로 막대형 차트에서 마우스 오른쪽 버튼을 눌러 [데이터 레이블 추가]를 클릭한다.

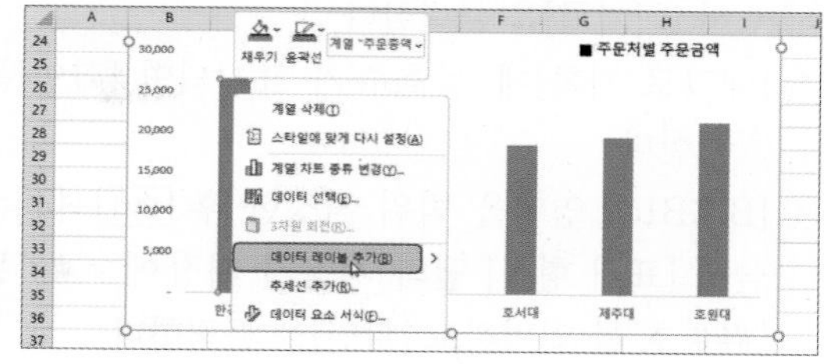

⑦ 세로 막대형 차트를 선택하고 [데이터 계열 서식]의 [채우기 및 선]의 '채우기'에서 '요소마다 다른 색 사용'을 체크한다.

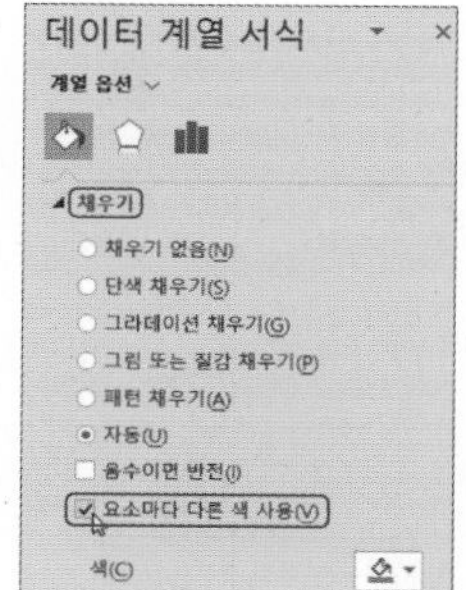

⑧ 세로 막대형 차트 영역을 선택한 후 [차트 영역 서식]의 [채우기 및 선]에서 '테두리'의 '둥근 모서리'를 체크하고 [닫기]를 클릭한다.

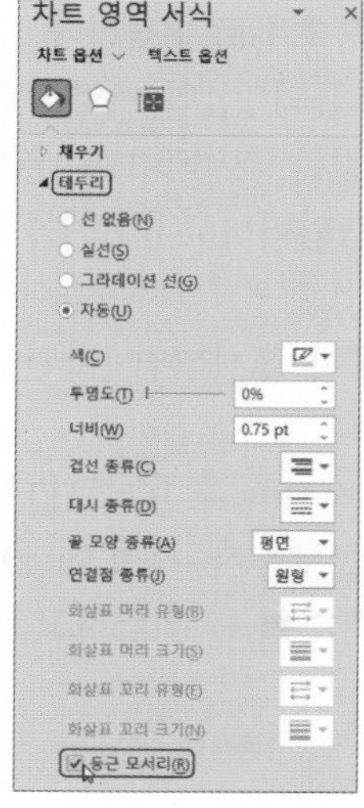

### 02 매크로('기타작업-2' 시트)

① [개발 도구]-[컨트롤] 그룹의 [삽입]-[(단추)양식 컨트롤)](▭)를 클릭한다.

② 마우스 포인트가 '+'로 바뀌면 [Alt]를 누른 상태에서 [F2:G3] 영역에 드래그한 후 **동호수**를 입력하고 [기록]을 클릭한다.

③ [매크로 기록]에 '동호수'가 표시되면 [확인]을 클릭한다.

④ [B3:B15] 영역을 범위 지정한 후 [Ctrl]+[1]을 눌러 [표시 형식] 탭의 '사용자 지정'에 * **##"동 "###"호"**를 입력하고 [확인]을 클릭한다.

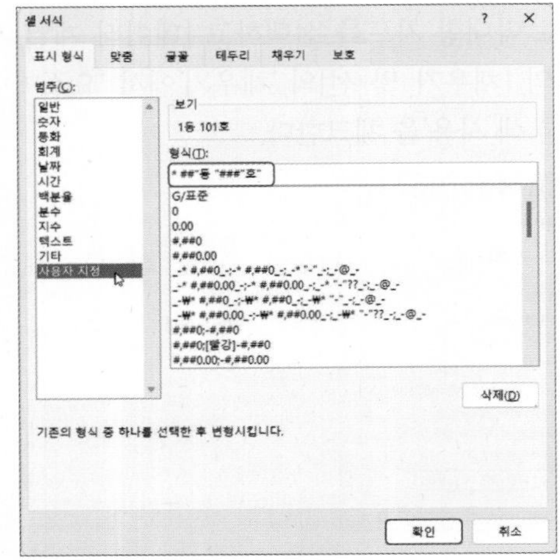


⑤ 임의의 셀을 클릭한 후 [개발 도구]-[코드] 그룹의 [기록 중지](□)를 클릭한다.

⑥ '단추'(▭)에서 마우스 오른쪽 버튼을 눌러 [텍스트 편집]을 클릭한 후 **동호수**로 수정한다.

⑦ [개발 도구]-[컨트롤] 그룹의 [삽입]-[양식 컨트롤]의 '단추'(▭)를 클릭한 후 [F5:G6] 영역에 드래그한 후 **사용량**을 입력하고 [기록]을 클릭한다.

⑧ [매크로 기록]에 '사용량'이 표시되면 [확인]을 클릭한다.

⑨ [C3:C15] 영역을 범위 지정한 후 [Ctrl]+[1]을 눌러 [표시 형식] 탭의 '사용자 지정'에 **[>=100]"※" 0"$m^3$";[>0]0"$m^3$";;"■"**를 입력하고 [확인]을 클릭한다.

**기적의 TIP**

$m^3$은 한글 자음 'ㄹ'을 입력하고 [한자]를 눌러 입력합니다.

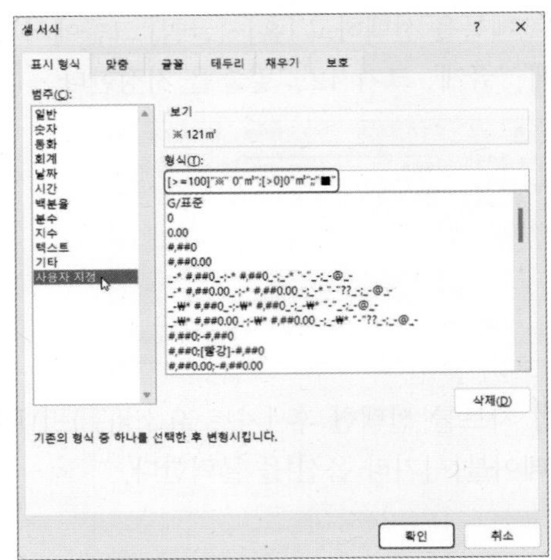


⑩ [개발 도구]-[코드] 그룹의 [기록 중지](□)를 클릭한다.

⑪ '단추'(▭)에서 마우스 오른쪽 버튼을 눌러 [텍스트 편집]을 클릭한 후 **사용량**으로 수정한다.

## 03 VBA프로그래밍('기타작업-3' 시트)

### ① 폼 초기화(콤보 상자)

① [프로젝트-VBAProject] 탐색기에서 '폼'을 더블클릭하고 〈도서구입〉을 선택한다.

② [프로젝트-VBAProject] 탐색기의 [코드 보기](▤)를 클릭한다.

③ '개체 목록'은 'UserForm', '프로시저 목록'은 'Initialize'를 선택한다.

④ 코드 창에 다음과 같이 입력한다.

```
Private Sub UserForm_Initialize()
    Cmb분류.RowSource = "G3:G6"
    Cmb주문처.AddItem "A서점"
    Cmb주문처.AddItem "B서점"
    Cmb주문처.SetFocus
End Sub
```

### ② 입력 프로시저

① '개체 목록'에서 'Cmd입력', '프로시저 목록'은 'Click'을 선택한 후 다음 내용을 입력한다.

```
Private Sub Cmd입력_Click()
    i = Range("A3").CurrentRegion.Rows.Count + 1
    Cells(i, 1) = Cmb주문처
    If Opt전산개론 = True Then
        Cells(i, 2) = "전산개론"
        도서선택 = 20000
    ElseIf Opt논리회로 = True Then
        Cells(i, 2) = "논리회로"
        도서선택 = 25000
    Else
        Cells(i, 2) = "알고리즘"
        도서선택 = 30000
    End If
    If Chk기출문제 = True Then
        기출문제 = 2000
    Else
        기출문제 = 0
    End If
    If Chk모의고사 = True Then
        모의고사 = 1500
    Else
        모의고사 = 0
    End If
    Cells(i, 3) = 도서선택 + 기출문제 + 모의고사
    Cells(i, 4) = Cmb분류
End Sub
```

**코드 설명**

① i = Range("A3").CurrentRegion.Rows.Count + 1
→ i는 [A3] 셀과 연결된 범위에 있는 행의 수를 구하여 [A3] 셀 위에 비어 있는 행과 새롭게 입력할 '1행'을 더해서 행의 위치를 구함
→ +1
: [A3] 셀의 위쪽 [A2] 셀에 '[표1]', [A1] 셀에 '도서구입'이 입력되어 있기 때문에 연결된 행의 수로 인식함. 따라서, [A3] 셀 위로 연결되지 않은 0행과 새롭게 입력할 1행을 더해서 +1이 됨

② If Opt전산개론 = True Then
    Cells(i, 2) = "전산개론"
    도서선택 = 20000
  ElseIf Opt논리회로 = True Then
    Cells(i, 2) = "논리회로"
    도서선택 = 25000
  Else
    Cells(i, 2) = "알고리즘"
    도서선택 = 30000
  End If
→ Opt전산개론이 선택되면 마지막 행의 B열에(Cells(i,2)) '전산개론'이라고 입력하고, '도서선택'에 20,000원을 기억시킴. 만약, Opt논리회로가 선택되면 '논리회로'라고 입력하고, '도서선택'에 25,000원, 그 외는 '알고리즘'라고 입력하고, '도서선택'에 30,000원으로 기억시킴

③ If Chk기출문제 = True Then
    기출문제 = 2000
  Else
    기출문제 = 0
  End If
→ Chk기출문제가 체크되면 '기출문제'에 2,000원을 기억시키고, 체크되지 않으면 '기출문제'에 0원을 기억시킴

④ Cells(i, 3) = 도서선택 + 기출문제 + 모의고사
→ 마지막 행의 C열에(Cells(i,3)) '도서선택+기출문제+모의고사' 값을 입력

### ③ 종료 프로시저

① '개체 목록'에서 'Cmd종료', '프로시저 목록'은 'Click'을 선택한 후 다음 내용을 입력한다.

```
Private Sub Cmd종료_Click()
    Unload Me
    [D2] = Date
    [D2].Font.Italic = True
End Sub
```

# 기출 유형 문제 10회

| 시험 시간 | 풀이 시간 | 합격 점수 | 내 점수 |
|---|---|---|---|
| 45분 | 분 | 70점 | 점 |

합격 강의

작업파일 [2025컴활1급₩1권_스프레드시트₩기출유형문제] 폴더의 '기출유형문제10회' 파일을 열어서 작업하시오.

## 문제 ❶ 기본작업 | 주어진 시트에서 다음 과정을 수행하고 저장하시오. 15점

**01 '기본작업-1' 시트에서 다음과 같이 고급 필터를 수행하시오. (5점)**

▶ 기간이 30 이하이면서 대출일의 연도가 2023 이거나 2025인 데이터의 '대출번호', '성명', '주민등록번호', '대출종류', '대출금액', '기간' 필드만 순서대로 표시하시오.

▶ 조건은 [A21:A22] 영역 내에 알맞게 입력하시오. (AND, OR, YEAR 함수 사용)

▶ 결과는 [A26] 셀부터 표시하시오.

**02 '기본작업-1' 시트에서 다음과 같이 조건부 서식을 설정하시오. (5점)**

▶ [A2:I19] 영역에 대해서 '주소'가 부산시로 시작하거나, '대출일'의 월이 5인 행 전체에 대해서 채우기 색을 '표준 색 – 노랑'으로 적용하는 조건부 서식을 작성하시오.

▶ 단, 규칙 유형은 '수식을 사용하여 서식을 지정할 셀 결정'을 이용하시오. (OR, LEFT, MONTH 함수 이용)

**03 '기본작업-2' 시트에서 다음과 같이 페이지 레이아웃을 설정하시오. (5점)**

▶ 인쇄될 내용이 페이지의 정 가운데에 인쇄되도록 페이지 가운데 맞춤을 설정하시오.

▶ 매 페이지 하단의 오른쪽 구역에는 출력 일이 [표시 예]와 같이 표시되도록 바닥글을 설정하시오.
[표시 예 : 인쇄 날짜가 2025–10–20 이면 → 출력일 : 2025–10–20]

▶ [A1:I19] 영역을 인쇄 영역으로 설정하고, 용지 방향을 '가로'로 설정하고, 1행이 매 페이지마다 반복하여 인쇄되도록 인쇄 제목을 설정하시오.

## 문제 ❷ 계산작업 | 주어진 시트에서 다음 과정을 수행하고 저장하시오. 30점

**01 [표5]의 대출번호와 고객등급을 이용하여 대출율을 [표1]의 [C4:F6] 영역에 표시하시오. (6점)**

- ▶ 지역은 대출번호[B18:B44]의 첫 문자가 'C'이면 '충청', 'K'이면 경기, 'P'이면 부산, 'S'이면 서울로 계산
- ▶ 대출율은 고객등급별 지역별 대출건수를 전체 대출건수로 나눠서 구함 [표시 예 : 0.037 → 3.7%]
- ▶ TEXT, COUNT, IF, COUNTA, LEFT 함수와 배열 수식 이용

**02 [표5]를 이용해서 대출년도별 지역별 대출액의 최대값을 [표3]의 [C11:F13] 영역에 계산하여 표시하시오. (6점)**

- ▶ 지역은 대출번호[B18:B44]의 첫 문자가 'C'이면 충청, 'K'이면 경기, 'P'이면 부산, 'S'이면 서울로 계산
- ▶ 대출년도는 대출일[D18:D44]로 계산
- ▶ MAX, LEFT, YEAR 함수와 & 연산자를 사용한 배열 수식

**03 [표5]의 [B17:I44] 영역을 이용하여 조건에 만족한 대출액의 평균을 [표4]의 [J10] 셀에 계산하여 표시하시오. (6점)**

- ▶ 조건은 고객등급이 '최우수'이면서 대출액이 최빈수 이하이거나 고객등급이 '우수'이면서 대출액이 최빈수 이하(조건식에 MODE.SNGL 함수를 이용)
- ▶ 조건은 [표4]의 [H9:I11] 영역에 작성
- ▶ TEXT, DAVERAGE 함수 사용
- ▶ 단, 서식은 "#,##0만원"으로 표시하시오.

**04 [표5]에서 지급수수료를 계산하여 [H18:H44] 영역에 표시하시오. (6점)**

- ▶ 고객등급별 수수료는 [표2]를 참조
- ▶ 지급수수료는 일반적으로 수수료와 같으나 기간이 30 이상일 때만 수수료에 50을 더해서 계산
- ▶ IF, XLOOKUP 함수 사용

**05 연이자를 계산하는 사용자 정의 함수 'fn연이자'를 작성하여 계산을 수행하시오. (6점)**

- ▶ 'fn연이자'는 대출액과 기간을 인수로 받아 연이자를 계산하여 되돌려 줌
- ▶ 연이자는 기간이 20 이상이면 대출액의 6%, 그 이외의 경우에는 대출액의 7%로 계산
- ▶ 'fn연이자' 함수를 이용하여 [I18:I44] 영역에 연이자를 표시하시오.

```
Public Function fn연이자(대출액, 기간)
End Function
```

**문제 ❸ 분석작업** | 주어진 시트에서 다음 작업을 수행하고 저장하시오. **20점**

**01 '분석작업-1' 시트에서 다음의 지시사항에 따라 피벗 테이블 보고서를 작성하시오. (10점)**

▶ 외부 데이터 원본으로 〈판매.csv〉의 데이터를 사용하시오.

– 원본 데이터는 구분 기호 쉼표(,)로 분리되어 있으며, 내 데이터에 머리글을 표시하시오.

– '제품코드', '지점', '제품명', '생산원가', '판매금액', '이익금' 열만 가져와 데이터 모델에 이 데이터를 추가하시오.

▶ 피벗 테이블 보고서의 레이아웃과 위치는 〈그림〉을 참조하여 설정하고, 보고서 레이아웃을 테이블 형식으로 표시하시오.

▶ 생산원가, 판매금액, 이익금의 함수는 평균으로 표시하고, '생산원가', '판매금액', '이익금' 필드의 표시 형식은 값 필드 설정의 셀 서식에서 '숫자' 범주를 이용하여 지정하시오.

▶ '지점'에서 '서울'을 위쪽으로 두 번째로 위치를 이동시키시오.

▶ 빈 셀은 '*'로 표시하고, 레이블이 있는 셀은 병합하고 가운데 맞춤되도록 설정하고 행과 열의 총합계는 나타나지 않도록 피벗 테이블을 작성하시오.

| | A | B | C | D | E | F |
|---|---|---|---|---|---|---|
| 1 | | | | | | |
| 2 | 제품코드 | All | | | | |
| 3 | | | | | | |
| 4 | | | 제품명 | | | |
| 5 | 지점 | 값 | TV | 김치냉장고 | 디지털카메라 | |
| 6 | 광주 | 평균: 생산원가 | 1,890,000 | 650,000 | * | |
| 7 | | 평균: 판매금액 | 2,300,000 | 850,000 | * | |
| 8 | | 평균: 이익금 | 410,000 | 200,000 | * | |
| 9 | 서울 | 평균: 생산원가 | * | 1,570,000 | 255,000 | |
| 10 | | 평균: 판매금액 | * | 1,840,000 | 350,000 | |
| 11 | | 평균: 이익금 | * | 270,000 | 95,000 | |
| 12 | 대전 | 평균: 생산원가 | 1,250,000 | * | 489,000 | |
| 13 | | 평균: 판매금액 | 1,550,000 | * | 650,000 | |
| 14 | | 평균: 이익금 | 300,000 | * | 161,000 | |
| 15 | 부산 | 평균: 생산원가 | * | 780,000 | 88,400 | |
| 16 | | 평균: 판매금액 | * | 820,000 | 120,000 | |
| 17 | | 평균: 이익금 | * | 40,000 | 31,600 | |
| 18 | 인천 | 평균: 생산원가 | 567,700 | * | 90,000 | |
| 19 | | 평균: 판매금액 | 730,000 | * | 110,000 | |
| 20 | | 평균: 이익금 | 162,300 | * | 20,000 | |
| 21 | | | | | | |

※ 작업 완성된 그림이며 부분점수 없음

**02 '분석작업-2' 시트에 대하여 다음의 지시사항을 처리하시오. (10점)**

▶ [표1] 자료에 대해서 4행을 기준으로 '국제인증-전공인증-정보인증' 순으로 정렬하시오.

▶ [표1]과 [표2]의 학과 자료를 이용하여 [표3]에 '컴퓨터'로 시작하거나 '교육과'로 끝나는 학과에 대하여 통합을 이용하여 평균을 계산하시오.

## 문제 ❹ 기타작업 | 주어진 시트에서 다음 작업을 수행하고 저장하시오. 35점

### 01 '기타작업-1' 시트에서 다음의 지시사항에 따라 차트를 수정하시오. (각 2점)

※ 차트는 반드시 문제에서 제공한 차트를 사용하여야 하며, 신규로 차트 작성시 0점 처리됨

① X축 항목을 45도 회전되도록 설정하시오.

② 그림과 같이 축을 값의 거꾸로 표시되도록 설정하고 세로(값) 축 주 눈금을 '교차'로 설정하시오.

③ '2026년', '2024년'의 '주택자금대출' 요소에만 데이터 설명선 레이블을 추가하고, 레이블 내용과 위치는 그림과 같이 설정하시오.

④ 차트 제목을 '대출종류별 실적'으로 설정하고, 범례는 아래쪽에 표시하시오.

⑤ 차트의 효과는 '네온: 5pt, 파랑, 강조색1'로 설정하시오.

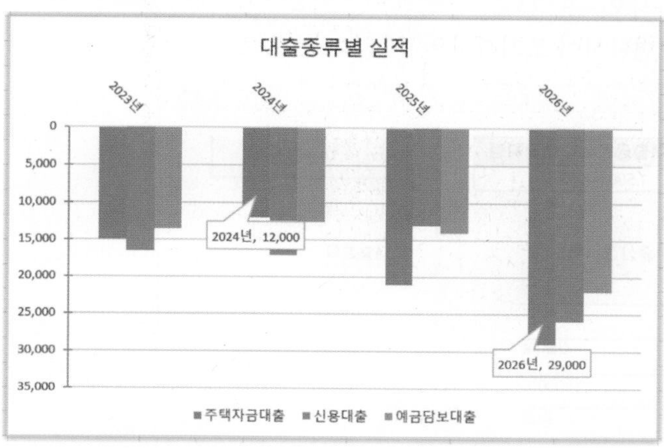


### 02 '기타작업-2' 시트에서 다음과 같은 기능을 수행하는 매크로를 현재 통합문서에 작성하시오. (각 5점)

① [부분합] 기능을 이용하여 대출종류별로 '대출금액', '기간'의 평균을 계산한 후, '성명'의 개수를 구하는 '부분합' 매크로를 생성하시오.

▶ 정렬은 '대출종류'를 기준으로 오름차순으로 처리하시오.

▶ [개발 도구]-[삽입]-[양식 컨트롤]의 '단추(▭)'를 동일 시트의 [B2:C3] 영역에 생성한 후 텍스트를 '대출종류별 통계'로 입력하고, 단추를 클릭하면 '부분합' 매크로가 실행되도록 설정하시오.

② 부분합을 해제하는 '부분합해제' 매크로를 생성하시오.

▶ [개발 도구]-[삽입]-[양식 컨트롤]의 '단추(▭)'를 동일 시트의 [E2:F3] 영역에 생성한 후 텍스트를 '부분합해제'로 입력하고, 단추를 클릭하면 '부분합해제' 매크로가 실행되도록 설정하시오.

※ 셀 포인터의 위치에 관계없이 매크로가 실행되어야 정답으로 인정됨

**03 '기타작업-3' 시트에서 다음과 같은 작업을 수행하고 저장하시오. (각 5점)**

① '대출신청' 버튼을 클릭하면 〈대출신청관리〉 폼이 나타나도록 하며, 폼이 초기화(Initialize)되면 'txt번호' 컨트롤로 포커스가 옮겨가도록 프로시저를 작성하시오.

② '기타작업-3' 시트를 활성화(Activate)하면 해당 시트의 [G6] 셀에 '대출조회'가 입력되도록 이벤트 프로시저를 작성하시오.

③ 'txt번호' 컨트롤에서 조회할 번호를 입력한 후 〈조회(cmd조회)〉 단추를 클릭하면 대출종류(txt종류), 대출금액(txt금액), 대출지점(txt지점)에 해당하는 자료를 폼에 표시하고, 다음의 경우 메시지 상자를 표시하는 프로시저를 작성하시오.

- ▶ 해당 '대출번호'의 정보가 없는 경우에는 "조건에 일치하는 자료가 없습니다."라는 메시지 박스를 표시
- ▶ For Each~Next문을 이용하시오.
- ▶ 소문자를 입력할 때 대문자로 변환하여 조회하시오.

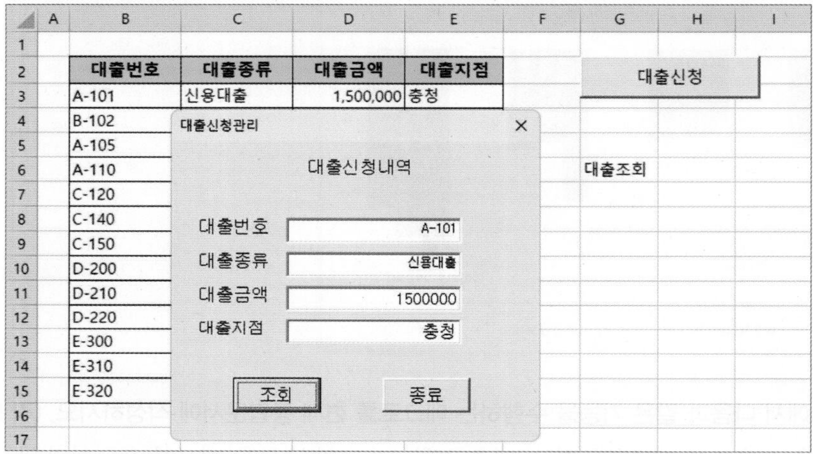

# 기출 유형 문제 10회 정답

## 문제 ❶ 기본작업

### 01 고급 필터

A22 =AND(I2<=30,OR(YEAR(F2)=2023,YEAR(F2)=2025))

| | A | B | C | D | E | F | G |
|---|---|---|---|---|---|---|---|
| 20 | | | | | | | |
| 21 | 조건 | | | | | | |
| 22 | FALSE | | | | | | |
| 23 | | | | | | | |
| 24 | | | | | | | |
| 25 | | | | | | | |
| 26 | 대출번호 | 성명 | 주민등록번호 | 대출종류 | 대출금액 | 기간 | |
| 27 | K04-35 | 박철형 | 630714-2177475 | 국민주택기금대출 | 5000000 | 24 | |
| 28 | M01-23 | 구준식 | 680909-1833529 | 무보증신용대출 | 5000000 | 30 | |
| 29 | K01-02 | 오태열 | 531227-1344216 | 국민주택기금대출 | 7000000 | 24 | |
| 30 | Y02-26 | 이재철 | 701125-1178421 | 예부적금담보대출 | 2500000 | 12 | |
| 31 | J04-31 | 민인희 | 681205-2027817 | 주택자금대출 | 35000000 | 24 | |
| 32 | M04-08 | 김진석 | 710618-1061918 | 무보증신용대출 | 5000000 | 18 | |
| 33 | | | | | | | |

### 02 조건부 서식

| | A | B | C | D | E | F | G | H | I | J |
|---|---|---|---|---|---|---|---|---|---|---|
| 1 | 대출번호 | 성명 | 주민등록번호 | 주소 | 대출지점 | 대출일 | 대출종류 | 대출금액 | 기간 | |
| 2 | J04-26 | 남지철 | 581105-1067449 | 대전시 대덕구 법동 | 충청 | 2022/07/20 | 주택자금대출 | 15000000 | 60 | |
| 3 | M01-37 | 최만용 | 721105-1471885 | 서울시 중구 필동 | 서울 | 2025/05/17 | 무보증신용대출 | 5000000 | 36 | |
| 4 | M02-06 | 최철식 | 700710-1179826 | 경기도 안양시 만안구 | 경기 | 2025/08/16 | 무보증신용대출 | 2000000 | 36 | |
| 5 | Y02-67 | 형연주 | 730205-2848619 | 경기도 수원시 장안구 | 경기 | 2025/08/21 | 예부적금담보대출 | 1000000 | 48 | |
| 6 | J02-01 | 김춘복 | 711211-1038429 | 경기도 수원시 권선구 | 경기 | 2024/03/22 | 주택자금대출 | 15000000 | 60 | |
| 7 | Y04-15 | 진영태 | 700412-1877519 | 충남 천안시 불당동 | 충청 | 2024/05/18 | 예부적금담보대출 | 3000000 | 36 | |
| 8 | Y01-07 | 도희철 | 680722-1104775 | 서울시 강남구 역삼동 | 서울 | 2024/06/24 | 예부적금담보대출 | 3000000 | 36 | |
| 9 | M01-27 | 박세희 | 570519-2027689 | 서울시 서대문구 역촌동 | 서울 | 2024/08/17 | 무보증신용대출 | 8000000 | 30 | |
| 10 | K03-05 | 민승렬 | 630225-1462892 | 부산시 부산진구 동평동 | 부산 | 2024/10/09 | 국민주택기금대출 | 15000000 | 60 | |
| 11 | J03-26 | 민애라 | 700215-2245773 | 부산시 동구 범일동 | 부산 | 2024/12/18 | 주택자금대출 | 12000000 | 60 | |
| 12 | J02-38 | 이민주 | 600629-2005884 | 경기도 성남시 분당구 | 경기 | 2023/01/20 | 주택자금대출 | 27000000 | 48 | |
| 13 | K04-35 | 박철형 | 630714-2177475 | 대전시 서구 둔산동 | 충청 | 2023/05/01 | 국민주택기금대출 | 5000000 | 24 | |
| 14 | Y03-88 | 김상진 | 670214-1397503 | 부산시 남구 문현동 | 부산 | 2023/05/26 | 예부적금담보대출 | 4000000 | 48 | |
| 15 | M01-23 | 구준식 | 680909-1833529 | 서울시 종로구 팔판동 | 서울 | 2023/06/12 | 무보증신용대출 | 5000000 | 30 | |
| 16 | K01-02 | 오태열 | 531227-1344216 | 서울시 양천구 목동 | 서울 | 2023/09/02 | 국민주택기금대출 | 7000000 | 24 | |
| 17 | Y02-26 | 이재철 | 701125-1178421 | 경기도 안양시 동안구 | 경기 | 2023/10/24 | 예부적금담보대출 | 2500000 | 12 | |
| 18 | J04-31 | 민인희 | 681205-2027817 | 대전시 동구 판암동 | 충청 | 2023/12/03 | 주택자금대출 | 35000000 | 24 | |
| 19 | M04-08 | 김진석 | 710618-1061918 | 대전시 유성구 온천동 | 충청 | 2023/12/15 | 무보증신용대출 | 5000000 | 18 | |
| 20 | | | | | | | | | | |

## 03 페이지 레이아웃

| 대출번호 | 성명 | 주민등록번호 | 주소 | 대출지점 | 대출일 | 대출종류 | 대출금액 | 기간 |
|---|---|---|---|---|---|---|---|---|
| J04-26 | 남지철 | 581105-1067449 | 대전시 대덕구 법동 | 충청 | 2022/07/20 | 주택자금대출 | 15000000 | 60 |
| M01-37 | 최만용 | 721105-1471885 | 서울시 중구 필동 | 서울 | 2025/05/17 | 무보증신용대출 | 5000000 | 36 |
| M02-06 | 최철식 | 700710-1179826 | 경기도 안양시 만안구 | 경기 | 2025/08/16 | 무보증신용대출 | 2000000 | 36 |
| Y02-67 | 형연주 | 730205-2848619 | 경기도 수원시 장안구 | 경기 | 2025/08/21 | 예부적금담보대출 | 1000000 | 48 |
| J02-01 | 김준복 | 711211-1038429 | 경기도 수원시 권선구 | 경기 | 2024/03/22 | 주택자금대출 | 15000000 | 60 |
| Y04-15 | 진영태 | 700412-1877519 | 충남 천안시 불당동 | 충청 | 2024/05/18 | 예부적금담보대출 | 3000000 | 36 |
| Y01-07 | 도희철 | 680722-1104775 | 서울시 강남구 역삼동 | 서울 | 2024/06/24 | 예부적금담보대출 | 3000000 | 36 |
| M01-27 | 박세희 | 570519-2027689 | 서울시 서대문구 역촌동 | 서울 | 2024/08/17 | 무보증신용대출 | 8000000 | 30 |
| K03-05 | 민승렬 | 630225-1462892 | 부산시 부산진구 동평동 | 부산 | 2024/10/09 | 국민주택기금대출 | 15000000 | 60 |
| J03-26 | 민애라 | 700215-2245773 | 부산시 동구 범일동 | 부산 | 2024/12/18 | 주택자금대출 | 12000000 | 60 |
| J02-38 | 이민주 | 600629-2005884 | 경기도 성남시 분당구 | 경기 | 2023/01/20 | 주택자금대출 | 27000000 | 48 |
| K04-35 | 박철형 | 630714-2177475 | 대전시 서구 둔산동 | 충청 | 2023/05/01 | 국민주택기금대출 | 5000000 | 24 |
| Y03-88 | 김상진 | 670214-1397503 | 부산시 남구 문현동 | 부산 | 2023/05/26 | 예부적금담보대출 | 4000000 | 48 |
| M01-23 | 구준식 | 680909-1833529 | 서울시 종로구 팔판동 | 서울 | 2023/06/12 | 무보증신용대출 | 5000000 | 30 |
| K01-02 | 오태열 | 531227-1344216 | 서울시 양천구 목동 | 서울 | 2023/09/02 | 국민주택기금대출 | 7000000 | 24 |
| Y02-26 | 이재철 | 701125-1178421 | 경기도 안양시 동안구 | 경기 | 2023/10/24 | 예부적금담보대출 | 2500000 | 12 |
| J04-31 | 민인희 | 681205-2027817 | 대전시 동구 판암동 | 충청 | 2023/12/03 | 주택자금대출 | 35000000 | 24 |
| M04-08 | 김진석 | 710618-1061918 | 대전시 유성구 온천동 | 충청 | 2023/12/15 | 무보증신용대출 | 5000000 | 18 |

출력일 : 2024-05-30

## 문제 ❷ 계산작업

### 01 대출현황, 최대값, 평균

| | A | B | C | D | E | F | G | H | I | J | K | L |
|---|---|---|---|---|---|---|---|---|---|---|---|---|
| 1 | | [표1] | 고객등급별 지역별 대출현황 | | | | | [표2] 고객등급별 수수료 | | | | |
| 2 | | 지역 | C | K | P | S | | 고객등급 | 일반 | 우수 | 최우수 | |
| 3 | | 고객등급 | 충청 | 경기 | 부산 | 서울 | | 수수료 | 500 | 300 | 200 | |
| 4 | | 최우수 | 3.7% | 3.7% | 0.0% | 7.4% | | | | | | |
| 5 | | 우수 | 11.1% | 3.7% | 0.0% | 3.7% | | | | | | |
| 6 | | 일반 | 11.1% | 18.5% | 18.5% | 18.5% | | | | | | |
| 7 | | | | | | | | | | | | |
| 8 | | [표3] 대출년도별 지역별 대출액의 최대값 | | | | | | [표4] 최우수 또는 우수 고객 대출액의 평균 | | | | |
| 9 | | 지역 | C지역 | K지역 | P지역 | S지역 | | 고객등급 | 조건 | 대출액평균 | | |
| 10 | | 대출년도 | 충청 | 경기 | 부산 | 서울 | | 최우수 | TRUE | 7,857만원 | | |
| 11 | | 2023 | 15,000 | 2,000 | 12,000 | 5,000 | | 우수 | TRUE | | | |
| 12 | | 2024 | 3,000 | 15,000 | 15,000 | 15,000 | | | | | | |
| 13 | | 2025 | 35,000 | 27,000 | 10,000 | 7,000 | | | | | | |
| 14 | | | | | | | | | | | | |

1. [C4] 셀에 「=TEXT(COUNT(IF(($C$18:$C$44=$B4)*(LEFT($B$18:$B$44,1)=C$2),1))/COUNTA($C$18:$C$44), "0.0%")」를 입력한 후 Ctrl+Shift+Enter를 누른 후 [F6] 셀까지 수식 복사
2. [C11] 셀에 「=MAX((YEAR($D$18:$D$44)=$B11)*(LEFT($B$18:$B$44,1)&"지역"=C$9)*$F$18:$F$44)」를 입력한 후 Ctrl+Shift+Enter를 누른 후 [F13] 셀까지 수식 복사
3. [J10] 셀에 「=TEXT(DAVERAGE(B17:I44,F17,H9:I11),"#,##0만원")」를 입력

## ⓪② 지급수수료, 연이자

| | A | B | C | D | E | F | G | H | I | J |
|---|---|---|---|---|---|---|---|---|---|---|
| 16 | | [표5] | | | | | | | (단위 : 만원, 기간 : 월) | |
| 17 | | 대출번호 | 고객등급 | 대출일 | 대출종류 | 대출액 | 기간 | 지급수수료 | 연이자 | |
| 18 | | C04-08 | 우수 | 2025-12-15 | 무보증신용 | 15,000 | 18 | 300 | 1,050 | |
| 19 | | S01-23 | 최우수 | 2025-06-12 | 무보증신용 | 5,000 | 30 | 250 | 300 | |
| 20 | | K02-26 | 일반 | 2025-10-24 | 예부적금담보 | 2,500 | 12 | 500 | 175 | |
| 21 | | S01-27 | 일반 | 2024-08-17 | 무보증신용 | 8,000 | 30 | 550 | 480 | |
| 22 | | P03-37 | 일반 | 2025-12-09 | 무보증신용 | 10,000 | 36 | 550 | 600 | |
| 23 | | K02-59 | 최우수 | 2025-02-13 | 국민주택기금 | 7,000 | 30 | 250 | 420 | |
| 24 | | P03-08 | 일반 | 2024-06-12 | 예부적금담보 | 2,000 | 60 | 550 | 120 | |
| 25 | | S01-07 | 일반 | 2024-06-24 | 예부적금담보 | 3,000 | 36 | 550 | 180 | |
| 26 | | C04-02 | 우수 | 2025-06-07 | 국민주택기금 | 5,000 | 30 | 350 | 300 | |
| 27 | | P03-26 | 일반 | 2023-12-18 | 주택자금 | 12,000 | 60 | 550 | 720 | |
| 28 | | P03-05 | 일반 | 2024-10-09 | 국민주택기금 | 15,000 | 60 | 550 | 900 | |
| 29 | | S01-37 | 최우수 | 2023-05-17 | 무보증신용 | 5,000 | 36 | 250 | 300 | |
| 30 | | S01-02 | 일반 | 2025-09-02 | 국민주택기금 | 7,000 | 24 | 500 | 420 | |
| 31 | | C04-48 | 일반 | 2024-08-31 | 예부적금담보 | 3,000 | 36 | 550 | 180 | |
| 32 | | K02-67 | 일반 | 2023-08-21 | 예부적금담보 | 1,000 | 48 | 550 | 60 | |
| 33 | | K02-38 | 우수 | 2025-01-20 | 주택자금 | 27,000 | 48 | 350 | 1,620 | |
| 34 | | S01-38 | 일반 | 2025-05-14 | 국민주택기금 | 5,000 | 18 | 500 | 350 | |
| 35 | | K02-01 | 일반 | 2024-03-22 | 주택자금 | 15,000 | 60 | 550 | 900 | |
| 36 | | S01-64 | 일반 | 2025-09-12 | 무보증신용 | 3,000 | 24 | 500 | 180 | |
| 37 | | C04-15 | 최우수 | 2024-05-18 | 예부적금담보 | 3,000 | 36 | 250 | 180 | |
| 38 | | K02-28 | 일반 | 2025-06-24 | 국민주택기금 | 10,000 | 30 | 550 | 600 | |
| 39 | | C04-26 | 일반 | 2023-07-20 | 주택자금 | 15,000 | 60 | 550 | 900 | |
| 40 | | P03-52 | 일반 | 2024-08-03 | 국민주택기금 | 6,000 | 24 | 500 | 360 | |
| 41 | | C04-31 | 우수 | 2025-12-03 | 주택자금 | 35,000 | 24 | 300 | 2,100 | |
| 42 | | K02-06 | 일반 | 2023-08-16 | 무보증신용 | 2,000 | 36 | 550 | 120 | |
| 43 | | C04-35 | 일반 | 2025-05-01 | 국민주택기금 | 24,000 | 24 | 500 | 1,440 | |
| 44 | | S01-42 | 우수 | 2024-12-09 | 주택자금 | 15,000 | 30 | 350 | 900 | |
| 45 | | | | | | | | | | |

4. [H18] 셀에 「=XLOOKUP(C18,$I$2:$K$2,$I$3:$K$3)+IF(G18>=30,50)」를 입력하고 [H44] 셀까지 수식 복사
5. [I18] 셀에 「= fn연이자(F18,G18)」를 입력하고 [I44] 셀까지 수식 복사

```
Public Function fn연이자(대출액, 기간)
    If 기간 >= 20 Then
        fn연이자 = 대출액 * 0.06
    Else
        fn연이자 = 대출액 * 0.07
    End If
End Function
```

## 문제 ❸ 분석작업

### 01 피벗 테이블

| | A | B | C | D | E | F |
|---|---|---|---|---|---|---|
| 1 | | | | | | |
| 2 | 제품코드 | All | | | | |
| 3 | | | | | | |
| 4 | | | 제품명 | | | |
| 5 | 지점 | 값 | TV | 김치냉장고 | 디지털카메라 | |
| 6 | 광주 | 평균: 생산원가 | 1,890,000 | 650,000 | * | |
| 7 | | 평균: 판매금액 | 2,300,000 | 850,000 | * | |
| 8 | | 평균: 이익금 | 410,000 | 200,000 | * | |
| 9 | 서울 | 평균: 생산원가 | * | 1,570,000 | 255,000 | |
| 10 | | 평균: 판매금액 | * | 1,840,000 | 350,000 | |
| 11 | | 평균: 이익금 | * | 270,000 | 95,000 | |
| 12 | 대전 | 평균: 생산원가 | 1,250,000 | * | 489,000 | |
| 13 | | 평균: 판매금액 | 1,550,000 | * | 650,000 | |
| 14 | | 평균: 이익금 | 300,000 | * | 161,000 | |
| 15 | 부산 | 평균: 생산원가 | * | 780,000 | 88,400 | |
| 16 | | 평균: 판매금액 | * | 820,000 | 120,000 | |
| 17 | | 평균: 이익금 | * | 40,000 | 31,600 | |
| 18 | 인천 | 평균: 생산원가 | 567,700 | * | 90,000 | |
| 19 | | 평균: 판매금액 | 730,000 | * | 110,000 | |
| 20 | | 평균: 이익금 | 162,300 | * | 20,000 | |
| 21 | | | | | | |

### 02 데이터 도구

| | J | K | L | M | N | O |
|---|---|---|---|---|---|---|
| 1 | | | | | | |
| 2 | | | | | | |
| 3 | | [표3] 평균 | | | | |
| 4 | | 학과 | 국제인증 | 전공인증 | 정보인증 | |
| 5 | | 컴퓨터* | 9,475 | 11,945 | 10,195 | |
| 6 | | *교육과 | 7,475 | 9,615 | 5,170 | |
| 7 | | | | | | |

## 문제 ④ 기타작업

### 01 차트

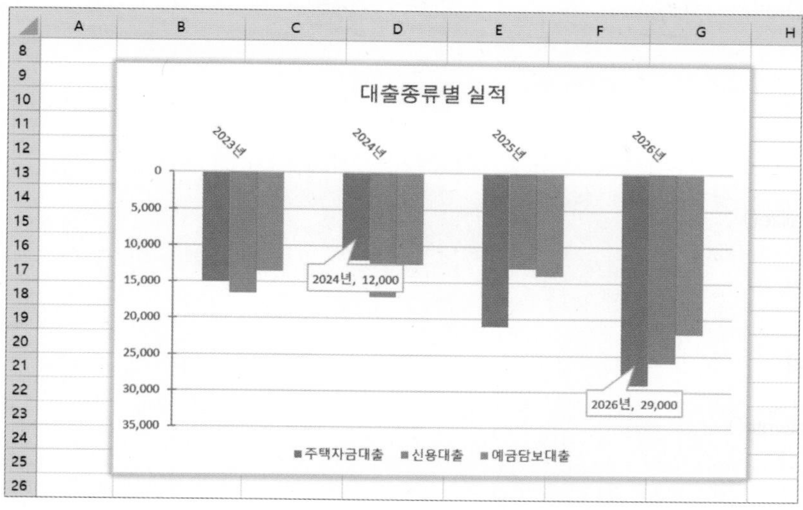


### 02 매크로

대출종류별 통계

부분합해제

| | A | B | C | D | E | F |
|---|---|---|---|---|---|---|
| 5 | 대출종류 | 대출번호 | 성명 | 대출일 | 대출금액 | 기간 |
| 6 | 국민주택기금대출 | K03-52 | 구선재 | 2022-08-03 | 6,000,000 | 24 |
| 7 | 국민주택기금대출 | K04-35 | 박철형 | 2023-05-01 | 5,000,000 | 24 |
| 8 | 국민주택기금대출 | K02-28 | 임현석 | 2023-06-24 | 10,000,000 | 30 |
| 9 | 국민주택기금대출 | K01-38 | 정대식 | 2023-05-14 | 5,000,000 | 18 |
| 10 | **국민주택기금대출 개수** | | 4 | | | |
| 11 | **국민주택기금대출 평균** | | | | 6,500,000 | 24 |
| 12 | 무보증신용대출 | M01-23 | 구준식 | 2023-06-12 | 5,000,000 | 30 |
| 13 | 무보증신용대출 | M04-08 | 김진석 | 2023-12-15 | 5,000,000 | 18 |
| 14 | 무보증신용대출 | M01-27 | 박세희 | 2022-08-17 | 8,000,000 | 30 |
| 15 | 무보증신용대출 | M01-64 | 이영진 | 2023-09-12 | 3,000,000 | 24 |
| 16 | 무보증신용대출 | M02-12 | 이진태 | 2023-11-27 | 3,000,000 | 24 |
| 17 | 무보증신용대출 | M02-06 | 최철식 | 2021-08-16 | 2,000,000 | 36 |
| 18 | **무보증신용대출 개수** | | 6 | | | |
| 19 | **무보증신용대출 평균** | | | | 4,333,333 | 27 |
| 20 | 예부적금담보대출 | Y03-88 | 김상진 | 2023-05-26 | 4,000,000 | 48 |
| 21 | 예부적금담보대출 | Y02-26 | 이재철 | 2023-10-24 | 2,500,000 | 12 |
| 22 | 예부적금담보대출 | Y04-15 | 진영태 | 2022-05-18 | 3,000,000 | 36 |
| 23 | **예부적금담보대출 개수** | | 3 | | | |
| 24 | **예부적금담보대출 평균** | | | | 3,166,667 | 32 |
| 25 | 주택자금대출 | J02-01 | 김춘복 | 2022-03-22 | 15,000,000 | 60 |
| 26 | 주택자금대출 | J04-26 | 남지철 | 2020-07-20 | 15,000,000 | 60 |
| 27 | 주택자금대출 | J04-31 | 민인희 | 2023-12-03 | 35,000,000 | 24 |
| 28 | 주택자금대출 | J01-42 | 성철수 | 2022-12-09 | 15,000,000 | 30 |
| 29 | 주택자금대출 | J02-38 | 이민주 | 2023-01-20 | 27,000,000 | 48 |
| 30 | **주택자금대출 개수** | | 5 | | | |
| 31 | **주택자금대출 평균** | | | | 21,400,000 | 44.4 |
| 32 | **전체 개수** | | 18 | | | |
| 33 | **전체 평균** | | | | 9,361,111 | 32 |

## 03 VBA 프로그래밍

• 폼 보이기 프로시저

```
Private Sub 대출신청_Click()
    대출신청관리.Show
End Sub
```

• 폼 초기화 프로시저

```
Private Sub UserForm_Initialize()
    txt번호.SetFocus
End Sub
```

• Activate 이벤트 프로시저

```
Private Sub Worksheet_Activate()
    [G6] = "대출조회"
End Sub
```

• 조회 프로시저

```
Private Sub cmd조회_Click()
Isdata = 0
iRow = 2
For Each a In Range("b3:b15")
    iRow = iRow + 1
    If a.Value = UCase(txt번호) Then
        txt종류 = Cells(iRow, 3)
        txt금액 = Cells(iRow, 4)
        txt지점 = Cells(iRow, 5)
        Isdata = 1
        Exit For
    End If
Next
If Isdata = 0 Then
    MsgBox "조건에 일치하는 자료가 없습니다."
    End If
End Sub
```

# 기출 유형 문제 10회 해설

## 문제 ❶ 기본작업

### 01 고급 필터('기본작업-1' 시트)

① [A21:A22] 영역에 조건을 입력한다.

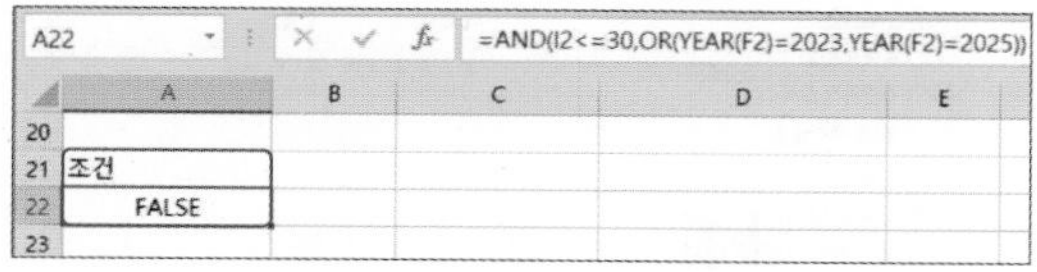

[A22] : =AND(I2<=30,OR(YEAR(F2)=2023,YEAR(F2)=2025))

② 데이터 목록에서 '대출번호', '성명', '주민등록번호', '대출종류', '대출금액', '기간'만을 추출하므로 [A26:F26] 영역에 필드명을 입력한다.

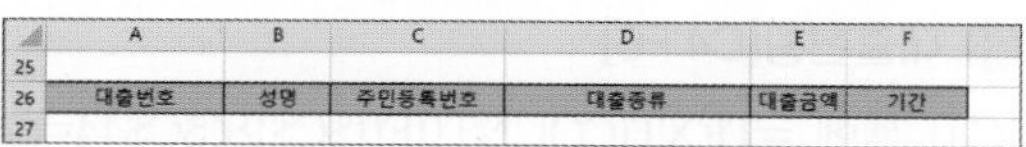

**기적의 TIP**

고급 필터에서 데이터 목록의 모든 필드를 추출하고자 하면 결과 위치를 빈 칸으로 하고, 특정 필드만 추출하고자 하면 해당 필드명을 결과 위치에 입력해야 합니다.

③ 데이터 목록 안의 아무 셀이나 선택하고 [데이터]-[정렬 및 필터] 그룹에서 [고급]( )을 클릭한다.

④ [고급 필터]에서 다음과 같이 지정한 후 [확인]을 클릭한다.

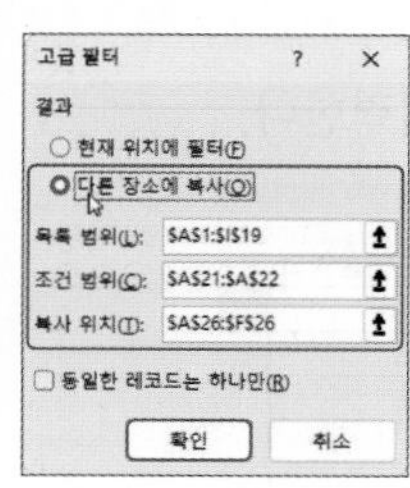

- 결과 : '다른 장소에 복사'
- 목록 범위 : [A1:I19]
- 조건 범위 : [A21:A22]
- 복사 위치 : [A26:F26]

### 02 조건부 서식('기본작업-1' 시트)

① [A2:I19] 영역을 범위 지정한 후 [홈]-[스타일] 그룹의 [조건부 서식]-[새 규칙]을 클릭한다.

② [새 서식 규칙]에서 '▶ 수식을 사용하여 서식을 지정할 셀 결정'을 선택하고, =OR(LEFT($D2,3)="부산시",MONTH($F2)=5)를 입력한 후 [서식]을 클릭한다.

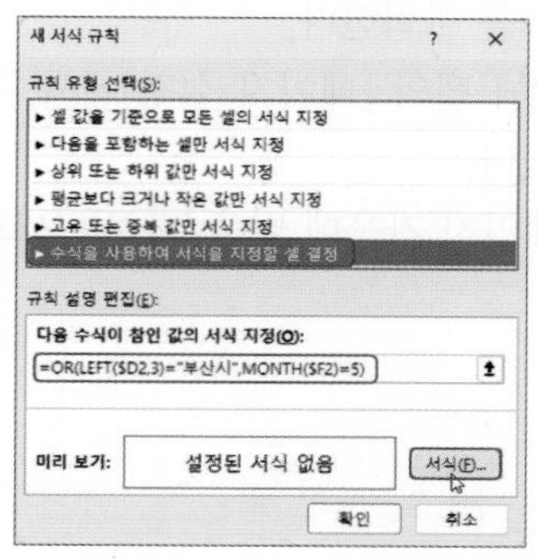

**함수 설명**

=OR(LEFT($D2,3)="부산시",MONTH($F2)=5)

① LEFT($D2,3) : 주소[D2] 값에서 왼쪽에서 3자리 문자를 가져옴
② MONTH($F2) : 대출일[F2]에서 월만 추출
③ OR(①="부산시",②=5) : ①의 값이 "부산시"이거나 ②의 값이 5인 데이터 추출

③ [채우기] 탭에서 '표준 색 – 노랑'을 선택하고 [확인]을 클릭한다.

**기적의 TIP**

색상명을 확인하는 방법은 [채우기] 탭의 '무늬 색'에서 ( )를 클릭하여 색상명을 확인한 후 배경색을 지정하면 됩니다.

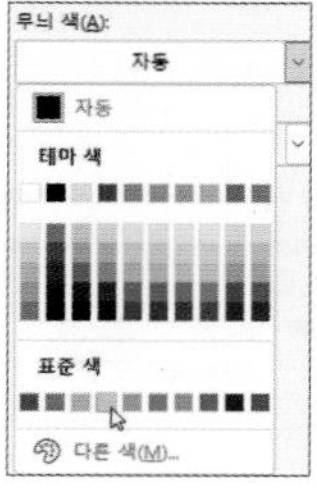

④ [새 서식 규칙]에서 '수식'과 '서식'이 맞는지 확인한 후 [확인]을 클릭한다.

### 03 페이지 레이아웃('기본작업-2' 시트)

① [A1:I19] 영역을 범위 지정한 후 [페이지 레이아웃] 탭의 [페이지 설정]-[인쇄 영역]-[인쇄 영역 설정]()을 클릭한다.

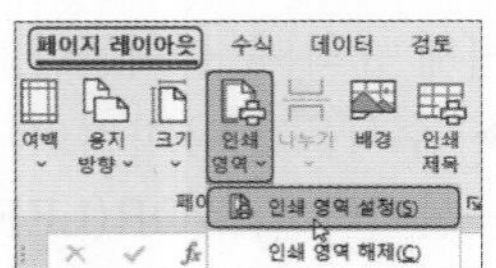


② [페이지 레이아웃] 탭의 [페이지 설정]-[용지 방향]-[가로]()를 클릭한다.

③ [페이지 레이아웃] 탭의 [페이지 설정]에서 [옵션]()을 클릭한다.

④ [여백] 탭에서 페이지 가운데 맞춤 '가로', '세로'를 체크한다.

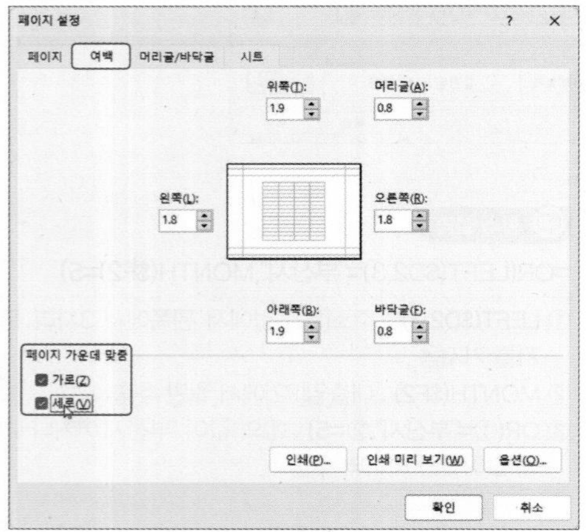


⑤ [머리글/바닥글] 탭을 클릭하여 [바닥글 편집]을 클릭한다.

⑥ 오른쪽 구역에 커서를 두고 **출력일 :** 을 입력한 후 [날짜 삽입]() 도구를 클릭하고 [확인]을 클릭한다.

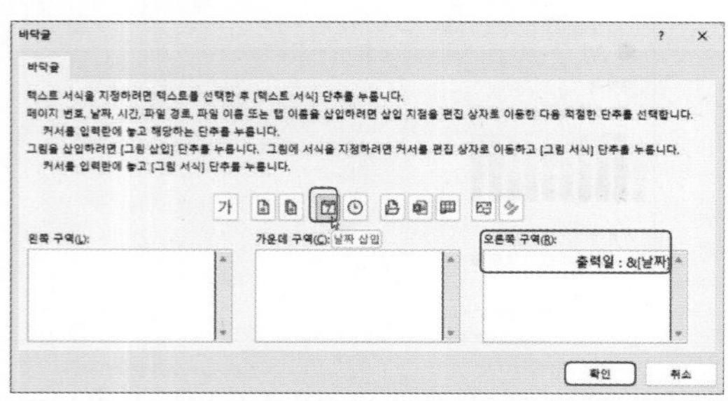


⑦ [시트] 탭에서 '반복할 행'을 선택한 후 행 머리글 1행을 클릭하고 [확인]을 클릭한다.

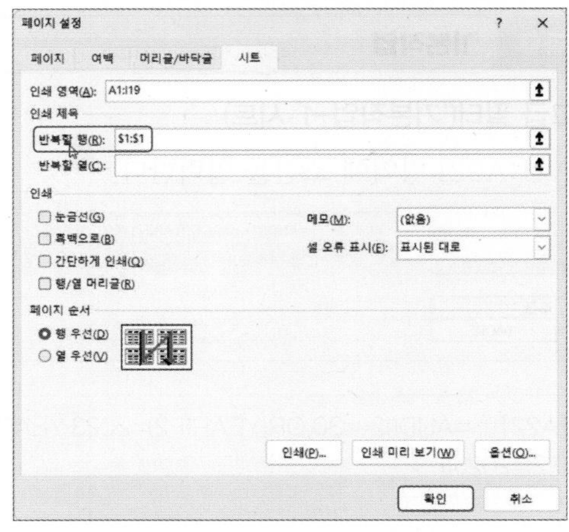


## 문제 ❷ 계산작업('계산작업' 시트)

### 01 대출현황[C4:F6]

[C4] 셀에 =TEXT(COUNT(IF(($C$18:$C$44=$B4)*(LEFT($B$18:$B$44,1)=C$2),1))/COUNTA($C$18:$C$44),"0.0%")를 입력하고 Ctrl+Shift+Enter를 누른 후 [F6] 셀까지 수식을 복사한다.

### 02 대출액의 최대값[C11:F13]

[C11] 셀에 =MAX((YEAR($D$18:$D$44)=$B11)*(LEFT($B$18:$B$44,1)&"지역"=C$9)*$F$18:$F$44)를 입력하고 Ctrl+Shift+Enter를 누른 후 [F13] 셀까지 수식을 복사한다.

### 03 대출액평균[J10]

① [H9:I11] 영역에 조건을 입력한다.

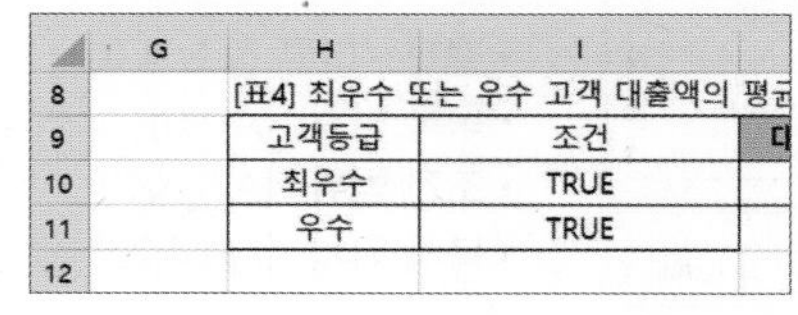

| | G | H | I |
|---|---|---|---|
| 8 | | [표4] 최우수 또는 우수 고객 대출액의 평균 | |
| 9 | | 고객등급 | 조건 |
| 10 | | 최우수 | TRUE |
| 11 | | 우수 | TRUE |
| 12 | | | |

[I10] : =F18<=MODE.SNGL($F$18:$F$44)
[I11] : =F18<=MODE.SNGL($F$18:$F$44)

② [J10] 셀에 =TEXT(DAVERAGE(B17:I44,F17,H9:I11),"#,##0만원")를 입력한다.

### 04 지급수수료[H18:H44]

[H18] 셀에 =XLOOKUP(C18,$I$2:$K$2,$I$3:$K$3)+IF(G18>=30,50)를 입력하고 [H44] 셀까지 수식을 복사한다.

### 05 fn연이자[I18:I44]

① [개발 도구]-[코드] 그룹의 [Visual Basic](아이콘)을 클릭한다.
② [삽입]-[모듈]을 클릭한다.
③ Module 창에 다음과 같이 입력한다.

```
Public Function fn연이자(대출액, 기간)
    If 기간 >= 20 Then
        fn연이자 = 대출액 * 0.06
    Else
        fn연이자 = 대출액 * 0.07
    End If
End Function
```

④ 오른쪽 상단의 [닫기]를 눌러 [Visual Basic Editor] 창을 닫는다.
⑤ '대출내역' 시트의 [I18] 셀을 선택한 후 [함수 삽입](fx)을 클릭한다.
⑥ [함수 마법사]에서 범주 선택은 '사용자 정의', 함수 선택은 'fn연이자'를 선택한 후 [확인]을 클릭한다.
⑦ [함수 인수]에서 대출액은 [F18], 기간은 [G18] 셀을 선택한 후 [확인]을 클릭한다.
⑧ [I18] 셀을 선택하고 [I44] 셀까지 수식을 복사한다.

## 문제 ❸ 분석작업

### 01 피벗 테이블('분석작업-1' 시트)

① [A4] 셀을 선택한 후 [삽입]-[표] 그룹의 [피벗 테이블](아이콘)을 클릭한다.

> **버전 TIP**
> [삽입]-[표] 그룹에서 [피벗 테이블]-[외부 데이터 원본에서]를 선택합니다.

② [피벗 테이블 만들기]에서 '데이터 모델에 이 데이터 추가'를 체크하고, '외부 데이터 원본 사용'에서 [연결 선택]을 클릭한다.
③ [기존 연결]에서 [더 찾아보기]를 클릭한 후 '2025컴활1급₩1권_스프레드시트₩기출유형문제' 폴더에서 '판매.csv'를 선택하고 [열기]를 클릭한다.
④ [1단계]에서 '내 데이터에 머리글 표시'를 체크하고, '구분 기호로 분리됨'을 선택하고 [다음]을 클릭한다.

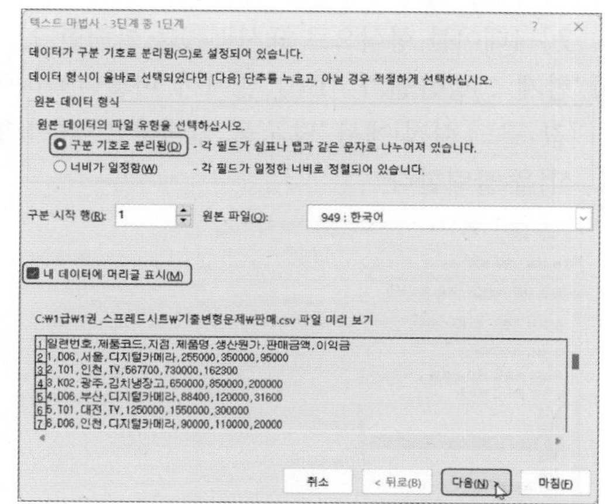


⑤ [2단계]에서 구분 기호 '쉼표'만 체크하고 [다음]을 클릭한다.
⑥ [3단계]에서 '일련번호' 필드를 클릭한 후 '열 가져오지 않음(건너뜀)'을 선택하고 [마침]을 클릭한다.

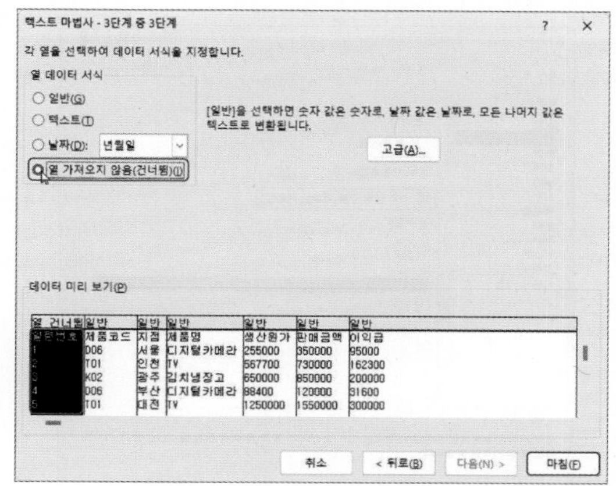


⑦ [피벗 테이블 만들기]에서 [확인]을 클릭한다.

⑧ 다음과 같이 보고서 레이아웃을 지정한다. (Σ값은 행으로 이동한다.)

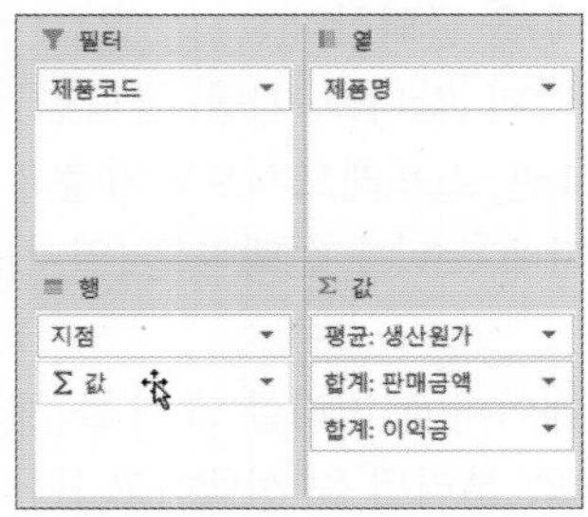

⑨ [디자인] 탭에서 [레이아웃]-[보고서 레이아웃]-[테이블 형식으로 표시]( )를 클릭한다.

⑩ '합계 : 생산원가' [B6] 셀에서 더블클릭하여 [값 필드 설정]에서 '평균'을 선택하고 [표시 형식]을 클릭한다.

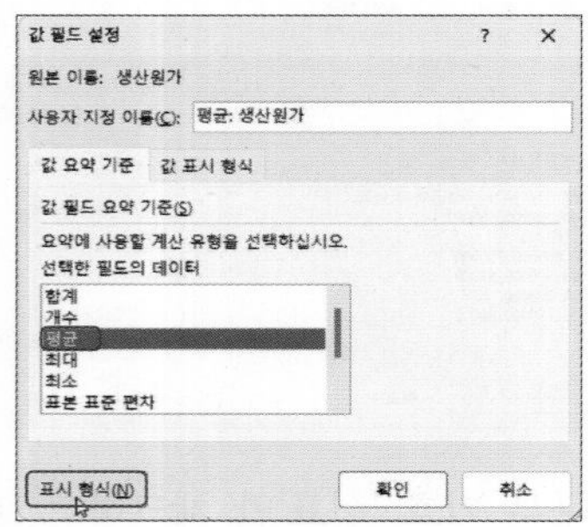

⑪ [셀 서식]의 [표시 형식] 탭에서 '숫자'를 선택한 후 '1000 단위 구분 기호(,) 사용'을 체크하고 [확인]을 클릭하고, [값 필드 설정]에서 [확인]을 클릭한다.

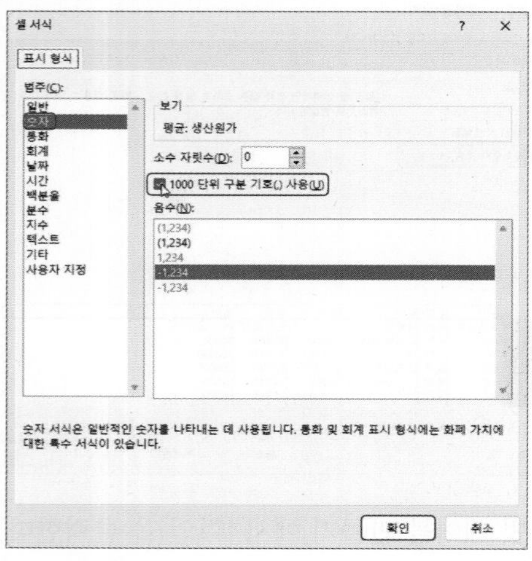

⑫ 같은 방법으로 '합계 : 판매금액'[B7], '합계 : 이익금'[B8] 셀도 함수는 '평균', 셀 서식은 '숫자', '1000 단위 구분 기호 사용'을 체크한다.

⑬ [A15] 셀에서 마우스 오른쪽 버튼을 눌러 [이동]-[위로 "서울" 이동]을 클릭한다.

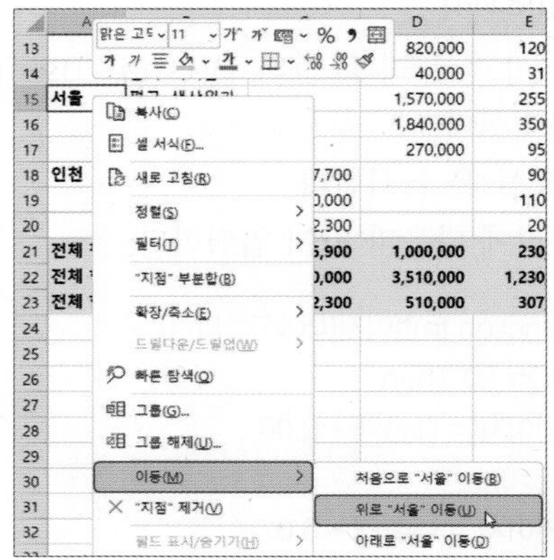

⑭ 다시 한 번 서울 [A12] 셀에서 마우스 오른쪽 버튼을 눌러 [이동]-[위로 "서울" 이동]을 클릭하여 위쪽으로부터 두 번째로 위치하도록 이동한다.

⑮ [피벗 테이블 분석]-[피벗 테이블] 그룹을 클릭하여 [옵션]( )을 클릭한다.

⑯ [레이아웃 및 서식] 탭에서 '레이블이 있는 셀 병합 및 가운데 맞춤'을 체크하고, '빈 셀 표시'에 *를 입력하고, [요약 및 필터]에서 '행 총합계 표시'와 '열 총합계 표시' 체크를 해제하고 [확인]을 클릭한다.

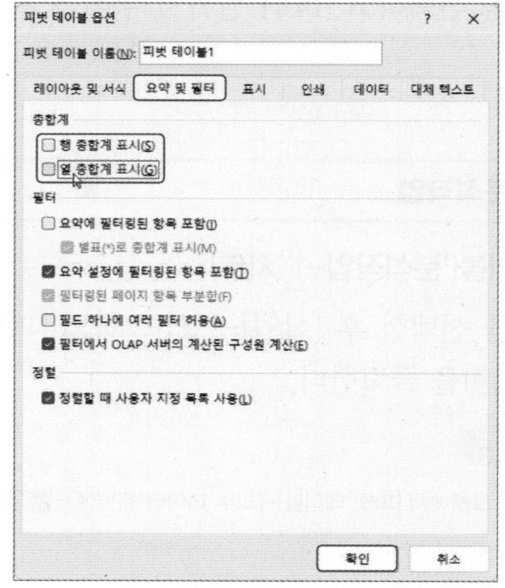

### 02 데이터 도구('분석작업-2' 시트)

① [B4:D8] 영역을 범위 지정한 후 [데이터]-[정렬 및 필터] 그룹의 [정렬]을 클릭한다.

② [옵션]을 클릭한 후 '왼쪽에서 오른쪽'을 선택하고 [확인]을 클릭한다.

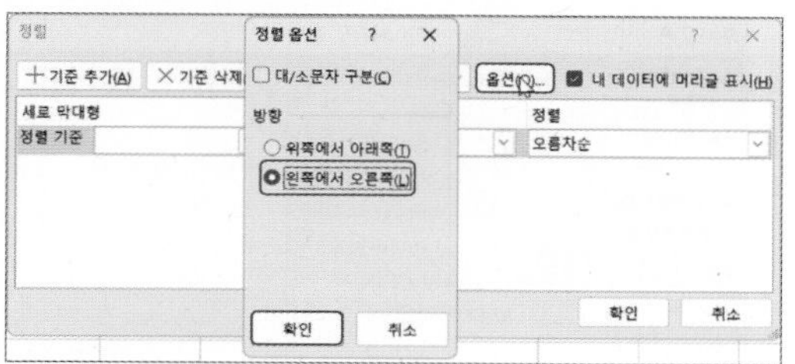


③ 정렬 기준 '행 4', '사용자 지정 목록'을 선택한 후 **국제인증, 전공인증, 정보인증**을 입력하고 [추가]를 클릭한 후 [확인]을 클릭한다.

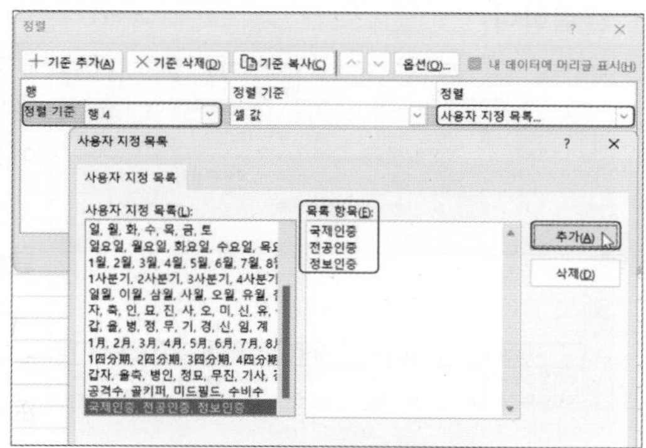


④ [K5:K6] 영역에 다음과 같이 조건을 입력한다. (컴퓨터*, *교육과)

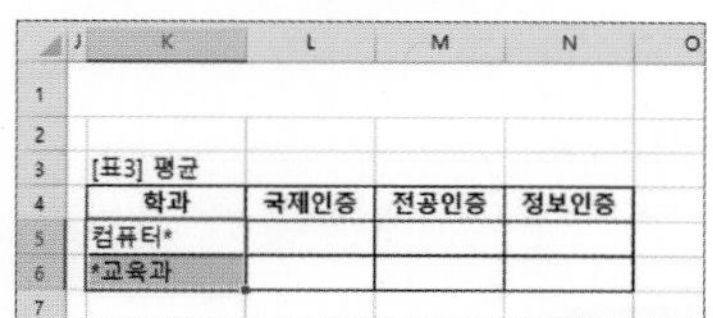

| | K | L | M | N |
|---|---|---|---|---|
| 3 | [표3] 평균 | | | |
| 4 | 학과 | 국제인증 | 전공인증 | 정보인증 |
| 5 | 컴퓨터* | | | |
| 6 | *교육과 | | | |

⑤ [K4:N6] 영역을 범위 지정한 후 [데이터]-[데이터 도구] 그룹의 [통합]을 클릭한 후 다음과 같이 지정하고 [확인]을 클릭한다.

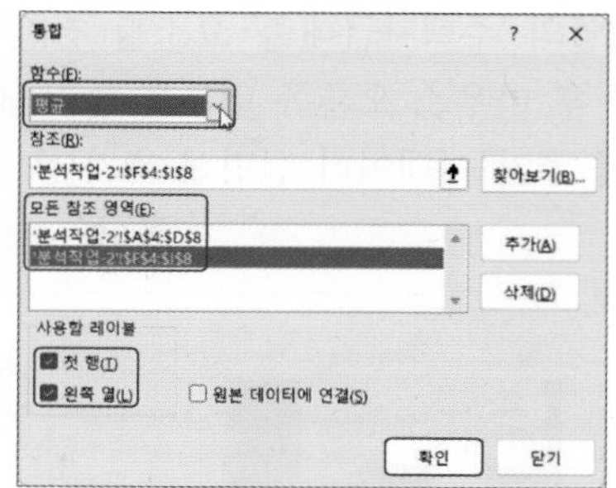


- **함수** : 평균
- **모든 참조 영역** : [A4:D8], [F4:I8]
- **사용할 레이블** : 첫 행, 왼쪽 열

## 문제 4 기타작업

### 01 차트('기타작업-1' 시트)

① 가로(항목) 축에서 마우스 오른쪽 버튼을 눌러 [축 서식]을 클릭한 후 [맞춤]에서 '사용자 지정 각'을 '45'로 지정한다.

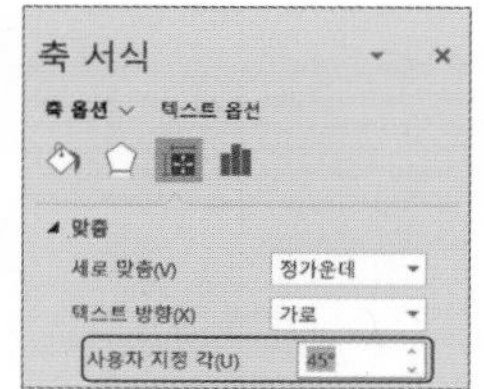


② '세로(값) 축'을 선택한 후 [축 서식]의 '축 옵션'에서 '값을 거꾸로'를 체크하고 '눈금'의 주 눈금은 '교차'를 선택한다.

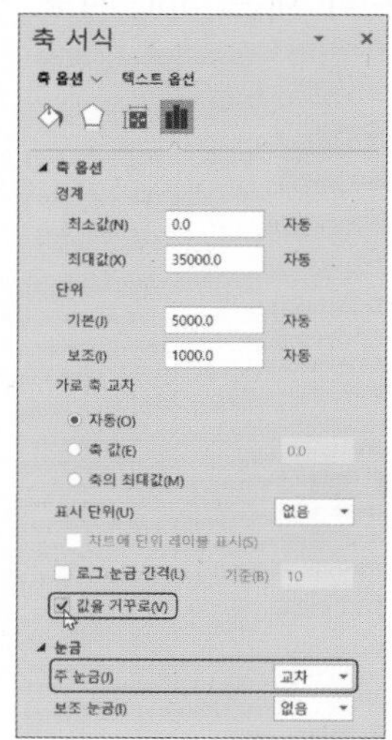

③ 2024년 계열의 '주택자금대출' 요소를 천천히 2번 클릭한 후 마우스 오른쪽 버튼을 눌러 [데이터 레이블 추가]-[데이터 설명선 추가]를 클릭한다.

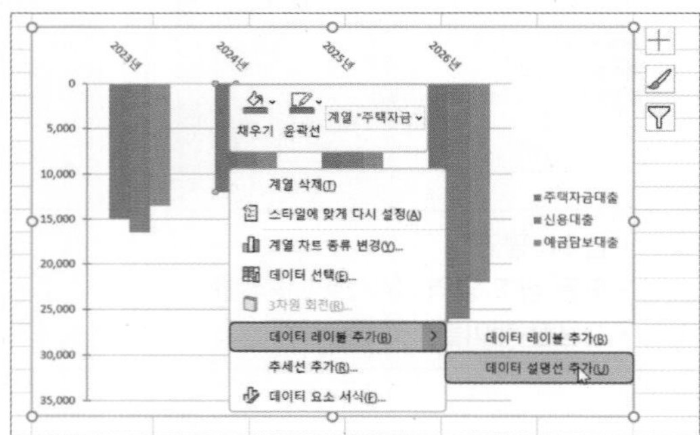

④ 2026년 계열의 '주택자금대출' 요소에서 [데이터 레이블 추가]-[데이터 설명선 추가]를 지정한다.

⑤ [차트 요소](⊞)-[차트 제목]을 선택한 후 **대출종류별 실적**을 입력하고, [차트 요소](⊞)-[범례]-[아래쪽]을 체크한다.

⑥ 차트를 선택한 후 [서식]-[도형 스타일] 그룹에서 [도형 효과]-[네온]의 '네온: 5pt, 파랑, 강조색1'을 선택한다.

## 02 매크로('기타작업-2' 시트)

① 비어 있는 셀을 클릭한 후 [개발 도구]-[코드] 그룹의 [매크로 기록]( )을 클릭한다.

② [매크로 기록]에 **부분합**을 입력하고 [확인]을 클릭한다.

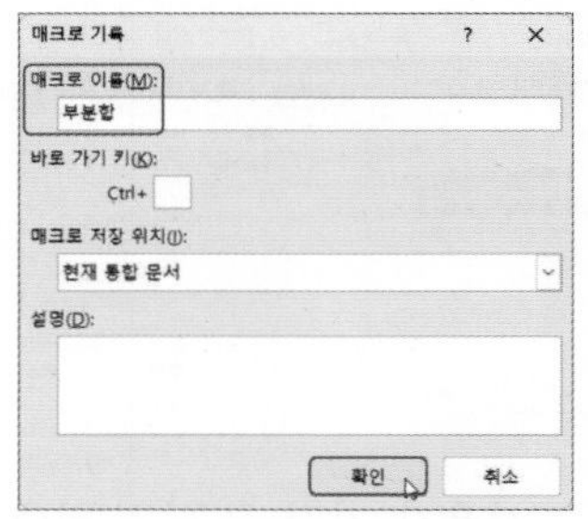

③ [A5] 셀을 클릭한 후 [데이터]-[정렬 및 필터] 그룹에서 [텍스트 오름차순 정렬]( ) 도구를 클릭한다.

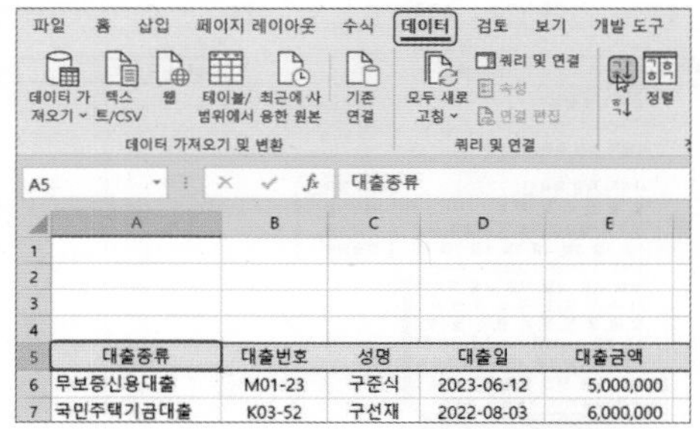

④ [데이터]-[개요] 그룹의 [부분합]( )을 클릭한다.

⑤ [부분합]에서 다음과 같이 지정하고 [확인]을 클릭한다.

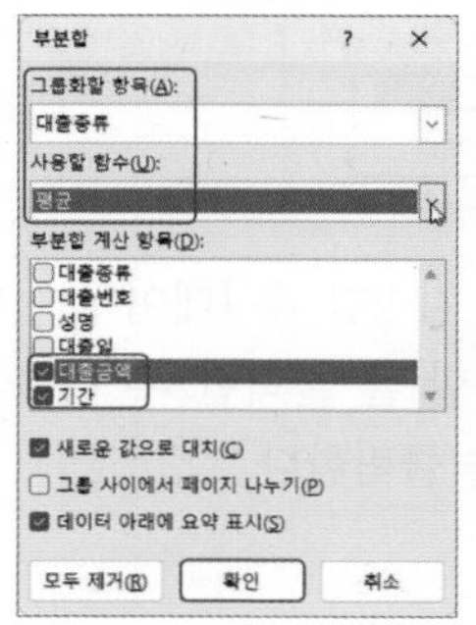

- **그룹화할 항목** : 대출종류
- **사용할 함수** : 평균
- **부분합 계산 항목** : 대출금액, 기간

⑥ [데이터]-[개요] 그룹의 [부분합](▦)을 클릭하여 다음과 같이 지정하고 [확인]을 클릭한다.

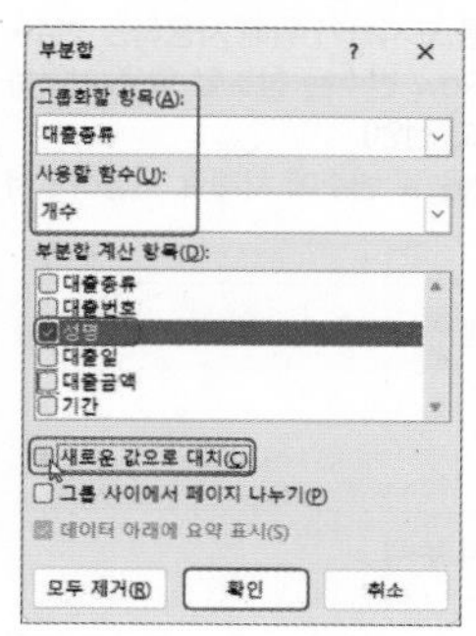

- 그룹화할 항목 : 대출종류
- 사용할 함수 : 개수
- 부분합 계산 항목 : 성명
- '새로운 값으로 대치' 체크 해제

⑦ [개발 도구]-[코드] 그룹의 [기록 중지](□)를 클릭한다.

⑧ [개발 도구]-[컨트롤] 그룹의 [삽입]-[단추(양식 컨트롤)](□)을 클릭한다.

⑨ 마우스 포인트가 '+'로 바뀌면 Alt를 누른 상태에서 [B2:C3] 영역에 드래그하면 [매크로 지정] 대화상자가 나타난다.

⑩ [매크로 지정]에 **부분합**을 선택하고 [확인]을 클릭한다.

⑪ 단추에 입력된 '단추 1'을 지우고 **대출종류별 통계**를 입력한다.

⑫ 비어 있는 셀을 클릭한 후 [개발 도구]-[코드] 그룹의 [매크로 기록](▣)을 클릭한다.

⑬ [매크로 기록]에 **부분합해제**를 입력하고 [확인]을 클릭한다.

⑭ [C5] 셀을 클릭한 후 [데이터]-[개요] 그룹의 [부분합](▦)을 클릭하여 [모두 제거]를 클릭한다.

⑮ [개발 도구]-[코드] 그룹의 [기록 중지](□)를 클릭한다.

⑯ [개발 도구]-[컨트롤] 그룹의 [삽입]-[단추(양식 컨트롤)](□)을 클릭한다.

⑰ 마우스 포인트가 '+'로 바뀌면 Alt를 누른 상태에서 [E2:F3] 영역에 드래그한다.

⑱ [매크로 지정]에 **부분합해제**를 선택하고 [확인]을 클릭한다.

⑲ 단추에 입력된 '단추 2'를 지우고 **부분합해제**를 입력한다.

## 03 VBA 프로그래밍('기타작업-3' 시트)

### ① 폼 보이기

① [개발 도구]-[컨트롤] 그룹의 [디자인 모드](▣)를 클릭한 후 〈대출신청〉 버튼을 더블클릭한다.

② 코드 창에 다음 그림과 같이 입력한다.

```
Private Sub 대출신청_Click()
    대출신청관리.Show
End Sub
```

### ② 폼 초기화

① [프로젝트-VBAProject] 탐색기에서 '폼'을 더블클릭하고 〈대출신청관리〉를 선택한 후 [코드 보기](▣)를 클릭한다.

② '개체 목록'은 'UserForm', '프로시저 목록'은 'Initialize'를 선택한다.

③ 코드 창에 다음과 같이 입력한다.

```
Private Sub UserForm_Initialize()
    txt번호.SetFocus
End Sub
```

**코드 설명**

① UserForm_Initialize : 폼이 화면에 나타나기 전에 수행해야 할 작업들을 기술
② txt번호.SetFocus : txt번호 컨트롤로 포커스 이동

### ③ Activate 이벤트 프로시저

① [프로젝트-VBAProject] 탐색기에서 'Microsoft Excel 개체'의 'Sheet7(기타작업-3)'을 더블클릭한다.

② 코드창에서 '개체 목록'은 'Worksheet', '프로시저 목록'은 'Activate'를 선택한 후 다음과 같이 입력한다.

```
Private Sub Worksheet_Activate()
    [G6] = "대출조회"
End Sub
```

**코드 설명**

① Worksheet_Activate() : 워크시트가 활성 창이 될 때 발생
② [G6] = "대출조회" : [G6] 셀에 '대출조회'를 입력

④ 조회 프로시저

① [프로젝트-VBAProject] 탐색기에서 〈대출신청관리〉 폼을 선택하고 [코드 보기](▤)를 클릭한다.

② '개체 목록'에서 'cmd조회', '프로시저 목록'은 'Click'을 선택하고, 다음과 같이 입력한다.

```
Private Sub cmd조회_Click()
Isdata = 0
iRow = 2
For Each a In Range("b3:b15")
    iRow = iRow + 1
    If a.Value = UCase(txt번호) Then
        txt종류 = Cells(iRow, 3)
        txt금액 = Cells(iRow, 4)
        txt지점 = Cells(iRow, 5)
        Isdata = 1
        Exit For
    End If
Next
If Isdata = 0 Then
MsgBox "조건에 일치하는 자료가 없습니다."
End If
End Sub
```

**코드 설명**

① Isdata 변수에 0으로 초기화 (Isdata 변수는 대출번호가 일치하지 않았을 때 메시지 상자를 표시하기 위해 사용하는 변수)
② iRow 변수에 '2'로 초기화 (iRow 변수는 참조할 행을 기억하는 변수로 2행부터 시작한다고 선언)
③ [b3:b15] 영역의 대출번호 값을 'a' 변수에 차례로 저장하면서 반복 실행

```
For Each 개체변수(a) In 컬렉션 개체("b3:b15")
  실행문
Next 개체변수
```

④ iRow 변수의 값에 1을 더해서 누적

⑤ 만약, [B3] 셀의 값과 txt번호에 입력받은 값을 대문자로 변환한 값과 같은지를 비교
(참고로 [B3] 셀의 값은 For Each 구문을 반복하는 동안 [B3], [B4], [B5]... 바뀌면서 비교함)
⑥ 'txt종류' 컨트롤에 세 번째 열(C)의 iRow 변수에 기억하고 있는 행의 셀 값을 표시
(사용자가 txt번호에 'a-101'을 입력했을 때, [B3] 셀과 'A-101'을 비교하여 일치하면 [C3] 셀의 값을 'txt종류'에 표시)
⑦ 일치하는 값이 있기 때문에 메시지 상자로 표시하지 않기 위해서 Isdata 변수에 '1'을 기억시킴

⑧ For Each 문을 빠져나와서 ⑪번으로 이동함

⑨ If 문의 끝
⑩ For 문의 끝

⑪ Isdata에 기억하고 있는 값이 '0'일 때에
⑫ 메시지 상자에 "조건에 일치하는 자료가 없습니다."를 표시
⑬ If 문의 끝